개정판

서양 철학사

스털링 P. 램프레히트 지음
金泰吉·尹明老·崔明官 옮김

을유문화사

Our Philosophical Traditions

by Sterling Power Lamprecht

옮긴이의 말

철학(哲學)이라는 비교적 접근하기 힘든 과목으로 안내하는 몇 가지 길 가운데서, 철학의 역사를 출발점으로 삼는 길이 가장 무난하고 헛수고가 적다는 견해에 많은 식자들이 동의하고 있다. 그러나 철학사(哲學史)에 입문을 구하는 길에도 애로가 있다. 그 방면의 알맞은 서적이 드문 것이다. 좀 상세한 것은 난삽하기가 일쑤고, 알기 쉽게 간추린 듯이 보이는 것은 대체로 천박하기 짝이 없다.

무릇 철학에 관한 서적들에는 하나의 딜레마가 붙어 다닌다. 깊이와 무게가 있다고 생각되는 것은 어려워서 무슨 말인지 모르겠고, 만만히 읽을 만하다는 책은 실은 철학이 아니라 철학의 흉내에 지나지 않는 것이 많다. 또한 깊이도 무게도 없는 생각을 공연히 어려운 말로 횡설수설한 것도 있다.

철학의 역사에 대해 깊고 정확한 이해를 알기 쉬운 말로 전해 주는 책은 없을까? 다행히 그것에 가까운 것으로서 선택된 것이 램프레히트(S. P. Lamprecht)의 〈서양 철학사(*Our Philosophical Traditions*)〉(1955)이다.

Sterling Power Lamprecht는 1890년 6월, 미국의 클리블랜드 시에서 출생하였다. 하버드 대학에서 철학 석사 학위의 과정을 거쳐 컬럼비아 대학에서 박사 학위를 받았다(1918).

1919년에 프랑스로 유학한 후 귀국하여 곧 컬럼비아 대학에서 철학을 강의한 것이 그의 교단 생활의 출발이었다. 그후 일리노이 대학·애머스트 대학·캘리포니아 대학 등에서 교편을 잡은 일도 있었으나, 1949년에 다시 컬럼비아 대학으로 돌아왔다.

램프레히트는 독창적인 철학자이기보다는 철학의 역사학자로서 알려진 사람이다. 그는 특히 로크와 홉스의 연구가로서 이름이 있다. 그는 이미 수년 전에 칠순의 고개를 넘은 노령이기는 하나, 아직도 정정한 미국의 원로급 철학자의 한 사람이다. 그에게는 여기 번역된 〈서양 철학사(西洋哲學

史)〉 이외에도 *Moral and Political Philosophy of John Locke*(1918), *Our Religious Traditions*(1950), *Nature and History*(1950), *Henry More's An Account of Virtue* (1930), *Hobbes' The Citizen*(1949) 등의 저서와 또 많은 논문이 있다. 그가 컬럼비아 대학에서 Butler상(賞)을 받은 것은 1933년의 일이었다.

여기 우리말로 소개되는 램프레히트의 〈서양 철학사(西洋哲學史)〉에는 몇 가지 특색이 있다. 첫째로, 그것은 잘 소화되어 있다는 점이다. 그리고 잘 소화된 사상을 쉬운 말로 서술하고 있다. 둘째로, 그것은 원전에 충실하도록 애쓰고 있다는 점이다. 알기 쉽게 엮어진 철학사 책들은 대개 소개된 선철들의 원전을 직접 음미함으로써 쓴 것이 아니라, 남이 만들어 놓은 철학사 책을 참고로 하여 요령 있게 엮은 것들이 많으나, 램프레히트의 것은 직접 원전에 물어 가며 씌어졌다. 원전에 물은 까닭에 이 정도의 분량의 책으로서도 깊이와 정확성을 갖출 수가 있었다. 따라서 이 책은 전문가에게도 좋은 참고서가 될 수 있으리라 믿는다. 셋째로, 램프레히트는 사상의 흐름과 연관성에 깊이 유의하였다는 점이다. 다시 말하면 앞선 철학자와 뒤에 온 철학자와의 사상적 관계·유사성·차이점 등에 대하여 깊은 관심을 기울였다는 것이다. 역사는 '연속된 것으로서' 이해되어야 한다는 신념에 기초한 것으로 믿는다. 넷째로, 그는 '현재의 관점에서' 과거를 돌이켜보았다는 점이다. 즉 관심의 중심은 현대에 있는 것이다. 현대의 우리의 정신적 상황을 이해하는 예비적 과정으로서 과거가 문제되고 있다. 따라서 램프레히트는 주요한 사상가들을 중점적으로 다루는 한편 2급 이하의 철학들은 대담하게 삭제하고 있다.

물론 이 책에도 결함이 없는 것은 아니다. 특히 한국적인 철학의 관심으로 볼 때, 좀 자세히 다루어 주었으면 하는 인물들이 비교적 간단히 다루어졌거나, 또는 전혀 화제에도 오르지 않은 예가 있다. 이 점을 보충하기 위하여 원저(原著)에 없는 글을 일부 역자들의 힘으로 추가해 보고자 시도했으나 미국 출판사 측의 양해를 얻지 못하여 그 계획은 보류되었다.

이 번역서가 처음 출판된 것은 1963년이었다. 근 30년이 흐르는 사이에 우리말에도 많은 변화가 있었고 맞춤법도 달라진 것이 적지 않다. 이러한 변화를 감안하여 이번에 표현을 요즈음의 추세에 맞도록 고치기로 하였다. 한자는 괄호 안에 넣는 것을 원칙으로 한다는 을유문화사의 주장을 받아들

여서 한자어를 되도록 우리말로 풀어 쓰는 일도 아울러 하였다. 이 작업의
과정에서 이정림(李正林) 선생의 노고가 컸음을 밝혀 감사의 뜻을 전하고
자 한다.

1992년 2월
김 태 길

머리글

공부하는 학생들이 모두 알고 있듯이 역사란 과거를 다루는 것이다. 그러나 과거가 무엇인가는 대부분의 사람들이 결코 명확하게 파악하고 있는 것은 아니다. 과거는 우리가 그로부터 주의를 돌리고, 그것과의 계속적인 관계가 없이 우리 자신의 고무적인 현재에만 살아도 좋도록, 한때 있었다가 지금은 이미 없어진 어떤 것이 아니다. 시간은 대부분의 사람들이 깨닫고 있는 이상으로 긴 지속성을 지니고 있다. 그리고 과거는——적어도 그 중에서 생명을 지니고 있던 많은 면들은——여러 가지 제도나 노선, 사상이나 원리 등을 제공해 주고 있으며, 우리는 오늘날 이러한 것들에 의해서 둘러싸여 있고, 또 이러한 것들과의 관계를 통하여 우리가 도달할 수 있는 범위 내의 구원(救援)을 이룩하지 않으면 안된다. 미국에 있어서의 우리의 정치적 생활은 존 로크의 희망과 공포의 뚜렷한 표징을 지니고 있으며, 우리의 경제 생활은 애덤 스미스의 낙천주의를 반영하고 있는가 하면, 또 카를 마르크스라는 극렬적인 인물에 의해서 흐려지고 있다. 그리고 우리의 종교 생활은 대부분 사도 바울과 성(聖) 아우구스티누스와 성 토마스에 의해서 확립된 전통에 따라서 움직이고 있으며, 우리의 교육 생활은 명백히 인간의 이성의 지도 밑에 세계를 탐구하고 인간 생활을 평가하려고 한 플라톤과 아리스토텔레스의 씩씩한 기상을 바탕으로 하고 있다. 과거로부터의 실낱들이 복잡한 직물 속에 짜여 들어왔으며, 자못 빈번하게 그 실들은 엉클어지거나 끊어지거나 매듭이 지어지거나 하였다.

과거로부터 내려온 것은 어느 하나도 완전한 모습으로 내려오지는 않았다. 그러한 것은, 바로 그것이 낡은 옛것이기 때문에 어느 하나도 권위를 가지고 우리를 구속하거나 우리가 모방하고 되풀이할 모범으로서 세워지거나 할 수는 없다. 그렇지만 또 과거의 이해가 없이는 우리는 결코 우리의 현재의 위치를 이해하지 못할 것이요, 따라서 장차 나아갈 현명한 계획표를 작성할 수가 없을 것이다. 바꾸어 말한다면, 과거가 제공하여 주는 소재가 없이는 우리는 결코 오늘날 문명 사회를 형성하고 이성적 생활을 영위하려는 우리의 투쟁에 필요한 자원을 발견하지 못할 것이다.

이 책은 그 부제가 표시하는 바와 같이 서양 철학의 역사이다. 그러나 이 책의 목적은 단순히 그것에 그치는 것은 아니다. 여기서 분명히 —— 아마도 현존하는 다른 철학사(哲學史)들보다도 더 직접적으로, 더 자각적(自覺的)으로 —— 의도한 바는 독자들을 도와 서구 문명을 형성해 온 요소였으며, 이 시대에 있어서도 지배적인 위치를 차지하고 있는 철학적 전통들을 과거 속에서 발견케 하려는 것이다. 거대한 전통은, 때로는 경험주의가 로크로부터 버클리와 흄을 통하여 우드브리지와 듀이에로 발전해 온 것과 같이, 점차 더 명확하고 타당한 모습으로 서서히 발전해 간다. 때로 어떤 전통은, 마치 휴머니즘이 플라톤의 〈대화편(對話篇)〉 속에 모범적으로 표현되어 있는 것과도 같이, 그 최초의 웅변적인 창도자(唱道者)의 천재에 의해서, 그것을 재론하려는 후세의 모든 시도들을 그 진가에 있어 능가하는 고전적 형태를 지니기도 한다. 이 책은 개개의 인물의 중요성을 경시하지는 않는다. 오히려 필자는 이 책에서 우리가 여러 세기를 통하여 뒤를 이어 나타난 지적으로 위대한 인물들의 막대한 혜택을 밝혀 보고자 하는 것이다. 그러나 역사의 의의는 한갓 개인들의 연속에 있는 것은 아니다. 그 까닭은 역사 속에 등장하는 개인들은, 그 개인들이 불과 수년 내지 심지어 수분 동안밖에 힘차게 살지 못하는 것과는 달리 수십 년 동안이나 생생한 힘으로서 살아 있는 전통들을 때로는 전달하기도 하고 때로는 만들어내기도 하기 때문이다.

때로는 전통에의 의존을 비난하는 소리를 듣기도 한다. 그리고 구속이 없는 자유로운 입장에 서고자 하는 사람의 태도에는 건전한 요소가 없지도 않다. 현명한 사람 치고 지난날의 한갓 모방자가 되고자 하는 사람은 없는 것이다. 그러나 자유롭게 되는 기술은 전통의 영향으로부터 벗어나는 데 있는 것이 아니라 전통의 의의를 이해하는 데 있다. 사람이 전통을 멸시하는 정도에 따라서, 그 사람은 고립과 무지에 따르는 오류와 부당성을 면할 수 없게 된다. 이에 반하여 사람이 그 자신의 문화 및 자신의 그것과는 반대되는 문화의 전통들에 관하여 광범한 이해를 갖는 정도에 따라, 그 사람은 그 전통에의 예속을 지양하고, 역사상의 자기의 위치를 분석하기 위한 도구로서 전통을 이용할 자세를 갖추게 되는 것이다.

철학사를 연구하는 데에는 많은 이유가 있는데, 그 중에는 좋은 의미의 이유들도 많다. 개개의 위대한 사상가들의 세계관을 전후 관련으로부터 분리시켜, 예술품같이 정관(靜觀)할 수도 있을 것이다. 그것은 흡사 시나 그림이나 교향곡과 같은 예술품이라고도 할 수 있는 것으로서, 그것이 지니고 있는 미적 조화나 색채로 말미암아 높이 평가될 수도 있다. 역사상의 유명한 인물들 사이의 의견이나 신념의 다양성은 연구자를 고루한 편협성으로부터 떼어 버리고 그의 지적인 지평을 넓혀 줄 수가 있을 것이다. 상반되는 철학들의 충돌로부터 새로운 진리의 통찰이 나올 수가 있거니와, 이러한 통찰은 어느 개인 자신의 견해에 대한 신뢰를 통해서보다도 역사적인 연구를 통해서 오는 경우가 더 많은 것 같다. 철학의 역사적 연구에 대하여는 물론 그 밖의 이유도 있겠지만, 이상 세 가지를 좋은 이유로 들 수가 있다. 또한 한 가지 비난의 소리를 듣게 하는 나쁜 이유도 있다. 역사는 결코 옛 유물들의 박물관으로 보아서는 안 된다. 철학사는 결코 독선적인 역사가가 스스로 추종하는 이른바 '사리를 아는' 사상 학파(思想學派)에 속하는 혜택을 입지 못한 사람들에 의해서 주장된 재미있는 일련의 오류로서 연구되어서는 안 된다.

그러나 철학사를 연구하는 모든 이유들, 더구나 좋은 이유들 가운데에서 가장 중요한 것은 내가 일부러 택한 이 책의 이름에 의해서 표명된 그것이다. 철학사의 연구는 지적(知的)인 전통의 이해를 가져다 주며, 그리하여 연구자로 하여금 그 전통이 실질적인 역할을 하고 있는 현대에 있어서의 자신의 위치를 확인하게 해주는 것이다. 과거·현재·미래는 서로 복잡하게 연관되어 있다. 우리가 우리의 현재를 현명하게 다룰 수 있는 것은, 오직 우리가 그것의 '현실적(actual)' 구조의 부분인 과거를 이해하고 그것의 '가능적(potential)' 의의의 부분인 미래를 예측할 경우뿐이다.

내 감사의 말씀을 남김없이 기록한다면 그것은 매우 길어질 것이다. 나의 제자들은 25년간 이상이나 실문과 이론을 제기해 줌으로써, 이 책에서 논의된 철학의 사상들과 전통들의 의미를 한층 더 분명케 하는 데 크나큰 도움을 주었다. 나는 새로운 세대의 학생들이 이 전통들을 좀더 인간답게 갖도록 도와 줌으로써 내가 입은 은혜의 일부나마 그들에게 보답할 수 있기를 바란다. 나의 원고를 일부씩 분담하여 읽어 준 친구들이나 내가 여러 부분을 낭독하는 동안 참을성 있게 들어 준 친구들에게 감사를 드린다. 그러나 특별히, 그리고 공적으로 사의를 표하고자 하는 것은, 이 책을 쓰는 데 있어 가장 주요한 조력자가 되었던 세 분에 대해서이다. 첫째는 고(故) 우드브리지에게 헤아릴 수 없을 만큼 은혜를 입고 있거니와, 이 분의 사상사(思想史)와 역사 철학(歷史哲學)의 가르침은 본받을 만한 모범이었고, 또 지금까지도 그러하다. 나는 또 제 4 장 '기독교의 형성기'에 대해서 현철한 시사를 해준 동료 마틴 교수에게도 감사를 드린다. 그리고 끝으로 카츠 교수에게는 이루 형언할 수 없을 만큼 신세를 많이 졌다. 이 분은 원고 전체를(그 중의 일부는 두 번 이상이나) 읽어 주었고, 세밀하고도 유익한 많은 비판을 해주었으며, 또 이 책에 대하여 개인적인 관심을 표명해 주었다. 심심한 감사를 드리는 바이다. 이 책에 진술되어 있는 역사적 사실의 요약이나 해석에 모자람이나 부족함이 있다면 그 책임은 오로지 나에게 있다. 그러나 나는 여러 제자들과 친구들에게서 무한한 은혜를 입고 있음을 마음속 깊이 깨닫고 있으며, 이 책이 그 분들로부터 받은 도움이 헛되지 않았다는 증거가 되기를 바라는 마음 간절하다.

S. P. 램프레히트
애머스트대학

차   례

제1부
희랍 철학

희랍 철학

철학사(哲學史)는 이미 오래 전에 서구의 역사가들에 의하여 확립된 하나의 전통에 따라, 고대의 희랍인들로부터 시작하는 것이 보통이다. 물론 그것은 현철한 전통으로서 정당시될 만한 충분한 이유들을 가지고 있다. 그 까닭은 B. C. 6세기 이후 수세기에 걸쳐 고대 희랍의 여러 도시 국가에서 상당한 수의 주목할 만한 인물들이 배출되었으며, 세계와 그 안에서의 인간의 지위에 관한 그들의 성찰의 결과로서 많은 사상들이 형성되었고, 또 그것들이 여러 가지 형태로 후세 사람들의 사색에 영향을 끼쳐 왔을 뿐더러, 오늘날도 여전히 우리들 자신의 지적인 생활 속에서 활발한 역할을 하고 있기 때문이다. 만일 우리의 역사로부터 고대 희랍인들을 제외한다면, 그것은 곧 우리가 우리들 자신으로부터 문화적 유산의 어떤 근본적인 요소들을 박탈하고, 현재의 우리의 지적인 위치를 모호하게 만드는 셈이 될 것이다.

이리하여 철학사는 전통에 따라 보통 고대의 희랍인들로부터 시작되거니와, 여기서 우리는 그 전통의 충분한 의미를 꼭 알아두지 않으면 안 된다. 엄밀한 의미에서는 철학이 희랍인들에게서 시작되었다든가, 혹은 희랍인들이 최초의 철학자였다고 말하는 것은 정당한 일이라 할 수가 없다. 그들보다 더 일찍이, 그리고 희랍 이외의 다른 나라에서도, 우리가 알기만 했다면 철학사의 제 1 장에서 언급할 가치가 있는 것으로 보일 만한 성찰을 시도한 사람들이 있었을는지도 모른다. 시간에는 최초의 순간이라는 것이 없으며, 역사에는 절대적인 시초(始初)가 없는 것이다. 그러나 과거에 관한 사료(史料)에 제한이 있다는 우연성 및 그 밖의 요인 때문에, 우리는 철학사의 서술과 연구를 부득이 희랍인들에서부터 시작하지 않을 수 없다. 우리는 아무리 완전한 모습으로 우리의 역사를 꾸민다 하더라도 과거를 그대로 되풀이할 수는 없다. 또 아무리 역사적 탐구에 열정적이라 할지라도, 과거의 모든 국면에 골고루 주의를 기울일 수는 없다. 우리가 다른 시대나 다른 곳에 대한 열렬한 호기심을 북돋우고, 이러한 문제들에 관한 객관적인 판단을 구하려고 하는 것은 마땅한 일이다. 이러한 때 우리는 과거 가운데에서 불가불 어떤 면만을 선택하여 주의(注意)의 대상으로 삼을 수밖에 없다. 그리고 이 선택 과정에 있어서는, 현시대의 관심과 요구와 문제와 목적을 이해하는 데 긴요하고 적절한 면들에 유의하는 경향이 있는 것이다. 역사란 그 전달이나 판단이 지나치게 꼼꼼하다고 할 만큼 정밀한 경우라 할지라도, 역시 그 자신 하나의 철학적인 과업이라 하겠다. 다시 말하면, 역사는 과거의 어떠한 국면들이 오늘날의 우리 자신들이나 인간 문제들을 설명하고 평가하는 데 필요한가 하는 데 관한 경험적인 판단의 한 요소를 구현하는 것이다. 법률의 역사나 종교의 역사는 로마 사람들이나 헤브라이 사람들에게서 시작하였을는지 모른다. 그러나 철학사는 —— 적어도 '서구 문명'에 속해 있는 우리로서는 —— 희랍인들에게서 시작하였다고 보는 것이 온당한 일이다. 오늘날 우리들 사이에서 지배적인 구실을 하고 있는 대다수의 원리들은 모두가 희랍인들의 혜택이다. 우리는 얼마간 그들로부터 전하여 오는 전통에 의해서 창조되고 있다. 이와 반면으로 현재 과거에 대한 우리의 역사는 이 전통을 우리의 지적 생활의 원천으로 그려냄으로써 도리어 그것을 확고하게 만들어 주고 있는 것이다. 우리가 역사라는 학문의 본성을 이해한다면 이와 같은 피할 수 없는 제약 밑에서 연구를 한다 해도 편협해지지는 않을 것이다. 오히려 우리는 역사에 대한 이해력을 가진 안식(眼識)과 동시에 비판력을 얻을 수 있을 것이다.

희랍 철학은 크게 다음과 같은 세 장으로 나누는 것이 편리하다. 즉 희랍 식민지에 있어서의 철학, 아네테에 있어서의 철학, 그리고 희랍적 로마 세계에 있어서의 철학 등이다. 희랍의 식민지란 희랍인들이 소아시아의 에게(Aege) 해안, 에게해의 섬들, 시칠리아 섬, 이탈리아 반도의 남부 지방 등에 식민해 가서 세운 도시들이다. 이들 식민지는 B. C. 6세기와 5세기에 철학이 융성하였다. 이들 식민 도시의 대다수는 해양 무역을 통하여 번영을 누렸으며, 이로 말미암아 일부의 사람들은 생존 경쟁의 절박한 문제에 사로잡힐 필요가 없었고, 따라서 지적 생활을 순조롭게 발전시켜 가는 데 필요한 여가를 가질 수가 있었다. 이 2~3세기 동안에 식민지에 있어서의 어떤 사상가들은 독창적이고 참신한 사상을 제창하여, 그것이 희랍 전역에 널리 전파되었다. 아테네에 있어서의 철학은 이보다 뒤에 대두하였으나, B. C. 5세기 내지 4세기에는 이제까지 인간의 정신이 도달해 온 가장 찬란한 경지에 도달하였다. 소크라테스가 한평생 담론을 즐기며 생활하던 곳도 이곳이었고, 플라톤이 제자들을 가르치며 저술에 몰두한 곳도 이곳이었으며, 아리스토텔레스가 그의 생애 중 가장 중요한 수년 동안 그의 활동을 계속한 곳도 이곳이었고, 또 비록 아테네의 본토민은 아닐지라도 많은 인물들이 자기의 마음에 맞는 고장으로 운집해 온 곳도 이곳이었다. 그 후 아테네가 몰락하여 세력을 상실함과 더불어 불안정한 시기가 닥쳐왔으며, 마침내는 로마가 희랍의 여러 도시와 전 지중해 연안을 지배하기에 이른다. 그러나 로마의 정치적인 지배가 절정에 달하였던 이 시기에 있어서도, 지적인 자극을 북돋워 주고 지식을 제공해 줌으로써 지적 활동의 토대를 이룩한 것은 거의 모두가 희랍인들이었다. 따라서 여기에 우리가 로마 세계에 있어서의 철학을 희랍 철학사의 마지막 장으로서 생각해야만 될 필요성이 있는 것이다.

제 1 장 희랍 식민지에 있어서의 철학

1. 역사와 전통

희랍 식민지에 있어서의 철학에 관한 우리의 지식은, 앞으로 우리가 고찰하게 될 그 뒤의 어느 시대의 것과도 현저한 차이가 있다. 그 뒤의 모든 시대로 말하면, 가장 중요한 사상과 원리를 주장한 저술들이 완전한 모습대로, 혹은 그 대부분이 현존하고 있다. 그러나 희랍 식민지에 있어서의 철학의 발달에 관한 우리의 지식은 전해 내려오는 학설(tradition)에 의하여 몹시 제한을 받고 있다. 우리는 10·20명의 철학자들과 그들 각자가 탄생한 도시의 이름과 그들이 생존하고 활약했다고 믿어지는 연대를 들 수가 있다. 그러나 그 확실시되는 연대라는 것도 전적으로 신빙할 만한 것은 못된다. 사실에 있어 그것들에 대한 증거가 때로는 정확하게 결론지을 수 없을 만큼 모순을 내포하고 있는 경우가 많다. 피타고라스라는 인물에 대해서조차도, 비록 피타고라스 학도들은 그의 사실성(史實性)을 신봉하였고 또 그것이 아마도 정당하겠지만, 그를 역사적 인물로서보다 오히려 전설적 인물로 여겨 온 사람도 있는 것이다. 우리가 식민지 시대의 희랍 철학에 대한 지식을 얻는 원천은 주로 후세의 철학자들이나 저술가들의 문헌 속에 인용되어 있는 단편들이다. 플라톤은 자기 이전의 많은 철학자들에 대해서 언급하였고, 아리스토텔레스도 초기 철학자들의 사상 중 어떤 방면에 관한 유익한 개요를 서술하여 놓았으며, 또 더욱 후대의 다른 저술가들은 한층 더 많은 지식을 전하여 주었다.[1] 그러나 이들 중의 아무도 희랍 식민지에 있어서의 철학의 역사를 본래의 모습대로 확립하기에 충분한 자료 내지 신빙할 만한 자료를 제공하여 준 사람은 없다. 그들이 의도한 바는 역사적인

---

1) 예컨대 아리스토텔레스의 친구였고, 또 리케이온의 장(長)으로서 그의 계승자였던 테오프라스토스, 스토아주의자인 크리시포스, 회의주의자인 세크스투스 엠피리쿠스, 그리고 일련의 후기의 이교적(異敎的) 저술가와 기독교적 저술가들.

것이 아니라 의심스러운 것이었다. 그들은 흔히 자신들의 의견을 강조하기 위하여 식민지의 사상가들을 인용하였으며, 또 문맥을 벗어나거나 혹은 그릇된 새 관점에서 그들을 인용함으로써 식민지 사상가들의 본래의 의도를 변모시킨 일도 아마 없지 않을 것이다. 인용된 문장이 긴 구절인 경우도 더러 있기는 하지만 짧은 경우가 더 많으며, 이 문장들은 흔히 아리송한 성질을 띤 것이 많다. 그러나 이들 단편적인 것들이 식민지 사상가들의 사상을 충분히 반영시키든지 않든지 간에, 그것들이 시간의 경과와 더불어, B. C. 6세기 내지 5세기에 희랍 식민지에서 발달된 철학 사상에 관한 일정한 전통을 이룩하여 놓은 것만은 사실이다. 그러니만큼 이 전통이란, 식민지의 희랍인들이 그들의 후계자들에 대해서 어떠한 의의를 가졌던가 하는 것을 표시하는 것이다. 따라서 우리는 그것을 우리에 대해서 어떤 의의를 갖는가 하는 관점에서 보지 않을 수 없다. 오늘날 우리는 오직 그러한 종류의 전통으로서만 이 희랍 식민지의 철학을 다룰 수 있을 뿐이다.

2. 밀레토스 학파

탈레스(Thalēs, 640~550 B. C.) : 밀레토스 출신. '고대 희랍의 7현인'의 한 사람으로 꼽히고 있다. 그에 관하여는 많은 이야기가 전해지고 있는데, 밤하늘의 별들을 관찰하다가 우물에 빠져, 하녀에 의해 구출되었다고도 한다. 일식(日蝕)을 예언하기도 하고, 밀레토스 시민들에게 정치적·군사적인 현명한 충고를 준 것으로도 알려져 있다. 아리스토텔레스가 전하는 바에 의하면, 그가 어느 해 올리브 풍년이 들 것을 예측하고는 재빠르게 전시내에 있는 모든 기름틀을 세내어 막대한 치부를 하였다고 한다. 이 이야기 끝에 아리스토텔레스는 다음과 같은 재미있는 말을 덧붙이고 있다. "이리하여 철학자는 그가 원하기만 한다면 부자가 될 수 있다는 것을 우리는 알 수 있다. 그러나 보통 철학자의 마음은 더 높은 것을 지향하고 있는 것이다."

아낙시만드로스(Anaximandros, 610~540 B. C.) : 밀레토스 출신.

아낙시메네스[Anaximenēs, 성년기(盛年期) 540 B. C.] : 밀레토스 출신.

크세노파네스(Xenophanēs, 580~480 B. C.) : 그는 반드시 밀레토스 학파에 포함되지는 않지만 밀레토스에서 탄생한 것으로 알려지고 있다. 그는 가는 곳마다 자기의 소신을 전교하면서 여러 도시를 방랑한 일종의 순회 설교가였다. 아마도 그는 엘레아를 방문하였든가, 혹은 한때 그곳에 정주(定住)하였는지도 모른다. 만일 그가 그곳에 정주해 있었다면 그는 밀레토스 학파와 엘레아 학파를 연결시킨 사람이라고 할 수 있겠다.

탈레스는 물이 만물의 원리라고 주장한 사람으로 유명하다. 이 사상은
간혹 물을 만물의 형성 질료로 본 것이라고 해석되어 왔다. 그러나 아마도
이 사상이 의미한 것은 오히려 물이라는 것이 자연계의 모든 중요한 변화
를 설명할 수 있는 불가결의 요건이라는 것이었을 것이다. 왜냐하면 탈레
스는 만물의 씨앗과 만물을 육성하는 양분이 젖어 있음을 지적하였던 것으
로 여겨지기 때문이다.

물에 관해서 말한 단편적인 의미가 어떠하든지 간에 탈레스의 중요한 점
은 그가 분명히 이 세계를 신이나 초자연적 힘의 활동에 의해서 설명하려
고 한 이전 사람들의 노력(예컨대 시인 헤시오도스의 노력과 같은)으로부터 방
향을 돌리려고 하였다는 점이다. 그는 이른바 자연주의(自然主義) 세계관
(世界觀)을 세움으로써 역사상의 뚜렷한 자리를 차지하였다. 즉 자연의 과
정을 해명할 수 있는 뚜렷한 요인을 자연 자체 속에서 찾아내려고 하였던
것이다. 그의 비범함은 다음과 같은 서술 속에 잘 요약되어 있다.

"그는 대중의 훌륭한 지도자로서, 다른 국민들 같으면 사람을 희생으로
바치거나 혹은 성자연(聖者然)하는 간사한 자의 애매하고 위험한 조언을
빌렸음직한 위급한 때에도, 언제나 시민들의 상담역이 된 사람이다."[2]

아낙시만드로스는 대담하고 상상적인 사색을 한 사람으로 이름이 높다.
우리에게 전해지고 있는 한의 그는 최초의 완전한 자연주의(自然主義) 우주
론(宇宙論)을 세운 사람이다. 그가 그린 우주론의 구상은 자못 주목할 만하
다. 흙·공기·불·물 등은 당시의 희랍인들이 보통 생각하였듯이 궁극적
인 실체가 아니라는 것이다. 오히려 그것들은 모두 더 궁극적인 실체가 여
러 가지로 변화해 가는 가운데 나타나는 모습들이라는 것이다. 이 궁극적
실체는, 그것의 변화를 통하여 다양한 것들이 생겨나는 것이기 때문에, 무
한정자(無限定者)라고 부르는 것이 가장 적당할 것이다. 흙과 공기와 불과
물은 이 무한정자가 각각 마르고 차고 덥고 젖은 모습을 띠고 나타난 형태
의 것들이다. 그러나 이 변형된 모습으로 나타난 것들은 어느 것도 결코

---

2) Gilbert Murray, *The Rise of the Greek Epic*(희랍 서사시의 기원) (Oxford, Clarendon Press, 1924),
   p. 262.

우주 안에서 지배적인 구실을 담당하지는 못한다. 4대 기본 요소의 개개는 여러 모로 서로 다른 것들을 침해하는 경향이 있다. 그러나 이 상호간의 침해는 균형의 원리에 따라서 조절되기 때문에, 모든 사물은 "자신들의 부정(否定)에 대하여 서로 응분의 보상을 하도록 되어 있는 것이다."[3] 이 세계의 상태는 어느 것도 결코 고정되어 있거나 종국적인 것이 아니다. 오히려 여러 형태의 세계들이 —— 즉 우리가 살고 있는 이 특정한 세계도 물론 그 중의 하나에 불과한 무수한 세계들이 —— 이제까지 하나하나 뒤를 이어 생겨 왔고, 또 앞으로도 연이은 생멸을 계속할 것이다. 그러나 이 무수한 세계 중에서 우리가 확실한 증거를 가지고 기술할 수 있는 것은 오직 현재의 세계뿐이다. 아낙시만드로스에 의하면, 지구는 원통과 같은 형상을 띠고 있으며, 무게(重量)의 순서에 따라 물과 공기와 불이 그것을 둘러싸고 있다. 그러나 둘러싸고 있는 불은 많은 물을 증발시켰다. 그리고 이와 같이 하여 생긴 안개는 불을 감싸고, 그것을 거대한 바퀴 속에 밀폐해 버렸다. 원통형의 지구를 둘러싸고 있는 이러한 바퀴는 셋이 있다. 따라서 우리는 하늘을 쳐다보더라도, 지구를 둘러싸고 있는 불을 그다지 많이 볼 수는 없다. 우리에게 보이는 불은 다만 안개의 바퀴들 속에 있는 구멍을 통해서 발산되는 불의 조각(切片)들에 지나지 않는다. 별들은 지구에서 가장 가깝고 작은 바퀴로부터 쏟아져 나오는 불꽃들이며, 달(月)은 중간에 있는 바퀴로부터 새어 나오는 불꽃이다. 그리고 태양은 가장 큰 셋째번의 바퀴로부터 새어 나오는 둥그런 불덩어리이다. 일식이나 월식은 그 바퀴들 속에 있는 구멍이 일시적으로 막힘으로써 생기는 현상이라고 생각하였다. 그리고 우주의 정교한 모든 구조는 수학적인 균형을 나타내고 있다. 예컨대 원통형인 지구의 높이는 그것의 넓이의 3분의 1이며, 달의 무게와 태양의 무게는 각각 지구의 무게의 18배와 27배라고 한다.

아낙시만드로스는 이와 같이 대담하게 우주론(宇宙論)을 구상하였을 뿐

---

3) 휘브리스, 즉 분에 넘친 오만은 많은 희랍 저술가들에 의하여 지탄을 받은 전통적 악의 하나였으며, 죄 지은 자를 파괴로 이끌어 간다고 생각하였다. 아낙시만드로스의 설은 오만한 사람이 당연히 파멸을 당해야 하는 것과 유사하게 자연에 있어서도 보상을 하는 것으로 보인다. 그러나 아낙시만드로스가 자연에 도덕적 성질을 부여하였는지의 여부는, 입수되는 단편들만으로는 분명하지가 않다.

만 아니라 생물의 기원에 관하여서도 의견을 제시하였다. 최초의 생명체는 바다 속에 나타났다. 그리고 물이 그것을 둘러싸고 있는 불에 의해 증발됨에 따라 육지가 바다의 표면으로 나타나게 되었고, 일부 동물들은 육지 위로 밀어 올려졌다. 이들 동물의 대부분은 아마 그 즉시로 멸망하였을 것이지만, 어떤 것들은 요행히 살아 남아 새로운 종족의 생물체를 이룩하였다. 인간도 이전부터 살고 있던 다른 종족에서 내려온 동물들 중의 하나라는 것은, 유아 시절(幼兒時節)의 인간이 무력하기 짝이 없고 그가 또 긴 포유 기간(哺乳期間)을 필요로 한다는 사실에 의해서 알 수 있다고 하였다.

아낙시메네스는 아낙시만드로스의 무한정자(無限定者)의 설을 물리치고, 현존 세계의 고정된 물질들 가운데에서 궁극적 요소를 찾아내려고 하였다. 어떤 이유에서인지는 분명치 않지만, 그는 궁극적 요소를 공기라고 하고 다른 만물은 공기의 농후화(濃厚化)와 희박화(稀薄化)의 과정에 의해서 생겨난다고 규정지었다. 즉 공기가 농후해지면 그것은 바람으로, 그 다음엔 구름으로, 그 다음엔 물로, 그리고 마침내는 땅으로 화하며, 또 암석으로도 화한다는 것이다. 그것이 희박해지면 그것은 불로 화한다. 그리고 공기는 비단 궁극적인 질료일 뿐만 아니라, 이 세계의 통일을 유지하고 있는 궁극적인 힘이기도 하다는 것이다. 생명은 숨〔氣息〕에 의존하고 있거니와, 이 숨이란 바로 공기인 것이다. 만물이 각각 그 지위를 차지하고 있는 것도 공기 때문이다. 지구는 평평한 원반의 모습을 띠고 있으며, 하늘은 모자와 같이 이 지구를 싸고 있다. 태양과 달과 그 밖의 천체들은 희박해진 공기의 조각〔切片〕들이며, 바로 이 희박해진 상태로 말미암아 불처럼 보이는 것이다. 그리고 이 천체들은 하늘을 배경으로 빛나고 있으며, 공기에 의해서 각기 위치를 유지하고 있다.

크세노파네스는 우주론적 학설을 창도(唱道)했거나, 또는 그전 사람들이 구상한 학설들 중의 어느 하나를 채택한 사람은 아니었다. 그러나 그는 자기보다 앞선 밀레토스 학파의 자연주의적 설명 방식을 받아들여, 우주를 그러한 식으로 보는 데서 오는 어떤 결론을 주장하는 데 많은 관심을 기울였던 것 같다. 그는 많은 희랍인들이 호메로스(Homēros, Homer)나 헤시오도스(Hēsiodos, Hesiod)나 그 밖의 이와 같은 지도자들의 영향 밑에, 신봉하던 종교적 사상이나 신앙을 공격하는 무기로서 이 자연주의적 설명 방식을

이용하였다. 그의 주장에 의하면, 우리는 비록 정확한 세계의 원래 모습이
나 현재 모습을 알 수 없을는지 모르나, 진리가 어떠한 것이든 반드시 밀
레토스 학파의 자연주의적・비신학적 이론 측에 있음이 분명하다고 한다.
신에 대한 종래의 통속적 관념들은 부도덕한 것이었으며, 민중들 사이에
저속한 윤리관을 부식하였다. 더구나 이러한 통속적 관념들은 지적으로 가
소로운 것이었다. 사람들은 보통 신들도 탄생한 것이며, 인간에 가까운 형
상을 지니고 있고, 사람처럼 활동한다고 여겼다. 크세노파네스에 의하면
이 의인적(擬人的) 신관(神觀)은 터무니없는 잘못이라고 한다. 에티오피아
사람들은 신들이 들창코에다 검은 빛깔을 지니고 있다고 믿으며, 트라키아
사람들은 그들이 푸른 눈과 붉은 머리털을 지니고 있다고 믿고 있다. 그러
므로 만일 소나 말이나 사자들이 그림을 그리고 말을 할 줄 안다면 신을 각
각 자기들의 모습대로 표현할 것이라는 것이다. 실제에 있어 아무도 신의
참모습을 안 사람은 없었고, 또 앞으로도 결코 알지 못할 것이다. 그리고
이상한 기회에 어떤 사람이 신의 참모습을 논하다 하더라도, 그는 자기가
말한 것을 믿을 만한 아무런 확실한 이유도 갖지 못할 것이다. 크세노파네
스에게는 일신교적(一神敎的) 견해를 시사하는 듯한 약간의 단편들이 있었
던 것같이 인정된다. 그러나 이 단편들은 다른 단편들과 서로 어긋나는 점
이 있으며 애매하기 그지없다. 이 애매한 단편들이 진정으로 크세노파네스
의 것이라면, 그리고 정당하게 신이라고 불리워질 만한 것이 있다면, 그것
은 곧 우주 자체라고 할 수밖에 없다는 것을 의미하고 있을 뿐이다. 물론
이 최후의 추측은 역사적으로는 아주 불확실한 것이다. 그러나 크세노파네
스가 통속적인 종교적 신념을 부도덕하고 터무니없는 것이라 하여 공격한
것만은 분명하다.

3. 피타고라스 학파

피타고라스(Pythagoras, 580~500 B. C.) : 그 개인에 관해서는 거의 아무것도 알
려져 있지 않은 어렴풋한 인물이다. 그 자신의 사상을 여러 제자들의 사상으
로부터 명확히 구별짓는다는 것은 도저히 불가능한 일이라 하겠다. 전해 오는

바에 의하면, 그는 사모스 섬 출생으로서, 정치적 이유 때문에 크로톤으로 이주하여 생애의 대부분을 남이탈리아에서 살다가 그곳에서 죽었다. 그의 제자들은 이탈리아로부터 테베나 그 밖의 희랍 여러 도시로 돌아와서 자기들의 이념을 전파하고, B. C. 5세기에 자못 광범위해진 하나의 교단을 이룩하였다.

피타고라스는 시대적으로 크세노파네스보다 먼저였을는지도 모른다. 그러나 그는 밀레토스 학파의 사상과는 아주 판이한 사상의 한 학파를 세운 사람이었다고 확신할 수 있기 때문에, 크세노파네스보다 뒤에 다루어지는 것이 적당하다. 하여튼 역사를 통하여 우리가 잘 알고 있는 것은 B. C. 5세기의 피타고라스 학도들이다.

피타고라스의 철학은 여기저기 서로 모순되는 듯한 점이 없지도 않은 여러 사상들의 집합이다. 이들 여러 사상 가운데에서 중심적이요 기본적인 것이 두 가지 있다. 그 하나는 수(數)가 세계의 모든 것을 설명하기 위한 기본 원리라는 생각이다. 피타고라스 학도들은 수(數)에 의하여 매혹되었던 것이다. 그들은 도형(圖形)으로써 수를 표시하는 방안을 강구하였으며, 또 점을 모음으로써 도형을 만들었다. 그들은 삼각형수(三角形數)·장방형수(長方形數)·정방형수(正方形數)〔이 마지막 정방형수——즉 평방수(平方數)——는 오늘날의 수학에 있어서도 여전히 매우 편리한 관념이지만〕따위의 말을 사용하였다. 그들은 직각 삼각형의 빗변의 제곱은 다른 두 변의 제곱을 합한 것과 같다는 정리를 발견하였다. 그들은 주어진 정방형의 두 배의 면적을 가진 또 하나의 정방형을 그리는 방법을 알았다. 그들은 선분(線分)을 이른바 황금 분할의 비율로 나눌 줄도 알았다. 그들은 정방형의 변과 대각선은 그 길이에 있어서 약분할 수 없다는 사실도 알고 있었다.

피타고라스 학도들은 세계를 설명하는 원리로서 수를 적용하기에 이르렀을 때 극히 중대한 일보를 내디뎠던 것이다. 그들의 이 적용은 특히 음악·의학, 그리고 천문학의 분야에 있어서 성과를 거두었다. 그들은 음악에 있어서 어떤 음과 그것의 8도 음정(옥타브)·5도 음정 및 4도 음정 사이에 각각 일정한 수적 비율이 있음을 발견하였다. 이리하여 그들은 소음도 형식을 갖추게 되면 음악으로 변한다는 것, 그리고 수가 그 형식의 원리라는 것을 깨닫기에 이르렀다. 의학에 있어서는 육체를 어떤 요소들의 상호 관계, 즉 더운 것과 찬 것, 젖은 것과 마른 것들의 상호 관계로서 이해하는 동시에, 건강이란 이 요소들 사이에 올바른 수적 비율을 확보함에 달려 있다고 믿었다. 즉 병은 부조화요 건강은 조화라는 것이다. 병과 건강과의 관계는 무질서한 혼돈과 정연한 형식과의 관계와도 같다. 그리고 여기서도 수(數)가 그 형식의 원리인 것이다. 천문학에 있어서는 피타고라스 학도들 사이에도 견해가 구구하였다. 그 중 어떤 사람들은 아낙시만드로스의 천체도를 받아들여 세 개의 천체권으로부터 지구에 이르는 거리의 비율이 음악에 있어서의 4도 음정·5도 음정 및 8도 음정 사이의 비율과 같다고 본 듯하다.[4] 아마 늦게 4세기의 일이긴 하지만, 다른 사람들은 늦게 지구 자체가 하나의 구체(球體)로서 중앙에 자리잡은 불의 둘레를 돌고 있다는 학설을 제기하였다. 그들은 이 중앙의 불과 태양을 동일시한 것 같지는 않다. 그들은 도리어 태양도 지구와 마찬가지로 그 중앙의 불을 도는 하나의 구체라고 보았다. 그들은 이 회전하는 천체의 체계 안에 있어서의 수적 비율을 확정하려고 기도하였다. 그러나 오늘날 이 기도의 상세한 점은 불분명하고 혼미하다.

피타고라스 학도들은 그 밖의 것들에 대해서도 역시 수(數)를 적용하였다. 그들 중의 어떤 이는 결혼은 5에 해당하며, 정의는 4에, 인간은 250에, 식물은 360에 해당한다고 주장하였다. 어떤 비평가들은 이러한 상관 관계 속에서 어떤 의의를 찾아내고자 노력하였다. 그러나 그 밖의 다른 사람들은 그것을 무의미한 것이라 하여 일소에 부쳐 온 것이 보통이다. 실제로 우리는 그것이 지니는 의의에 관해서 아무런 분명한 증거의 제시도 볼 수가 없으며, 따라서 이러한 여러 가지 암시적 설들의 충분한 취지를 판단할 수가 없다. 그러나 이 모든 암시적 설들 속에는 피타고라스적인 독특한 성질을 띤 사상, 즉 가치 있고 훌륭한 것에는 정밀하고 명확한 형식이 필요하다는 사상이 흐르고 있다. 명확하지 못한 것, 정밀하지 못한 것, 부정적인 것은 나쁜 것이요 확연한 것, 정확한 것, 제한적인 것은 좋은 것이다.

---

4) 시적(詩的)으로 설명되고 있는 이 생각은 뒤에 가서 천체들도 음악적 조화를 산출하지만, 인간은 보통 그것을 들을 수 없다는 상상을 일으켰다. 이 '천체의 음악'의 상상은 피타고라스의 설을 오해한 것이다. 희랍어에 있어서 조화는 수학적 비례를 뜻하였다. 수학적 비례가 진동하는 현(弦)이나 이와 유사한 물체의 특수한 경우에 적용될 때에만 조화가 음악적인 현상으로 되는 것이다.

이리하여 수학은 사물들에 대한 그 응용에 있어서 윤리학적 의의를 지니고 있는 것이다. 인간을 포함한 모든 것은 그 요소나 활동이 적당한 비례를 나타낼 경우에 최선의 형태를 띠게 된다. 이 사상은 플라톤의 사상을 비롯하여 후세의 많은 철학 사상에 영향을 끼치게 되었다.

피타고라스의 또 하나의 중심적인 사상은 순결성(純潔性)에 대한 생각이었다. 그리고 피타고라스 학도들이 결합하여 일종의 교단(敎團)을 형성하게 된 것도 원래는 이 순결성을 구하기 위해서였던 것이다. 피타고라스 학도들이 순결성의 추구를 강조한 까닭은, 그들이 오르피크교(Orphism) 및 그보다 더 오랜 어떤 희랍의 제례(祭禮)나 신앙과 밀접하게 연결되어 있었고, 또 직접 그로부터 영향을 받았기 때문이라 하겠다. 아마 피타고라스 자신도, 그리고 그보다 뒤의 피타고라스 학도들은 분명히 영혼의 윤회를 믿고 있었다. 그들의 교설에 의하면, 오직 순결한 영혼만이 육체의 감옥으로부터 벗어날 수 있다고 한다. 플라톤 시대로부터 오늘날에 이르기까지 피타고라스 철학의 비평가들은 끝없는 전생(轉生)에서 벗어나서 육체로부터 완전히 독립하여 존재할 수 있는 부류의 영혼은 적당한 육체적 조화에 그 건전성이 달려 있는 부류의 영혼과 동일시될 수는 없다고 지적하여 왔다. 그러나 피타고라스 교단 내에서는 양쪽 사상이 모두 때로는 동일한 피타고라스 학도들에 의해서 개진되었다. 영혼이 어떠한 것이든지 간에 영혼은 정화(淨化)가 필요하다. 그리하여 영혼 정화의 많은 방법이 제시되었다. 첫째로 영혼은 외적 오염으로부터 정화될 필요가 있다. 이와 같은 정화를 성취하기 위하여 피타고라스 학도들은 많은 금기 —— 아마 원시 시대로 그 연원(淵源)을 더듬어 올라갈 수 있겠지만, 통속적인 미신으로서 그 때까지 남아 있던 많은 금기 —— 의 준수를 채택하고 주창하였다.[5] 더 나아가 영혼은 만일 육체가 생리학적인 면에서 순결해지면 구제를 받는다고 생각하였다. 그리고 이와 같은 육체의 순결화를 위하여 어떤 피타고라스 학도들은 의학에 대한 관심을 가지고 위장의 세척에 관한 지식을 발전시키는 동시에 이것이 건강에 미치는 가치를 역설하였다. 그러나 무엇보다도

---

5) 예컨대 피타고라스 학도들은 콩이나 동물의 심장을 먹는 것, 말[斗] 위에 올라앉는 것, 재[灰] 위에 병 자국을 남기는 것, 침구에다 사람의 신체의 흔적을 남기는 것, 떨어진 것을 줍는 것 등등을 금지당하였다.

영혼에 필요한 것은 음악과 철학에 의한 정화이며, 이것에 의해서 영혼은
나쁜 정욕이나 속된 욕망에서 벗어날 수가 있고, 또 지나치게 세상사에 사
로잡히지 않게 될 수도 있는 것이다. 이리하여 피타고라스 철학은 언제나
그런 것은 아니지만, 상당한 금욕주의적(禁慾主義的) 요소를 포함하기에 이
르렀다.

　피타고라스 학도들은 영혼 정화의 사상을 표현함에 있어 흔히 인상적인
비유를 사용하였다. 예컨대 사람들이 올림픽 경기에 가는 것은 여러 가지
이유에서라고 한다. 즉 가장 무가치한 사람들은 물건을 팔고 돈을 모으기
위해 가며, 이보다 훌륭한 사람들은 경쟁해서 상을 획득하기 위해 간다.
그러나 가장 훌륭한 사람들은 경기를 구경하고 지식을 얻기 위해 간다. 이
와 마찬가지로 인간 생활에 있어서도 어떤 사람들은 이득을 위하여 상업에
몰두한다. 또 어떤 사람들은 명예를 위하여 벼슬 자리를 다툰다. 그러나
가장 훌륭한 사람은 지혜를 위하여 사색에 골몰하는 것이다. 이리하여 피
타고라스 학도들은 이 교의(敎義)에 따라, 세상일이나 실제적인 문제, 혹
은 세속적인 사건 따위를 경멸하도록 스스로 노력도 하고, 또 다른 사람들
에게 가르치기도 하였다. 진정으로 지혜를 사랑하는 사람은 세계로부터 영
혼을 분리하고 세상 사람들이 보통 이해하지 못하는 정복(淨福)을 누리도
록 준비할 것이라고 그들은 주장하였던 것이다.

　세월이 감에 따라 피타고라스 교난은 두 파로 나뉘어진 것 같다. 한 파
는 수사상(數思想)의 과학적인 적용이라고 불러도 좋음직한 것을 중시하였
고, 다른 한 파는 그들이 수의 고찰로부터 얻었으리라고 생각되는 정신적
문제에 관한 식견에 대하여 신비스러운 환희를 느끼게 되었다. 그리고 전
자는 천박한 목적으로부터 영혼을 정화하기 위하여 고도의 도덕적인 교육
과 훈육을 요한다고 보았으며, 후자는 감각에 나타나지 않는 세계에 신비
로운 관심을 품고, 따라서 정치적 및 시민적인 문제에 무관심하게 되었다.
이 교단을 수학적·도덕적 일파와 마술적·신비적 일파로 나누어서 본다
는 것은 흥미있는 일이다. 그러나 기록이 매우 혼미하고, 전해 오는 설 역
시 아리송하기 짝이 없다. 오직 한 가지 우리가 확신할 수 있는 것은, 피타
고라스 철학의 내용은 그다지 일관성이 없는 여러 가지 의견으로 되어 있
다는 것뿐이다.

4. 헤라클레이토스

헤라클레이토스(Hērakleitos, 530~470 B. C.) : 에베소 출신. 그는 자기 조국의 종
교상의 높은 공직을 상속하였다가 동생을 위하여 그 자리에서 물러난 사람이
라고 일컬어지고 있다. 그가 공직에서 물러난 이유에 대해서는, 오히려 조용
한 사색의 생활을 더 좋아했기 때문이라고 보는 것이 적합하다.

헤라클레이토스는 어두운 사람이라는 별명을 가지고 있는 철학자로서,
사람들에 대한 그의 태도는 매우 조소적(嘲笑的)이었다. 대부분의 사람은
자신이 보고 듣는 것조차도 알지 못한다고 그는 주장하였다고 한다. "만일
사람들이 언어를 이해하는 정신을 가지고 있지 않다면, 그들에게 있어서
눈과 귀는 나쁜 증인이다." 과연 자연은 너무나도 복잡하고 미묘하기 때문
에 자연에 대해서 자기들이 관찰한 것을 그대로 믿는 사람은 "있으면서 없
는 것과 다름없는 바보"와도 같다. 감각들은 이성이 피상적인 현상 너머로
꿰뚫고 들어갈 수 있는 경우 이외에는 불안전하며 또한 사람을 기만하기
일쑤이다.

헤라클레이토스의 것으로 여겨지고 있는 가장 유명한 말은 "만물은 유전
(流轉)한다."라는 말이다. 이 말은 보통 자연 속에 어떤 항구적인 실체가
있다는 것을 부인하는 것으로 해석되고 있다. 유전(流轉)만이 실재적(實在
的)이다. 변화한다는 사실만이 변하지 않는다. 그리고 전해 오는 말을 신
빙할 수 있다면, 헤라클레이토스는 흔히 자기의 신념을 짤막한 경구의 형
식으로 표현하는 것이 보통이었다. 기록에 의하면 그는 항상 새로운 물이
흘러 오기 때문에 아무도 같은 물에 두 번 들어갈 수는 없다고 말하였다고
한다. 심지어 헤라클레이토스의 충실한 제자 중 한 사람의 말에 의하면,
아무도 같은 냇물에는 들어갈 수가 없으며, 또한 냇물에 들어서는 순간 사
람도 같은 사람일 수가 없다. 그 까닭은 들어가는 그 순간에도 냇물이나
사람이 모두 변하기 때문이라는 것이다. 그러나 결코 변화는 제멋대로의
무질서한 것이 아니다. 아무리 변화가 끝없는 것이라 할지라도 그것은 반
드시 우주의 불변적 격식에 따라 일어난다. 오로지 감각에만 의해서 판단
하는 사람은 자연 속에 있는 법칙을 파악하지 못할 것이다. 그러나 충분한
이성을 가지고 있는 사람은 자기가 보고 만지고 하는 모든 것이 일정한 명

료한 방식으로 변하고 있음을 발견할 것이다. "태양도 자기의 법도를 넘지 못할 것이요" 그뿐만 아니라 실로 모든 것이 그 법도를 넘지 못할 것이라고 헤라클레이토스는 갈파하였다. 변화란 곧 법도에 따르는 정연한 변화인 것이다. 변화의 구조는 그 자체를 이성의 구현이게끔 하는 하나의 규칙성을 지니고 있다.

　전통적 정설에 의하면, 불을 만물의 궁극적 질료인 동시에 인간이 의식하고 추리할 수 있는 생명 원리(生命原理)라고 보는 견해를 표명한 말을 많이 남긴 것도 역시 헤라클레이토스이다. 이 괴상한 단편들은 상징적인 말로 보여질는지 모른다. 그 까닭은, 불이란 끝없는 유전을 연상시킬 만큼 부단히 타고 있으며, 또 총명한 이성을 연상시킬 만큼 찬연히 빛나는 것이기 때문이다. 그러나 이 단편들만 가지고는 이러한 해석을 정당하다고 확증할 수가 없고, 또한 헤라클레이토스의 불에 관한 이설(理說)과 그 밖의 이설과의 관계에 대한 아무런 단서도 찾아볼 길이 없다.

5.　엘레아 학파

　파르메니데스(Parmenidēs, 520~440 B. C.) : 엘레아 출신. 〈자연에 관하여 (Concerning Nature)〉리는 긴 철학시(哲學詩)를 썼으며, 상당한 부문이 현재까지 남아 있다. 만년에 아테네를 방문하였을 때, 당시 청년이었던 소크라테스를 상면하였다고 전해지고 있다.

　제논(Zēnōn, 490~430 B. C.) : 엘레아 출신. 파르메니데스의 제자.

　파르메니데스는 전통적으로 헤라클레이토스와 정반대의 견해를 품은 대표적 철학자로서 또는 그 주창자로서 정평을 받고 있다. 즉 헤라클레이토스가 생성 변화의 사실을 강조한 데 대하여, 파르메니데스는 진정한 실재(實在)의 불변성 내지 항구성을 강조하였던 것이다. 파르메니데스에 의하면, 잡다한 유전(流轉)의 세계, 분명히 우리의 주위에 전개되어 있는 것으로 보이며 그 안에서 우리가 인간적인 범상한 이익을 추구하고 있는 이 세계는 허망한 세계요 비실재적인 세계라고 한다. 이 세계가 비실재적이라는 무엇보다도 뚜렷한 증거는, 이 세계에 관해서 우리가 표명하는 모든 의견들이 모순에 차 있음을 증명할 수가 있고, 또한 모순을 면할 수가 없다고 하는 사실이다. 그리고 어떠한 의견이든 모순을 지니고 있는 것이 거짓임은 물론이다. 따라서 실재에 관하여 내릴 수 있는 정당한 정의는 오직 한 가지, 즉 불변·부동의 불가분적인 일자(一者)라고 할 수밖에 없는 것이다. 그러나 파르메니데스는 감각적인 대상이나 사건의 실재성을 일소에 부쳐 온 많은 다른 철학자들이 그러하였듯이, 자기의 적극적인 설을 세우는 일에보다는 잘못이라고 여겨진 것을 공격하는 데 더 중점을 두고 있다. 그의 말로서 전해 오는 한 단편에서 그는, "존재하는" 것은 "중심으로부터 모든 방향으로 꼭 같게 균형이 잡혀 있는 원만한 큰 구체(球體)와 같은 것"이라고 말하고 있다. 이것은 하나의 애매한 진술이기는 하나, 그러나 파르메니데스의 생각에는 아마도, "존재하는" 것은 물질적인 하나의 연속체를 이루고 있으며, 따라서 그 연속체에는 안이든 밖이든 결코 공허한 공간은 없다고 여겼던 것 같다.

파르메니데스가 자기의 견해를 변호하는 데 사용하였다고 전해 오는 논증 방식은 이른바 변증법(辨證法)이라는 것이다. 이 변증법이란 어떤 주장을 부인하면 필연적으로 모순에 빠지게 되며, 따라서 그 부인이 논리적으로 지지될 수 없다는 것을 제시함으로써 그 주장을 증명하려는 것이다. 그것은 결코 관찰된 사실들이 가지는 감각적인 명증(明證; evidence)에다 호소하지는 않는다. 그 까닭은 도리어 이 방법에 의해서 관찰이나 감각적 경험의 모든 사실들이 허망하고 믿을 수 없다는 주장을 내세우려는 것이기 때문이다. 그의 논증들 가운데에는 다음과 같은 것이 있다. (1) '존재하는' 것은 존재한다. 그러나 그 밖의 어떠한 것도 결코 존재하지 않는다. 왜냐하면 '존재하지 않는' 것도 또한 존재한다고 가정하여 보라. 이것은 모순이 아닐 수 없다. 따라서 오직 '존재하는' 것만이 존재하는 것이다. (2) '존재하는' 것은 불생·불멸이다. 왜냐하면 그것이 생성된다고 가정하여 보라. 만일 생성된 것이라면, 그것은 존재하는 것에 의해서 생성되었든가 존재하지 않는 것에 의해서 생성되었든가 그 어느 쪽일 수밖에 없다. 그러나 존재하지 않는 것은 무엇을 생성할 수가 없으며, 또 '존재하는' 것은 존재하는 것의 원인이라기보다 오히려 존재하는 것과 동일한 것이라 하겠다. 마찬가지로 또 '존재하는' 것이 소멸된다고 가정하여 보라. 그렇다

면 존재하는 것은 존재하는 것에 의해서 소멸되든가 존재하지 않는 것에
의해서 소멸되든가 그 어느 쪽일 수밖에 없다. 그러나 역시 존재하지 않는
것은 아무런 작용도 할 수 없으며, 또 존재하는 것은 만일 그것이 어떤 작
용을 한다고 할지라도 존재하지 않으면 아니 될 것이요, 따라서 소멸되지
않는 것이다. 그러므로 존재하는 것은 불생·불멸이다. (3) '존재하는' 것
은 불변적이다. 왜냐하면 그것이 변화한다고 가정하여 보라. 그러면 그것
은 존재하는 것이 못 되고, 존재하지 않는 것으로 되어 버릴 것이다. 그러
나 '존재하는' 것이 존재하는 것이 아니라고 생각하든가, 또는 '존재하는'
것이 존재하지 않는 것이라고 생각함은 조리에 맞지 않는 것이다. 그리고
조리에 맞지 않는 것은 확실히 거짓이라고 할 수밖에 없다. 따라서 '존재
하는' 것은 불변적이다. (4) '존재하는' 것은 불가분적이다. 왜냐하면 그
것이 분할된다고 가정하여 보라. 그러면 그것은 존재하는 것에 의해서 분
할되든가 존재하지 않는 것에 의해서 분할되든가 그 어느 쪽일 수밖에 없
을 것이다. 그러나 '존재하지 않는' 것에 의해서 분할된다는 것은 분할되
지 않은 채로 있다는 것이나 다름이 없다. 그리고 또 '존재하는' 것이 '존
재하는' 것에 의해서 분할된다는 것은 양자가 동질적으로 연속해 있다는
것으로서 결국 분할되지 않는다는 말이다. 따라서 '존재하는' 것은 불가분
적이다. 그리고 만일 그것이 불가분적인 것이라면 물론 그것은 일자(一者)
요 유일(唯一)이라고 할 수밖에 없다. 이와 같이 파르메니데스의 전체의 주
장은(특히 부정적인 주장은) 변증법적 방법에 의해서 논증되고 있다.

　파르메니데스는 자신의 견해를 하나의 장편시(長篇詩)로 발표하였다고
한다. 그 제 1 부는 '진리(眞理)의 길(Way of Truth)'로서 방금 위에서 간략하
게 논술한 바와 같은 논증을 제시하여 준 것이며, 그 제 2 부는 '속견(俗見)
의 길(Way of Opinion)'로서 양자 택일이 가능한 견해들, 그 가운데에서도 특
히 파르메니데스 자신이 배격한[6] 피타고라스의 견해의 개요를 제시하여
준 것이다. 이리하여 이 시의 두 부분은 진리와 속견, 지식과 오류, 실재와
가상, 지성과 감각 사이의 대조를 피력하고 있다. 그리고 이 대조는 파르

---

　6) 그럴듯하게 시사되어 온 바에 의하면, 파르메니데스는 젊어서는 피타고라스 학도였다
　　고 하며, 이리하여 그의 시의 제 2 부는 그가 한때 품었다가 그 후 부당하다고 여기게 되
　　었던 속견론(俗見論)을 다룬 것이라고 한다.

메니데스식으로든 혹은 변형된 모습으로든, 후세의 철학적 사색 속에 두고
두고 나타난 것이 사실이다.

엘레아 학파의 제논은 전통적으로 파르메니데스의 학설을 보급시킨 철
학자로 알려지고 있다. 그의 것으로서 전해 오는 단편들 속에 표명되고 있
는 생각들은 모두가 파르메니데스의 단편들 속에 이미 나타나 있는 것들이
다. 다만 제논의 단편은 파르메니데스의 생각을 꾸밈새 있고 생생한 방식
으로 다루고 있다는 차이가 있을 뿐이다. 즉 제논은 역설을 이용하여 철저
하게 자기의 논지를 밀고 나갔던 것이다. 아마도 그는 잡다한 대상과 변화
의 실재성을 믿으려는 일반 사람들의 자연적 경향에 반대하여 파르메니데
스의 입장을 옹호하려고 하였을 것이다. 그렇지 않다면 은연중에 일원론
(一元論) 대신에 다원론(多元論)과 (항구성 대신에) 변화를 주장한 피타고라
스의 설에 반대하여 파르메니데스의 입장을 옹호하고 있었는지도 모른다.

제논의 역설 가운데에서 가장 유명한 것은 다음과 같은 것들이다.

(1) 공허(空虛)한 공간(空間)이란 생각할 수 없는 것이다. 즉 공간은 그
자신 실재하는 것이 아니다. 왜냐하면 공간이란 것은 여러 부분들로 이루
어져 있는 하나의 연속체를 의미하는 것이다. 그런데 이 부분들(또는 점들)
은 크기를 가지고 있든가 크기가 없든가, 그 어느 쪽이 아니면 안 될 것이
다. 만일 그것들이 크기를 가지고 있다면, 그것들은 더 분할될 수 있을 것
이기 때문에 점들이 아니다. 만일 그것들이 크기가 없는 것이라면, 그것들
은 아무리 모여도 크기를 가진 것을 이루지 못할 것이다. 이리하여 실재로
서의 공간의 개념은 터무니없는 것이 아닐 수 없다. (2) 만일 발이 날쌘 아
킬레스(Achilles)와 동작이 느린 거북이가 경주를 하되 출발에 있어서 거북
이가 조금이라도 선두에 서 있다면, 아킬레스는 결코 그 거북이를 앞지르
지 못할 것이다. 왜냐하면 아킬레스가 거북이가 있던 지점에 왔을 때에는,
그 거북이는 아무리 짧은 거리일망정 그 지점으로부터 다소라도 전진해 있
을 것이기 때문이다. 그리고 이와 동일한 관계는 물론 무한히 계속될 것이
다. 따라서 아킬레스는 결코 거북이를 앞지르지 못할 것이다. (3) 공중을
향하여 쏜 화살은 실제로는 움직이지 못한다. 왜냐하면 그 화살은 언제나
그 자체의 길이와 꼭같은 공간을 점유하고 있으며, 어떠한 것이든 그 자체
의 길이와 같은 공간을 점유하고 있는 것은 그 위치에 정지해 있기 때문이

다. 분명히 그것은 그것이 있는 곳에 있을 때에는 움직이지 못하며, 또 그
것이 있지 않은 곳에서는 움직일 수가 없다. 그러므로 화살은 조금도 움직
일 수가 없는 것이다.

　이 역설들은 아무리 그 형식이 우스꽝스럽다 할지라도 그 의도에 있어서
는 자못 진지하다. 그것들은 일상적인 공간이나 운동의 개념에 대하여, 또
는 감각의 명증성(明證性)에 관한 신뢰성의 관념에 대하여 의혹을 품게 하
기 위해서 생각해 낸 것들이었다.

6. 다원론적 학파

　　엠페도클레스(Empedoklēs, 444 B. C.경에 활약) : 시칠리아 섬의 아크라가스 출신
　으로서 생애의 대부분을 남이탈리아의 투리오이에서 살았다. 그는 동시대 사
　람들에게 보통 이상의 능력을 가진 사람이라는 인상을 주었다. 악의적인 한
　전설에 의하면, 그는 사람들로 하여금 자기를 하나의 신이라고 여기게끔 만들
　었으며, 그 때문에 극적으로 남몰래 에트나 화산의 분화구 속에 투신해 버렸
　다고 한다.
　　아낙사고라스(Anaxagoras, 440 B. C.경에 활약) : 이오니아의 클라조메나이 출신
　으로 수년 동안 아테네에서 지냈으며, 정치가 페리클레스와 친교가 있었다고
　한다. 그는 나중에 자신의 구명을 위하여 아테네로부터 도피하지 않으면 안
　되었다. 그 실제적 원인은 아마 정치적 모략 때문이었던 것으로 추측되지만,
　표면상으로는 태양이 신이 아니라 작렬하는 하나의 돌덩이라고 가르쳤다는 이
　유로 무신론자(無神論者)라는 혐의를 받았던 것이다.
　　데모크리토스(Demokritos, 460~360 B. C.) : 아브데라 출신으로 이집트와 아시아
　지방을 널리 여행하였다고 한다. 많은 주제에 관한 그의 놀라울 만큼 방대한
　저술 목록을 보면, 그의 저작이 얼마나 광범위하였는가를 알 수가 있다. 그러
　나 오늘날까지 보존되고 있는 것은 다만 이들 저술의 단편들뿐이다.

　우리는 전통적 견해에 따라 다원론자(多元論者)들을 만물은 유전한다고
본 헤라클레이토스의 사상과, 실재(實在)는 유일 불변이라고 본 파르메니
데스의 사상을 조정하려고 한 사람들이라고 보아도 좋을 것이다. 적어도
그들은 우리가 보거나 만질 수 있는 거시적(巨視的)인 복합적 사물에는 부
단한 변화의 성질이 있다고 보았고, 이 거시적인 사물들을 구성하고 있다
고 여긴 미시적(微視的)인 원소의 하나하나에는 불변의 통일성이 있다고

보았다. 즉 변화하는 사물들은 변하지 않는 부분들로 되어 있으며, 사물에 있어서 일어나는 변화는 동일한 항구적·불가분적인 궁극적 원소들의 재분배 때문이라는 것이다. 요컨대 그들은 이 세계를 다원론적으로 보았고, 그 각 원소는 불가분적(不可分的)인 일자(一者)라고 보았다.

엠페도클레스는 다원론자들 중의 최초의 사람이었으며, 그의 견해는 그의 후계자들의 견해보다 일반적인 희랍 사상의 전통적 생각으로부터 덜 벗어나 있었다. 그의 주장에 의하면, 만물을 구성하고 있는 궁극적 분자에는 네 가지 종류가 있다. 이들 네 가지 종류란, 흙·공기·불, 그리고 물이다. 그는 이 입자(粒子)들을 뿌리(roots, rhizomata)라고 불렀거니와, 아마도 그가 이와 같은 비유적인 말을 택한 까닭은 만물의 생장이 뿌리로부터이기 때문이라고 추측된다. 그러나 이들 네 가지 뿌리에서는 무한히 다양적인 혼합물이 쉴 새 없이 생겨나고 있는 것이다. 그 까닭은 이 네 가지 뿌리가 혼합되는 비율은 그때 그때 형성되는 거시적인 사물마다 무한히 다르기 때문이다. 이와 같은 각 혼합체를 우리는 그것을 구성하고 있는 네 가지 뿌리 중에서 우위를 차지하고 있는 뿌리의 종류에 따라 이름짓고 있다. 그러나 우리가 명명하고 있는 혼합체, 예컨대 흙이라고 부르는 것에는 대개의 경우 많은 변화된 종류가 있을 것이다. 전혀 다른 수많은 거시적인 사물에 대해서 아무 차별 없이 하나의 이름이 통용되는 경우도 흔히 있는 것이다.

엠페도클레스는 입자적(粒子的) 공기의 실재를 확정하기 위한 실험을 한 것으로 전해지고 있다. 그는 사람들이 대개 흙과 물과 불의 실재성을 인정하리라는 것을 의심한 것 같지는 않다. 그러나 공기는 다른 세 원소들보다 감각으로 포착하기가 더 어려운 만큼, 대부분의 사람들은 공기를 궁극적인 원소로 여기기를 주저하리라고 생각하였던 것 같다. 그러므로 그는 공기의 본질적 성질의 증명을 제시하려고 하였다. 그는 이 증명을 얼마간의 공기가 들어 있는 그릇을 물 속에 넣었을 때 그 공기가 배제되기까지는 물이 그 잠긴 그릇 속에 억지로 밀고 들어갈 수가 없다는 것을 보여 줌으로써 수행하였다.

그뿐 아니라 엠페도클레스는 그의 이른바 뿌리들을 혼합체로 결합시키고 다시 그것을 분리시키는 작용인(作用因)에 대한 설명을 제시하려고 하였다. 이 작용인에는 사랑과 미움, 둘이 있다고 믿었다. 전자 즉 사랑은 뿌리들을 결합시켜 거시적 사물들을 이루게 하는 힘이요, 후자 즉 미움은 거시적 사물들을 분해하여 다시 그의 개개의 원소로 돌아가게 하는 힘이다. 그는 이 힘들을 원소들과는 별개의 것이며 밖으로부터 원소들에게 작용하는 것이라고 생각하였던 것 같다. 사랑과 미움에 대한 그의 견해가 얼마나 의인적(擬人的)이며 은유적(隱喩的)이었던가는 오늘날 남아 있는 그의 단편들만 가지고는 쉽사리 결정지을 도리가 없다. 사랑에 의해서 원소들이 결합되면 거기에는 조화와 평화가 깃들게 되고, 미움에 의해서 분리되면 싸움과 불화가 일어난다. 이리하여 질서와 혼돈이 끊임없이 주기적으로 서로 순환하는 것이다.[7]

아낙사고라스도 다원론적 견해를 이어 간 사람이었으나, 세부적인 면에 있어서는 엠페도클레스와 의견을 달리하였다. 아낙사고라스에 의하면, 거시적 대상들의 성질이 매우 다양하기 때문에, 원소의 종류를 다만 흙·공기·불, 그리고 물의 네 가지에 국한할 수는 없다고 보았다. 이리하여 그는 많은 종류의 궁극적인 원소 내지 입자가 있다고 추론하였다. 그리고 이 원소들을 종자(種子;Seeds, Spermata)라고 불렀다. 이 종자는 수적으로 무한인 동시에 크기가 대단히 작은 것이다. 온갖 종류의 성질들은 이들 종자 가운데의 어느 것이 지니고 있는 성질들이다. 그리고 한 복합물의 이른바 성질이라는 것은 여러 종류의 종자들이 혼합하여 그 복합물을 형성할 때 우세한 위치를 차지하는 종자로부터 온 것이다. 종자들 가운데에는 다른 어떠한 것들보다도 더 순수하고 더 기체적이며, 혹은 더 미묘한 종류의 것이 있다. 이러한 종류의 것은 다른 것들처럼 복합물 속에 혼입되지 않으며, 그럼에도 불구하고 만물을 지배하는 힘이요 모든 것의 운동을 일으키게 하는 원인이 되는 것이다. 이것을 아낙사고라스는 '정신(精神;nous)'이라고 불렀다. 이것이 바로 인간에 생기를 불어넣어 주는 것이며, 또 전우주에 질서를 주는 것이다. 아낙사고라스의 비판자들은 플라톤과 같은 고대의 비판자들까지도, 아낙사고라스는 그의 정신의 이론을 충분히 수행해 나가지 않고 사건들이 산출되는 방식의 기계적 설명에다 의뢰하고 있다고 불평

---

7) 엠페도클레스는 그 후세 사람인 아낙사고라스와 데모크리토스가 그러했듯이, 여기에 언급하지 않은 문제들에 대하여도 사색을 하였다. 그는 물질적 충격이 동물의 신체에 감각을 일으키는 방식에 관한 이론을 전개시켰다.

을 말하였다.[8] 그러나 아낙사고라스를 변호하는 입장에 선다면, 그는 정신을 하나의 물질적 실체로 여겼고, 따라서 정신에 의한 설명과 기계관에 의한 설명과의 차이에 결코 생각이 미치지 못하였으리라는 점을 지적할 수 있을 것이다.

데모크리토스는 웃는 철학자라는 별명을 가졌던 사람으로서, 다원론적 입장을 날카롭게, 그리고 철저하게 지켜 간 철학자였다. 그는 다원론의 한 체계를 형성하였거니와, 이것이야말로 희랍이 그후의 철학사상에 이바지한 위대한 공헌의 하나이며, 또한 주요한 철학적 견지의 하나로 되어 왔다. 그는 물질의 궁극적 단위는 그 이상 분할될 수 없는 것이라고 지적하고, 이것을 지칭하기 위하여 '원자(原子; atoma)'라는 말을 사용하였다. 그러나 그의 원자에 관한 견해는 엠페도클레스나 아낙사고라스의 뿌리니 종자니 하는 것에 관한 견해와는 다른 것이었다. 사상적으로 볼 때 그는 두 가지 점에서 분명히 발전된 견지를 취한 사람이었다. 첫째로 그는 여러 원자들은 오직 크기와 형상에 있어서만, 즉 양적인 면에서만 서로 다르다고 주장하였다. 그리고 거시적 대상에서 볼 수 있는 질적 특성들의 어떠한 것도 원자에 대하여는 인정하지 않았다. 그의 주장에 의하면, 복합물이 질적 특성을 지니게 되는 까닭은 등질적인 원자들이 결합하는 구조 방식 때문이라고 한다. 이리하여 우주 안에 있어서는 양은 질보다 더 궁극적인 것이요, 다시 말하면 질은 양의 작용으로 생겨나는 것이다. 그러므로 모든 과학적 설명은 질적 차이를 분해하여 그 바탕인 정확히 계량할 수 있는 양에로 그것을 환원시키도록 꾀하지 않으면 안된다. 둘째로 운동·변화·성장·쇠멸 등을 설명함에 있어서 사랑과 미움이니 정신이니 하는 따위의 외적 힘에 의뢰하지 않았다. 오히려 그는 운동을 원자에 고유한 것이라고 보고, 따라서 모든 변화는 원자 자체의 본성에서 일어난다고 주장하였다. 변화가 일어나는 것은 사실은 그 변화의 과정 속에 있는 원자들의 자연적·자발적인 결과라는 것이다. 엘레아 학파가 공간을 부인한 것과는 달리 데모크리토스는 공허한 공간의 실재성을 긍정하였다. 물론 공간이 실체는 아니다. 그러나 그것은 원자들의 운동에 대한 하나의 필수 조건인 것이다.

---

8) 〈파이돈(Phaedo, Phaidon)〉, 97~99.

과연 공허한 공간이 없다고 한다면, 원자들로부터 우주의 여러 과정을 조성하는 막대한 종류의 사물들이 생겨날 수 없을 것이다. 이리하여 데모크리토스는 "운동에 관해서는 기계론, 구조에 관해서는 원자론, 실체에 관해서는 유물론"[9]이라는 말로 요약되어 있는 입장을 잘 표명하였다. 데모크리토스에 관해서는 비록 그 밖의 문제들에 대한 여러 가지 성찰도 전통적으로 전해 오고 있지만, 그의 사상의 가장 핵심적 이론으로 여겨져 온 것은 원자와 공간에 관한 설이었다.[10]

7. 과학적 전통

식민지 시대의 희랍 철학은 후세에 전해 온 양식이 단편적이요 전설적이었음에도 불구하고 서양 문화의 전통에 크나큰 공헌을 하였다.

뒤이은 모든 세기를 통하여 보람 있게 여겨져 온 몇몇 사상들이 처음으로 피력된 것은 이 식민지 시대였다. 동물의 새로운 종(種)이 재래의 종(種)의 환경 변화에서 생겨난다는 사상, 태양이나 유성과 마찬가지로 지구도 허공 속에 매달려 있다는 사상, 영구성이 없는 세계들이 계기적(繼起的)으로 교체된다는 사상, 불변적인 자연 법칙을 부단하게 변해 가는 사물이나 사건들에 적용할 수 있다고 본 사상, 현상과 실재와를 구별한 사상, 물질의 원자적 구성을 논한 사상——이러한 사상들은 그것을 뒷받침할 증거가 도저히 뒤따를 수 없을 만한 상상에 의해서 구상되었으면서도 여러 시대에 걸쳐 반향을 일으켜 왔고, 후세의 사람들을 자극하여 더 충분한 증거를 찾게 하였으며, 또 전 서양 문명의 지적인 국면을 다채롭게 수놓아 왔다. 그리고 더한층 보람이 있다고 할 수 있는 성과는 피타고라스의 통찰, 즉 수(數)가 인간에게 우주 안의 사건들의 얼크러진 구조를 알 수 있게

---

9) George Santayana, *Three Philosophical Poets*(3대 철학시인) (Cambridge, Mass., Harvard University Press, 1910), p. 27.

10) 그는 프로타고라스의 상대주의(相對主義)에 대한 어떤 반박을 내렸고, 또 도덕에 관한 이론을 옹호하였다고 한다. 전자는 프로타고라스에 대한 플라톤의 반박의 역사적 중요성 때문에 다소 망각되어 왔다. 후자는 쾌락주의적 발전의 일면으로서 나중에 퀴레네 학파·에피쿠로스 학파의 전통과 관련시켜 논하게 될 것이다. 3장 1절 참조.

하는 유효한 하나의 방법을 제공하여 준다는 통찰이 있었다는 사실이다. 특히 16·17세기, 그리고 다시 20세기에 있어서 그러하였거니와, 과학자들이 자연의 설명 원리를 공식화하기 위하여 수학을 이용하였을 적마다 언제나 피타고라스가 다시 한 번 사람들의 지적 생활의 주인공이 되고 있음을 볼 수가 있다.

희랍 식민지 철학자들이 지니고 있는 의의는, 역사가가 서양 문화에 대한 그들의 공헌을 소아시아나 메소포타미아의 여러 큰 제국(帝國)들에 있어서의, 그리고 그보다는 덜 뚜렷할지언정 심지어 이집트에 있어서의 생활의 특성을 이룬 사고 방식과 나란히 놓고 견주어 볼 때 더욱 명백하다 하겠다. 이러한 여러 나라에 있어서는 지적 생활이 거의 전적으로 승려 계급에 의해서, 그리고 기성 종교의 이익을 이론적으로 수호하기 위하여 이루어졌다. 동방에 있어서와 희랍에 있어서의 정신 활동의 대조는 물론 절대적인 것은 아니다. 희랍 사상가들의 중요한 관념들을 얻어 온 원천은 희랍 아닌 곳(특히 이집트)이었고 또 희랍 사상가 중에는 옛날의 통속적 터부[禁忌]를 다시 중시한 피타고라스 학도들에게서 볼 수 있는 바와 같이 독창적인 진보의 노선을 걷기보다는 도리어 반동적으로 나아간 사람들이 있었던 것도 사실이다. 그러나 이와 같은 상반되는 제한을 모두 인정한다 하더라도 과거에 관해서 우리가 알 수 있는 한, 식민지 시대의 희랍 철학자들이 그들과 동시대나 그 이전의 모든 사상가들 가운데에서 가장 뛰어나 있었다고 역사가들이 단정하는 것은 정당한 일이라 하겠다. B. C. 6세기 내지 5세기에 있어 진정으로 뛰어난 철학자들은 옛날 우주 개벽설(宇宙開闢說)을 신봉하던 계급의 사람들이 아니었다. 그들은 주위의 세계를 새로운 안목으로 바라보았으며, 이 세계를 그들이 그 속에서 발견한 것에 의해 분석함으로써 설명하려고 하였다. 자신의 경험이 미칠 수 없는 것들에 관해서 말할 경우에도 그들은 이러한 것들에 대한 자기들의 생각을 자기들이 관찰할 수 있었던 사실에 비추어 철저히 시험해 보았다. 그들은 실험에 의해서 관찰을 보충하는 수단을 강구하고 생각을 시험하는데, 그 당시로서는 절대적인 중요성을 가지고 있었을 관찰의 제조건을 제시하였다. 그들은 어떠한 것도 연구의 대상이 될 수 없을 만큼 신성 불가침한 것으로는 여기지 않았으며, 어떤 것을 귀중하다는 의미에서 신성하다고는 생각하였지만, 연구와 비판의 대상에서 벗어난다는 의미에서는 결코 신성하게 생각지 않았다.

　희랍의 식민지 철학자들이야말로 과학적 정신을 바탕으로 하고 있는 서양 문화의 원천이라 불러 마땅할 것이다. 그들이 세운 전통은 서양 문화의 역사상 주기적으로 소장(消長)·성쇠(盛衰)의 길을 반복해 왔지만, 그 근원을 그보다 이전에 표명된 어떠한 중요한 사상에로도 더듬어 올라갈 수는 없는 것이다. 오늘날 과학이라는 말은 때때로 논쟁적 화제에 오르내리기가 일쑤이다. 즉 '아주 과학적'이라고 할 경우에, 이것은 인정이 있는 사람, 도덕적인 사람, 종교적인 사람 등과 대조되는 말로서, 혹은 또 어떤 사상(事象)을 나타내고는 있되 정당하게 그것을 뒷받침할 만한 증거를 갖지 못한 의견을 고집하는 그 밖의 수법들과 대조되는 말로 사용되고 있다. 그러나 과학적이라고 함은 희랍 식민지의 철학자들에 있어서는 탐구의 정신을 말하는 것이며, 따라서 과학이라는 말을 이러한 의미로 해석한다면, 이와 같은 대조적 의미에서 본다는 것은 온당한 일이 아니라 하겠다. 그렇다면 과학이란 세계니 인간이니 사회니 하는 것들을 끈기 있고 편견 없이 음미하여 나가는 노련한 구상에서 오는 지식이라고 할 수가 있다. 과학적 정신은 일종의 성실한 호기심――즉 옛 전통에 사로잡혀 관찰하는 감각을 흐리게 하거나, 또는 판단하는 정신을 왜곡시키거나 하는 일이 없는 호기심(好奇心)이다. 바로 이러한 유산이 식민지 희랍 사상가들로부터 과학적 정신에 충일한 서양 문명에로 면면히 전해 오고 있는 것이다. 이 유산이야말로 문화적으로 볼 때 이러한 정신으로 탐구를 수행한 사상가들이 훌륭하게 진술해 놓은 다채로운 개별적 사상 자체보다도 훨씬 중요한 것이라 아니할 수 없다.

제 2 장 아테네에 있어서의 철학

1. 희랍의 소피스트들

프로타고라스(Prōtagoras, 480~410 B. C.) : 아브데라 출신.
고르기아스(Gorgias, 483~375 B. C.) : 레온티노이 출신.
히피아스(Hippias, 420 B. C. 활약함) : 엘리스 출신.
프로디코스(Prodikos, 420 B. C. 활약함) : 케오스 출신.
트라시마코스(Thrasymachos, 420 B. C.경에 활약함) : 칼케돈 출신.
이소크라테스(Isokratēs, 436~338 B. C.) : 아테네 출신.

   희랍 식민지에 있어서의 우주론적 사색이 소멸하기에 앞서 1·2세기 동안 희랍인들 사이에는 또 하나의 철학적 움직임이 일어났다. 이 움직임은 기원전 5세기의 후반 동안에 국력과 부가 절정에 달하였던 아테네가 그 중심이었다. 그 대표적 인물들은 본토인이 아니라 희랍의 여러 도시로부터 온 사람들이었다. 아테네로 모여든 까닭은 아테네가 자기들의 포부를 발전시키기에 알맞은 조건을 갖추고 있다고 여겨졌기 때문이다. 이 시기는 일반적으로 페리클레스의 시대라고 불리워지는 시대로서 정치적 업적, 문화의 전성(全盛), 그리고 예술의 숭고성에 대한 인식의 보급 등이 그 어느 때보다도 현저한 시기였다. 이처럼 아테네는 문화적 분위기 때문에 이름이 높았으므로, 각처의 희랍 사람들이 흔히 아테네에 체류하면서 그 사회에 참여하는 일이 많았다. 이와 같은 사람들 가운데는 이른바 소피스트라고 불리우는 일파가 있었다.

   소피스트(sophist)라는 말은 전통적으로나 또는 현재에 있어서나 보통 비난하는 말로 사용되고 있다. 즉 수사학적 허식(虛飾), 지적 천박성(淺薄性), 심지어는 도덕적 불성실(不誠實)을 의미하고 있는 것이다. 옛 문구가 단적으로 표명하고 있는 바와 같이 "좋지 않은 이론을 좀더 좋게 만들고자 하는" 사람을 대체적으로 소피스트라고 부른다. 그리고 희랍의 역사상에는 편파적이기는 하지만 이런 용어에 대한 보증이 될 만한 사실들이 실제로 있는 것이다. 플라톤은 소피스트라는 것을 평하여 "부유하고 뛰어난 젊은 사람들을 돈을 받고 낚는 사냥꾼"이라고 하였으며, 아리스토텔레스는 소피스트의 특징을 "피상적인 지혜를 농(弄)하여 돈을 벌려고 하는 사람"[1] 이라고 표현하였다. 플라톤과 아리스토텔레스가 이와 같은 평을 한 기원전 4세기에는 소피스트의 활동이 이미 퇴폐해 있었으며, 어느 정도는 플라톤이나 아리스토텔레스가 말한 바와 같은 비난을 받을 만하게 되어 있었다. 그러나 기원전 5세기에 있어서의 소피스트의 활동은 전성기에 달해 있었고, 소피스트들은 '지자(知者)'라고 자처하면서 오만을 부리기로 이름이 높았다. 그들은 거리낌없이 자기들은 훌륭한 태도, 사회적 성공의 기술, 웅변에 의해서 집회를 좌우하는 방법, 정치적으로 출세하는 데 필요한 술책 등을 가르칠 수 있다고 호언 장담하였다.

설령 그처럼 소피스트들이 자화자찬한 태도에 약간의 단순한 오만이 있었다 하더라도, 그들의 활동은 역시 희랍의 철학 발전에 있어서 지대하고 중요한 공헌을 한 것이 사실이다. 이 공헌이란 그들이 문화적·예술적, 그리고 정치적 문제들에 대한 점차로 증대해 가는 식자들의 진정한 관심에 대하여 필요한 이론적 토대를 제공하려고 노력하였다는 사실이다. 그것은 페리클레스 시대의 찬란한 사회적 성취와 관련된 철학적 성취였다. 일부에서는 식민지 철학자들의 우주론적·자연주의적 관심을 이어 간 소피스트들도 없지 않았지만, 그들의 활동의 중점은 어디까지나 근본적으로 인간 중심적이었다. 따라서 이들의 활동이 희랍인의 생활에 미친 영향은 철학적 탐구의 대상을 옮겨 놓은 점 —— 물리적 자연으로부터 인간에로, 이해를 초월한 과학으로부터 실제적 인간 문제에 대한 근본적 관심에로, 좀더 궁극적인 것으로부터 좀더 직접적인 것에로, 세계의 분석으로부터 세계를 다루는 기술과 방법의 안출에로 옮겨 놓은 점 —— 에 있다고 지적할 수 있다. 그들이 관심을 기울인 것은 문법과 수사학이요, 웅변술과 시학(詩學)이요, 여러 가지 문학적 스타일의 장단점이요, 교육과 정치학이었다. 그들은 우주론적 탐구의 문제에 대하여는 반드시 그런 것만도 아니지만, 대개

---

1) Platōn, *The Sophist*, 223b. Aristotéles, *De Sophisticis Elenchis,* 165a22.

는 어떤 만족할 만한 해결을 얻는 가능성에 관하여 회의적이었다. 그러나 객관적인 자연이 문젯거리인 채로 남아 있는 세계 안에서라도, 인간은 시민적인 사회 생활 속에서 자기 자신의 힘을 유리하게 발전시켜 나갈 수 있으리라는 자신을 품고 있었다. 소피스트들은 예의 바르고 세련되고 세계주의적이었으며, 또 번영을 사랑하고 잘 사는 데 관심을 기울였다. 그들은 잘 산다는 말의 두 가지 의미, 즉 안락하게 또는 심지어 호화스럽게 산다는 의미와 점잖게 또는 훌륭하게 산다는 의미와의 두 의미를 혼동하고 있었던 것같이 보인다. 그들이 때로는 안락하게 사는 것이 곧 훌륭하게 사는 것이라고 생각하였음은 거의 확실하다.

소피스트들의 이름이 오늘날에 와서는 나쁜 의미로 사용되는 경우가 보통이거니와, 이러한 소피스트들은 플라톤이 그의 저술 속에서 묘사한 바로 그 소피스트인 것이다. 이 장의 첫머리에 소개된 사람들 중에서, 그 저서가 오늘날까지 전해 오는 사람은 오직 이소크라테스뿐이다. 그는 화려한 문체를 계발(啓發)해 준 교훈적인 훌륭한 논문을 썼다. 그 외의 소피스트들은 현존하는 저서로써 알려져 있는 것은 아니다. 그들은 주로 플라톤이 서술한 비체계적이며 확실히 풍자적인 성격 묘사를 통하여 소개되어 있다. 플라톤은 익살맞게 히피아스를 기억술을 발명한 사람이라고 칭찬하고 있다. 그리고 프로디코스에 대해서는, 거의 같은 뜻을 지닌 말들의 의미를 세밀히 구별해 보려고 열심히 부자연스러운 잔꾀를 부렸다고 묘사하였다. 플라톤이 진지하게 주의를 기울인 사람은 프로타고라스 · 트라시마코스, 그리고 고르기아스였다. 그러나 플라톤이 이들 중에서 그나마도 호의를 가지고 다룬 사람은 다만 프로타고라스뿐이었다.

프로타고라스는 예로부터 "인간은 만물의 척도(尺度)이다."[2]라는 명제(命題)로 유명한 사람이다. 우리가 프로타고라스에 관해서 아는 것은 모두가 이 명제 속에 내포되어 있는 사상의 부연(敷衍)으로서 다루어질 수 있을 따름이다. 프로타고라스는 모든 사물을 인간 자신에게 나타나는 대로, 그리고 그것들이 인간 문제에서 맡아보는 구실에 의해서 판단하지 않을 수 없다는 것을 강조하고자 한 것같이 보인다. 그는 엘레아 학파나 피타고라

---

2) Platōn, *Theaetetus*, 152a.

스 학파나 그 밖의 식민지 철학자들의 우주론적(宇宙論的) 내지 수리적(數理的) 사색과 같은, 자기에게는 환상적인 과장처럼 여겨진 것에 대해서는 거들떠보지도 않았다. 그는 엘레아 학파로 하여금 감각의 자명성(自明性)을 배격하는 데까지 이르게 한 변증법적 방법을 물리쳐 버렸고, 원자론자들이 일상적 경험의 대상을 분석하여 아무도 관찰할 수 없는 뿌리니 종자(種子)니 원자(原子)니 하는 것 따위에 의해서 설명하려는 것에 대해서도 반대하였다. 또한 정방형의 변과 대각선(맞모금)은 아무리 작은 단위일지라도 공통 단위에 의해서는 측정될 수 없다는 피타고라스의 주장에도 반대하였고, 실재(實在)라는 것을 무한정자(無限定者)니 수(數)니 점(點)이니 하는 것과 같은 추상물에다 귀일시키려는 데 대해서도 반대하였다. 그는 이와 같은 모든 까다로운 이론에 반대하여, 소박한 인간의 입장에 서서 실제로 눈으로 보거나 만져 보는, 또는 그 밖에 여러 감각 기관을 통해 경험할 수 있는 것들만이 실재적이라고 주장하려 하였다. 그는 인간이란 일단 자기의 감각을 불신할 경우에는 모든 건전성을 상실하는 것이라고 여겼던 것 같다.

그러나 프로타고라스의 사상이 중요한 까닭은, 아무런 음미도 받지 않은 통상적인 인간의 경험을 신뢰하였다는 점에 있는 것이 아니라, 이 신뢰를 바탕으로 하여 그 이상의 지론을 품게 되었다는 데 있는 것이다. 가끔 '상식석 신념'이라는 것을 지지하는 사람들에게서 보는 바와 같이 프로타고라스에 있어서도 최초의 의견을 그대로 주장해 나갈 때, 그 이상으로 근본적인 의미가 그 의견 속에 내포되어 있음을 인정하지 않을 수 없다는 사실이 밝혀졌다. 왜냐하면 만일 감각을 통해서 관찰할 수 있는 것만이 실재적이라고 한다면, 실재(實在)는 사람에 따라 전혀 달라지지 않을 수 없기 때문이다. 포도주는 건강한 사람에게는 달지만 병든 사람에게는 쓰다. 물은 어떤 사람에게는 덥게, 그리고 어떤 사람에게는 차게 느껴진다. 동시에 본 빛깔과 형태도 사람에 따라 다르게 보이며, 같은 사람에게도 때에 따라 다르게 보이기도 한다. 그리고 꿈은 직접적으로 경험하는 것처럼 지각되며, 환각도 다른 어느 것이나 마찬가지로 사실처럼 일어나는 것이니만큼 꿈이나 환각들도 사람이 볼 수 있는 어떤 다른 것에 못지않게 실재적이라 할 수 있을 것이다. 이리하여 프로타고라스는 일단 자기가 인간을 만물의 척도로 삼아 버린 이상, 개인적 경험을 넘어서 객관적이며 보편적인 실재에다 호소할 길이 없었다. 그에게 있어서는 인간의 모든 경험으로부터 독립하여 있거나, 혹은 여러 사람들의 경험에 공통해 있는 하나의 세계를 상정한다는 것은 무의미한 일이었다. 사람의 의견은 으레 그 사람에게 나타나는 것을 토대로 하고 세워지는 것이라고 프로타고라스는 주장한다. 다시 말하면, 지각한다는 것이 곧 아는 셈이 되는 것이다. 그러므로 어떤 사람이 관찰하는 것이 그 사람에게는 실재적이며 다른 사람에게는 실재적이 아닐 수도 있는 것과 마찬가지로, 어떤 사람이 믿고 있는 것이 그 사람에게는 진리이며 다른 사람에게는 진리가 아닐 수도 있다. 이와 같이 프로타고라스가 자기의 근본 명제를 발전시켜 감에 따라, 실재와 지식이 다 같이 개인에 따라 상대적인 것이 되지 않을 수 없었다.

　실재(實在)와 지식(知識)에 대한 이 노골적이며 방자한 상대주의는 몇 가지 양식으로 다루어질 수 있을 것이다. 유력한 증거에 의해서 지적할 수 있는 한에 있어서는, 모든 소피스트들이 근본적으로 상대주의의 입장에 서 있다고 하겠다. 그러나 여러 소피스트들은 제각기 다른 방식으로 이 상대주의를 발전시켰다. 상대주의는 방종한 개인주의로 되어 버릴 수도 있을 것이요, 혹은 관습에 의해서 억제당할 수도 있을 것이다. 고르기아스는 프로타고라스와 같은 시대의 소피스트로서, 위에 말한 두 가지 길 가운데에서 전자 쪽으로 치우쳤다고 볼 수가 있다. 그는 다음과 같은 기발하게 여길 만한 주장을 한 사람으로 유명하다.

　"첫째로, 아무것도 존재하지 않는다. 둘째로, 어떤 것이 존재한다 하더라도 그것을 알 수가 없다. 셋째로, 어떤 것을 알 수가 있다 하더라도 그 지식은 전달될 수가 없다."

　이 야릇한 주장의 진정한 의미는 확실하지 않다. 그러나 이 주장은 아마도 다음과 같은 것을 의미하고 있으리라 생각된다. 첫째로 어떠한 것도 어떤 관찰자에게 그것이 나타나는 현상(現象)보다 앞서서 그 현상으로부터 독립해 있는 대상으로서는 존재하지 않는다는 것, 둘째로 이러한 대상이 설령 존재한다 하더라도, 사람은 오로지 자신의 관찰에만 의지할 수밖에 없는 만큼 그것을 알 수가 없다는 것, 그리고 셋째로 설령 우연히 어떤 사람이 현상으로부터 독립해 있는 대상에 대하여 어떤 지식을 얻었다 하더라도 타인이 그 사람과 꼭 같은 관찰을 할 수가 없는 만큼 그러한 지식을 타인에게 전달할 수 없으리라는 것. 만일 고르기아스가 그러한 의미에서 주장하였다는 것이 사실이라면, 이러한 입장은 훨씬 더 보수적인 프로타고라스의 눈에 현명한 것으로는 보이지 않았을 것이다. 프로타고라스는 오히려 실제적인 목적을 위해서는 사람은 그의 동료들의 공감에 의하여 승인된 대상 내지 의견을 각각 실재 내지 진리로 인정해야 한다고 가르쳤던 것이다. 상대주의적 학설 위에 섰을 때 우리는 적어도 대개의 경우에 있어서 이 프로타고라스의 가르침을 따를 수가 있다. 그 까닭은 솜씨 있는 타협에 의해서 성공을 할 수가 있을 경우에, 우리는 자기 자신의 개인적 견해를 주장할 근거를 갖지 않기 때문이다. 프로타고라스가 사람은 어느 정도까지 사회적 관습에 복종해야 한다고 보았는가 하는 것은, 오늘날 정확하게는 단정할 길이 없다. 그러나 알려진 바에 의하면 그가 적어도, 사람들이 자기들의 마음에 드는 의견을 지나치게 완강하게 주장하는 것을 경고한 것만은 사실이다. 관습에 대한 건전한 존중은 개개인의 상충하는 주장들 사이에서 효과적인 조정을 이룰 수 있는 유일한 수단이다. 고르기아스는 관습을 무시하는 데까지 상대주의를 강조해 가려고 한 것같이 보인다. 이에 대해서 프로타고라스는 오히려 상대주의를 이용하여 사람들로 하여금 그 당시의, 그리고 그들의 도시의 관습에 대해서 적절하고 원만한 관계를 유지케 하려고 한 것같이 보인다.

　소피스트의 활동 가운데에서 가장 논의 대상이 되는 것은, 도덕 문제에 대한 그들의 상대주의의 적용이다. 우리가 알 수 있는 한, 모든 소피스트들은 종래 도덕을 좌우해 온 종교적 권위를 배격하였다. 바로 신의 존재 그 자체가 의심스러우며, 설령 신이 존재한다 하더라도 사람은 자기의 의지를 신의 의지에다 예속시킬 필요가 없다. 자기에게 좋은 것을 가장 잘 판단할 수 있는 것은 각자 자신인 것이다. 그리고 자기에게 좋은 것이란 다름 아닌 자신이 원하는 것이요, 그에게 이익을 베풀어 주는 것을 말한다. 어떠한 사람도 자기 자신의 좋은 것을 어떤 신학적·정치적, 또는 사회적 억압 때문에 희생시켜야 할 의무는 없다. 플라톤의 어떤 〈대화편(對話篇)〉 속에서는 제우스가 모든 사람에게 '양심과 염치심'[3]을 주었다고 프로타고라스가 말한 것으로 되어 있다. 여기서 제우스를 내세운 것은, 프로타고라스에 있어서는 단순히 하나의 수사학적 술책에 지나지 않는 것이다. 그 견해의 요점은, 즉 양심과 정의감은 인간의 내적 감정에서 우러나오는 개인적 신념이며, 더 이상의 훈련이나 객관적인 시정을 할 수 없는 것이라는 생각이다. 사람들은 선악에 관하여 각자의 느낌에 따라 느낄 뿐이다. 각자의 느낌이 일치하지 않는 사람들 사이에 있어서 객관적으로 타당한 논증의 근거란 있을 수 없다.

실재(實在)와 지식(知識)에 관한 학설의 경우와 마찬가지로, 도덕면에 있어서의 상대주의도 또한 철저한 개인주의로 빠져들든가 그렇지 않으면 보수적인 방향으로 나아가든가 할 가능성을 내포하고 있다. 트라시마코스는 예로부터 전자 편에 선 사람으로서 유명하다. 그는 플라톤에 의하여, "정의(正義)라는 것은 강한 자의 이익을 의미한다."[4]는 명제를 주창한 사람으로서 묘사되고 있다. 어떤 공동체 안에서 정의로서 통하는 것이란, 자기에게 복종하는 약한 대중에게 자기의 기호나 취미를 강요하는 가장 강한 사람의 의지 이외의 다른 것이 아니다. 물론 누구든지 만일 지배자의 의지를 무시하고 그에 따르는 벌을 성공적으로 피할 수 있다면 전적으로 지배자의 의지를 무시해도 좋을 것이다. 그러나 그는 이로써, 사실에 있어 더 강한 사람은 그 지배자가 아니라 자기라는 것을 입증하는 것이다. 그러나 프로타고라스는 다른 문제들에 있어서와 마찬가지로 도덕의 문제에 있어서도 상대주의를 극단적인 개인주의의 방향으로 밀고 가려고 하지는 않았다. 그는 훨씬 더 신중한 방법을 주장하였다. 인생에 있어서 성공하기를 원하는 사람은 감히 지나친 배짱을 부리지 못하는 법이다. 그 까닭은, 사람이란 아무리 강하더라도 자기의 도시나 공동체와 등겨서 독불장군으로 살 수 있을 만큼 강할 수는 결코 없기 때문이다. 그는 사회라는 현존하는 구조 속에서 자기의 목적을 수행하여 감으로써 보다 많은 성공을 거둘 수가 있는 것이다. 확실히 어떠한 것도 본디부터 그 자체로서 좋다고 불리워질 수는 없음이 사실이다. 그러나 관습에 의해서 좋다고 말할 수 있는 것은 얼마든지 있다. 현명한 사람이란, 오직 그것을 통해서만 자기 자신의 이익이 획득될

---

3) *Protagoras*, 332.
4) *Republic*, 제1권, 338c.

수 있는 사회적 힘에다 자기의 취미와 욕망을 적합(適合)시켜 나갈 줄 아는 사람을 말한다. 그러한 사람은 주장할 때와 양보할 때를 알고 있을 것이다. 그리고 관습은 시대에 따라 변천하며 집단에 따라 다른 만큼, 도덕이라는 것도 변천하는 법이다. 아테네에서 좋다고 하는 것이 스파르타에서는 나쁠 수도 있을 것이며, 또 그 반대되는 경우도 있을 수 있다. 잘 살기 위해서는 사람은 변동하는 관습에 적응해 나가지 않으면 안 된다. 그러나 동포들의 사랑을 받고 그들의 생각을 좌우할 수 있을 만큼 지성이 뛰어난 사람에 대하여서는, 어떠한 절대적인 도덕적 명령도 아무런 구속력을 갖지 못한다. 그리고 설령 어떤 사람이 지성적이어서 자기 주변의 관습을 인정할 만한 지혜를 발휘할 경우일지라도, 그는 자기 자신의 욕망, 그리고 자기가 원하는 것을 획득할 수 있는 좋은 기회에 대한 자기의 평가 이외에는 도덕적 문제에 있어서 자신을 지도할 아무런 권위도 갖지 않았다.

2. 소크라테스

소크라테스(Sōkratēs, 469~399 B. C.) : 아테네에서 출생하여 그곳에서 생애를 마침. 그는 중류 가정 출신으로서 아버지는 조각가였고, 어머니는 산파였다. 그는 자기 아버지의 직업에 대해 훈련을 쌓았으나, 결국은 이 직업을 버리고 자기 자신과 가족의 부양 방책을 강구하는 데에는 뜻을 두지 않았던 것 같다. 그는 결혼하여 수명의 자녀를 두었다. 부인 크산티페(Xanthippe)는 예로부터 남편을 쥐고 흔든 사나운 여자로 전해 오고 있다. 그러나 만일 플라톤의 〈파이돈(Phaedo)〉편이 믿을 만한 것이라면, 이들 부부의 관계는 서로 의가 두터웠다고 볼 수 있다. 그의 생애에 걸친 주요한 일은 도덕 문제에 대한 성찰이었다. 그는 자기의 말을 듣고 싶어 하는 사람은 누구나 토론에 끌어들여서 공공연히 끈기있게 이 성찰을 수행해 나갔다. 길 모퉁이에서든 또는 광장이나 시장에서든, 언제나 그는 그를 존경하는 사람이나 호기심을 갖는 방관자의 무리에 의하여 둘러싸이곤 하였다. 그는 가차없는 질문과 풍자적인 비평 때문에 많은 적을 만들었다. 그 반면에 또 그의 성격이 지니고 있는 매력과 고결한 특징 때문에 친구도 많았었다. 그는 아무런 저술도 남겨 놓지 않았다. 그러나 그의 대화의 영향은 광범위하고도 깊었기 때문에, 역사상 그는 철학적으로 가장 중요한 인물로서 공인되고 있다. 그에 관한 묘사는 그와 사적으로 친숙하였던 세 사람—— 즉 플라톤·아리스토파네스 및 크세노폰에 의하여 전해 오고 있다. 이 세 사람의 묘사는 일치하지 않으며, 오늘날 우리에게는 이것들을 비교하여

어느 것이 확실한가를 결정지을 만한 분명한 근거가 없다. 그러나 플라톤이
전해 준 묘사가 역사적으로 인정되어 온 묘사이며, 따라서 플라톤의 〈대화편〉
속에 등장하고 있는 소크라테스라는 인물이야말로 부당하게 이상화되어 있든
정확하게 그려져 있든 간에, 문학적 및 철학적 전통 속에 살아 있는 소크라테
스인 것이다. 그는 명랑하고 재치가 있었으며, 만찬회나 연회를 즐겼었다. 그
는 드디어 '신에 대하여 불경건하며 청년을 타락시킨다'는 죄목으로 고발을
당하였다. 그는 아테네 의회에 의해서 유죄로 인정되어 사형 선고를 받았다.
그의 재판과 죽음에 관해서는 직접 그것을 목격한 플라톤이 그의 〈소크라테스
의 변명(_Apology_)〉·〈크리톤(_Crito_)〉·〈파이돈(_Phaedo_)〉에서 묘사하고 있다. 그의
성격은, 아마도 플라톤이 그렇게 생각한 것이겠지만, 플라톤의 〈향연
(_Symposium_)〉 끝머리에서 알키비아데스의 입을 통해 소개되어 있다.

소크라테스와 플라톤은 문헌 속에서 서로 얽혀 있기 때문에, 역사적 사
실 면에서 그들을 분리하기란 어려운 일이다. 소크라테스는 플라톤의 〈대
화편〉 중의 후기의 몇 편을 제외한 모든 작품 가운데에서, 대화를 이끌어
가는 주도적 인물로 등장하고 있다. 플라톤이 소크라테스의 입을 통해서
말한 것 중에서, 어디까지가 역사적인 소크라테스의 말이며, 어디까지가
플라톤의 문학적·철학적 천재에 의해서 보태진 것인가 하는 것은, 오늘날
확신을 가지고 단정할 도리가 없다.[5] 이 문제에 대한 그럴듯한 하나의 가
정은 플라톤의 초기의 〈대화편〉들은 그 대체적인 내용이 주로 소크라테스
적이지만 후기의 〈대화편〉들은 플라톤 자신의 성숙한 사상을 나타낸 것이
라는 것이다. 플라톤이 추진하여 간 성찰의 노선이 소크라테스에서 시작되
었다는 것만은 분명하다. 그렇지만 확실히 플라톤도 또한 이어받은 사상의
테두리 안에서 일생 동안 머물어 있기에는 너무나도 날카로운 사상가였다.
그러나 소크라테스가 심어 놓은 싹과 플라톤이 이룩한 발전 사이에는 물론
어떠한 선명한 경계선도 그을 수가 없는 것이다.

---

5) 근래의 가장 훌륭한 두 사람의 희랍 철학사가, 즉 버넷과 테일러는 플라톤의 모든 〈대화
   편〉은 역사적으로 액면 그대로 인정할 수 있다고 주장하였다. 그들이 이렇게 생각한 근
   거는 플라톤은 너무나도 양심적이었기 때문에 어떤 사람이 실제로 말하는 것을 듣지 않
   고서는 그 사람이 하지도 않은 말을 꾸며대지 못하였으리라는 신념이었다. 이 극단적 견
   해에 대하여 대부분의 다른 학자들은 결코 수긍하지 않고 있다. 그 견해를 물리치는 훌륭
   한 근거는 쇼레(Paul Shorey)에 의해서 제시되고 있다. Paul Shorey, _What Plato Said_(Chicago,
   University of Chicago Press, 1933), p. 21.

소크라테스와 플라톤과의 사이의 사상적 구별을 지을 수 있는 가장 유력한 방법은 아마도 소크라테스에 대한 아리스토텔레스의 비평에서 찾을 수 있을 것 같다. 아리스토텔레스는 소크라테스를 직접적으로는 알지 못하였다. 즉 그는 소크라테스가 세상을 떠난 지 수년 후에 탄생하였던 것이다. 그러나 그는 플라톤과는 다년간의 교분이 있었을 뿐더러 그 관계가 대단히 밀접하였다. 그러므로 오늘날 우리가 플라톤의 사상에 관해서는 다만 그의 〈대화편〉을 읽고 그로부터 얻는 주관적 인상에 의하여 추단할 수밖에 없는 데 비하여, 아리스토텔레스는 플라톤과의 직접적 토론을 통해서 배웠으므로, 오늘날 우리가 습득할 수 있는 것보다 더 많은 것을 습득하였으리라는 것은 추측되고도 남음이 있는 일이다. 그리고 아리스토텔레스가 저술 활동을 한 것은 소크라테스가 아테네 사회에서 논의의 대상이 된 훨씬 뒤의 일이었으며, 그는 소크라테스의 가치를 과장하거나 또는 깎아내리거나 할 아무런 이유도 없었을 것으로 보인다.

이리하여 만일 우리가 아리스토텔레스의 견해를 인정한다면, 우리는 소크라테스의 철학상의 공헌의 평가에 대한 공정한 하나의 지침을 갖는 셈이 된다.[6] 이 아리스토텔레스가 내린 평가를 이용하고 그것을 플라톤의 〈대화편〉에다 덧붙여 생각해 보면, 우리는 철학사에 있어 소크라테스의 위치를 다음과 같이 요약할 수 있을 것이다.

소크라테스는 윤리적 문제에 골몰하였다. 그리고 자연계에 대해서는 관심을 갖지 않았다. 오히려 그는 보편적인 것을 윤리적 문제에서 찾았으며, 처음으로 정의(定義)라는 것에 대해 주의를 기울인 사람이었다.

소크라테스는 그가 거의 모든 관심을 기울였던 분야에서 볼 때에는 소피스트와 유사한 바가 있다. 즉 그도 역시 소피스트들과 마찬가지로 종래의 우주론적 사색으로부터 방향을 돌려, 인간에 관한 문제들의 분석을 자기의 중심 과제로 삼았던 것이다. 그러나 그가 우주론적 문제들을 돌아보지 않은 까닭은 소피스트들의 경우와 같았던 것으로는 보이지 않는다. 소피스트들은 인간의 정신은 결코 물리적 세계의 본성에 관한 객관적 명백성에

---

6) Aristotelēs, *Metaphysics*(형이상학), 987b1-4. 1078b17-31.

도달할 수 없다는 지각설(知覺說)을 주장하였다. 이에 반하여 소크라테스는 만일 우리가 플라톤의 〈대화편〉들을 정당하다고 여길 수 있다면, 소피스트들과 같이 상대주의적도 아니요, 주관주의적도 아니었다. 그는 많은 문제에 관해서 회의적이었다. 그러나 그가 회의적이었던 까닭은, 그가 완전한 회의주의만이 유지될 수 있는 것으로 보는 어떤 일반적인 인식론적(認識論的) 사상을 품고 있었기 때문이 아니라, 근거 없는 억측과 진정한 지식과의 차이를 깨닫고 있었기 때문이다. 그는 어떠한 사실의 문제에 관해서나 경험에 의한 명증의 필요성을 존중하였기 때문에, 자기의 경험의 영역을 초월한 어떠한 사실의 문제에 대해서도 의견을 품으려 하지 않았던 것같이 보인다. 플라톤의 그에 관한 서술을 보면, 그는 누누이 자기가 무지하다는 것을 고백하고 있다. 이 고백은 때로는 수사상의 목적을 위하여 풍자적으로 말하여지기도 하였지만, 아마도 본래는 진정한 마음에서 우러나왔을 것이다. 재판을 받는 자리에서 그는 아테네 사람들에게, 자기는 아낙사고라스처럼 태양은 신이 아니라 하나의 돌덩이라고 주장한 일이 없다고 증언하였다.[7] 그러나 그렇게 말하였다고 해서 자기가 태양에 관한 자연주의적인 설명이 도덕적으로나 종교적으로 위험한 짓이라고 생각한다는 암시는 조금도 주지 않고 있다. 오히려 그는 충분한 명증성이 없는 진리에 대하여 의견을 내세우는 사람들과는 관계를 끊으려고 하였던 것같이 보인다. 그는 직접적으로 다룰 수 있는 문제나 또는 뒷받침이 되는 이유를 제시할 수 있는 문제에만 국한하려고 하였다. 그리고 무엇보다도 그는 윤리적인 문제들에 대한 자기의 관심을 강조하고자 하였으며, 다른 사람들이 억지로 부적당한 고찰을 가함으로써 이러한 문제들의 해결을 혼란에 빠뜨리는 것을 그대로 내버려두려고는 하지 않았다. 그가 철학을 멸시한 것은 아니다. 그러나 그는 억측에 의해서 개진된 의견과 주의 깊게 확증된 결론과의 차이를 예리하고 민감한 눈으로 중요시하였던 것이다.

소크라테스는 도덕설(道德說)에 있어 소피스트들과는 정반대였다. 그는 객관적 타당성을 가진 기준에 의해서 옳다고 인증되지 않는 한 인간의 욕망을 신뢰하려고 하지 않았다. 또 감정이라는 것에 대해서도 진정으로 좋

---

7) Platōn, *Apology*, 26c-d.

은 것을 제시하는 지침으로서 신뢰를 두려고 하지는 않았다. 언제나 그는 인간이 선택할 수 있는 어떤 특정한 목적을 넘어서, 그 목적을 판단하는 데 의거할 보편적 기준에다 호소하고 있었던 것이다. 물론 보편적인 것은 알기 어려운 것일는지 모른다.

그러나 보편적인 것이 존재함은 부인할 수 없으며 오랜 토론을 통해서 우리는 그것을 알아낼 수가 있을 것이다. 보편적인 것에 대한 인식은 특수적인 것에 대한 판단의 예비적 과정이라 하겠다. 그러므로 언제나 소크라테스는 가지각색의 바른 행위나 경건한 행위를 예시함으로써 정의(正義)나 경건(敬虔)의 본질을 정의할 수 있도록 사람들을 지도하려고 하였다. 플라톤은 자주 소크라테스를 다음 구절8)에 나타나 있는 식으로 구별한 사람으로서 묘사하고 있다.

　　나는 그대에게 사람이 행할 수 있는 경건한 행위들을 주워섬기도록 요구한 것이 아니라, 모든 경건한 행위를 경건하게끔 하는 경건이라는 것 자체의 본질을 말하여 보도록 요구한 것이다.

소크라테스는 언제나 (그에 대한 플라톤의 묘사를 보면) 그의 겸허한 무지의 고백 속에서, 보편적인 것은 장시간에 걸친 진지하고 또 한결같이 지성적인 탐색을 통하여 밝혀질 수 있다고 하는 자기의 확고한 신념을 암시하여 주었다.

소크라테스의 주장에 의하면, 한편 특수한 사물들이나 행위들은 관찰할 수는 있어도 정의 내릴 수는 없으며, 반면 보편적인 것은 정의 내릴 수는 있어도 감각적으로 관찰할 수는 없다고 한다. 그러므로 그는 도덕적 인식을 얻는 수단으로서 감각을 경시하고 이성을 중시하였다. 그렇지만 보편적인 것은 귀납적인 일반화에 의해서 도달될 수가 있다. 다시 말하면 보편적인 것이 나타나 있는 모든 경우들에 있어서의 공통적 요소를 이끌어 냄으로써 발견될 수가 있는 것이다. 그러나 이 방법에는 피할 수 없는 하나의 난점이 내포되어 있다. 왜냐하면 보편적인 것이 나타나 있는 경우 우리는 어떠한 것들인가를 알기 위해, 이보다 앞서 그러한 경우들을 선택하고 기록

---

8) *Euthyphro*, 6d-e.

하는 데 있어 기준으로 삼아야 할 그 보편적인 것을 미리 알고 있지 않으면
안 되기 때문이다. 그렇기 때문에 소크라테스는 보편적 기준의 탐색을 거의
끝없는 탐구라고 여겼던 것같이 보인다. 그는 결코 자기가 그 탐구를 끝냈
다고 생각한 적이 없었다. 그리하여 그는 어떤 고정적으로 구체화된 도덕
적 지식의 옹호자가 되지는 않았다. 비유적인 말로, 그는 아테네라는 둔한
짐승을 자극하여 보다 성실한 성찰을 행하게 하도록 신에 의해서 보내어진
'등에(gadfly)'였다.[9] 또 다른 비유로 말한다면, 부인 대신 청년을 보살피
고 어린이의 분만 대신 사상의 분만을 도와 주는 하나의 산파였다.[10] 설령
사람들이 탐구하는 보편적인 것의 정확한 본성에 대하여 궁극적 단정을 내
리는 데까지는 이르지 못한다 하더라도, 탐구하는 가운데 많은 소득을 얻
는 것은 틀림없다. 사람들은 그 탐구를 통하여 제 자신을 더 잘 알게 되며,
자신의 역량과 자신의 한계를 더 잘 인식하게 되는 것이다.

소크라테스는 사람들로 하여금 윤리적인 성찰을 하도록 격려하는 것이
자기의 사명이라고 생각하였다. 그러나 그는 자기의 사명에 대해서는 다시
없이 심각하게 생각하였으면서도, 자기 자신에 대하여는 아무렇게나 생각
하였다. 그는 역사상 어떤 최후적 결론을 제시하여 준 사람이 아니라, 방
법과 목적을 제시하여 준 사람이었다. 생애를 통한 그의 인격과 그의 철학
의 핵심은 플라톤이 전하고 있는 다음의 한마디로 요약할 수가 있다.

"음미되지 않은 인생은 살 보람이 없다."[11]

3. 플라톤

플라톤(Platōn, 427~347 B. C.) : 아테네 출신. 귀족 출신이며 일반적으로 귀족
출신이 정치 생활에 뜻을 두는 것이 보통이었건만, 그는 한번도 자기 조국에
서 정치에 발을 들여놓은 일이 없다. 성년기에 들어서자 소크라테스의 문하에
들어가 그가 장려하던 토론의 열렬한 참여자가 되었다. 일생을 통하여 그는
소크라테스의 철학적 탐구 정신과 목표와 방법의 감화를 받았다. 그리고 아테

---

9) Platōn, *Apology*, 30e.
10) Platōn, *Theaetetus*, 149~150.
11) *Apology*, 38a.

네에서는 적극적인 정치 활동을 하지 않았으나, 실제적인 면에 관심이 없었던 것은 아니다. 그는 아테네에 아카데메이아라는 이름으로 널리 알려진 하나의 학교를 창설하였는데, 이것은 역사상 '아테네의 네 학교들' 중에서 최초의 것이었을 뿐만 아니라, 그 중요성에 있어서도 가장 으뜸가는 것이었다. 세상의 평판에 의하면 이곳에서 그는 철학적 문제에 관해 강의도 하고, 또 토론을 장려하기도 하였다. 이렇게 하여 그는 사람들에게 개인 생활이나 국가 문제에 있어서의 지침이 되리라고 생각된 원리들을 이해시키고자 하였던 것이다. 그는 또 시라쿠사의 참주(僭主)를 도와 이상적인 통치를 베풀게 하려는 희망에서 B. C. 367년과 그 뒤 한두 번에 걸쳐 그곳에 갔었다는 기록이 있다. 그러나 그의 강직하고 이상주의적인 노력은 은연중에 반대와 음모에 봉착하여 결국 실패하고 말았다. 추측건대 오늘날까지 그의 많은 저서는 완전한 모습 그대로 전해지고 있다. 그것들은 대화의 형식으로 되어 있으며, 그 대부분이 소크라테스를 대화의 주도 인물로 삼고 있다. 원래 소크라테스는 토론을 통하여 문제에 파고들기는 하되 명백한 결론은 내리지 않았던 것으로 유명한데, 플라톤 전기의 〈대화편〉들은 이 소크라테스가 문제삼았던 종류의 토론을 성찰한 것이라고 할 수가 있다. 후기의 〈대화편〉, 그 중에서도 특히 〈국가편〉은 주의깊게 짜인 철학적 견해의 모순 없는 하나의 체계를 형성할 수 있는 일정한 원리들의 진리를 확립하려 하고 있다. 그 밖에도 그의 이름으로 전해 오는 것으로서는 그 진위가 논의 대상으로 되어 온 13통의 서한이 있다. 이 서한들 중에서 비교적 길고 중요한 것은 실제로 그가 쓴 것이라고 여겨지거니와, 그렇다면 이것이야말로 그의 자서전으로서의 사료가 되는 것이요, 나아가서는 중요한 철학적 평론을 제공해 주는 것이라 하겠다. 저서를 통해서나 또는 아카데메이아에 있어서의 가르침을 통해서 그가 끼친 영향은, 그 당시에는 물론이요 오늘날까지 2,000년 이상이나 서구 문명 속에 강력한 하나의 힘으로서 맥맥히 흘러 오고 있는 것이다.

　플라톤의 철학은 그 표현 형식이 대부분의 철학자들과는 판이하다. 그는 철학에 관하여, 그리고 철학뿐만 아니라 실은 모든 문제에 관하여서도 체계적인 논문으로 발표하지는 않았다. 그는(만일 그의 제7서한이 십중팔구 그러리라 생각되듯이, 실제로 그의 것이라고 한다면) 자기의 철학을 결코 저술 형식으로는 발표하는 일이 없을 것이요, 또 발표하기를 좋아하지도 않을 것이라고 언명까지 하였다. 그의 말에 의하면, 철학이란 다른 학문과 같이 논술될 수 있는 성질의 것이 아니라, 오직 긴밀한 정신적 교제를 통해서만 사람의 영혼 속에 불꽃처럼 점화될 수 있는 것이다.[12] 그러나 사실은 철학적 문제들을 철저하게, 그리고 끈기 있게 모색한 많은 〈대화편〉을 저술하였다. 이 〈대화편〉들은 그의 스승 소크라테스의 방법이나 목표에 대한 하나의 성찰로서뿐만 아니라, 자기 자신이 아카데미에서 보다 철저하게 시행한 교육의 범례로서 생각할 수가 있을 것이다. 이렇게 해석한다면 그것들은 플라톤과 그의 문하생들 사이의 인격적 접촉 속에서 성취된 성과들의 한 개요라고도 하겠다. 전기의 소크라테스적 〈대화편〉들은 비록 그 토론들이 어떤 확연한 결론을 맺고 있지는 않다 할지라도 언제나 자기들이 추구한 분석 과정 속에서 확고한 신념을 나타내고 있다. 그러나 플라톤의 독립적인 사상이 보다 농후한 후기의 〈대화편〉들은 아주 신중하게 명확한 결론을 내리고 있다. 이들 여러 가지 신념과 결론을 될 수 있는 대로 플라톤 자신과의 공감적 입장에서 종합해 보면 우리는 이것을 플라톤 철학이라고 불러도 무방할 것이다.

플라톤의 〈대화편〉들은 각양각색의 인물 묘사를 매개로 하여 사상을 표현하고 있다. 거기에 등장하는 인물로는 늠름하고 충동적이며 방자하면서도 다정한 알키비아데스(Alkibiadēs), 허영적이고 우둔한 파벌주의자 유티프론, 씩씩하고 탐구심 강한 청년 테아이테토스 등이 있다. 또 그 가운데는 여러 가지 유형의 소피스트, 즉 뽐내기 좋아하는 트라시마코스, 고결한 프로타고라스, 아는 체하는 프로디코스 등도 있다. 그러나 무엇보다도 이 〈대화편〉들은 소크라테스에 대한 면밀한 서술을 제공해 주고 있으며, 소크라테스가 거의 무례할 만큼 가차없는 질문의 화살을 던져 사람들을 괴롭힘으로써 마침내 그 중의 몇 사람을 격분케 한 이유와 경로를 해명해 주고 있으며, 또 왜 그가 그의 친구들이나 숭배자들에게 사랑을 받았는가 하는 까닭도 밝혀 주고 있다. 이 묘사들은 역사적으로 신빙할 만한 점도 있고, 그렇지 못한 점도 없지 않다. 알키비아데스에 관한 그의 묘사 속에서는, 투기디데스가 악의에 찬 서술에서 폭로하고 있는 바와 같은 타락상이나 공공연한 배신에 관한 언급은 찾아볼 수가 없다. 소크라테스에 관한 묘사는 크세노폰이나 아리스토파네스에 의한 소크라테스의 묘사와는 같지 않다. 설령 역사적으로는 불확실할지 모르나, 모든 묘사는 철학적으로는 유력한 의의를 지니고 있다. 왜냐하면 그것들은 추상적인 사상을 구체적인 형태로

---

12) 제7서한, 341c-d.

나타낸 것이라 할 수 있는 것으로 바로, 그 인물들을 관찰하는 가운데 점차로 독자를 이 추상적 사상에로 이끌어 가기 때문이다. 이 〈대화편〉의 묘사를 잘 살펴보면, 사실은 반어법이면서도 진지한 담론을 계속해 가는 가운데 서로 사상을 교환하는 지성적인 희곡이라고도 할 수가 있다. 예컨대 〈라케스(*Laches*)〉는 용기, 즉 사내다움을 토론한 것이요, 〈고르기아스(*Gorgias*)〉는 웅변술을 가르치려는 소피스트의 주장을 다룬 것이요, 〈파이돈(*Phaedo*)〉은 죽음의 의의와 영혼의 운명을 고찰한 것이며, 〈향연(*Symposium*)〉과 〈파이드로스(*Phaedrus*)〉는 사랑의 본질과 그 저속한 형태 및 고상한 형태를 고찰하고, 이 여러 가지 형태의 사랑이 영혼에 끼치는 영향을 논한 것이다. 또한 〈프로타고라스(*Protagoras*)〉와 〈메논(*Meno*)〉은 덕(德)을 가르치는 가능성과 방법을 논란한 것들이요, 〈티마이오스(*Timaeus*)〉는 우주의 구조에 관한 그 당시의 몇 가지 학설들을 소개하고, 우주론에 대한 약간의 심오한 시사를 보여준 것이며, 〈국가편(*Politeia ; Republic*)〉은 인간으로서 또는 국가로서의 바르고 훌륭한 형태의 정의를 내리고, 인식에 관한 이설과 교육의 방안을 개진한 것이다.

플라톤의 〈대화편〉들에서 그것들이 간직하고 있는 철학에 대해 생각해 보면, 두 가지 목적을 성취하였다고 할 수가 있다. 즉 한편으로는 조리 있는 사유를 증진시켜 준다. 그것들은 어떤 관념을 취택하여, 그것을 정의하고 그 속에 함축되어 있는 의의를 추궁해 나간다. 그리하여 최초의 거짐이 되는 주장으로부터 필요한 결론을 지향해 나가면서 남겨 놓은 거점들을 하나하나 들추어내는, 말하자면 논리적 분석에 의한 침략전이라 하겠다. 만일 우리가 원한다면 그것들은 어떤 관념의 의의를 그것의 진리에 관해서 미리 동의함이 없이 고찰할 수 있다는 것을 보여 주고 있다. 이러한 양식의 분석에 국한되고 있는 〈대화편〉들은 플라톤의 전기의 작품으로서 소크라테스의 영향이 강할 때 저술된 것들이다. 그 반면 후기의 〈대화편〉에서는 논리적 분석에다 자기가 사색해 오던 문제에 대한 객관적 진리를 확정하려는 노력을 가하고 있다. 예컨대 〈국가편〉에는 이 두 의도가 다 나타나 있다. 그 첫째 권(어떤 비평가들은 이것이 원래는 독립된 하나의 〈대화편〉이었을지도 모른다고 생각하고 있다)은 소크라테스적이며, 그 나머지 대부분은 플라톤의 독자적인 색채를 보다 뚜렷이 나타낸 것이라고 할 수 있는 것이다.

그 까닭은 여러 가지 형태의 정의(正義)라는 관념이 갖는 의미와 함축성을 비판적으로 음미한 다음에, 더 나아가 그는 '정의(正義)'라는 말에 대한 정의를 내리고, 이로써 식견 있는 사람이 참답게 사태를 평가하고 건전하게 행동함에 있어 따라야 한다고 여겨진 합리적 규범 내지 규준을 확립하려 하였기 때문이다. 따라서 플라톤이 비록 체계적인 논문은 남겨 놓지 않았을 지언정 그 자신 모든 인간 문제를 체계적으로 연구하고 진정으로 해결하는 데 기틀이 될 수 있다고 믿었던 하나의 철학적 견해를 언명한 것만은 사실이다. 플라톤은 이 견해를 누구든지 진정으로 잘 살기를 원하는 사람에게는 절대 불가결한 것으로 여겼다. 자기의 몇몇 앞 사람들과 많은 당대의 사람들을 날카롭게 비판하여 가는 가운데, 어떻게 하면 사람들은 혼란 속에서 질서를, 변천 속에서 안정을, 의혹 속에서 확실성을 가장 잘 찾을 수 있는가를 제시해 주려고 애를 썼던 것이다. 왜냐하면 그가 역설하고 있는 바와 같이, 이성적인 동물로서의 인간이 그의 가능성 있는 영광이며 특권인 훌륭한 삶을 갖게 될 수 있는 것은, 오직 그가 질서와 안정과 확실성을 얻을 때에만 가능하기 때문이다.

플라톤의 덕(德)에 관한 사상

플라톤은 철학적 관심의 대상이 되는 많은 분야——윤리학·정치학·논리학·인식론·미학·형이상학 등——의 문제들을 탐구하였다. 그러나 그 중에서도 가장 큰 관심을 가졌던 것, 즉 그를 다른 분야에까지 이끌어 간 핵심적 분야는 윤리학이었다. 그의 가장 초기의 작품으로부터 가장 후기의 작품에 이르기까지 언제나 그가 직접 간접으로 그 의의를 음미하는 데 골몰한 제일 큰 문제는, 사람이 살아갈 수 있는 가장 훌륭한 삶이란 무엇인가 하는 것이었다.

플라톤이 사람다운 훌륭한 삶을 다루는 데 있어서 기반을 이룬 것은, 양립할 수 없는 다른 견해들과 함께 이미 그 이전부터 희랍의 도덕적 전통 속에 간직되어 있던 개념이다. 그는 이 개념을 명백히 밝혀 다른 견해들과 선명하게 대립시킨 천재적 재능을 지니고 있었다. 이 개념이란 어떤 것의 좋은 상태는 그 사물의 가장 성숙한 모습, 즉 가장 완전히 발전된 모습이라는 것이다. 그렇다고 한다면 인간에 있어서도 역시 좋은 상태란 그가 가진 잠재적 모습의 완성이라 하겠다. 물론 다른 사물들도 가각 나름대로의 완성이 있을 것이다. 그러나 우리들 인간이 천성적으로 가장 깊은 관심을 가지고 알고자 하며 또 성취하고자 하는 것은 특히 인간의 고유한 좋은 상태가 무엇인가 하는 것이다. 그래서 우리는 이것에다가 특별한 명칭을 붙이고 있는 것이다. 이 명칭은 플라톤이 사용한 희랍어로는 '아레테(aretē)'라고 하는 것으로서, 이것은 흔히 '덕(德; virtue)'[13]이라고 번역되고 있다. 그러므로 플라톤이 말한 문맥상의 덕은 단순한 결백, 즉 악의 결여가 아니라 오히려 적극적인 탁월성의 성취요, 인간의 온갖 능력이 이상적으로 발휘되어 완성에 도달함을 의미하는 것이라 하겠다.

　플라톤은 자기가 말하는 덕이란 개념의 여러 가지 의미를 계속해서 해명하였다. 인간의 타고난 천성은 유덕한 것이 아니다. 실로 인간의 타고난 천성은 선하지도 악하지도 않은 것이다. 그러나 이러한 천성은 마치 가공되지 않은 재료가 완성된 제품과 관계가 있듯이 덕의 성취와 관계가 있다. 한편 인간성 가운데의 어떠한 타고난 요소도 우리는 그것을 악이라고 비난하거나, 또는 발전된 삶 속에서의 그것의 정당한 위치로부터 그것을 배제하거나 하여서는 안 된다. 그리고 어떠한 타고난 요소라도 우리는 그것을 전적으로 신뢰하든가, 멋대로 방임하든가, 또는 다른 요소들을 지배하고 억압하도록 내버려두든가 하여서도 안 된다. 플라톤의 생각에 의하면 인간다운 좋은 생활이란 인간성에 숨어 있는 모든 소질을 총체적으로 발전시킴으로써만 실현될 수가 있다. 다시 말하자면, 이러한 생활은 금욕을 통해서가 아니라 온갖 능력을 통일적 활동 속에서 적극적으로 실현시켜 감으로써 성취되는 것이다. 플라톤이 피타고라스 학도들로부터 빌려서 표현한 말에 의한다면, 인간의 선(善) 내지 덕(德)은 일종의 조화인 것이다. 그러므로 훌륭한 인간이란 "자기의 집안을 잘 정돈한" 사람이라고도 할 수가 있다. 적절한 지도와 현명한 계획이 없이는, 사람은 결국 여러 가지의 충동이 서로 갈등을 일으키는 어지러운 혼란에 빠져 버리든가, 그렇지 않으면 어떤

---

13) 만일 영어의 어원을 생각한다면 덕(德; virtue)은 'aretē'의 적절한 번역이라 하겠다. virtue는 '인간'을 뜻하는 라틴어 'vir'에서 온 말이다. 그러므로 덕은 '인간다움', 또는 '사내다움', 또는 충분히 실현된다면 사람으로 하여금 인간에게 가능한 완전성의 구현을 이루게 할 성질인 것이다.

편파적인 한 가지의 충동에 사로잡히고 말든가 할 수밖에 없을 것 같다. 그러나 적절한 지도와 현명한 계획이 있으면, 질서가 지배하는 조화된 짜임 속에서 잘 조절된 갖가지 관심의 대상을 얼마든지 성취해 나갈 수가 있을 것이다. 훌륭한 인간이란 결국 완전히 자기 자신으로 돌아간 사람이라 하겠다.

이와 같은 기본적 생각을 표명한 플라톤은 그 당시 다시 유포되어 있던 다른 설(說)들을 물리쳐 버렸다. 사실에 있어 그의 기본적 생각은 다른 두 가지 양식의 설(說)의 중간을 취하고 있으며 이들 다른 두 가지 설과 그것들의 불충분성에 대한 상세한 분석을 제시해 주었다.

한편으로, 어떤 사람들은 사람다운 고유한 생활을 자기 밖에 있는 어떤 권위에의 복종이라 생각하였다. 이 외적인 권위란 시민의 법률이나 사회의 관습과 같은 인간적인 권위일 수도 있고, 신의 섭리와 같은 이른바 신적인 권위일 수도 있을 것이다. 그러나 이러한 종류의 설(說)은 그것이 세속적인 형태를 띠고 있든지 또는 종교적인 형태를 띠고 있든지 간에, 은근히 인간의 도덕적 자율성을 부인하는 것이다. 플라톤이 사회의 관습과 또한 시민의 법률을 더욱 존중한 것만은 사실이다. 즉 그는 관습이나 법률에 대하여, 그것들이 모두 과거 사람들의 많은 경험적 교훈을 구현하는 것이라는 이유에서 경솔히 반대하려 하지는 않았던 것이다. 그렇다고 해서 이것들을 그 자체로서 필연적으로 구속력을 가지고 있는 것으로 보려 하지도 않았다. 법률이나 관습은 그것들이 예속하고 있는 표준(standard)에 의해서 판정되어야 하는 것이요, 그것들 자체가 표준으로 승격될 수는 없는 것이다. 플라톤은 자기가 경애하는 소크라테스를, 법의 명령을 때로는 대담하게 무시하고 때로는 경건하게 인정한 것으로 묘사하였다.[14] 마찬가지로 플라톤은 종교적 권위라는 것도 인위적 명령이나 사회적 강제 이상의 어떤 궁극적인 것으로는 인정하려 하지 않았다. 그는 사람이 자기 나라의 기성적 종교 의식에 참례하는 것은 적합한 것이라고 생각하였다. 그는 이러한 의식에의 참례를 일종의 훌륭한 취미의 문제라고 생각하였던 것 같다. 그러나 이른바 신의 명령을 절대적인 것으로 여기는 것이 윤리적으로 건전하

---

14) *Apology*, 31과 *Crito*, 51~54 참조.

다고는 생각지 않았다. 어느 때인가 그는 소크라테스의 입을 통해서, 신이 어떤 행동을 원하기 때문에 그 행동이 바른가, 그렇지 않으면 어떤 행동이 바르기 때문에 신이 그것을 원하는가를 물은 적이 있었다.[15] 그리고 소크라테스로 하여금 대변케 한 그 대답은 묻지 않아도 명백하다. 신의 뜻이라 할지라도 객관적인 도덕적 타당성을 가진 표준에 의해서 판정을 받지 않을 수 없다는 것이다. 아무리 신의 힘이 크다(만일 사실로 신이 존재하고 또 힘을 가지고 있다고 가장할 때—— 이 점에 대해서 플라톤은 아무 주장도 하지 않았지만) 하더라도 명령에 의해서 바른 것을 그릇되게, 또는 그릇된 것을 바르게 만들 수는 없을 것이다. 만일 신이 진정으로 인간의 고유한 도덕적 성실성과 일치하는 것을 원하지 않는다면 그러한 신의 뜻은 유덕(有德)한 것이라 할 수 없을 것이요, 따라서 정당하게 인간의 순종을 받지 못할 것이다. 종교도 정치나 사회 현상과 마찬가지로 윤리학적 비판의 재료가 되는 것이요, 이러한 비판을 건전하게 내릴 수 있기 위한 규범의 근본은 아닌 것이다. 종교나 정치나 사회 생활 그 어느 것을 막론하고 올바르게 인도될 경우에는 인간의 실천 생활에 막대한 공헌을 하는 것이 사실이다. 그러나 그것들은 이러한 실천에 대하여 수단의 구실을 해 온 그 정도에 의해서 평가되어야 한다. 그것을 사람이 외적 권위로 삼고 복종하여야 할 최후의 목적인 양 떠받드는 것은 온당치 못한 일이다.

그 반면에 어떤 사람들은, 이와 같은 독재주의적 견해에 반발하고 주관주의적 입장을 부활시켰다. 여기서 플라톤은 소피스트들을 공격하고 있는 것이다. 이러한 사람들은 인간은 자기가 희망하는 것이면 무엇이든지 할 수 있는 도덕적 권한을 가졌으며, 자기가 깊이 품고 있는 욕망이면 무엇이든지 만족시킬 수 있는 권리가 있다고 생각하였다. 이런 견해의 극단적 형태는 트라시마코스가 〈국가편〉에서 정의(正義)를 정의하여 강자의 이익[16]이라고 한 말에서 찾아볼 수 있다. 좀더 온화하고 교활한 형태로 나타난 것은, 인간에게 좋은 것은 그가 가장 원하는 것이라는 소피스트다운 가르침에서 볼 수 있다. 그러나 강자는 육체적 용맹에 호소하든 혹은 정치적

---

15) *Euthyphro*, 10a.
16) *Republic*, 제 1 권, 338c.

지배에 호소하든 간에, 자신의 최선의 이익이 무엇인지 알고 있을 수도 있고 모르고 있을 수도 있으며, 또 힘의 행사를 받는 사람들 여하에 따라서 추악한 생활 양식을 타인에게 덮어씌우는 폭군이 될 수도 있다. 욕망은 인간이 천성적으로 간직하고 있는 모든 잠재적 능력을 언제나 자각하게 하는 것은 아니다. 욕망은 난폭한 힘과 마찬가지로 비판을 받을 필요가 있다. 사람은 그가 바라는 것보다 더 많은 것, 또는 그것과는 다른 것이 필요할는지도 모른다. 윤리적 비판의 주요한 과제 중의 하나는, 사람의 능력의 전체적 실현과 조화될 것을 자각적으로 분명히 욕망하게 하는 방법과 수단을 찾는 일이다. 오직 이 능력과 그것들의 가장 조화 있고 완전한 실현과의 논리적 분석에 의해서 여러 가지 욕망이 철저히 음미되었을 때에만 우리는 그 욕망들이 선한 생활을 위한 조건에 합치함을 알 수 있는 것이다.

완전한 국가와 선한 인간

어떤 것의 좋은 상태는 그 사물의 가장 성숙한 모습, 즉 가장 완전히 발전된 모습에 있다고 하는 플라톤은, 그의 기본적 견해를 전개시켜 나감에 따라, 자연히 다른 많은 문제를 제기하고 또 답변하지 않으면 안 되었다. 그리고 이 잇따른 문제들에 대한 해답에 의해 도덕 철학(道德哲學)의 체계를 형성하였다. 다른 문제 가운데에서 그의 입장을 이해하는 데 가장 중요한 것은 다음과 같은 세 가지이다. 그 첫째는 그 성숙한 발달이 곧 인간적인 덕(德)을 이룬다고 하는 인간의 본성은 무엇인가 하는 문제이다. 둘째는 인간이 완성 단계에서 발견할 인격의 특질은 무엇인가 하는 문제이다. 셋째는 어떻게 하면 인격의 성장이 가장 효과적으로 촉진될 수 있는가 하는 문제이다. 이들 가운데에서 첫째 문제에 관해서는 인성론적(人性論的)·심리학적(心理學的) 분석이 필요하고, 둘째 문제에 관해서는 도덕적 평가의 기준으로서 이용될 규범(規範)의 정의가 필요하며, 셋째 문제에 관해서는 교육 이론의 계통적 서술이 필요하다. 이들 세 문제 사이에는 서로 밀접한 관계가 있으며, 이에 대한 해답들은 서로 의존하고 있다.

인간의 본성을 고찰함에 있어, 플라톤은 하나의 유추법(類推法)을 —— 플라톤이 이 방법을 끌어들인 목적을 거의 잊어버리게 할 만큼 그 자체가 흥미를 끌게 되는 유추법을 —— 사용하였다. 플라톤의 말에 의하면, 국가

(도시 국가)는 "하늘을 배경으로 하고 확대된" 하나의 인간이나 다름 없으며, 그것이 일반인보다 더 크다는 까닭 때문에 관찰하고 분석해 보기가 좀더 용이한 것이다. 국가 안의 사회적 계급, 이 계급들 사이에 있을 수 있는 여러 가지 관계, 사람들로 하여금 각자의 사회적 지위에 맞는 직분을 수행하도록 교육하는 방법, 그리고 사회적인 여러 가지 계급에 특유한 덕과 전체로서의 국가에 특유한 덕 —— 이러한 모든 유추의 주요점은 인간다운 훌륭한 생활을 이해하는 데 깊은 관계를 지니고 있다. 윤리학과 정치학은 긴밀한 연관성을 가지고 있으며, 그 어느 쪽도 따로 분리해서 충분히 논할 수는 없다. 그리고 플라톤은 이 유추를 치밀하게 수행하다가 자기의 이론 속에 내포되어 있는 정치학적인 면에 점차로 관심을 가지게 된 것이 분명하다. 이 점에서 개인은 조직적인 사회 생활에의 참여를 통해서만 자신의 인간적 발전을 실현시킬 수 있다고 보는 희랍 사상의 가장 독특한 면의 특색을 그는 보여 주고 있다. 그러므로 인간의 연구를 사회와의 관련에서 수행해 가지 않을 수 없었던 것이다. 그러나 그는 정치학적 유추(類推)를 착안하였을 당초의 주제가 개개의 인간이었고, 자기의 면밀한 정치학적 성찰의 궁극적 관심사도 개개의 인간이었다는 사실을 잊지는 않았다.

플라톤의 유추의 출발점은, 국가라는 것은 분업의 원리에 따라서 조직된다는 점에서 개인들의 단순한 집합체와 다르다고 하는 주장이었다. 어떤 사람들은 다른 사람들을 위해서 식료품을 마련하고, 또 어떤 사람들은 다른 사람들을 위해서 가옥을 건축하고, 어떤 사람들은 다른 사람들을 위해서 의료품을 만들고 하는 점에 국가다운 소이가 있다는 것이다. 직업의 가짓수는 그 국가가 점차로 커지고 부강해짐에 따라 거의 무한히 늘어날 수가 있다. 다른 사람들의 수요나 오락이나 위안을 위해서 도움이 되는 일에 종사하는 사람들은 모두 생산자(生産者)의 계급을 형성하고 있다고 보아도 무방할 것이다. 그러나 국가는 단순히 생산자들의 계급만으로 이루어지는 것은 아니다. 국가의 안녕과 행복을 위해서는 시기하는 이웃 나라들의 공격으로부터 국가를 보호하는 동시에 질서를 유지하고 공동 생활을 통솔할 만한 약간의 사람을 선출할 필요가 있다. 플라톤의 말에 의하면, 이들 선출된 사람은 또 다른 두 계급을 이루게 된다. 즉 어떤 사람들은 국내외의 적들로부터 나라를 보호하는 전사(戰士)가 되며, 그 밖의 일부 사람들은 정책을 결정하고 시민의 복지를 위해서 계획하는 지배자(支配者)가 되는 것이다. 이 지배자들의 일은, 전사들의 방위와 수호할 목적을 밝혀 주는 동시에 국가 전체를 위하여 생산자들의 사업을 건실하게 해줄 조건을 마련하는 데 있다. 이리하여 국가는 플라톤이 묘사하고 있는 바와 같이, 생산자·전사·지배자의 세 계급으로 형성되는 것이다.

그러나 국가에는 많은 단계로 우열의 차이가 있다. 국가가 완전 무결하기 위한 필요 조건은 올바로 질서가 잡혀 있어야만 한다는 것이다. 그리고 국가의 질서가 잡혀 있다면, 그것이 동시에 완전 무결한 국가를 이룰 충분한 조건이 되는 것이며, 바로 이러한 국가에서 우리는 플라톤의 철학이 모색하던 덕, 즉 절제와 용기와 지혜와 정의의 덕을 발견할 수 있을 것이다. 그러나 플라톤은 〈대화편〉에서 꼭 같은 덕목들을 제시한 것은 아니며, 때로는 경건이라는 것도 포함시켰다. 그러나 특히 강조한 것은 위에서 말한 네 가지의 덕이었다. 과연 그는 후세 사람들이 전통적으로 플라톤의 주요한 덕이라고 지칭한 이 네 가지 덕을 항상 강조해서 역설하였다. 관례적으로 플라톤의 덕에 대한 명칭의 번역어로 사용되고 있는 영어는 본래 플라톤이 뜻하였던 충분하고 풍부한 의미를 관용적으로 전달하지 못하고 있다. 그러므로 우리는 플라톤이 뜻하던 모든 의미를 충분히 살피도록 주의하지 않으면 안 된다.

플라톤은 이와 같은 여러 덕을 질서 잡힌 이상 국가에서 어디에 위치하고 있는가를 명확히 표시함으로써 설명하려 했다. 지혜는 물론 지배 계급에 깃들어 있는 것이다. 그것은 각종 생산자들이 각자 업무의 능률적 완수를 위하여 소유하지 않으면 안 되는 기술적인 지식 이상의 것이다. 그리고 또 그것은 하나하나의 목적을 달성할 수 있는 수단에 대한 지식 이상의 것이다. 오히려 지혜는 모든 능률적 솜씨나 자유로 구사할 수 있는 모든 수단을 가장 잘 이용할 때, 그 실현을 기대할 수 있는 궁극적이며 포괄적인 목적에 대한 지식이다. 그것은 한 국가의 시민이 한 덩어리가 되어 달성할 수 있는 목적에 대한 지식이요, 국가적 공동 생활에 참여하는 모든 사람이 향유할 줄 알게 되어야 할 이상적 가치에 대한 지식이요, 진정한 통일 국가가 동경하여 마지않는 완전한 탁월성에 대한 지식이다.

용기는 전사의 계급에 고유한 덕이로되, 육체적인 용맹과 같은 것은 아

니다. 물론 용기에는 이러한 용맹도 포함되는 것은 사실이지만, 거기에는
또 매혹적 향락에의 탐닉을 물리치고 절박한 고통의 두려움을 물리치는 견
고성도 포함된다. 그것은 현명한 지배자가 국가의 번영에 필요하다고 명시
해 주는 목적을 충실하게 이행하여 감을 말하는 것이다.

절제는 국가 전체를 통해서 누구나 지니고 있어야 할 덕이다. 그것은
"다만 어떤 일부의 사람에게만 요청되는 용기와 지혜와 같은 것이 아니
라", "전체에 걸쳐 있으면서, 약자 계급과 강자 계급과 중간 계급 사이에
설령 이들이 지혜나 힘이나 수효나 부(富)에 있어서 좀더 강하고 또는 좀더
약한 차이는 있을지라도 하나의 조화를 이루는 덕인 것이다."[17] 다시 말하
면 절제는 균형의 원리요, 모든 계급의 이해 관심의 정당한 표현의 원리라
하겠다. 그것은 꼭 적합한 것을 민감하게 평가하고, 사람으로서의 자신의
존엄성이나 타인의 감정을 존중하는 등 모든 활동에 있어서의 훌륭한 감식
력이다. 그러므로 이 절제야말로 자기 자신 속에 있어서의, 그리고 한 시
민으로서 맺고 있는 다양적 관계에 있어서의 한 인간의 도덕적 조화인 것
이다.

플라톤이 표방한 네번째의 덕은 정의(正義)였다. 그러나 플라톤은 이 정
의의 덕을 다른 덕들과 동등한 또 하나의 덕이라고는 생각지 않았다. 오히
려 그는 이것을 다른 덕들이 함께 모여서 이루게 될 절정의 것으로 여겼
다. 이 덕은 모든 계급과 모든 사람이 다른 덕들을 발휘하고 상호간이나
전체에 대해서 필요한 모든 직분을 완전히 수행할 때, 한 국가의 기능에
붙는 미묘한 성질이다. 이것이 없다면 다른 덕들은 이해하기 어렵게 되며,
그들 본래의 모습의 불완전한 모방에 지나지 않게 되고 만다. 이 정의의
덕 때문에 다른 덕들도 생기는 것이며, 또 다른 덕들은 모여서 이 정의의
덕을 이루게 되는 것이다. 플라톤은 이 네 가지 덕을 관념상으로는 구별할
수 있으나 현실적으로는 따로 떨어져 있을 수 없다고 생각하였다. 그는 항

---

17) *Republic*, 431~432 참조. 그 후 여러 세기를 통한 전통에 있어, 플라톤의 덕(德)의 정의의
    충분한 의미는 때때로 보호하게 되어 왔다. 때로 지혜는 자기 자신의 일에 대한 타산적인
    존중으로 타락하고, 용기는 육체적 용맹으로 타락하였다. 절제는 특히 그러하였다. 그
    것은 일종의 금욕, 이 세계의 온갖 유혹으로부터의 외면, 혹은 음식에 대한 욕구와 같은
    욕망들에 있어서의 단순한 절제로 되어 버렸다. 정의(正義)는 단순히 법률적인 개념으로
    타락하기가 쉬웠고, 혹은 재산을 다루는 데 있어서의 정직(honesty)과 동일시되었다.

상 "덕은 하나이다."라는 말을 하곤 했다. 용기와 절제는 지혜가 없이 있을 수 없고, 절제 없는 용기는 일종의 도발적 도전이 되며, 용기 없는 절제는 맥빠진 평범밖에 되지 않는다. 국가는 원칙적으로 하나의 통일체이다. 따라서 현존하는 국가들은 몇 가지 덕의 결합에서 오는 통일의 완전성을 국가들이 어느 정도 소유하고 있는가 혹은 결여되어 있는가 하는 정도에 따라서 판정되지 않으면 안 된다. 그리고 이 완전성을 그는 디케(dikē)라는 말로 지칭하였는데, 이 희랍어가 유감스럽게도 영어로는 '정의(正義)'라는 말로 번역되고 있는 것이다.

플라톤은 국가의 유추를 점차로 개인에게로 적용하여 갔다. 사회적인 세 계급은 세 '영혼의 부분', 즉 인간의 본성의 세 요소를 표시한다. 생산자의 계급에 대비되는 것으로서는 인간의 의식 속에 발동하고 있는 욕망이니 감정이니 또는 욕정이니 하는 것이 있다. 이것은 이따금 무궤도하고 걷잡을 수 없는 경우가 많으며, 만일 그것이 엄격하게 훈련되고 지도되지 않는다면 사람을 광적인 방종과 무질서한 활동에로 이끌어 가기가 쉽다. 전사의 계급에 대비되는 것으로서는 기개(氣槪)가 있다. 인간의 본성 속에 있는 이 요소는 결코 다른 도덕적 전통에서 말하는 정신성을 의미하는 것이 아니다. 기개라는 것은 우리가 '기개 있는 사람'이라고 말할 때 의미하는 바와 같은 정력적인 기백이나 기운을 의미하는 것이다. 그리고 지배자의 계급에 해당되는 것은 지성 내지 이성, 즉 판단하고 예견하고 비판하고 아는 인간의 능력이다. 이 능력은 인간만이 지니고 있는 것으로서, 이것이 바르게 사용되고 그 기능을 발휘하는 데 인간의 인간다운 특유한 영광이 있는 것이다. 완전한 인간이란 이 세 가지 면이 뚜렷하게 각기 특색을 나타내면서 하나의 통일체를 이루고 있는 사람을 말한다. 그리고 인간이 어떤 종류의 사람으로 되는가는 이들 세 요소가 어떻게 발달되며 서로 관계를 맺는가 하는 데 있다. 플라톤은 인간을 하나는 검고(慾情) 하나는 흰(氣槪) 두 필의 말을 한 사람의 몰이꾼(理性)이 몰고 가는 마차에 비유하고 있다.[18] 한 국가의 지배자들은 그 국가를 통솔하고 조직화하기에 적합한 유일한 계급인 것과 같이, 인간의 이성은 그의 생활을 주재하고 통할하기에 적합한

---

18) *Phaedrus*, 246.

유일의 요소인 것이다. 그러나 지배자가 국가를 위해서 존재하듯이, 이성
은 인간을 위해서 존재한다. 단순히 최고의 계급이나 최고의 부분뿐만 아
니라 전체가 도덕적 비판을 받을 대상이라 하겠다.

플라톤의 주장에 의하면, 훌륭한 국가가 되기 위해 필요한 덕은 훌륭한
사람에게도 또한 필요한 것이다. 지혜는 이성이 인간의 유기적 생활에 고
유한 목적을 판별하고, 인간의 본성에 속하는 다른 모든 요소들을 통일적
으로 실현시켜 나가도록 지도할 때 생긴다. 용기는 기개가 어떤 자극적인
욕정이 제안해 오는 유혹을 일축해 버리고, 자연의 사건이나 사회의 불법
이 위협해 오는 고생이니 고통이니 하는 것 앞에 굴복하기를 거부하면서
오로지 이성의 지시에 충실하게 복종할 때에만 생긴다. 그리고 절제는 인
간의 많은 욕망이 각각 다른 관심을 방해하지 않고 통일적 전체 생활을 풍
부하게 만드는 데 꼭 필요할 정도로만 표명될 때 생긴다. 다시 말하면 그
것은 일종의 균형이라고 할 수 있다. 그리고 끝으로 정의는 복잡한 인간이
하나의 조화 있는 사람이 되어서, 모든 잠재적 능력을 통일된 활동 속에
유감없이 발휘함으로써 내적 부조화가 해소될 때 생긴다. 국가에 있어서와
마찬가지로 개인에 있어서도 기초적인 세 가지 덕은 결국 질서 잡힌 전체
의 훌륭한 덕을 이루게 되는 것이다. 인간의 도덕적 가치는 비단 각 부분
의 발전에서뿐만 아니라 그 각 부분들이 어떻게 결합되는가에도 달려 있다
고 하겠다. 그러므로 만일 그것이 있다면 정의는 오직 통일된 전체 인간
속에만 있을 수 있는 것이다.

교육설(敎育說)

플라톤의 철학은 원래 윤리적 관심에서 출발하였기 때문에 결국 교육설
을 세우는 데에까지 이르렀다. 즉 인간의 본성과 인간의 완성(完成)에 관한
그의 견해가 원시적 본성을 완성이라고 할 궁극의 형태로 변형해 갈 수 있
는 방법에 관하여 탐구하지 않을 수 없었기 때문이다. 그리고 국가에 있어
서와 인간의 본성에서 각각 세 계급과 세 요소로 보았던 것과 같이, 국가
가 시민을 훈련하고 인간이 그의 올바른 발전을 이룩할 수 있는 세 가지 방
법을 나열하였다. 비록 엄밀하게 도식적은 아닐지언정 밀접하게 서로 연관
된 문제에 대한 플라톤의 학설은 완전히 체계적인 것이며, 다음과 같이 요

약될 수도 있을 것이다.

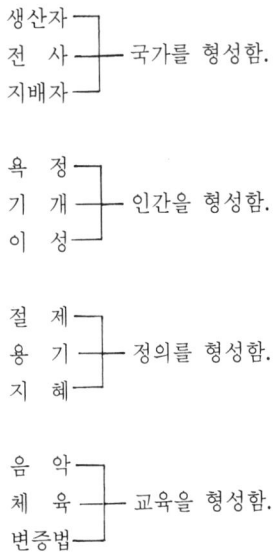

생산자 ┐
전　사 ┼── 국가를 형성함.
지배자 ┘

욕　정 ┐
기　개 ┼── 인간을 형성함.
이　성 ┘

절　제 ┐
용　기 ┼── 정의를 형성함.
지　혜 ┘

음　악 ┐
체　육 ┼── 교육을 형성함.
변증법 ┘

즉 플라톤은 어느 경우에 있어서나 세 가지 부분을 구별하였으며, 이것이 올바른 관계를 맺을 때는 자기가 분석하고 평가하고자 하는 통일된 완전체를 가능케 한다고 보았던 것이다.

플라톤의 교육설에 있어서의 음악과 체육은 기본적 훈련의 주요 과제로 되어 있다. 이에 대한 플라톤의 모든 논구(論究)가 전적으로 분명하지는 않지만 질서 잡힌 국가의 젊은이들은 남녀를 막론하고 모두 이 두 가지 기본적 학과의 훈련을 받아야 한다고 생각하였음은 분명하다. 그것은 남녀의 성별에 따라 사회적 지위를 정하는 것을 원치 않았기 때문이다. 물론 국가는 여자에 대해 산아(産兒)를 위한 건강한 조건을 조성하여 주도록 하기 위해서 일정한 노역(勞役)을 면제해 주어야 한다고 그는 말하였다. 그러나 그 외의 점에 있어서는 남자나 여자나 생산자들의 보람 있는 생활이나, 전사들의 군대 생활, 지배자들의 정치적 생활에 참여해야 한다고 생각했다. 그래서 모든 젊은이들은 각자에 알맞을 정도로 음악과 체육의 훈련을 받아야 한다는 것이다. 누구든지 훈련으로부터 소득을 얻지 못하게 되는 시각은

바로 그가 교육 과정으로부터 밀려날 시각이 되는 것이며, 그가 밀려나는
시각부터는 그가 속할 사회적 계급이, 심지어는 특정한 계급 안에 있어서
의 지위가 결정되고 만다. 오직 음악과 체육의 훈련 과정을 마친 사람만이
지배자 계급에 필요한 변증법(辨證法)의 교육을 계속해서 더 받게 되는 것
이다.

　플라톤이 사용한 음악(music)이라는 말은 오늘날 영어가 지니고 있는 것
보다 훨씬 더 많은 뜻을 내포하고 있다. 즉 음악은 희랍 사회에서 뮤즈
(Muse) 신이 주재하고 있는 예술 전반에 대한 명칭으로 되어 있다. 플라톤
이 세밀하게 다룬 주요한 부문을 보면, 문학과 음악이라고 불리어질 수 있
는 것이 포함되고 있다. 플라톤이 전체적 연구의 분야를 활용하려고 한 것
은, 사람의 태도를 온건하게 하고 감수성을 온화하게 하며, 자신의 취미의
가치를 판별할 수 있게 하기 위해서였다. 그는 당시에 실시되던 바와 같은
학과들이 이러한 유익한 성과를 올릴 수 있다고는 추호도 생각하지 않았
다. 그러므로 그는 이들 학과의 엄격한 감시와 단속을 주창하였다. 그는
신과 영웅에 관해서, 죽음의 공포에 관해서, 혹은 사악한 자가 행복하고
바른 자가 불행하게 되는 일에 관해서 엉뚱하게 이야기하는 것을 금하려고
하였다. 또한 듣는 사람으로 하여금 너무 유약하든가 너무 횡포한 마음을
일으키게 하는 따위의 곡조를 연주하거나 화음을 사용하는 것도 역시 금해
야 할 깃으로 보았다. 그러나 그는 소설된 예술은 도덕적 목적을 위해서
유익하게 이용될 수 있고 젊은 사람들의 마음속에 절제의 덕을 북돋워 줄
것이라고 믿었다.

　아울러 체육도 도덕적 목적을 위해서 옹호하였다. 음악이 영혼을 위해서
좋듯이 체육도 신체를 위해서 좋다는 사람들의 말도 인정하였다. 처음에는
이 진부한 생각을 그대로 인정하였지만, 곧 이것을 수정하고 말았다. 그
까닭은 육체적인 원기·건강·체력·미모 등은 비록 신체에 따르는 것이
기는 하지만 영혼에 대해서도 영향을 미치기 때문이다. 이것들은 정신을
청신하고 씩씩하게 해주며, 강한 기질과 굳센 의지를 북돋워 준다. 국가의
견지에서 본다면 체육은 훌륭한 전사를 길러 내는 데 도움이 되며, 인간의
견지에서 본다면 용기의 덕을 기르는 데 도움이 되는 것이다.

　플라톤은, 대부분의 사람은 음악과 체육을 공부하는 어느 기간까지만 교

육을 계속할 수 있다고 믿었던 것 같다. 그러나 약간의 사람은 그 예비적
인 훈련을 끝마치게 되었을 때 앞으로 계속해서 교육을 받을 만한 자격이
있음을 현시할 경우가 있다고 믿었다. 이들 약간의 사람이란, 즉 더 고도
의 훈련을 통해서 좀더 오묘하고 어려운 지혜의 덕을 얻을 수 있는 지적인
귀족들이다. 분명히 한 국가가 정책을 세우거나 한 인간이 처세술을 강구
하는 데 있어서 단순한 짐작이나 제한된 경험에 의한 속견에 좇을 수는 없
다. 우리가 잘 살기 위해서는 그때 그때의 의견 이상의 것을 가지고 있지
않으면 안 되며, 또한 진정한 인식을 가지고 있어야 한다. 플라톤은 이와
같이 그의 윤리학적 성찰과의 관련에서 인식의 문제를 고찰하지 않을 수
없었다. 그리고 이 문제에 대한 그의 해답은 희랍에 있어서의 종래의 인습
적 학설들과는 너무나도 동떨어진 것이었기 때문에 흔히 플라톤 철학의 핵
심적 부분으로서 다루어지고 있다. 그러나 우리가 만일 이 해답이 훌륭한
삶에 대한 그의 탐구와 관련해서 착상되었다는 것을 생각한다면, 그 해답
을 가장 잘 이해할 수 있을 것이다.

인식론(認識論)

플라톤은 그의 모든 〈대화편〉에서 속견(俗見)과 인식에 대하여 철저하고
절대적인 구별을 짓고 있다. 물론 속견과 인식과의 차이는 확실성의 정도
여하에 있다고 할 수가 있다. 그러나 이들 사이의 차이가 오직 확실성의
정도 여하에만 있다면 그 구별은 단지 상대적인 것에 불과할 것이다. 속견
이 제 아무리 훌륭해도 개연성의 테두리를 넘지 못하는 것이며, 인식은 아
무리 못해도 절대 확실한 것이다. 이 차이 및 이 차이에 대한 설명의 배경
을 이루는 것은, 속견과 인식이 각각 관계하는 두 종류의 대상 사이의 구
별이다. 이 점에서 플라톤은 소크라테스의 입장을 받아들였고, 또 그것을
발전시켰다고 하겠다. 속견이란 일어나는 어떤 개별적 행위나 존재하는 어
떤 개별적 사물, 또는 개별적 행위와 개별적 사물의 어떤 집합체에 관한
판단이다. 이러한 모든 개별적인 것들은 누구나 말함직한 일이지만, 이제
까지의 자기 자신과는 다른 것으로 되어 버리든가 또는 현재의 상태 그대
로 있지 않게 되든가 하여 부단히 변해 가고 있다. 그것은 덧없고 우연적
이며, 어떠한 고정된 모양으로도 특징짓기 어려운 것이다. 그러나 이에 대

하여 인식은 플라톤에게 있어 이데아(혹은 form)라고 불리고 있는 다른 종류의 대상에 관한 것이다. 이데아는 개별적인 것과는 달리 지성으로써만 알 수 있는 대상이며 고정적·불변적이요, 시간의 경과에 손상되지 않는 것이요, 따라서 영원한 것이다. 이와 같은 이데아가 인식의 대상이기 때문에, 인식은 존재할 수 있고 신뢰할 수 있으며 또 틀림이 없는 것이다.

　개별자와 이데아 사이의 관계는 플라톤이 꾸준히 노력을 경주한 대상이었다. 우리는 모래밭 위에다 여러 가지 원을 그린다. 그러나 기하학자는 진정한 '원'을 다룬다. 우리는 한 옥타브(음정)의 음을 내기 위해서 악기의 두 현을 조절한다. 그러나 과학적으로 훈련받은 음악가는 두 현이 만일 꼭 같은 정도로 팽팽하다면, 길이에 있어서 2대 1의 고정된 비율을 갖지 않으면 안 된다는 것을 알고 있다. 우리는 어떤 사람을 정당하다고 생각한다. 그러나 지혜 있는 사람은 정의(正義)의 본성(本性)에 대한 정의를 내린다. 개별자는 이데아를 모방한 것이라고 플라톤은 늘 말하였다. 이에 반하여 이데아는 개별자들이 다소라도 타당하게 모방하려는 이상을 밝혀 주는 것이다. 원의 이데아는 오직 하나밖에 없으며, 원에 가까운 원형(圓形)은 무수히 많다. 정의의 이데아는 오직 하나밖에 없으며, 다소라도 올바른 인간은 무수히 많다. 플라톤은 우리가 개별자로부터의 일반화에 의해서 이데아의 인식에 도달할 수는 없다고 생각하였던 것으로 보인다. 그 까닭은 개별자들이 아무리 적합한 이데아의 필요 조건에 접근해 간다고 하더라도, 이데아가 지니고 있는 완전성을 남김없이 구현하지는 못할 것이기 때문이다. 어떤 개별자를 본다든가 또는 그 밖의 양식으로 감각한다는 것은 우리들의 정신을 자극하여 이데아를 직관할 수 있도록 해주는 계기가 될는지 모른다. 그러나 이데아(idea)는 우리가 보든가 듣든가 감각하는 개별자들 가운데의 하나는 결코 아닌 것이다.

　눈에 보이거나 손에 만져지는 것만이 실재적(實在的)이라는 생각에 젖어 온 사람들의 선입견에 대하여 플라톤이 반대를 한 것은 물론이다. 이러한 선입견에 반대해서 언제나 그는 모든 대상들 가운데에서 이데아야말로 '실재적'이라는 술어로 표현될 자격이 가장 많은 것이라고 주장하였다.[19) 그의 주장은 이데아는 개별자들이 영원한 완전성을 손상함이 없이 그것의 실재성을 나누어 가지고 있는 하나의 대상이다. 그러나 플라톤은 이데아의 실재성을 강조하였다고 해서 다른 대상들도 존재한다는 것을 부인하려 하지는 않았다. 그는 많은 개별자들——우리의 주위에 있는 사물이나 사건들——은 생성하고 소멸하는 것이지만, 될 수 있는 대로 우리가 효과적으로 다루어야 할 매우 중요한 것이라는 것을 결코 의심치 않았던 것이다. 개별자들은 이데아의 현실화된 실례로서밖에는 결코 현명하게 다루어질 수 없다는 이유에서, 사람들에게 이데아의 실재성(實在性)을 인정할 것을 요구하였다. 이데아를 인식하지 않고서는 자신을 개선하거나 우리 주변의 다른 것들을 처리하거나 하는 데 아무리 애를 써도 성과를 거둘 수 없다는 것이다. 실로 이데아는 인간의 우수성이나 개별적인 사물의 의의를 규정하는 문제와 관계가 깊은 유일한 실재적 대상이다. 플라톤은 한번도 이데아라는 것을 어떤 절대적 내지 일반적 의미에서 실재적이라고 말한 적은 없고, 언제나 개별자에 대한 우리의 교섭을 진정으로 효과 있게 해줄 수 있음직한 방법의 탐구와 관련해서 실재적이라는 말을 하였다. 말하자면 인간은 비록 누구나가 깨닫고 있지는 못할지라도, 두 개의 세계 속에 살고 있는 셈이 된다. 즉 개별적 사물들과 개별적 사건들로 되어 있어 완전성이라는 것을 찾아볼 수 없는 저급한 세계와 모든 대상이 완전하고 불변적이고 청정한 고차원적 이데아의 세계와의 두 세계에 동시에 살고 있다는 것이다. 탁월한 정신과 훌륭한 목적을 가진 소수의 사람은 민감하게 이데아를 인식하고 그 완전한 이데아에서 얻은 영상에 비추어서 이 저급한 세계의 일들을 다스려 나갈 것이다. 이데아의 인식은——그리고 다른 어떠한 것과 달리 오직 이것만이——이러한 사람들에게 개별자의 세계에 있어서 좀더 나은 질서 확립의 기술을 제공해 줄 것이다. 이리하여 이데아는 오직 개별자들을 판단하거나 그것들에 현명한 어떤 작용을 하거나 하는 데에 관련해서만 '실재적'인 것이다. 그리고 이와 같은 탐구에 있어서의 개별자에 대한 이데아의 우위성이 곧 플라톤이 말한 이데아의 실재성의 의미였던 것이다.

---

19) real이라는 영어는 플라톤의 문구 중 하나의 통상적인 번역이다. 더 정확한 번역은 '있는 것' 또는 '진실로 있는 것'일 것이다. 그러나 그가 사용한 희랍어가 영어로 어떻게 번역되든지 간에, 그 문구는 오늘날의 독자들에게는, 만일 그들이 그 문구가 사용되고 있는 전후의 문맥을 주의하지 않는다면, 오해를 불러일으키기 쉬울 것이다.

이데아에 대한 플라톤의 소론(所論)에서는 일종의 불충분성 내지 심지어는 혼란성도 발견될 수가 있다. 인간이라는 이데아는 존재하는 많은 개별자들의 본질을 말하는 것이요, 정의(正義)라는 이데아는 이에 대하여, 존재할 수도 있지만 아마도 결코 전적으로 현존하지는 않는 것의 하나의 이상(理想)을 말하는 것이다. 플라톤은 개별자들이 실제로 관여하고 있는 이데아와 마땅히 관여하여야 할 이데아와의 분명한 구별(아리스토텔레스가 플라톤이 닦아 놓은 기반에 의거해서 곧이어 밝히게 된 것과 같은 구별)을 짓지 않았다. 우리는 이따금 어떤 이상적인 이데아의 요구가 쉽사리 실현될 수 없을 뿐만 아니라 십중팔구 실현될 수 없을 만큼 아주 퇴폐한 상황에 부닥칠 때가 있다. 그러나 그러한 경우에도 우리는 부득이 대결해서 싸워야 할 불완전성(不完全性)의 척도(尺度)로서 이용하기 위하여 그 이상적 이데아를 인식하지 않으면 안 된다. 플라톤은 이 두 가지 유형의 이데아를 구별하지 않고 깊은 윤리학적 관심을 가졌기 때문에 개별자의 세계를 그림자의 세계라고 말했다. 또한 이데아를 현실적 세계의 논리적 분석인 동시에 저 세계에 대한 도덕적 선언이라고 말했다. 이러한 유형들의 이데아들에 관해 그가 말하지 않으면 안 되는 것 중의 어떤 것은 엄밀하게 다른 쪽에 적용될 수가 없다. 이것이 그의 저술 속에 비애의 특징이 엿보이는 이유일 것이다. 즉 그는, 자신이나 타인이 자기가 움직이고 활동하고 있는 혼란하고 퇴폐한 세계 안에서는 이상적인 이데아의 충분한 의의를 실현할 수 없다는 것을 깨달았기 때문이다. 그것은 이데아가 나타내는 미(美)니 정교성(精巧性)이니 균형(均衡)이니 하는 것들 대신에 이데아 자체를 사랑하고 이데아의 직관에 의해서 마음속에 떠오르는 영상에 언제나 충실하라고, 지나칠 만큼 열심히 사람들에게 역설하는 이유이기도 한 것이다.

플라톤은 〈국가편〉 제 1 권의 끝머리에서, 지적인 생활이 최하의 무지로부터 최고의 인식에까지 발전하여 가는 과정의 개요를 설명하고 있다. 그는 이 발전을 그의 이른바 '분할된 선(線)'으로써 묘사하였다. 즉 선을 네 부분으로 +분하고, 이 네 부분으로 하여금 억측(臆測)·신념(信念)·오성지(悟性知) 및 이성지(理性知)라는 지적 발전의 네 단계를 표시하도록 하고 있다. 이 가운데에서 처음의 두 단계는 양쪽이 다 속견의 경지에 있는 것이기는 하지만, 하나는 좀더 사이비적이며 하나는 좀더 쓸모가 있는 속견이라는 점에서 양자가 다르다고 하겠다. 마지막 두 단계는 이에 비하여 양편이 다 인식의 경지에 있는 것이지만, 하나는 좀더 기본적인 인식이요 하나는 좀더 고도화한 인식이라는 점에서 양자의 차이가 있는 것이다. 억측은 예컨대 적(敵)의 힘을 그의 키〔身長〕에 의해서 평가하는 경우와 같이, 선입견이나 피상적으로 한번 흘낏 보거나 주관적인 기분에 따라서 내리는 불시의 판단이나 짐작이다. 신념은 어떤 이상의 실례가 여러 차례 쌓인 것을 토대로 하여 내린 판단이다. 그리고 신념은 그 실례들이 얼마나 잘 선택되었는가, 실례들의 선택의 바탕이 된 경험의 범위가 얼마나 넓은가, 일반화에 도달하기 위하여 그 실례들을 얼마나 적절하게 체계화하였는가 등등의 몇 가지 근본이 되는 원인에 따라 그 권능이 달라진다. 예컨대 의사가 어떠한 풀을 어떤 병에 대한 치료약이라고 판단할 때, 그것은 하나의 신념이다. 그러한 신념은 거짓일 수도 있고 참일 수도 있다. 그러나 신념은 억측과 마찬가지로 어디까지나 개별자의 관찰을 토대로 하는 것이기 때문에, 어떠한 이데아나 원리의 인식에도 도달하지는 못하며, 그 신념의 소유자로 하여금 새로운 정세를 처리해 나갈 수 있게 해주지 못하며, 따라서 복잡 다단하고 변전 무상한 현실 세계 속에서 우리의 활동을 지도해 줄 만한 믿음직한 토대를 제공해 주지 못한다.

오성지(悟性知)와 이성지(理性知)는 인식이며, 그 속에는 이데아의 인식도 포함된다. 사람들은 인간이 어떻게 이데아를 직접적으로 깨달으며 또는 직관할 수 있는가 경탄해 마지않을 것이다. 플라톤은 우리가 이데아를 직관할 수 있다는 사실을 누이이 역설하였다. 그러나 그도 역시 이 사실이 설명하기 어렵다는 것을 인정하고 있다. 그래서 그는 일종의 신화적 방식을 빌려서 이 사실을 설명하였던 것이다. 그가 가장 빈번히 이용한 신화는 피타고라스 학파에서 빌려 온 것이다. 그러나 피타고라스 학도들이 이 신화를 문자 그대로의 의미에서 보려고 하였다면, 플라톤은 이것을 비유적인 의미에서 이용하고자 한 것이라 말할 수 있다. 플라톤에 의하면, 인간의 영혼은 숙명적으로 '육체라는 감옥' 속으로 들어와서 개별자의 세계에서 살게 되기 이전에는 다른 곳에 있었다고 한다. 태어나기 이전의 인간의 영혼은 불사적(不死的)인 신(神) 및 순수한 이데아들과 더불어 천상에서 살았다는 것이다. 이러한 영혼들이 육체 속에 갇히고 개별자들의 세계 안에서 살게 됨으로써 이데아들을 망각하게 된 것이다. 그러나 때때로 어떤 사람들에게는 이 지상의 경험이 영혼을 자극하여 그 영혼이 탄생 이전에 알고 있었던 어떤 이데아들을 상기하게 해준다. 그러므로 이 인식은 상기 이외의 다른 것이 아니다. 이러한 식의 이야기를 하는 가운데에도 플라톤은 자기가 신화를 말하고 있다는 것을 자각하고 있었으며, 또 사실로 자기가 그렇게 하고 있다는 것을 독자들에게 일깨워 주려고 애를 썼다. 그러나 이 신화는 플라톤이 방편으로 이용한 많은 신화들과 마찬가지로, 플라톤이 진지하게 생각한 하나의 특질을 지니고 있다. 이 특질이란 인식에는 개별적인 실례들이 아무리 원대하게 쌓이더라도 결코 설명할 수 없는 한 요소가 깃들여 있다는 것이다. 그 요소란 결코 개별자가 아니라 이데아 내지 원리이며, 이것이야말로 일단 인식된 이후에는 이와 관련된 선택을 지도하고 개별자를 취급하는 데 대한 탁월한 방편이 된다. 인간의 정신이란 감각에 주어진 사실의 입증에 머물러 버리는 것이 아니다. 그것은 이들 사실을 넘어서 통찰하고, 이들 사실의 해석과 평가에 필요한 이데아를 발견할 수 있는 힘을 간직하고 있는 것이다.

분할된 선(線)의 셋째 및 넷째의 부분인 오성지와 이성지는 마치 속견의 경지에 있는 억측과 신념이 그러한 것과 꼭 같이, 체계화의 정도에 그 차이가 있다. 오성지는 예컨대 기하학자가 눈앞에 많은 도형을 놓고서 완전한 원의 성질을 생각할 때와 마찬가지로 언제든지, 설령 단일한 이데아일지라도 어떤 이데아가 파악되었을 때 생기는 향상된 인식이다. 그러나 이데아들은 개별자와는 달리 논리적 상호 관계를 가지고 있다. 즉 그것은 서로 다른 이데아를 포섭하고 있으며, 또 한편으로는 다른 이데아에 포섭되어 있는 것이다. 우리는 그것들을 긴밀하게 결합하여 기하학과 같은 체계를 이룰 수가 있다.[20] 만일 우리가 단일한 이데아나 또는 몇 가지 이데아

---

20) 유클리드는 플라톤보다 약 백 년 뒤인 B. C. 300년 경에 살았다. 그러나 그의 기하학(幾何學)은 플라톤이 사람들에게 연마하기를 바란 바로 그 부류의 지적인 과업이라고 생각될 수가 있다. 유클리드는 그의 〈기하학 원리〉의 대부분의 정리(定理)들의 최초의 발견자는 아니었다. 그러나 그는 여러 가지 정리들을 하나의 논리적 체계의 구조 속에 정돈하고, 이전에는 흩어져 있던 많은 기하학적 지식을 기하학이라는 하나의 추론적 과학으로 바꾸어 놓은 천부적 재능을 지닌 사람이었다.

들의 직관을 넘어서 논리적인 관계로 맺어진 이데아들의 통일적 체계를 형성해 갈 경우에는, 분할된 선을 최후의 부분인 동시에 지적인 생활의 최고의 경지인 이성지의 수준에 접근해 가고 있는 것이다. 누구든지 이와 같은 조직적이고 체계적인 이성의 이상적 목표에 도달한다면 온세계에 대한 참된 설명이라 할 수 있는 통일된 지식 체계를 얻게 된다고 플라톤은 믿었던 것 같다. 그리고 이와 같은 사람이야말로 "모든 시대와 모든 존재의 관찰자"가 될 것이라고 생각하였다. 21)

플라톤이 주장한 인식의 이상(理想)이 그를 비판하는 일부 사람들에게는 그를 일원론자(一元論者)라고 보는 자기들의 견해가 정당하다는 증거라고 생각되었다. 만일 하나의 통합된 인식의 체계가 그대로 세계 전체의 설명이 될 수 있다고 한다면, 이 세계는 어떤 의미에서는 사물의 한 조직체라고 하지 않으면 안 되겠기 때문이다. 그러나 이러한 식의 비판은 플라톤이 명백히 말한 범위를 넘어선 것이라 하겠다. 플라톤은 자신이 이성의 높은 수준에 도달하였다고 주장한 적도 없으며, 또 다른 어떤 사람이 이에 도달하였다든가 혹은 도달할 것 같다는 암시를 보인 적도 없다. 그는 이성지의 경지를 이미 성취된 것으로서가 아니라 인식의 이상으로서 제시하였던 것이다. 이러한 경지는 우리의 모든 지적인 노력이 최고도로 완성하고자 지향하고 있는 인식의 이상인 것이다. 그것은 우리가 소유하고 있는 바와 같은 오성(悟性)에 의한 인식의 가치 척도가 되는 것이며, 우리의 모든 지적 노력에다 의미를 부여하는 것이다. 오성의 경지에서 사는 사람들이라 할지라도 적어도 좀더 높은 경지, 즉 많은 과학들이 하나의 포괄적인 학문의 부분으로 되어 버리며, 또 아무리 높아도 개연적인 소견밖에 되지 않던 것이 완전한 확실성으로 바뀌게 될 좀더 높은 경지가 이론상 가능하다는 것을 알 수 있다. 사람의 오성에 의한 지식이 더욱더 조직적으로 되면 될수록 그 사람은 이성지의 이상적 경지, 즉 총체적 진리나 궁극적 통찰의 합리적 파악이라는 이상의 경지에 더욱 접근해 가는 것이다.

그러나 우리는 플라톤의 기나긴 인식설(認識說)의 전개와 관련이 있었던 교육설(敎育說)을 다시 살펴보지 않으면 안 된다. 앞에서 본 바와 같이 그는

---

21) *Republic*, 486a 참조.

대부분의 사람들은 자기 주변에서 볼 수 있는 개별자들에 사로잡혀 이데아의 왕국에로 정신을 높여 가는 일이 드물다고 믿었다. 그러나 그는 자기 조국의 소수의 정선된 젊은이들에게 지적인 생활의 본질을 통찰케 해줄 만한 고도의 교육 과정을 모색하였다. 이 교육 과정은 수리적(數理的)인 학문들 ―― 즉 산술학·평면 기하학·입체 기하학·천문학·화성학(和聲學), 그리고 변증론 등등 ―― 로 되어 있다.22) 왜냐하면 이 학문들은 직접적으로 이데아를 다루며, 또 그것을 체계적으로 다루는 것이기 때문이다. 그리고 변증론이라는 것은, 어떤 대상이나 문제 이해와 관련된 모든 고찰을 체계적으로 통합하려는 가장 확고한 지적 노력을 표시하기 위해 사용한 플라톤의 말이다. "사람이 어떤 문제를 하나의 전체로서 이해하는가 이해하지 못하는가에 따라서, 그가 변증론자인가 아닌가가 정해진다."―― 플라톤은 이렇게 서술하였다.23)

플라톤은 지적 생활이 오성지의 경지로부터 이성지의 경지에로 어떻게 하면 가장 잘 올라갈 수 있는가를 제시하려고 노력하였다. 그러나 이 점에 관한 그의 시사는 일종의 예언으로 그친다. 그것은 앞에서 지적한 바와 같이 아무도 실제로 이성지의 경지에 올라간 사람이 있다고는 생각지 않았기 때문이다. 또한 그의 시사는 해석하기가 매우 어려우며, 이에 관한 그의 논구(論究)는 〈대화편〉 가운데에서 가장 모호한 구절의 하나라 하겠다. 그의 주장은 다른 모든 이데아를 이성의 포괄적 체계로 체계화하는 일은 최고의 원리, 즉 원리들의 원리를 사용함으로써 가장 잘 이룩될 수가 있다고 한다. 그리고 이 최고의 원리가 되는 것은 '선(善)의 이데아'라고 주장하였다. 그러나 자기의 논점을 전개시켜 가는 데에는 그는 엉뚱하게 신비적인 말을 사용하였다. 그는 다음과 같이 서술하고 있는 것이다.24)

---

22) 천문학(天文學)과 화성학(和聲學 : harmonics)은 플라톤이 뜻한 의미에 있어서, 수학의 분과였다. 천문학은 별들을 수많은 개별적 대상으로서 바라보는 일이 아니라, 움직이는 물체들의 원리 내지 법칙을 형성하는 일이다. 오늘날 같으면 우리가 아마 벡터 해석 및 역학(力學)이라고 부를 만한 것이었다. 화성학은 음악에서 특수한 적용을 보게 될 수학적 비(比)와 비례(比例)에 관한 연구였다.

23) *Republic,* 제 7 권, 534b.

24) *Republic,* 제 6 권, 507b-509c, 특히 509b 참조.

선(善)의 이데아는 모든 다른 대상들에 대해서 그것들이 인식될 수 있도록 하는 혜택을 부여하며, 또 그것에 참다운 본질적인 존재를 부여한다. 그러나 그것은 다른 이데아들과 같은 종류의 것이 아니라, 권위나 권능에 있어서 이 모든 것들을 초월해 있는 것이다.

이 구절은 읽는 사람에 따라 여러 가지 다른 의미로 해석되어 왔다. 기독교의 신학자들은 그 속에서 유신론적 신앙 활동을 보는 경향이 있었으며, 또 다른 사람들은 아전인수격으로 자기 자신의 확신을 어떤 예견이 깃들어 있는 것으로 해석해 왔다. 이처럼 아무도 이에 대해 확증을 가지고 해석할 수가 없는 것이다. 그러나 우리는 플라톤 철학의 중심적 문제는 언제나 윤리적인 것임을 기억해 두어야 한다. 그런즉 우리는 선의 이데아에 관한 플라톤의 황홀한 언어를 윤리학적 견지에서 이해한다면 판단을 그르치는 일이 없을 것이다. 그가 뜻한 바는 아마도 다음과 같은 의미였을 것이다. 어떠한 것도 그것이 잠재적으로 가지고 있는 기능이나 이상적 실현인 좋은 상태〔善〕에 비추어서 보기 전에는 정당하게 인식되지 않으며, 또 다른 것에 비해서 그것만이 지니는 가장 의의 깊은 위치를 드러낼 수 없다는 것이다. 사물들이 그들 본연의 모습으로 있는 것은 그들이 고유한 목적에 이바지하며, 그것들의 고유한 가치를 지니고 있기 때문이다. 그러므로 그것이 만일 사물의 궁극적 본성을 체계적으로 밝혀 주어야 한다면, 인식은 기능이나 가치나 선의 이데아를 중심으로 형성되지 않으면 안 된다. 다시 말하면 인식은 그 형성의 원리가 목적론적(目的論的)이 아니면 안 되는 것이다. 속에 깃들어 있는 가치에 의해서 사물을 분석함은 그 사물들을 그것들의 완전한 본성과 그것들의 상호 관계를 가장 잘 드러내는 인식적 문맥 속에 집어 넣는 유일하며 불가결한 방법이다. 다른 형식의 설명도 가능하지만, 그보다 적은 성과밖에 낼 수 없다. 예컨대 기계론적 설명은 사물을 다수의 부분들에 의해서 다루지만, 이들 많은 부분을 의미 있는 통일체로 통합하고 있는 것을 무시해 버린다.[25] 그러나 있는 대로의 사물들은

---

25) *Phaedo*, 97c-99d 참조. 이 절에서 플라톤은 소크라테스를 아낙사고라스가 인간의 행위를 인간의 신체의 운동에 관계되는 해부학적 요소들을 들어서 설명하려고 한 것을 배격한 것으로 묘사하고 있다.

단순히 순간적 사실이나 구조로서 있는 데 그치는 것이 아니라 이 순간적인 사실을 초월해 있는, 비록 이상적이기는 할지라도 그것들의 진정한 목적이 되는 가치의 터전이기도 한 것이다. 오직 목적론적 설명만이 이 가치라는 것을 고려할 수가 있고, 또 우리 주변의 많은 사물들을 봉사의 대상이 될 포괄적 목적에 관계지을 수 있다. 우리는 그 이외의 어떠한 방법에 의해서도 혼란을 제거하고 질서를 확립할 수 없으며, 변화를 조절하고 안전을 증진할 수 없고, 의혹을 일소하고 확실성을 얻을 수 없는 것이다.

플라톤의 이상주의(理想主義)

그의 비판자들이 때때로 말한 바와 같이, 플라톤은 정치에 있어서 귀족주의를 주창한 사람이었다. 능란한 변론가나 웅변가가 의회에 미치는 따위의 영향을 그는 절대 불신하였다. 이상적으로는 국가를 지배하는 진정한 기술이 있으나, 현실적으로는 야심가가 너무나 손쉽게 이용하려고 덤비는 사이비 기술이 있다. 플라톤은 아테네의 민중(民衆)이 자기가 존경하는 소크라테스를 불경죄(不敬罪)로 다뤄 사형 선고하는 것을 목격하였다. 웅변가들이란 자기 조국의 진정한 이익이 무엇이며, 이 진정한 이익을 증진하는 방법이 무엇인지에 대해서는 무지할지라도, 대중의 편견을 교묘하게 이용하는 재주를 가지고 있다. 모든 세상사에서는 사이비적 기술과 진정한 기술과의 차이가 분명하다. 요리사가 사람들의 미각을 만족시켜 줄는지는 모르지만, 무엇이 그들의 건강을 위해서 진실로 좋은가를 가르쳐 줄 수 있는 사람은 오직 익숙한 의사뿐이다. 보석 상인이나 화장품 상인은 사람들의 몸치장을 해줄 수 있을는지 모르나, 무엇이 진실로 그들의 신체에 이로운가를 말해 줄 수 있는 사람은 다만 숙달된 체육가뿐이다. [26] 마찬가지로 정치에 있어서도 인기 있는 연설가는 자기의 웅변으로 투표자의 무리를 마음대로 휘두를 수 있을는지는 모르지만, 정치적 활동의 본래 목적이 무엇이며 그 목적을 위한 최선의 방법이 무엇인가를 그들에게 말해 줄 수 있는 사람은 오직 노련한 정치가 이외에는 없는 것이다. 인간에 관계되는 모든 일에 있어서의 플라톤의 목표는 사람들을 교육하여 그들로 하여금 사이비

---

26) 이러한 비유들은 *Gorgias*, 462c-466a에서 전개되고 있다.

적 기술을 버리고 진정한 기술을 도야케 하려는 데 있었다. 진정한 기술이
란 그것들의 원리인 이론의 완전한 이해에 입각해서 도야되는 숙련을 말하
는 것이다. 이해(理解)는 모든 것의 탁월한 면을 밝혀 주는 이데아의 인식
에서 시작되며, 서로 연관성을 가진 많은 이데아를 변증론적으로 파악하는
데에서 절정에 이른다. 오직 지혜로운 사람만이 진정한 기술자, 즉 익숙한
의사나 숙달된 체육가나 노련한 정치가일 수가 있다. 오직 건전한 교육의
모든 단계를 통과하여 이성의 경지에 오른 사람만이 국가를 다스리기에 적
합한 것이다.

　그러나 플라톤의 귀족 정치 제창을 곡해해서는 안 된다. 그는 정치적인
문제나 그 밖의 인간적인 문제들에 대한 비판의 기준을 세우는 데 관심을
갖긴 했으나, 그렇다고 채택할 국가의 어떤 강령을 작성하고 있었던 것은
아니다. 그는 도덕적 및 지적 건전성의 중요함을 역설하였으며, 이 건전성
이 사람들 사이에 보급되고 있는 것으로는 생각지 않았다. 과연 그는 완전
한 국가에 대한 그의 이상(理想)이 어느 기회엔가는 실제로 실현될 수 있을
것으로 믿는다고 고백하였다. 그러나 이러한 실현을 예언하고 있었던 것은
아니다. 완전한 교육 제도를 세우기 위해서는 완전한 국가에 완전한 지배
자가 필요할 것이며, 또 완전한 지배자와 완전한 국가를 형성하기 위해서
는 완전한 교육 제도가 필요할 것이다. 플라톤은 실제적인 정세에 있어서
의 딜레마를 알고 있었으며, 그 자신 시라쿠사에서 개혁을 시도하였다가
실패하였다. 그로서는 사태가 진행하면 자연히 완전에 이르게 된다는 것은
상상조차 할 수 없는 일이었다. 만일 완전한 지배자와 확신에 찬 국가가
존재하게 된다면 머리 속에 그리던 완전의 영상(映像)이 실현될 수 있다는
것이 그의 주장이었다. 그러나 재빨리도 이 주장에 덧붙여서 이러한 실현
이 어떻게 이루어지는가를 제시하는 것이 자기의 탐구 목적은 아니라고 말
하였다. 그의 목적은 오히려 윤리적인 것이었으며, 그것은 밀접한 관련이
있는 두 가지 면을 가지고 있었다.

　첫째로 완전한 국가니, 지혜로운 지배자니, 절제니, 정의(正義)니, 최선
의 교육 제도니 하는 것들의 심상(心像) —— 이와 같은 심상들은 판단의 중
요한 기준을 분명하게 확정해 주는 기본적 기능을 지니고 있다. 이것들이
이상(理想)을 나타내는 것임은 물론이다. 그러나 플라톤은 이상이라는 것

을 본래 인간 활동의 장엄한 강령으로 여기지는 않았다. 그것은 실현될 수도 있을 것이요, 혹은 실현되지 않을 수도 있을 것이다. 물론 우리는 그것을 실현하도록 하여야 한다. 확실히 그것은 우리의 활동과 관련이 있다. 만일 그것들이 아무런 실제적 의의를 가지지 않는다면, 결코 이상이 아니라 쓸모없는 환상에 그치고 말 것이다. 그러나 이상이란 원래 판단의 규범이다. 플라톤의 주장에 의하면, 인간의 행동은 만일 완전한 원리의 이해에 비추어서 이루어지지 않는다면 언제나 무질서하고 야성적이며, 심지어 악덕한 경우도 많다고 한다. 우리는 주위의 사람들과 사건들에 있어서나 우리 자신에 있어서의 선악의 정도에 대한 분명하고 정확한 이해가 없이는 훌륭하게 행동할 수가 없다. 하늘의 이상적 국가를 보고 있는 사람이 지상의 나라를 볼 때는 오직 지상의 나라만을 보고 있는 사람 식으로는 결코 보지 않을 것이다. 지혜로운 사람의 이상을 알고 있는 이는 자타를 막론하고 누구나가 이 이상에 의해서 평가되고 있다고 여길 것이다. 정의의 본질을 통찰하고 있는 사람은 이 지상의 부정에 대한 자기의 비판이 어떻게 하면 정당할 수 있을까 하는 것을 알고 있을 것이다. 그리고 이러한 사람은 아마도 자기 조국의 부정을 방지하거나 시정할 수가 있을는지도 모른다. 그러나, 플라톤은 이 점에 대해서는 아무런 보증도 주지 않았고, 또 이에 관심을 기울인 바도 없다. 그러나 그러한 사람은 제 자신의 생활이 소리 높이 변화를 요구하고 있음을 알 것이다. 그는 어떠한 가능한 개혁이든 열망하였다. 그러나 특히 역설한 주장은, 모든 개혁에 필요한 선행 조건으로서 이해가 불가결하다는 것이다. 자타의 장단점을 바르게 평가함은 하나의 도덕적 성취이다. 그리고 이 성취를 바탕으로 하여 사람은 사회 질서의 재건을 위한 도덕적 성취를 더 계속해 나갈 수도, 또는 그렇지 않을 수도 있을 것이다. 플라톤이 〈국가편〉에서 논하고자 시도했던 것은 바로 그의 사상의 절정으로서의 이 점이었다. 그는 완전한 이상 국가의 심상을 가졌다고 해서 실제로 이러한 국가가 생겨날 수 있다는 결론은 내리지 않았다. 그의 결론은 오히려, "천상의 이상 국가의 영상을 보고 있는 사람은 자기 자신의 생활을 그것에 따라서 영위해 갈 수가 있을 것"이라는 주장이었다.[27]

---

27) *Republic,* 제 9 권, 592b.

둘째로 플라톤이 이상 국가나 그 밖의 이상적인 것들에 관해서 묘사한 계획도는 그 자신이 인정한 바와 같이, 실제적 활동의 강령으로서 구실을 하기에는 너무나도 추상적이라 하지 않을 수 없다. 이 계획도들은 우리가 지향해서 노력해야 할 목적이요, 동시에 이 목적을 진척시킬 수 있는 수단이 되는 것은 아니다. 그러므로 어떤 의미에서 그것은 우리가 실천적 방안에 의해서 다음에 해야 할 일을 알려준다기보다 오히려 이 머나먼 목적과 관련된 방법을 찾아야 한다는 도덕적 필요성을 강조한 것이라 하겠다. 더 나아가 완전한 교육을 성공적으로 이수하고 변증론적 이해의 높은 경지에 도달한 사람도 그 위에 훈련을 더 받을 필요가 있다고 지적하였다. 이러한 사람에게 필요한 훈련이란 자기가 터득한 이상에 비추어서 어떻게 일을 처리하여 나갈 것인가를 습득하는 훈련이다. 이러한 습득은 이론적으로 배울 수 있는 것은 아니다. 왜냐하면 실천이라는 것을 일련의 규칙에다 완전히 환원시킨다는 것은 불가능하기 때문이다. 이러한 습득은 오직 실제로 행함으로써만 —— 몇 차례의 실패를 겪어 보고 마침내는 처세의 재간, 시리(時利)의 판단력, 적응의 재능을 소유하게 됨으로써만 —— 달성될 수 있는 것이다. 우리가 만일 일련의 건전한 이상이 인간에게 그가 해야 할 것의 정밀한 세목을 부여해 줄 것이라고 생각한다면 그것은 잘못이다. 플라톤의 취지는 다음과 같이 표현되어도 좋을 것이다. 즉 지혜는 인식(認識) 이상의 것이다. 다시 말하면 인식은 지혜의 필요 조건이기는 하지만 충분 조건은 아니다. 지혜는 완전이라는 것이 이론적으로 무엇인가를 알고 있는 사람 이외에는 있을 수가 없다. 마찬가지로 그것은 일을 처리해 나가는 경험을 가진 사람 이외에는 있을 수가 없는 것이다. 그러므로 지혜는 실제적인 곤경에 적응해 나갈 수 있는 지식이라고 하겠다. 그리고 실제로 야기되는 무수히 많은 곤경들을 고려할 수 있는 이론이란 결코 세워질 수 없다는 주장이다. 정치적 과업은 이상 국가를 정의하는 문제와는 전혀 다른 것이다. 거기에는 바른 정의에 의한 인식도 필요하지만 시시각각으로 변하는 현실적인 일들을 어떻게 그 정의에 맞게 다룰 수 있을까를 결정하는 재질(才質)도 필요하다.

플라톤은 후기의 한 〈대화편〉에서 국가의 최고 권위는 법률보다도 오히려 인간이어야 한다고 말하였다. 그 자신의 말을 빌린다면, "만일 사람이 지혜와 훌륭한 능력만 가지고 있다면, 가장 좋은 것은 법률이 지배하는 것이다. "[28] 어떠한 법규나 법률 체계도 변천하는 정세의 얼크러진 혼란 속에서 국가를 성공적으로 지도해 나가는 구실을 할 수는 없을 것이다. 지혜로운 사람이 판단의 기준으로 사용하는 이데아는 보통 한 걸음 한 걸음 시행으로 옮겨질 계획의 구실도 동시에 하는 것은 아니다. 이와 마찬가지로 정치가에 의해서 제정되는 법률도 보통은 동요하는 정치적 정세에 대처할 정책의 구실을 겸할 수는 없다. 지혜로운 사람은 법률을 활용하여야 하지만 동시에 연속적인 긴급 사태에 처해서도 그 법률을 활용할 수 있는 기술을 다시 안출하지 않으면 안 된다. 법률은 이데아와 마찬가지로 정치적 생활에 있어서는 고정된 원리이지만, 정치적 생활은 오히려 착잡한 우발 사건으로 말미암아 결코 고정되어 있지 않다.

휴머니즘의 전통

플라톤은 서구 문화에 있어서 휴머니즘(humanism)이라고 불리워지게 된 전통을 철학적으로 명확히 표명한 사람인 동시에 역사적으로 이 전통의 연원을 이룬 사람이다. 휴머니즘을 식민지의 희랍인들에게서 발단된 과학적 전통의 반대 사상이라고 여김은 정당하지 못하다. 오히려 그것은 식민지 희랍인들이 우주에다 기울인 것과 같은 냉철하고 선입견 없는 탐구를 인간의 문제나 열망에다 경주한 경향을 말한다. 그것이 휴머니즘이라고 불리워지는 까닭은 인간성을 멸시하고 어떤 비인간적 규범을 세워서 사람을 억누르는 신학(神學)에 반대하여 다음과 같은 두 가지 명제를 주장하고 있기 때문이다. (1) 인간의 최고선(最高善)은 그의 천연적인 잠재력의 실현에 있으며, (2) 그 실현을 촉진하는 오직 하나의 건전한 방법은 욕정과 의지를 억제하고 지도할 인간 본래의 이성의 힘을 사용하는 것이다.

플라톤의 도덕 철학(道德哲學)에서 발단되는 전통을 표현하는 말로서의 휴머니즘은 당시에도 유행하고 있었고, 플라톤이 명백히 배격한 바 있는 극단적 두 사조의 중간적 사상이다. 그것은 서구 문화의 역사 속에 재현되어 내려오는 동안에도 역시 같은 두 극단적 사조의 중간을 걸어 왔으며,

---

28) *Statesman*(정치가), 294b-c.

실로 오늘날도 그러한 중간 위치를 차지하고 있다. 더 명확히 말하면 주관주의(主觀主義)와 권위주의(權威主義)의 중간인 것이다. 그리고 극단적 두 사상과 한 점에서는 일치하며, 또 다른 한 점에서는 차이가 있다. 주관주의와 같다고 할 수 있는 점은, 그것이 인간을 그 자신의 고유한 도덕적 목적 —— 이 목적을 허용하기는 하나 그것을 위주로 추구하지는 않는 세계 안에서 —— 을 가지고 있는 존재로서 다루고 있다는 사실이다. 그리고 주관주의와 같지 않은 점은 그것이, 인간은 객관적으로 하나의 천성 —— 그것의 이상적 잠재력을 이해하기 위해서는 분석되어야 하며, 또 설령 어떠한 욕망이 인간을 휘몰아 가고 혹은 그로 하여금 그의 전체적 인격의 올바른 요구를 무시하게 만든다 할지라도 진정한 도덕적 의의 때문에 마땅히 존중되어야 할 천성 —— 을 가지고 있다고 생각한다는 사실이다. 그것이 권위주의와 같은 점은, 찰나적으로 의식되는 우연적 충동이나 덧없는 욕정을 불신하고, 이들 충동이나 욕정을 이것들이 따르고 순종하고 이바지해야만 할 이상에 의해서 편달하고자 한다는 사실이다. 그리고 그것이 권위주의와 같지 않은 점은, 소요되는 이상을 외부로부터 인간에게 강제로 부과된 어떤 명령에서가 아니라, 분석을 통해서 인간성 자체 속에 깃들어 있는 것으로 밝혀질 본질적 잠재력의 조화 있는 발전에서 찾고 있다는 사실이다. 주관주의는 언제나 제멋대로 나아가는 경향을 보여 왔다. 이에 대하여 권위주의는 심지어 종교의 이름으로 제창되었을 때조차도 언제나 억압과 독단주의의 경향을 지녀 왔다. 휴머니즘은 역사적으로 자기보다 극단적인 입장의 시정자(是正者)로서 이바지하는 하나의 전통이 되어 온 것이다.

기나긴 역사를 가진 다른 전통들과 마찬가지로 휴머니즘도 여러 세기를 통하여 그 지지자나 해설자에 따라 여러 가지 모습을 띠어 왔다. 그것은 성 토마스(St. Thomas, 1225~1274)의 신학적으로 조정된 윤리학, 카스틸리오네(Castiglione, 1478~1529, 이탈리아인)의 예술 애호적 우아성, 문예 부흥 시대의 상류인의 이상 등과 같은 여러 가지 계통으로 부분적으로 표현되었다. 그러나 플라톤의 〈대화편〉 등을 휴머니즘적 전통의 명확한 표현이라 보고, 그 이외의 것들을 플라톤의 범례로부터 벗어난 것으로 지적한 역사가들의 견해는 올바른 것이라고 하겠다. 그리고 휴머니즘에 관한 플라톤 자신의 진술은 서구 문화의 온 과정이 우리에게 알려주는 휴머니즘적 이상

의 가장 유력하고 적절한 표현이라고 주장? 철학적 비판자는 조금도 과장
된 비판을 내린 사람이라고는 할 수 없을 것이다.

4. 아리스토텔레스

　　아리스토텔레스(Aristotelēs, 384~322 B. C.) : 트라키아의 스타게이라 출신. 마케
도니아 왕의 시의(侍醫) 니코마코스의 아들이었다. 16세 때 플라톤의 아카데미
에 들어가서 20년 후 플라톤이 별세할 때까지 여기서 공부를 계속하였다. B.
C. 343년에 마케도니아의 젊은 왕자 알렉산더의 개인 교사가 되었다. 3년 후에
알렉산더가 적극적으로 정치 문제에 관여하기 시작하자, 아리스토텔레스는 아
테네로 돌아와서 그곳에다 리케이온(Lykeion, Lyceum)이라는 자기 자신의 학교
를 창건하였다. 이것이 '아테네의 네 학교들' 가운데 둘째번 것이었다. B. C.
323년에 알렉산더가 죽고 아테네 사람들이 마케도니아의 침략에 대해서 더 공
공연하게 반기를 들 수 있게 되자, 아리스토텔레스는 반(反)아테네 일파의 동
조자라는 혐의를 받게 되어 칼키스로 도피하였다가 다음해에 그곳에서 세상을
떠났다. 그의 방대한 저술은 언급한 대상의 범위로 보나 지니고 있는 고유한
가치로 보나 놀랄 만한 공적을 이루었다. 그 저술에는 물리학·천문학·해부
학·생리학·형이상학·논리학·윤리학·정치학·수사학·예술론·심리
학·박물학 등에 관한 저술들이 있다. 이들 많은 저서 가운데 어떤 것들은 그
뜻이 명백하고 그 표현조차 탁월하지만 또 어떤 것들은, 특히 〈형이상학
(Metaphysics)〉이 그러한데, 때때로 모호하고 얼른 보기에는 모순이 있어, 다분히
저서의 진위가 의심되기도 한다. 〈형이상학〉의 난해성은 이 책이 오늘날 전해
지고 있는 그 형태에서 볼 때 아리스토텔레스의 사상 발전의 각각 다른 여러
시기의 논문들로 되어 있다는 사실에 의해서 증대된다. 근래의 연구, 특히 예
거(Werner Jaeger, 1888~)의 연구는 그의 사상 발전의 세 시기를 구별하는 데
성공하였는데, 그 첫째 시기는 순전히 플라톤적 시기요, 둘째 시기는 과도적
시기이며, 셋째 시기는 자신의 성숙기이다. 이들 세 시기는 논문이 혼합되어
얼른 보기에는 하나의 연속된 책인 것같이 여겨지기 때문에 아리스토텔레스는
여러 사상적 갈래의 독자들에 따라서 각각 다른 견해로 해석되어 왔다. 초기
의 플라톤적 논문들은 중세 기독교 신학자들에게는 특히 안성맞춤이었으며,
오늘날은 전적으로 자연주의적(自然主義的) 색채를 띠고 있는 후기의 논문들을
그의 논구(論究)의 가장 훌륭한 부분이라고 여기는 것이 보다 일반적인 경향으
로 되어 있다.

아리스토텔레스는 플라톤과 더불어 희랍 사상의 절정을 보여 준 철학자

였다. 어떤 비판자들은, 마치 플라톤과 아리스토텔레스가 서로 정반대되는 입장에 서 있는 듯이 두 사람의 철학을 예리하게 대립시켜 보는 경향이 있었다. 중세의 스콜라 철학자들이 때때로 양자를 이와 같이 대립시켜 보았으며, 근세의 학자들도 이따금 이 견해에 추종하여 왔다. 물론 역사상 플라톤 철학이니 아리스토텔레스 철학이니 하는 이름으로 전해 온 체계들은 실제로 상반되는 사상 체계였다. 그러나 종래의 전통은 두 철학을 두 개의 상반되는 체계로 환원시킴으로써 두 사람 사이의 차이를 역설하여 온 것이다. 플라톤과 아리스토텔레스는 많은 문제에 대해서 아주 유사한 견해를 품고 있었다. 아리스토텔레스는 자신을 플라톤 학도(platonist)라고 생각하기를 즐겨 한 것같이 보인다. 그는 어떤 문제를 논구해 갈 때, "많은 사람들과 지혜로운 사람들의 의견을 고찰"하려고 한다는 서두로부터 시작한 일이 드물지 않았거니와, 여기서 그가 말한 '지혜로운 사람들'이란 언제나 플라톤과 플라톤 학파의 사람들을 지칭한 것이다. 그러나 마지막 시기에 가서는 점점 플라톤의 입장으로부터, 내지는 자기가 플라톤의 입장이라고 생각하였던 것으로부터 결국 이탈해 간 것이 사실이며, 더구나 중요한 면에서 이탈하여 갔다. 설사 플라톤과 아리스토텔레스 사이의 모든 차이를 충분히 고려하더라도, 아리스토텔레스가 일생을 통해서 플라톤 사상의 많은 부분을 받아들였고, 또 플라톤 속에 깃들어 있던 하나의 사고 방향을 완성시켰다는 것은 사실이라 하지 않을 수 없다. 실로 아리스토텔레스의 철학은 플라톤의 가르침의 감화와 훈유(訓諭)의 역사적 결과로서 생긴 주요한 두 가지 형태의 사상 중 하나인 것이다.[29]

역사가들은 때때로 플라톤과 아리스토텔레스의 차이점을 전자는 수학자요 후자는 동물학자라고 봄으로써 그 차이를 설명하려고 하였다. 이 견해는 다분히 시사적이기는 하지만 진상을 드러낸 것이라고는 할 수가 없다. 이보다는 오히려 플라톤은 인간 문제에서 출발하여 자연을 단순히 인간의 이상 추구의 배경으로 보게 되었고, 아리스토텔레스는 이와 반대로 자연에서 출발하여 인간을 자연의 일반적 진행의 전형적이면서도 독특한 한 가지

---

29) 이들 두 주요한 형태 중의 다른 하나는 플로티노스(Plōtinos)의 철학(哲學)이다. 제3장 제4절 참조.

특수화된 경우로 보게 되었다고 하는 것이 더 정확한 판단일 것이다. 그러므로 두 사람 사이의 차이는 강조점과 출발점에 있어서의 차이라고 하겠다. 그러나 어떤 철학이든 그 골자의 대부분은 출발점 여하에 달려 있다. 플라톤의 경우에는 그가 이상(理想)의 정의(定義)로부터 출발하였기 때문에 현실적 인간의 태만과 결함에 대하여 안타깝게 여기는 경향이 있었던 것이요, 아리스토텔레스의 경우는 자연의 분석으로부터 출발하였기 때문에, 사람이 아무리 노력을 하더라도 이상에 도달할 수 없게 하는 자연적인 여러 한계를 인정하는 경향이 있었던 것이다. 플라톤은 보다 이상주의적으로 열망에 불탔던 사람이며, 아리스토텔레스는 보다 현실주의적으로 분석에 일관한 사람이었다.

아리스토텔레스의 근본적 가정(假定)

아리스토텔레스의 모든 성찰 속에는 하나의 근본적 신념이 나타나 있다. 이 신념이란, 궁극적으로 실재(實在)는 우리의 주위에서 볼 수 있는 바와 같은 많은 구체적·개체적인 사물로 되어 있다는 것이다. 사람과 동물과 식물, 막대기와 돌덩이, 산과 강과 바다, 해와 달과 별 등등 한이 없듯이 사물들은 얼마든지 있다. 이러한 많은 사물들을 가장 본래적 의미에서 실재적이라고 주장하였던 것이며, 파생적 의미에서는 이러한 사물들의 여러 성질이나 그들 사이의 여러 관계, 혹은 그것들이 지니고 있는 그 밖의 상태나 양상들도 역시 실재적이라는 것이다. 이 신념은 자기보다 먼젓사람들의 것이라고 보았던 여러 견해와 반대되는 것이다. 예컨대 세분된 미립자를 실재로 보고 거시적 사물들은 이들 미립자에 의해서 생겨난 것이라고 생각한 원자론자들의 견해와는 대립되는 것이다. 또 다른 한 예를 본다면, 이데아니 형상이니 하는 것이 우위의 실재성을 가지며 구체적인 사물들은 이데아의 불완전한 모사나 모방에 불과하다고 하는 견해(아리스토텔레스는 이것을 플라톤 자신의 견해가 아니면 그의 추종자들의 견해라고 보았다)와도 대립되는 것이다. 아리스토텔레스의 이 근본적 신념 때문에 그의 철학은 어떤 역사가들로부터는 일종의 '상식'의 개요, 즉 인류의 대부분이 일반적으로 품고 있는 태도를 공들여 완성해 놓은 것이라고 지칭되었던 것이다.

아리스토텔레스의 근본적 신념을 더욱 세밀하게 서술해 가면 이따금 독

자들이 경계해야 할 언어상의 곤란성이 야기된다. 아리스토텔레스는 하나
하나의 구체적(具體的)·개체적(個體的) 사물을 '우시아(ousia)'라는 말로
표현하였거니와, 이 말이 로마의 키케로(Cicero, 106~43 B. C.)에 의해서 라
틴어로 'Substantia'라고 번역되었다. 근세의 번역가들에 의해서는 영어로
'substance(實體)'라고 번역되었다. 그러나 '우시아'와 '실체'는 어느 쪽이
나 주의해서 사용하지 않으면 혼란을 조장하게 될 말들이다. '실체'라는
말은 후세 서구의 철학적 문헌 속에서는, 원래 아리스토텔레스의 의중에
없었던, 그리고 그의 원문을 읽을 때 그러한 뜻으로 해독되어서는 안 될 많
은 것을 의미하게 되었다. 또한 희랍어 용어상으로 볼 때 '우시아'라는 말
은 구체적·개체적인 것들 이외의 다른 많은 존재 사실도 능히 의미할 수
있다. '우시아'란 문자대로 번역하면 존재라고 할 수밖에 없다. 그러므로
어떤 사물을 실체라고 부르는 것은 아리스토텔레스의 철학적 성찰의 테두
리 안에 있어서는 그 사물이 존재를 지니고 있다든가 또는 그 사물이 있다
고 말하는 것과 다름이 없다.

　나아가 아리스토텔레스가 더 지적한 바와 같이, '우시아'가 가지는 또
하나의 의미는 그것이 구체적·개체적 실체들 이외의 다른 많은 것들에 대
해서도 사용될 수 있다는 것이다. 그리고 우리는 건전한 관용법을 무시하
지 않고서는 아리스토텔레스가 '우시아'라는 말을 사용한 것처럼 실체라
는 말을 광범위하게는 사용할 수가 없다. 예컨대 붉음이나 차가움이나 달
다고 하는 우시아를 가지고 있다는 것이요, 다시 말하면 그것들은 존재한
다는 것이다. 그러나 붉거나 차거나 달기는 확실히 구체적·개체적인 것들
이 아니며, 그것들을 실체라고 말하기는 어려울 것이다. 붉은 것은 꽃이
요, 찬 것은 물이요, 단 것은 포도주라고 말할 수는 있다. 이때 붉거나 차
거나 달거나 한 것들은 성질이며, 성질이란 어떤 구체적·개체적인 것들의
성질로서만 실재적인 것이다. 이와 마찬가지로 또 다른 예를 들면, 접근과
격리는 우시아를 가지고 있으며 착석과 기립도 우시아를 가지고 있고, 구
타(毆打)와 피타(被打)는 우시아를 가지고 있다고 한다. 그러나 이때도 역
시 이들 중의 어떠한 것도 실체라고 부를 수는 없다. 접근과 격리는 구체
적·개체적인 것들 사이에 생기는 관계요, 착석과 기립은 구체적·개체적
인 것들이 취하는 자세요, 구타는 어떤 구체적·개체적인 것의 능동이며,

피타는 피동인 것이다.[30] 아리스토텔레스로서는 성질·관계·자세·능동·파동 등과 같은 것들도 구체적·개체적 사물들과 꼭 마찬가지로 우시아를 가지고 있다든가 또는 존재한다고 말할 수 있을 것이요, 또 사실 그렇게 말하였던 것이다. 그러나 구체적·개체적인 것들이 관계니 성질이니 하는 것들보다도 더 근본적인 의미에서 우시아를 가지고 있다고 해야 할 것이다. 따라서 아리스토텔레스도 말한 바와 같이, 우리는 본래적 의미에 있어서의 우시아와 부차적 의미에 있어서의 우시아를 보게 된다. 만일 아리스토텔레스의 우시아를 언제든지 실체라고만 번역한다면 그것은 언어상으로 분별없는 짓이라 하겠다. 영어는 아리스토텔레스가 사용한 희랍어의 이와 같은 한마디 한마디에 공을 들여 번역하지 않고 있다. 만일 우리가 구체적·개체적 사물들은 실체요, 또는 본래적 의미의 존재를 지니고 있으며, 성질이니 관계니 하는 것들이 '실체'는 아닐지라도 부차적 의미의 존재를 지니고 있다고 말한다면, 아리스토텔레스의 본래 취지에 좀더 충실한 셈이 될 것이다. 그리고 그렇게 말함으로써 실체는 궁극적으로 많은 구체적·개체적인 것들로 되어 있으며, 그 이외의 어떠한 것도 어떤 방식으로든지 이러한 개체적인 것들과 관계하지 않고서는 실재적일 수 없다고 하는 아리스토텔레스의 근본적 신념을 명확하게 하는 셈이다.

아리스토텔레스는 그의 근본적인 신념의 의의를 범주(範疇)에 관한 그의 논구에서 요약해 논하고 있다. 아리스토텔레스가 사용한 밀뜻의 범주란, 우리 주위의 세계가 우리로 하여금 이 세계의 분석에 사용하지 않을 수 없게끔 하는 기본적 개념이다. 우리는 세계를 아무렇게나 마음내키는 대로 볼 수 없다. 적어도 우리가 진리를 찾고자 한다면 세계를 그렇게 볼 수는 없는 것이다. 세계는 그것에 대한 우리의 사상보다 앞서 있는 것이다. 우연적인 것으로부터 전문적인 것에 이르기까지의 모든 성찰은, 그 성찰의

---

30) passion(피동)이라는 말이 여기에서는 현재 흔히 사용되고 있는 의미와는 아주 다른 의미로 사용되고 있다. 그러나 이러한 용어는 사상의 혼란을 일으키지 않을 것이다. passion은 보통 아리스토텔레스의 원전 번역가들에 의하여 사용되며, 그리하여 여기에서도 그대로 쓰여진 말이다. action(능동)은 한 개체적·구체적 사물이 다른 것에 행하는 것인 것과 같이 passion은 한 구체적·개체적 사물이 다른 것의 행위에 의해서 행하여지든가 혹은 받게 되는 것을 말한다.

대상으로서 세계의 존재 내지는 세계의 어떤 일부분이나 또는 여러 부분들의 존재를 전제하고 있지 않으면 안 된다. 그리고 우리가 세계의 분석에서 사용하는 논술 용어들은 그 세계의 모습 여하에 달려 있다. 세계에 관해서 우리가 사용하는 논술 용어 가운데에서 어떠한 것들은 다른 것들에 비하여 좀더 기본적이다. 예컨대 인간이라는 말은 범주가 아니다. 그 까닭은 별을 분석하는 데는 그러한 말을 사용할 필요가 없기 때문이다. 또 별이라는 말도 범주가 아니다. 그 까닭 역시 우리가 인간을 분석하는 데 별이라는 말을 사용할 필요가 없기 때문이다. 그러나 개중에는 온갖 대상의 어떠한 분석에도 필요한 말들이 있다. 사람과 별은 모두 실체요, 다시 말하면 구체적·개체적인 것들이다. 그리고 실체는 하나의 범주이다. 왜냐하면 우리 주위의 세계에 관해서 수행하는 모든 탐구는, 설사 인간이나 별에 관한 것이 아닐지라도 역시 어떤 구체적·개체적인 것에 관한 탐구임에는 틀림없기 때문이다. 이와 마찬가지로 성질과 관계도 범주들이다. 그 까닭은 비록 성질에는 여러 가지 종류 —— 붉거나 찬 것과 같은 감각적 성질, 온건성과 정당성 같은 도덕적 성질, 건강이나 굳셈과 같은 생리학상의 성질 등 —— 가 있지만, 우리가 탐구의 대상으로 삼을 수 있는 모든 실체에는 그 특징을 말해 주는 여하간의 성질들이 있기 때문이다. 마찬가지로 여러 가지 관계의 종류 —— '××의 위에' 또는 '××의 옆에'와 같은 공간적 관계, '○○의 아들' 또는 '○○의 사촌'이니 하는 것과 같은 생물학적 관계, '××의 시민'이니 '××의 적'이니 하는 것과 같은 정치적 관계 등 —— 가 있지만 이 경우에도 역시 우리가 탐구할 수 있는 모든 실체에는 그 실체의 특징을 밝혀 주는 관계들이 반드시 있게 마련이다. 아리스토텔레스는 세계를 정당하게 분석하기 위해서는 반드시 필요하다고 믿었던 체계적인 범주표를 제시하고, 거기서 열 개의 범주를 들었다. 이 열 개의 범주란 우선 무엇보다도 본래적 의미의 실체, 그리고 다음에는 성질·분량·관계·공간적 규정·시간적 규정·능동·피동·자세 및 상태 —— 이상 열 가지를 말한다. 그런데 이들 열 개의 범주 가운데에서 어떤 것들은 서로 거의 같은 것으로 보이기 때문에, 이 표에는 난점이 없다고 할 수가 없다. 그러나 이 표는 무엇보다도 그것이 가지는 주요한 취지, 즉 세계에 관한 우리의 사유는 그 세계의 성질에 의해서 좌우되며, 세계의 성질은 사물들이 무한히 잡다함에도 불구하고 비교적 소수의 논술 용어로 요약될 수 있는 어떤 보편적 특징도 역시 나타내고 있다고 하는 취지에 의의가 있는 것이다.

여러 부문으로 갈려 있는 그의 모든 철학을 일관하여, 자기 범주의 이론을 효과적으로 적용함으로써 자기가 고찰하던 문제들의 해결에 광명을 던져 주도록 하였다. 일례를 들면, 그는 영혼이 실체인가 어떤가를 묻고, 이에 대한 해답으로서 그것은 실체가 아니라 능동 활동이라고 단정하였다. 이 예비적 고찰은 그 후 영혼에 관한 연구의 방향을 고정시켰기 때문에, 그의 심리학 전체가 이 방향에 맞게 형성되었다. 마찬가지로 그는 덕(德)은 활동인가 어떤가를 묻고는 그것이 활동이 아니라 상태라는 해답을 내렸다. 정의(正義)의 개별적 실례는 하나의 활동이지만 정의라는 덕은 하나의 상태, 즉 잘 수련된 습관을 지니고 있는 상태라는 것이다. 아리스토텔레스는 덕에 대한 이와 같은 범주의 고찰에 비추어서 도덕적 생활의 본질을 보았기 때문에 그의 윤리학 전체는 역시 이에 알맞게 형성되었다. 연구의 어떤 대상이 어떤 범주에 속하는가를 분명히 결정지은 다음이라야만 계속해서 유익한 문제들을 설정해 나갈 수가 있고, 또 그 대상에 관한 명쾌한 해답을 발견해 나갈 수가 있는 것이다. 이리하여 아리스토텔레스의 범주론(範疇論)은 그의 철학의 여러 부문을 함께 연결해 주고 있으며, 또한 각 부문에다 체계화의 원리를 제공해 주고 있다.

아리스토텔레스의 심리학

아리스토텔레스의 심리학에 관한 논문은 일반적으로 '영혼에 관하여(Concerning the Soul)'라는 명칭으로 불리워지고 있다. 그렇지만 'soul(영혼)'이라는 말은 아리스토텔레스의 의중에는 없던 종교적 개념들을 암시하고 있기 때문에 오늘날의 영어에 있어서는 전혀 분명치가 못하다. 그의 용어는 '프시케(psyche)'라는 말이었으며, 이것은 오히려 '생명'이라고 번역하는 것이 좀더 적합할는지 모른다. 함께 모여 자연의 체계를 이루고 있는 많은 실체들을 살펴볼 때 우리는 여기에 각양 각색의 종류가 있음을 알 수가 있다. 뿐만 아니라 우리는 더 나아가 이 여러 종류들을 하나의 계열, 즉 등급순으로 배열할 수가 있다. 아리스토텔레스가 이와 같은 등급순의 계통을 세우는 데 사용한 분류의 원리는 조직의 복잡성의 정도였다. 조직의 복잡성이 더해 감과 더불어 어떤 실체가 발휘할 수 있는 기능의 복잡성도 언제나 이에 따라 점점 증대하여 가는 법이다. 물질의 조직의 복잡성이 더하면 더할수록 기능은 점점 더 복잡하고 착잡해진다. 예를 들면, 흙덩어리와 사탕무와는 그 성분에 있어서는 차이가 없을는지도 모른다. 그렇지만 분명히 그 물질의 조직에 있어서는 차이가 있다. 그리고 사탕무는 그것의 특유한 조직 내지 구조의 결과로서 흙덩어리가 발휘하지 못하는 어떠한 독특한 기능을 발휘하고 있는 것이다. 이 기능들 가운데에는 영양 작용·발육 작용 및 번식 작용이 있다. 흙덩어리는 살아 있지 않으나, 사탕무는 살아 있는 것이다. 이 사탕무의 생명은 그것의 독특한 기능의 진행이라고도 할 수가 있다. 그러므로 생명은 실체가 아니다. 그것은 일종의 없어서는 안 될 물질 조직이나 신체 구조에 따르는 하나의 행동 방식이요 활동력이며, 작용이요 기능이다.

사탕무에서 볼 수 있는 바와 같은 식물적 생명은 생명의 첫째 단계요 가장 단순한 단계이다. 둘째 단계는 동물적 생명이다. 이 동물적 생명은 식물적 생명에 필요한 조직 이외에 그 이상의 어떤 특정한 기관(器官)이나 구조가 생물체 속에 나타났을 때 생겨난다. 동물적 생명의 기능은 식물적 생명의 기능에다 감각(예컨대 보고 듣고 냄새 맡는 등)하고, 욕망하고, 운동하는 기능을 더한 것이다. 식물적 생명과 동물적 생명 사이에는 뚜렷한 선이 그어져 있지는 않다. 과연 확연치 않은 중간적 상태로 보이는 어떤 생물(해면이나 말미잘 같은)이 있는 것이 사실이다. 그렇지만 동물적 생명의 단계는 식물의 단계에서 발전하여 그 조직이 더 복잡해지고 기능의 범위가 더 넓어진 단계라는 것은 틀림없는 일이라 하겠다.

마지막 단계로서 이성적인 생명이 있다. 생각이니 믿음이니 앎이니 하는 활동이나, 또는 그 밖의 모든 인식 활동들은 동물의 신체적 구조가 충분히, 그리고 알맞게 복잡하여졌을 때 일어난다. 그리고 역시 단순히 동물적 생명과 이성적 생명과의 사이에도 정확하게 경계선을 긋기는 곤란하다. 그러나 같은 동물이면서도 인간은 뚜렷하게 합리성을 발휘할 수 있는 유일한 생물이라고 말해도 무방할 것이다. 각기 좀더 높은 단계들은 좀더 낮은 단계들을 전제하며 또 내포하고 있다. 다시 말하면, 동물적 생명은 식물적 생명의 기능이 없이는 결코 발생하지 못하며, 이성적 생명은 식물적 생명과 동물적 생명의 기능이 없이는 결코 생겨나지 못하는 것이다.

이상과 같은 관찰과 생명의 유형 분석과의 결과를 개괄해 보면, 생명(즉 영혼)은 일정한 종류의 유기체의 활동력이라고 말해도 좋을 것이다. 아리스토텔레스는 생명과 신체와의 관계는 절단 작용과 도끼와의 관계, 또는 시각과 눈과의 관계와 같다고 하였다. 생명은 물론 신체와 동일시될 수는 없다. 그렇지만 또 생명은 신체로부터나 일정한 종류의 체구로부터 분리할 수도 없다. 31) 다른 말로 한다면, 생명(즉 영혼)은 생물체의 형상(形相)이다. 32) 절단 작용이 도끼의 형상 또는 영혼이요, 시각이 눈의 형상 또는 영혼이라고 할 수 있는 것처럼, 각종 단계의 생명은 각각 적합하게 조직된 일정한 유형의 체구(體軀)들의 형상 또는 영혼인 것이다.

아리스토텔레스의 윤리학

아리스토텔레스의 심리학은 그의 윤리학과 직결되어 있으며, 또 정치학과도 직접 결부되어 있다. 인간의 기능은 다종 다양이어서, 그 기능들의 상호 관계에 관해서는 지도가 필요하다. 그리고 아무도 자기 혼자만으로서 충분하거나, 동료들로부터 떨어져서 자기의 정당한 기능을 성취할 수 없는 이상, 자기의 목적 실현은 반드시 유기적인 사회나 국가를 전제로 하게 된다. 윤리학과 정치학은 아리스토텔레스에 있어서는 한 방향의 연구에 있어

---

31) 아리스토텔레스의 심리학에는 그가 위에 약술된 견해와 조화시키기 어려운 이념을 표명한 구절들이 있다. 생각건대 이 구절들은 아리스토텔레스 자신의 성숙한 성찰에 의한 것이라기보다도 오히려 그의 초기의 플라톤적 경향에 의한 것이라 하겠다. 그러나 그에 대한 설명은 어떠하든지 간에, 그가 이성이야말로 영혼의 여러 부분들 가운데에서 육체로부터 독립해서 지속될 수 있는 것으로 생각할 수 있는 유일한 부분이라고 쓴 것은 사실이다. 그는 결코 이성이 육체로부터 떨어져서 존재한다고 직접적으로는 주장하지 않았다. 사실은 이 진술들은 다른 어떠한 것보다도, 식물과 동물의 생명의 불멸성에 대한 주장이다. [Concerning the Soul(영혼에 관하여), 413b24-33 ; 403a5-18 참조.] 그러나 그 후의 역사에 있어서는 전후 문맥에서 이 말들이 이용되어 신학적 목적을 위하여 영혼 불멸성의 이론의 보증으로서 이용되었다. 그의 사상은 시각은 변하는 사물을 그 대상으로 가지며 따라서 타락하게 마련인 데 대하여, 이성은 영원한 진리를 그 대상으로 가지며 따라서 타락하는 일이 없다는 것이었다.

32) 아리스토텔레스에 있어서의 형상(形相)이라는 말의 충분한 의의는 그의 형이상학이 연구되기 전에는 분명해질 수가 없으나, 이 말을 여기서 빠뜨릴 수는 없다.

서의 서로 의존하는 두 부문이다. 윤리학은 어떻게 하면 사람이 가장 잘 살 수 있는가에 대한 고찰이다. 그리고 사람은 다른 사람들과의 유기적 관계를 떠나서는 잘 살 수 없는 만큼, 윤리학이 자신의 목적을 달성하려면 불가불 정치학에 들어가지 않을 수 없다. 인간은 정치적 동물이라고 아리스토텔레스는 갈파하였다. 이렇듯 인간이 정치적 동물인 까닭은 우연적인 불의(不意)의 소치가 아니라, 천성적인 불가피한 소치인 것이다. 한 국가의 일원이 아닌 자는 인간 이상의 존재이거나 인간 이하의 존재, 다시 말하면 신이거나 짐승이거나 그 어느 쪽일 수밖에 없다. 신들은 자족하기 때문에 고립된 생활 속에서도 스스로의 완성을 성취할 수 있을 것이요, 반면 인간이 가지고 있는 것과 같은 사회적 발전의 소질은 지니고 있지 않다. 만일 인간이 자기의 본질을 충분히 발휘하고자 한다면, 자기가 가진 몇 가지의 소질이나 능력을 성취하고자 한다면, 그리고 인간의 고유한 초월성과 행복을 누리고자 한다면, 사회적인 생활을 통해서 자기에게 부과된 소임을 다하지 않으면 안 된다. 사람이 양육(養育)과 도야(陶冶)를 받게 되는 것은 사회로부터이며, 자신의 가장 훌륭한 실현을 찾을 수 있는 것도 다름 아닌 이 사회 속에서인 것이다.

아리스토텔레스는 그의 윤리설(倫理說)의 기본적 견해에 있어 플라톤을 답습하고 있다. 실로 그는 철학적 사색의 다른 어떠한 부분에 있어서보다도 윤리학에 있어서 더 밀접하게 플라톤을 추종하였다. 아리스토텔레스는 인간이 마땅히 추구하여야 할 도덕적 목적을 표시하는 데 '에우다이모니아(eudaimonia)'라는 말을 사용하였기 때문에, 아리스토텔레스의 윤리학의 입장을 우리는 '에우다이모니즘(eudaimonism)'이라고 부른다. 'eudaimonia'라는 말은 보통 'happiness(행복)'라고 영역되고 있다. 그러나 오히려 그것의 의미는 플라톤이 '정의(正義)'라고 번역되는 말에 의해서 의미하였던 것과 훨씬 가깝다고 할 수가 있다. 다시 말하면 그것은 뛰어나게 발전된 원숙한 사람의 완전한 행복을 의미한다. 현대 영어에 있어서는 '행복'이라는 말과 쾌락이라는 말이 때때로 서로 혼용되고 있는데, '에우다이모니아'는 쾌락과 같은 의미도 아니다. 쾌락에는 좋은 것이나 나쁜 것도 있을 수가 있다. 그리고 인간의 행복의 일부분일 수도 있고, 또는 그 정반대의 것의 일부분일 수도 있다. 오직 선한 사람의 쾌락만이 좋은 것이요, 악한 사람의 쾌락은 나쁜 것이다. 물론 선한 사람은 많은 쾌락을 향유하고 있을 것이다. 자기의 활동을 수행해 가서 최후의 발전을 장식하는 동시에 행복을 완전히 누리는 묘미와 환희를 자신의 실천 속에서 발견하지 못하고 마지못해 덕행을 하는 사람은 아직 온전한 선인(善人)이 아니라 하겠다. 그러나 사람의 가치에 대한 정당한 평가는 그가 향유하고 있는 쾌락의 양의 측정에 의해서는 불가능하다. 우리는 선한 사람이 느끼고 있는 부류의 쾌락은 찬미해도 좋을 것이다. 그러나 어떤 사람이 강렬하고 많은 쾌락을 누리고 있다는 바로 그 이유만 가지고서 우리가 그 사람을 선하다고 생각함은 정당한 일이 못된다.

아리스토텔레스는 인간성에 대한 플라톤의 분석을, 그리고 플라톤이 제시한 덕목을 어느 정도 변경시켰다. 그는 인간성의 요소들에 대한 플라톤의 묘사와 그것들에 대응하는 덕목들이 약간 지나치게 도식적이라고 보았던 것 같다. 그는 인간성 속에는 많은 불합리한 요소들과[33] 하나의 합리적인 원리가 있고, 이 불합리한 요소들의 일부는 이성의 힘의 지배를 받지 않으며 일부는 이성의 지배를 받고 있다고 지적하였다. 그리하여 인간성은 선한 생활이나 행복에 맞도록 변형될 수 있는 조잡한 재료로 여겨졌으며, 다음과 같은 세 부분을 가지고 있다고 생각되었다.

(1) 이성의 지배를 받지 않는 불합리한 부분
(2) 이성의 지배를 받는 불합리한 부분
(3) 이성적인 부분

그리고 이들 세 부분에 대응하여 세 종류의 탁월성이 있으며, 만일 행복이 온다면 그 길을 통해서 오게 되는 세 길이 있다는 것이다.

인간성 가운데에서 이성의 지배에 속하지 않는 불합리한 부분에 대응하

---

33) 아리스토텔레스의 모든 일류 영역가(英譯家)들은 '불합리'라는 말을 사용하고 있으며, 따라서 이 말의 사용이 이 책에서도 불가피하였다. 그러나 그것은 한마디 설명을 요한다. 불합리적이라고 불리워지는 인간성의 요소들은 그것들의 추론이 비논리적이라든가 그릇되다는 것이 아니다. 단순히 합리적 요소가 아닌 것이다. 그것들은 인간성의 무이성적(無理性的) 혹은 전이성적(前理性的) 요소들로서 —— 욕망·욕정·감정 등이다. 즉 이성의 요소를 제외한 인간성의 전체를 말하는 것이다.

는 것으로서는 자연적 탁월성이 있다. 이것은 행운이나 요행의 결과로 주
어진 소질이다. 우리는 이 소질을 갖지 못한 사람들에 대하여 그들의 불행
한 조건을 책망할 수가 없기 때문에, 이 자연적 탁월성을 덕(德)이라고 부
르는 것은 정당하지 않다. 물론 추하게 생긴 것보다는 잘생긴 것이 더 좋
고, 불구자로 태어난 것보다는 건강하게 태어난 것이 더 좋으며, 다른 사
람의 노예보다는 자유 국가의 시민이 더 좋고, 몸집이 작은 것보다는 큰
것이 더 좋다. 그러나 이들 대조에 있어서 전자가 후자보다 더 좋기는 하
지만 행운을 타고난 사람이 그로 인해서 아무리 많은 존경을 받는다고 하
더라도 불운하게도 자연적 탁월성을 갖지 못한 사람보다 반드시 더 유덕한
것은 아니다. 이 점에서 아리스토텔레스는 플라톤과의 현저한 차이를 보여
주고 있다. 플라톤은 추한 용모로 이름 높은 소크라테스를 경애하였다. 그
러나 아리스토텔레스는 낭만적이기보다는 오히려 현실주의적이었다. 비록
행복은 사람의 힘으로 좌우할 수 없는 것일지라도 행복의 복합적인 전체
속에 부차적인 요소로서 포함되는 그러한 측면이 있다는 것을 인정할 정도
로 그는 현실주의적이었다. 우리들이 살고 있는 세계는 이해(理解)가 전적
으로 미칠 수 있는 세계는 아니며, 그 일부는 도저히 우리의 힘으로는 변
경시킬 수 없는 것들이다. 그리고 이성(理性)을 사용하여 우리의 타고난 많
은 운명을 조절할 수도 있겠지만 우리는 자신의 힘으로 극복하고 규제할
수 있게 될 날이 오기를 희망할 수 있는 것보다 엄청나게 더 많은 요소들의
지배를 받고 있는 것이다. 그러므로 이와 같은 요소들에 관한 한 우리의
행복은 타고난 행운에 달려 있다고 아니할 수 없다.

   인간성 가운데에서 이성(理性)의 지배를 받는 불합리한 부분에 대응하는
것으로서는 도덕적 덕(德) 또는 도덕적 탁월성(卓越性)이 있다. 이 도덕적
덕은 올바른 습관을 형성함으로써 도야된다. 아리스토텔레스의 이른바 도
덕적인 덕은 플라톤의 절제와도 같은 것이다. 그러나 이 문제에 대한 아리
스토텔레스의 논구는 훨씬 더 다원론적이라 하겠다. 아리스토텔레스가 자
기의 입장을 진술한 바와 같이, 인간은 누구나 많은 충동과 욕망을 가지고
있는 것이 사실이며, 그 어느 것이나 깊이 고찰할 가치가 있되, 그 어느 것
도 인간의 생활을 지배하도록 내버려두어서는 안 된다. 어떠한 충동이나 욕
망에 있어서도 가장 훌륭한 상태는 부족과 과도와의 중용이다. 도덕적 덕

은 이 중용이 어느 정도로 실현되는가에 따라 생겨난다. 예컨대 용기의 덕은 비겁과 망동과의 중용이요, 관후(寬厚)의 덕은 인색과 낭비와의 중용이요, 우정의 덕은 무정과 아첨과의 중용이요, 정의의 덕은 타인에 대한 방자한 무시와 소심한 굴복과의 중용이요, 온순(溫順)의 덕은 냉담과 화급과의 중용이요, 절제의 덕은 편협한 금욕과 방종한 탐닉과의 중용이다. 그러므로 충동과 욕망의 종류가 있는 만큼 많은 형식의 도덕적 탁월성이 있다고 할 수 있다. 그러나 중용을 성취하기란 용이한 일이 아니며, 장구한 훈련과 실천을 요한다. 실로 그것은 강력한 습관을 형성하게 될 만큼 오랜 훈련과 실천을 필요로 하고 있다. 우리는 어떤 특수한 경우에 뜻하지 않은 우연이나 일시적 충동에 의해서 중용에 적중하게 행동할 수도 있을 것이다. 그러나 깊이 세련되고 몸에 젖은 행동의 습관을 지니고 있을 경우에만 항구적으로 믿음성 있게 중용을 발휘할 수가 있다. 실제로 피리를 불어 보아야만 피리를 불 수 있게 되는 것과도 같이, 실제로 용감하게 행동해 봄으로써만 용감하여질 수 있고, 친절하게 행동함으로써만 친절해질 수 있는 것이다. 시종 일관해서 유덕한 행동을 거듭함으로써 우리는 덕의 습관을 얻게 된다. 우리가 아직 나이 어릴 동안은 다른 사람들의 지도를 받을 필요가 있음은 물론이다. 그러나 결국에 가서는 우리의 습관을 형성하고 개선함에 있어서 우리 자신을 선도할 수가 있게 된다. 세련된 습관의 소유, 이것이 다름 아닌 인격의 의미이며, 인격은 그 습관의 성실에 따라서 선과 악으로 갈라진다. 이리하여 인격이란 긴 기간에 걸친 일관된 도덕적 훈련의 소산인 것이다. 그러므로 인격자라는 것은 언제나 행동할 때 여러 가지 방향으로 유혹을 받지 않는 사람을 말한다. 오히려 그는 자신이 형성한 습관에 맞추어 똑바로 믿음성 있게 행동하는 사람이다.

아리스토텔레스는 그의 윤리학설(倫理學說)의 근본을 요약하는 어떤 주목할 만한 구절에서, 우리의 행위는 다음과 같은 세 가지 조건을 만족시킬 경우에만 진정으로 유덕한 것이라고 하였다. (1) 우리는 자기가 무엇을 행하고 있는가에 대한 지식을 가지고 행위를 해야 한다. (2) 우리는 심사 숙고해서 그리고 그 자체를 위해서 행위를 선택해야 한다. (3) 우리의 행위는 세련된 습관으로부터 우러나오지 않으면 안 된다.[34] 이들 세 가지 조건은 모두 중요하지만, 이 가운데에서도 가장 중시한 것은 셋째 조건이었다.

그러므로 어떤 행위가 아무리 훌륭하다 할지라도 그 하나의 행위만으로 미루어 사람을 유덕하다고 볼 수는 없다. 다만 상당한 시간의 경과에 비추어서만, 아니 그의 생활의 전과정에 비추어서만 사람의 유덕 여부를 판단할 수가 있는 것이다. "한 마리의 제비가 왔다고 해서 봄이 되는 것은 아니며, 하루의 실천으로써 행복한 사람이 되는 것은 아니다."[35] 행복이라는 것이 올 수 있다면, 그것은 가물에 콩 나기의 실천을 통해서가 아니라, 오직 시종 일관한 실천을 통해서만 올 수 있는 것이라 하겠다.

인간성의 이성적 부분에 대응하는 것으로서는 셋째 유형의 탁월성이 있으니, 그것은 다름 아닌 지적인 덕이다. 이것은 교도(敎導)와 꾸준한 성찰에 의해서 체득된다. 그리고 이 지적인 덕에는 성찰의 대상 여하에 따라 여러 형태가 있다. 그것은 자기의 집안일에 대비하고 배려하는 사려일 수도 있을 것이요, 또 자기의 국가를 다스리는 경륜일 수도 있을 것이다. 그것은 자연의 운행과 전체 우주 속에 분명히 깃들어 있는 제일 원리들에 관한 사색일 수도 있을 것이다. 우리가 충분히 인식하고 있는 대상이 크면 클수록 우리의 지적인 덕의 정도는 훌륭하다고 하겠다. 사려(思慮)나 혹은 심지어 경륜 같은 것은 주로 그것들 이상의 다른 목적을 위해서 쓰이는 수단이 되고 있다. 그러나 순수한 사색적 생활은 그 자체가 하나의 목적인 것이다. 아리스토텔레스는 그의 심리학에서 이성적 생활을 인간의 특유한 생활로 본 것과 같이, 윤리학에서는 사색을 인간의 최대 영광으로 보고 있다. 그렇다고 해서 그를 현실 문제로부터의 도피를 찬양한 사람으로 해석하여 온 비평가들은 잘못 이해한 것이라고 하지 않을 수 없다. 그 까닭은, 만약 사색하는 사람이 그의 대상과의 접촉으로부터 벗어날 경우에는 그 사색은 아무 쓸모가 없겠기 때문이다. 사색은 하나의 생활이요, 결코 생활로부터의 도피가 아니다. 그것은 국부적 지혜를 성급하게 응용할 필요성을 갖지 않은 생활이다. 이 생활이야말로 신에 의해서 인도되기라도 하는 것처럼 생각됨직한 생활이다. 따라서 사람은 사색적 생활을 계속해 나갈 때 가장 성스럽게 되는 것이다. 이리하여 모든 다른 생활은 지적인 생활을 발

---

34) *Ethics*(윤리학), 제 2 권, 제 4 장, p. 1105a30~34.
35) *Ethics*, 제 1 권, 제 7 장, p. 1098a18~19.

전시켜 가는 데 이바지하는 것이라고 할 수 있겠지만, 지적인 생활은 그
자체를 위해서 영위되는 것이기 때문에 이 생활이야말로 현실적·궁극적
목적이라 하겠다. 궁극적 목적으로서 결국은 최고의 지혜를 가져온다고 말
할 수 있을 것이다.

아리스토텔레스가 사색적 생활을 찬양한 것은[36] 플라톤이 지적 발달의
최고의 형태, 즉 분할된 선(線)의 비유에 있어서의 이성을 찬양한 것과 많
은 공통성을 지니고 있다. 플라톤은 그가 이성은 언제나 개인적 및 사회적
생활의 좀더 나은 완성을 위하여 수단이 된다는 것을 강조한 점에 있어서,
좀더 개혁적인 사람이었다고 할 수 있을 것 같다. 반대로 아리스토텔레스
는, 지식은 그 사용 여부를 떠나서 그 자체로서 최대 행복의 원천이 된다
는 것을 강조한 점에 있어서 이해에 사로잡히지 않은 좀더 결백한 탐구가
였다고 할 수 있다. 그러나 두 사람 모두 이 두 점을 인정하고 있는 것이
사실이며, 따라서 두 사람의 차이는 각각 어느 점을 더 강조하였는가 하는
차이에 지나지 않는다. 후세에 와서는[37] 아리스토텔레스가 때때로 사람들
을 유인하여 현실 문제로부터 초연한 사색에로 이끌어 간 사람으로 해석되
었다. 그러나 실제에 있어 아리스토텔레스의 사색적 생활에 대한 견해는
이 생활이 환상이나 근거 없는 가능성에 대한 명상 속에서가 아니라, 인간
의 활동 및 정치적 생활, 그리고 정치적 생활의 무대가 되는 이 세계 등을
지적으로 해석해 나가는 속에서 가장 잘 영위된다는 것이었다.

아리스토텔레스의 정치학설

아리스토텔레스의 국가(國家)에 대한 논술은 여러 면에 있어서 플라톤의
그것과 차이를 보여 주고 있다. 왜냐하면 아리스토텔레스의 관심은 현실적
문제를 위한 판단의 기준이 될 이상을 그리는 데 있었던 것이 아니라, 실
제로 따라야 할 최선의 방법을 정하는 데 있었기 때문이다. 최초로 국가는
아마 그 성원들에게 단순히 생활상의 여러 가지 필수 조건을 확보해 주기

---

36) 서양 문명에 있어서 사색적 생활을 찬양한 전형적 문구는 아마도 아리스토텔레스의
   Ethics, 제 10 권, pp. 1176a30~1179a32에 있는 것이라고 할 수 있다.

37) 예컨대 Petrarca가 지은 *Life of Solitude*(고독의 생활)에서, 은둔적 명상의 옹호에서, 심지어
   '상아탑'의 사상에서.

위하여 형성되었겠지만, 나중에는 점점 더 광범위하고 더 많은 이상적 목적을 위해서 이바지하게 되었다. 다시 말하면 국가는 사람들로 하여금 잘 살 수 있게 해주기 위해서 생겨났으며, 또 잘 살 수 있게 하기 때문에 존속해 가며 소중히 여겨지고 있는 것이다. 국가가 지향해서 노력하는 목적에는 시민의 교육, 사회적으로 유익한 정책의 법적 고정화, 그리고 적어도 가능한 한 일부 시민들을 위해서 사색적 생활을 추구할 수 있도록 해주는 배려 등이 있다. 현실적 국가 체제에 있어서 아리스토텔레스는 플라톤과는 달리 소수의 사람을 최고의 지위에다 올려놓고 그 자신들 이상의 어떠한 권위의 지배도 안 받게 만들기를 원치 않았다. 오히려 그는 몇 개의 집단 사이에 권력의 균형을 도모하고자 하였다. 그는 가장 훌륭한 사람들에게 최고의 직책을 맡기고, (입법과 사법 문제에 있어서의) 비판하는 권리를 국민 대중에게 부여하고자 하였으며, 무엇보다도 지배자나 일반 시민을 막론하고 모든 사람들로 하여금 꼭 같이 법의 지배를 받게 하고자 하였다. "법이야말로 그것이 훌륭하게 제정된 것일 경우에는 최고의 권위를 지녀야 한다."는 것이다.[38] 물론 어느 법이 진실로 좋은 것인가를 결정하는 문제는 영구한 과제라 하겠다. 그러나 어디까지나 실제적인 문제요, 어떤 일반적인 이론적 해결책이 있는 것은 아니다. 국가라는 것을 추상적으로 정의할 경우에는 플라톤이 제창한 바와 같이 모든 정책을 지혜로운 사람에게 맡기는 편이 오히려 안전할는지도 모른다. 그러나 현존하는 국가를 구체적으로 다스려 나가는 데 있어서의 아리스토텔레스의 주장은 각기 모두 일정한 활동 범위를 가지고 있을 만한 다수의 요소가 있음을 인정하지 않으면 안 된다고 한다. 시간의 시련을 겪고 난 법은, 아무리 지혜로운 사람이라 하더라도 그의 유한한 경험을 가지고는 그냥 지나치게 되는지도 모를 풍부한 지혜를 간직하고 있음직하다. 국가에 있어서의 법의 구실은 인간에 있어서의 습관의 구실과도 같다고 하겠다. 다시 말하면 법은 사회적 습관을 확립하여 주며, 지명된 입법 기관이 제정하는 더 훌륭한 법에 의해서 대체될 때까지는 정책을 세우는 데 있어서 가장 안전한 규준(規準)이 되는 것이다.

  이리하여 아리스토텔레스는 소수 최선의 사람과 인민 대중과 법률에다

---

38) *Politics*(정치학), 제 3 권, 제 11 장, p. 1282b2.

각각 그것들의 고유한 소임을 배당하였다. 그는 하나의 국가를 너무 방대한 통일체로 만들지 않도록 예고하였다. "국가의 본질은 복수성을 띠고 있다는 점에 있다."[39] 권력 분할의 원리는 실제적으로는 가장 훌륭한 절차이며, 이론적으로는 가장 건전한 이념이다. 국가에 고유한 통일은 행정상의 중앙 집권을 감행함으로써 이룩하려고 하여서는 안 된다. 오히려 이 통일은 서로 영향을 주고받으면서도 협조하는 여러 요소들이 공통적인 목적을 지향함으로써 성취하도록 하여야 한다. 만일 이 통일이 불안정한다면 생활도 역시 어디서나, 그리고 어떠한 사정 밑에서나 불안정한 것이 되지 않을 수 없다. 윤리학적 및 정치학적 이론의 목적은 실제적 인간 문제를 해결하거나, 또는 그렇게 함으로써 생활로부터 모든 도덕적 위기를 제거하는 데 있는 것이 아니다. 오히려 그 목적은 사람이나 국가가 적어도 존속하는 한, 매일 매일의 실천 속에서 불가불 봉착하지 않으면 안 될 도덕적 문제들이나 도덕적 위기를 명백히 드러내는 데 있다. 바꾸어 말하면 모든 실천에 있어서 사람이나 국가가 다루지 않으면 안 될 요건들을 사람들에게 알리는 데 있다.

아리스토텔레스의 정치학설(政治學說)에 있어서 사소하기는 하지만 상당한 주목을 끌어 온 문제는 그가 노예 제도를 변호하였다는 점이다. 물론 아리스토텔레스도 그 당시 자기 나라에 존재하던 노예 제도의 형태를 찬양하지는 않았다. 그는 (아마도 군사적 정복의 결과로서) 당시의 노예 신분에 매여 있던 대다수의 사람들이 전혀 노예적 대우를 받을 사람들이 아니라고 주장하였다. 그러나 그는 일부의 사람들은 '자연적 노예'라고 믿고 있었으니, 이는 즉 자신의 국가 통치에 참여할 만한 충분한 이성을 갖지 못하고, 자연적 지배자인 다른 사람들의 이성과 명령에 따르는 데서만 꼭 이득을 보려고 하는 사람들을 말하는 것이다. 그러나 자연적 노예라고 할 이러한 사람들을 제쳐놓고서 (그리고 아리스토텔레스는 이와 같은 자연적 노예들이 얼마나 되는지 그 수효를 어림잡아 계산해 보려고는 하지 않았거니와) 그 밖의 모든 사람들은 아리스토텔레스의 이론에 있어서는 당연히 정치 생활에의 참여가 허용되는 시민들이었다.

---

39) *Politics*, 제 2 권, 제 2 장, p. 1261a18.

아리스토텔레스의 형이상학

아리스토텔레스는 심리학 이외에도 자연의 많은 부면(部面)에 대하여 서술하였으며, 생리학과 해부학·천문학·물리학에 관한 저술을 남겼다. 그리고 그는 점차 이 여러 방면으로 나뉘어지는 자연 연구 전반에 통하는 보편적 전제들이 있다는 것을 깨닫게 되었다. 즉 모든 특수 과학들이 사용하고 있고 또 사용하여도 무방한 극히 보편적인 어떤 진리들이 있다고 보았던 것이다. 그리고 그는 이들 전제 내지 보편적 진리야말로, 설사 다른 과학들보다 시간적으로는 뒤에 형성되었을망정 논리적으로는 앞서는 하나의 별개의 학(學)에서 명확하게 논구될 가치가 있는 것이라고 생각하였다. 그가 자기의 연구를 통하여 전개시켜 간 이 별개의 학을 우리는 그의 형이상학이라고 일컫는다.

'메타피지카(metaphysica ; 형이상학)'라는 말은 아리스토텔레스 자신의 저술 속에는 나타나 있지 않다. 이 말은 그 시대에는 없었던 것이다. 그것은 아리스토텔레스가 세상을 떠난 뒤에, 그의 저술의 전달 및 편찬과 관련하여 생긴 어떤 역사적인 우연한 기회의 결과로서 만들어진 말이었다. 로드스의 안드로니코스는 B. C. 1세기의 사람으로서, 아리스토텔레스의 많은 저서의 완전한 발간을 시도하였다. 그런데 마침 그 중의 한 저작에 표제가 붙어 있지 않음을 보고 그는 이것을 사실상 이와 밀접한 관계를 가지고 있던 물리학 저서 바로 다음에다 넣기로 하였다. 그리하여 이 표제 없는 저서는 '물리학 다음의 저서(the work after the physics)' 즉 'metaphysica'라고 불리워지게 되었다. 그러므로 '메타피지카(형이상학)'라는 말의 원래 의미는, 아리스토텔레스 저술의 최초의 전집판에서 이 표제 없는 저서가 차지한 위치를 표시하는 데 지나지 않았다. 그러나 이 말은 그후에 널리 사용되어 왔고, 또 그 의미도 다양성을 띠게 되었다. 이 여러 가지 의미들 가운데에는 아리스토텔레스가 본래 연구하고자 생각하였던 것과 전혀 다른 것도 없지 않다. 우리는 아리스토텔레스의 '형이상학'이라는 말을 다만 안드로니코스가 물리학 저서 다음에다 넣은 본래 표제 없는 저서에서 아리스토텔레스가 추진하여 갔던 바로 그 유형의 지적인 시도에 대해서만 사용하여야 한다.

형이상학은 그 형성된 순서상으로 보아서는 선두에 서는 학(學)이 아니다. 그 까닭은 어떠한 사람이건 이미 자연의 여러 면을 연구하지 않은 사람에게는 형이상학에서 다루는 내용이 마음에 떠오르지 않을 것이기 때문이다. 그러나 이론적인 지위의 순서로 보아서는 최초의 학이라 하겠다. 왜냐하면 그것은 이 세계 전반에 걸친 지적 사상 체계를 제공해 주고자 하는 것이며, 이 안에서 비로소 자연의 여러 부면에 대한 다른 모든 탐구는 그 궁극적 시인을 받게 되기 때문이다. 이러한 의미에서 형이상학은 아리스토텔레스도 지적한 바와 같이, 어떠한 지식 체계보다도 못지않게 아주 학문적이며 동시에 완전히 보편적인 것이다. 그것은 연구의 대상으로서 자연 가운데의 어떤 선택된 부분을 취택하거나, 혹은 항시가 아니라 때때로 일어나는 자연의 어떤 국면을 취택하거나 하는 것이 아니다. 오히려 그것은 집합적으로 자연 세계를 이루는 일체의 실체와 관계와 과정을 주제로 삼으며, 그리하여 어디서나 보편적으로 타당한 원리들을 진술하고자 한다. 다시 말하면 형이상학은 존재로서의 존재의 기본적 특성을 다루는 학이며, 전체에 타당하지 않고 일부의 개별적 존재들에 타당한 부차적 원리를 진술하는 과제는 각 특수 과학에다 맡겨 버리는 것이다.[40]

---

40) 위에 설명된 형이상학의 견해는 아리스토텔레스의 논문들 중의 가장 후기의 혹은 가장 완숙된 부분 속에 논술되어 있는 것이다. 그러나 초기의, 혹은 보다 플라톤적인 부분에서는 아주 판이한 견해가 표명되고 있다. 이 초기의 견해는 아리스토텔레스의 발전 과정 속에서 폐기된 것이지만 역사적 영향을 미쳤으며, 따라서 역사를 연구하는 사람으로서는 주의를 기울일 만한 가치가 있다. 초기의 견해에 의하면, 형이상학은 최고의 종류의 존재에 대한 연구이며, 신학과 같은 뜻을 갖는다. 아리스토텔레스가 초기에 한 말에, 존재에는 세 종류가 있다. 최하의 종류는 지구상의 물체들이다. 이것들은 불규칙적으로 그리고 예측할 수 없는 방향으로 움직이며, 따라서 어떠한 과학의 주제도 될 수가 없다. 이보다 높은 종류의 존재는 천체들이다. 이것들은 완전한 원운동을 하고 있으며, 과학의 정당한 주제가 될 수 있고 또 일반적 정칙(定則)으로 서술될 수가 있다. 최고의 종류의 존재는 아무런 물질의 혼입도 없는 순수한 형상이다. 이 최고의 종류의 존재를 아리스토텔레스는 신(神)이라고 불렀다. 여기에서 신이라는 말은, 사실 희랍 문헌 속에서도 자주 의미한 바와 같이, 아무런 종교적 의미도 지닌 것이 아니고, 그 저쪽에는 그 이상의 아무 것도 없는 그러한 궁극 원리인 것이다. 이 최고의 종류의 존재는 (그것은 아무런 물질의 혼입도 지니고 있지 않기 때문에) 이곳 저곳 움직이지 않으면서도 지상·천상의 물체들의 모든 운동의 근원이 된다. 즉 우주의 원동자인 것이다. 아리스토텔레스는 형이상학에 대한 이 초기의 견해로부터 그의 더 노숙한 견해로 바뀌게 되면서부터 존재의 3단계의 생각 및 거기에 따르는 신의 사상을 폐기하여 버렸으며, 모든 실체들을 다 같게 다루고 그것들을 모두 같은 종류의 분석을 받을 수 있는 것으로 여겼다.

아리스토텔레스의 〈형이상학〉에서 가장 유명한 부분은 그의 '4원인설 (四原因說)'이 제시되고 있는 부분이다. '코즈(cause ; 原因)'라는 영어는 여기에서는 자못 이상한 의미로 사용되고 있다. 이 말은 아리스토텔레스의 용어 '아이티아(aitia)'의 번역으로서 사용되고 있으나, '아이티아'는 원래 희랍 법정에서 공격 방식의 의미로 사용되던 말이었다. 따라서 형이상학에서는 아이티아란 자연에 대한 공격 방식, 즉 자연의 탐구 양식을 의미한다고 하겠다. 만일 아리스토텔레스의 희랍어가 다른 어떠한 말로도 번역되기 이전에 영어로 번역되었더라면, 아마 어떠한 역자도 아리스토텔레스의 '아이티아'라는 말을 'cause'라는 말로 번역하려고 하지는 않았을 것이다. 그러나 키케로는 아리스토텔레스의 '아이티아'를 그것과 같은 뜻인 라틴어의 법률 용어 '카우사(causa)'로 번역하였으며, 키케로의 이 '카우사(causa)'에서부터 우리는 'cause'라는 영어를 사용하게 된 것이다. 언어의 이러한 기이한 변천 과정이 아리스토텔레스의 원문의 의미를 애매하게 만들어 놓았다. 그러므로 우리는 아리스토텔레스가 사용한 본래의 의미를 되찾도록 유의하지 않으면 안 된다. 아리스토텔레스의 4원인 가운데에서, 일상적 회화에 있어서의 'cause(원인)'라는 영어의 의미가 내용과 어떤 관계를 가지고 있다고 말할 수 있는 것은 오직 하나, 아니면 많아야 둘뿐이다. '4원인설'을 논할 때에는 '원인'이라는 말을 희랍어의 '아이티아'의 의미로 생각하지 않으면 안 된다. 다시 말하면, 자연에 대한 공격 방식, 혹은 자연 탐구의 실마리를 의미하는 것으로 생각하지 않으면 안 된다.

아리스토텔레스는 플라톤이 선(善)의 이데아의 인식론적 의의에 대한 논구에서 믿고 있었던 바와 같이, 자연에 관한 모든 지식을 완전한 하나의 체계로 구성할 수 있는 한 개의 최고 원리가 있다고는 믿지 않았다. 오히려 아리스토텔레스는 자연을 탐구하는 데 네 가지 길이 있으며, 이 네 가지는 모두가 정통적인 것으로서 그 중의 어느 것이 다른 것들보다 더 근본적일 수는 없다고 주장하였다. 자연을 탐구하는 이들 네 가지 길이란 다름 아닌 그의 4원인을 말하는 것이다. 우리가 연구하고자 하는 것이 어떠한 것이든 우리는 정당하게 네 가지 다른 질문을 제기할 수 있으며, 만약 성공적으로 탐구를 관철해 나갈 수 있다면 이 질문에 대한 네 가지 해답을 얻을 수 있을 것이다. 존재하는 어떠한 사물에 대해서든 우리가 제기할 수 있는 네 가지 질문은 다음과 같다.

　(1) 그것은 무엇으로 되어 있는가?
　(2) 그것은 무엇인가?
　(3) 그것은 무엇이 만들어 냈는가?
　(4) 그것은 무엇에 유용한가?

　그리고 이 질문에 대한 해답은, 물론 우리가 탐구하고 있는 사물에 따라서 다를 것이지만 각각 다음과 같은 말로 제시할 수 있을 것이다.

　(1) 질료(質料), 혹은 질료인(質料因)
　(2) 형상(形相), 혹은 형상인(形相因)
　(3) 작용(作用), 혹은 운동인(運動因)
　(4) 목적(目的), 혹은 목적인(目的因)

　온갖 실체는 질료(質料)와 형상(形相)과의 결합으로서 어떤 작용자의 활동에 의해서 생기며, 그것이 자연적으로 섬기게 되어 있는 목적에 이용되고 있는 것이다.
　아리스토텔레스의 4원인 중에서 처음의 두 가지는 함께 다루는 것이 좋을 것 같다. 온갖 실제는 질료와 형상과의 결합이라고 말함으로써, 분명히 아리스토텔레스는 자기가 플라톤의 설이라고 여겼던 것을 배격하고 있었다. 즉 형상(이데아)과 개별적 사물을 두 실재의 등급으로 나누어서 이데아를 근본적 실재로, 개별적 사물을 이차적 내지 파생적 실재로 다루는 것을 배격하였던 것이다. 아리스토텔레스의 주장에 의하면, 만일 플라톤의 이원론(二元論)이 허용된다고 한다면, 우리가 가장 분명하게 알고 있는 것은 존재하지 않는 셈이 되며, 또 존재하는 것은 분명하게 알려질 수 없는 것이 된다고 한다. 그러나 일상적 경험이 가르치는 바와 같이, 개별적 실체들에 대한 지식은 '있을 수 있으며', 더구나 이 지식이야말로 우리의 가장 직접적이며 가장 확실한 지식이라 아니할 수 없다. 예컨대 우리는 소크라테스가 사람이라는 것, 저기 보이는 어떤 사물은 배(船)라는 것을 알고 있으며, 그 밖의 무수한 사실에 대해서도 마찬가지이다. 그 어느 경우에 있어서나 형상은 존재하는 실체의 본질이다. 그리고 모든 실체의 존재에 따르는 뗄 수 없는 요소인 것이다. 실체가 적어도 존재하면서 본질을 가지고 있지 않다는 것은 있을 수 없는 일이라 하겠다. 그러나 모든 실체는 그것의 형상이나 본질만으로써 전부는 아니다. 그 까닭은 만일 실체가 그것의 형상이나 본질만으로써 전부요 그 이상의 아무것도 아니라고 한다면, 우리가 생각하거나 상상하는 대상은 모두 그 당장에 존재하는 셈이 될 것이기 때문이다. 실체가 가지는 이 형상 이외의 어떤 것이 바로 아리스토텔레스가 질료라고 지칭하는 것이다. 모든 실체의 질료도 형상과 마찬가지로 그 실체의 존재의 떨어질 수 없는 요소이다. 우리가 이러이러한 본질의 사물이 실제로 있다고 말할 때, 우리는 언제나 실체 속에 질료를 인정하고 있는 것이다. 왜냐하면 그와 같은 판단을 내림으로써, 존재하는 사물 속에 이러이러한 본질이 구현되어 있다는 것을 주장하고 있기 때문이다. 소크라테스는 사람이다. 그러나 플라톤도 크세노폰도 또 그 밖의 많은 개별적 인간들도 역시 사람이다. 형상은 여러 실체 속에 반복적으로 깃들 수 있으며, 이 실체들은 그럼에도 불구하고 서로 다른 존재인 것이다. 형상은 개성의 원리이다. 즉 형상은 한 실체를 어떤 다른 종류의 사물이 아니라 현재와 같은 종류의 사물이도록 하는 것이다. 그러나 질료는 특수성의 원리이다. 다시 말하면 질료는 각 실체로 하여금 같은 형상을 가진 수없이 많은 다른 존재들 가운데에서 수적으로 셀 수 있는 존재의 뚜렷한 존재이도록 하는 것이다. 그러므로 어떠한 것도 실체이면서 형상과 질료를 갖지 않을 수는 없을 것이다. 아리스토텔레스 이래 흔히 사용되어 온 언어를 유의해 보면, 형상은 주어진 사물이 '무엇인가'에 대한 이름이요, 질료는 그것이 바로 '그것(that)'이라는 사실에 대한 이름이다[즉 전자는 유(類)에 대한 이름, 후자는 종(種)에 대한 이름이라는 뜻—— 역자].

 모든 실체는 형상과 질료와의 결합이라고 하는 아리스토텔레스의 주장은 인간의 실체 인식에 관한 그의 이론에 대하여 중요한 영향을 미치고 있다. 한편 실체의 형상은 그 실체를 가지적(可知的 ; intelligible)인 것, 즉 인식될 수가 있는 것으로 만들어 주는 것이다. 어떠한 실체가 어떤 사람에게 대상화되고 그 사람이 그 실체를 인식할 경우에는, 그 실체의 형상도 역시 그 사람의 마음속에 관념으로 깃들게 된다. 아니 그 사람의 마음속에 들어

오는 것은 전체적 실체가 아니라 실체의 형상이라 하겠다. 그리고 이러한 경우에 우리는 그가 그 실체가 무엇인지를 인식하고 있다고 말할 수 있다. 그러나 실체라는 것은 형상만으로 이루어지는 것이 아닌 만큼, 사람이 자기 마음속에 어떤 관념을 가지고 있을 때 즉석에서 그 형상을 지닌 실체가 존재한다는 결론은 내릴 수 없다. 만일 사람의 마음속에 있는 관념이 단지 근거 없는 환상에 그치지 않고 실체의 지식이 되고자 한다면, 관념은 하나의 형상으로서 질료 속에 구현되고, 이리하여 그 관념이 제시하는 유형의 실체를 구성하고 있지 않으면 안 된다. 또 실체의 질료는 그 실체가 존재한다고 단정하기에 앞서 사람으로 하여금 증거를 기다리지 않을 수 없게끔 만드는 것이며, 이 증거란 언제나 그 실체가 존재한다고 하는, 감각을 통한 어떤 징후를 말한다. 자기가 어떠한 개별적 실체와 직면하고 있는가를 사람이 알게 되는 것은 오로지 감각을 통해서뿐이다. 실체가 질료를 지니고 있기 때문에, 그 실체의 본질에 대한 관념이 아무리 분명하다 할지라도 우리는 그 관념으로부터 실체의 존재를 추론해 낼 수 없는 것이다. 혹 후세에 와서 아리스토텔레스의 입장을 설명하는 데 사용되게 된 말투로 한다면, 실체의 질료는 사람들로 하여금 현실적 존재로 되어 있는 실체들을 알려는 노력을 경험적으로 해 나가지 않을 수 없게끔 하는 것이다.

　질료(質料)에 관한 아리스토텔레스의 논구에 대해서는 좀더 설명을 계속함이 좋을 것 같다. 항아리는 진흙으로 되어 있고, 돛배는 나무로 되어 있고, 제단은 돌로 되어 있으며, 또 이러한 예는 얼마든지 들 수가 있다. 요컨대 존재하는 사물 치고 무에서 생겨난 것은 하나도 없다 하겠다. 그러나 진흙이니 나무니 돌이니 하는 것들은 순서상 앞서는 실체요, 따라서 질료와 형상으로 구성되어 있는 것들이다. 그것들은 항아리·돛배·제단 등을 만드는 데 이용될 수 있는 재료인 것들이다. 그것들이 재료가 되는 까닭은 즉 그것들 자체가 단순한 형상 이상의 것이기 때문이요, 다시 말하면 자체 속에 질료라는 요소를 가지고 있기 때문이다. 아리스토텔레스가 명확히 자기의 견지를 명시한 바와 같이 질료는 진흙이나 나무나 돌이 그로부터 생겨나는 어떠한 불완전하고 무형적인 소재를 말하는 것이 아니다.[41] 오히려 질료는 온갖 존재하는 실체를 상상적인 것으로부터 구별케 하는 차이점을 가리키는 명칭이라 하겠다. 존재하는 실체들(상상적인 것이 아니라)이 인간이나 어떤 다른 행위자의 조작에 의해서 새로운 것으로 변형될 수 있는 재료로서의 구실을 하는 것은, 그것들이 형상인 동시에 질료이기 때문이다.

아리스토텔레스의 4원인 중에서 셋째 것은 운동인(運動因)이다. 운동인이란 생명체이든 무생명체이든 간에 사물에다 변화를 일으키는 작용자를 말한다. "생성되는 것은 모두 어떤 것의 작용에 의해서 생성된다."[42] 운동인의 작용은 실체의 위치의 변화이든, 크기의 변화이든, 상태의 변화이든, 본질의 변화이든, 어떠한 변화에 대해서나 필수적인 것이다.

넷째의 것은 목적인(目的因)이다. 'final cause(목적인)'라는 영어에 있어서의 'final'이라는 말의 유래는 역시 'cause(원인)'라는 말의 경우와 마찬가지로 키케로에 그 연원을 가지고 있다. 아리스토텔레스가 사용한 것은 '텔로스(telos)'라는 말이었다. 이 '텔로스'를 키케로는 라틴어의 '피니스(finis)'라는 말로 번역하였고, 이 '피니스'를 영국의 학자들은 단순히 'final'이라는 말로 영어화하였던 것이다. 'telos'란 목적, 즉 사물이 지향하는 목표——사물이 이 목표에 도달하는가 어떤가는 불문하고——를 말한다. 그러므로 목적인은 영어로 'final cause'라고 한다 해서 시간적으로 마지막 원인이 아니라, 목적 내지 진가(眞價)라는 의미에서는 종국적 목적을 말하는 것이다. 예컨대 도토리가 참나무로 생장하든 혹은 불순한 사정의 장애로 말미암아 본래의 목적에 도달하지 못하든 간에, 아리스토텔레스가 말한 바와 같이 도토리의 목적인은 참나무인 것이다. 무릇 사물이 존재한다고 할 때에는 반드시 목적론적 의의가 (상술한 다른 세 원리와 더불어) 내포되어 있다. 적어도 존재한다는 사실 속에는 어떤 특정한 목적을 위해서 유용하다는 의미가 필연적으로 내포된다고 하겠다. 이 목적들은 (사람 같은 이성적인 존재의 경우처럼) 분명하게 마음속에 간직되어 있거나 의식적으로 탐구될 수도 있고, 혹은 (무생물의 경우처럼) 전적으로 잠재적이어서

---

41) 불완전하고 형상 없는 질료가 자연 안의 우리 주위에 있는 현실적 내지 실체적 질료보다 앞선다는 생각은 어떤 사상가들의 찬성을 받았다. 예컨대 이것은 창세기의 첫 구절에서, 혹은 일부 스콜라 철학자들이 제일질료(第一質料)라고 부른 것에서 찾아볼 수가 있다. 어떤 비판자들은 또 그것을 아리스토텔레스에게 돌리고 있다. 그리고 아리스토텔레스의 〈형이상학〉, 특히 그중에서 초기의 부분 속에는 애매하나마 아리스토텔레스에게 돌리는 것을 정당하다고 보이게 할 만한 약간의 구절들이 있다.

42) *Metaphysics*, 1032a13.

의식이 따르지 않을 수도 있다. 약이라는 것은 설사 그것을 조심성 있는 의사의 지시에 따라 신중하게 복용하든, 또는 덮어놓고 우연히 복용하든, 일정한 병에 대해서 독특한 효험을 나타내는 것이 사실이다. 그러므로 사실은 의향이니 의도니 하는 의식을 내포한 목적은 좀더 일반적인 형이상학적 의미의 목적의 특수한 경우에 지나지 않는다고 하겠다. 그뿐 아니라 실체의 보편적 특징으로서 자연적인 유용성이 없다고 한다면 의식적으로 의도된 목적이란 전혀 있을 수조차 없을 것이다. 예컨대 만일 약 자체가 본래 어떤 병에 대해서 자연적 효과를 지니고 있지 않다면, 의사는 환자를 고치기 위해 그 약을 사용할 수 없을 것이다. 그러므로 의식적인 의도와는 별도로, 그리고 그보다 앞서서 자연 그 자체가 목적론적이 아니라면 의식적인 존재들도 자연의 목적을 이용할 수가 없을 것이다.

자연에 대한 아리스토텔레스의 목적론적 견해는 이제까지 가끔 왜곡되어 왔다. 신학자들은 이것을 마치, 사물들이 본래 어떤 유용성을 가질 수 있는 것은 하나님이 이와 같은 유용성을 위하여 창조하였거나 혹은 사물들에다 이러한 유용성을 배당하였기 때문인 듯이 하나의 섭리설로 해석하여 왔다. 또한 활력론자들은 이것을 생물의 활력설로 바꾸어 이 활력이 생물의 봉사할 목적을 성취하기 위하여 자각적으로 신체의 기관들을 산출하는 것이라고 해석하였다. 그러나 아리스토텔레스의 취지는 결코 그러한 것이 아니었다. 아리스토텔레스가 생각한 목적인은 넌서부터 있던 어떤 계획의 증거도 아니요, 또 생명의 충동의 증거도 아니다. 요컨대 목적론은 합목적적인 사물들을 산출한 운동인 같은 것을 암시하여 주는 것은 아니다. 아리스토텔레스의 주장에 의하면, 오히려 목적인은 어떤 특별한 부류의 운동인으로 해석되어서는 안 되는 것이다. 그러한 사고 방식에는 미신적인 유풍이 깃들어 있다고 하겠다. 목적인은 무엇을 생성하는 것이 아니다. 오히려 결과로서 일어나는 것이다. 아무리 사물이 생성된다고 하더라도, 즉 아무리 사물이 기계적 제약을 받고 있다고 하더라도 역시 그것은 어떤 유용성을 지니고 있음에 틀림이 없다. 그 사물은 물론 어떻게 해서든지 산출되는 것이지만, 그것의 유용성은 산출되는 것이 아니다. 진흙이나 나무를 산출한 작용자가 무엇이든 간에 진흙은 항아리를 만드는 데 유용하고 나무는 집을 짓는 데 유용하다. 만일 진흙이나 나무가 각기 그들의 유용성을 지니고 있지 않다면 현재와 같은 것으로 있지 않을 것이다. 그러므로 일반적으로 어떤 실체의 유용성은 그것이 지니고 있는 하나의 양상 —— 이것이 없이는 그 실체가 바로 현재 있는 대로 있을 수 없겠거니와 —— 이라 하겠다. 이리하여 목적은 질료·형상 및 작용과 마찬가지로 실체가 가지는 진정한 하나의 형이상학적 특징인 것이다.

〈형이상학〉의 마지막 가장 원숙한 한 부분에서, 그는 4원인설과 자연의 변화 과정과의 관계를 논하였다. 실체는 플라톤의 이데아와 같이 영원한 본체는 아니다. 오히려 그것은 시간적으로 생멸하는 것이며, 적어도 존재하기 위하여는 시간의 추이를 필요로 한다. 그러므로 변화야말로 실체의 정상적인 상태라고 하지 않을 수 없다. 어떤 실체가 일시나마 눈에 뜨일 만한 변화가 없이 지속할 때라도 시간을 통해서는 존속하여 가되, 그것이 지니는 연관성에 있어서는 변하여 가고 있는 것이다. 소크라테스는 사람이다. 그러나 사람이라고 함은 살아 있는 존재라고 함이요, 살아 있는 존재라고 함은 어떤 독특한 과정의 이른 단계로부터 나중 단계로 발전하여 감을 말한다. 아리스토텔레스는 그의 심리학에서 영혼은 어떤 종류의 육체의 형상이라고 말한 바 있거니와, 마찬가지로 그의 형이상학에서는 모든 존재하는 형상은 생멸하는 실체의 본질이라고 말하였다. 어떠한 실체이든, 만일 그것이 현재와 같이 독특하게 활동하거나 작용을 하지 않는다면 현재의 상태로 있을 수 없을 것이다. 실체는 생성하여 어느 기간 동안 존속하다가 사라진다. 만물이 실재할 수 있는 보편적 조건은 바로 그것이 변화한다는 것이다.

더구나 실체의 변화는 불규칙하고 변덕스러운 것이 아니라, 그 실체의 본질 여하에 의해서 규정되는 방향을 따라 이루어져 간다. 도토리는 적어도 그것이 생장한다면 참나무로 생장하는 것이요 결코 아가위나무로 생장하지는 않는다. 그리고 사탕무 역시 생장한다면 사탕무로 생장하는 것이지 결코 장미나무로 생장하는 일은 없다. 대체 도토리나 사탕무가 생장하는가 어떤가 하는 것은, 일정한 종류의 작용자가 그것들에 미치는 작용에 달려 있는 문제로서 우연적인 문제라 하겠다. 그러나 생장하는 방식은 그들 자체의 본질적 특징을 나타내고 있다. 아리스토텔레스의 주장은 대체로 모든 실체는 일정한 가능태(可能態) 내지 잠세태(潛勢態 ; potentiality)를 지니고 있으며, 그 실체의 발전은 이 잠세태의 테두리 안에서만 이룩되도록 마련되어 있다는 것이다. 실체가 지닌 고유한 가능성은 작용자들이 자기들의 변덕스러운 소망대로 그것을 무엇으로든지 만들 수 있을 만큼 불완전한 것은 결코 아니다. 확실히 잠세태는 언제나 단일적이 아니라 다양적·복수적임이 사실이다. 소년은 장차 음악가가 될 수도 있고 군인이 될 수도 있으며, 조종사 혹은 정치가가 될 수도 있다. 돌은 문전의 층계가 될 수도 있고, 혹은 기둥의 머릿돌이 될 수도 있다. 도토리는 참나무로 생장할 수도 있고, 혹은 땅속에서 썩어 버릴 수도 있으며, 또 어떤 동물에게 먹혀 그 영양분으로 화해 버릴 수도 있다. 그러나 실체가 지니고 있는 잠세태는, 설사 그것이 다양적이라 할지라도 언제나 확연하게 일정한 것이다. 그리하여 변화란 곧 잠세태로부터 현실태(現實態)로의 추이를 말하는 것이다. 실체에다 작용을 미치는 작용자가 아무리 강하다 할지라도, 그 결과로서 일어나는 변화의 과정은 그 실체의 잠세태의 테두리 안에 있다. 현실태란 어떤 순간에 어떤 실체가 있는 상태나 또는 하고 있는 상태를 말한다. 그리고 잠세태란 그 실체가 장차 될 수 있는 상태를 말한다. 그러므로 잠세태도 현실태와 마찬가지로 자연의 실재적 특색이라 하겠다.

그러므로 많은 실체들의 현실의 상태와 이들 실체가 유리한 사정만 마련된다면 도달하게 될 좀더 완전한 실재와는 하나의 대조를 이룬다고 지적하였다. 이 완전한 실재를 그는 '완전태(完全態; entelechy)'라고 불렀다. 도토리의 완전태는 참나무로 되는 데 있고, 소년의 완전태는 성인이 되는 것이며, 성인의 완전태는 행복에 있다. 완전태란 각 실체가 그 자체의 본성에 의해서 이상적으로 지시하고 있는 성취를 말하는 것이다. 실체가 단순할수록 그것의 완전태는 더 자주 그리고 더 쉽사리 현실화되며, 반대로 복잡할수록 그 현실화가 어려워진다. 조직이 복잡한 실체일수록 완전태의 실현에 대한 불확실성의 도가 증대되며 또한 혼란과 불운에 빠질 기회를 많이 갖게 된다. 따라서 도토리가 참나무로 되는 것보다 사람이 행복하게 되는 것이 더 어려운 것이다. 그러나 완전태는 그것이 실현되지 않을 때일지라도 역시 잠재적으로 있는 것이다. 완전태는 자기 자신의 현실화를 위하여 작용하는 어떤 은밀한 내적 힘이나 또는 교묘한 능력이라고 생각되어서는 안 된다. 무릇 힘이라는 것은 내적인 것이든 외적인 것이든 모두가 현실태이

지만 현실화되지 않은 완전태는 하나의 잠세태이며, 그것의 현실화의 기틀
은 그 자신 이외의 다른 요인에 달려 있는 것이다. 그러므로 아리스토텔레
스가 역설한 것과 같이 완전한 것은, 어떤 의미에서는 불완전한 것의 존재
의 조건이라고도 하겠다. 만일 사물들이 현실적인 불완전성의 정도를 헤아
리는 데 도움이 되는 완전태를 잠재적으로 지니고 있지 않다면, 그 사물들
은 보통 현실적으로 있는 대로의 불완전한 사물일 수가 없을 것이다.

더 나아가, 아리스토텔레스는 자연에 있어서의 변화의 과정이 우발적인
까닭은 바로 그 변화가 잠세태로부터 현실태에로의 추이이기 때문이라고
지적하였다. 어떤 철학은 잠세태를 부인 내지 무시하고, 변화라는 것을 전
적으로 어떤 현실적 상태로부터 다른 현실적 상태에로의 추이라고 생각하
고 있다. 그리고 현실태는 언제나 특유하고 일정한 까닭에 이 철학들은 하
는 수 없이 변화를 피할 수 없는 필연적 모형에 따라서 일어나는 것으로 생
각하고 있는 것이다. 그러나 자연 속에는 그러한 철학들이 생각하고 있는
것보다 더 많은 불확정적인 것들이 있다. 아리스토텔레스가 주장한 바와
같이 잠세태는 언제나 복수적인 것이다. 어떤 하나의 잠세태가 현실태로
된다는 것은, 즉 다른 잠세태들은 현실화될 수 없고 따라서 전혀 잠세태가
아니라고조차 할 수 있다는 뜻으로 흔히 해석되기도 한다. 그러나 실체의
잠세태 중의 하나를 현실화하고, 그럼으로써 다른 모든 잠세태를 (영구히
또는 일시적으로) 배제하도록 어떤 작용자가 활동하기 전까지 모든 잠세태
는 동등한 지위에 있는 것이다. 아리스토텔레스는 우연성이라는 것을 완전
한 불확정성으로는 여기지 않았다. 그 까닭은 이미 지적된 바와 같이 그는
잠세태는 일반적이고 무정형한 것이 아니라 제한되어 있고 특정적인 것이
라고 주장하였기 때문이다. 한 실체의 잠세태가 어느 정도의 범위를 가지
고 있는가에 따라서 그 실체가 발전하는 데 있어서 변화를 일으킬 수 있는
가능성의 테두리가 정하여진다. 그러나 이와 같이 하여 설정된 테두리 안
에는 여러 가지 진정한 변화의 방향이 있을 수 있는 것이 사실이다. 자연
에 있어서의 우연성은 많은 방향 가운데서 선택이 이루어지고 선택된 목적
이 추구되고 하는 우리의 일상 생활에서 실제로 인정되는 바이다. 그리고
이 우연성은 잠세태의 충분한 의의와 그것의 다양한 가능성이 파악될 때
이론적으로 이해할 수 있게 된다.

아리스토텔레스의 논리학

아리스토텔레스의 논리학적 논구들은 총괄해서 〈기관(機關; *Organon*)〉이라는 이름으로 알려져 있거니와, 여기서 그의 형이상학과 밀접한 관계가 있는 하나의 이론을 천명하였다. 논리학은 지식의 본성이나 기준을 분석해 나가는 학문이다. 한편 지식이라는 것은 세계에 관해 진정하게 알려주는 데 관련이 있는 것이다. 그러므로 논리학은 그 형식적 원리들을 통하여 세계의 형이상학적 구조를 성찰하는 셈이 된다. 사물에 존재라는 성질이 따르는 것처럼 사물에 관한 명제에는 진리(또는 오류)라는 성질이 따르게 마련이다. 그리고 명제들의 구조와 상호 관계는 필연적으로 사물들의 구조와 관계에 의존하며, 또 이와 평행하여 갈 것이다. 어떤 존재와의 관련이 없이는 명제는 참도 거짓도 될 수가 없을 것이다. 아리스토텔레스는 형상(形相)을 파악할 때에만 인식에 도달할 수 있다는 플라톤의 주장을 시인하였다. 그러나 플라톤과는 달리 오직 형상이 어떤 실체에 관하여 올바른 술어로서 진술될 경우에만 그 형상의 통찰을 인식(認識)이라 할 수 있다고 말하였다. 실체란 (직접 또는 간접으로) 명제의 주어가 되는 것이며, 그 주어의 형상이나 혹은 형상의 어떤 일부가 명제의 술어를 이룬다는 것이다. 인식의 단위는 플라톤에게 있어서는 하나하나 분리된 형상이었다. 그러나 아리스토텔레스에게는 인식의 단위가 되는 것은 명제로써 표현되는 판단이며, 그 술어 속에 형상이 나타난다고 보았던 것이다. 형상의 직관을 완전한 판단의 형상이 맡아보는 구실과 분리시켜 생각한다는 것은, 어떠한 것에 대한 지식도 아닌 것을 가질 수가 있다고 생각하는 셈이 된다.

아리스토텔레스는 우리가 사물을 판단하는 데 사용하는 여러 가지 명제의 유형과 이들 명제가 통일적 지식 체계 속에서 서로 연관을 갖게 되는 방식을 논구하였다. 명제의 성질이나 명제들 사이의 관계는 사물의 성질이나 사물들 사이의 관계와 대응하여 갈 것이다. 형상은 반복될 수 있는 것이며, 따라서 어떤 명제들은 전칭적(全稱的)〔예컨대, "모든 인간은 죽음을 면치 못한다."〕으로 된다. 실체들은 여러 점에서 구구하기 짝이 없으며, 따라서 어떤 명제들은 특칭적(特稱的)〔예컨대 "약간의 사람들은 온순하다."〕으로 된다. 실체 하나하나는 서로 다르며, 따라서 어떤 명제들은 단칭적(單稱的)〔예컨대 "소크라테스는 들창코다."〕으로 된다. 실체들을 포괄하는 부류들은 광협(廣狹)의 차이를 가지고 있으며, 이리하여 이들 부류를 지칭하는 말을 각각 유개념(類槪念 ; genera) 및 종개념(種槪念 ; species)이라고 한다. 그리고 유개념과 종개념이 나타나 있는 명제들은 따라서 그것들 사이의 어떤 필연적인 함유(含有)의 관계를 가지게 될 것이다. 어디서나 우리의 사유는 그것이 논리적이어야 하고 진리의 인식이 되어야 할 것인데, 그러려면 자연 세계의 사실과 구조에 따라야 한다.

아리스토텔레스는 계속해서, 한 과학 내지 연관된 지식 체계 안에는 여러 가지 종류의 명제가 들어 있다고 한다. 즉 과학마다 각기 몇 개의 특유한 근본 원리와 그 밖의 종속적인 명제들을 —— 설령 그것들이 따로따로 분리된 연구에 의해서 하나씩 발견되어 간다고 할지라도, 근본 원리로부터 논리적 구조를 얻게 되는 일정한 종속적 명제들을 —— 지니고 있다는 것이다. 이 논리적 구조는 흔히 추리(즉 삼단 논법)의 형식으로 나타낼 수 있다고 생각하였다. 그의 생각으로는 이 삼단 논법이 가장 완전한 논증의 형식이었다. "삼단 논법이란 전제(前提)로서 어떤 진술을 하였을 때, 그 진술로부터 그와는 다른 어떤 것이 필연적으로 귀결(歸結)되는 형식의 논술이다."[43] 아리스토텔레스는 이 삼단 논법을 매우 상세하게 그리고 매우 노련하게 다루었으며, 이리하여 그 뒤로 이른바 형식 논리학(形式論理學)이라는 것의 주요 부분이 된 것을 창시하였다.

아리스토텔레스는 논리학을 단지 타인이 수긍하도록 지식을 표현하거나 정돈하는 방법으로만 여기지는 않았다. 물론 논리학이 그러한 하나의 방법임에는 틀림이 없다. 그러나 그는 논리학을 그보다 훨씬 이상의 사명을 지닌 것이라고 확신하였다. 그의 주장에 의하면, 논리학은 새로운 진리를 발견하고 우리의 지식을 확장시켜 나가는 기술이라는 것이다. 논리학을 순전히 형식적인 것으로만 다루는 것은 사유가 존재와 병행해 나간다는 것을 망각하는 셈이 될 것이다. 그러나 과학의 가장 근본적 원리들 자체는 증명될 수가 없다. 그것은 주어진 주제에 정통한 사람이라면 누구나가 그 주제에 관한 어떠한 논구에도 필요한 것으로 깨닫게 될 진리들인 것이라 생각하였다. 이 진리들을 주의 깊게 관찰하면, 그 특정 과학에서 다루는 실체들

---

43) *Prior Analytics*(분석론 전서), 24b19.

속에 구현되어 있다는 것이 발견될 기본적 형식을 밝혀 줄 따름이다. "논증된 지식의 전제들은 참이고 근본적이고 직접적이어야 하며, 결론보다 더 잘 알려져 있고, 더 앞서 있는 것이어야 한다. 그리고 이 결론과 전제와의 관계는 결과와 원인과의 관계와도 같은 것이다."[44] 전제들을 논증할 수 없다고 함은 그것들이 미결 문제를 전제함이거나, 제멋대로의 것이거나, 가정적인 것이라는 의미에서가 아니라, 그것들이 해당되는 주제에 정통한 그 방면의 사람에게는 누구에게나 명백하며 더구나 증명이 없이도 명백하다는 의미에서인 것이다. 따라서 논증이 시작되기에 앞서 획득되어진 논증할 길이 없는 근본적 진리가 없다고 한다면, 논증은 결코 출발점을 얻지 못할 것이요, 과학이라는 것이 전혀 생겨날 수 없을 것이다. 이와 같이 논증할 수 없는 근본적 진리들은 과학——그것들을 근본 원리로 삼고 있는 과학——이 관여하는 실체들과 직접 접촉함으로써 분명하게 된다. 만일 우리가 성찰과 분석을 하고 있는 동안이나, 또한 한 후뿐만 아니라, 그러한 성찰과 분석을 시작하기 전에도 우리가 접할 수 있는 실체의 세계가 있지 않다고 한다면, 사유라는 것은 아무런 의의도 없게 될 것이요, 명제들은 참이 될 수가 없을 것이다.

자연주의적 전통

아리스토텔레스가 서양 문화의 발전에 미친 영향은 막대한 것이있다. 중세 철학에 있어서는 흔히 아리스토텔레스를 '그 철학자(The Philosopher)'라는 말로 불렀으며, 단테(Dante)는 그를 '지자(知者)들 가운데의 스승(the master of them who know)'[45]이라고 특징지었다. 그러나 그의 영향은 주로 전체 철학 체계에서 떨어진 여러 독립적 부문에 있어서였다. 그의 모든 저작을 일관하며 여러 분야에 걸친 그의 논구를 체계적인 전체로 연결짓고 있는 중추적·지배적 사상 면에서 온 그의 영향은 별로 많지 않았다. 그리고 영향을 미친 특수한 부문들도 그것 이후에 다른 철학 속에 들어올 때는 아리스토텔레스 자신의 신술 속에서 지니고 있던 의미가 상당히 변모되는

---

44) *Posterior Analytics*(분석론 후서), 71b20.
45) *Inferno,* canto 4, 1. 131.

것이 보통이었다.

아리스토텔레스의 영향은 먼저 감각 속에 없던 것은 어떠한 것도 지성 속에 없다고 하는 중세 유명론자(唯名論者 ; nominalist)들의 주장에서, 혹은 모든 관념은 그보다 앞선 인상들의 모사라고 하는 근세 경험론자(經驗論者) 들의 주장에서 분명히 엿볼 수가 있다. 그의 영향은 비록 전도된 형태로 나타난 것이기는 할지언정, 물질을 가장 바탕이 되는 항구적 실체로 보고 그 밖의 모든 것을 물질 변천 과정의 인과적 부산물에 불과하다고 보는 여러 가지 형태의 유물론적 주장 속에도 명백히 드러나 있다. 그 밖에도 그의 영향은 플라톤을 원천으로 하고 아리스토텔레스의 〈윤리학〉에 의하여 보강된 인본주의적(人本主義的) 전통 속에 명백히 드러나 있으며, 더욱 정당하게 나타나 있다. 그 실례로서 토마스 아퀴나스는 플라톤과 아리스토텔레스를 마치 윤리설(倫理說)에 있어서는 그들이 동일 노선에서 이야기하고 있는 것처럼 다루고 있다.

만일 이러한 개별적 영향을 넘어서서 아리스토텔레스의 핵심적 견해를 간직하고 있는 전통을 서양 문화의 지적 생활 속에서 찾아내고자 하는 역사가가 있다면 그는 대담한 사람이라 할 것이다. 그러나 이러한 시도를 거부하는 역사가가 있다면 그는 또한 태만한 사람이라 하지 않을 수 없을 것이다.

아리스토텔레스의 중심적 입장을 구현하고 있는 전통은 비록 그 천명(闡明)에 있어 단속(斷續)이 있었을망정 되풀이해 발견되곤 하였거니와, 그것을 우리는 논의의 대상이 될 말일지는 모르나, 자연주의(自然主義)라고밖에는 달리 부를 수가 없을 것 같다. 그 까닭은, 아리스토텔레스의 철학은 그 포괄적 범위나 많은 탐구 분야에서 보건대 철두철미 그의 이른바 자연(phusis)의 사건 과정에 있어서의 구조나 잠세적(潛勢的) 가치의 해명이기 때문이다. 영어의 '자연(nature)'이라는 말은 물론 많은 의미를 지니고 있다. 만일 자연이라는 것을 아무런 목적과 가치가 없는 한갖 물리 화학적 힘의 체계라고 규정해 버리고자 한다면, 우리는 아리스토텔레스가 그러한 의미에서는 자연을 믿지 않았고, 따라서 그의 입장은 자연주의가 아니라고 하지 않으면 안 될 것이다. 그러나 영어의 '자연'이라는 말을 아리스토텔레스가 '퓌시스(phusis)'라는 말에 의해서 생각한 의미로 사용한다면, 그의 철학은 하나의 자연주의라고 하여야 할 것이다. 그리고 이러한 의미에 있어서의 '자연주의(naturalism)'라는 말은 '자연(phusis)'의 의의의 상세한 해명을 뜻하고 있거니와, 아마도 다음의 세 가지 명제로 요약될 수 있을 것이다.

그 첫째 명제는, 자연은 무한히 많은 실체들——그 배열이 새로 바뀜에 따라 무한히 새로운 현상으로 나타나는 데 지나지 않는 고정된 본체가 아니라 끊임없이 다양한 변화를 받고 있고, 또 결코 그 모든 가능성이 실제로 남김없이 실현된 일이 없는, 많은 잠세태(潛勢態)를 지니고 있는 미가공의 질료인 실체들——의 방대한 진열이라는 것이다. 둘째 명제는, 자연의 실체들이 간직하고 있는 여러 가지 가능성 가운데에는 생명과 정신과 미와 행복, 그리고 미가공인 자연의 질료들이 그들 고유의 목적에 따라 변화하여 이상의 성취를 실현할 때 거기에 따르는 모든 가치들이 있다는 것이다. 그리고 셋째 명제는, 자연 안의 현실태는 생명 없는 진흙 덩어리로부터 빈틈없는 인식력과 예민한 심미적·도덕적 감각을 지닌 인간에 이르기까지 그 모두가 생명의 모든 과정들 속에 고루 퍼져 있는 구조상의 제일성(齊一性)에 따라 생겨나서 얼마 동안 지탱해 나가다 사라져 버린다는 것이다.

이러한 의미에 있어서의 아리스토텔레스의 자연주의는 인본주의적 윤리학을 가장 잘 뒷받침하고 정당화하고 입증해 주는 일반적인 형이상학적 입장이라고 말해도 좋을 것이다. 인간에 관한 인본주의적 이론과 자연에 관한 자연주의적 이론이 말하자면 논리적으로 서로 조화를 이루고 있는 것이다. 근래의 희랍 철학의 비평가들 가운데에서 이 점을 분명히 간파한 사람은 산타야나(Santayana)였다. "아리스토텔레스에 있어서는 인간성(人間性)의 개념이 더할나위 없이 건전하다. 이상적인 모든 것은 자연적 토대를 가지고 있고, 자연적인 모든 것은 이상적 발전을 이루고 있다."[46] 인간이 제아무리 인간다운 특유성을 지니고 다른 자연물과 판이하다고 할지라도, 그의 생명은 비록 인간의 독특한 모습을 띠고 있기는 할지언정 전자연을 일관하고 있는 일반적 특징을 나타내고 있는 것이다. 이와 꼭 같은 말은 자연 속에 있는 그 밖의 모든 것에 대해서도 할 수 있을 것이다. 인간은 전체

---

46) George Santayana, *Reason in Common Sense*(New York, Scribner, 1905), p. 21.

로서의 자연이 지향하는 목적은 아니다. 그러나 지성적이고 행복한 인간은 확실히 자연이 실현해 온 목적의 하나요, 자연의 어떤 이상적 가능성을 예증하는 목적의 하나이며, 자연이라는 것이 단지 미가공의 질료만을 지니고 있는 것이 아니라 미나 도덕적 가치의 가능성을 지니고 있다는 것을 드러내 보이는 목적 중 하나임에는 틀림이 없다.

제 3 장 희랍적 로마 세계의 철학

1. 헬레니즘 시대의 성격

아리스토텔레스로부터 성(聖) 아우구스티누스에 이르는 약 700년의 기간은 아테네에서 희랍 문명이 절정에 이르렀던 시대와는 그 성격이 매우 판이하였다. 아테네는 B. C. 5세기에 페리클레스 치하에서 예술적 및 정치적으로 장관(壯觀)의 극을 이루었다. 그리고 설혹 아테네가 플라톤과 아리스토텔레스에 이르러 그 지적 절정에 도달하였다 할지라도, 이들 두 사람은 역시 그들의 바로 직전에 달성된 이러한 업적을 좇아 희망에 찬 사상을 품었다. 펠로폰네소스 전쟁은 그 여파로 많은 파멸을 가져왔다. 그것은 스파르타의 승리였다기보다 아테네와 전 희랍의 패망이었다. 희랍의 도시 국가는 영영 사라져 버렸고, 한때 그 안에 충만해 있었던 희망과 이상은 그와 더불어 시들어 갔다. 알렉산더 대왕은 아리스토텔레스보다 한 해 앞서 세상을 떠났다. 그리고 비록 그의 제국이 분리하여 이룩된 세 큰 나라들이 각기 한 세기 동안 독립을 유지하고 있었지만, 점차로 로마의 힘은 지중해 세계를 건너 팽창해 나아가 영토를 차례차례로 그 강대한 통치 밑에 예속시키기 시작하였다. 아리스토텔레스 이후의 아테네 사람들에 관해서 독일의 역사가 몸젠(Theodor Mommsen, 1817~1903)은 다음과 같이 서술하였다. "그들도 역시 무력하였으며, 아티카(즉 아테네)의 시와 예술의 후광을 제외하고는 거의 어떠한 것도 같은 종류의 수많은 군소 도시들 가운데에서 이들 찬란한 과거의 대표자로 하여금 두각을 나타나게 할 만한 것은 없었다."[1]

그러나 희랍의 영향은 로마의 문화와 사상을 지배하였다. 희랍은 군사적·정치적으로는 패배하였을지라도 여전히 로마에 대해서는 스승이었다.

---

1) *History of Rome*(로마사) (London, Richard Bentley, 1867), Vol. II, p. 221.

그러나 희랍 사상은 거대한 로마 영토의 지적 생활을 형성해 가는 도중에 새로운 곳에 맞게 크게 변형되었다. 역사가들에게는 아리스토텔레스의 사망 이전과 이후 두 시대의 문화의 성질을 특징지을 수 있는 형용사가 필요하다. 그들은 보통 전자를 '희랍의(Hellenic)'이라고 부르고, 후자를 '헬레니즘의(Hellenistic)'라고 부르고 있다. 헬레니즘 문화는 그 원천을 희랍 문화에 가지고 있기는 하지만 희랍 문화와 같은 씩씩한 기백을 결여하고 있다. 그것은 엄청난 실제적 문제들 때문에 어딘지 위축해 버렸고, 성취의 즐거움보다도 오히려 불행의 방지를 희구하였던 것처럼 보인다.

헬레니즘 문화의 특징은 소위 '신경의 탈락'[2]이라고 불리워진 말에 의해 단적으로 표현될 수가 있다. 희랍적 로마 시대에는 법제 분야를 제외하고 희랍 시대보다 사상의 독창성이 적었다. 창조적 사유 대신에 박식(博識)이 존중되었다. 이 시대에는 주로 빌려온 사상을 제것으로 만들고, 절충적 종합을 이룩하며, 선행 철학자들에 대한 해박한 주석을 꾸미는 데 철학적 성찰을 기울인 사람들의 이름을 많이 볼 수가 있다. 헬레니즘 시대에 뚜렷한 발전을 보인 철학들은 모두가 그 바탕에 염세적인 경향──비록 염세적인 경향이 나타난 형식들은 다양하며 종종 또 서로 상반되기도 하였지만──을 나타내고 있다. 철학자들은 세속적인 일을 제어해 갈 수 있다는 자신을 포기하고, 고난으로부터의 조용한 피난처 내지는 보다 나은 왕국에로의 탈출로를 찾았다. 그들은 인간이 숙명적으로 타고난 유한성을 탄식하고 싸움 없는 평화, 공격 없는 안전, 혹은 어떤 초자연적 근원으로부터의 구원을 갈망하였다.

그러므로 헬레니즘의 철학은 도덕적 내지 어느 정도 종교적 문제들이 그 중심을 이루고 있다. 여기서는 자연계에 대한 지식이 안심 입명(安心立命)에 이르는 준비가 되는 한에 있어서를 제외하고는, 자연계에 관한 관심이 쇠퇴되고 있음을 엿볼 수가 있다. 그것은 '처세'에 관한 논담, 그것도 흔히는 오히려 맥빠진 논담으로 화해 버리고 말았다. 그리하여 때로 헬레니즘 철학은 용인된 권위로서, 심지어는 계시로서까지 추앙을 받는 일련의

---

2) 사실로 유명하게 된 이 그럴듯한 문구는 머리(Gilbert Murray)의 〈희랍 종교의 5단계(*Five Stages of Greek Religion*)〉(New York, Columbia University Press, 1925, p. 155)에서 인용한 것임.

교리로 나타나게 되었다. 그리고 각 교리를 중심으로 같은 정신을 품은 사람들끼리 모여 종파를 형성하게 되었으며, 각 종파는 확실한 안심 입명의 기술로서 각기 교리를 반복하고 전달하곤 하였다. 이 일련의 교리에의 엄격한 순종으로부터 이탈하는 것은 구원의 희망을 위태롭게 하는 것으로 여겨졌던 것이 보통이다. 철학은 여러 '학파' 또는 종파의 신앙의 고백으로 화하였다. 적대하는 학파들은 사심 없는 진리 탐구보다도 오히려 서로 논박하는 데 많은 시간을 보냈다. 신기한 신념을 제시한다는 것은 그 당시에는 온당치 못한 일이었고, 자신의 전통에 충실한 것이 뚜렷한 덕이었다.

　헬레니즘 시대에는 사상적으로 특기할 만한 학파가 다섯 있었다. 기독교, 즉 원시적 형태의 기독교도 이 가운데 하나라 하겠다. 그러나 그것에 대한 논구는 뒤의 장으로 미루고, 본장에서는 다만 다른 네 학파만을 다루어 보기로 하겠다.

2. 퀴레네 ― 에피쿠로스 학파

> 아리스팁푸스(Aristippus, 435~360 B. C.) : 퀴레네 출신.
> 에피쿠로스(Epikouros, 331~270 B. C.) : 주로 아테네에서 활약함.
> 루크레티우스(Lucretius, 96~55 B. C.) : 로마 출신.

　퀴레네 ― 에피쿠로스 학파의 전통은 쾌락주의(快樂主義)의 윤리설(倫理說)을 최초로 옹호하고 나온 사상이다. 쾌락주의란 쾌락이 진정한 선(善)이요, 그 밖의 모든 것은 적어도 가치가 있다면 쾌락을 산출함에 있어서의 그 효용 때문에 가치가 있다고 하는 설이다. 처음의 퀴레네 학파의 쾌락주의의 형태는 그후의 에피쿠로스 학파의 쾌락주의와 기질상으로 볼 때 전혀 판이하다. 처음의 형태로부터 그 후의 형태에로의 쾌락주의의 변천은 희랍적 로마 시대 철학의 일반적 성격을 드러내는 하나의 좋은 실례라 하겠다.

　퀴레네 학파 가운데에서 가장 유명한 사람은 아리스팁푸스였다. 그는 소크라테스의 명성에 이끌려 아테네로 가서 마침내 소크라테스와 사귀었으며, 자기의 중심 사상이 소크라테스에게서 전적으로 영향을 받고 있다고 스스로 말하였다. 그러나 그는 소크라테스의 입장에 대하여 플라톤이 내린 것과는 매우 거리가 먼 해석을 내렸다. 그 까닭은 자기는 소크라테스로부터 쾌락이 진정한 유일의 선이라는 것을 배웠다고 말하였기 때문이다.[3] 우리의 경험에 의하여 분명히 알 수 있는 것은 세계 자체의 본성이 아니라 오히려 우리 자신이 세계에 접근해 가고 있다는 사실뿐이기 때문에, 우리는 모든 것에 대하여 회의를 품을는지도 모른다. 그러나 쾌락의 가치에 대해서는 아무도 의심할 수가 없을 것이다. 아리스팁푸스의 주장에 의하면, 행복은 쾌락의 총계인 것이다. 그렇다면 최선의 사람은 여러 가지 원천에서 오는 쾌락에 민감하여야 함은 물론이요, 최대량의 쾌락을 얻게끔 행동하도록 식견을 발휘할 줄 알아야 한다. 그러한 사람이야말로 쉽사리 육체적 쾌락이나 부와 명예와 사회적 명성 등에서 오는 쾌락을 얻을 것이요, 그 위에 또 교우나 지적인 담론에서 오는 쾌락도 누릴 것이다. 그러나 오로지 순간적인 덧없는 충동을 신뢰하는 사람, 혹은 인간과 자연 세계와의 상호 작용을 필연적으로 지배하는 자연적 인과 관계를 깨닫지 못하는 사람은 아무도 행복할 수가 없다. 그러므로 훌륭한 사람은 자기가 선택하는 것에서 초래될 듯한 총체적 결과의 평가에 의해서 자신의 행동을 조절해 가지 않으면 안된다. 즉 그는 식견(識見) 있는 사람이어야 한다는 말이다. 아리스팁푸스가 생각한 식견이란, 플라톤이 말한 지혜의 덕과는 아주 다른 것이다. 그것은 초월적 가치의 통찰이 아니라, 오히려 개인적 득실의 세속적 타산을 말하는 것이다.

데모크리토스(그의 유물론적·원자론적 우주론에 관해서는 제 1 장에서 내용을 개략적으로 설명한 바 있거니와)도 아리스팁푸스와 거의 같은 시기에 쾌락주의적 윤리학을 옹호한 사람이었다. 그러나 그의 쾌락주의는 그다지 회의주의(懷疑主義)의 바탕 위에 서 있지 않았던 까닭인지 좀더 온건하고 규율적인 것이었다. 데모크리토스의 주장에 의하면, 이성(理性)은 감각적인 현상을 넘어서 모든 감각보다 앞서는 궁극적 원자에까지 침투하는 것이기 때문에, 그것은 또 온갖 일시적 쾌락을 넘어서 영속적이며 따라서 최선의 쾌락에까지 침투하기도 한다고 한다. 그러므로 데모크리토스는 격렬한 쾌락,

---

3) 플라톤의 〈대화편〉의 약간의 구절들은 쾌락주의적 주장이 소크라테스에게도 있는 것으로 본 것 같다. *Protagoras*의 마지막 부분 참조. 이러한 문구의 쾌락주의는 아마도 변증법적 목적을 위해서 가정되었을 것이다.

따라서 대부분의 육체적 쾌락이나 감각적 쾌락을 배척하였다. 그리고 우리가 어떤 직접적 욕망에 의하여 매혹되지 않고 조용히, 그리고 자연의 전체적 진행과 조화를 이루면서 행동할 때 따르는 평화롭고 잔잔한 쾌락을 권장하였다. 선한 생활이란 격동의 생활이 아니라, 지적인 삶을 영위하는 사람들만이 충분히 누릴 수 있는 조용한 안정의 생활이라는 것이다.

에피쿠로스 학설은 어찌할 수 없는 좌절 의식에 뿌리박고 있는 쾌락주의이다. 에피쿠로스는 보통과는 색다른 생활을 하였으며, 초년에는 불행하였다. 그는 병약한 몸으로 빈한 속에 시달렸으며, 한때는 사모스 섬으로부터 정치적 추방을 당하여 망명 생활도 하였다. 그 후 B. C. 310년에 그의 제자들이 아테네에 그의 집과 정원을 마련해 주었는데, 그는 그곳으로 은퇴하여 여생을 보냈다. 이곳에다 그는 '정원(Garden)'이라고 부르는 한 학교를 세웠으니, 이것이 곧 '아테네의 네 학원' 중의 셋째번 것이었다. 그는 그의 학원에서 친지들을 응접하였으며, 이들은 그의 슬기 있는 말을 거의 신화처럼 믿었다. 에피쿠로스의 머리 속에는 초년의 불운 때문에 받은 마음의 상처가 영영 가시지 않았다. 그는 자기가 적의에 찬 세상, 인간의 선과는 아무런 관계도 없는 세상, 만일 우리가 우리의 평온한 정원으로부터 이 세상을 절연시키기 위해서 어떤 장벽을 쌓지 않는다면 우리를 괴롭힐 세상, 결국에 가서는 반드시 모든 사람을 파멸시키고야 말 세상에 살고 있나고 확신하였던 것 같다. 지혜라는 것은 이 세상과 될 수 있는 대로 오랫동안 절연해 있기 위하여 자기의 정원 둘레에 높고 튼튼한 장벽을 쌓는 데 있는 것이다. 그리고 오직 세상과의 이러한 절연에 따른 평온 속에서만 우리는 어떤 유한한 일시적 즐거움이나마 찾을 수 있는 것이다.

아리스팁푸스로부터 데모크리토스를 통하여 에피쿠로스에 이르는 쾌락주의의 발전은 이와 같이 적극적으로 많은 행복을 얻을 수 있다는 자신을 점점 상실해 가는 특색을 드러내고 있다. "그대는 내일이면 죽을 것이니, 먹고 마시고 즐겨라."하는 것이 에피쿠로스의 신조였고, 또 그의 학파의 전통이었다고 전해 오고 있음은, 에피쿠로스에게는 가당치도 않은 이야기라 하겠다. 감각적 생활이나 방종의 선동으로 여겨지는 이 격언식의 표현은 에피쿠로스의 입장에 대한 크나큰 왜곡이 아닐 수 없다. 오히려 에피쿠로스는 이 적의에 찬 세상과의 관련을 피하기 위하여 자제의 필요성을 강

조한 사람이었으며, 따라서 그의 제자들에 대한 충고에 있어서는 거의 금
욕주의적이었다. 그는 사람들에게 육체적 쾌락에 빠지거나 세속적 일에 관
여하지 말도록 경고하였다. 그는 인간의 선한 생활이란 외적 변동이나 내
적 감정에 의해서 흔들리지 않는 생활이라고 생각하였던 것이다. 에피쿠로
스의 윤리학은 도식적으로 말한다면 다음과 같이 표현할 수 있을 것이다.

$$행복 = \frac{성\ 취}{욕\ 망}$$

일부 도덕가들은 이 분수의 분자의 값을 늘임으로써 우리의 행복을 증진
시킬 수 있다고 권장하겠지만, 에피쿠로스주의는 오히려 분모의 값을 줄임
으로써 행복을 증진시킬 수 있다고 권장한다. 그 까닭은, 에피쿠로스의 생
각은 적의에 찬 세상에서 성취를 거듭해 간다는 것은 거의 불가능하다고
여겼기 때문이다. 그러므로 반대로 야망을 하나씩 하나씩 내버릴 필요가
있다는 것이다.[4]
에피쿠로스는 평정주의(平靜主義)를 옹호하게 된 근거에 있어 데모크리
토스와 상당한 거리가 있었다. 데모크리토스는 자연의 장엄한 움직임을 찬
미하고, 인간의 보잘것없는 욕망 따위는 멸시하였다. 그러므로 사람들에
게 자연이 지니고 있는 웅장한 평정을 습득하도록 역설하였다. 이에 반하
여 에피쿠로스는 자연을 적의에 차 있고, 생소하며 사나운 것으로 여겼다.
그러므로 그는 사람들에게 자연의 침해로부터 스스로를 보호하고, 또 자신
이외의 어떠한 자연 속에도 존재하지 않는다고 생각된 평정을 자기 자신
속에서 계발하도록 역설하였다. 데모크리토스는 즐거움에 넘쳐 사람들에
게 자기 훈련을 하도록 요구하였으나, 에피쿠로스는 깊은 비애의 여운을
띠고 있었다. 에피쿠로스는, 만일 자기가 안전하게 누릴 수 있다고 믿었더
라면 더 많은 쾌락을 기꺼이 누렸을 것이다. 그는 인간이 지니고 있는 비
참한 처지로 말미암아 부득이 적은 쾌락으로 자족하자는 것이었다. 그러나

---

4) 상기한 분수에 대한 시사는 제임스(William James)에게서 온 것이거니와, 그는 〈심리학 원
리(*Principles of Psychology*)〉(New York, Holt, 1890. Vol. I. p. 310)에서 자존(自尊)은 성공을 포부
로써 나눈 것(자존＝성공÷포부)이라고 정의하였다.

현명한 사람은 결코 자기의 비애로 말미암아 격정에 휩쓸리는 일은 없을
것이다. 우주의 이법(理法)에 위배되는 격렬한 성품은 현명한 사람이라면
길러야 할 마음의 평온을 파괴하고 말 뿐이다.

　문헌상에 나타난 에피쿠로스주의의 명확한 표현은 루크레티우스의 시
〈사물의 본성에 관하여(On the Nature of Things)〉였다. 루크레티우스가 기원전
1세기에 이 시를 썼을 무렵까지는, 에피쿠로스주의의 주요한 교설(敎說)은
그들의 고정된 전통으로 확립되어 있었다. 에피쿠로스의 쾌락설은 이 학파
의 중심적 교리였고, 데모크리토스의 유물론적 원자론은 이 쾌락설의 형이
상학적 뒷받침을 해줄 만한 우주론을 제공하였다. 루크레티우스는 존경하
는 스승으로서 우러러보는 열렬한 찬사를 종종 에피쿠로스에게 보냈다. 루
크레티우스의 위대성은 그의 사상이 새로웠기 때문이 아니라, 그의 시 속
에서 에피쿠로스주의의 신조가 장중하고 유창한 서사시로 표현되었기 때
문이다.

　이 세계는 인간을 위해서 만들어진 것이 아니며, 자연에는 아무런 목적
도 계획도 없다고 루크레티우스는 그의 시 첫머리에서 갈파하고 있다. 만
물이 생성하는 것은 물질의 일정한 법칙에 따라서든가, 혹은 예측할 수 없
는 맹목적 우연 때문이다. 존재하는 궁극적인 것은 오직 원자(元子)와 허공
뿐이다. 원자는 형태와 크기가 각각 다른 미세한 입자들로서, 이것들이 허
공을 통하여 낙하한다. 그것들이 우연히 낙하의 방향으로부터 조금씩 빗나
감에 따라5) 그들은 서로 얽클어져 우리가 보는 바와 같은 복합적인 물체로
배열되게 되었고, 우리 현세계의 만물을 구성하게 되었다. 이 복합적인 모
든 물체들은 덧없기 그지없는 것들이다. 실로 우리의 현세계는 분명히 이
와는 다른 이전의 세계와 장차 바뀌어 갈 세계와의 과도적 구성체에 지나
지 않는다. 영구히 변치 않는 것은 오직 원자들뿐이다. 이 원자들은 견고
하고 불가분적이며 파괴할 수 없는 것이다. 복합적 물체들은 모두 원자의
결합에 의해서 생겨나며, 그것의 분리에 의해서 해체되어 버린다. 영혼조

---

　5) 원자가 빗나간다는 생각을 도입함으로써, 루크레티우스는 데모크리토스의 가르침에서
　　떨어져 나갔다. 그는 자연에 있어서의 우연을 인간에 있어서의 자유 의지(自由意志)의 기
　　반으로서 필요하다고 생각하였다. 그리고 만일 인간에게 자유가 없다면, 그는 자연의 무
　　정한 진행에 대항하기 위하여 선택할 수가 없을 것이다.

차도 원자들로 이루어져 있다. 즉 공기·숨·열의 원자 및 무엇이라 이름 지을 수 없는 제 4의 원자로 이루어져 있다. 이리하여 영혼은 이들 네 종류 의 원자의 결합에 의해서 생겨나며, 이 결합이 해체될 때 소멸한다 —— 그 러나 그 이름 없는 원자를 포함한 원자들은 모두 다른 원자들과 마찬가지 로 영원히 존속하는 것이다.

이 세계는, 비록 그것이 아무런 목적도 가지고 있지는 않지만 많은 놀라 운 것들이 생겨나는 무대인 것이다. 그 가운데에서 무엇보다도 가장 놀라 운 것은 인종(人種)이다. 자연이 인간을 위해서 만들어진 것은 아니다. 그 러나 자연은 인간을 산출하였을 뿐 아니라, 일시적이나마 그들이 성장하기 에, 그리고 그들이 서서히 문명을 쌓아 올리기에 적합하기도 하다. 인간이 자연적으로 내던 소리는 오랜 세대를 지나며 서서히 이해력이 증대하여 가 는 중에 점차로 조직적 언어로 발전하였다. 번개 때문에 일어난 불에 의해 서 사람들은 막대한 피해를 입어 오던 중 우연히도 요리를 만들고 도구를 만드는 기술을 배우게 되었다. 그러나 인간의 생활 방식의 복잡성이 증대 하여 감에 따라 두 가지의 불행한 발전이 이루어졌다. 그 하나는 자연의 자원을 사유 재산으로 분배하여 가지는 습관, 심지어 금(金)을 부의 기본 형태로 보아 이것이 있어야만 다른 모든 것들도 확보될 수가 있고, 이것이 없이는 아무도 어떠한 물건을 오랫동안 소유하고 있겠다는 엄두를 낼 수 없게 된 습관이었다. 이때부터 야심·탐욕·전쟁·범죄, 그리고 사람의 마음을 어지럽히고 괴롭히는 수없이 많은 그 밖의 악이 생겨났다. 두 가지 의 불행한 발전 가운데의 다른 하나는 신이 존재한다든가, 영혼은 사후에 도 살아 남아서 내세에도 무서운 시련을 받는다든가, 또는 희생을 바쳐 신 들의 비위를 맞출 필요가 있다든가 하는 믿음이나, 또는 그 밖의 모든 종 교의 그릇된 생각에 대한 믿음이다. 종교란 인간의 불안이나 그에 따르는 온갖 공포심을 조장하는 최대의 원인이기 때문에 인간이 받는 최악의 불행 이라 하겠다.

루크레티우스의 시에 나타나 있는 인류 문명의 본성에 대한 묘사를 보 면, 그의 견해에 변화가 있었음을 알 수 있다. 때로(특히 제 5 권에서) 인간 은 이 적의에 찬 세계 안에서도 이성적 통찰이나 신중한 행동에 의하여 비 교적 훌륭하게 짜인 사회 질서와 개인적 행복을 이룩할 수 있다는 기대를 품었던 것 같다. 물론 이러한 질서는 일시적일 것이요, 또 모든 행복은 불안정한 것이다. 그렇지만 이 질서와 행복은 성취될 수 있을 것이며—— 루크레티우스는 규율 있는 노력에 의하여 그것들을 구하도록 사람들에게 권해 마지않았다. 그러나 어떤 때에는—— 그리고 그것이 그에게 있어서는 보통이었거니와—— 루크레티우스는 문명이라는 것을, 분별 있는 사람들이라면 경계하고 스스로를 방위해야 할 위험한 유혹물이라고 비난하였다. 그에게는 문명이라는 것이 언뜻 보면 매혹적이기는 하나, 사람들이 그 문명의 올가미 속에 얽혀 들어감에 따라 그들의 도덕적 소질이 타락되지 않을 수 없는 하나의 사기로 보였던 것이다. 그의 생각으로는 인간이 만일 문명의 유혹으로부터 벗어나서 자신의 내적 세계에 은퇴하여 고요하게 살아간다면 그는 좀더 행복하게 되리라고 여겼던 것 같다.

루크레티우스는 비평가들에게 자연에 대하여 상당한 학문적 관심을 품었던 사람으로 여겨져 왔거니와, 확실히 그의 시의 대부분은 자연 현상을 분석하는 데 시종하고 있다. 그는 자연의 과정 속에서 잇따라 일어나는 놀라운 사태들을 설명할 원인을 제시하기를 즐겨하였다. 그러나 이러한 원인에 대한 그의 사색의 동기는 어떠한 자연의 사건도 기적이나 신의 농간의 결과가 아니라는 것을 증명하고자 한 그의 욕망 때문이었다. 그가 관심을 가진 것은 학문을 위한 학문, 즉 자연에 관한 인간의 지식을 증진시키기 위한 학문은 아니었다. 하물며 이러한 특정한 사색을 꼭 참이라고 내세우려는 데 관심을 품은 것도 아니었다. 오직 자연에 대한 올바른 설명은 사람들로 하여금 온갖 종교적 내지 초자연적 설명의 병폐로부터 벗어나게 하리라는 것, 그리고 이러한 효과를 얻게만 된다면 자기가 옹호하려는 도덕적 입장으로 사람들을 이끌어 갈 수 있으리라는 것을 강조하는 데 관심을 가졌을 뿐이었다. 예컨대 루크레티우스는 인간이 불을 갖게 된 것은 번개로 말미암아 일어난 화재나, 폭풍으로 인한 나무들 사이의 마찰이나, 혹은 건조한 들판에 내리쬐는 태양 광선의 열 때문이었을 것이라고 말하고 있다. 이 시사들은 어느 것이나 참일는지도 모르며, 또 그 어느 것도 참이 아닐는지도 모른다. 그러나 불이라는 것이 프로메테우스나 그 밖의 어떠한 신의 선물이 아니라는 것을 보여 주기 위해서는 그러한 종류의 설명이 필요하였던 것이다. 불을 얻게 되었다는 것은 확실히 도덕적 결과를 지니고 있다. 그러나 불을 얻게 된 원인으로서의 사건에는 아무런 도덕적 의도도, 아니 전혀 아무 의도나 도덕적 성질도 없었던 것이다. 불에 대해서와 같이 다른 사물들에 대해서도 마찬가지로 루크레티우스는 그것들의 생성은 공간 속에서의 원자들의 비의지적 자연 과정의 한 국면이라고 말하였다. 그리고 그 견해의 분명한 이해를 토대로 하고서만, 사람들은 건전하고 온건하게, 그리고 평화스럽게 살아 갈 수 있도록 정신적으로 해탈할 수가 있다는 것이다. 루크레티우스의 과학적 관심이라고 여겨진 것은 실은 다만 사람들로 하여금 다음과 같은 충고를 받아들이도록 하려는 예비적 수단에 지나지 않았다.[6]

　만일 사람이 참다운 이성 작용(理性作用)에 의해서 자기의 생활을 지배하여 간다면, 마음의 동요 없이 알뜰하게 살 수 있는 크나큰 행복을 얻을 것이다. 그것은 거기에 결코 그에게 필요한 것으로서 거의 아무런 결핍도 있을 수 없기 때문이다.……경건(敬虔)이란 흔히 생각하듯 머리에 베일을 쓰고 제단 앞에 무릎을 꿇는 것으로 볼 문제가 아니라……오히려 평화로운 마음으로 모든 것을 바라볼 수 있게 됨을 말하는 것이다.

3. 퀴니코스 ― 스토아 학파

　　안티스테네스(Antisthenēs, 440~370 B. C.) : 아테네 출신.
　　디오게네스(Diogenēs, 412~325 B. C.) : 시노페 출신.
　　제논(Zēnōn, 340~265 B. C.) : 키티움 출신.
　　세네카(Seneca, 4 B. C.~65 A. D.) : 로마 출신.
　　에픽테토스(Epiktētos, 60~120 A. D.) : 니코폴리스에서 활약.
　　마르쿠스 아우렐리우스 안토니누스(Marcus Aurelius Antoninus, 121~180 A. D.) : 로마 출신.

　퀴레네 학파가 형성된 것과 같은 시대에 퀴니코스 학파(Cynicism ; 견유 학파)로 알려져 있는 한 학파가 대두하였다. 그리고 전자가 에피쿠로스 학파라는 빈틈없이 각성된 학파로 발전하여 간 것과 거의 같은 식으로, 후자는

---

6) *On the Nature of Things*(사물의 본성에 관하여), 제 5 권, 11. 1116~1117, 1198~1204.

스토아 학파(Stoicism)라고 하는 원숙하고 엄격한 학파로 발전하여 갔다. 에피쿠로스 학파의 철학이나 스토아 학파의 철학은 모두 희랍적 로마 시대의 염세관(厭世觀)을 반영하는 사상들이다. 이들 두 사상은 그 어느 것이나, 인간은 사회의 일반적 관습이나 통속적 행복관에 의해서는 선한 생활을 이룰 수 없다는 신념을 각기 독특한 방식으로 표명하였다. 그러나 여러 가지 점에서 에피쿠로스 철학과 스토아 철학은 그들의 원칙에 있어 서로 대조를 이루고 있다. 에피쿠로스 철학은 사람들에게 어떻게 하면 이 적의에 찬 사바 세계의 쓰라리고 고된 일에서 벗어날 수 있는가를 가르치고자 한 데 비하여, 스토아 철학은 사람들에게 설혹 싸우다가 자신이 멸망하는 한이 있더라도 이 세계의 악과 용감히 싸울 것을 권장하였다. 에피쿠로스 철학은 사람들에게 어떤 평온한 도피처에서 일시적이나마 조금씩 쾌락을 찾도록 권장한 데 비하여, 스토아 철학은 사람들에게 그들의 개인적 고락을 염두에 두지 말고 자기 자신의 행복 같은 것은 그것과 비하면 아무것도 아닌 것이 되어 버릴 그러한 목적을 위하여, 그리고 이 목적을 실현하는 데 있어서는 개인적 행복은 조그만 구실을 하기 위하여서나 요구될 그러한 목적을 위하여 아낌없는 노력을 기울이도록 역설하였다. "하늘이 무너져도 그대의 의무(義務)를 다하여라." —— 이것이 스토아 철학자들이 입버릇처럼 하던 말이었다. 개인적인 목적을 희생시킴으로써 아무리 큰 손실을 받는다 하더라도, 의무에 대하여 변함없이 충실할 수 있다는 것이 인간의 높은 특권인 것이다.

퀴니코스 학파의 사상은 스토아 철학을 위하여 선구적 구실을 하는 동시에 부분적 배경을 마련해 주었다. 퀴니코스 학파도 퀴레네 학파와 같이 소크라테스에게서 그 사상을 이어받았다고 주장하였다. 그러나 이 퀴니코스 학파가 전승하였다고 한 소크라테스는 플라톤이 이어받은 소크라테스나 아리스팁푸스가 본 소크라테스와는 판이하다. 이 학파의 최초의 창도자로 알려져 있는 안티스테네스는, 선한 사람에게는 어떠한 해악도 닥쳐오지 않는다고[7] 한 소크라테스의 사상을 받아들여 발전시켰다. 그는 이 사상이 의미하는 바는, 인간은 자기 자신의 능력으로 좌우할 수 없는 것에 대한 감

---

7) 플라톤이 *Apology*, 41c-d에서 이 생각을 소크라테스에게 돌리고 있음을 보라.

정적 얽매임으로부터 완전히 벗어나야 하고, 재난의 공포로부터 벗어나야 하며, 외적 사물에 대한 욕망으로부터 벗어나야 하며, 타인들의 좋아하고 싫어함에 따라 좌우되는 태도로부터 벗어나야 한다고 해석하였다. 인습은 인위적인 것이요 따라서 나쁜 것이다. 그리고 자연적 욕구는 사람과 사람 사이의 유대 없이도 충족시킬 수가 있다. 사람은 아무런 사회적 의무도 지고 있지 않다. 그는 자기 홀로 서서 오직 자기 자신에만 의뢰해야 한다. 외적 행복이니 고락이니 국가 안에서의 벼슬이니, 우의(友誼)니 명성이니 하는 따위는 모두가 도덕적으로는 아무래도 좋은 것들이다. 지식조차도 사람이 그것에 의해서 자기 자신을 이해할 수 있게 되고, 세상으로부터의 도덕적 분리가 그것에 의해서 보장될 수 있게 되는 한에 있어서를 제외하고는 대수롭지 않은 것이다. 오직 덕만이 선이요, 부덕만이 악이다. 부덕은 사람이 사회의 사이비한 인습에 순종함으로써 스스로 그릇된 방향으로 나아갈 때 생긴다. 이에 반하여 덕은 사람이 자기의 주위에 있는 모든 것에 대하여 도전을 외치고, 이 세계 안의 정당한 위치에 확고하게 서서 완전히 자족의 경지에 이르렀을 때 생기는 것이다.

디오게네스는 퀴니코스 철학의 전통에다 어떤 새로운 사상을 기여하지는 않았으며, 철학자라고 보기는 어려운 사람이라 하겠다. 그러나 그는 너무나도 생생하게 퀴니코스 학파의 태도를 드러내 보인 사람이었기 때문에, 사실상 퀴니코스 철학의 상징처럼 되어 왔다. 일찍부터 전해 오는 일설에 의하면 그의 아버지는 화폐를 훼손한 죄로 투옥되었다고 하며, 다른 일설은 이 체험을 디오게네스 자신에게다 돌리고 있다.[8] 이 문제에 관해 사실이 어떻든지 간에, 디오게네스는 이 세상에서 통화와도 같이 유통되고 있는 온갖 인습을 타파하고자 한 사람이라고 보아도 좋을 것이다.[9] 문명이라는 것을 그는 제멋대로의 기준과 미신에 의해서 뒷받침되고 있는 퇴폐적 제도들의 조직이라고 여겼다. 그가 현존 문명을 배격하려고 한 것은, 그 대신에 (아테네의 위대한 철학자들이 의도하였던 바와 같이) 더 훌륭한 어떤 사

---

8) Diogenes Laertius, *Lives of Eminent Philosophers*, 퀴니코스 학파의 디오게네스에 관한 항의 첫째 절.

9) 화폐 훼손에 관한 전설의 이 해석은 머리(Gilbert Murray)에 의해서 제시된 것이다. 앞에 든 책. p. 117.

회 질서를 세우기 위해서가 아니라, 사람들로 하여금 그들 자신의 개성의 완전한 자유를 보전케 하기 위해서였다. 그는 개〔犬〕의 생활 태도를 찬양하였으니, 개야말로 거의 아무런 부족도 느끼고 있지 않으며, 육체적 기능에 관한 거짓된 수치심도 그리고 아무런 위선(僞善)도 지니고 있지 않기 때문이다.[10] 예로부터 그는 커다란 통 속에서 살았다고 전해 오고 있지만, 아마도 그것은 아테네의 아크로폴리스 옆에 있던 크고 육중한 항아리였을 것이다. 그의 성격이 어떠했는가 하는 것은 그가 알렉산더 대왕과 만났다는 이야기로 미루어 알 수가 있다. 알렉산더는 괴벽한 디오게네스를 만나보고 싶어서 이 기묘한 거처로 그를 방문하였다. 그러나 디오게네스는 일개 황제 앞에 머리를 숙이기를 거부하고, 멸시하는 태도와 다음과 같은 말로써 알렉산더로 하여금 물러가게 하였다——"내게 그늘지지 않도록 비켜 주시오." 쾌락과 고통에 의해 흔들리지 않고, 자연적 사건이나 사회적 사건에 의해 당황하지 않고, 또 시민적 내지 인간적 유대에도 아무런 관심을 품지 않고, 그는 질서 있는 세계를 조롱하며 초연히 고립적 생활을 즐겼던 것이다.

퀴니코스 철학과는 달리 스토아 철학은 충분히 발전된 철학이었다. 그것은 독특한 효과적 방식으로 거친 시대의 감정적 내지 도덕적 요구에 호응하여 재빨리 헬레니즘 사상의 지배적 조류의 하나가 되었다. 그것은 때로는 거의 플라톤의 영향을 물리쳐 버렸고, 어떤 시기에는 아가데메이아의 공인된 교과 내용으로 되기까지 하였다. 그것은 또 기독교 발전의 기틀을 위한 정신과 사상과의 복잡한 조직 속에 깊이 침투해 들어갔다. 그것은 2천 년 동안에 걸쳐 서양 문화 속에 유력한 하나의 힘으로서 남아 있었다.

스토아 철학은, 말하자면 종교적 신념을 바탕으로 한 퀴니코스 철학이라고 특징지어도 좋을 것이다. 그것은 선한 사람이란 세상사와의 감정적 얽힘으로부터 완전히 벗어난 사람이라고 하는 퀴니코스 학파의 생각을 그대로 받아들였다. 그러나 한편 선한 사람은 세간에 있어서의 도덕적 관계에서 벗어날 것이라고 하는 퀴니코스 사상의 다른 일면을 배척하였다. 왜냐하면 스토아 철학자들의 주장에 의하면, 우리를 둘러싼 이 세계란 온갖 것

---

10) 우리가 사용하고 있는 퀴닉(cynic)이라는 말(이는 개를 뜻하는 희랍어에서 온 것임)은 디오게네스의 이 말 때문에 생긴 것이다.

속에 관류하고 있는, 그리고 누구에게나 그에게 마땅한 위치와 의무를 배당해 주고 있는 중심적 목적의 표현이기 때문이다. 스토아 철학자들은 두가지 근본적 덕을 높이 표방하였는데, 그 하나는 소극적이요, 또 하나는 적극적인 것이라고 생각될 수 있을 것이다. 그 소극적 덕이란 무감동, 즉 냉담 다시 말하면 쾌락의 매력 및 고통의 공포에 대한 무관심이다. 이에 대하여 적극적 덕이란 온갖 사건의 진행을 지배하는 우주의 원리 내지 목적론적 방향에 대한 충실, 냉철하고 이성적인 충실이다. 선한 사람이라면 개인적 야심이나 사사로운 희망은 물리쳐 버리려고 하지만 그러나 모든 것을 포함하는 우주의 목적이 그에게 맡긴 본연의 의무에 대해서는 이를 유감없이 성취하려고 할 것이라고 스토아 철학자들은 생각하였다.

스토아 학파를 창설한 사람 및 이 학파의 사상을 문필로써 해설한 세 사람의 최대 인물들의 사회적 신분에다 어떤 상징적 의의를 붙일 수도 있을 것이다. 스토아 철학의 창설자라고 일컬어지는 학자는 제논이라는 사람이었는데, 전해 오는 바에 의하면 그는 동방의 셈족(族) 계통 사람이었다고 한다. 그는 아티카 해안에서 조난을 당하여 아테네에 남아 '네 학원들' 중의 넷째번인 스토아 학원을 창설하였다. 이처럼 그는 흩어진 유태인의 한 사람, 즉 고국의 황폐로 말미암아 지중해 세계의 여러 도시로 흩어져 간 셈족의 한 사람이었다. 많은 다른 실향 유태인들에 있어서와 마찬가지로 고국을 등지고 나온 제논의 관심의 대상도 역시 문화적인 것이기는 하나 시민적인 것은 아니었다. 그가 충실성을 표한 것은 자기가 우연히 정주하게 된 특정한 고장에 대해서가 아니라, 자기가 가르치고자 한 이상과 신념에 대해서였다. 그가 이룩한 공동체는 장벽과 경계선으로 둘러싸인 것이 아니라, 공감과 동일 목적을 바탕으로 한 것이었다. 그의 공동체는 이제까지 당연한 것으로 인정되어 온 온갖 테두리를 타파해 버리고, 신념과 도덕적 원리를 같이하는 사람들을 결합시키고자 하였다. 그것은 세속의 한 공동체가 아니라, 세계적인 하나의 공동체였다.

세네카·에픽테토스 및 마르쿠스 아우렐리우스, 이 세 사람은 후기 스토아 철학자들로서 그들의 저서가 오늘날까지 남아 있다.[11] 그들이 처해 있

---

11) 제논의 시대와 위에 말한 세 사람과의 사이에 있는 다른 스토아주의자들의 명부는 많은 사적(史籍)들 속에 나타나 있다. 예컨대 클레안테스(Kleanthes-그의 〈제우스에 대한 찬가(hymn

던 사회적 지위는 서로 매우 판이한 바가 있다. 즉 세네카는 수사학자(修辭
學者)로서 네로 황제의 스승이었고, 에픽테토스는 주인의 덕분으로 자유인
이 된 노예였고, 마르쿠스 아우렐리우스는 로마 제국의 황제였다. 이렇듯
스토아 철학은 거의 각계 각층 사람들을 지적 내지 도덕적 견지에서 동화
시킬 수가 있고, 그리하여 정치적 테두리뿐만 아니라 사람들 사이의 사회
적 차별까지도 타파하고 있음을 알 수 있다. 스토아 철학은 그것의 역사를
일관해서 세계주의적인 하나의 세력이었다.

　스토아 철학의 전통적인 생각에 의하면 선한 사람이란 오로지 이성적(理
性的)인 사람을 말한다. 플라톤과 아리스토텔레스가 본 선한 사람이란 정
열이나 정욕을 이성으로써 지배하는 사람이었는 데 반하여, 스토아 철학자
들이 생각한 선한 사람이란 온갖 정열을 근절해 버리고 오로지 이성적 숙
고에 의해서 행동하는 사람이었다. 감정은 옳고 그른 것에 관한 공정한 판
단 활동을 방해하는 도덕적 병이라고 스토아 철학자들은 생각하였다. 그러
므로 현명한 사람은 어떠한 사사로운 욕망도 어떠한 감정도 가지려고 하지
않을 것이다. 그는 온갖 두려움으로부터, 쾌락의 매혹으로부터, 여러 가지
사건으로 인한 동요나 걱정으로부터, 영혼을 흐리게 하여 도덕적 가치에
관한 판단을 그르칠는지도 모를 온갖 흥분으로부터 벗어나려고 할 것이다.
그뿐 아니라 심지어는 인간의 고난에 대한 연민이나 불행한 사람에 대한
동정심조차도 물리쳐 버리려고 할 것이다. 그는 동료를 위해서 아낌없이
봉사하고 주저없이 자기를 희생하려 하겠지만, 이는 개인적 성향 때문이
아니라 의무에 대한 그의 이성적 판단 때문인 것이다. 설령 그는 신체적
욕구나 육체적 고통의 의식을 피할 수 없다 할지라도, 역시 그는 이러한
인간적 약점들까지도 완전한 행복에 배치되는 것이라 하여 경멸할 것이다.
흔히 스토아주의적 현자를 일컫는 '성인(聖人)'이란 냉철하고 고요한 경지
를 즐기는 사람들일 것이다.

　스토아 학파의 윤리학상의 입장은 그에 적합한 형이상학에 의해서 뒷받
침되었다. 스토아 철학의 저서들 속의 어떤 구절을 보면, 이 형이상학이

───────────

to Zeus)〉는 현존하고 있음], 크리시포스(Chrysippos-그의 저작의 서명들은 디오게네스 라에르티우스
에 의해서 열거되고 있음), 파나이티오스(Panaitios-그는 스토아주의를 로마에 도입한 사람이라고
함), 시돈의 보에투스(Boethus of Sidon) 및 포세이도니오스(Poseidonios) 등이 있다.

명확한 유물론적 형태로 나타나 있으며, 이에 의하면 불이 궁극적 요소요, 생기를 주는 힘이요, 우주의 영혼이기도 한 것이다. 그러나 이 유물론적 주장은 그것이 상징적 의미를 가진 것이든 혹은 헤라클레이토스의 영향과 같은 어떤 이전의 영향의 부활이든, 스토아 철학의 또 하나의 이설(理說)에 비하면 훨씬 중요성이 적다고 하겠다. 그 또 하나의 이론이란 즉 우주는 어떤 이성적 목적에 의해서 형성되어 있는 것이요, 자연의 과정은 목적론적이요, 모든 사건들은 단일적·예지적인 계획 속에 포함되어 있다는 주장이다. 인간의 육체 속에는 인간의 영혼이 깃들어 있듯이 물질적인 이 세계는 말하자면 그것의 영혼을 가지고 있다는 것이다.

이 형이상학의 논구는 스토아 철학자들의 저서 속에서는 아무데서도 뚜렷한 성공을 엿볼 수가 없다. 그것은 "절망적 위기에 대처하기 위하여 조급하고 무리하게 뜯어 맞춘 체계"[12]라고 불리어져 왔다. 스토아 철학자들에 의해서는 우주의 목적이 지향하는 목표들이 분명하게 밝혀져 있지 않고, 불완전하고 막연하게 되어 있다. 이 점에 있어서 퀴니코스 학파의 회의주의(懷疑主義)가 스토아 학파에 계속적으로 영향을 끼쳤음은 물론이다. 그러나 우주의 목적은 어떠한 것이든지 간에 그것은 이성적이며 숭고한 것이다. 이 목적이 실현하는 가치들은, 만일 현자(賢者)가 그것들을 알기만 한다면 그의 냉철한 판단에 의한 시인을 받을 것이다. 아마도 현자는, 설령 우주의 목적의 온전한 의의를 이해할 수 없다 할지라도 우주의 목적을 수행해 가는 데 있어서의 자기의 정당한 소임은 이해할 수 있을 것이다.

스토아주의적 저서들 속에 공통적으로 표명되어 있는 생활 원칙은 "자연에 따라서 살아라." 하는 것이다. 여기서 자연이라고 하는 것은 물질적 세계를 말하는 것이 아니다. 그렇다고 해서 그것이 인간의 본성 —— 그것은 매우 악한 것으로서, 발휘하기보다는 오히려 억제하여야 하는데 —— 을 말하는 것도 물론 아니다. 그것은 일체 만물 속에 일관하고 있는 우주의 목적을 가리키는 말인 것이다. 그것은 섭리라고 불러도 좋을 것이며, 더 나아가 신이라고 불러도 좋을 것이다. 이러한 자연에 대해서 사람들은 자기의 본분을 다하려는 확고한 결심의 뒷받침이 될 어떤 신비적 공감을 느

---

12) Edwyn Bevan, *Stoics and Sceptics*(스토아주의와 회의주의) (Oxford, Clarendon Press, 1913), p. 32.

낄는지도 모른다. 그리하여 인간은 우주의 연극에 등장하는 배우와도 같은 것이라 하겠다. 즉 그들은 각자가 연출하여야 할 배역을 가지고 있으며, 따라서 마음대로 대사를 꾸며낸다든가 자기가 하고 싶은 대로의 활동을 할 권리가 없는 것이다. 인생에 있어서 그들의 처지가 천하든 귀하든 간에, 그들은 아무런 부끄러움이나 자랑을 느껴서는 안 된다. 우주 연극에 있어서의 그들의 배역은 희극적인 것일 수도, 혹은 비극적인 것일 수도 있다. 그러나 각자의 맡은 바 배역을 잘 연출하고 자기의 직업에 성실하기만 하면 되는 것이요, 그 이외의 것은 아무래도 좋은 것이다.

> 아, 우주여, 그대의 목적에 맞는 것은 모두 나에게도 맞는다. 그대에게 있어서 시기에 적합한 것은 모두 나에게 있어서도 역시 너무 이르거나 너무 늦거나 한 일이 없다. 아, 자연이여! 그대의 계절이 가져오는 것은 모두가 한결같이 나에게는 무르익은 과실이다. …… 우연이라고 보이는 것도 섭리 과정의 테두리 안에 있는 것이다 자연이 가져오는 것과, 그리고 자연의 과정을 밟아 가는 것은 자연의 모든 부분에 대해서 이로운 것이다. ……춥든 덥든, 피곤하든 휴식을 취하였든, 욕을 먹든 칭찬을 받든, 죽어 가든 일에 분망하든, 너의 의무를 다하여라. [13]

스토아주의자들의 섭리에 관한 사상이 깊어가면 깊어 갈수록, 퀴니코스 철학에 있어서의 철저한 현세 멸시 사상은 겸손과 기도의 정신에 의해서 더욱더 변모되어 갔다. 그러나 끝까지 스토아 철학에는 항상 준엄한 요소가 깃들어 있다. 우리들 유한한 존재는 동포들을 위하여 봉사하여야 하며, 모든 고난을 참고 견디어야 한다고 가르쳐 주고 있다. 이러한 봉사는 결코 어떠한 우정의 발로나 자발적 애정 때문이 아니라, 엄격한 의무감 때문에 하도록 되어야 하는 것이다. 스토아 철학자들의 설교에 의하면, 자연과의 조화까지도 감정적 공명에서 오는 것이기보다 오히려 이성적 동의에서 오는 것이어야 한다.

---

13) Marcus Aurelius, *Meditaliom*(명상록) 제4권, par. 23, 제2권, par. 3, 제6권, par. 2.

4. 회의주의 학파(懷疑主義學派)

피론(Pyrrhōn, 385~275 B. C.) : 투발루 출신.
아르케실라오스(Arkesilaos, 315~241 B. C.) : 피타네 출신.
티몬(Timōn, 320~230 B. C.) : 아테네 출신.
카르네아데스(Carneadēs, 213~129 B. C.) : 퀴레네 출신.
아이네시데모스(Ainesidēmos, A. D. 100년경) : 크노소스 출신.
세크스투스 엠피리쿠스(Sextus Empiricus, A. D. 250년경) : 알렉산드리아 출신.

에피쿠로스 학파 및 스토아 학파와 같은 시대에 희랍적 로마 세계에는 회의주의적 사조가 대두하여 널리 퍼졌다. 그리고 스스로 회의주의자라고 칭하기를 즐겨 한 사람들에 있어서는 이 회의주의가 자못 철저하였다. 물론 어떤 특정한 문제에 관해서는 의심을 품으면서도 동시에 다른 점들에 대해서는 확고한 확신을 가질 수도 있을 것이다. 예컨대 같은 철학자가 자기는 물질의 구조를 알고 있다고 믿으면서도 동시에 덕(德)의 객관적 기준을 알 수 있는 가능성은 의심할 수도 있을 것이다. 혹은 또 신의 존재를 증명할 수 있다고 믿으면서도 물리적 세계의 본질을 확정하는 가능성은 의심할 수도 있을 것이다. 그러나 철학의 한 학파로서의 회의주의는 단지 몇 가지 특정한 점이나 또는 많은 특정한 점들에 대한 단순한 의심에 그치는 것이 아니다. 오히려 그것은, 무릇 어떠한 대상에 대해서든지 참된 인식에 도달할 수 있는 가능성에 관한 보편적이며 고의적이고, 말하자면 직업적인 의심인 것이다.

회의주의는 헬레니즘 시대에, 이른바 '아테네의 네 학원들' 내부에 있어서, 그리고 서로 이 학파들을 지지하던 지중해 일대의 여러 도시 사람들 사이의 논쟁에 의하여 발전해 온 사상이다. 이 네 학원들이 A. D. 529년에 황제(유스티니아누스제)의 명령에 의하여 공식으로 폐쇄되기까지 모두 존속하였다는 고래의 설이 있기는 하지만, 그것들이 수세기에 걸쳐 면면히 이어 왔다는 것은 아주 불확실하며, 오히려 있음직하지 않은 일이라 하겠다. 아마도 이 가운데에서 가장 긴 역사를 가졌던 것은 아카데메이아였을 것이다. 그 까닭은 설령 그것이 때때로 자취를 감춘 적이 있기는 하지만 언제나 다시 되살아나곤 하였기 때문이다. 그러나 그 학파들의 성쇠를 불문하고, 그것들이 끼친 영향, 특히 '아카데메이아' 학원, 에피쿠로스의 '정원' 학원 및 '스토아' 학원의 영향은 희랍 문화가 침투한 곳에서는 어디서나 크나큰 작용을 하였다. 그리고 철학적 회의주의는 이 영향의 소극적인 면이었다. 그 학파들의 설이 굳어질수록 이들의 근거에 대한 비판도 더욱 노골적으로 되었다. 때로는 회의주의적 표명은 유머를 강조하여 지적 오락의 형태를 띠게 된 적도 없지 않았다. 그러나 회의주의는 단지 이러한 표명에 그쳤던 것으로는 생각되지 않는다. 때로는 또 저명한 철학자 사이에서 논의된 진지한 주장일 때도 있었다. 그것은 어떤 통설에 너무 쉽사리 집착하는 것을 반대하는 하나의 보강제 구실을 하였다. 아카데메이아 학원에도 침투해 들어갔기 때문에, 아카데메이아의 많은 지도자들이 전통적으로 회의론자로 간주되고 있는 것이다. 이 회의주의는 지적 생활을 비난하고 철학을 실제적 구원의 수단으로 보려고 한 아리스토텔레스 이후의 경향에 있어서 더욱 촉진되었다.

희랍 회의론자들은 오직 그들의 저술의 단편들에 의해서만, 그리고 특히 그들에 관해서 언급한 반대자들의 말에 의해서 우리에게 알려져 있을 뿐이다. 회의 학파의 창시자라고 일컬어지는 피론은 아마도 침묵을 회의론자다운 태도라고 여겼기 때문이겠지만 아무런 저술도 남기지 않았다. 그러나 그보다 거의 4백 년 뒤의 사람인 아이네시데모스는 확실히 피론의 교설(敎說)이라고 보이는 것을 요약한 〈8권〉을 저술하였다. 피론이야말로 일반적으로 회의론자들이 그들의 재치 있는 말을 내세우는 하나의 핑계였으며, 따라서 '피론주의(Pyrrhonism)'라는 말이 극단적 회의론과 거의 같은 의미로 사용되어 왔다. 개중에는 세크스투스 엠피리쿠스의 저술이라고 일컬어지는 어떤 짤막한 문헌이 남아 있기는 하다. 그러나 오늘날 여러 회의론자를 따로 따로 떼어서 생각한다는 것은 어려운 일이요, 한 무리로서의 그들의 것으로 전해지고 있는 견해의 개요를 보면 족할 것이다.

희랍의 회의주의는 퀴레네 학파의 사상이나 퀴니코스 학파의 사상과 마찬가지로 일종의 소크라테스적인 바탕을 가진 것이었다. 이 회의 학파는 말하자면 소크라테스의 무지(無知)의 언명 뒤에 숨어 있는 심각한 도덕적 목적을 간직함이 없이 그 무지의 언명을 이어받은 것이라 하겠다. 그들은 오히려 이 언명을 소피스트의 주관주의(主觀主義)와 결부시켜 버렸다. 그들은 인간은 개별적 사물의 세계에 관하여 다만 속견(俗見 ; opinion)을 가질 수 있을 뿐이요, 결코 인식(認識 ; knowledge)은 가질 수 없다고 하는 플라톤의 확신을 따랐다. 그러나 한 걸음 더 나아가 그들은 이 플라톤의 확신이 지니고 있는 의의를 전적으로 손상해 버렸다. 그 까닭은 플라톤의 이데아 세계의 긍정을 터무니없는 것이라고 보았고, 또 인식의 가능성을 완전히 부인하였기 때문이다. 객관적 진리의 확실한 기준은 결코 존재하지 않는다고 그들은 생각하였다. 모든 추론은 사실은 개개인 각자의 좋아하는 바를 암암리에 표현하는 것이다. 연역적 추리는 모두가 논증 없이도 가정된 전제를 토대로 하고 이루어지기 때문에 신뢰할 만한 것이 못된다. 귀납적 추리라는 것도 역시 사물들의 진정한 본성을 말해 주지 못하는 사적인 경험을 토대로 하고 있기 때문에 신뢰할 수 없다. 그러므로 비단 (자연에 관한 일반적 이론을 제시하는) 형이상학이나 물리학뿐만 아니라, 특정한 사물들에 관한 개개의 주장까지도 신뢰할 만한 것이 못되는 것이다. 객관적 진리를 전하려고 하는 이러한 노력들은 끝없는 논쟁을 일으킬 수밖에 없기 때문에 이론상으로는 아무 소용도 없는 것이요, 또 그것들은 단지 개인적 편견을 표명하는 데 지나지 않기 때문에 실질상으로도 무익한 것이다. 큰 집단의 사람들이 공통적으로 품고 있는 신념조차도 아무 근거 없는 독단에 불과하다. 그 까닭은 이러한 신념들은 인습과 사회적 압력의 소산이요, 이 사회적 인습이란 개인적 희망이나 공포에 못지않게 믿을 수 없는 것이기 때문이다. 법률이나 관습은 과연 실천적 목적을 위해서는 훌륭한 길잡이가 될는지 모르지만, 합리적으로 옹호될 수는 없다. 회의론자들의 주장에 의하면, 회의론자들 자신을 포함한 우리들 모든 인간은 구출할 길 없는 무지 속에 머물러 있도록 운명지어져 있다고 고백하지 않을 수 없다는 것이다. 우리는 아무런 확실성도 가지고 있지 않다. 그뿐 아니라 개연성에 대한 근거조차도 거의 갖지 못하고 있다. 오로지 우리는 근거 없는 속견을 일삼고 있을 따름이다. 따라서 현명한 사람이라면 모든 일에 대한 판단을 중지하는 것이 으뜸가는 덕임을 인정할 것이다.

회의론자들은 소피스트들과 마찬가지로 감각적 경험의 상대성을 중시하였다. 인간의 감각 기관은 천차만별하며, 아무도 자기의 감각 기관이 더 훌륭하다고 자랑할 수는 없는 것이다. 더구나 이 기관들은 부단히 동요하는 우연적 관계에서 사물들을 드러내 준다. 어떠한 감각도 외부로부터 오는 요소에다 정신이 거침없이 부가하는 해석이 가미되지 않을 수 없는 것이다. 감각을 산출하는 대상은, 만일 그러한 대상들이 적어도 존재한다면 그것이 산출하는 감각과 같을 수도 혹은 같지 않을 수도 있을 것이다. 이 대상들은 우리의 감각 기관이 찾아내지 못하는 많은 성질을 가지고 있을는지도 모르고, 또 우리의 감각 기관을 통해서 관찰할 수 있는 성질들을 가지고 있지 않을는지도 모른다. 그러니만큼 경험에 의뢰하는 것은 모두가 허황하고 쓸데없는 일이라는 것이다.

어떤 회의론자들은 —— 전통적으로 여기서는 특히 카르네아데스가 지칭되는데 —— 자기들의 반어법을 종교적 신앙에다 적용하기를 즐겨하였다. 그들은 각양 각색의 종파가 다 같은 열성을 가지고 고집하는 여러 가지 상반된 신앙들을 기록하는 데 그치지 않았다. 더 나아가 각 신앙이 스스로 모순을 내포하고 있음을 지적하였다. 만일 신이라는 것이 있다면 그것은 무형적이든가 유형적이든가 그 어느 쪽일 것이요, 또 전능하든가 능력에 한계가 있든가 그 어느 쪽일 것이다. 만일 그것이 무형적이라면 인간은 그것을 찾아낼 수 없다. 그 까닭은 인간은 어떤 것이 존재한다는 증거를 감각에서 구할 수밖에 없기 때문이다. 만일 그것이 유형적이라면 다른 물체들과 마찬가지로 변화와 쇠퇴와 사멸을 면할 수 없게 된다. 또 그것이 전능하다면, 그것은 이 세상에 많은 악과 무지가 성행하고 있다는 점에서 볼 때 결코 유덕한 존재라고는 할 수 없을 것이다. 만일 그것이 능력에 한계가 있는 존재라면, 그것은 좀더 월등한 힘에 예속되고 있을 것이요, 따라서 신이라고 불리어질 자격이 없다고 해야 할 것이다. 그리하여 신에 관한 모든 사상은 지지될 수가 없는 것이다. 그렇지만 신은 역시 존재할는지도 모른다고 회의론자들은 날카롭게 인정하였다. 그리고 어떤 회의론자들은 사교적인 이유 때문에 인습적인 종교 의식에 따르기도 하고, 또 성직자가 되어 이러한 양식을 지도하기까지 하였다. 그러나 신에 관한 인간의 관념은 개인적 환상의 주관적 영역 너머에 있는 것에 관하여 인식을 줄 수 있다고 공언하는 모든 사상이 그러하듯이, 아무런 가치도 없는 것이다.

도덕 문제에 관한 비평에 있어서 회의론자들은 이렇다 할 독창적인 것을 가지고 있지 않았다. 그들은 소피스트들의 상대론(相對論)을 계승하여 갔

으되, 거기에는 훨씬 더 파괴적인 의도가 깃들어 있었다. 그 일례로 카르
네아데스는 한때 로마에 있어 계속 이틀에 걸쳐 정의(正義)에 관한 두 가지
연설을 하였다고 한다. 첫날은 치밀하게 플라톤의 윤리학적 입장을 옹호하
였다. 그리고 그 다음날에는 조리 있게 이 입장을 반박하였다. 그는 분명히
모든 도덕적 기준들이라는 것을 주관적으로 선택된 것으로 객관적 타당성
이 없다는 것을 주장하고자 하였던 것이다. 회의론자는 틀림없이 자기들이
좋아하는 것을 다른 사람에게 강요하려고 애쓰는 것을 흥미있게 주시하였
을 것이다. 그러나 그 자신은 이러한 노력과는 동떨어진 초연한 태도를 취
하였으며, 때때로 어떤 주장이나 행동에도 모순 없는 일관성을 유지하려고
하지 않았다. [14]

5. 신(新)플라톤 학파

플로티노스(Plotinos, 205~270) : 이집트의 튀코폴리스 출신.
포르피리오스(Porphyrios, 233~305) : 페니키아 출신.
이암블리코스(Iamblichos, 330년경 사망) : 시리아의 칼키스 출신.
프로클로스(Proklos, 412~485) : 이스탄불 출신.

신(新)플라톤 철학이라는 말은 오늘날 플로티노스에서 시작된 철학에 대
해서 사용되고 있는 명칭이다. 물론 이 말은 근대에 와서 생겨난 것이다.
플로티노스 자신은 이 말의 사용을 꿈에도 생각지 못했을 것이요, 또 결코
다른 사람들에 의해서 그 말이 사용될 필요를 느끼지도 않았을 것이다. 다
만 그는 자기가 플라톤의 진정한 철학적 견지를 부흥시키고 있다고 생각하
였을 따름이었다. 그리고 그가 플라톤의 철학을 부흥시키려고 한 것은, 때
때로 아카데메이아의 몇몇 지도자들의 가르침 속에 침투해 들어온 스토아
주의나 회의주의와, 그가 보기에 플라톤의 철학적 사상이 헬레니즘 세계에
서 받은 그 밖의 퇴폐적 요소들과 싸우기 위해서였다. 그러나 그가 플라톤

---

14) Edwyn Bevan, 앞에 든 책 p. 124에서 회의론자들의 태도에 대하여 다음과 같이 뚜렷한
   평을 내리고 있다. "그대들이 구태여 알지 않으려고 마음쓸 필요가 없다는 것을 인정하
   고 있음을 놀라운 의견이었다."

으로부터 빌려 온 관념들은 그가 세운 사상 체계 속에서는, 플라톤이 뜻하였으리라고 보이는 것과는 아주 다른 의미를 갖게 되었다. 그러므로 플로티노스가 플라톤 철학이라고 생각한 것을 우리는 신플라톤 철학이라고 부르게 된 것이다.

그럼에도 불구하고 역사가는 역시 플로티노스의 철학에다 독특하고 중요한 위치를 부여할 것이다. 신플라톤 철학은 그 고유한 중요성과 연면히 이어 온 영향력의 관점에서 볼 때, 플라톤의 사상을 받아들여 발전시킨 주요한 두 형태의 하나로서의 위치를 차지하고 있다. 그것은 그 최초의 형성 시대에 있어서나 그후 여러 세기 동안에 걸쳐서나 매우 영향력이 컸기 때문에 플라톤 철학의 또 하나의 주요한 (아리스토텔레스적인) 형태를 수백 년 동안 거의 완전히 무색하게 만들었다. 그뿐 아니라 어느 정도 플라톤의 철학 자체까지도 빛을 잃게 하였다. 즉 그것은 적어도 플라톤의 철학과 같은 것으로 여겨져 왔으며, 많은 플로티노스의 신봉자들로 하여금 신플라톤 철학을 통해서 플라톤의 〈대화편〉을 해석하게끔 하여 왔다. 아리스토텔레스도 플로티노스도 그들의 철학의 기원이나 착상에 있어서는 모두 플라톤으로부터 혜택을 받고 있다. 그러나 양자는 각자 독립적 위치를 유지해 왔다. 아리스토텔레스는 플라톤의 많은 생각을 이용하였으면서도 자연주의적이며 다원론적(多元論的)인 철학을 이룩하였다. 이에 대하여 플로티노스는 역시 플라톤의 많은 생각을 이용하였으면서도 이상주의적이며 일원론적(一元論的)인 철학을 이룩하였다. 아리스토텔레스의 철학과 플로티노스의 철학은 전적으로 다르며, 어떤 점에 있어서는 정반대의 입장을 취하고 있다. 플로티노스 자신은 자기의 견해가 아리스토텔레스의 견해와 얼마나 차이가 있는가를 깨닫지 못하고 있었으니, 그 까닭은 아리스토텔레스의 저술들 중에서 플라톤적 영향이 짙은 초기의 부분에다 주의를 집중시켰으며, 원숙기의 아리스토텔레스를 초기의 아리스토텔레스에 비추어 해석하였기 때문이다. 그러나 주의 깊은 비판가라면 플라톤·아리스토텔레스 및 플로티노스가 각각 다른 세 철학을 표명하고 있음을 알 것이다. 그리고 이때 플라톤의 주요한 의도와 가까운 사람을 아리스토텔레스로 보는가, 혹은 플로티노스로 보는가는 플라톤을 해석하는 방식 여하에 달려 있을 것이다.

신플라톤 철학의 창시자와 그의 출중한 추종자들은 모두가 동쪽 지중해 연안에 있는 로마 제국의 영토 출신이었다. 그들은 모두가 정도의 차이는 있을지언정, 종교적 동경을 —— 이들 영토에다 여러 진기하고 이국적인 종교의 의식을 싹트게 했던 종교적 동경을 —— 품은 사람들이었다. 이암블리코스는 주로 시리아(Syria)에 머물러 있었으며, 그의 신플라톤 철학적 설은 저 동양적 환경에서 온 신비적이며 심지어는 마술적인 사상으로 젖어 있었다. 프로클로스는 다년간 아테네에서 살았으며 그곳에서 아카데메이아의 장(長)이 되었으며, 그의 저술도 그 정도는 덜하지만 역시 같은 동양적 특질을 나타내고 있다. 그러나 플로티노스 자신과 그의 절친한 동료이며 전기 작가(傳記作家)였던 포르피리오스는 로마에 정주하였다. 로마에서 그는 학교를 창설하고 이 학교를 통해서 플라톤 철학에 대한 자기의 해석을 전파하였다. 이곳에서 그는 플라톤과 아리스토텔레스의 저작에 관한 참신한 주석들을 이용해 가면서 제자들과 더불어 독서도 하고 철학을 담론하기도 하였다. 그리고 로마에서 플로티노스는 그의 여러 논문들을 집필하였으니 이 논문들이야말로 고대에 있어서의 그의 추종자들이나 문예 부흥기에 있어서의 그의 추종자들의 어떠한 저술보다도 월등한 것이었으며, 신플라톤 철학의 정설로 되고 있는 것이다. 그러므로 한층 더 신비적인 동방의 여러 지방들보다도 오히려 로마가 신플라톤 철학의 최초 발상지였다고 하겠다. 신플라톤 철학의 원래의 가장 우아한 형태는, 희랍 철학의 극치인 합리적·인문주의적 전통에서 직접 생겨난 것이었다. 여기에 동양적인 마술과 미신의 요소가 첨가되어 그 발전된 모습의 특색을 이루게 된 것은 후일의 일이다.

플로티노스가 쓴 많은 철학 논문의 대부분을 그는 자기의 생존시에 포르피리오스에게 제시하였으며, 세상을 떠날 때 그 전부를 포르피리오스에게 맡겨 버렸다. 그리하여 포르피리오스는 심심(深甚)한 주의를 기울여서 이 논문들을 편집 간행하였으며, 이로써 친구에 대한 우의를 다하였다. 포르피리오스는 이 논문들을 여섯 권으로 나누고 각 권마다 9편의 논문을 수록토록 하였다. 플로티노스의 저서가 〈에네아데스(Enneads)〉, 즉 '아홉 벌'이라는 명칭으로 통하고 있는 것은 바로 이러한 논문의 배열 방식 때문인 것이다.

플로티노스의 이원론적(二元論的) 반대자들

플라톤과 플로티노스와의 사이에는 6백 년이라는 시대적 간격이 있었다. 그리고 이 기간 동안 플라톤의 영향이 언제나 광범위하게 미친 것은 사실이지만, 때로는 그 영향을 색다르게 받아들인 경향도 없지 않았다. 플라톤 철학에 대한 각양 각색의 신봉자들——그 가운데에서 정당하게 철학자라고 부를 수 있는 사람은 몇 사람밖에 되지 않지만——은 종종 플라톤의 〈대화편〉에 나타나 있는 구절이나 비유적 표현들을 택하여 그것들을 전혀 비플라톤적인, 심지어는 기괴한 의미로 바꾸어 생각하였던 것이다. 이 생각들은 대체로 영혼과 육체와의 관계에 대한 플라톤의 상상을 우주론적 이원론(二元論)의 체계에로 무리하게 꾸며 보려고 한 데에서 비롯한 것이다. 이 이원론은 널리 유행한 데 비하면 미숙한 것이었다. 그러나 여기서 그 이원론의 두 가지 형태는, 그것들이 널리 유행되었다는 점과 플로티노스의 좀더 훌륭한 철학의 배경을 밝혀 줄 수 있다는 점 때문에 유의할 만한 가치가 있다.

신(新)피타고라스주의는 그 이름이 시사하듯이 역사적으로 B. C. 6세기 · 5세기의 피타고라스주의의 연속이었다고 할 수 있다. 그러나 헬레니즘 시대의 그 발전된 모습을 보면, 그것이 피타고라스의 언사(言辭)의 플라톤식 용법에 의해서——비록 그것으로부터 전적으로 유래하지는 않았다 할지라도——다분히 좌우되었음에 틀림이 없다. 플라톤이 이 피타고라스의 언사를 사용한 까닭은, 일부는 그가 다채로운 은유나 신화를 교수법상 효과적이라고 생각하였기 때문이요, 일부는 그가 신화들로부터 그것들이 간직하고 있다고 여겨진 어떤 합리적 요소를 끄집어내고자 하였기 때문이다. 그러나 신피타고라스주의는 그 언사를 문자대로 해석하고, 그것을 고정적인 교리로 바꾸어 버렸다. 그들의 사상적 중심을 이룬 것은, 육체는 영혼의 감옥이라는 신념 및 인간의 구원은 영혼이 육체의 지배로부터 벗어남으로써만 달성될 수 있다는 것이었다. 따라서 그들의 눈에는 다른 헬레니즘적 철학들(즉 에피쿠로스 철학 · 스토아 철학 · 회의론적 철학과 같은)은 너무나도 준엄하고, 강요가 심하고, 너무나도 체념적인 것으로 보였다. 그들이 갈망한 것은 직접 이 지상의 불행과 대결할 용기가 아니라 그러한 불행으로부터 어떤 다른 왕국의 황홀한 기쁨에로의 해방이었다. 그들은 보통 영혼의 윤회 전생(輪廻轉生)을 믿었으며, 지식을 상기(想起)라고 한 플라톤의 은유를 믿음의 진리성(眞理性)의 증거로 삼았다. 육체 그리고 모든 물질은 악이요, 영혼 그리고 실로 모든 정신은 선인 것이다. 영혼이 육체 속에 갇혀 있음은 그 전에 태어났던 육체들로부터 받은 오욕에 대한 죄이다. 그러므로 구원의 과정은 육체에 대한 영혼의 투쟁이다. 육체로부터의 해방은 금욕적 생활과 육체적 욕망의 억제를 통해서 성취될 수 있을 것이며, 이러한 가정(假定)을 수행하여 가는 데에는 신피타고라스주의자들은 많은 원시적 금기를 부활시켰다. 육체로부터의 해탈은 또 어떤 신성(神性)을 가진 존재의 초자연적 구원을 통해서 성취될 수도 있을 것이며, 이 가정을 수행해 가는 데 있어서 신피타고라스주의자들은 동방의 여러 신비적 제례(祭禮)를 도입하였다. 이 제례들은 흔히는 신이나 영웅이 죽음에 대해서 승리를 거두고, 어떤 신성한 천국의 신적인 정복(淨福)의 세계로 들어감을 찬미하는 것이었다. 이와 동일한 승리와 정복을 신피타고라스주의자들은 자기 자신도 신의 제례에 참여함으로써 획득할 수 있으리라고 기대하였던 것이다. 신피타고라스주의는 여러 원시적 금기의 부활과 혹은 꿈이나 전조나 마력에 대한 신뢰와, 심지어는 색정적 종교 양식과 결코 동일시되어서는 안 될 것이다. 그러나 밀접한 관계가 있는 것만은 의심할 여지가 없다.

그노시스주의(Gnosticism)는 신피타고라스주의에 비하여 순박한 색채가 적은 사상이었다. 그것은 우주나 역사의 본성에 관한 뚜렷한 철학적 이론을 가지고 있었다. 그노시스주의자들의 저술은, 그들의 맹렬한 반대자들에 의해서 인용된 단편들을 제외하고는, 오늘날 하나도 남아 있는 것이 없다. 사투르니누스·바실리데스·발렌티누스와 같은 인물들의 이름이 오늘날 전해 오고 있거니와, 이들은 모두가 A. D. 2세기 초기의 그노시스주의자들이었다. 그리고 이들 세 사람이 활약하고 있을 무렵에 그노시스주의는 이교도들 사이에서나 기독교도들 사이에서 유행하였던 것 같다. 그노시스는 지식을 뜻하는 희랍어요, 따라서 그노시스주의는 어원적으로 볼 때 '지식'임을 자처한 것이라 하겠다. 그러나 그노시스주의자들이 가지고 있다고 자랑한 지식은 과학적 탐구를 통해서나 어떤 지능의 사용을 통해서 획득될 수 있는 그러한 따위의 지식이 아니었다. 오히려 그것은 일종의 계시

(啓示), 즉 신비적으로 알려진, 그리고 보통 개개인마다 내밀적(內密的)인 구원의 수단에 관한 지식이었다. 그것은 이 지식을 소유하는 사람들이 유효하게 구원을 희구할 수 있는 신이나 영적 존재에 대한 지식이었다.

그노시스론자들이 이상과 같이 주장한 까닭은, 그들이 구제가 필요하다고 믿었기 때문이다. 신의 구제가 없이는 구원을 얻을 수 없다는 것이 그들의 세계관이었다. 이 세상은 정신계 및 물질계와의 투쟁의 무대인 것이다. 이 두 세계는 처음부터 숙명적으로 상반적인 것이라고 그노시스주의자들은 믿고 있었다. 물질계 내지 가시적 세계는 악신이 창조한 것으로서 이 악신의 지배를 받고 있다고 생각하였다. 그것은 즉 그들이 플라톤의 말을 사용하여 데미우르고스(Demiurgos)라고 부른 악한 힘에 의하여 산출되었으며, 이 데미우르고스의 지배를 받으면서 존속해 가고 있다는 것이다. 인간이란 물질 속에 갇혀 있는 정령이며, 스스로 이로부터 탈출할 수는 없다. 이 탈출이 가능한 것은 오직 적당한 비결을 전수받아서, 물질이나 데미우르고스로부터 그들을 구출해 줄 정령들에게 호소할 수 있는 지식을 가진 사람들뿐이다.

그노시스주의자들이 호소할 수 있다고 믿었던 정령들은 수없이 많았고, 또 그노시스주의자에 따라 각각 달랐다. 기독교적 그노시스주의자들은 물론 그리스도에게도 호소하였는데, 그들은 그리스도가 인간의 형태를 띠고 있기는 하되 외형상의 진짜 인성(人性)을 초월한 존재라는 것을 부인하고, 오로지 그의 인격을 신성시하였다. 그 밖의 그노시스주의자들은 신들이나 영웅들이나 또는 온갖 종류의 그 이외의 동양적인 숭배의 대상이 되어 있는 정령들에게 호소하기도 하고, 혹은 또 자기들 스스로가 발견하였다고 믿은 정령들에게 호소하기도 하였다. 플라톤의 형상이야말로 작용할 수 있고, 또 실제로 작용하는 힘이라는 생각을 품고, 이 플라톤의 형상에다 호소하는 사람들까지도 있었다.[15] 그리고 많은 사람들은 또 물질로부터의 완전한 구원은 오직 죽음에 의해서만 성취될 수 있으며, 이 죽음에 있어서 인간의 정령은, 만일 그것이 충분히 정화될 경우에는 영원히 물질로부터

---

15) 사도 바울은 인간이 천사들이나 군왕들이나 권세가들이나 높음(height)이나 깊음(depth)이나 그 밖의 이러한 '피조물'에다 호소할 필요가 있다는 생각에 언급하였을 때, 바로 그노시스주의자들에 대한 혹평을 하고 있었던 것이다. 로마서, 8 : 38~39 참조.

해방되어, 육체로부터 이탈된 정령들만의 정복(淨福)의 왕국으로 들어갈 것이라고 믿었던 것 같다.

일자(一者)와 일자(一者)로부터의 유출

플로티노스의 철학은 무엇보다도 온갖 형태의 이원론(二元論)을 배격한데에 그 특징이 있다. 플로티노스는 서로 대립된 두 개의 다른 왕국이 있는 것이 아니라고 믿었다. 있는 것은 오직 하나의 존재 계열(存在系列), 실로 여러 단계의, 그리고 온갖 종류의 존재물들을 포함하는 거대한 존재 계열뿐이라는 것이다. 이 전계열(全系列)이 의존하고 있는 것, 그리고 그것의 존재의 근원이 되는 것은 플로티노스가 보통 일자(一者)라고 부른 한 중심원리(中心原理)이다. 합리적 견지에서 본다면, 일자라는 것은 우리가 고찰의 대상으로 삼는 모든 것을 위한 논리적 전제라 할 것이다. 그러나 그것은 논리적 전제에 그치는 것이 아니다. 그것은 존재하는 다른 모든 것의 존재론적 필수 조건이기도 하다. 오직 일자만이 완전하고 충족한 것이다. 그 이외의 온갖 것은 그로부터 이끌려 나오는 것으로서, 그로부터 초래되는 필연적 결과를 보여주는 데 지나지 않는다. 현명한 사람은 낮은 상태의 테두리에서 벗어나서 더 완전한 존재에 참여하고자 할 것이다. 그러나 그때도 역시 자기의 먼저의 낮은 상태나 나중의 높은 상태나 마찬가지로 일자라는 완전한 존재의 필연적인 표출임을 인식할 것이다. 따라서 그는 낮은 상태에서 벗어난 것을 완전히 악한 세계로부터 자기 딴의 다른 왕국에로의 비약이라고는 여기지 않을 것이다. 왜냐하면 그렇게 생각한다는 것은 철학적 환상이요, 도덕적 오만에 지나지 않기 때문이다. 오히려 그는 자기가 앞서 여러 유한성(有限性)을 지니고 있었음은 불충분한 존재였기 때문이라는 것을 이해함으로써, 일자인 존재의 완선성을 좀 더 충분히 지니고자 할 것이다.

사람이 만일 "필연적인 것들을 받아들일 줄 모른다면" 그는 현명한 사람이 아니라고 플로티노스는 말한다.[16] 그리고 필연적인 것들 가운데에는 인

---

16) Ennead II, 제9논문의 Joseph Katz역(譯)에서 인용. *The Philosophy of Plotinus*(플로티노스의 철학) (New York, Appleton-Century-Crofts, 1950), p. 100.

간의 육체와 그것의 유한성이 있다. 육체는 두 가지 의미에서 필연적이다. 즉 육체란 영혼의 현재의 지위를 한정하고 있는 장소인 것이다. 그리고 비록 그 지위가 일시적인 것일지라도(우리는 그것이 일시적인 것이 되도록 결심해야 할 일이다), 그래도 역시 그것을 좀더 훌륭한 다른 위치로 바꾸려는 모든 건실한 노력을 해 가기 위해서 필요한 출발점인 것이다. 한편 육체는 그 밖의 유한하고 불충분한 모든 존재물들과 같이 일자로부터의 필연적인 소산이다. 그리고 만일 어리석게도 육체를 전적으로 악한 것이라 하여 저주하는 자가 있다면, 그는 암암리에 모든 존재와 모든 선의 근원인 일자를 저주하고 있는 셈이 될 것이다.

플로티노스가 신비주의자였음은 물론이다. 그러나 그의 신비주의는 신피타고라스 학파나 그노시스주의자들과 같은 신비적 종파들의 신비주의와는 큰 차이가 있었다. 그것은 결코 유한한, 그리고 가시적인 세계를 물리치지는 않았다. 오히려 그것은 유한하고 가시적인 세계 속에 무한하고 불가시적인 것이 재림해 있음을 느끼는 신비주의였다. 그의 주장에 의하면, 일자는 초월적인 것이다. 일자는 미(美)에 있어서 초월적이요, 선(善)에 있어서 초월적이며, 존재의 완전성에 있어서도 초월적이다. 그러므로 일자는 그것의 무한성의 불충분한 표시(이것을 우리는 유한한 것들 속에서 찾아볼 수 있는데)보다도 훨씬 더한 것이다. 사람은 과연, 마침내는 유한한 현실 세계를 넘어서 초월적 일지와 합일하는 경지로 올라가기를 희망할는지도 모른다. 그러나 플로티노스는 역시 진지하게 일자는 내재적이기도 한 것이라고 주장하였다. 일자는 무한성이 나타날 수 있는 데까지 유한한 것 속에 드러나 있다. 일자는 이 유한하고 가시적인 세계의 특색을 이루는 낮은 단계의 미, 낮은 단계의 선, 그리고 낮은 단계의 존재의 원인이 되고 있는 것이다. 일자로부터 필연적으로 생기는 유한한 결과들 속에 그 일자가 내재하여 있음을 인식하지 못하는 사람은 결코 일자와의 합일의 경지에 도달하지 못할 것이다.

플로티노스의 입장은, 그 자신이 사용하기를 좋아한 한 은유에 의해서 가장 잘 설명될 수가 있을 것이다. 하나의 커다란 광원(光源)이 있다고 상상해 보라. 이 중심적인 빛은, 높이 빛나고 있는 광휘 때문에 모든 빛을 자신 속에만 간직하고 있지는 않을 것이다. 도리어 그것은 모든 방향으로,

그리고 좀더 낮은 모든 정도의 광도(光度)로써 빛을 발산할 것이다. 이 모든 낮은 단계의 빛들은 중심적 빛의 필연적 결과일 것이요, 그것들의 발생과 상대적 광도를 중심적 빛에서 받고 있을 것이요, 그 중심적인 빛의 광채를 유한성을 띤 여러 단계로 나타낼 것이다. 어둠은 빛과 반대되는 또 하나의 실체가 아니라, 끊임없이 퍼져 나가는 중심적 빛의 광채가 점점 감소되는 관념상의 한계, 결코 완전히 도달되지는 못할 한계일 것이다. 일자라는 것도 바로 그러한 것이라 하겠다. 일자는 어떤 의미에서는 유일한 존재인 것이다. 그러나 그것은 자기만이 존재할 수가 없고 모든 단계의, 모든 종류의, 그리고 모든 형태의 파생적 존재를 생기게 할 만큼 완전한 존재성(存在性)을 지니고 있다. 그렇듯 일자는 완전한 존재성을 지니고 있기 때문에 그 후의 논자들의 말을 빌리면, 그 결과로서 생기는 '존재의 충만성'이 있는 것이다. 그러므로 적어도 유한한 존재가 있는 한, 그것도 역시 일자와 마찬가지로 선하고 아름다운 것이다. 그러나 그것은 다만 불완전한 존재에 지나지 않는 것이요, 따라서 그것은 오직 불완전하게 선하고 아름다울 뿐이다. 비존재(非存在)는 일자와 대립하는 또 하나의 존재가 아니다. 비존재는 일자의 존재성이 감소되어 가는 관념상의 한계, 그것도 결코 완전히 도달될 수 없는 한계를 말하는 것이다.

플로티노스는 비존재를 '물질'이라는 이름으로 불렀다. 그가 사용한 이 말은 플로티노스를 연원으로 하는 전통 속에서 많은 혼란을 야기시켜 왔다. 그 까닭은 '물질'이라는 말이 대부분의 사상 체계(데모크리토스나 아리스토텔레스의 사상 체계 또는 이원론적 사상 체계와 같은)에 있어서는 전혀 다른 의미를 지니고 있었기 때문이다. 플로티노스가 말한 뜻의 물질은 전혀 현실적으로 존재하는 것이 아니다. 적어도 그것은 실재적인 존재로서는, 혹은 독립적인 것으로서는 전혀 존재하지 않는다. 그러나 플로티노스의 용어상의 물질은 동시에 일자 자체를 제외한 모든 것의 한 모습이요, 필연적인 양상인 것이다. 왜냐하면 일자를 제외한 모든 것은 완전한 존재가 못되는 것이요, 다시 말하면 플로티노스가 말함직하고 또 실제로 말한 바 있는, 일자 이외의 모든 것은 물질적 제한을 받거나, 또는 존재와 비존재와의 혼합일 수밖에 없기 때문이다. 물질성(物質性)이라는 것은 유한한 것들과 그것들의 근원인 일자와의 사이의 상대적 거리를 표시하는 존재성(存在性)의 감소를 가리키는 이름에 지나지 않는다. 순전한 물질과 같은 것은 결코 존재성을 갖지 못한다. 어떠한 것이든 그것이 만일 순전한 물질로 되어 버린다면, 그로 말미암아 그것은 존재하기를, 이를테면 전적으로 중지하게 될 것이기 때문이다.

주요한 기본 존재(基本存在)들

비록 플로티노스의 핵심적 통찰은 신비적이었지만, 그것을 변호하는 데 그가 사용한 방법은 추호도 신비적인 것이 아니었다. 그의 방법은 전적으로 합리적이었다. 포르피리오스는 그가 쓴 플로티노스의 전기 속에서 자기와 플로티노스가 함께 생존해 있던 기간 동안에 플로티노스가 일자(一者)와 합일한 경지에 도달한 적이 네 번이나 있었다고 말하고 있다. 그러나 플로티노스는 자기가 쓴 논문 속에서는 이러한 부류의 체험을 역설하지 않았다. 오히려 그는 온갖 논리적 수법으로써 자기의 뜻대로 논술하고는, 모든 존재가 일자에 의존하고 있다고 인정하지 않을 수 없는 필연성을 독자들에게 증명하려고 하였다.

그러므로 플로티노스의 철학은 궁극적 목표와 그것의 기술적 성취 방법을 달리하고 있는 유형의 철학이라 하겠다.

플로티노스의 방법은, 우리는 경험적으로 우리 주위의 세계 안에서 그 세계가 의존하고 있는 초월적 실재(實在)들의 증거를 찾을 수가 있다고 논하는 것이었다. 이 초월적 실재들을 그는 기본 존재(基本存在 ; hypostases)라고 불렀으니, 그것은 그것들이 유한한 그리고 가시적인 세계의 바탕을 이루고 있거나 또는 그 세계를 유지하고 있기 때문이라는 것이다. 이러한 기본 존재들은 수없이 많이 있다. 과연 일자의 완전한 존재성에 의해서 그것의 필연적 표출로서 다른 모든 가능한 형태의 존재가 생기게 되는 만큼 그러한 기본 존재는 수없이 많음에 틀림없다. 그러나 이 많은 기본 존재들 가운데에서 가장 중요한 것이 세 가지 있다. 즉 영혼의 단계와 예지의 단계와 그리고 끝으로 일자 자체인 것이다.

영혼의 단계는 유한한 가시적 세계의 바로 그 구조 속에, 그리고 그 세계의 모든 부분 속에 뚜렷이 존재한다고 플로티노스는 확신하였다. 자연은 맹목적인 힘들의 기계적인 뒤범벅이 아니라, 목적론적인 하나의 조직체인 것이다. 그런데 목적론적 조직체라는 것은 오직 영혼들에 의해서만 유지되어 갈 수 있으며, 이 영혼들의 포옹 속에서 무수한 부분들이 긴밀한 상호 관계를 맺고 있다. 예컨대 인간의 영혼은 육체의 다른 많은 부분들을 하나의 유기적 통일체로서 유지하고 있는 것이다. 이와 마찬가지로 전자연의 훨씬 더 완전한 유기적 조직 속에는 세계 영혼(世界靈魂)이 깃들어 있다. 인간의 영혼은 부분들의 유기적 통일을 소규모로 이루고 있으며, 세계 영혼은 그것을 대규모로 이루고 있는 것이다. 유기적 통합을 볼 수 있는 곳에서는 어디서나 —— 그리고 이 통합은 아무 데서나 볼 수 있는데 —— 영혼이 활동하고 있음을 알 수 있다. 왜냐하면 유기적 통합은 아직 완전히 유한한 것 속에 실현되어 있지는 않되, 그럼에도 불구하고 미리 예견되고 함축되어 있는 목적들에 대한 합리적 숙려(熟慮)에 의해서 이루어지기 때문이다. 그리고 이러한 합리적 숙려를 할 수 있는 것은 오직 영혼뿐이다. 전체로서의 자연에 있어서도, 자연의 단편인 인간에 있어서와 꼭 마찬가지로 "살아 있는 이성이……산출된 존재 속에 그의 생산력을 발휘하고 있는 것이다."[17] 실로 인간의 영혼은, 만일 자연이 이미 인간의 영혼과 동일한 종류의 조직체가 아니었더라면, 합리적 숙려의 생활을 해 나갈 수가 없을 것이요, 그것의 독특한 목적론적 기능을 수행할 수가 없을 것이다. "모든 것은 숙려에서 나오며, 만사는 숙려이다."[18]

그러나 영혼의 단계가 궁극적 기본 존재일 수는 없다. 왜냐하면 숙려하는 것은 숙려의 대상이 되는 더 높은 존재에 의해서만 가능하게 되어지기 때문이다. 그리하여 플로티노스는, 영혼의 단계는 더 높은 존재의 단계, 즉 예지의 단계로부터 나온다고 단언하게 되었다. 그는 자기가 여기서 개별자들은 이데아의 모방이요, 이데아의 분유(分有)라고 하는 플라톤의 주장을 되풀이하고 있는 데 지나지 않는다고 생각하였다. 영혼의 단계는 불완전하게, 그리고 유한성과 시간의 테두리 속에서 예지의 단계의 이상적 완전성을 표시하고 있다. 예지의 단계는 원리로부터의 탈선이 그 속에서 일어나는 일도 없고, 또 변화가 그것의 영원한 타당성을 손상시키는 일도

---

17) Joseph Katz, 앞에 든 책, p. 44.
18) 같은 책 p. 84.

없기 때문에 좀더 우위에 있는 것이다. 예지는 영혼 속에 단지 잠재해 있을 뿐이며, 잠재해 있는 것은 그것이 나타나게 되는 현실을 산출할 수는 없고, 언제나 이것을 예상할 뿐이다. 예지의 단계는, 비록 그것이 더 낮은 영혼이나 육체의 단계를 가능하게 할 뿐만 아니라 필연적이게끔 할지라도, 결코 영혼처럼 숙려에 의존하지는 않는다. 따라서 그것은 시간적·공간적인 낮은 단계의 모든 생물에 붙어 다니는 어떠한 불완전성도 띠지 않는 것이다.

그러나 예지의 단계도 궁극적인 것은 아니다. 그 까닭은, 그 속에서는 많은 형상들이 유한한 것들과 마찬가지로 서로 차이를 가지고 떨어져 있기 때문이다. 그런데 존재의 최고 원리는 진정으로, 그리고 완전히 유일하고 단순한 것이어야만 한다. 이리하여 플로티노스는 예지의 단계까지도 넘어선 곳에 일자가 있다고 주장하기에 이르렀다. 만물 속에는 과연 통일이 함축되어 있다. 예컨대 인간은 많은 부분으로 되어 있다. 그러나 적어도 인간은, 이들 여러 부분이 어느 정도로 통일되는 한에 있어서만 비로소 존재할 수가 있다. 존재는 언제나 어떠한 종류의 통일성을 표명하고 있으며, 따라서 완전 무결한 존재는 완전히 하나일 수밖에 없는 것이다. 플로티노스는 일자가 존재하며, 그것이 궁극적 존재라는 것을 결정적으로 논증할 수 있다고는 생각지 않았다. 왜냐하면 모든 논증은 전제로부터 다양성의 영역에 속하는 결론에로 옮겨 가는 것이기 때문이다. 단지 그는 이성에 의해서 추론할 수 있는 데까지 이성의 과정을 따라갔으며, 그리고 나서는 이성까지도 초월해 있는 우위의 존재를 제시하려고 하였다. 순수한 합리성의 정당한 결과는 이성을 요하지 않는, 그리고 이성을 능가하는 신비적인 앎에 소용된다고 믿었다. 이성은 바로 이성의 한계를 지적할 수가 있을 것이며, 그런 다음에 우리는 신비적 통찰을 모든 다른 것을 초월한 일자에로 돌리게 되는 것이다.

일자에 관해서 우리가 말할 수 있는 것이라곤, 그것이 존재한다는 것밖에는 없다는 것을 플로티노스는 솔직히 인정하였다. 그것에 대해서 어떤 술어를 긍정함은 바로 주어와 술어와의 이원성을 도입하는 셈이 된다. 일자는 아름답다든가 일자는 선하다든가 하는 주장조차도, 비록 언어의 표현으로써 도달할 수 있는 한에 있어서는 정당하고 진리에 가깝다 하겠지만,

말로 다할 수 없는 것을 표현하려는 부적당한 노력이 아닐 수 없다. 이러한 주장들은 일자를 묘사하는 방식이라기보다는 오히려 일자를 찬양하는 방식으로 여겨져야 마땅할 것이다. 우리가 할 수 있는 것은, 일자는 존재한다는 것, 그리고 일자로부터 존재하는 모든 그 밖의 것이 나온다는 것을 인정하는 것 이외에는 없다. 일자로부터 모든 그 밖의 것이 나오는 방식을 플로티노스는 유출(流出)이라고 불렀다. 우리가 유한한 세계에서 흔히 볼 수 있는 것은 원인이 효력을 발휘함으로써 결과를 낳는 인과성(因果性)이거니와, 유출은 이러한 부류의 인과성이 아니다. 왜냐하면 효력의 발휘는 어떤 결핍이 있을 때, 그리고 더 많은 무엇을 위한 어떤 노력이 필요할 때에만 일어나기 때문이다. 그런데 일자에는 아무런 결핍도 없으며, 자기 자신 이외의 아무것도 필요로 하지 않는 것이다. 플로티노스가 생각한 바에 의하면, 유출은 타자에 대한 어떤 것의 행위에 의한 산출이 아니라, 최고 원리의 순수한 본질에 의한 산출이다. 우리가 말할 수 있는 것은, 일자는 전적으로 존재하는 것이기 때문에 그보다 못한 모든 것들도 또한 존재한다는 것밖에는 없다. 예지의 단계는 일자로부터 유출된 것이요, 영혼의 단계와 유한한 가시적 세계와는 예지의 단계로부터 유출된 것들이다. 그리하여 현실은 '일자로부터의 생성(生成)의 하향도(下向道)'로서 다루어질 수가 있다. 일자야말로 시간과 공간과, 그리고 차별을 초월한 것이다. 그러면서도 그것은 시간과 공간 속에 생겨나는 천차만별의 온갖 것들의 원천인 것이다.

구원(救援)의 상향도(上向道)

플로티노스의 형이상학이 생성(生成)의 하향도(下向道) 사상 속에 표명되었다고 한다면, 그의 윤리학은 구원(救援)의 상향도(上向道)라는 보상의 사상 속에 표명되었다고 하겠다. 플로티노스도 에피쿠로스 학도들과 마찬가지로, 세속적 성공이나 벼슬이나 권력을 위한 현실적 투쟁 생활을 비난하였다. 그러나 그는 그들과 동일한 이유에서 그것을 비난한 것은 아니었다. 에피쿠로스 학도들이 그것을 비난한 까닭은, 물질적 세계(실로 이것은 온갖 활동과 온갖 변화가 전개되는 현질적 생활의 무대이거니와)가 그들에게는 인간의 연약한 능력으로 대결할 수 있는 정도 이상의 실재성(實在性)을 지니고 있다고 여겨졌기 때문이다. 그러나 플로티노스가 그것을 비난한 까닭은, 이 세계가 그에게는 사람들이 잠재적으로 동경하고 있는 완전한 실재성을 갖지 않은 것으로 보였기 때문이었다. 그는 유한한 현실 세계가 허용할 수 있는 이상의 좀더 높은 생활을 구하였다. 그는 영혼이 숙려를 통해서 예지의 단계로, 그리고 신비적인 합일을 통해서 일자(一者) 자체 속에 흡수되는 단계로 올라가는 생활을 구하였다. 그러나 영혼이 갈망하는 구원에 관한 그의 이론에는 완전한 일관성이 없었던 것같이 보인다. 그 까닭은, 그는 구원의 상향도를 개별성을 가진 것이라면 무엇에나 따라다니는 유한성의 한계들로부터의 해탈(解脫)로도 보았고, 또 구원을 얻는 개개인에게 더 완전한 존재성을 가져다 줄 가능성의 실현으로도 보았기 때문이다.

도덕(道德)의 요목에 있어서 플로티노스는 플라톤의 술어(術語)와 플라톤의 〈대화편〉에 암시되고 있는 몇 가지를 따랐다. 그러나 플라톤에게서 이어받은 것을 그대로 답습하지는 않았다. 플라톤은 이 세계 안에서 이데아에 관한 인식에 의하여 이루어질 수 있는 성취를 목표로 삼은 데 비하여, 플로티노스는 유한한 세계를 전적으로 등지고 점차 높은 정도의 존재로 올라가는 것을 목표로 삼았다. 플로티노스의 덕(德)들은 그의 형이상학의 세 가지 기본 존재에 전적으로 대응하는 세 단계로 나뉘어져 있다.

유한한 현실 세계에서 볼 수 있는 바와 같은 영혼의 단계에 대해서 플로티노스는, 플라톤의 〈국가편〉에 나오는 4주덕(四主德)을 천거하고 있다. 이 덕들은 충분하기는커녕 플로티노스에 의해서는 더 높은 많은 덕에 대한 예비적 덕으로서 다루어지고 있다. 그의 주장에 의하면, 절제는 개별적 목적에 대한 욕망으로부터의 영혼 해방이다. 용기는 영혼을 개별자에로 이끄는 매혹에 의하여 동요되지 않으려는 심지(心志)이다. 정의(正義)는 영혼이 사유욕을 품고 있지 않을 경우에 따른 모든 개별자들의 처사이다. 지혜는 예비적 덕들 가운데에서 최고의 것으로서, 유한한 현실 세계 안에 있는 순수한 형상의 온갖 '모방물'들에 대하여 완전히 무관심하게 됨에 따르는 순수 형상에 관한 숙려에만 전심하는 것을 말한다.

영혼의 단계에 대한 이들의 예비적 덕에 플로티노스는 예지의 단계에 대한 세 가지의 덕, 즉 예술·우의 및 논리학의 세 가지를 더하였다. 더 정확하게 말하면, 이들 셋은 영혼의 단계에서 모방되기를 요구하는 예지의 단계에 있는 덕의 원형들이다. 플로티노스가 가르치는 바에 의한다면, 예술은 어떤 특수한 소재들의 감각적 매력에 관한 것이 아니라, 이 소재들을 통해서 표현될 수 있는 이데아, 즉 형상(形相)에 관한 것이다. 우의(友誼)도 그 이상적 경지에 있어서는 어떤 사람의 다른 사람에 대한 애착이 아니라, 사람들의 구별이 선에 대한 열망 속에 소실되어 버리는 더 높은 이상적 통일이다. 그리고 논리학은 가시적 세계 안의 '모방물들'에 대한 집착으로부터 해방되어 순수한 형상들의 영원한 상호 관계에만 관여하는 반증론의 훈련이다.

플로티노스의 구원의 상향도에 있어서, 영혼은 마침내 일자와의 합일을 성취할 수 있을 것이다. 이 합일의 경지는 말로 표현될 수 없다는 것을 그는 솔직히 단언하였다. 그러나 그 경지는, 앞서는 모든 덕의 수련을 통하여 유한성과 물질성의 오염으로부터 완전히 정화된 영혼에 의하여 획득될 수 있을 것이다.

> 만일 사람이 자기 자신을 넘어서 올라가고, 한 심상(心像)이 그것의 원형에까지 올라간다면, 그는 그의 여행의 목적지에 도달한 것이다. 만일 그가 이러한 경지로부터 전락한다면, 그는 자신 속에 있는 덕(德)을 불러일으킴으로써, 그리고 그가 가지고 있는 이상을 회상함으로써 자기의 광명을 다시 회복할 것이요, 덕을 통하여 예지에로, 그리고 지혜를 통하여 일자에로 올라갈 것이다. 신들의 생활이나 신과 같은 축복된 사람들의 생활이란, 즉 이 속계(俗界)의 온갖 것들로부터의 해탈, 모든 지상적 쾌락의 타기(唾棄), 그리고 고독한 자가 고독한 자에로의 비상(飛翔)과 같은 것들이다. [19]

이리하여 인간의 이상적 목표는 그의 존재론적 근원과 마찬가지로 일자인 것이다. 플로티노스의 구원이란 다름 아닌 영혼의 상승적 비상——따로 떨어져 있다는 의미에서 고독한 것이 오직 홀로만이 존재한다는 의미에서 고독한 것에로 올라가는 비상이다.

---

19) Joseph Katz, 앞에 든 책, p. 158.

플로티노스의 후계자들

후기 신플라톤주의자들은, 아마도 포르피리오스를 제외하고는, 플로티노스의 〈에네아데스〉의 탁월성에 비길 만한 철학적 탁월성을 발휘하지는 못하였다. 그러나 포르피리오스는 철학자라기보다는 고전학자(古典學者)였다고 하는 편이 나을 것이다. 플로티노스의 논문들을 편찬한 이외에도, 그는 〈플로티노스의 생애(*Life of Plotinos*)〉를 저술하였다. 그는 또 〈기독교도 반박론(*Against the Christians*)〉이라는 15권으로 된 책을 저술하였거니와, 이것은 그 당시 널리 영향을 미쳤으나 단편(斷片)들 이외에는 오늘날 소실되고 남아 있지 않다. 그 밖에 수사학(修辭學)·전기(傳記)·문학 비평 등과 같은 그의 저서들 가운데서, 후세의 역사상 가장 중요한 것은 아리스토텔레스의 〈범주론(*Categories*)〉에 대한 〈입문서(*Introduction*)〉와 〈주석서(*Commentary*)〉였다. 이 논문들은 다른 어떠한 문헌보다도 희랍 철학으로부터 중세 스콜라 철학에로의 전환을 보여 주고 있다. 그 까닭은, 이 논문에서 포르피리오스는 유(類;genera)와 종(種;species)이 그 자체로서 실제적인 것인가, 또는 그것들을 생각하는 사람의 마음속에 있는 개념으로서만 실재하는 것인가 하는 문제를 제기하고 논하였기 때문이다. 여기서 그는 역사상 플라톤의 사상과 아리스토텔레스의 사상과의 사이에서 대립적으로 논의되고 있는 기본적 문제를 논구하였다. 포르피리오스가 그 문제를 제기한 방식은 수백 년 동안 스콜라 칠학자들의 주의를 끌었으며, 이른바 보편자의 문제로 되었다.

이암블리코스는 플라톤과 아리스토텔레스에 대한 주석서를 썼으며, 그 사람 내지 그의 학파로부터 〈이집트의 신비에 관하여(*On the Egyptian Mysteries*)〉라는 책이 나왔다. 신플라톤주의가 이렇게 발전해 가는 중에 예언·점성술·점·해몽·귀신론 등에 관한 수없이 잡다한 미신들이 도입되었다. 프로클로스도 플라톤의 여러 〈대화편〉에 대한 주석서, 〈플라톤의 신학에 관하여(*On the Theology of Plato*)〉라는 논문, 문법에 관한 논문들, 그리고 〈신학 요론(*Elements of Theology*)〉 등을 썼다. 이 마지막 저서에서, 그는 영혼의 정화 방법(淨化方法)으로서 매일 일정한 시간에 있어서의 기도 및 여러 신들에 대한 찬송, 마술적 의식 등과 같은 것들을 권장하였다. 신플라톤주의는 이리하여 3세기로부터 4세기에 걸쳐 질적으로 저하해 갔으며, 기독교

사상과의 제휴를 별도로 하고는, 다시는 플로티노스 자신의 〈에네아데스〉 에서 볼 수 있는 바와 같은 뛰어난 탁월성을 가지고 재현되지는 못하였다. 역사가는 신플라톤주의가 기독교 사상가들 —— 특히 성 아우구스티누스 —— 에 의하여 이용됨으로써 터무니없는 환상에로의 타락으로부터 구출 되었다고 단정하고 있으며, 또 그렇게 단정해도 무방할 것이다. 그러나 그 것은 기독교적 철학 세계 속에 편입되는 가운데 근본적으로 변형되었다. 예컨대 플로티노스의 일자는 하나님과 동일시되게 되었다. 흔히 플로티노 스의 〈에네아데스〉를 기독교적 신플라톤주의에 비추어서 해석한 플로티노 스의 영역서들은, 플로티노스의 희랍어 원문에서는 아무런 근거도 찾아볼 수 없는 용어인 '하나님(God)'이라는 말을 사용함으로써 과오를 범하여 왔 다. 이암블리코스나 프로클로스, 그리고 성 아우구스티누스나 그 밖의 기 독교적 신플라톤주의자 —— 이들은 플로티노스 자신과 플라톤과의 사이보 다도 훨씬 더 플라톤으로부터 동떨어져 있다.

6. 구원(救援)에 대한 갈망

원래 헬레니즘 철학들은 인간이 이 세계의 여러 악 속에서 가장 잘 살아 갈 수 있는 방법에 관한 이론이었다. 이 철학의 옹호자들은 자연과학에 대 해서는 거의 관심을 표명하지 않았으며, 형이상학에 대해서도 형이상학적 여러 문제들을 이용하였으면서도 신플라톤 학파를 제외하고는 별로 관심 을 나타내지 않았고, 그러한 문제들에 대해 언급을 하였다고 해도 주로 이 미 확고하게 규정된 그들의 윤리학설을 뒷받침하려는 목적에서였다. 인간 은 바로 철학이 제공해 주는 도움에 의하여 자연계 안에 보다 나은 질서를 세울 수 있으리라는 무모한 희랍인들의 희망에 대하여 거의 멸시의 태도를 보여 주었다. 그들은 이러한 희망의 헛된 추구가 어리석은 짓임을 빈번히 역설하였다.

더구나 헬레니즘 시대에 있어서의 구원이라는 것은 인격적 내지 개인적 목적이었다. 물론 헬레니즘 철학자들은 반사회적인 의사를 품고 있지는 않 았다. 에피쿠로스 학도들조차도 다른 학파들 이상으로 각자가 신중하게 자

기 자신의 사적 생활을 영위해 가도록 권고했으면서도 잔인한 의도를 갖지
는 않았었다. 그러나 헬레니즘 사상가들 중에는 한 사람도 의식적으로 정
치적인 사람은 없었다. 과연 스토아 철학자들 가운데에는 국가를 위하여
이바지한 황제도 없지는 않았다. 그러나 그의 활동이 그의 이론에서 나온
한, 그가 이처럼 힘을 다해서 이바지한 것은, 자기가 봉사한 그 국가를 위
해서가 아니라, 자기 자신의 영혼을 이 세계로 말미암아 더럽히지 않게 하
기 위해서였다고 하겠다. 헬레니즘 철학자들로서 특히 국가를 위해서나 인
류의 협동 생활을 위해서 이야기한 사람은 하나도 없었다. 이 철학자들은
한결같이 사회 개혁에 대하여는 무관심하였다. 그리고 그들은 오로지 각자
자신을 개혁하도록 권고하는 데 여념이 없었다.

헬레니즘 철학자들 사이에는 방금 말한 점에 있어서 태도의 유사성이 있
음에도 불구하고, 그들의 구원의 개념에 있어서는 많은 차이가 있음을 또
한 발견할 수 있다. 왜냐하면 구원이란 언제나 그러하겠지만, 하나의 복잡
한 개념이기 때문이다. 구원이라고 할 때는 언제나 배격되는 어떤 것'으로
부터' 소중히 여겨지는 어떤 것'에로', 그리고 어떤 신뢰할 만한 방법'에
의해서'라는 세 요소가 포함되고 있다. 구원의 철학들의 전문헌 속에 나타
나 있는 모든 이론의 복잡성은, 방금 구별한 바 있는 세 가지 가변적 요소
의 가치 변동으로서 이해될 수 있다.

다음의 도표는 헬레니즘 철학들 속에 구현되어 있는 몇 가지 구원설(救
援說)의 개요를 표시하는 것이다. 거기에는 본장에서 논의된 주요한 철학
자들과 그 밖에 또 다음 장에서 논의될 기독교의 두 가지 형태가 포함되어
있다. 역사 학도들은 항상 기억해 두어야 할 일이거니와, 원시적 형성기의
기독교는 헬레니즘 세계 안에 있던 하나의 경쟁적 종파였으며, 대립적인
구원설을 가지고 있었다. 로마제국 내의 유식한 관측자들은 보통 그것을
중요한 것으로, 혹은 오래 존속함직한 것으로 생각지를 않았다. 현대의 기
독교도들은 그 초기의 모습을 그 후의 역사에 비추어서 해석하기가 일쑤이
다. 그러나 시초에 있어서는 그것은 성격이 전적으로 헬레니즘적이었다.
사도 바울은 3대 로마 스토아 학자와 플로티노스보다 먼저 사람으로서 전
형적으로 헬레니즘적인 구원의 갈망을 토로하였다. 성 아우구스티누스는
비록 본장에서 언급한 사람들 중에서 프로클로스를 제외한 모든 사람들보

다 나중 사람이기는 하지만, 웅대하게 짜인 그의 사상 체계 속에다 많은 신플라톤 철학을 모았으며, 그의 철학을 계기로 그 종말을 보게 되는 소란한 시대의 희망과 공포를 함께 맛보았던 것이다.

구 원	~로부터	~에로	~에 의해서
에피쿠로스주의	고통	쾌락	은퇴(隱退)
스토아주의	쾌락의 매력	자연과의 조화	격정으로부터의 해방 및 이성의 소리
회의주의	오류	오류를 범하지 않는 경지	파괴적인 비판
바울 사상	죄	죄 없는 상태	하나님의 은총
신플라톤주의	불완전한 존재	보다 완전한 존재	숙려와 신비적인 합일
아우구스티누스 사상	타락	하나님의 사랑	교회의 의식

제2부
기독교 세계에 있어서의 철학

기독교 세계에 있어서의 철학

기독교는 원래 철학이 아니라 하나의 종교이다. 다시 말하면 기독교의 실천 활동은 그 신봉자들의 그러한 실천 활동을 논리적으로 요구하는 어떤 철학을 지니고 있었기 때문에 일어난 것은 아니었다. 오히려 그 실천이 세월이 지나는 동안에 갖가지 철학을 낳았으며, 이 철학에 의하여 그 실천을 정당화하려고 시도하였던 것이다. 기독교에 대한 철학적 해석은 가끔 실천에다 여러 가지 변화를 가져왔으며, 이리하여 기독교가 이제까지 점차로 보여 온 바와 같은 분파적 실천의 다양성을 가져왔다. 그러나 그리스도의 종교는 기원적으로 볼 때 그것이 낳은 모든 철학들보다 앞섰으며, 마치 어떤 주제가 그 주제에 관한 이론과 관계를 가지고 있는 것과 마찬가지로, 그것의 역사 속에서 이들 철학과 끊임없이 관계를 맺어 왔던 것이다.

그러나 기독교이든 그 밖의 것이든 모든 종교는 충분하고 고유한 발전을 위해서는, 실로 온갖 인간의 활동이 다 그러하듯이 이론적 설명과 의식적 정당화를 요구하는 법이다. 왜냐하면 아리스토텔레스의 〈형이상학〉의 첫 문장의 말을 빌린다면, "모든 인간은 천성적으로 알고 싶어하기" 때문이다. 사람들이 지적으로 뚜렷하게 표현할 수 없는 어떤 활동에 오랫동안 만족하고 있는 일은 드문 법이다. 사람이란 자기가 하는 활동이 대체 어떠한 것인가, 무엇 때문에 그 활동을 하고 있는 것인가, 그 활동이 어떤 가치를 가지고 있으며 또는 증진시켜 주는가, 그 활동이 어느 정도의 타당성을 스스로에게 줄 수 있는가 하는 것을 알고 싶어하는 법이다. 설령 실천이 역사적으로는 먼저요 이론은 그에 뒤따르는 것이라고 하지만, 그럼에도 불구하고 만일 사람이 어떤 실천을 오래 계속해 가고, 그것을 인간사의 한 귀중한 면으로서 유지해 가고자 한다면, 거기에는 이론이 없어서는 안 된다. 기독교가 기독교 철학을 낳은 것은 기독교도들이 자기들의 신조를 정당화하고, 자기들의 희망을 뒷받침해 줄 만한 이론을 갈망하였기 때문이다.

그 초보적 단계를 넘어 발전함으로써 수백 년의 역사를 갖게 되는 어떤

한 종교와도 마찬가지로, 기독교 역시 단일적이요 일관된 철학을 낳은 것
이 아니라 여러 가지 철학을 낳았다. 이것은 어느 정도 종교적 실천의 복
잡한 함축성에서 오는 것이라 하겠다. 고도로 발전된 종교일수록 이것을
설명하는 데에는 많은 종류의 이론이 —— 신들 또는 하나님에 관한 이론,
인간과 그의 기원 및 그의 운명에 관한 이론, 종교적 생활이나 종교 제도
에 관한 이론, 그 종교가 증진시키고자 하는 최고의 가치에 관한 이론 등
등이 —— 필요하다. 그러나 기독교 철학의 분파는 일부는, 비단 지적인 면
에서뿐만 아니라 종교적인 면에서도 기독교 자체가 겪어 온 내부적 갈등에
서 온 것이었다. 예컨대 1·2세기의 많은 기독교도들은 성 바울의 교리를
전적으로 받아들이지는 않았다. 그들이 이 교리를 받아들이지 않은 까닭
은, 일부는 그들이 그것을 정확하게 이해하지 못하였기 때문이며, 일부는
그들이 이 교리가 옹호하는 종류의 종교적 생활을 실천하지 않았기 때문이
다. 성 바울의 교리의 부활은 후세에 와서, 특히 성 아우구스티누스와 루
터에 의해 그 실현을 보게 되었다. 그러나 이 부활된 교리들은 그들이 따
랐고 언명한 본래의 모습과는 중요한 점에서 차이가 있었다. 카톨릭 교회
는 상당한 심의 끝에 성 아우구스티누스를 성도(聖徒)로서 인정하였으면서
도, 그가 스스로 성 바울에게서 이어받았다고 생각한 사상을 세부에 이르
기까지 전적으로 그대로 받아들이기를 거부하였다. 그리고 근세의 프로테
스탄트 단체들은 루터에 의해 부활된 바울 사상의 완전한 엄격성을 그대로
따르는 일이 드물었다. 기독교는 하나의 종교라고 본장의 서두에서 말한
바 있거니와, 좀더 올바른 역사적 논평을 내린다면 기독교는 여러 종교들
이었으며, 그 중의 어떤 것들은 서로 밀접한 친근 관계에 있고, 다른 것들
은 근본적으로 상극적 관계에 있다고 하는 편이 옳을 것이다. 그리고 만약
기독교의 종교적 통일성이라는 것이 한낱 명목적인 것에 불과하다면, 그것
이 낳은 철학적 표현들은 더군다나 다원론적일 수밖에 없다. 은총의 교리
의 가르침을 따르는 어떤 카톨릭 사가(史家)들은, 카톨릭교 안에서는 그 종
교적 성실을 핵심으로 하고, 하나의 통일성 내지 발전의 일관성이 유지되
어 왔다고 주장해 왔다. 그렇지만 여기에 있어서도 뚜렷하게 보여 온 것은
지적 일관성보다도 오히려 제도의 연면성(連綿性)이었다. 카톨릭 교도들은
흔히 근자에 와서는 성 토마스 아퀴나스의 철학을 카톨릭 사상의 결정적

형태로서 보는 것이 보통이었다. 그렇지만 성 토마스 자신은 성 안셀무스의 철학과 같은 다른 카톨릭 철학들에 대하여 맹렬한 반대를 한 사람이었으며, 또 오늘날 어떤 카톨릭 교도들은 성 토마스의 권위를 너무 지나친 것으로 보고, 어떤 다른 철학을 —— 아마도 베르그송의 철학을 —— 그와 대치시키려 하고 있다. 그리고 프로테스탄트들 사이에서는, 각자가 자기 자신의 종교적 권위가 되고 안내자가 될 권리가 있다고 주장하기 때문에 철학의 다양성이 훨씬 더 심하다.

어떠한 '기독교 세계에 있어서의 철학'의 역사도 기독교가 낳은 모든 형태의 사상을 망라할 수는 없다. 다음 장들의 목적은 문예 부흥 이전 수세기 동안의 여러 기독교 철학들 가운데에서 가장 중요한 것들을 택하여 논하려는 것이다. 그리고 그 중요성을 결정한 기준은 주로 두 가지, 즉 사상 체계의 고유한 위대성과 사상 체계가 후세의 사상에 미친 영향의 정도와의 두 가지이다. 그리고 이 두 가지의 기준은 실제에 있어서 어느 정도 서로 일치한다는 사실이 밝혀진다.

제 4 장 기독교의 형성기

1. 예수와 기독교와의 관계

기독교는 그 이름이 가리키는 바와 같이, 그리스도라는 인물을 중심으로
한 종교이다. 그러나 '그리스도'라는 말은 본래 고유 명사가 아니라 하나의
칭호이다. 그것은 희랍어로서, 보통 메시아(Messiah)라고 영역되고 있는 히
브리말을 희랍어로 번역하기 위하여 사용된 말이다. 메시아는 히브리 사람
들에 의하여 여러 가지로 생각되었다. 때로는 개인적 인물이기도 하였고,
때로는 총괄적 전체 유태 민족이기도 하였다. 때로는 메시아는 오직 유태
인들에 대해서만의 구원자로 여겨지기도 하였고, 때로는 유태인들을 통해
서 인류 전체에까지 미치는 구원자로 여겨지기도 하였다. 그러나 언제나
메시아는 구원 사상(救援思想)에 있어서의 중심적 존재였음에는 틀림이 없
다. 그리고 예수의 최초의 추종자들은 대부분이 유태인들이었던 만큼, 그
들은 자연히 그를 메시아 또는 그리스도라고 불렀던 것이다. 그 후의 기독
교도들은 대개 유태인이 아니었기 때문에, 그들에게는 유태인들의 용어가
애매하고 부적합하게 여겨졌으므로 그 칭호를 하나의 고유 명사로 만들어
버렸는데, 구세주 예수(Jesus the Christ)라 하지 않고 예수 그리스도(Jesus
Christ)라는 말을 쓰게 되었다. 그리스도가 맡아본 소임을 그들은, 당시 그
들의 구원의 사상에 따라서 '하나님의 아들(Son of God)'·'주(Lord)', 또
는 '구세주(Savior)' 등과 같은 다른 말들로써 나타내게 되었다. 이들 기독
교적 용어에는 여러 가지 의미가 내포되어 있으며, 아주 막연하여 정확히
규정지을 수 없는 경우도 적지 않다. 그러나 어떤 용어의 경우에 있어서
나, 유태교와 기독교와의 사이에 의미의 연결성이 있음은 명백하다. 기독
교도들은 자기들의 용어에 의해, 마치 유태인들이 '메시아'라는 말에 의해
서 의미했던 바와 같이 예수 그리스도는 하나님의 왕국이, 그 왕국이 어떻
게 생각되든지 간에, 그를 통해서 선포되고 나타나게 될 인물이라는 것을

계속하여 뜻해 왔다.

그러나 나사렛의 예수는 기독교도가 아니라 한 유태교도였다. 확실히 그는 특수한 성질의 생애와 신념을 가진 유태인이었다. 그는 유태교의 커다란 예언적 전통 속에 끼여들었다. 그리고 그 전통은 다른 특징도 지적할 수가 있겠지만, 그것은 어떻든 간에 그 역사를 일관해서 당시의 유태교를 개혁하고, 그리하여 유태교를 좀더 순수하고 좀더 훌륭한 종교로 만들려는 노력이었다. 우리는 예수가 어떤 일을 하였으며, 어떤 말을 하였고, 혹은 무엇을 믿었는가 하는 것을 세세히 알 수 있는 믿을 만한 근거를 가지고 있지 않다. 모든 그 밖의 초기 기독교 성전들은 더욱 확실히 그렇다고 하겠거니와, 신약성서의 4복음서도 선교를 위한 문서들이라 하겠다. 즉 그것들은 어떤 저자들이, 그들이 누군지 쉽사리 확인할 수는 없지만 자기들의 신앙을 선전하기 위한, 그리고 예수 그리스도가 바로 천주(天主)라는 자기들의 신념의 진실성을 증명하기 위한 문서들이다. 복음서들은 본래부터 역사적 의도를 띤 이야기는 아니다. 그러나 실로 그것들은 기원 1세기의 중엽과 말엽에 있어서의 기독교 발전에 관한 지식을 우리에게 주는 데 있어 크나큰 역사적 가치를 지니고 있다. 그것들은 초기 기독교에 관해서, 그리고 예수의 생애에 있어서의 사건들에 관해서 어떤 시사를 주고 있기는 하지만, 그러나 이 시사들을 받아들이는 데에는 경계를 요하며, 주저조차 하지 않을 수 없다. 그 시사들 가운데의 하나, 즉 복음서에 의해 예수를 추론하는 데 있어 아마도 가장 믿음성 있는 토대가 될 시사는, 예수가 자기의 조상 전래의 종교와 절연하려는 의도를 가지고 있지 않았다는 것이다. 복음서가 시사하고 있는 바에 의하면, 예수는 그의 행적과 가르침이 유태교의 배격과 새로운 종교의 창건과 유인(誘因)이 되리라고는 꿈에도 생각지 않았던 것 같다.

유태교는 모세의 율법, 즉 구약성서의 율법을 인간에 대한 신의(神意)의 표명으로서 숭배하는 것을 중심으로 하는 종교였다. 이에 대하여 기독교는 그 초창기부터 예수를 구세주로 인정함을 중심으로 한 종교였다. 그러므로 예수 이후의 첫번 대(代)의 기독교도들은 다음과 같은 말들을 예수의 말이라고 그럴듯하게 주장하지는 않았을 것이다.[1]

내가 율법이나 선지자를 폐하러 온 줄로 생각지 말라. 폐하러 온 것이 아니요 완전케 하려 함이로다. 진실로 너희들에게 이르노니 천지가 없어지기 전에는 율법의 일점 · 일획이라도 반드시 없어지지 아니하고 다 이루리라.

이 말들은 훌륭한 유태인이라면 누구나 이해할 태도를 예수에게 돌리고 있다. 예수가 율법의 근본 의의에 대한 자기 자신의 해석을 내리려고 한 것은 분명하다. 그리고 그렇게 함으로써 그는 하나의 혁명적인 힘이 되었던 것 같다. 그러나 그가 혁명적인 힘이었음은 유태교 내에서의 일이요, 유태교에 반대해서는 아니었다. 예수 초기의 어떤 추종자들은 구약 율법에 대한 충실성을 예수를 구세주로 인정하는 데에다 결부시킬 수 있다고 생각하였다. 그러나 그들의 절충적 입장은 얼마 안 가서 금지되었으며, 많은 기독교 지도자들에게는 그리스도의 인격의 높은 의의와 예수의 가르침의 전체의 충분한 타당성을 손상시키는 것으로 보였다. 이러한 절충의 주장자들은 '유태교도화한 자(Judaizers)'라고 비난을 받았다. 그러나 기독교는 결코 이 율법에 대한 유태인들의 태도를 그대로 취하려고 하지는 않았다. 그러나 예수는 이 태도를 취하였던 것이다. 이리하여 예수는 그의 계획적 충실성과 의식적 협조 태도에서 볼 때 기독교도 속에 속한다기보다는 오히려 유태인 속에 속한다고 하겠다.

유태교와 다른 하나의 종교로서의 기독교의 기원에 관한 완전한 역사는, 학자들의 세심하고 열성적인 연구에도 불구하고 여전히 애매한 채로 남아 있다. 그러나 이 기원이 예수 자신의 구상에 있는 것이 아니라, 예수가 죽은 직후 수년 동안에 어떤 다른 사람들에 의해서 발전되고 진흥된 예수에 관한 사상에 있음은 확실하다. 아마도 그것이 어느 한 사람의 신앙과 가르침에 있는 것은 아닌 것 같다. 그러니 기독교의 형성에 있어 독창적 힘을 발휘한 사람들 가운데에서는 사도 바울이 으뜸이었던 것 같다. 확실히 그는 오늘날 전해 오는 기록상으로 보면 으뜸가는 사람이다. 그가 예수를 구세주로 믿는 것은 인류를 유태인의 율법, 즉 모세의 율법의 중압으로부터 해방할 새로운 복음의 시초를 의미한다고 주장한 점으로 볼 때, 우리는 그와 견줄 만한 어떠한 인물도 찾아볼 수가 없다. 그렇다면 그는 예수보다도 오

---

1) 마태복음, 5 :17~18.

히려 좋든 나쁘든 간에, 기독교 탄생의 기틀이 된 유태교와의 절연을 성취한 사람
이었다. 예수는 유태교를 재형성하려고 한 데 반하여, 사도 바울은 유태교의 나라
에다 새로운 복음을 펴려고 했던 것이다. 그리고 그들 각자가 의도했던 바에 의해
헤아려 본다면, 예수는 실패로 그쳤고, 사도 바울은 성공한 셈이다. 그러나 사도 바
울이 성공한 것은, 그가 예수를 이용하고, 그리하여 실패한 예수를 성공한 사도 바
울 자신보다도 훨씬 더 유력한 인물로 등장시키게끔 한 후세 역사상의 소임을 예
수에게 부여하였기 때문이다.

2. 사도(使徒) 바울

> 사도 바울(St. Paul, 약 10 A. D.~약 60 A. D.) : 타르수스 출신. 유태인인 동시
> 에 로마 시민. 그는 유태의 율법학자(律法學者)의 전통 속에서 교육을 받았다.
> 처음에 그는 예수의 추종자들을 종교적인 완전성을 지녀 온 자기네 조상 전래
> 의 종교에 대하여 위험한 사람들이라 여겼으며, 그들을 억압하고 유태인의 집
> 회에 그들이 참석해서 영향을 미치지 못하도록 하려는 운동에 많은 시간과 노
> 력을 바쳤다. 그 후 〈사도행전〉 속에 기적의 말로 묘사되고 있는 사정 밑에서,
> 그는 구세주로서의 예수에 대한 신앙으로 개종하여, 일찍이 새 종교를 공격하
> 는 데 열성적이었던 것과 같이 그것을 전도하는 데 열성적으로 되었다. 그는 로
> 마 제국이 동방 영토(東方領土)들 사이를 수없이 여행하면서 기독교회를 세우
> 기도 하고, 혹은 이미 세워진 기독교 단체들의 신앙을 더욱 굳건히 하였다. 그
> 의 현존하는 저술은 그가 어떤 기독교회에 보낸 8~9통의 편지 및 전적으로 그
> 의 것은 아닌 편지들 속에 오늘날 들어 있는 그 밖의 편지들의 단편들로 되어
> 있다. 정통적 유태교에 대한 그의 반대는 그를 지도적 유태인들과의 맹렬한 싸
> 움에로 몰아넣었으며, 이들은 그를 잡아 로마 당국에 넘겼다. 그는 자기의 사건
> 을 시저에게 호소하여, 재판을 받기 위해 로마로 압송되었다. 역사상에는 여기
> 서 그에 관한 소식이 끊기고 있다. 전해 오는 바에 의하면 그는 순교한 것으로
> 되어 있다.

　사도 바울은 전문적 철학자는 아니었다. 그는 자기의 사상을 체계적으
로 서술하고 발전시킬 기회를 갖지 못하였을 만큼 자기 생애를 다 바쳐 수
고한 선교자였다. 그의 저술은 이른바 '우연적인' 편지들이다. 즉 그것들은
여러 교회에 있어서의 어떤 목전에 닥친 위기에 대처하기 위하여 씌어졌던

것으로서, 그의 견해의 완전한 요약을 제시해 주지 못하고 있다. 그러나 그는 어떤 견해들은 큰 정력을 기울여 진술하였다. 그리고 이 견해들이 그 후의 많은 기독교 철학들의 지배적인 지적 원리로 되었던 것이다. 이 견해들 가운데서 핵심적인 것은 죄의 사상과 은총의 사상이었다.

죄와 은총은 고대의 유태교가 많은 관심을 가졌던 사상들은 아니었다. 그렇다고 바울이 생각한 죄와 은총은, 신피타고라스 학파의 전통이나 그 밖의 희랍 전통과 그다지 밀접하게 가까운 것도 아니었다. 그것들은 사도 바울이 자기 자신의 개인적인 종교적 체험에 관해서 내린 설명으로서 생겨난 것같이 생각된다. 그의 개종 이전의 초년 시절에 있어서는, 사도 바울은 내면적 비열성의 중압감에 의하여 정신적 압박을 느꼈었다. 그가 조금도 서슴지 않고 인정하였던 유태인의 법, 즉 모세의 율법은 신성한 법이요 신성한 하나님의 법이었다. 그러나 그는 내심 자기의 의의를 이 율법이 요구하는 것과 조화시킬 능력이 전혀 없다는 느낌을 품었다. 그리고 그는 자기 자신의 이 체험을 일반화하여 모든 사람이 다 그러하리라고 생각하였다. 만일 사람이 충분한 과단성을 가지고 있다면, 그는 자기의 외적 행동을 율법의 명령에다, 비록 드물기는 할지언정 순응시켜 나갈 수가 있을 것이다. 그러나 그때에는 역시 사람은 스스로 마음속에서는 율법이 금하는 것을 동경하고 있음을 발견할 것이다. 그리고 그러한 동경에 대한 가책 의식(苛責意識)은 그 사람으로 하여금 하나님의 율법을 통해서 그에게 부과한 요구에 대하여 그의 본성이 도덕적으로 조화해 갈 수 없음을 인정케 할 것이다. 율법을 신성한 것으로 충실하게 받아들임은, 사람에게서 죄를 덜어 주기는커녕 죄가 그에게 대해서 갖는 힘의 인정을 강조하였을 뿐이다. "사람이 의롭게 되는 것은 율법의 행위에서 난 것이 아니라"고 바울은 말하였다.[2] 인간은 육체적 동물로 머물러 있는 한 죄에서 벗어날 도리가 없는 것이다. 그는 선한 행위를 함으로써 이 죄의 굴레로부터 벗어날 수는 없다. 그 까닭은 그가 어떤 외면적 행동을 하든지 간에 그의 내면적 본성은 여전히 죄의 지배를 벗어나지 못하기 때문이다. 인간의 자연적인 능력들 중의 어떠한 힘으로도 —— 이성으로도, 타고난 천품으로도, 교육으로도, 혹은

─────────────

2) 갈라디아서, 2 : 16.

의지의 최고도의 결단력으로도 —— 인간은 결코 죄의 지배에서 벗어날 수가 없다. 그러므로 인간은, 어떤 인간적이 아닌 힘이 그에게 들어와서 그를 위하여 자기 힘으로 성취할 수 없는 일을 성취해 줄 때까지는, 그리고 그렇게 되지 않는다면, 하나님의 버림을 받고 하나님의 재림의 은총에서 제외될 운명에 있는 것이다.

그래서 사도 바울은 개종을 단행하게 되었다. 인간이 죄에 차 있다는 신념이 그에게는 히스테리에 가까울 만큼 하나의 강박 관념으로 되었던 것같이 생각된다. 개종은 그의 마음속에다 하나의 새로운 힘을 가져다 주었으니, 그 힘은 밖으로부터 온 힘이요, 그의 천성을 변형시킨 힘이요, 죄를 몰아내고 그를 '영적' 인간으로 바꾸어 놓은 힘이었다. 그리고 그 전과 마찬가지로 여기서도 사도 바울은 자기의 체험을 일반화하여, 자기에게 일어난 것을 다른 사람도 역시 그것에 의해서 구원을 받을 수 있는 오직 하나의 필요한 수단으로 여겼다. 그의 가르침에 의하면, 영(靈)은 인간이 자연적으로 타고난 것이 아니라, 신이 인간의 생명 속에 불어넣어 준 것이다. 그것은 인간의 자연적 소질이 아니라, 하나님이 주신 것이라는 것이다. 오직 인간성이 변형될 때에만 죄의 지배가 끝나고 영의 지배가 시작될 수 있다. 오직 그렇게 될 때에만 인간은 내적 평화와 평온을 얻을 수 있으며, 하나님을 받아들일 수 있게 된다. 이러한 인간성의 변화가 일단 일어나면 외적인 행동도 물론 변한다. 육체(肉體)의 일은 간음·두생·증오·실루 등이요, 영(靈)의 일은 사랑·온유·절제·착함 등이라고 사도 바울은 말하였다.[3] 선한 행위란 아무리 그것이 중요하다 할지라도 훨씬 더 중요한 내적 변화가 외적 행위로 나타난 것에 지나지 않는다. 내적 변화는 '사죄(justification)'요, 즉 인간이 자기를 하나님의 은총 속에 이끌어 주도록 하나님과 화해하는 것이다. 육체가 언제나 죄에 차 있는 것과 같이 영은 언제나 종교적인 것이다. 그러므로 영을 가진 인간은 이미 율법의 지배에서 벗어난 사람이다. 그는 바른 삶을 위하여 아무런 외적 안내도 필요로 하지 않는 것이다. 그는 확신을 가지고 자신 속의 새로운 힘에 의존할 수가 있다. 왜냐하면 그는 이미 육체적 동물이 아니라 영적 동물이기 때문이다.

---

3) 갈라디아서의 유명한 구절, 5 : 19~23 참조.

그리하여 그는 마침내 자유롭게 된다. 즉 그는 죄로부터 벗어나고, 율법의 세목들로부터 벗어나고, 유태인의 의식과 관례를 따라야 할 필요로부터 벗어나서 자유롭게 되는 것이다. 그는 자신 있는 희망과 축복에 찬 즐거운 생활을 자유롭게 누릴 수가 있으며, 영의 고취를 자유롭게 받아들일 수가 있으며, 하나님 앞에서 죄를 사해 받는 기쁨을 누릴 수가 있는 것이다.

성령이 인간에게 주는 선물의 뜻으로 사도 바울이 사용한 말은 '은총'이었다. 그가 생각한 죄와 은총은 사람들이 해석함직한 도덕적 태도 이상의 것이요, 또한 각각 악과 선에 대한 의지의 경향(傾向) 이상의 것이다. 그것들은 만일 사도 바울이 전문적인 철학 용어를 사용하였더라면 실체적인 형상들이라고 불리어질지도 모를 것이다. 그 까닭은 그것들이 각 개인에게 그제야 갖게 되고 나타내게 될 성질들을 부여하기 때문이다. 인간은 죄에 찬 성질들을 가지고 태어나며, 대다수의 사람들은 그들의 성질이 죄에 차 있기 때문에 공공연한 죄를 범하면서, 일생 동안 죄에서 벗어나지 못한다. 어떤 사람들은 은총을 받으며, 이로써 그들의 성질이 달라지고, 따라서 바른 행위를 하게 된다. 은총은 결코 인간의 공적이 아니다. 그것을 얻었다고 해서 자기 힘으로 획득한 것은 아니다. 그것은 하나님으로부터의 선물, 즉 하나님의 슬기로운 목적에 따라서 주어짐에도 불구하고 사람들에게는 제멋대로 주어지거나 주어지지 않거나 하는 것처럼 보이는 선물이다. 그것이 인간에게 내릴 때는, 인간의 힘으로 조절하거나 좌우할 수 없는 신의 활동이라는 의미에서 언제나 하나의 기적인 것이다.

사도 바울의 사상은 이원론적(二元論的)이라고 불리어지고 있다. 그러나 그것은, 예컨대 신플라톤주의와 같은 이원론은 아니다. 사도 바울은 우주를 상반되는 두 힘의 투쟁으로 여기지는 않았다. 오히려 그는 유태교가 여러 세기 동안 주장하여 왔던 것처럼 이 세계는 하나님의 창조물이요, 따라서 하나님의 자비스러운 섭리의 무대라고 믿었다.[4] 그는 한편으로는 육

---

4) 이 점에서 그는 서기 1세기의 전반기에 알렉산드리아에서 살았던 유태인 철학자 필론 (Philōn)과 가깝다. 필론은 사도 바울의 경우보다도 헬레니즘 시대의 희랍 전통에 의해서 훨씬 더 영향을 받았다. 그는 인간의 영혼은 신의 불똥이며, 그것은 신에게로 올라갔다가 다시 물질로 떨어졌다 하면서 방황하며, 인간의 영혼을 도와서 신에게로 올라갈 수 있도록 하는 많은 '힘들' 즉 천사들이 있다고 믿었다. 그러나 그는 그노시스파가 지지한 바

(肉)과 영(靈)과의 전적인 이질성을, 또 한편으로는 하나님의 섭리의 보편성을 주장한 점에서 전적으로 모순이 없다고는 할 수 없을는지도 모른다. 물론 오늘날 전해지고 있는 그의 '우연적인' 편지들 속에는 그가 해답을 내리지도 않았을 뿐더러 유의조차 하지 아니한, 하나님과 세계와의 관계에 관한 허다한 철학적인 문제들이 있다. 후일의 다른 기독교 사상가들은 그의 문구를 끄집어내어서는, 그가 있었더라면 결코 동의하려 하지 않았을지도 모를 엄격한 추론적 이론에다 그의 사상을 갖다 붙일 수가 있었다.[5] 그는 그의 조상 전래의 유태교에 의해서, 헬레니즘 시대의 좀더 순수한 희랍적 사상가들에게[6] 유행하던 것과 같은 극단적인 이원론적 사고를 억제당하고 있었던 것이다.

사도 바울의 이원론은, 만일 적어도 이 말이 수용될 수 있다면, 하나님과 물질적 세계와의 사이의 문제가 아니라 하나님이 인류를 지배하고 있는 두 가지 천계법(天啓法) 사이의 문제였다. 전체 세계는 하나님의 세계이며, 물질과 영혼도 마찬가지로 하나님의 창조물이다. 사도 바울은 다른 어떠한 것에 관해서나 마찬가지로 물질적 세계에 관하여서도, "하나님은 그것이 선함을 보시었다."라는 성경에 나오는 말로 술회한 것이 보통이었다.[7] 그러나 하나님은 그가 창조한 세계를 다루는 데 있어, 두 가지 다른 지배와 조절의 방법을 사용하기로 결정하였다. '구천계법(舊天啓法)'은 율법에 의한 것이며, '신천계법(新天啓法)'은 복음에 의한 것이다. 율법의 목적은 교육을 위한 것이었다. 그리고 그것의 기능은 사람들로 하여금 죄를 깨닫게

─────────────

와 같은 이원론에는 동의를 표하지 않았다. 그는 조상 전래의 유태교로 말미암아 자기의 정신적 매개자의 이론을 일반적인 우주론적 이원론의 체제에다 적용하지는 못하였다. 필론이 사도 바울에게 영향을 미쳤는지의 여부는 논의의 여지가 있는 역사적 문제이다. 그가 후일의 어떤 기독교 저술가들에게 영향을 미친 것은 아마도 사실일 것 같다. 그러나 그의 설(說)은 다분히 헬레니즘 세계에 전파되어 있던 사상 경향들의 한 표현이었던 만큼, 후일의 기독교 저술가들은 의당 당시의 지적 분위기로부터 이 영향들을 받을 수도 있었을 것이다.

5) 이 점에 관해서는 사도 바울에 대한 저서 가운데에서 가장 해박하고 가장 정확한 책의 하나인, Matthew Arnold의 저서 〈사도 바울과 프로테스탄트 사상(*St. Paul and Protestantism*)〉을 참조하라.

6) 예컨대, 신피타고라스학파나 그노시스파의 이원론 같은 것이다.

7) 이것은 창세기 제 1 장에 자주 나오는 구절이다.

하는 일이었다. 그러나 그것의 타당성은 지방적인 것이요 일시적인 것이었다. 복음의 목적은 구원을 위한 것이며, 그것의 기능은 은총에 의해서 인간을 구제하는 일이었다. 그리고 그것의 타당성은 보편적이며 영구적인 것이었다. 설령 사람들로 하여금 죄의 의식을 갖게 하는 데 성공하였다 할지라도, 율법은 사람들로 하여금 스스로를 전적으로 하나님의 자비에다 내맡기도록 이끌어 가는 이상의 일은 할 수가 없었다. 이에 대하여 복음은, 인간을 영적 존재로 바꾸어 놓음으로써 완전한 구원을 가져다 주었다. 사도 바울이 생각한 바와 같이 구원은 신비주의(神秘主義)가 제공해 주겠노라고 자칭하는 것과 같은 어떤 미래의 복락(福樂)이 아니라, 사람들이 자기 생애의 어떤 순간에라도 들어갈 수 있는 상태인 것이다. 사도 바울은 분명히 영혼의 불멸을 믿고 있었으나 죽음에 대한 승리를 기다릴 필요가 있다는 것을 암시하려고 하지는 않았다. 그는 신비주의의 용어와 유사한 말을 사용하기는 하였다. 그는 인간은 "그리스도와 더불어 죽어야" 하고, "그리스도와 더불어 재생되지" 않으면 안 된다고 말하였던 것이다. 그러나 그가 말한 죽음과 부활은 육신의 죽음과 영혼의 부활이었다. 그리고 어떤 미래의 상태에 있어서와 꼭 같이 이 지상에 생존해 있는 동안에도 언제나 은총이라는 선물을 받고, 그로써 성질이 변하게 될 경우에는 이 죽음과 부활은 일어날 수가 있을 것이요, 또 실제로 일어났던 것이다.

은총의 모습을 나타내는 사도 바울의 일반적인 말은 '사죄(赦罪)'였다. 구원을 얻는다는 것은 하나님의 눈에 들어 죄가 사해진다는 것이다. 그리고 그의 주장에 의하면 사죄는 결코 선한 행위에 의해서 획득되지는 않는다. 실로 자기들이 쌓은 선한 행위가 자기들에게 하나님의 애호를 받게 되기에 충분하다고 생각하는 사람들은 오만한 자들이다. 그러한 자들은 아직도 자기들의 내적 본성의 타락을 깨닫지 못하고 있는 것이며, 따라서 은총의 필요를 마음 깊이 느끼지 못할 만큼 교만한 것이다. 사죄는 오직 신앙을 통해서만 온다. 그러나 사도 바울의 용어에 있어서는, 신앙은 신념이 아니다. 사도 바울은 사람이 선한 행위 대신에 바른 신념을 구원의 수단으로서 내세울 수 있다는 것을 결코 생각지 않았다. 신앙이란 사람에게 있어서는 지성의 활동이라기보다는 오히려 의지의 활동이요, 사람이 하나님의 성령의 힘과 인도(引導)를 주저 없이 무조건 신뢰하는 것이었다. 그리고 이러한 신뢰는 그것을 나타내도록 사람이 은총에 의해서 감동되지 않는다면, 또 그렇게 되기까지는 사람의 힘으로서 그것을 나타낼 수는 없는 것이다. 신앙을 가진 사람들은 물론 선한 행위에도 열성을 보일 것이다. 그들은 신앙을 가지고 있으면서 그것의 실제적 결과를 드러내지 않는 일은 있을 수 없을 것이다. 그러나 신앙에 의해서 이끌려 오는 행위보다도 오히려 그들의 마음속에 있는 신앙이 그들을 하나님의 마음에 들게 하는 것이다. 그러므로 사죄는 신앙에 의해서 오는 것이요, 행위에 의해서 오는 것이 아니다. 즉 그것은 인간의 생명 속에 내재해 있는 영의 직접적 성과인 것이다.

사도 바울의 성령에 대한 이론은 어떤 면에서는 전혀 분명하지가 않다. 그는 항상 그것에다 호소하고, 그것의 재림의 결과를 지적하고, 또 그것이 결여할 때의 도덕적 타락을 경고하였다. 그러나 결코 그것의 본성에 관해서는 조리 있는 이론을 발전시키지 못하였다. 그는 하나님의 성령, 그리스도의 성령, 그리고 성령과 같은 문구들을 서로 맞바꾸어 사용하였다. 기독교도들은 그의 생존시에도 후세에도 하나님과 그리스도와의 성령 상호간의 관계를 설명하는 문제 때문에 고심하였다. 교회의 공식적 지도자들은 이 문제에 관한 논쟁을 해결하기 위하여 곧 삼위 일체설을 긍정하게 되었다. 그러나 이 삼위 일체설은 그 문제의 해결이라기보다는 그 문제의 재론이었으며, 많은 이론이 형성되었다가 그 중 대부분이 곧 이단설(異端說)이라고 금지되곤 한 일련의 논쟁을 야기시켰나. 나른 섬에 있어서와 마찬가지로 여기서도 사도 바울은 시급한 전도에 수고하느라고 자기가 제시한 사상의 충분한 철학적 의미를 끝까지 밝혀 주지 못하였다.

그럼에도 불구하고 지적 내지 문화적 발전에 끼친 사도 바울의 영향은 광범하고도 항구적인 것이었다. 첫째로 그리스도는 인류를 구원할 능력이 있다고 하는 사도 바울의 주장은 유태교와의 절연을 그어 다시는 돌이킬 수 없게 만들었다. 즉, 그것은 유태인의 율법을 특수한 국민의 일시적 법전의 역할로 떨어뜨려 놓았음을 의미하였다. 그로부터 기독교는 까다로운 유태인의 율법을 받아들이려 하지 않던 로마 제국의 시민들 사이에서 지지를 받을 수가 있었다. 기독교는 당장에 그 자체의 자주적 발전을 시작할 수 있었다. 그리고 또 그것은 희랍의 철학과 로마 통치 사상의 영향을 자유롭게 받을 수 있었고, 사상과 문화와의 새로운 종합을 시작할 수 있었

다. 둘째로, 그리스도가 어떤 면에서 나사렛의 예수와 동일시될 수 있다고
하는 사도 바울의 주장에 의해서 기독교도들은 자기 자신들을 역사적 유태
교 속에서 그들에게 가장 훌륭하게 보이는 모든 것의 계승자로 여길 수 있
게 되었다. 그리하여 기독교도들은 유태교의 경전(그들은 이것을 구약성경이
라고 불렀다)을 물려받았고, 그것의 일신교적(一神敎的) 사상, 그것의 도덕
적 지혜와 건전성, 그리고 예수가 나타냈던 예언적 힘 등을 물려받았다.
그러므로 기독교는 비록 유태교와 절연하고 유태교보다 더 세계주의적으
로 되기는 하였지만, 그러면서도 이름 높은 과거와의 문화적 연속성을 간
직하고 있었던 것이다.

  셋째로, 그리스도가 유일한 그리고 없지 못할 구원의 수단이라고 하는
사도 바울의 주장은 하나의 새로운 문제, 희랍 철학에는 전혀 없는 문제,
기독교에만 특징으로서 고유하게 있는 문제를 일으켰다. 이 문제란 즉 이
성과 신앙과의 관계에 대한 문제이다. 왜냐하면 사도 바울의 교설과 같이,
만일 사람들이 자기 자신의 구원을 성취할 힘을 자신 속에 가지고 있지 않
다면, 인간의 이성은 종속적인 구실을 하지 않으면 안 될 것이요, 다른 근원
으로부터 오는 인도(引導)와 권위에 따르지 않으면 안 될 것이다. 희랍 철
학은 전형적으로 이성의 생활을 찬양하였으며, 이성을 자연의 탐구를 위해
서나 인간적인 일들의 처리를 위해서나 마땅한 도구로 삼았었다. 그러나
바울의 사상은 플라톤이나 아리스토텔레스의 휴머니즘과는 날카로운 대립
을 이루고 있다. 사도 바울 자신은 이성을 결코 얕보지는 않았다. 그는 그
것을 불문에 붙였던 것이다. 그는 "하나님의 어리석음이 인간보다는 현명
하다."[8]고 말하고, 그리하여 그의 복음이 인간의 이성의 면밀한 검토를 받
아야 할 필요가 없다는 것을 시사하였다. 그는 맨 먼저 인간의 생활에다
은총의 선물을 두었는데, 이것은 인간으로부터 독립된 근원에서 오는 것이
기 때문에 이성에 의한 비판을 부당한 것으로 만들고, 죄의 흔적으로 만들
고 있다. 후세의 기독교 신앙 해설가들은 때때로 이성에 관한 사도 바울의
침묵을 분명한 불합리주의의 옹호라고 보았다. 그들은 신앙을 이성에 의해
서 저지시키는 대로 내맡기려 하지 않고, 오히려 이성이 발견한 것들을 신

---

8) 고린도전서, 1 : 25.

앙의 권위에다 복종시키려고 하였다. 그리고 이성에 반대하면서도 아직 극
단적이요 고의적인 불합리주의까지는 생각지 않고 있던 때조차도, 이성은
흔히 신앙이 지배하는 범위보다 적은 인간사의 범위에 대한 제한된 지배력
에 불과하다고 생각하였다.

3. 카톨릭의 교회 이념

순교자 유스티노스(Justinus Martyrus, 100~165) : 시리아 출신.
테르툴리아누스(Tertullianus, 150~220) : 북아프리카 출신.
오리게네스(Origenes, 185~254) : 알렉산드리아 출신.
성 키프리아누스(St. Cyprianus, 200~258) : 카르타고의 주교.
성 아타나시우스(St. Athanasius, 296~373) : 알렉산드리아의 주교.
성 암브로시우스(St. Ambrosius, 340~397) : 밀라노의 주교.
성 예로메(St. Jerome, 345~420) : 로마 출신.

　사도 바울과 성 아우구스티누스와의 사이에 거의 4세기 동안에 걸친 기
독교 왕국을 이루는 형성기가 있었다. 사도 바울의 시대에는 로마 제국의
여러 도시 안의 여러 기독교도 집단들은 아무런 규율이나 조직의 통일성
도, 공통적으로 인정된 신념도, 보편적으로 인정된 도덕적 실천의 규준도
가지고 있지 않았다. 성 아우구스티누스의 시대에 와서 교회는 어느 정도
공식적 제도를 가진 것, 정식화된 신조를 가진 것, 윤리적 이상을 지닌 것
으로 되었다. 언제나 거기에는 의견을 달리하는 사람들이 있었고, 또 그치
지를 않았다. 그러나 교회는 세대가 바뀜에 따라 점점 더 통일되고 조직적
으로 되어 갔으며, 그 지도자들은 흔히 방해하는 도당들을 억압하기 위하
여 강력한 방책을 취하였다. 다시 말하자면, 비공식적으로 연합된 초기 기
독교도의 집단들이 카톨릭 교회에 의해서 계승되게 되었던 것이다.
　카톨릭 교회는 철학적 성찰의 결과로서 생겨난 것이 아니었다. 그것은
많은 요인들——주로 종교적 및 도덕적 요인들과, 그러나 또 그 밖의 경
제적 요인·정치적 요인·사회적 요인들——의 산물이었다. 철학적 요인
은 그 밖의 요인에 비하면 무시해 버려도 좋을 정도의 것이었다.
　사도 바울과 성 아우구스티누스 사이의 시대는 보통 교부 시대(敎父時代)

라고 불리어지며, 이 시대에 기독교적 신앙에 관한 자기들의 종교적 및 도덕적 사상을 표명한 저술가들을 보통 교부(敎父)라고 부른다. 교부 중의 어떤 이들은 철학을 의심의 눈초리로 보았으며, 심지어 때로는 그것을 신심이 없는 자만이라 하여 공공연히 버리기까지 하였다. 때때로 철학적 역량과 훈련을 결핍하고 있는 이러한 사람들은, 희랍 사상을 신에 의해서 계시되고 신에 의해서 고취된 신앙과 반대되는 순전히 인간적인 조작이라고 보기가 일쑤였다. 예컨대 테르툴리아누스는 분명히 온갖 형태의 철학을 교회의 적이라고 배척하였다. 그가 주장한 바에 의하면, 복음은 하나님에게서 온 것이며, 따라서 인간으로부터의 아무런 옹호도 필요하지 않다고 한다. 테르툴리아누스나 또는 철학을 적대시한 그 밖의 사람들은 사실 그들의 관점에서 볼 때, 적의를 품을 만한 근거를 가지고 있었다. 즉 기독교도들 가운데에는 희랍의 여러 사상을 이어받아서 이들 믿음 없는 시사를 체계적 형태로 만들고 기독교계에 퍼져 있는 여러 종교적 신념들과 모순된 결론들에 도달한 사변적(思辨的)인 사람들도 적지 않게 있었기 때문이다. 주교 회의(主敎會議)나 심지어는 개개의 주교들까지도 이러한 사변적인 사람들을 이단적이라고 비난하고 기독교 사회로부터 몰아냈다. 이러한 비난들이 바로 철학 그 자체를 의심스러운 것으로 보이게끔 만들었다. 널리 퍼진 이단의 공포심이 기독교 사회를 괴롭혔으며, 많은 기독교도들로 하여금 철학을 생명 있는 기독교 신앙에 대하여 파괴적인 것이라고 보게끔 만들었다.

그러나 철학에 대한 모든 적대적 태도는 영구적인 또는 특유한 기독교의 견지로 지속되어 나갈 수는 없었다. 그 까닭은, 기독교가 전파되고 점차로 강력하게 되어 감에 따라, 어떤 기독교도들은 교양있는 적대자들에 대하여 스스로를 변호하고자 하지 않을 수 없었으며, 더 나아가 이 적대자들을 개종시켜 보려고 하지 않을 수 없었기 때문이다. 더구나 그들은 그들 자신을 위하여, 그들의 종교적 신앙을 하나의 합리적 모험으로서 정당화시킬 수 있을 만한 하나님과 인간과 세계에 관한 견해를 형성하고자 하지 않을 수 없었다. 기독교도들 가운데에서도 철학적 소질이 있는 사람들 —— 예컨대 순교자 유스티노스 · 오리게네스 · 성 아타나시우스 · 성 암브로시우스 · 성 예로메 등 —— 이 나타나기 시작하였다. 그리고 이들 중의 어떤 이들은 교회에서도 높은 공직을 차지하고 광범한 영향을 미쳤다. 철학적 성찰에 있어서는, 그들은 지중해 세계를 건너 널리 유포하고 있던 희랍 사상으로부터, 그 중에서도 특히 플라톤의 사상과 신플라톤주의의 사상으로부터 빌려온 개념들과 원리들을 이용하였다. 그들이 이 사상들을 이용한 까닭은 의지할 수 있는 철학적 사상의 체계라고는 그것밖에는 없었기 때문이다. 그러나 대다수의 기독교도들은 철학적 성찰에 의해서 분명히 신앙이 굳게 된다는 것이 판명되었을 경우 이외에는 그러한 성찰을 묵인하지 않았다고 말해도 좋을 것이다. 그리고 이렇게 묵인하였을 때조차도, 신앙을 철학적 사색의 결과로서 인증될 수 있는 어떠한 이유보다 앞서는, 더 신뢰할 수 있는 근거에 입각해 있는 것으로 여겼다.

그러나 교부 시대가 지니는 철학적 의의는 그 시대에 때때로 생겨난 철학에 주로 있는 것은 아니다. 오히려 그 의의는 그 시대의 현저한 업적, 철학적인 인물들은 그것을 증진시키는 데 별로 공헌을 한 바가 없는 업적에 있다. 이 현저한 업적이란 교회를 카톨릭 단체로 형성한 일이었다. 모든 거대한 제도는, 그것이 어떤 철학적 관심에서 발생한 것이 아니라 할지라도, 그것에 맞먹을 만큼 큰 철학적 의의를 지닌 이념을 구현하고 드러내게 마련이다. 카톨릭 교회의 경우도 일찍이 그것이 생겨날 때에는 그러하였다. 카톨릭 교회는 그것의 옹호와 그것의 확고성을 위하여 새로운 철학적 원리를 형성할 필요가 있었다. 교회의 사실상의 보편성을 위해서는, 그 의미를 어렴풋하게밖에는 알지 못한 마음속에 점차로 싹터 나와서 천 년 동안이나 철학적 사색들을 규제할 수가 있었던, 그리고 —— 훨씬 더 중요한 일은 —— 그것에서 초래된 여러 철학 체계들 속에서 스스로 대전제가 될 수 있었던 하나의 새로운 이념의 형성이 필요하였던 것이다. 기독교도들이 교회를 보편적인 것으로 만들 수 있었던 것은 그들이 처음에 보편성의 이념을 품고 있었기 때문만은 아니다. 오히려 그들은 종교적·도덕적 문제들을 다루는 가운데 교회가 보편적으로 되었음을 발견하였으며, 그리고 나서는 그들이 벌써부터 가지고 있던 교회의 본성을 가장 잘 설명하고 정당화할 수 있을 만한 이념을 명백히 해두려고 하였던 것이다.

기원 2·3·4세기의 기독교도들의 실제적 문제들 가운데에서 가장 긴급하였던 것의 하나는 통일 —— 신념의 통일, 도덕적 실천의 통일, 조직의 통일 —— 의 문제였다. 왜냐하면, 어떻게 기독교도들이 믿음 없는 세계의

세력들과 능히 대항해 나갈 수가 있겠는가? 더구나 만일 그들이 조화 있
는 계급과 일관된 목표를 가지고 활동하지 않는다면 어떻게 그 믿음 없는
세력들을 개종시키기를 희망할 수가 있겠는가? 그리고 어디선가 그들이,
자기들에게 모든 것을 대변해 주고 권위 있게 말해 줄 자격이 있다고 인정
될 수 있는 어떤 유력한 소리를 발견하지 않는다면, 어떻게 그들은 조화와
일관성을 성취할 수가 있겠는가? 이 통일의 문제는 서로 다투는 세력들
사이에, 그 중의 어느 하나가 다른 모든 세력을 종국적으로 지배할 사실상
의 자격을 가지고 있음이 판명되기까지 장구한 투쟁을 초래하였다. 실제적
으로 가장 중요한 종류의 통일은 조직의 통일이었다. 왜냐하면 조직의 통
일이 일단 확립되었을 경우에는, 다른 면에 있어서의 통일을 구하는 수단
은 얻기가 쉽기 때문이다. 그 때는 유력한 권위가 신념과 실천을 규제할
수 있을 것이요, 적어도 신앙의 좀더 공적인 선언(공식적으로 인가된 신조와
같은 것)에 있어서나 좀더 외적인 인간 행동의 문제에 있어서 일치하도록
강행해 나갈 수 있을 것이다. 그리고 흔히 다른 인간사에 있어서와 마찬가
지로 교회의 경우에 있어서도 역시 어느 기간에 걸쳐 '사실상의' 권리를
잡고 있으면 바로 그로 말미암아 이 권리에 법률상의 정당화를 구상할 기
회가 주어질 것이다. '사실상의' 권력에 의해서 카톨릭 교회는 완전히 그
실현을 보게 되었을 것이요, '법률상의' 정당화에 의해서 카톨릭 교회의
보편성은 철학적 인정을 받고 있는 동시에 사회의 교양 있는 계층들 사이
에서 증진적 애호를 받고 있을 것이다.

  조직의 통일을 위한 역사적인 고투의 과정은 기독교가 유포되고 있던 로
마 제국의 여러 지역에 따라 같지 않았다. 그러나 어떤 발전의 이론만은
그 사실들 사이에 명백하였다. 그 싸움은 한편 지도권에 대한 경쟁자들 사
이의 순전한 세력 다툼이었다. 그러나 또 한편으로는 종교적 이념의 진리
성과 윤리적 이념의 타당성을 증명할 수 있는 기준을 찾는 진지한 지적 논
쟁이었다. 유태교로부터 개종해 온 초기의 기독교도들은 자연히 많은 점에
서 믿음 없는 세계로부터 직접 입교해 온 다른 초기 기독교도들과는 차이
가 있었다. 더욱이 유태인 기독교도들과 다른 기독교도들 사이에는 믿음이
나 도덕적 실천에 관한 의견 차이가 심하였다. 만일 이러한 의견 차이를
조절하고, 공식적으로 인가된 종교적 내지 도덕적 입장을 대신 취하게 하

려면 어떤 규범이 발견되지 않으면 안 되었고, 의견 차이에 대한 판가름을
위한 어떤 기준이 형성되지 않으면 안 되었다. 그리고 그러한 기준을 세우
려는 노력이 설령 세력 다툼을 일삼는 사람들의 열정 때문에 어지럽혀졌다
고 할지라도 진정으로 철학적인 일이었다.

기준(基準)의 탐구

기원후 처음 몇 세기 동안의 기독교 발전에 관하여 우리가 현재 고찰할
수 있는 테두리 안에서는, 사도 바울의 견해가 진리를 결정하는 정당한 방
법에 관한 최초의 명확한 이론으로서 그중 뛰어나 보인다. 사도 바울은 그
자신 속에서 성령의 증언을 발견하였다고 주장하였고, 이 증언은 하나님으
로부터 온 것이며, 따라서 조금도 틀림이 없는 것이라고 여겼었다. 그러나
내적 증언에의 호소는 전적으로 주관적인 어떤 것에의 호소였다. 그러니만
큼 사람마다 다른 의견이나 실천들을 제각기 정당화해 버릴 수가 있었다.
따라서 거기에는 각기 다른 의견들의 상대적 건전성이나 각기 다른 실천들
의 상대적 정당성에 대한 분명한 시험 방도가 있을 수 없었다. 그러므로
바울식의 호소는 실제에 있어 아주 막연한 것이었으며, 초기 기독교도들
사이에 투쟁과 논쟁을 일으키게 했다. 사도 바울은 분명히 성령의 내적인
소리의 권위에 대해서 어떤 객관적 시험이 필요하다는 생각을 배격하고 있
었다.

> 유태인들은 표적(標的)을 구하며, 희랍인들은 지혜를 구한다. 그러나 우리는
> 십자가에 못박힌 그리스도를 전한다.9)

그러나 다른 사람들도 역시 그리스도가 십자가에 못박혔다는 것을 주장
하였다. 그리고 다른 사람들의 견해가 사도 바울과 달랐을 때, 그는 그들
을 비방하는 이외의 다른 방도를 갖지 못하였다. 그는 그의 복음을 말할
때 품었던 자신에 대해서 조금도 외심을 남기지 않은 체 준엄하게 이러한
비방을 하곤 하였다.

---

9) 고린도전서, 1 : 22~23.

　그대들을 괴롭히고 그리스도의 복음을 곡해하려는 사람들이 있다. 그러나 우리들이나 또는 하늘에서 온 어떤 천사가, 우리들이 그대들에게 설하여 온 것 이외의 어떠한 다른 복음을 설할지라도, 그는 저주를 받을지어다.[10]

　초기 기독교도들 사이에는 바울의 견해에 있어 주관주의와 독단주의에 반대하여 강력한 두 세력이 작용하였다. 그중의 하나는 유태교의 큰 전통인데, 이 유태교의 역사 속에서는 정의(正義)의 원리를 인간의 경험, 인간의 고통, 인간의 공적에 비추어서 말하려는 노력이 끊임없이 이루어져 왔다. 다른 하나는 희랍 철학의 큰 전통으로서, 이 전통에 의하여 그것이 지중해 세계에 퍼져 있던 보급된 형태의 것에 있어서조차 합리적 비판을 받게 하고, 그것을 지지할 만한 증거를 들어 보려는 온갖 시사(示唆)가 이루어졌다. 그러므로 사도 바울의 견해는, 비록 그 후의 발전에 끊임없이 영향을 미치기는 하였지만, 기독교 사회의 요구에 대하여 불충분하였다. 그 이외의 다른 두 정통이 이 점에서는 기독교의 입장을 형성하는 데 효과적으로 공헌하였다.

　신앙에 대한 기준을 확립하려는 둘째의 노력은 예수의 말에 호소하는 것이었다. 예수의 말이라 해서 구술로 전해 오는 것은 얼마든지 있었으며, 그의 교설을 쓴 기록들은 그의 사후 불과 몇 해 동안에 이루어졌었다. 이 구술에 의하여 전해진 말이나 씌어진 기록이나 다 같이 후일 오늘날 우리가 가지고 있는 형태의 4복음에 공헌을 하였다. 사도 바울은 아마 전해 오는 말들과 아마도 이들 씌어진 기록 중의 가장 먼젓것을 알고 있었던 것 같았으며, 또 이해했던 것 같다. 초기의 기독교도들이 특히 내적인 성령에 관한 싸움이 한창일 때, 예수의 말을 권위나 기준으로 삼게 되었다는 것은 무엇보다도 당연한 일이었다.

　그러나 구전된 말이나 씌어진 기록, 또 그것을 증거로 삼는 견해들이 결코 동일하지 않았기 때문에, 그 취지에 있어 애매한 것이 되었다. 예수의 말에의 호소는 오랜 논쟁을 종결짓기는 하였지만, 동시에 예수의 교설에 대한 구구한 설명들의 상대적 신뢰성에 관하여 논전을 일으켰다. 기독교 지도자들은 어느 문서가 가장 믿음성이 있는가를 결정하려는 노력에서 다

---

10) 갈라디아서, 1 : 7~8.

음 세 표준을 사용하였다. 저술한 저자들이 확실시되는 사도 정신(使徒精神), 저술과 유포된 기독교적 실천과의 일치, 그리고 유력한 교회에 의한 그 저술의 인정(認定). 그리하여 공인을 받은 문서들은 신약성경이라는 정전(正典), 즉 신에 의해서 불어넣어졌다고 공식적으로 선포된 초기 기독교 경전의 내용을 이루도록 인정을 받게 되었다. 이 성경 속에 수록된 문서보다도 제외된 문서가 더 많았다. 이에 사용된 표준들은 수긍하기 어려운 바가 없지 않다. 그러나 그 결과는 일반적 동의를 명령하게 되었다. 성경의 권위는 일시적이나마 진정한 계시에 대한 기준을 주는 것으로 보였다.

그러나 신약성경과 같은 문헌은 어떠한 것이나 여러 가지로 서로 반대되는 해석을 내릴 수가 있는 것이다. 확실한 기준의 추구는 이와 같이 씌어진 자료에다 호소한 채로 머물러 있을 수가 없었다.[11] 기준의 탐구의 넷째 해결책은, 신약성경의 공식적 해석을 위해서, 아니 모든 구전되어 온 전설이나 씌어진 전설들의 공식적 해석을 위해서, 각 교단의 주교에게 호소하는 일이었다. 왜냐하면 주교는 각 교단 안에서 일반적으로 가장 박식한 사람이었고, 또 가장 유력한 사람이었기 때문이다. 그의 말은 비중이 컸으며, 초기 기독교의 혼란기에 있어서는 성직의 비중은 진리의 기준과 구별하기가 어려웠다.

다음 다섯째로서, 현 논제와의 관계로 보아서 종교적 및 도덕적 진리의 신뢰할 만한 기준에 관한 마지막 입장이다. 기독교계를 통해서 종종 주교와 주교와의 사이에는 의견의 차이가 있었다. 한 사람의 주교에게만 호소함은 결코 산재해 있는 여러 기독교단을 위한 문제의 해결이 될 수가 없었다. 따라서 싸움을 종결시키고 세력을 분배하기 위하여 때때로 모임을 가진 주교들의 회의에 호소하기에 이르렀다. 그리고 이 호소의 논리적 목적은 물론 총회의의 권위를 인정하자는 것이었다. 총회의는, 희랍어의 어원

---

11) 16세기의 종교 개혁에 있어서는 진리의 기준에 관한 초기 기독교 사상의 일부가 부활되었다. 루터(Luther)는 바울이 자신 안의 성령의 증언에다 호소한 데서 출발하였다. 그러나 교황권과의 정치적 투쟁의 긴박성 때문에, 그는 곧 성경 원본에 호소함으로써 자신의 입장을 흐리게 하지 않을 수가 없었다. 칼뱅(Calvin)은 루터보다 더 분명하게 이 둘째의 입장을 따랐다. 각 신자는 자기 스스로 진리를 계통 세워 말할 권리를 가지고 있다는 원리에 확고히 입각하여 있는 후일의 신교의 여러 교파는 루터와 칼뱅의 입장으로 하여금 적어도 대다수의 프로테스탄트들 사이에서 악명을 받게 하였다.

상으로는, '사람이 살고 있는 세계'의 회의이다. 사실에 있어 그것은 전체
기독교 단체, 그것이 어디에 있는 것이든 간에 대의제(代議制)에 의해서 참
여하는 회의인 것이다.12) 이러한 회의가, 그리고 오직 이러한 회의만이 논
쟁점들에 관해서 확고한 발언을 할 수가 있었으니, 그 까닭은 실제로 그
이외에는 호소를 받아들일 수 있는 연합 단체가 없었기 때문이다. 따라서
교회의 회의론을 형성함으로써 종교적 및 도덕적 문제들에 대한 판단 기준
의 장구한 탐구는 사실상의 해결을 보게 되었다. 더 나아가 이 사실상의
해결은 중요한 역사 이념의 하나, 즉 카톨릭 교회 이념의 주의 깊은 형성
을 이룩하게 하였다.

노바티아누스의 이단설(異端說)

카톨릭의 교회 이념의 형성은 북아프리카에서 두 위급한 교회의 사건들
이 일어난 동안에 이룩되었고, 또 그 사건들의 하나의 해결책으로서 제창
되었다. 두 위기는 모두 로마 민정 당국에 의한 기독교도들의 박해 결과로
서 생겨났다. 기원 250년, 데시우스 황제의 명령으로 그 영토 안의 모든 주
민들은 로마 제국의 여러 신 및 신으로서의 황제 자신에게 희생물을 바치라
는 요구를 받았다. 로마 정부는 보통 제국의 이곳 저곳에서 성행되고 있던
많은 종교에 대하여 관용적이었다. 그리고 로마 사람들은 데시우스의 명령
이 관용의 원칙에 조금도 위배되는 것이 아니라고 생각했다. 누구나 자기
가 원하는 대로 다른 신들을 믿어도 좋도록 허용되어 있었다. 그러나 시민
의 충성을 촉진할 목적으로, 사람들은 황제를 또한 종교적 숭배의 대상으

---

12) 역사상 카톨릭교의 형성은 총회가 기독교 왕국에 있어서의 궁극적 권위라고 하는 주장
에서 절정에 이르렀다. 로마 카톨릭 교회는 로마의 주교 즉 교황의 말을, 모든 회의의 위
에 서는 최고의 것으로 삼음으로써 이 입장을 한정하였다. 기독교 왕국에 있어서 로마시
가 중심이었다는 사실, 로마의 황제 통치의 전통 및 로마의 경제적·군사적 위력이 로마
교황을 사실상의 최고 권위로 세우는 데 유리하게 만들었다. 이러한 로마 교황권의 인정
은 3세기까지는, 혹은 그보다 더 일찍이 시작되어 있었다. 그리고 이 사실상의 최고 권위
에는, 19세기에 교황 불류성(敎皇不謬性)의 교리가 선언됨으로써 교리상의 기반이 부여되
었거니와, 이 교리에 의하면 교황이 신앙과 도덕의 문제에 관하여 직권으로써 말할 때에
는 오류가 절대로 없다는 것이다. 그러나 전체 카톨릭계의 견지에서 볼 때에는, 로마 카
톨릭 교회는 많은 카톨릭 교회의 하나에 불과하며, 교황 불류성의 신조는 기본적인 카톨
릭의 입장으로부터의 그릇된 이탈이다.

로 부르고 받아들이도록 요구되었다. 그러나 기독교적 견지에서 볼 때는, 데시우스의 명령에 대한 복종은 기독교 신앙에 대한 불충실이 아닐 수 없었을 것이다. 그 명령이 카르타고 시에서 강행되었을 때 박해가 일어났다. 어떤 기독교도들은 도피하여 몸을 보전하였고, 어떤 이들은 순교하였고, 또 어떤 이들은 순간의 위기에 굴복하여 요구된 희생물들을 황제에게 바쳤다. 이 마지막 무리들은 '이탈자'라고 불리어졌다. 그리고 이 이탈자들로 말미암아 교회는 행정상·교리상의 큰 난관에 봉착하였다. 그 까닭은 다음 해에 박해가 사라지고 대다수의 이탈자가 교회에 다시 들어오기를 원하였을 때, 교회는 이들에 대한 복귀 승인의 문제를 둘러싸고 심각하게 의견이 갈라졌기 때문이다. 지방의 한 기독교 지도자인 노바티아누스(Novatianus)는, 교회는 선택받은 사람들, 즉 참된 신앙을 보이고 바른 생활을 하는 기독교도들의 단체라는 이유에서 이탈자들의 복귀 승인을 거절하였다. 그러나 새로 임명된 로마의 주교 코르넬리우스는 이탈자들의 복귀 승인을 권고하였으며, 코르넬리우스의 주권하에 있는 종교 회의는 노바티아누스를 파문하였다. 노바티아누스는 배후에 강력한 기독교 전통을 가지고 있었다. 그리고 교회의 본질에 관한 그의 이론은, 기독교계의 그전 세대에 있어서 약간 주장되었던 것이다. 그러나 그는 코르넬리우스에 대항하여 소수의 '청정파(Katharoi)' 즉 '순수파'의 운동을 지도하면서부터 이단으로 몰리게 되었고, 그의 이론은 노바티아누스주의라는 이름 밑에 이단설로 되었다.

성 키프리아누스(St. Cyprianus)는 다른 어떠한 기독교 지도자들보다도 효과적으로 코르넬리우스의 입장을 정당화하고, 교회의 공식적 이념으로 여겨지게 된 원리를 형성하였다. 교회는 이미 구제받은 사람들의 단체가 아니라, 오히려 그것의 양식을 통해서 약간의 사람이라도 구원을 받을 수 있도록 모든 사람을 이끌어 들이는 '구원의 방주(方舟)'라는 것이다. 따라서 분열은 최대의 죄이니, 곧 교회로부터의 분리는 이미 알려져 있고 신뢰할 수 있는 유일의 구원 수단으로부터의 분리이기 때문이다. 그리고 교회의 주교들은 사도들의 계승자로서, 속세에 있어서 기독교의 진리와 신의 은총과의 유일한 분배자들이다. 그리하여 교회의 이념은 그 논결(論決)의 하나로서, 사도 계승(使徒繼承)의 이념을 내포하였다. 주교 없이는 교회가 없으며, 또 교회 없이는 구원이 없는 것이다. "자기의 어머니에 해당하는 교회를 가지고 있지 않은 사람은 자기의 아버지에 해당하는 하나님을 가지고 있지 않은 것이다. ” 확실히 노바티아누스 쪽에는 도덕적인 진지성이 있었다. 그러나 키프리아누스 쪽에는 부득이한 필요성과 선견 있는 경륜이 있었다. 성 키프리아누스의 입장 속에 암암리에 표명되고 있는 의미는, 교회는 수시로 그 안에 들어오는 개인들과는 아무 상관없이 실재하는 것이었다. 그것은 우연히 그 속에 모이는 개인들에 의해서 생겨나는 것이 아니었다. [13] 오히려 그것은 모든 이러한 개인들에 앞서는 것, 시간적으로도 논리적으로도 앞서는 것이었으며, 다른 것에 의존치 않고 그 자체로서 실재성을 가진 것이었다.

도나투스파(派)의 이단설

위에 말한 위기 중의 둘째 것은 카톨릭 교회 이념의 최종적인 형태를 갖추게 하였다. 또 다시 황제를 숭배하라는 로마 황제의 명령이 내렸으니, 때는 A. D. 301, 디오클레티아누스 황제 치하에 있던 시대였다. 카르타고에서는 또다시 박해가 있었고, 이번에도 그 중에는 '이탈한' 사람들이 있었다. 역시 이번에도 박해가 지나가자 이탈자들은 되돌아오기를 희망하였다. 그러나 이번에는 문제가 더 심각하였으며, 먼젓번의 위기의 선례로써 쉽사리 그것을 해결지을 수가 없었다. 그 까닭은, 이번에는 이탈자들 가운데 성직자들이 끼여 있었으며, 이들이 다시 성직자의 자리로 돌아가려는 허락을 받고자 하였기 때문이다. 과연 이들 이탈한 성직자의 재임명이 인가될 수 있었겠는가? 엄격한 일파들은 불완전한 인격의 성직자는 유효한 성식(聖式)을 주재할 수 없다는 이유에서 재임명을 거부하였다. 이에 대하여 다른 일파에서는, 성식의 효력은 그것을 주재하는 성직자의 인격에 따라서 발휘되는 것이 아니라는 이유에서 재임명을 찬성하였다. 313년에 이

---

13) 성 키프리아누스가 배격한 이 교회의 설(說)은 후세에 가서 몇몇 프로테스탄트 단체들에 의해서 지지를 받은 것이다. 이들 프로테스탄트의 집단은 중세 철학의 유명론적(唯名論的) 전통의 영향을 받아, 보통 모든 실재성을 차이성이 있는 독립된 개인에다 두었으며, 교회라는 조직체는 일시적으로 모여 그것을 구성하는 이러한 개인들에게서 빌려 왔거나 파생된 실재성을 지니고 있다고 보았다. 이렇듯 카톨릭과 프로테스탄트의 입장은 때때로 교회의 이념에 관해서 근본적으로 대립되고 있다.

사건은 로마에서 심리되었다. 강경파의 지도자로 새로 선출된 도나투스(Donatus)는 이 재판에서 유죄 선고를 받았다. 그는 한 분파를 이뤄 기독교도들을 지도해 갔으며, 이 분파는 백여 년 동안이나 존속하였다. 그러나 그의 견해는 도나투스파라고 불리는 하나의 이단설(異端說)로 되었다. 그리고 상대파는 승리를 거두고 후세의 온 역사를 통하여 정통파(正統派)로 되었다.

신성한 카톨릭 교회

노바티아누스설(說)과 도나투스설의 패배에 의해서, 이미 일찍이 실현되었던 교회의 저 행정상의 통일의 지적인 상보자(相補者)가 되고, 그것의 정당화로서 내세워진 하나의 교회 이념이 발전되었다. 이 이념에는 그 후 세기를 거듭하면서 탐구된 심오한 형이상학적 및 인식론적 의미가 내포되어 있었다. 이 카톨릭의 교회 이념에 의하면, 교회는 그 자체로서 독립적으로 실재하는 것이며, 우연히 아무때나 그것의 구성원이 되는 여러 개인들의 덕택이나 혹은 우연히 여러 곳에 모이는 개인들의 여러 집회의 덕택으로 실재하는 것이 아니다. 더구나 그것은 그 자체로서 독립적으로 신성한 것이다. 즉 교회의 본질은 그것의 가시적 표현들의 역사 속에서 일어나는 일들에 의하여 결정되는 것이 아니다. 교회의 공직은, 그때 그때 그 자리에 앉는 사람들의 인격이 어떠하든지 간에 신성한 것이다. 교회의 성식(聖式)의 효력은 교회의 성스러움에 의존하는 것이요, 그 성식을 주재하는 성직자의 성스러움의 정도에 의존하는 것이 아니다. 교회는 시대나 환경의 변동하는 위기와 관계없이 신의 힘, 신의 성스러움, 신의 은총이 간직되고 있는 곳이요, 따라서 신의 힘에 의하여 확립된 구원의 수단인 것이다. 교회는 초기의 어떤 교리(敎理)에 붙어 온 말에 의하면 '신성한 카톨릭 교회'이다.

사도 바울의 견해는 이미 이성과 신앙과의 관계에 대한 문제를 야기시켰었다. 그의 견해는 인간의 이성을 보잘것없는 것, 세속적인 일, 신앙을 통해서 누구나 성령을 지닌 사람에게는 명백하여진 목적을 추구하는 방법과 수단의 발견 등을 하는 데 불과한 것으로 보았었다. 신앙은 아무런 경험적 입증도 요하지 않는 좀더 앞서는 확신에 입각한 것이었다. 그 까닭은, 만일 성령이 어떤 사람 속에 재림하고 그 성령이 하나님에게서 온 것이라고 한다면, 성령이 발견한 것은 조금도 의심할 여지가 없었기 때문이다. 비록 이성과 신앙과의 차이의 문제는 계속되었지만, 이 사도 바울의 견해는 이제 일부 수정이 되었다. 카톨릭 교리에 의하면 성령은 본래 교회를 통해서 말을 하게 되어 있는 것이었다. 교회는 한 개인이 성령을 통해서 계시받을 수 있다는 주장을 배척한 적이 없다. 여러 세기를 통하여 어떤 다른 신비주의자들의 천재적 재능과 마찬가지로 사도 바울 자신의 권위는 감히 부인할 수 없을 만큼 강력하였다. 그러나 교회는 신비주의자들에 대하여, 그리고 그들이 성령에 의한 직접적 교시를 주장한 데 대하여 의심을 품어 왔다. 교회는 성령의 정상적 기능을 교회로 옮겨 놓았다. 교회는 신비적 체험의 효력이 교회라는 공동체의 공식적인 교리들과 실천들을 강화해 주었을 때에는 만족하였다. 그러나 그것은 신비적 생활 방식 속에 엿보이는 개인주의를 두려워해 왔으며, 교회의 규율에서 벗어나는 경향으로 기울어진 모든 신비주의를 파문하여 버렸다.

카톨릭의 교회 이념은, 무엇보다도 지적 생활과 온갖 철학적 사색이 교회의 지배에 예속된다는 것을 의미하였다. 지적 생활은 금지되었던 것이 아니라, 기정적 신앙의 교리상의 입장에 예속하게 되었다. 신앙에는 인간의 지성으로 탐구하여야 할 많은 문제들이 내포되고 있다는 것은 인정되었다. 그러나 신앙 문제의 탐구가 그 신앙을 배척하는 결과를 초래함은 부당하게 생각되었다. 과학자가 암석이나 혜성이나 식물의 생활을 탐구할 수 있는 것과 같이, 신학자는 교리를 탐구할 수가 있다. 그러나 그 과학자가 자기가 탐구하는 대상의 실재성을 거부할 권리가 없는 것과 같이, 신학자는 자기가 밝히려는 교리를 거부할 권리가 없는 것이다.

카톨릭의 교회 이념과 철학과의 역사적 관계에는 더 중요한 것이 있다. 카톨릭의 교회 이념을 인정함은 단순히 모든 합리적 사색에 대한 교리의 우위를 의미하는 데 그치는 것이 아니었다. 또 그것은 얼핏 역설적 사실처럼 보일는지 모르나, 새로운 종류의 합리주의의 대두를 의미하였다. 그 까닭은, 교회에 의해서 인증된 신앙의 교리는 완전한 연역적 추론의 전제로 될 수가 있었기 때문이다.

우리가 만일 의심할 수 없이 확실한 명제들을 가지고 있다고 생각할 때

는, 언제나 우리는 그로부터 3단 논법적 내지 그 밖의 이러한 합리적 추리
에 의해서 결론에 도달할 수가 있다. 이러한 추론에 대해서 우리는 아무런
경험적 증거도 필요하지 않고, 또 결론에 대한 아무런 사실상의 확인도 필
요하지 않을 것이다. 그리고 바로 이러한 철학의 상태가 가톨릭의 교회 이
념을 받아들인 결과로서 초래되었다. 카톨릭의 교회 이념이 지배적인 것이
될수록 철학은, 비록 전적으로가 아니라 대체적으로이기는 할지언정, 계
시된 교리에 의해서 확립된 전제로부터 도출될 수 있는 논리적 결론의 탐
구로 화하였다.

4. 성 아우구스티누스

성 아우구스티누스(St. Augustinus, 354~430) : 북아프리카의 카르타고 남서쪽 소
도시 타가스테에서 출생. 아버지는 로마의 관원으로서 일생 동안 거의 무신앙
인(無信仰人)이었으며, 어머니 모니카는 열렬한 기독교도였다. 그는 카르타고
에서 공부하였으며, 뛰어난 문학적 재능을 보였다. 만년에 쓴 그의 〈고백록
(Confessions)〉에는 자기의 청년 시절을 제멋대로 속되게 지낸 것으로 묘사되었
다. 그러나 대부분의 개종자들처럼 그도 다분히 자기의 개종 전의 시절을 너
무나도 음울하게 서술하였다. 그는 카르타고·로마·밀라노에서 수사학을 가
르쳤다. 밀라노에서 성 암브로시우스의 영향을 받았다. 그는 처음에는 마니교
도들(Manichees)의 유물론적 존재론 및 아카데미 학파의 회의론적 인식론을 인
정하는 편으로 기울어져 있었다. 그러나 20대 초기에, 그는 흔히 일컫는 두 가
지 회개를 하게 되었으니, 그 중에서 나중 것은 먼젓것에서 발전하여 그것을
보충해 준 것이었다. 먼젓것은 주로 지적인 면의 회개로서, 이는 플라톤주의
적인 문헌 —— 대부분이 신플라톤주의적인 종류의 —— 을 읽은 영향이었으
며, 이에 의하여 그는 이데아 내지 비물질적 실체의 실재성에 대한 확고한 신
념을 갖게 되었다. 나중 것은 도덕적 및 실천적 면의 회개로서, 이는 기독교의
영향이 쌓이고 또 그가 신약성경을 읽은 데에서 온 것이었으며, 이로 말미암
아 그는 기독교의 신앙을 전도하고 옹호하는 데 헌신하게 되었다. 이들 두 가
지 회개는 모두가 중요한 지적·철학적 결과를 가지고 있었다. 둘째 것을 그
는 〈고백록〉의 제 8 권에 나오는 유명한 구절에서 극적으로 서술하고 있다. 그
는 391년경에 사제로 임명되었고, 5년 후에는 카르타고에서 가까운 히포의 주
교가 되었다. 그리고 35년간이나 자기 교구의 일에 온갖 열성을 기울이고, 또
놀라울 만큼의 많은 저술을 내어놓았거니와, 그 대다수는 그가 이단이라고 생
각한 것을 논박한 것이었다. 그는 히포시가 반달인(Vandals)들에 의해 포위 공
격을 당하고 있는 동안에 세상을 떠났다.

성 아우구스티누스의 철학적 견해에 있어 서양 사상은 위대한 그 절정의 하나에 도달하였다. 한편으론 이전에는 상반된 사상 조류로 보였던 몇몇 그 전의 철학적 전통을 모아서 비록 불완전하나마 효과적으로 종합하였다. 또 한편에 있어서 그것은 1천 년 동안 이상이나 중세 및 근세의 사상가들의 생각 속에서 현저한 구실을 하게 된 어떤 문제들을 강력히 표명하였다.

성 아우구스티누스는 물론 자기 자신이 전통들을 종합하는 구실을 한다고는 생각지 않았다. 오히려 자기가 진리라고 믿은 것을 체계적·포괄적으로 표현하려고 하였으며, 그 전의 여러 사상 조류들은 자기가 이 진리에 도달하는 데 도움을 주었다고 생각하였던 것이다. 그 전의 여러 사조들의 근본적으로 서로 다른 본질은, 오늘날의 주의 깊은 독자에게는 일찍이 성 아우구스티누스의 눈에 비쳤던 것보다 더 명백하다. 〈독백록(Soliloquies)〉과 같은 그의 초기 저술에서는 플로티노스의 신플라톤주의를 충실히 고수하였다. 거기서 그는 하나님을(플로티노스가 일자에 관해서 말한 것과 같이) 진리요 선이요 지혜라고 보고, 참되고 선하고 슬기로운 모든 것은 '그에 있어서, 그에 의해서, 그를 통해서' 참되고 선하고 슬기롭게 되는 것이라고 하였다. 성 아우구스티누스는 하나님은 영원한 진리와 동일한 것이든가, 또는 이 진리보다 더 뛰어난 것이 있다면 그것이 바로 하나님이라고 말하였다.[14] 이러한 사고 방식에 의할 때, 하나님은 만물의 초시간적인 근거이며, 세계의 형식적 및 궁극적 원인으로서 다루어진다. 그런데 그 후 그의 교구의 사건들을 처리하느라고 분투하는 동안에 씌어진 저술들 속에서는, 거의 본래의 모습 그대로의 신플라톤주의를, 구약 및 신약성경의 유태인적 기독교의 유신론(有神論)으로부터 —— 특히 사도 바울로부터 —— 이어받은 이념의 방향으로 수정하였다. 이제 그는 하나님을 능동적이며 모든 것을 변화시키는 내재적인 성령의 힘이라고 말하였다. 어떤 의미에 있어서 하나님은 여전히 다른 모든 것의 근거이며, 시간을 초월한 것으로 생각되고 있기는 하다. 그러나 그는 비록 초월적인 동력인(動力因 ; efficient cause)일

---

14) "만일 한층 더 탁월한 무엇이 있다면, 그것이 오히려 하나님이다. 그러나 그러한 것이 아무것도 없다면, 진리 자체가 곧 하나님이다." 〈자유 의지론(De Libero Arbitrio)〉, 제 2 권, 제 39 장. Richard McKeon저(著), 〈중세 철학자 선집(Selections from Medieval Philosophers)〉 (New York, Scribner, 1929), Vol I, p. 56.

지언정 동력인으로서 다루어지고 있는 것이다. 그리하여 그 이전의 신플라톤주의는 결코 폐기된 것이 아니라, 의미가 크게 바뀌게 되었던 것이다. 성 아우구스티누스의 기본적인 철학적·신학적 이론들 —— 하나님과 인간에 관한 이론, 죄와 은총과 구원에 관한 이론 등 —— 은 동시에 두 상반되는 입장을 고수하려는 그의 노력에서 나온 것이었다. 그의 사상의 대부분의 미묘성은, 그가 자기의 사상의 바탕이 된 두 전통을 조화시키고자 노력한 지적 기교에 있다고 하겠다.

인식설(認識說)

성 아우구스티누스가 아무리 그 이전의 전통들의 영향을 받았다고 할지라도, 그는 독창성과 창조적 재능도 지니고 있었다. 그는 '내적 생활의 스승'이라고 불리어져 왔다. 그는 변론적(辯論的)인 토론이나 행정적인 일에 천부적 재능이 있었기 때문에, 마음과 의지의 작용을 관찰하고 분석하는 데 자못 능숙하였다. 모든 사람은 누구나 비물질적 내지 정신적 존재로서의 자기 자신의 존재에 대한 직관적 지식을 가질 수 있다고 그는 주장하였다. 사람은 여러 가지 점에서 오류를 범할 수도 있다. 그러나 오류를 범할 때나 혹은 알 때와 마찬가지로 진정으로 의심할 때에 있어서조차도 사람은 절대적으로 자기 자신은 존재한다고 확신할 수가 있다. '나'에 대한 지식은 감각적 경험이나 그 밖의 어떤 것에 의존하는 것이 아니다. 다시 말하면 그것은 직접적이요 의심할 여지가 없는 것이다. 성 아우구스티누스는 이 견해를 유명한 하나의 짧은 구절로 표현하였다. "설령 내가 오류를 범한다 할지라도, 나는 존재한다"(Si fallor sum. Even if I err, I am.).

성 아우구스티누스가 자기 자신의 인식설(認識說)을 형성하는 데 성공하였을 때는, 그리고 오직 그때에야 그는 이론적 회의론의 막다른 골목으로부터 벗어나 있었다. 그리고 그는 자기 개인에게 유용하였던 것은 철학적으로도 꼭 필요한 것이라고 여겼다. 그러므로 그의 철학의 어떠한 체계적 개요도 그의 인식설로부터 시작하는 것이 상책이다. 회의론자들은 보통, 이데아는 그것을 품고 있는 사람의 개인적인 생각이요, 또 감각은 아무도 그것을 외적 대상이 드러난 것이라고 봄은 온당치 못한 주관적 소산에 불과하다고 주장하였다. 성 아우구스티누스는 이러한 회의론적 입장에 대항하여 자기의 인식설을 세웠다.

이 회의론적 입장의 첫째 주장에 반대하여, 성 아우구스티누스는 전형적으로 신플라톤주의 사상을 따라, 이데아는 우리의 마음에 의해서 발견되기에 앞서, 그리고 그와는 관계없이 존재하는 실재적(實在的) 실체라고 주장하였다. 실로 이데아는 그것에 대한 우리의 직관으로써 직접적으로 파악되는 것이지만, 그렇다고 그 이데아 자체는 우리가 그것을 직관하지 않았더라도 사실 아무런 영향도 받지 않는 것과 마찬가지로, 그것에 대한 우리의 직관에 의해서 아무런 영향도 받지 않는다. 이데아는 추론(推論)의 결과가 아니며, 감관(感官)을 통해서나 또는 이데아 자체 이외의 어떠한 것을 통해서도 도달되는 것이 아니다. 이데아에 대한 우리의 직관이나 그것으로부터의 추론은 비록 심적 사실이지만, 그 이데아 자체는 결코 심적 사실이 아니다. 그것은 시간이나 공간 속에 있는 것이 아니며, 따라서 물질적인 사물과는 달리 불변적이다. 성 아우구스티누스가 나중에 부언한 바에 의하면, 그것은 하나님으로부터 오는 '조명'을 받을 때에는 직관 속에서 우리의 마음과 직접 부닥치게 된다.[15] 사람의 마음이 조명을 받으면 그는 이데아를 보게 되고, 그리하여 영원 불변의 진리에 대한 지식을 얻게 되는 것이다. 이 영원한 진리는 이데아와 같이 객관적인 것이다. 그리고 마음에 의하여 만들어지는 것이 아니라 마음에 계시되는 것이요, 따라서 마음에 대하여 권위를 가지고 있는 것이다. 마음은 여러 가지 이데아를 직관할 때마다 변할는지도 모르나 이데아는 변하지 않으며, 따라서 이데아에 관한 진리도 변하지 않는다. 영원 불변의 진리에 대한 지식 —— 이것을 성 아우구스티누스는 지혜라고 불렀다.

회의론적 입장의 둘째 주장에 반대하여 성 아우구스티누스는, 감각(感覺)은 신체의 변화가 마음 속에 일으키는 결과가 아니라, 마음이 신체에 있어서의 어떤 변화들을 자유롭게 택하여 주의해 보는 심적 활동이라고 주장하였다. 물론 인간의 신체는 모든 물체와 마찬가지로, 다른 물체들과의 부단히 변하는 관계 속에 놓여 있으며, 이러한 다른 물체들과의 접촉으로

---

15) 예수회(S. J.)의 Frederick Copleston이 지적한 바에 의하면, "아우구스티누스의 사상에 있어서는 신의 조명이 플라톤 철학에 있어서의 상기(想起)를 대신하고 있다." *A History of Philosophy*(London, Burns, 1950), Vol. II, p. 64.

부터 피동적으로 많은 인상을 받는다. 그러나 마음은 본질에 있어 신체와는 전적으로 다른 것이다. 마음은 단순하고 비물질적인 실체요, 신체는 복잡하고 물질적인 실체이다. 마음은 신체를 이용하고 있는 것이지 신체의 산물이 아니다. 감각도 신체로부터의 영향이 아니다. 감각은 신체 속에 일어나는 변화들 중의 어떤 것에 대한 마음의 주목(注目)이다. 마음은 신체 속에 일어나는 모든 변화를 주목하지는 않는다. 그것은 오직 그 자신의 목적과 관계가 있는 신체적 변화만을 주목한다. 우리가 보거나 듣거나, 또는 어떤 감각을 지니고 있을 때, 우리가 우리의 신체 속에 진행되고 있는 어떤 변화를 드러내는 것이며, 따라서 이러한 변화에 관한 어떤 지식을 획득하고 있는 것이다. 감각은 실로 지식에의 길이다. 그것은 일정한 목적을 가진 활동으로서, 마음의 의도와 그 마음이 관계하는 신체의 상태에 대한 무엇인가를 나타내어 준다. 그러므로 감각은 가장 단순한 형태일 경우에 있어서조차도 이미 지적 및 의욕적 요소들을 지니고 있다. 그것은 은연중에 동물적 신체 및 동물적 신체와 접촉하고 있는 다른 물체들에 관한 판단이다. 이러한 종류의 지식은 사람들로 하여금 유형적인 것들을 다룰 수 있게 하는 데 유익하기는 하지만, 성 아우구스티누스의 견해에 있어서는 그 대상이 한낱 변화의 세계에 속하는 물체에 지나지 않는 것으로서 이데아보다 못하기 때문에, 영원 불변의 진리에 대한 지식보다 가치가 적다. 그러나 그 속에 이데아가 들어 있는 이상, 그것이 진정으로 지식임에는 틀림없다. 왜냐하면 이데아는 비록 그 자체로서는 감각의 세계를 초월한 실체이기는 하지만, 또한 우리가 감관(感官)을 통해서 보는 사물들의 본질이기도 하기 때문이다. 바로 그 때문에 물체의 세계는 감각을 통해서 우리에게 알려질 수가 있는 것이다. 이 이차적인 낮은 종류의 지식에다 성 아우구스티누스는 과학이라는 이름을 붙였다.

성 아우구스티누스의 인식설은 카톨릭의 입장에 교묘하게 맞아들어갔다. 성 아우구스티누스는 카톨릭의 정통적 견해로 된 것, 즉 이성에 대한 신앙의 우위성을 인정하였다. 그러나 그는 결코 이치에 닿지 않는 맹목적 신앙에 찬동하지는 않았다. 그가 주장한 바에 의하면, 알기 위해서는 믿는 것이 필요하다. 왜냐하면 우선 믿기만 한다면 우리는 신과의 접촉, 신으로부터의 조명을 얻을 것이요, 이는 결국 정신적인 것에 대한 지식이 될 것이다. 그리고 또 그만 못지않게 진정으로 온건한 확신을 가지고 믿기 위해서는 이해를 하는 것이 필요하다. 과연 우리는 이해가 없이는 완전한 기독교 신앙을 가질 수가 없다. 사람들은 흔히 자신의 독자적 노력을 통해서 과학이라고 부르는 부류의 지식에 도달할 수 있을 것이다. 이와 같이 성 아우구스티누스는 비록 과학의 존립을 인정하고 시간적·현세적인 사물들에 관한 과학적 탐구를 위하여 여지를 마련하였지만, 그 자신은 이러한 지식을 쌓는 데 정력을 기울이지 않았다. 그는 지혜라고 하는 좀더 높은 종류의 지식은 신의 조명을 필요로 한다고 주장하였다. 그리고 이러한 지식은 신앙의 결과인 동시에 성취로서, 사람들에게 정신적 실재(實在)들이나 하나님에 대한 이해를 가져다 주는 것이다.

하나님과 세계

성 아우구스티누스는 그 자신이 주장한 바와 같이 하나님에 관한 자기의 설(說), 즉 하나님에 관한 건전한 기독교적 교리는 플라톤을 연원으로 하는 철학적 전통과 역사적인 연관을 가지고 있다고 믿었다. 물론 그가 본 플라톤은 플로티노스가 본 플라톤이었으며, 그가 플라톤에서 발견한 하나님의 설은 다름 아닌 플로티노스의 일자의 설이었다. 이 플라톤적 설을 주장함으로써 그 설을 삼위 일체의 신조처럼 들리게 할 수가 있었다. 그는 다음과 같이 서술하였다.[16]

> 하나님에게는 사물을 낳는 힘과 사물을 이해시키는 합리성과, 그리고 인생에 도덕적 질서를 주는 목적이 있다. 왜냐하면 만일 사람이 그 자신에게 있어서 가장 훌륭한 것을 통하여 만물 중에서 절대적으로 가장 고귀한 것 —— 즉 그 분 없이는 어떠한 자연도 생겨나지 못하며, 어떠한 교설도 마음을 밝혀 주지 못하며, 어떠한 행동도 유익한 것이 되지 못하는, 그러한 참되고 지극히 선한 하나님 —— 을 향해 가도록 창조되어 있다면, 그는 만물을 안전케 하는 것 안에서 찾아져야 할 것이며, 만물을 우리에게 명백히 하는 것 안에서 식별되어야 할 것이며,

---

16) *The City of God*, 제 8 권, 제 4 장. 이 장의 서론에서 성 아우구스티누스는 플라톤이 모든 다른 '이교도' 철학자들보다 애호를 받고 있는 것이 당연하다고 말하였으며, 이러한 칭찬을 플라톤 해석에 가장 노련하였던 플라톤주의자들(즉 신플라톤주의자들)에게까지 확대시켰다.

만물이 우리를 위하여 정당화되는 것 안에서 소중히 여겨져야 할 것이기 때문이다.

이 구절은 세계 및 인간에 대한 하나님의 세 가지 관계, 즉 형이상학적·인식론적, 그리고 윤리학적 관계를 거듭해서 강조하고 있다. 그리하여 플라톤적 전통이 성 아우구스티누스에 의해서 이용됨으로써, 플라톤은 기독교의 교리와 일치한다는 신념이 확립되게 되었다.[17]

성 아우구스티누스는 그가 교구를 다스리는 책임을 지게 됨에 따라 플로티노스의 입장과 점점 달라지게 되었다. 그가 저술 활동을 시작한 초기의 하나님 사상은, 플로티노스의 일자의 사상과 같이, 하나님이 존재와 선의 유일한 근원이라는 것이었다. 하나님에 대한 기도문 속에서 흔히 그는 전형적인 신플라톤주의적 언사를 사용하였다.

> 만물을 창조하신 하나님이시어! 무엇보다도 우선 내가 당신께 적당한 소원을 드릴 수 있도록 허락하여 주소서.……하나님이시어! 당신은 제 스스로에 의해서는 있지 아니하는 모든 것을 있게 하시옵니다.……하나님이시어! 당신으로부터 모든 선한 것이 끊임없이 저희들에게로 흘러 나오며, 당신에 의해서 모든 악한 것이 저희들에게서 물러가옵니다. 하나님이시어! 당신의 위에는 아무것도 있지 아니하며, 당신의 밖에는 아무것도 있지 아니하며, 당신이 없이는 아무것도 있지 아니하옵니다.[18]

그러나 성 아우구스티누스는 이처럼 신플라톤주의의 영향을 받고 있음에도 불구하고, 세계나 인간을 하나님으로부터의 유출물(流出物)이라고 보는 데는 동의하지 않았다. 유출설이 기독교 신학 속에(나중에 가끔 스콜라 철학자들에 의해서 도입되었던 것과 같이) 도입되었을 때에는 언제나 그것은 범신론(汎神論)으로 변하는 경향이 있었다. 성 아우구스티누스는 하나님과

---

17) 그 구절은 말씨로 보아 플라톤의〈국가편(*Republic*)〉(509b.)에 나오는 선(善)의 이데아에 대한 토론을 회상시킨다. 그러나 성 아우구스티누스가 플라톤의 영향을 받은 것은 플로티노스나 그 밖의 신플라톤주의자들을 통해서였던 만큼, 성 아우구스티누스가 본 플라톤 철학은 신비적이며 신학적인 성질을 띤 것이었다.

18)〈독백록(*Soliloquies*)〉, 제 1 부, 제 2~4 절.

세계와를 비단 존재성(存在性)의 정도에 있어서뿐만 아니라 그 종류에 있어서도 다르다고 보았다. 그리고 그로 하여금 신플라톤주의를 수정케 한 것은 유태교적 기독교 전통과 그 자신의 개인적 체험이었다. 전자에 의하면, 하나님은 천국과 지상 세계를 창조하였다. 후자에 있어서는, 성 아우구스티누스는 자신 속에, 그리고 자신과 맞서 있는 의지를 생생하게 깨닫고 있었으며, 반항적 의지가 생겼을 순간에도, 호응적 의지가 생겼을 순간에도, 그는 하나님의 의지와 마주친다는 의식을 가지고 있었다. 그리고 성 아우구스티누스가 창조설을 지지한 까닭도 이 설이 의지의 면에서 하나님을 논하고 있기 때문이다. 창조는 기술상 유출과는 다른 것이다. 즉 창조는 하나님의 존재의 형식적 본질로부터 결과되는 것이라기보다 오히려 하나님의 유력한 권능으로부터 결과되는 것이라고 보는 것이다. 그리하여 창조의 이념에는 아무런 범신론의 시사도 내포되고 있지 않다. 성 아우구스티누스가 비록 하나님은 시간을 넘어서 있고, 그러한 의미에서 초월적이라고 하는 신플라톤주의적 전통을 따르기는 하였지만, 하나님과 세계와의 관계를 권능의 면에서 생각한 점에 있어서는 유태교적 기독교의 전통을 따랐다. 플로티노스에 있어서와 마찬가지로 성 아우구스티누스에 있어서도 역시, 확실히 하나님은 세계 안에 내재하는 것이다. 그러나 하나님이 내재한다는 것은 하나님의 실체가 아니라 그 권능이 내재한다는 것을 말하는 것이다. 플로티노스에 있어서 일자는 완전한 존재인 데 대하여, 성 아우구스티누스에 있어서의 하나님은 전능한 의지이다. 플로티노스에 있어서는 적어도 세계가 존재하는 한, 그것은 일자의 존재성을 나누어 가지고 있다고 본 데 대하여, 성 아우구스티누스에 있어서는 세계는 그 발생에 있어서나 그 역사에 있어서나 전능한 의지의 힘을 나타내는 것이라고 보았다. 그리하여 플로티노스가 말한 정신적 세계의 이론은 성 아우구스티누스에 있어서 정신적 권능의 이론으로 되었다.

성 아우구스티누스 이전에는 플라톤적 전통이 세계의 영원 무궁한 근거를 권능과 의지의 면에서 논한 적이 결코 없었다. 이 새로운 견해는 중대한 난점을 지니고 있었다. 그러나 시간과 의식과의 관계에 대한 새로운 이론을 형성함으로써 이 난점을 해결하려고 하였다. 한낱 인간은 그의 유한한 의식의 통일 속에서 어느 범위의 시간을 통일시키고 있다고 지적하였다. 즉 인간은 과거를 기억하며, 현재를 즐기며, 미래를 기대한다──그리고 그는 과거와 현재와 미래(물론 제한된 양의 과거와 현재와 미래)를 의식의 종합 작용 속에 포함한다. 사람이 그의 유한한 의식 속에서 소규모로 하는 일을 하나님은 모든 것을 포용하는 그의 의식 속에서 무한히 큰 규모로 한다. 즉 하나님은 전체의 시간 경과를 영원 불변의 형언할 수 없는 한 시각(視覺) 속에다 간직하고 있는 것이다. 물론 인간은 이 신적인 시각을 가질 수는 없으나, 적어도 그것을 그 자신의 종합 능력 속에 희미하게나마 어느 정도 예시되고 있는 하나의 한계로서 이해할 수가 있다. 하나님에게는 결코 과거도 미래도 없다. 하나님은 시간을 초월해 있는 존재로서 하나의 포괄적인 활동──몇 가지 면에서 보면 창조적인 힘이요, 완전한 지식이요, 성취된 목적인 활동──으로서 전체의 시간 과정을 파악하는 것이다.[19]

성 아우구스티누스의 시간론(時間論)은 고래의 두 기독교 교리, 즉 창조와 섭리를 재론하지 않을 수 없게 하였다. 창조를 어떤 때에, 하물며 먼 옛날 어떤 때에 일어난 한 사건으로 봄은 옳지 못하다. 오히려 그것은 세계의 초시간적 원인과 시간 속에서 일어나는 모든 사건 진행과의 관계에 대한 이름이라 하겠다. 하나님은 변화하는 사물의 세계를 창조함으로써 시간을 창조하였다. 그 까닭은 시간은 변화의 척도이기 때문이다. 하나님은 세계보다 앞서 있었다고 말할 수가 있다. 그러나 이 표현이 아무리 시간 속에서 사는 우리들 피조물에게는 자연스럽다고 할지라도, 연대적(年代的) 의미로 생각되어서는 안 된다. 그것은 논리적 의미로 생각되어야 한다. 즉 세계의 영원한 근거로서의 하나님은 그의 권능의 소산인 덧없는 이 세계보다 논리적으로 앞서는 것이다. 하나님은 시간 속의 어떠한 사건에도, 그리고 모든 그 밖의 사건에도 밀접한 관계가 없다. 그러므로 그의 섭리는 시간의 흐름에 따라 점차로 성취되어 가는 목적이 아니다. 그의 섭리는 오히려 시간의 전체 과정이 총체적으로 파악되어질 때, 그 전체 과정에 의해서 종합적으로 나타나는 세계가 있다는 데에서 볼 수가 있다. 인간의 견지에서 볼 때는, 따로 따로 떨어져 있는 것으로 보이는 개별적 사건 속에 특수

───────────

19) 성 아우구스티누스의 시간론에 대해서는 〈고백록〉, 제 11 권 및 〈삼위 일체론〉을 보라.

적인 섭리가 일어나고 있다고 말할 수도 있을 것이다. 그러나 이러한 예의
특수적 섭리는 그 사건들이 모든 사건의 움직임 속에서 일어남으로써 충분
한 의의를 갖는 것이며, 이 모든 사건들이 집합적으로 가리키는 것이 바로
하나님의 일반적 섭리의 본질이다. 하나님의 섭리에 관하여 성 아우구스티
누스는 다음과 같이 서술하였다.[20]

　왜냐하면 그는 때로는 이것을, 때로는 저것을 하고자 하는 일이 없기 때문이
다. 그러나 하나의 포괄적이며 일관적인 행위로써 그는 자기가 하고자 하는 모든
것을 하고자 한다. 그는 조금씩 몇 번이고, 때로는 이러한 것들을, 또 때로는 저
러한 것들을 하고자 하지 않는다. 그는 자기가 전에는 하고자 하지 않던 것을 나
중에 가서 하고자 하는 일이 없으며, 또 자기가 전에는 하고자 하던 것을 하고자
하지 않게 되는 일도 없다. 왜냐하면 그러한 종류의 의욕은 변하는 것이요, 변하
는 것 치고 영원한 것은 없기 때문이다. 그러나 우리의 하나님은 영원한 것이다.

　성 아우구스티누스는 하나님의 섭리는 인간과 같은 이성적 동물에 있어
서의 선택의 자유와 양립할 수 있다고 주장하였다. 하나님의 섭리에 대한
설은 하나님의 예지(豫知)를 가지고 있음을 인정하도록 요구한다. 그러나
하나님의 예지는 나중에 일어날 어떤 사건을 미리 아는 것을 말함이 아니
다. 이러한 예지야말로 인간을 외적 지배의 제물로 만들어 버릴 것이요,
인간의 선택의 자유가 지니는 도덕적 의의의 대부분을 박탈하여 버릴 것이
다. 성 아우구스티누스는 점술·점성술·예언 및 그 밖의 이러한 미신들에
대한 신념의 근원이 되는 것과 같은 신적 예지의 사상을 비난하였다. 그는
이러한 미신적 신념이나 실천을 악이라고 보았던 것이다. 하나님의 예지는
동시에 전체 시간을 내다보는 하나님의 영원한 시각(視覺)에 비추어서 이
해되지 않으면 안 된다. 하나님의 예지와 인간의 자유와의 관계는 영원한
것과 일시적인 것과의 관계와 같다. 인간에게 있어서는 어떤 것이 먼저이
고 어떤 것이 나중이라는 식으로 계기적(繼起的)인 것도 하나님에게 있어
서는 모두가 무시간적인 하나의 종합 속에 함께 포함되어 있는 것이다. 인
간은 책임을 져야 할 행위자가 되도록 하나님에 의해서 창조되었기 때문에

---

20) 〈고백록〉, 제 12 권, 제 15 장.

진정으로 자유로운 것이다. 안간은 하나님에게 귀의하여 그의 계율에 복종 할 때도, 또 하나님으로부터 외면하고 죄에 빠질 때도 진정으로 자유로운 것이다. 그러나 신의 예지가 인간의 자유와 양립할 수 있는 것과도 같이, 도덕적인 악의 발생은 하나님의 전능한 의지의 정의(正義)와 조금도 모순 되는 것이 아니다. 왜냐하면 만일 하나님의 선택에다 도덕적 의의를 부여 할 수 있는 세계를 바랐다고 한다면, 그는 인간이 자유로이 악도 택할 수 있는 세계를 창조하지 않으면 안 되었기 때문이다. 가령 인간의 모든 행동 이 외적 필연성에 얽매여 진정한 선택의 자유가 없는 세계가 있다고 한다 면, 그러한 세계보다 차라리 악을 허용하고, 따라서 악을 간직하고 있는 세계가 더 좋다고 믿고 있었다.

성 아우구스티누스의 인간관(人間觀) 속에는 물론 악 내지 죄의 본질의 분석이 들어 있었다. 그리고 여기에는 많은 논문에서 애써 다루었지만 결코 완전히 성공은 하지 못한 여러 난점이 있다. 악은 흔히 그가 논한 바와 같이 하나의 신플라톤주의적 개념으로서, 존재의 결핍 내지 타락이다. 우리가 어둠을 보는 것은 오직 아무것도 보지 않음에 의해서뿐이요, 정적(靜寂)을 듣는 것은 오직 아무것도 듣지 않음에 의해서뿐인 것과 같이, 우리가 악한 것은 오직 존재하지 않음에 의해서뿐이다. 이 소극적인 악의 개념은 신플라톤주의적 전통과 일치한다는 점에서 아무리 매력적이라 할지라도 성 아우구스티누스를 전적으로 만족시키지는 못하였다. 죄는 그가 일반적으로 논한 바에 의하면 하나의 유태교적 기독교의 개념으로서, 악의 개념보다 형이상학적인 의의가 적고 심리학적 내지 도덕적 의의가 짙은 개념이다. 즉 죄는 하나의 좀더 적극적인 개념이요, 적어도 인간의 체험 속에 있어서는 매우 적극적인 요소를 지닌 개념이다. 그것은 하나님에의 귀의와는 대조적인 오만·자부·자신에서 오는 도덕적 인격의 퇴폐(頹廢)인 것이다. 성 아우구스티누스는 신플라톤주의식으로 "그러므로 모든 자연은 그것이 존재하는 만큼……확실히 선하다."고 말하였다.[21] 그렇지만 그도 역시 주장한 바와 같이, 도덕적 퇴폐는 존재의 결핍과는 다른 것이다. 그것은 곧 죄를 범하는 데에서 오는 것이다.

---

21) 〈신국론(神國論 *City of God*)〉, 제12권, sec. 5 및 sec. 7

성 아우구스티누스가 악과 죄와의 조정을 성취한 것은 원죄 사상(原罪思想)의 형성에 의해서였다. 사실 이 사상의 연원을 찾아간다고 하면, 기독교 사상을 통하여 사도 바울 자신에까지 올라갈 수가 있다. 그러나 성 아우구스티누스 이전에는, 그가 표현한 것과 같이 힘차고 명백하게 표현되지는 못하였다. 그것은 신플라톤주의의 악의 이설(理說)과 유태교적 기독교의 죄의 이설과의 사이의 논리적 간격에 대한 그의 가장 사려 깊은 인식이었다. 그리고 그것은 이 간격을 연결시키려는 가장 사려 깊은 기도였다. 그러나 성 아우구스티누스는 결코 그의 사상에 애매하고 모호한 점이 없을 만큼 그의 절충적 입장을 확립하는 데 성공하지는 못하였다. 원죄 사상의 진술 속에는 적어도 그가 신플라톤주의적 언사를 사용하여 표현한 형식상으로 볼 때는, 많은 개인과 플라톤적 인간의 이데아와의 사이의 혼동이 내포되고 있다. 예컨대 그는 다음과 같이 서술하고 있는 것이다.[22]

> 하나님은 인간을 올바르게 창조하셨다. 그는 이 세상에 존재하는 모든 자연물(즉 인간성을 비롯한 그 밖의 모든 자연물)의 창조자이시다. 그러나 그들 자연물이 가진 오점(汚點)의 창조자는 아니시다. 그러나 인간은 스스로 타락했고, 따라서 당연히 저주 받은 까닭에 타락하고 저주 받은 자손들을 낳았다.

성 아우구스티누스가 이 글에서 '인간'이라고 말한 것은 물론 아담을 가리키고 있는 것이다. 그러나 아담의 후예로서, 인간성의 구현물(具現物)이라 할 수 있는 모든 인간들에 따르는 타락을 설명하기 위해서 그는 인간을 인간성의 의미로 생각하지 않으면 안 되었다. 특정인(特定人) 아담에 있어서 타락은 바로 죄 자체였다. 그리고 인간의 형식으로 보아서 타락은 존재의 결핍이었다. 생각건대 전자는 후자를 낳았다. 그리고 이러한 인간 형식의 타락으로 말미암아 뒤에 오는 모든 인간들은 이 타락한 형식의 실례를 이루게 된다. 그러나 이 본질의 타락에 의해서 그들이 이끌려 갈지도 모르는 나중의 죄는 고사하고라도, 그 타락이 그들에게는 죄라고 생각되고 있다. 인간은 어떤 공공연한 죄를 범하기 전에도 이미 하나님의 눈에는 죄를 짓고 있는 것이다. 또 인간은 그에게 부여된 부족한 성질에 따르는 행위

---

22) 〈신국론〉, 제 13 권, sec. 14.

속에서 자기가 지은 죄에 대한 책임을 지고 있으며, 그의 본래의 성질이 은총에 의해서 바뀌지 않는 한 결코 구원을 바랄 수가 없다. 인간은 우선 은총을 (적어도 어느 정도) 받고, 그 덕으로 더 이상의 은총을 받기 시작할 만큼 되지 않는다면 은총의 선물을 받을 자격조차 없는 것이다. 하나님은 그의 은총에 의해서 어떤 사람을 구제하고 그 밖의 사람은 구제하지 않는다는 것을 성 아우구스티누스는 경험적인 사실이라고 믿었다. 그러나 그도 분명히 인정한 바와 같이, 그것은 용납하기 어려운, 그리고 하나님의 선한 본성과 조화시키기 어려운 사실이었다. 그는 이 견해의 난점들을, 바른 사람의 구원은 하나님의 자비의 증거이고 악한 사람의 파멸은 하나님의 정의(正義)의 증거라고 주장함으로써 해결하고자 하였다. 그는 부득이할 때에는 비록 우리가 하나님을 공정(公正)하다고는 하지만, 신적인 정의는 인간에게 현재 있는 정의나 마땅히 있어야 할 정의와는 다른 것이라고 고백하였다. 그럼에도 불구하고, 구제 받은 사람들과 파멸된 사람들에 대한 하나님의 관계인 자비와 정의는 하나님의 영광과 위엄을 드러내 보이는 것이라고 주장하였다.

인간의 자유와 죄와 은총의 복잡한 문제들에 관한 성 아우구스티누스의 소론은 그 당시에 있어서와 그 후 수세기에 걸쳐 장구하고 신랄한 논쟁거리로 되었다. 그 당시에 있어서 그의 가장 뚜렷한 반대자는 펠라기우스(Pelagius)[23]였다. 펠라기우스는 원죄(原罪)를 부인하고, 인간의 선택을 하나님의 의지와 무관계한 것으로 봄으로써 난점을 헤쳐 나갔다. 이 견해는 인간의 도덕적 지위를 강조하고, 하나님의 성질로부터 외견상 멋대로 하는 것처럼 보이는 폐해(弊害)를 제거함으로써 윤리적 관심을 만족시켰다. 그것은 역사의 모든 사건들의 배후에는 하나님의 뜻이 있다는 것을 은연중에 부인함으로써 종교적 관심을 저해(沮害)하였다. 성 아우구스티누스는 많은 반펠라기우스적 논문들을 썼으며, 그 다음 두 세기 동안의 연이은 종교 회의에서는 펠라기우스설(說)을 이단으로 몰았다. 그러나 교회의 교리상의 발전사(發展史)에 있어서 종종 그러하였던 것과 같이, 여기서 함부로 이단이라고 몰아 버린 소극적인 선언은 함부로 진리를 시인하는 적극적인 정의

---

23) 한때 교황 사절(使節)이었던 영국의 수도사, 420년경에 별세.

(定義)와 동일한 것은 아니었다.

성 아우구스티누스의 은총의 설은 그의 죄의 설과 같은 난점을 지니고 있다. 여기에서도 그는 자기가 의존하였던 두 전통을 종합하려고 힘썼다. 신플라톤주의식으로 은총이라는 것을, 원죄의 결함을 극복하는 존재의 충실이라고 생각하였다. 존재는 선한 것이며, 따라서 온갖 사물도 그것들이 존재하는 한 선한 것이니만큼, 존재의 충실성이 더해 가는 사람일수록 점점 하나님의 마음에 들게 되는 것이다. 그러나 유태교나 예수의 가르침에 따라서 은총을 하나님이 자기들의 죄를 충분히 회개하는 사람들에게 기꺼이 베푸는 관용이라고도 생각하였다. 은총은 전자의 전통에 있어서는 신성함의 조건이며, 후자의 전통에 있어서는 신성함에 대한 포상이다. 성 아우구스티누스는 때때로 이 두 견해에 모두 동의하여, 은총을 신성함의 조건으로도 결과로도 보았던 것이다. 세월이 지남과 더불어 교회의 권위를 강조하는 일이 실제로 중요하여짐에 따라, 그는 종교 생활에 있어서 성례(聖禮)의 구실을 역설함으로써 이론적 난국을 완화시키는 데로 기울어져 갔다. 대부분의 사람들이나 실제적인 목적에 대하여 신의 은총이 내리는 것은 성례를 통해서인 것이다. 교회의 성례 식전을 통한 신비적 하나님 숭배에 의해서 사람들은 즉시로 결의가 굳어지며, 신의 애호를 다시 받게 된다. 하나님과의 신비적 교섭은 동시에 형이상학적 변형이요, 도덕적 재생이다. 성 아우구스티누스는 우리는 알기 위해서 믿어야 한다는 자기의 주장을 결코 잊어버리지는 않았다. 그는 하나님의 무한한 신비의 이해가 완전한 것이라고는 생각지 않았다. 그리하여 철학적 분석이 인간의 의무와 특권의 전체는 아니며, 바로 그것이 가지는 난점들에 의해서 때때로 기도 행위를 하게 된다는 것이다. 예컨대,[24]

오! 주여. 나는 의심이 아니라 확신하는 마음으로 당신을 사랑합니다. ……그러나 내가 당신을 사랑할 때, 내가 사랑하는 것은 무엇이겠습니까? 과연 우리의

---

24) 〈고백록〉, 제 10 권, 제 6 장. 성 아우구스티누스가 쉽사리 분석으로부터 기도로 전향한 사실은, 성아우구스티누스의 철학이 수사학으로부터 탄생하기가 무섭게 곧 권위에 싸여 버렸다고 한 산타야나의 진술 —— 오히려 과장이라고 하는 편이 좋겠지만 —— 을 어느 정도 정당화하는 것이라고도 하겠다.

눈을 즐겁게 해주는 육체의 아름다움도, 어떤 순간의 영광도, 빛의 광채도 아니요, 온갖 노래의 감미로운 선율도 아니요, 꽃이나 기름이나 향료의 향기도 아니요, 꿀과 같이 달콤한 맛도 아니요, 정열적인 포옹에 도취하게 하는 사지(四肢)도 아닙니다. 내가 하나님을 사랑할 때 나는 그러한 것들을 사랑하지 않습니다. 그러면서도 하나님을 사랑할 때는 나는 일종의 빛, 일종의 소리, 일종의 향기, 일종의 맛, 그리고 일종의 포옹을 사랑합니다 —— 그것들은, 즉 나의 내적인 인간의 빛이요, 소리요, 향기요, 맛이요, 포옹이니, 거기에서는 어떠한 공간 속에도 있을 수 없는 무엇이 나의 영혼 속에서 비치며, 거기에서는 시간이 휘몰아 갈 수 없는 무엇이 메아리치며, 거기에서는 숨결이 발산할 수 없는 무엇이 향기를 풍기며, 거기에서는 아무리 먹어도 줄지 않는 무엇이 풍미를 가지고 있으며, 그리고 거기에서는 포만에 의해서 파괴되지 않는 무엇이 확고하게 남아 있습니다. 이것이 바로 내가 하나님을 사랑할 때 사랑하는 대상입니다.

역사 철학

성 아우구스티누스의 저서 중에서 가장 주목할 만하고 가장 후세에 많은 영향을 미친 것의 하나는, 〈신국론(The City of God)〉이라 하겠다. 이 책에서 성 아우구스티누스는 진기하고 재미있는 많은 객담과 더불어 그의 변신론(辯神論), 즉 기독교적 역사 해석에 대한 변호, 혹은 인간의 불행과 죄를 다스리는 하나님의 방법에 대한 변호를 진술하였다.

〈신국론〉은 시대에 알맞은 저서였다. 콘스탄티누스 황제는 313년 밀라노 칙령으로써 기독교를 법석으로 공인하였으며, 이로써 기독교를 로마 제국 안의 많은 이교(異敎)들과 동등한 지위에 올려놓았다. 그러나 제 4세기에는 혼란기가 뒤따랐다. 즉 제국은 약화되고, 로마의 권세는 기울어졌으며, 외방인의 침략이 일어나고, 제국이 동서로 분열되었다. 교회는 도나투스파·아리우스파·펠라기우스파 등과 같은 이단설(異端說) 및 날카로운 정치적 각축에 의해서 사분오열되었다. 360년 경 율리아누스 황제는 이교 신앙을 부활시키고자 시도하였으며, 20년 혹은 그 이상 동안 기독교에 대한 적대 행동이 성행하였다. 388년에 로마 원로원은 로마의 공적인 종교로서 유피테르의 숭배를 인정하느냐, 아니면 그리스도의 숭배를 인정하느냐에 관하여 논쟁을 거듭하였다. 그리고 393년에 황제 테오도시우스 1세는 이교 신앙의 의식을 금지하였다. 2년 뒤에 서(西)고트인들은 다뉴브강을 건너서 제국의 영토의 거대한 지역 너머까지 유린하였다. 시인 프루덴티우스는 그리스도와 그를 따르는 신도들 때문에 하나님은 로마 시를 외방인들의 파괴로부터 구하였다고 주장하는 논설들을 썼다. 그러나 410년에 고트인들은 로마를 침략하였다. 로마 및 제국 안의 그 밖의 곳의 많은 사람들은 한결같이 "로마는 기독교 시대에 멸망하였다."고 외치기 일쑤였다. 프루덴티우스의 변호보다도 더 힘있고 생생한 기독교의 변호가 명백히 요청되었다. 성 아우구스티누스는 413년부터 426년까지의 사이에 쓴 〈신국론〉 62권 속에서 이 변호를 하려고 하였던 것이다. 그의 변신론은 그의 고향 히포 시에 대한 반달족의 침략에도 불구하고, 로마 제국의 쇠퇴와 몰락에도 불구하고 쇠멸(衰滅)하지 않았으며, 그 뒤의 전 서구 문명 시대를 통하여 가장 널리 인정된 역사 철학의 하나로 되어 왔다.

성 아우구스티누스에 의하면, 역사는 대립하는 두 힘――지상의 나라와 천상의 나라――의 끊임없는 싸움이다. 이 싸움의 실례는 얼마든지 들수가 있다――즉 카인과 아벨, 홍수와 노아, 서민과 선지자, 헤롯왕과 예수, 현세와 재천 교회(在天教會) 등. 이들 각 실례에 있어서 전자의 특색은 잔인·오만·강탈·방탕이며, 후자의 특색은 믿음·희망·자비이다. 싸움은 시간의 시초와 더불어 시작되었으며, 최후의 심판까지 계속될 것이다. "이 두 나라는 현시대에는 얽혀 있으며, 장차 최후의 심판에서 분리될 때까지 서로 뒤섞여 있을 것이다."[25]

지상의 나라는 흔히 국가 속에 나타난다. 그 까닭은 국가는 흔히 탐욕적이고 천박한 야심을 특징으로 하기 때문이다. 그리고 천상의 나라는 교회속에 가장 잘 나타나 있다. 교회는 많은 훌륭한 사람들의 거처이기 때문이다. 그러나 성 아우구스티누스는 결코 국가를 지상의 나라와 동일시하거나 교회를 천상의 나라와 동일시하려는 것은 아니었다. 그는 교회와 국가와의 관계에 대한 이론을 보여 주고 있는 것이 아니었다. 다만 후세에 가서야 뚜렷하게 된 문제를 다룰 기회를 갖지 못하였던 것이다. 국가는 훌륭한 제도일 수가 있고, 또 때로는 그럴는지도 모른다고 그는 믿었다. 과연 국가는 인간의 번영을 위하여 필요한 제도요, 원죄와 사악한 사람들의 악행 때문에 필요한 제도이다. 키케로의 〈국가(res publica)〉의 개념에 대한 성 아우구

---

25) 〈신국론〉, 제 1 권, sec. 35.

스티누스의 공명적인 분석에 의하면, 국가란 이해를 공통으로 하며 법의 지배를 받는 사람들의 공동체이다. 만일 국가라는 것이 지상의 나라와 같은 뜻이라면, 기독교도가 시민으로서의 직업을 갖는다든가 시민의 의무를 진다든가 하는 것은 정당치 못하다고 해야 할 것이다. 기독교도 자신이 도나티스트(Donatist)들을 억압하는 데 있어서 국가의 힘에다 도움을 호소하였던 것이다. 이 세계의 물질적 사물들은, 만일 바르게 사용되기만 한다면 결코 악한 것이 아니다. 그리고 정부도 만일 옳게 운영만 된다면 지상의 나라에 굴종하지는 않는다. 국가의 존재는 이 세계의 악에 의해서 필요하게 되었지만, 국가의 활동은 반드시 악한 것은 아니다. 성 아우구스티누스는 플라톤이나 아리스토텔레스가 가졌던 정치 생활의 존귀성에 대한 날카로운 의식을 분명히 결여하고 있었다. 그러므로 그는 사람들에게 정치적인 직책을 맡을 기회를 찾는 데 골몰하라고 권하지는 않았던 것이다. 그러나 그는 기독교의 원리에 따라 활동하는 종류의 국가나 정부는 이를 존중하였다. 그가 역사상의 것이든 그 당시의 것이든 국가와 정부를 항상 비난한 까닭은, 그것들이 보통 그러한 활동을 하고 있지 않다는 것을 경험적으로 관찰하였기 때문이다. 국가의 성원(成員)이나 지배자가 기독교의 원리를 배우는 것은 오직 교회의 교시를 통해서뿐이기 때문에, 그는 교회를 국가보다 고귀한 제도라고 보았던 것이다.

마찬가지로 천상의 나라는 지상 교회(地上敎會)와 동일한 것이 아니다. 성 아우구스티누스는 만일 그가 많은 반대 논문을 쓴 바 있는 바로 도나티스트의 교회 이론을 채용하지 않았더라면, 그 입장을 주장하지 못했을 것이다. 성 키프리아누스에 있어서와 마찬가지로 그에게 있어서도, 교회는 구원의 방주인 것이요, 결코 선민(選民)의 단체는 아닌 것이다. 재천 교회(在天敎會)에는 누가 있고 누가 없는지를 아무도 알지 못한다. 오직 전지 전능한 하나님만이 그것을 알 뿐이다. 현세의 교회에는 바른 사람, 바르지 못한 사람 할 것 없이 모두가 포함되고 있다. 교회를 제외하고는 손쉬운 구원의 수단은 없는 것이요, 오직 교회를 통해서만 구원은 가능하게 된다. 그러나 교회 안에는 구원을 받지 못할 사람도 많이 있다. 교회는 비록 그 신봉자들의 집단으로서는 불완전하지만, 그럼에도 불구하고 그 신적인 연원(淵源)과 신성한 지위 때문에, 모든 현실의 제도 가운데에서 천상의 세계에 이르는 가장 가까운 것이다. 국가와 교회 사이의 모든 논쟁에 있어서, 성 아우구스티누스가 공명(共鳴)하고 가르친 바는 당연히 교회의 편이었다. 그러나 최후의 심판까지 교회의 문 안에서도, 비록 비참의 정도는 덜할지언정 그 밖의 현실 세계의 좀더 타락한 혼란 속에 있어서와 마찬가지로 정작 지상의 나라와 천상의 나라와의 싸움은 계속되어 갈 것이다.

플라톤 · 플로티노스 및 성 아우구스티누스

　고대에 있어 플라톤 · 플로티노스 및 성 아우구스티누스, 이 세 사람은 더 적당한 말이 없어 플라톤적 전통이라고 불러도 좋음직한 전통의 역사상 가장 위대한 인물들이다. 그러나 제 4 · 5세기까지는 플라톤의 진정한 가르침은 신플라톤주의적 언사(言辭)와 신플라톤주의적 개념들로 가려져 버리고 있었다. 성 아우구스티누스의 천재적 재능은 철학적으로 빈틈없는 신플라톤주의적 전통과 그보다는 훨씬 더 단순하고 거의 소박한 유일신교(唯一神敎)인 유태교적 기독교의 전통(이들 두 전통은 각각 학자들의 학구적인 기독교와 대중의 통속적인 기독교가 그리로 돌아가는 경향이 있는 전통이 있었거니와)을 결합시킨 데 있었다. 비록 그는 완전한 성공은 거두지 못했을지언정, 자못 능란하게 그 두 전통을 결합시켰다. 그리고 성 아우구스티누스가 결합시키고자 한 이 두 전통은 서로 혜택을 주고받고 하였다. 유태교적 기독교의 전통은 그 확고한 일신교 사상(一神敎思想)과 예수의 말에 대한 신뢰로써 신플라톤주의를 나중에 이 학파의 저술가들에 이르러 더욱더 빠져들어간 마술이니 예언이니 미신이니 하는 따위의 터무니없는 짓으로부터 벗어나게 하였다. 신플라톤주의의 전통은 그것이 지니고 있는 합리성과 지적 생활의 영광에 대한 강조로써 기독교를, 교육을 받지 않은 몇몇 기독교 지도자들에 의해서 기독교가 빠져들어가는 경향이 있던 반지성주의(反知性主義), 분별없는 독단주의, 난폭한 독재주의 등의 조야성(粗野性)으로부터 벗어나게 하였다. 이들 2대 전통의 어느 정도의 종합을 성취함에 있어 성 아우구스티누스에게 막대한 도움을 준 것은 세계의 지혜의 보고(寶庫)로서의 교회의 개념, 즉 아무리 성 키프리아누스에 의해 많이 변하였다고 할지라도 로마 제정(帝政)의 이념에 의해서 후세에 유산으로서 남겨진 개념이었다.

플라톤, 플로티노스 및 성 아우구스티누스는 비록 플라톤적 전통의 역사상 상호 의존의 관계에 있는 3대 인물이기는 하지만, 그 전통의 전혀 다른 세 형태를 나타내고 있다. 다소 불충분하지만 간략하게 말한다면, 이들 세 형태는 다음과 같다고 하겠다. 플라톤은, 인간의 자연적 소질과 능력의 이상적 실현을 명확하게 해주는 정신적 가치의 직관(直觀)에 대한 역사상의 전거(典據)이다. 플로티노스는, 유한한 존재들의 표면적 다양성에도 불구하고 만물은 모든 것을 포괄하는 하나의 정신적 세계 안에 각기 지위를 가지고 있다는 이론에 대한 역사상의 전거이다. 성 아우구스티누스는, 개인이나 민족의 생명의 온갖 변화를 초월하여 지혜롭고 선한 한 정신적 권능자가 있다는 신앙에 대한 역사상의 전거이다. 정신적 가치니 정신적 세계니 또는 한 정신적 권능이니 하는 것은 서로 배척하거나 필연적으로 모순되는 논제는 아니다. 그것들은 서로 구별지을 수 있는 논제들이다. 또 직관·이론 및 신앙은 서로 모순되는 일들이 아니다. 그것들은 그 중의 어느 하나를 다른 것들보다 근본적으로 더 중시하는 사람들에게는 구별지을 수 있는 성질들을 드러내 준다.

제 5 장 중세 초기

1. 스콜라 철학의 본성(本性)

위(僞) 디오니시우스(Pseudo-Dionysius) : 서기 500년경에 많은 저작을 내놓은 어떤 기독교 저술가에 대해서 현재 이 이름이 쓰이고 있는데, 이 사람이 누구인지는 분명치 않다. 이 저작들은 디오니시우스 아레오파기테(Dionysius the Areopagite)가 쓴 것으로 되어 있는데, 이 사람은 사도 바울이 아테네에서 기독교로 개종시킨 사람이다(사도행전 17 : 34 참조). 이 저작들에는 〈신비 신학론(神秘神學論 ; *Mystical Theology*)〉·〈신명론(神名論 ; *Divine Names*)〉·〈천상 계위론(天上階位論 ; *Celestial Hierarchy*)〉 같은 제목이 붙어 있다. 이 저작들은 일종의 신플라톤주의를 그 내용으로 하고 있고, 또 프로클로스의 영향하에 시리아에서 저술된 것으로 짐작된다.

아니키우스 만리우스 세베리누스 보에티우스(Anicius Nanlius Severinus Boethius, 480 ~524) : 정치계에서 높은 지위를 가졌던 로마 사람이요, 또 박식한 학자로 고트족의 왕에게 붙잡혀 옥에 갇혔다가 처형되었다. 그가 감옥에 있을 때에 쓴 〈철학의 위안(*The Consolations of Philosophy*)〉은 중세와 근대에 거의 기도서로 사용되었다. 좀더 철학적으로 중요한 저술로는 아리스토텔레스의 논리학에 관한 책들을 번역한 것이 있고, 또 아리스토텔레스의 논리학에 대한 포르피리우스의 〈해설(解說 ; *Introduction*)〉을 주석한 것이 있다. 그를 기독교도로 보아야 하느냐, 그렇지 않으면 이교도로 보아야 하느냐 하는 문제는 〈삼위 일체(三位一體 ; *The Trinity*)〉에 관한 세 논문이 정말 그의 것이냐 아니냐에 달려 있다.

알쿠이누스(Alcuinus, 730~804년경) : 요크에 있는 학원에서 공부하였다. 찰스 대제(샤를마뉴)의 청으로 팔라틴 학원의 원장이 되었다(782~796)〔이 학원은 나중에 찰스 독두왕(禿頭王)에 의하여 파리로 옮기게 된학원으로서, 1215년에 파리 대학에 통합된 여러 학원 가운데의 하나이다〕. 그는 만년에는 투르에 있는 성 마르텡 수도원의 원장을 지냈다.

페트루스 롬바르두스(Petrus Lombardus, 1100~1160년경) : 파리의 사교(司敎)가 된 이탈리아 사람이다. 그의 〈명제집 4권(命題集四卷 ; *Four Books of Sentences*)〉은 널리 알려져 있다. 이 책은 12세기 중엽에 저술되었다.

성 아우구스티누스가 죽은 뒤로부터 찰스 대제의 통치에 이르는 네 세기는 서양 문명의 역사에 있어서, 이만한 기간의 어느 다른 시기보다도 철학 방면에서 덜 생산적이었다. 6세기의 처음 4반기에 뛰어난 사람이 둘 있는데, 곧 디오니시우스와 보에티우스이다. 이들은 각각 플라톤과 아리스토텔레스의 전통을 대표하며, 무엇보다도 이 전통을 중세에 전달하는 교량의 역할을 하고 있다는 점에서 중요하다. 그러나 이 두 사람을 빼놓으면, 이 네 세기는 철학적으로 거의 보잘것이 없다. 이 네 세기는 그야말로, 흔히 불리고 있는 것과 같이 암흑 시대이다. 4세기에 로마 제국에 침입하기 시작한 야만 민족들은 계속하여 엄청난 수효로 변경을 침노하고, 마침내는 이탈리아 본토에까지 쳐들어왔다. 군사 면과 정치 면에서의 로마의 권위는 쇠퇴하였다. 이 쇠퇴와 함께 학문과 미술은 조락하였다. 서양 문명의 희랍적 로마 시대는 종말을 고하고 있었던 것이다.

서양 문명이 다시 한 번 꽃피기 시작했을 때는 그 무대가 이젠 지중해 주변이 아니었고, 오히려 그 서쪽과 북쪽이었다. 희랍을 정복한 로마 사람들이 희랍 사람들에게 배워야 했듯이 로마 제국을 약탈하고 붕괴시킨 야만인들은 사방에 흩어진 사원(寺院)이나 수도원에서 희랍적 — 로마 문화의 명맥을 유지하고 있었던 사람들에게서 배우지 않으면 안 되었다. 야만 민족들은 강한 체력과 기력을 가지고 있었으며, 이 체력과 기력은 일단 오랜 훈련으로 연마되기만 하면 놀라운 결과를 가져올 수 있는 것이었다. 그러나 그저 단순히 희랍적 — 로마 문화의 부흥이 일어난 것은 아니다. 야만 민족들은 문학이나 철학에서 이렇다 할 만한 지경에 이르기도 전에 기독교화되었고, 혹은 적어도 명목적으로는 기독교도가 되었다. 비록 그들 문화의 여러 가지 사상과 기술이 고전 문화를 이은 것이기는 해도, 이 사상들과 기술들을 적용해서 해석한 주제는 기독교 신앙의 내용이었다. 그리하여 서양 문명에는 하나의 완전한 새로운 시대가 시작된 것이다.

암흑 시대는 차츰 물러가고, 이른바 중세가 왔다. 중세로의 이행은 길고 힘든 것이었고, 그 진보는 고르지 못하였다. 그 전진의 여러 단계는 학원들의 창설로 마치 이정표처럼 가려 볼 수 있다. 맨 처음에 취해진 것은, 787년에 찰스 대제가 영토 안에 있는 수도원들에다 학원을 부설하고 뒷받침해 주는 칙령을 내린 때였다. 이 학원들에는 이상하게도 교사들이 넉넉히 있었는데, 이 교사들은 간혹 서양 세계의 변방에 있는 지방에서 온 사람들이었다. 또 이 시대의 처음 여러 세기에는 기독교 지도자들에 의해 전도의 사명을 띤 몇몇 탐험대가 로마제국의 가장 먼 변두리에 파견되었다.
이 전도 사업은 이윽고 여러 사원을 설립하는 계기가 되었거니와, 이 사원
들은 야만 민족들의 침입으로 말미암아 열리게 된 제국 내의 대로들로부터
멀리 떨어져 있었기 때문에 이 사원들 속에서 고대 문화에 대한 지식과 학
문이 어느 정도나마 다음 세대로 전달되고 보존되었다. 그 후 8세기와 9세
기에는 전도하는 노력의 방향이 바뀌어져, 결국 좀더 중심적인 지역들이
자기네가 알고 있는 세계의 가장 변두리에 있는 곳으로부터 지적 원조를
받아들이기 시작하였다. 〈찰스 대제의 행적(*The Acts of Charles the Great*)〉이라
는 책 속에 있는 다음과 같은 구절에, 설령 학원 설립 운동의 사실대로의
엄밀한 역사라고는 할 수 없을지언정, 이 학원들의 설립 배후에 있는 이상
주의적 열정이 잘 그려져 있다. 이 책은 9세기 말엽에 어떤 프랑스인 수도
사가 쓴 연대기이다.[1]

천하에 이름 높은 찰스 대제가 홀로 세계의 서방에 군림하기 시작하였고, 학문
연구가 어디서나 거의 무시되어 참된 하나님에 대한 숭배가 쇠퇴하였을 때 마침
아일랜드로부터 온 두 스코틀랜드 사람이 영국 상인들과 함께 골 지방 해안에 상
륙하였다. 이 두 사람은 성경에 대해서는 물론 고속(古俗) 학문에도 비길 데 없이
학식이 풍부하였다. 이 두 사람은 팔 물건이 하나도 없었으므로, 물건을 사러 온
사람들에게 자꾸만 "지혜를 원하는 사람은 누구나 우리에게 와서 지혜를 받으시
오. 우리는 지혜를 팝니다."라고 외쳤다. 이들이 그렇게 오래 계속해서 외치고
있자 마침내 이를 이상하게 여기고, 또 이들을 미친 놈들이라고 생각한 어떤 사
람이 항상 지혜를 사랑하였고, 또 누구보다도 지혜를 원하였던 찰스 대제에게 이
소식을 전하였다. 그러자 대제는 즉시 이들을 궁정에 불러다 묻기를 "보고를 통
해 들은 대로, 너희가 정말 지혜를 가지고 있느냐?"고 물었다. 이들은, "예, 그
렇습니다. 우리는 지혜를 가지고 있사오며, 주님의 이름으로 그것을 올바르게
구하는 사람에게는 누구에게나 그것을 나누어 드립니다."라 하였다. 그러자 다
시 대제가 "지혜를 주는 대신에 너희가 바라는 것이 무엇이냐?"고 묻자, 이들은
"그저 적당한 처소(處所)와 고귀한 영혼, 그리고 우리가 여행하는 데 필요한 물
건, 즉 음식물과 우리 몸에 입을 옷이올시다."라 대답하였다. 이 말을 듣고 대제
는 크게 기뻐하여, 처음 얼마 동안은 이들을 그의 궁궐에 머물게 하여 융숭하게

---

1) R. L. Poole, *Illustrations of the History of Medieval Thought*(London, Williams and Norgate, 1884),
   pp. 16~17에서 인용.

대접하였다. 그 후 그가 전쟁으로 바쁘게 되자, 그는 이들 중 클레멘트라고 하는 사람에게 골 지방에서 살도록 명하였다. 그리고 이 사람에게 가장 귀한 계급과 중류 계급, 또 가장 낮은 계급으로부터 각각 수많은 소년들을 뽑아 맡겨 가르치게 했고, 명령을 내려 이들이 필요한 대로 얼마든지 식료품을 공급하고 좋은 집에 거처하게 하였다. 다른 한 사람은 이탈리아에 파견하여 티치노 강변의 도시 가까운 곳에 있는 성 오스틴 수도원장으로 임명하여, 학문을 닦으려는 사람들이 모여 그에게 배우도록 하였다.

이 이야기의 세세한 점은 신빙할 것이 못 될는지 모르지만, 학원을 설립한 사람들과 또 거기서 가르친 교사들의 의도한 바를 아주 충실히 그려 낸 것이라 할 수 있을 것이다. 찰스 대제는 알쿠이누스를 요크로부터 그의 궁정으로 데려와서 투르에 학원을 세우게 하였고, 또 이 학원으로부터 많은 교사들이 배출되어 다른 여러 곳에 학원이 서게 되었다. 이 학원들은 거기서 가르치는 어느 한 교사 혹은 여러 교사의 능력과 명성을 따라 혹은 번성하기도 하고 혹은 소멸하여 버리기도 하였다. 그리하여 요크와 캔터베리에 학원이 서게 되었고, 파리·클뤼니·랭스·샤르트르에도 섰으며, 뒤이어 뮌헨과 잘츠부르크에도 섰고, 로마·나폴리·파두아·볼로냐, 그리고 플로렌스에도 섰다. 12세기와 13세기 동안에 이 학원들 가운데의 몇 개는 대학으로 발전하였고, 이 대학들은 나중에 따로따로 분리된 여러 학부(법학부·의학부·신학부 같은)로 구성되게 되었고, 또 규정된 학업을 마친 학생들에게는 학위를 수여하였다.

중세 초기(즉 9세기로부터 12세기까지) 학원들의 교과 내용은, 교육에 필요한 설비와 인재(人材)가 있는 한 널리 인정된 표준에 따르는 것이 보통이었다. 그것은 두 개의 큰 부분으로 나뉘어져 있었다. 3학과(trivium)는 세 개의 기본적이고 예비적인 과목, 즉 문법·수사학 및 이론학으로 되어 있었다. 4학과(quadrivium)는 3학과보다 좀 정도가 높은 네 과목, 즉 산술·기하학·물리학 및 음악으로 되어 있었다.[2] 그리고 날이 갈수록 더욱 '모든 학

---

2) 여기에서 '물리학'과 '음악'이란 말은 희랍어의 의미에서 쓴 것이다. 즉 '물리학'은 자연 과학(natural sciences)을 의미하고 '음악'은 교양학과(liberal arts)를 의미한다. 다른 의미에서의 '음악'은 일곱 가지 교양학과 가운데 하나이다.

문의 여왕'이라고 일컬어지게 된 철학은 으뜸가는 합리적 정신으로, 또 다른 모든 학문이 거기서 절정에 도달하는 하나의 종합으로 생각되었다. 벽을 장식할 그림이나 부각(浮刻)에다, 혹은 예배당이나 사원의 전면에다 여러 학과목을 상징적으로 묘사할 때, 철학은 흔히 한 아름다운 처녀로 그려졌는데, 그 처녀의 머리는 구름들 사이에 있고, 또 그 손에는 사다리를 들고 있다. 지식을 갈구하는 사람들은 이 사다리로 높이높이 하늘을 향해 올라갈 수가 있다는 것이다. 그리하여 철학은 신학과 밀접한 관계를 가지게 되었다. 그 까닭은 신학도 역시 천상의 것들에 관한 학문이기 때문이다.

'스콜라 철학'이란 말은 중세 사상가들의 철학적 사색에 대해서 쓰이게 된 말로서 적절히 사용된 용어라 하겠다. 그러나 이 말은 근대에 이르러서 가끔 불명예스럽게 사용되었으므로, 이 말을 이 불명예로부터 건져 내는 것이 필요하다. 16세기와 17세기의 철학자들은, 비과학적이고 백해 무익한 것으로 여겨진 중세 철학으로부터 획기적으로 갈라진다고 자신만만하게 생각하고, 그들의 추종자들로 하여금 스콜라 철학을 이론만 캐어묻는 것, 쓸데없이 말재간만을 부리는 것, 그리고 백성을 어리석게 하는 몽매주의(蒙昧主義) 등과 같은 말의 동의어로 보도록 지도했다. 중세 철학에 대한 이와 같은 역사적으로 아주 부당한 태도는, 누구보다도 프랜시스 베이컨에 기인하는 것이긴 하지만, 또한 데카르트와 로크 같은 사람들에게도 기인하는 바 없지 않다. 그런데 이 태도는 적어도 프로테스탄트의 주변에서는 19세기까지 고스란히 계속되어 왔고, 또 어느 정도까지는 20세기까지도 내려오고 있다. 그러나 '스콜라 철학'이란 말은, 그 정당한 의미에서는 중세의 여러 학원에서 생활하고 일한 모든 사람들의 철학적 성찰을 가리키는 말이다. 스콜라 철학은 어떤 하나의 철학적 이론 체계, 혹은 하나의 한결같은 철학적 발전 노선이 아니다. 그것은 근세 철학이 그러한 것과 마찬가지로 여러 개의 철학이요, 다만 중세를 이루는(9세기로부터 14세기에 이르는) 약 6세기 동안 그때의 학문의 중심이었던 학원(스콜라)과 연결되어 있는 것이 그 공통점이었다. 이 여러 개의 철학들 속에는 가끔 서로 대립되는 철학적 입장들이 있었고, 또 여러 가지 서로 다른 전제들, 여러 가지 서로 다른 방법들, 그리고 여러 가지 서로 다른 결론들이 많이 있었다. 학원들의 모든 사색 활동은 카톨릭 교회의 보호 밑에 이루어졌고, 대체로 기독교 신앙의 교리에 일치하는 것이었으나, 그러면서도 중세는 다채 다양한 철학적 견해들을 산출하였다.

그러나 중세의 모든 다양한 철학을 일관하는 하나의 변함없는 태도를 뚜렷이 볼 수 있는데, 그것은 곧 권위에 대한 깊은 존경과 이 존경에서 당연히 나오는 결과로서, 위대한 희랍의 사상가들, 교회에 속하는 희랍과 라틴계의 교부(敎父)들, 그리고 성경 구절들을 걸핏하면 끌어대는 태도였다. 그리고 이런 것을 끌어댈 때, 그들은 경의를 표시하는 것이 보통이었으니, 이 존경심 내지 경의가 근세초의 많은 비평가들에게는 지적 노예성, 혹은 맹종으로 보였다. 그러나 사실 그것은, 중세의 뛰어난 저술가들은 누구나 모두 그런 것은 아니었다. 그것은 오히려 그 당시 학원에 널리 퍼져 있었던 두 가지 정신적 특성의 표적이었다.

첫째로 권위에 대한 중세인의 존경은, 철학이란 것을 철학에 의하여 산출된 문제가 아니라 철학에게 주어진 문제를 이해하고 해명하려는 노력이라고 믿는 확신에서 우러나왔다. 아우구스티누스는 이미 신앙은 이성의 밝은 빛을 필요로 하기는 하나, 또한 그것은 이성이 작용할 재료들을 이성에게 주는 데 필요한 것이라고 주장한 바 있었다. 이 주장은 그의 후계자들에 의하여 자주 되풀이되었다. 가령 성 안셀무스(St. Anselmus)가 다음과 같은 글을 쓴 것은 성 아우구스티누스의 입장을 재확인하는 데 지나지 않았던 것이다.[3]

나는 믿기 위하여 이해하려는 것이 아니라, 도리어 이해하기 위하여 믿는 것이다. 이런 까닭에 나는 또한 내가 믿지 않으면 이해하지도 못한다는 것을 믿는다.

다시 말하면, 어떠한 사상가도 그의 경험을 초월한 곳에 있는 문제의 근본 원리들을 파악할 수는 없는 것이다. 마치 한 국가의 국민이 되어 본 적이 없는 사람이 정치적 권리와 의무가 무엇인지를 결코 알지 못하는 것과 같이 종교 생활을 해보지 못한 사람은 종교가 어떤 것인지 도저히 이해할 길이 없다. 그리고 성경과 교회의 신부들은 온전하고 원만한 종교 생활을

---

3) *Proslogium*, 제 1 장.

하는 데 길잡이가 되는 것이다. 그러므로 오직 권위에 대한 존경을 통해서만 종교가 무엇인지 잘 알게 되는 것이다. 그리고 이 종교를 이성적으로 검토하는 것이 다름아닌 철학의 임무인 것이다.

둘째로 권위에 대한 존경은 지적으로 유능한 재질(才質)의 표적으로 여겨졌다. 그것은 배운 바 없는 정신에 대한 불신을 의미하는 것이었다. 왜냐하면, 스콜라 철학자들이 깨달은 바와 같이, 권위는 올바로 사용되기만 하면, 지력(知力)을 구속하는 것이 아니라 도리어 지력을 해방시키는 것이기 때문이다. 주어진 문제에 대해서 이미 말해지고, 생각된 것을 충분히 알고서 자기의 판단을 내리도록 먼저 자기 자신을 훈련한 사람만이 그 문제를 논할 자격이 있는 것이다. 권위자의 말을 인용할 수 없는 사람은, 바로 이 사실에 의하여, 토론되고 있는 문제의 역사를 모르는 것으로 생각되었다. 권위자의 말을 인용할 수 있는 사람, 특히 그것을 충분히 인용할 수 있거나 혹은 한 문제에 대해서 의견이 다른 여러 권위자의 말을 인용할 수 있는 사람은, 이 사실로 미루어 그 자신의 의견을 형성할 수 있는 것으로 생각되었다.[4] 교리가 이미 선포되고 엄격하게 정의되어진 문제에 대해서뿐만 아니라 기성 교리가 관여되지 않은 문제들에 대해서도 스콜라 철학자들이 권위를 끌어대고 권위자의 말을 인용한 일은 정녕 놀랍고도 뜻깊은 사실이다. 라틴어가 보편적이고 국제적인 학술어였던 것처럼, 권위에 대한 존경은 학문이 튼튼한 기초 위에 서야 하는 필요성을 인정하는 것이었다. 페트루스 롬바르두스가 (12세기 중엽에) 많은 문제에 대한 그 이전의 많은 저술가들의 견해를 모은 〈명제집(Sentences)〉을 지어 낸 것은, 학문을 장려하고 진작시키려는 뜻에서였다. 그리고 성 토마스 아퀴나스・둔스 스코투스・윌리엄 오컴, 그리고 그 밖의 여러 사람이 〈명제집〉에 대한 주석을 쓴 것도 이와 마찬가지 뜻에서였다. 또 아벨라르두스(Abelardus)가 〈찬부(贊否; Yes and No)〉를 (〈명제집〉과 같은 연대에 혹은 조금 일찍이) 쓴 것도 같은 이유에서였다. 이 〈찬부〉는 각 문제에 대하여 찬성과 반대의 두 입장을 대립시켜 문제들에 대한 각 방면으로부터의 답을 각각 그 득실을 따지면서 검

---

4) 이 점은 Richard McKeon, *Selections from Medieval Philosophers*(New York, Scribner, 1929), Vol. I, p. 15에서 잘 밝힌 바 있다.

토할 수 있게 한 것이다. 성 토마스 아퀴나스도 권위에 대한 중세기의 존경의 정확한 의의를 잘 드러나게 하는 방법에 의해서 그의 위대한 〈신학대전(神學大全 ; *Summa Theologica*)〉을 저술하였다. 그는 먼저 한 물음을 제기함으로써 각 논제에 대한 그의 고찰을 시작하였다. 그리고 이 문제에 대하여 어떤 입장에서 대답한 한 무리의 권위자들의 글을 싣고 한편은 이와 반대의 입장을 취하는 다른 권위자들의 글을 실었다. 이렇게 그 문제에 대한 일종의 예비적 검토로서 여러 권위자들의 글을 인용하고 난 후에, 비로소 그는 그 자신의 입장을 힘있게 전개하였고, 또 자기와 생각이 다른 권위자들을 논박하였다.[5] 스콜라 철학자들이 권위에 대해 논하는 것은, 그들의 경박한 믿음이나 유치함의 표적이기보다 오히려 지적 난숙(知的爛熟)의 증거이다.

중세 철학이 학원에서 나왔다고 하는 사실은, 중세 철학이 저술된 방식에 잘 반영되어 있다. 중세 철학은 서양 문명의 다른 어느 시기의 철학보다도 대화와 주석으로 제시되었다. 이 저작들의 배후에는 학원에 있어서의 매일매일의 가르침이 있었던 것이다. 이 가르침은 가끔 회화로 시작하여 회화로 끝나는 것이었다. 그리고 강의를 하게 되는 경우에도, 그것은 한 스콜라 학도가 다른 스콜라 학도에게 호응하기도 하고, 혹은 어떤 논제에 대한 응답에 도전하기도 하면서 마치 논전하는 양 하나하나 따지면서 진행되는 것이 보통이었다. 더군다니 기르치는 일은, 주로 학원이 그 사본을 소유하는 것을 자랑으로 삼는 어떤 원전을 풀이하는 것이었다. 물론 책이라고는 전혀 없었고, 손으로 베낀 사본은 값도 비싸거니와 또한 희귀하기도 하였다. 학자들은 사정이 허락하면 학원에서 학원으로 돌아다니면서, 그들이 이전에 상고(詳考)해 보지 못한 옛날의 글을 보고 듣곤 하였다. 그리고 또한 원전을 상고할 기회가 많지 않았기 때문에, 그 원전에 대한 평언(評言)이나 그 내용과 의의에 대한 요약적 서술들이 그 원전에 관한 지식을

---

5) 권위에 대한 존경만큼 중세 철학자들과 근세 철학자들을 갈라놓는 것은 다시 없다. 근세 철학자들은 가끔 기왕의 모든 철학을 모두 틀렸다고 하여 집어치우고 아주 새로운 출발을 하려 하였다. 중세 철학과 대조를 이루는 근세 철학의 정신은 칸트가 그의 저서의 하나의 제목으로 택한 문구 〈미래의 모든 형이상학에의 프롤레고메나(*Prolegomena to Every Future Metaphysics*)〉에 뚜렷이 나타나 있다.

전파한 보편적 방법의 하나였다. 중세 철학의 대화들을 통하여 오늘날 우리는 선생의 발 밑에 모인 학생들의 모습을 찾아볼 수 있다. 또 여러 주석을 통하여 우리는 소중히 간직된 사본 둘레에 선생과 학생이 한가지로 모였던 모습을 상기할 수 있다.

2. 보편자(普遍者)의 문제

보편자(普遍者)의 문제는, 서양 문명의 역사상 그 어느 다른 시기보다도 중세 초기에 가장 많이 논의된 문제이다. 그러나 그것은 사실 어느 시대의 어떠한 사상가도 관심을 가질 만한 문제이다. 그것은 인간의 경험을 분석하는 가운데 자연히 일어나는 문제인 것이다. 우리들 인간은 많은 개별적 사물들을 지각하고 대뜸 이것들에 관해서 말을 한다. 가령 우리는, 이것은 나무다, 저것은 바위다라고 말한다. 우리는 일반적 용어를 가지고 개별적인 것에 관한 말을 한다. 우리는 개별자들을 종(種)이나 유(類)의 사례(특별한 경우들)로 다룬다. 그런데 이와같이 함으로써, 우리는 가끔 각 개별물을 독특한 것이게끔 하는 특성들을 무시한다. 즉 적어도 동일한 종류에 속하는 다른 개별물들과 구별할 수 있게 하는 특성들을 무시한다. 그리고는 한 개별물이 동일한 종류의 다른 많은 개별물들과 닮은 특성들만을 생각한다. 이렇게 되면 우리의 생각이 개별물들로부터 아주 떨어져 버릴 수도 있고, 일반적 용어가 의미하는 것을 또 하나의 아주 다른 종류의 대상으로 다룰 수도 있으며, 또 이것을 정의하려고 해볼 수도 있다. 이와 같이 생각될 때, 일반적 용어가 의미하는 것은 전혀 하나의 개별적 대상이 아니라 곧 보편자인 것이다. 그것은 가지적(可知的)인 대상일 수는 있어도, 물리적인 대상은 아니다. 모든 유와 모든 종은 각기 하나의 보편자이다. 또 특수물들을 기술하고 분석하는 데 쓰이는 일반적 용어가 의미하는 것도 다름 아닌 보편자인 것이다. 보편자의 문제란, 보편자들이 어떠한 종류의 존재를 가지고 있는가, 그것들이 자연 안에 현실적으로 존재하는가, 그렇지 않으면 오직 인간의 정신 속에만 존재하는가, 또 그것들은 개별물들에 대해서 어떠한 관계를 갖고 있는가 하는 것을 추구하는 것이다. 이 문제는 곧 자연의 본성, 사고의 타당성 및 사고가 사물들에 관계하는 방식에 관한 문제에 직결되는 것이다.

중세 초기의 사상가들이 어쩔 수 없이 보편자의 문제를 다루게 된 것은, 희랍 철학의 여러 전통이 신플라톤주의자들과 성 아우구스티누스를 거쳐서 그들에게 내려왔었기 때문이다. 성 아우구스티누스보다 1세기 후에 보에티우스가 이 문제를 제기하였는데, 그 후로 철학자들은 9세기로부터 12세기에 이르기까지 보에티우스가 이 문제를 제기한 형식대로 계속하여 이 문제를 논하였다. 보에티우스는 그의 저서 〈포르피리오스의 해설에 대한 주석(*Commentary on the Introduction of Porphyry*)〉, 즉 아리스토텔레스의 논리학에 대한 포르피리오스의 해설을 주석한 그의 저서에서, 포르피리오스로부터 역사적으로 많은 영향을 끼친 몇 구절을 인용하였다. [6]

크리사오르여, 정의를 내리는 일이나 구분하고 증명하는 일을 위해서뿐만 아니라 또한 아리스토텔레스 속에 있는 범주론을 위해서도, 유(類)란 것이 무엇이며 차이란 것이 무엇이며, 또 종(種), 고유한 성질과 우연히 갖추고 있는 성질이 무엇인지를 아는 것이 필요하므로, 나는 이런 문제들을 쓸모 있게 고찰함에 있어서, 먼저 간단히 옛 사람들이 이 문제들에 관해서 말한 것을 서론 삼아 검토하려 한다. 나는 유와 종에 관하여 그것들이 그 자체에 있어서 존재하는 것인지, 혹은 오직 우리의 오성(悟性) 속에만 있는 것인지, 혹은 이것들이 형체를 갖춘 것인지, 형체가 없는 것인지, 그리고 이것들이 감각물(感覺物)들로부터 떠나 있는 것인지, 혹은 감각물들과 합치하고 있는 것인지, 이런 것에 대해서는 말하지 않으련다.

포르피리오스가 자기는 논하지 않겠다고 한 것을 보에티우스는 철저히 논하였다. 포르피리오스가 제기하고 보에티우스가 논한 문제들은 바로 중세 초기의 철학자들이 여러 세기 동안 그들 사이에서 논한 문제들이었다. 고대 철학의 유산의 대부분은 보편자의 문제에 관한 이 여러 고찰에 관련하여 중세에 내려왔던 것이다.

플라톤은 도덕적 판단의 기준을 찾다가 급기야 형상들(forms), 혹은 관념

---

6) Richard McKeon이 번역한 보에티우스의 저서에서 인용함. *Selections from Medieval Philosophers*(New York, Scribner, 1929), Vol. I, pp. 81, 91.

들(ideas)의 실재성(實在性)을 주장하게 되었다. 그리고 플라톤 철학의 전통에 있어서, 특히 이 전통이 신플라톤주의자들의 손에서 발전함에 따라, 이 형상들은 이것들 밑에 포섭되는 개별물들보다 더 실재적인 것으로, 또 논리적으로나 존재론적으로나 개별물들에 앞서는 것으로 여겨지게 되었다. 아리스토텔레스는 현실적 존재의 일반적 특성을 연구하는 가운데 급기야 형상과 질료는 개별물들의 측면들이로되, 서로 뚜렷이 갈라 볼 수는 있으나 존재론적으로는 분리될 수 없는 두 개의 측면이라고 보게 되었다. 그리고 아리스토텔레스의 전통에 있어서는, 형상이 결코 독립적 실재물로서 존재한다고는 생각되지 않았고, 다만 개별자들의 객관적 성질이 아니면 정신이 지식을 가지게 될 때에 비로소 개별물들로부터 추상(抽象)하고 또 생각의 도구로서 마음속에 품은 관념이라고 생각되기에 이르렀다. 플라톤이나 아리스토텔레스나 보편자의 문제에 직접 손을 댄 것은 아니다. 그러나 그들은 이 문제에 대하여 서로 화합할 수가 없어 보이는 견해를 내세웠던 것이다. 그래서 전통상으로는 플라톤과 아리스토텔레스가 보편자에 관한 두 개의 주요한, 그러나 서로 대립하는 학파의 시조(始祖)로 이름나게 된 것이다. 플라톤주의는 보편자들이 '그 자체'로서 혹은 '절대적으로' 존재한다는 입장이 되었다. 아리스토텔레스주의는, 보편자가 정말 '그 자체'로서 있는 것이 아니요, 다만 그것은 중세 라틴어의 표현으로 하면 '절대로 아무것도 아닌 것'[7]이다. 전자의 입장을 실재론(實在論) 혹은 (이 realism이란 말이 문학이나 철학의 다른 방면에서 쓰이는 의미와 구별하기 위하여) 중세 실재론 혹은 논리적 실재론이라고 부른다. 후자의 입장은 유명론(唯名論)이라고 한다.

'실재론'과 '유명론'이란 두 낱말은 조심해서 사용하지 않으면 안 된다. 왜냐하면 이 두 학파가 중세에 있어서 모두 아주 다채롭게 그 이상을 표현했기 때문이다. 때로는 좀 극단으로 나가는 경우도 있었고, 또 때로는 좀 온건하게 표현되기도 했다. 그리고 온건한 실재론과 온건한 유명론은 각 학파 자체 내의 여러 차이의 어떤 것보다 적은 차이를 가지고 있었다. 실재론자라 불리운 철학자들은 개별물들에 대한 보편자의 관계 같은 문제에

---

7) 가령 Richard McKeon의 Boethius번역, *op. cit,* Vol. I, p. 93 참조.

있어서, 그들 가운데에서 다시 여러 분파를 형성하였으나, 그들은 이구동성으로 보편자는 그 자체로서 존속(subsist)한다고 주장하였다.[8] 유명론자라 불리운 철학자들은 실재론을 반대하는 사람들이었다. 그들은 가끔 실재론자들에게 보편자를 한낱 '명칭'이나 입김(내용 없는 공허한 소리)으로 돌려 버린다는 비난을 받았다. 그들이 '유명론자'라고 하는 칭호를 얻게 된 것은 물론 이 비난 때문이었다. 그러나 이 비난은 한참 격렬한 논쟁이 벌어지고 있던 중에 생긴 것이요, 사실을 크게 왜곡하는 것이었다. 유명론자들은, 보편적 개념들이 사물들의 본성 속에 어떤 객관적인 기반을 가지고 있다는 것을 부인하지는 않았다. 그들이 부인한 것은 보편자들이 절대적으로 존재한다고 하는 것이었다. 그러므로 본래의 의미에 있어서의 유명론은, 실재론적 입장을 거부하는 것 이상의 다른 의미가 거의 없는 것이다.

중세 초기에 보편자의 문제가 두드러지게 나타났고, 그리고 철학자들이 이 문제를 둘러싸고 맹렬한 논쟁을 벌인 것은 이 문제에 대한 해답이 기독교의 여러 가지 신조에 즉각적 영향을 끼치게 된 까닭이었다. 즉 성 아우구스티누스는 일찍이 신플라톤주의로 전향하였고, 또 이 철학이 정신적 세계의 실재성을 주장하였던 까닭으로 해서 기독교에 개종하게 된 것이다. 다른 기독교도들은 이와는 아주 다른 근거에서 그들 자신의 신앙에 도달했거나 혹은 그들의 신앙을 옹호하였다. 그리고 어떤 기독교도들은 기독교를 철학적으로 변호하는 것이 쓸데없는 일이라고 생각하였다. 그러나 중세 초기의 공부깨나 한 사람들의 대부분에게는, 성 아우구스티누스의 권위가 다른 어떤 철학자의 권위보다도 더 컸다. 따라서 신플라톤주의의 철학을 아우구스티누스처럼 이용하는 것은, 무난한 학구 방법이었을 뿐만 아니라 또한 합리적이고 결정적인 신앙을 위한 유일하고 충분한 기반이었다. 성 아우구스티누스가 신플라톤주의의 여러 개념을 가지고 기독교의 몇 가지 교리를 아주 능란하게 표명한 바 있었으므로, 그 이후의 여러 세기의 대부분의 사람들에게는 그 교리들이 이 신플라톤주의의 철학과 성패를 같이하는 것으로 보였다. 세 가지 예를 들어 이 점을 설명할 수 있을 것이다.

---

8) '존속(subsistence)'이란 말은 특수물들이 가지고 있는 종류의 실재성에 정반대되는, 보편자들이 가지고 있는 종류의 실재성의 종류를 의미하는 데 사용되었고, 지금도 가끔 이런 의미에서 사용되고 있다.

　근본적 교리의 하나는 하나님의 존재이다. 성 아우구스티누스는 말하기를, 하나님은 영원한 진리와 동일하거나 이보다 더 우월하다고 하였다. 그런데 영원한 진리는 변화하는 세계 안에 있는 개별물들을 다룸으로써 발견할 수 있는 것이 아니라, 다만 불변하는 형상들 내지 보편자들을 직관함으로써만 찾아볼 수 있는 것이다. 그리고 만일 영원한 진리보다 우월한 것이 있다고 하면〔플로티노스는 영원한 형상들 위에 '일자(一者)'를 두었고, 성 아우구스티누스는 하나님을 두었다〕, 확실히 그것도 또한 영원 불변적일 것이다. 영원한 형상들의 실재성을 부인하고 동시에 영원한 하나님의 존재를 긍정한다는 것은, 도저히 이치에 맞을 수 없는 것같이 보였다. 그러므로 보편자들의 절대적 존재를 의심한다는 것은 기독교 신앙의 철학적 변호를 위한 올바른 근거를 없애 버리는 것이나 다름없는 것이었다. 보편자들의 절대적 존재를 의심하는 것은 위험 천만하게도 무신론(無神論)에 가까운 것이었다. 그것은 실재를 눈에 보이는 일시적 생성의 세계와 동일시하는 것이요, 하나님을 다만 인간의 정신 속에서 주관적인 지위만을 갖는 하나의 관념으로 환원시키는 것이었다. 이교도들은 때때로 그들의 신들을 마치 영예로운 인간들과 다름없이 눈에 보이는 세상에서 빙빙 돌아다니는 아주 특수한 존재로서 생각하였다. 단순한 많은 기독교도들이 또한 유치하게도 이와 비슷한 신관(神觀)을 가졌던 것은 의심할 여지가 없는 일이다. 그러나 이와 같은 신인 동형설적(神人同形說的) 사고 방식은 철학적으로 훈련된 많은 사람들에게는 자못 미신적인 것으로 보였다. 그러므로 학문이 있고 지식이 있는 사상가들이 갖는 기독교 신앙은 보편자들의 실재성을 긍정하는 것이어야만 되는 듯싶었다. 그리고 보편자들이 무시무종(無始無終)하게 존재한다는 것이 긍정되면 무수한 보편자들이 거기에 의존하는 통일적 존재로서의 하나님이 또한 긍정되는 듯싶었다.

　기독교의 또 하나의 근본 교리는, 적어도 중세적 카톨릭 형태의 기독교에 있어서는 교회(敎會)의 교리이다. 여기서도 성 아우구스티누스는 그의 신플라톤주의에서 끌어온 수법을 활용했는데, 특히 도나투스파에 반대하는 여러 작은 책자에서 그러하였다. 노바티아누스파의 이단과 도나투스파의 이단을 해결한 여러 결정 사항에 의하면, 교회는 사람들의 특수한 모임들에 여러 가지로 나타나는 모든 외현(外顯)을 떠나서 실재하는 것이다. 교회는 변화의 세계의 모든 우연한 것들을 초월하여 실재한다. 교회는 그 자체 순결 무구(純潔無垢)하며, 신통치 못한 사제들이 더럽힐 수 없는 순결의 원천이다. 이러한 교회는 반드시 영원한 것이지 일시적인 것은 아니라고 생각되었다. 그렇다고 하면 그것은 보편자와 비슷한 것이다. '보편적 교회(Church Universal)'란 말은 어떤 다른 방면에서 시작된 것일는지 모른다. 그러나 그것이 어떻게 시작되었든 그것은 카톨릭교의 교회 이론을 성립시킴에 있어서 교회가 가졌다고 인정하지 않으면 안 되는 실재성을 가리키는 데 사용될 수 있다. 그러므로 보편자들의 실재성을 의문시하는 것은 중세 기독교 세계의 기본적 권위를 위태롭게 하는 것이었다. 보편자들의 실재성을 의문시하는 것은 보편적 교회를 하나의 허구가 되게 하는 것이요, 심지어는 이것을 아무나 일시적으로 세력을 줄 만큼 강한 개인적 관원(官員)의 엉뚱한 권력에 환원시키는 것이었다.[9]

보편자의 문제가 중세에 있어서 중요함을 보여 주는 셋째 교리는 원죄(原罪)의 교리이다. 사도 바울은, "아담 안에서 모든 사람이 죽은 것같이 그리스도 안에서 모든 사람이 삶을 얻으리라."[10]고 말한 바 있었다. 성 아우구스티누스는 바울의 교리를 신플라톤주의의 용어로 다시 언명함으로써 원죄의 개념을 표현하였다. 아담의 죄로 인간은 죄를 짊어지게 되었다. 이러한 사고 방식은 앞에서 시사한 바와 같이,[11] 이치에 아주 꼭 들어맞지 않는 것일는지 모른다. 그러나 그것은 적어도 보편자의 문제에 대해서 하나의 실재론적 입장을 요구한다. 이 교리에 대해 아우구스티누스가 밝힌 바에 의하면, 사람들은 죄인이요, 심지어 뚜렷이 유죄가 되는 행위를 하기 전에도 죄인인데, 이는 인간이 본래 죄를 지고 있기 때문이다. 그렇다고 하면 인간은 개별적 인간들에 앞서 또 개별적 인간들을 떠나, 실재적인 것으로 생각되지 않으면 안 된다. 보편자의 실재성을 의문시하는 것은, 인류의 구원을 위해서 교회의 성찬 예식(聖餐禮式)이 절대로 없어서는 안 된다고 하는 주요한 주장의 근거라고 할 인간성의 이론을 위태롭게 하는 것이

---

9) 철학 면에서 볼 때 중세 기독교 세계의 통일을 붕괴케 한 것은 16세기의 프로테스탄트들의 어수룩한 유명론(唯名論)이었다.

10) 고린도후서, 15 : 22.

11) 본서 pp. 197~200 참조.

었다.

중세 초기의 스콜라 철학자들은, 보편자의 문제를 그 자체의 중요성 때문에, 그리고 철학적인 하나의 훈련으로서 논쟁하였다. 그러나 언제나 이 논쟁의 배후에는 교회의 권위의 요란스러운 개입이 있었다. 또 때로는 이 논쟁에 교회 당국의 준엄한 징벌이 따랐다. 위에 든 세 가지 예의 고찰에서 짐작이 가는 바와 같이, 교회 당국은 보통 실재론적 해답을 좋게 여겼다. 그러나 그때의 사정은 그다지 단순하기만 한 것은 아니었다. 극단적 실재론은 범신론(汎神論)으로 나아가는 것같이 보이기도 하였다. 왜냐하면 만일 존재하는 모든 것이 일자(一者)로부터 유출해 나오고, 또 일자의 존재에 참여하는 것이라면 하나님과 그의 피조물들을 갈라 보는 기독교의 구별이 있으나마나 한 것이 되고 마는 듯하기 때문이다. 유명론(唯名論)은 어떤 교리들을 철학적으로 밝히는 것을 곤란하게 할 수도 있다. 그러나 유명론은 보통 정통 신조를 믿노라 공언했고, 또 교회의 권위에 복종하였다. 정통 교리를 실재론의 방식으로 논하고 해석하는 것을 그들이 배척하는 경우에도 그들은 정통 신조를 믿노라 했고, 또 교회의 권위에 복종했던 것이다. 실재론자들과 유명론자들은 양자 모두 상대방의 이단적 경향을 설득시키려고 변증법적 방법을 사용하는 것이 보통이었다. 그러나 비록 제시된 해결 방안과 교리와의 여러 가지 관계가 때로 맹렬한 격정을 일으키고, 심지어 부당한 인신 공격을 하는 일까지도 있었으나, 보편자 문제의 분석은 항상 초연한 태도로 또 가끔 충실하고도 훌륭하게 전개되곤 하였다.

보편자의 문제에 중세인들이 몰두한 일은, 순전히 철학적인 면을 넘어서 광범한 영향을 끼쳤다. 보편자의 절대적 실재성의 긍정은, 그 사회적인 상관물의 하나로서, 모든 사람이 나면서부터 속하였던 사회적 계급에 그들을 꼼짝 못하게 고착시켜 버리는 신분에 대한 고집을 수반하였다. 중세 말기에 유명론이 흥하게 된 것이 봉건 제도의 계급 차별의 붕괴와 때를 같이하고 있는 것은 한갓 역사적인 우열의 일치가 아니다. 심지어 미술에 있어서도 중세 실재론의 상관물을 찾아볼 수 있다. 십자가상의 처형과 같은 기독교의 사상 내용들을 그림에 그린 것들은 실재론적 태도의 영향을 드러내고 있다. 예술가들은 때로 십자가상의 처형을 그리는 데 있어서 일부는 복음에 나오는 이야기에 일치시켰지만, 성 아우구스티누스·성 예로메·성 암브로시우스 같은 인물들이 중심에 있는 십자가 발 밑에 빙 둘러 있는 모습을 그려 놓기도 하였다. 이 그림들은 시대 착오적인 것이 결코 아니다. 그것들의 일부는 역사적 사건의 묘사이지만, 또 일부는 교리(敎理)의 묘사이기도 한 것이다. 한편 생각해 보면, 교리란 하나의 중요한 역사적 사건이 두드러지게 드러내는 보편자에 대한 정의이다. 이와 같은 그림을 창작한 예술가들은, 온 인류가 십자가의 발 밑에 경배해야 한다는 것을 보여 주는 것 이상의 일을 하고 있었던 것이다. 그들은 조형 미술의 테크닉을 사용하여, 그들이 그릴 수 있는 최선의 형상에 있어서, 영원한 보편자를 그려내고 있었던 것이다.

3. 에리우게나로부터 아벨라르두스까지

요한네스 스코투스 에리우게나(Johannes Scotus Eriugena, 810~877년경) : 아일랜드 출신으로서 그 원숙기(圓熟期)를 대륙에서 보냈다. 그리고 주로 찰스 독두왕(禿頭王)의 궁정에서 살았다. 위(僞) 디오니시우스의 저작을 라틴어로 번역했고, 위 디오니시우스의 몇 개의 저작과 보에티우스의 〈철학의 위안〉에 대한 주석을 썼다. 그의 주요한 사색적 저술은 〈자연 구분론(The Division of Nature ; De divisione naturae)〉이었다. 이 책은 다섯 권으로 되어 있고, 또 대화의 형식으로 씌어져 있다.

성 안셀무스(St. Anselmus, 1033~1109) : 이탈리아의 아오스타에서 나서 프랑스에서 공부하였다. 베네딕트 수도회에 들어갔고, 프랑스의 베크 수도원의 부원장을 거쳐 원장이 되었다. 1093년에 캔터베리의 대사교(大司敎)에 임명되었으며, 그의 저작 가운데 주요한 것은 〈논변(Proslogium ; Discourse)·〈독백록(Monologium ; Soliloquy)〉, 그리고 〈왜 신은 인간이 되었는가(Curdeus homo ; Why God Became Man)〉 등이 있다.

페트루스 아벨라르두스(Petrus Abelardus, 1079~1142) : 프랑스의 낭트 근교에서 나서, 프랑스 여러 학교에서 공부하였다. 처음에는 어느 곳에 그 자신의 학원을 설립했다 파리로 옮겼다. 엘로이즈와의 유명한 연애 사건 후에 성 드니 사원에 은퇴하였다. 1121년부터 1125년까지 르 파라클레에 있는 그 자신의 학원에서 가르쳤으며, 4년 간 브르타뉴의 어느 수도원 원장이 되었고, 다시 파리에서 12년 간 가르쳤다. 1141년에 이단으로 선고 받고, 그 후로는 클뤼니에서 은퇴 생활을 하였다. 저서로는 〈찬부(Sic et Non ; Yes and No)〉, 윤리학의 논술인 〈너 자신을 알라(Scito teipsum ; Know Thyself)〉, 신학적 논술 17편, 그리고 〈포르피리오스에 대한 주해(Glosses on Porphyry)〉가 있다.

중세 초기의 여러 스콜라 철학자들 가운데에서, 에리우게나·성 안셀무스, 그리고 아벨라르두스의 세 사람을 선택하여 여기서 고찰해 보기로 한다. 이와 같이 선택하는 까닭은, 이들이 가장 두드러진 사람들이었다고 볼 수 있고, 또 보편자의 문제에 대해서 취해진 입장들의 주요한 유형들을 대표하고 있는 탓이다. 에리우게나는 신플라톤주의의 전통에 속하는 이단적 실재론자(實在論者)였다. 그의 저작 속에 있는 19개의 명제는 855년에 교회 당국의 공회의(公會議)에서 이단의 선고를 받았다. 성 안셀무스는 온건한 실재론자였고 교회의 축복을 받았다. 아벨라르두스는 유명론자(唯名論者)였다. 그는 클레르보의 성 베르나르두스의 반감을 샀으며, 교황의 반감까지도 샀다. 그러나 이 반감은 이른바 그의 유명론 때문이 아니라, 그가 그의 의견을 말했을 때의 도발적 태도 때문이었다.

에리우게나

에리우게나는 위(僞) 디오니시우스의 본을 따라, 플로티노스와 신플라톤주의 철학자들 속에 잠재해 있던 회의주의의 경향을 강조하는, 그리고 이 경향을 고의로 들추어내는 하나의 철학을 발전시켰다. 하나님은 거기로부터 모든 것이 나오는 '일자(一者)'라고 그는 생각하였다. 그러나 비록 인간이 하나님의 존재는 확실히 알 수 있을지라도, 하나님의 본성은 알 수 없다. 하나님 자신도 그 자신의 본성은 알 수 없었다. 사람들과 하나님이 신의 본성을 알지 못하는 것은, 지력(知力)이 약해서가 아니다(사실 인간의 지력은 약하지만). 그것은 실로 모든 술어를 초월하는 하나님의 본성 때문이다. 즉 하나님의 본성은 어떠한 술어로도 다 말할 수 없는 것이다. 사람들은 긍정이나 부정의 절차를 통해서 지식을 찾는다(에리우게나는 이 생각을 위 디오니시우스로부터 이어받았다). 하지만 하나님에 관한 모든 긍정은 불충분한 것이다. 이 모든 긍정(혹은 입언)들은, 인간이 하나님께 대해 취할 수 있는 태도는 나타낼 수 있어도, 하나님의 본성을 나타내지는 못한다. 가령 사람들은 말하기를, 하나님은 인격적 존재라고 한다. 그러나 인격적 존재라 함은 개체 혹은 많은 것들 가운데 하나임을 말하는 것인데, 하나님은 개체성(個體性)을 초월하는 것이다. 또 하나님은 선하고 지혜롭다고 말한다. 그러나 하나님은 이런 술어들도 초월해 있다. 차라리 인간은 긍정적인

규정을 해보려는 헛된 노력을 그만두고 부정적으로 하나님을 규정해 보는
것이 나을 것이다. 그리하여 우리는 하나님이 인격적 존재도 아니고, 선하
지도 않고, 지혜롭지도 않다고 말할 수 있을 것이요, 그리고 그와 같은 부
정적 표현이 엄밀하게 말한다면 옳을 것이다. 그렇다고 해서 이 부정들이,
하나님은 인격적 존재 아닌 다른 어떤 존재요, 혹은 하나님이 악하고 그
지혜가 한정된 것임을 의미하는 것은 아니다. 이 부정들이 진정으로 의미
하는 것은, 하나님의 본성이 이 보이는 세계의 개별적이고 특수한 사물들
에게서 볼 수 있는 모든 구별을 초월해 있다는 것이다. 심지어 교회의 권
위로써 사람들이 받아들이지 않으면 안 되는 삼위 일체설도 하나의 비유
적 표현인 것으로서, 그것은 하나님이 참으로 어떤 존재냐 하는 것을 밝히
는 것이 아니라, 다만 피조물들의 세계에 대해 어떤 관계를 가지고 있느냐
를 밝히는 것이다. 하나님은 어떤 종(種)에도 어떤 유(類)에도 속하지 않
는다. 하나님은 초본질적(超本質的)이다.

　모든 실재(實在)는 하나님으로부터 나온다. 에리우게나의 말로 하면, 그
것은 분리에 의하여 나온다. 즉 그것은 어떤 특정한 술어에 의하여 규정되
기에 이름으로써 나오게 되는 것이다. 다시 말하면, 온전한 존재가 제한됨
으로써, 혹은 개별화와 한정에 의하여 나오게 되는 것이다. 이 하향적인 생
성 도상(生成途上)에 있는 모든 단계의 실재는 각기 그 밑의 단계에 있는 실
재를 알 수 있다. 그리고 홀로 하나님만이 하나님으로부터 나오는 모든 단
계의 실재를 안다. 실로 이 모든 단계의 실재는 하나님이 그것들을 알기 때
문에 생겨난다고 말할 수 있는 것이다. 왜냐하면 하나님은 이것들을 앎으
로써 이것들의 형상들 내지 관념들을 소유하며, 또 이것들은 "자체로서보
다 그 관념으로 더 참되게 존속하기" 때문이다.[12] 그러므로 하나님으로부
터 나오는 모든 것은 본질상 하나님 속에 존재한다. 무릇 존재한다는 것
은 하나님이 인식하는 대로 인식됨을 말한다. 유한한 사물들이 하나님으
로부터 나오면서 지니게 되는 특수성 속에서, 이 사물들은 생겼다가 사라
져 버리는 온갖 우연이 지니는 성질 때문에 불순하게 된다. 그러나 특수
성, 즉 악은 비존재 내지 결핍인 것이다. 만물은 그 본질에 있어서만 신의

---

12) *The Division of Nature*, 제4권, 제8장. *McKeon*, op. cit, Vol. I, p. 127에서 인용.

관념일 수 있기 때문에 모든 것은 그 본질에 있어서만 영원하고 또 전적으로 실재적인 것이다.

물론 인간의 지식은 매우 제한된 것이다. 인간은 감각(感覺)과 이성(理性)의 양자를 지니고 있다. 그러나 인간은 그들을 초월하는 단계의 실재(實在)에 대해서는 오직 부정적 지식만을 가지고 있다. 그들은 좀더 높은 단계들이 '있다는 것'은 알 수 있어도, 그런 단계들이 '어떤 것'인지는 알지 못한다. 그들보다 아래 단계에 있는 실재에 대해서는 적극적인 지식을 가질 수 있다. 왜냐하면 만물의 관념이 하나님 속에 있는 것처럼, 인간의 단계보다 낮은 모든 것의 관념이 인간 속에 있기 때문이다. 그러나 이런 것들에 대한 인간의 지식은 이런 것들이 그 유한성에 있어서 나타나는 것들을 알 뿐이다. 감각은 사물들이 하나님에게 있어서 근본적으로 통일되어 있는 그대로의 모습을 인간에게 제시하지 않고, 도리어 그 다양성을 제시한다. 그리고 이성도 비록 그것이 사물들의 관념을 파악하기는 해도, 사물들이 생성의 세계에 생멸하는 양상에서, 그것들이 분리되어 있는 상대성을 띠고 있는 양상에서 사물들을 보는 것이다. 인간의 지식은 단편적일 뿐만 아니라, 또한 불가피하게 불충분하다. 왜냐하면 인간의 이성은 그 자체의 능력만을 가지고는 하나님 속에 있는 완전한 본질대로 사물들을 볼 수 없기 때문이다.

에리우게나에게 있어 구원(救援)이란 측량할 수 없는 하나님의 존재 속에 흡수되는 것이다. '일자(一者)'가 그보다 낮은 단계의 실재로 내려감으로써 그대로 '일자'로 있으면서 '다(多)'가 되는 것처럼, 낮은 단계들의 실재는 그들의 근원인 신에게로 돌아감으로써 그대로 '다'인 채 '일자'가 되는 것이다. 이와 같이 생각할 때 구원은 어느 정도 하나의 합리적인 과정인데, 이는 존재와 지식이 하나이기 때문이다. 그러나 그 합리성은 한갓 인간적 합리성을 초월한다. 그 까닭은 상향하는 구원의 노정에 있어서, 인간이 특수성을 지닌 사물들에 대하여 품는 불충분한 관념들은 하나님 속에 존재하는 사물들의 본질인 충분한 관념들만 못하기 때문이다. 그러므로 구원은 어느 정도는 결국 하나님의 신비적 성취이기도 한 것이다. 그것은 하나의 정신적 이해에서 절정에 도달하는데, 이 정신적 이해 속에서 인간의 특수성은 마치 '떠오르는 태양 앞의 별들'처럼 하나님의 존재의 충만성 속에 사라진다.

에리우게나는 자기 스스로는 충실한 기독교도라고 생각했으나, 결국 교회 당국의 불쾌를 샀다. 그는 범신론자(汎神論者)란 비난을 받았다. 그러나 이 비난이 옳으냐 그르냐 하는 문제는 범신론이란 말의 애매한 정의에 달려 있는 것이다. 그가 교회 당국의 불쾌를 산 근본 이유는 아마 그의 회의론(懷疑論)이나 신비주의의 경향보다도 오히려 그가 비타협적인 합리주의자였던 데 있을 것이다. 확실히 그는 건전한 이성(理性)과 참된 권위(權威)는 충돌할 수 없다고 주장하였다. 그러나 그는 신앙을 이성에 앞세우지는 않았다. 그는 권위라는 것을 이성이 예전 사상가들의 인격에 있어서 도달한 바 있는 진리를 명확히 표현한 것이라고 보았다. 인간은 권위를 사용하였는데, 그것은 그들이 절대로 잘못을 저지르지 않는 존재가 아니기 때문이라고 그는 생각하였다. 그런데 예전 사상가들도 절대로 잘못에 빠지지 않는 존재였던 것은 아니다. 성경은 아마도 절대로 잘못이 없는 것이라고 할 수 있을는지도 모른다. 그러나 성경의 의미는 잘못에 빠질 수 있는 존재인 인간에 의하여 불가불 결정되지 않으면 안 된다. 성경은 대체로 비유적이다. 그리고 비유는 충분한 해석을 요한다. 더군다나 에리우게나는 성경보다도 이교도인 철학자들의 글을 더 많이 원용(援用)하였으며, 또 이스라엘 사람들이 이집트 사람들을 약탈한 것처럼, 기독교도들은 이교도의 글을 끌어다가 이용해도 괜찮다고 밀힘으로써, 그가 이교도 철학자들의 글을 원용한 것을 변호하였다. 결국 철학적 문제에 있어서 그가 신뢰한 것은 오직 그 자신의 판단뿐이었다.

성(聖) 안셀무스

성 안셀무스는 에리우게나보다 200여 년이나 후에 또 다른 한 유형의 중세 실재론(中世實在論)을 대표하는 사람이다. 이 실재론은 기독교 교리와의 관계에 있어서 좀더 정통적인 형태의 것이다. 그의 철학적 경향은 아우구스티누스의 영향을 많이 받은 것이다. 그도 성 아우구스티누스처럼 믿음이 이성에 앞서며, 따라서 믿음은 사람들이 이성을 통해서 이해하려고 추구하게 될 하나의 문제를 제공한다고 생각하였다. 또한 그는 하나님은 시간을 초월해서 존재하며, 다른 창조와 함께 시간과 공간도 창조하였다고 생각하였다. 그리고 성 아우구스티누스처럼 철학을 일종의 기도(祈禱)로, 즉 그의 재능을 온통 하나님을 찬양하는 데 바치는 것으로 생각하고 실행하였다. 이 점에 있어서 그는 성 아우구스티누스를 능가한다. 대부분의 사람들은 혹은 초에 불을 켜 가지고 혹은 노래를 부르며 혹은 선한 일을 함으로써 하나님을 찬양하지만, 성 안셀무스는 헌신적 경건성(敬虔性)을 가지고, 논리학과 변증법으로 하나님을 찬양하려 하였다. 그의 가장 유명한 저서 〈프로슬로기움(*Proslogium*)〉은 보통 영어로 '*Discourse*(論辯)'라고 번역되지만, 이 저서는 특별한 종류의 논변이므로 '*Prayer*(祈禱)'라고 번역하는 것이 더 나을 것이다.

하나님에 대한 믿음이 이미 확고하여 이의가 없는 것이었기에, 성 안셀무스는 플라톤 철학 전통의 주요 신조를 따라 보편자의 절대적 실재성을 긍정한 사람에게 합당한 증명을 추구하였다. 그가 제시한 증명들 가운데에서, 많은 영향을 미친 점으로 보아 두 가지 증명이 가장 주목할 만한 것이다. 이 두 가지 증명의 어느 것이나 성 안셀무스가 전적으로 독창한 것은 아니었다. 두 개가 다 성 아우구스티누스의 저작 속에 이미 들어 있었다. 그러나 이 양자는 성 안셀무스에게서 그 결정적 형성이라 할 만한 것을 얻었다.

성 안셀무스의 〈독백록(*Soliloquy*)〉의 논증은 성 아우구스티누스의 〈독백록(*Soliloquies*)〉의 논증을 되풀이하고 있다. 신체의 감관(感官)들에 의하여 경험되는, 혹은 정신에 의하여 식별되는 무수한 선(善)들이 있다고 그는 추론하였다. 그중의 어떤 것들은 빨리 달리는 말과 같이, 그것들의 유용성 때문에 좋다(선하다). 다른 어떤 것들은 아름다운 미술 작품처럼 그 내재적인 성격 때문에 좋다. 그러나 모든 선은, 유용한 선이든 본질적인 선이든 모든 선을 선되게 하는 하나의 동일한 존재를 통해서 선한 것이다. 그리고 이 하나의 선, 곧 최대의 선은 그 자신 아닌 다른 어떤 것을 통해서가 아니라, 오직 그 자신만을 통해서 선하다. 이 최고선이 선을 소유한다고 말함은 옳은 말이 아니다. 왜냐하면 이 경우에는 그것이 다른 것을 통해서 선하겠기 때문이다. 그런즉 그것은 선 자체가 아닐 수 없다. 즉 그것은 하나님인 것이다.

이와 같은 논증은, 물론 선(善) 대신에 존재를 가지고도 할 수 있다. 그래서 성 안셀무스는 선을 가지고 논증한 후 곧 존재를 가지고 논증하였다.
많은 존재가 있다. 모든 존재는 반드시 어떤 것을 통해서 있거나 혹은 아
무것도 아닌 것〔無〕을 통해서 있어야 한다. 그러나 무(無)를 통해서 존재하
는 존재(being)란 하나도 없다. 또 많은 존재들이 독립적인 다수의 궁극적
원인을 통해서 존재할 수도 없다. 왜냐하면 많은 독립적 원인들은 만일 그
것들이 존재를 가지고 있다면(사실 원인들은 반드시 존재를 가지고 있다) 모두
꼭 같이 존재에 참여하며, 따라서 하나의 좀더 궁극적인 원인에 의존하고
있을 것이요, 이 궁극적인 원인은 다름 아닌 존재 자체이기 때문이다. 그
러므로 그 이상 가는 것이 없는 어떤 존재, "다른 모든 것들을 지탱시키고,
능가하며, 포함하며, 침투하는"13) 존재가 있다. 이 존재는 물론 하나님이
다. 성 안셀무스는 그가 변증법(辨證法)에 의하여 그의 신앙을 밑받침할 수
있는 데 대해서 종교적 환희를 느꼈을 것임에 분명하다. 그는 다음과 같은
글을 썼다. 14)

　　하나님은 모든 곳에, 그리고 어느 때에나 계시다. 왜냐하면 그는 아니 계신 곳
　이 없기 때문이다. 그리고 그는 어떤 곳에도 또 어느 때에도 계시지 아니한다.
　왜냐하면 그는 결코 공간이나 시간 속에 들어올 수 없기 때문이다. 그는 자기의
　본성(本性) 속에 장소나 시간의 차별을 받아들이지 않는다. 그는 여기에도 안 계
　시고 저기에도 안 계시다. 또 어떤 곳에도 안 계시다. 이때도 안 계시고 저때도
　안 계시며, 또 다른 어떤 때에도 안 계시다. 그는 우리가 지금 경험하고 있는 유
　전(流轉)하는 현재에 계시지 않는다. 과거에 계셨던 것도 아니고 미래에 계시게
　될 것도 아니다. 왜냐하면 이런 방식으로 존재하는 일은 그 어느 것이나, 오직
　제한되고 변동하는 사물들만의 성질이기 때문이다.

　이상의 두 논증보다 더 많은 영향을 끼친, 하나님의 존재에 대한 다른
논증을 성 안셀무스는 그의 〈프로슬로기움〉에서 전개하였다. 이 논증은 하
나님의 존재에 대한 본체론적(本體論的) 논증이라 불리우게 되었거니와,
이는 이 논증이 하나님의 관념 속에 이미 하나님의 존재가 들어 있음을 주
장하는 것이기 때문이다. 성 안셀무스는 〈시편(詩篇)〉 제 14 장 제 1 절에 있

---

13) *Soliloquy*, 제 14 장.
14) *Soliloquy*, 제 22 장.

는 다음과 같은 말을 인용함으로써 이 논증을 극적으로 시작하고 있다. "어리석은 자는 마음속으로 이르기를 하나님이 없다 하도다." 그러나 어리석은 자는 이와같이 말함으로써 그가 어리석은 자임을 증명하고 있을 따름이니, 이는 그가 말하고 있는 것이 자기 모순에 빠진 것이기 때문이라고 성 안셀무스는 더 나아가 주장하였다. 하나님의 존재를 부인함에 있어서, 어리석은 자는 그가 하나님의 관념을 그의 오성(悟性) 속에 가지고 있다는 것을 인정하고 있다. 그리고 하나님의 관념은 그 이상 더 위대한 것을 생각할 수 없는 존재의 관념이다. 그런데 그 이상 더 위대한 것을 생각할 수 없는 존재는, 오직 오성 속에만 존재하는 것은 아니다. 왜냐하면 실재(實在) 속에도 존재하는 것이 오성 속에만 존재하는 것보다 더 위대하기 때문이다. 그러므로 그 이상 위대한 것을 생각할 수 없는 존재는 오성 속에도 실재 속에도 존재하지 않으면 안 된다. 즉 하나님은 존재한다.

하나님의 존재에 대한 성 안셀무스의 논증은 그 당시에도, 그리고 그 후에도 가끔 공격을 받아 왔다. 그 당시에는 마르무티에의 수도사 가우닐로가 짧은 논문 〈어리석은 자를 두둔하여(In Behalf of the Fool)〉에서 이를 공격하였다. 가우닐로는 그 이상 위대한 것을 생각할 수 없는 존재의 관념은 물론 실재 속에도 존재한다고 생각지 않으면 안 된다고 하였다. 그러나 사람들이 실재 속에 존재한다고 생각하는 것이 반드시 실재 속에 존재하는 것은 아니다. 도리어 사람들은 무엇이 존재하고, 무엇이 존재하지 않는가에 관해서 가끔 잘못을 저지른다. 하나님의 존재를 부인하는 사람이 어리석은 사람일는지는 모르지만, 그렇다고 해서 우리는 그 사람이 그의 마음속에 자기가 부인하고 있는 것의 관념을 가지고 있음을 지적함으로써 그의 부인(否認)을 처리해 버릴 수는 없다. 그리하여 가우닐로는 그의 입장을 의기 양양하게 비유로써 설명하였다. 우리는 인류가 사는 다른 모든 고장보다 더 아름답고 훌륭한 어떤 섬의 관념을 마음속에 가질 수 있다. 그러나 이 섬의 관념으로부터는, 그러한 섬이 정말 존재한다는 것에 관하여 아무런 결론도 얻을 수 없다. 사실 그런 섬이 정말 있다는 것을 의심한 사람이 아니라, 그런 섬의 관념이 있으면 따라서 자연 그런 섬이 정말로 있다고 상상한 사람이 더 크게 어리석은 바보이다.

성 안셀무스는 가우닐로에게 응답하여 말하기를, 가우닐로는 자기의 입

장을 오해했다고 하였다. 그 이상 더 위대한 것을 생각할 수 없는 존재의
관념을 다룸에 있어서 그가 사용한 추리의 종류는 다른 어떤 관념에 대해
서도 합당치 않다고 그는 말하였다. 그리고 가우닐로에게 우스운 약속을
하면서 말하기를, 만일 가우닐로가 하나님의 관념과 하나의 완전한 섬의
관념 사이의 유사성을 유지할 수 있다면, 자기는 "그에게 그의 잃은 ──
그러나 다시는 잃지 않을 ── 섬을 주겠노라."고 하였다. 15) 가우닐로와
성 안셀무스 사이의 논쟁의 공죄(功罪)는 정확하게 결정짓기 힘들다. 그리
고 이 논쟁을 다루는 사가(史家)는 자칫하면 이 두 사람이 분명히 말한 것
보다도 더 날카롭게 정의된 견해들을 이 사람들의 것으로서 말하기 쉽다.
그러나 가우닐로가, 성 안셀무스에 대한 많은 다른 비판자들(특히 칸트 같
은 근세의 비판자들)처럼, 성 안셀무스의 의도를 오해했다고 하는 것이 이
논쟁에 대한 옳은 해석이 아닐까 한다. 가우닐로와 성 안셀무스는 '관념'
이란 말을 서로 다른 의미로 사용하고 있었던 것 같다. 가우닐로는 이 용
어를 하나의 심적 상태 내지 개념의 뜻으로 사용하였고, 또 이론적 방편에
의하여 심적 상태로부터 마음속에 있지 않는 실재적 존재를 이끌어 낼 수는
없다고 논하고 있었다. 성 안셀무스는 이 용어를 하나의 형상 내지 플라톤
의 이데아의 뜻으로 사용하고 있었다. 그런데 이 형상 내지 이데아는 오성
(悟性) 속에 있을 수도 있지만, 또한 그 자체 실재적인 것이다. 이 후자의
의미는 중세 실재본자들이 당연한 의미로 생각하던 것인데, 이 의미에 있
어서의 '관념들'은 영원하고 불변하는 진리가 거기 대응하는 대상들이다.
성 안셀무스는 심적인 것으로부터 비심적인 것으로 넘어가고 있었던 것이
아니라, 본질로부터 존재(existence)로 넘어가고 있었던 것이다. 그는 중세
의 용어법에서 실재(subsistence)요, 존재요 하고 불리울 수 있는 존재(being)
의 영역들이 한 존재인 하나님 속에서 서로 만나 하나가 된다는 것을 주장
하고 있었던 것이다. 다른 모든 경우에는 본질(本質)과 존재(存在)는 서로
다른 종류의 대상이다. 그 이상 더 위대한 것을 생각할 수 없는 존재는 전
능하여야만 한다. 왜냐하면 능력은 무능보다 나은 것이기 때문이다. 그 이
상 더 위대한 것을 생각할 수 없는 존재는 또한 반드시 동정심이 강할 것이

---

15) St. Anselm, *Apologetic in Reply to Gaunilon*, 제 3 장을 참고할 것.

다. 왜냐하면 동정심이 무관심 내지 냉담보다 나은 것이기 때문이다. 그 존재는 또 반드시 실재하여야 할 것이다. 왜냐하면 실재가 비실재보다 낫 기 때문이다. 그러므로 그 이상 더 위대한 것을 생각할 수 없는 존재의 실 재를 부인하는 것은, 우리가 생각하고 있는 것이 실상은 우리가 생각하고 있는 것이 아니라고 주장하는 것이나 다름없는 일인 것이다. 이와 같이 볼 때 하나님은 실재라기보다 오히려 본질이라고도, 본질이라기보다 오히려 실재라고도 할 수가 없다. 하나님은 이 둘이 합쳐진 것이다. 논리가 존재 론에 대해서 가지는 관계에 대한 성 안셀무스의 이론은 조금도 잘못이 없 다고 할 수는 없어도, 이에 대한 가우닐로의 비판 역시 공정하다고는 할 수 없다.

이상에서 성 안셀무스에 대하여 내린 해석이 정확한 것이라고 한다면, 성 안셀무스는 신플라톤주의 전통의 영향에 있어서의 전환점에 있다고 하 겠다. 혹은 심지어 쇠퇴기에 들어서는 시점에 있다고도 볼 수 있다. 〈모놀 로기움〉에서의 하나님의 존재에 대한 성 안셀무스의 논증은 전적으로 신플 라톤주의적이다. 왜냐하면 여기서는 특수한 존재물들이 좀더 높은 존재의 세계, 곧 형상(形相)들의 세계로부터 나오는 것으로서 취급되고 있기 때문 이다. 그러나 〈프로슬로기움〉에서의 그의 본체론적(本體論的) 논증은 비록 하나님에게 있어서는 본질과 실재가 일치한다는 결정적 예외를 마련하고 있기는 해도, 그 밖의 것들에 있어서는 플라톤이 형상들과 특수물들을 다 룬 것처럼 본질들과 실재들을 두 개의 뚜렷이 다른 존재 세계로 다루고 있 다. 이리하여 그는 보편자 문제의 논의에 있어서 하나의 방향 전환을 시작 하였으며, 이 방향 전환은 아벨라르두스 같은 유명론자들과 성 토마스 아 퀴나스 같은 온건한 실재론자들을 위한 길을 준비하였다.

아벨라르두스

아벨라르두스는 12세기의 스콜라 철학자들 가운데에서 가장 두드러진 인물이다. 그의 원숙기(圓熟期)는 성 안셀무스가 죽은 다음의 세대에 속한 다. 이 세대는 논쟁의 신랄함, 교사 대 교사의 개인적 반목, 논란의 격렬함 에 있어 스콜라 시기의 다른 어느 세대보다 심했던 세대였다. 아벨라르두 스는 성 안셀무스에 대해서 말하기를, 그는 마치 잎은 많으나 열매가 없는 나무, 혹은 연기는 많으나 불이 없는 난로와 같다고 하였다. 몇몇 스콜라 철학자들——그들의 저작이 우리에게 전해 내려오지 않는, 따라서 그들의 견해가 그들에 대한 반대자들의 논박에 의해서만 보존되어 있는 몇몇 스콜라 철학자들——은 전통적으로 보편자의 문제에 대한 논쟁에 있어 극단자들로 보였고, 또 그들을 공격한 사람들에겐 귀찮은 존재들이었다. 로스켈리누스(Roscelinus, 1040~1120 경)는 프랑스 내의 여러 학교에서 가르친 교사였는데, 유명론자(唯名論者)의 우두머리였던 것 같다. 그는 유(類)와 종(種)이 다만 낱말들에 지나지 않는 것이며, 그것들에 관한 명제들은 사물들의 성질을 반영하는 것이 아니라, 임의로 만들어진 문법의 규칙들을 반영하는 것이라고 말하였다 하여 논박을 당하였다. 샹포의 기욤(William of Champeaux, 혹은 Guillaume, 1070~1120)은 파리에 있는 성당 학원의 교사였는데, 이 사람은 실재론(實在論)의 우두머리같이 보인다. 이 사람은 처음에 보편자들만이 오직 실재적인 것이요, 동일한 종에 속하는 모든 개체들은 동일한 실체를 가지고 있으며, 서로 우연히 다를 뿐이라고 말했다고 하여 논박을 당하고 있다. 그 후 이 설에 대한 아벨라르두스의 비판을 받고, 기욤은 그의 입장을 크게 고친 것으로 짐작된다. 그리하여 그는 오직 개체들만이 현실적으로 존재하며, 이 개체들이 서로 닮은 면에서 보면 바로 이 개체들이 종이나 유라고 생각하기에 이른 것 같다. 이 여러 논쟁의 자세한 점은 분명치 않다. 이것은 로스켈리누스와 기욤의 지술이 남아 있지 않기 때문이다. 그러나 이 논쟁들이 맹렬했던 것만은 자못 뚜렷하다. 그리고 아벨라르두스(그는 로스켈리누스에게도, 또 기욤에게도 사사했다)는 이 논쟁들로 인하여 임기응변의 변설을 발휘하고, 또 변론에서 승리하는 기회를 얻어 매우 즐거워했던 것 같다.

아벨라르두스는 자기가 취한 입장이 아리스토텔레스의 입장에 가깝다고 믿었다. 그러나 그는 아리스토텔레스주의를 주로 포르피리오스와 보에티우스에 의한 아리스토텔레스 주석(註釋)을 통해서 얻었다. 그는 주장하기를, 모든 실재는 개별적인 사물들이기 때문에 보편자의 문제는 전혀 존재론적 문제가 될 수 없는 것이라고 하였다. 그 문제는 우리가 개별적인 사물들에 관해서 논의할 때 비로소 생기는 것이기 때문에 전적으로 논리적인 문제이다. 오직 낱말들만이 보편자일 수 있다. 보편자를 사물들의 실체,

혹은 심지어 본질이라고 본 실재론자들은 잘못 생각한 것이라고 그는 논하
였다. 그들은 이와같이 생각함으로써 미로에 빠져서 사물들 간의 많은 차
이를 무시하거나, 혹은 이 차이들을 그 사물들의 진정한 존재에는 상관없
는 것 내지 외부로부터 가해진 우연한 것이라고 보게 되었다. 개별물들이
야말로 실재적이요 그 구체적인 실재의 충만함과 완전함을 지니고 있다.
만일 우리가 모든 개별물 하나하나를 그 전체적이며 특유한 현실성에 있어
서 따로따로 다룰 수 있고 또 필요할 때 끌어댈 수 있다면, 우리에게는 보
편적 명사(名辭)가 전혀 소용이 없을 것이다. 우리가 보편적 명사들을 채용
하는 까닭은 실제적인 여러 가지 사정으로 말미암아 하나의 술어를 많은
개체에다 동시에 적용시키게 되는 명제들을 만들지 않을 수 없기 때문이라
하겠다. 그러나 한 술어를 많은 개체들에게 동시에 적용함으로써 우리는,
물론 이 개체들의 충만한 존재를 간과하지 않을 수 없게 되며, 또 이 개체
들이 서로 닮은 어떤 면 혹은 몇 가지 면만을 주의할 수밖에 없게 된다. 따
라서 우리가 출발할 때 가졌던 충만한 실재성 가운데 많은 것을 잃어버리
지 않을 수 없다. 우리가 보고 먹는 빵은 언제나 어떤 빵 덩어리이다. 그러
나 보통 우리는 세상에 존재하는 많은 빵 덩어리 가운데서 어떤 특별한 것
을 골라내지 않아도 좋다. 빵이라고 불리는 것이면 어떤 것이든 좋다. 우
리에겐 이런 빵이 필요한 것이다. '빵'이란 말은 보편적 명사(名辭)이다.
그것은 많은 개별적인 빵 덩어리에 대한 일반적인 낱말인데, 이 빵 덩어리
들은 아무리 이것들이 특수하게 세상에 나온다 하더라도 먹는 것으로서의
가치에 있어서는 마찬가지인 것이다. '빵'이란 명사의 보편성은, 이 명사
가 수적으로 많은 빵 덩어리에 한결같이 적용될 수 있는 사실에서 성립한
다. 어떤 빵 덩어리도 그저 빵이기만 한 것은 아니다. 빵 덩어리마다 다른
것과 구별되는 여러 가지 특성(빛깔·무게·크기·공간에서의 위치 등등)을
가지고 있고, 따라서 보편적 명사가 의미하는 것을 능가하는 자연의 풍부
성을 지니고 있다. 그러므로 보편자들을 다룸에 있어, 우리는 현실적 존재
에 대한 탐구를 수행하고 있는 것이 아니라, 다만 동시에 많은 개별물들에
관하여 불명확하게 논의하는 우리들 인간의 논의 방식을 분석하고 있는 것
이다. 그러므로 보편자는 비록 그것이 동일한 이름으로 불리는 많은 개별
물들에 대해서 충실하다 할지라도, 이 여러 개별물들의 그 어느 하나에 대

해서도 그 현실성을 온전히 지시하는 데에는 불충분하다. 따라서 보편자
는 그것에 의하여 한 뭉치로 묶여져 있는 개별물들보다 더 실재적이기는
고사하고, 도리어 실재성의 어떤 감손(減損)을 그 특징으로 하는 것이다.
보편자란 어떤 것이 현실적으로 존재하거나 존속하는 방식이 아니다. 그것
은 정신이 가끔 하나의, 혹은 하나 이상의 개별물들의 어떤 선택된 국면을
문제 삼는 방식이다. 이와 같이 개별물들을 문제 삼을 때, 정신은 간혹 올
바로 이것들을 다루고 생각할 수 있으나, 그렇다고 해서 현실적으로 존재
하는 그 어떤 하나에 대해서도 그 완전한 개체성을 파악할 수는 결코 없
다.

　오직 낱말들만이 보편자일 수 있다는 자기의 논점을 변호하는 가운데,
아벨라르두스는 인간의 사고(思考)에 관한 심리학에 주의하기에 이르렀다.
생각한다는 것은 지각(知覺)하는 것의 대용물이라고 그는 주장하였다. 즉
그것은 어떤 점에서 지각만큼 충분한 것이 못 되며, 또 다른 어떤 점에서
는 지각보다 더 쓸모 있는 대용물이다. 사고는 존재론상으로는 지각만큼 충
분하지 못하다. 왜냐하면 지각은 신체의 감관들에 의거하고 개별물들을 온
통 우리 앞에 제시해 주는데, 사고는 이와 같이 하지 못하기 때문이다. 그
러나 사고는 논리상으로는 지각보다 더 유용하다. 왜냐하면 그것은 신체
기관을 요하지 않는 것이어서, 우리 앞에 현존하는 것뿐만 아니라 우리 앞
에 없는 것까지도 우리가 다룰 수 있게 해주며, 또 지각을 절내로 해명해
주지 못하는 사물들 간의 연관에 관해서도 우리로 하여금 알게 해주기 때
문이다. 사고는 사물들에 대한 심상들을 사용함으로써 수행된다. 즉 상상
력을 통하여 현존하는 개별물들에 대한 심적 표상들을 구성함으로써 행해
진다. 이 심상(心像)들은 어떤 개별자에 대해서 아주 충실한 것일 수 있다.
가령 우리가 아주 친한 벗을 생각할 때가 그렇다. 그러나 이 심상들은 아
주 막연하고 애매할 수도 있다. 가령 우리가 사람이나 동물, 혹은 실체 일
반을 생각할 때 그렇다. 모든 심상은 전에 가졌던 어떤 지각(知覺)의 어떤
모습에서 생기며, 또 이 모습들을 반영한다. 그러나 심상들은 언제나 선택
을 일삼으며, 기껏해야 하나 혹은 하나 이상의 개별물의 몇 가지 특성을
포함하고 다른 모든 특성을 배제한다. 그리고 그것들은 가끔 혼동되어 있
다. 혼동되어 있는 까닭은 그것들이 하나의 단일한 개별적 사물로부터 나

온 것이 아니라, 어느 정도 비슷한 많은 개별적 사물들로부터 나온 것이기 때문이다.

하지만 인식(認識)이 비록 상상력에 의존하는 것이기는 해도, 인식은 상상력 이상의 것이다. 어떤 심상에 결부된 낱말이 어떤 대상을 지시할 때 인식이 생긴다. 그리고 인식은 구체적일 수도 있고 추상적일 수도 있다. 심상이 선명하면 할수록 정신은 하나의 단일한 개별적 대상에다 거기에 대응하는 낱말을 더욱 잘 결부시키게 되고, 또 인식은 더욱 구체적인 것이 될 것이다. 심상이 흐릿할수록 정신은 그에 대응하는 낱말을 많은 개별적 대상들에다 동시에 결부시키게 되는 일이 더욱 많고, 인식은 더욱 추상적으로 된다. 흐릿한 심상들은 다름 아닌 개념들이다. 개별적 대상들에 결부된 낱말들처럼 선명한 심상들에 결부된 낱말들은, 단수 명사(單數名辭)들이다. 흐릿한 심상들, 즉 개념들에 결부된 낱말들은 보편자(普遍者)들이다. 보편자가 되는 것은 개별적 대상도 아니려니와 심상도 아니다. 모든 심상은 현실적으로 존재하는 모든 사물과 똑같은 정도로 개별적이다. 오직 낱말들만이 보편적일 수 있고, 또 이 낱말들은 마음속에 일어나는 무수한 사건으로서의 심상들을 지시하는 것이 아니라, 정신이 심상들을 그 대상들에 결부시키는 것을 지시한다. 참과 거짓은 정신이 그 심상들을 사물들에 결부시키는 행위에서 일어나는 것이다.

그리고 보면 아벨라르두스에게 있어서 보편자는 많은 사물들에 대한 부분적 이해이다. 그것은 절대적 실재성을 가진 사물도 아니요, (그가 개념이라고 부른 흐릿한 심상과 같은) 주관적인 심적 상태도 아니다. 그것은 낱말들이 지능 사용 과정에서 그 기능을 발휘하는 방식인 것이다. 그것은 실재하는 사물들에 관계를 맺고 있으며, 이 관계의 참·거짓은 이 실재하는 사물들이 객관적으로 어떠한 것인가 하는 데 달려 있다. 그러나 그것은 오직 정신의 반성 행위의 테두리 안에서만 생겨난다.

보편자의 문제에 대한 아벨라르두스의 답은, 교회로 하여금 그 여러 교리에 대하여 실재론적 이론들이 제공하는 듯싶은 뒷받침을 잃어버리게 할는지도 모르는 것이었다. 성 베르나르두스는 아벨라르두스를 모세 대신 플라톤을 택한 자요, 또 플라톤을 기독교인으로 만들려고 하다가 다만 자기 자신이 이교도가 되어 버린 데 그친 자라고 힐난하였다. 그러나 이 힐난은 이중으로 잘못된 것이요, 성 베르나르두스의 이해의 결핍을 드러내는 것이다. 아벨라르두스는 플라톤과는 거리가 먼 사람이었다. 그가 이상하게도 개념과 선명하지 못한 심상을 동일시한 것은, 형상(形相)들이야말로 인식의 가장 명석한 대상이 될 수 있다고 하는 플라톤의 진지한 확신에 완전히 대립하는 것이었다. 그리고 비록 그가 그의 기독교 사상에 있어 인습에 사로잡히지 않았고 아마도 이단적이었음은 분명하다고 하겠으나, 그렇다고 해도 그는 결코 이교도는 아니었다. 그는 교회의 권위에 찬동하였고, 또 우리가 교회의 교리를 이해하든 못하든 이를 믿어야 한다고 말하였다. 그는 심지어 많은 교리들은 우리가 이해할 수 있는 그런 것이 아니라고까지 말함으로써 성 아우구스티누스의 전통에도 반대하였다. 그에게 있어서의 신앙이란 것은 이해를 추구하여서는 안 되는 것이었다. 오히려 신앙은 권위에 의거하는 것이요, 이해는 감관 경험(感官經驗)의 범위 안에 들어오는 문제들에 국한되어 있다는 것이다. 교회의 지도자들이 아벨라르두스의 영향을 두려워한 것은 사학도(史學徒)에게는 하등 놀라울 것이 없는 일이다. 왜냐하면 만일 신앙이 이성의 영역을 초월하는 것이라면, 신앙은 어떤 의미에서 비이성적인 것이요, 또 비이성적인 것은 이치에 닿지 않는 것에 거의 가까운 것이기 때문이다.

제 6 장   토미즘의 종합

1. 아리스토텔레스의 부활

알 파라비(Al-Fārābi, 950년경 사망) : 바그다드 학원에 있던 아라비아인 학자.

아비켄나(Avicenna, 아라비아 이름으로는 Ibn Sīnā, 980~1037) : 바그다드 학원에 있던 아라비아인 학자.

알가잘리(Al-Ghāzāli, 1058~1111) : 바그다드 학원에 있던 아라비아인 학자.

아비케브론(Avicebron, 본명 Salomon ben Jehuda ben Gabirol, 1070년경 사망) : 스페인의 코르도바에 있던 학원의 유태인 학자.

마이모니데스(Maimonides, 1135~1204) : 스페인의 코르도바에 있던 학원의 유태인 학자.

아베로에스(Averroës, 1126~1198) : 코르도바에서 나서 무어족의 칼리프(마호메트의 후계자)의 궁정의(宮廷醫)로 일하다가 추방되어 모로코에서 십자가상에 처형됨.

로버트 그로스테스트(Robert Grosseteste, 1175~1253년경) : 옥스퍼드에서 가르치고 총장의 칭호를 받음. 나중에는 링컨의 사교(司敎)가 됨. 그는 자연 과학에 관한 책을 썼는데, 소리·광선·혜성·색채·무지개·열 및 운동을 다루었다. 또 아리스토텔레스의 몇 개의 저작을 희랍어에서 라틴어로 번역하였다.

보베의 빈센티우스(Vincent of Beauvais, 1190년경~1264년경) : 프랑스의 수도사. 1250년경에 〈스페쿨룸 마이우스(Speculum Maius)〉란 책을 썼는데, 이 책은 백과전서 같은 것으로 그 한 항은 박물학에 관한 자료를 주해한 것이다.

뫼르베케의 기욤(William of Moerbeke, 혹은 Guillaume, 1286년경에 사망) : 교황 우르바누스 4세의 궁정에 있으면서 아리스토텔레스의 저작을 희랍어에서 라틴어로 번역하였다.

성 알베르투스 마그누스(St. Albertus Magnus, 1206~1280) : 독일의 슈바벤에서 출생. 1223년에 성 도미니크 수도회의 수도사가 되었고, 파두아에서 공부하다가 다시 파리에 가서 공부하였으며, 여기서 박사 학위를 얻었다. 파리와 콜로뉴에서 가르쳤다. 저서로는, 자연 과학에 관한 것으로, 〈식물론(De Vegetalibus)〉과 〈동물론(De Animalibus)〉, 아리스토텔레스의 저작을 해석한 것들, 페트루스 롬바르두스의 〈명제집(命題集)〉에 대한 주석, 그리고 보편자의 문제를 다룬 윤리학적 소저(小著) 몇 편이 있다.

성 보나벤투라(St. Bonaventura, 1221~1274) : 이탈리아의 토스카나에서 출생. 그

는 파리에서 가르쳤고, 프란체스코 수도회에 입회하여, 1257년에 이 수도회의
회장이 되었다. 1273년에 처음으로 설치된 추기경에 임명되었다. 그는 가끔
치천사적(熾天使的) 박사(Seraphic Doctor)라 불린다.

　　로저 베이컨(Roger Bacon, 1212년경~1292) : 옥스퍼드에서 그로스테스트에게 배
웠고, 프란체스코 수도회의 수도사가 되었다. 주로 옥스퍼드에서 가르쳤으나
잠깐 동안 파리에서도 가르쳤다. 그도 스승처럼 자연 과학에 대한 관심이 매
우 컸다. 그는 많은 논쟁의 중심이 되었다. 천문학에 관한 그의 견해 가운데
몇 가지가 1278년에 '기설(奇說)'이라 하여 비난받고, 그 후 얼마 동안 이단의
죄명으로 옥에 갇혔었다. 저서로는, 〈오푸스 마이우스(*Opus Maius*)〉·〈오푸스
미노르(*Opus Minor*)〉·〈오푸스 테르티움(*Opus Tertium*)〉, 그리고 철학과 신학의
문제를 간결하게 추려서 풀이한 것들이 있다. 그는 가끔 기적의 박사(Mirabilis
Doctor)라 불리기도 한다.

　13세기는 스콜라 철학의 발전에 있어서 큰 변화가 있은 세기였다. 이 변
화는 대체로 아리스토텔레스의 원전을 도로 찾게 되고 이 원전의 의미를
차츰 더 많이, 그리고 더 정확히 알게 된 데 기인한다. 아리스토텔레스의
논리학에 관한 사상의 얼마 —— 범주(範疇)를 논한 것과 삼단 논법을 논한
것 —— 는 포르피리우스와 보에티우스를 통하여 중세 초기에 전달되었다.
그러나 6세기로부터 12세기에 이르기까지 아리스토텔레스의 나머지 사상
은 대부분 잘못 판단되었으며 심지어 알려지지도 않았다. 이 여러 세기의
스콜라 학자들 간에 널리 행해진 해석들은 그 의도에 있어 신플라톤주의적
이었고, 또 아리스토텔레스 저작의 원전 가운데에서 초기의 좀더 플라톤적
인, 그리고 좀더 신학적인 부분에 기초를 두고 있었다. 플로티노스의 〈에
네아데스(*Enneads* ; 哲學全書)〉의 3권을 편찬한 책이 9세기에 〈아리스토텔레
스의 신학(*The Theology of Aristotle*)〉이란 제목으로 세상에 나왔다. 아리스토
텔레스의 과학적 저작과 〈형이상학(形而上學)〉의 좀더 자연주의적인 항목
들은, 12세기 말엽과 13세기에 그 사본(寫本)이 발견되고 마침내 라틴어로
번역되기에 이르기 전에는 서부 유럽의 기독교 권내에 거의 알려져 있지
않았다.

　아리스토텔레스의 저작이 겪은 운명의 역사는 자못 기구한 바 있다. 전
하는 바에 의하면, 이 저작은 아리스토텔레스의 유언으로 테오프라스토스
가 맡게 되었다. 이 사람은 아리스토텔레스를 이어 리케이온(Lyceum ; 아테
네 교외에 있던 아리스토텔레스의 학원)의 원장이 되었던 사람이다. 이 저작은

다시 테오프라스토스의 후계자들에게 전승된 것으로 보인다. 로도스의 안드로니코스(Andronicos)가 소위 그의 편찬으로 이 저작들을 정리한 기원전 1세기에는 이 저작들을 얻어 볼 수 있었음이 확실하다. 그리고 이 저작 가운데 어떤 것은, 아프로디시아스의 알렉산드로스가 기원후 2세기에, 그리고 보에티우스가 6세기에 그들의 주석(註釋)을 저술했을 때만 해도 아직 얻어 볼 수 있었다. 비록 그것들이 연구되지 않을 때에도, 고대에 있어서 그것들은 크게 존중되었다. 스트라본에 의하면, 이 저작은 한때 전쟁의 파괴를 피하여 소아시아 북서부의 어느 지하실에 숨겨진 일이 있었다고 한다. 그러나 이 피란 통에 크게 파손되었고 또 많이 뒤섞이기도 하고 더럽혀지기도 했다고 전한다. 그 후 그것들은 술라(Sulla)의 개선 때 로마의 거리에 운반되어, 예루살렘의 사원에서 가져온 일곱 가닥의 촛대와 함께, 마치 개선 장군의 영광을 더욱 빛내 주기나 하는 양 가두에 전시되었다. 그러나 일단 희랍 철학자들에 대한 신플라톤주의적 태도가 권위를 가지게 되자, 아리스토텔레스의 원전들은 서부 유럽의 학자들과 사상가들의 세계로부터 자취를 감추어 버렸다.

아리스토텔레스의 원전이 기독교 세계에 거의 알려져 있지 않던 여러 세기 동안, 그것은 다른 곳에서 보존되고 소중히 여겨지고 있었다. 그것은 5세기와 6세기에 시리아어로 번역되었고, 이보다 후에 다시 아랍어와 히브리어로 번역되었다. 마호메트교나 사라센 문화가 퍼진 곳에서는 어디서나 훌륭한 아리스토텔레스주의의 철학이 성행하였다. 처음에는 동방의 아랍 사람들 가운데에서, 그리고 나서는 회교가 북아프리카를 석권함과 함께 스페인의 무어족 가운데에서 성행하였다. 연이은 아리스토텔레스주의 철학자들은 바그다드에 있는 학원에 명성을 가져왔다. 알파라비·아비켄나·알가잘리가 이 철학자들이다. 이 사람들은 신플라톤주의적인 신비주의적 아리스토텔레스 철학을 가르쳤고, 알가잘리의 경우에는 이에서 전환하여 유태교의 일신론(一神論)을 옹호하였다. 또 하나의 연이은 아리스토텔레스주의 철학자들은 위의 것에 못지않은 명성을 스페인의 코르도바에 있는 학원으로 가져왔다. 여기서 아리스토텔레스는 유태인 학자들의 철학자가 된 셈인데, 이들은 흔히 기독교권 내에서는 이들에게 허락되지 않았던 지적 자유를 무어인들 밑에서 누렸다. 유태인으로서 아리스토텔레스주의자였던 사람들 가운데 아비케브론과 마이모니데스가 있었다. 또 신비주의적인 아리스토텔레스주의가 유태인의 밀교(密敎)의 여러 구석에 스며들어갔고, 또 이런 형태로 서부 유럽의 모든 나라에 이식되었다.

13세기 이전에 서부 유럽에서 가장 위대했던 아리스토텔레스주의 철학자——그 지적 재능과 또 확실히 기독교 세계에 끼친 영향에 있어서 가장 위대했던 사람——는 사라센의 학자 아베로에스였다. 그는 한때 코르도바에서 무어인 지배자의 궁정의(宮廷醫)였다. 그리고 비록 코르도바로부터 추방당하여 북아프리카로 은퇴하도록 강요당하였으나, 그런 가운데에서도 사라센 문화가 계속되는 곳에서는 어디에서나 의학과 법학 및 철학에 대한 관심을 널리 퍼지게 했다. 그의 영향은 정복자였던 노르만족에 의하여 시칠리아에, 그리고 살레르노와 나폴리에 있는 학원들에 전파되었다. 기적·예언·섭리 및 기도의 효과에 대한 기독교 신앙에 반대하여, 그는 하나의 철저한 자연주의적 철학을 가르쳤다. 창조에 대한 기독교 신앙에 반대하여, 그는 물질의 불멸과 물질적 세계의 끝없는 존속을 가르쳤다. 정신적 실체들과 장차 있을 상벌에 대한 기독교의 신앙에 반대하여, 그는 영혼이 신체에 의존한다는 것과 영혼이 결국 사멸하는 것임을 가르쳤다. 그는 신학을 전적으로 철학에 종속하는 것이 되게 하였고, 그의 철학과 회교도들의 신학이 외면상 여러 가지 맞지 않는 것이 있음을 신학이 비유를 쓰는 한편, 철학은 과학적으로 문자 그대로 해석하기 때문이라고 설명함으로써 정통 회교도들의 세계에서 그의 지위를 유지하려 하였다. 정통 마호메트교의 신앙을 내세운 사람들에게서 그가 어떠한 운명을 자초했든, 그는 기독교도들의 눈에는 역사상 가장 두려운 괴수(魁首) 이단자들 가운데의 한 사람으로 보였다. 기독교인 화가들은, 그가 가끔 유다와 아리우스와 함께 성자들의 발밑에 꿇어 엎드려 있는 모습들을 그렸었다.[1] 그럼에도 불구하고

---

1) 단테(Dante)는 확실히 아비켄나와 아베로에스를, 플라톤·아리스토텔레스, 그리고 그가 흠모해 마지않은 버질(Virgil ; Vergilius)과 함께 림보(limbo ; 지옥의 변두리에 있는 곳으로 그리스도 탄생 이전의 선인과 세례를 받지 않고 죽은 어린아이들의 영혼이 가는 곳—— 역주)에 넣었고, 에피쿠로스 학도들과 함께 지옥의 여섯째 장소에 넣지 않았다. 그러나 단테는 성 토마스가 죽은 지 한 세대가 지나서 이 글을 썼던 것인데, 이때에는 적어도 지식인들간에서는 아리스토텔레스를 철학자들이 이용할 수 있도록 한 모든 사람의 공헌이 보다 안전하게 인정될 수 있었다.

한편 교회권 내에 머무른 서양의 지식인들로서 그를 열렬히 따른 제자도 적지 않았다.

12세기 말에는 기독교 세계에서 아리스토텔레스가 미움받는 유태인, 미움받는 무어인, 그리고 미움받는 이단자들과 널리 결부되어 있었다. 그는 아우구스티누스의 이상(理想)인 직관적 지혜를 무시한, 그리고 또 이성에 앞서, 혹은 이성을 초월하여 성립하는 신앙의 여러 요구를 무시한 이성주의(理性主義)의 상징이었다. 1210년에는 아리스토텔레스의 저작의 사용이 파리 대학에서 금지되었고, 또 이 비슷한 금지가 13세기의 대부분에 걸쳐 거듭 선포되었다. 그럼에도 불구하고 아리스토텔레스의 저작에 대한 주의는 계속 증가하였다. 이 저작의 여러 부분이 라틴어역으로 세상에 나왔는데, 이 번역서들은 (스페인과 시칠리아에서처럼) 아라비아어로부터 번역되기도 하고, 또 새로 입수된 사본들의 희랍어로부터 직접 번역되는 경우도 있었다. 옥스퍼드의 로저 베이컨처럼, 형이상학보다 자연 과학에 더 많은 흥미를 가졌던 몇몇 스콜라 학자들은 아리스토텔레스의 과학적 저작을 자유롭게 검토할 수 있었다. 1260년까지는 아리스토텔레스의 형이상학·심리학·윤리학 및 정치학이 로버트 그로스테스트와 뫼르베케의 기음에 의하여 새로이 희랍어 원문으로부터 라틴어로 번역되었다. 역대의 교황들과 이 밖의 교회 권위 당국자들은 아리스토텔레스를 잘 알고 또 아리스토텔레스의 사상을 다른 여러 가지 사고 방식에 연관시키려는 많은 학자들의 대단한 관심에 차츰 양보하지 않으면 안 되었다. 아리스토텔레스의 여러 사상을 좋게 여긴 사람들은, 아리스토텔레스 자신과 아리스토텔레스에 대한 아베로에스의 해석을 구별함으로써 아리스토텔레스에 대한 권위층의 태도에 많은 변화를 생기게 했다. 13세기 중엽에 이르러서는 그 이전의 금지가 임시적 조치로, 즉 아리스토텔레스 저서의 완전한 번역이 나오고 사라센 사람들의 해석 대신에 올바른 해석이 수립될 때까지만 효력이 있도록 마련된 임시 조치로 여겨지게 되었다. 1215년에는 〈기관(機關; Organon)〉이 금지에서 명백히 해제되었고, 다른 저작도 하나씩 일반적으로 사용되기에 이르렀다. 1263년에 교황은 아리스토텔레스의 저작 전부를 새로 번역할 것을 명하였고, 14세기에는 파리 대학에서 석사 학위를 얻으려는 이는 누구나 아리스토텔레스의 철학 전반에 걸친 지식을 요구하였다. 아리스토텔레스주의의 스콜라 학자로서 이단으로 보인 사람들은 아리스토텔레스주의자로서가 아니라 아베로에스주의자로서 비난받았다. 그리고 아리스토텔레스는 실제로 기독교도로 인정되지는 않았으나, 몇 가지 철학 문제를 논하는 데 도움이 되는 것으로 여겨졌다.

기독교 철학자들이 아리스토텔레스를 받아들인 과정의 역사에 있어서 가장 주목할 만한 인물은 성 알베르투스 마그누스와 그의 제자 성 토마스 아퀴나스였다. 성 알베르투스는 아리스토텔레스의 저작을 전부 다시 쓰려는 웅장한 계획을 세웠다. 이 계획에서 그는 아리스토텔레스에게 결함이 있거나 불완전한 점이 있어 보이는 부분에 대해서는, 자신의 글을 추가해 넣어서 철학적 진리를 완전히 체계적으로 진술하는 일을 완성하려 하였다. 그는 그 당시 존재하던 아리스토텔레스의 라틴어 번역서로서 내용이 충실한 것이면 이를 사용하는 데 조금도 주저하지 않았다. 그러나 이 번역서들이 가끔 아주 보잘것없이 빈약하여 도무지 이해할 수 없는 경우가 있었으므로, 그는 스스로 많은 사본들을 검토하고 새로 번역하기도 하였다. 이때 그는 이 번역에 아리스토텔레스가 말하고자 했거나 또는 말했어야 했다고 그가 판단한 것을 해명해 넣었다. 이 웅장한 계획의 추진에 있어서 성 알베르투스는 대단한 성공을 거두었다. 그리하여 그는 13세기에 아리스토텔레스의 새로운 번역서를 내놓았는데, 이 번역서가 역사적으로 전적으로 신뢰할 만한 것은 못 된다 하더라도, 아리스토텔레스를 그저 읽기 쉽게 했을 뿐만 아니라 또한 기독교를 철학적으로 옹호하는 데 거의 없어서는 안 되는 것이 되게끔 하였다.

아리스토텔레스가 다시 등장했다고 해서 중세 철학에서의 플라톤의 영향이 아주 끝난 것은 아니다. 그러나 아리스토텔레스의 부활은 중세 초기에 널리 퍼져 있었던 몇 가지 추측에 종지부를 찍었다. 그것은 플라톤 철학과 아리스토텔레스 철학이, 철학자들이 이 두 입장 가운데에서 하나를 택해야 할 대립되는 입장이라는 무비판적 신념에 종지부를 찍어 주었다. 스콜라 학자들 가운데에서 가장 위대한 사람이었던 성 토마스 아퀴나스는 어떤 때에는 두드러지게 플라톤적이고, 또 어떤 때에는 아주 아리스토텔레스적이다.[2] 아리스토텔레스의 부활은 또 보편자(普遍者)를 그 자체 실재적인 것으로 보며, 특수물들을 이것에서 유출된 것으로 다루는 극단적 실재론(實在論)의 물결에 종지부를 찍었다. 이것은 플로티노스의 물질관에서 아리스토텔레스의 물질관으로 되돌아가는 것을 의미하는 것이었다. 즉 그 것은 개체성이 다시 한 번, 다른 어떤 것이 소유하는 좀더 충만한 존재의 결여나 혹은 타락으로서가 아니라, 유한한 존재들의 정녕 에누리없이 존 재함을 드러내는 구체성 내지 실체성(實體性)으로 생각되기에 이르렀다는 것을 의미하는 것이었다. 그리하여 아리스토텔레스의 부활은, 물리적 세 계에 대한 흥미 및 이에 대한 연구가 다시금 형이상학적으로 시인되게 되 었음을 의미하는 것이었다. 13세기의 많은 사람들에게, "아리스토텔레스 는 하나의 계시(啓示)로 나타났다. 그는 사람들에게 가시적 자연은 신학적 암호문 이상의 어떤 것이며, 그것을 그것대로 연구하면 많은 소득이 있다 는 것을 가르쳤다."[3] 비록 성 아우구스티누스로부터 13세기에 이르는 동 안의 사상가들이 영원한 진리와 영혼의 운명에 정신이 쏠리기는 했었으나, 서부 유럽에서 물리적 세계에 대한 흥미가 아주 결여된 때는 한번도 없었 다. 그러나 중세 초기에는 자연을 문제 삼는 책들이, 관찰된 사실들과 고 대의 저자나 여행가들에 의하여 전해진 공상적인 이야기들 사이에 거의 아 무런 구별을 두지 않았다. 〈강요(綱要 ; Speculum)〉란 저서를 13세기 중엽에 낸 보베의 빈센티우스만 하더라도, 이 중세 초기의 태도에서 벗어나지 못 하고 있다. 하지만 아리스토텔레스의 부활로 말미암아 자극을 받은 성 알 베르투스 마그누스는 식물·새·물고기·곤충·동물 및 광물의 표본을 수 집하였고, 자연에 대한 그의 관심을 다음과 같은 말로 표현하고 있다. "실 험만이 이런 문제에 있어서 신뢰할 만하다(Experimentum solum certificat in talibus)."[4]

아리스토텔레스의 영향의 부활과 함께 플라톤주의의 권위에 대한 존경 이 계속되었다. 그런데 이 플라톤주의는 위(僞) 디오니시우스와 극단적 실

---

2) 성 토마스는 그저 두드러지게 플라톤적이었을 뿐만 아니라, 또한 아리스토텔레스를 제 외하고는 위(僞) 디오니시우스를 하나의 권위로서 다른 어떤 철학적 권위보다도 더 자주 언급하였다.

3) A. E. Taylor, "Ancient and Medieval Philosophy," in *European Civilization*, ed. E. Eyre(New York, Oxford University Press, 1935~1939), Vol. III, p. 820.

4) Etienne Gilson, *Histoire de la philosophie medievale*(Paris, Payot, 1922), Vol. II, p. 12에서 인용.

재론자들을 통하여 퍼진 것보다 플라톤 자신의 입장에 더 가까운 플라톤주의였다. 13세기에는 아리스토텔레스가 자연 세계의 연구에 있어서 으뜸가는 지침이 되었고, 플라톤은 기독교 신앙에 의하여 제기된 좀더 깊은 문제들을 이해하는 노력에 있어서 여전히 하나의 지침이었다고 말해도 그리 큰 잘못은 없을 것이다. 프란체스코 수도회장이요 교회의 추기경이었던 성 보나벤투라(1221~1274)는 말하기를, 아리스토텔레스는 자연물들의 분석에 있어서 건실하였으나 형이상학에서는 약하였다고 하였다. 13세기의 프란체스코 수도회원들은 도미니코 수도회원들보다 아리스토텔레스를 덜 좋게 여겼다. 그들은 아리스토텔레스에 대한 새로운 열의에 대하여 양보할 수 있는 데까지 양보하였으면서도, 아우구스티누스의 조명설(照明說 ; doctrine of illumination)을 견지하였다. 성 보나벤투라는 이 문제를 요약하여 말하기를, 아리스토텔레스는 과학에 있어서 뛰어났고, 플라톤은 지혜에 있어서 뛰어났으며, 성 아우구스티누스는 그 어느 쪽에 있어서도 다 같이 뛰어난 사람이라고 하였다. 하지만 도미니크 수도회원들은 아리스토텔레스를 좀더 충실히 받아들임에 있어, 대체로 성 토마스 아퀴나스의 본을 그대로 따랐다. 그러나 성 아우구스티누스가 본 아리스토텔레스도 플라톤의 학원에서 성장한, 그리고 신학에서 절정에 이른 형이상학을 가르친 아리스토텔레스였다. 그저 자연주의적이기만 한 아리스토텔레스는, 기독교권 내의 거의 모든 13세기 스콜라 학자들에게는, 이단적인 사라센 사람들이 꾸며낸 조작으로 보였다.

아리스토텔레스의 부활은 보편자(普遍者)의 문제에 대한 하나의 새로운 해결을 촉진하였다. 성 알베르투스가 조직적으로 논술하고 성 토마스가 받아들인 이 해결은, 온건한 실재론(實在論)이라 불리우기에 이르렀다. 그것이 실재론인 까닭은, 그것이 보편자로서 정신 속에 있는 것은 또한 사물들의 형상으로서 사물들 속에도 현실적으로 존재한다는 것을 긍정하기 때문이다. 그리고 그것이 온전한 까닭은, 보편자들 내지 형상들이 절대적으로 존재한다는 것을 부인하기 때문이다. 아리스토텔레스가 가르친 바와 같이 특수한 사물들은, 질료(質料)와 형상(形相)이 결합되어 하나가 된 것들이다. 질료는 개체화(個體化)의 원리요, 형상은 가지성(可知性)의 원리이다. 형상이 질료 속에 있지 않다면 개별적 사물들이 있을 수 없을 것이다. 질료가 형상을 가지지 않았다면 인식이 생기지 못할 것이다. 어떤 개별적 사물에 있어서이든 그 실상 내지는 본질(quiddity 혹은 whatness, 즉 그 사물을 그 사물이게끔 하는 것)을 이루고 있는 형상이, 이 개별적 사물을 인식하는 그 어떤 정신 속에서나, 또한 그 사물의 관념 혹은 그 사물의 본질이 되는 것이다. 동일한 형상이 동시에 객관적으로는 사물의 본성이 되고 주관적으로는 정신의 관념이 되지 않는다고 하면, 그 사물은 가지적(可知的)인 것이 못 될 것이며, 정신은 인식적인 것이 못 될 것이다. 그리고 어떤 정신이 일단 어떤 형상을 그 관념으로서 소유하면, 그 정신은 이 형상을 자기의 본성으로서 지니고 있는 개별적 사물에 골몰하기를 그칠 수 있고, 또 이 형상을 많은 개별물들의 가능한 본성으로 여길 수 있다. 이와 같이 생각할 때, 그리고 이와 같이 생각할 때에만 형상은 하나의 보편자라 불리울 수 있다. 물론 이 형상이 실제로는 오직 한 개별물의 본성일 수 있는 것이지만, 하여튼 위와 같이 생각할 때에 비로소 형상이 보편자일 수 있는 것이다. 성 알베르투스의 표현 방식대로 이 점을 표현한다면, 보편자는 "비록 그것이 절대로 존재를 부여할 수 없을지 모르나, 많은 것에 존재를 부여하기에 적합한 본질이다."5) 그러므로 엄밀하게 말한다면, 보편자는 오직 지성 속에만 있다. 왜냐하면 지성을 떠나서는 형상은 언제나 질료 속에 개별화되어 있기 때문이다.

존재의 질서에 있어서 사물들은 보편자들에 선행한다. 왜냐하면 문젯거리는 언제나 이 문젯거리에 관한 인식에 선행하기 때문이다. 즉 사물은 인식되든 말든 그것대로 있는 것이요, 또 정신이 그것을 알게 되는 때에만 그것의 형상이 (그것들의 질료를 벗어 버리고) 정신 속에 들어와서 그것의 관념으로 되기 때문이다. 그러나 인식의 질서에 있어서는 보편자가 어떤 의미에서는 사물들에 선행한다고 할 수 있다. 왜냐하면 보편자는 전적으로 또 완전히 이해될 수 있는 것이기 때문이다. 실상 보편자들에게는, 모든 개별적 사물들 속에 머물러 있으면서 정신이 관념들을 가지고 이해하는 것을 방해하는 질료의 원리가 없으므로, 이 보편자들이야말로 완전히 가지적

---

5) *Short Natural Treatises on the Intellect and the Intelligible*, Treatise II, 제 2 장. Richard McKeon 역(譯), *Selections from Medieval Philosophers* (New York, Scribner, 1929) Vol. I, p. 359에서 인용.

(可知的)인 유일한 대상들이다. 오직 하나님의 창조적 정신의 세계에서만 보편자들이 사물들에 앞서 존재하며, 또 이 보편자들이 나중에 이 사물들의 실상 내지 본질이 된다. 오직 하나님에게서만 그의 창조적 목적을 나타내는 가지적인 것들이 존재의 질서와 인간 인식(人間認識)의 질서와의 양자에 선행한다.

성 알베르투스와 성 토마스의 이 온건한 실재론은 스콜라 철학을 취급한 사서(史書)에서 흔히 다음과 같은 적절한 공식으로 요약되었다. 즉 보편자들은 결코 절대적으로 존재하지는 않는다 하더라도 '사물 앞·사물 안·사물 뒤(ante rem, in re, post rem)'에 존재한다고, 이 짧은 문구로 온건한 실재론이 알뜰히 정의되어 있다. 즉 보편자들은 하나님의 예견과 창조적 능력의 이성적 계획으로서 '사물들에 앞서' 있으며, 사물들의 본성으로서 '사물들 속에' 있으며, 그리고 유한한 이성적 피조물들이 사물들에 관해서 가지게 될 관념들 내지 인식(認識)으로서 '사물들 다음에' 있다는 것이다.

2. 성 토마스 아퀴나스

성 토마스 아퀴나스(St. Thomas Aquinas, 1225~1274) : 아퀴노의 한 백작의 작은 아들로 나폴리 가까운 곳에서 태어났다. 그는 몬테카시노의 베네딕트파 수도원(그의 아저씨가 이 수도원의 원장이었다)에서, 그리고 나폴리에서 공부했으며, 가족의 반대를 무릅쓰고 도미니크 수도회의 수도사가 되었다. 그는 다시 파리와 콜로뉴에서 성 알베르투스에게 사사(師事)했다. 그는 너무 조용했고, 또 공부에만 열중했으므로 동료 학생들로부터 '벙어리 소'란 별명을 얻었다. 그는 파리에서, 또 삼대의 교황의 궁정에서 가르쳤고, 도미니크 수도회 소속의 학원들을 위한 교과 과정을 설정했으며, 많은 저술을 했다. 그의 중요한 저작 가운데에는, 〈존재와 본질(Being and Essnece)〉, 아리스토텔레스의 물리학·천문학·심리학·형이상학·윤리학 및 정치학에 대한 주석들, 페트루스 롬바르두스의 〈명제집〉에 대한 주석, 아베로에스주의자들을 논박한 논술 수편 —— 이 중에서 가장 유명한 것이 〈대이교도 대전(對異敎徒大全 ; Summa contra Gentiles)〉이다 —— 그리고 방대한 〈신학 대전(Summa Theologica)〉이 있다. 이 〈신학 대전〉은 영국의 도미니크 수도회원들의 지원으로 영역한 것이 있는데, 29권으로 되어 있다. 성 토마스 아퀴나스는 예로부터 '천사적 박사'라 불렸다.

성 토마스 아퀴나스가 만들어 낸 신학 및 철학의 체계는, 이를 경모하는 사람들 중에서 어떤 이들로부터 최상의 종합이란 찬사를 받아 왔다. 그것은 확실히 중세 스콜라 철학의 가장 주목할 만한 절정들 가운데 하나요, 또 성 아우구스티누스의 체계와 나란히 하나님과 인간과 세계에 대한 카톨릭 이론의 획기적 표현이라 해도 과언이 아닐 것이다. 그리고 그 요소들이 비록 성 아우구스티누스의 사상을 형성한 소재들과 꼭 같은 것은 아니었다 할지라도 그것은 정녕 하나의 종합이었다. 성 토마스 아퀴나스는 아리스토텔레스의 부활의 논의가 분분한 때에 저술하였다. 그는 가시적 세계와 인간 인식(人間認識)의 본성 및 발전에 대해서 신플라톤주의의 분석을 버리고 아리스토텔레스의 분석을 취하였다. 그러나 그가 아리스토텔레스에게서 배운 많은 것을 그의 종합에 부가함에 있어, 그는 매우 비판적 정신을 발휘하였다. 그의 체계는 가지각색의 원천에서 나온 사상들을 그저 기계적으로 얼버무려 뒤섞은 것은 아니었다. 그것은 그 자신의 독창적 천재의 산물이었고, 또 그의 선행자들과 그의 동시대인들로부터 여러 요소를 끌어들이되, 이 요소들이 그 자체 가치가 있을 때, 그리고 그의 체계 전체에 대하여 그가 가졌던 포괄적인 견지에서 보아 그것이 있을 자리에 배정되어 진리에 대한 그의 전체적 이해에 도움이 될 때에만 끌어들여 종합한 것이었다. 성 토마스는 혁신자였다. 13세기에 있어서의 그의 지적 환경에서 볼 때, 그는 대담한 혁신자였다. 그의 체계가 드디어 유행을 하게 되고, 이윽고 교황이 온 세계의 카톨릭 대학과 신학교에서 그의 체계가 연구되는 것을 인가했다고 해서 사가(史家)는 그의 정신의 대담한 독창성을 보지 못해서는 안 된다. 진정 그의 정신은 어떻게 플라톤 철학·아리스토텔레스 철학·심지어 때로는 아베로에스 철학을 활용하여, 그가 판단하기에 일상 생활의 모든 경험적 사실들에 대하여서나 카톨릭의 모든 정통 교리에 대해서나 동시에 충실한 하나의 전체적 견지를 해명할 수 있는가를 볼 수 있는 정신이었다. 성 토마스의 정신이 독창적이고도 대담하지 않았던들, 그는 그의 세기에 널리 의혹을 샀던 여러 원천으로부터 유효 적절하게 섭취하는 일을 하지 못했을 것이다. 또 서양 문화의 여러 전통에 있어서 가장 영원하고 견고한 종합들 가운데 하나가 된 것을 성취하지도 못했을 것이다.

신학(神學)과 철학(哲學)의 관계

성 토마스는 신학과 철학을 근본적으로 갈라 보았다. 신학은 계시(啓示)에서 주어진 교리들을 가지고 출발한다. 철학은 관찰에서 주어진 경험된 주제들을 가지고 출발한다. 신학자나 철학자나 다 같이 이성(理性)을 사용하며, 각기 그들의 지식을 합리적으로 또 논리의 원리들에 맞게 발전시킬 수 있다. 신학과 철학은 때로는 똑같은 명제들을 내세우는 수도 있다. 가령 하나님이 존재한다고 하는 명제를 내세운다. 또 같은 논저에서 이 양자를 함께 찾아볼 수 있는 경우도 있다. 아닌게아니라 성 토마스 자신 그의 〈신학 대전(神學大全)〉에서 많은 철학적 문제를 다루었으며, 또 아베로에스 학파의 철학적 입장을 논박한 〈대이교도 대전(對異敎徒大全)〉에는 꽤 많은 신학이 들어 있는 것이다. 이와 같이 신학과 철학을 결합시키는 것이 좋은 일이라고 그는 생각하였다. 이성의 한 가지 기능은 우리의 모든 지식을 정리하여 이를 하나의 체계 속에서 서로 연관짓게 하는 것이다. 그리고 이 과업은 본래 진리가 하나의 시종 일관한 전체이기 때문에 가능한 것이다. 그러나 한편 신학과 철학이 같은 문제를 다루고 또 똑같은 명제들을 긍정하는 데 있어 일치하는 때에라도, 이 두 가지 종류의 인식은 어디까지나 뚜렷이 다른 것이요, 결코 서로 넘나들 수는 없는 것이다. 왜냐하면 신학과 철학은 서로 다른 수단으로 이 명제들에 도달하기 때문이다. 신학은 계시된 전제(前提)들로부터 연역을 통해서 나아가며, 철학은 관찰된 사실(事實)들로부터 추리를 통해서 나아간다. 신학과 철학은 아주 중요한 점에 있어서 서로 다른 문제들을 다룬다. 가령 신학은 하나님의 삼위 일체적 본성을 문제 삼는데, 철학은 이에 대해서 아무것도 말할 수 없다. 그리고 철학은 열(熱)이나 소리에 관한 문제를 취급할 수 있는데, 이에 관하여 신학은 아무것도 밝히지 못한다. 물론 철학에 의하여 도달된 지식은 그 어떤 것이든지 신학에 의하여 주어질 수도 있다. 실제로 많은 것들이 이와 같이 신학에 의하여 주어지지는 않았지만, 주어진 것도 없지 않다. 그러나 신학과 철학의 근본적 차이는, 각기 이 두 가지 인식의 분야를 추구해 가는 절차 내지 방법에 있다. 신학은 하향적(즉 권위주의적)인 것으로서, 신앙에 계시된 교리들의 모든 의미와 의의를 찾아내는 데 이성을 사용하고, 철학은 경험적인 것으로서, 인간 경험의 사실들로부터 그것이 끌어낼 수 있는 결론들을 끌어내는 데 이성을 사용한다. 철학은 자연적 지식이다.

그의 짤막한 여러 논저 가운데에서 성 토마스는 그의 논지(論旨)를 철학적으로 다루었고 신학적인 기색을 전혀 보이지 않았다. 하지만 두 대전(大全)에서는 신학에 의하여 결정된 구조로 그의 철학을 전개하여, 하나님에서부터 시작해서 하나님의 창조물에로 나아가고 있다. 이러한 논술 방법은 철학적으로 꼭 그래야만 되는 것은 아니라 하더라도, 철학적으로 올바른 것이라고 성 토마스는 생각하였다. 신학을 떠나서 철학을 탐구할 때에는 하나님에서부터 출발해도 좋고, 가시적 세계로부터 출발해도 좋다. 철학이 체계적이고 명석한 것이 되려면, 그것은 선행(先行)하는 것에서부터 출발하지 않으면 안 된다. 그러나 성 토마스가 아리스토텔레스에 동의하여 말한 바와 같이, 선행하는 것에는 뚜렷이 다른 두 가지 종류가 있다. 존재(存在)의 질서에 있어서 선행하는 것은 인간 인식(人間認識)의 성장의 질서에서 선행하는 것과 같지 않다. 하나님은 전자의 의미에서 선행하며, 가시적 세계는 후자의 의미에서 선행하는 것이다. 성 토마스는 인간 인식의 점차적 발전을 설명하는 일보다 존재의 본성에 더 많은 흥미를 가지고 있었기 때문에, 전자의 논술 방법을 택하였다. 그러나 그는 후자의 방법이 많은 탐구자들에 도움이 될 수 있을 것임을 인정하였다.

이 장에서 우리는 이 후자의 방법을 채택하기로 한다. 그 까닭은 이 후자의 방법이 사상사(思想史)를 연구하는 학도로 하여금 애당초부터 아우구스티누스주의와 토마스주의와의 차이를 분간할 수 있게 해주기 때문이다. 이 차이는 주로 두 가지 요인에 기인한다. 즉 첫째로는, 성 토마스가 그의 스승 성 알베르투스에게서 배운 온건한 실재론(實在論)을 채택한 것, 그리고 둘째로는 성 아우구스티누스에 의하여 이미 만들어진 종합에다가 성 토마스가 아리스토텔레스의 자연주의를 많이 섞은 것에 기인한다.

성 토마스는 과학과 지혜를 구별한 성 아우구스티누스의 입장을 옳지 않은 것으로 보았다. 성 아우구스티누스의 이 입장에 반대하여, 그는 "먼저 감관(感官) 속에 있지 않은 것은 아무것도 정신 속에 있지 않다."[6]고 보는

---

6) 이 문구는 중세 철학을 다루는 역사책에서 가끔 유명론(唯名論)의 전형적 주장으로 인용되고 있다. 사실 이 문구는 반실재론적(反實在論的) 전통의 대부분에 대해 적용될 수 있다. 보에티우스는 아리스토텔레스의 윤리학을 해설하는 가운데에서〔포르피리오스의〈범주

인식론(認識論)을 지지하였다. 인간의 정신은 영원한 형상(形相)들을 대뜸, 그리고 직접 파악하는 것이 아니라고 그는 주장하였다. 인간의 정신은 자연 세계에 있는 자연적 실체들의 형상들을 접함으로써 관념들을 얻기 전에는 사실상 그 속에 관념을 가지고 있지 않은 것이다.[7] 인간 오성(人間悟性)이 진리에 대해서 가지는 관계는 박쥐의 눈이 태양에 대해서 가지는 관계와 같다고 성 토마스는 말하였다. 성 토마스는 논하기를, 인간은 과연 하나님과 비물질적 실체들에 관하여 약간의 지식을 가질 수는 있다고 하였다. 왜냐하면 인간의 정신이 일단 자연 세계 안에 있는 실체들의 형상에 어디서든 부딪친 일이 있으면, 정신은 그 자신의 여러 능력을 통해서, 그리고 신의 조명 없이 이 형상들을 성찰할 수 있고, 또 그것들에 관한 여러 진리를 알 수 있기 때문이다. 그러나 인간이 철학을 통해서 도달하는 하나님의 인식은 과학의 꾸준하고 현세적인 방법을 떠나서는 얻어질 수가 없다.[8] 보이는 세계 아닌 다른 세계의 인식은, 오직 이 보이는 세계가 그것을 초월한 어떤 것과 여러 가지 관계를 가지고 있음이 분명할 때에만 철학적으로 가능한 것이다. 철학을 통해서 우리가 얻는 좀더 높은 것들에 관한 인식은, 성 토마스가 생각한 이른바 자연 신학(自然神學)을 이룬다. 그러나 그가 보기에는, 자연 신학이란 신학(자연 신학에 대립시키는 의미에서 계시 신

론 서론(*Introduction to the Categories*)에 대한 그의 주석에서] 이 문구를 인용하였고, 아벨라르두스는 포르피리우스에 대한 〈주해(註解 : *Glosses*)〉에서 이것을 거듭 인용하였다. 그러나 이 문구는 또한 성 알베르투스와 성 토마스의 입장도 표현하는 것이다. 즉 그것은 물질적인 사물 속에 깃들어 있는 형상(形相)이 인간이 인식하는 정신 속의 관념이 될 수 있다고 하는 소위 온건한 실재론을 요약하고 있는 것이다.

7) 영원한 형상(形相)들이 물질화되어 있는 실체들을 미리 감관을 통해서 경험하지 않고서는 인간 정신이 이 영원한 형상들을 파악할 수 없다고 한 성 토마스의 주장은 1277년에 파리의 사교(司敎)에 의하여 옳지 않다는 비난을 받았다. 교회 당국자들은 성 토마스가 아우구스티누스주의에서 갈라져 나가는 것을 두려워하였다. 이들이 두려워했다는 사실은, 파리의 사교가 아우구스티누스의 입장에 대한 성 토마스의 부인을 비난하는 동시에 또한 주로 아베로에스 학파에서 끌어온 200이 넘는 점에 대해서 비난한 일에 뚜렷이 드러나 있다.

8) 이 주장은 아우구스티누스주의보다는 아리스토텔레스의 자연주의에 더욱 일치하는 것인데, 유럽의 철학적 사색의 경로에 있어서 하나의 역사적 대변화를 이루는 것이다. 그것은 철학에 있어서 근대가 시작했음을 나타내는 것으로 볼 수 있다. 성 토마스가 죽은 후 얼마 안 되어 시작된 프란체스코파의 토미즘 비판은 성 토마스의 인식론에 대해서 맹

학이라 해도 좋을 것이다)의 한 분과(分科)가 아니라, 오히려 철학의 한 분과
요, 또 자연적 지식에 근거를 두고 있는 것이다. 우리는 도대체 형상 일반
을 고찰함으로써 하나님이나 혹은 그 어떤 실체적 실재의 인식에 도달하는
것이 아니다. 유(類)가 그 밑에 포섭되는 종(種)보다 더 실재적인 것이 되
지 못하는 것과 마찬가지로, 어떠한 정도의 추상적 형상(形相)도 이 형상의
실체[혹은 기체(基體)]가 되는 것보다 더 실재적인 것이 되지 못한다. 형상
이란 다름아닌 사물의 본질을 말하는 것이다. 어떤 형상이 이 형상을 가지
고 있는 사물로부터 추상될 때, 이 형상은 곧 하나의 관념이다. 그리고 관
념이란 어떤 사물이 지성 속에 존재하는 방식, 혹은 어떤 사물이 인식되는
방식이다. 성 토마스가 믿은 바와 같이, 우리는 존재들의 계층을 발견할
수도 있지만, 추상적 형상들을 어떤 종류의 논리적 계층에다 배열함으로써
실재의 인식을 얻을 수는 없다. 그러므로 우리는 자연적 지식의 모든 분과
에 있어서 —— 저급한 실재들뿐만 아니라 고급한 실재들의 인식에 있어서
도 —— 자연, 즉 보이는 세계의 분석에서 출발하지 않으면 안 된다. 인간에
게는 이와 같은 겸허한 방법만이 적합한 것이거니와, 우리는 이 방법으로
꽤 많은 지식을 얻은 후에야 비로소 우리가 존재 자체에서 발견하는 계층
을 따라 얻어진 지식을 재정돈할 수가 있다.

가시적(可視的) 세계

온건한 실재론을 받아들이고, 과학과 지혜를 구별한 성 아우구스티누스
의 입장을 버림으로써, 성 토마스는 그의 종합 속에 아리스토텔레스의 자
연주의를 많이 끌어들일 수 있었다.

우리의 자연적 지식의 발전 순서에 있어서 우리는 가시적 세계에서 출발
한다고 성 토마스는 생각하였다. 그리고 우리가 이 가시적 세계를 관찰하

___

렬하게 반발하였는데, 그 까닭은 이 인식론에서 결국 자연주의적 존재론이 나왔기 때문
이었다. 그러나 근대 사상은 일반적으로 성 토마스가 품었던 생각과 같은 생각, 즉 과학
의 방법이 자연 인식에 대해서 쓸 수 있는 유일한 방법이라고 하는 생각에서 진전되어 왔
다. 근대 사상은 또한 일반으로 신학적 진리를 위해서는 계시에 의거해야 된다고 하는 성
토마스의 입장을 버렸다. 그리하여 과학의 방법을 인식의 유일한 수단으로 삼았다. 성
토마스에게는 근대의 많은 발전이 무척 한심스럽게 여겨졌을지도 모르지만, 사실은 그
의 인식론이 이런 여러 발전을 준비한 것이다.

고 이에 대해서 궁리할 때, 우리는 이 세계에 관한 많은 진리를 발견한다. 이 가시적 세계에 관하여 성 토마스가 해명한 진리들 가운데에는 다음과 같은 것들이 있다. (1) 가시적 세계는 합성된 실체들의 세계이다. 성 토마스가 아리스토텔레스에 동의하여 말한 바와 같이, 실체들이 합성된 것이라는 까닭은, 그것들이 모두 질료와 형상이 합해서 된 것이기 때문이다. (2) 합성된 실체들은 모두 생멸하게 마련이다. 즉 발생했다가 소멸하는 법이다. (3) 이 실체들은 현실 존재로서 존속하는 동안 많은 면에서 변화한다. 즉 크기·성질·위치·자세·활동 등등이 변화한다. 하지만 이러한 모든 변화를 통해서 그것들은 여전히 동일한 실체들인 채로 있다. 그리하여 우리는 실체와 속성들 사이의 차이를 발견하는 것이다.[9] (4) 합성된 실체들은 현실적으로 나타난 면보다 잠세적인 면이 훨씬 더 많다. 그것들은 그것들이 변하여 될 수는 있되 아직은 있지 않은, 그리고 또 그렇게 될 수도 있고 안 될 수도 있는 것으로의 경향들이다. 그것들은 실현할 수도 있고 실현되지 못할 수도 있는 여러 가지 완성을 지향한다. 따라서 우리는 어떤 합성된 실체의 전존재를 어떤 한 시점에 혹은 그 계속되는 현실 존재의 모든 때에 그것이 현실적으로 있는 것과 동일시할 수 없다. (5) 합성된 실체들은 우연한 것이다. 그것들은 두 가지 점에서 우연하다. 한편으로 그것들은 그것들의 발생, 계기적(繼起的) 속성들의 변화, 그리고 그것들의 소멸 등에 있어, 그것들의 외부에 있는, 그리고 밖으로부터 작용하는 다른 합성된 실체들에 의존한다. 다른 한편으로는 그것들의 불안정한 존재의 질서 전체에 있어서 어떤 필연적 존재에 의존하는바, 이 필연적 존재는 자연의 질서를 결정하는 것이요, 또 그 자체는 우연성을 전혀 지니지 않은 것이다. 이는 우연한 것이 필연적인 것을 내포하며, 아래에 있는 것이 위에 있는 것을 내포하기 때문이다. (6) 합성된 실체들의 세계는 존재의 누진적 층계를 드러내고 있다. 즉 하나의 질서 잡힌 계층 안에서의 여러 가지 종류의 다양성을 보여 주고 있다. 이 계층은 무기적(無機的) 실체들로부

---

9) 성 토마스는, 여기에서 〈범주론(*Categories*)〉에 있는 아리스토텔레스의 이설(理說), 즉 열 가지 범주 가운데 하나는 제일의적 의미에서의 존재에 관계하고, 나머지 아홉 개는 부차적 의미에서의 존재에 관계한다는 이설을 재표현하고 있었던 것이다.

터 시작하여 식물과 동물을 거쳐 인간에 이른다. 그리고 합성된 실체들의
세계에 있어서의 이 계층은 갖가지 수준의 천사들을 거쳐 필연적 존재, 즉
하나님에게로 올라가는 좀더 큰 계층의 일부이다. 우리가 하나님의 존재를
증명한 후에야 비로소 이해하게 되는 이 존재의 계층은, 하나님의 창조력
의 혜택에서 결과하는 것이다.[10)]

　따라서 자연적 사물들에 있어서는 종(種; species)들이 상승하는 단계로 질서 잡
혀 있음을 보게 된다. 혼합된 사물은 요소들보다 더 완전하다. 식물들은 광물들
보다 더 완전하고, 동물들은 식물들보다 더 완전하며, 인간들은 다른 동물들보다
더 완전하다. 더욱이 이 여러 주요군(主要群)들 자체 내의 몇몇 경우에서, 어떤
종이 다른 종들보다 더 완전한 것을 볼 수 있다. 그러므로 신의 지혜는 전체를 완
전케 하는 것을 촉진하기 위해서, 사물들 간의 분화(分化)의 원인이 되는 것과 꼭
마찬가지로, 또한 사물들 간의 불평등의 원인이기도 한 것이다. 왜냐하면 만일
사물들 간에 오직 한 가지 종류의 선(善)밖에 없다고 하면, 전체는 완전한 것이
되지 못할 것이기 때문이다.

　(7) 가시적 세계는 전적으로 목적론적인 것이라고 성 토마스는 믿었다.
비단 선(善)의 모든 단계가 세계에서 실현되고 있을 뿐만 아니라, 또한 많
은 유형의 목적이 추구되고 있다. 목적의 이 여러 유형 중에서 세 가지가
쉽사리 눈에 띈다. 세계의 모든 부분은 각기 그 자신의 고유한 작용을 위
해서 존재한다. 눈이 무엇을 보기 위해서 있는 것이 바로 이런 경우이다.
또 덜 귀한 것은 좀더 귀한 것을 위해서 존재한다. 감각이 지성을 위해서
있고, 혹은 위(胃)가 사람을 위해서 있는 것과 같은 경우가 그렇다. 그리고
하나하나의 피조물은 모두 전체를 위해서 있으며, 또 전체는 하나님의 영
광을 드러내기 위해서 있다.

　낮은 단계로부터 높은 단계에 이르는 계층적 존재의 이 상하 체제를 검
토해 보면, 형상과 질료와의 관계에 차이가 있음을 발견하게 된다고 성 토
마스는 주장하였다. 낮은 수준들에 있어서는 형상이 아주 완전히 질료 속
에 파묻혀 있으므로, 이와 같은 구조를 가진 실체들은 형상이 들어 있는

---

10) *Summa Theologica*, Pt. I, qu. 47, art. 2.

질료를 떠나서는 아무런 활동도 하지 않는다. 즉 저급한 실체들의 활동은 모두 물질적 활동이다. 바로 이런 것이 식물들의 활동(영양 섭취·성장 및 생식)이요, 또 나아가 동물들의 활동(감각·이동 및 욕망)이다. 고급한 수준에 있는 천사들에게는 질료가 전혀 없다. 인간은 동물과 천사의 중간에 있다. 인간은 저급한 형태의 생명의 모든 활동을 하고 있지만, 또한 특별히 인간적 활동인 사고와 판단을 하기도 한다. 식물이나 동물의 영혼은 그 활동이 전적으로 신체 기관에 의존하고 있기 때문에, 그 신체와 마찬가지로 썩을 수 있고, 따라서 사멸하는 것이다. 그리고 인간의 영혼도 저급한 유형의 영혼을 닮은 정도에 따라서 이와 꼭 같은 결론을 내릴 수가 있다. 그러나 정신 내지 지적 영혼은 신체적이 아닌 활동을 할 수 있고, 따라서 노후하지 않을 수 있으며, 또 신체를 떠난 존재를 가지고 있어서 사멸하지도 않는다. 지적 영혼은 인간의 영혼의 다른 부분들이 가지고 있지 않은 독자적 지위를 가지고 있다. 인간의 영혼이 그 자체만으로, 그리고 신체를 떠나서 그 기능을 발휘하는 한에서, 그것은 자기 존속을 하는 것이다.

성 토마스는 자기가 아리스토텔레스의 심리학을 거의 그대로 따르고 있다고 믿었다. 그는 성 아우구스티누스보다 인간의 영혼이 육체에 더 밀접하게 결합되어 있다고 보았다. 그는 초기의 희랍 사람들은 영혼을 유형적인 실재물이라고 봄으로써 과오를 범했다고 말하였다. 플라톤과 플라톤주의자들(그는 이 가운데 성 아우구스티누스도 포함시켰다)은 영혼을 육체로부터 너무 분리시켰다. 성 토마스는 영혼이 육체 속에 있음은 마치 수부(水夫)가 그의 배 안에 있는 것과 같다고 하는 설(그는 이 설을 플라톤주의자들의 것이라 하였다)을 명백히 배척하였다. 그는 논하기를, 아리스토텔레스가 초기 희랍 사람들과 플라톤주의자들 중간의 올바른 입장을 취하였는데, 이는 아리스토텔레스가 영혼을 유기적 신체의 형상으로 취급했기 때문이라고 하였다. 사람의 태아는 그 발생의 처음 순간부터 식물적 영혼(생장 기능을 가진 혼)을 가지고 있고, 또 그 자신의 여러 능력에 의해서 동물의 영혼으로 발전할 수 있다. 그러나 자연적 유기체의 여러 능력이 미칠 수 있는 것은 다만 여기까지이다. 그 다음에는 하나님이 이 발전하는 태아 속에 하나의 비물질적이고 이성적인 영혼을 넣어 줄 때 하나의 기적이 일어난다. 그러나 하나님은 인간 영혼이 완전히 하나의 통일된 형상이 되도록 이성적 영

혼을 넣어 준다. 그리고 인간이 살아 있는 한, 그는 그의 육체에 의하여 개
체화된 형상을 가지고 있는 하나의 물질적 존재이다. 이는 마치 다른 모든
합성된 실체들이 물질에 의하여 개체화되어 있는 것과도 같다.[11] 그러나
지적 영혼은 현세의 생활을 하고 있는 동안은 그것을 개체화하는 물질에
전적으로 의존하는 것이 아니기 때문에, 육체가 사멸한 뒤에도 살아 남는
다. 하지만 이와 같이 살아남는 데는 그것의 자연적인, 그리고 궁극적인
생존 방식으로서 어떤 육체를 또한 요한다. 그리하여 일반적으로 기독교의
전통 전체에 있어서처럼 성 토마스에게 있어서도, 영혼 불멸설(靈魂不滅說)
은 또한 육체 부활설(肉體復活說)을 요청하는 것이었다. 인간의 영혼 전체
에 대한 성 토마스의 설은 아리스토텔레스의 자연주의(自然主義)와 기독교
의 이원론(二元論)의 불안정한 연합이다.

  성 토마스는 가시적 세계에 관한 문제로서 철학으로 해결할 수 없는 것
들이 있다고 믿었다. 즉 인간의 이성이 자연 안에 있는 여러 명증을 토대
로 해서 해결할 수 없는 문제들이 있다는 것이다. 그런 문제의 한 예로서,
가시적 세계가 언제나 있었고 또 앞으로도 언제나 있을 것인가, 그렇지 않
으면 시간적으로 한계가 있는가 하는 문제를 들 수 있다. 성 토마스는 가
시적 세계는 유한한 시간 동안만 존재해 왔고, 또 그것과 시간은 동시에
존재하게 되었던 것임을 우리는 안다고 주장하였다. 그러나 이 지식은 우
리들의 자연적 지식의 일부가 아니라 신앙 내지 계시(啓示)로부터 오는 것
이다. 인간의 이성이 세계의 분석에서 발견할 수 있는 한에 있어서, 이 문
제에 대한 두 개의 해답은 다 같이 맞는 것이요, 또 둘 다 증명은 될 수 없
는 것이다. 성 토마스는 물질적 세계가 끝없이 존재함을 증명했노라고 주
장한 아베로에스 학파를 반박하였다. 그러나 이 주장에 대한 그의 반박은,
그 대신에 거기 대립하는 어떤 증명을 하기 위해서가 아니라, 이성(理性)이
여기서는 그 자연적인 여러 능력을 초월하는 문제를 다루고 있음을 밝히기
위해서였다. 그 자신의 말을 빌려 보기로 하자.[12]

---

11) 성 토마스는 자기의 입장을, 이성적 영혼이 신체 없이도 존재할 수 있다고 하는 아리스
   토텔레스의 시사(示唆)를 확대한 것이라고 보았다. 본서 p. 95, 주 31에서 아리스토텔레
   스를 논한 것과 비교할 것.

12) *Summa Theologica*, Pt. I, qu. 46, art. 2.

세계가 언제나 존재해 온 것이 아니라고 하는 명제는, 오직 믿음에 의해서만 알려지는 것이다. 그것은 도대체 증명될 수 없다.……왜냐하면, 하나님이 절대 필연적으로 뜻하는 여러 가지 점에 관한 것을 제외하고는 하나님의 뜻을 이성(理性)을 가지고 알아낼 수는 없기 때문이다. 그런데 하나님이 그 피조물들에 관해서 뜻하시는 것은 절대적으로 필연적인 것들이 아니다. 따라서 세계가 시초(始初)를 가지고 있다고 하는 명제는 믿음에 의거하는 것이요, 증시(證示)되거나 증명될 수는 없다. 그리고 행여나 어떤 사람이 엄밀하게 믿음의 문제인 것을 증명할 수 있으려니 추측하고서, 그럴듯한 논증에 사로잡히는 일이 없도록 이 점에 대해서 잘 생각하는 것이 좋다. 혹시 어떤 사람이 이런 일을 한다고 하면, 불신자(不信者)들의 웃음거리가 될 것이다. 또 이 불신자들은 우리가 믿음의 여러 조항을 그릇된 근거에서 받아들이고 있다고 생각할 것이다.

천사론(天使論)

합성된 실체들이 실체의 유일한 종류는 아니다. 이 밖에 또한 단순한 실체들이 있다고 성 토마스는 주장하였다. 단순한 실체들은 존재의 계층에 있어서 합성된 실체들보다 높은 데 있다. 왜냐하면 그것들은 조금도 물질의 도움을 받는 것이 아니라, 비물질적이며 또 자연히 불멸하는 것이기 때문이다. 단순한 실체들은 갖가지 유형의 천사들이다—— 곧 천사(天使)·대천사(大天使)·권천사(權天使)·능천사(能天使)·지천사(知天使)·치천사(熾天使) 등등이다. 그것들은 수적으로 매우 많다. 물질적 내지 합성된 실체들보다 훨씬 더 많은 수이다. 성 토마스는 그의 천사론(天使論)을 아주 세밀하게, 그리고 아주 능란하게 만들어 내었다. 어느 두 천사를 두고 보더라도 동일한 종(種)에 속하는 천사는 없거니와, 이는 동일한 종의 사물들이 생기면 반드시 거기에는 그 사물들의 개체화를 위해서는 물질(혹은 질료)이 있어야 하기 때문이라고 그는 생각하였다. "이 실체들에 있어서는 동일한 종에 속하는 개체를 하나 이상 찾아볼 수 없고, 개체가 아무리 많다 하더라도 그 개체들과 꼭 같은 수의 종이 있다."[13] 천사들은 어떤 장소

---

13) *Concerning Essence and Existence,* trans. George G. Leckie(New York, Appleton-Century-Crofts, 1937), p. 23.

에 있되 물질적 실체들처럼은 아니고, 오직 저들이 저들의 힘을 어떤 장소에든지 행사하는 그 장소에 있다. 저들은 이곳에서 저곳으로 움직일 수 있으나, 운동은 연속적인 것이 아니다. 그것은 저들이 중간의 장소들을 거치지 않고 한 장소에서 다른 장소로 옮아 가기 때문이다. 그런데 천사론은 어느덧 철학을 넘어서 나아가는 지식의 분과(分科)이다. 천사들은 우리들 인간의 지능의 한계를 넘은 곳에 있다. 우리는 저들을 알 수 있으되 저들 자체에 의해서는 아니고, 다만 저들이 우리에게 영향을 주는 한에서 간접적으로만 알 수 있다. 성 토마스는 합성된 실체들의 세계를 분석하는 데 있어서는 아리스토텔레스의 여러 원리를 사용했지만, 그의 천사론을 전개함에 있어서는 이 원리들을 사용하지 않고 신플라톤주의의 여러 원리를 사용하였다. 특히 하나님의 존재가 충만하려면 가능한 모든 종류의 존재가 현실적으로 있어야만 한다는 신플라톤주의의 원리를 가지고 그의 천사론을 전개하였다. 성 토마스가 물질 세계를 초월한 것을 더욱 살피게 됨에 따라, 그의 아리스토텔레스주의는 더욱 제약되고, 또 플라톤주의의 전통의 테두리 속에 들어갔다.

하나님의 존재에 대한 여러 증명

존재의 등급에 관한 성 토마스의 이론은 하나님을 논하는 데 이르러 그 절정에 도달하고 있다. 이 논의는 아리스토텔레스의 요소도 포함하고, 또 플라톤의 요소도 포함하고 있다. 아리스토텔레스의 영향은, 성 토마스가 하나님의 존재는 자명한 것이 아니고 증명을 요하는 것이요, 또 이 증명은 우리 주위의 세계에서 우리에게 분명히 드러나는 것들과 같은 하나님의 존재의 결과로부터 출발하지 않으면 안 된다고 하는 주장을 굳게 지킨 점에 뚜렷이 나타나 있다. 하나님이 존재하지 않는다고 하는 명제는, 사실 그릇된 것이기는 해도 자기 모순적인 것은 아니다. 플라톤 내지 신플라톤주의의 영향은, 우리들 인간의 유한한 존재들은 존재의 계층에서 우리보다 위의 수준에 있는 것들의 본질을 알 수 없다고 하는 성 토마스의 주장에 뚜렷이 나타나 있다. 우리의 자연적 지식은 다만 감각적 사물들에만 미칠 수 있다. 축복받은 자는 좀더 높은 정도의 지식을 가지고 있음이 확실하다. 믿음을 통해서 저들은 하나님의 본질을 본다 —— 이 점에 이르러 성 토마스는 성 아우구스티누스를 끌어대었고, 심지어 '조명(照明)'이라는 말까지 사용하였다. 그러나 이 현세에서는 아무도 하나님의 본질을 볼 수 없다. 그리고 심지어 은혜의 빛을 받고 또 하나님의 본질을 볼 수 있게 된 축복된 자들이라 할지라도 하나님을 완전히 이해하지는 못한다.

성 토마스는 하나님의 존재에 대해서 다섯 가지로 증명하였다. 처음의 세 가지는 나중에 우주론적(宇宙論的) 논증이라 불리게 된 것이다. 이렇게 불리는 까닭은, 그것들이 우주 내지는 세계의 몇몇 경험된 특성들을 증거로서 내세우고 있기 때문이다. 그것들은 아리스토텔레스의 〈형이상학〉의 신학 부분에 의거하고 있다. 혹은 적어도 그것을 따르고 있다. 넷째 증명은 좀더 플라톤적인 논증인데, 성 안셀무스의 〈독백록〉에 있는 논증과 비슷한 것이다. 다섯째는, 후일에 목적론적 논증이라 불리게 된 것이다. 이렇게 불리게 된 까닭은, 그것이 세계 안에 분명히 계획이 있다고 하는 데 기초를 두고 증명을 전개하고 있기 때문이다. 그것은 유태교와 기독교의 전통에 있어서 역사적으로 가장 오랜 하나님에 대한 논증이요, 줄잡아도 〈시편(詩篇)〉에 연원하는 것이다. 그러나 성 토마스는 어디서도 성 안셀무스의 〈프로슬로기움〉의 본체론적(本體論的) 논증을 끌어들이지는 않았다. 사실 그는 이 논증을 명백히 거부하였고, 그리하여 그 당시에 있어서의 혁신자로서의 대담성을 보여 주고 있다. 13세기의 몇몇 스콜라 학자들(성 알베르투스도 그 중이 한 사람이다)은 본체론적 논증에 관히여 이무런 비핀적 판단도 표시하지 않았다. 하지만 이 세기의 전반기의 스콜라 학자들은 대부분 이 논증을 신중하게 다루기는 했으나, 그래도 어디까지나 아우구스티누스주의자들이어서 결국 성 안셀무스의 본체론적 논증을 받아들여 이를 조금 변경할 따름이었다. 그들은 모순에 빠지지 않고 하나님의 존재를 부정한다는 것은 불가능하다고 생각하였다. 성 토마스야말로 이 본체론적 논증을 거부하기 위한 철학적 근거를 맨 처음으로 내놓은 사람이었다.[14] 그는 우리들 인간이 존재(存在)의 계층에 있어서 우리들보다 위에 더 높은 존재들이 있다는 것을 알 수는 있어도, 이 존재들의 본질은 알 수 없다고 하

---

14) 성 토마스가 그의 입장을 명백히 하자, 대부분의 스콜라 학자들은 본체론적 논증을 거부하는 것이 당연하다고 생각하게 되었다.

는 자기의 이론에 일관하여 이 본체론적 논증을 거부하지 않으면 안 되었던 것이다.

하나님의 존재에 대한 성 토마스의 우주론적 논증 가운데에서 기본적인 것은, 그의 〈신학 대전(神學大全)〉에 있는 다섯 가지 논증 중 셋째 것이다. 이 논증은 매우 간결하다. 자연 안에 있는 모든 것은 있을 수도 있고 없을 수도 있는 것이다. 왜냐하면 그것들은 나고 죽고 하는 것이기 때문이다. 그 모든 것은 발생했다가 소멸하는 것이다. 그러나 모든 존재가 그저 가능하기만 한 것은 아니다. 왜냐하면 그저 한갓되이 가능하기만 한 것은 그 존재를 위해서 자기 자신 아닌 다른 어떤 것을 필요로 하기 때문이다. 만일 모든 가능한 것이 다른 한갓 가능한 것에 의해서 생긴다고 하면, 모든 존재가 우연한 것이 되고 말 것이다. 그러나 우연한 것이 생기려면 필연적인 어떤 것이 있지 않으면 안 된다. 그러므로 필연적으로 존재하는 어떤 것이 있지 않으면 안 된다. "이것을 모든 사람이 하나님이라 하는 것이다."

하나님의 존재를 위한 성 토머스의 우주론적 논증의 다른 두 가지 형식은, 운동(運動)을 가지고 논증하는 것과 형성인(形成因)을 가지고 논증하는 것이다. 이 세상에는 운동이 있다. 그런데 움직이는 것은 자기 자신 아닌 다른 것에 의해 움직여져서 움직이는 것이다. 운동은 잠세태(潛勢態 ; potentiality)로부터 현세태(現勢態 ; actuality)로의 이행이다. 다른 것을 움직이게 하는 것은 현세태에 있는 것이다. 그리고 궁극적으로 운동의 근원이 되는 것은, 잠세태를 갖지 않은 순전한 현세태이다. 왜냐하면 만일 그렇지 않다면 그 근원에 작용을 미치는 다른 어떤 것이 있어야 하고, 따라서 그 자신은 운동의 근원이 되지 못할 것이기 때문이다. 그러므로 다른 것에 의하여 움직여지지 않는, 맨 처음에 움직이게 하는 자가 있어야 한다. 그리고 "이것을 모든 사람이 하나님이라 하는 것이다." 이와 비슷하게 또한 형성인(어떤 일을 현실적으로 일으키는 원인)들이 있다. 그런데 원인들의 계열에 있어서 무수한 중간 원인들 외에 최초의 원인이 없다고 하면, 도대체 형성인이란 것이 존재할 수 없다. 따라서 최초의 원인이 있어야 한다. "이것을 모든 사람이 하나님이라 하는 것이다."

넷째 논증은 사물들의 선(善)에 많은 등급이 있다고 하는 사실에서 출발한다. 어떤 것은 약간 덜 좋고, 어떤 것은 약간 더 좋다. 그런데 사물들이 혹은 약간 덜 혹은 약간 더 좋은 것은, 그것들이 최대한의 선을 가지고 있는 것을 혹은 약간 덜 혹은 약간 더 닮고 있기 때문이다. 그러므로 다른 모든 사물 속에 있는 선의 원인이 되는 어떤 것이 있어야만 한다. 그리고 "이것을 모든 사람이 하나님이라 하는 것이다."

다섯째 논증은 세계 안의 목적의 사실에서 출발한다. 생각하는 일이 없는 자연적 물체들도 여러 가지 목적을 위해서 활동하는 것이요, 또 그것들의 목적을 우연히 성취하는 것이 아니라 계획을 따라 성취하는 것이다. 그러므로 그것들은, "마치 화살이 궁수(弓手)에 의하여 어떤 방향으로 겨누어지고 있듯이", 지성을 가진 어떤 존재에 의하여 겨누어지고 있는 것이다. "이것을 모든 사람이 하나님이라 하는 것이다."

성 토마스가 생각한, 그리고 다섯 가지 증명으로 그 존재를 논증한 하나님은, 그가 창조한 세계에 대해서 무시간적(無時間的)인 영겁의 바탕이 시간적 질서에 대하듯이 관계하고 있다. 하나님은 최초의 원인이지만, 마치 그가 오랜 옛날에 존재했었고 행동했었던 것처럼 시간적으로 최초인 것이 아니라, 존재론적으로 최초인 것이다. 즉 하나님은 원인(原因)들의 긴 연속에 있어서 최초의 원인이 되는 것은 아니다. 그는 어떤 연속 속에 하나 끼여 있는 것이 아니다. 그는 연속 전체가 거기 의존하고 있는 바탕으로서 연속 밖에 있다. 그래서 그는 움직여지지는 않으면서 움직이게 하는 자요, 그 밖의 모든 것은 다른 것에 의하여 움직여져서 움직이는 것이다. 그러나 움직여지지는 않으면서 움직이게 하는 자로서, 그는 모든 운동의 원천, 과거의 운동뿐 아니라 또한 현재와 미래의 모든 운동의 원천인 것이다. 하나님은 무시간적 존재이기 때문에, 그의 존재 속에는 한갓 잠세적이기만 한 것은 추호도 없다. 그리고 그는 모든 존재 가운데에서 홀로 순수한 현세태인 것이다. 다른 모든 것은 우연적인 것이나, 그만은 홀로 필연적이다. 그리고 그의 선함과 목적은 그의 하는 일에 명백히 드러나 있다. 그러나 성 토마스가 말한 모든 것을 우리가 하나님에 관해서 말한다 할지라도, 우리는 하나님의 본질에 관해서 적극적으로 의미 있는 무엇을 말했다고는 할 수 없는 것이다. 오히려 우리는 세계에 대한 하나님의 관계를 가지고 하나님에 관하여 말한 셈이 되는 것이다. 하나님의 존재에 대한 논증들이 세계에 대한 분석에서 출발하는 것과 같이, 이 증명들에 의해서 인간의 정신이

받는 계몽은 세상에서의 인간의 여러 특권들과 의무들을 더 잘 이해하는
데 있다. 성 토마스는 이 특권들과 의무들이 무엇인가에 대하여는 섭리와
자유·악·율법과 기적·인간의 덕(德), 그리고 은총 등을 다룸으로써 설
명하였다.

세계에 대한 하나님의 관계

하나님은 세계 제일의 원인(原因)이요 또 예지적 제일 원인(第一原因)이
기 때문에, 세계는 하나님의 섭리의 시현(示顯)이다. 무릇 세계가 있다고
하는 것은 창조설(創造說)에 표현되어 있고, 또 세계가 무엇인가 하는 것은
섭리설(攝理說)에 표현되어 있다. 성 토마스는 성 아우구스티누스처럼, 하
나님을 시간적으로 무시무종한 존재라고 보았다. 그래서 하나님은 창조와
섭리로써 모든 사물과 사건 하나하나에 대하여 다른 모든 것에 대한 것과
꼭 같이 직접적으로 밀접하게 관계를 짓고 있는 것이다. 그러나 그는 유한
한 실체들의 인과적 힘을, 성 아우구스티누스가 신플라톤주의의 원리에 따
라 강조할 수 있었던 것보다 더 많이 강조하였다. 그는 설명하기를, 섭리
에는 두 가지 면이 있다고 하였다. 여러 가지 사태를 어떤 목적을 향해서
정돈하여 질서를 세우는 것이 그 하나요, 이 질서를 실제로 나타나게 하는
것이 다른 한 면이다. 섭리의 첫째 면에서는 하나님의 의도가 직접적이고
지배적이다. 둘째 면에서는, 하나님의 의도가 대부분의 경우에 있어서 종
속적 내지 이차적 행위자들에 의하여 실현된다. 성 토마스는, 현세의 질서
에 있어서는 유한한 실체들이 진정한 작용인(作用因)이 되는 것이라고 주
장하였다. 하나님은 어디까지나 제일 원인이다. 왜냐하면 하나님은 세계
와 함께 시간을 창조하기 때문이다. 그러나 그가 창조하는 사물들은 제이
의 원인들이다. 성 토마스가 섭리에 관한 이론을 전개함에 있어서 생각하
는 제이의 원인들은 한갓 외면만의 혹은 가공적인 원인들만이 아니라, 하
나님 세계의 테두리 안에서 참된 효과를 가지고서 작용하는 원인들이다.
성 토마스는 '제이 원인들의 진가'(즉 제이 원인들이 그 자체의 가치를 지니고
있다는 것)에 대해서 자주 말하였다. 하나님은 그 속에서 유한한 행위자들
이 유한한 정도의 힘을 가지고 활동하게 될 세계를 창조하였다. 우리들 누
구나가 직접 관찰할 수 있다고 성 토마스가 생각한 바와 같이, 자연 세계

에는 세 가지 종류의 유한한 행위자들이 있다. 어떤 것들은 예견하는 일이 없이, 즉 의식 없이 행위하는데, 돌이 아래로 움직이는 것과 같은 것이 그런 경우이다. 어떤 것들은 의식적 기호(嗜好) 같은 것을 가지고 움직이지만 그들의 본능적 충동의 의의를 이해하는 능력은 가지지 못하고 있다. 늑대가 그 먹이를 움켜잡는 것이 그런 경우이다. 하지만 사람은 판단을 하고 나서 행위로 나아간다――사람은 적어도 그렇게 행위할 수 있고, 또 그렇게 행위하는 것이 보통이다. 즉 사람은 그가 추구하는 목적 및 이 목적을 달성하는 수단에 대한 성찰과 이해에 뒤따르는 결정에서 행위로 나아가는 것이다. 이상의 세 가지 행위는 모두 자연적 우연에 속하는데, 이것은 하나님의 섭리가 이런 종류의 세계를 생기게 한 까닭이다. 그런데 오직 셋째 유형의 행위에 있어서만은 자연적 우연성이 그 행위자의 이성적 본성을 통하여 자유 선택으로 전환되고 있다. 돌과 늑대도 참된 행위자이기는 하다. 그러나 그들의 행위는 그들이 존재하는 상태 속에서 그들의 본성이 그들로 하여금 수행케 하는 단일한 사건 과정을 따르고 있다. 사람도 역시 참된 행위자이다. 그러나 그들의 행위는 그들 주위의 여러 정세의 갖가지 가능성을 살핌으로써 인도되는 것으로서, 이 여러 가능성 속에서 심사 숙고한 결과인 것이다. 오직 이성적(理性的) 행위자(行爲者)만이 자유로운 행위자일 수 있다. 자유는 두 개의 요인, 즉 자연적 우연성과 합리성이 함께 일어나야만 생기는 것이다.

'개별적 행위자들의' 어떤 개별적 행동은 우연적이다. 따라서 이런 경우에는 이성(理性)의 결정이 갈랫길의 어느 쪽으로도 갈 수 있으며, 어떤 단 하나의 결말을 보도록 결정되어 있지 않다. 그러므로 바로 이 사실, 즉 인간이 이성적이라고 하는 사실로부터 인간이 또한 자유로운 선택을 가지고 있다는 것이 필연적으로 나오는 것이다. [15]

만일 하나님이 시간적 존재요 오직 시간적으로만 인간의 행위에 앞선다고 한다면, 하나님의 섭리가 인간의 자유의 가능성을 없애 버렸거나, 그렇지 않으면 인간의 자유가 신의 섭리에 대해서 예외가 되어 버렸을 것이다.

---

15) *Summa Theologica*, Pt. I, qu. 83, art. 1.

그러나 하나님은 시간에 선행하며 또 시간의 창조자인 까닭에, 하나님의 섭리와 인간의 자유는 이론적으로 서로 모순되지 않으며, 또 실제에 있어서 함께 일어나고 있는 것이다.

악(惡)의 문제에 대한 성 토마스의 답은 그의 섭리설(攝理說)에서 따라 나온다. 정통 기독교가 언제나 주장한 바와 같이, 세계는 하나님의 자비심의 표현이다. 그렇지만 세계는 또한, 정통 기독교가 역시 언제나 주장해 온 바와 같이 많은 악을 내포하고 있다. 이 악에는 자연적 악도 있고 도덕적 악도 있다. 이 정통 교리를 따라 성 토마스는, 하나님이 세계를 창조하되 악이 생겨나도록 창조하였음을 인정하면서 동시에 하나님을 악의 원천이라고는 할 수 없다고 하였다. 하나님 속에는 결함이 전혀 없다. 또한 그의 세계 속에도 결함이 없다. 하나님의 선한 성품은, 꼭 선하기만 하고 악하게는 될 수 없는 것과, 선한 데에서 떨어져서 악하게도 될 수 있는 것이 다 같이 피조물들의 이 유한 세계(有限世界)에 있도록 하였다. 선한 데에서 떨어져서 악하게 될 수 있는 것을 전혀 내포하지 않은 창조란 하나님의 자비심의 무한한 창조성을 올바로 나타낸 것이 못 된다. 그러나 선한 데에서 떨어져서 악하게 될 수 있는 것들이 있고 또 이것들이 진정한 행위자일 때, 이것들 가운데 어떤 것들이 선한 데에서 떨어져 악하게 되어, 그리하여 여러 가지 악이 생기게 되는 것이다. 하나님의 섭리는 그 속에서 행위자들이 악을 일으키는 세계를 질서 있게 하며, 또 하나님은 여러 가지 악이 실제로 일어날 것을 예견한다. 그러나 그가 이러한 악이 일어나는 것을 허락하기는 해도, 그것을 그 자체 직접 원하는 것은 아니다.

악들은 가끔 두 가지 종류로 분류된다. 즉 자연적 악과 도덕적 악으로 분류된다. 하지만 성 토마스는 이 두 가지 종류의 악을 똑같은 방식으로 설명하였다. 물리적 자연의 참해(慘害)·고통 및 죽음 같은 자연적 악들은, 존재의 유한성(有限性)의 불가피한 결과이다. 어떤 선한 것들은 이런 악들이 또한 생겨나지 않는다면 도대체 있을 수 없을 것이다. 따라서 여러 가지 악은 하나님의 창조적 자비심의 충만함을 드러내는 증거이다. 이것은 "마치 침묵의 순간들이 끼여듦으로써 노래가 즐거운 것이 되는 것과도 같다." 악이 없다면 가시적 세계의 아름다움과 장점에 도움이 되는 많은 것들이 도대체 있을 수 없을 것이다. 도덕적인 악들은 피조물들의 이상과 같은 유한성의 특별한 경우일 따름이다. "인간이 자유롭게 행위하는 일이 없는 한은 도대체 인간의 덕(德) 같은 것이 있을 수 없다."[16) 이성적 피조물들에 있어서의 자유야말로 하나님의 창조의 선함을 가장 잘 드러내는 것이지만, 그것은 자유로운 유한한 행위자들이 선보다도 오히려 악을 선택하는 일이 실제로 가능하지 않다면, 따라서 이런 선택이 가끔 실제로 생기지 않는다면 전혀 있을 수 없는 것이다.

성 토마스는 아베로에스주의자들의 순전히 자연주의적인 아리스토텔레스주의에 대항하기 위하여, 하나님 섭리의 본성에 대한 그의 설명과 결부시켜 기적(奇蹟)에 관한 하나의 이론을 전개하였다. 그는 주장하기를, 하나님의 섭리는 자연적 원인들의 작용과 자연적 결과들의 발생이 규칙적이고 한결같은 모양의 세계를 확립하였다고 하였다. 그러나 이 섭리는 보통 일정한 결과들을 생기게 하는 원인들의 작용 없이 그런 결과들이 가끔 일어나는 여지를 남겨 두고 있다. 하나님은 시간적 질서 속에서 그의 섭리의 진로를 나타내는 계획을 떠나 행동하는 일은 절대로 없다고 성 토마스는 역설하였다. 그러나 하나님은 그의 계획 가운데에서 피조물들에게 할당한 섭리 속에 나타나는 부분으로부터는 떠나서 행동하는 일이 가끔 있다. 그렇다고 하면 기적은 사물들에 대하여 주어진 평상적 질서 밖에 있는 하나님의 행위라고 정의할 수가 있다. 기적은 하나님이 뒤미처 생각함으로써 일어나는 것이 아니다. 왜냐하면, 하나님은 어떤 것에 앞서 있는 것도 아니요, 또 뒤에 있는 것도 아니며, 무시간적인 존재이기 때문이다. 또 기적들은 모든 특수한 유형의 사물들이 그렇듯 하나님의 섭리 속에서 일어나는 것이다. 이는 하나님의 창조력이, 모든 가능한 유형의 존재로 하여금 창조된 세계의 구조 안에 들어가 있게 하기 때문이다. 기적들은 섭리의 특별한 경우이다. 그것들은 마치 특수한 섭리가 일반적인 섭리에 관계하듯 자연의 규칙성에 관계하고 있는 것이다.

---

16) 악의 문제를 세밀하게 논한 것에 대해서는, *Summa contra Gentiles*, 제 3 권, 제 71 장 참조. 위의 구절은 제 71 장, 제 73 장에서 인용.

덕(德)과 은총

성 토마스의 도덕 철학(道德哲學)은, 플라톤과 아리스토텔레스에 연원하는 인본주의적 전통과 성 바울에 연원하는 기독교적 전통을 종합한 것이다. 따라서 그것은 두 부분으로 성립되어 있다. 처음 부분에서 성 토마스는, 행복을 이성(理性)의 지시 밑에 인간성의 최고의 여러 가능성을 완성하는 것으로 다루었다. 둘째 부분에서는 지복(至福)을 하나님을 보는 것으로 다루었는데, 이와 같이 하나님을 보는 일은 인간의 자연적인 여러 가지 능력을 초월한 것으로서 다만 성자들에게만 가능한 것이다. 이러한 도덕 철학을 개진함에 있어 그는 두 가지 종류의 덕목들을 제시하였다. 한편에는 플라톤의 네 가지 자연적 덕, 즉 4주덕(四主德)이 있는바, 절제·용기·정의, 그리고 지혜가 그것이요, 다른 한편에는 성 바울의 세 가지 신학적 내지 초자연적 덕이 있는바, 믿음·소망, 그리고 사랑이 그것이다.

자연적(自然的) 덕들은 도덕적인 것과 지적인 것으로 분류될 수 있다고 성 토마스는 말하였다. 그는 여기서 대체로 아리스토텔레스를 따랐다. 도덕적인 덕과 지적인 덕은, 마치 기호(嗜好)와 이성이 서로 다른 것처럼 서로 다르다. 사변적(思辨的) 통찰은 인간이 하는 일 가운데에서 가장 탁월한 것이다. 이 통찰(아리스토텔레스는 이것을 theoria라 불렀다)을 지향하는 이성은 그 자연적 완성에 이르며 지혜를 얻게 되거니와, 이 지혜는 4주덕 가운데 가장 고귀한 것이다. 하지만 이성은 또한 여러 가지 정열을 인도하여 다른 세 주덕으로 나아가게 하는 데도 필요하다. 이 후자의 구실을 함에 있어서 이성은 깊은 사려를 하게 되며, 또 도덕적 덕들을 성취하는 데 있어서 하나의 요소가 된다. 사람이 4주덕을 성취하여 얻으면 자연적 행복을 전취(戰取)하게 되고, 자기의 자연적 선을 획득하게 되는 것이다.

성 토마스의 도덕 철학은 얼핏 보아 아리스토텔레스적 경향이 농후한 것 같지만 사실은 그렇지 않다. 그 이유는 물론 그가 자연적 행복을 풍부한 인간적 탁월성 중에서 낮은 단계에 지나지 않는 것으로 보았기 때문이기도 하고, 또 그가 자기의 아리스토텔레스주의를 원죄(原罪)라 하는 기독교의 전통적 사상의 테두리 안에 넣었기 때문이기도 하다. 인간은 행복의 본성을 이해할 수도 있고, 또 그들의 자연적 이성을 활동시켜 행복을 얻는 조건들을 찾아낼 수도 있다. 이 사실은 아리스토텔레스와 아베로에스의 저서에서 명백하게 밝힌 바 있는데, 이 두 사람은 다 같이 도덕에 대한 초자연적 기초를 조금도 끌어들이지 않고, 혹은 이런 기초를 존중하지 않으면서 그들의 분석을 해냈다. 그러나 인간은 이제 그들 피조(被造)된 인간적인 여러 능력들만 가지고서는 그들이 이렇게 이해하는 행복을 성취할 수는 없다. 그들은 원죄의 무거운 짐을 짊어지고 있으며, 하나님의 은총의 도움을 받지 않고서는 심지어 자연적 행복을 향해서조차 많이 진전(進展)할 수 없다. 행복에서 그 완성을 보는 소위 '인간성'은 아담의 타락 이전의 죄가 없었을 때 가졌던 흠 없는 인간성이다. 그것은 아담의 타락 아래 모든 사람이 가지게 된 부패한 인간성이 아니다. 부패한 인간성은 은총을 통해서 갱생되어야만 비로소 여러 주덕(主德)을 웬만큼 실천하는 데 이론적으로나마 기초가 될 수 있다. 오직 구속(救贖)된 인간만이 그 완성에 이르러 행복하게 될 종류의 성질을 가지고 있는 것이다.

더 나아가 인간의 행복의 본성을 철학적으로 서술할 때에도 성 토마스는 모든 것이 하나님께 의존한다고 줄곧 말함으로써 그의 아리스토텔레스적 자연주의를 제한하곤 하였다. 일단 인간성이 무죄의 상태에 있게 되면 인간성의 여러 소질을 완성시킴으로써 자연적 행복이 이루어진다는 것은 사실이라고 인정하였다. 그렇다고 하면 인간적인 것이든 신적인 것이든 어떤 제멋대로의 명령에나 복종하는 일을 덕(德)으로 보려고 하는 철학자는 잘못이라 할 것이다. 성 토마스가 생각한 하나님은 제멋대로의 명령을 도무지 내릴 수 없는 존재이다. 하나님은 전적으로 이성적인 존재요 그의 의지는 그의 지성과 일치하고 있다. 그런데 비록 인간성이 이상에서 말한 바와 같이 독특한 바가 있고, 그 결과로 자연적 완성을 기할 수 있는 것이기는 해도, 이 인간성은 모든 피조물의 본성과 마찬가지로 신의 창조성(創造性)과 섭리(攝理)의 표현이다. 하나님은 인간을 지금과 같은 상태로 창조해 놓고서 자연적 행복이, 현명한 철학자가 인간성의 분석을 통해서 인간성이 완성되면 자연히 도달한다고 보는 것과 다른 것이 되게 할 수는 없었을 것이다. 즉 하나님은 비이성적 존재로 생각될 수가 없다. 그러면서도 세계가 하나님의 세계인 까닭에 도덕 철학은 인본주의적 기도 이상의 것이 아닐 수 없다는 것이 성 토마스의 견해이다, 도덕 철학도 또한 하나님의 의지에 기초를 두고 있는 것이다.

인간은 자연적 존재 이상의 것이다. 그는 또한 불멸의 영혼이다. 그러므로 모든 자연적 덕을 성취한다고 해서 인간의 궁극적 목적, 곧 지복(至福, 혹은 淨福)에 도달하는 것은 아니다. 설사 인간이 아담의 타락 이전의 순정무구(純淨無垢)한 상태를 회복한다 할지라도, 인간 자신의 힘으로 지복을 얻을 수는 없다. 지복을 얻는 데에는 세 가지의 신학적 덕, 즉 초자연적 덕이 있어야 하는 것이요, 또 지복은 어디까지나 하나님의 은혜가 사람에게 주는 분에 넘치는 선물인 것이다. 홀로 이 여러 초자연적 덕을 산출할 수 있는 원인이 될 뿐만 아니라 이 여러 덕이 지향하는 대상이 되는 것은 곧 하나님이다. 하나님이 모든 대상 가운데에서 가장 뛰어나듯이, 신학적 덕들은 인간이 도달할 수 있는 가장 고귀한 상태이다. 믿음은 자연적 지혜를 넘어서 인간의 이성으로써는 찾을 수 없는 진리에 도달하는 지적 통찰이다. 소망(所望)은 자연적 인간에게는 어리석음으로 보일지 모르나 하나님에게는 지혜가 되는 경건하고 헌신적인 행위를 향한 의지의 지향이다. 그리고 사랑은, 궁극의 가치로서 믿음이 가려내고 소망이 지향하는 것과 하나가 되는 열렬한 환희이다. 이 여러 덕이 생긴다고 한다면, 그것은 오직 주입을 통해서만 생긴다. 이 여러 덕이 움트고 자라는 데에는 은총이 있어야만 한다. 이 여러 덕의 경우에는, 4주덕에 있어서와 같은 부족과 과도(過度) 사이의 중간이란 것이 전혀 없다. 좀더 정확히 말한다면, 이 여러 덕의 경우에는 과도라는 것이 있을 수 없다. 인간은 현세의 인간 생활에서 이 여러 신학적 덕을 어느 정도는 가질 수 있다. 그러나 이 현세에서는 이 덕들이 불확실하게 일어나며, 또 소유되면 반드시 다시 상실되게 마련이다. 이 여러 덕은 오직 낙원(혹은 천국)에 있는 성자에게만 확실하게 또 충분히 향유되고 있다.

그리하여 성 토마스의 도덕 철학은 인간성의 여러 가능성에서 출발하여서 하나님의 직관(直觀), 즉 하나님을 보는 것에서 종국에 이르고 있다. 성 토마스는 플라톤과 아리스토텔레스의 인본주의적 원리들을 받아들였다. 그러나 그는 자연적 행복에 대한 희랍의 학설을, 심지어는 그가 기독교도가 아닌 철학자들 가운데에서 가장 위대한 철학자라고 본 그 두 사람에 의하여 전개된 학설까지도, 다만 지복을 기독교적으로 이해하는 데 예비적인 것이 될 따름이라고 보았다. 그는 희랍의 인본주의적 원리들을, 인간으로 하여금 한갓 자연적인 것을 넘어서게 하는 데는 하나님의 도움이 있어야한다고 하는 바울의 외침의 테두리 안에다 집어 넣었다. 성 토마스가 윤리학설(倫理學說)을 길게 논의한 노고는, 결국 선을 향한 영혼의 진보 과정전체를 통하여 은총이 필요하다는 것을 밝히는 것이었다. 선에 관한 약간의 지식과 얼마간의 도덕적 성취는 은총 없이도 가능하다. 그러나 자연적인간의 부패를 고치는 데에는, 인간성을 아담의 타락 이전의 흠 없는 상태로 회복시키는 데에는, 나아가 이 회복된 인간성을 신의 근원(根源)을 향하여 높이는 데에는 은총이 있어야만 한다. 그리고 이 신의 근원은 또한 모든 사물의 최종 목적인 것이다.

정치학설(政治學說)

성 토마스의 정치학설(政治學說)은 아리스토텔레스의 정치학설이 그러했듯이, 그의 윤리학에서 뻗어 나온 것이다. 국가를 교회의 하위에다 놓은점에 있어서 그는 성 아우구스티누스의 이론을 따랐다. 그러나 국가를 자연적인 그리고 윤리적으로 가치 있는 제도로서 중시한 점에서 그는 희랍사상의 몇 가지 요소를 넘겨받았다. 인간은 그 이웃 사람들로부터 고립해서는 많은 행복을 얻을 수 없다고 믿었다. 인간은 서로 긴밀하게 사귀는것이 필요하다. 그리고 이와 같이 사귀고 서로 연락을 갖는 데에는 안정성과 질서가 있어야 하는데, 오직 정치적인 여러 가시 제도만이 이러한 안성과 질서를 마련할 수 있다. 국가는 세 가지 목적을 위해서 도덕적으로 요청된다. 첫째로, 국가는 여러 가지 인간 관계를 조정하여 그것들을 계층적으로 질서 있게 한다. 둘째로, 국가는 국민들 가운데에서 남달리 잘 어울리지 않는 성원들에게 복종을 강요하며, 사회의 평화와 질서를 침해하는자들을 처벌한다. 그리고 셋째로, 국가는 모든 사람을 교육하여 자연적 덕들을 가지게 하고, 또 교회로 하여금 신학적 덕들을 가지고 교육하는 적절한 기회를 가지게 하는 방도와 수단을 마련한다. 그렇다고 하면 국가는 인류를 위한 하나님의 의지에 맞는 것이라고 볼 수 있다. 아무리 성 아우구스티누스가 국가와 지상의 도시를 구별했다 할지라도, 아우구스티누스주의의 영향은 국가를 부패와 악에다 결부시켰다. 성 토마스의 정치학설은국가를 이와 같이 좋지 못한 것과 결부시키는 데에서 구출하였다. 국가는 본질적으로 악한 것이 아니라, 도리어 이성의 표현이요 정당하고 이상적인 여러 목적을 가지고 있음을 명백히 하였다.

성 토마스의 정치학설은 법에 대한 생각을 중심하여 전개된다. 법에는 여러 가지 종류가 있다. 인간의 법, 자연의 법, 신의 법 같은 것이 그것이다. 그러나 일반적으로 법은 공동 복리를 증진시키기 위한 이성의 원리요, 이 공동 복리를 보호할 책임이 있는 사람이면 누가 이를 발포해도 무방한 것이다. 하나님은 이러한 책임을 가지고 있고, 또 신의 법은 최고 절대의 법이다. 인간의 이성은 좀더 아래의 단계에 있는, 그리고 좀더 적은 영역에 대해서 이러한 책임을 가지고 있고, 자연의 법(이 자연법은 올바른 이성의 규칙들이다)은 도덕의 객관적 표준이다. 국가의 통치자는 비록 이상의 것들보다도 훨씬 더 적은 정도이기는 하나, 이러한 책임을 역시 지니고 있다. 그러니만큼 인간의 법도 존중될 만한 것이요, 또 준수될 만한 것이다. 하지만 인위적인 법들은 오직 그것들이 법의 일반적 정의에 순응할 때에만 진정한 법이 될 수 있다. 즉 자연의 법을 보충하고 신의 법의 지시를 따를 때에만 존중될 만하고 또 준수될 만하다. 그리하여 성 토마스의 정치학설은, 인간이 나쁜 법에 굴복하기를 거부하고 사악한 통치자에 대항해서 반란을 일으키는 권리와 심지어는 그 의무를 인정하고 있다. 그러나 성 토마스는 사람들을 자극하여 반란을 일으키게 하는 데에서는 거리가 먼 사람이었다. 그는 반란을 일으켜야만 할 경우는 아주 드물게 일어나리라고 믿었다. 그는 개개의 시민들이 권세를 잡고 있는 사람들과 생각이 다른 판단을 함에 있어서 인내하여야 한다고 주장하였다. 그리고 그는 심지어 사람들은 사악한 통치자를 자기들의 죄로 말미암아 하나님이 내리는 벌로서 겸손하게 받아들여야 한다고 충고까지 하였다. 인생의 현실적인 여러 변천 속에서는, 국가와의 공공연한 투쟁에 바쁘게 뛰어드느니보다는 회개하고 기도하고 스스로를 하나님의 자비에 맡기는 것이 현명한 일일 것이다. 그리하여 법에 대한 일반적 정의의 내용을 통해서 생각한 성 토마스의 날카로운 논리는 기존 질서에 대한 그의 존중에 의하여 적당히 완화되고 있다.

자연적 덕이 신학적 덕에 대해서 예비적인 것에 지나지 않듯이, 국가는 그 본성으로 보아 교회에 예속하는 것이다. 국가는 자연적 인간과 자연적 행복에 관심을 둔다. 교회는 전인(全人 ; whole man)과 그 지복(至福)에 관심이 있다. 인간은 현세에 있어서의 행복을 위해서는 어느 정도 국가에 의존하지만, 그들의 구원을 위해서는 전적으로 교회에 의존하고 있다. 최선의 생활이란, 인간이 소중하게 여기는 다른 모든 것이 하나님을 보는 데 얼마나 더 보탬이 되는가 하는 데 따라서 평가되는 종교적 생활이다.

토미즘의 전통

좀 부정확할는지 모르지만 각기 아리스토텔레스적 기독교와 플라톤적 기독교라고 대충 규정할 수 있는 토미즘(Thomism)과 아우구스티니아니즘(Augustinianism)은 어디까지나 기독교권 내에 있어서의 철학의 가장 뛰어난 두 개의 위업이다. 이 두 사상은 공동의 권위를 통해서 서양 세계에 있어서의 카톨릭교 신앙의 정통이 된 많은 신념을 공유하면서도, 다른 여러 면에서는 뚜렷한 대조를 이루고 있다. 이것들 사이의 대조는 다른 무엇보다도 그 인식론(認識論)이 서로 다른 데 기인한다. 성 아우구스티누스는 지혜와 과학을 구별하였고, 또 전자의 통찰을 후자의 꾸준히 망설이는 태도보다 훨씬 높은 처지에 있는 것으로 보았다. 이 점에 대한 그의 영향에서, 자연 세계에 관한 과학자들의 연구 권리를 인정하였으면서도 실질적으로는 과학적 탐구의 결과를 인간의 좀더 고원(高遠)한 문제와는 무관한 것이라고 경멸한, 그리고 또 신앙의 주요 사상을 과학의 방법과 결론들로부터 전적으로, 혹은 기의 전적으로 독립시켜 논술하고 체계화한 모든 후일의 신학과 철학적 관념론(觀念論)이 생기게 된 것이다. 성 토마스는 지적 생활에 있어서의 이러한 양분을 옳지 않게 여겼다. 그는 신앙이 이성 못지않게 그 특유한 역할을 가지고 있으며, 따라서 신학은 철학에서 많은 도움을 얻을 수는 있어도 철학에 의존하는 것은 아니라고 주장하였다. 그러나 그는 이에 못지않게 인식(認識)은 인간이 가시적 세계에 감관을 가지고 접촉하는 인간적인 여러 기원(起源)을 가지고 있으며, 또 자연적 사건들의 경과를 관찰하는 일을 떠나서는 아무런 과학적 확실성이나 철학적 확실성도 얻을 수 없다고 단호하게 주장하였다. 이 점에 대한 그의 영향에서, 계시(啓示)를 인정하며 권위에 입각한 신앙을 자랑스럽게 여기면서도, 자연 신학과 자연 종교가 자연 과학과 사회 과학이 받는 것과 똑같은 검토를 받고, 또 똑같은 종류의 증거를 들어야 한다는 것을 인정하는 그 이후의 모든 신학과 추론적 우주론(宇宙論)이 나오게 된 것이다.

그러나 사가(史家)는 아우구스티누스의 전통과 토마스의 전통 사이의 차이가 이들 두 사람의 개인적 태도 사이의 차이보다 훨씬 더 두드러진 바 있음을 부언하지 않으면 안 된다. 왜냐하면 한편으로 성 아우구스티누스는 성 토마스 못지않게 진심으로, 인간 세계에 있어서는 가시적 세계에 대한 호기심과 이 세계를 과학적으로 이해하도록 추구하는 일이 당연히 있어야 함을 인정했기 때문이다. 그리고 다른 한편, 성 토마스는 그 자신 성 아우구스티누스와 마찬가지로 시간과 사색을 과학적인 문제들에 바치고자 하지는 않았다. 그의 스승 성 알베르투스는 자연적 실체들과 과정들을 관찰하고 이것들을 가지고 실험하는 데 확실히 많은 관심을 가졌지만, 성 토마스는 이런 데 관심이 없었다. 성 토마스는 몇몇 철학적 전통을 놀랍게 종합하였다. 이 종합은 아마도 그 이상 가는 것이 없는 종합일는지도 모른다. 그러나 그의 저작은, 그가 깊이 의존하였던 아리스토텔레스의 저작에서처럼 인간이 품을 수 있다고 그 자신이 인정한 인간의 모든 흥미와 관심을 반영하고 있지는 않다. 그 자신의 세기(世紀)에 자연 과학에 대한 요망은 성 알베르투스와 로저 베이컨에서 보는 바와 같이 크게 일어나기 시작하였고, 이 요망은 그 뒤의 여러 세기에 날로 세차게 표현되었다. 새로운 여러 철학이 나타나서 과학적 관심과 연구의 중요성을 강조하여 마지않았다. 그리고 성 토마스가 아리스토텔레스를 '그 철학자'(누구나 다 아는 바로 그 철학자란 뜻으로 아리스토텔레스를 높이 평가하여 지칭하는 말— 역자주)로 찬양하면서 많은 아리스토텔레스의 원리와 정당성(正當性)이 존중되고 인식되도록 분투한 사실 —— 바로 이 사실이야말로 아리스토텔레스가 과학에 종사하는 사람들과 과학적 경향이 농후한 철학자들에게 쉽게 악평을 받게 된 역사적 이유가 아닐까 한다. 성 토마스는 과학에 대해서 개인적으로 흥미를 가지지 않았기 때문에 그저 아리스토텔레스의 과학적 의견들을 만족할 만한 것으로 인용하곤 하였다. 그리고 이 의견들 가운데 어떤 것들이, 비록 아리스토텔레스의 근본적 철학 원리에 대해 대수롭지 않은 것이기는 했으나 불충분한 증험(證驗)에 기초를 두었고 또 가끔 그릇된 것이었기 때문에, 결국 성 토마스는 과학적 경향이 농후한 사상가들로 하여금 아리스토텔레스를 과학의 진보에 대한 장애물로 보게 하는 데 도움을 주었다. 그래서 성 토마스 이후에 나온 과학 철학자들은 토미즘과 함께 아이스토텔레스도 싫어하게 되었다.

토미즘은 지금까지 서양 문화의 위대한 여러 전통의 하나였고, 지금도 역시 그렇다. 비록 성 토마스보다는 성 아우구스티누스가 프로테스탄트(新教) 개혁의 초기에 있어서나 우리들 자신의 현대에 있어서나, 프로테스탄트 사상가들이 가장 많이 끌어댄 고대의 권위이기는 하지만, 성 토마스는 날로 더욱 카톨릭 신학과 일반으로 카톨릭학의 공인된 권위가 되어 왔다. 성 토마스의 영향 밑에 카톨릭 교회는 이성을 사용하여 추리하는 논법과 이성에 의한 증명이 신학에 대해서 가치가 있다고 주장하여 왔다. 카톨릭 교회는 신학을 순전히 계시로만 성립하는 것으로 보기를 좋아하지 않았고, 또 직관에 호소하는 일, 혹은 이성을 가지고 생각해 보지 않고 덮어놓고 믿는 일에 대해서 의심쩍게 여겨 왔다. 카톨릭 교회는 인간의 자연적 이성 능력은 정통 신앙을 뒷받침하는 데 이바지하는 지식에 도달할 수 없다고 하는, 소위 신앙제일주의를 위험한 이단이라고 정죄하였다.

카톨릭 사가(史家)들은 가끔 토미즘을 지상(至上)의 종합이라 부른다. 앞서 말한 바와 같이 성 아우구스티누스는, 플라톤에게서 얻은 사상과 유태교와 기독교의 일신론적 전통, 특히 성 바울에게서 얻은 사상을 이미 종합한 바 있었다. 성 토마스는 아리스토텔레스의 여러 사상을 그의 종합에 끌어들였고, 심지어는 아리스토텔레스주의자로서 기독교의 적수가 되는 사람들의 글도 대담하게 이용하였다. 그리하여 그는 아우구스티누스의 종합을 크게 변모시켰다. 가시적 세계에 대한 이론에 있어서는 자연주의의 방향으로 이를 변모시켰고, 인간의 인식에 관한 이론에 있어서는 경험론의 방향으로 이를 변모시켰다. 토미즘은 그런 종류의 종합으로서 최후의 위대한 종합이다. 그것은 고대 세계의 철학들의 공죄(功罪)를 저울질하려고 애쓴, 그리고 이 철학들 가운데 참되다고 생각되는, 따라서 전반적 사상 체계에 있어서 어엿한 지위를 차지하는 요소들을 함께 모아 하나가 되게 하려고 애쓴 최후의 대종합이다. 즉 그것은 하나의 오랜 시기의 지성사(知性史)의 절정이요 종결인 것이다.

제 7 장   중세 후기

둔스 스코투스(Duns Scotus, 1266년경~1308) : 영국 태생이란 설(說)도 있으나, 스코틀랜드 태생이란 설이 맞을 듯하다. 프란체스코 수도회에 입단, 옥스퍼드와 파리에서 공부하고 거기서 가르쳤다. 1307년에 쾰른에 파견되었다가 그곳에서 죽었다. 그가 저술한 것으로 되어 있는 책이 많은데, 그 중의 어떤 것은 가짜임이 거의 확실하다. 이런 저술들이 소위 스코틀랜드 학파라 부를 수 있는 것에서 나온 경우에도 가짜인 경우가 있다. 진정한 그의 저서 가운데에서 중요한 것으로는 〈명제집(命題集)〉에 대한 두 권의 주석서, 그 밖의 몇 가지 논리학 논문, 〈형이상학에 관한 제문제(*Questions on the Metaphysics*)〉·〈자유 토론집(*Quodlibeta*)〉, 그리고 〈제일 원리론(*De Primo Principio*)〉이 있다. 그는 '명민(明敏)한 박사'라 불렸다.

윌리엄 오브 오컴(William of Ockham, 1280년경~1349) : 영국의 서리에서 출생했다. 프란체스코 수도회에 들어갔으며, 옥스퍼드에서 공부하고 또 가르쳤다. 그의 저작 가운데에는 〈명제집〉에 대한 주석, 아리스토텔레스와 〈자유 토론집(*Quodlibeta*)〉에 대한 주석, 그리고 논리학에 관한 소저 몇 편이 있다. 그는(교황이 아비뇽에 체재해 있던 시대의 초기에) 교황에 반대하여 황제 루이 4세를 옹호하였다. 정치 문제에 있어서는 세속적 권력이 위에 있다는 것을 옹호한 그의 정치학적 저작은, 〈평화의 수호자(*Defensor Pacis*)〉의 저자인 파두아의 마르실리우스(Marsilius of Padua, 1270~1343)에게 영향을 주었다.

1. 스콜라 철학의 몰락

성 토마스 아퀴나스의 죽음으로부터 15세기까지 이르는 기간은, 이성이 자연 세계와 초자연적 세계에 관한 진리를 체계적으로 전부 알아내는 수단이라고 확신하는 토미즘에 대한 반동의 시기였다. 이 시기에 있어서 가장 주목할 만한 두 스콜라 학자는 둔스 스코투스와 윌리엄 오브 오컴이었다. 이들의 철학은 의식적으로 성 토마스의 철학에 대립하는 것이었다. 이들은 성 토마스의 주지주의(主知主義 ; intellectualism)에 대립시켜 일반적으로 주의주의(主意主義 ; voluntarism)라 불리는 입장을 취하였다. 이들은 중세 전체를 통한 스콜라 철학의 주류에 대해서 광범위하게 비판을 가하였다. 이들이 이러한 비판자가 된 까닭은, 비록 몇몇의 유명론자(唯名論者)들이 맹렬한 항변을 했다 할지라도 결국 9세기에서 13세기에 이르는 주요한 스콜라 철학자들은 진리 탐구에 있어서 이성이 계시(啓示)의 짝이 되는 것으로 보았기 때문이다. 이것은 어디까지나 사실이어서, 이성의 여러 능력에 대한 신념은 성기(盛期) 스콜라 철학의 첫째가는 특성이 되고 있는 것이다. 그리고 이와 대조되어, 특히 이런 면에 있어서 중세 후기는 스콜라 철학의 활기와 희망이 몰락하고 있음을 드러내고 있다.

성 토마스 이후 스콜라 철학이 보다 일반적인 의미에서 몰락했는지 그렇지 않은지는 현재로서 모호한 점이다. 성 토마스가 누렸던 커다란 권위는 사가들로 하여금, 최근에 이르기까지 둔스 스코투스의 철학과 윌리엄 오컴의 철학을 소홀히 여기게끔 했다. 둔스에 관한 혼동은, 확실히 그의 저서가 아닌 것들을 그의 것이라 함으로써, 그리고 그의 몇 사람의 후계자들이 아주 앞뒤가 맞지 않는 견해들을 그의 것이라 함으로써 더욱 조장되어 왔다. 학자들은 지금 중세 후기에서 우리에게 전해진 문서들을 조사 검토하고 있고, 아마 얼마 안 가서 이 여러 저작의 저자·저작 일자 및 그 의의에 대해서 확실한 것을 발견하게 될 것이다. 이 저작들이 가려지고 훌륭하게 편찬되고 또 좀더 쉽게 이용할 수 있게 되기 전에는, 우리는 불가불 둔스 스코투스와 윌리엄 오컴을 지난 몇십 년 동안 그래 왔듯이 매우 그릇되게 보게 마련이다. 즉 이들을 우선 성 토마스의 사상을 엉성하게 뜯어고친 자들로 보게 마련인 것이다.

둔스 스코투스의 철학은 특별히 그 성격을 규정하기가 어렵고 또 평가하기도 어렵다. 둔스와 윌리엄이 교육을 받은 옥스퍼드는 가끔 아우구스티누스주의의 부흥의 중심지로 간주되어 왔고, 그래서 이 두 사람의 사상이 아우구스티누스의 전통에 매우 가깝다고 지적되어 왔다. 그러나 적어도 둔스는, 그리고 윌리엄도 그렇다 할 수 있지만, 몇 가지 중요한 면에서 성 토마스 자신보다도 더 아리스토텔레스적인 데가 많은 사람같이 보인다. 그러므로 학문상의 많은 세밀한 점이 먼저 해결되기 전에는 철학 사상 발전에 있어서의 둔스와 윌리엄의 위치를 분명히 이해할 수는 없다. 둔스는 가끔 '체계의 파괴자'라고 불렸고, 또 그 선행자들의 사상을 웃음거리로 만들려고 한 재치 있고 익살맞은 비평가로 생각되어 왔다. 그 반면에 그 자신도 남들의 성급한 조롱의 대상이 되어 왔다.[1] 예를 들면, 그는 얼마나 많은 천사가 한 개의 바늘 끝에서 춤을 출 수 있는가 하는 문제에 골몰했었다고 하여 조롱을 샀다. 그러나 얼핏 보아 우스꽝스러운 이 문제를 제기함으로써, 그는 실상 천사들과 같은 비물질적 실체들이 어떻게 모든 물질적 실체들을 제약하는 공간적 조건 밑에서 그들 자신을 드러낼 수 있는가 하는 진지한 문제(이것은 그에 앞서 성 토마스가 다룬 문제이다)를 다루고 있었던 것이다. 근래 널리 행해지고 있는 불충분한 해석을 보더라도, 둔스 스코투스와 윌리엄 오컴은 유능한 사상가로 두각을 나타내고 있다. 그리고 더 많은 연구를 하게 되면 그들이 위대한 철학자들이었음이 밝혀질 것이다.

2. 둔스 스코투스

둔스 스코투스는 성 토마스의 사상을 지나친 주지주의(主知主義)로 보고 이에 반대하여 주의주의(主意主義)를 옹호한 점에서 사상사(思想史)에 있어 특히 주목할 만한 사람이다. 그는 하나님을 무한하고 전능한 의지(意志)라 생각하였으며, 또 이 입장에 따르는 여러 가지 결론을 두려움 없이 주장하였다. 하나님은 그의 이성에 의해서 어느 모로나 제한받고 있기 때문에 자기가 의욕하는 것을 의욕하지는 않는다. 즉 하나님은 그가 의욕하는 것이 좋다고 먼저 판단했기 때문에 의욕하는 것을 의욕하지는 않는다. 도리어 그는 자유롭게 의욕하며, 그리고 나서 그가 의욕하는 것이 좋음을 본다. 하나님의 창조는 그 자신의 영원한 관념들을 통해서 미리 작정된 계획에 의하여 인도되는 것이 아니다. 둔스는 성 토마스에 반대하여, 실상 하나님의 정신 속에는 '사물들에 앞서' 아무런 관념도 없다고 주장하였다. 하나님의 의지는 하나님 밖에 있는 그 어떤 것에 의해서도 결정되지 않을 뿐만 아니라, 또 그의 속에 있는 그 어떤 것에 의해서도 결정되지 않는다는 점에서 절대적이다. 따라서 창조된 세계는 영원한 이성의 표현이 아니라, 전

---

[1] 영어의 dunce(우둔한 사람)란 말은 그의 이름에서 생긴 말이다. 그러나 이 dunce란 말이 본래 바보라는 뜻보다는 오히려 공연히 반대만 하는 궤변가를 의미했었다는 것을 깨닫기 전에는 이 어원의 의도가 분명치 않다.

능한 권능(權能)의 표현인 것이다.

둔스는 성 토마스의 원리 가운데에서 많은 것에 동의하였다. 그러나 그는 이 원리들의 의의를 그의 주의주의적 입장에 맞도록 변경시켰다.

가령 신학과 철학을 구별하는 데 있어서 둔스는 성 토마스에 동의하였다. 그러나 그는 성 토마스보다도 훨씬 더 엄밀하게 자연 신학(自然神學)의 영역을 제한하였다. 그는 세계의 우연성에서 하나님의 존재를 증명하는 논법을 긍정하였다. 그러나 운동을 가지고 증명하는 논법은 부인하였다. 이 후자의 논증은 무엇이든지 움직이는 것은 그 자신 밖에 있는 어떤 것에 의하여 움직여지는 것이라고 하는 원칙을 처음에 내세우면서도, 그 다음에는 다른 것을 움직이기는 하지만 그 자신 밖의 어떤 것에 의해서도 움직여지지 않는 하나의 원인(原因)의 관념으로 넘어가고 있다고 그는 지적하였다. 움직여지지는 않고 다른 것을 움직이게만 하는 자가 있을 수도 있겠으나, 그런 것의 존재는 결론과 모순되는 전제로부터는 증명될 수 없는 것이다. 둔스는 계속해서, 더욱이 움직여지지는 않고 움직이게만 하는 그런 것은 사람들이 하나님이라고 부르는 것과는 동일한 것이 아닐 것이라고 말하였다.

그와 비슷한 방식으로 둔스는 영혼의 불멸에 대한 성 토마스의 여러 논증을 비판하였다. 성 토마스의 논증들 가운데의 하나는 모든 자연적 인간의 욕망(가령 죽은 후에도 어떤 생명을 가지고자 하는 인간의 욕망)은 하나님의 인자함을 드러내고 있는 우주 속에서 어느 모로든 실현된다고 하는 가정을 토대로 하고 있다고 둔스는 보았다. 이 가정을 논평하면서 둔스는 저급한 동물들도 조금도 사람에 못지않게 죽은 뒤의 생명을 얻으려는 욕망을 가지고 있는 것이요, 또 저급한 동물들에게 영혼의 불멸성이 없다고 부인하는 것이 하나님의 인자함을 무시하는 것으로는 생각되지 않는다고 하였다. 더 나아가 영혼의 불멸에 대한 성 토마스의 또 하나의 논증은 이성과 같은 기능(이 기능은 그것이 의존하는 어떤 특정한 기관 없이 수행될 수 있는 것이다)은 신체의 소멸과 함께 소멸되는 것이 아니라고 하는 가정을 토대로 하고 있다고 주장하였다. 둔스는 이 가정에 대하여, 어떤 특정한 기관에도 의존하지 않는 것은 많은 신체적 기관들이 서로 관계를 짓고 배치되어 있는 양식에 의존하고 있을지도 모른다고 시사하였다.

철학적 수단에 의하여 신학(神學)의 여러 교설을 세우려고 하는 것은, 확실한 증거를 특수한 사람들이 여러 가지 희망과 공포에 따라 그럼직하게 생각하는 상대적인 것과 가끔 혼동하는 것이라고 둔스는 주장하였다. 성 토마스는 이성에 의하여 신앙의 여러 교설을 증명할 수 있다고 생각했지만, 이와 같이 하기에는 우리의 능력이 너무나 부족하다. 신학은 어디까지나 계시(啓示)에서 성립하는 것이요, 이성을 통한 인식(認識)이란 자연 세계에 관한 인식이다. 이성은 이성에 선행하는 것의 존재를 증명하거나, 그 본성을 밝힐 수가 없다. 하나님 자신 속에 있는 이성은, 그의 자유롭고 무제한한 의지에 의해서 생겨나는 것을 무엇이든지 인지하고, 또 이해하는 것이다. 인간 속에 있는 이성은 일단 인간이 하나님의 창조에 부닥치고 이 창조의 본성을 식별하고 나서, 혹은 이와 같이 한 한에 있어서 이 창조를 받아들이는 것이 그 기본 성격이다. 일단 하나님의 존재가 주어지면 인간의 이성은 그것을 알 수 있고, 그로부터 결과하는 여러 가지 것을 합리적으로 결론지을 수가 있으며, 또 인간이 추구할 만한 것 혹은 피해야 할 것을 합리적으로 발견할 수가 있다. 그러나 이성은 하나님의 의지를 결정하는 것은 아니기 때문에 이성은 창조된 세계의 밑바탕을 추구하는 데 사용될 수는 없다.

또 하나의 예로, 인간은 현재의 상태에 있어서 자기 주위의 세계에 있는 실체들을 직접 관찰함으로써 그의 모든 자연 인식을 얻는다고 하는 원칙을 긍정하는 점에 있어서 둔스는 성 토마스에 동의하였다. 그러나 그는 성 토마스와는 달리, 인간의 관찰 능력이 받고 있는 제약과 똑같은 여러 가지 제약을 인간의 인식적 생활이 또한 받고 있다고 보았다. 인간은 그의 자연적 이성에 의하여 그의 감각으로써 접촉하게 된 것들을 초월하는 대상들의 인식에 도달할 수 없다. 인간은 이 대상들을 어떤 원인에서 나온 결과로서 다루고, 그리고는 더 나아가 좀더 높은 어떤 수준에 있는 것으로 짐작되는 존재에 관해서 여러 가지 추리를 할 수 있다고 자부할 수 없다. 둔스는 인간이 '사물들 뒤에 오는' 관념들을 가지기 위해서 '사물들 속에 있는' 형상들에 부딪쳐야 한다고 하는 성 토마스의 원칙을 받아들였다. 그러나 성 토마스와는 달리, 그는 이 원칙을 철학이 가시적 세계의 분석에 국한되어야 한다는 것으로 해석하였다.

하나님에 있어서나 인간에 있어서나 의지(意志)가 으뜸가는 것이요, 오성(悟性)은 이에 종속하는 것이다. 하나님의 의지가 존재를 마련하고 그런 후에 그의 오성이 이를 인식하는 것이다. 그리고 인간의 이성은 하나님의 의지가 창조한 것에 발맞추어 활동하기 시작하며, 따라서 하나님의 의지에 순응하는 것이지만, 그의 의지는 그의 이성의 지시를 따라야만 하는 것은 아니다. 인간은, 만일 그가 그렇게 선택한다면 그의 지식에 의하여 인도될 수 있다. 그러나 그는 이렇게 인도되기를 선택하지 않을 수도 있는 것이다. 그리고 그의 의지가 지식에 의하여 인도되는 때일지라도, 그의 의지는 지식에 의하여 결정되지는 않는다. 왜냐하면 그는 지식은 좋다고 보지만 의지는 그렇게 보지 않는 것에서 언제든지 발길을 돌릴 수 있기 때문이다. 인간의 의지는 모든 결정 짓는 일에 있어서 그것이 정작 선택하고 있는 것과는 다른 어떤 것을 선택했을 수도 있는 자유로운 힘이다. 그러므로 자유는 행위에 있어서의 합리성이 아니다. 또한 인간의 구원(救援)은 그의 오성에 의존하는 것도 아니다. 인간의 구원은 오히려 그의 의지를 신의 의지에 조화시키는 의지적 행위에 의존하고 있는데, 이 신의 의지는 신의 이성보다도 앞서는 것이며, 따라서 확실히 인간의 이성만 가지고서는 알아낼 수 없는 것이다.

3. 윌리엄 오브 오컴

윌리엄 오브 오컴(오컴의 윌리엄, 또는 윌리엄 오컴이라고도 부름)은 둔스 스코투스의 주의주의(主意主義)와 철저한 유명론(唯名論)을 함께 얼버무려서, 둔스의 반(反)토미즘 비판을 한층 더 철저하게 하여 좀더 극단적인 여러 결론을 내세웠다.

윌리엄 오컴의 철학을 일반 문헌에서는 흔히 '오컴의 면도날'이라 부른다.[2] 하지만 오컴의 면도날이라는 말과 거기에 관련되는 사상은 윌리엄의

---

2) 이 면도날의 비유는 이 격률(格率)이 사상을 면도질하듯 다듬고 사상에서 자라는 모든 쓸데없는 것들을 제거한다는 착상에 기인하는 것이다.

생각에 있어서 아주 근본적인 것이기 때문에, 그의 여러 가지 사상의 어느 것을 훑어보는 데에도 그 길잡이로서 유용하다. 윌리엄이 사용한 라틴어는 *Entia non multiplicanda sunt praeter necessitatem*이다. 이 말을 의역하면, "설명을 함에 있어서는 최소한 필연적인 것 이상의 것을 아무도 가정해서는 안 된다."라는 말이 된다. 확실히 알아볼 수 없는 것들을 명백하고 그 자체 충분한 것이 생기는 근거로 삼아서는 안 된다. 검증할 수 없는 가설들을 경험된 사실들을 설명하는 데 충분한 근거로 삼아서는 안 된다. 이와 반대로 우리는 가능한 여러 가지 다른 학설 가운데에서 올바른 것을 선택함에 있어, 좀더 단순하고 좀더 덜 까다로운 것을 취하지 않으면 안 된다. 윌리엄은 그의 면돗날의 원리를 각 방면에서, 따라서 여러 가지 다른 형식으로 전개하였다. 그는 이 원리를 다른 여러 문제에 적용했지만, 특히 신학과 철학과의 관계의 문제와 여러 세기 묵은 보편자(普遍者)의 본성과 지위의 문제에 적용한 것이 중요하다.

모든 신학은 계시(啓示)된 신학이라고 윌리엄은 생각하였다. 인간은 온갖 종류의 신학적 가설을 내세울 수는 있으나, 사변적으로 가능한 이 여러 가지 가설의 어느 것이나 그 진리를 이성에 의하여 확립할 수는 없다. 하나님의 존재에 대한 갖가지 논증은 하나도 만족할 만한 증명이 되지 못한다고 윌리엄은 주장하였다. 그것들은 기껏해야 크레디빌리아(credibilia), 즉 믿어진 명제(命題)들이기는 해도 증명된 명제는 아니다. 그것들은 이미 신앙을 가진 사람들에게는 설득력이 있어도, 그 어느 것이나 비판적으로 검토되지 않은 가정들에 기초하고 있는 것이다. (둔스 스코투스가 답습한) 우연성(偶然性)을 가지고 하는 논증도 매우 불확실한 것이다. 우리는 세계를 관찰하지만, 세계가 한 필연적 존재에 의존하는 것인지 그렇지 않은지를 알 수는 없고, 혹은 세계가 한 필연적 존재에 의존한다 할지라도 이 존재가 하나님인지 그렇지 않은지를 알 수 없으며, 설사 이 존재가 하나님이라 할지라도 하나님이 기독교 신앙에서 말하는 속성들을 가지고 있는지 그렇지 않은지도 알 수 없다. 윌리엄은 교회의 교리를 받아들이는 데 있어서 열성 있는 카톨릭이었고 정통이었다. 그러나 그는, 신학은 인간의 이성의 견지에서 볼 때에는 아주 멋대로 된 것이라 하였고, 이성은 신학의 견지에서 볼 때에는 전혀 소용없는 것이라 하였다. 그가 둔스와 한가지로 생각한 바와 같이, 하나님의 의지(意志)가 이성에 근거를 두고 있는 것이 아니기 때문에 하나님의 의지는 꼬집어서 지적할 수는 없는 것이다. 그것은 오직 들추어내질 수밖에 없다. 우리는 계시에 의하여 하나님이 모든 사람을 사랑한다는 것을 알고 있다. 그러나 이성만 가지고 따진다면 하나님은 무관심할 수도 있고 적의를 품을 수도 있는 것이다. 우리는 계시에 의하여, 하나님이 인간들에 대한 그의 은총의 통로로서 교회를 세웠다는 것을 안다. 그러나 이성만을 가지고 따진다면 하나님은 다른 어떤 구원의 기관을 세웠을 수도 있는 것이요, 또 전혀 그런 것을 세우지 않았을 수도 있는 일이다. 우리는 계시에 의하여 하나님이 인간 예수에게서 성육(成肉)하였음을 안다. 그러나 이성만 가지고 따진다면, 하나님은 당나귀나 돌에게서 성육할 수도 있는 것이요, 전혀 성육하는 일이 없었을 수도 있다.

도덕(道德)의 원리에 있어서도 신학의 원리에 있어서와 마찬가지이다. 주의주의(主意主義)는 윌리엄으로 하여금 독특한 도덕 원리를 내세우게 했다. 도덕의 원칙들은 합리적인 것이 아니라 자의적(恣意的)인 것이다. 예컨대 하나님은 도둑질과 간음을 사악한 것으로 정하였다. 그러나 그는 의지에 의하여 그런 행위들을 좋은 것이 되도록 할 수 있다. 다만 실제로 그렇게 하지 않았을 따름이다. 옳고 그름은 하나님의 무제한한 의지를 따라 생긴 것이다.

윌리엄은 퍽 극단적인 유명론(唯名論)을 옹호하였다. 현실적으로 존재하는 모든 것은 각기 하나의 독특한 개별자(個別者)이다. 유(類)와 종(種)은 사물들의 본성으로서 사물들 속에 있는 것이 아니다. 둔스는 보편자(普遍者)들이 '사물들에 앞서' 하나님의 정신 속에 있다는 것을 부인하였거니와, 윌리엄은 더 나아가 보편자들이 '사물들 속에' 있다는 것조차 부인하였다. 보편자들은 오로지 '사물들이 있은 뒤에' 관념으로서 정신 속에 있을 따름이다. 더구나 보편자들은 애매한 관념들이다. 그것들은 심적 표상으로서 사물들의 그룹의 기호는 될 수 있어도, 너무 불분명하기 때문에 많은 사물들 가운데 어느 하나에 대하여 부정확한 기호의 구실은 할 수 있되 그 사물들 가운데 어느 하나에 대해서도 정확한 기호의 구실은 하지 못한다. 정확하고 전적으로 명석한 관념은 단일적인 대상의 기호이다. 관념이 보편적으로 되면 될수록 그것이 지시하는 대상은 더욱 많아지고, 또 이 대상들을 더욱 막연하게 지시하게 된다. 그러므로 일반 명제는 다수의 단일한 사실들에 관한 부분적 지식을 조잡하게 요약한 것이다. 그리고 이 여러 단일한 사실들에 관한 우리의 지식이 이 일반 명제에 의존하는 한, 우리의 지식은 많은 단일한 사실들에 대해서 적절한 것이 못 된다. 현실적으로 존재하는 사물들을 직접 경험하지 않고서는 그것들에 관한 지식이 있을 수 없는 것과 똑같이 감각적 경험을 떠나서는 그것들에 관한 전적으로 올바른 인식이 있을 수 없다. 우리 주위의 세계 안에 있는 독특한 개별자들과 우리가 우리의 정신 속에 가지는 불충분한 보편자들 사이에는 현격한 차이가 있다.

윌리엄은 두 가지 종류의 명제를 구별함으로써 그의 논지를 더욱 분명하게 했다. 그 두 가지 종류란 즉 구체적인 사물들에 대한 명제와 우리의 보편적 관념들간의 관계에 관한 명제이다. 그리고 이 구별로부터 두 가지 종류의 과학 사이의 구별이 따른다. 한편에 있어서 구체적 사물들에 관한 명제들은, 개별자들이 '있다는 것'과 그것들이 '무엇인지'를 주목하면서 이 개별자들을 직접 경험하는 데 의거한다. "소크라테스는 백인종이고 그 사람은 동물이다."라고 하는 것과 같은 명제들이 그런 명제들이다. 이 명제들에서 문제되고 있는 현실적으로 존재하는 개별자들을 관찰함으로써 우리가 이미 알고 있는 것을 이 명제들이 언표(言表)하고 있는 한, 우리는 이러한 명제들의 내용을 안다.[3] 자연 과학(물리학·식물학·광물학 등등)은 이러한 명제들로 되어 있고, 또 현실적으로 존재하는 세계에 관한 진리를 될 수 있는 대로 많이 제공할 것을 목표로 삼는다. 다른 한편에 있어서 우리의 보편적 관념들에 관한 명제는 직접적으로 관찰된 사물을 문제 삼는 것이 아니며, 또 진리에 관심이 있는 것도 아니다. "흑색은 백색이 아니요, 대머리는 머리터럭이 없는 것이다."라고 하는 따위의 명제들이 이런 명제들이다. 우리는 관념들간의 필연적 관계를 검토하되, 현실적으로 존재하는 사물들과는 아무 상관없이 검토함으로써 이런 명제들이 어떤 것임을 알

---

3) 윌리엄은 구체적인 개별자들에 대한 직접적 관찰을 notitia intuitiva(직관적 인식)란 말로 표현하였다. 하지만 영어의 intuitive란 말은, 이 문구를 번역하는 데 쓰기가 곤란한 여러 가지를 내포하고 있다. notitia intuitiva는 감각과 감각 속에 현존하는 것이 무엇인지를 지적으로 식별하는 것과의 양자를 포함하는 선논리적 인식(혹은 선논리적 의식)이다.

수 있다. 논리학은 우리로 하여금 이런 명제들을 다룰 수 있게 하는 과학
이다. 그러므로 논리학은 진리를 문제 삼는 것이 아니라 타당성을 문제 삼
는 것이다. 순전히 논리학만 다루는 논리학자는 그의 명제들이 현실적으로
존재하는 대상들에 대응하는지 그렇지 않은지에 대해서 조금도 개의치 않
는다. 그는 대상들간의 관계들을 찾아내고 있는 것이 아니라, 오히려 관념
들간의 관계들을 해명하고 있는 것이다. 그리고 그는 관념들간의 관계가
대상들간의 관계와 일치한다는 것을 다짐하지 않으며 또 다짐할 생각도 없
다.

　토미즘에 대해 반동적인 윌리엄의 과격한 성격은, 그가 주의주의(主意主
義)와 유명론(唯名論)을 함께 주장한 결과였다. 그는 드디어 논리학이, 어
떤 사물이 있다는 것과 그 어떤 사물이 무엇인가 하는 것과 어떻게 이 사물
이 다른 사물들과 관계하고 있는가 하는 것을 결정하는 데 이용될 수 있다
는 것을 부인하기에 이르렀다. 논리학은 어떤 사실 문제에 대해서나 그 지
식을 얻는 도구가 아니라는 것이다.

4. 중세의 종말

　중세의 마지막 한 세기 내지 한 세기 반은 철학사에 이렇다 할 공헌을 하
지 못하였다. 프란체스코파와 도미니크파 사이의 반목으로 더욱 맹렬하게
된 토마스주의자들과 스코투스주의자들 사이의 분규는, 이미 면밀하게 꾸
며진 견해들을 과장해서 말하는 기회를 마련하는 것밖에는 거의 아무것도
하지 못하였다. 이 분규에서 우리는 진리 탐구를 위한 초연한 태도보다는
오히려 파벌의 이익을 위한 열광을 본다. 가령 어떤 스코투스주의자들은
아주 이상야릇하게 극단적으로 신학과 철학을 구별하였다. 그들은 주지주
의(主知主義)에 대한 그들의 반대를 지나치게 내세워, 신학에서 옳은 것은
철학에서는 그르며, 이 역(逆)도 참이라고 주장하기에 이르렀다. 그들 가
운데 한 사람은 말하기를 기독교도란 자기의 이성이 엉뚱한 것으로 보는
것을 권위에 의거해서 받아들이는 사람이라고 하였다. 신의 의지(意志)의
자의성(恣意性)을 강조하는 사람들은 가끔 회의론에 빠졌다. 실상 자연적

실체는 하나도 없을 수도 있는 것이라고 시사하는 사람도 있었다. 하나님의 능력이 절대적이라면, 얼핏 보아 실체인 듯싶은 것이 전혀 없을지라도, 하나님은 우리로 하여금 그런 것들에 대한 지각(知覺)을 가지게 할 수도 있을 것이기 때문이다. 그리하여 자연 세계가 도대체 현실적으로 존재한다는 명확한 증거가 하나도 없기 때문에 이성이 자연 세계를 탐구하는 데 의지할 근거가 없는 것이다.

스콜라 철학은 그것을 온전한 노선을 따라 이끌어갈 위대한 인물이 없는 탓으로, 쓸쓸한 종말에 이르렀다.[4] 윌리엄 오컴이 자연 과학과 논리학 사이에 지은 구별은 오컴 자신도 예측하지 못했을 정도로 불행한 결과를 재촉하였다. 그 까닭은 스콜라 철학자들이 자연 과학을 그 방면의 전문가들과 세속인들에게 맡기고 자기들 자신은 논리학의 여러 가지 문제에 열중하는 경향이 있었기 때문이다. 그러나 만일 논리학이 구체적 사물들에 관한 문제들에 무관심하다면, 결국 논리학은 의미 있는 그 자체의 문제를 가지지 못하게 되고 만다. 그리하여 스콜라 철학은 그 최후의 국면에 있어서 쓸데없는 여러 가지 변론으로 퇴보하고, 또 근세 철학자들이 평한 바와 같은 무익한 논리 유희로 타락하는 듯했다. 그래서 '스콜라적'이란 말은, 기원전 4세기에 있어서 '소피스트적'이란 말이 그러했듯이 비난하는 말이 되었다. 초기 스콜라 철학의 풍부한 내용은 망각되고, 이제 스콜라 철학은 말장난과 동일시되었다. 방법론에만 열중하여 구체적인 일들의 탐구를 소홀히 할 때 언제나 일어나기 쉬운 운명에 스콜라 철학은 부닥치게 되었다.

스콜라 철학의 몰락과 때를 같이 하여 신비주의(神秘主義)의 눈부신 부활이 일어났다. 물론 신비주의는 유독 중세에만 발전한 것은 아니다. 그것은 여러 세기의 서양 문화를 꿰뚫고 내려오는 것이요, 또 여러 군데에서 거듭 개화하였다. 그것은 예나 지금이나 많은 위대한 사상 체계의 한 국면을 이루는 것이었다. 우리는 그것을 성 토마스·위(僞) 디오니시우스·성 아우

---

4) 스콜라 철학은 19세기와 20세기에 부활하였다. 이 부활은 근세 철학이 점차로 지향하고 그 방향으로 진전해 온 세속주의와 대결하려는 욕망에 크게 기인한다. 최근의 스콜라 철학은 그 전부가 그렇지는 않지만, 대체로 토미즘의 경향이 압도적이다. 이 부활은 신학의 교리에 대한 합리적 기초와, 하나님과 사람 혹은 하나님과 세계의 관계에 대한 합리적 이론을 회복할 것을 목표로 삼았다.

구스티누스, 그리고 특히 플로티노스에서 찾아볼 수 있다. 어떤 비평가들에 의하면, 플라톤의 〈향연(饗宴; The Symposium)〉에 나오는 사랑의 사다리 이야기와 〈국가론(國家論; The Republic)〉에서 선(善)의 형상(혹은 이데아)을 황홀한 심정으로 다루고 있는 부분에서도 신비주의를 찾아볼 수 있다고 한다. 우리는 또한 그것(신비주의)을 루터와 같은 신교 지도자들 가운데의 많은 사람 속에서, 17세기 케임브리지의 플라톤주의자들에게서, 또 근대 문학의 많은 시인들에게서 찾아볼 수 있다. 그러나 14세기에는 신비주의가 날로 시들어 가는 철학을 메우는 것으로서 성행하였다. 사가(史家)들은 신비주의가 14세기에는 여러 철학 체계의 한 국면이 아니라, 하나의 자족한 철학 체계로 되었다고 말할 수 있을 것이다. 하나님의 현전(現前)을 직접 의식한다는 의미에서의 느낌은 종교적 신앙의 자율적 근거로 삼아졌고, 이성과 그 이성이 애써 전개하는 논증들은 가끔 심심풀이로, 또 쓸데없는 오락보다도 못한 것으로 여겨졌다.[5] 이러한 신비주의의 철학적 귀결은 이성의 역할에 관한 회의주의 · 주의주의(主意主義) · 개인주의요, 또 자연 세계보다도 인간의 내적 생활에 대한 치중이었다.

중세 철학 내지 스콜라 철학은 갖가지 이론들과 체계들이 풍부하게 얽힌 하나의 집합체였다. 희랍 철학이 하나만 있었던 것이 아니었던 것처럼, 중세 철학도 하나만 있었던 것이 아니다. 사실 서로 다른, 그리고 가끔 정반대되는 견해를 내거는 많은 중세 철학이 있었던 것이다. 중세 철학늘은 무엇보다도 하나님의 존재나 세계와 하나님과의 관계에 관심을 가졌다는 점, 또 그보다는 일관성이 덜할지언정 진리 탐구의 도구로서 인간의 이성을 완전한 것이라 보고, 그것을 소중히 여겼다는 점을 전반적인 특색으로 삼을 수 있다. 그 도구가 이제는 이미 으뜸가는 관심의 대상이 되는 문제를 탐구할 수 없다고 여겨졌을 때, 중세 철학은 드디어 몰락하고 종말을 고하게 되었다.

---

5) 14세기의 탁월한 신비가(神秘家)들 가운데에는 John Eckhart(c. 1260~1327), John Tauler(c. 1300~1361), Henry Suso(1295~1365) 및 John Ruysbroeck(1293~1381) 같은 사람들이 있다. 익명으로 된 신비가의 저작으로 여기 들어 둘 만한 것이 두 개 있다. *Imitatio Christi*(c. 1400), 그리고 이보다 훨씬 뒤에 나온 *Theologia Germanica*(c. 1516)가 그것이다.

제 3 부
근세 철학

제 8 장   근세 철학으로의 전환

1. 과거와의 결별

근세 철학(近世哲學)은 서양 문화에 있어서 사상의 연속성에 현저한 단절을 초래하였다. 여기서 우리가 '근세 철학'이라는 말로 일컫는 17세기로부터 19세기에 이르는 동안에 걸쳐 세워진 철학의 위대한 체계들은, 새로운 문제들을 새로운 연구 방법으로 다루었던 것이다. 근세 철학과 그 이전의 모든 철학적 사고 사이에 생긴 단절은 우연한 것이 아니었다. 그것은 근세 철학자들 측에서 의식적인 의욕으로써 만들어 낸 것이다. 서양 문화의 긴 역사를 통하여, 다른 어느 시기에도 그토록 큰 규모의 단절이 생긴 일은 없었다. 플라톤은 피타고라스 학파와 소피스트들에 대하여 주석(註釋)을 가하고, 또 그들을 반박하였다. 아리스토텔레스는 그의 선철들의 견해를 비판함으로써 문제에 대한 스스로의 이론을 펴기 시작하기 일쑤였다. 헬레니즘 시대의 사상가들은 희랍 철학자들로부터 빌려 온 사상을 이용하였다. 암흑 시대가 서양 철학의 발전 과정에 있어서 오랜 휴식이었음은 사실이다. 그러나 9세기에 이르러 철학적 활동이 다시 시작되어 중세기를 통해 그것이 계속되었을 때, 스콜라 철학자들은 고대의 사상가들, 성경, 교부(敎父)들, 그리고 보에티우스나 위(僞) 디오니시우스 같은 학자들의 견해를 인용함에 자랑을 느꼈다. 근세 철학은 휴식 뒤라기보다는 단절 뒤에 시작되었다. 1600년이(또는 그 무렵의 어느 연대가) 다른 어느 때보다도 더욱 확연한 단절의 선을 서양 철학의 역사 위에 기록하고 있다는 것만은 의심의 여지가 없다.

근세 철학의 단절이 어느 정도의 것인가는, 근세 철학에 있어서 최초의 위대한 인물이요 종종 그 건설자로 알려진 프랜시스 베이컨(Francis Bacon)과 르네 데카르트(René Descartes)의 사상에 언급함으로써 설명할 수 있을 것이다. 이 두 사람의 견해는 여러 점에 있어서 날카롭게 대립한다. 그러나 그들은 전통과 권위를 믿지 않으며 진리에로의 도달을 약속하는 자기네 스스로의 방법에 자신만만히 의뢰한 점에 있어서 공통점을 가졌다. 베이컨은 자기의 시대와 그 이전의 저명한 철학자들에 대하여 욕설을 퍼부었다. 또한 진리를 모독하고 진상을 왜곡하는 자라고 불렀다. 그는 데모크리토스에 대해서 (그의 정직한 유물론과 자연에 있어서의 궁극 원인의 부인을 높이 평가하여) 약간의 호의를 보였으며, 플라톤에 대하여도 (그의 귀납적 연구 방법 때문에) 거의 비슷한 정도의 호의를 보였다. 그러나 아리스토텔레스에 관해서는 그가 사상을 언어로써 대치했다고 비난했으며, 그의 논리학(論理學)은 대체로 객쩍은 사설(辭說)이라고 평하였다. 또한 베이컨은 스콜라 철학자들을 아리스토텔레스의 아류라고 욕했으며, 그들이 언어상의 구별이 반드시 사상(事象)의 객관적 차이를 내타내는 것처럼 생각했음을 공격하였다. 데카르트도 마찬가지이다. 데카르트는 "철학에 있어서 논쟁의 대상이 되지 않는 것, 따라서 의심스럽지 않은 것이라곤 하나도 없다."라고 말한 바 있다. 그래서 그는 그가 배워 온 모든 의견들에 관하여 "그것들을 일단 깨끗이 쓸어 버리고 나서, 이성(理性)의 음미가 끝난 다음에 그보다 나은 것으로 대치하든지 그것을 그대로 다시 받아들이든지 하는 수밖에 도리가 없다."고 결심했다.[1] 베이컨과 데카르트는 다 같이 전통에 의존함은 상서롭지 못한 파국이요, 권위에 매달림은 참담한 비굴이라고 믿었던 것이다. 진지한 진리의 탐구자는 마땅히 새로운 출발을 해야 하며, 자기 스스로의 기초를 세우는 동시에 지난날의 인사들을 그릇된 길로 인도한 거짓의 악몽으로부터 해방돼야 한다고 주장하였다.

옛것에 대한 의존을 이같이 일부러 배척한 베이컨과 데카르트는 진리를 찾기에 좀더 확실하다고 믿어지는 새로운 방법을 생각해 내기에 이르렀다. 베이컨은 학문 연구의 방법을 논하여 〈새로운 기관(*Novum Organum*)〉이라는 책을 썼다. 책의 이름을 그렇게 붙인 것은 아리스토텔레스에 대한 의식적인 반발을 의미한다. 아리스토텔레스의 논리학적 저술을 한데 묶어서 〈오르가논(*Organon*)〉이라고 오랫동안 불러 왔던 것이다. 데카르트가 발표한 첫 번 저서는 〈이성(理性)을 올바로 인도하여 학문의 진리를 탐구하는 방법에

---

1) 〈방법서설(*Discourse on Method*)〉, 제 1 부 및 제 2 부.

관한 연구(*Discourse on the Method of Rightly Conducting the Reason and Seeking the Truth in the Sciences*)〉라는 이름의 것이었다. 그들이 제시한 이 두 가지 방법론은 서로 현저히 다르며, 어떤 점에서는 서로 반대된다. 그러나 두 사람의 목표는 같은 것이다. 그들의 공통된 목적은, 옛날의 잘못을 되풀이하지 않고 믿을 만한 지식에 도달하기 위하여 누구나 따를 수 있는 방법을 가르쳐 주는 일이었다. 데카르트의 〈방법 서설(方法敍說)〉의 첫머리는 다음과 같은 힘찬 구절로 시작된다. "이 세상 모든 것 가운데에서 만인에게 가장 고르게 나누어진 것은 올바른 분별력이다."[2] 다시 말하면 모든 사람은 진리에 도달할 수 있는 능력을 선천적으로 타고났다는 것이다. 뿐만 아니라 이 능력을 제대로 사용하는 올바른 방법의 실마리만 잡는다면 누구나 진리에 도달함에 성공하리라는 것이다. 올바른 방법에 관한 투철한 이해만 갖는다면, 인간은 그가 사는 세계에 대한 지식을 일취월장으로 확대하는 동시에 인생 문제를 다스림에 있어서도 점점 좀더 큰 업적을 올릴 것을 기대할 수 있을 것이다. 베이컨에 의하면, 자연의 이치를 터득함으로써 인간은 자연 위에 왕국을 세울 수 있다. 그리고 데카르트는 주장하되 그의 방법론을 활용함으로써 인간은 자연의 주인공이요 또 그 소유자가 될 것이라 하였다. 데카르트는 그의 방법이 유익한 결과로 이끌어가는 방식을 예시하기 위하여, 그의 저서 〈방법 서설〉에 세 개의 논문(광학·기상학 및 해석 기하학에 관한 것)을 부록으로 보태고, 모든 분야의 지성인들이 자기와 계속될 연구에 참여하라고 호소하였다. 베이컨도 데카르트도 우리를 둘러싼 세계에 관한 인간의 지식이 그 이상 늘어 갈 수 없는 자연적 한계가 있다고는 믿지 않았다. 그들은 아무도 인생의 즐거움을 더하고 인간사를 복되게 처리함에 극복할 수 없는 장애가 있다고는 보지 않았다. 새롭고 올바른 방법의 채택이 영광스러운 장래를 위한 열쇠라고 그들은 각각 믿었던 것이다.

　새로운 방법으로 참신한 출발을 함에 아무런 부족도 없다고 본 베이컨과 데카르트의 구김살 없는 자신을 그 뒤의 모든 근세 철학자들이 한결같이 나눈 것은 아니다. 어떤 이들은 베이컨과 데카르트의 대립되는 방법을 어

---

2) 어떤 비평가들은 데카르트의 이 진술은 매우 비꼬인 것이라고 주장하였다. 그러나 그렇게 주장하는 사람들은 데카르트가 만인이 확신을 가지고 따를 수 있는 도구로서 자기의 방법을 제시했을 때 그의 의욕이 얼마나 강했는가를 깨닫지 못하고 있다.

떻게 연결시킬 것이냐는 문제와 씨름을 하면서 정말 나무랄 데 없는 방법을 정의하는 일 자체가 가장 힘든 문제라는 것을 깨달았다. 또 어떤 학자들은 타당하다고 생각된 방법에 대하여 그들이 내린 어떠한 정의도 다른 문제에 관해서 확실한 결론에 도달하기 위하여 그 방법을 사용하는 마당에서 예측하지 않은 지장을 초래한다는 사실을 발견하였다. 그래서 학자들 가운데에는 자기네의 역량에 낙관적 신뢰로써 의존하지 못하고 본의 아닌 회의의 길로 빠지곤 하는 사람들도 있었다. 그러나 17세기 초 베이컨이 귀납적(歸納的) 방법을 벅찬 희망으로 발표했을 때로부터 19세기에 마르크스가 그의 변증법(辨證法)을 대담하게 선포하기에 이르기까지, 새로운 방법의 힘에 대한 확고한 신뢰는 여러 가지 문맥 안에 꾸준히 모습을 나타내 왔다. 그리고 방법론에 관한 신뢰가 유지되었든 또는 회의론이 세력을 떨쳤든, 300년의 역사를 통하여 근세 철학의 특색을 이룬 것은 저 베이컨과 데카르트가 그 전형을 보여 준 것, 즉 묵은 것에 대한 불신과 새로운 출발에 대한 의욕이다.[3] 새로운 출발은 곧 좀더 나은 출발이라고 근세의 철학자들은 대개 믿었다. 새롭게 시작함은 전진을 위한 필수의 전제 조건이라고 그들은 흔히 생각하였다.

근세의 철학자들이 과거의 전통에 대하여 결별을 고한 것으로 말미암아 생긴 중대한 결과의 하나는, 그들이 인식론(認識論)의 문제들에 몰두하게 되었다는 사실이다. 근세 철학은 주로, 그리고 줄곧 인식론 중심이었다. 근세의 사상가들은 물론 형이상학·윤리학·정치학, 그리고 신학의 문제들에까지도 관심을 기울였다. 그러나 대부분의 경우에 있어서 그들은 인식론으로부터 출발했으며, 지식에 도달하는 가장 좋은 방법은 무엇이며 지식의 본질과 한계는 무엇이냐고 물었다. 그리고 그들이 다른 분야의 문제로 넘어갔을 경우에, 그들의 견해는 흔히 인식론적 문제에 대하여 그들이 일찍이 내린 해답의 합의에 의해서, 비록 전적으로는 아닐지라도 대부분이 결정되었다. 세계에 관한 그들의 학설은, 세계 안에 있는 여러 가지 사상(事象)에 대한 직접적 연구를 통하여 얻은 발견을 토대로 추리되기보다는,

---

3) 여기 한마디 첨가해야 할 것은, 스피노자가 근대의 다른 어떤 철학의 대가들보다도 전통적 사상에 밝았으며, 또 전통을 존중했다는 사실이다. 그러나 그는 전형적 근세 철학자들로부터는 가장 거리가 먼 사람이다.

그들 자신의 인식론적 전제와 결론으로부터의 논리적 귀결에 의하여 결정되는 수가 많았다. 사실 근세의 여러 과학자들이 세계의 구조와 세계 안의 어떤 특정한 사상에 관한 직접적 연구에 종사하였다. 베이컨과 데카르트도 스스로 그러한 직접적 연구에 참여했다고 믿었으며, 심지어는 그 같은 연구에 있어서 종합적 체계화와 선도(先導)의 구실을 맡아보았다고까지 생각하였다. 그러나 17세기 중엽 이후의 근세 철학자들은 그들이 방법론의 문제들에 골몰했다는 바로 그 이유로 말미암아 지식의 기원과 본질, 그리고 한계에 관한 사색에 점점 깊이 끌려들어갔다. 그들은 때로는 그들의 사색이 과학자들이 사용한 방법에 대한 평가가 되기를 기도하였다. 그러나 그들은 가끔 자신들의 사색의 결과가 과학자들이 도달한 결론의 신빙성에 대하여 회의를 재촉하고 있음을 깨달았다. 그리하여 철학과 신학을 갈라놓았던 중세기적 대립의 뒤를 이어서 철학과 신학이 마주서게 되었다. 서구 문화에 있어서 그 이전의 어느 때보다도, 철학과 과학의 관계 자체가 논쟁의 여지를 갖는 철학적 문제로서 크게 다루어졌다. 이러한 문제가 철학의 중심을 차지했다는 사실부터가 근대적 기질에 유래한 것이다.

2. 근세 철학의 배경

근세 철학은 비록 고대와 중세로부터의 전통과는 단절된 면도 있었으나, 중요한 방면에 있어서 17 · 18세기의 새로운 사회적 · 사상적 조류에 의하여 결정적 영향을 받았다. 이 두 세기는 서양 문화에 있어서 여러 방면에 광범위한 변화가 생긴 시대였다. 지리학적 탐험의 결과로서 지구상의 새로운 지역이 서구인의 지식권 안으로 들어오게 되었다. 무역이 지난날의 봉건적 국경선을 넘어서서 확대됐으며, 새로운 자본주의 경제의 징조가 나타나기 시작하였다. 민족 국가(民族國家)가 옛날의 봉건적 결합을 대신하여 차차 등장하였다. 중산 계급(中産階級)이 점차 머리를 들고 일어났으며, 정치에 참여할 권리를 요청하였다. 그러나 근세 철학의 발전 과정에 가장 중대한 영향을 미친 것은 르네상스와 프로테스탄트의 종교 개혁, 그리고 천문학을 비롯한 여러 자연 과학의 눈부신 발달이다. 이 여러 가지 변화들은 착잡한 관계로써 서로 엉켜 있다.

르네상스

르네상스란 처음에는 하나의 문예 운동(文藝運動)으로서 일어난 것이었다. 르네상스라는 말이 의미하는 '부활'은 고대 사상가들에 대한 관심의 회복을 의미하는 것이며, 이 새로이 일어난 관심은 스콜라 철학자들이 자신들의 목적을 위해서 아무 소용이 없다고 생각한 방면에까지 미쳤던 것이다. 이들 고대 사상가들의 다수는 그들의 학설에 있어서 천진난만하게, 또는 도전적이라 할 정도로까지 세속적이었다. 르네상스는 줄잡아도 페트라르카(Petrarca, 1304~1374) —— 단테보다는 좀 나중이었지만 여러 가지 점에 있어서 색다른 태도를 표명한 페트라르카 —— 때에는 이미 시작되어 있었다. 페트라르카와 그 밖의 이른바 휴머니스트들은 고대의 문헌을 다루는 스콜라 철학자들의 태도에 대하여 나날이 커가는 적개심을 느꼈다. 휴머니스트들은 스콜라 철학자들이 고대 문헌의 근본을 자신들이 다루던 문제들에 관한 의견을 위한 원천이라고 보는 태도에 호감을 가질 수 없었다. 휴머니스트들은 고전이 간직한 그 자체의 본래적 아름다움과 그 현세적 지혜를 쌍수로 반겼다. 고전에 대한 그들의 호소는 실질에 있어서 (교회의 통제를 벗어나 자유로운) 개인의 존엄성(초월자로부터 독립하여 그 자체의 본연의 모습으로 돌아간)과 자연계, 그리고 (전통에 대한 복종과 대조를 이루는) 개인적 경험에 대한 새로운 태도의 모색이었다. 휴머니스트들은 인간이 이성적 존재 —— 그가 관여하는 여러 가지 분야에 있어서 자율적이요 항상 권위의 감독을 받을 필요 없이 스스로 선택한 목적을 추구할 특권을 가진 이성적 존재 —— 라는 것을 고전을 통해 배웠다. 르네상스의 정신은 인쇄기의 발명과 그에 따른 서적의 급속한 보급에 의해서 크게 촉진되었다. 피코 델라 미란돌라(Pico della Mirandola, 1462~1493)는 〈인간의 존엄성에 관하여(*Oration on the Dignity of Man*)〉라는 책을 썼는데, 그 안에서 "자비로운 신은 인간에게 무엇이든 인간 스스로가 선택한 바를 갖고, 스스로 원하는 바가 되기를 허락하였다."라고 말하였다. 카스틸리오네(Castiglione, 1478~1529)는 〈궁정인의 서(*Book of the Courtier*)〉를 썼는데, 그 안에서 플라톤을 상기시키는 필치로 탁월한 사람을 묘사하고, 이탈리아 왕궁에서 일반적으로 거행되던 행사에 대한 찬사를 그 위에 첨가했다. 르네상스 운동이 이탈리아로부터 북녘 각 국으로 번져 감에 따라서 〔로테르담의 에라스무스(Erasmus, 1466~1536)의 경우에 있어서와 같이〕 더욱 종교적 색채를 띠고, 〔영국의 성(聖) 토머스 모어(St. Thomas More)의 경우가 그렇듯이〕 경제적·정치적 개혁에 더욱 열을 올리기가 일쑤였다. 르네상스 운동은 몽테뉴(Montaigne, 1533~1592)의 〈수상록(隨想 錄)〉에 있어서 아마 그 절정에 달했을 것이다. 몽테뉴는 카톨릭을 믿었으 나 그것은 외견과 명목뿐의 것이었고, 고전에 대한 그의 해박한 지식의 덕 분으로 그는 그 당시의 관습과 결함, 그리고 이상에 대한 현명한 비판가가 되었다. 르네상스의 영향을 받고 개인에 대한 존경은 늘어가고, 권위에 대 한 굴종은 타파되었으며, 사람들은 서슴지 않고 기성의 관습에 도전하게 된 동시에, 인간 이성의 비판력에 대한 신뢰감이 배양되었다.

종교 개혁

16세기의 프로테스탄트 종교 개혁은 몇 가지 면에서 르네상스와 그 영향 이 비슷했으며, 한 가지 중요한 점에서 후자와 상반되는 영향을 가져왔다.

종교 개혁의 지도자들은 르네상스의 개인주의(個人主義)를 조장하는 동 시에 이 세상과 사회적 전반사에 대한 르네상스적 관심을 권장하였다. 루 터(Luther, 1483~1546)는 그의 〈기독교인의 자유(Christian Liberty, 혹은 Von der Freiheit eines Christenmenschen)〉 첫머리에서 이렇게 말하고 있다. "기독교인은 모든 사람의 가장 자유로운 군왕이요, 아무의 신하도 아니다. 그는 만인의 가장 충성된 하인이요, 모든 사람에게 종속한다." 루터는 각 개인이 종교 적 신앙의 기본적 문제들을 자기의 양심에 비추어 해결할 권리와 의무를 위하여 싸웠다. 그리고 신교도들은 모든 신자가 다 같이 성직자라는 이 주 장을 거듭 강조해 왔다. 이들의 개인주의는 대부분의 르네상스 휴머니스트 들의 그것보다도 더욱 철저하였다. 왜 그렇게 말할 수 있느냐 하면, 르네 상스의 휴머니스트들은 종교 문제에 관해서는 대체로 카톨릭 교회의 충실 한 아들로서 남아 있었는데, 신교(新敎)의 개혁론자들은 원칙상 개인은 교 의(敎義)를 공식화하는 문제에 있어서나 교회의 통제를 받아들임에 있어서 나 완전히 자유라고 주장했기 때문이다. 프로테스탄트와 카톨릭 교회 사이 의 정치적 투쟁과 얼마 안 가서 벌어진 프로테스탄트 집단 상호간의 싸움으로 말미암은 긴급한 사태에 몰려, 어떤 신교도들은 신앙의 일치를 강조하고 자기네 집단 내부의 규율을 강화할 것을 도모하기에 이르렀다. 그러나 프로테스탄티즘의 근본 정신은 철저한 개인주의였다. 그리고 프로테스탄티즘이 발전하고 활기 띤 새로운 정설(正說)이 차례로 뒤를 이은 신교 지도자들에 의하여 선포됨에 따라, 프로테스탄티즘의 영향은 더욱더 개인주의적 경향으로 흘러 분열과 무질서에 이를 지경이었다.

프로테스탄티즘은 현세의 세속적인 일을 위한 활동의 중요성을 강조함에 있어서도 역시 르네상스와 비슷하다. 루터는 사람을 의롭게 하는 것은 신앙이지 의식이 아니라는 교리를 굳게 신봉하였다. 그리고 그는 성 바울이 그랬듯이, 이 교리에 아울러 "참된 신앙은 이웃 사람들에 대한 관용과 봉사의 실천을 통하여 가장 생생하게, 그리고 틀림없이 표현된다."는 주장을 덧붙이기를 잊지 않았다. 신교도들도 카톨릭에 못지않게 신과 영혼의 불멸을 진심으로 확신하였다. 그러나 그들이 관조적인 생활이나 수도원의 계율을 위한 은퇴 생활을 찬양한 일은 별로 없다. 오히려 그들은 신에 대한 그들의 신앙이 세속적인 일에 대한 적극적 참여를 촉구하는 힘이 되도록 구상하였다. 아닌게아니라 칼뱅(Calvin, 1509~1564)은 사회적인 업무에 대한 관심이 루터처럼 깊지 않았다. 그는 오히려 세속적인 것으로부터 순결을 지키는 소극적 의무에 골몰하였다. 그래서 신교가 의식적으로 칼뱅주의로 기울어진 곳에서는 어디를 가나, 도덕의 근본은 악한 행동을 금하고 육체적인 욕정을 삼감에 있다는 것이 신도들의 생각이었다. 그러나 프로테스탄트 윤리관(倫理觀)의 중심은 현세 생활의 종교적 의의에 있었다. 그 의의를 즐거운 인생과 귀중한 인간 관계, 경제적·정치적 현실의 재건에 미치는 종교적 신앙의 영향, 그리고 신이 만드신 세계의 자연적 보배를 마음껏 가질 수 있는 기독교인의 권리에 발견하려 해 온 것이 프로테스탄트의 특색이다.

신교 사상(新敎思想)은 한 가지 점에 있어서 르네상스와 다르다. 르네상스의 거성(巨星)들을 흔히 휴머니스트라고 부르는 이유는, 바로 그들이 플라톤과 아리스토텔레스의 사상을 따라서, 이성(理性)을 훌륭한 인생을 위한 최고의 지침이라고 믿었기 때문이다. 그러나 신교의 지도자들은, 적어도 신교 운동의 초기에 있어서는, 그리고 어떤 경우에는 오늘날에 이르기까지 이성을 신뢰함은 인간의 외람됨을 나타내는 증거의 하나라고 배척해 왔으며, 때로는 원죄의 형적(形跡)이라고까지 멸시하였다. 그들에 의하면, 사람은 신의 은총을 통하여 믿음이 그 마음속에 깃들 때까지는 죄를 짓고 산다. 그리고 믿음은 의지의 전향(轉向)이다. 이 전향은 신에 의하여, 그리고 신에게로 향하는 전향이다. 루터는 그가 로마와 관계를 끊기 이전까지는 아우구스티누스 교단의 수도승이었다. 따라서 그는 비록 둔스 스코투스와 윌리엄 오컴의 영향은 받지 않았을지 몰라도, 적어도 그들의 가르침으로부터 널리 보급된 주의주의(主意主義)의 영향은 받았으리라고 보아야 할 것이다. 그러나 그가 이성과 구별되는 의지를 강조한 것은 아우구스티누스적 사상의 과장된 표현이다. 루터와 그의 뒤를 따른 여러 신교 지도자들의 견지에서 볼 때 믿음은 이성의 관점에서 본다면 이론적 근거 없는 짓일 수도 있는 일종의 결의(決意)요, 이성은 믿음의 견지에서 본다면, 단순히 무해 무득한 것이 아니라 외람된 것 —— 유혹의 함정이다.

  신교의 개인주의와 현세적 관심은 르네상스의 그와 비슷한 사조(思潮)와 어울려 근세 철학의 발전에 영향을 끼쳤다. 그러나 신교가 가진 그 밖의 특색은 근세 철학과는 별로 관계가 없거나 또는 상반되는 성질의 것이었다. 신교에는 맹신주의(盲信主義 ; fideism)로의 경향, 즉 이성(理性) 안에 근거가 없을 뿐 아니라 이성같이 지극히 세속적이요 힘없는 기능의 지주 따위는 단호히 멸시하는 교부 시대적(敎父時代的) 신앙으로의 경향이 농후하다. 신교의 종교 개혁은 여러 가지 중요성을 가진 것이었지만, 그러나 지성적인 운동은 아니었다. 그리고 신교로부터는 성 아우구스티누스나 성 토마스 또는 다른 위대한 스콜라 철학자와 같은 수준의 신학자가 나온 일이 전혀 없다. 신교의 신학자들은 철학적이라기보다는 맹신적인 신학자들이었다. 칼뱅이 아마 신교의 신학자들 가운데에서는 최고의 수준에 가까운 사상가라 할 것이다. 그러나 그도 비록 교의(敎義)의 정의와 스스로의 전제로부터 그 함축된 의미를 이끌어 내는 논리에 있어서 매우 훌륭했다고는 하지만, 참된 철학적 사상가 가운데 헤아려질 수는 없는 사람이다. 근세에 있어서 신교도이기도 한 철학자의 수가 많은 것은 사실이다. 그리고 그들의 다수는 칸트 이전에 있어서나 그 뒤에 있어서 신과 자유, 그리고 영혼의 불멸을 주장하였다. 그러나 그들의 철학적 관심은 신학과는 다른 문맥 가운데에서 일어난 것이었다. 그러한 철학자들의 전형으로서, 항쟁하는 신교 교파 사이의 대립된 주장들이 지나치게 열광적이라고, 즉 증명도 되지 않은 의견을 감정에 입각하여 쓸데없이 주장한다고 비난한 로크가 있다. 그리고 17세기에 뒤이어 18・19세기가 다가옴에 따라 근세의 철학자들은, 때로는 회의주의로, 좀더 흔히는 현세주의로 점점 기울어지는 경향을 보였다. 토미즘에 입각한 신학과 철학의 구별은 신교 사상가들의 손에 이르러 신학과 철학과의 거의 완전한 분리로 발전하고 말았다. 근세의 철학자들은 받아들일 철학적 근거가 별로 없는 신학적 교의(敎義)의 수를 최소한으로 줄였으며, 심한 경우에는 신학적 교의를 전적으로 물리쳤다.

근세 과학의 발달

근세 철학의 발생과 발전을 위하여 르네상스나 종교 개혁보다도 더욱 결정적 영향을 미친 것은, 16세기와 17세기 초엽에 천문학자 및 물리학자들이 이룩한 획기적 업적이었다. 과학자들이 도달한 결론과 그들의 연구 방법은(특히 후자는) 근세의 철학적 사고에 큰 영향을 미쳤으며, 또 새로운 문제들을 —— 그 전에는 고대와 중세의 전통적인 제문제로 향하던 주의(注意)가 이제는 그리로 향하게 된 새로운 문제들을 —— 제기하였다.

과학 사조(科學思潮)에 있어서의 혁명이 그 최초의 큰 승리를 거둔 것은, 1543년 코페르니쿠스(Copernicus, 1473~1543)의 〈천구의 회전에 관하여(De Revolutionibus Orbium Coelestium)〉가 출간되었을 때였다. 고대의 학자들 가운데에는, 지구가 공중에 떠 있다는 것, 심지어는 그것이 태양의 주위를 돌고 있다는 것까지 믿은 사람들이 있었다. 그러나 이 같은 신념은 톨레미(Ptolemy)의 지구 중심설(地球中心說)의 권위에 눌려 수세기 동안 땅에 묻혔었다. 코페르니쿠스는 지구도 유성(遊星)의 하나이며, 다른 유성들과 같이 태양의 둘레를 돌고 있다는 학설을 옹호했을 뿐만 아니라, 이 태양 중심설의 정당성을 밝히기 위한 여러 가지 근거를 제시했던 것이다. 코페르니쿠스의 어떤 분별 있고 조심성 있는 친구는 코페르니쿠스의 저서를 위한 서문 가운데에서, 코페르니쿠스가 그의 학설을 내놓은 것은 자연계에 관한 진리로서가 아니라 천문학적 문제에 관한 계산의 편의를 도울 유용한 가설(假說)로서 제창한 것이라고 주장하였다. 코페르니쿠스 자신의 책 가운데

에서도 그 친구의 주장을 뒷받침할 구절을 찾아볼 수 있다. 그러나 코페르
니쿠스 자신은 확실히 자기의 학설이 그 서문이 지적한 것보다는 좀더 혁
명적이라고 믿은 것 같으며, 그리고 그의 저서의 역사적 의의도 틀림없이
그러한 것이었다. 왜냐하면 그는 운동이 관찰자의 위치에 상대적이며, 공
간 안의 어떠한 점도 중심으로서의 특권 따위를 갖지 않았으며, 아무 점이
나 하나를 표준점으로서 선택함이 타당한 것은 오직 그렇게 함으로써 학설
이 간단해지고 그 학설의 덕분으로 계산이 용이하게 되기 때문이라는 중요
한 견해를 표명했기 때문이다. 코페르니쿠스의 태양 중심설의 내용에는 주
로 그가 원(圓)을 가장 완전한 기하학적 도형(圖形)이라고 좋아하여, 태양
을 돌고 있는 유성들의 궤도를 원형(圓形)이라고 주장한 것으로 말미암아
부분적인 잘못이 있다. 그러나 비록 잘못된 점이 있기는 하나, 그의 태양
중심설은 물리학적 우주의 크기가 중세기를 통하여 사람들이 일반적으로
생각한 것보다도 훨씬 더 광대하다는 사실을 밝혀 주었다. 그 학설은 지구
와 인생의 무대를 이를테면 우주의 중앙으로부터 변두리로 낙향시켰다. 그
것은 인간으로부터 저 으뜸가는 천체의 —— 다른 모든 천체들을 자기의
장식물 또는 부속물로서 거느리고 있는 저 으뜸가는 천체의 —— 으뜸가는
주민으로서의 자랑스러운 지위를 박탈하는 동시에, 인간을 찬란한 우주의
여러 태양들 가운데의 하나에 지나지 않는 태양의 —— 그나마 비교적 적
은 태양의 —— 번번치 않은 한 유성의 표면에 매달려 있는 손재로 전락시
키고 말았다.

　케플러(Kepler, 1571~1630)는 코페르니쿠스의 공식에 개재된 난점을 해결
하고, 코페르니쿠스적 방법의 중요성을 그 전보다도 더욱 명백히 하였다.
케플러는 여러 가지 수학적 가능성을 차례로 검토한 다음, 이 수학적 계산
의 결과와 지구에 대한 유성들의 위치에 관하여 실제로 관찰된 바를 비교
하였다.[4] 마침내 그는 코페르니쿠스의 사상 속에 들어 있는 두 개의 가설
을 버려야 되겠다는 것을 깨달았다. 즉 (1) 태양을 도는 유성들의 궤도가
원형(圓形)이라는 가정과, (2) 궤도 위에서의 유성들의 운동 속도가 일정

---

　4) 그는 여러 해 동안 덴마크의 천문학자 티코 브라에(Tycho Brahe)의 조수로서 일했다. 브
　　라에의 천문대에는 그 당시까지 서구 문명 사회에 있어서 구할 수 있었던 가장 풍부하고
　　가장 정확한 자료들이 수집되어 있었다.

하다는 가정이 곧 그것이었다. 그는 이 두 가지 점에 관하여 새로운 가설을 세움으로써 '자연의 단순성과 질서 정연한 규칙성'을 보존하면서 수학적 계산의 결과와 천문학자들의 관찰을 합치시킬 수 있음을 발견하였다. 케플러는 그의 결론을 다음과 같은 두 개의 법칙으로 요약했으니, 이른바 '케플러의 법칙'의 첫째 것과 둘째 것이다. (1) 태양의 주위를 도는 유성들은 태양을 두 중심의 하나로 삼는 타원형을 그리고 움직인다. (2) 유성들이 일정한 시간 동안에 쓰는 부채꼴의 면적은 항상 같다. 그리하여 그는 자연계의 구조를 모든 자연 현상에 보편적으로, 그리고 한결같이 적용할 수 있는 조화된 수학적 공식으로써 요약할 수 있다는 신념에 도달하였다. 그는 자연계에 있어서 수학적으로 나타낼 수 있는 관계들을 계속 탐구하였다. 이와 같이 탐구된 관계의 하나를 그는 '제3의 법칙'으로서 진술했다. 즉 유성들의 공전(公轉) 주기의 제곱은 태양으로부터의 평균 거리의 세제곱에 비례한다는 것이다.

갈릴레이(Galileo Galilei, 1564~1642)는 저 자연 과학의 혁명을 역학(力學)의 분야로 이끌어 들여 '운동의 법칙'을 공식화하였다. 그가 진자(振子)의 법칙을 발견했을 때에 사용한 방법의 일화는 유명하다. 그는 피사의 대사원 천장에 매달린 샹들리에가 흔들리는 것을 보고, 진동 한번 한번에 요하는 시간을 자기의 맥박으로써 측정했다. 그리하여 부주의한 관찰자가 겉으로 보기에는 혼란한 지각(知覺)으로써 경험되는 것 속에 숨어 있는 율조(律調)를 발견하였다. 이에 그는 또 다른 종류의 운동을 검토하여 마침내 서투른 감관(感官)에게는 혼돈으로밖에 보이지 않는 것 가운데 수학적 제일성(齊一性)을 발견했던 것이다. 그는 낙하하는 물체 또는 투사물(投射物)이 그리는 포물선 및 낙하하는 물체의 가속도의 제일성에 관한 공식을 발표하였다. 그는 손수 망원경을 만들었으며, 그것으로써 달의 표면이 산악 지대 같다는 특색, 유성 목성(木星)의 네 개의 위성(衛星), 그리고 유성 금성(金星)의 양상을 발견하였다. 그는 코페르니쿠스와 케플러, 그리고 자신의 연구가 혁명적 성질의 것임을 매우 강력히 주장한 까닭에 교회와 학계를 자극하여 적개심을 샀다. 코페르니쿠스의 책은 약간의 수정이 가해지기까지 교회의 금서 목록에 들었으며, 케플러와 갈릴레이의 저서도 금서 목록에 올라 200년 동안 그 자리를 벗어나지 못했다.

16세기 중엽으로부터 17세기 중엽에 이르는 동안에 과학적 혁명은 여러 세기를 통하여 우세하던 사상, 특히 신플라톤 학파의 전통과 중세기적 아리스토텔레스의 전통에 있어서 우세하던 사상을 물리치는 일면이 있었다. 예컨대 존재(存在)는 계층적 체계라는 생각, 천상의 운동과 지상의 운동과는 종류가 다르다는 생각, 그리고 이와 비슷한 것으로서 천국은 완전하고 질서 정연한데 지상의 변화는 불완전하고 무질서하다는 생각 등이 점차로 허물어졌다. 새로운 과학에 의하면, 온 자연의 세계는 수학적인 어휘로 정확하게 기술할 수 있는 한 묶음의 공통된 자연 법칙의 지배 아래에 있다.

그러나 근세 철학의 역사 위에 과학의 혁명이 가장 깊은 영향을 미친 것은 이 혁명이 두 가지 오래된 문제를 새로운 각도에서 제기했으며, 이미 과학에서 성공적으로 사용하고 있던 방법을 정당화할 해답을 이 두 문제에 대하여 희구하도록 철학자들을 자극했다는 사실에 있어서이다. 이 두 개의 문제란 지식을 획득함에 있어서의 이성(理性)과 감각(感覺)의 관계 및 인간의 경험과 자연의 실재(實在)와의 관계에 관한 것들이다.

이성과 감각의 관계는 철학에 있어서 오랫동안 논쟁되어 온 문제였다. 이 문제에 대한 하나의 공통된 학설—— 고대 희랍 철학자들로부터 거물급의 스콜라 철학자들에 이르기까지 거듭 주장된 하나의 공통된 학설은, 비록 이성은 감각을 통하여 관찰된 사실의 한계선 밖에까지 마음을 이끌어 가는 것이기는 하지만, 이성은 관찰된 사실을 존중하고 그것에 준거해야 한다는 것이었다. 예컨대 성 토마스는 학설은 언제나 '현상(現象)'을 살려야' 한다고 강조하였다. 그리고 대립되는 두 개의 학설이 때로는 다 같이 관찰된 사실과 부합하는 듯이 보일 수도 있으리라는 것, 그리고 그러한 경우에는 그 두 학설의 어느 것도 증명된 것으로서 주장될 권한이 없다는 것을 그는 인정하였다. 성 알베르투스는 "감관(感官)을 통하여 얻은 경험적 지식과 일치하지 않는 원리(原理)는 원리가 아니라 그 반대의 것이다."라고 말하였다.[5] 이성이 아무리 먼 곳까지 갈 수 있다 하더라도, 첫째로 감각에 나타나는 현실적인 것들로부터 출발하는 것이있다. 코페르니구스는

---

5) Lynn Thorndike의 "Natural Science in the Middle Ages"(*Popular Science Monthly*, Vol. 87. 1915 소재)에서 인용.

이 전통적 견해에서 멀리 벗어나지 않았었다. 그러나 케플러와 갈릴레이
는, 특히 후자는 감각적 경험을 불충분하고 주관적인 것으로서 의심하는
방향으로 움직여 가고 있었으며, 따라서 이성과 그 수학적 명백성을 그 자
체만으로 진리를 파악하기에 충분한 것으로서 믿는 경향으로 기울어졌다.
케플러와 같이 갈릴레이는 그들의 과학적 연구로 너무나 바빴기 때문에,
인식론적(認識論的) 문제들을 초연한 각도에서 고찰할 여유가 없었다. 그
러나 그들은 둘이 다, 특히 갈릴레이는 더욱 현저하게 자신들의 방법에 대
하여 논평을 가했으며, 그 논평은 데카르트 같은 전문적 철학자들로 하여
금 그들의 방법에 내포하는 인식론적 경향을 분명히 드러내지 않고서는 못
배기게 하는 성질의 것이었다. 예컨대 갈릴레이는 "만인이 일치하는 현상
(現象)에 대하여, 우리는 그 경험의 참됨을 확인하거나 또는 그 거짓됨을
밝히기 위하여 이성을 앞장세우고 나아간다."라고 서술하였다.[6] 이 말 가
운데에서 이성의 가설이 타당함을 입증하기에 필요한 증거를 지각 경험(知
覺經驗)이 제공한다는 경험론적 신념을 찾아볼 수는 없다. 거기에는 도리
어 이상하게도 이그러진 모습으로 지각 위에 나타나는 경험의 세계를 설명
해 줄 수학적 확증의 능력으로서의 지성을 믿는 합이론적(合理論的) 신념이
엿보인다. 지각은 비단 피상적일 뿐만 아니라 심지어 기만적 —— 적어도
이성만이 명백히 찾아낼 수 있는 원리들에 의하여 설명되기까지는 기만적
—— 이기까지 하다고 생각되기에 이르렀다. 데카르트의 다음과 같은 말은
갈릴레이의 견지의 요점을 피력한 것이라 하겠다.

물체는 감각이나 상상력에 의하여 참된 모습이 파악되는 것이 아니라, 오직 지
성에 의해서만 파악된다.……물체는 시각이나 촉각을 통하여 인식되는 것이 아
니라 오직 이해(理解)를 통해서 인식된다.[7]

그러나 데카르트 같은 철학적 통찰력을 가진 눈으로 갈릴레이의 방법론
에 포함된 함축된 뜻을 찾아볼 수 있는 사람이라면, 이미 갈릴레이의 학설
안에 지각적 경험을 낮게 평가하고 이성을 높이 평가하는 사상이 깃들어

6) J. H. Randall, *Making of the Modern Mind,* 개정판(Boston, Houghton Mifflin, 1940), p. 221에서
인용.
7) 〈성찰록(省察錄 ; *Meditations*)〉, 제 2 부 마지막 단절(段節).

있음을 간과할 수 없을 것이다.

인간의 경험과 자연의 본질의 관계에 관한 그 밖의 문제들도 이성과 감각의 관계에 관한 문제와 결부되었다. 갈릴레이는 지각을 통하여 경험된 사실과 모순되는 학설을 받아들이지 않겠다고 언명하였다. 따라서 그는, 학설은 "현상(現象)을 존중"해야 한다는 원칙을 어느 정도 아직 시인하고 있었다. 그러나 '현상'이라는 말은 그 뜻이 모호하다. 갈릴레이가 말한 현상은 그보다 옛날 학자들이 말한 그것과는 다르다. 그 옛날 학자들의 견해에 의하면 현상이란 관찰자에게 직접적으로 나타난 대상의 모습이었다. 그러나 갈릴레이에 의하면 현상이란 대상이 관찰자의 마음 안에 일으킨 효과이며, 따라서 그것은 심적 상태에 해당된다. 전자에 있어서는 현상은 자연계에 속하는 객관적 실재이며, 후자에 있어서는 현상은 주관적 존재로서 이성의 인준을 받아야만 비로소 외적 실재의 존재와 본질을 인식하는 실마리로서의 자격을 얻게 되는 것이다. 갈릴레이의 학설에 있어서는 현상은 그 자체가 실재를 충실히 묘사하기도 하고 안 하기도 하는 그림자이다. 그러므로 갈릴레이의 견지에서 볼 때, 지각 경험은 그 자체로서는 믿을 수 없을 뿐만 아니라 그릇된 판단의 근원이기도 한 것이므로, 그것이 어느 정도의 인식론적 가치를 인정받아야 할 것인지를 판정하기 위하여 이성이 요구되는 것이다.

그리하여 근세 철학 300년을 따라다니던 현상(現象)과 실재(實在)와의 대립 문제가 일어났다. 갈릴레이는 수식(數式)으로 나타낼 수 있는 사물의 모든 성질과 관계는 객관적이라고 믿었다. 물체의 모양과 크기, 그리고 그 수효와 위치와 운동은 물체로부터 뗄 수 없는 것들이다 —— 비록 그것들은 감관을 통한 지각으로써는 완전히 파악할 수가 없으며, 오직 이성의 원리에 의거해서만 인식될 수 있는 것이기는 하지만. 수식으로써 나타낼 수 없는 것은 도리어 주관적이며 마음 안에 존재하는 것이라고 갈릴레이는 생각하였다. 새털로 피부를 약간 건드리면 간지러움을 일으킬 것이다. 그러나 그 간지러움은 새털 속에 존재하는 것이 아니라 사람 속에 있는 것이라고 그는 말했다. 그와 마찬가지로 빛깔과 소리, 덥고 찬 감각, 냄새와 맛은 우리 주위에 있는 사물에 속하는 것이 아니라 우리 자신에게 속한다. 객관적 세계는 일정 불변하고 수학적이며, 감관을 통한 주관적 경험은 변동 유전(變動流轉)하며 어느 정도 사람의 신체적 조건에 달려 있는 것이므로 약간 무질서한 면이 있다. 경험, 적어도 지각 경험(知覺經驗)은 자연의 제약을 받고 생기는 것임에 틀림이 없다. 그러나 경험은 자연의 모습을 있는 그대로 드러내는 것이 아니며 자연계의 진행을 형성하는 사건들의 참된 부분도 아니다.

코페르니쿠스에서 비롯된 과학의 혁명은, 전통적 인간관(人間觀)을 뒤집어 우주 안에서의 인간의 위치를, 중앙으로부터 있어도 그만이요 없어도 그만인 하찮은 방관자(傍觀者)의 자리로 떨어뜨렸다. 실재와 현상, 자연과 경험, 이성과 감관은 같은 사실의 상호 관련하는 두 측면이 아니라, 근세 철학이 오랜 세월을 두고 싸운 논리적 대립의 원리가 되고 말았다.

제 9 장 17세기 대륙(大陸)의 철학

1. 데카르트

르네 데카르트(René Descartes, 1596~1650) : 프랑스의 귀족 출신으로서, 라 플레슈에 있는 제주이트 대학에서 교육을 받았다. 아버지가 별세한 후에도, 독립하기에 넉넉할 정도의 수입이 있었다. 파리의 사교 생활에 권태를 느껴 스물한 살 때 학문적 연구 생활을 위해 조용한 곳을 찾기로 결심하였다. 그는 그가 원하는 조용한 곳을 찾아 평화시(平和時) 네덜란드의 군대에 2년 동안 입대한 다음, 다시 2년 동안 바바리아 군대에 들어갔다. 후일에 그는 라로셸의 위그노들을 포위하여 공격한 프랑스 군대에 3년 동안 복무하였다. 1629년에는 당시 서구에 있어서 사상의 자유가 가장 보장되었던 네덜란드로 이주하여 20년 동안 생활하였다. 그 동안에도 프랑스의 수도승인 메르센 신부를(파리에 있던 그의 거처는 유럽 지성인들의 중심지였다) 통하여 주로 식자 계급과의 접촉을 유지하였다. 1649년에 스웨덴의 크리스티나 여왕의 궁정을 방문하고 낯선 찬 기후에 병을 얻어 사망하였다. 그의 저술은 광학(光學)·기상학·태양계의 형성·일월식(日月蝕), 그리고 조수(潮水) 등 그 당시의 여러 가지 과학적 문제들을 다루고 있다. 그는 해석 기하학의 기본 원리를 제시했다. 1633년에 〈달(De Mundo)〉이라는 책을 완성했으나, 그 출판을 보류하고 심지어 그 일부를 말살하였다. 그렇게 한 이유 중의 하나는 갈릴레이가 일으킨 것 같은 교회로부터의 박해를 피하고자 한 소심함에 있었고, 다른 하나는 카톨릭 지도자들의 새 과학에 대한 태도를 서서히 교정함으로써 그들에게 충격을 주지 않으려는 데 있었던 것 같다. 그와 같은 조심성에도 불구하고, 네덜란드에서는 신교의 신학자들이 그에게 항의했으며, 카톨릭 교회는 그의 저서를 금서 목록에 기입하였다. 그의 가장 중요한 철학적 저술은 〈방법 서설(方法敍說 ; Discourse on Method)〉(1637), 〈제1철학의 성찰(Meditations on First Philosophy)〉(1642) 및 〈철학원리(哲學原理 ; Principles of Philosophy)〉(1644)이다. 그의 초기 저술의 하나인 〈정신의 지도를 위한 규칙(Rules for the Direction of the Mind)〉은 1626년 이전에 씌어진 것이나 1701년에 이르러 비로소 출판되었다. 〈방법 서설〉은 프랑스어로 씌어져 첫 출판이 프랑스어로 되었는데, 이것은 아마 데카르트가 될 수 있는 대로 널리 읽히기를 원했기 때문일 것이다. 다른 세 가지 철학적 저술은 본래 학자들을 위한 것이며, 최초에는 라틴어로 출판되었다.

데카르트가 젊어서 학계를 내다보았을 때, 철학자들의 저술은 비교적 소득이 없고 새로운 과학자들, 특히 갈릴레이의 발견에는 눈부시고 일깨워 주는 것이 많다고 단정하였다. 그는 새로운 철학의 수립을 위하여 발을 내디뎠다. 그 새로운 철학이란 거추장스러운 철학적 전통의 굴레를 벗어나서 새로운 과학이 이룩한 업적을 정당화하는 동시에, 과학의 좀더 많은 발전을 위한 길을 닦고, 현재와 장래의 모든 과학적 지식을 신과 인간과 우주에 관한 원만한 체계의 문맥 속에 자리잡게 하는 것이었다.

〈방법 서설(方法敍說 ; Discourse)〉에 있어서나 〈성찰(省察 ; Meditations)〉에 있어서 데카르트는 자기의 사상을 지적 전기(傳記)의 형식으로 서술하고 있다. 극적이고 약간 꾸민 데가 있는 듯한 이 전기는, 저자 자신의 개인적인 심적 발전을 강조한 점에 있어서(이 두 책은 모두 일인칭 단수의 대명사를 쓰고 있다), 그리고 인간의 개명(開明)과 행복의 새로운 시대가 밝아 오고 있다고 믿는 그 낙관론에 있어서, 근대적 정신의 특색을 나타내고 있다. 데카르트는 자기가 처음에는 사방에서 닥쳐오는 거의 절망적인 회의에 빠졌다가, 나중에는 새롭고 물리칠 도리 없는 철학의 원리를 형성하는 일련의 절대 확실한 통찰의 덕택으로 그 회의에서 헤엄쳐 나온 것처럼 서술함으로써, 그의 전기적(傳記的) 저술이 일반 독자에 대하여 더욱 큰 매력을 갖도록 꾀하였다.

방법론적 회의(懷疑)

데카르트의 초기 회의(懷疑)에는 본래 두 가지의 종류가 있었다. 이 두 가지는 모두 갈릴레이의 방법에 대한 그의 연구에서 일어난 것이었다. 데카르트는 갈릴레이의 업적을 찬양했으며, 그것을 정당화하고자 원했다. 그러나 철학자인 데카르트는 과학자인 갈릴레이가 깨닫지 못했거나 적어도 문제 삼지 않은 두 가지 인식론적 문제를 후자의 방법 가운데에서 발견하였다. 데카르트는 그의 회의를 극단적 형태로 표현하였는데, 그것은 그가 마침내 도달한 회의의 해결을 좀더 화려하고 눈부시게 하기 위한 의도에서였다.

데카르트의 회의의 첫째 것은 우리를 둘러싼 세계에 관한 인식의 기초로서 감각적 경험의 가치에 관한 것이었다. 감각은 때때로 사람을 속이는 결

함이 있으며, 그보다도 훨씬 더 심각한 결함으로서는 그것이 전혀 주관적
이라는 사실이다. 다시 말하면, 우리의 감각적 경험은 우리의 마음속에 생
긴 심상에 불과한 것으로서, 우리의 마음속에 그것이 생기게 했다고 상상
되는 외계의 사물과 닮았는지 안 닮았는지 우리로서는 알 수 없는 것이다.
뿐만 아니라 우리의 마음 밖에 사물이 존재한다는 증거조차 없다. 감각적
경험은 '의식의 양태(樣態)' 또는 '마음의 상태'이다. 우리는 그와 같은 의
식의 양태 또는 심상을 꿈에도 갖는 것인데, 꿈속에서 보는 사물들이 실제
로 존재한다고는 믿지 않는다. 그러므로 우리가 소위 '생시'에 경험하는
모든 심상들도 꿈속의 심상들과 마찬가지로, 그것들을 일으키는 원인의 구
실을 하는 외계의 사물 없이 저절로 우리 마음 안에 일어나는 것일지도 모
른다. 우리의 심상이 우리에게 알려주는 것만으로 판단한다면, 우리의 모
든 심상은 마음 자체의 의심의 여지 없는 생산력에 의하여 생긴다고도 볼
수 있고, 또는 신의 직접적 작용에 의하여 만들어진다고도 볼 수 있으며,
또는 인간을 속이는 데 즐거움을 느끼는 심술궂은 악마의 장난으로 생기는
것이라고도 볼 수 있을 것이다. 감각적 경험이 알려주는 것만을 근거로 삼
는 한, 물질 세계가 전혀 존재하지 아니하며, 신도 악마도 존재하지 않는
것으로도 볼 수 있다. 우리가 의식의 양태 또는 심상을 가지고 있음은 틀
림없는 사실이며, 그것들이 외계의 사물로부터 우리 육체의 감각 기관을
통하여 오는 것이라고 보통 믿고 있다는 것도 비록 사실이나, 진실로는 우
리의 육체도 없고 감각 기관도 없으며 외적 사물과의 접촉도 없는 것일는
지 모른다.

　데카르트의 초기 회의의 둘째 것은, 우리의 마음이 감각적 경험의 주관
성을 넘어서서 외적 세계에 관한 지식에 도달할 수 있는 힘을 가졌을까 하
는 그것이었다. 데카르트가 이 문제의 중요성을 깨닫게 되기까지에는 약간
의 시일이 걸렸다. 그의 초기의 두 논문 가운데에서 데카르트는 갈릴레이
의 방법을 오로지 옹호하고, 그 안에 들어 있는 인식론적 문제를 감지한
듯한 기색을 전혀 보이지 않았다. 〈정신의 지도를 위한 규칙〉 안에서 그는
수학이 "사람들에 의하여 고안된 다른 무엇보다도 강력한 진리 인식(眞理
認識)의 도구이며, 실로 다른 모든 도구들의 근본이다."라고 자신만만하게
외치고 있다.[1] 그리고 〈달(De Mundo)〉 안에서는 의기양양한 어조로 외치고

있다.[2]

내가 세운 규칙들 및 그것들에 의하여 도달된 진리를 면밀히 음미한 사람이라면, 누구나 세상에 생긴 모든 일에 대한 선천적인 논증을 지향하여 전진할 수 있을 것이다.

이보다 더 열렬하게 갈릴레이를 지지할 수는 없을 것이다. 데카르트는 이 지지를 끝까지 계속하였다. 그러나 그는 갈릴레이의 방법이 갈릴레이 자신으로서는 아무런 해결의 길도 제시하지 못한 인식론적 문제를 제기하고 있음을 깨달았다. 마음 밖에 마음과는 독립해 있는 대상들이, 마음에게 명석하고 단순하게 주어진 수학적 여러 원리와 그래도 일치한다는 것을 보장해 줄 무엇이 필요하다는 사실을 깨닫게 되었다. 〈방법 서설〉에 있어서 데카르트는 다음과 같이 말하고 있다.[3]

기하학(幾何學)에 있어서의 가장 단순한 증명을 음미하는 가운데, 그러한 증명에 대하여 크나큰 확실성을 모두가 인정하는 것은 오직 그 증명이 명석하게 이해되기 때문이라는 사실을 알게 되었다. ……그러나 나는 또한 그 증명 안에서 논의되고 있는 그러한 대상들이 정말 존재한다는 것을 확실히 믿게 할 만한 아무것도 그 증명 속에서 찾아볼 수 없다는 사실도 알게 되었다.

대자연의 힘과 그 내용은 막대한 것일지도 모른다. 그리고 수학의 여러 원리는 아무리 명료한 것이라 할지라도 개괄적이요 단순하다. 그렇다면 수학의 명료한 원리들의 힘으로 외부 세계의 복잡한 내용을 밝힐 수 있다는 것은 무엇으로 보증할 수 있을까?

---

1) Rule 4. 이 점에 관한 데카르트의 더 상세한 논의는, E. S. Haldane과 G. R. T. Ross가 편찬한 *The Philosophical Works of Descartes*(Cambridge, Cambridge University Press), 제 1 권, pp. 10~13 참조.

2) Charles Adam과 Paul Tannery가 편집한 *Oeuvres de Descartes*(Paris, Cerf, 1897~1913), 제 11 권, p. 47 참조.

3) 〈방법 서설〉, 제 4 부, 제 5 단절.

확실성으로의 단계

위에 말한 회의(懷疑)에 의하여 제기된 인식론적 문제들에 대한 데카르트의 해결은 세 단계로 나뉘어진다. 그 단계의 하나하나는 그 올바른 순서를 따라 밟아 나간다면, 전혀 의심의 여지 없이 확연한 까닭에 모든 이론적 불확실성을 제거하기에 충분하다고 데카르트는 믿었다. 이 세 단계를 그는 자기의 지적 전기(傳記)의 발전을 기록한 세 단계로서 표현하였다.

그 첫째 단계는 확실성을 위한 근본 원리로서, 데카르트 철학 체계의 다른 모든 부분이 그 위에 의존하는 기본이다. 그것은 그가 자기 자신의 존재에 관한 확신에 도달하는 단계이다. 스스로 제기할 수가 있는 가장 철저하고 가장 극단적인 회의 가운데에서도, 자기 자신이 존재하지 않고서는 회의조차 있을 수 없다는 사실을 그는 깨닫게 되었다. 내가 보고 있다고 믿는 것은 한갓 착각일지도 모른다. 그러나 착각을 갖기 위하여서도 나는 존재해야 한다. 논리학과 수학의 원리에 의존한 나의 추리는 잘못일지도 모른다. 그러나 잘못하기 위해서도 나 자신은 존재해야 한다. 데카르트 자신의 표현으로 말하면 "나는 생각한다. 그러므로 나는 존재한다." (그는 〈방법 서설〉에서는 프랑스어로 Je pense, donc je suis라 말하고, 〈성찰〉 가운데에서는 라틴어로 Cogito ergo sum이라 말했다.) 그리고 데카르트는 자아(自我)의 존재와 마찬가지로 자아의 본성도 직각적(直覺的)으로 분명하다는 것을 느꼈다.4)

> 나는 정확하게 말해서 오직 사유(思惟)하는 존재, 즉 마음 또는 정신, 오성(悟性) 또는 이성(理性)이다 —— 이러한 말들의 뜻은 이제 비로소 내가 알게 된 것이지만, 진실로 나는 참된 것으로서 정말 존재한다. 그러나 어떠한 존재인가? 나는 대답한다, 생각하는 존재라고.

이 생각하는 존재는 육체와 자연계로부터 독립한 존재이다. 그것은 공간 안에서의 어떤 자리를 요구하지 않는다. 내가 나의 존재함을 직각적으로 확인하고 다른 모든 것은 계속하여 의심한다는 사실로부터, 자아는 실체5)

---

4) *Meditations*, 제 2 부.

5) 데카르트는 이 술어를 후일에 〈철학 원리(*Principles of Philosophy*)〉, 제 1 부 원리 81에서, "그것이 존재하기 위해서 자기 자신 이외에는 아무것도 요구하지 않는 것"이라고 정의하였다.

이며, 이 실체의 본질은 오직 사유함이라는 결론이 생긴다——이렇게 데
카르트는 생각하였다. 자아에 관한 지식은 직각적이다. 다시 말하면 자아
에 대한 인식은 직접적 통찰로 얻어진다. 실로 자아는 직접적 인식이 가능
한 유일의 존재이다. 그것은 확실히 알 수 있는 최초의 존재일 뿐만 아니
라 직접적으로 알 수 있는 오직 하나의 존재이기도 하다. 내가 뒤에 다른
어떠한 존재를 알게 되든지 간에, 나는 이 최초의 직각적인 인식을 전제로
삼는 논증에 의하여 그것들을 알 수밖에 없다.[6] 데카르트에 의하면, 자아
에 관한 지식은 다른 존재에 관한 모든 지식의 체계가 그 위에, 그리고 오
직 그 위에만 확고히 세워져야 할 불가결의 기반이다.

데카르트의 인식론적 문제 해결의 둘째 단계는 신(神)의 존재(存在)의 증
명이다. 데카르트가 자기의 존재를 직각적으로 알게 된 뒤에도 그는 다른
모든 존재에 관하여는 여전히 의심을 가졌다. 그 까닭은, 그가 직접적으로
의식하는 것은 오직 그 자신의 심상뿐인데, 그는 심술궂은 악마의 희롱으
로 그 심상을 의식하고 있는 것일지도 모르기 때문이다. 그는 자기의 이성
을 다른 존재의 인식을 위해 사용할 권리를 갖기 위하여 어떤 보증이 필요
했다.

그는 이 보증을 발견했다고 믿었으며, 그것을 바로 신의 존재 안에 발
견했다고 믿었다.

신의 존재를 증명하는 주요한 이론에 있어서, 데카르트는 모든 관념[心
像]을 세 가지 종류로 나누기를 제안한 그의 분류를 이용하였다.[7] 첫째 부
류의 관념들을 데카르트는 외래 관념(外來觀念)이라고 불렀다. 그 이유는
그것들이 우리 밖에 있는 사물에 의하여 마음속에 생기는 것으로 여겨지기

---

6) 데카르트는 직관지(直觀知)와 논증지(論證知)라는 두 가지 종류 또는 두 가지 단계의 지
식만을 인정하였다. 직관지가 기본적이다. 그것은 〈정신의 지도를 위한 규칙(*Rules for the
Direction of the Mind*)〉의 규칙 3에 의하면, 감각의 변동하는 증언이나 상상력의 믿을 수 없는
구성이 아니라, 순수하고 조심스러운 마음이 직접적으로, 그리고 분명하게 제공하는 절
대 확실한 지식으로서, 이 직관지를 통하여 파악된 것에 관해서는 절대로 의심의 여지가
없다. 논증지는 보충적인 구실을 하는 지식이다. 그것은 직관지로부터 필연적으로 연역
되는 추리의 지식이다. 직관지가 가능한 것은 논리학과 수학에 관한 어떤 원리들 및 자아
의 존재에 관해서이다. 그러나 자아 이외의 존재에 관해서는 직관지가 있을 수 없다.
7) 그는 또 성 안셀무스의 그것과 매우 가까운 형태의 본체론적 증명도 이용하였다.

때문이다. 이 부류에 속하는 관념의 예로서는 우리가 듣는 소리, 또는 우리가 느끼는 더위 같은 것이 있다. 둘째 부류의 것들을 그는 인위 관념(人爲觀念)이라고 불렀다. 왜냐하면, 우리 스스로가 그것들을 만들어 내기 때문이다. 예컨대 '인어(人魚)'나 '도깨비' 따위의 관념들이 곧 그것이다. 셋째 부류를 그는 본유 관념(本有觀念)이라고 불렀다. 데카르트의 철학은, 관념 가운데 본유하는 것들이 존재한다는 그의 주장에 의존하는 바 적지 않다. 그러나 그의 '본유하는'이라는 말의 정의가 어떠한 것인지는 그다지 분명치 않다. 본유 관념이란 우리 마음속에 언제나 있는 관념이라는 뜻이 아니다. 날 때부터 가지고 있는 관념은 더구나 아니다. 그러한 뜻의 본유라면, 데카르트에 있어서도 본유 관념은 없다. 데카르트의 본유 관념은 '마음 안에 저절로 생긴' 관념이라는 뜻에 가깝다.[8] 아마 본유 관념에 관한 데카르트의 설명 가운데에서 가장 만족스러운 것은, 그가 미래에 출판할 의사가 없이 기록한 어떤 초고(草稿) 안에서 찾아볼 수 있을 것이다. 그곳에서 그는 다음과 같이 말하고 있다.[9]

　　내 마음속에 외계의 사물에서 온 것도 아니요 내 의지의 결정을 따라 생긴 것도 아닌바, 오직 나의 생각하는 능력에 유래하는 사상이 있음을 관찰했을 때, 이 사상들을 나는 본유 관념이라고 부른다. 그렇게 부름으로써 나는 그것들을 저 밖으로부터 유래한 것, 또는 내 스스로가 지어낸 관념들과 구별한다.

데카르트에 의하면, 우리는 누구나 우리의 순수한 지성의 힘을 통하여 어떤 본유 관념을 가질 수가 있다 —— 우리가 그것을 명백한 의식 위에 확연히 그려 낼 수 있도록 재간과 주의력이 충분하든 못하든 우리는 그것을 가질 수 있다. 데카르트는 스스로 자기 안에 발견한 본유 관념 가운데 다음 것들을 열거하고 있다. 자아의 관념, 물건이니 진리니 사상이니 하는

---

8) 데카르트의 〈성찰록(省察錄)에 대한 반대론 제 3에 대한 답변〉 참조.

9) 〈1647년 벨기에에서 발표한 프로그램에 대한 주석(註釋)〉. 이 프로그램 제 12 조에 대한 주석을 보라. 이 〈주석〉의 영어 번역판은 E. S. Haldane과 G. R. T. Ross가 편찬한 *The Philosophical Works of Descartes*(Cambridge, Cambridge University press, 1911), 제 1 권, pp. 431~450에서 찾아볼 수가 있다.

이름으로 불리는 관념들, 동일한 제삼자와 같은 두 개의 사물은 서로 같
다는 원리 따위의 수학적 공리(公理)의 관념들, 그리고 원인은 그것에서 나
온 결과보다 더욱 완전할 수는 있을지언정 그 결과보다 덜 완전할 수는 없
다는 인과(因果)의 원칙과 같은 철학적 공리, 또 한 가지 신에 관한 관념도
본유한 것의 하나라고 데카르트는 믿었다.

데카르트가 본유 관념을 주장한 동기의 배후에는 지력(知力)의 충실성을
보전하고자 하는 소망이 있었다. 만약 우리가 갖는 모든 관념이, 외래 관
념과 인위 관념이 그렇듯이 물리적 자극과 육체적 기관의 작용으로 생기는
것이라면, 우리의 소신은 모두 기계적으로 형성되는 것이 아닐까 하는 것
이 그의 걱정이었다. 만일 그렇다면 우리는 기계적 힘이 강요하는 바를 따
라서 믿을 것이며, 거짓된 관념도 참된 관념이나 다름없이 쉽사리, 그리고
열을 올려 믿게 될 것이 아닌가? 우리는 진리의 객관적 기준을, 다시 말
하면 참된 지식을 위한 표준을 갖지 못할 것이다. 그렇지만 우리로 하여금
참과 거짓을 구별할 수 있게 하는 어떤 관념이 있다면, 그러한 관념은 반
드시 물질계의 기계 작용을 떠나서 독자적으로 우리 마음속에 일어나는 것
이 아니면 안 될 것이라고 데카르트는 생각하였다. 다시 말하면, 그러한 관
념들은 우리 자신의 순수하고 오염되지 않은 지력에서 생겼다고 보아야 한
다. 데카르트는 무엇보다도 지성의 진리 인식(眞理認識)의 능력을 옹호한
사상가였다. 그는 정념(情念)의 압력과 감관에 미치는 물리학적 자극의 영
향력에 대한 지력의 권위를 유지하고자 원했다. 물리학의 문제를 다룰 경
우일지라도, 우리는 외래 관념 내지 감각적 경험에 의하여 마음이 좌우됨
을 허락해서는 안 된다. 우리는 본유하는 원리의 광명을 통하여 감각적 소
재에 단안을 내려야 한다. 그 이유는 데카르트의 확신하는 바, 일단 우리
가 본유 관념을 명석하고 분명하게 이해한다면 우리는 진리를 위한 하나의
확실한 방법을 갖게 되기 때문이다. 그리고 물리학에 있어서 타당한 이론
은 근본적인 철학의 문제에 있어서도 물론 타당하다. 본유 관념은 그것이
일단 우리 마음속에 형성되면, 대부분의 사람들의 마음을 그들이 흔히 갖
는 소신으로 스스로 기울어지게 하는 물리적·사회적 세력으로부터 우리
를 해방시킨다. 본유 관념은 '순수한 지적 역량'이요, 따라서 기계적 작용
력과는 근본적으로 다른 '자연의 빛'을 우리 마음속에 가져다 준다. 본유

관념은 심리학적으로 제약된 귀결이 아니라, 절대 진리의 투명한 인식으로서의 이성적 판단으로 이끌어간다.

데카르트가 가진 신의 관념은 "무한하고 영원하며, 변치 않고 독립적이며, 전지전능하며 나 자신과 그 밖의 모든 존재들을 (만약 나 밖에 그런 존재들이 정말 있다면) 창조한 실체"이다.[10] 이 신의 관념 안에는 나 자신으로부터 왔다고 볼 수 없는 여러 가지 것이 있으며, 어떤 유한자(有限者)로부터 왔다고는 더욱 생각할 수 없는 것들이 많이 있다고 그는 판단하였다. 그러므로 그는 자기만이 홀로 이 세상에 있는 것이 아니라, 자기 안에 이 신의 관념을 일으킨 또 하나의 존재가 있다고 결론짓지 않을 수 없었으며, 그와 동시에 이 신의 관념을 자기 안에 일으키는 원인의 구실을 한 그 존재는 그것의 결과로서 생긴 이 신의 관념에 적어도 못지않은 완전성을 구비해야 할 것이라는 결론을 내리지 않을 수 없었다. 다른 유한자의 관념, 예컨대 무생물이나 타인 또는 짐승 따위의 다른 유한자의 관념은 나 자신이 만들어 낼 수도 있을지 모른다. 나도 또한 유한하고 생명 있는 실체인 까닭이다. 그러나 신의 관념만은 그 관념 속에 내포된 바와 같은 완전성을 가진 존재로부터가 아니고서는 올 데가 없다. 이와 같은 존재는 물론 신이다. 그러므로 신은 분명히 존재한다는 결론이 된다. 데카르트 자신의 표현에 의하면, "만약 그 관념이 진실로 무한한 실체로부터 나에게 주어진 것이 아니라면, (나 자신은 유한자인 까닭에) 나는 무한한 실체에 관한 관념을 갖지 않았을 것이다."

인식론적 문제를 해결하는 데카르트의 셋째요 마지막인 단계는, 자연계를 구성하는 존재들에 관한 지식에 도달할 수 있는 마음의 권리와 능력을 확인하는 일이다. 이 권리와 이 능력을 데카르트는 본래 의심했던 것이다. 그러나 신의 존재의 증명을 통하여 이 권리와 능력을 회복했다고 그는 믿었다. 세계는 신의 세계요, 나의 마음은 신이 준 것이라고 믿었다. 그러므로 나의 마음은, 그것을 올바로 사용하기만 하면 세계의 진리를 발견하기에 적합하다. 그리고 나의 마음은 나의 감관 및 나의 모든 비지성적 경향으로부터 분리될 때 올바로 사용된다는 것이다. 완전한 존재로서의 신에게

---

10) *Meditations,* 제 3 부.

거짓이나 속임이 있을 수 없다 —— 거짓이나 속임은 불완전한 것인 까닭
이다. 이리하여 데카르트는 신으로부터 받은 모든 능력은, 이를 올바로 사
용하기만 하면 틀림없는 것으로서 믿어도 좋은 능력이라는 결론을 안심하
고 내릴 수 있다고 느꼈다. 데카르트도 자기가 오류에 빠지는 일이 있다는
사실을 인정한다. 그러나 오류는 능력을 그릇되게 사용함에서 온다는 것이
다. 지력(知力)의 냉정한 사용으로부터 오류가 생기는 일은 결코 없으며 그
것은 성급하고 심지어는 외람되기까지 한 의지로부터 오는 것이다. 의지는
지력보다도 그 미치는 영역이 넓으며, 따라서 지력이 무리 없이, 그리고
자신만만하게 진리를 파악할 수 있는 한계선을 넘어서는 판단으로 달리는
경향이 있다. 그러나 데카르트가 의기 양양하게 결론을 내리는 바에 의하
면, 내가 명석하고 분명하게 파악하지 못한 것에 관하여 어떠한 것에도 판
단 내리기를 삼간다면, 나는 결코 오류에 빠지지 않을 것이라 한다. 신이
부여한 지력은 그 본래의 영역 안에서라면 진리, 즉 의심의 여지 없는 지
식에 도달하기 위한 틀림없는 방편이라는 것이다.

이리하여 데카르트의 인식론적 문제는 그 해답을 얻었다. 데카르트는 순
전히 주관적인 자아의 의식을 출발점으로 삼았다. 그는 자기의 본유 관념
의 이론을 이용하여 신의 존재를 증명하기에 이르렀다. 그리고 그는 마침
내 자기의 순수한 지력을 다른 모든 사물에 관한 지식을 탐구하기 위하여
거리낌 없이 사용할 권리가 있다고 대담하게 선언하고 만 것이다.

물질적 실체

자연 과학에 대한 뜨거운 정력의 소유자인 데카르트에 있어서 하나의 절
실한 문제는 물질적 세계의 존재와 그 본질에 관한 것이었다. 데카르트는
그의 인식론적 문제가 만족스럽게 해결되자 이 물음을 자기의 첫째 관심사
로 삼았다. 그리고 전형적인 데카르트식 방식을 따라, 그는 물질계의 존재
를 증명하고자 하기에 앞서서 그 본질을 구명하고자 했다.[11] 감각적 경험
을 주관적인 것으로 보는 자기의 견해에 비추어, 그는 아무런 자연물도 음

---

11) 비판자들은 〈Meditations〉 제5부 및 제6부에서 논의된 논제의 순서의 중요성에 대해서
   흔히 주의하지 않았다. 이 두 성찰의 제목이 명시하듯이, 데카르트는 전자에서 물질적
   존재의 본질을 논했고, 후자에서 그 존재를 논했다.

미하고 분석할 대상으로서 마음에 주어진 바 없다고 생각하였다. 그러므로 그는 자연물에 대한 그의 고찰을 그것들의 본질로부터―― 즉 자연물에 관하여 가진 관념을 명백히 함으로써―― 시작하고, 그 다음에 비로소 마음속에 있는 명석하고 분명한 관념에서 그 관념과 부합하는 마음 밖의 존재로 이행해 갈 수밖에 없었다. 그는 자기의 이 절차를 다음과 같이 서술하고 있다.[12]

　내가 생각하고 있는 바와 같은 그러한 사물이 나 밖에 존재하는지 않는지를 고찰하기에 앞서서, 나는 그 사물들에 관한 여러 관념들을, 그런 관념들이 내 마음속에 있는 한 우선 검토해야 한다―― 그 관념들 가운데 어떤 것이 분명하고 어떤 것이 모호한가를 분간하기 위해서.

　자연물에 관하여 두 가지 종류의 관념을 가지고 있다고 데카르트는 지적한다. 첫째로 그는 빛깔·소리·냄새·맛, 그리고 괴로움 따위의 여러 가지 감각적 경험을 가지고 있다. 둘째로 그는 삼차원으로 된 연장(延長), 즉 ‘부피’의 관념 및 이 세부(細部)의 구체적인 세부에 해당하는 모든 관념(예컨대 모양·크기·수효·운동 같은 것)들을 가지고 있다. 전자는 혼란하고 모호한데 후자는 명석하고 분명하다. 전자는 정신과 물체의 상호 관계 내지 혼합에서 온 것이요, 후자는 순수한 지성의 개념인 성싶다. 그리고 데카르트는 자기가 이미 세운 인식론적 원리에 의거하여, 존재에 관한 진리를 파악하는 수단으로서 오직 정신만을 믿을 것이요, 정신과 물체의 혼합을 믿어서는 안 될 것이라고 단정하였다.

　내가 자연물에 관하여 내 오성(悟性) 안에 찾아볼 수 있는 가장 명석하고 분명한 모든 관념들(즉 모양과 크기와 운동의 관념들)을 고찰했을 때, 그리고 기하학의 여러 원리 및 앞에서 말한 세 관념들이 상호 관계를 통하여 다양화하는 여러 양식을 고찰했을 때, 나는 사람이 자연계에 관하여 가질 수 있는 모든 지식은 반드시 이 근원으로부디밖에 생길 수 없다는 판단에 도달하였다. 왜냐하면 삼관을 통하여 우리가 사물에 관해 갖게 된 모든 관념들은 혼란하고 모호하며, 따라서 밖

---

12) *Meditations*, 제 5 부 첫머리에서.

에 있는 사물에 관한 지식을 제공할 수 없을 뿐 아니라, 이 지식에 도달함을 방해할 수도 있을 것이기 때문이다.13)

만약 자연물이 존재한다면, 그것은 우리가 감관을 통하여 지각하는 바와 같은 것이 아니라, 우리가 기하학과 역학을 통하여 명석하고 분명하게 이해하는 바와 같다고 보아야 할 것이다. 기하학과 역학이 명석하고 분명하게 알려주는 바에 의하면, 물체 내지 자연물의 본질은 연장(延長)이다. 그러므로 모든 자연물은 (만약 그런 것이 있기만 하다면) 연장된 실체이다. 물질의 세계는 연장을 가진 세계이다. 이 세계에 기하학과 역학(力學)의 모든 정리(定理)가 들어맞는다. 이 세계에 관하여, 만약 그 존재만 증명된다면, 우리는 풍부한 지식을 가지고 있다. 왜냐하면 그것의 본질은 연장인 까닭이다.

물질적 세계의 존재에 관한 데카르트의 증명은, 그가 마음속에 물질적인 것들의 본질에 관한 명석하고 분명한 관념들을 가졌다는 자각에 기초를 두었다. 신은 존재하며 거짓이 없다——이것은 그가 이미 밝힌 바이다. 따라서 데카르트는, 물체에 관한 자기의 관념이 물질적인 존재로부터 왔음을 믿으려 하는 뿌리깊은 경향을 신뢰하여도 좋으리라는 신념에 도달하였다. 그러나 그는 다만 이 경향을 성급하게 남용하지 않도록 스스로 조심한다는 조건하에서만 이 경향을 신뢰할 수 있다. 이제 그는 물체에 관한 모든 관념들은 그의 마음과는 근본적으로 다른 무엇으로부터 마음속으로 들어온 것이라고 결론을 내려도 무방할 뿐 아니라, 그렇게 결론을 내리지 않을 수 없게 되었다. 그러나 우리가 물체의 빛깔이나 그 밖의 어떠한 불투명한 감각을 의식한다고 막연히 말할 때, 이 말의 엄밀한 뜻은 그것의 참된 성질은 알지 못하는 무엇인가를 우리가 보고 있다는 것 이상의 것이 될 수 없다. 이 무엇인가를 우리는 우리가 갖는 감각의 원인이라고 보아도 좋을 것이다. 그러나 이 무엇이 우리의 감각과 같은 것이라고 보아서는 안 된다. 그러나 감각에 대한 깊은 성찰을 통하여 길이와 넓이와 깊이에 관한 명석

---

13) 〈철학 원리〉, 제 4 부, 원리 203. 이 구절은 1644년 발행한 라틴어 판에는 들어 있지 않았다. 그것이 처음 나타난 것은 1647년에 출간된 프랑스어 판에 있어서이다. 이 프랑스어 판은 본래 데카르트의 벗 Picot가 번역한 것인데, 데카르트 자신이 수정하고 보충하였다.

하고 분명한 관념에 도달한다면, 그때는 바로 그와 같은 길이와 넓이와 깊이를 가진 물체의 존재를 안다고 떳떳이 주장할 수 있다.[14] 이와 같이 데카르트는 그의 인식론적 견지에 부응하는 수법으로, 물질계의 존재를 증명한 것이다.

데카르트는 그의 인식론에 입각하여, 갈릴레이와 같은 과학자들이 발견한 것을 채용할 수 있었으며, 한 걸음 더 나아가 자기 스스로 자연계의 구조와 진행에 관한 새로운 발견으로 매진할 수 있었던 것이다.

합리론(合理論)과 이원론(二元論)

역사가들은 데카르트를 흔히 합리론자(合理論者)요 이원론자(二元論者)라고 분류하고 있는데 이 분류는 타당하다. 데카르트는 인식론에 있어서는 합리론자요, 존재론에 있어서는 이원론자인 것이다. 그러나 사상(思想)의 역사 위에는 여러 가지 종류의 합리론과 이원론이 있다. 그러므로 데카르트의 합리론 및 이원론의 정확한 특색을 분명히 하도록 주의를 기울이지 않으면 안 된다.

무릇 합리론(合理論)이란, 모든 이론과 행동의 문제에 있어서 인간의 이성이 궁극의 권위라는 원리를 일컫는다. 그러나 데카르트의 합리론은 이론의 문제에만 국한된다(왜냐하면 데카르트는 행위에 관한 문제라면 국법과 교회의 가르침에 일임하는 것이 좋다고 믿었기 때문에). 그렇지만 이론의 문세에 있어서는 데카르트의 합리론은 철두철미하다. 그것은 감각적 경험에 의하여 혼란만 당하지 않는다면, 지성은 독자의 힘으로 관념을 형성할 수 있으며, 이들 관념의 참됨을 확정할 수 있다는 인식론적 학설을 주장한다.

데카르트도 손수 여러 가지 실험을 했다는 사실을 역사가들은 잊어서는 안 된다. 1630년 메르센(Mersenne)이 효과적 실험 방법을 물었을 때 데카르트는 프랜시스 베이컨의 저술을 추천한 일이 있다.[15] 그는 자기의 견지를 다음과 같이 설명하였다. 즉 유럽 해안의 모든 조개 껍질이 같은 방향의 나선형을 그리며 돌고 있다는 사실을 발견한 다음에, 우리는 다시 적도(赤

---

14) 〈철학 원리〉, 제 1 부, 원리 70, 제 2 부, 원리 1.
15) 베이컨의 견해에 관해서는 뒤의 제 10 장 제 1 절을 볼 것.

道) 이남의 조개 껍질도 같은 방향으로 돌고 있는지 조사해 보아야 한다고. 그러나 데카르트는 이 설명에 곧 이어, 어떠한 실험도 그 실험자가 이미 가지고 있는 보편적 지식으로써 지도되지 않는 한 소용이 없다고 덧붙였다. 그리고 데카르트의 이 마지막 발언은 그 요지를 짐작하기에 어렵지 않다. 즉 그는 실험이 세계의 어떤 부분을 우리 앞에 열어 보여 주는 것이라고 생각한 것이 아니라, 필연적 원리로써 기술할 수 있는 구조를 지성으로 발견함에 있어서 계기의 구실을 할 수 있는 어떤 감각적 경험을 실험자의 마음속에 일으키는 것이 실험의 사명이라고 생각한 것이다.

데카르트는 자기의 합리론적 견지를 표명함에 있어서, 반드시 논리가 일관했다고는 보기 어려운 점이 없지 않다. 그의 친구 메르센에게 보낸 한 편지에서 그는 다음과 같이 말한 적이 있다. "물리학에 있어서 기하학적 증명을 구하는 것은 불가능을 구하는 것입니다."[16] 그리고 일주일 뒤에 같은 사람에게 보낸 또 하나의 편지에서는, "나는 기하학에 있어서 용납되는 원리가 아니라면 물리학에 있어서도 받아들이지 않습니다."라고 진술하고 있다.[17] 만약 역사가의 견지에서 이 두 가지 진술을 화해시킨다면, 그것은 아마 다음과 같은 해석이 될 것이다. 즉 물리학과 기하학의 원리들은 너무나 일반적인데 자연계의 사건들은 너무나 다종 다양한 까닭에, 지성으로 하여금 주어진 각 사건에 있어서 적절한 원리를 선택하도록 돕기 위하여 주관적인 감각 경험이 요구되는 것이라고.[18] 그러나 여하튼 간에 데카르트 합리론의 근본 사상은, 감각은 마음과 세계 사이에 혼란한 관념을 개입시키는 것이며 지성은 이 혼란을 떠나서 독자의 힘으로 필연의 법칙을 확정하고 선천적 진리에 도달할 능력을 가졌다고 주장함에 있다.

일반적으로 이원론(二元論)이라면, 실재의 세계는 서로 판이하고 하나를 다른 하나로부터 파생했다고 볼 수 없는 두 가지 종류의 존재로서 구성되고 있다는 신념을 일컫는다. 그 판이하고 독자적인 두 가지 존재를 무엇과 무엇이라고 생각하는가에 따라서 이원론도 여러 가지 종류로 나뉘어진다. 플라톤의 이원론은 (만약 플라톤을 이원론자라고 부른다면) 모든 실재가 이데

---

16) 이 편지의 날짜는 1638년 5월 17일로 되어 있다. *Oeuvres de Descartes*, 제 2 권, p. 142 참조.

17) 이 편지의 날짜는 1638년 7월 27일로 되어 있다. 앞에 든 책 제 2 권, p. 268 참조.

18) 바로 이 점은 〈방법 서설〉, 제 6 부 제 3 단절에 피력되었다.

아이거나 또는 개물(個物)이라는 신념이다. 데카르트의 이원론은 모든 실재가 정신이거나 물체, 즉 정신적 실체이거나 물질적 실체라는 신념이다. 정신을 물체나 물체의 작용, 또는 물체가 가진 경향으로 돌릴 수는 없다. 그리고 물체를 정신이나 정신이 가진 관념, 또는 정신의 산물로 돌릴 수도 없다. 이상과 같은 견지를 굳게 취하는 까닭에 데카르트는 정신과 물체가 모두 실체(즉 다른 무엇에 의존함이 없이 그 자체로서 존재하는 것)라고 부를 수가 있었던 것이다. 정신은 사유(思惟)하고 연장(延長)이 없는 실체요, 물체는 사유하지 않고 연장을 가진 실체이다. 인간은 정신과 물체의 어떤 결합이며, 따라서 존재의 두 영역에 속한다. 인간은 정신으로 본다면 심적 존재요, 육체로 본다면 물적 존재이다. 그러나 인간은 정신과 육체의 결합체이기는 하나, 그를 구성하는 두 실체는 결코 혼동되어서는 안 된다.[19)

인간과 자연, 정신과 육체

데카르트는 자연계를 물질적인 힘들의 기계적 체계라고 보았다. 이러한 견해는 수학과 물리학의 여러 원리가 자연계에 절대로 예외 없이 적용된다는 그의 굳은 신념에 근거를 둔 것이다. 이 견해를 취한 것은 데카르트로서는 매우 대담한 일이었다. 왜냐하면 그의 시대는 경신적(輕信的)인 경향이 널리 퍼져 있었기 때문이다. 루이 13세는 라로셀의 위그노 교도를 체포함에 있어서, 궁중 점성가에게 상의하고 그 지시를 따랐다. 과학자 파스칼(Pascal, 1623~1662)까지도 '신성한 침'을 안질에 사용하여 기적적인 효과를 보았다고 보고하고 있으며, 또 어떤 사람이 한 점성가가 예언한 바로 그 시간에 죽었다는 이야기를 전하기 위하여 메르센에게 편지를 썼다. 그러나 데카르트는 물리학 법칙의 일률적 작용을 방해할 어떠한 요소도 자연 안에 용인하지 않았다. 그는 신이나 천사일지라도 물리학의 법칙을 방해할 수는 없다고까지 주장하기에 이르렀다. 데카르트는 자기가 신의 존재를 증명했고 마음을 정신적 실체로서 인정했으니, 그것만으로도 종교의 요구를 만족시키기에 충분하리라고 보았던 것이다. 그는 자연의 세계는 순전히 물질적

---

19) 이 단절(段節)에 씌어진 전체의 내용은, 신(神)이 정신과 물체를 모두 창조했다는 데카르트의 언명(言明)이 요청하는 제약을 받는다.

체계로서, 과학자에게 그 탐구를 일임해야 할 것으로 믿었다. 그는 정신의 작용이 자연계에 영향력을 미칠 수 있다고 인정하는 것은 자연을 엉망으로 만드는 것일 뿐만 아니라, 정신을 모독하는 것이기도 하다고 생각했다. 그것은 정신을 세계의 한갓 무궤도하고 이그러진 혼란으로 보는 까닭이다. 데카르트는 자기의 이원론적 체계의 두 측면을 똑같은 열의로써 강조하였다. 그는 과학자가 제창함직한 어떠한 견해도 고려함이 없이, 신(神)과 정신에 관한 학설을 독자적 원리 위에 세웠다. 그리고 신학자가 주장함직한 모든 견해를 물리치고 자연계의 기계적 성질을 주장하는 학설을 세웠던 것이다.

데카르트가 그의 기계론적 자연론에 있어서 가장 난관에 봉착했던 것은, 자연 안에 있어서의 인간의 위치를 논하는 문제에서였다. 인간 이외의 동물에 관해서라면 그는 조금도 곤란을 느끼지 않았다. 왜냐하면 그는 동물은 자동 기계로서 의식을 갖지 않았으며 복잡하기는 하나 전적으로 물질적 기계라는 견해를 주장했기 때문이다(여기서 데카르트는 식물적·동물적·이성적으로 나뉘어지는 세 단계의 심혼(心魂)이 있다고 보아 온 아리스토텔레스적 전통을 완전히 하직하고 있다). 혈액의 순환이 (혈액 순환의 이론을 데카르트는 하비로부터 배웠고, 또 스스로 그의 〈방법 서설〉 제 5 부에서 논하고 있거니와) 펌프와 도관(導管)에 의한 기계적 과정이듯이, 모든 동물의 행동은 바람이나 홍수의 운동과 다름이 없는 기계적 현상이라는 것이다. 이리하여 데카르트는, 우리 같으면 생물학의 이름으로 불러야 할 분야를 완전히 물리학 안에 흡수시키는 동시에 그 분야에 고유한 독립적 원리가 있을 수 없다고 단정하였다. 사람의 육체도 역시 자연계의 기계적 체계의 일부라는 것을 주장하기에 그는 조금도 주저하지 않았던 것이다. 그러나 인간은 육체인 동시에 정신이기도 하다. 따라서 자연 안에 있어서의 인간의 위치에 관한 문제는 데카르트로서 특별한 고찰을 하지 않을 수 없는 문제이다.

이 문제를 해결하기 위하여 데카르트는 심신 상호 작용설을 주장하였다. 인간의 정신과 육체는 접촉점을 가지고 있으니, 뇌의 아래 쪽에 붙은 송과선(松果腺)이라는 조그마한 기관이 바로 그것이다. 사람의 몸에 부딪힌 물리적 자극은 신경 계통을 통하여 송과선에 도달하고, 송과선에 도달한 자극은 마음속에 감각을 일으킨다. 그리고 이와는 반대 방향으로, 의지의 작용과 결정은 송과선 내부의 운동을 다시 조정하여, 정신에 기원을 둔 영향력이 송과선을 기점으로 삼고 전신으로 전달되고 마침내는 외부 세계에까지 미친다. 이와 같이 하여 몸은 마음에 영향을 주고 마음은 몸에 영향을 미친다는 것이다. 데카르트는 정신에게 물질계의 운동 분량을 늘이거나 줄일 수 있는 능력이 있다고 인정한 것은 아니다. 그는 오직 물질계의 운동 방향을 바꿀 수 있는 능력을 정신에게 인정하였다. 그리고 운동력 항존설(the theory of the conservation of motion)은 데카르트 생존시에는 아직 운동의 분량뿐만 아니라 그 방향에까지 적용되도록 다듬어지지 않았던 까닭에, 데카르트는 자기의 상호 작용설이 알려진 사실에 적합하다고 보았던 것이다. 뿐만 아니라 그는 이 상호 작용설은 두 가지의 기본적 요청을 만족시켜 준다고 믿었다. 첫째로, 의지에게 완전한 능동력이 인정되었으므로 종교와 도덕을 위한 인간 의지의 중요성이 고스란히 보전되었다. 둘째로, 자연계에 대해서는 기계론이 그대로 살게 되므로 자연 과학적 연구에 조금도 지장이 없게 되었다.

데카르트의 영향

17세기에 있어서 데카르트의 영향력은 그의 생전과 사후를 통해서 막대하였다. 그 시대에 있어서 과학적 계몽을 받은 지식인들은 대체로 자기네가 데카르트의 학도임을 자랑으로 여겼다. 데카르드가 명성을 떨치게 된 주요 원인은, 그가 인식론과 형이상학의 이론을 전개했기 때문이라기보다는, 그가 과학의 혁신을 옹호하는 사상가였다는 점에 있었다. 그렇지만 그의 인식론과 형이상학설도 후일의 철학 발전을 위하여 여러 가지 현저한 영향을 미쳤다. 비록 데카르트의 해답이 언제나 찬동만을 받은 것은 아니었으나, 적어도 그의 문제들은 두고두고 논의의 대상이 되었다. 물론 데카르트는 몇몇 충실한 제자를 가지고 있었다. 그러나 그는 본인들도 역사가들도 데카르트 학파라고는 생각지 않을 사상가들에 대한 학구적인 자극이었다. 그의 특수한 이론 가운데 어떤 것은, 흔히 그의 사상 체계 전체의 문맥을 떠나서 각 방면으로 널리 영향의 선을 뻗쳤다. 그러한 이론은 때로 부분적 시인을 받기도 하였다. 그러나 그보다는 비판 받고 수정 받고 갈가리 찢겨지기 일쑤여서, 그로부터 결과된 철학적 여러 견해는 종종 데카르트에 의하여 터무니없는 오류로서 배척 받곤 하였다.

데카르트가 끼친 영향의 하나는 정신과 육체와의 관계의 문제를 논의의 중심으로 끌어들였다는 사실이다. 상호 작용설은 그 자체 약점을 지니고 있었을 뿐만 아니라, 데카르트의 이원론과도 불가분의 관계에 있었다. 후일의 학자들은, 물리적 자극이 감각을 일으킨다거나 또는 의지의 작용이 운동체의 방향을 돌린다는 것은 상상하기 어려운 일이라고 생각하게 되었다. 스피노자는 바로 이 점에 있어서 데카르트를 비판하였다. 그는 상호 작용설을 물리쳤을 뿐만 아니라, 정신과 물체가 실체(實體)라는 것조차도 부인하였다.[20] 데카르트를 이탈함이 스피노자처럼 철저하지 않은 학설을 내세운 것은 괼링크스(Geulincx, 1625~1669) —— 데카르트의 네덜란드인 제자요, 한때 데카르트 학파임을 자임하고 나선 일군의 사상가들 가운데에서 지도자격이었던 괼링크스였다. 괼링크스는 데카르트의 이원론은 받아들였다. 그러나 그는 운동력 항존 법칙(恒存法則)이 수정되어 "일정한 방향으로 향하는 자연물의 운동력의 총량은 일정 불변하다."로 명세화된 이후에 나온 사람이다. 따라서 그는 의지의 능동력을 증명한 데카르트의 방식을 포기하지 않을 수 없었다. 그래서 몸과 마음은 본래 서로 떨어진 것인 까닭에, 하나가 다른 것에 영향을 미칠 수는 없다고 주장하였다. 그것들이 서로 작용하는 것같이 보이는 것은 사실이다. 그러나 실제 서로 작용할 수는 없다. 괼링크스는 다음과 같은 비유로 설명했다. 즉 두 개의 시계는 서로 같은 시각을 가리키고 같은 수효의 종을 울리도록 맞추어 놓을 수가 있다. 이 두 개의 시계는 서로 영향을 끼치지는 않지만 완전히 일치할 수는 있는 것이다. 마음과 몸도 마찬가지라는 것이다. 신이 모든 정신 현상과 물질 현상을 통제하여, 비록 정신과 물질은 직접적으로는 하나가 다른 것에 변화를 일으키지 않지만, 마치 서로 영향을 주거나 하는 것처럼 움직이게 한다는 것이다. 육체 안에 어떤 신경적 변화가 일어났을 그 기회에 감각이 정신 안에 생기며, 어떤 의지 작용이 정신 안에 생겼을 그 기회에 신경과 근육의 운동이 일어난다. 이리하여 괼링크스의 학설에 '기회 원인설(機會原因說 ; occasionalism)'이라는 이름이 주어졌다. 기회 원인설에 의하면, 데카

---

20) 스피노자의 견해에 관해서는 본장 다음 절을 참조.

르트의 상호 작용설에 있어서보다도 더욱 완전히 물질계는 정신의 영향을 받지 않으며, 모든 영광은 놀랍게 세밀한 예견과 정밀한 상관 관계의 힘을 가진 신에게로 돌려진다. 그러나 기회 원인설에도 난점이 나타났다. 왜냐하면 이제 정신은 그 독립적인 변화에 있어서, 물질계의 기계적인 질서가 보여 준 것과 똑같은 유형의 법칙을 따르고 있는 것같이 생각되었기 때문이다.

그래서 필링크스의 기회 원인설은, 정신도 물질과 마찬가지로 기계론적으로 다루어져야 할 것이라는 결론으로 기울어지는 경향을 보였다.

약 50년 뒤의 라 메트리(La Mettrie, 1709~1751)는 데카르트의 학설을 더욱 멀리 떠나갔다. 라 메트리의 견지는 〈인간 기계론(The Man-Machine)〉이라는 그의 저서 이름이 단적으로 나타내고 있다. 라 메트리는 동물의 육체가 자동 기계라는 견해를 받아들인 점에 있어서 데카르트적이었다. 그러나 이 기계론을 연장하여 인간의 육체에까지 적용시킨 점에 있어서 반(反)데카르트적이었다. 감각뿐만 아니라, 지(知)·정(情)·의(意)로 나뉘어지는 모든 종류의 의식이 물리적 자극과 육체적 과정의 산물이라는 것이 라 메트리의 주장이다. 사람은 어떤 설명할 수 없는 이유로 말미암아, 육체에 생긴 어떤 변화를 따라 의식을 가질 수 있다. 그러나 인간의 행동은 그가 의식을 가졌다는 사실 때문에 추호도 달라짐이 없이 언제나 모든 점에 있어서 한결같다. 인간이란 것은 의식을 부산물로서 가진 물질적 기계이다. 실체로서의 정신은 존재하지 않는다. 이 세상에 정신적인 실체란—— 그것이 인간적인 것이든 신적인 것이든—— 없다.

상호 작용설(相互作用說)의 난점에도 불구하고, 데카르트의 이원론(二元論)은 근대 철학에 있어서 거듭 되살아나는 형이상학설의 하나임을 그 역사적인 영향력을 통하여 입증하였다. 이원론이란 철학적으로 볼 때 불안전한 것이다. 라 메트리는 물질과 운동만이 참된 실재라는 유물론(唯物論)으로 그것을 고쳤다. 라이프니츠(Leibnitz)는 의식만이 실재하고 물질은 가상이라는 유심론(唯心論)으로써 그것에 대치했다.[21] 그러나 이원론은 데카르트의 학설에 대한 이러한 반대적 내지 수정론들보다도 더 오랜 생명을 유

---

21) 라이프니츠의 견해에 관해서는 본장 제 3 절 참조.

지했다. 이원론은 종교적 신앙을 위한 정신 세계를 보장하는 동시에, 자연
과학의 지지자로서의 존경할 만한 지위도 약속해 주는 까닭에, 수많은 근
대인의 비위에 맞았다. 특히 과학자들은 데카르트 철학으로 기울어지는
경향이 강했다. 그 까닭은 데카르트 철학에 입각할 때, 그들은 종교적 신
앙의 타당성과 정신적 존재로서의 인간의 존엄성을 인정할 수 있으며, 또
한편으로는 일정 불변한 법칙을 따라 전개되는 자연의 변화 과정이 어떤
방해라도 당하지 않을까 걱정할 필요 없이 안심하고 과학적 연구를 계속
할 수 있는 자연의 세계를 온통 확보할 수 있기 때문이다.

　근대 철학에 미친 데카르트의 영향의 또 하나의 방향은, 근세의 철학자
들이 그들의 문제를 다룸에 있어서 흔히 따른 순서에 있어서 찾아볼 수 있
다. 후세의 철학자 가운데에서 신의 존재의 증명을, 자연계의 존재를 증명
하기에 필요한 전제 조건으로 삼은 사람은 별로 없다. 성 토마스는 자연에
관한 지식의 첫째 대상은 우리를 둘러싼 세계라고 믿었고, 이 세계의 분석
으로부터 신에 대한 인식으로 진출할 것을 꾀하였다. 토마스로 볼 때 철학
은 신학의 하녀였다. 그런데 데카르트는 이 순서를 뒤바꾼 것이다. 왜냐하
면 데카르트의 인식론적 탐구의 출발점에는 세계라는 것이 주어지지 않
았으며, 그에게는 오직 자기 자신과 자기의 상태만이 주어져 있었다. 데카
르트는 자아에 대한 인식의 경우와 같은 직각적(直覺的)인 정확성을 가지
고 다른 존재를 인식할 도리는 없다고 주장하였다. 그래서 그는 간접적인
방법으로 세계에 관한 지식으로 접근한다. 그는 세계에 관한 지식에 도달
할 정당한 방법을 확립하려면, 우선 신의 존재를 증명해야 한다고 보았다.
데카르트로 볼 때 신학은 철학, 적어도 자연 철학의 하녀라고 말해도 크
게 과언은 아닐 것이다. 그러나 이 점에 관한 데카르트의 견해가 후세 철
학자들의 압도적 지지를 받은 일은 없었다. 대개는 그들에게도 워즈워스
(Wordsworth)에 있어서와 같이, 이 세계는 우리들에게 너무나 중대한 존
재로서 생각되었던 것이다.

　그러나 데카르트는 후일의 많은 사상가들로 하여금 자아에 대한 인식을
인식론 확립을 위한 기본 요건으로 보게 하였다. 실로 근대 철학에 끼친
데카르트의 영향 가운데에서 가장 깊은 것은, 이들 사상가로 하여금 인식
론적 탐구는 자아로부터, 즉 자아의 내면적 의식의 상태와 자아의 주관적

여러 심상(心像)으로부터 시작해야 한다고 생각하도록 만들었다는 사실이
다. 성 아우구스티누스라 할지라도 데카르트처럼 주관주의적(主觀主義的)
은 아니었다. 아우구스티누스의 Si fallor sum(설령 내가 오류를 범한다 할지라
도 나는 존재한다)은 데카르트의 Cogito ergo sum(나는 생각한다. 그러므로 나
는 존재한다)의 선구(先驅)였다. 그러나 성 아우구스티누스는 마음이 경험
하는 모든 내용을 오로지 심적 상태로 돌린 일은 없었다. 그는 심상(心像)
가운데에는 플라톤의 이데아처럼 실재하는 것도 있다고 믿었으며, 감각이
란 몸 안에서 생긴 사건을 마음이 내관(內觀)한 것이라고 보았다. 데카르트
는 서양 문화의 역사 가운데에서, 마음에 나타난 모든 심상은 (그것이 감각
적인 것이든 지적인 것이든) 예외 없이 '사유의 양태'로서 마음의 내부에 생기
는 사건이라고 생각한 최초의 중요한 철학자이다. 이리하여 데카르트는 개
인의 마음과 그 마음이 가진 모든 관념을 그밖의 다른 존재와는 완전히 격
리된 영역으로 보았으며, 따라서 한 개인의 경험은 모두가 그 사람만의 비
밀이라는 견해를 갖게 되었다. 어떻게 이 비밀의 재난을 극복하고 신과 세
계의 인식에 도달할 수 있느냐는 문제에 관한 데카르트의 견해에 대하여
근대의 사상가들은 일반적으로 찬동하지 않았다. 그러나 그들은 흔히 철저
한 주관주의적 견지를 인식론적 탐구의 오직 하나뿐인 정당한 출발점으로
서 채택하였다. 이 주관주의(主觀主義)는 데카르트로 하여금 확실성의 토
대를 발견할 수 있게 하였다. 또 이 주관주의는 후세의 많은 사상가를 회
의주의의 구렁 속에 빠뜨리는 결과도 가져왔다. 과학의 역사에 있어서, 데
카르트는 무엇보다도 세계에 관한 수학적 진리의 대담한 발견자로서 유명
하다. 그러나 인식론과 형이상학의 역사에 있어서는, 그는 무엇보다도 경
험의 유일한 소재는 —— 또는 가장 확실한 소재는 —— 한 사람만이 아는
의식의 상태라 보고, 마음과 마음 이외의 것들과의 사이를 절단하여 직접
적인 접촉을 거부하는 학설을 창설한 사상가로서 유명하다.

2. 스피노자

바루흐 (또는 베네딕투스) 데 스피노자(Baruch, 혹은 Benedictus de Spinoza, 1632~

1677) : 유태인 계통의 네덜란드인. 그의 가족은 이단자(異端者)의 탄압을 피하기 위하여 포르투갈로부터 망명해 온 집안이었다. 그의 아버지는 암스테르담에서 상업으로 성공했으며, 유태인 교회의 중요한 인물이기도 하였다. 바루흐 자신은 20세 가량 되었을 때, 이단으로서 이름이 알려졌다. 그의 아버지의 여덕(餘德)으로, 신학에 대하여 침묵을 지켜 주면 연금을 지급하겠다는 제안을 받았으나, 스피노자는 이 매수책을 거부하였다. 1653년 아버지를 여의었고 1656년에는 몹쓸 욕과 더불어 파문을 당했다. 그는 아버지의 상속인의 한 사람으로서의 자기의 권리를 지키기 위하여, 누이와 맞서는 법정 투쟁을 감행한 일이 있다. 그러나 그 재판에서 승소하자 그는 유산의 대부분을 누이를 위하여 포기하였다. 그는 렌즈를 갈아서 생계를 유지했는데, 이 직업은 큰 기술을 요하는 것으로서, 그 당시 광학(光學)의 문제와 관련이 있었던 새 과학에 스피노자를 연결시키는 것이었다. 1660년 그는 린스부르크(Leyden 부근)라는 작은 촌락으로 은퇴하여 여러 해 살다가 마침내 헤이그로 이사하였다. 한때 하이델베르크 대학의 철학 교수로 초빙을 받은 일이 있었으나, 공공 단체와의 결연이 사상의 자유를 해칠까 두려워하여 이를 사절하였다. 그는 어떤 가까운 친구의 아들로부터 약간의 연금을 받았으나, 친구의 아들이 제공한 액수보다는 적은 금액만을 받을 것을 고집하였다. 그의 생애는 고독하고 정적(靜寂)했으며, 끊임없는 철학적 사색에 바쳐졌다. 그는 폐결핵으로 영면(永眠)했다. 그의 저술 가운데에서 오직 두 권만이 그의 생전에 출판되었다. 〈데카르트 철학의 제원리(Principles of Descartes' Philosophy)〉(1663)와 〈신학-정치론(Theological-Political Tractate)〉(1670)이 그것이다. 후자는 성서를 과학적으로 비판한 개척적인 저술이며 또 순전히 세속적인 국가관 및 사상과 신앙의 자유주의를 옹호하고 있다. 그의 다른 저술이 1677년 그가 별세한 후 출판되었는데, 그 가운데 가장 위대한 저서인 〈기하학적으로 증명된 윤리학(Ethics Demonstrated in the Manner of Geometry)〉과 미완성으로 그친 〈국가론(Political Treatise)〉이 들어 있다(그리고 이 후자는 홉스의 〈국가론〉과 비슷한 견해를 표명하고 있다). 한 백 년 뒤에 〈지성 개선론(知性改善論 ; Treatise on the Improvement of the Understanding)〉이 출간되었는데, 이것은 〈윤리학〉보다도 먼저 씌어졌던 것이다. 그보다도 더 나중에 〈신과 인간 및 인간의 행복에 관한 단론문(A Short Treatise on God, Man, and His Well-Being)〉(1862)이 세상에 나왔다. 스피노자는 그가 죽은 뒤 한 세기 동안 무시당하고 오해받았다. 예컨대 로크는 그를 "정당하게도 신의 버림을 받은 무신론자"라고 말하였다. 그러나 그는 레싱과 괴테의 시대로부터 오늘날에 이르기까지 열광적인 찬양을 받아 왔다. 그는 유태인의 어린이로서 바루흐라는 이름을 받았으나, 유태인 교회로부터 파문을 당한 뒤에 그의 히브리 이름을 라틴어로 번역하여 베네딕투스라 고쳤다.

스피노자는 플라톤 및 다른 고대 철학자들처럼, 철학이란 무엇보다도 사람으로서 가질 수 있는 최선의 인생에 대한 진지하고 장구한 탐구라고 생

각했다. 아마 스피노자의 최초의 저술이라고 생각되는 책의 첫머리에서 그는 다음과 같이 말하고 있다.[22]

체험이 나로 하여금 사회 생활 가운데 보통 생기는 모든 일이 헛되고 무용함을 깨닫게 한 뒤에 —— 내가 두려워했던 모든 일이, 그것이 내 마음에 감동을 일으킨다는 뜻으로밖에는, 그 자체로서는 선도 아니요 악도 아니라는 사실을 깨닫게 된 뒤에 —— 나는 마침내 다음 문제를 탐구하기로 결심했다. 즉 정말 값지고 그 가치를 나에게 나누어 줄 수 있으며, 오직 그것만이 (다른 온갖 것들이 배척된 뒤에) 내 마음을 움직일 수 있는 그런 무엇이 있을 것인가, 그것을 발견하고 그것을 획득함으로써 내가 계속적이요 완전한 행복을 영원히 누리게 될 그런 무엇이 정말 있을 것인가를.

명예와 재물, 그리고 관능적 쾌락은 대체로 누구나 얻고자 하는 목표이다. 그러나 그것들은 모두 물거품 같은 것이며, 비록 그것들을 잠시 얻을 수 있다고 하더라도, 그것들을 잃을 때에 사람들은 참담한 불행에 빠진다. 행복과 불행은 오직 이 한 가지에, 즉 그가 사랑으로써 애착하는 대상이 어떠한 성질의 것이냐에 달려 있다고 스피노자는 단정하였다. 일시적인 것을 사랑함은, 우리가 사는 이러한 세계에 있어서는 마음의 끊임없는 불안의 원인이다. '영원하고 무한한' 것에 대한 사랑은 끊임없고 강렬한 기쁨을 마음에 사려나 준다. 그러므로 영원하고 무한한 것을 "우리는 열망하고 또 우리의 힘을 다하여 추구해야 한다."고 그는 결론짓고 있다.

철학의 근본 목표를 이상과 같이 생각한 까닭에, 스피노자는 그의 큰 체계적 저서에 〈윤리학(倫理學)〉이라는 이름을 붙이게 되었다. 그리고 이 이름은 매우 적당한 것이기도 하다. 그러나 사람이 애착할 영원하고 무한한 대상을 발견하고, 또 사람으로 하여금 일심 전력하여 그 대상을 지향하도록 수도하는 방법을 가르침으로써 목표로 삼는 윤리학은 —— 이러한 종류의 윤리학은 마땅히 방대한 규모의 윤리학이 되지 않을 수 없었다. 그리고 스피노자의 〈윤리학〉은 사실 그러한 따위의 것이다. 그것은 형이상학의 체계를 포함하고 있다. 영원하고 무한한 것의 탐구는 실재의 본성과 구조를

---

22) 〈지성 개선론(*Treatise on the Improvement of the Understanding*)〉.

철저히 구명할 것을 요청하기 때문이다. 그것은 상세한 심리학을 포함한다. 인간성을 닦기 위해서는 우선 그것을 충분히 이해해야 하기 때문이다. 그것은 인식론을 포함한다. 왜냐하면 원하는 목적에 도달하기 위하여 지성의 모든 힘이 동원되어야 할 것이기 때문이다. 스피노자의 〈윤리학〉은 근세 철학에 있어서의 다른 어느 책보다도 철학적 여러 문제의 넓은 범위를 체계적으로 망라하고 있으며,[23] 그 문제들에 대한 사색을 철저히 그리고 빈틈없이 조직하고 있다. 스피노자의 판단에 의하면, 형이상학과 인식론 그리고 심리학을 포함하지 않은 윤리학이란 기형적이며 변덕스럽고 보람 없는 것이다. 인간은 오직 그가 세계를 이해하고, 자기 스스로의 약점과 장점을 알고 있으며, 자기가 그 안에 살게 마련인 여러 세력들에 대하여 도덕적으로 적응할 수 있는 기법을 터득했을 경우에만, 세계에 있어서의 자기의 가장 고귀한 목표를 결정할 수 있다.

스피노자의 사상을 이해하는 가장 좋은 길은, 그 사상은 조심성 있게 준비된 계획을 따라 전개되는 까닭에, 〈윤리학〉을 한 장 한 장 끝까지 읽어 나가는 일이다. 정치 철학에 관한 저술을 제외한다면, 스피노자의 다른 모든 저서들은 그의 주저 〈윤리학〉에 대하여 보조적 위치에 선다.

기하학적 방법에 의한 증명

스피노자의 〈윤리학〉을 처음 읽어 보는 사람은 그의 서술 방법 때문에 어리벙벙해지기가 쉽다. 이 책의 전체 이름은 〈기하학적 방법으로 증명된 윤리학〉인데, 그 서술 방법은 바로 이 이름이 가리키는 그대로이다. 〈윤리학〉은 다섯 부문으로 나뉘어진다. 각부는 공리(公理)와 정의(定義)로 시작되고, 그 다음에 나오는 명제들은 공리와 정의, 그리고 앞선 명제들에 의거하여 증명된다. 그리하여 스피노자의 사상은 연역적으로 조직된 체계로서 제시되고 있다.

스피노자의 비판자들은 그의 철학 체계를 그러한 방법으로 서술한 본의를 흔히 오해하였다. 그들은 스피노자가 증명될 수 없는 공리와 독단적 정

---

23) 스피노자의 〈윤리학(Ethics)〉과 비등한 종합적 철학의 저서로서는 흄의 〈인성론(人性論: Treatise of Human Nature)〉이 있을 뿐이다. 그러나 그것도 스피노자의 〈윤리학〉에 있어서와 같은 치밀한 조직성은 없다.

의를 내세움으로써 선결 문제 전제의 오류를 범했다고 비난했으나 이 비난
은 전혀 타당치 않다. 우리는 세 가지 조목을 들어 이 비난의 부당성을 지
적할 수가 있다. 첫째로, 스피노자의 방법은 해설의 방법이요, 발견을 위
한 그것이 아니다. 지식의 단계에 관한 스피노자의 논고(論考)는, 그가 미
리 공리와 정의를 알고 있었으며, 그 다음에 차례로 잇따른 명제들이 풀려
나왔다고 생각지 않았다는 것을 명백히 밝혀 준다. 스피노자는 데카르트처
럼 자기가 주장하는 발견의 순서를 적은 것이 아니다. 그보다는 그가 책을
쓰기 시작하기 전에 전체의 철학 사상이 형성되었다고 보아야 한다. 철학
사상이 형성된 뒤에 철학이라는 것이 복잡하고 어렵다는 사실을 알고, 그
것을 해설하기 위하여 수학에 있어서 명백성의 표본임이 밝혀진 방법을 채
택한 것이다.

둘째로, 〈윤리학〉에 나타난 정의와 공리는 스피노자가 그의 사상을 치밀
하게 조직하기 위하여 시도한 유일한 것, 또는 최초의 것이 아닐지도 모른
다. 이 점에 관한 증거는 없다. 왜냐하면 스피노자는 남이 보지 않는 곳에
서 책을 썼으며, 저술의 진척에 관한 아무런 수기도 남기지 않았기 때문이
다. 그러나 그가 체계의 조직을 위하여 몇 가지 방안을 시험한 끝에 마음
에 들지 않아서 버리고, 마침내 저 기하학적 방법을 택했다고 보는 상상이
맞을 것 같다.

셋째로, 그의 공리와 정의는 그것들이 놓여 있는 전체의 분맥을 떠나서
그 자체만을 따로 떼어 볼 때, 흔히 모호하고 때로는 이해하기 곤란하기까
지 하다. 그것들은 그것들로부터 연역된다고 하는 구체적 명제들의 전개를
기다려 비로소 의미가 명백해진다. 그 구체적 명제들은 관찰을 통하여 그
참됨이 증명되는 경우도 적지 않다. 그 공리와 정의가 체계 조직을 위하여
유용하다는 것을 입증해 주는 것이 바로 이 구체적 명제들이다. 그보다 좀
더 정확하게 말하자면, 그 조직된 사상 체계 전체의 타당성이 진실로 하나
하나의 공리와 정의, 그리고 정의가 참되다는 것을 증명해 준다. 만약 뒤
에 따르는 명제들이 그 공리와 정의를 명백히 밝혀 주지 않았더라면, 그
공리와 정의가 참이라는 것을 스피노자 자신도, 또는 그의 가장 열렬한 추
종자도 알지 못했을 것이다. 스피노자의 인식론에 의하면, 추상적 원리가
먼저 알려지고, 그것으로부터의 연역을 통하여 구체적인 것들이 밝혀지는

것이 아니다. 그보다는 오히려 어렴풋이 뒤숭숭한 관념들이 우선 생기고, 다음에 좀더 정확한 생각이 차차 형성되어 최초의 어지러움을 고치게 되며, 마침내 (지식이 언젠가 그 이상적 목표에 도달한다고 친다면) 넓은 범위의 존재를 포괄적으로 파악하는 지적 인식 작용이 그 올바로 고쳐진 관념들을 질서 정연하고 합리적인 체계로 조직한다. 그러므로 우리는 지식의 높은 수준에까지 도달하기 전에는 철학 쓰기를 삼가야 한다. 그러나 그러한 수준에 도달했을 때에는, 우리가 미숙한 생각으로 방황하던 초기의 사상을 기록할 것이 아니라, 완성된 체계를 발표하는 것이 마땅하다. 이와 같은 인식론으로 비추어 볼 때, 스피노자가 자기의 출발점과 마침내 도달한 목표와를 구별하지 못했다고 비난하는 것은 정당치 않다. 스피노자는 그의 한 서간문에서 자기는 참된 철학을 가졌다고 주장하면서도 자기의 것이 최고의 것은 아닐지도 모른다고 고백하고 있다.[24] 이 참된 철학과 최고의 철학과의 구별이 의미할 수 있는 것은 오직 한 가지뿐이다. 즉 스피노자는 자기의 철학이 옳다는 것을 믿었으나 그 철학을 진술하기 위하여 자기가 사용한 공리와 정의가 가능한 최고의 것은 아닐지도 모른다는 것을 인정한다는 사실을 가리킬 수 있을 뿐이다.

이상 세 가지 이유를 근거로 우리는 스피노자가 선결 문제 전제의 오류를 범하지 않았다고 단정할 수 있을 것이다. 그는 그 따위 어리석은 오류를 범하기는커녕, 도리어 기하학적 방식의 해설을 통하여 사고의 명석함과 이해의 용이함을 돕고자 했던 것이다.

실체 · 자연 · 신

〈윤리학〉의 제 1 부는 '신에 관하여'라는 제목으로 되어 있다. 그러나 스피노자가 말하는 신(神)은 전통적 신의 관념과는 너무나 거리가 먼 까닭에, 그 '신'이라는 말이 부주의한 독자를 오해로 이끈다. 제 1 부에 붙인 부록은 전통적 신의 관념을 명확하게 배격하고 있다. 스피노자에 의하면 신은 세계의 창조자가 아니다. 창조자는 피창조물과 반드시 구별되어야 하는 까닭에, 창조자가 가진 속성과 피창조자가 가진 속성은 다르지 않을 수

---

24) *Letter*, 제 76 호.

없다. 신을 창조자로 본다면, 그는 자기와 구별되는 피창조자에 의하여 제한을 받을 것이다. 다시 말하면, 신이 무한하지 않은 존재가 될 것이다. 그리고 무한하지 않은 신이란 자기 모순을 품은 개념이다. 뿐만 아니라 만약 세계가 그 자체 이외의 어떤 원인을 필요로 하는 것이라고 생각된다면 같은 원리에 의하여 그 세계의 원인도 또 그것의 원인으로써 설명되어야 할 것이다. 그리고 한 걸음 더 나아가서 자연에는 목적인(目的因)이라는 것이 없다고 스피노자는 생각하였다. 즉 자연에는 설계가 —— 자연의 배후에 어떤 설계자의 존재를 예상하는 설계가 —— 따라서 만들어졌다는 증거가 없다고 생각하였다. 이리하여 스피노자는 유태교적 기독교 전통에 있어서 일반적으로 긍정되어 온 신의 관념을 배제하였다. 그는 나중에[25] '신 즉 자연'이라고 하는 말을 쓰고 있는데, 이것은 스피노자의 사상의 문맥 안에서는 '신'과 '자연'의 두 개념이 동일한 대상, 즉 하나의 거대하고 감탄할 존재의 체계를 가리킨다는 것을 언명한 것이다. 그리고 스피노자는, 〈윤리학〉의 제 1 부에서 신과 자연의 동일성이 가능할 뿐 아니라 필연적임을 밝혀 준다고 생각한 이론을 전개하고 있다.

〈윤리학〉의 제 1 부는 제 2 부 이하를 위한 형이상학적 기초를 논했다. 그것은 매우 추상적인 정의(定義)의 제시로써 시작되고 있으며, 그 정의로써 자기가 의미하고자 의도한 바 상세한 뜻은 뒤따르는 명제들에 의하여 차차 밝히고 있다. 그들 정의 가운데에서 스피노자의 철학의 요괄을 이해하기에 특히 중요한 것이 세 개 있다. 그 세 개란 다음과 같다.[26]

'실체(實體 ; substance)'란 독자적으로 존재하며 그 자체를 통하여 이해되는 것, 다시 말하면 그것의 개념이 그것의 근거가 되는 다른 어떤 존재의 개념을 요구하지 않는 것을 말한다.

'속성(屬性 ; attribute)'이란 실체의 본질을 구성하는 것으로서 지성이 지각하는 것이다.

'양태(樣態 ; mode)'란 실체의 변용, 다시 말하면 다른 무엇에 의존해 있으며, 그 다른 무엇을 통해서 이해되는 것을 말한다.

---

25) *Ethics*, 제 4 부 서문.
26) 정의 3, 4, 5.

이상의 정의들은 그 본래의 추상적인 표현만으로는 뜻이 매우 모호하나 이 정의들을 조직의 원리로 삼고 전개되는 이설(理說)을 통하여 그 뜻이 분명해진다.

이 실체(實體)의 정의는, 실체란 그것이 존재하기 위하여 다른 아무것도 필요로 하지 않는 것이라고 말한 데카르트의 정의와 결국 같은 뜻이다.[27] 그러나 스피노자가 밝히는 바에 의하면, 데카르트는 그 정의를 실제로 적용하는 마당에서 자기 자신의 정의에 충실하게 따르지 않았다. 물체(데카르트의 연장된 실체)와 인간의 정신(데카르트의 사유하는 실체)은 피창조자요, 따라서 여러 가지로 서로 관계한다. 따라서 물체와 인간의 정신은 실체라고 부를 수 없는 것이다. 물체와 인간의 정신은 존재하는 것임에는 틀림이 없다. 그러나 그것들의 발생과 경력은 여러 가지 조건의 제약을 받는다. 그러므로 그것들은 실체가 아니라 양태(樣態)인 것이다. 그것들은 실체의 양태이다. 그러나 이들 양태의 주체인 실체는 자족하고 모든 것을 포괄하는 체계로서 유한한 존재들을 그 안에 소유한다. 세상에는 오직 하나만의 실체가 존재할 수 있다고 스피노자는 지적한다. 동일한 속성을 가진 두 개 또는 두 개 이상의 실체가 존재할 수 없다. 왜냐하면 같은 속성을 가진 두 개의 사물은 서로 상대편에게 제약을 가할 것이며, 이 제약을 받은 존재 즉 유한자(有限者)로서 이해되어야 할 것인 까닭에, 그것은 양태가 아닐 수 없다. 마찬가지로 이 세상에는 서로 다른 속성을 가진 두 개 또는 두 개 이상의 실체도 있을 수 없다. 왜냐하면 속성이 다른 두 사물은 서로 상대편의 성질을 부정하는 일면을 가지고 있을 것이며, 따라서 그 본질이 무한히 풍부할 수 없을 것이므로, 이들도 역시 양태가 아닐 수 없다. 실체는 필연적으로 존재한다. 왜냐하면 그것은 자기 이외의 것으로부터 생길 수 없는 까닭에, 실체는 오직 하나밖에 있을 수 없다. 그것은 그 자체 이외의 어떠한 것에 의해서도 제한을 받을 수 없는 까닭에, 그리고 실체는 (물론 위에 말한 것과 같은 이유로) 반드시 무한한 종류의 속성을 가지고 있으며, 그 속성의 하나 하나는 실체의 영원하고 무한한 본질을 나타내고 있다. 이 세상에 존재하는 것은 무엇이든 반드시 저 유일한 실체이거나 또는 그 유일한

---

27) 본장, 각주 5 참조.

실체의 양태이다. 진실로 저 유일한 실체를 떠나서는 아무것도 존재할 수 없으며 아무것도 이해될 수 없다.

〈윤리학〉의 처음 열다섯 개의 명제들은 전항에서 요약한 바와 같은 내용을 표명하고 있다. 그러나 일반 독자들은 스피노자의 경우에 있어서 대부분의 다른 철학자의 경우에 있어서보다도 그 학술적인 진술만으로 그 저자의 철학적 견지를 쉽사리 파악하지는 못한다. 스피노자는 오늘날 우리가 자연주의(自然主義)라고 부르는 견지를 스콜라 철학이나 데카르트의 저술을 연상시키는 필치로 표명한 것이다. 그는 거대한 자연의 체계(하나의 실체)가 존재한다고 믿었고, 이 체계 안에서 여러 가지 사물(樣態)들이 생겨난다고 믿었다. 이 자연의 체계는 이 세상에 일어나는 모든 것을 포함하며 (따라서 그것은 무한하다), 처음과 끝이 없고(따라서 그것은 영원하다), 또 생산력을 가지고 있다. 그것이 생산력을 가지고 있음은 자연 체계의 법칙을 따라 이미 생겼고, 또 앞으로 생김직한 개별적 사물들의 풍부를 자랑하는 과시에 의하여 증명된다(생산력을 가진 자연의 체계는 무한한 수효의 속성을 가졌으며, 그 속성의 하나하나는 그 체계의 무한하고 영원한 본질을 나타낸다). 자연의 체계를 근원으로 삼고 "무한한 종류의 사물이 무한한 모습을 띠고 생겨난다."[28] 그리고 이 무한한 수효의 모든 사물들은 인과(因果)의 연속 과정을 지배하는 자연의 규칙성과 제일성(齊一性)을 따라서, 그리고 개별적인 유한한 존재들이 가진 자연적 구조의 상호 의존성을 따라서 필연적으로 생긴다.[29]

한 걸음 더 나아가 밝히는 바에 의하면, 자연(自然)은 어떤 의미로는 항상 일정 불변하며, 또 다른 의미로는 끊임없이 변동한다. 스피노자는 이 두 가지 의미의 뜻을 '능산적 자연(natura naturans)'과 '소산적 자연(natura naturata)'이라는 두 개의 술어를 사용함으로써 확정시켰다.[30] 첫째로 능산적(能産的) 자연이란 능동적이요 창조적인 자연을 말한다. 다시 말하면 그것은 모든 사물을 생기게 하는—— 그러나 일정하고 한결같으며 항구적으

---

28) *Ethics,* 제1부, 명제 16.

29) 이 점에 있어서, 즉 자연에 있어서의 우연을 부인하고 엄밀한 필연론을 주장하는 점에 있어서, 스피노자의 자연론은 아리스토텔레스의 자연론과는 다르다.

30) *Ethics,* 제1부, 명제 29, 주석.

로 확립된 원리에 의거하여 생기게 하는—— 생산적 역량이다. 능산적 자연은 그 작용에 있어서는 비록 기동적(起動的)이나, 그 작용은 항상 영원 불변하는 원칙을 따라서 발동한다. 예컨대 물은 (다른 조건에 변동이 없는 한) 항상 일정한 온도에서 언다. 어떤 약품은 생물에 대해서 언제나 유독하다. 그리고 인간은 누구나 죽음을 면치 못한다. 다음에 소산적(所產的) 자연이란 피동적이요 일정한 순간에만 존재하는 자연을 말한다. 다시 말하면 그것은 잠시 생겼다가 없어지는 사물의 상태이다. 그러나 자연이 지금 이 순간에 실제로 나타내고 있는 바와 같은 모습은 과거에는 전혀 없었을 것이며, 또 미래에도 다시는 없을 것이다. 즉 물은 언제나 반드시 어는 것이 아니며 약품은 언제나 동물을 중독시키는 것이 아니다. 그리고 인간은 언제나 존재해 있었던 것이 아니며, 따라서 늘 죽어 가고 있지도 않았다. 자연의 질서는 어느 때나 어느 곳에서나 다름이 없다. 그러나 우주의 그때 그때의 상태는 시시각각으로 변동한다. 우주가 나타내는 무수한 개별적 상태의 하나 하나를 스피노자는 그 순간에 있어서의 '우주의 얼굴'이라고 불렀다. 그러나 우주의 얼굴은 끊임없이 변동하는 모습을 나타낸다. 세계는 운동과 에너지 항존의 법칙이 가리키는 바와 같은 불변성으로 가득 찬 닫힌 기계적 체계이다. 또한 그것은 만상 생멸(萬象生滅)의 불변하는 원리를 따라, 왔다가는 사라지는 무상(無常)한 여러 현상의 흐름이기도 하다. 한편 능산적 자연 법칙에는 절대로 변동이 없고, 소산적 자연에는 끊임없는 변화가—— 잇따른 양태들과 그 양태들의 위치와 성질 및 배열, 그리고 다른 것으로 변모하는 과정에 있어서의 끊임없는 변화가—— 있다.

〈윤리학〉제 1 부에 나타난 서른여섯 개의 명제는 왜 스피노자가 자연(自然)과 실체(實體)와 신(神)의 세 술어를 같은 뜻으로 쓰게 되었는가를 알려 준다. 자연이 기본 개념이다. 그것은 눈을 돌리면 어느 곳에서나 볼 수 있는 것이다. 그것을 자연이라고 부르는 이유는, 그 안에서 생기는 모든 것이 밖으로부터의 인도를 받지 않고 스스로의 법칙을 따라서 생기기 때문이다. 그것을 실체라고 부르는 이유는 실체의 정의가 명시하는 것이 그것이요, 또 그것뿐이기 때문이다. 그것을 신이라고 부르는 이유는, 그것이 (이교와 유태교, 그리고 기독교 등 기성 종교의 인격신보다도) 정통파의 신자들이 신에게 속하는 것으로서 열거하는 여러 성질들을 가지고 있기 때문이다.

다시 말하면 그것은 무한하고 영원하며, 모든 존재의 궁극적 근원이요, 또 오직 하나의 필연적 존재이기 때문이다. 뿐만 아니라 스피노자에 의하면 그것은 완전하다. 그러나 그것의 완전성은 도덕과는 관계가 없다. 그것은 빈틈없는 조직과 무진장한 역량에서 오는 완전성이다. 스피노자는 어떤 존재의 힘이 크면 클수록 그것이 보다 완전하다고 보았으며, 자연 내지 신의 힘에는 끝이 없다고 믿었던 것이다. 뿐만 아니라 〈윤리학〉의 마지막 부분이 설명하듯이, 신에 대한 사랑은 인간이 그의 최고의 덕(德), 또는 행복을 이룩할 수 있는 유일한 길이기도 하다.

'신'이라는 말에 관한 스피노자의 용법에 대하여 마지막으로 두 가지 주의의 말을 보태는 것이 좋을 것이다. 그 이유는, 그가 말한 신이란 스피노자의 책을 읽는 대부분의 독자들이 생각하기 쉬운 인격적인 존재를 뜻한 것이 아니기 때문이다. 스피노자의 신은 유태교적 기독교 전통의 신과는 다르다. 스피노자에 의하면, 유태교적 기독교 신의 개념은 모호함과 모순에 가득 찼다. 만약 그 개념으로부터 모호함과 모순을 제거한다면, 그것은 거대한 비인격적 자연의 체계가 될 것이다.

주의의 첫번째는, 스피노자에 있어서 "지성도 의지도 신의 성질에 속하지 않는다."는 것이다.[31] 스피노자도 어떤 의미로는 "사유는 신의 속성, 즉 신은 생각하는 존재"라고 주장한 것이 사실이다.[32] 이 마지막 명제에 대하여는 곧 설명을 베풀 생각이다. 여하튼 이 명제는 올바로 해석되는 한, 신에게 지성이나 의지 또는 그 밖의 모든 인간적인 특색을 인정하지 않는 것과 모순되는 명제는 아니다. 바위나 나무가 신의 모습을 따라 만들어진 것이 아니듯이, 인간도 신을 모형으로 삼고 만들어진 것이 아니라고 스피노자는 당당히 말할 수 있었을 것이다. 모든 유한적 존재는 '신 내지 자연' 안에 잠재하는 가능성을 예증하는 것이다. 그러나 어떠한 유한적 존재의 어떠한 특성도 신의 속성이라고 단정해서는 안 된다. 스피노자의 신은 인간적이 아니다. 그것은 어떤 목적을 위하여 행동하지 않으며, 무엇을 인식하거나 시적 행위를 수행하시노 않는다. 신이 인간에 대하여 가진 관계

---

31) *Ethics*, 제 1 부, 명제 17, 주석.
32) *Ethics*, 제 2 부, 명제 1.

는 그것이 다른 어떠한 유한적 존재에 대하여 가진 그것보다도 대단할 것이 없다. 신은 전혀 들을 줄을 모르는 까닭에 기도도 들어 주지 않는다. 신에게 탄원하는 자가 있다면 그는 어리석다. 신이 인간의 뜨거운 울부짖음에 냉담하는 이유로 신을 찬양하는 사람이 있다면 그는 어진 사람이다.

두번째 주의는, 신에 관한 스피노자의 이론을 범신론(汎神論)이라고 말한 비판자가 많지만 그의 이론은 범신론이 아니라는 것이다. 스피노자는 자연의 아름다움에 도취하여 자연을 신으로 보고 열광의 시를 읊은 시인 워즈워스 같은 낭만주의자는 아니었다. 스피노자는 결코 우주의 어떤 순간적 상태, 즉 '우주의 얼굴'을 '신(神)'이라고 부르지 않았으며, 이 순간적 상태의 연속적인 전체에도 '신'의 이름을 허용하지 않았다. 각 순간의 우주의 상태는 양태이다. 그것은 최고의 양태이며 무한한 양태이다. 그러나 역시 어디까지나 양태임에 그치며 실체는 아니다. 각 순간의 우주의 상태는 그 순간에 존재하는 모든 유한한 양태의 총화이며, 그 유한한 양태 하나하나는 또다시 좀더 적은 양태들의 합성이다. 그리고 이와 같은 관계는 (우리가 그 이상 더 나눌 수 없는 궁극적 요소에 도달할 때까지) 다시 계속된다. 요컨대 신은 소산적(所産的) 자연에 줄 이름이 아니라, 능산적(能産的) 자연에 붙일 이름이다. 신은 무수한 사탕무와 당근, 사람과 짐승, 강과 산, 그리고 유성(遊星)과 혜성(彗星)과 항성(恒星)을 모두 합한 것이 아니다. 무상한 것들을 아무리 많이 주워 모은다 할지라도 그것이 영원한 것으로 변하지는 않는다. 신은 일정 불변하게 확립된 자연의 체계로서 자연계에 잇따라 나타나는 삼라 만상 하나하나의 근원이다. 말하자면 신은 세계라기보다는 세계의 이법(理法)이다. 일정한 순간에 있어서의 세계의 모습은 세계의 이법을 따라 결정된다. 그러나 순간의 세계는 이 이법의 생산력과 무한성을 고갈되게 하지 않으며, 이 이법의 영원성을 소유하지도 않는다. 세계의 이법 또는 자연의 체계만이 실체 내지 신의 이름으로 불릴 수 있는 것이다.

실체의 속성

〈윤리학〉의 제2부에는 '정신의 본성(本性)과 기원(起源)에 관하여'라는 제목이 붙었다. 스피노자는 이 부분에서 정신과 물체의 관계 및 인식론에 관한 자기의 견해를 피력하였다. 이 두 가지 문제에 관한 학설에 있어서, 스피노자는 데카르트의 견해에 대하여 노골적인 비판과 이견을 표명하고 있다.

스피노자는 데카르트의 심신 상호 작용설을 배척하였다. 스피노자에 의하면, 데카르트의 학설에는 거짓되고 이치에 맞지 않는 주장이 포함되어 있다고 한다. 예컨대 데카르트의 학설에 포함된 주장의 하나로서, 육체 안에 정신의 자리를 인정해야 한다는 것이 있다. 그러나 정신이 송과선(松果腺)이나 그 밖의 육체의 어떤 기관에 자리를 잡는다는 생각은 너무나 터무니없는 생각이어서, "그 학설이 그토록 교묘하게 꾸며지지만 않았더라면, 나는 '데카르트처럼' 탁월한 사람이 그따위 생각을 했다고는 믿지 못했을 것이다."라고 스피노자는 말하였다.[33] 그것이 터무니없는 생각이라는 이유는, 데카르트의 견해가 한편으로는 자연 안에서의 정신의 활동을 인정하면서 또 한편으로는 자연에 작용하는 정신의 원리는, 자연 그 자체의 원리와는 반대의 것이라고 주장하기 때문이다. 스피노자의 말을 빌린다면, 데카르트의 잘못은 자연 안에서의 정신의 지위를 '왕국 안의 왕국'처럼 생각한 점에 있다.[34] 다시 말하면, 데카르트는 정신에는 목적이 있고 자연에는 목적인(目的因)이 없다고 보면서도, 정신이 자연의 기계적 운행에 간섭하는 것처럼 본 것이다. 인간은 자연의 장엄한 진행을 방해하거나 자연의 법칙과 상반되는 특색을 나타낼 수는 없다고 말하여 데카르트를 반박하고 있다. 인간이 자연을 방해한다고 생각하는 것은 자연에 어떤 결함을 인정하는 것이다. 복잡한 기계 조직을 가진 인간의 육체와 정열과 관념, 그리고 의지 작용을 가진 인간의 정신은 모두 자연의 원리를 가지고 있으며, 이 자연의 원리를 통해서, 그리고 이 원리를 통해서만 각각 이해될 수 있다. 우리가 어떤 육체적 현상의 원인이나 결과를 올바로 더듬어 가면 우리는 언제나 다른 어떤 육체적 현상에 마주친다. 그리고 우리가 어떤 정신 현상의 원인이나 결과를 올바로 더듬어 가면 우리는 반드시 다른 어떤 정신 현상에 마주친다. 육체나 정신에 관한 온건한 설명에 있어 다른 종류의 현상

---

33) *Ethics*, 제 5 부, 서문.
34) *Ethics*, 제 3 부, 서문.

에 마주치는 일은 전혀 없다. 우리는 정확성이 없는 일상적인 발언에 있어서, 육체의 자극이 감각의 원인이니 의지의 결정이 근육 운동을 일으키느니 하는 따위의 말을 한다. 그러나 그러한 발언에 있어서 우리는 두 가지의 언어를 뒤섞고 있는 것이며, 이를테면 이 말에서 저 말로 왔다갔다 하면서 양쪽 언어의 규칙을 어기고 있는 것이다.

'정신의 본성(本性)과 기원(起源)'에 관한 스피노자의 이론은 〈윤리학〉 가운데에서 가장 어려운 부분이다. 아마 스피노자 자신으로서도 자기의 견해의 어떤 자상한 부분에 관해서는 완전히 명백하지 못한 데가 있었을 것이다. 확실히 그의 비판자들은 스피노자의 학설을 여러 가지로 해석하였다. 스피노자가 데카르트의 이원론(二元論) 및 상호 작용설(相互作用說)에 반대한 점은 분명하며, 또 육체와 정신을 구별해야 할 두 개의 원리로 보고, 동일한 인간 행위를 그 두 원리의 어느 것에 의해서도 고찰할 수 있다고 본 점도 분명하다. 그러나 그는 자기의 정신과 육체에 관한 이론을 인간의 행동 밖에까지 연장하여 이것을 인간 이외의 모든 자연에게 고루 적용하였다. 여기에 이르러 스피노자는 '정신' 또는 '사유'라는 말을 보통 쓰이는 것과는 다른 뜻으로 사용했던 것이다.

인간이 몸과 마음의 두 측면을 가지고 있음은 사실이다. 그러나 다른 모든 것들도 정도는 낮지만 역시 이 두 측면을 가지고 있다고 스피노자는 주장한다. 스피노자가 말하는 것은 하급 동물이 이성적이라거나 식물이 감각을 가졌다거나, 또는 바윗돌이나 강물에 의식이 있다는 뜻이 아니다. 그는 원시적인 물활론(物活論;animism)의 견해를 옹호하고 있는 것이 아니다. 그가 논하는 바는 자연계의 모든 존재에는 두 가지 측면이 있다는 것이다. 그리고 데카르트의 용어를 빌리는 것이 편리하다고 생각한 나머지 이 두 측면을 사유(思惟)와 연장(延長)이라는 이름으로 불렀던 것이다. 진실로 이 두 측면은 자연계 전반에 걸쳐서 보편적으로 존재한다. 이 두 측면은 실체의 속성인 것이다. 즉 제 2 부의 처음 두 명제가 이 점을 밝힌 표현을 빌린다면,

사유(思惟)는 신(神)의 속성이다. 다시 말하면 신은 사유하는 존재이다.
연장(延長)은 신의 속성이다. 다시 말하면 신은 연장을 가진 존재이다.

그러므로 인간에 있어서의 마음과 몸과의 관계의 문제는, 실체의 두 속성의 관계의 특수한 경우에 불과하다.

그리고 실체의 두 속성의 관계는 동일성(同一性)의 관계이다. 스피노자가 언명하는 바에 의하면, "사유하는 실체와 연장을 가진 실체는 서로 다른 두 가지 속성을 통하여 각각 이해된 동일한 실체이다."[35] 실체는 무한히 많은 속성을 가지고 있으며, 그 어느 속성에 대하여도 사유와 연장에 관하여 주장한 바와 같은 주장을 할 수 있다고 스피노자는 믿었다. 원칙으로 말하면, 우리는 어떤 속성을 통해서도 실체를 충분히 묘사하고 분석하고 인식할 수 있을 것이다. 그러나 우리 인간은 한없이 많은 속성들 가운데에서 오직 두 가지만을 알고 있다. 그러므로 우리 인간의 견지에서 볼 때, 수많은 속성들의 상호 관계의 문제는 결국 사유와 연장의 문제로 압축된다. 그리고 사유와 연장의 관계는 앞서 말한 바와 같이 동일성의 관계이다. "관념의 순서와 연결은 물체의 순서와 연결과 동일하다."[36] 모든 양태(樣態)[즉 개물]는 관념이라고 볼 수도 있고, 또 물체라고도 볼 수 있다. 평행선을 그리면서 신비롭게 전개되는 두 가지의 것이 —— 연장과 사유라는 두 가지의 것이 —— 존재하는 것이 아니다.[37] 실은 오직 한 가지가 존재할 뿐이다. 다만 그 한 가지의 존재를 우리는 연장의 각도에서 볼 수도 있고, 또 사유의 관점에서 볼 수도 있는 것이다.

인간의 경우에 있어서는, 그리고 인간의 경우에 있어서만 그 고도로 조직된 육체의 관념이 곧 정신이다. 다른 양태의 경우에 있어서는 몸[體]이 그토록 고도로 조직화되지 못했으며, 몸[體]의 관념은 결코 마음[精神]이

---

35) *Ethics*, 제 2 부, 명제 7, 주석.

36) *Ethics*, 제 2 부, 명제 7.

37) 불행하게도 수많은 스피노자의 비판자들이 이 점에 관해서 그를 곡해하고 있다. 그들은 스피노자를 심신 평행론자(心身平行論者)로 만들어 버린 것이다. 그리고 그들은 한 걸음 더 나아가서 그를 산천 초목과 그 밖의 자연 현상이 물체일 뿐 아니라, 정신도 가지고 있다고 생각하는 물활론자(物活論者)로 만들었다. 그리고 마침내 스피노자의 신에 관한 견해까지도 때로는 왜곡하기에 이르렀다. 마치 스피노자가 신을 자연과 유리된 것, 그리고 초자연적 힘에 의하여 연장과 사유 사이의 일대 일의 부합을 유지하고 있는 것으로 생각한 것처럼. 그러나 이와 같은 경향의 이해는 스피노자가 그의 〈윤리학〉에서 말한 바와는 전혀 다르다.

아니다. 몸이 산 몸이 되고 관념이 마음이 되는 것은 오직 특수한 조직상
의 발전을 이룩한 자연의 부분에 있어서뿐이다. 그렇지만 물체의 모든 양
태는, 그 구조가 고도의 조직을 가졌든 또는 극히 단순하든 두 가지 속성
을 가지고 있으며, 따라서 우리는 그것을 물체로서 이해할 수도 있고, 또
관념으로서 이해할 수도 있다. 예컨대 평면 위의 선 같은 단순한 양태는
연장을 가진 존재이다. 그리고 그것은 또 선의 방정식으로 표현할 수 있는
하나의 관념이기도 하다. 선에 어떤 변화가 생기면 반드시 방정식에도 변
화가 따르고, 또 방정식에 어떤 변화가 생기면 반드시 선에도 변화가 동반
한다. 그 선과 방정식은 두 개의 양태가 아니라 동일한 양태로서, 다만 전
자는 연장의 양태라는 각도에서 이해된 것이고, 후자는 사유라는 양태에서
이해되었다는 차이가 있을 뿐이다. 모래 위에 그려진 원과 $x^2+y^2=1$이라
는 방정식은 동일한 것이다. 마찬가지로 흙이나 돌이 무너져 내리는 물질
현상과 사태(沙汰)라는 관념은 같은 것이며, 또 물의 범람이라는 물질 현상
과 홍수라는 관념도 같은 것이다.[38] 이러한 양태들이 가진 관념들은 성찰
의 과정은 아니다. 그러나 역시 관념임에는 틀림이 없다. 스피노자에 의하
면, 우리는 자연을 하나의 실체로서 이해하는 동시에 여러 양태로서 이해
해야 하며, 또 사유와 연장도 속성에 의하여 이해해야 한다. 하나 하나 개
별적인 물체와 그 물체의 관념은 실체의 동일하고 불가분한 양태이다. 하
나의 실체, 즉 자연의 체계는 공간을 채우고 펼쳐져 있는 동시에 관념으로
서도 전개된다. 연장을 가진 허다한 물체들은 하나의 연속적인 연장의 체
계를 이루고, 무수한 관념들은 하나의 연관성 있고 통합된 관념의 체계를
형성한다. 그러나 사물의 연장과 진리는 두 가지의 것이 아니라 하나인 것
이다.

지식의 세 가지 단계

인간의 지식의 단계에 관한 스피노자의 학설은, 비록 데카르트식의 언어
로써 표현되기는 했지만, 데카르트의 그것과는 현저하게 다르다. 데카르

---

38) 이 점에 관한 스피노자의 견해와, 모든 개체는 질료(質料)와 형상(形相)의 결합이라고 본
   아리스토텔레스의 학설 사이에 상당한 유사성이 발견된다.

트는 인간의 마음을 정신적 실체라고 본 까닭에, 직각(直覺)이라는 특별히 정신적인 인간 활동으로부터 출발하였다. 한편 스피노자는 인간의 마음을 자연의 범위 안에 드는 양태라고 본 까닭에, 자연 현상의 조직 안에 엉클어진 인간의 원초적 상태에서 오는 혼란을 출발점으로 삼고 있다.

인간의 지식에는 세 층의 단계가 있다고 스피노자는 주장한다. 우리 인간은 누구나 가장 낮은 단계, 즉 속견(俗見)의 단계로부터 시작한다. 우리가 가진 속견의 어떤 것은 풍문(風聞)에 기초를 두었고, 다른 것들은 우리 자신의 감각에 근거를 두었다. 어떤 경우라 할지라도 그것은 믿을 만한 것이 못 된다. 풍문이란 흔히 근거 없는 낭설이다. 감각은 인간의 육체와 외부 물체와의 상호 관계에서 생기는 것이며, 따라서 이 외부 물체의 성질에 관한 매우 혼잡한 관념만을 일으킨다. 육체는 여러 자극을 받으며, 따라서 정신에도 여러 감각이 생긴다. 그러나 자극은 무질서하고 단속적이며, 따라서 감각도 조리가 없고 단편적이다. 모든 관념과 모든 감각은 인간을 둘러싼 세계 안의 물체들 또는 인간 자신의 육체의 어떤 일면의 동가물(同價物)인 까닭에, 우리 마음이 가진 어떤 관념도 전혀 거짓은 아니다.[39] 그러나 감각에 입각한 의견은 인간의 몸이 놓여 있는 사태(事態)의 모든 정세를 반영하는 것이 아닌 까닭에, 그것은 완전 무결할 수가 없다. 예컨대 우리가 태양을 바라볼 때, 우리는 그것이 '약 200자 떨어진 곳에 있는' 그리 크지 않은 원반이라는 생각을 갖게 될는지 모른다.[40] 다음날 우리는 자연계에 관하여 더 많이 알게 될 때가 있으며, 그때 우리는 태양이 어째서 그렇게 보이는지, 또 자연의 법칙을 따라 그렇게 보일 수밖에 없는 이유가 무엇인지를 깨닫게 될 것이다. 그러나 우리의 몸이 주위의 다른 물체들과 처음으로 매우 국한된 접촉을 가지는 단계에 있어서는, 이 국한된 접촉을 반영하는 관념으로서의 감각도 그 물체들에 관한 좀더 타당한 지식으로서의 관념의 실체에 우리 마음이 극히 작게 참여한 것에 지나지 않는다. 우리의 마음속에 불완전하고 따라서 어지러운 관념이 생기는 것은 불가피한 일이다. 왜냐하면 우리의 육체는 유한하고, 우리의 감각 기관은 몇 개 되지도 않으

---

39) 스피노자는 데카르트처럼 일률적으로 감각적 경험을 결코 가벼이 여기지는 않았다.

40) *Ethics,* 제 2 부, 명제 35, 주석.

며, 거대한 자연계 안에서의 물체들의 물리적 상호 관계를 통하여 우리 육체에 작용함이 이론적으로 가능한 많은 자극 가운데에서 오직 그 소수의 영향만을 실제로 받게 되기 때문이다. 감각은 그것이 반드시 일어나지 않을 수 없는 필연성을 가진 한에 있어서, (데카르트가 생각한 것처럼) 착각 또는 거짓이 아니다. 그러나 감각은 천박한 인식이며 포괄성을 결여하고 있다. 그것은 광대하고 복잡한 대자연의 체계를 이해하는 척도가 아니다.

좀더 높은 단계의 지식은 우리가 사물에 관하여 적합한 관념을 가질 때에 도달된다. 우리가 적합한 관념을 갖게 되는 것은, 모든 사물에는——모든 유한적 양태에 있어서나 하나의 총체적 실체에 있어서나—— 어떠한 공통된 특색 또는 특징이 있기 때문이다. 자연의 모든 부분과 전체에 공통되게 퍼져 있는 성질은 반드시 올바로 인식되어 우리의 공통 관념(共通觀念)을 형성하는데, 이 공통 관념은 사람이면 누구나 명석 분명(明晳分明)하게 의식하는 것이다.41) 이러한 공통 관념이란 예컨대, 연장(延長)·운동·정지·경도(硬度)·크기·모양·원인·평면·선 등인데, 한마디로 말하자면 수학과 역학의 모든 기본 관념이 그것이다. 한 걸음 더 나아가서, 우리가 가진 최초의 적합한 관념인 공통 관념을 전제로 삼고 우리는 연역의 논리를 통하여 더욱 많은 적합한 관념들을 이끌어 낼 수가 있다. 그러므로 스피노자의 학설에 의하면, 결국 우리에게는 자연계에 관한 과학과 인간지(人間知)를 점점 키워 갈 수 있는 길이 열린 셈이다.

셋째번인 최고 수준의 지식을 스피노자는 직관지(直觀知)라고 불렀다. 이 용어는 데카르트로부터 빌린 것이다. 그러나 스피노자가 이 말로써 의미한 것은 데카르트의 경우와는 크게 다르다. 스피노자가 의미하는 '직관지'란 모든 존재의 전체계(全體系)에 관한 포괄적 지식을 말한다. 비록 적합한 관념이라 할지라도 오직 상대적인 적합성을 가질 뿐이다. 공통 관념은 바로 그것이 모든 사물의 공통된 성질에 관한 관념인 까닭에, 그 여러 사물 가운데의 어떤 한 가지의 모든 성질, 즉 그것의 본질을 밝혀 주지는 않는다. 적합한 관념은 그 자체만으로 볼 때 참된 것이기는 하나, 그것이 논리적 완결성에 도달하는 것은 조직적 이해에 있어서—— 적합한 관념의

---

41) *Ethics*, 제2부, 명제 38 및 계론(系論).

추상적 명백성이 복잡한 상호 관계를 맺고 있는 사물들의 상세한 성질에 대한 좀더 구체적인 파악에 의하여 보충된 조직적 이해에 있어서—— 이다. 스피노자도 인정하는 원칙에 있어서의 그의 직관지의 개념은 포부에 가득 찬 이상을 표명한 것인 까닭에, 그것의 완전한 달성은 인간에게 불가능한 일일 것이다. 그러나 적어도 그것은 인간이 실제로 도달한 여러 가지 정도의 지식을 저울질할 수 있는 표준이 된다는 의미에서 뜻있는 이상(理想)이다. 그리고 만약 적합한 관념의 소유가 세계에 관한 과학적 탐구의 기초라면, 직관지에 대한 갈망은 철학자의 과제인 총체적 진리의 통찰을 위한 기본 조건이다.[42)]

스피노자는 그의 인식론을 애써 세움에 있어서 어떤 인식론적 궤변의 힘을 빌리지는 않았다. 스피노자의 견지는 그 내용에 있어서, 인간의 이성의 확실성을 보증하기 위하여 신을 끌어낸 데카르트에 대한 반박론이다. 데카르트의 이론이 순환 논법(循環論法)에 빠졌다고 스피노자는 주장한다. 즉 데카르트는 신의 존재를 증명하기 위하여 이성 및 자아의 본유 관념(本有觀念)을 이용했고, 다음에 이성의 사용을 정당화하고 본유 관념의 참됨을 밝히기 위하여 신의 자비에 호소했다는 것이다. 데카르트의 이 거짓을 숨긴 수법을 반박하여 스피노자는 대담하게도, "진리는 그 자체의 표준이다."라고 언명하였다. 또 표현을 바꾸어 이렇게 말하기도 했다.

참된 생각을 가진 사람은 그것을 갖는 동시에 자기의 생각이 참됨을 알며, 자기가 알고 있는 것이 참이라는 것을 의심할 수가 없다.[43)]

스피노자는 결국 어떤 관념이 참되다는 것을 직접 파악하는 것밖에는 진리에 도달하는 길이 없다고 주장하고 있는 셈이다. 데카르트가 그의 인식론적 탐구의 종점에서 주장한 것, 즉 명석하고 판명한 관념을 가졌을 때 우리는 진리에 도달한다는 것은 옳은 주장이다. 그러나 진리의 보증을 위

---

42) 비록 데카르트의 용어를 빌어 쓰기는 했으나, 스피노자가 제시한 인식론은 데카르트의 그것보다도 플라톤의 그것에 훨씬 가깝다. 스피노자의 직관지(直觀知)의 개념은 플라톤의 분선(分線)의 도식에 있어서의 이성지(理性知)와 거의 같은 내용이다.

43) *Ethics*, 제 2 부, 명제 43 및 그 주석.

해서 데카르트처럼 신의 재가(裁可)를 우러러 바랄 필요는 없다. 자기의 참
된 인식을 참된 것으로서 인정하기 위하여 우리는 아무도 신의 재가를 필
요로 하지 않는 것이다.

도덕 생활의 심리학

〈윤리학〉의 제 3 부는, 제 4 부에 나오는 일부의 명제들과 아울러 스피노
자의 심리학 특히 그의 윤리학의 수립에 가장 관계가 깊은 심리학설을 표
명하고 있다. 제 3 부의 제목은 알기 쉬운 우리말로 옮기기 힘들다. 왜냐하
면 스피노자가 사용한 '아펙투스(affectus)'라는 라틴어에 해당하는 쉬운 우
리말이 없기 때문이다. 제 3 부의 셋째번 정의에서 스피노자가 말한 바에
의하면, 아펙투스란 인간이 그 환경 속의 사물들과 교섭을 갖는 동안에 주
위로부터 닥쳐 오는 자극의 힘에 의하여 영향을 받는 그 반응의 모든 방식
을 가리키는 말이다. 아펙투스에는 (육체적 현상과 정신적 현상은 표리 일체의
관계에 있다는 스피노자의 이론을 따라서) 사람의 몸에 일어난 변화와 마음에
일어난 변화를 아울러 포함한다. 이에 우리는 제 3 부의 제목을 '인간이 다
른 것으로부터 받는 영향의 방식의 기원과 본성에 관하여'라고 번역할 수
있을 것이다. 이 문제에 대한 스피노자의 이론은 정의 3에 관한 설명을 위
한 각주에서 밝힌 한 가지 기본적 구별을 토대로 삼고 형성된다. 아펙투스
가 사람의 힘을 크게 증대시키며 따라서 그 사람 자신의 본성에 의거하여
우리가 그것을 이해할 수 있을 경우에는, 그 아펙투스는 능동(能動)이다.
반대로 아펙투스가 사람의 힘을 감소시키며 따라서 그것을 일으킨 외부의
힘에 의해서만 우리가 그것을 이해할 수 있을 경우에는, 그 아펙투스는 수
동(受動)이다. 스피노자가 사용한 다른 표현을 빌린다면, 사람이 자기가
하는 행동의 충분한 원인일 경우에 그의 행동은 능동이요,[44] 사람이 자기
가 하는 행동의 불충분하고 부분적인 원인일 경우에 그의 행동은 수동이

---

44) 영어의 action(행동 ; 본 역서에서는 능동이라고 번역하였음)이라는 말을 이러한 뜻으로 쓰는
   것은 이례적이다. 왜냐하면 사람들은 action의 경우에 있어서보다도 passion(정념 ; 본 역서
   에서는 수동이라고 번역하였음)의 경우에 있어서 더 홍분하고 난폭하게 행동하기 때문이다.
   이 뒤에 나오는 심리학과 윤리학에 관한 여러 명제 안에 있어서 '능동(action)'이라는 스
   피노자의 용어의 정확한 의미를 파악하도록 주의해야 한다.

다. 전자의 경우에 있어서는 사람은 자기 자신의 본성과 힘을 나타낸다. 후자의 경우에 있어서는 사람은 적어도 부분적으로 밖으로부터 작용하는 힘의 노예이다.

스피노자의 견해에 의하면, 우리가 영위해야 할 값진 인생은 능동적인 생활, 즉 스스로가 자기 행위의 충분한 원인이 되는 생활이다. 그러나 이와 같은 인생을 갖기는 어렵다. 왜냐하면 사람은 누구나 예외 없이 부적합한 관념을 많이 가지고 있기 때문이다. 어떤 이는 더 많이 가지고 있고 다른 어떤 이는 적게 가지고 있는 정도의 차이는 있을지언정 누구에게나 약간의 부적합한 관념은 있다. 값진 인생을 갖기 위하여 우리가 취할 수 있는 가장 가까운 길은 될 수 있는 대로 많은 적합한 관념을 획득하는 길, 다시 말하면 환경 속에서 작용하는 힘들에 의하여 농락됨이 없이, 가능한 한 자기의 문제를 자기 스스로의 뜻에 의하여 처리하는 주체적 행위자가 되는 길이다. 자연 안의 어떠한 유한적 존재도 비록 인간의 경우일지라도 스스로의 생애에 대한 완전한 주인공이 될 수는 없다. 인간 존재의 비극성을 스피노자는 자기가 본 대로 다음 명제 안에서 침통하게 인정하고 있다.[45)]

인간이 자연의 일부가 아닐 수는 없으며, 따라서 오직 인간 자신의 본성만에 의하여 이해할 수 있는 변화, 즉 오로지 자기 자신만을 원인으로 삼고 생기는 변화 이외에는 어떠한 변화도 겪지 않는다는 것은 있을 수 없는 일이다.

그러나 비록 우리가 그것을 완전히 달성하기를 기대하지는 못할지라도, 어떠한 생활이 인간을 위한 값진 생활인지 분명히 깨달을 수는 있을 것이다. 덕(德)은 곧 힘이라고 스피노자는 말한다.[46)] 그러나 (스피노자가 말하는) 힘이란 근력이나 병력 같은 폭력을 의미하는 것이 아니다. 그것은 격렬한 충동의 무제약적 발산이 아니다. 힘이란 오히려 인간의 본질 또는 인간성의 법칙에 따르는 행위를 말한다. 덕은 곧 힘이라고 말한 스피노자의 본의가 무엇인가는 〈윤리학〉의 제 4 부와 제 5 부의 명제들이 전개됨에 따라서 명백해진다.

---

45) *Ethics*, 제 4 부, 명제 4.
46) *Ethics*, 제 4 부, 정의 8.

스피노자는 가끔 laetitia와 tristitia라는 개념을 사용하여 인생의 성공과 실패를 논하였다. 이 두 낱말의 라틴어는 흔히 pleasure(쾌락)와 pain(고통)이라는 영어로 옮겨지고 있으나, 매우 어색한 번역이다. 스피노자는 쾌락주의자와는 거리가 멀었다. 그는 또 결코 금욕주의적인 취미의 인물도 아니었으며, 친지들이 환락을 즐기고 물질의 소유를 이용하는 것을 바라보고 기쁘게 여겼다. 그러나 그는 쾌락을 인격 또는 행위의 도덕적 가치를 재는 기준이라고 보는 생각에 대해서는 플라톤이나 아리스토텔레스에 못지않게 비판적이었다. 스피노자가 laetitia라는 말을 모든 종류의 쾌락을 가리키기 위하여 무차별하게 사용한 일은 한번도 없었다. 그가 육체적 쾌락에 언급하고자 원했을 때에는 '관능의 쾌감'이라는 말을 사용했다. laetitia는 사람의 힘의 성숙된 실현을 의미하는 인격의 성장을 표시하는 행복감 또는 행복의 쾌감이다. 그것은 인간의 마음에 좀더 높은 덕 또는 완전성으로 향상될 때에 수반하는 만족감이다. 그리고 tristitia는 그와 반대되는 경험을 일컫는다. 그것은 인격의 도덕적 발전에 있어서의 후퇴 또는 성숙된 힘의 감퇴에 따르는 무능과 열등의 느낌이다. 스피노자는 최고의 인생은 자연 사상(自然事象)의 조직 가운데에 있어서 자기에게 가능한 최대의 능력을 발휘함이라는 견지를 취하였다. laetitia는 도덕적 성장의 의식이요, tristitia는 실패와 쇠퇴의 자각이다. [47]

스피노자는 또 자기 보존이라는 개념을 통해서도 상당히 길게 논하고 있다. 그러나 그는 다윈보다도 두 세기나 앞서서 글을 썼던 것이다. 따라서 그는 인간이 동료들과의 치열한 생존 경쟁에 있어서 승리할 것을 천성에 의하여 희구하고 있다거나, 또는 그것을 희구해야 할 윤리적 의무가 있다는 뜻을 주장할 생각은 없었다. 그가 모든 개인은, 사람뿐 아니라 자연계의 모든 유한적 개물(個物)은, "자기 자신의 보존을 희구한다."라고 썼을 때, [48] 그는 사람들에게 자연 안에서의 자신의 상태를 향상시킬 것을 열심히 꾀하라고 역설했던 것이다. 다시 말하면, 누구나 적합한 관념을 획득하여 스스로 자기 행동의 충분한 원인이 되기만 한다면, 그는 정신을 산란케

---

47) *Ethics*, 제 3 부, 명제 11 및 그 주석, 명제 19~26, 제 4 부, 명제 41 참조.
48) *Ethics*, 제 3 부, 명제 6.

하는 주위로부터의 자극에 의하여 허둥지둥 농락당하지 않고, 자기 자신의 성숙한 힘과 생생한 정력을 발휘하게 된다.

스피노자는 동료에 대항하는 무자비한 경쟁을 인간다운 값진 생활이라고 생각하기는커녕 바로 그 정반대의 견해를 가졌던 것이다. 자신의 힘을 좀더 크게 함에 도움이 되는 여러 가지 것들이 이 세상에는 있다. 그러나 그것들 중의 어느 것도 타인과의 협력처럼 효과적인 도움이 될 수는 없다. 같은 목적을 가진 두 사람은 그 한 사람 한 사람보다 두 배나 강력하다. 그리고 인원수가 더 많은 집단의 경우에 있어서도 이치는 마찬가지이다. 이론상으로 본 인간의 이상은, 진실로 모든 사람이 한마음 한몸이 되도록 서로 조절하여 공동의 행복을 추구함에 일치 단결하는 일이다.[49] 스피노자는 그의 웅변적인 한 구절에서 이렇게 말하고 있다.[50]

고립해서 살기보다 더 어려운 일은 인간에게 없다. 그래서 수많은 사상가들이 사람은 사회적 동물이라고 정의했던 것이다……. 그러므로 풍자가들은 인생사를 실컷 비웃으라 하여라. 신학자들은 세속사를 멸시하게 내버려두어라. 낙담한 무리들은 거친 은거(隱居)의 생활을 찬양케 하여라. 그들로 하여금 사람을 무시하고 짐승을 찬미하라 하여라. 그러나 모든 말이 토해지고 모든 행동이 이루어진 다음에, 사람들은 자기네에게 필요한 것을 얻고 도처에서 닥쳐오고 있는 위험을 막기 위하여 상호간의 협조에 의존하지 않을 수 없다는 사실을 깨닫게 된다.

그러나 이 이론적 이상에 접근하려면, 우리는 진실로 이성적이 아니면 안 된다. 우리는 우리의 정상적 정념(情念)을 극복해야 하며, 우리의 삶의 능동적 분야를 키워야 한다. 정념에 사로잡히는 한 우리는 질투에 가득 찬 싸움으로써 서로를 대하며, 미움에 의하여 나 자신의 삶을 망치고 악의에 찬 공격으로 남의 생애를 망가뜨린다. 그리하여 사회를 서로 싸우는 당파로 갈라지게 한다. 오직 우리가 이성의 지시를 따라서 살 경우에만 우리는 사회의 조화를 촉진하고, 이웃 사람의 행복을 조장하며, 스스로의 인격 실현의 기쁨을 맛볼 것이다.

---

49) *Ethics,* 제 4 부, 명제 18의 주석.
50) *Ethics,* 제 4 부, 명제 35의 주석.

스피노자는 〈윤리학〉제 3 부에 사람의 행동 가운데에서 특히 현저한 능동과 수동의 목록을 첨가하였다. 이 목록의 머리말에 있어서 그는 인간의 본질을 욕구(다시 말하면 아직 얻지 못한 것을 향하는 갈망 내지 운동)라고 주장하였다. 그리고 모든 욕구는 반드시 laetitia 또는 tristitia를 초래한다—— 이것은 스피노자 학설의 필연적인 결론이다. 왜냐하면 욕구가 도덕적 성장을 결과로 할 때에는 그것은 '능동'이며 행복을 가져오고, 만약 욕구가 도덕적 손실을 결과로 할 때에는 그것은 '수동'이며 그리고 불행을 가져오기 때문이다. 목록에 나타난 항목들은 (그것은 모두 48가지인데) 대개 짝〔對〕을 짓고 있다—— 예컨대 사랑과 미움, 자신과 절망, 소심과 대담과도 같이. 짝을 짓지 않는 것들로 말하면 수동의 수가 능동의 그것보다 많다—— 예컨대 야망・폭식・술주정・탐욕・색욕 등은 모두 인자(仁慈) 또는 절제에 반대되는 것들이다. 비록 스피노자는 인간이 질서 있는 사회를 이루고 융화될 수 있는 가능성을 통찰하기는 했으나, 그는 인간사의 고상한 측면뿐 아니라 추악한 일면도 날카롭게 간파하였다. 이론에 있어서나 실천에 있어서나 스피노자는 사물을 지나치게 좋게 보지도 나쁘게 보지도 않고, 인간의 성질이나 문제를 냉철하고 공정하게 판단하였다.

얽매인 인간과 자유로운 인간

〈윤리학〉의 제 4 부와 제 5 부의 제목은 이 책 전체의 이론이 지향하는 궁극적 주제가 무엇인가를 명시한다. 제 4 부와 제 5 부의 제목은 하나의 대립을 웅변으로 표현한 것인데, 그 대립은 삼중의 구조로써 전개된다. 그 제목의 하나는 '인간의 노예 상태 또는 인간에게 가해지는 자연의 충격력에 관하여'이며, 또 하나는 '지성의 힘 또는 인간의 자유에 관하여'이다. 이 두 제목에 있어서 스피노자는 노예 상태와 자유, 자연의 충격과 인간의 지성, 그리고 강제력과 자제력을 대조시키고 있다.

도덕 판단(道德判斷)의 언어들이 전체적으로 그렇듯이, 선과 악도 사물이 사람에게 미치는 영향을 떠나서 사물 그 자체만을 고려할 때 적용되는 말은 아니다. 그리고 선과 악은 전체로서의 자연에도 적용되지 않는다. 스피노자가 자연을 훌륭하다고 말한 것은, 굉장히 크며 놀랍도록 복잡한 자연의 체계가 의젓하고 장엄한 자세로써 그에게 감동을 주었기 때문이다.

그가 자연을 완전하다고 한 것은, 자연의 운행이 조밀하고 틀림없으며 확고 부동하기 때문이다. 자연에는 악의도 선의도 없다. 우리 인간은 자연의 과정과 싸울 필요도 없고 자연의 법칙을 고칠 힘도 없다. 데카르트에 있어 자연에 대한 이해는, 그것의 정복을 위한 예비 조건이었다. 스피노자에 있어 자연에 대한 이해는, 그것의 장엄함에 대하여 순전히 지적인 기쁨을 느끼기 위한 서곡이다. 오랜 세월을 두고 많은 사람들이 은혜와 양보를 받고자 희망하여, 신들에게 희생을 바치고 기도를 올렸다. 스피노자는 자기가 신이라고 부른 만유(萬有)를 포섭하는 실체의 명상을 즐겼는데, 그것은 바로 신에게 하후 하박(何厚何薄)이나 이랬다저랬다 함이 불가능하기 때문이었다. 스피노자가 신의 이름으로 부른 이 자연의 궁극적 체계는 그 고정된 노선으로부터 탈선시킬 수 없는 것이었다. 신은 이용의 대상이라기보다는 존경과 찬미, 그리고 사랑까지도 받아야 할 대상이다.

그러나 인간은 비록 자연의 체계 안에서 생긴 것이기는 하나, 도덕적 존재로서, 환경의 폭력에 대하여 비열하게 굴종하는 타락의 길을 갈 수도 있고, 또 스스로의 이성적 힘을 훌륭하게 발휘하고 고귀한 길에 오를 수도 있다. 실체(實體)가 도덕적 실재가 아님을 솔직하게 인정하고 나서, 실체의 양태 가운데에는 선한 것도 많으며 악한 것도 많다는 것을 스피노자는 지체없이 주장하였다. 왜냐하면 양태 가운데에는 인간의 힘의 성장을 도와주는 것도 많고, 또 그 성장을 저해 내지 좌절시키는 것도 많기 때문이다. 스피노자는 음악을 예로 들어 자기의 견해를 다음과 같이 설명하고 있다. 즉 음악은 우울한 사람에게는 좋을 것이고, 초상을 당한 사람에게는 나쁠 것이며, 귀먹은 사람에게는 좋지도 나쁘지도 않을 것이다. 사람에게 영양이 되는 것은 선한 것이니 음식이라 부를 수 있을 것이며, 사람을 해치는 것은 악이니 독물(毒物)이라 부를 수 있을 것이다. 자연 안의 여러 사물들은 인간이 자기의 고유한 능력을 발전시키고자 하는 노력을 돕기도 하고 또 가로막기도 하는 구실을 하는 까닭에, 우리는 도덕적 술어를 그 사물들에 적용할 수 있으며, 또 적용하지 않으면 안 되는 것이다. 자연은 도덕을 초월한 것이나, 그 안에 있는 인간은 필연적으로 도덕적이다.

스피노자는 형이상학에 있어서 아리스토텔레스와 차이가 있음에도 불구하고, 그의 윤리학은 플라톤이 기초를 닦고 아리스토텔레스가 체계화한 인

본주의(人本主義) 윤리설(倫理說)에 가깝다. 그러나 스피노자는 이성은 단
독의 힘만으로는 정념(情念)을 극복할 수 없다는 점을 그 이전의 인본주의
자들보다도 더 철저히 강조하였다. 그가 믿는 바에 의하면, 인간은 그가
자연의 기계 조직에 관련을 맺고 있다는 사실에서 오는 인생의 지장을 벗
어날 수는 없다. 감정은 그보다 더 강한 반대 감정에 의하지 않고서는 누
를 수도 없애 버릴 수도 없다고 말하고 있다. [51] 그러므로 실천 윤리학(實踐
倫理學)의 긴급한 문제는, 값진 삶을 희구하는 인간의 노력에 도움이 될 수
있는 자극을 자연으로부터 좀더 많이 얻는 길이 무엇이냐에 있다.

이 물음에 대하여 스피노자는 매우 형식적인 언어로 표현된 다음과 같은
명제(命題)로써 대답하고 있다. [52]

우리의 마음은 신체의 모든 변화와 사물의 모든 형상을 신의 관념으로 연관시
켜 볼 수가 있다.

여기서 스피노자가 제창하는 수법에 있어서 핵심이 되는 것은 물론 인간
의 이성(理性) 또는 지성(知性)이다. 왜냐하면 신의 관념은 일시적 자극 또
는 일시적 자극들의 인과율적(因果律的) 집합에 기인한 마음의 한정 형태가
아니기 때문이다. 신의 관념은 밀접한 조직으로 연결된 세력들의 크나큰
체계의 —— 우리의 감각과 감정 위에는 오직 피상적으로밖에 반영되지 않
는 크나큰 체계의 —— 관념이다. 그러나 우리가 모든 일시적 자극을 존재
의 전체계와의 관련 아래 이해할 때, 우리의 감각과 감정이 질적 변화를
일으킨다는 사실을 발견한다. 예컨대 우리가 받는 육체적 고통이 자연계
안의 유한적(有限的) 존재인 우리로서는 피할 도리가 없는 것임을 깨달을
때, 우리는 그 고통에 대하여 분노의 감정을 느끼지 않을 것이다. 남에 대
한 모욕적 행동은 일정한 상황에 있어서 어떤 종류의 사람들이 으레 하는
자연스러운 행동임을 이해할 때, 우리는 자기를 모욕하는 타인에 대하여
분노를 느끼지 않을 것이다. 죽음을 면치 못함이 자연계의 유한자(有限者)

---

51) *Ethics,* 제 4 부, 명제 7.
52) *Ethics,* 제 5 부, 명제 14.

에게 주어진 운명이라는 것을 이해한다면 우리는 죽음을 두려워하지 않을 것이다. 요약건대 모든 사건이 자연의 법칙을 따라 불가피하게 생긴다는 것을 아는 사람은 사건을 대하는 느낌이, 그 사건이 자기에 대한 고의(故意)와 악의(惡意)로 말미암은 재난이라고 생각하는 사람들과는 다를 것이다. 그의 느낌은 비단 다를 뿐만 아니라 좀더 굳셀 것이다. 그리고 이보다 강한 느낌은, 그가 만약 자기의 모든 경험을 신의 관념 또는 확립된 질서로서의 자연의 체계에 관련시키지 않았더라면 좀더 약한 느낌을 대신할 것이다.[53] 사리를 아는 마음에 의하여 인과율적 체계의 한 부분으로서 이해되지 못한 단편적 경험들은 인생을 어그러지게 하는 불안의 원인이다. 그러나 "자연이 우리에게 일으키는 모든 정념〔受動〕은 우리가 그것을 명석 판명하게 이해하자마자 벌써 정념 아닌 것으로 변한다."[54] 즉 그것은 능동으로 화하는 것이다. 자연은 우리의 몸과 마음에 인영(印影)을 지어내기를 여전히 계속한다. 그러나 사리를 헤아리는 지성인에게 있어서는 자연이 주는 모든 인영은 수동이 아니라 능동이다. 그것은 불안의 원인이 아니라, 오히려 세계와의 조화를 이룬 마음의 계발(啓發)을 주는 경험이다.

지성의 힘은 우리가 마음속에 '신에 대한 지적인 사랑'을 품을 때에 절정에 달한다고 스피노자는 믿었다. 아무도 신을 미워할 수는 없다. 왜냐하면 신의 관념은 모든 관념들 가운데에서 가장 적절한 것이며, 미움은 수동(즉 정념)이기 때문이다. 신에 대한 지적인 사랑 안에 우리는 인색함과 비열함, 기분의 동요와 질투, 그리고 육체적 욕망 따위의 정념으로부터의 해방을 발견한다. 신에 대한 사랑 가운데 우리는 마음의 안정과 침착, 육체적 욕망의 억제, 이웃사람에 대한 동정, 그리고 우주와의 조화를 발견한다. 신에 대한 사랑은 능동·힘·덕·자유를(이것은 값진 삶의 본질적인 네 측면 내지 네 가지 이름이다) 위한 관건이다.

고요한 행복

〈윤리학〉의 제 5 부 명제 20으로부터 명제 21로 넘어가는 자리에서 논제

---

53) *Ethics*, 제 4 부, 명제 11.
54) *Ethics*, 제 5 부, 명제 3, 또 명제 6도 참조.

의 전환이 이루어진다. 명제 20에 관한 토론이 끝날 무렵에 스피노자는 다음과 같이 말하고 있다.

이상의 명제들로써 나는 현세(現世)에 관한 모든 문제의 고찰을 완료하였다. 그러므로 이제 육체와의 관계를 떠나서 영원히 존속하는 정신에 관한 문제를 논할 단계이다.

여기에 인용한 스피노자의 말은 그의 진의를 밝혀 주기보다는 오히려 감춘다. 정신은 스피노자의 철학 체계에 있어서 현재나 과거나 미래를 막론하고, 표리 일체를 이루고 상응하는 육체를 떠나서는 시간상으로 존재할 수 없다. 스피노자는 여기서 시간적인 것의 고찰로부터 영원한 것의 고찰로 옮겨 가고 있는 것이다. 그러나 영원한 것과 불멸한 것은 다르다. 영원이란 시간 안에 있어서의 끝없는 존속을 말하는 것이 아니다. 스피노자의 설명에 의하면, 영원이란 어느 일정한 시간과 일정한 장소에 생기는 양태로서 이해된 어떤 존재를 말하는 것이 아니라, 여러 관념의 체계 안에서의 하나의 관념 —— 세계의 진상을 알려주는 하나의 관념 —— 으로서 이해된 어떤 존재를 말하는 것이다.[55] 〔연장(延長)의 속성에는 관련시킴이 없이〕 오로지 사유의 속성에만 의거해서 고찰된 실체는 참된 관념의 체계이다. 이 관념의 체계 안에 모든 유한적 개체에 관한 진리가 들어 있다. 그러므로 이 체계 안에 과거와 현재 그리고 미래의 모든 사람들 하나하나에 관한 진리가 들어 있다. 우리가 관념의 무한한 체계 안에 있어서의 자기의 본질인 그 관념을 통하여서 자기를 이해할 때, 우리는 자기에 관한 완전하고 궁극적인 지식을 갖게 된다. 물론 이 점은 다른 어떠한 존재를 같은 방식으로 이해할 경우에도 마찬가지이다. 사물을 그러한 방식으로 이해하는 것은 스피노자의 유명한 말을 빌린다면, 사물을 영원의 광명을 통하여 고찰하는 것이다. 그리고 사물을 영원의 광명을 통하여 고찰함은 (스피노자의 인식론의 전문적 술어로 표현한다면) 사물을 직각적(直覺的)으로 파악하는 것이다.[56] 이것은 스피노자가 그의 〈윤리학〉 제 2 부에서 말한 바와 같이 인간의 지식

---

55) *Ethics*, 제 1 부, 정의 8, 제 5 부, 명제 22.
56) *Ethics*, 제 5 부, 명제 25 및 명제 29.

의 최고 형태이다. 그리고 그것은 이제 그가 말하기에 이르렀듯이, 가장
고귀한 형태의 인생이기도 하다. 그것은 인생의 고요한 행복이다.

　고요한 행복에 관한 스피노자의 학설은 그의 〈윤리학〉의 마지막을 장식
하는 찬가이다. 그것은 스피노자가 덕·힘·라이티티아·초월성의 실현에
관한 오랜 분석을 통하여 이룩한 이론과 같은 것은 아니다. 그러나 그것이
아니었다면, 〈윤리학〉의 나머지 부분은 약간 용두사미라는 인상을 주거
나, 그렇지 않으면 적어도 충분히 납득이 가지 않는다는 인상을 주었을 것
이다. 왜냐하면 밖으로부터 간섭해 오는 힘의 끊임없는 영향 속에 사는 우
리 인간은, 자기의 도덕적 품위를 완전히 실현할 수는 결코 없기 때문이
다. 우리는 완전한 자유를 절대로 얻지 못한다. 인간이 제한된 시간 안에
서의 존재를 통해서 도달하리라고 기대할 수 있는 것은, 오직 제한된 정도
의 도덕적 성공 —— 국한된 범위의 상대적 행복 —— 뿐이다. 고요한 행복
의 이론은 라이티티아와는 다른 무엇을 —— 서로 반대되는 것은 아니나
같지도 않은 무엇을 —— 우리에게 제시한다. 완전한 덕이 불가능한 경우
일지라도 고요한 행복은 가능하다. 인간은 자기의 라이티티아의 정도 및
불가피한 오점(汚點)으로서 따르는 트리스티티아의 여러 사정을 이해할 수
가 있다. 그는 사리를 깨달을 수 있으며, 또 이 깨달음을 통하여 고요한 행
복에 도달할 수 있다. 고요한 행복은 덕의 대신이 아니며, 도덕적 실패를
메우기 위한 보상 또한 아니다. 오히려 그것은 유한자가 자기의 유한성을
무한자와 대비하여 고찰할 때 스스로에 관하여 내릴 수 있는 철저히 올바
른 판단의 결과로서 생기는 것이다. 고요한 행복은 영원한 것의 통찰인 까
닭에, 외부로부터 오는 기계적 힘에 의하여 해를 입지 않는다. "신에 대한
지적 사랑과 반대되거나 또는 그것을 파괴할 수 있는 것은 자연 안에 아무
것도 없다."라고 스피노자는 진술하고 있다.[57] 그러므로 우리가 고요한 행
복에 도달함을 방해하는 것은 자연 속에는 아무것도 없다. 우리는 종교적
박해와 정치적 압제, 경제적 곤궁과 신체적 질병, 그 밖의 모든 유한자의
불행 가운데에서도 고요한 마음의 행복에 도달할 수는 있을 것이다. 스피
노자는 우리가 고요한 행복에 도달할 수 있을 것이라고 말했을 뿐, 우리가

---

57) *Ethics*, 제5부, 명제 37.

쉽사리 그것에 도달하리라고는 생각지 않았다. 〈윤리학〉에 자주 인용되는 마지막 구절에서 그는, "모든 탁월한 것은 매우 드물고 또 매우 어렵다." 라고 지적하였다.

3. 라이프니츠

곳프리트 빌헬름 라이프니츠(Gottfried Wilhelm Leibnitz, 1646~1716) : 독일의 수학자이며 법률가・철학자이다. 도덕 철학 교수의 아들로서 학구적인 환경에서 자랐으며, 라이프치히 대학에서 학사와 석사 과정을 마치고, 박사 학위 과정은 알트도르프 대학에서 밟았다. 마인츠 선거후(選擧侯) 및 브룬스뷔크(Brunswick) 공작 밑에서 일한 적이 있으며, 널리 여행을 즐겨 다녔고, 후일엔 하노버 도서관의 사서 노릇을 하였다. 그는 신교의 교파들을 다시 통합할 계획을 세웠으며, 심지어 카톨릭과 신교까지도 다시 합칠 계획을 세웠다. 또 미적분의 원리도 계통을 세워 명시하였다. 그는 런던에 있는 영국 학사원(英國學士院)의 회원이 되었으며, 독일에서 여러 학회를 설립하는 데 공로가 있었다. 스피노자를 방문하여 한 달 동안을 같이 보낸 일이 있다. 철학에 관하여는 스피노자에게 힘입은 바 있다――비록 라이프니츠 자신은 그것을 인정하기를 꺼려했지만. 그는 법률・운동・과학의 논리와 방법론・형이상학・인식론, 그리고 신학에 관하여 수많은 논문을 썼다. 라이프니츠는 여러 지식인과 서신을 왕래했으며 3만 통의 그의 편지가 하노버 도서관 서고에 보관되어 있다. 그의 생존시에 발간된 책으로는 〈신정론(神正論 ; Theodicy)〉(1710) 단 한 권이 있을 뿐이다. 로크의 〈인간 오성론(人間悟性論 ; Essay Concerning Human Understanding)〉에 대한 비판서인 〈인간 오성 신론(人間悟性新論 ; New Essays on the Human Understanding)〉은 1704년에 이미 출판할 수 있도록 준비가 되었으나 로크가 세상을 떠나자 그 원고를 보류해 두었으며, 그 후 1765년에 이르러 비로소 출판되기에 이르렀다. 그의 여러 논문 가운데 가장 유명한 것은 〈형이상학 서설(形而上學敍說 ; Discourse on Metaphysics)〉(1686)・〈자연의 신체계(New System of Nature)〉(1695)・〈단자론(單子論 ; Monadology)〉(1714) 및 〈이성에 입각한 자연과 은총의 원리(Principles of Nature and Grace, based on Reason)〉(1714) 등이다.

라이프니츠는 독일의 군주들을 위하여 수년간 외교에 종사한 일이 있다. 그의 후일의 철학적 저술에 현저히 나타난 외교관적 정신은 이 초년의 훈련을 반영한 것이다. 라이프니츠는 데카르트의 사상 및 여러 데카르트 학파의 문제들이 널리 퍼진 영향의 결과로서 유럽 철학계에 일어난 논쟁들을 논리적으로 해결할 것을 꾀했다. 현실적인 일에서도 그랬듯이 그는 철학적인 문제에 관해서도 대립된 학설들을 절충하기에 힘썼다. 그러나 절충이란 관계를 가진 어느 편에게도 만족을 주지 못하는 것이 보통이다. 라이프니츠의 철학적 절충도 이 일반적 원칙으로부터 예외는 아니다. 라이프니츠를 "모든 시대를 통하여 가장 위대한 사상가의 한 사람"이라고 부를 수 있도록 그를 찬양한 어떤 학자까지도 라이프니츠의 어떤 학설에 관해서, "라이프니츠에 앞섰던 데카르트주의의 역사가 아니었더라면 결코 수긍할 만한 것이 되지 못했을 것"이라고 말하고 있다.[58] 라이프니츠의 책을 읽는 많은 독자들은 그의 학설에 대해서 (수학과 논리학에 관한 몇 가지 발견을 제외하고는) 전혀 수긍이 가지 않는다. 그러나 라이프니츠의 영향은 상당히 크다. 그의 독자들은 흔히 그의 상상력과 재치에 깊은 감명을 느낀다. 그의 형이상학설(形而上學說)은 비록 수긍은 가지 않는다 할지라도, 그가 죽은 뒤 약 200년이 지난 오늘날까지 '영속적 문제' 또는 주요한 교단 철학 문제(敎壇哲學問題)로서 남아 있는 문제들에 대한 한 가지 해답의 가능성을 분명히 나타내고 있다.

라이프니츠는 신학에 대해서도 깊은 관심을 가졌었다. 그는 서구의 종교적 전통의 견지에서 볼 때, 스피노자의 그것보다 용인될 수 있는 신의 이론을 주장하고자 했다. 그는 성 안셀무스의 본체론적(本體論的) 증명과 성 토마스의 우주론적 증명을 다시 살렸다. 그는 (갈릴레이의 과학과 데카르트의 철학이 자연계로부터 목적인(目的因)을 배제하려는 경향에 강력히 반대하는 한편) 저 오래된 목적론적 증명, 즉 자연은 설계에 의한 창조물이라는 증거에 입각한 증명이 또다시 지지받게 하고자 애썼다. 그리고 그는 자신의 예정 조화설(豫定調和說)을 토대로 삼고 신의 존재를 증명하는 새로운 이론을 덧붙였다. 그러나 라이프니츠의 유신론적 신념을 뒷받침하기 위해서는 여러 가지 다른 철학적 문제에 대한 새로운 견해가 요청되었다. 그는 이러한 철학적 문제들을 그의 여러 논문들을 통하여 고찰하고 있다.

---

58) Bertrand Russell, *A History of Western Philosophy*(New York, Simon and Schuster, 1945), pp. 581, 588.

형이상학적 유심론(唯心論)

라이프니츠가 독창적 견해를 표명한 문제들 가운데 하나는, 몸과 마음의 관계였다. 그는 몸과 마음의 상호 작용이 불가능하다고 본 점에 있어서 괼링크스 및 스피노자의 견해에 동의하였다. 관념이 신체를 움직일 수 없으며, 신체가 관념을 생산할 수도 없다. 불가능한 것을 우리는 분명히 부인하지 않으면 안 된다. 그러므로 상호 작용은 없다고 단호하게 주장한다.

상호 작용(相互作用)에 대한 라이프니츠의 부인은 두 개의 주목할 만한 결론을 —— 라이프니츠가 자기의 사상 체계의 논리를 따라 애써 풀어 낸 두 개의 결론을 —— 초래했다. 그 결론의 하나는 이른바 형이상학적 유심론(唯心論), 즉 정신적 실체만이 오직 존재한다는 주장이다. 라이프니츠는 연장(延長)을 실체의 본질이라고 볼 수 있다는 데카르트와 스피노자의 신념에 대한 비판을 통하여, 그의 형이상학적 유심론의 정당성을 밝히고자 한다. 그는 불가분성이 모든 실체들의 필연적 특성이 아닐 수 없다고 주장한다. 오직 나눌 수 없는 것만이 실체로서의 자격을 갖는다는 것이다. 연장은 언제나 나눌 수 있으며, 따라서 실체의 참된 성질이 될 수 없다. 실체의 참되고 본질적인 성질이 무엇이냐는 것은 우리 자신에 관한 직관을 통하여 알 수 있다. 실체는 심적 활동의 독립된 중심이다. 모든 실체가 보통 '마음'이라는 말로 부를 수 있는 따위의 것이 아니라는 것은 라이프니츠도 인정한다. 실체들 가운데에는 훨씬 단순한 것들이 많으며, 발전 단계로 보아 저급한 것들도 많다. 그러나 그것들은 모두 데카르트가 말한 물질적 존재에보다는 마음에 가까운 것들이다. 왜냐하면 그것들의 참된 본질은 연장에서 찾아볼 수 있는 것이 아니라, 밖으로부터 오는 영향력에 대하여 저항할 수 있는 힘에서 찾아볼 수가 있기 때문이다. 실체는 점(點)과 같은 것이다. 물리학자들은 힘을 점과 같이 다룬다. 형이상학자는 실체를 그렇게 다루어야 한다고 라이프니츠는 주장한다. 실체는 다른 모든 실체들로부터 오는 간섭을 물리치고(간섭뿐만 아니라 접근도 물리치고), 그 자체의 독립된 존재로서의 본연의 자세를 지키는 연장이 없는 실재, 다시 말하면 비물질적 실재이다.

이에 라이프니츠는 우주를 무수한 정신적 실체, 즉 정신들의 계층 조직적 체계라고 보기에 이르렀다. 최고의 정신은 신이다. 그리고 신의 밑에 이성적인 마음들, 감각과 욕망을 동반하는 동물적 의식 중추(意識中樞), 식물의 영혼들, 그리고 마지막으로 매우 희미한 지각만을 가졌으며, 보통 관찰자에게는 내적·정신적 성질을 가지고 있는 것같이 보이지 않는 (무생물적) 영혼들이 차례로 존재한다. 이들 심혼(心魂)은 어느 것이나 모두 자기 자신 속에 완전의 가능성을 내포하고 있는 까닭에 엔텔레케이아(entelechies)라고 부를 수 있을 것이다. 가장 단순한 정신은 이를테면 우리가 졸도했을 때 경험하는 바와 같은 혼수 상태에 빠져 있는 격이다. 우리가 졸도로부터 깨어날 때, 우리는 자기가 어떻게 생생한 의식을 회복하는가를 깨닫는다. 우리는 그 회복이 점차적인 과정이요, 회복되기에 앞서서 아주 희미하고 거의 무의식적인 상태가 선행한다는 사실을 안다. 바로 이와 같은 희미한 의식 상태에 늘 있는 것이 가장 단순한 정신들이다. 그러나 우주 안에 생명이 없는 물건은 없다. 우주는 전체가 정신적인 존재라고 보아야 한다. 우리는 우주를 '신의 나라'라고 부를 수 있을 것이다. 신이 다른 여러 정신에 대하여 가진 관계는 왕이 신하에 대한 그것 또는 아버지가 그 자녀들에 대한 그것과 같다.

　라이프니츠는 매우 교묘한 비유를 통해서, 희미한 의식(意識)에 관한 자기의 학설이 곧이들리게 하려고 애를 썼다. 즉 우리가 바닷가에 섰을 때, 우리는 요란한 파도 소리를 듣는다. 그렇지만 바닷물 한 방울 한 방울의 소리는 결코 듣지 못할 것이다. 그러나 마치 바다가 수없이 많은 물방울의 집합이듯이, 우리가 듣는 요란한 파도 소리는 들리지 않을 정도로 희미한 수없이 많은 소리들의 집합이다. 그 희미한 소리들이 아니었다면 저 큰 소리도 없었을 것이다. 우리가 알아볼 수 없을 정도로 희미한 의식, 그것이 바로 가장 낮은 단계의 실체들이 가지고 있는 따위의 의식이다.

　정신들은 다른 정신에게는 모두 물체같이 보인다는 것을 라이프니츠는 인정하지 않을 수 없었다. 그러나 물체는 실재가 아니며, 또 실재하는 것의 본질도 아니다. 오히려 그것은 하나의 가상(假象) 또는 정신적 실체가 다른 실체의 의식 속에 상징되는 표현의 양식이다. 정신들은 마치 이 세상에 물체라는 것이 없는 것처럼 행동한다. 왜냐하면 정신의 잇따른 상태는 물체로부터 인과율적(因果律的) 영향을 받지 않고서 생기는 것이기 때문이다. 마찬가지로 물체들은 마치 이 세상에 정신이라는 것이 없는 것처럼 운동한다. 왜냐하면 정신이 다른 정신에게 의식될 때에는 반드시 연장(延長)이라는 표현 양식을 통해서 나타나기 때문이다. 이 점에 관한 라이프니츠의 견해는, 동일한 실체를 우리는 사유와 연장 어느 속성에 의거해서라도 충분히 인식할 수 있다고 한 스피노자의 학설에 힘입었음을 명시한다. 그러나 라이프니츠의 견해는, 정신을 유일한 실재로 보고 물체는 상징적 가상이라고 보는 점에 있어서 스피노자의 그것과 다르다. 이리하여 라이프니츠는 정신이 직관적으로 파악할 수 있는 것은 오직 자기 자신이 가진 의식의 상태뿐이라고 한 데카르트의 주관주의(主觀主義)를 이용하였다. 소위 물질계라는 것은 정신계가 의식 위에 나타나는 양식에 지나지 않는다. 그러므로 역학과 물리학은 정신이 자기 전개의 과정에 있어서 겪는 지각적 경험의 조직과 순서, 그리고 상호 관계에 관한 연구이다.

단자론(單子論)

라이프니츠가 상호 작용설(相互作用說)을 부정했음으로 말미암아 필연적으로 도달하지 않을 수 없었던 또 하나의 놀랄 만한 결론은 그의 단자론(單子論)이다. 정신은 어느 것이나 그 자신 밖의 것으로부터의 간섭이나 인과율적 영향을 받는 일이 없이 오직 그 스스로의 본질적인 여러 원리만에 의거해서 발전한다고 라이프니츠는 주장한다. 그는 자기의 주장을 뒷받침하기 위하여, 그에 앞서 스피노자가 그랬듯이 데카르트의 실체의 정의를 이용하였다. 그러나 라이프니츠와 스피노자는 그들의 목적이 각각 달랐으며, 따라서 데카르트의 정의를 적용하는 요령도 서로 달랐다. 데카르트의 정의에 의하면, 실체는 그것이 존재하기 위하여 자기 자신 이외의 어떠한 존재도 요구하지 않는 것이다. 스피노자는 유한적 존재들이 상호 작용한다는 사실을 보고 유한자들은 실체가 아니요 오직 거대한 자연의 체계만이 실체라는 결론을 논리의 요청을 따라 이끌어 냈다. 라이프니츠는 유한적 정신들이 실체라는 신념에서 출발하여, 정신 하나하나는 완전한 독립체요 따라서 갑이라는 정신이 을이라는 정신에 영향을 미칠 수는 없다는 결론에 논리적으로 도달하였다. 그래서 그는 정신 하나하나를 단자(單子 ; monad)라고 불렀다. 단자란 독자적으로 존재하는 실체라는 뜻이다. 단자 하나하나는 전우주를 반영한다. 따라서 단자 하나하나는 우주에 있어 존재하고 발생하는 모든 사상(事象)에 관한 관념들을——그 관념이 혹은 분명하고 혹은 희미한 차이는 있지만——그 자체 안에 가지고 있다. 한 사람이 지껄이고 또 한 사람이 들을 때, 그 지껄임이 들음의 원인이 되는 것이 아니다. 두 사람은 각각 자기 자신의 법칙을 따라서 생활하고 있을 뿐이다——비록 그 두 사람의 경험을 매우 조화롭게 조절되어 있는 까닭에 우리는 보통 두 사람 사이에 상호 작용이 일어난다고 생각하기 쉽지만. 인간과 그 밖의 모든 단자들의 생애에 일어나는 모든 사건에 관해서도 마찬가지이다. 어떠한 정신에 대하여도 그것과 교섭을 갖게 되는 (또는 이론상 교섭을 갖게 될 수 있는) 외적 영향력이라고는 전혀 없다. 모든 단자들의 모든 경험은 "그 단자 자체에 관하여는 완전히 자발적으로, 그러나 다른 존재들에 대하여는 완전한 일치를 이루도록" 그 단자의 생애 안에서 일어난다. 59) 라이프니츠는 자기의 논점을 회화적으로 표현하여, 단자에게는 '창(窓)이 없다'고 말하였다.

예정 조화(豫定調和)

라이프니츠의 단자론(單子論)은 스스로를 지탱하기 위하여 수없는 단자들이, 실제로는 전혀 서로 작용함이 없이, 그러나 보기에는 마치 서로 작용하는 것처럼 서로 조화되게 각자를 전개시키는 그 사연을 설명할 것을 요구하였다. 이 설명을 제공하는 것이 라이프니츠의 예성 조화설(豫定調和說 ; pre-established harmony)이다. 신은 전능하여서, 단자들의 정신적 발전의 무수한 노선에 언제나 조화가 가득 차도록 여러 유한한 정신을 창조했다는 것이다. 라이프니츠는 자기의 〈형이상학 서설〉을 변호하는 어떤 편지에서, 우주를 막대한 수효의 관현악단 또는 합창단에 비교하여 다음과 같이 말하였다. 60) 몇 개의 관현악단 또는 합창단이 서로 듣거나 볼 수 없는 위치에 배치되었다고 가정하자. 그리고 또 이 관현악단이나 합창단은 각각 자기네의 악보를 따르는데, 그 악보는 눈에 보이지 않는 동일한 지휘자가 지정해

---

59) 〈자연의 신체계(New System of Nature)〉, 제 14 절, 그리고 〈형이상학 서설(Discourse on Methaphysics)〉, 제 28 절 참조.

60) 1687년 4월 30일자 Arnauld에게 보내는 편지 가운데에서.

준 것이라고 가정하자. 그러면 그때 그들이 하는 전체의 음악은 하나의 조화된 교향곡을 이룰 것이다 —— 비록 각 관현악단이나 합창단에게는 그 거창한 교향곡이 자기네 자신들만의 연주 내지 연기에 의한 것같이 보이겠지만, 우주의 질서는 바로 그러한 종류의 광대 무변한 음악 같은 것이라고 라이프니츠는 결론지었다.

신정론(神正論)

라이프니츠는 그의 예정 조화설을 이용하여, 신이 세계를 다루는 방식에 관하여 변명하였다. 그에 의하면, 이 세계는 모든 가능한 세계 가운데에서 가장 좋은 세계이다. 이 세상이 상상할 수 있는 세계들 가운데에서 최선의 것은 못 될지도 모른다. 왜냐하면 이 세계가 다른 점은 현재 있는 그것과 똑같고 다만 이른바 악이라는 것의 하나 또는 몇 개 혹은 그 전체가 제거된 세계를 우리는 상상할 수 있을 것이기 때문이다. 그러나 그와 같은 세계를 상상할 수 있다는 사실은 그와 같은 세계가 가능하다는 것을 의미하지는 않는다. 먼저 말한 여러 독립한 합창단의 비유를 다시 한번 쓴다면, 우리는 이렇게 말할 수 있으리라는 것이다. 즉 부조화음(不調和音)은 음악 전체를 떠나서 그것만을 따로 생각한다면, 귀에 거슬리고 불쾌한 것이지만, 음악 전체의 아름다움과 가치를 위해서는 도움을 주는 요소라고. 그와 마찬가지로 유한자(有限者)의 편벽된 안목에는 악으로 보이는 것일지라도 우주 전체의 훌륭함을 위해서는 불가결한 요소일 수도 있다. 신의 안목으로 본다면 틀림없이 악이란 없을 것이다.

라이프니츠의 신정론(神正論 ; Theodicy)은 18세기 종교 사상의 몇몇 조류와 조화되었으며, 근대의 이른바 철학적 낙천주의의 근본 이념이 되었다. 볼링브로크(H. Bolingbroke, 1678~1751)는 이 사상을 받아들여 알렉산더 포프(Alexander Pope, 1688~1744)에게 전했는데, 후자는 이 사상을 그의 〈인간론(*Essay on Man*)〉에서 이용하고 있다. [61)]

모든 자연은 너에게는 알려지지 않은 하나의 예술(藝術),

---

61) 사도서(使徒書), I, 11, 289~292.

> 모든 우연은 네가 보지 못하는 길의 계시(啓示),
> 모든 불화는 이해되지 못한 조화(調和),
> 모든 부분적 악은 전체적 선(善).

그러나 "존재하는 것은 모두 옳으니라."라는 학설은 좀 보수적 경향이 적은 사상가들로부터는 완강한 반발을 당했다. 예컨대 볼테르(Voltaire)는 〈캉디드(*Candide*)〉에 나오는 팡글로스 박사를 통하여 라이프니츠를 조롱하고 있다.

인간의 지식과 신의 지식

라이프니츠는 논리학의 역사에 있어서 중요한 몇 가지 원리를 명확하게 제시하였다. 그 가운데 두 가지는 그 자체로서도 유명하지만, 라이프니츠의 형이상학과 연결되는 점으로도 중요하다. 그 두 가지의 원리란 모순율(矛盾律 ; law of contradiction)과 충족 이유율(充足理由律 ; law of sufficient reason)이다. 이 두 가지 원리는 라이프니츠의 완전한 독창으로 된 것은 아니다. 전자는 적어도 아리스토텔레스까지 소급해 올라간다. 그러나 이 원리들은 라이프니츠의 사상의 문맥 안에서 새롭고 명확한 의미를 얻게 된다.

모순율(矛盾律)은, 모순된 명제는 거짓이라는 것과 거짓된 명제에 모순 대립하는 명제는 참되다는 것을 제시한다. 모순율을 활용함으로써 우리는 이성(理性)의 진리를 발견할 수가 있다. 이성의 진리는 절대 필연성을 가진 진리이다. 라이프니츠에 의하면, 이 이성의 진리는 실상 분석적 명제인 까닭에 선천적으로 파악할 수가 있다〔분석적 명제라 함은 주개념(主槪念) 안에 이미 빈개념(賓槪念)이 음양간에 포함되어 있는 명제를 말한다〕.

충족 이유율(充足理由律)은 어떠한 사물도 이유 없이는 존재할 수 없으며, 어떠한 명제도 근거 없이는 참될 수 없다는 것을 명시한다. 충족 이유율을 활용함으로써 우리는 사실의 진리를 발견할 수가 있다. 우리 인간이 주위에서 발견하는 존재들의 이유를 모를 경우는 정말 흔히 있는 일이다. 그러므로 우리가 갖는 사실의 진리는 후천적이 아닐 수──다시 말하면 경험에 의존되지 않을 수──없다. 사실의 진리는 인간에게 있어서 우연적인 진리이다.

　이성의 진리와 사실의 진리와의 구별에 관한 라이프니츠의 논의에 있어
서 가장 독창적인 것은, 이 구별이 인간의 그것처럼 유한한 정신에 대해서
만 적용된다고 주장하는 점이다. 무한한 정신인 신에 있어서는 모든 진리
가 이성의 진리요 선천적으로 파악된 다른 것이다. 신의 마음 안에서는,
모든 참된 명제의 주개념은 이미 그 빈개념을 내포하고 있다. 오직 총명함
이 부족한 탓으로 우리 인간은, 신 같으면 경험에 앞서서 알 수 있는 진리
를 파악하기 위하여 경험을 기다리지 않으면 안 되는 것이다. 예컨대 어떤
개인이 일정한 시각에 죽는다는 사실을 알기 위하여 우리는 경험에 호소하
지 않으면 안 된다. 그러나 영원한 과거로부터의 신의 마음 안에서는, 그
개인의 관념 속에 그 일정한 시각에 그가 죽는다는 관념이 포함되어 있다.
다시 말하면 이상적 견지에서 볼 때, 모든 진리는 논리적 필연성을 가졌
다. 다만 인간은 신과 같이 관념의 내용을 두루 알지 못하는 까닭에, 세계
를 탐구함에 있어서 절름발이의 수법을 써야 하며, 경험의 교시(敎示)를 기
다려야만 하는 것이다. 이러한 견해의 바닥에는 우리가 세계에 관하여 아
는 바가 많으면 많을수록 경험을 기다릴 필요가 적어진다는 생각이 들어
있는 것 같다. 라이프니츠의 지식의 이상은 완전히 합리론적(合理論的)이
다. 비록 그는 우리가 이성만 가지고는 사실의 진리를 얻을 수 없다는 것
을 인정하기는 했지만.

제 10 장   17세기의 영국 철학

1. 프랜시스 베이컨

프랜시스 베이컨(Francis Bacon, 1561~1626): 관직에 봉사한 영국의 한 나이트 작(爵)의 아들이며, 또 세실가(家)의 벌리 경(卿)의 조카이기도 하다. 변호사 면허를 얻었으며, 세실가의 인색한 도움으로 관직의 자리를 얻게 된 그는 엘리자베스 여왕 밑에서는 천천히, 그리고 제임스 1세의 치하에서는 급속히 승진하여 1618년에는 마침내 대법관이 되었다. 1603년 나이트의 작위를 받았고, 1618년엔 버류램 남작, 그리고 1621년에는 세인트 앨반스 자작의 작위를 받았다. 1621년 그는 그의 법원 기소자(起訴者)들로부터 뇌물을 받았다는 혐의로 재판을 받게 되자, 죄를 자백하여 많은 액수의 벌금형과 오랜 세월의 징역형을 언도받았다. 그러나 실제로는 벌금은 면제되고 감옥살이도 며칠밖에는 하지 않았다. 다만 관직으로부터는 영원히 추방당했다. 베이컨은 그가 받은 재판과 그 선고에 대하여 다음과 같이 논평하였다. "나는 최근 50년 동안 영국에 있어서 가장 공정한 재판관이었다. 그러나 나에 관한 재판은 최근 200년 동안의 영국 국회에 있어서 가장 공정한 견책이었다."(아마 이것은 공정하고 객관적인 논평일 것이다.) 베이컨은 영국 문학에 있어서 위대한 수필가의 한 사람이다. 그는 1597년에 수필집 한 권을 내놓았으며, 1618년과 1625년에 그 증보판을 출간하였다. 그의 철학적 주저는 〈학문의 진보(*The Advancement of Learning*)〉(1605)와 〈노붐 오르가눔(*Novum Organum*)〉(1620)이다. 그는 이 두 저작을 그가 계획한 과학과 철학의 종합적 체계인 〈대개혁(*Great Instauration*)〉의 일부로서 썼던 것이며, 그 체계의 다른 부분도 단편적으로 저술하였다. 철학적 중요성을 지닌 미완성의 환상(幻想) 〈신(新)아틀란티스 섬(*The New Atlantis*)〉은 1627년에 〈숲, 가도 가도 숲(*Sylva Sylvarum*)〉 끝머리에 발표되었다.

베이컨은 재기(才氣)에 있어서나 한계(限界)에 있어서나 르네상스의 아들이었다.[1] 데카르트보다 한 세대 앞섰던 그는 데카르트의 열의를 어느 정도 나누어 가졌었다. 그러나 그의 철학 사상은 세부에 들어가서 데카르트

---

1) 르네상스에 있어서의 베이컨의 업적에 관한 예비적 고찰은 이미 본서 제 8 장 제 1 절에서 다룬 바 있다.

의 그것과는 상당히 다른 견지를 취한다.

베이컨은 근대의 경험론적 조류의 선구자였다. '경험론(經驗論)'이라는 말은 베이컨의 것은 아니다. 아마 베이컨은 그의 철학적 견지를 경험론이라는 말로 묘사하는 데 찬동하지 않았을 것이다. 그 까닭은 베이컨의 시대에 있어서 '경험주의자'라고 하면 학식이 있는 사람이라기보다는 도락 삼아 학문을 만지작거리는 사람, 거의 사이비한 학자를 가리키는 말이었기 때문이다. 그것은 그저 주먹구구식의 학자로서 자기의 수법을 정당화할(그 수법이 정당화될 수 있는 것이라 하더라도) 원리를 모르는 사람을 일컫는 말이었다. 그러나 19세기와 현대에 이르러 '경험론'이라는 말은 새로운 의미를 갖게 되었다. 그것은 데카르트가 옹호한 바와 같은 따위의 합리론(合理論)과 맞서는 인식론적(認識論的) 학설을 지칭하는 말이다. 경험론이란 인간의 지식이 관찰과 실험을 통한 경험의 과정 속에서 점차적으로 생긴다고 주장하는 인식론적 견지를 말한다. 그리고 경험론자들이 보통 생각하는 경험은 본래 감각 경험(感覺經驗)을 말한다. 경험론자들은 일반적으로 제일 원리·본유 개념(本有概念), 그리고 이성의 구성이라는 것들에 대하여 회의적이다. 대체로 그들은 사물의 진상을 파악하는 가장 적절한 길은 그 사물을 관찰하고 만져 보며, 그 사물에 관한 지각을 믿는 것이라는 견해에 대해서 호의를 가졌다. 그들은 이성의 관념들을 (그것들이 관찰된 사실에 의하여 확증되기 이전에는) 상상에서 온 허구(虛構)라고 생각하는 경향이 있다. 그리고 경험론이라는 말의 이와 같은 새로운 의미에 있어서 우리는 베이컨을 경험론(empiricism)의 선구자라고 불러도 좋을 것이다.

베이컨은 경험론적 전통의 창건자라기보다는 그 선각자였다. 왜냐하면 그는 이 견지를 충분히 발전시키는 데 성공하지 못했으며, 경험론의 바닥에 깔린 의미와 후일에 드러난 경험론의 난점들을 알뜰히 이해한 것 같지는 않기 때문이다. 그는 체계의 형성을 위한 시간의 여유를 갖지 않았었다. 그는 새로운 시대를 위한 진리를 예언한 사람이다. 그는 학자들을 그들의 연구실로부터 활짝 열린 대자연으로 이끌어 낼 것을 꾀하였다. 그는 학자들에게, 연역적 사상 체계에 대한 선입견을 버리고 관찰할 수 있는 세계의 여러 가지 사실에 관한 생생한 고찰로 시선을 돌리라고 역설하였다.

베이컨은 학문을 목적이기보다는 수단이라고 생각하였다. 그는 지적 생

활의 즐거움을 찬양하기보다는 지식이 실생활에 미치는 결과를 더욱 강조
하였다. 그의 최초의 저서인 〈학문의 진보〉에 있어서, 베이컨은 자기의 자
세를 다음과 같이 진술하고 있다.[2]

> 도덕 철학(道德哲學)은……명상적인 생활과 행동적인 생활 중에서 어느 편이
> 더 값지냐는 문제를 해결하는데, 그 해답은 아리스토텔레스와는 반대의 방향을
> 취한다. 왜냐하면 명상적인 생활에 우위를 인정하는 이유로서 아리스토텔레스가
> 제시한 것은 모두 개인적이며, 그 개인 자신의 쾌락과 존엄성을 존중하는 따위의
> 것이기 때문이다……. 그러나 이 인생이라는 극장에 있어서 관람객의 자리에 앉
> 을 수 있는 것은 오직 신과 천사뿐이라는 사실을 알아야 한다.

〈노붐 오르가눔〉의 부제목은 '자연과 인간 세계의 해석에 관한 교훈'으
로 되어 있다. 베이컨은 신학적인 문제는 다루지 않았다. 그것은 철학의
관심사가 아니라고 생각했던 것이다. 그는 종교를 믿는다고 공언하였다.
그러나 모든 종교적 신앙은 철학의 범위에서 제외해 버렸다. 그는 언젠가
이러한 말을 한 적이 있다. "우리는 신에 관한 지식을 가지고 있지 않다.
다만 우리는 감탄하고 숭배할 뿐이다." 철학은 눈에 보이는 세계와 인생을
그 대상으로 삼는다.

만약 우리가 지식의 탐구와 응용에 있어서 효과를 거두려면, 수많은 과
학의 일꾼들이 협조적인 노력을 바쳐야 한다는 것을 베이컨은 잘 알고 있
었다. 그는 여러 권으로 될 예정인 의욕적 저술을 시도하여, 그 일부——
그 가장 중추적인 일부——는 자기가 손수 쓰고, 다른 부분은 조예 깊은
다른 학자들로 하여금 쓰게 할 계획을 세웠다. 베이컨은 이 거창한 합동
저술을 〈대개혁(The Great Instauration)〉이라고 부를 것을 제언하는 동시에 계
획된 각 부분을 위한 머리말과 서론(緖論)을 자기 손으로 직접 썼다. 책의
첫머리에서 그는 "나는 모든 지식을 내 영역에 포함시켰다."라고 말하였
다. 그러나 그것은 자기 단독으로 연구한다는 뜻이 아니었다. 그는 다른
사람들이 함께 참여하여 같이 관찰하고, 관찰한 사실을 기록하며, 또 그

---

2) 베이컨은 〈노붐 오르가눔〉 제 1 권 단장(斷章) 129에 있어서는 다른 견지를 취하였다. 그
러나 위에 인용한 구절이 더욱 베이컨의 특색을 나타내고 있다.

사실들을 중요성과 가치에 따라 일람표로 작성하는 일에 협력할 것을 원했다. 베이컨은 〈학문의 진보〉 안에서 당시의 학문의 결점과 미비한 점을 밝히는 동시에 장차의 노력을 가장 필요한 보충적 연구에 기울이기 위하여 그 당시의 학계 상황을 검토하기도 하였다. 결국에 가서, 그는 다른 학자들을 연구와 실험의 공동 사업에 참여시키는 데 성공하지 못했으며, 또 성공의 방안도 몰랐었다. 그러나 인간지(人間知)의 영역을 확대하고 실생활의 개선을 위한 지식의 응용을 목표로 하는 공동 노력에 학자들을 결합시킬 어떤 기관을 중심으로 조직되는 학회(學會)에 관하여 선견지명을 가졌던 것이다.

베이컨의 철학적 환상을 그린 〈신아틀란티스 섬〉은, 큰 폭풍우를 만나 해도(海圖)에 없는 바다로 떠내려간 영국의 배 한 척이 몰랐던 어떤 섬에 피난처를 발견한 이야기를 그린 것이다. 이 섬에서 영국의 선원들은 주민들의 행복을 증진할 여러 가지 방도를 가진 훌륭하게 조직된 사회를 발견한다. 이 섬의 문화의 중심은 '솔로몬의 집'이라는 이름의 거대한 실험 연구소이다. 선원들이 그 연구소의 사명을 물었을 때, 그들에게 주어진 것은 다음과 같은 웅변적 답변이었다. "우리 연구소의 목적은 사물의 원인과 보이지 않는 운동을 밝히는 것이며, 또 모든 가능한 일을 성취하기까지 인간 제국(人間帝國)의 국경을 넓히는 것이외다."

이 전형적인 베이컨의 발언에는 정열에 가득 차 있으면서도 냉정한 데가 있다. 그것은 과학적 지식의 굉장한 진보와 그에 따르는 인간 생활의 개선을 꿈꾸는 점에 있어서 정열적이다. 그러나 그것은 인간의 업적을 자연적으로 가능한 범위내에 국한하는 점에 있어서는 냉정하다. 이 발언은 인간의 업적을 소망되는 모든 것, 또는 상상할 수 있는 모든 것에까지 과대 망상적으로 확대하지는 않는다. 우리 인간은 모든 일을 할 것을 기대할 수는 없다고 베이컨은 인정한다. 그러나 우리는 만약 우리가 자연의 법칙에 순응할 줄만 안다면 많은 일을 이룩하는 것을 기대할 수 있다는 것이다. 인간은 자연의 법칙에 순응함으로써 좀더 큰 힘을 얻을 수 있으며, 자기의 앞길을 더욱 풍부하게 만들 수 있다.

자연 과학의 영향과 자연 과학이 실생활에 미치는 보람찬 결과와, 그리고 과학 연구의 귀중함을 베이컨보다 더 웅변적으로 찬양한 사람은 아마 역사상에 없을 것이다.

베이컨의 부정적 가르침, 마음의 우상들

인간 지식(人間知識)의 향상을 위한 베이컨의 경험적 방법론은 크게 두 부분으로 나뉘어진다. 즉 사람을 종종 그릇된 판단으로 이끌기 쉬운 위험한 요소들을 지적한 부정적 측면과 과학자들이 따라야 할 올바른 방법의 윤곽을 제시한 긍정적 측면이 그것이다.

베이컨의 가장 탁월한 점은 그의 부정적 측면에 있다. 그는 너무나 자신만만한 합리론자들의 외람됨과 그들의 조급한 결론의 어리석음을 여지없이 공격했다. 그는 영국 문학의 유산의 일부가 되고 만 일련의 비유로써 자기의 견해를 표현하였다. 예컨대 그는 이렇게 말하였다.[3]

내가 주로 과학의 저술과 과학의 활발한 분야에 종사하고 있음은 사실이다. 나는 추수의 계절을 기다리되, 이끼를 떼거나 푸른 곡식을 거두어들이려고 덤비지는 않는다. 왜냐하면 일단 올바른 공리(公理)가 발견된 다음에는, 그 공리는 연구를 전체적으로 이끌어가는 동시에 여기서 하나 저기서 하나 산발적인 열매를 맺지 않고 한꺼번에 많은 열매를 맺는다는 사실을 잘 알고 있기 때문이다. 그리고 마음이 조급한 나머지, 손이 닿는 첫 열매를 따려고 덤비는 시기 상조요 미숙하기 짝이 없는 성급한 태도를 나는 전적으로 비난하고 배격한다. 그것은 경주의 장애물이 된 '아탈란타의 사과' 같은 것이기 때문에.

같은 논점을 베이컨은 그가 말하는 '자연에 대한 예측'과 '자연에 대한 해석'을 대립시켰을 때에도 다시 강조하였다. 그는 이렇게 말하고 있다.[4]

인간은 자연의 하인이요 해석자(解釋者)인 까닭에 자연의 진행을 사실에 있어서 또는 사유(思惟)에 있어서 관찰하는 한계 안에서만 행위하고 이해할 수 있다. 이 한계를 넘어서는 인간은 아무것도 모르고 아무 일도 못한다.

---

3) 〈대개혁(The Great Instauration)〉의 서론 '이 저작의 계획' 가운데에서.
4) Novum Organum, 제 1 권, 단장 1.

자연을 '사유(思惟)에 있어서' 관찰하라 함이 무슨 뜻인지 베이컨은 설명한 일이 없다. 아마 그는 자연으로 하여금 말을 시키고 인간은 그 소리를 듣게 하기를 원했던 것 같다. 그러나 그 구체적인 뜻은 밝혀 주지 않았다. 여하튼 우리가 너무 조급한 나머지 사실을 곡해하고 오직 우리 자신의 선입견만을 주장하는 일이 없도록 베이컨이 경고한 것만은 분명하다. 그가 자연에 대한 예측을 배척한 이유도 여기에 있다. 그러나 베이컨은 '자연에 대한 해석'에 관한 자기의 구절을 충분히 소상하게 설명한 일은 없었다. 만약 우리가 사실을 사실대로 관찰하기를 원한다면, 마음을 수동적인 상태로 유지해야 한다는 것을 권고하고 있는 것으로 보인다. 그는 일람표로 작성되고 또 우리 '사유 속에' 저축된 무수한 사실들 그 자체로부터 자연에 대한 해석이 그런 대로 나올 수 있다고 생각한 것 같다.

베이컨이 쓴 비유 가운데에서 가장 유명한 것은 '마음의 우상'을 논한 대목의 그것이다.[5] 우상(偶像; idols)이라 함은, 그것을 그대로 내버려두면 사람을 거짓으로 말려들게 하는 마음의 모든 경향을 일컫는다. 베이컨은 그러한 우상을 네 가지로 구별하고 정의하는 동시에, 그 각자에게 독창적이요 재미있는 이름을 붙였다.

'종족의 우상(The idol of the tribe)'은 인류의 온 종족에게 고유한 것으로서 사람을 오류로 이끄는 위험한 충동을 통틀어 일컫는 말이다. 베이컨에 의하면, 인간의 오성(悟性)은 항상 감정과 의지로 말미암아 자칫하면 그릇된 판단으로 이끌려 가기 쉽다. 단순함을 좋아하는 성질 때문에 사람들은 유성(遊星)들의 궤도가 원형이라고 자연 믿게 된다. 사람들은 자신들이 목적을 추구하고 있다는 사실로 미루어 자연도 궁극의 목적을 추구하고 있는 것처럼 믿는다. 사람들은 자신들의 소원과 공포심이 강한 탓으로, 자신들의 기도가 효과를 보고 대답을 얻을 것이라고 믿는다.

'동굴의 우상(The idol of the cave)'은 어느 정도 각 개인의 특수성에서 오는 오류의 특별한 경향을 말한다. 베이컨의 설명에 의하면, 모든 사람은 자기의 고유한 동굴을 가지고 있다. 그리고 사람이 자기의 동굴에 들어박힐 때에는 자연의 광명이 비쳐 들어가기는 하겠지만, 그 광명은 일정한 모

---

5) *Novum Organum*, 제 1 권, 단장 41~44.

양으로 변색하기 쉽다. 베이컨이 지적한 바와 같이 이 우상에 관해서는 일률적인 원칙을 말할 수가 없다. 사람이란 각각 자기가 속한 당파가 있고, 읽는 책이 다르며, 또 취미도 가지가지이다. 각자는 자기 자신을 연구하고 자기 자신의 주관적 경향을 삭제해야 한다.

'시장의 우상(The idol of the market)'은 우리가 언어에 의하여 기만당하기 쉬운 경향을 말한다. 왜냐하면 사람들은 시장에 가서 사고 팔기만 하는 것이 아니라, 이야기를 주고받고 잡담을 일삼기도 하기 때문이다. 사람이란 모든 언어와 일치하는 실재가 있다고 믿기 쉽다. 그래서 사람들은 때로는 '운명의 여신'을 실재하는 신으로 숭배하고, '제일 질료(第一質料)'니 '부동(不動)하는 동자(動者)'니 하는 것에 관한 쓸데없는 공론(空論)의 체계를 세우며, 그리고 또 공허한 논쟁을 일삼곤 하였다.

'극장의 우상(The idol of the theater)'은 사람의 판단을 잘못되게 하고 사람을 편당적(偏黨的) 인물로 만들기 일쑤인 역사적 전통에 대한 충성을 가리킨다. 아마 베이컨은 셰익스피어의 작품에 나오는 왕과 귀족들이 무대 위를 거니는 것을 보았을 것이며, 그 광경을 염두에 두고 '극장의 우상'이라는 표현을 만들어 냈을 것이다. "일반이 승인하고 있는 체계들은 모두 무대 연극에 불과하며, 사실과는 관계없이 연극적으로 꾸며진 작가 자신들의 창작 세계에 해당하는 것들이다."라고 베이컨은 서술하고 있다. 극장의 우상의 가장 나쁜 예는 종교적 미신과 신학이 인간의 판단에 미치는 영향에서 볼 수 있다. 다른 예로서는 모든 철학적 분파(分派)에서 오는 비슷한 영향이다.

베이컨의 긍정적 가르침, 귀납적 방법

경험적 방법에 관한 베이컨 학설의 긍정적 측면은 그의 귀납법(歸納法)의 이론이다. 우리가 믿을 수 있는 결론은 마음속에 간직한 관념들을 전제로 삼는 삼단 논법 또는 연역 추리를 통해서 나오는 것이 아니라, 관찰된 사실들의 크고 잘 정리된 집합이 주는 교시를 통하여 나온다. 우리는 싸리가지들을 적당한 형태로 묶어 줄 끈이 없는 빗자루로 마루를 깨끗이 쓸 도리가 없다. 그와 마찬가지로 우리는 적절한 조직의 원리가 결여된 단편적 견문의 집합을 가지고 자연을 충분히 조사할 수는 없다. 베이컨에 의하면,

과학적 방법의 비결은 자연에 관한 진리가 명백히 드러나도록 관찰된 사실을 정리하는 수법에 있다. 그리고 귀납법이 바로 그 수법이라고 확신한다.

베이컨은 열(熱)의 성질에 관한 장황한 이설(理說)에 의하여 귀납적 방법을 설명한다. 첫째로 우리는 열의 존재표 —— 예컨대 태양 광선・유성(流星)・낙뢰, 그리고 불꽃 등과 같이 열을 발산하는 것들에 관한 목록 내지 일람표 —— 를 작성해야 한다. 둘째로 우리는 열의 부재표(不在表) —— 즉 위에 말한 첫째 일람표의 경우와 될 수 있는 대로 비슷하면서도 그러나 열은 존재하지 않는 사례들에 관한 목록 내지 일람표 —— 를 준비해야 한다. 이 둘째 목록에 들어갈 것의 예로서 베이컨은 달빛・북극광, 그리고 어둠 속에서 빛나는 고기의 비늘을 들고 있다. 그리고 마지막으로 우리는 정도표(程度表) —— 즉 조건의 변화에 따라서 여러 가지 정도로 열이 발견되는 사례에 관한 목록 내지 일람표 —— 를 필요로 한다(셋째 목록에 들어갈 예로서는 말라리아열, 같은 동물의 신체 부분에 따라 다른 체온, 타는 석탄이나 목탄이 발산하는 여러 가지 정도의 열 등이 있다). 이상 세 가지 경우의 일람표를 근거로 하여, 열이란 중심에서 변두리로 퍼지며, 위로 급하게 움직이는 일종의 운동이라는 결론을 내렸다 —— 또는 마치 그 세 가지 일람표에서 그런 결론이 나온 것처럼 주장하였다.

열에 관한 베이컨의 장황한 논설은 대부분의 독자들에게 확신을 주지 않는다. 대부분은 베이컨이 그 결론을 좀더 유능한 과학자들로부터 빌려 오고서, 그 결론을 뒷받침할 만한 적절한 예증을 찾아내기에 실패한 것이라고 생각한다. 그렇지만 베이컨의 세 가지 일람표를 받들고 있는 생각은, 후일에 귀납법의 규준(規準)으로 발전하고 경험적 방법론의 기본 원리가 될 어린 싹이었다.

세 가지 일람표에 관한 말을 마친 다음에 현상(現象)들이 가지는 증거물로서의 가치는 사례에 따라 크게 다르다는 것을 베이컨은 애써 주장한다. 어떤 현상은 마음으로 하여금 명백한 결론을 이끌어 내도록 돕지만, 어떤 것은 그렇지 못하다. 그러므로 우리는 '특출한 사례'를 수집하도록 주의해야 한다고 역설(力說)한다. 그리고 그는 어떤 곳에서 특출한 사례를 찾아볼 수 있을까에 관하여 기나긴 명세서를 제시하였다. 예컨대 공중을 나는 물고기(물고기와 새의 중간), 또는 박쥐(새와 길짐승의 중간), 또는 원숭이(짐승과 사람의 중간) 따위와 같은 '경계선상의 사례'들이 있는데, 이러한 사례들은 모두 생명의 형태를 올바로 분류함에 광명을 던져 줄 것이다. 다음에 '이동성 있는 사례들', 예컨대 부서진 유리 가루나 요동하는 물결 거품의 흰빛 등은 색채의 본질을 확인하는 데 도움이 될 것이다. 그 밖에 또 망원경이나 현미경을 통한 관찰과 같은 '입구의 사례들'이 있는데, 이런 사례들은 범상한 관찰보다도 빨리 관찰자가 자연의 비밀 속으로 뚫고 들어갈 것을 허락한다. 이상과 같은 논술에 있어서 분명히 드러난 것은, 베이컨의 과학자로서의 실력보다도 그의 재치와 교묘한 말을 만들어 내는 특별한 재능이다.

베이컨의 단점 및 그의 영향

베이컨은 경험론(經驗論)의 선각자이기는 하나, 경험론적 방법 또는 경험론적 방법이 암암리에 제기하는 인식론적 및 형이상학적 문제들에 관한 유능한 해설자는 아니었다.

이상하게도 베이컨은 그 자신의 시대의 과학자들이 사용하고 있었던 방법에 관해서조차도 충분한 이해가 없었다. 그는 코페르니쿠스를 경멸에 가득찬 어조로 평하여, "비록 그의 계산이 정확했다 하더라도, 그는 자기가 자연 속으로 끌어들이는 허구(虛構)에 대하여는 조심하는 바가 없다."고 말하였다.[6] 그는 아마 케플러의 저술에 관해서는 별로 아는 바가 없었던 모양이다. 그는 망원경을 완성했다는 이유로 갈릴레이를 찬양하였다. 그러나 갈릴레이의 방법이 내포한 이론적 난점을 찾아낸 데카르트의 날카로움은 그에게서 찾아볼 수 없었다. 베이컨의 큰 결점의 하나는, 그가 과학적 사고에 있어서 수학이 맡아보는 소임을 깨닫지 못했다는 사실이다. 그는 자연 과학을 양적(量的) 측정의 관점에서 이해하지 않고 사물에 관한 질적 기술(記述)이라는 관점에서 이해하였다. 또 질(質)은 양(量)과 수(數)에 상관 관계시킬 수 있다는 것, 또는 양과 수에 의거하여 가장 잘 표현될 수 있다고 보는 저 근대 물리학의 기본 원리를 전혀 모르고 있었다. 그리고 17

---

6) J. M. Robertson, *The Philosophical Works of Francis Bacon*(London, Routledge, 1905), p. 685에서 인용.

세기 초기의 많은 날카로운 사상가들이 의심할 이유가 있다고 본 어떤 것
들을 무비판적으로 수긍해 버리는 결점을 가졌었다. 그의 총명과 기지, 그리
고 탁월한 상상력에도 불구하고 베이컨은 인간의 정신 생활에 있어서의 과
학의 임무를 제대로 이해하지 못하고 있었다.

그뿐만 아니라 베이컨은 사물을 바라보기만 함으로써 그것에 관한 지식
을 얻을 수 있다고 상상했으며, 또 단편적 사실들을 주워 모아 그것을 일람
표로 정리만 하면 거기서 자연의 법칙이 저절로 솟아나올 것으로 기대했으
니, 이 점에 있어서 그는 거의 유치했다고 해도 과언이 아니다. 아닌게아
니라 그는 경험적 방법을 화려한 필치로 서술할 수 있었다. 예컨대 그는
이런 말을 하였다.[7)]

> 과학에 종사한 사람들은 실험을 일삼는 사람이었거나 아니면 독단(獨斷)을 휘
> 두르는 사람들이었다. 실험하는 사람들은 개미와 같다. 그들은 오직 수집하고,
> 그리고 사용한다. 독단적 추리가(推理家)들은 자기 자신 속에 있는 것을 풀어서
> 집을 짓는 거미와 같다. 그러나 꿀벌은 제3의 중간길을 택한다. 벌들은 뜰과 들
> 에 핀 꽃으로부터 재료를 모아 들이나, 그것을 자기네들 자신의 힘으로 변화시키
> 고 소화시킨다. 이 꿀벌의 태도와 비슷한 바 없지 않은 것이 참된 철학의 길이다.
> 왜냐하면 참된 철학은 이성(理性)의 힘에 오로지 (또는 주로) 의존하지도 않고, 박
> 물학(博物學)이나 실험을 통하여 수집한 것을 그저 그대로 받아들이거나 기억 속
> 에 저축하지도 않는다. 오히려 그것을 변화시키고 소화시켜서 오성(悟性) 속에
> 저축하는 것이 참된 철학이다.

이 구절은 그 표현이 아름답고 그 내용도 타당하다. 그러나 대부분의 경
우에 있어서 베이컨 자신은 꿀벌보다는 개미에 가까운 자세를 취했다. 그
리고 그가 그렇게 한 이유는 아마 사람의 마음이 가진 편견에 대한 그의 억
제할 수 없는 공포심 때문이었을 것이다. 베이컨은 너무 세밀한 구별을 싫
어했다. 그는 사람들이 자기네가 미리 품고 있던 학설과 부합되는 사실만
을 관찰하려는 경향이 있음을 한탄하였다. 베이컨은 방금 인용한 구절 가
운데에서, 과학자가 관찰한 바를 '고치고 소화시켜서' 오성(悟性) 속에 저

---

7) *Novum Organum*, 제 1 권, 단장 95.

장할 수 있음을 인정하였다. 그러나 그는 곧 이어서 마음에 의한 어떠한
변형도 마치 그것이 왜곡인 것처럼 마구 야단치고, 어떠한 소화(消化)도 그
것이 마치 파괴인 양 극렬히 배격하였다. 베이컨은 과학적 탐구에 있어서
가설(假說)이 수행하는 임무에 관하여 이해가 부족했었다. 그는 가설을 무
서운 편견에 대한 위험 천만한 신봉이라고 생각한 모양이다.

역사가들은 후일 발달을 보게 된 근세 경험론의 예고를 베이컨에서 찾을
수 있다. 베이컨의 경험론은 적극적이기보다는 소극적이다 —— 그의 의도
는 그렇지 않았을는지 모르나 결과로 보면 그렇다. 다시 말하면 그의 경험
론은 적극적인 수법을 천명함에 있어서보다는 오류을 면하도록 경고함에
있어서 성공하였다. 베이컨뿐만 아니라 베이컨 이후 18세기 전반에 걸쳐
서, 그리고 19세기에 이르기까지도 경험론의 학파는 세계에 관한 어떤 적
극적인 학설을 주장하기보다는 경솔한 신심(信心), 근거 없는 열중, 그리
고 조급한 결론을 공격함에 더욱 힘을 기울였다. 역사에 나타난 고전적 경
험론의 임무는 자연의 윤곽도를 그리는 일이기보다는 마음의 정화제(淨化
劑)로서 작용하는 일이었다. 과학자들은 경험론 일파의 철학자들에 의하여
지도를 받는 점이 별로 없었다. 그러나 진심으로 과학을 시인한 철학자들
은, 과학자들이 제시한 견해를 일반적으로 받아들이기를 가로막던 장애물
을 제거함에 있어서 성과를 거두었다.

2. 홉스

토머스 홉스(Thomas Hobbes, 1588~1679) : 영국 윌트셔의 맘즈버리 근방에서 출
생하였다. 그의 어머니는 스페인의 무적 함대가 영국 해안에 접근해 올 무렵
에 달이 차지 않은 토머스를 분만하였다. "어머니는 쌍둥이를 —— 나 자신과
공포의 쌍둥이를 —— 낳았다."고 후일 홉스는 회고하고 있다. 20세에 그는 카
번디시 일족(一族)에 소속하게 되었다(이 일족의 멤버 가운데에는 디본셔 공작가와
뉴캐슬 후작가도 들어 있었다). 그는 이 일족의 젊은 아들들의 가정 교사로서, 신
임받는 고문 겸 친구로서 여러 세대를 봉사하였으며, 70여 년 뒤 세상을 떠날
때까지 (3년 동안의 중단 기간을 제외하고는) 이 집 신하로 남아 있었다. 홉스는
프랜시스 베이컨이 죽기 전 5년 동안 그와 많은 시간을 보내면서, 베이컨이 부
르는 것을 받아쓰기도 하고 또 그의 수필집을 라틴어로 옮기기도 하였다. 1640

년 (그의 보호자인 디본셔 공작이 망명한 조금 뒤에) 그는 영국을 탈출하여 11년 동안 프랑스에서 살았다. 그는 메르센 신부와 아는 사이가 되었으며 이 사람의 청탁에 응하여, 데카르트의 〈성찰록(省察錄)〉에 대한 '이론집(異論集)'을 위한 한 편의 글을 썼다. 홉스와 데카르트는 둘 다 메르센 집의 손님으로 갔을 때, 한 번 서로 만난 일이 있다고 한다. 그는 후일에 찰스 2세가 된 젊은 영국 황태자의 수학 가정교사 노릇을 한 일도 있다. 1651년에 역시 자기 보호자의 본을 받아서, 크롬웰과 화해하고 영국으로 돌아왔다. 그러나 1660년에는 그의 보호자와 같이 찰스 2세의 즉위를 환영했으며, 그 후 종종 국왕 궁중에 참렬(參列)하였다. 홉스가 최초로 출판한 것은 투키디데스(Thukydides)의 번역이었다(1629). 그리고 말년에 쓴 것 가운데에는 〈오디세이(Odyssey)〉와 〈일리아드(Iliad)〉의 번역이 있다(1676). 그는 두 사람의 유명한 수학자 세스 워드 및 존 월리스에 반대하는 계속적인 논쟁을 벌이고 10여 편의 논문을 썼다. 그 논문들 안에서 특히 주목되는 것은 그가 원형을 정방형으로 고치고 구체(球體)를 입방체로 고치는 일에 성공했다는 주장이다. 또 다른 하나의 논쟁에 있어서 그는 의지의 자유와 필연에 관하여 브램홀 사교(司敎)와 대립하는 자기의 학설을 고집하였다. 그의 철학적 저술은, 비록 어느 정도 중복된 것도 있고 때로는 똑같은 구절을 반복한 것도 있으나, 그 수효가 매우 많다. 이들 저술 가운데에서 주요한 것은, 〈공민론(公民論; De Cive)〉〔1642년 파리에서 자비로 출판되었고, 1647년에는 엘지버(Elzivir) 출판사에서 세 가지의 다른 판으로 출간되었으며, 1651년에는 홉스 자신이 이를 영어로 번역하였다〕 · 〈인성론(人性論; Human Nature)〉(1650) · 〈국가론(國家論; De Corpore Politico)〉(1650) · 〈리바이어던(Leviathan)〉(or the Matter, Form, and Power of a Commonwealth Ecclesiastical and Civil, 1651) · 〈자유와 필연에 관하여(Of Liberty and Necessity)〉(1654) · 〈물체론(物體論; De Corpore)〉(1655) · 〈인간론(人間論; De Homine)〉(1658) · 〈비헤모드(Behemoth)〉(The History of the Civil Wars in England, 1679, 1682). 그 밖에 자기의 인물과 사상에 대한 공격에 관하여 자기를 변호하기 위한 두 권의 책을 썼다. 〈충성과 종교와 명성, 그리고 행실로 본 홉스 씨(Mr. Hobbes Considered in his Loyalty, Religion, Reputation, and Manners)〉(1662)와 〈맘즈버리의 토머스 홉스의 운문(韻文)으로 표현된 일생기(Thomas Hobbes Malmesburiensis Vita Carmine Expressa)〉(1679)가 그것이다.

토머스 홉스는 철저한 세속주의자였다. 그는 종교 전쟁과 내란으로 말미암은 험난한 시대에 살았으며, 사회 질서의 파괴적 혼란이 분파적 종교를 지지하는 지나친 열성분자들에 기인하는 경우가 많다고 비난하였다. 그는 대부분의 신학설(神學說)이 인간적 공상 속에 쓸데없이 사로잡힘이며, 또 국가의 안정에 대한 위협의 시초라고 믿었다. 그는 종교를 국가의 법규로 철저히 단속함으로써, 신학에 기인한 폐단의 뿌리를 아주 뽑자고 제언하였다. 하지만 그도 세계의 최초의 원인이 있음을 인정하지 않을 수 없다는 근거에서 신의 존재를 인정하였다. 그리고 언젠가 다음과 같은 대담한 발언을 한 일이 있다. "언제나 하나이고 동일한 신은 모세로서 나타난 사람이요, 그리스도로 화신한 사람이며, 사도(使徒)들로 나타난 사람이다." 홉스는 삼위 일체설에 대한 완전히 종교적 해석인 이 대담한 발언을 하면서 자기의 발언이 그 당시에 존재했던 법제화된 영국 교회에 순응하는 것이라고 믿었다. 만약 그의 국법이 요구만 했다면, 홉스는 아마 주저없이 위와는 다른 주장을 했을 것이다. 그러나 그가 이와 같이 괴상한 태도를 취한 것은 주견 없이 기분에 따른 것은 아니었다. 오히려 그는 자신의 진지한 철학적 이론을 충실하게 실천하고 있는 것이었다. 왜냐하면 종교의 교리와 실천에 관한 위험한 논쟁을 종결시키기에 효과를 볼 수 있는 방법은, 오직 종교를 모든 면에 걸쳐서 국가의 절대 권위 밑에 종속시키는 길뿐이라고 그는 확신했기 때문이었다. 그리고 홉스가 종교에 대해서 취한 태도는, 만약 그럴 필요만 있었다면 그는 교육·과학·철학, 또는 문학에 대해서도 주저하지 않고 취했을 것이다. 아마 그렇게까지 할 필요는 생기지 않았을지 모르며, 홉스 자신도 그럴 필요는 없으리라고 낙관하였다. 홉스는 그 자신이 진리의 탐구자였다. 그는 자유롭게 진리를 탐구하고, 그 탐구로 발견된 진리를 자유롭게 발표할 특권을 자기 자신과 남들을 위하여 존중하였다. 그러나 사회의 혼란이 교육과 과학과 예술을 해치는 가장 큰 재난이라고 ── 국가 권위에 의한 통제보다도 훨씬 더 큰 재난이라고 ── 판단하였다. 그러므로 문명 및 문명의 귀중한 측면으로서의 문화를 위한 전제 조건으로서, 사회의 질서는 어떠한 희생을 바쳐서라도 유지하지 않으면 안 된다. 정권이 예술과 학문을 유해 무익한 통제로써 억제하는 군주 국가에 있어서보다도 무정부와 전쟁의 상태에 있어서 우리는 오히려 한층 더 불행할 것이다. 국민들은, 많은 경우에 있어서 권위에 대한 복종을 매우 못마땅한 것이라고 생각할 것이다. 그러나 만약 그들도 현명하다면, 그것이 반항과 그에 따르는 폭동민도 못될 정도로 나쁘다고는 생각지 않을 것이나. 이에 홉스는 확립된 정권에 복종함은 사회의 평화와 질서를 위한 필요 조건이요, 평화와 질서는 그 밖의 모든 개인적·사회적 선(善)을 위한 필요 조건이라고 믿었다. 인간은 자신의 모든 이해심(利害心)을 군주 국가의 세속적 권위에 복종시켜야 한다고 그는 결론지었다.

자연의 상태

위에 간략하게 논술한 홉스의 견해에는 두 가지의 주제가 한데 얼버무려져 있다. 주제의 하나는 사회적 무질서에서 오는 혼란과 국가의 통치에서 오는 안정 사이에 발견되는 현저한 차이이다. 주제의 둘째는 국가 정권 안에는 강력한 —— 심지어는 절대적인 —— 군왕이 필요하다는 사회적 요청이다. 홉스의 국가론적 저술은 이상 두 가지 주제를 그 상호 관계와 함축된 의미를 밝혀 가며 해설한 것이다. 이 두 가지 주제는, 우연한 일이기는 하겠지만 홉스가 출판한 두 권의 책 첫머리에 그림으로써 표현되고 있다. 첫째 주제는 〈공민론(公民論)〉 첫머리에 그림으로 나타나 있고,[8] 둘째 주제는 〈리바이어던〉 첫머리에 그려져 있다. 이 두 가지 그림 내용을 소개하여, 홉스의 주제에 대한 설명의 일부로 삼을까 한다.

〈공민론〉의 그림에는 리베르타스와 임페리움이라고 하는 이름을 가진 두 인물이 그려져 있다. 이 라틴어의 이름은 '무정부 상태' 및 '군주 통치'라고 번역하는 것이 가장 적절한 것이다. 한편 '무정부 상태'는 처참하고 초췌한 모습의 여인으로서, 거의 벌거숭이에 부러진 활을 들고 있다. 이 여인의 뒤에는 풍경이 그려져 있는데 거기에는 허술한 울타리가 그 안에 사는 소수의 주민들을 겨우 위태롭게 보호하고 있다. 그 울타리 밖에서는 도둑들이 한 남자를 습격하고 있으며, 한 여인이 다른 한 사람의 난폭한 포옹을 피하려고 몸부림치고 있다. 강도질과 약탈·강간이 자행되는 속에서 사람들은 나무를 심고 곡식을 가꿀 생각이 들지 않는다. 따라서 곡식도 열매도 맺지 않는 황폐한 상태이다. 한편 '군주 통치'는 아름답고 젊은 여자로서 머리에는 왕관을 썼으며, 손에는 힘과 정의를 상징하는 칼과 저울을 들었다. 이 여자의 배후에는 풍성한 경치가 전개되는데, 멀리 언덕 위에는 아름다운 도시가 건설되어 있다. 이 도시 전방에서는 상인들이 마음 놓고 여행하고 있으며, 어머니들이 개울 둑에서 아기에게 젖을 먹이는가 하면, 농부들은 풍년 든 곡식을 거두어 들이고 있다. '무정부 상태'와 '군

---

8) 자비로 출판된 1642년판 및 1647년에 나온 세 가지 Elzivir 판 중에서 초판에만 들어 있다.

주 통치' 두 여인의 두 손가락이 떠받치고 있는 널판때기 위에는 중세기 회화의 특유한 방식으로 그리스도와 최후의 만찬 그림이 그려져 있다. 이 조그마한 그림이 나타내는 상징은, 마치 통속적 사상가들이 천당의 성자와 지옥의 죄 지은 사람들 사이에 건널 수 없는 큰 구렁이 가로놓여 있음을 말하듯이 자기는 강력하고 현명한 군주의 통치권 아래에 사는 백성들과 황폐하고 잔인한 혼란 속에 사는 바참한 야만인들 사이에도 역시 넘을 수 없는 구렁이 가로놓였다는 사실을 발견했다는 홉스의 신념을 나타내는 것이다.

무정부 상태와 군주 통치와의 차이를 나타내는 홉스의 주제는, 인간과 인간의 생활 양식에 대한 생생한 관찰을 토대로 삼고 생각해 낸 것이다. 비록 홉스는 그것을 결국 하나의 커다란 철학적 조직 체계 안에 집어 넣으려고 시도했지만, 그 주제가 어떤 선행된 학설로부터 연속적으로 풀려 나온 것은 아니다. 그러나 그의 주제를 언어로 표현함에 있어서 고대로부터 정치 사상에서 일반적으로 쓰여 오던 어떤 개념들을 때로는 홉스 자신이 그대로 인정하기를 원치 않았던 뜻으로 이용하였다. 그렇게 이용된 개념들 가운데 다음 세 가지가 있다. '자연의 상태'·'자연의 권리', 그리고 '자연의 법칙'.

홉스가 말하는 '자연의 상태'는 무정부 상태이다. 그것은 과거와 현재, 그리고 미래 어느 때 어느 곳에서나 발견할 수 있는 무정부 상태이다. 그것은 인류의 어떤 원시적 상태가 아니다. 그것은 인간이 국가를 형성함으로써 극복해 버린 역사적 과거가 아니다. 차라리 인간 생활 속에 깊이 뿌리박은 불변하는 인자(因子)라고 보아야 할 것이다. 이 자연의 상태는 때로는 매우 깊숙히 은폐되어 있는 까닭에 간과되고 망각될 경우도 있다. 또 때로는 그것이 겉으로 매우 두드러지게 나타나서 사회를 좌지우지할 경우도 있다. 이 상태는 언제나 악이며, 이것이 세력을 떨칠 때에는 사람들은 이성을 잃는다. 그것은 인간이 두 가지 슬기로운 힘을 잃었을 때 빠지게 마련인 생활 양식이다. 이들 슬기로운 힘의 첫째는 사건을 확고한 법률로써 다스리는 정부의 권위이다. 슬기로운 힘의 둘째는 인간의 이성이다. 인간의 이성은 인간의 행위를 위한 타당한 원리를 언제나 분별할 수가 있다. 그러나 때로는 그것이 판단한 바를 실천에 옮기지 못할 경우가 있다. 국가의 기능이 약화되고 인간의 이성이 응분의 존경을 받지 못할 경우에 남는

것이 바로 자연의 상태이다. 그리고 국가의 기능이 약화되었을 경우에는
인간의 이성은 반드시 존경을 받지 못하게 마련이다. 왜냐하면 사람들은
폭력이 횡행하는 혼란한 상황 속에서는, 좀더 안정된 환경 속에서 이성을
따라 자신이 하는 대로의 행위의 노선을 구태여 고집하지 않기 때문이다.
사람들은 자신이 기만당하리라고 걱정할 때에는 자신의 약속도 구태여 지
키지 않는다. 사람들은 남들이 자신의 전재산을 약탈하고, 나아가서는 자
신을 습격하여 생명까지도 빼앗을 것이라고 겁낼 경우에는 자신의 알맞은
재산을 남들에게 아낌없이 나누어 주지 않는다. 법이 침묵을 지키면 이성
도 침묵을 지킨다는 것이 홉스의 주장이다. 그리고 법과 이성을 대신하여
공포와 증오와 탐욕과 색욕의 정념이 한정 없이 인생을 휘두른다. 이러한
것이 자연의 상태이다.

　홉스의 말을 빌리면, 자연의 상태는 전쟁 상태이다. 그리고 사람들로 하
여금 이 상태를 회피하도록 만들기를 원하는 동기에서, 이를 매우 과장된
표현으로써 묘사하였다. 그의 가장 유명한 구절의 하나는 다음과 같다.[9]

　　그러므로 만인은 만인에 대하여 적이 되는 전시(戰時)에 일어나는 모든 결과
　는, 자기 자신의 힘과 창의(創意)가 부여해 주는 것밖에는 자기를 보호할 아무것
　도 없이 살아야 하는 시대에도 일어난다. 이러한 사태하에서는 공업이 일어날 여
　지가 없다. 왜냐하면 생산물에 대하여 마음이 놓이지 않기 때문이다. 따라서 농
　지의 경작도 없을 것이며, 항해나 해외로부터 수입된 물품의 사용도 없을 것이
　다. 널찍하게 살기 좋은 집도 없을 것이며, 많은 마력수를 요구하는 이동 및 운반
　의 기구도 생기지 않을 것이다. 지구 위의 여러 현상에 대한 지식도 없을 것이며,
　시대에 대한 이해도 없을 것이다. 예술도 없고 문학도 없으며, 사교도 없다. 그
　리고 무엇보다도 불행한 일은, 공포가 떠날 사이 없으며 잔인한 죽음이 위협한다
　는 사실, 그리고 인생은 외롭고 가난하며 더럽고 잔인한데 그나마 짧다는 사실이
　다.

　원죄(原罪)와 인류 전체의 타락을 주장하는 어떠한 정통적 기독교인도,
홉스가 자연 상태를 묘사한 것보다 더 극렬하게 지옥의 모습을 그린 사람
은 없었다. 어떠한 정통적 기독교 신학자도, 홉스가 인간을 자연 상태로부

---

9) *Leviathan*, 제 13 장.

터 구출하고자 한 그 이상의 열성으로써 인류를 그 죄 지은 상태로부터 구
제하려고 애쓴 일이 없다.

자연의 권리

'자연의 권리'란 "각 개인이 자기 자신의 힘을 자기 자신의 본질을 지키
기 위하여 자기 마음대로 사용할 수 있는 각자의 자유"라고 홉스는 말하였
다.10) 그것은 도덕적 원리는 아니다. 그리고 사람들로 하여금 그것을 행사
하도록 선동할 것이 아니라, 그것의 한심스러운 발동의 근원을 제거하도록
유도해야 한다는 것을 홉스는 밝히고 있다. 정부가 없거나 또는 약하고 무
능한 정부밖에 없을 경우에는, 그리고 이성도 따라서 힘을 잃고 우리가 당
면하는 일들을 인생의 바람직한 목적지로 인도하는 구실을 다하지 못할 경
우에는, 인간은 그들의 짐승 같은 모든 폭력과 그들의 이기적인 모든 모략
을 무작정 휘두르는 것밖에는 아무런 수단도 가지고 있지 않다. 사회적 관
계에 관한 공정하고 합법적인 재판관이 없을 때에는 인간은 스스로 법이
되고, 생명과 음식물과 육체적 만족을 위하여 이성을 저버린 용력(勇力)으
로 투쟁하는 일밖에는 할 바를 모른다. 그러므로 자연의 상태에 있어서 만
인은 만인에 대해서 적이다. "자연의 상태에 있어서는 모든 사람은 무엇을
갖든 무슨 짓을 하든 나쁠 것이 없다."11) 자연의 상태에 있어서는 이익밖
에는 시비를 가릴 표준이 없다. 그리고 행위자 자신의 욕망을 제외하고는
이해(利害)를 판단할 척도가 없다. "자연은 만인에게 만사에 대한 권리를
부여하였다."

자연의 법칙

'자연의 법칙'은 "생명과 종족을 우리에게 주어진 그대로 굳건히 지키기
위하여, 우리가 해야 할 일과 해서는 안 될 일에 관해서 올바른 이성이 내
리는 명령이다."12) 이 진술에 있어서 여러 다른 점에 있어서보다도, 홉스
는 전통적 견해와 일치하고 있다. 자연의 법칙은 이성의 법칙이다. 그것은

10) *Leviathan*, 제 14 장, 첫 구절.
11) 〈공민론(*De Cive*)〉, 제 1 장, 제 10 절.

신의 법칙이요, 도덕의 기준이다. 그것은 자연의 획일성을 기술(記述)한다
는 뜻에서의 법은 아니다. 전혀 그 반대이다. 자연의 법칙은 인간이 자연
의 상태에 있어서 보여 주는 행동과는 정반대되는 원칙을 기술한다. 그것
은 윤리적 판단의 규범을 제시한다. 인간이 자연 상태를 벗어나서 문명된
상태로(홉스에 있어 문명된 상태는 언제나 국권에 의하여 통치되는 상태를 말한
다) 들어갈 수 있는 방안을 명시한다. 자연의 법칙은 거의 무제한의 범위
에 걸치는 행위의 준칙으로서 —— 인생에 보편적으로 적용할 수 있는 일
반적 준칙과, 또 이성의 소리를 인간 만사의 생각할 수 있는 모든 국면에
까지 전달하는 상세하고 구체적인 준칙으로서 —— 상세하게 규정될 수 있
는 것이다.

자연의 첫째요 기본적인 법칙은, 인간은 인간에게 허용된 모든 수단을
강구하여 평화를 추구해야 한다는 것이다. 이 법칙에는 사람들은 사회를
능히 평화롭게 다스릴 수 있는 권력에게 그들의 모든 자연적 권리를 내맡
겨야 한다는 뜻이 내포되어 있다고 홉스는 설명을 붙인다. 통치권을 수반
하지 않는 평화란 한갓 헛된 꿈이다. 평화란 인간의 정념(情念)까지도 거역
할 수 없는 강한 권력의 산물이다. 그러므로 자연의 제일 원칙은, 인간은
독립된 개인으로서 행동하기를 중지하고 동시에, 자신은 이를테면 다른 사
람들과의 계약에 의하여 마음대로 법을 제정할 권한을 가진 통치자 밑에
묶여 있는 존재라고 보아야 한다고 명령한다.

자연의 다른 법칙들이 사람에게 요구하는 것은, 약속을 이행할 것, 남에
게 신세를 지거든 감사의 뜻을 표명할 것, 남을 위하여 도움이 되도록 처
신할 것, 죄를 뉘우친 사람들에게 자애(慈愛)를 베풀 것, 복수를 부끄러이
여기고 삼갈 것, 겸손하고 공정할 것, 폭식(暴食)과 주정(酒酊)을 삼갈 것
등 —— 요컨대 (홉스의 표현을 빌린다면) 신이 성경 속에서 지시하신 여러
덕을 발휘함 —— 이다. 이런 법칙들은 변하지 않는다. 즉 우리는 남이 우
리에게 하기를 원치 않는 바를 남에게 해서는 안 된다는 하나의 원칙으로
일괄할 수 있을 것이다.

그러나 홉스의 판단은 자연의 상태에 있어서 대부분의 경우, 자연의 법

---

12) 〈공민론〉, 제 2 장, 제 1 절.

칙을 안심하고 지킬 수가 없다. 따라서 자연의 상태에 있어서 우리는 자연의 법칙을 지킬 의무를 지지 않는다. 그 법칙들 가운데 소수는 우리가 언제나 지켜야 할 것들이다. 예컨대 폭식과 주정을 금하는 법칙과 같이. 왜냐하면 이들 소수의 법칙은 오로지 한 개인이 자신을 억제하는 문제에만 관한 것이요, 타인의 협력에 의존하는 바가 없기 때문이다. 그러나 대부분의 자연의 법칙은 두 사람 혹은 그 이상의 여러 사람들의 협조에 의존한다. 이러한 법칙들은 내면적으로는, 즉 우리의 양심 안에서는 항상 지켜야 할 의무를 지운다. 비록 우리가 그것을 실천에 옮기지 않을 경우일지라도 그 법칙에 대하여 존경의 뜻을 가져야 한다. 비록 우리가 그것을 고의로 어길 경우일지라도 그것이 행위를 위한 바람직한 원리라는 것을 잊어서는 안 된다. 그러나 외면적 견지에서 볼 때에는, 즉 겉으로 나타나는 행동이라는 견지에서 말한다면, 다른 사람들도 다 같이 그 법칙을 지켜 주리라는 보증이 있는 환경 속에 우리가 살고 있다고 판단되지 않는 한, 우리는 그러한 법칙을 지켜야 할 의무를 지지 않는다. 이성은 비록 자연의 상태 또는 전쟁 가운데 있어서일지라도, 평화와 정직과 그리고 상호간의 협조가 도덕적으로 바람직하다는 사실을 깨닫는다. 그러나 이성 그 자체의 힘으로는 이성적 인간이 이성적 행동을 이성적으로 수행할 수 있는 여러 조건을 충분히 만들어 낼 능력이 없다. 자연의 법칙은 순진한 나 자신을 짐승 같은 남들의 공격 앞에 세물로서 세공하라고 우리에게 요구하지 않는다. 사회의 질서를 확립해 줄 만한 통치권이 생겼을 경우에는 자연의 법칙은 곧 내면적으로뿐만 아니라 외면적으로도 우리의 행동을 다스릴 구속력을 갖는다. 그러나 그러한 통치권이 없을 경우, 또는 정부가 있기는 하나 치안을 확보할 만한 통솔력이 없을 경우에 자연의 법칙은 비록 장래를 위한 훌륭한 이상임에는 틀림이 없으나 현실적으로는 타당성이 없으며, 따라서 사람의 행동을 다스릴 제재권(制裁權)도 가지고 있지 않다.

통치권

홉스의 정치학의 중심적 교의(敎義)를 형성하는 두 가지 연관된 주제의 두번째는, 정부에 대하여 절대적 통치권을 부여할 필요가 있다는 것이다. 이 주제는 〈리바이어던〉의 첫머리 그림 속에 묘사되고 있다. 그림 상반

부에 한 인물의 큰 화상(畵像)이 그려져 있는데, 그 사람은 머리에 왕관을
쓰고 손에는 힘의 상징을 들었다. 그는 얼핏 보기에는 쇠사슬 갑옷을 입은
것같이 보인다. 그러나 자세히 살펴보면 그는 수없이 많은 사람들의 머리
며 어깨들로 구성되어 있다. 이 그림이 의미하는 바는 명백하다. 즉 그것
은 통치의 대권이 무수한 작은 사람들의 자연적 권리를 통치자에게 위임함
으로써 형성된다는 것을 의미한다. 사람들은 자신의 자연적 권리를 군주에
게 바칠 때에 공민(公民)이 된다. 그 군주, 즉 '리바이어던'13) 이 손에 들
고 있는 힘의 상징은 칼과 십자장(十字杖)이다. 홉스가 그것으로써 의미하
고자 한 것은, 군주가 속세의 일뿐만 아니라 종교에 관해서도 전권을 장악
하고 있다는 것, 다시 말하면 종교도 본래 정권이 마땅히 전적으로 통제해
야 할 여러 영역 가운데의 하나라는 것이다. 칼14)과 십자장 밑에는 또 다
른 상징들이 쌍을 지어 깊은 뜻을 암시하는 듯 나열되어 있다. 그리고 그
것들이 쌍을 짓고 있는 것은 군주의 대권이 미치는 두 영역을 뚜렷이 나타
내기 위해서이다. 이 상징들의 내용을 살펴보면, 성(城)과 교회, 왕관과
사교관(司敎冠), 대포와 파문(破門)의 빗장, 전쟁 때 소용되는 갑옷과 변증
법의 문서(文書), 그리고 무술 경기와 이교도의 재판 등이다. 홉스는 군주
가 모든 인간사에 관하여 절대 권한을 갖기를 원했다. 그러나 종교적 분쟁
으로 말미암은 혼란을 주목한 그는, 특히 종교의 교리와 교회 제도에 대한
군주의 통제를 강조하였다. 〈리바이어던〉의 반은 카톨릭 교회의 세속적 권
리 주장과 프로테스탄트 신학자들의 정치에 관련한 외람됨을 공박하기 위
하여 씌어졌다.

　홉스가 지적한 공민 사회(公民社會), 즉 국가가 형성됨에는 여러 가지 길

---

13) 홉스는 이 말을 욥기 제 41 장에서 따 왔다. 〈리바이어던〉의 첫머리 그림 맨 위에는 그 24
　　절의 라틴어가 불가타 성서에 인쇄된 그대로 적혀 있다. Non est potestat super terram
　　quae comparetur ei(그와 겨눌 만한 힘을 가진 자 땅 위에 없느니라)라고. 이 시는 제임스 왕의
　　영어 번역 구약성경 제 33 절에 해당하는데, 이 영어 번역에는 약간 내용이 다르게 되어
　　있다.

14) 이 칼은 물론 군왕의 절대권을 상징한다, 비록 그것이 그 이상의 것을 의미할 수도 있겠
　　지만. 왜냐하면 중세기의 도안에 있어서는 칼이 흔히 정의(正義)를 의미하며, 홉스의 그
　　림은 여러 가지 점에서 중세기의 관례를 따르고 있기 때문이다. 그렇다면 그 그림의 칼은
　　군주가 교회와 국가를 완전히 장악했을 경우에 달성하게 될 정의를 상징한다.

이 있다. 계약에 의하여 성립하는 경우는 매우 드물며, 그보다는 외국으로부터의 정복이 아니면 같은 사회 안에서의 강한 사람 또는 강한 당파의 승리에 의하여 국가가 탄생하는 경우가 많다. 그러나 우리는 그것이 어떻게 해서 권력을 잡게 되었느냐에 따라서가 아니라, 그 권력의 행사가 사회에 어떠한 결과를 가져왔느냐에 따라서 정부를 판단해야 할 것이라고 홉스는 생각한다. 어떤 합법성의 원리를 옹호하는 것은 그의 관심사가 아니었다. 사실상의 정부가 그 결과에 있어서 합법적 정부보다도 낫다는 것이 밝혀질 경우도 있을 것이라고 그는 주장한다. 그리고 일단 사실상의 정부가 우세하게 되면, 그것이 거두는 성과를 고려하여 그 정부를 옹호해야 할 것이다. 물론 홉스는 군주가 왕위를 계승할 '권리'를 가졌느니 또는 국민이 그들이 받들기를 원하는 정부를 선택할 '권리'가 있느니 하고 떠들어대던 당시의 당파심 강한 인사들의 적개심을 샀다. 홉스는 어떠한 정부든지 일단 그것이 확고하게 수립된 연후에는, 그 정부가 자연의 상태를 종식시키고 또 스스로 선택한 유형의 사회 질서를 무조건 강행하는 그 공로로 말미암아 존중되어야 한다고 믿는다. 모든 정부는 그것이 잘못을 저지르기 쉬운 인간에 의하여 운영되는 것이니만큼, 현명하고 도덕적으로 정당한 처사의 길로부터 탈선하는 수가 때로는 있을 것이다. 그러나 인간이 하는 일에 있어서 완전이란 달성할 수 없는 것이라고 생각한다. 그러므로 통치권 아래에 서는 신하들이 정부를 견제하거니 정부에 기역하거나 통치자를 치벌하려 드는 것 또는 정부의 위신이 손상되도록 정부를 비판하려 드는 것까지도 모두 옳은 일이 아니다.

홉스에 의하면, 분할된 권위란 개념상 모순을 내포한다. 왜냐하면 권위의 분할이 생긴 곳에서는, 그 분할된 세력들의 관계를 조정할 만한 좀더 큰 어떤 세력, 즉 어떤 절대적 권위가 또다시 나타날 때까지 사람들은 군웅이 할거하는 전쟁 상태로 되돌아갈 것이기 때문이다. 통치권(統治權)은 그 자체의 본질상 모든 면에 있어서 절대적이 아니면 안 된다. 홉스는 자기 자신의 경험을 통하여 어떤 정부는 낫고 어떤 정부는 못하다는 것을 너무나 잘 알고 있었다. 그는 백성에 대한 통치자의 의무에 관하여 장황하게 논하였다. 통치자(統治者)는 도덕의 원리인 자연의 법칙을 지켜야 할 도덕적 의무가 있다는 것을 역설하였다. 그러나 그의 전 저술을 통하여 한결같이 주장한 근본적 견해는, 결함이 있는 정부도 자연의 상태보다는 나으며, 따라서 국가의 공민은 비록 나쁜 정부일지라도 이것을 타도하는 것은 도덕적으로 옳지 않다는 것이다. 한마디로 말하자면, 신을 제외하고는 아무도 군주의 시비를 가릴 권한이 없다. 그러므로 백성들은 자신들 위에 존재하는 어떠한 통치권에 대해서도 복종해야 할 의무가 있으며, 통치자의 결점이나 부정에 대한 심판은 최후의 심판에 일임해야 한다.

홉스는 아리스토텔레스의 〈정치학〉에 나타난 구분법을 따라서, 정부를 세 가지 관례적인 유형으로 나누었다. 즉 군주 정치(君主政治)·과두 정치(寡頭政治)·민주 정치(民主政治). 이 가운데에서 홉스 자신이 가장 좋다고 생각한 것은 군주 정치, 즉 한 사람에 의한 통치 체제이다. 그가 군주 정치를 택한 가장 으뜸가는 이유는, 통치권을 여러 사람 또는 전국민이 고루 나누어 가질 경우보다도 단 한 사람이 그것을 쥐고 있을 경우에 통치자로 하여금 국민의 이익과는 상반되는 이익을 추구케 하는 이기적 욕심이 가장 신속하게, 그리고 가장 경제적으로 충족될 수 있다는 사실이다. 그러나 이 점은, 비록 그것이 홉스의 동시대인으로 하여금 분노심을 느끼게 하고, 또 홉스의 책을 읽는 현대의 많은 독자들로 하여금 그에 대한 증오심을 갖게 한 것은 사실이나, 홉스의 학설 전체로 본다면 부차적이요 비본질적 성질의 것이다.

홉스의 의하면, 군주가 자기의 통치 아래에 있는 국가에 대해서 해야 할 의무는 여러 가지이다. 현명한 군주는 인생에 관한 일의 어떤 부분은 자기 백성들의 자유 의사에 —— 또는 적어도 몇몇 지혜와 재능이 탁월한 신하들에게 —— 내맡겨도 무방하다. 그러나 이러한 문제에 관해서 일률적인 규칙을 세울 수는 없다. 그 까닭은, 한 국가에 있어서 무엇이 절실히 요구되고 있느냐는 것은 때에 따라 다를 것이기 때문이다. 국가의 치안과 복지를 위하여 통제가 필요하다고 군주가 판단할 경우에는, 우리는 인간 활동의 모든 부문에 있어서 군주가 가하는 제약을 감수해야 할 것이다. 경제와 생산 활동, 교육의 실시, 그리고 종교 제도들이 그렇듯이 입법과 사법의 기능도 군주의 의지에 달려 있다. 군주는 재산이란 무엇이며, 재산은 어떻게 사용할 것인가, 그리고 백성들은 국가에 대하여 어떠한 의무를 이행해야 하는가 따위의 문제를 자기의 재량으로써 결정할 수 있다. 그는 필요하다고 생각했을 경우에는 신하와 상의해도 좋으나 마음이 내키지 않는 충고를 받아들일 필요는 없다. 군주는 자기가 정한 법률 또는 자기가 특수한 계제에 내린 결정에 의거하여 벌을 내리고 상을 베풀 수 있다. "좋은 법률을 제정하는 일은 군주의 소간사(所幹事)이다."라고 홉스는 말하고 있다. 15) 그러나 어떠한 법률이 좋은 법률인가는 군주 자신이 다스리는 백성들에 의하여 조금도 제약을 받음이 없이 단독으로 판정한다. 홉스는 군주도 모든 자연의 법칙을 존중할 의무가 있다고 생각하였다. 그러나 이 의무의 성질을 밝히는 구절에서 그는 다음과 같이 말하고 있다. 16)

　도둑질 · 살인 · 간음, 그리고 모든 종류의 상해(傷害)는 자연의 법칙이 금하는 바이다. 그러나 무엇을 도둑질이라 부르고, 무엇이 살인이며, 무엇이 간음이고, 공민에 있어서 어떻게 하는 것을 상해라고 볼 것이냐는 문제는 자연에 의하여 결정되는 것이 아니라, 국법에 의하여 정해지는 것이다.

　자연의 법칙이 국민에게 요구하는 바의 구체적이요 상세한 내용을 결정하는 문제를 홉스는 전적으로 군주의 권한에 일임하였다. 따라서 군주의 의무는 다음 한마디로 요약할 수 있을 것이다. 즉 군주는 본래 추상적인 자연의 법칙에 구체적인 의미를 부여해야 한다.

물체(物體)의 철학

　홉스는 자기의 철학적 사색을 종합적 체계의 형태로 조직하고자 하는 포부를 가졌었다. 이 체계는 물체(物體)라는 개념을 조직의 원리로 삼음으로써 세워질 수 있을 것이라고 생각했다. 따라서 이 체계는 세 개의 부문으로 나뉘어질 것인데, 이 점은 그의 세 가지 저술의 제목——〈물체〔自然的 物體〕에 관하여(De Corpore)〉·〈인간적 물체〔人間〕에 관하여(De Corpore Humano)〉, 그리고 〈정치적 물체〔國家〕에 관하여(De Corpore Politico)〉라는 세

---

15) *Leviathan*, 제 30 장.
16) 〈공민론〉, 제 6 장, 제 16 절.

가지 제목——에도 뚜렷이 나타나 있다. 자연·인간 및 국가는 홉스의 유물론적 체계의 세 부분이 각각 다루어야 할 문제들이다. 모든 실체들은 물질적 실체들이라고 믿기에 이르렀다. 인간은 특수한 종류의 물체이며, 국가는 이 특수한 종류의 물체가 질서 있게 조직된 것이다. 이에 홉스는 물체의 성질과 운동의 법칙을 이해함이 철학의 사명의 전부라는 결론에 도달하였다.

홉스는 자기의 유물론적 원리를 상세한 체계로써 전개시킴에 있어서 크게 성공하지는 못했다. 그는 갈릴레이의 운동의 법칙을 형이상학 내지 자연 철학의 기본 원리로서 받아들였다. 기계론(機械論)의 관념을 인간 생명과 사회 현상의 과정에까지 연장하여 적용하였다. 데카르트의 〈성찰록(省察錄)〉에 대한 '반대론'을 썼을 때, 홉스는 "나는 생각한다. 그러므로 나는 존재한다."라는 명구를 배척하였다. 그는 데카르트 일파에게 반기를 들고, 생각함에 대한 우리의 관찰이 증명해 주는 것은 오직 사유(思惟)라는 현상이 일어나고 있다는 사실뿐이라고 주장하였다. 유기적(有機的) 조직으로서의 신체밖에는 자아라는 것은 존재하지 않는다. 홉스는 감각과 기타의 심리 현상을 때로는 신체적 운동의 결과라고 보았으며, 또 때로는 신체적 운동 그 자체와 동일한 것으로 보았다. 그리고 그는 이 점에 포함된 애매성을 끝까지 시정하지 않았다. 그는 아마 거기에 애매한 점이 있다는 것조차 몰랐을 것이다. 왜냐하면 이 문제에 관한 그의 관심은 건설적인 해결에 보다 논쟁에 있었기 때문이다. 그는 물질과 운동의 기계론적 법칙의 지배를 받지 않는 정신적 실재가 있다는 상상을 분쇄하고자 했다. 그리고 이것이 분쇄만 된다면 그것이 어떻게 분쇄되느냐에 대해서는 깊이 생각지 않았다. 그렇지만 그가 유물론적 심리학의 발전을 위하여 공헌한 것만은 사실이다. 그는 관념을 '쇠약해진 감각'[17], 즉 그 전에 있던 감각의 잔상(殘像)이라고 정의하였다. 이로써 추리 작용을 기계론적 과정으로 변형시켰다고 생각한 모양이다. 왜냐하면 추리 및 그 밖의 모든 사고의 작용을 그는 '상상의 연속'[18]이라고 불렀기 때문이다. 예컨대 그가 말하는 '자연의 법칙'

---

17) *Leviathan,* 제 2 장.
18) *Leviathan,* 제 3 장.

의 공식화 같은 과정 속에 포함된 이성의 작용을 그의 유물론적 가설에 입각하여 제대로 설명하기에 이르지 못했다. 또 정치 생활의 모든 문제들을 운동의 법칙에 의거하여 해결할 수 있다고 하는 자기의 자신만만한 선언을 뒷받침할 만한 상세한 이론을 제시하지도 않았다. 그러나 그는 자기의 유물론에 관하여 용감한 투사였다. 그는 유물론이 자기의 세속주의 정치학설을 위한 방패가 되리라고 믿었음이 확실하다. 우리의 지식이 충분하기만 하다면 기계학으로부터 심리학을 이끌어 내고, 또 심리학으로부터 정치학을 이끌어 낼 수 있다고 그는 생각했던 것이다.

홉스와 호비즘(Hobbism)

가장 위대한 사상가의 철학을 세기에서 세기로 전달하는 전통설(傳統說)의 경우에 있어서일지라도 그 전달된 학설이 사상가 본인의 생각에 완전히 충실할 경우는, 비록 있다고 하더라도 매우 드물다. 플라톤주의는 신플라톤주의에 의하여 각색된 결과, 도덕 판단(道德判斷)의 기준에 대한 플라톤의 탐구는 정치 생활의 무대로부터 도피하는 기술로 변하고 말았다. 아우구스티누스의 철학이 교황과 황제 간의 싸움에 이용되었을 때 천상의 나라와 지상의 나라를 마주 세운 아우구스티누스의 구별은, 교회와 국가를 대조시키는 구별로 전환되었다. 에피쿠로스의 쾌락설(快樂說)이 관능적 만족에 대한 성급한 탐닉으로의 초대로서 소개되었을 때, 항상 그 학설이 창시자 에피쿠로스의 본의(本意)에 어긋났었다.

그러나 후세에 전달된 학설이 그 학설의 창시자로 알려진 사상가의 본의를 이탈한 점에 있어서, 호비즘과 홉스 자신의 사상과의 관계보다도 더욱 심한 경우는 사상의 역사 전체를 통해서 없었다. 17세기가 끝나기 이전에 홉스에게 가해진 공격의 수효는 50이 넘는 반면에, 그를 옹호한 인쇄물은 오직 두 가지밖에 나타나지 않았다. 홉스는 그의 세속주의 정치학설로 말미암아, 가톨릭이나 프로테스탄트를 막론하고 모든 성직자들의 격분을 샀으며, 또 사실상 강력한 모든 정부를 두둔하는 그의 주장으로 말미암아, 스튜어트파나 민주주의파를 막론하고 정치에 있어서의 모든 정통주의자(正統主義者)들을 분개케 하였다. 홉스는 또 그의 유물론(唯物論)과 그의 무신론(無神論)〔홉스 자신은 무신론을 공언한 일이 없지만〕 때문에, 신을 모독하는 그의 언사(홉스의 글 가운데에는 그러한 언사가 전혀 보이지 않지만)와 그의 부덕한 인격(홉스를 가장 잘 아는 그의 친구들과 보호자들의 증언에 의하면, 그의 인격은 부덕과는 정반대였지만)으로 말미암아 비난을 받았다. 홉스의 철학과 인물에 대한 와전은 생존시에 있어서나 죽은 뒤의 시대에 있어서나 일반적인 현상이었다. 사상사(思想史)를 공부하는 사람들은 호비즘(Hobbism)과 홉스 철학을 구별해야 할 것이며, 그리고 사상사에 있어서 더 많은 영향력을 발휘해 온 것은 불행히도 후자보다는 전자라는 사실을 명심해야 할 것이다. 물론 호비즘도 홉스가 저술한 원전에 그 근거를 두고 있다. 그러나 그것은 홉스의 글귀를 왜곡하고, 또 그의 글귀에 그 자신이 의도하지 않은 의미를 부여함으로써 조작해 낸 것이다.

호비즘은 홉스의 사상을 졸렬하게 모방한 것이다. 그것은 인간과 국가에 대한 사고의 한 형태로서 대략 다음과 같은 조목으로 요약할 수 있을 것이다. (1) 인간은 그 본성이 철저히 악한 것으로서, 양심도 없고 참된 개심 (改心)의 가망성도 없다. 인간은 때로 갸륵한 동기를 가진 것처럼 가장하기도 한다. 그러나 이러한 가면은 오직 그의 악을 하나 더 늘게 할 뿐이다. 인간은 행위의 올바른 원리(자연의 법칙)를 알고 있다고 자칭한다. 그러나 실은 그 원리를 무시하고 경멸하는 것이다. 인간은 남에 대한 동정심을 갖지 않았으며, 주위의 모든 사람들에 대하여 그저 잔인하고 무자비할 뿐이다. (2) 국가 사회는 얄팍하게 덮어씌운 위선에 불과하다. 통치자도 백성들도 여전히 악인이기는 마찬가지이다. 통치자는 공공의 선(善)을 위하여 봉사한다는 가면 뒤에서 자기 자신의 정욕을 만족시킨다. 백성들은 형벌에 대한 공포로 말미암아 성문법(成文法)을 준수하는 한에서 통치자에게 순종한다. 그러나 이 성문법을 감히 무시하기도 하는 한에서는 은밀히 통치자에게 반항한다. 덕이니 선이니 하는 관념 자체가 한갓 기만이다. 시(是)와 비(非)를 구별하는 객관적으로 타당한 기준은 없으며, 오직 통치자의 우세한 권력에 근거를 둔 인위적 명령이 있을 뿐이다. 통치자의 힘이 명령하는 것이면 무엇이든 사실상 시(是)라고 불리고, 그 힘이 금지하는 것이면 무엇이든 비(非)라고 불린다. 그러나 시시각각으로 변동하는 정욕을 만족시킴에 있어서의 성공 이외에는 행동의 가치를 측정할 참된 척도라는 것이 없다.

호비즘의 장본인으로서의 고발을 당한 홉스는 '맘즈버리의 괴물'이라는 별명으로 불렸다. 그는 자연의 상태에 관한 그의 묘사를, 사회 생활의 제약과 이성의 선도가 아니었다면 사람은 어떤 꼴을 나타낼 것인가를 말해 주는 그림으로써 제시했던 것이다. 그러나 그는 가공할 경고(警告)로서 그가 제시한 사태에 마치 쾌재를 부른 것처럼 고발당하였다. 그는 동물적인 정욕을 방종하게 만족시킴에 쾌재를 부르짖고, 남들에게도 같은 악덕의 길을 권고했다고 고발당하였다. 홉스에게 호비즘의 책임을 지우는 것은 사상사 위에 나타난 기구한 현상의 하나이다.

3. 뉴턴

아이작 뉴턴 경(Sir Isaac Newton, 1643~1727) : 그랜덤 부근에서 출생. 소년 시절부터 놀라울 만큼 면학심(勉學心)이 강하여 농장의 잔일은 돌보지 않고 몰래 빠져 나가서 수학 문제를 공부하곤 하였다. 1661년에 케임브리지 대학의 트리니티 칼리지에 입학하였으며, 1667년에는 모교의 평의원(評議員)이 되었고, 1669년에는 수학 교수가 되었다. 그는 30년 이상이나 케임브리지에서 지냈다. 1688~1689년 사이에는 케임브리지 대학 선출 국회 의원으로 있었으며, 이때 오렌지 왕가의 확립이 이루어졌다. 신정부는 1696년 그를 조폐 국장으로, 1699년에는 조폐장관으로 임명하였으며, 이 덕택으로 그는 런던에서 살 수 있게 되었다. 1705년에 나이트 작(爵)을 받았고, 1703년부터 별세할 때까지 매년 왕립 협회의 회장으로 선출되었으며, 1699년에는 프랑스 한림원(翰林院)의 추천 회원이 되었다. 그는 보일·로크·헨리 모어 및 그 밖의 당시 사상가들과 교분이 있었다. 대인 관계에 있어서는 까다로웠으며, 라이프니츠·후크(그는 몇 가지 과학적 사상에 있어서는 뉴턴보다 앞서 있었다) 및 로크 같은 사람들과 다투기도 하였다. 케임브리지에 있던 초기 몇 해 사이에 그의 주요한 사상의 대부분을 체계화하였으나, 논쟁에 의하여 마지못해서, 혹은 친구들의 간청에 따라서만 그것들을 기록해 두었을 뿐였다. 그의 최대의 두 저서는 〈자연 철학의 수학적 원리(Philosophiae Naturalis Principia Mathematica)〉(1686)와 〈광학 —— 반사·굴절·굴곡 및 광색의 논구(Opticks : Or, a Treatise of the Reflections, Refractions, Inflections, and Colours of Light)〉(1704)이었다. 그는 철학을 '건방지게 싸움을 좋아하는 숙녀'라고 불렀으며, 과학 서적에 대해서는 신학이나 성경의 연대학(年代學)에 대해서보다 관심이 적다고 고백하였다. 그는 로마 카톨릭 교회를 맹렬히 공격하고, 또 삼위 일체의 교리를 배격하였다. 그는 성경을 틀림없는 권위로서 이의 없이 인정하였다. 그의 영향은 자연 신학(自然神學)의 운동을 위하여 많은 작용을 하였다.

뉴턴은 세계에 대한 과학적 태도를 위해 올바른 토대라고 널리 인정받은 여러 개념을 정식화(定式化)함에 있어서, 그에 앞선 베이컨이나 그보다 뒤의 로크보다도 공이 크다. 특히 영국에 있어서 이 개념들은 거의 200년 동안 세력을 떨쳤다. 이 개념들의 등장은 데카르트 철학의 방법 및 그 원리들이 일부 쇠퇴했음을 의미하였다. 뉴턴은 두 개의 노선을 따라 영향력을 가지고 있었다. 즉 그는 과학적 방법에 대한 규칙을 선언하였고, 또 비록 그렇게는 생각지 않았지만, 우주론적 체계의 개요로 여겨진 결론들을 그는 변호하였다.

뉴턴의 방법은 실험적 관찰에 대한 존중과 수학적 연역의 구실에 대한 인식을 결합시켰다. 이 자연계는 자연에 대한 진리가 정확한 기본 원리로부터 필연적으로 풀려 나올 것이라는 의미에서 전적으로 합리적인 것이라고 뉴턴은 믿었다. 그러나 그의 주장으로서는, 이 기본 원리들은 오직 '현상', 즉 관찰된 사실들로부터의 귀납에 의해서만 도달될 수 있기 때문에 아무도 이러한 기본 원리들을 시발점으로 삼을 수는 없다. 데카르트가 이른바 '명석 · 판명(明晳判明)한 관념'의 무오류성(無誤謬性)에다 호소하고 있음은 무익한 허구와 개인적 환상에의 부당한 의뢰인 것이다. 자주 인용되는 뉴턴의 신조는(그의 저서나 서한 속에 여러 가지 말로 되풀이하여 표현되고 있거니와), "나는 가설(假說)을 꾸며 내지 않는다."는 것이었다. 이 신조가 의미한 바는, 계속 실험적 연구에 의하여 진부(眞否)를 시험해야 할 임시적 가정(假定)을 만들기를 그가 거부한다는 것은 아니었다. 그가 충분한 관찰로부터 귀납적으로 도달되지 않은 자칭 원리를 품기를 거부한다는 것이 그의 진의였다. 그는 〈원리(原理; *Principia*)〉의 1 · 2권에서 확립된 수학적 원리들에 입각하여 3권에서는 태양계의 인력 및 혜성 · 달, 그리고 바다의 조수 등과 같은 그 밖의 것들의 운동을 연역하여 나갔다고 공언하였다.[19] 더 나아가 그는 같은 식의 추리에 의하여, 즉 역학의 원리로부터 연역을 계속해 감으로써 그 이외의 모든 자연 현상에 대한 인식에 도달하고자 한다고 말하였다. 그러나 역학의 원리들은, 아니 모든 기본 원리들은 과학적 사고에

---

19) *Principia*, 초판에 대한 뉴턴의 서문을 볼 것. H. S. Thayer 편 〈뉴턴의 자연 철학(*Newton's Philosophy of Nature*)〉(New York, Hafner, 1953 , p. 10).

있어서 매개 역할을 한다는 것이다. 자연이라는 것은 연역 철학(演繹哲學)
의 테두리 속에 완전히 드러낼 수 있는 것이라고 그는 생각하였다. 그러나
이 연역 철학의 원리들은 발견하기가 어렵다는 것이다. 그가 이용한 원리
들은 현상들로부터 일반화한 것이었으며, 다른 현상들에다 더 적용하여 봄
으로써 검증을 할 필요가 있었다. 하물며 세계에 관한 우리의 지식은 매우
제한되어 있기 때문에, 우리는 결코 궁극적이며 포괄적인 연역 체계의 원
리를 발견하였다는 확신을 가질 수는 없다. 그의 진술에 의하면, 가설 내
지 일반 원리는 사물을 설명하기 위해서 이용되어야 하되, 오직 그 설명이
관찰을 토대로 해서 이루어지고 또 결국 그 설명을 실증하는 실험적 관찰
에 그치는 한에 있어서만 정당하게 이용되었다고 할 수가 있는 것이다.[20]
과학은 설명의 원리를 매개로 하여 사실로부터 사실로 나아가는 것이다.

　우리가 물체의 본질을 알 수 있는 것은 오직 실험을 통해서뿐이다. 그러
나 우리의 관찰 범위내의 모든 물체에 속하는 성질들은 어떠한 물체에나
다 속한다고 결론지어도 좋을 것이다. 물체들 속에 보편적으로 나타나 있
는 성질 가운데에는 연장(延長)·경성(硬性)·불가입성(不可入性) 및 관성
(慣性) 등이 있다. 이러한 성질들은 정도의 증감이 없는 것들이요, 따라서
불변적인 것들이다. 더구나 모든 물체들은 상호 인력(引力)의 원리를 나타
내고 있다.[21] 물체들 속에 이러한 성질들이 보편적으로, 그리고 항구적으
로 나타나 있음은, 모든 물체를 구성하고 있는 궁극적 분자(分子)의 불변의
본질 때문이라고 뉴턴은 생각하였다.

　뉴턴은 근세에 있어서 다른 어떠한 사상가보다도 더 권위 있게 물질의
원자설(原子說)을 보급시킨 사람이었다. 그는 세계를 하나의 충실체(充實體
; plenum)로 볼 수가 없었기 때문에, 데카르트가 물체를 연장과 동일시한 데
반대하였다. 우리는 크기가 같으면서도 밀도가 다른 물체들을 볼 수 있는
데, 이 사실에 의하여 우리는 그 물체들을 구성하고 있는 궁극적 분자들

---

20) Thayer, 같은 책 pp. 5-6.
21) 뉴턴의 인력의 법칙[물체들은 그들의 질량의 적(積)에 비례해서, 그리고 그들 사이의 거리의 평방
　에 반비례로 서로 잡아당긴다는 법칙]은 물론 관찰할 수 있는 것은 아니다. 그것은 관찰에 입
　각해 있고, 또 더 이상의 관찰에 의해서 확증된 수학적 원리이다. 그것은 '현상(現象)'을
　구하였다.' 그것은 수학의 이용을 경험의 음미(吟味)에 이용케 했다.

사이의 공허한 공간의 크기가 다름에 따라서 때로는 더 치밀하게, 때로는 더 엉성하게 결집되어 있다고 결론지을 수밖에 없다. 우리는 진공〔물체 속의 기공(氣孔) 같은〕의 존재를 인정하지 않으면 안 된다. 그리고 이들 궁극적 분자의 운동은 그 분자들이 서로 충돌하기 전에는 어떠한 장애에 의해서도 방해되지 않는 것으로서 저항 없는, 따라서 공허한 공간 속에서 일어나는 것으로 보인다. 분자들은 그것들에 의해서 조성되는 결과가 여러 가지로 다르기 때문에, 각기 다른 형태와 크기를 가지고 있음직도 하다. 궁극적 분자들의 모든 성질은 불변적이요, 모든 물체에 보편적으로 나타나 있는 성질들은 이 사실의 결과인 것이다.

뉴턴은 마치 시간과 공간이 먼저 있었고 물체들은 나중에 그 속에 들어온 듯이, 시간과 공간을 물체의 분자들보다 훨씬 더 궁극적인 것으로 보았던 것 같다. 그는 '절대 시간'이니 '절대 공간'이니 하는 표현을 사용하였다. 자연 안의 어떠한 곳에 우리로 하여금 절대 시간을 정확히 측정할 수 있게 할 균일하게 움직이는 물체가 존재하든 말든, 절대 시간은 "저절로 그리고 그 자체의 본성에 따라서" 균일하게 흘러간다.[22] 절대 공간 역시 우리는 측정할 수 없을 것이다. 왜냐하면 우리가 측정하려고 애를 쓸 때 측정자인 우리 자신도 움직이는 지구 위에 있기 때문이다. 우리들 인간이 수행하는 시공(時空)의 측정은, 우리가 멋대로 택하여 그곳으로부터 관찰을 하게 되는 중심에 따라 상대적임을 면할 수 없다. 그러나 추시계에 의한 실험이든 목성의 위성들의 식현상(蝕現象)에 의한 실험이든, 우리는 모든 실험에 있어서 우리의 측정을 그에 접근시키고자 하는 절대적인 것으로서의 '진정한 그리고 수학적' 시공의 실재성(實在性)을 추론할 수가 있다. 상대적 시간과 상대적 공간은 대부분의 우리의 실제적 목적을 위해서는 충분히 정밀하다. 그러나 '철학적 논구'에 있어서는 우리의 감각적 개산(槪算)과 그것 자체와의 차이를 깨닫지 않으면 안 된다.[23] 모든 물체는 가동적(可動的)이며, 어떤 물체의 상대적 공간(예컨대 선원이 잠자고 있는 선상의 장소)은 그 물체와 더불어 움직인다. 그러나 가동적 물체와 가동적 장소는

---

22) Thayer, 같은 책 p. 17.
23) Thayer, 같은 책 p. 20.

부동(不動)의 공간을 —— 설령 이 후자에 대한 우리의 측정은 분명히 부정
확하다 할지라도 —— 예상하고 있는 것이다.

　궁극적 분자(分子) 및 궁극적 공간(空間)에 관한 뉴튼의 학설은 데모크리
토스 및 루크레티우스의 '원자(原子)와 공허(空虛)'의 설과 매우 가깝다고
하겠다. 그러나 고대의 원자론자(元子論者)들과는 달리 뉴턴은 자연의 분
석을 우주의 충분한 설명으로 여기지는 않았다. 그는 물리학을 신학의 테
두리 속에 넣었다. 그는 물리적 성질은 신의 수공(手工)이라고 믿었다. 신
이 궁극적인 분자들을 창조하였으며, 그의 목적을 성취하기 위하여 그것들
에다가 각기 형태와 크기를 부여하고, 적당한 시간과 공간 속에다 그것들
을 퍼뜨렸다는 것이다.[24] 뉴턴은 처음에는 만물이 신의 권능에 의존하고
있음을 명백히 해준다고 생각되었기 때문에 자연 철학(自然哲學)을 좋아하
였던 것 같다. 그는 신을 만물을 창조하고 지배하는 무한하고, 영원하고,
완전한 존재라고 불렀다. 신은 육체를 가지고 있지 않으면서도, 언제나 그
리고 어디에나 존재하는 것이다. 우리는 그 능력과 속성을 통해서 신을 알
지만, 신의 실체나 진정한 본성을 알지는 못하며, 또 인간이 이해할 수도
없는 것이다. 신은 모든 것을 보며, 모든 것을 알고, 모든 것에 작용한다고
말해도 좋을 것이다. 그러나 신이 보고 알고 작용하는 방식은 인간이 보고
알고 작용하는 방식과 같지 않을 뿐더러 인간의 마음으로 파악할 수도 없
는 것이다. 우리는 신의 존재의 비결을 통찰할 수는 없으나, 신은 우리와
세계 위에 있는 주(主; Lord)라고 고백하지 않을 수 없다.

　신의 창조력과 자연의 구조를 조화시킴으로써 뉴턴은 세계를 하나의 거
대한 기계, 즉 최초에는 전지 전능한 힘에 의해서 운행되다가 이제는 신의
간섭 없이 원활히 움직이고 있는 거대한 기계로 생각하게 되었다. 자연을
견고하게 조직된, 그리고 기본 원리로부터 추론할 수 있는 사물들의 한 설
계로 본 뉴턴의 철학은, 그로 하여금 신의 작업을 종결된 것으로 보지 않
을 수 없게 하였다. 자연은 신에 의해서 만들어졌지만, 일단 만들어진 후
에는 불변의 법칙에 따라서, 그리고 그 자연 속에 깃들어 있는 힘에 의해

---

24) 그는 창조의 시기를 성경의 서술에 의해서 상당히 정확하게 정할 수가 있으며 그것은 그
　　리스도보다 수천 년 전에 불과하다고 상상하였다.

서 제일(齊一)하게 운행하였고, 또 운행을 계속해 가고 있는 것이다.

뉴턴이 철학에 미친 주요한 영향은 세계 기계(世界機械)의 설을 퍼뜨린데 있었다. 뉴턴 자신에게 있어서는, 그의 신학이 그의 물리학보다 더 중요하였다. 그러나 사상(思想)의 역사를 볼 때 왕왕 다른 곳에서도 그러하였던 것과 같이 여기서도 한 사람의 영향이 그가 의도했던 방향에 따라서 미치지는 않고 있다. 뉴턴 뒤에 나온, 그리고 뉴턴의 물리학설에 의지한 많은 사람들에게는 이 물리학설이 완전히 그것만으로 독립한 것일 수가 있었으며, 아무런 신학적 뒷받침도 전혀 필요하지 않았다. 이리하여 뉴톤은 비록 그 자신은 그러한 의도를 품고 있지 않았건만, 하나의 자연주의(自然主義)를, 심지어는 하나의 유물론(唯物論)까지도 조장하였다. 세계가 처음에 어떻게 생겨났든, 또는 그것은 언제나 존재하였기 때문에 결코 생겨난 것이 아니든, 세계는 하나의 기계이다. 그리고 그것의 운행은 세계의 법칙이 다른 것에 의해서 부과된 것이든, 혹은 그 자체의 물질적 본성에 고유한 것이든 간에 불변의 필연성에 따르고 있는 것이다. 뉴톤의 신학이 뛰어난 과학자의 한 기묘한 미신으로서 이외에는 망각되게 되자, 그의 물리학과 세계 기계설(世界機械說)이 무수한 사람들의 사고를 끊임없이 좌우하였다.

4. 로크

존 로크(John Locke, 1632~1704) : 영국의 브리스틀 근방 링턴에서 출생, 런던 북방 20마일에 위치한 오츠에서 사망하였다. 아버지는 1640년 국회의 의회군(議會軍) 기병대장이었다. 로크는 웨스트민스터 학교 및 옥스퍼드 대학 크라이스트처치 칼리지에서 수학하였다. 그는 스콜라 철학의 공부를 시간 낭비라고 여겼다. 그러나 스스로 데카르트의 저서를 찾아서 탐독했으며, 후일 자신의 저술 속에서 상당한 데카르트적 영향을 보여 주었다. 그는 20년 동안 이상이나 크라이스트처치 칼리지의 평의원(評議員)으로 있었다. 1668년에는 왕립 협회의 회원으로 선출되었으며, 로버트 보일의 대기(大氣)의 본성에 대한 연구에 조력하였다. 노년에는 뉴턴의 친구가 되었고, 의학 박사 학위를 취득하였으며, 때때로 위급한 친구들을 치료하느라고 의학의 지식을 이용하였다. 1666년에는 초대 샤프츠버리 백작이 된 애슈리 경(卿)을 만나 그 손자의 개인 교사로서, 그리고 정치 고문으로서 샤프츠버리가(家)와 친근케 되었으며, 왕제(王弟)〔1658

년에 제임스 2세가 됨]의 계승에 반대하는 백작의 음모에도 약간의 관련을 가지고 있었던 듯하다. 1682년 후원자인 백작이 죽은 후, 그는 자진 망명의 길을 떠나 네덜란드와 프랑스에 살면서 대륙의 지성인들과 알게 되었다. 그는 윌리엄 및 메리와 교분이 있었으므로 그들이 즉위하자 영국으로 돌아와서 불로 소득할 수 있는 정부의 관직에 취임하였다가 오츠로 돌아가서 여생을 고요히 지냈다. 그의 최초의 두 저서는 그 시대에 대한 논구의 구실을 하는 것으로서, 영국 내에서는 물론이요 대륙과 미국에서까지도 사회적으로나 철학적으로 매우 큰 영향을 미쳤다. 그 두 저서란, 즉 〈관용론(寬容論 ; Letter Concerning Toleration =Epistola de tolerantia)〉(1689)과 〈통치론 2편(Two Treatises of Government)〉(1690)이다. 그의 최대 철학 저서는 〈인간 오성론(人間悟性論 ; Essay Concerning Human Understanding)〉으로서, 이것은 1671년에 착수되어 그의 재세중에 4판이나(1690년, 1694년, 1695년, 1700년) 출판되었다. 그가 쓴 다른 저술들 가운데에는 〈교육에 관한 몇 가지 견해(Some Thoughts Concerning Education)〉(1695)와 〈기독교의 합리성 (The Reasonableness of Christianity)〉(1695) 등이 있다. 그는 또 수차의 논쟁에 관여한 끝에 관용에 관한 그의 견해에 대한 2편의 변호문, 그의 종교관에 대한 2편의 변호문, 그리고 〈인간 오성론〉에 대한 3편의 변호문(워세스터 주교의 반박에 대한 답변)을 썼다. 그리고 그는 경제·종교·과학적 여러 문제에 관한 책도 썼다. 그가 〈인간 오성론〉에 첨가하려고 하였던 한 장은 그의 사후에 〈오성의 행위에 관하여(On the Conduct of the Understanding)〉(1706)라는 제목의 단행본으로 출판되었다.

존 로크는 홉스가 살았던 17세기 영국의 사회적 혼란의 대부분을 겪으면서 살았으나, 홉스보다는 한 세대 이상이나 뒤에 탄생하였고, 홉스와 달리 1688~1689년의 명예 혁명(名譽革命) 때 —— 이때 오렌지가(家)가 스튜어트 왕조에 이어 영국의 왕위를 계승하였다 —— 까지 생존하였다. 그의 철학은 자못 다양한 형태로서, 그의 생활과 그의 인간적 충실성 속에 구현되고 있는 평화스러운 화해(和解)와 관대한 순응과의 지혜에 대한 신뢰를 나타내고 있다.

로크는 통치권(統治權) 내지 절대적 권력을 어떤 한 사람이나 한 집단에게 맡기는 것을 좋아하지 않았다. 그가 윌리엄 왕이나 메리 여왕 같은 군주를 환영한 까닭은 다름 아니라 중요한 문제들은 법적으로 군주의 권력 밖에 둔다는 권리 선언(權利宣言)을 수락하는 조건 밑에 즉위하였기 때문이다. 그는 그가 찾아낼 수 있는 한 영국 내의 어떠한 개인이나 또 어떠한 집단도 다른 개인이나 집단에 대해서 홉스가 평화의 확립을 위하여 필요하다고 생각하였던 따위의 사법권(司法權)을 가지고 있지 않다는 사실에 크게 만족하였다. 만일 아무도 지배권을 가지고 있지 않고, 설혹 모든 문제가 폭로된다 하더라도 누가 다른 사람들보다 더 큰 권력을 가지고 있는지조차 알지 못한다면, 평화는 훨씬 더 획득되기 쉽다고 그는 생각하였다. 권리 선언은 스튜어트가(家)의 왕들이 요구했던 몇 가지 권리를 의회에다 부여하고 어떠한 정부도 침범할 수 없는 몇 가지 '양도할 수 없는 권리'를 모든 국민에게 물려주었다. 영국 내의 모든 파당들이 —— 즉 군주들이나, 의회나, 점차 강력해 가는 부상(富商)들의 중류 계급이나, 대학들 및 종교적 단체들, 혹은 일반민들까지도 —— 어떤 실효 있는 타협으로써 그들의 일치하지 않는 요구들을 차분한 마음으로 현명하게, 그리고 서로 흡족할 수 있게 조절하여 나가기를 희망하였고, 또 그렇게 될 것을 그는 기대하였다. 만일 이와 같은 다행한 결과가 일어나서 17세기의 기나긴 싸움에 종지부를 찍는다면, 아무도 이론적으로나 실제적으로 궁극적인 권력이 실제로 어디에 있는지를 찾아낼 필요가 없을 것이다. 로크 철학의 기질을 가장 뚜렷이 나타내고 있는 것은, 그가 통치권이라는 말에 한번이라도 언급하거나 또는 그 말이 나타내는 사상을 운운하는 일조차 없이 장편의 정치론을 쓸 수 있었다는 사실이다. 그의 논문은 —— 만일 있다면 —— 누가 실제로 홉스가 말한 의미의 주권자(主權者)인가를 아무도 알 필요가 없을 만큼 온건해져야 한다는 애원이었다.

관용의 필요

그의 성격과 신념에 알맞게도, 처음 출판된 로크의 저서는 〈관용론(寬容論)〉이었다. 이 책의 중심 문제는 1689년의 영국을 위하여 시기에 맞게 교회와 국가와의 관계였다. 로크는 그의 〈관용론〉 첫머리의 주석 '독자에게'에서 다음과 같이 선언함으로써 이 문제에 접근하였다. "절대적 자유, 바르고 참된 자유, 평등하고 공정한 자유는 우리에게 필요한 것이다." 홉스는 서로 다투는 세력들 위에 최고의 권력을 세움으로써 싸움을 해결하려고 시도하였던 것에 비하여, 로크는 각축하는 파당들이 더 온건해지도록, 그리하여 홉스가 절박한 구제책을 채택해야 할 무서운 필요성을 벗어나도록 설득함으로써 같은 목적을 달성하려고 하였다. 국가니 공화국이니 하는 것은 사람들이 자기들의 시민적 이익 —— 로크는 이러한 '이익'에 의해서 생명·자유 및 재산을 의미하였다 —— 을 보호하고 증진하기 위하여 형성한 하나의 사회라고 주장하였다. 국가는 그 성원들로 하여금 내세(來世)에 대한 준비를 시키는 것과는 아무런 관계도 없으며, 종교적 조직체들이나 신앙의 차이들 같은 것은 전적으로 무시하여도 좋다. 이에 비하면 교회는 전혀 다른 종류의 조직체이다. 그것은 사람들의 선택의 자유에 따라 들어가도 좋고 들어가지 않아도 좋은 하나의 자유롭고 임의로운 사회인 것이다. 이 교회의 존재 목적은, 그 성원들이 하나님을 즐겁게 해주고 자기들의 구원에 필요하다고 생각하는 양식에 따라 하나님에 대한 숭배를 인도해 주는 데 있다. 그러므로 국가는, 만일 교회가 그 성원들에게 부도덕을 선동하거나 어떤 이방의 군주에게 충성을 다하게 하는 일만 없다면, 모든 교회를 아무런 제재 없이 내버려두어야 한다.[25] 그리고 만일 무신론자가 허용되는 일만 없다면 모든 시민들로 하여금 교회의 성원이 되느냐 안 되느냐에 관해서 번뇌하지 않도록 내버려두어야 한다.[26] 교회와 개인은 신앙의 자유라는 특권을 국가로부터 받고 있으니만큼 국가에 대해서 보답할 의무를 지고 있다고 할 것이다. 즉 그들은 자기들의 종파(宗派)의 성원이 아닌 사람들의 교리상의 범죄나 의식적(儀式的) 예배를 감독하겠다는 요구를 하지 않을 의무도 있다고 할 것이다. 로크 자신이 영국 교회(성공회)의 회원이었으며, 이 영국 교회야말로 그 광범성에 의해서 모든 온건한 견해의 사람들을 모아 영국의 기본적 이상을 충실히 추구해 나가는 데 협력게 할 수 있으리라고 믿고 있었다. 그러나 반면 그는 국교 준봉(國敎遵奉)의 행위를 증오하였다. 그리고 이러한 행위는 국가에 대해서는 불의의 도전이요, 비국교파에 대해서는 위험 천만한 반항의 선동이라고 보았다.

---

25) 1689년의 영국인들은 카톨릭 교회가 카톨릭 군주들을 선동해서 영국의 정복을 계획하지나 않을까 하는 심한 공포심을 품고 있었다. 스페인의 무적 함대가 영국 해안에 접근한 것이 그보다 불과 백 년 전이었다. 로크도 카톨릭 교회는 시민의 자유와 국가 독립의 적이라는 널리 유포된 감정을 품고 있었다.

26) 무신론자는 바로 하나님에 대한 신앙을 결여하고 있기 때문에 도덕적 원리를 가지고 있지 않다고 로크는 생각하였다. 〈인간 오성론(*Essay Concerning Human Understanding*)〉, 제 2 권, 제 28 장, 제 8 절.

로크는 그 밖의 또 다른 이유로 해서 종교적 파별의 상호 관용을 지지하였다. 그는 인식(認識)과 의견(意見)과의 차별을 민감하게 깨닫고 있었으며 결코 공론적(空論的)인 회의론자(懷疑論者)가 아니었다. 그는 신의 존재를 논증할 수가 있다고 믿었다[27] 그리고 또 영혼의 불멸에 대한 믿음 —— 비록 이 믿음은 논증할 수 있다고 생각지 않았지만 —— 을 가지고 있었다. 그러나 종파적인 기독교 교리의 특성에 대하여는, 이를 쓸데없이 사변적(思辨的)이요, 공연히 호전적이며, 지지할 만한 명증이 전혀 없는 것이라고 보았다. 다른 사람들의 신앙이 비록 그에게는 환상적이며 터무니없는 것으로 보일 때도 그는 이러한 신앙에 대하여 정치적 수단에 의해서 간섭하는 것을 원치 않았다. 그러나 사회적 평화를 위해서뿐만 아니라 지적인 성실을 위해서 그는 명증에 입각한 결론과 정서적인 이유에서 채택한 교리(敎理)와의 차이를 사람들에게 이해시키고자 하였던 것이다. 그는 이른바 광신(狂信)이라는 것을 개탄하였다.[28] 진리를 위한 진리의 사랑의 틀림없는 한 특징은, "어떠한 명제(命題)도 증명이 보증해 주는 것보다 더 큰 확신을 가지고 받아들이지는 않는다는 것"이라고 말하고 있다. 계시(啓示)를 내세우는 사람은 많다고 그는 지적한다. 그러나 그 계시를 진정한 것이라고 단정할 만한 이유를 갖기 전에는 아무도 어떠한 자칭 계시도 받아들일 자격이 없다는 것이다. 내적인 빛에 대한 호소니, 또는 "찾지 않아도 내리는 조명"에 대한 호소니 하는 따위는 "흥분하고 우쭐하는 두뇌의 환상"이라고 그는 혹평하였다. 적대하는 광신(狂信)들의 치열한 싸움에 대해서는, 그는 진지하게 "이성(理性)이 우리의 최후의 심판자요 모든 것의 안내자여야 한다."[29]고 언명하였다.

로크와 이신론(理神論)

과학적 신념과 꼭 같이 종교적 신념을 실증하기 위해서도 증명이 필요하

---

27) 그의 증명(*Essay*, 제 4 권, 제 10 장)은 데카르트의 우주론적 증명의 모호한 재론이다. 그것은 그의 가장 '합리론적' 문장들 중의 하나이다.

28) 그는 1700년에 4판째로 나온 그의 *Essay*에다 광신에 관한 한 장을 첨가했다. *Essay*, 제 4 권, 제 19 장을 보라.

29) *Essay*, 제 4 권, 제 19 장, 제 1, 7, 14 절.

다는 로크의 주장은 역사가들로 하여금 그를 이신론(理神論)의 진영에 속하는 사람으로 여기게 하였다. 이신론(理神論 ; deism)이란 하나의 막연한 말이다. 그것은 17 · 18세기의 신학적 사상의 한 조류를 말하는 것으로서, 기독교 신앙의 본질적 신조들은 자연 종교의 일부로서 확립될 수 있는 것들에 지나지 않는다고 한다. 말하자면 이신론은 최소(最小) 기독교라 하겠다. 이신론자들은 계시(啓示)에 관한 주장, 권위로서의 성경에 대한 호소, 소위 기적의 발생에 관한 주장, 그리스도의 개인 및 신의 은총에 관한 생각 등을 배격하는 것이 보통이라고 일컬어졌다. 그들은 성직자의 필요성을 거부하였으며, 심지어 그 가운데에는 성직자를 협잡꾼이나 사기꾼으로 본 사람도 있었다.

사실에 있어 로크는 그의 생존시에 종교적 논쟁을 일으킨 이신론자들과 그다지 친밀하지 않았다. 정통파가 적극적 신념을 품은 점에서 오만한 것과 같이, 이 이신론자들은 소극적 신념을 품은 점에서 오만하다고 그는 생각하였다. 분명히 그는 체버리의 허버트 경(Lord Herbert of Cherbury, 1581~1648)의 입장을 공격하였다. 이는 허버트 경이 자기의 다섯 가지 적극적 이설(理說)을 본유 관념(本有觀念)이라고 내세웠기 때문이다. 30) 로크는 〈인간오성론(人間悟性論)〉의 제 1 권 전체를 인간의 마음속에는 본유 관념이 없다는 논의에 바치고 있다. 이 1 권의 많은 절에서 다분히 그는 데카르트의 본유 관념설(本有觀念說)에 대한 답변을(이것이 사실이라면 그는 데카르트의 논점의 핵심을 찌르는 데 조금도 성공하지 못하고 있는 것이지만) 표명하려고 의도하고 있었다. 그러나 대부분의 절에서는 그의 공격의 화살이 자기들이 확고하게 믿고 있는 것은 틀림없이 진리라고 속단해 버리는 종교적 전위파들의 사이비 방법으로 향해 있었다. 로크의 말을 직접 빌린다면, 본유 관념설은 "게으른 자의 탐구의 고통을 덜어 주었다."31)고 하겠으나, 사실에 있어서는 인간의 가장 중요한 지적 요구——의견을 시인할 만한 명증, 그리하여 일단 명증이 생기게 되자 이 의견을 진정한 지식으로 바꿀 수 있는 명증의 요구——를 회피한 것이었다.

---

30) *Essay*, 제 1 권, 제 2 장, 제 15 절부터.
31) *Essay*, 제 1 권, 제 3 장, 제 25 절.

비록 로크는 허버트 경의 증명 방법에 반대를 하였고, 또 이신론자들에
대해서는 일반적으로 다른 사람들의 진지한 —— 설혹 경신적(輕信的)일 망
정 —— 신념을 조소하려는 그들의 경향 때문에 의아심을 갖고 있었지만,
한편 기독교 신앙을 몇 가지 단순한 본질적 요소로 환원시키려는 이신론적
경향의 영향을 받기도 하였다. 로크가 주장한 바에 의하면, 사람이 긍정해
야 할 신조가 적으면 적을수록 그는 더욱더 기독교를 지지하게 될 것이라
고 한다. 물론 우리가 알기만 한다면 내세우고 싶어 하게 될 더 많은 진리
가 있음에는 틀림이 없다. 그러나 우리가 긍정할 권리를 가지고 있는 것,
그리고 또 우리와 함께 긍정하도록 타인에게 떳떳이 요구할 수 있는 것은
우리가 알고 있는 것뿐이다. 기독교는 단순화됨으로써만 설득력을 갖게 될
수가 있다. 그래서 로크는 그의 유력한 저서 〈기독교의 합리성〉에서 기독
교 신앙을 세 가지 '기본 원리'로 요약해 버렸다. 즉 만물의 창조자인 최고
의 불가시적인 하나의 신을 인정하고 숭배해야 한다는 것, 예수는 구세주
라는 것, 사람들은 자신의 죄를 참회하고 신이 예수를 통해서 내린 율법에
복종하여야 한다는 것, 이들 세 기본 원리 중 첫째 것은 기독교가 유태교
에서 물려받은 것이다. 그 밖의 두 가지는 '새로운 신약(神約)의 불가결한
조건'이다.

두 가지의 특히 기독교적인 신조를 논하는 데 있어, 로크는 아주 모호하
였다. 그는 예수가 구세주라고 하는 말이 바로 무엇을 뜻하는가를 설명하
지 않았고, 또 신이 예수를 통해서 내린 율법들을 제시하지 않았다. 그는
정밀을 기하려고 한 것이 아니라, 사람들에게 선한 의지의 너그러운 태도
를 가르치려는 것이었다. 그 자신은 성경의 구절들을 읽고 명상하기를 즐
겼다. 그리고 노년에는 사도 바울의 서간(書簡)의 긴 (그리고 지루한) 해설
을 쓰는 데 여념이 없었다. 분명히 그는 타인들이 기독교 경전의 지도를
이용하리라고 기대하였던 것이다. 그러나 그는 자기 자신의 관용의 원리를
깨뜨리게 되지 않을까 하는 마음에서 일반적으로 경건한 도의(道義)의 분
위기를 촉진시키는 이상으로 나아가기를 두려워하였다.

로크가 그 후의 이신론(理神論) 발전에 미친 영향은 상당한 것이었지만
그의 본의는 아닌 성싶다. 그 까닭은 그가 전통적인 많은 기독교 교리를
무시하고 배척한 사실이 그가 두 가지의 막연히 표현된 기독교 기본 원리

를 채택한 사실보다 더 많은 주목을 받았기 때문이다. 로크의 두 젊은 숭배자가 로크의 가르침의 이 소극적(부정적)인 면을 해명하였다. 톨란드 (John Toland, 1670~1722)는 그의 저서 〈기독교는 신비가 아니다(*Christianity Not Mysterious*)〉에서, 역사상의 기독교에 있어서 모호하거나 이해할 수 없는 것은 모두가 단순한 복음에 부착된 위작(僞作)의 첨가물이라고 주장하였다. 틴들(Matthew Tindal, 1653~1733)은 그의 저서 〈기독교는 창세의 예부터 존재한다(*Christianity As Old As Creation*)〉에서, 역사상 기독교의 유일한 참된 부분은 인류의 모든 다른 종교들과 공유하고 있는 교리들뿐이라고 주장하였다. 이 두 사람은 모두가 신앙은 이성의 영역을 넘어서서는 안 된다고 주장하였다. 그리고 로크의 그 전 제자로서 3대 샤프츠버리 백작이 된 쿠퍼 (Anthony Ashley Cooper, 1671~1713)는, 그의 산만한 저서 〈인간・풍습・의견 및 시대의 특질(*Characteristics of Men, Manners, Opinions, and Times*)〉에서, 도덕(道德)은 전적으로 종교로부터 독립된 것으로서 유신론적 신앙에 의한 아무런 지지도 필요하지 않다(자연적 및 사회적 세계의 뒤에는 의심 없이 신이 있다고 그는 부언하였지만)고 주장하였다. 이러한 후일의 저작(著作)들을 촉진시킨 것은 로크의 철학이었다. 비평가들의 공정한 말에 의한다면, 이 책들은 로크 자신이 그의 신학의 막연한 일반적 진술에서 보여 준 것보다도 로크의 인식설(認識說)에 더 부합하고 있다. 이리하여 로크의 종교론은 그것이 조성되던 때에는 적절한 것이기도 하였지만, 이신론(理神論) 보급의 역사에 있어서 한 장의 구실을 하게 되었다.

시민 정부(市民政府)

로크가 〈정치론(政治論)〉을 쓰게 된 동기는 그 자신이 서문에서 말하고 있는 바와 같이, "우리의 어진 윌리엄 왕의 왕위(王位)를 확립하기 위해서" 였다. 그러나 그러는 동안에 홉스가 성취하지 못했다고 생각한 두 가지 것을 —— 홉스의 이론을 직접적으로 연구함이 없이 —— 성취한 정치 철학을 형성할 기회를 얻었다. 첫째로 그는, 근본적인 문제들이 야기되지 않고 또 아무도 실질적 주권의 소재를 결정지을 필요를 느끼지 않도록 정치적 권력을 정부의 여러 부문과 국민 사이에다 분배하였다. 둘째로는, 모든 사람과 모든 단체가 도덕적 판단에 복종하도록 도덕 원리를 정치적 권력보다 우위에 서게 만들었다.

인간이 시민 사회 속에 들어오기 전에는 자연 상태대로 생존하였다고 로
크는 주장하고, 아메리칸 인디언을 전정치적(前政治的) 사회의 한 실례로
서 지적하였다. 자연 상태에 있어서의 모든 인간에게는 어떤 권리가 주어
져 있으며, 그 가운데에서 주요한 것은 생명·자유 및 재산에 대한 권리들
이다. 이 권리들은 양도할 수 없는 것이며, 모든 사람이 동등하게 소유하
고 있는 것이다. 자연 상태에서 사람들이 가지고 있는 것은,

> 어떤 타인의 허가를 구하거나 타인의 의사에 의존함이 없이 자연의 법칙의 테
> 두리 안에서, 자기들이 적당하다고 생각하는 대로 자기들의 활동을 결정하고, 또
> 자기들의 재산과 일신(一身)을 사용할 수 있는 완전한 자유이다.[32]

자연의 법칙은 곧 모든 사람에게 다른 모든 사람의 평등한 권리를 존중
하도록 요구하고, 그리하여 사회 질서의 평화를 증진시키도록 요구하는 이
성의 가르침이다. 인간은 천성(天性)에 있어서 사회적 존재요, 따라서 사
회는 시민적 제도나 국가보다 앞서는 것이다. 만일 인간이 충분히 이성적
이기만 하다면, 자연 상태야말로 실로 조화와 행복의 조건일 것이다.

불행하게도 자연 상태는 목가적이 아니다. 정부는 아닐지언정 약간의 사
람들이 탐욕을 일으키고 타인들의 권리를 침범할 뜻을 품고 있기 때문에,
자연 상태는 전쟁의 상태로 전락하고 마는 것이다. 그리하여 대다수의 어
진 사람들은 그들의 권리를 유지하기 위하여 침략에 대한 대책을 강구하지
않을 수 없게 된 나머지, 상호 보호에 대한 계약을 맺고 단결한다. 이 계약
은 그 속에 들어오는 사람들로 하여금, 그 후의 활동에 있어서 그 계약을
이행하도록 선출된 직원들에게 자신들의 약간의 권리를 양도하지 않을 수
없게 한다. 그러나 그들은 자기들의 권리를 모두 양도하지는 않는다. 직원
들에게 그들의 임무를 수행해 가기에 충분한 힘을 주는 데 필요한 이상의
권리를 양도하지는 않는 것이다. 로크는 마치 자연 상태가, 만일 소수의
간악한 자들에 의해서 침범당하지만 않는다면, 시민 사회(市民社會)의 상

---

32) *Treatise of Civil Government*(시민 정부론), 제 4 절.

태보다 더 훌륭하리라고 확신하고 있는 듯한 서술을 하였다. 그 까닭은 자기의 자연적 권리를 모두 소유하는 것이 약간의 권리만 보유하고 다른 권리들을 양도하는 것보다 낫기 때문이다. 그러나 자연 상태는 불안정한 것으로서, 전쟁의 상태와 시민 사회의 상태와의 사이에서 부동(浮動)하고 있다. 그리고 시민 사회의 상태는 전쟁의 상태보다 훌륭하기 때문에, 시달리고 경험을 쌓은 모든 사회들은 정치적 힘의 보호 밑에서 살겠다는 계약을 맺어 왔다. 추상적으로 생각한다면, 자연의 상태가 인간에게는 최선의 상태일는지도 모른다. 그러나 실제적으로 생각한다면, 정치적 사회의 상태야말로 사람들이 상당한 자유와 충분한 안전의 공동 보장을 위하여 안출할 수 있는 최선의 상태라 하지 않을 수 없다. 시민 사회의 상태는 전쟁의 상태에 대비한 일종의 보험 정책인 것이다.

그러나 어떠한 정부도, 만일 그것이 피지배자들의 상호 동의에 의해서 수립된 것이 아니라면, 정당한 것이 못 된다고 로크는 단호하게 주장하였다. 어떠한 정부도 그것이 만일 정복에 의해서나 혹은 약자에 대한 강자의 난폭한 힘에 의해서 세워졌다면, 복종을 요구할 권리를 갖지 못한다. 그뿐 아니라 로크가 계속하여 언명한 바와 같이, 만일 어떤 정부가 —— 합법적으로 세워진 것일지라도 —— 위임된 직분의 한계를 넘어서 시민들 각자의 권한 속에 보유되어 온 개인의 권리를 침해한다면, 그 정부는 즉시로 그 자신의 피지배자의 알력에 빠질 것이요, 또 당연히 전복되어도 좋을 것이다. 그렇다고 해서 로크는 정부의 빈번한 교체를 실험해 보고 싶어한 급진주의자는 아니었다. 그는 한 국가의 시민에게는 제한된 혁명의 권리가 부여되어 있다는 것을 인정하였거니와, 이것은 비단 그가 영국에 있어서의 1688~1689년의 명예 혁명(名譽革命)을 뒷받침하려고 하였기 때문만이 아니라, 혁명의 권리에 대한 인정은 지배자를 지지하게 만들 것이요, 지배자를 법적 한계 내에 억제해 둘 것이요, 따라서 혁명의 권리를 발휘해야 할 기회의 도수를 감소시킬 수가 있을 것이라고 생각하였기 때문이다. 그는 이미 시민의 집단을 도덕적 권위 밑에 두었던 것과 같이, 정부의 직원들을 자연 법칙의 도덕적 권위 밑에 두고 있었다. "법이 끝나는 곳에서 폭정(暴政)은 시작된다."[33] 그리고 폭정은 도전을 초래하며, 또 도전을 받아 마땅하다고 하겠다.

시민 사회(市民社會)의 상태 내지 국가는 세 가지 조건이 충족될 경우에, 그리고 그러할 경우에만 존재하게 된다. 널리 알려진 고정된 성문법(成文法)과, 따라서 법적으로 선정된 입법가(立法家)가 있어야 한다. 쟁의를 접수하여 성문법에 따라서 그것을 해결할 수 있는 이름 높고 공평 무사한 재판관이 있어야 한다. 그리고 법을 시행하고 재판관의 판결을 뒷받침할 수 있을 만한 힘을 가진 이름 높은 행정관이 있어야 한다. 이들 정부의 3부문은 평행적이요 협조적이기는 하지만, 상호간의 지배를 받지 않는다. 정부의 권력을 이 3부문 사이에 분할함으로써 정부는 유순해질 것이요, 위험한 존재라기보다는 오히려 시민 개개인이 각자의 어느 정도의 자유를 보전하는 데 유용하게 될 것이다.

로크의 〈관용론〉과 〈시민 정부론〉은 우리가 들 수 있는 어떠한 다른 문헌보다도, 흔히 '자유주의'——이것이 근대 정치 생활의 특징을 이루어 왔다——라고 불리어지는 전통의 전형으로 되어 있다. 보통 이러한 유형의 자유주의가 표명한 것은 로크 자신이 제시한 특질들을 종합시킨 것들이었다. 그리고 이 자유주의는 인간 인식의 범위에 관해서는 온건한 회의적 입장을 취해 왔으며, 종교적 신앙의 막연하게 짜임새 없고 희미해진 신조들에 대해서 만족하여 왔으며, 보증이 어렵고 변화가 인생의 흥취를 더해 줄 수 있는 넓은 범위의 사건에 대해서 관용적이었으며, 개인의 권리를 고집하면서도 사회적 의무에 민감하였으며, 날카로운 논쟁을 일으키게 함이 없이 정치적 문제들을 처리하려고 하였으며, 반항의 위협을 하기 좋아했으나 이 위협의 실행을 싫어하였으며, 또 무엇보다도 악(惡)은 사실은 그다지 악한 것이 아니며 선(善)이 머지 않아 이 세계에 충만하리라는 희망에 차 있었다. 이러한 형식의 자유주의(自由主義) 속에 로크의 정신이 살아 있는 것이다.

인간 오성론(人間悟性論)의 유래

로크의 걸작은 〈인간 오성론〉이다. 이 길고 산만한 저작은 1671년에 시작되어 그 후 20년 동안에 때를 달리하여 씌어졌으며, 1690년에 초판이 출

---

33) *Treatise of Civil Government*, 제 202 절.

간되었고, 그 뒤에 나올 판을 위해서 수정되었다가 1704년 그가 사망할 무렵에 다시 또 수정되었다. 로크는 30여 년 동안 이따금씩 이 〈인간 오성론〉에 손을 댄 셈이다. 그는 처음에는 사회적·종교적 및 정치적 문제들에 대한——물론 그가 일생을 통해서 품고 있었던——평화주의적 의도에 의해 고무되어 있었다. 그러나 얼마 아니 되어 그는 과학적 탐구의 모든 분야에서 탐구되고 있는 바와 같은 인간적 인식(認識)의 좀더 일반적인 문제로 시선을 돌렸다. 일찍이 그는 보일——이는 베이컨의 전통에 따라 사실적 소재 축적의 중요성을 강조한 사람이다——과 같은 영국 과학자들의 업적에 의해 영향 받았다. 그리고 그후 그는 갈릴레이와 데카르트 및 대륙의 합리론적 전통 속에서 마주치게 된 감각적 경험과 과학적 방법에 관한 여러 개념들을 다소 고려에 넣으려고 하였다. 〈인간 오성론〉에는 그의 지적 발전의 여러 단계 및 문제점에 대한 그의 의견의 점진적 변화가 반영되고 있다. 그가 조금도 거리낌없이 사용한 몇 가지 말들——경험·관념·지식 같은 것들——은 그 의미가 자못 모호하여 포착하기 어렵다. 또 때로는 집필 초기에는 확실히 예기치 못했던 것으로서 사실은 채택하고 싶지 않았으나 마지못해 인정한 그러한 결론으로 하는 수 없이 몰리고 있음을 느낀 적도 있었다. 그의 철학적 편력이 교훈적인 까닭은, 그가 마침내 분명하게 천명된 한 견해에 도달한 데 있는 것이 아니라(왜냐하면 그는 결코 그러한 견해를 천명하지 않았으므로), 굽히지 않는 성실성과 지적인 솔직성으로써 그의 모든 잇따른 난관과 대결한 데 있다.

자기가 〈인간 오성론〉의 집필을 시작하고 계속해 간 경로를 로크는 다음과 같이 술회하고 있다.[34]

이 〈인간 오성론〉의 내역을 이야기하는 것이 좋겠다면 이 자리에서 피력하겠다. 5·6명의 친구가 나의 방에 모여서 이 책의 주제와는 거리가 먼 문제에 관해서 토론을 하다가, 모든 면에서 일어난 난점으로 말미암아 즉시 막다른 데에 빠지고 말았다. 이 번거로운 의문들의 해결에 조금도 더 접근하지 못한 채로 얼마 동안 당황하던 끝에, 나의 머릿속에 홀연히 떠오른 생각이 있었으니, 그것은 즉 우리는 그릇된 길을 밟고 있는 것이며, 그러한 성질의 탐구에 착수하기 전에 우

---

34) *Essay*의 권두에 있는 "The Epistle to the Reader(독자에게 드리는 글)".

선 우리 자신의 능력을 음미하여 우리의 오성(悟性)이 어떤 대상을 다루기에 적합
하고 적합하지 않은가를 알 필요가 있다는 것이었다. 이것을 동료들에게 제안하
였더니, 모두가 기꺼이 동의하였다. 그리고 그 자리에서 이것이 우리의 첫번째로
연구할 문제라고 하는 데 합의를 보았다. 내가 그 전에는 전혀 고려한 적이 없었
던, 그리고 다음 모임에 대비하여 기록해 놓은 몇 가지 성급하고 미숙한 생각들
이 이 논구(論究)의 첫 단서를 이루었다. 이 논구는 우연히 시작되었다가 절실한
요구에 의해서 계속되었다. 그러나 그것은 일관성도 없이 조금씩 씌어졌으며 얼
마 동안 내버려두었다가는 기분이나 기회가 허락하는 대로 다시 씌어지곤 하였
다. 그러다가 마침내 요양을 위해 여가를 얻을 수 있었던 은퇴 생활을 하는 동안
에 이 논구는 독자들이 보는 바와 같은 체제를 갖추게 되었다.

일반적 인식설'로부터 거리가 먼 문제'란 도덕 원리와 계시 종교(啓示宗
敎)였다.[35] '우리 자신의 능력을 음미하려는' 계획에 의해서 로크는 자기
가 확고하게 품고 버린 적이 없는 한 원리, 즉 우리가 사물에 대한 인식을
얻을 수 있는 것은 오직 그것에 대한 경험을 가질 경우에 있어서뿐이라는
원리에 도달하게 되었다. 계시 종교는 경험을 초월해 있는 것에 관한 것이
라고 그는 믿었다. 우리는 이러한 문제에 관해서 의견을 늘어놓을 수는 있
으나, 이러한 의견들이 불확실하고 인식을 이루지 않는다는 것을 깨달아야
한다. 우리는 우리의 일상적 경험 속에서 보고 만지는 것을 쉽사리 알 수
가 있으며, 또 만일 우리가[예컨대 로크 자신이 보일을 도와서 기상 현상(氣象現
象)을 연구하였을 때 보여 준 바와 같이] 조직적으로 양심적 관찰을 시작하기만
한다면, 과학적 탐구에 의해서 우리의 소박한 지식을 넓혀 갈 수가 있다.
자연 과학자들은 끊임없이 인간의 지식을 증진시키고 있지만 신학자들은
세계의 기원(起源)과 최후의 심판에 관해서, 인간의 타락과 신의 은총에 관
해서, 천사니 천국이니 지옥이니 또는 우리가 직접 알아볼 수 없는 그 밖
의 많은 것들에 관해서 무익한 논쟁을 일삼고 있다고 로크는 지적하였다.
그러므로 우리는 지식과 의견과를 엄밀히 구별하여야 한다고 그는 주장한

---

35) 로크 자신은 이 사실을 밝히지 않았다. 우리는 그것을 James Tyrrell(1642~1718)로부터 들
어 알거니와, 이는 로크의 친구로서 로크의 방에서의 모임에 참석했던 사람이다. Tyrrell
은 그가 가지고 있던 로크의 *Essay*의 사본에 있는 여백란에다 이러한 취지의 기록을 하였
다.

다. 존재하는 사물에 대한 지식은 경험이 미치는 데까지 미치지 않을 수도 있으나(왜냐하면 우리는 경험의 모든 내용을 언제나 주의해서 보는 것은 아니기 때문에), 확실히 그 이상으로는 결코 미칠 수가 없다.

로크의 초기 인식설(認識說)

인간의 인식에 관한 로크의 최초의 이론은, 철저한 경험적 방법의 뒷받침을 받고 있는 단순하고 미숙한 실재론(實在論)이다. 〈인간 오성론〉의 예비적 서술 즉 초안에서[36] 말하기를, 진리의 척도는 "사물이 이러이러하게 실제로 존재하고, 우리가 감관에 의해서 그대로 그것을 발견하는 것"이라고 하였다. 아마도 우리는 감관을 통해서 '사물의 확고하고 분명한 완전한 본성'을 확인할 수는 없을 것이다. 그러나 우리는 비록 부분적이기는 할지언정 직접적으로 사물들을 관찰하고 있다. "우리의 밖에 있는 사물들을 발견하고, 이러한 대상에 적합하게 자연이 부여한 능력으로써 그것들을 음미하고 나서, (이것은 우리 인간에게 가능한 최선의 것이거니와) 우리는 그것들에 대한 관념을 형성하고 그것들을 명명(命名)하고 있는 것이다."

완성된 〈인간 오성론〉의 4회나 거듭된 판에서, 로크는 때에 따라 일관성은 없으나 같은 견해를 계속해서 표명하였다. 어린이조차도 사과가 무엇이며 불이 무엇인지를 알고 있으며, 따라서 "사과는 불이 아니다."[37]라는 명제에 서슴지 않고 동의한다고 그는 서술하고 있다. 그리고 자연 철학자들은 어린이보다 더 광범한 경험과 적당하게 체계화된 경험에 의해서, '백(白)은 흑(黑)이 아니라'든가 '사각형은 원이 아니라'든가 하는 것을 만인이 다 알고 있는 것과 꼭 같이 확실하게 '두 물체는 같은 장(場)에 있을 수 없다'는 것을 알고 있다는 것이다.[38] 실로 어린이든 과학자든 아무도 우리

---

36) 로크가 출판하려고 마음먹지 않았던, *Essay*의 몇 가지 초안이 다행히도 로크의 서류들 가운데 보존되어 있었으며, 근래에 와서 인쇄하여 이용할 수 있게 되었다. 여기에 사용된 초안은 1931년에 Benjamin Rand, *An Essay Concerning the Understanding, Knowledge, Opinion, and Assent* 〔오성(悟性)·지식·의견 및 동의론(同意論)〕라는 제호로 출판된 것이다. 상술한 세 개의 인용문은 이 초안의 p. 300과 p. 154에 있음.

37) *Essay*, 제 1 권, 제 1 장, 제 23 절.
38) *Essay*, 제 1 권, 제 1 장, 제 18 절.

의 경험이라는 조그만 섬을 둘러싸고 있는 존재의 대양(大洋)에 관해서 아는 사람은 없다. 왜냐하면 우리가 만일 경험에서 얻는 관념을 가지고 경험하지 못한 사물에 관해서 생각하는 데 이용한다면, 우리에게 만족을 주고 소중하게 생각될 의견이 형성될 수는 있겠지만, 그렇다고 해도 우리는 제멋대로 환상을 그려 내거나 혹은 이러한 의견을 지식으로 여겨서는 안 되기 때문이다. 우리가 신뢰할 수 있는 지식은 사물에 대한 직접적 관찰을 통해서 도달되는 것이다.

〈인간 오성론〉의 초안 및 일부 완성된 장(章)의 구절에 나타난 이 단순하고 미숙한 견해는 얼마 안 가서 복잡하고 학술적인 이론으로 변모했다. 그러나 그 견해에다 첨삭을 가하는 것은 마지못해서였고 전적으로 그것이 포기된 것이 아니며, 어느 정도는 그 견해가 로크의 그 후 이론 진술 방식을 결정지었던 것이다. 예컨대 그것은 '전충성(塡充性)의 관념'이라는 제목의 장에 나타나 있다. 이 장에서 로크는 다음과 같이 말하고 있다.[39]

> 우리는 촉각에 의해서 전충성의 관념을 얻는다. 그리고 그 관념은 어떤 물체가 점유하고 있는 장소 속에 다른 물체가 들어올 경우에 ──그 물체가 그 장소를 떠나 버릴 때까지── 그 물체가 받는 저항에서 생긴다. 만일 이 전충성이 무엇인가 하고 나에게 묻는 사람이 있다면, 그에게 알리기 위해서 그의 감각에 호소하게 할 수밖에 없다. 그로 하여금 두 손 사이에 돌이나 공을 끼우고 그 두 손을 합치게 하면 그는 알게 될 것이다.

이 구절은 로크가 우리의 모든 관념은 경험으로부터 온다고 하는 그의 원리에 관해서 제시한 많은 실례 중의 하나에 지나지 않는다. 이 구절이나 또는 이와 비슷한 구절에 나오는 경험이란, 우리 주위의 세계에 있는 돌이나 공과 같은 자연적 대상들을 보거나 만져 보거나 혹은 그 밖의 감각을 느끼거나 하는 것을 말한다. 다시 말하면 그것은 사물과의 직접적 교섭이요, 사물의 직접적 감지인 것이다. 더 나아가 로크가 지적한 바와 같이 우리는 우리 자신의 정신 활동에 대해서도 경험을 가지고 있다. 우리는 우리의 주위에 있는 대상들을 관찰하는 것과 꼭 같이 직접적으로 '마음의 활동'[40]을

---

39) *Essay*, 제2권, 제4장, 제1절과 제16절.

관찰할 수 있기 때문에, 지각 작용이니 의욕 작용이니 하는 것이 무엇인가를 알고 있다. 다시 말하면, 경험은 외적 및 내적인 사물이나 사태에 관한 것이다. 더구나 우리가 경험으로부터 얻은 관념들이란 다름아닌 우리의 능력으로 가능한 이해 내지는 판단이다. 우리가 부주의하게 한번 흘낏 본 것이나 혹은 직접 관찰하지 않은 것에 관해서 그릇되게 추정할 경우에는 관념들은 부적합하거나 거짓이 된다. 그러나 예컨대 전충성(塡充性)의 관념의 경우와 같이 관념들이 적합하고 참일 경우에는, 그것들은 참된 지식이다. 경험으로부터 전충성의 관념을 얻는다는 것은 곧 전충성이 무엇인지를 안다는 것이다.

로크가 여기서 논하고 있는 바와 같이 인식 상황 속에서 우리는 세 가지의 요소를 구별하게 된다. 즉 대상·마음, 그리고 대상에 대한 마음의 사유 방식의 세 가지이다. 대상에 대한 마음의 사유 방식은 관념이며, 관념은 그것이 그 대상에 관해서 참이고, 또 참이라고 인정될 때는 지식이다. 마음과 대상과의 대부분의 교섭에 있어서는 어린이라도 —— 로크가 주장한 것과 같이 —— 대상이 어떤지를 알 수 있을 만큼 경험이 분명하고 확실하다. 그리고 과학자들이 종횡 무진의 여행에 의하여, 또는 망원경이나 현미경과 같은 기구에 의하여, 보통 사람들의 일상적 경험 속에는 들어오지 않는 그 이상의 대상에 관해서 꼭 같이 분명하고 확실한 경험을 얻고자 하는 한에 있어서 그들은 그 이상의 지식을 얻을 수가 있을 것이요, 또 실제로 얻고 있는 것이다. 예컨대 과학자는 어떤 질병의 원인에 대하여, 태양계 내의 천체들 사이의 거리에 대하여, 혹은 머나먼 지방에 사는 야만족의 결혼 관습에 대하여 지식을 얻을 수도 있을 것이다. 이러한 그 이상의 지식을 얻는 데 있어서는, 그들은 '전충성의 관념'을 얻는 데 누구나가 발휘하는 것과 같은 종류의 인식 활동을 특수한 조건하에서 발휘하고 있을 따름이다.

경험과 관념에 관한 후기 사상

완성된 〈인간 오성론(人間悟性論)〉에서 로크는, 인간 오성의 연구를 처음

---

40) *Essay*, 제 2 권, 제 6 장.

시작하였을 때 취했던 단순한 입장과는 전혀 다른 학술적 인식론을 보여 주었다. 이렇듯 그가 초기의 견해로부터 후기에 변천한 것은, 갈릴레이나 데카르트로부터, 혹은 근대 과학에서 나온 사조로부터 이어받은 학설의 영향 때문이었다. 로크에게 중요했던 것은——그는 이 중요한 사조를 그렇게 알고 있었다——감각적 경험이 세계에 관한 지식을 위해서는 믿음성 없는 기초라는 주장이었다. 로크는 결코 경험이야말로 우리가 호소할 수 있는 최선의 것이라는 초기의 확신을 버리지는 않았다. 그러나 경험은 외적 대상으로부터의 자극에 의해서 인간의 마음속에 생기는 주관적 결과들로써 이루어진다는 생각에 동의하게 되었다. 그러므로 외적 대상은 직접적으로 경험에 나타나는 것이 아니라, 그 대상을 닮을 수도 있고 닮지 않을 수도 있는 감각에 의해서 경험에 표상되는 것이다. 표상들은 자연적 대상을 아는 방법의 구실을 못하고, 하나의 소재(素材)——이 소재를 넘어서 그것의 외적 원인에 관한 결론에 이르려는 희망에서 마음이 그것에 작용을 하여야 하는 그러한 하나의 소재가 된다.

〈인간 오성론〉에서 찾아볼 수 있는 많은 유사한 진술들 가운데에서 다음 두 구절은 로크가 취하게 된 입장을 나타내는 좋은 실례라 하겠다. [41]

> 마음의 숙고(熟考)의 대상이 되는 것들 중에서 마음 자체를 제외하고는 그 어느 것도 오성(悟性)에 나타나지 않기 때문에 그 대상의 표시 내지 표상으로서 다른 어떤 것이 오성에 나타날 필요가 있다. 그리고 이것이 다름 아닌 관념들이다.
> ……마음은 사유에 있어서나 추리에 있어서나 그 자신의 관념 이외에는 다른 아무런 직접적인 대상도 가지고 있지 않으며, 오직 이 관념만을 숙고하며, 또는 숙고할 수가 있다.

이제 로크는 인식 상황에 있어 세 가지 요소 대신에 네 가지를 구별하였다. 첫째로, 비록 직접적으로는 경험 속에 나타나지는 않을지언정 여전히 외적 대상들은 있다. 둘째로 비록 직접적으로 외적 대상들을 알지는 못할지언정 마음이라는 것이 있다. 그리고 셋째로 지식이 있다. 지식은 이제는 관념을 소유하는 것과는 엄밀히 구별되고 있지만 이제 넷째 번의 요소, 즉

---

41) *Essay*, 제 4 권, 제 21 장, 제 4 절;제 1 장, 제 1 절.

마음속의 관념이 있다. 이 관념은 마음과 외적 대상과의 중간 위치에 있는 것이다. 실로 이 관념은 경험에 주어지는 유일한 대상이다. 왜냐하면 경험은 이미 세계의 구명(究明)이 아니라, 세계가 마음속에 일으키는 일련의 결과들이기 때문이다. 관념들은 우리가 대부분의 탐구에 의해서 알려고 하는 바로 그 대상은 아니다. 그것들은 외적 대상을 대표한다고 한다. 그러나 그것들은 그 외적 대상의 본성을 드러내지는 않는다. 오히려 그것들은 마음과 세계와의 사이에 걸려 있는 일종의 장막이다. 그것들은 지식을 위해서 불가결한 것이요, 우리의 지식은 과연 우리의 관념의 테두리에까지는 나아갈 수 있을지라도, 그 테두리 이상으로는 결코 더 나아가지 못한다. 그러나 그것들은 초상화가 사람을 묘사하고 있는 것과 같은 의미에서 대상을 대표하고 있는 것은 아니다. 그것들이 대상을 대표하고 있다는 것은 어떤 기호들이 그것을 보는 사람들에게 변덕스러울 수도, 의심스러울 수도, 심지어는 몹시 모호할 수도 있는 의미를 암시하고 있는 것과 흡사한 뜻에서이다. 이리하여 그것들은 비록 대상이 마음에 나타나고 있음을 시사해 주지만 그 대상을 보여 준다기보다 도리어 숨겨 버리고, 마음으로 하여금 그것들을 낳은 사물의 본성에 관하여 인식보다 오히려 추측을 하게 한다.

제일 성질과 제이 성질

로크는 〈인간 오성론〉의 한 장(章)과[42] 여기저기 흩어진 몇 개의 구절에서 당시의 과학자들, 특히 그의 친구였던 뉴턴에 의해서 시사된 방식으로써 외적 대상의 인식 문제를 해결하려고 노력하였다. 그보다 앞서 이미 뉴턴과 갈릴레이는 물체의 실재적 성질들은 바로 수학적으로 처리될 수 있는 것들임을 발견하지 않았던가! 그리고 뉴턴은 궁극적 분자(分子)의 본성을 확정함으로써 이 분자들로 이루어진 모든 물체들의 많은 성질을 설명하지 않았던가!

그러므로 로크는 제일 성질과 제이 성질에 대한 갈릴레이의 구별을 고찰하고, 그것을 그의 인식론적인 문제에 이용하였다. 그의 말에 의하면, 관념이란 어떠한 것이든 마음이 그 자체 안에서 지각하는 것들이며, 성질이

---

42) *Essay*, 제 2 권, 제 8 장.

란 그 관념들을 생기게 하는 대상이 지니는 힘들이다. 제일 성질들에 의해서 생긴 관념은 "그것들(즉 그 성질들)을 닮고 있으며, 그 원형은 물체 자체 속에 실제로 존재하고 있다."[43] 그러나 제이 성질들에 의해서 생긴 관념은 "그것을 대신하는 이름이 그 관념과 유사한 만큼 우리 밖에 있는 어떤 것과 유사한 것이 못 된다."[44] 우리의 제일 성질의 관념은 전충성(塡充性)·연장·형상·운동 또는 정지 및 수(數) 등이라고 로크는 말하였다. 제이 성질들의 관념은 열(熱)과 냉(冷), 명(明)과 암(暗), 백(白)과 흑(黑), 감(甘)과 산(酸) 및 허술하게나마 보통 '감각적 성질'이라고 일컬어지는 그 밖의 모든 관념들이다. 로크는 추측을 더해서, 제이 성질은 '제일 성질의 양태'라고 한다. 즉 그것들은 대상을 이루는 미립자들의 크기·형상·조직 및 운동의 기능인 대상이 지니고 있는 힘들이라는 것이다.

'자연 철학에의 이 조그만 편력'──로크는 이렇게 불렀다[45]──은 사실은 그에게 만족을 주지 못하였다. 그는 갈릴레이와 뉴턴의 수학과는 매우 다른 수학 이론을 발전시키게 되었다. 그의 주장에 의하면 수학은 외적 세계의 구조를 탐구하는 것이 아니라, 마음에 의해서 제멋대로 형성된 어떤 복합 관념들 사이의 관계를, 경험이 가리키는 한에 있어서 탐구하는 하나의 과학이다.[46] 더구나 대상의 보여진 형상, 사물의 경험된 운동이나 크기 등은 자연 안의 사물의 객관적으로 실재하는 형상이나 운동이나 크기 등과 같다고 믿을 수는 없다. 뉴턴은 물리학적 이유로 말미암아 상대적 운동과 객관적 운동을 구별하였지만, 로크는 인식론적 이유로 말미암아 관념과 사물을 구별하였다. 그러므로 로크는 자기의 인식설(認識說)을 계속 발전시켜 감에 따라서 갈릴레이나 뉴턴으로부터 얻은 시사를 강조하지는 않았다. 오히려 그는 우리의 주관적 경험을 낳은 세계 내의 사물들의 본성에 관하여 추론을 하기에 모든 관념들이 적합한가에 관해서 점점 회의적으로 되었다.

---

43) *Essay*, 제 2 권, 제 8 장, 제 15 절.
44) *Essay*, 제 2 권, 제 8 장, 제 7 절.
45) *Essay*, 제 2 권, 제 8 장, 제 22 절.
46) 로크는 이 특수한 종류의 복합 관념을 '양태(樣態; modes)'라고 불렀다. 여러 가지 종류의 복합 관념은 이하에서 논의된다.

단순 관념과 복합 관념

로크가 〈인간 오성론〉에서 발전시키게 된 그의 인식론적 입장은, 관념의 이론과 지식의 이론과의 두 주요 부분으로 이루어져 있다. 관념의 이론은 〈인간 오성론〉 제 2 권에서 가장 완전히 제시되어 있다.

로크는 주장하기를 인간의 마음은 우선 '빈 방'이나, '아무런 문자도 없는 백지'나, 또는 '완전히 밀폐된 암실'과 같다고 한다.[47] 인간의 마음은 그 자체의 어떤 힘을 지니고 있다. 그러나 그것은 아무런 관념도, 또 물론 아무런 지식도 생득적으로 가지고 있지는 않다. 인간의 마음은 이성적 능력을 발휘할 소재를 경험으로부터 얻을 때까지는 아무런 추론도 할 수 없거니와, 이는 마치 훌륭한 연장을 가진 목수가 그의 연장을 사용할 재료를 얻기까지는 집을 지을 수 없는 것과 같다고 하겠다. '이성과 지식의 소재'는 경험으로부터 오는 관념이다. 이들 관념 중의 일부는 외적인 대상이 신체의 감관에 미치는 자극으로부터 오는 것이기 때문에 감각 관념(感覺觀念)들이다. 그 밖의 관념들은 마음이 그 자체의 작용을 지각하는 데에서 오기 때문에 내성 관념(內省觀念)들이다.[48] 감각이나 내성을 통해서 얻어지는 모든 관념은 개별적으로 마음에 나타난다. 즉 각 관념은 '단순'한 것이다. 그러나 로크가 든 단순 관념의 실례는 가지각색이고 전혀 일관성이 없다. 도처에서 그는 열거하였다. 백과 흑, 감과 산, 열과 냉, 그리고 감관에서 오는 그 밖의 관념들 ; 진충성·공간·운동·형상·지각 작용·사유 작용·의욕 작용 및 그 밖의 마음의 작용의 관념 ; 쾌락과 고통, 힘·존재·단일성 등등. 로크는 단순 관념에 대한 그의 많은 실례를 체계화하기 위해서 그다지 애쓰지 않았다. 왜냐하면 그의 본래 관심사는 오직 모든 관념들은 어떠한 것이든 마음 자체의 힘을 통해서가 아니라, 경험에 의해서 그것

---

47) *Essay*, 제 1 권, 제 1 장, 제 15 절 ; 제 2 권, 제 1 장, 제 2 절 및 제 11 장, 제 17 절.

48) 내성(內省 : reflection)이라는 말은 종종 로크의 독자를 괴롭혀 온 용어이다. 여기에서 이 말이 뜻하는 것은 다른 저술가들이 내성(introspection), 즉 마음의 그 자신에 대한 관찰(the mind's inspection of itself)이라고 불러 온 말과 같다. 로크는 다른 곳에서는 이 말을 다른 뜻으로 즉 숙고의 과정 혹은 성찰적 연구의 의미로 사용함으로써 독자를 혼란시켰다. 그러나 여기에서 그가 생각하고 있던 것은 상(像)이 거울에 반영된다는 의미에 있어서의 reflection이다. 이러한 의미의 내성에 있어서는 마음이 감각의 경우와 같이 수동적이라고 그는 주장하였다.

들이 마음속에 생기는 방식을 통하여 마음에 나타난다고 하는 핵심적 주장 뿐이었기 때문이다.

로크는 계속해서 설명하기를, 마음은 많은 단순 관념 외에 또 수많은 복합 관념도 가지고 있다고 하였다. 마음은 단순 관념으로부터 복합 관념을 형성한다. 이 형성은 여러 가지 방식으로 —— 즉 단순 관념을 결합하고 대조하고 추상(抽象)함으로써 —— 이루어진다. 로크는 복합 관념을 망라해 보여 주지는 않았다. 그는 아무도 복합 관념을 망라할 수 없음을 깨달았다. 그러나 그는 많은 복합 관념들 —— 그 중에서도 특히 모든 관념의 기원은 경험에 있다고 하는 그의 일반적 이론에 대한 예외라고 다른 사람들이 여기기 쉽다고 생각한 복합 관념들을 다시 음미하였다. 그래서 그는 지속·연장·무한·신(神)·실체·인과성·도덕적 관계, 자유와 필연, 물질과 정신 등과 같은 관념에 관한 몇 장을 서술하였다.

로크의 서술에 의하면, 복합 관념은 세 가지 유형으로 분류할 수가 있다. 즉 양태(樣態), 실체의 관념, 관계의 관념이다. 이 분류는 엄밀하지가 못하며, 각 유형에 관한 논구도 역시 어떤 점에서는 막연하다.

양태란 "아무리 복합적이라 할지라도 독립적으로 존재한다고 가정할 수 없고, 실체의 의존물 내지 부수물이라고 생각되는" 복합 관념이다. [49] 양태의 예를 든다면 삼각형·감사·살인·피트〔尺〕와 마일〔里〕, 날〔日〕과 시간, 분노·질투·자유 등이 있다.

로크에 의하면, 관계의 관념이 생기는 것은 마음이 독립적인 한 관념을 생각하는 데 국한되어 있는 것이 아니라, 그 관념을 넘어서 그것이 다른 관념들과 어떠한 관계에 있는가를 볼 수가 있기 때문이다. 한 관념이 다른 관념들과 관계를 맺는 방식은 무수히 많으며, 따라서 우리의 관계의 관념은 다종 다양하다. 로크가 논구한 바 있는 관계의 관념은 원인과 결과, 동일성과 다양성, 공간과 시간과의 관계, 성질의 정도의 관계, 생물학적 관계, 그리고 인간의 행위와 도덕적 판단의 기준과의 관계 등이다.

실체의 관념은 로크에게 상당한 괴로움을 끼쳤다. 우리는 누구나 어떤 단순 관념들은 우리의 경험 속에서 항상 떼를 지어 모여 다니고 있음을 발

---

49) *Essay*, 제 2 권, 제 12 장, 제 4 절.

견한다. 그러므로 우리는 이러한 각 관념의 무리들을 한 사물로부터 나온 것으로, 그리고 어떤 토대 내지 기체(基體)에 의하여 결속되고 있는 것으로 생각하기 쉽다. 그러나 우리는 이 토대 내지 기체가 무엇인지를 알지 못하며 또 알 수도 없다. 그러므로 우리가 가지고 있는 어떤 특정한 실체의 관념은, 주어진 한 관념군(觀念群)을 결속하고 있는 '무엇인지 알 수 없는 어떤 것'의 관념이다. 예컨대 우리의 황금에 대한 관념은, 황색, 상당한 무게, 불 속에서는 타지 않고 녹는 성질, 왕수(王水) 속에 있어서의 용해성 등의 관념들을 언제나 함께 생기게 하는 어떤 것의 관념인 것이다. 또 다른 예는 정신이라는 관념은 생각하고 추리하고 두려워하고, 아마도——그러나 결코 장담할 수는 없는 것인데——물질적인 것들이 흉내낼 수 없는 그 밖의 활동들을 영위해 가곤 하는 어떤 것의 관념이다. 물질적 실체와 정신적 실체는 오직 그것들이 우리에게 넣어 주는 관념의 종류의 차이에 의해서만 구별할 수가 있다. 그 어느 쪽도 객관적 존재로서는 식별될 수 없는 것이다(성실한 로크로서는 그렇기 때문에 실제로 물질과 정신과는 서로 다른 두 가지 실체일 수도 있다는 가능성이, 비록 그러한 생각을 좋아하지는 않았지만, 불확실한 것으로서나마 인정되지 않을 수 없는 문젯거리였다). 그리고 만일 우리가 경험하는 많은 개별적 실체의 관념들을 일반화하여 '실체 일반(實體一般)'의 관념을 형성하고자 한다면, 우리는 그 실체 일반의 관념은 한 무리의 연합된 단순 관념을 우리에게 넣어 줄 힘을 가진 미지의 기체(基體)의 관념이라고 말할 수가 있다.

로크는 후세에 있어서뿐만 아니라, 그가 생존해 있을 당시에도 '관념에 의한 새로운 인식 방법'[50]을 안출했다는 이유로 비난을 받았다. 그는 그러한 비난에 대해서 분개하였으나 비난을 받을 만한 일을 많이 하기도 했다. 인간의 오성에 관해서 처음 탐구를 시작하였을 때에는, 그는 관념이라는 것을 사물에 관한 사유의 방법으로, 또 때로는 심지어 사물을 아는 방편으로도 생각하였다. 그 후 관념은 사유할 때의 마음의 유일한 직접적 대상으로 되었으며, 그것이 마음속에 나타나기 때문에 마음은 관념에 의해서 대

---

50) 이 구절은 로크와의 오랜 논쟁의 상대였던 Worcester의 주교, Edward Stillingfleet에 의해서 처음 사용되었다.

표되는 사물을 알 수 없게 되었다.

로크의 초기 견해는 직접적 실재론, 혹은 자연적 실재론이라고 불러도 좋을 것이다. 그리고 후기 견해는 상징적 실재론이라고 불러도 좋을 것이다. 이 상징적 실재론의 이론은 로크로 하여금 '관념에 의한 새로운 인식 방법'을 통해서 인간의 오성이 얼마나 많은 지식을 얻을 수 있고 또는 얻을 수 없는가를 확정하는 데 노력을 기울이면서 탐구를 계속해 가지 않을 수 없게 하였다.

인식(認識)의 등급과 범위

"지식이란 우리가 가진 관념들의 연결과 일치 또는 불일치와 대립에 관한 지각 이외의 아무것도 아닌 것으로 나에게는 생각된다."고 로크는 그의 유명한 한 구절에서 말하고 있다.[51] 이러한 지각이 있는 곳에 지식이 있다. 그리고 그것이 없는 곳에는 속견(俗見) 내지 억측은 있을지 모르나 지식은 없다.

관념들의 일치와 불일치는 다음 네 가지 종류에 귀속시킬 수 있을 것이라고 로크는 이어 논하고 있다.[52]

(1) 동일성 또는 상이성

(2) 관계

(3) 공존 또는 필연적 연결

(4) 현실적 존재

이 분류는 그리 잘된 것이 아니다. 여기에 사용된 말은 모호하고 허술하다. 그리고 어떤 술어는 그 뜻이 매우 애매하다.

이 분류에 있어서 한 가지 주요한 난점은 '현실적 존재'라는 말에 어떠한 의미를 부여할 것이냐 하는 문제이다. 로크가 (위에서 논한 바) 추리와 인식을 위한 대상으로서 우리가 가진 것은 오직 관념들뿐이라는 견지를 고집하는 한, 그는 우리가 관념과 관념 상호간의 일치와 불일치를 지각한다고 말할 수는 있을 것이나, 우리가 관념과 관념 이외의 존재와의 일치 또

---

51) *Essay*, 제 4 권, 제 1 장, 제 2 절.
52) *Essay*, 제 4 권, 제 1 장, 제 3 절.

는 불일치를 지각한다고는 말할 수 없을 것이다. 그러나 이와 같은 결론은 로크의 비위에는 전혀 맞지 않았다. 그는 사물에 관한 지식을 —— 인간의 정신과 신에 관한 지식뿐만 아니라, 물체와 같은 자연계의 사물에 관한 지식을 —— 원하였다. 그는 심각한 문제에 부닥치고 있음을 깨달았다. 예컨대 관념들은 추리와 인식을 위한 재료의 전부라는 것을 계속 주장하면서도, 한편으로 (관념 이외의) 현실적 존재 —— 마음 밖에 있는 현실적 존재 —— 에 관한 인식에 어느 정도까지는 도달할 수 있다고 그는 주장하였다. 이 문제에 대처하기 위하여 그는 말년의 언명(言明) 가운데에서 하나의 형용사를 끌어들였다. 관념은 오직 마음의 직접적 대상이라고 말하기에 이른 것이다. 그는 사유와 인식을 위한 다른 대상들이 존재할 것이라고 생각하였다 —— 비록 그 다른 대상들이 직접적 대상은 아닐지라도 이 다른 대상들은 직접적 대상 즉 관념을 통하여, 어떻게 인식될 수 있는 방도가 있을 것이라고 그는 생각하였다. 그렇다면, 관념과 관념과의 관계를 지각한 것이 아니라 관념과 외계의 대상과의 관계를 파악한 그러한 종류의 지식이 있을 것이다. 그래서 로크는 자기가 (가능한 한) 확인하고 정당화하기를 꾀했던 지식의 종류 가운데 감히 '현실적 존재'를 넣었던 것이다.

이 점에 관한 로크의 인식론적 난점은 명백하다. 그러나 그는 이른바 '지식의 등급'에 관한 문제를 논하는 그 태도로 말미암아, 그 난점을 더욱 가중케 하였다. 왜냐하면 로크는 이 문제를 풀어 나감에 있어서 그가 손경한 데카르트로부터 직접 빌려 온 합리주의적 견지에 철두철미하게 의거했기 때문이다.

로크의 가장 높은 수준의 지식은 직각(直覺 ; intuition)이다. 직각은 의심의 여지가 없다. 그것은 너무나 확실한 까닭에 그것을 가진 사람에게는 증명이라는 것이 필요 없다. 그러나 로크가 이 직각에 관한 이설(理說)을 인식이 경험을 넘어설 수는 없다고 한 그의 주장의 문맥 가운데로 끌어들였을 때, 그는 데카르트와 같은 방식으로 이 이설을 활용할 수는 없었다. 그는 이성으로 하여금 마음속에 있는 관념을 지나 마음 밖에 있는 사물에 이르게 할 수는 없었다. 오히려 그는 가장 확실한 지식은 오직 하찮은 문제들에 관해서만 대체로 가능하다는 것을 인정하지 않을 수 없었다. 우리는 흰 빛은 검정빛이 아니라는 것, 모든 관념은 그 자체와 동일한 동시에 다른 모든 관념들과 다르다는 것 등등을 누구나 알고 있다. 로크가 실토하는 바에 의하면, 현실적 존재에 관한 인식 가운데에서 직각을 통해서 얻을 수 있는 것은 오직 한 가지뿐이다. 이 한 가지란 각자가 자기 자신의 존재에 관해서 가지고 있는 지식이다. 여기서 로크는 데카르트의 Cogito ergo sum 의 선도(先導)를 감사히 따르고 있는 것이다.[53] 로크에 의하면, 우리는 또 "동일한 것과 같은 두 개의 사물은 서로 같다."는 수학적 공리와 같은 따위의 어떤 원리를 직각적으로 인식할 수가 있다. 그러나 마음과 외부 세계와의 중간에는 관념들이 가로막고 있는 까닭에 이 외부 세계에 관한 지식을 직각이 우리에게 주지는 못한다.

다음 단계의 지식은 논증이다. 로크는 이것도 역시 데카르트식으로 생각하였다. 논증은 일련의 과정을 밟은 증명으로서, 그 과정의 하나는 직각적으로 자명한 진리이다. 논증의 방법을 성공적으로 적용하는 예는 수학에서 찾아볼 수 있다. 그리고 도덕의 여러 원리에 관해서도 수학에서와 같이 타당한 논증에 도달할 수 있는 것이라는 희망을 걸었다. 그러나 실재하는 세계를 탐구하는 마당에 있어서는 논증도 그 무력하기가 직각이나 다름이 없다. 로크는 신의 존재를 논증할 수 있으리라고 생각했으며, 그리고 한곳에서 그러한 논증을 제시했던 바 그것은 데카르트의 우주론적 증명을 그대로 본뜬 것이었다.[54] 그러나 이 한 가지의 예외를 (그러한 예외를 인정한 것은, 인식은 경험의 범위를 넘어설 수 없다고 하는 로크의 주장과 일치하지 않는다는 것이 비판자들의 일반적 고찰이다) 제외하고는, 논증은 실재하는 세계에 관한 지식을 제공하지 않는 점에 있어서 직각과 조금도 다를 바 없다고 결론지었다. 직각도 논증도 광대한 자연에 관한 지식을 생산할 수는 없다고 그는 인정한 것이다.

이리하여 로크는 그의 인식론적 고찰에 있어서 한 위기에 처하게 되었다. 한편 그는 데카르트에 있어서 발견된 합리론적 이상을 지지하였다. 그는 만일 우리가 출발점으로 삼을 수 있는 바탕만 얻는다면, 우리 인간은 이 이상에 도달할 수 있을 것이라는 확신을 표명하였다. 예컨대 그는 다음과

---

53) *Essay*, 제 4 권, 제 9 장.
54) *Essay*, 제 4 권, 제 10 장.

같이 말한 바 있다.[55]

만약 우리가 임의의 두 물체의 미세한 구성 요소들의 모양과 크기와 조직과 그리고 운동을 발견만 한다면, 우리는 그 두 물체의 상호 작용의 몇몇을 시험해 보지 않고도 알 수 있을 것이다 —— 마치 우리가 정방형이나 삼각형의 성질을 아는 것과 마찬가지로.

그는 물리학이 수학과 마찬가지의 논증적 과학이 되기를 원했다. 그는 물리학에 있어서 시험해 보지 않고 결론에 도달할 것을 희망하였다. 그러나 다른 한편 그는 우리가 경험으로부터 출발해야 한다는 것을 주장하였다. 우리는 논증의 바탕을 가지지 못했다. 우리는 물체의 구성 요소의 성질을 알지 못한다. 우리는 오직 마음과 자연물의 중간에 자리잡은 관념들을 자료로 삼을 수밖에 없다. 합리론적 이상은 비록 생각하기에 매혹적인 것이기는 하나, 우리 인간이 처해 있는 인식론적 형편으로는 도달할 수 없는 그림의 떡이다. 로크는 인식과 속견을 엄격히 구별하려 한 그의 결심을 충실하게 좇아서 다음과 같이 말하지 않으면 안 되었다.[56]

이 두 가지, 즉 직각(直覺)과 논증(論證)은 인간이 가진 지식의 두 가지 등급이다. 이 두 가지 중의 어느 것에도 미치지 못하는 것은 모두가 다 —— 그것이 아무리 확신을 동반하는 것이라 할지라도 —— 믿음 내지는 속견(俗見)에 지나지 않는다. 적어도 모든 일반적 진리에 관한 한, 그것들은 오직 믿음 내지 속견일 뿐 지식은 아니다.

또한 로크는 그의 경험론을 충실히 따라서, 위의 언명 끝머리에 한마디의 단서를 붙였다. 우리는 직각과 논증을 제외한 어떠한 방법으로도 일반적 진리의 인식에 도달할 수는 없다.[57] 그러나 개별적인 진리의 인식으로

---

55) *Essay,* 제 4 권, 제 3 장, 제 25 절.
56) *Essay,* 제 4 권, 제 2 장, 제 14 절.
57) 이 신념 때문에 로크는 다음과 같이(*Essay,* 제 4 권, 제 12 장, 제 10 절) 썼다.
"자연 철학은 과학으로 될 수가 없다." 왜냐하면 여기에서 그가 과학이라는 말에 의해서 의미한 것은 검증되고 체계화되는 외에 일반화되는 지식을 뜻하기 때문이다.

말한다면 우리는 그 이외의 방법에 의해서, 즉 우리의 감관에 호소함으로
써 인식 또는 인식에 못지않은 것에 도달할 수가 있다. 그러므로 인식의
처음 두 가지 등급에, 즉 직각과 논증에 첨가하여 로크는 마침내 세번째
등급, 즉 감각적 인식을 하나 더 보탠 것이다.

명목상의 본질과 참된 본질

로크의 인식론적 학설의 나머지 부분은, 그가 직관과 논증의 부족한 점
을 보충하기 위하여 감각적 인식을 끌어들인 자기의 처사를 정당화하고자
한 노력의 산물이다. "마음은 사물들을 직접 인식하지는 못하고, 오직 마
음이 사물들에 대해서 가진 관념을 매개로 삼아서 그것들을 인식할 뿐이
다."라고 그는 주장하였다.[58] 그러나 관념들은 분명히 밖으로부터 오는 것
이며, 따라서 그것들을 우리 마음속에 일으키는 외부의 사물에 관해서 우
리에게 알려주는 바가 반드시 있을 것이다. 복합 관념(複合觀念)들은 마음
에 의하여 만들어진 것이니만큼 아마 흔히 거짓되기가 쉽다. 그러나 단순
관념들은 비록 그것들이 사물의 성질을 정확하게 묘사하는 것은 못 될지라
도, 실제적인 일에 관해서는 마치 모사(模寫)하는 것과 다름없이 우리들에
게 유용하다. 단순 관념은 우리가 그것을 갖는 것이 적당하다고 신(神)이
생각한 것이다.

> 단순 관념은 공상의 산물이 아니라 우리 밖에 존재하며 우리에게 정말로 작용
> 하고 있는 사물들의 자연스럽고 정상적인 산물이다. 따라서 그것은 우리가 생각
> 하는 바와 같은 일치성을 가지고 있다. 또는 우리의 상태가 요구하는 바와 같은
> 일치성을 가지고 있다.[59]

따라서 우리가 단순 관념들을 '진짜다', '타당하다', 또 심지어는 '참되
다'라고 부른다 하더라도, 만약 우리가 그렇게 부르는 뜻을 깨닫고 독단에
빠지지만 않는다면, 그릇됨이 없을 것이다.[60] 단순 관념들은 사물이 가진
힘에 호응하는 것이다. 그것들은 사물이 가진 힘에 '부합한다'. 그것들은

---

58) *Essay*, 제4권, 제4장, 제3절.
59) *Essay*, 제4권, 제4장, 제4절.

"설령 우리의 마음이(나는 대부분의 사람들 마음이 그렇게 한다고 믿는다) 그들 단순 관념들을 사물 그 자체에 속하는 것처럼 판단한다 하더라도, 거짓이 라는 오명을 쓸 이유는 없다." 미친 사람이 아닌 이상, 외부 세계에 관하여 자기의 감관이 자기에게 주는 지시를 무시하고 행동하는 사람은 없을 것이 라고 로크는 생각하였다. 현명한 사람이라면 자기의 단순 관념이 실재하는 사물인 것처럼 —— 또는 적어도 실재하는 사물의 진짜 성질인 것처럼 —— 행동할 것이다. 단순 관념들은 그것이 감각에서 오는 것이든 또는 내성(內 省)에서 오는 것이든, 모든 실천적 목적을 위하여 우리에게 올바른 인식을 제공한다.

그러나 비록 실천상에 있어서는 그렇지 않다고 하더라도, 이론상으로는 감각적 인식은, 이를테면 상징적이요 묘사적은 아니라는 사실을 인정해야 한다고 로크는 경고하였다. 다시 말하면 감각적 인식은 우리로 하여금 사 물을 명목상의 본질에 의거하여 다룰 수 있게 할 뿐, 결코 참된 본질에 의 거하여 다룰 수 있게 하지는 않는다. 로크는 '본질'을 정의하여 "사물로 하여금 바로 그것이 되게 한 사물의 참모습"이라고 말하였다. 그렇다면 사 물의 참된 본질은 "사물의 참되고 내면적인, 그러나 일반적으로(실질에 있 어서) 알려지지 않는 구조로서 그 사물의 발견될 수 있는 성질을 좌우하는 것"이라고 말할 수 있을 것이다. 그러나 명목상의 본질은, 복합 관념 또는 단순 관념들의 연합으로서, 우리가 사물들을 구별하고 그것들을 종류에 따 라서 배열함에 있어서 도움으로 삼는 것이다.[61] 그러므로 사물의 명목상의 본질은 자연적인 발견이기보다는 인간에 의하여 구성된 것이다. 우리는 우 리의 경험 가운데에서 자주 함께 일어나는 관념들을 한데 묶어서, 이 관념 의 묶음을 한 사물로서 간주한다. 그러나 이러한 관념들을 우리 안에 일으 키는 힘이 그 사물의 참된 본질의 주요한 부분인지 아닌지는 우리로서는 결코 알 수가 없다. 참된 본질은 우리의 사유(思惟)를 위한 표준이 될 수가 없다. 왜냐하면 우리의 사유는 우리의 관념들의 범위 밖으로 쉽사리 넘어 가지 못하기 때문이다.

---

60) *Essay*, 제 2 권, 제 30~32 장, 특히 제 32 장, 제 14 절.
61) *Essay*, 제 3 권, 제 3 장, 제 15~18 절.

로크는 그의 〈인간 오성론〉을 위하여 서론을 썼다. 이 서론이 〈오성론〉의 다른 부분이 형성되고 그 논구(論究)의 회의론적 함축이 저자에게 분명히 알려진 다음에 씌어졌다는 것은 거의 의심의 여지가 없다. 우리는 이 서론을 로크가 자기 자신 및 그의 독자들로 하여금 그의 〈오성론〉의 결론이 되고 만 회의론적 이설(理說)과 화해시키려고 한 노력의 산물이라고 특색지을 수 있을 것이다. 로크는 (데카르트처럼) '자연의 주인공이요 소유자'가 되게 할 지식 탐구의 모험의 길로 사람들을 손짓해 부르지는 않았다. 그는 (베이컨처럼) '아는 것이 힘이다.'라는 발견에 기뻐 날뛰지도 않았다(비록 로크에게는 어느 정도 베이컨과 일치하는 요소가 없는 것은 아니지만). 그는 또 (스피노자처럼) 우리 인간의 최고 수준의 인식을 통하여 우주의 크나큰 구조를 통찰하는 지경에 도달할 수 있으리라는 희망을 가진 일도 없었다. 그는 17세기의 다른 철학자들과 같이 가슴 설레게 하는 결론에 도달하지 않았던 것이다. 그는 온건하고 겸손하였다. 그는 신이 그의 지혜로써 인간에게 지정하여 준 소임에 —— 자연 안에 있어서의 변변치 않은 소임에 —— 충실하게 복종하였다. "여기에 있어서의 우리의 할 일은 모든 것을 아는 일이 아니라, 우리의 행위에 관한 것들을 아는 일이다."라고 그는 서술하고 있다. 우리는 '생활의 편의와 덕(德)을 위한 식견'을 합리적으로 준비하기에 넉넉할 만큼, 다시 말하면 '현세의 안락한 생활을 위한 방도와 보다 나은 것으로 인도하는 길'을 발견하기에 넉넉할 만큼 알고 있다. 바꾸어 말하면 우리는 우리의 경제와 정치에 관한 문제들을 해결할 수 있으며, 우리의 영혼을 구제할 수가 있다. 우리는 비록 세계의 참된 구조가 어떠한 것인지는 알지 못할지라도 우리 인간사를 어떻게 처리할 것인지는 알고 있다. 세계 안에 있어서의 우리의 처지는 배를 타고 있는 선원의 그것과 같다.

선원이 자기 배의 닻줄 길이를 아는 것은, 비록 그것으로써 그가 바다의 모든 깊이를 측정할 수 있는 것은 아니로되, 그에게 큰 도움이 된다. 항해의 길을 바로 잡고, 또 파선할지도 모르는 모래톱에 배가 걸리지 않도록 경계하기 위해서, 필요한 곳에서 물바닥에 넉넉히 닿을 수 있을 만한 길이를 그 닻줄이 가지고 있다는 사실을 알고 있다는 것은 선원으로서는 매우 소중한 일이다.

다른 철학자들은 모호하고 어지러운 문제들로부터 출발하였다. 그리고 때로는 그 문제들을 뚫고 나가서 그들의 생각에는 득의 양양한 해결처럼 보인 것에 도달하기도 하였다. 그러나 로크는 거의 그 반대의 길을 걸었다. 그는 인간의 단순한 능력——그것으로써 우리가 인생을 분별 있게 계획할 수 있으며, 또 세계에 관한 늘어가는 지식을 획득할 수 있는 단순한 능력——에 대한 단순한 신념을 출발점으로 삼았던 것이다. 로크는 사람들이 인식의 한계를 올바로 인정하기만 한다면, 사람들은 인생을 분별 있게 계획할 수 있는 능력을 가졌다는 신념을 끝까지 다분하게 유지하였다. 그러나 그는 참된 인식에 도달할 수 있는 가능성에 대한 그의 본래의 신념은 거의 상실하였다. 세계에 관한 인식 대신 인간지(人間知)의 좁은 한계에 관한 인식을 제시했던 것이다.

경험주의 철학의 전통

로크를 위대한 사상가라고 생각한 비평가는 설령 있었다고 하더라도 그 수효가 매우 적다. 그러나 그의 영향이 넓고 깊게 미쳤다는 것은 누구나가 인정한다. 데카르트가 합리론(合理論)을 그 고전적인 형태에서 제시한 사람이듯이, 로크는 경험론(經驗論)을 그 고전적인 형태에서 제시했다고 말할 수 있다. 로크가 경험론을, 세계를 탐구하는 적극적인 프로그램으로서 보다 근거 없는 믿음에 대한 경고로서 수립한 것은, 프래시스 베이컨의 경우보다 오히려 더하다. 그리고 경험주의 학파는 그의 시대 이래 (아마 최근에 이르기까지) 같은 부정의 정신을 발휘해 왔다. 로크의 〈인간 오성론〉에 근원을 둔 이 경험론의 전통 가운데에서 가장 중요한 것은, 로크가 경험론을 주관주의(主觀主義) 및 불가지론(不可知論)과 한데 묶었다는 사실이다. 왜냐하면 그는 경험에 대한 호소를 하나의 조직된 이론으로서 수립했는데, 그 이론에 의하면 사유를 위하여 마음이 가지고 있는 모든 자료는 사람들의 마음속에만 존재하는 주관적 관념들이며, 따라서 사람들은 외부 세계의 참된 성질에 관해서는 영원히 무지한 상태를 벗어날 길이 없기 때문이다. 로크의 인식론이 비록 당시 과학의 영향을 받은 흔적을 보이기는 하지만, 그 시대의 과학에 근원을 둔 것은 아니다. 오히려 그것은 사회 문제에 근원을 둔 것이었다——비록 그것이 모든 문제에 적용되도록 일반화되기는 했지만. 그러므로 로크는 역사상에 있어서 과학자들의 탐구와 철학자들의 성찰이 각각 독립된 방향으로 움직이기 시작한 한 전환점을 마련하였다. 그는 과학자들이 타고 넘었다기보다는 불문에 붙인, 연결할 도리가 없는 간격을 관념과 사물 사이에 가로놓았다. 그러나 그는 철학에 있어서의 후세의 모든 경험론자들에게 경험과 자연과의 관계의 문제에 대한 근본적 관심을 물려주었다. 그는 경험에 대하여 분별 있는 주의를 기울임으로써 사람들이 인간 생활을 개선할 기술을 함양할 수 있다고 인정하였다. 그러나 그는 바로 이 경험이 세계의 진상을 드러낼 과학의 형성을 지향하는 사람들의 앞길을 가로막았다고 고백하였다──그는 불만과 실망, 그리고 좌절감까지 느껴 가면서 그렇게 고백했던 것이다.

제 11 장 18세기의 영국 철학

18세기의 철학은, 17세기에 지배적이었던 여러 철학의 몇 가지 두드러진 면에 대해서 비판적인 응답을 내린 것으로 볼 수 있는 점이 적지 않다. 이것은 특히 18세기의 영국 철학에 잘 들어맞는 말이다. 하기는 뒤에 보는 바와 같이, 이런 성질은 칸트의 철학에서도 찾아볼 수 있지만, 18세기 영국 철학에는 이 성질이 매우 뚜렷하게 나타나 있다.

대륙의 데카르트와 영국의 로크는 여러 가지 점에서 그 견해가 서로 달랐지만, 감각적 경험의 내용을 현실 세계의 인식에 대한 불충분한 기초라고 보는 점에 있어서는 서로 견해가 같았다. 그 당시 데카르트는 명석하고 분명한 관념들에 도달하는 정신의 능력을 옹호하고 이 능력을 통해서 이성은 감관(感官)의 한계를 넘어설 수 있다고 보았다. 그리고 로크는 감관의 이 한계에서 미루어 필연적으로 얻게 되는 불가지론적(不可知論的) 결론들에 만족해 버리려고 하였다. 그러나 데카르트에 있어서나 로크에 있어서나 감각적 경험은 외적 물체에 의해서 인간의 마음속에 생겨나는 관념들의 하나의 계속이기는 하되, 이 관념들이 그 외적 물체의 진정한 본성을 지시한다고는 생각될 수 없었다. 데카르트에서나 로크에서나 한가지로 경험과 자연 사이에 하나의 대립이 있다.[1] 경험은 한 사람 한 사람의 사적인 마음속에 고유하게 들어 있는 것이기 때문에 주관적인 것이라 할 수 있고, 자연은 사적인 마음과는 상관없이 존재하는 것이기 때문에 객관적인 것이라 할 수 있다.

뉴턴의 대단한 권위는 18세기와 19세기 초엽을 통하여 계속 대부분의 자연 과학자들을 지배하였다.[2] 그러나 경험과 자연의 분리는 많은 철학자들

---

1) 데카르트의 철학과 로크의 철학은 둘 다 A. N. Whitehead가 '자연을 이분하는 학설들 (theories of the bifurcation of nature)'이라고 부른 것이다. *The Concept of Nature*(New York, Cambridge University Press, 1920), 제 2 장 참조.

에게 하나의 근본적인 문제 —— 자연 과학의 여러 가지 결과보다도 오히려 먼저 철학자들의 주의를 끌 만큼 근본적인 문제 —— 였다. 경험과 자연을 분리해서 보는 학설은 18세기 초에 버클리에 의하여 공격되었고, 18세기 중엽에는 흄에 의하여, 그리고 이때 이후로는 대부분의 대철학자들로부터 계속 공격되어 왔다. 사가(史家)는 과학자들을 두둔하여 다음과 같이 말할는지 모른다. 과학자들은 물리학과 화학의 문제들에 정신이 없을 정도로 파묻혀 있었기 때문에 사변적 인식론의 여러 문제에 머리를 쓸 수가 없었고, 따라서 경험과 자연의 관계에 대해서 이러쿵저러쿵 따지지 않았다고. 그러나 철학자들은 바로 이런 전문적이고 원대한 문제들에 대해서 부심하도록 태어났다고 사가는 또한 말할는지 모른다. 사실 철학자들은 18세기 전반에 걸쳐 경험과 자연의 관계를 문제 삼았다. 그리고 역사적으로 한 가지 재미있는 것은, 철학자들이 그들의 인식론적 성찰의 부산물로서 과학자들을 지배하고 있던 뉴턴의 확신으로부터 많은 점에서 갈라서게 되었던 일이다. 세계를 기계로 보는 학설은, 과학자들 가운데에서 일어난 여러 새 학설에 의하여 뒤집혀지고 대체되기 오래 전부터, 철학자들 사이에서 이미 옳은 것이 못 되는 것으로 여겨지고 있었다.

1. 버클리

조지 버클리(George Berkeley, 1685~1753) : 남부 아일랜드의 킬케니 군(郡)에서 태어났는데, 가문에는 영국인의 혈통이 있었다. 그는 1700년에 더블린에 있는 트리니티 칼리지에 입학한 후 거기서 학생·석사·연구원으로 20년이란 세월을 보냈다. 1709년에 성공회에 성직자로 들어가, 1724년에 북부 아일랜드에 있는 런던데리의 주사(主事)가 되었고, 1734년에는 남부 아일랜드에 있는 클로인의 감독이 되었다. 그는 아메리칸 인디언들을 기독교도로 만들려는 웅대한 포부를 가졌고, 버뮤다에 대학을 세워 이 토착민들에게 전도 사업을 시작하겠다고 제안하였다. 마침내 그는 영국 정부로부터 그의 계획에 대한 재정적 뒷받침의 약속 —— 그는 그렇게 생각하였다 —— 을 받고 그의 약혼자와 함께 1728

---

2) 다윈의 〈종의 기원(*Origin of Species*)〉이 나와서 생물학 이외의 분야에서까지 많은 과학적 견해를 수정하기 시작한 1859년까지라고 해도 좋을 것이다.

년에 로드아일랜드를 향하여 출범하였다. 버클리는 땅을 사고 집을 한 채 짓고, 정부로부터 기대한 돈이 오기를 기다렸으나, 그의 기대는 결국 허사로 그쳤다. 1731년에 그는 아메리카를 떠났는데, 이때 그는 그의 부동산과 많은 책을 그 당시 뉴헤이번 대학이라 불린 지금의 예일 대학에 기증하였다. 그는 1734년까지 런던에 살았으며 그 후 18년 동안 클로인에서 성직 생활로 헌신하다가 옥스퍼드에서 은퇴했는데, 은퇴지에 도착한 지 몇 달 안 되어 세상을 떠났다. 1705년에서 1753년에 이르는 오랜 세월을 주로 저술에 전념하였다. 그의 철학적 저작은 크게 두 그룹으로 나눌 수 있다. 초기의 것은 일반적으로 더 중요한 것으로 여겨지고 있는데, 그 속에는 〈시각 신론(視覺新論; An Essay Towards a New Theory of Vision)〉(1709), 〈인간 지식의 원리 논구(A Treatise Concerning the Principles of Human Knowledge)〉(1710, 1734), 그리고 〈하일러스와 필로너스 사이의 세 대화(Three Dialogues Between Hylas and Philonous)〉(1713)가 있다. 후기의 것에는 〈알시프론 —— 세심한 철학자(Alciphron, or the Minute Philosopher)〉(1732)와 〈사이리스; 타르수(水)의 여러 가지 효능과 이 밖의 다른 여러 가지 주제에 관한 일련의 철학적 고찰 및 탐구(Siris; A Chain of Philosophical Reflexions and Inquiries Concerning the Virtues of Tar-Water and Divers Other Subjects)〉(1744)가 포함된다. 〈알시프론〉은 버나드 맨데빌과 제3대 샤프츠버리 백작과 같은 자유 사상가들을 논박하는 일곱 개의 대화로 되어 있다. 〈사이리스〉에서는 신플라톤 철학의 입장을 옹호하고, 아울러 타르수가 대부분의 신체 질환에 특효가 있다 하여 이에 대해서 많은 찬사로 긴 설명을 붙이고 있다. 재래에 버클리 철학이라 불린 것에 있어서는 전기(前期)의 저작들만이 문제되었다. 그러므로 이 책에서도 이 전기의 여러 저작들만을 다루기로 한다.

버클리는 드물게 보는 닐카로운 자기 평가에서, 자신의 칠힉을 다음과 같은 짤막한 말로 적절하게 요약하고 있다.[3]

나는 스스로 새로운 사상을 수립한다고 자부하지는 않는다. 내가 노력하는 것은 다만 전에는 세상의 일반 사람들과 철학자들이 공유하였던 진리를 통일하고 이를 좀더 밝은 빛 속에 드러내려 하는 것뿐이다. 이 진리의 첫째 것은 우리가 직접 지각하는 것들은 실재하는 것이라는 것이요, 둘째 것은 직접 지각된 것들은 관념이고, 관념들은 오로지 마음속에만 존재한다고 하는 것이다. 이 두 가지 생각을 합친 것이 결국 내가 내세우려 하는 주장의 핵심이다.

---

3) 이 말은 하일러스와 필로너스 사이의 셋째 대화의 마지막 페이지에서 필로너스가 하고 있는 말이다.

이 두 명제를 해명하고, 또 이 두 명제의 긍정에서 필연적으로 따라 나오는 셋째 명제를 해명하면, 보통 버클리의 이름과 결부되어 온 철학적 입장의 대강을 기술하는 셈이 된다.

버클리의 실재론(實在論)

버클리의 첫째 명제는, 우리가 직접 지각하는 것들이 실재적인 것들이라고 하는 것이다. 이 명제는 '일반 사람들'에게 잘 알려져 있는 진리라고 버클리는 말하였다. 즉 그것은 사변적으로 성찰하는 일에 훈련을 받은 사람이든 안 받은 사람이든, 또 철학자들의 전문적 저술들에 대해서 깊이 생각한 사람이든 그렇지 않은 사람이든 누구나 잘 알고 있는 진리이다. 직접으로 지각한 사물들이 실재한다는 것을 증명하는 데에는 많은 학식이 필요치 않다. 회의적으로 따진다는 것은 더욱 필요 없는 일이다. 이 점에 대해서 버클리는 웅변을 토하고 있다. 이 점을 밝히기 위해서 그는 검푸른 숲들과 청청한 나무들, 강들과 맑은 샘들, 깊은 바다와 높은 산, 오래되고 음침한 삼림과 바위들과 사막들, 하늘의 궁륭을 장식하는 빛나는 천체들, 그리고 무수한 별들을 들고 있다. 이제 이 천체들과 별들은 그냥 보아서 찾아볼 수 없는 경우가 있어도 망원경을 사용하면 충분히 볼 수 있게 된다. 세계의 '이 웅장한 조직을 구성하는 모든 광대한 물체들'은 이것들을 관찰하는 모든 사람에게 명백한 바 있다.[4] 그것들은 궁리를 통해서 도달하는 추측물이 아니다. 이것들은 사람들이 관찰하는, 그러므로 이성이 있는 사람이라면 조금도 의심할 수가 없는 확실한 현실이다. 과학자들은 처음에 관찰한 것보다 더 많은, 그리고 더 깊은 사실들을 찾아내려고 노력하는 가운데 이 실재적 대상들을 더욱 연구하는 것이 사실이다. 그들은 유성(遊星)들의 운동, 혜성들이 지나가는 길, '공간의 심연 속에 파묻힌' 머나먼 성신(星辰)들과 지구와의 거리를 탐구하기도 한다. 그리고 특히 그들은 이 실재적인 것들이 지키는 여러 가지의 관계와 질서를 규정하는 법칙들을 세우려고 애

---

4) 하일러스와 필로너스 사이의 두번째 대화의 첫머리 가까이에서 필로너스가 하고 있는 긴 변론에서. A. C. Fraser, ed., *The Works of George Berkeley*(Oxford, Clarendon Press, 1901), Vol. I, pp. 422~423 참조.

쓰기도 한다. 그러나 관찰된 사물들의 실재성을 증명하는 데에는 과학도 필요 없고 철학도 필요 없다. 그러나 과학자이든 철학자이든 관찰된 사물들의 실재성이 이 실재들에 대한 그들의 연구의 출발점에 있어서도, 또 그 연구의 도중에서도, 그리고 그 연구의 마지막에서도 전제되어 있다는 것을 잊어서는 안 된다. "천상의 코러스와 지상의 만물, 즉 세계의 웅장한 조직을 구성하고 있는 모든 물체들"5)은 학문이 없는 일반 보통 사람들에게나 학식이 많은 학자들에게나 한가지로 명명백백한 사실이다. 그것들이 명백한 것은, 그것들이 직각적으로 또 직접적으로 지각된 것이기 때문이다.

　버클리의 실재론적 입장과6) 버클리가 반대하고 있었던 17세기의 몇몇 철학과의 관계를 살펴보면, 그의 입장의 의의와 중요성을 충분히 알 수 있다. 오늘날 버클리는 그의 철학에 관해서 거의 아무것도 아는 바 없는 사람들 간에 특히 유명한데, 이것은 그가 물질의 존재를 부인한 것으로 생각되고 있기 때문이다. 사실 그는 물질의 존재를 부인하였다. 그러나 그는 일반 사람들과 또 물론 유식한 사람들이 직접 지각하는 많은 물체들의 존재를 부인한 것은 아니다. 그가 부인한 물질은 철학자들이 생각하는 물질적 실체였다. 그는 데카르트의 '연장 실체(延長實體 ; res extensa)'와 로크의 '그것이 무엇인지 내가 알지 못하는 어떤 것(something-I-know-not-what)'을 부인하였다. 즉 그가 부인한 것은 추측에 의해서 짐작되는 실체들의 존재였으며, 이 실체들은 인간의 경험이 파악할 수 없는 것으로 생각되는 것이요, 또 우리 주위에 있는 물체들이 가지고 있다고 우리가 직접적으로 지각하는 빛깔이나 냄새나 그 밖의 감성적 성질들이 전혀 없는 것으로 생각되었던 것이다. 그는 우리가 직접 지각하는 물체들이 우리가 지각할 수 없고 알 수 없는 실체들을 가지고 설명되어야 한다는 이론을 옳게 여길 수가 없었다. 그는 이러한 이론을 환상적(幻想的)인 이론이라고 보았다. 그의 날카

---

5) *Principles of Human Knowledge*, 제 6 절.

6) 버클리는 교과서에서 보통 관념론자로 취급되고 있다. 이에 대해서는 여러 가지 문제가 있지만 어떤 의미에서는 관념론자이다. 또한 그는 실재론자이기도 하였다. 그는 모든 지각된 물체들의 실재성을 믿은 점에서 실재론자였다. *Studies in the History of Ideas*(New York, Columbia University Press, 1918), Vol. I, pp. 188~215에 실린 F. J. E. Woodbridge의 "Berkeley's Realism"을 참조할 것. 이 논문은 버클리에 대한 유능한 역사적 분석이다.

로운 경험적 정신은, 그로 하여금 데카르트와 로크 양자에 반대하여 감관
(感官)들의 명증만이 자연 세계의 실재적 대상들에 관해서 신뢰할 만한 지
식을 —— 비록 무진장한 지식은 아닐지라도 —— 주는 것으로 보게 했다.
그는 정신이 감관들을 떠나서 작용하게 되는 직관(直觀)을 중요시한 데카
르트의 생각에 반대하였다. 그는 '실재적 본질'과 '명목적 본질'을 가르는
로크의 구별을 옳지 않은 것으로 보았다. 그런데 로크에게 있어서, '실재
적 본질'은 인식될 수 없는 것이요, '명목적 본질'은 사물들의 본성에 대
한 인식을 주는 것으로 볼 수 없는 것이었다.

　버클리는 17세기 철학의 많은 특징을 이루는, 그리고 여러 가지 다른 모
양으로 갈릴레이·데카르트·뉴턴·로크에 나타난 감관 경험(感官經驗)의
경시에 대하여 강력한 반박을 가한 최초의 사람이었다. 그는 감각적 경험
을 지나치게 경시하는 데 반대하는 일반 사람들의 생각의 대변자로 자처하
였다. 그는 실재(實在)를 로크의 이른바 '미세한 입자들'을 가지고 정의하
고, 나아가서 빛깔·냄새·맛 같은 것들을 사적 착각(私的錯覺)이라 하여
형편없이 낮게 평가한 철학적 관계를 따르기를 거부하였다. 그는 그의 〈비
망록(備忘錄 ; Commonplace Book)〉의 처음 부분에 다음과 같은 말을 기록하였
다.7) (아마 자기의 생각을 잘 표현하는 점에 있어서는 아주 완전히 정확하다고는
할 수 없을는지 모르겠다.) "나는 연장(延長)·빛깔 등등이 우리의 정신에서
독립하여 물체들 속에 실제로 존재한다고 보는데, 이 점에서 나는 데카르
트 학파의 사람들과 다르다." 그가 주장하는 것은, 빛깔이 실재적인 것이
못 된다면 어떤 의미에서도 연장 역시 실제적인 것으로는 볼 수 없다는 것
이다. 연장되었다고 우리가 지각하는 물체들은 또한 빛깔을 가지고 있으
며, 빛깔을 가졌다고 우리가 지각하는 물체들은 또한 연장되어 있다. 아무
도 한 성질을 골라내어서 일차적인 것이라 하고 다른 성질들을 이차적인
것이라 할 권한이 없다. 또 전자에 대해서 긍정한 것과 꼭 같은 객관적 실
재성을 후자에 대해서 거부하는 권한도 없다. 똑같은 하나의 세계가 연장

---

7) Commonplace Book에 있는 글귀들은 1705년부터 1708년 사이에 씌어진 것이요, 또 간혹
　그가 출판된 저작들 속에서 좀더 조심스럽게 표현한 입장들이 허술하게 표현되고 있다.
　여기에 인용한 구절은 Fraser, op. cit., Vol, I, p. 50에 있다.

되어 있는 동시에 빛깔을 가지고 있는 것이요, 또 이 세계는 우리가 우리의 감관들을 통해서 지각하는 세계이다. 우리가 지각하는 물체들의 상태대로 그 물체들은 실제로 있는 것이다. 물론 그것들은 우리가 지각하는 것보다 더 많이 있을 수 있으나 그 이하일 수는 없다. 버클리는 지적하기를, 대부분의 17세기 철학의 경향은, 실재(즉 사물들의 실상)와 경험(즉 사물들의 관측되는 측면)을 분리시키는 것이었다고 했다. 그러나 이와 같은 실재와 경험의 분리는 실재를 말할 나위 없이 빈약하게 하며 경험을 비극적으로 메마른 것이 되게 한다. 버클리는 이와 같은 까닭 모를 분리를 다음과 같이 맹렬하게 공격하였다.[8]

　(세계의) 전체계는 말할 수 없이, 그리고 우리의 생각이 미치지 못할 만큼 광대하고 아름답고 영광스러운 것이 아닌가! 그럴진대, 모든 '실재'의 이 고상하고 기쁨에 넘친 광경들을 송두리째 제거하는 철학자들은 무슨 대접을 받을 수 있단 말인가? 도대체 어떻게 우리로 하여금 눈에 보이는 온갖 창조의 아름다움을 거짓된 환상이라고 생각하게 하는 원리들이 생겨났을까?

추상 관념(抽象觀念)에 대한 비판

〈인간 지식의 원리 논구〉에서 버클리는 추상 관념들의 존재를 부인하는 서론을 씀으로써 독자들로 하여금 물질적 실체에 대한 그의 부인을 미리 잘 알게 하려고 하였다. 우리는 우리가 본래 감관들을 통해서 얻는 관념들을 가르고 섞음으로써 사실 온갖 종류의 관념들을 꾸밀 수 있다. 우리는 "손·눈·코를 신체의 나머지 부분으로부터 추상하여, 혹은 분리시켜 그 하나하나를 그 자체에 있어서 고려할 수 있다." 우리는 "사람의 상체에 말의 하체가 붙은" 한 동물의 관념을 꾸밀 수도 있다.[9] 그러나 우리의 모든 관념들은 어디까지나 특수하고 구체적이다. 우리는 사람 일반이란 관념을 논할 수 있고, 또 이런 때 우리가 하나의 추상 개념을 가지고 있다고 생각

---

8) 하일러스와 필로너스 사이의 두번째 대화의 첫머리 근처에 있는 필로너스의 긴 변론에서 인용함. Fraser, *op. cit.*, Vol. I, pp. 423~424 참조.

9) *Principles of Human Knowledge,* 제 10 절.

할 수도 있다. 그러나 우리가 이때 논하고 생각하는 사람 일반의 관념이란 "그 의미하는 바"[10]가 개별적인 사람들 모두를 표상하는 하나의 개별 개념(個別槪念)이다. 관념들을 일반적인 것이 되게 하는 것은 관념들의 표상 기능(表象機能)이요, 이때 낱말들이 표상 기능을 하고 있는 관념들에 대응하면 이 낱말들 역시 일반적인 낱말들이 된다. 개별 개념들은 무수한 개별자들을 무작정하고 지시함으로써 그것들의 일반성을 얻게 되는 것이다.

버클리가 추상 관념을 부인하였기 때문에 사가들은 그를 유명론자(唯名論者)로 분류하였다. 이 분류는 정당하다고 볼 수 있다. 그러나 그를 평하는 사람들은 가끔 그를 비난하되, 그가 관념과 심상을 서로 혼동했다고 비난하였다. 이 비난에는 충분한 근거가 있다. 그리고 이 비평가들은 때로 더 나아가서, 버클리는 관념들의 표상 기능을 인정함으로써 추상 개념을 두둔하는 많은 사람들이 즐겨 주장해 온 것을 다시금 끌어들였다고 주장하였다. 버클리가 가장 진지하게 주장하고 싶어한 것은, 사람의 일반 개념이 '어떤 한' 사람도 아니고 많은 개별적인 사람도 아닌 어떤 존재에 대응하느니보다는 오히려 일군의 사람들에 대응한다고 하는 것이다. 또 이와 마찬가지로 물체의 일반 개념은 '어떤 한' 물체도 아니고 여러 개의 개별적 물체들도 아닌 그 어떤 존재에 대응하느니보다는 오히려 일군의 개별적인 물체들에 대응한다고 하는 것이다. 즉 그는 물질 그 자체로서의 물질이란 것이 도대체 존재하지 않는다는 것을 분명하게 하는 데 관심이 있었다. 그는 논하기를 우리가 '물질'이라고 하는 일반적인 낱말을 가지고 있다고 해서 '물질'이라고 하는 일반적인 실재물이 있다고 생각할 권한은 없다고 하였다. '물질'이란 낱말을 우리가 보고 만지는 구체적인 물체들이 아닌 다른 어떤 것을 가리키는 것으로 여기는 한, 그것은 한낱 난센스가 아니면 아무 의미가 없는 하나의 낱말일 따름이다. 이와 같이 말함으로써 버클리는 물질적 실체니, 실재적 본질이니, 외적 실재니, '그것이 무엇인지 내가 알지 못하는 어떤 것'이니 하는 17세기의 여러 이론을 반대하고 통박하였던 것이다. 그의 유명론(唯名論)이 아주 완전히 만족할 만한 형식으로 표현되었는지 어떤지는 모를 일이로되, 그는 경험론(經驗論)을 힘차게 끝까지

---

10) *Principles of Human Knowledge,* 제 12 절.

밀고 나갔다.

버클리의 관념론(觀念論)

버클리의 둘째 명제는, 직접적으로 지각된 것들은 오직 마음속에만 존재하는 관념들이라고 하는 것이다. 그의 첫째 명제에서는 그가 17세기의 전통에 적대하는 비판자였으나, 이 둘째 명제에서는 바로 이 전통의 충실한 계승자였다. 그의 〈인간 지식의 원리 논구〉의 첫머리는 로크의 〈인간 오성론〉 제 2 부의 첫머리와 매우 비슷한 다음과 같은 말로 시작되고 있다.

> '인간의 인식의 대상들'을 살펴보는 사람에게는 그 누구에게나 다음과 같은 것들이 명백하다. 즉 인간의 인식의 대상들은 감관에 실제로 새겨진 '관념들'이거나, 그렇지 않으면 정신의 여러 가지 감정과 작용에 대해서 주의함으로써 지각된 '관념들'이거나, 또 그렇지 않으면 끝으로 기억과 상상의 도움을 받아서 형성된 '관념들'이다 —— 이 셋째 것은 처음의 두 가지 것의 방식으로 본래 지각된 관념들을 혼합하거나 분리시키거나 혹은 그저 표상하는 것이다.

버클리는 정신의 원초적인(즉 맨 처음에 생기는) 관념들이 단독으로 우리에게 온다는 의미에서 단순하다고 주장하는 로크의 학설을 따르지 않았다. 원초적인 관념들은 가끔 분명히 여러 가지 것이 집합된 것으로서 우리의 머리에 떠오른다고 그는 생각하였다. 그것들은 "서로 한데 뭉쳐진 것으로서 관찰되며", 또 이때 "한 가지 이름으로 불리우며", "한 물건으로 여겨진다." "돌 하나, 나무 하나, 책 한 권, 그리고 이와 비슷한 감각적 사물들"이 우리의 경험의 맨 처음부터 우리가 부딪치는 대상들의 종류이다.[11]

그러면서도 버클리는 로크와 같이 우리가 직접적으로 지각하는 것들이 관념이라고 주장하였다. 그리고 그것은 관념들이기 때문에 정신을 떠나서는 전혀 존재할 수 없다. 그것들의 본성은 관념이라는 점에 있다. 그것들의 '엣세(esse, 存在)'는 '페르키피(percipi, 被知覺)'이다.[12]

---

11) *Principles of Human Knowledge*, 제 1 절.

12) 이 유명한 문구와 아래에 인용된 글은 둘 다 *Principles of Human Knowledge*, 제 3 절에서.

내가 앉아서 글을 쓰고 있는 책상이 존재한다고 나는 말한다. 즉 나는 그 책상을 보며 또 손으로 만진다. 어디선가 무슨 냄새가 났다고 하자. 그 냄새는 곧 내가 맡은 냄새이다. 어디선가 무슨 소리가 났다고 하자. 그것은 곧 내가 들은 소리이다. 어떤 빛깔이나 모양이 있다면 그것은 시각이나 촉각에 의하여 지각된 것이다.

세계의 웅대한 조직을 구성하는 모든 물체는 관념이요, 따라서 그것들을 지각하는 마음의 외부에는 전혀 존재하지 않는다. 관념들 이외의 다른 것들이 존재한다고 어리벙벙하게 말하는 것은 생각 없이 하는 소리가 아니면 아무 의미 없는 소리이다. 만일 관념 이외의 어떤 것이 있다고 생각하고서 결국은 확실히 자기의 마음속에 있는 어떤 것, 따라서 자기의 관념인 어떤 것에 대해서 말하고 있다는 것을 깨닫지 못하는 사람이 있다면 그는 생각 없는 소리를 하고 있는 것이다. 그렇지 않고 자기가 아무런 관념도 가지고 있지 않은 어떤 것이 존재한다고 믿노라 우겨대는 사람은 아무 의미 없는 소리를 하고 있는 것이다. 버클리는 그의 독자들에게, 어떤 것의 관념을 가지지 않고서 그것에 대해 생각할 수 있는지, 또 어떤 것을 생각하는 데 있어 현재 가지고 있거나 혹은 지금까지 가져 온 관념들과 닮은 것으로 보지 않고 거기 대해서 생각할 수 있는지, 그리고 도대체 그 본래 생각할 수 없는 어떤 것을 생각할 수 있는지 물었다. 이 여러 물음, 매우 수사적 냄새가 나는 이 여러 물음에 대해서, 그는 그렇지 않다라는 것을 유일하게 가능한 답으로 보았다. 그리하여 그는 사물들의 존재를 그것들이 지각되어 있다는 것과 구별하려는 기도는 '도무지 이해가 안 가는', 그리고 '추상(抽象)의 온갖 모순'을 내포하는 것이라고 결론을 내리는 것이 당연하다고 느꼈다.[13]

버클리는 이런 말을 한 즉시로 다음과 같은 말을 하고 있다. 즉 관념들 이외에 또 많은 정신들이 있으며, 이 정신들은 그것들이 지각하는 관념들에 환원되거나 그 속에 포함될 수 없다는 것이다. 그 자신의 말을 인용하면 다음과 같다.[14]

---

13) *Principles of Human Knowledge*, 제 6 절.
14) *Principles of Human Knowledge*, 제 2 절.

천차만별의 무한히 많은 관념들 혹은 인식의 대상들 이외에 또한 이것들을 인식하거나 지각하는 '어떤 것'이 있다. 그리고 이 '어떤 것'은 이것들에 관해서 의욕하고 상상하고 기억하는 것과 같은 가지각색의 활동을 한다. 이 지각하는 능동적 존재를 나는 '마음'·'정신'·'영혼', 혹은 '나 자신'이라고 부른다. 이 말들은 관념들과 전혀 다른 어떤 것, 즉 그 속에 이 관념들이 들어 있는 것을 가리키는 말이다. 다시 말하면 이것에 의하여 관념들은 지각되는 것이다.

이리하여 실재 혹은 존재에는 정신과 관념이라는 두 가지 종류가 있는데 이 두 종류는 '서로 전혀 다르고 이질적'이다.[15] 정신은 능동적이요 또 인과적으로 생산적이며, 관념은 수동적이고 타성적이라고 버클리는 보았다. 정신은 분해할 수 없는 그리고 썩지 않은 실체들이요, 관념은 부동(浮動)하며 썩는 것들이다. 정신은 그 자체로서 스스로 존재하지만, 관념은 그 자체만으로 존속할 수 없고 다만 마음 내지 정신 속에만 존재하는 의타적인 존재인 것이다.

버클리가 그의 입장을 표현하는 데 있어 사용하고 있는 언어는 애매한 데가 많다. 적어도 그의 〈인간 지식의 원리 논구〉의 제 1 판에서는 그렇다. 그는 다음과 같은 언명을 거듭하였다. 인간의 인식의 대상들은 모두 관념이다. "영혼이나 정신에 대해서는 아무런 '관념'도 형성될 수 없다." 우리들 각자는 '지각하며, 인식하며, 의욕하며, 또 관념들 둘레에서 활동하는, 생각하는 능동적 원리'로서의 자기 자신에 대한 '직접적인 지식'을 가지고 있다.[16] 버클리는 자기가 저지르고 있는 언어의 혼돈을 깨닫게 되었던 것 같다. 그래서 그는 〈인간 지식의 원리 논구〉의 제 2 판(1734)에 〈하일러스와 필로너스 사이의 세 대화〉 속에서 이미 여기저기에 사용한 바 있는 '개념 (notion)'이란 말을 끌어들였다. 우리는 비록 정신의 관념은 가지고 있지 않더라도 정신의 개념은 가지고 있다고 그는 말하게 되었다. 즉 우리는 정신이니 마음이니 혹은 영혼이니 하는 것을 하나의 관념으로서 표상하려면

---

15) *Principles of Human Knowledge*, 제 89 절.

16) 이 세 언명은 *Principles*와 *Dialogues*의 두 책 전편을 통하여 거듭 보인다. 둘째 언명으로서 인용된 구절은 *The Principles of Human Knowledge*, 제 27 절에 있다. 셋째 언명으로서 인용된 것은 하일러스와 필로너스 사이의 세번째 대화 속에 있고, Fraser, *op. cit.*, Vol. I. p. 450 에 보인다.

반드시 그것을 어떤 얇고 비치는 물체나 증기(蒸氣) 같은 것과 혼동하는 그 롯된 미신에 빠지게 마련이지만, 우리가 정신이니 마음이니 영혼이니 하고 말할 때 그것이 무엇을 뜻하는가는 알고 있다. 버클리가 그의 입장을 고쳐 서 표현한 말은, 우리는 물체에 대해서는 관념을 가지고 있고 영혼이니 마 음이니 정신이니 하는 것에 대해서는 개념을 가지고 있다는 것이다. 그러 나 그의 모든 저작을 일관하는 그의 뚜렷한 의도는, 존재하는 모든 것은 정신이 아니면 어떤 정신 속에 있는 관념이라고 주장하는 것이었다. 정신 과 이 정신이 가지는 관념은 실재적이며, 그 밖에는 실재적인 것이 없다는 것이다.

실재는 전적으로 정신들 및 정신 속에 있는 관념들로 되어 있다고 하는 버클리의 설이 바로 버클리의 관념론이라고 불리게 된 것이다. 하지만 버 클리의 관념론은, 플라톤이나 플로티노스로부터 내려오는 관념론들과는 아주 다른 것이다. 여러 가지 낡은 형태의 관념론에 있어서는 관념이 정신 을 떠난 실재성을 가지고 있고, 또 개별적 사물들과 확연히 구별되어 있 다. 거기서는 개별적 사물들이 관념들의 '그림자'에 지나지 않는다. 버클 리의 관념론에 있어서는 관념들이 정신 속에서 존속해 가는 것이요, 정신 을 떠나서는 아무런 존재도 가지고 있지 않으며, 또 그것들이 하나씩 따로 따로 나타나든 혹은 우리가 보통 지각하듯 서로 모이고 얽혀서 나타나든 개별적 사물들과 꼭 같은 것이다. 이 두 가지 유형의 관념론은 모두가 그 취지에 있어서는 형이상학적이다. 그러나 버클리의 관념론은 관념들을 정 신 내지 마음속에 있는 것으로 본다. 그러나 플로티노스에게서는 이런 생 각은 전혀 찾아볼 수가 없는 것이다.

버클리의 유신론(有神論)

버클리의 첫째 명제와 둘째 명제로부터 셋째 명제가 필연적으로 따라 나 온다. 그리고 버클리는 이 셋째 명제에서 그의 철학이 그 절정에 도달할 것을 진심으로 바랐다. 이 셋째 명제란 즉 하나님의 정신이, 세계의 웅대 한 조직을 구성하는 수많은 관념들의 존재를 유지하고 있다는 것이다. 버 클리는 자기의 철학을 '회의론·무신론 및 무신앙의 근거'의 논파(論破) 로, 또 '회의론자들과 무신론자들에 반대하여 신의 직접적인 섭리'의 증명

으로 보았다.[17) 그는 자기의 철학이 기독교의 유신론의 근거에 대한 새롭
고도 확고한 증명을 제시해 주는 것이라고 자신만만하게 생각하였다.

버클리의 논의는, 우리가 직접적으로 지각하는 사물들이 실재적 사물이
라고 하는 그의 실재론적 명제와, 우리가 직접적으로 지각하는 사물들은
오직 정신 속에만 존재하는 관념이라고 하는 그의 관념론적 명제를 함께
긍정한 데에서 온 논리적 귀결의 설명이다. 실재적 사물들——천상의 코
러스와 지상의 만물을 이루는 사물들——은 우리가 그것들을 지각할 때
에나 지각하지 않을 때에나 확실히 존재한다. 자연 세계 속에 있는 물체들
이 오직 어떤 사람이 혹은 모든 사람이 그것들에 대한 관념을 가졌을 때에
만 즉 그것들을 관찰하는 한에 있어서만 존재한다고 주장할 만큼 변덕스럽
고 교만한 사람은 아마 한 사람도 없으리라고 버클리는 생각하였다. 우리
들은 누구나 우리 자신의 상상 속에서만 존속하는 어떤 관념들을 가지고
있다는 것을 그는 인정하였다. 그러나 우리는 또한 개인적인 것이 아닌 다
른 여러 관념들, 가령 감각 같은 것을 가지고 있다. 우리 자신의 상상 속에
서만 존속하는 관념들은 공상이다. 감관(感官)이 우리에게 제시하는 것들
은, 우리가 그것들을 지각하고 있는 동안뿐만 아니라, 그것들을 지각하기
전과 후에도 존재할 수 있고, 또 보통 실제로 존재하는 물체들이다. 우리
가 관찰하는 '집·강·산·나무·돌', 그리고 또 우리 자신의 신체들은 우
리가 그것들을 감각할 때 존재하게 되었다가, 우리가 그것들을 감각하지
않으면 존재하지 않게 되는 것이 아니다. 광대한 자연 세계는 유한한 정신
들이 그들의 관념으로서 그것을 품지 않을 때에도 계속하여 존재한다. 그
러나——여기에서 버클리의 생각의 핵심을 보게 되는데——만일 우리들
인간이 지각할 수도 있고 지각하지 않을 수도 있는 이 광대한 자연 세계가
정말 관념들의 한 체계라고 한다면(과연 그것은 바로 그런 관념들의 체계이
다), 어느 때에나 그것을 관찰하는 인간의 정신 아닌 어떤 정신이 있지 않
으면 안 된다. 즉 그의 지각이 다름아닌 이 자연 세계인 어떤 무한한 정신
이 있어야만 한다. 이 무한한 정신이야말로 신(神)이요, 세계는 그의 관념

---

17) 이 문구들은 *Principles of Human Knowledge*와 *Three Dialogues Between Hylas and Philonous*의
　　 부제(副題)들의 일부들이다.

의 체계이다. 세계의 객관성은 하나님의 전지 전능한 정신에 의해서 철학적으로 보증되어 있다. 우리들 유한한 정신들이 하나님의 관념 체계에 속하지 않는 관념들을 마음에 품고 있다면, 우리는 이때 공상을 일삼거나 오류에 빠지는 것이다. 그러나 우리가 실재적인 물체들을 관찰하며 건전하게 학문을 추구하는 한, 우리는 어느 정도까지 신의 정신의 관념들에 참여하고 있는 것이다.

종교에 있어서의 참된 경건(敬虔)은 "학문을 좀더 쉽고 유용하고 또 간략하면서도 요령 있는 것이 되게 하는 방법"을 제공해 줄 것이라고 버클리는 주장하였다.[18] 로크의 〈인간 오성론(人間悟性論)〉의 불가지론적 결말은, 건전한 학문과 건전한 종교를 모두 파괴하는 성질을 띠고 있다. 한편에 있어서, 그것은 하나님의 세계에 나아가는 직접적 통로를 사람들에게서 막아 버리고 있으며, 따라서 자연 과학들의 여러 이론이 검증될 수가 없고 다만 일종의 인간적 열광이나 고집으로서 채용될 수 있을 따름이다. 그리고 다른 한편에 있어서 급기야 그것이 하나님의 존재를 논하는 데 이르러서는 그것이 공언한 경험론에서 일탈하지 않으면 안 되었고, 데카르트의 유리론적(唯理論的) 합리주의의 논법을 사용하지 않으면 안 되었다. 그런데 이 데카르트의 논법들은 선뜻 받아들일 수 없는 것인 데다가 또한 하나님을 일상적인 인간 경험의 영역으로부터 추방하기도 하는 것이다. 건전한 학문과 건전한 종교는 서로 밀접하게 연관된 것이라고 버클리는 주장하였다. 버클리의 철학적 입장이 요약되어 있는 두 개의 기초적 명제를 받아들이는 사람은 누구든지 간절히 바라던 두 가지 목표물을 동시에 얻을 것이다. 그 사람은 실재적 물체들에 직접 접근하여, 이것들의 상호 관계와 경과를 연구할 수 있으며, 또 이것들이 하나님의 정신 속에 있는 관념들인 만큼, 하나님의 생각과 신적 심성(神的心性)의 질서에 직접 접근할 수 있다. 하나님은 "우리들 자신과 다른 그 어떤 마음이나 정신에도 못지않게 확실히 그리고 직접적으로 인식된다."고 버클리는 주장하였다.[19] 과연 누구나 그 자신의 경험이 가르쳐 주는 것에 주의를 하기만 하면, 그의 주위의 세계 안에

---

18) 이 문구는 *Three Dialogues Between Hylas and Philonous*의 부제에 있는 말이다.

19) *Principles of Human Knowledge*, 제 147 절.

있는 어떠한 다른 사람의 정신보다도 더 쉽게 하나님을 알 수 있다. 왜냐하면 우리는 누구나 동물들을 인식할 때 그들의 신체의 형태나 행동으로부터 추리함으로써 인식하듯이 다른 인간의 정신들을 알 수 있기 때문이다. 그러나 우리는 누구든지 만일 원하기만 한다면 인간의 신체이든 동물의 신체이든 혹은 그 밖의 것이든 간에 어떤 물체를 관찰할 때마다 언제나 하나님의 정신을 알 수가 있다. 그 까닭은 모든 물체들은 하나님의 정신 속에 있음으로써 실재성을 얻는 관념들의 집합이요 배열이기 때문이다.

다만 모든 자연적 물체들이 하나님의 관념들의 집합일 뿐만 아니라, 또한 자연 법칙들도 하나님의 정신의 여러 가지 활동의 기정 절차(既定節次)들이다.[20] "음식물은 살아 나가는 기운을 주고, 잠은 피곤을 풀어 심신을 새롭게 해주며, 불은 우리를 따뜻하게 해준다." 그리고 사람들은 자연의 여러 가지 규칙성에 그만 버릇이 되어 규칙성을 존속시키는 신의 의지를 보지 못하는 경우가 있지만, 자연의 이 정상적인 진행이나 그 외의 이 비슷한 모든 사건 진행들은 '하나님의 힘의 꾸준하고 제일적(齊一的)인 활동'의 뚜렷한 증거들이다.[21] 위에서 지적한 바와 같이, 버클리는 관념들은 모두 수동적이고 무력하며, 오직 정신들만이 능동적이요 또 인과적으로 생산적이라고 믿었다. 그러므로 인과성(因果性)은 언제나 의지이다. 자연에 있어서의 인과적 사건 계기(事件繼起)들이 인간의 의지에서 나오는 경우는 간혹 있을 뿐이다. 대다수의 이러한 인과적 사건들과 또 실로 광대한 우주의 노력과 힘을 드러내는 모든 사건들은 하나님의 의지인 것이다. 버클리의 견해에서 보면, 자연 법칙들의 과학적 발견 역시 다름아닌 하나님의 정신의 기정적 절차의 발견이다. 현명한 철학자라면, 음식물이 자양분을 주고 혹은 잠이 심신을 새롭게 함을 보고서 음식물이 양육의 '원인이 되며', 잠이 심신을 새롭게 하는 '원인이 된다'고 말하지는 않을 것이다. 오히려 그는 음식물을 뒤에 결과될 양육의 '표시'로, 또 잠을 피로 회복의 '표시'로

---

20) 기적은 하나님의 관념들 속에 있는 연속적 사건 과정들이지만, 이 기성 설차들과 일치하지 않는 것이다. 기적은 자연 법칙들의 규칙적인 작용을 보여 주는 사건들과 꼭 같이 가능하다. 그러나 하나님은 인자하셔서 인간들이 그들 자신의 일을 신중히 예견하는 것을 격려하고 싶어하시기 때문에, 기정 절차를 따라 행하시는 것이 보통이다.

21) *Principles of Human Knowledge*, 제 31~32 절.

볼 것이다. 이러한 자연적 사건 계기 및 이와 비슷한 모든 사건 계기에 있
어서 그는 진정으로 인과 관계를 지배하는 힘이 하나님의 뜻 속에 있다고
볼 것이다. 그리고 버클리는 어떤 정신이 (음식물 대신에) 생기를 주고 어떤
정신이 (잠 대신에) 피로를 회복시켜 준다고 말하는 것이 우습게 들릴지도
모른다는 것을 생각하고는 이에 대한 답변으로서, "그런 문제들에 있어서
는 학자처럼 생각하고 속인(俗人)처럼 이야기하지 않으면 안 된다."고 말하
였다. 22) "사실 '정신' 이외에는 행위자(行爲者) 혹은 운동인(運動因)이 달
리 없다."23) 하나님의 정신은 사람들이 존재하기 이전에 자연을 통어하였
고, 또 현재 사람들이 볼 수 있는 한계를 훨씬 넘은 먼 곳에서 자연을 통어
하고 있는 것이다── 그것은 마치 하나님의 지각하는 정신이, 인류가 생
겨나서 그들의 관찰을 시작하기에 앞서 물체들을 존속시켰고, 또 현재 인
간들의 관찰 능력의 한계를 훨씬 넘은 곳에 존재하는 물체들을 존속시키고
있는 것과 같다.

버클리의 영향

버클리의 실재론(이것은 주로 하나의 인식론적 주장이다), 그의 관념론(이것
은 주로 하나의 형이상학적 주장이다), 그리고 그의 유신론(이것은 그의 철학의
핵심이요 다른 두 주장을 제자리에 있게 하는 것이다)은 후기 저작보다 더 유명
한 그의 초기 저작들에 나타나는 주요한 주장들이다. 그러나 버클리의 성
가(聲價)를 위해서 불행한 일은, 그의 실재론은 제쳐놓고 그의 관념론만이
일반적으로 그의 비판자들의 주의를 끌어 온 일이다. 그리하여 이 비평가
들은 자주 그의 철학을 올바로 평가하지 못했다. 가령 유명한 새뮤얼 존슨
박사(이 사람은 버클리의 처녀 작품이 출판된 해에 출생하였다)는 바로 이런 종
류의 비평자였다. 그는 누구든지 돌을 발로 참으로써 버클리의 학설을 논
파할 수 있다고 생각하였다. 왜냐하면 돌을 차는 사람은 누구든지 돌이 하
나의 관념 이상의 것임을 알게 되기 때문이라고 존슨은 빈정대면서 말하였
다. 버클리는 그의 철학에 대해서 이런 종류의 반대가 있을 것을 예기하였

---

22) *Principles of Human Knowledge*, 제 51 절.
23) *Principles of Human Knowledge*, 제 102 절.

다. 그는 이런 말을 하고 있다.[24]

　앞에 말한 원리들에 의하여 자연 안의 실재적이고 실체적인 모든 것은 세계로부터 추방되고, 그 대신에 '관념들'의 해괴한 조직체가 들어선다는 데에는 반대가 있을 것이다. 존재하는 모든 것은 오직 마음속에만 존재한다. 즉 그것들은 순전히 개념적이다. 그렇다고 하면 태양·달, 그리고 별들은 어떻게 될 것인가?

　버클리는 이런 종류의 반대에 즉각적으로 응수할 준비가 되어 있었다. 우리가 보거나 만지는 모든 것은 각기 그것이 하나의 관념으로서 인식될 때나 그렇지 않을 때나 꼭 같이 실재적이다. 자연이 하나님의 관념들이라는 것을 사람들이 깨닫기 전과 마찬가지로 깨달은 후에도 '자연 세계'는 존재한다.
　버클리의 철학을 좀더 올바르게 평가한다면 그의 관념론을 그의 실재론으로부터 따로 떼어내지 않게 될 것이다. 이렇게 되면 오히려 버클리가 무엇보다도 두 가지의 것에 관심을 두었음을 깨닫게 된다. 한편으로 그는 그에 앞선 철학자들이 경험과 자연을 분리시킨 데 대하여 대담하게 공격하려고 하였다. 그리고 다른 한편에서 그는 자연에는 우리가 일상적으로 경험하는 매력적인 감각적 정신들이 전혀 없다고 하는 뉴튼과 갈릴레이의 생각을 결정적으로 논파하려고 하였다. 또 이 두 가지 주장에서 나오는 당연한 결과로써 그는 그 당시의 무신론(無神論)을 극복하려 하였다. 그런데 이 무신론은 비록 뉴튼과 로크가 경건한 마음에서 이를 배척하기는 했으나 다른 사상가들은 그것을 그 당시의 철학적 및 과학적 경향의 소산으로 여기는 듯이 보인 것이었다. 이 여러 가지 복잡한 사태를 버클리는 하나의 새로운 유형의 경험론의 기초를 세움으로써 해결하였다. 그런데 이 경험론은 경험과 자연의 분리에서 출발하지 않으며, 따라서 자연 속에서 경험의 모든 감성적 성질들을 발견하며, 또 하나님을 부인하거나 세계에 관해서 의심하거나 하는 데 끝나지 않고 오히려 하나님과 세계의 인식에서 꽃을 피우는 경험론이다.

---

24) *Principles of Human Knowledge*, 제 34 절.

2. 흄

데이비드 흄(David Hume, 1711~1776) : 에든버러에서 나서 거기서 죽었다. 그의 집안은 스코틀랜드계였고, 검소하게 사는 중류 가정이었다. 아버지는 그가 아주 어릴 때 돌아가셔서 그의 어머니가 그의 교육을 세심히 보살폈다. 그는 학교와 교실에서보다 책과 도서관에서 더 많은 것을 배우고 얻었다. 후일에 그가 그의 〈자서전〉에 쓴 바와 같이 일찍이 그는 '학자병에 걸렸다.' 그리고 이때부터 죽을 때까지 그는 학문적 명성을 얻고자 하는 열렬한 욕망으로 불탔었고, 또 어떤 직업을 겸해서 가졌을지라도 항상 여러 방면의 글을 쓰는 데 전심하였다. 1734년에 쓴 한 편지에 이런 말이 있다. "열여덟 살쯤 되었을 때 나에게는 하나의 새로운 사상 세계가 열리는 듯싶었다. 그것은 나를 말할 수 없는 기쁨으로 차게 하였고, 또 나로 하여금 젊은이에게 자연스러운 열정을 가지고, 다른 모든 오락이나 일을 집어치우고 전적으로 그것에만 몰두하게 하였다." 그래서 그는 얼마 안 되는 재산을 프랑스에서 3년 동안 조용하게 생활하는 데 쓰면서 그의 사상을 글로 옮겼다. 이 글이 바로 그의 처녀 저작 〈인성론 (人性論 : A Treatise of Human Nature)〉이다. 이 책은 세 권으로 되어 있는데, 두 권은 1739년 정월에 런던에서 간행되고 셋째 권은 1740년에 간행되었다. 그는 이 저술이 크게 환영 받지 못한 데 낙심하였다. 〈인성론〉은 1,000부밖에 찍히지 않았고, 그가 살아 있는 동안에는 그 재판이 나오지 않았다. 그는 그의 〈자서전〉에서 이렇게 쓰고 있다. 〈인성론〉은 "인쇄되어 나오면서부터 죽어 버렸고 도무지 인정을 받지 못해, 열광자들에게서 거기에 관한 수군거림조차 들리지 않았다." 하지만 처음 두 권에 대한 서평[1739년 11월에 스코틀랜드의 잡지 〈학자들의 업적의 역사(The History of the Works of the Learned)〉에 실림]은, 이 두 권의 책이 "위대한 능력과 높이 솟구쳐 오르는 천재의 비길 데 없는 여러 특징을 보여 주고 있지만, 다만 아직 젊어서 완전한 솜씨에 이르지 못하고 있는 것이 흠이라면 흠이다."라고 하였다. 그 후 몇 해 동안 그는 정신 착란이 된 어떤 후작을 보살피면서 또 비엔나와 토리노(이탈리아)의 영국 대사관에서 일한 어떤 장군의 비서로 일하면서 생계를 유지하였다. 그러나 그는 계속해서 글을 썼다. 그는 경제와 정치적 문제에 관한 많은 논문을 발표하였고, 또 세 권의 〈인성론〉 속에 있는 재료를 활용하여 좀더 읽기 쉬운 책을 세 권 지어 냈다. 이 책들은 〈인간 오성에 관한 연구(An Enquiry Concerning the Human Understanding)〉(1748), 〈정념론(情念論 : Dissertation on the Passions)〉(1757), 그리고 〈도덕 원리에 관한 연구(An Enquiry Concerning the Principles of Morals)〉(1751)이다. 그리고 1754년과 그 후의 여러 해에 걸쳐 그의 〈영국사(History of England)〉가 연달아 여러 권으로 간행되었는데, 이 책으로 그는 철학 방면의 저술에서 한번도 얻어 보지 못한 명성과 재정적 보수를 얻었다. 1767년에 그 자신이 기록한 바 있듯이, 그는 '연수(年收) 1,000파운드'를 벌게 되어 '아주 부유하게' 되었다. 1763년에 그는 영국 대사의 수행원으로 프랑스에 갔고, 필로서퍼들(그 당시 프랑스의 계몽 운동 철학자들)의 주목을 끌어 유쾌하고 만족한 생활을 하였다. 그러나 일단 넉넉하게 되자, 그는 에든버러에 정주하기를 원하였고, 이곳에서 호사스럽게 사람들을 대접하고 받으며, 자가용 마차를 두고 최상의 생활을 즐겼다. 에든버러 대학과 글래스고 대학으로부터 철학 교수로 초청을 받았으나 그는 이를 사절하였는데, 이런 자리는 전 같았으면 그 자신이 찾아다닌 것이었다. 그는 그의 은근한 유머와 겸손하면서도 소탈한 태도와 관대한 마음으로 인해서 널리 많은 사람들의 존경과 사랑을 받았다. 그때 아직 청년이었던 기번(Gibbon)이 그의 의견과 지도를 구하자 그는 이를 쾌히 응낙하였고, 기번을 격려하여 기번으로 하여금 역사 저술에 일생을 바치게 했다. 그는 1750년 경부터 죽을 때까지 〈자연 종교에 관한 대화 (_Dialogues Concerning Natural Religion_)〉를 쓰고 또다시 고쳐 쓰는 데 대부분의 시간을 보냈다. 그는 이 〈대화〉를 그의 생시에 간행하지 않기로 했고, 그의 유언 속에 있는 지시를 따라 출판하도록 일을 꾸며 놓았다. 그는 그의 친구였던 애덤 스미스가 이 책을 3년 안으로 출판한다는 조건 아래, 스미스를 〈대화〉 출판의 처음 권리자로 지명하였다. 그런데 스미스는 이 유언을 준수하지 못했다. 아마 종교에 대한 흄의 견해가 정통이 아니므로 그것이 미칠 여러 가지 사회적 영향과 결과를 두려워해서 그랬던 것 같다. 그래서 흄의 조카가 〈대화〉를 출판할 상속자가 되어 재빨리 1779년에 이를 출판하였다.

흄은 예리하고 꾸준한 정신의 소유자였다. 그는 독서와 그 자신의 사색에서 얻은 여러 가지 사상의 의미와 그 귀결을 항상 더듬어 찾았다. 그는 17세기와 18세기 초의 철학자들의 저술에 통달하고 있었고, 또 이 저술들에서 그가 부닥진 여러 가지 사상의 옳고 그름을 예리하게 검토하였다. 그는 시도적(試圖的)인 입장들을 형성하였고, 이 입장들을 투철하게 발전시켰으며, 또 명확한 결론에 도달할 때마다 이 입장들에 관한 여러 가지 의심을 표현하였다. 자신을 가지고 감히 내세우려 한 결론들도 그는 이를 신중하게 내세웠고, 그것들이 확실한 진리라고 주장하느니보다 오히려 그것들 속에 있는 여러 가지 난점을 지적하곤 하였다. 그는 날카로운 비판자였고 정직한 탐구자였다. 그러나 그는 자주 풍자를 일삼았고, 또 그 당시의 사회에서 통용되던 종교적 신앙의 교리에 거슬리는 듯싶다고 그가 생각한 결론에 도달해 가고 있을 때에는, 흔히 논의의 끝머리에 가서는 지금까지 그가 논해 온 방향과는 분명히 정반대되는 입장으로 넘어가는 것같이 보였다.[25] 세상 사람들에게 환영을 받지 못할, 혹은 '위험스러운' 결론들을 향하여 마구 나아가는 것을 꺼리고 있음에도 불구하고(이 꺼림은 진정이라기보다는 오히려 표면적이거니와), 그는 독창적인 그리고 그가 살던 당시로서는 그야말로 아주 새로웠던 몇 가지 견해를 주장하였다.

흄이 그의 연달은 저작에서 표현한 많은 견해들은 전체로서 하나의 일관된 체계를 이루고 있지는 않다. 하지만 이렇게 말한다고 해서 그가 한때나마 앞뒤가 맞지 않는 견해를 품고 있었다고 비난하는 것은 아니다. 하기는 이런 비난이 그의 초기의 여러 저술 속에 있는 조그마한 문제들에 대해서는 용인될 수 있기는 해도, 오히려 그는 꾸준한 탐구 정신을 가졌던 까닭에, 오랜 기간 동안을 철학적인 성찰에 몰두함에 따라서 느리지만 착실한 발전 과정을 밟아 갔다고 지적하고자 하는 것이다. 어떤 문제에 대해서는 ── 가령 정치학설이나 윤리학설에 있어서는 ── 그의 학문 생활의 전기(全期)를 통하여 거의 변함없는 입장을 지켰다. 그러나 다른 문제들에 있어서는 ── 가령 경험의 본성, 경험과 자연과의 관계, 그리고 이 밖의 인식론적 문제들(이 문제들은 백여 년 동안 논쟁의 중심이 되어 있었다)에 있어서는 ── 연달은 저작들을 써 나갈 때마다 그의 견해가 크게 변하였다. 그는 이 후자의 문제들을 〈인성론〉 제 1 권,[26] 〈인간 오성에 관한 연구〉, 그리고 〈자연 종교에 관한 대화〉에서 논하였다. 이 저작들이 간행된 해는 각각 1739년, 1748년, 그리고 1779년이다. 흄이 이 책들의 저술에 몰두한 햇수는 (그가 철학에 대한 그의 사상을 글로 표현하기 위해서 프랑스로 간) 1734년에서

---

25) 가령 기적과 섭리에 관한 그의 에세이들(An Enquiry Concerning the Human Understanding의 제 10 절과 제 11 절)의 마지막과 Dialogues Concerning Natural Religion의 마지막 페이지에서.

26) 〈인성론〉, 특히 제 1 권은 영어로 나온 철학 저서 가운데 가장 위대한 것으로 일컬어져 왔다. 그것은 이러한 찬양을 받을 만한 가치가 있을는지도 모른다. 그러나 사가(史家)는 모름지기 그릇된 이유로 해서 이 저서를 찬양해서는 안 된다. 흄이 그 만년에 계속해서 품었고 Enquiry에서는 전보다 훌륭하지 못하게 되풀이되었고, 또 Dialogues에서는 그만 흄이 무시되고 있는 견해들을 다른 데에서보다 여기에서 더 충분히 해명했다고 생각하여 이 책을 위대하다고 하는 사가는 과오를 범하고 있는 것이다. 흄이 나중에 그 내용의 얼마를 마땅치 않게 여겼음에도 불구하고 〈인성론〉이 위대한 것은, 여기에서 흄이 놀랄 만큼 날카롭게, 그리고 매우 끈기 있게 많은 복잡하고 까다로운 인식론적 문제들을 검토하고 있기 때문이다. 자기 자신에게 좀더 만족스러운 입장에 도달하자면 불가불 이 어려운 길을 거쳐 가야만 했던 것이다. 흄은 그 만년에 자기의 〈인성론〉에 대한 판단에 있어서 너무 가혹하였다. 왜냐하면 그가 그의 생애의 거의 마지막에 이르러 쓴, 그리고 그의 책을 낸 출판사에게 아직 판매되고 있는 그의 저작으로 된 모든 책에 붙이라고 요구한 '광

그가 죽은 1776년에 걸치고 있다. 1734년에서 1776년에 이르는 40년 이상의 기간 동안 그는 복잡 미묘하고 전문적이고 이론이 분분한 문제들을 다루어 나갔는데, 그는——처음에는 이러한 문제들에 갈피를 잡지 못하다가 자신이 이런 난처한 처지에 놓여 있음을 알고서는, 그 의심점에서 조금씩 조금씩 헤어나와 마침내 모험적으로 제시하고자 한 그럴듯한 견해들에 도달하였다. 그가 그의 철학적 저작들을 지은 이와 같은 역사에 비추어 볼 때, 가장 이른 시기로부터 맨 나중의 시기에 이르는 그의 발전의 발자취가 역사적으로나 철학적으로 그의 어느 한 책만의 내용보다도 더 중요하다는 것은 조금도 놀라울 것이 없는 일이다.

흄의 초기의 입장

흄의 발전은 주관주의(主觀主義)로부터 실재론(實在論)으로의 방향이었다.[27] 즉 그는 데카르트와 로크에게 공통적이었던 그리고 17세기에 널리 받아들여졌던 감관 경험(感官經驗)에 대한 생각에서 출발하여 이에 정반대되는 이론으로 끝나고 있다. 초기의 이론은 〈인성론〉 제 1 권 전체를 지배하고 있고, 또 〈인간 오성에 관한 연구〉의 몇몇 짧은 항(項)에 다시 나타나고 있다.[28] 후기의 이론은(이는 〈인성론〉의 대수롭지않은 다만 몇몇 구절 속에 암시되어 있었는데) 〈인간 오성에 관한 연구〉에서 약간 주저하는 태도로 제시되었다가,[29] 〈대화〉에 가서 그 전체를 통하여 의심할 여지없이 옳은 것

고'에서, 그는 〈인성론〉을 나이 어린 사람들이나 볼 미숙한 저작이라고 간단히 평해 버리고 있기 때문이다. 하지만 그가 이 광고문에서 부언하기를 자기의 후기 저작 (Enquiry를 말하고 있음이 분명하다)에서 자기는 〈인성론〉의 문체뿐만 아니라 그 추리에서도 "여러 가지 소홀히 된 것"을 수정했노라고 했을 때, 그는 견실한 심판관이었다. 〈인성론〉이 위대한 이유의 하나는, 그것이 흄 이전의 근대 철학에 대해서 지금까지 그 누구보다도 맹렬한 여러 비판을 가하고 있는 데에 있다. 또 다른 이유는, 이 〈인성론〉이야말로 후기의 흄을 가능케 한 데 있다. 그런데 후기의 흄은 그 이후의 비평가들로서 〈인성론〉을 그의 결정적인 철학적 입장을 충분히 밝힌 것으로 보는 사람들보다 사실 더 많은 것들을 그 자신의 〈인성론〉으로부터 얻고 있는 것이다.

27) '주관주의(subjectivism)'란 말은 이 책에서, 어떤 한 사람의 마음에 직접 나타나는 것들은 그 사람의 마음을 떠나서 존재하지 않으며 또 존재할 수도 없다는 학설을 의미한다.

28) 특히 *An Enquiry Concerning the Human Understanding*, 제 2~3 절. 이 단절(段節)은 *Treatise*, 제 1 권, 제 1~4 절에서 일탈함이 없이 같은 논점을 되풀이하고 있다.

29) 특히 제 4, 5 절 및 12 절.

으로 채택되고 있다.

그는 그의 〈인성론〉을 로크의 〈인간 오성론〉 제2권의 첫머리 문장 및 버클리의 〈인간 지식의 원리 논구〉의 첫머리 문장과 비슷한 문장으로 시작하였다. 그는 이렇게 썼다. "인간 정신의 모든 지각(知覺)은 결국 두 개의 다른 종류로 환원되는데, 나는 이것들을 인상(印象)과 관념(觀念)이라고 부르려 한다." 이 말은 약간 새로운 말이다. '인상'이란 용어는 용어법에 대한 흄의 여러 공헌 가운데 하나이다. 로크와 버클리가 무차별하게 관념으로서 일괄한 것을 흄은 두 개의 다른 종류로 분리시켰다. 즉 인상과 관념으로 나눈 것이다. 이는 이 구별에 대한 몇 가지 근거——비록 그 어느 하나도 전적으로 명석하게 하지는 못했으나——를 다음과 같이 제시하였다. (1) 언제나 그런 것은 아니지만, 인상은 보통보다 뚜렷하고 생생한 지각(知覺)이다. 그리고 관념은 때로는 기억이나 신앙의 어떤 경우에서처럼 인상이 아닌가 싶을 만큼 생생한 경우도 없지 않으나, 보통 인상보다 덜 생생한 지각이다. 이 생생하기의 정도는 물론 인상과 관념과의 구별에 있어 확실한 기준이 아니라, 대체적인 기준에 지나지 않는다. (2) 인상은 그것을 모사(模寫)하고 있는 그 어느 관념보다도 원초적이요 이에 앞선다. 그리고 한 관념은 그것에 선행하는 한 인상의 모사로서, 언제나 그 의미와 타당성을 이 인상으로부터 얻는다. (3) 인상은 마음에 주어지는 것이요, 그것을 지각하는 사람이 완전히 자기 마음대로 할 수 있는 것이 아니며, 따라서 어느 의미에서는 좀더 신뢰할 수 있는 것이다. 그런데 관념은 아주 공상적인 것일 수도 있으며, 그것이 모사하는 인상을 발견할 수 있는 한에서만 신뢰할 수가 있다. 인상이나 관념은 양자가 다 어떤 때는 단순하고 어떤 때는 복잡하다고 흄은 부언하였다. 복합 인상(complex impression ; 가령 파리 시에 대한 어떤 사람의 인상 같은 것)은 동시에 지각된 여러 인상들이 한데 모여 하나의 그룹을 이룬 것이다. 그러나 복합 관념은 그에 앞서는 인상들에 충실한 일이 거의 없다. 심지어 어떤 사람이 파리 시에 대해서 품은 관념은, 그가 지금까지 가져 온 그리고 아마도 상기하려고 애쓰고 있는 복합 인상을 충실히 그대로 드러내는 일은 거의 없을 것 같다. 그리고 새 예루살렘에 대한 관념은 더군다나 선행하는 인상들간에 그가 지각한 바 있는 순서에 아무 관련 없이 꾸며 대는 자유로운 상상의 조작물이다. [30] 이리하여 인상은 관념이 가지지 못한 권위를 가지고 있다. 이 권위의 기반이나 성질을 흄이 분명히 밝히고 있지는 못하지만, 하여간 이런 권위를 인상(印象)은 가지고 있는 것이다.

인상이 가지고 있는 권위의 성질을 밝히는 데 있어 흄이 실패하고 있는 것은, 일찍이 그의 철학적 사색의 초기에 있어서, 감관에 대한 데카르트와 로크의 견해가 그의 사고에 미친 영향 때문이다. "모든 인상은 내적이고 생멸하는 존재들이요, 또 그런 것으로서 나타난다."라고 그는 썼다.[31] 일반 사람들, 즉 전문적인 철학의 소양이 없고 그런 훈련을 받지 못한 모든 '평범한 사람들'은 인상을 마음을 떠나서 있는 대상이라고 여기며 마음이 그것들을 지각하지 않을 때에도 존재한다고 생각한다. 그러나 이러한 소박한 입장은 지지할 수 없는 생각이라고 흄은 주장하였다. "우리의 감성적 지각들이 독립해서 존재한다는 설은 가장 평명(平明)한 경험에 반대되는 것이다."[32] 우리는 누구나 '외부의 존재들'이 있다고 믿는 경향이 있다. 우리에게는 몇 가지 인상들이 우리의 신체 외에 있는 것으로 보이는 것 같다. 우리들의 방에 있는 가구는 우리들의 신체의 저편에 있고, 우리들의 방의 벽은 가구 저편에 있고, 창 너머에 보이는 뜰이나 건물들은 우리의 방 저편에 있다. 그러나 "정확하게 말한다면, 우리가 우리의 사지(四肢)를 바라볼 때 우리가 지각하는 것은 우리의 신체가 아니고, 감각에 의하여 들어오는 어떤 인상들이다."[33] 우리들의 가구, 우리들의 방들, 그리고 우리들의 방 저편에 있는 광경에 있어서도 이와 마찬가지이다. 이런 것들 역시 감관을 통해서 들어오는 인상들이다. 우리의 지각(知覺)들이 외부성이나 지속되는 존재성을 가졌다고 보는 것은 우리의 잘못이다. "이것은 우리에게는 관념이나 인상(印象)과는 종적(種的)으로 다른 어떤 것의 관념을 품거나 형성하는 것만큼이나 불가능한 일이다." 왜냐하면 "마음에 대해서는 그 지각들이나 혹은 인상들과 관념들 이외엔 그 어떤 것도 정말 현존하는 것

---

30) David Hume, *A Treatise of Human Nature*, ed. L. A. Selby-Bigge(New York, Oxford University Press, 1941), p. 3. —— 앞으로는 이 책 이름을 *Treatise*, S. B.로 적기로 함.

31) *Treatise*, S. B., p. 194.

32) *Treatise*, S. B., p. 210.

33) *Treatise*, S. B., p. 191.

이 못 되기 때문이다. "[34]

비록 그가 그의 초기의 생각에서 인상들과 관념들에 대한 주관주의적 이론을 가지기는 했으나, 데카르트와 로크를 따라 인상들 저편에 있는 '실재적인' 대상의 세계를 긍정하는 일은 결코 하지 않았다. 정신 안에 있는 지각들과 정신의 저편에 있는 실재들을 갈라놓는 이원론을 그는 '그릇된 철학'이라고 불렀다. 평범한 사람들이 인상을 외부에 존속하는 실존이라고 봄으로써 과오를 범하고 있다고 한다면, 인상들을 떠난 또 하나 다른 존재들의 세계를 가상하는 철학자들은 더욱 진리에서 멀다고 하겠다. 인상들은 경험의 최종적인 소여(所與)요, 우리는 이것들을 넘어서 좀더 궁극적인 어떤 것으로 나아갈 수 없다.

> 감관으로부터 생기는 인상들에 관해서 말하면, 내 견해로는 그것들의 궁극 원인이 인간의 이성에 의하여 완전히 해명될 수 있는 것이 못 된다. 또 그것들이 대상으로부터 직접적으로 생기는지, 혹은 정신의 창조적 능력에 의해서 산출되는지, 또 혹은 우리들의 존재의 창조자로부터 도출되는 것인지, 여기에 대해서 확실성을 가지고 결정하는 것은 언제나 불가능한 일일 것이다. [35]

우리는 인상에서 출발하여 다시 인상에서 그친다고 그는 주장하였다. 우리는 인상들과 그것들을 모사하는 관념들밖에는 아무것도 정당하게 긍정할 수 없다.

모든 사람은 천성적으로 물체들이 있다고 하는 굳은 신념을 가지고 있기 때문에, 즉 그것들에 대한 우리의 지각과는 다른, 그리고 그로부터 독립해 있는 대상들이 있다고 굳게 믿고 있기 때문에, 흄은 모든 인상들이 내적이고 생멸하는 존재라고 하는 그의 주장에 비추어서, 이 실재론적 신념이 어떻게 해서 널리 퍼지고 있는가를 해명해야만 되겠다고 느꼈다. 이 신념은 감관에 의거할 수도 없고 이성에 의거할 수도 없다고 그는 주장하였다. 그

---

34) *Treatise*, S. B., p. 67.
35) *Treatise*, S. B., p. 84. 이 구절에서 흄은, 관념들을 외부 세계로부터의 자극의 결과로 취급한 로크의 학설과 어떤 관념들이 하나님의 심성 속에 있다고 봄으로써 관념들의 객관성을 확보하려고 애쓴 버클리의 학설의 양자에 대한 그의 전적인 회의를 힘차게 표현하였다.

것이 우리 속에 생기는 것은 상상력이 활동하기 때문이다. 우리는 우리의
모든 인상이 독립적 존재를 가졌다고는 보지 않고, 다만 그 중의 몇 개만
이 독립적 존재를 가졌다고 본다. 우리는 우리의 여러 가지 고통, 우리의
사랑, 우리의 증오, 혹은 흄의 용어로 정념이니 정서니 이차적 인상이니
하는 인상들의 그 어느 것에 대해서도 그것이 독립적 존재를 가지고 있다
고 보지 않는다.36) 그러나 우리는 우리의 감관의 인상들은 그 전부는 아니
더라도 그 중의 많은 것이 독립적 존재를 가지고 있다고 생각한다. 감관의
인상들은 가끔 불변성을 지니고 있어서, 우리로 하여금 일련의 흡사한 인
상들을 동일한 한 인상의 현시(顯示)들 혹은 재현들로 다루게끔 한다. 그리
고 불변성이 결여되어 있을 때에도, 감관의 인상들은 가끔 그 계기(繼起)에
있어서 변화의 일관성 혹은 규칙성을 가지고 있어서 우리로 하여금 그것들
을 단일한 한 물건의 발전의 단계로 다루게끔 한다. 정신은 일련의 분리된
인상들과 관련된 관념들 사이를 아주 "미끄럽게, 그리고 쉽사리 스치고 지
나가므로 계기를 동일성과 혼동한다."37) 그리하여 "일반 사람 누구나가 모
자니 구두니 혹은 돌이니 하는 말로 의미하는 것"38)은 실상 일련의 생멸하
는 인상들인데, 그럼에도 불구하고 그것은 "지속되는 존재란 허구(虛構)에
의하여 이 흩어진 현상들을 결합시키는 경향을 낳는다."39) 감관이든 이성
이든 그 어느 것으로도 지속되는 (따라서 독립적인) 존재의 가정을 지지할
수 없다. 비록 '상상은 그런 견해에 빠지기 쉬우나', 허구는 '그야말로 그
릇된 것이다.'40)

   이리하여 흄은 지속되는 그리고 독립해 있는 대상들이 있다고 하는 사람
들의 기본적 신념은 불가피한 동시에 근거 없는 것이라고 결론지었다. 그
것이 불가피한 까닭은 상상이 그런 신념을 만들어 내도록 자연히 활동하기
때문이요, 그것이 근거 없다는 까닭은, 이 신념이 진리라고 하는 데 대해

---

36) 흄이 둘 다 똑같이 원초적인 인상들이라고 본 감각들과 정념들 사이의 차이에 대하여는
    Treatise, S. B., pp. 7~8, 175~176 참조.
37) *Treatise,* S. B., p. 204.
38) *Treatise,* S. B., p. 202.
39) *Treatise,* S. B., p. 205.
40) *Treatise,* S. B., p. 209.

서 확실한 증거가 전혀 없음을 비판이 보여 주고 있기 때문이다. 그는 자기 자신도 평범한 사람들의 이 신념을 역시 품고 있음을 인정하였다. 왜냐하면 그의 비판이 그 자신의 상상력의 자연적 활동을 아주 막을 수 없었기 때문이다. 그러나 그는 자기의 결론에 대해 어리둥절하지 않을 수 없었다. 그는 자신의 '세련되고 형이상학적인' 성찰들이 자신으로 하여금 어쩔 수 없이 자연적이고 불가피한 신념을 하나의 근거 없는, 그리고 심지어는 그릇된 허구로 보게 하였다고 고백하고는 허심 탄회하게 괴로워하였다. 그는 〈인성론〉 제 1 권을, 철학적 성찰이 자신을 '우울하고 얼떨떨한' 상태로 몰아넣었다고 고백하고, 그리고 그런 성찰들은 인간 생활의 정상적인 사무와는 아무런 인연도 없는 것이라고 지적하면서 끝맺고 있다. 그는 다음과 같이 술회하고 있다.[41]

나는 이 모든 문제로 말미암아 정신이 어지러워져서, 나 자신이 상상할 수 있는 가장 한심스러운 상태에 있고, 가장 깊은 암흑에 둘러싸여 있으며, 또 모든 기관과 능력이 온통 쓸 수 없게 되지 않았나 착각하기 시작한다.

매우 다행하게도 이성이 이 구름들을 헤쳐 줄 수 없기 때문에, 자연 자신이 이에 개입하여 거뜬하게 이 구름들을 흩어지게 해준다.……나는 맛있는 음식을 먹으며, 주사위 놀음을 하며, 담소하며, 또 친구들과 재미있게 지낸다. 그리고 서너 시간 이렇게 즐긴 후에 다시 철학적 사색으로 돌아갈 때면, 그것은 말할 수 없이 차디차고 딱딱하고 또 가소롭게 보여, 이 이상 더 그러한 사색에 몰두할 생각이 들지 않는다.

여기에 이르러 나는 내 자신이, 인생의 일반 문제에 골몰하는 다른 사람들처럼 살며 이야기하며 행동하기로 단단히 마음먹고 있음을 발견한다. 그러나 나의 자연적 성향과 또 나의 동물적 심성 및 정념이 나로 하여금 세계에 관한 일반적인 격률(格律)들을 이렇게 무턱대고 믿게 한다 할지라도, 내 속에는 아직도 그 전 버릇이 남아 있어, 내 모든 책과 종이들을 불 속에 집어 던지고 다시는 추리합네 철학합네 하면서 인생의 여러 가지 즐거움을 내던지지 않기로 결심하였다.

회의론적 철학들에 대한 흄의 비판

〈인성론〉 제 1 권의 결과에 대한 흄의 환멸은, 그가 더욱 철학적 성찰에

---

41) *Treatise*, S. B., p. 269.

나아가는 것을 오랫동안 막지는 않았다. 42) 그러나 이 환멸은 그로 하여금
〈인성론〉에서 그가 내세운 추리를 재고하게 하였고, 또 그 추리의 많은 것
을 포기하게 했다. 〈인간 오성에 관한 연구〉는 일부에 있어서는 〈인성론〉
속에 있는 문제를 좀더 간략하게 요약한 것이요, 또 일부에 있어서는 〈인
성론〉에서 내세운 여러 입장을 비판적으로 포기한 것이며, 또 동시에 하나
의 새로운 입장을 시도적으로 형성하는 것이었다. 〈인간 오성에 관한 연
구〉의 마지막 절은, 그의 초기 저작에서 언급한 철학들에 반대할 뿐만 아
니라 자기 자신의 이 초기 저작 자체에도 반대하는 것이었다.

〈인간 오성에 관한 연구〉의 마지막 항에는 몇 가지 유형의 회의론에 대
한 흄의 숙려(熟慮)된 견해가 제시되어 있다. 그 절에는 '강단 철학 혹은
회의 철학에 대하여(Of the Academical or Sceptical Philosophy)'란 제목이 붙어
있다. 그가 말하는 회의론이란 것은, 그 당시의 학술원들과 대학들을 풍미
한 철학이다. 그리고 그것은 주로 데카르트 내지 로크의 회의론이었다. 그
의 의도는 이 회의론들을 옹호하려는 것이 아니라, 이것들의 본성을 들추
어 내려는 것이었다. 그는 이 회의론들의 출발점을 이루는 여러 가정의 본
성을 규명하고, 또 어찌하여 그가 이 회의론들을 옳지 못한 것으로 생각하
게 되었는가를 설명하고자 하였다. 그리고 이와 같이 하는 가운데, 그는
자기가 이전에 가졌던 여러 견해 중의 몇 가지를 수정하였고, 또 감관 경
험의 본성과 의의에 관하여 그 자신의 〈인성론〉에서 표현한 많은 의문으로
부터 벗어나게 되었다.

선행적 회의론은 '데카르트에 의하여 가르쳐진' 그리고 모든 철학적 연
구에 대해서 예비적 단계가 된 '보편적 회의(懷疑)'이다. 43) 흄이 언급하고
있는 회의는, 데카르트가 그의 〈방법 서설〉과 〈성찰〉에서 맨 처음에 제기한

---

42) 어떤 비평가들은 흄이 철학으로부터 역사로 전환한 것을 철학에 대한 싫증 때문이라고
   생각하였다. 그리고 그들은 〈인성론〉의 가장 회의론적 부분들의 약간이 〈인간 오성에 관
   한 연구〉에서 제외되어 있는 것을 독자들로 하여금 그러한 까다롭고 어려운 내용에서 면
   하게 하려는 욕망의 표시라고 해석하였다. 이 두 가지 비평은 모두 잘못된 것 같다. 비록
   철학적 저작을 통해서 얻는 것보다 더 많은 독자를 얻기 위해서 역사적 저작을 내는 것을
   좋아하기는 했으나, 흄은 결코 철학을 버리지는 않았다. 그리고 *Enquiry*(〈인간 오성의 연
   구〉)에서 그와 비슷한 구절들을 찾아볼 수 없는 〈인성론〉의 여러 항이 *Enquiry*에서 제외된
   것은, 흄이 이제 와서는 이 여러 항의 전제들이나 귀결을 받아들이지 않았던 까닭이다.

방법론적 회의이다. 비단 그것이 결론들만에 관한 회의가 아니고, 도대체 연구할 주제를 가질 수 있는가 없는가 하는 것부터 의심하는 회의이다. 우리가 연구하는 것의 주제가 무엇인가 하는 것에 관해서 여러 가지 의심을 품는 것은 당연한 일이라 하겠다. 사실 우리는 어떤 주제에 대해서 연구를 시작할 수 있는 것은, 바로 연구에 앞서서 그것이 무엇인지에 관해 의심을 품고 있기 때문인 것이다. 그러나 만일 우리가 연구할 주제가 있는가 없는가에 대해서 끈덕진 의심을 품는다면, 우리는 회의로부터 벗어날 길이 없다. 출발에 있어서의 회의론은, 데카르트의 방법에서와 같은 극단의 혹은 '지나친' 형태로 사용되면, 세계의 인식 혹은 세계 안의 그 어떤 사실 문제의 인식에 도달하려는 모든 과학적 혹은 철학적 노력을 파괴한다. 보편적 회의가 일단 연구에 대한 태도와 방법으로 세워지면, 이성은 거기서 빠져 나갈 아무런 도피구도 제공할 수 없다.

흄이 이러한 보편적 회의로부터 빠져 나갈 아무런 도피구도 이성(理性)은 제공할 수 없다고 말했을 때, 이 '이성'이란 말을 하나의 아주 엄밀한 의미에서 사용하고 있었음을 주의하지 않으면 안 된다. 그는 이 말을 선천적인 추리 능력을 의미하는 것으로써 쓰고 있다.[44] 그리고 이 능력은 경험으로부터의 명증이 없는 데도 불구하고, 직관을 통해서 자명한 진리들을 인식할 수 있다고 생각되었다. 흄은 우리의 성찰이 이성 자체, 아니 다른 어떤 원천으로부터 얻어지는 명증에 의해서 뒷받침되어 그 결과 일반적으로 공인되는 결론으로 될 수도 있다는 것을 부인하고 있지 않았다. 오히려 그는 모든 감각 경험의 명증적 가치를 독단적으로 혹은 회의적으로 거부하는 성찰들은 사실 문제들에 대한 인식에 절대로 도달할 수 없다고 생각하였다.

---

43) *An Enquiry Concerning the Human Understanding, and An Enquiry Concerning the Principles of Morals*, ed. L. A. Selby-Bigge(Oxford, Clarendon Press, 1894), p. 148. ── 앞으로 이 책을 인용할 때에는 그 속에 들어 있는 흄의 두 저작을 *Enquiry HU*와 *Enquiry PM*으로 각각 표시하기로 한다.

44) David Hume, *Dialogues Concerning Natural Religion*, ed. Norman Kemp Smith(Oxford, Clarendon Press, 1935), p. 198. ── 앞으로 *Dialogues*, N. K. S.로 표시하기로 함. 그가 죽기 조금 전에 쓴 이 구절에서, 흄은 자기가 '이성'이란 말을 특별한 의미에서 사용하고 있었던 사실에 주의를 집중시키고 있었다. 이 의미에서는, 어떤 문제를 이성으로 판단하는 것과 경험에 비추어서 판단하는 것과는 서로 용납이 안 되는 정반대의 것이었다.

감관의 명증에서 떠난 이성의 추상적인 과학들에 있어서나 흄이 '관념들의 관계'에 대한 연구라고 부르곤 한 것에 있어서 확실성에 도달하는 데 성공할 수 있음은 사실이다. 즉 이성은 "직각삼각형의 빗변의 제곱은 다른 두 변의 제곱을 합친 것과 같다."라든가, 혹은 "재산이 없는 곳에는 부정의(不正義)란 것이 있을 수 없다."라든가 하는 따위의 형식적인 진리를 식별한다. 45) 이 진리들은 자연 안에 존재하는 그 어떤 것에도 관계가 없는 것이요, 대개 제멋대로 정의된 술어들의 의미를 더 자세히 그리고 더 정확히 하는 것이다. "이런 종류의 명제들은 우주 속에 존재하는 어떤 것에도 의존함이 없이 사고의 활동만으로 발견할 수 있는 것이다."46) 그러나 아무도 관념들의 관계에 관한 연구로부터 "실재적 존재나 사실 문제"에 관한 연구로 넘어갈 수는 없다. 47) 흄은 데카르트가 바로 이런 일을 하려고 하였던 것으로 보았다. 그러므로 만일 데카르트의 선행적 회의론이 하나의 마음가짐 이상의 것이 되고, 어떤 사상가에 의해서 이것이 진지하게 받아들여졌다면, 그것은 결국 실패로 돌아갈 수밖에 없었을 것이요, 또 세계나 하나님이나 자아(自我)에 대한 인식에의 가능한 아무런 탈출구도 제공하지 못했을 것이다.

선행적 회의론이 만일 충분히 온건하거나 혹은 '완화되면', 그것은 사실 독단론에 대한 완전한 교정책이 될 수 있다. 그렇게 되면 그것은 명증의 조심성 있는 검토에 불가결한 지적 겸허가 된다. 그것은 정신을 여러 가지 편견으로부터 떠나게 한다. 그것은 인간의 오성을 사실 문제들의 실재적 질서와 그들간의 진정한 연관에 관한 성찰에다 국한시킨다. 그런데 이 사실 문제들의 어떤 것은 이미 관찰되었고, 더 많은 것이 관찰될 수 있는 것이다. 그런 성찰은 한갓 이성만으로는 산출할 수 없고 폐기할 수 없는 전체 환경 속에서 생긴다. 그리고 성찰은 이 전체 환경을 성찰이 진전하는 데 필요 불가결한 무대로서, 또 그 검증을 위한 재료로서 존중하지 않으면 안 된다. 추상적 이성의 견지에서 보면, 모든 사실 하나하나의 정반대되는 것이, '실재에 일치하는' 것에 못지않게 가능하다. 왜냐하면 어떤 사실이

---

45) *Enquiry HU*, p. 163, 또 p. 25 참조.
46) *Enquiry HU*, p. 25.
47) *Enquiry HU*, p. 27.

든지 그것에 정반대되는 것은 자기 모순을 내포하고 있지 않으며, 또 진정한 사실 못지않게 판명하게 그리고 쉽사리 정신에 대해서 나타나기 때문이다.[48] 그러므로 추리는 추리에 앞서, 관찰과 실험의 기초 위에서 추리자가 받아들인 재료들을 다루면서 앞으로 나아갈 때에만 유익한 것이다.

결론적 회의론은, "일단 우리의 감관들이 의심쩍게 되었을 때" 차츰 우리의 판단들을 뒤집어엎는 회의론이다.[49] 흄은 결론적 회의론을 옳지 않은 것으로 판정함에 있어 로크만을 꼬집어 비난하지는 않았다. 그러나 정신의 직접적 대상을 정신 자신의 지각(知覺)들이라고 생각한 다른 사람들과 함께 로크가 흄의 공격의 주요 대상이었음은 확실하다. 어느 모로 보든지 그는 아무도 따로 꼬집어 내어서 공격하지 않았는데, 그것은 그가 이제 와서는 사실상 그 자신의 〈인성론〉에서 거듭 주장한 논점, 즉 정신의 모든 지각은 "내적이고 생멸하는 존재들"이라고 하는 논점을 공격하고 있었기 때문이다. 흄에게는 〈인성론〉에서 취했던 입장에서 떠나는 것이 쉬운 일이 아니었다. "좀더 심원하고 좀더 철학적인 회의론자들은, 하나의 보편적 회의를 인간의 인식과 연구의 모든 주제에 끌어들이려고 노력할 때, 언제나 승리를 얻을 것이다."라는 것을 그는 인정하였다.[50] 그러나 이 여러 심원한 회의론에 대하여 그는, 사람들이 "그들의 감관을 신뢰하려는 자연적 본능 혹은 본래적 소질"을 대립시켰다. 우리는 누구나 인식론 체계의 논구 속에 휩쓸려 들어갔을 때를 제외하고는, 이러한 신뢰를 가지고 있다. 그리고 흄은 비록 이론적으로 정당한 근거를 제시할 수는 없었으나, 분명히 이 신뢰를 결론적 회의론보다 나은 것으로서 택하였다. 그는 솔직하게 다음과 같이 말하였다.[51]

아무런 추리 없이도, 혹은 우리가 이성을 사용하기 전에도 우리는 언제나 밖에 있는 하나의 우주를 상정한다. 이 우주는 우리의 지각에 의존하는 것이 아니라 우리와 또 모든 감성을 가진 동물이 없거나 절멸한다 할지라도 존재한다.

---

48) *Enquiry HU*, p. 25 ; *Dialogues*, N. K. S., pp. 232~233 참조.
49) *Enquiry HU*, p. 150.
50) *Enquiry HU*, p. 153.
51) *Enquiry HU*, p. 151.

로크와 그 자신의 〈인성론〉의 결론적 회의론을 명쾌하게 논박하는 방법은 전혀 발견하지 못했으나, 흄은 그것을 지나친 것이라고 비난하기에 이르렀다. 그는 결론적 회의론이 충분히 '완화'되기만 하면, 그것을 그대로 지켜 나갈 생각이 있었다. 완화된 선행적 회의론이 연구의 출발에 있어 지성의 겸허를 증진시키듯이, 이 완화된 선행적 회의론은 연구의 마지막에 가서 지성의 겸허를 증진시키리라고 그는 생각하였다. 흄은 "감관들만을 덮어놓고 의지할 것이 아니라"는 것을 어디까지나 강조하였다. 52) 그러나 그는 감관들이 추리에 앞서, 자연 세계의 실재적 대상들에 대한 어떤 직접적 지식을 우리에게 준다는 것, 그리고 이 감관들이 추리의 인도를 받아 그 여러 가지 결함을 수정하는 데 있어서나, 그리하여 그것들을 "진위(眞僞)의 타당한 '기준'"이 되게 하는 데 있어서나 우리에게 도움이 된다는 생각을 더욱더 품게 되었다.

이렇게 볼 때, 흄이 〈인간 오성에 관한 연구〉에서 회의론을 논한 의도는 다음과 같은 것이었다고 볼 수 있다. 아무도 그가 보고 듣고 혹은 감관을 통해서 의식하는 것이 그가 보거나 듣거나 감각하는 그대로요, 조금도 다름이 없다는 것을 증명할 수 없다. 또 아무도 그렇지 않다는 것을 증명할 수도 없다. 그런 것에 대해서 여러 가지로 따지고 궁리하는 것은 무익한 일이다. 온건한 혹은 완화된 회의론은 맨 처음의 관찰이나 좁은 경험을 충분한 것으로 받아들이는 데 있어서 조심히며, 또 추리의 인도 아래 더욱 많은 관찰을 함으로써 세계를 탐색할 태세를 갖추는 것이다. 최종적인 관찰이나 혹은 세밀한 관찰의 누적도 사실 문제들에 관한 판단에 있어서의 모든 오류를 제거하는 데에는 불충분한 것일 수 있다. 그러나 인간적으로 말하면 받아들일 만한 결론들에 도달하는 데 있어서 감각적 경험의 대용물이 될 수 있는 것은 없다. 흄은 언제나 주장하기를, 감관들을 통해서 우리가 세계에 관하여 얻는 지식은 부분적이고 단편적이라 하였다. 그러나 그는 데카르트·로크의 전통에서 오는 주관주의(主觀主義)를 버렸다. 그는 평범한 사람들이 그들의 감관에다 두는 신뢰를 조심성 있게 받아들이는 것을 좋게 여겼다. 그가 이런 종류의 신뢰를 좋게 여긴 까닭은, 비록 그것이

---

52) *Enquiry HU,* p. 151.

이론적으로는 지나친 결론적 회의론자들의 파괴적 비판에 대해서 스스로를 지키기가 어렵다 할지라도, 실제적으로는 그것이 이치에 맞는 결과들을 산출하는 것이었기 때문이다.

감각적 경험의 신뢰성에 대한 (그리고 또 다른 많은 문제에 대한) 흄의 견해의 최후의 그리고 가장 원숙한 입장은 그의 〈자연 종교에 관한 대화〉에 제시되어 있다. 감관의 역할과 이성의 역할에 대해서 "철학하는 것은 일상 생활에 대해서 추리하는 것과 본질적으로 다른 점이 없다."라고 그는 썼다. 53) 누구나 "여러 가지 정념이 우리를 유혹하는 것"과 마찬가지로 "외부의 대상들이 우리에게 인상을 준다."는 것을 알고 있다. 54) 그리고 막상 생활하고 행동해야 할 이 현실 세계에서 아무도 여러 학파의 회의론 속에서 오래 방황할 수 없다. 우리의 관념들은 우리가 경험해 온 테두리를 넘어서지 않는다. 그러나 우리가 잘 알고 있는 대상들에 대해서는 우리는 무난히 판단을 내릴 수 있다. 우리는 누구나 "돌은 낙하하고, 불은 타고, 땅은 탄탄하다는 것을 천번 만번" 관찰하였다. 55) 우리는 실제로 물질을, 즉 많은 물질적 대상들을 지각한다. 그리고 (신학적 추리에 있어서나 혹은 그 밖의 그 어떤 다른 종류의 철학적 추리에 있어서나) "대상들의 세계를 이와 유사한 관념들의 세계로" 해소시킴으로써 아무것도 얻는 것이 없다. 56) 우리는 "그 어떤 우주 개벽설의 체계든지 이를 수립할 소재"를 충분히 가지고 있지 않다. 왜냐하면 우리의 경험은, 그 자체에 있어서 아주 불완전하고, 범위에 있어서나 지속에 있어서나 아주 제한되어 있어서, 사물들 전체에 관한 그럴직한 추측을 우리에게 결코 줄 수 없기 때문이다. 57) 그러나 우리가 가지고 있는 관념들은 "실재적인 대상들로부터 모사(模寫)한" 것이요, 58) 또 그렇기 때문에 우리로 하여금 우리 주위의 자연 세계 안에 있는 어떤 사물을 알 수 있게 해준다.

---

53) *Dialogues,* N. K. S., p. 166.
54) *Dialogues,* N. K. S., p. 163.
55) *Dialogues,* N. K. S., p. 178.
56) *Dialogues,* N. K. S., pp. 200~201.
57) *Dialogues,* N. K. S., p. 219.
58) *Dialogues,* N. K. S., p. 229.

흄은 가끔 회의론자라고 불리어져 왔다. 피론이 고대 제일의 회의론자라고 불리어져 온 것처럼 흄은 근대 제일의 회의론자라고 불리어져 왔다. 실상 흄은 〈인성론〉에서는 거의 모든 결론에 관해서 자신이 없었으나, 그의 후기의 여러 저작에서는 회의론에 대해서 맹렬히 공격하는 비판자가 되었다. 회의적인 논의들은 "아무런 대답도 내어놓지 못하며 아무런 확신도 낳지 못하는" 것이라고 그는 썼다.[59] 이 정의는 감각적 경험의 주관성을 내세우는 로크의 학설에 대한 흄 자신의 불결단(不決斷)을 반영하는 것이기는 해도, 매우 아이러니컬한 것이다. 그는 더 나아가 말하기를 "어떤 학설도 회의론 자체보다 더 회의적인 것일 수는 없다."고 하였다.[60] 아무리 우리가 지나친 회의론을 논박하려는 노력에 있어 실패한다 할지라도, 도저히 그런 회의론이 옳다는 확신을 품을 수는 없다. 우리의 생활은 각 방면에서 이것을 제약하는 세계 속에서 계속 영위되며, 우리는 우리의 일상 경험에서 이 세상의 많은 특성을 찾아내는 듯이 행동하지 않을 수 없고, 또 이와 같이 이 세상의 많은 특성을 찾아낼 수 있다는 신념을 품지 않을 수가 없는 것이다.

로크와 버클리에 대한 흄의 관계

흄에 있어서 17세기의 주관주의(主觀主義)에 대한 18세기의 대립은 그 절정에 도달하였다. 흄이 이 대립을 표명한 말이 좀 주저하는 빛을 띠고는 있으나, 그는 버클리보다도 이 대립을 훨씬 더 두드러진 것이 되게 하였다. 그는 그 자신의 말로 이것을 명백히 표명하지는 않았으나, 회의론에 대한 그의 분석은 이 대립을 충분히 드러내 주고 있다. 로크·버클리, 그리고 흄의 역사적 관계는, 버클리가 그의 입장을 요약한 두 원리를 그들이 받아들였는가 혹은 배격했는가를 지적함으로써 잘 알아볼 수 있다. 로크는 우리가 직접 지각하는 것들이, 오직 마음속에만 존재하는 관념들이라는 기본 원리를 명확히 표명한 바 있었다. 버클리는 이 원리를 받아들였으나,

---

59) *Enquiry HU*, p. 155n. 흄이 이 말을 한 것은 현실적 대상들이 하나님의 정신 속에 있는 관념들이라고 하는 버클리의 설을 거부하는 데 관련되어 한 말이다. 그러나 이 말은 훨씬 넓은 범위에 적용될 수 있다.

60) *Enquiry HU*, p. 158.

이것에다 그 자신의 독창적 원리, 즉 우리가 직접적으로 지각하는 것들은 또한 우리 주위의 세계 안에 있는 실재적 대상들이라는 원리를 추가함으로써 로크의 원리의 주관주의적 귀결을 피하였다. 흄은 초기에 있어 여러 가지로 주저했음에도 불구하고 차츰 더 이 후자의 원리를 옳게 여기게 되었고, 전자의 원리를 그대로 지키지는 않게 되었다. 모든 증거를 살펴볼 때, 그는 이 원리를 버클리에게서 얻어 왔다고는 볼 수 없다.[61] 그러나 그의 철학적 성찰이 계속됨에 따라, 그는 점차로 이 입장을 옳다고 여기게 되었다. 우리는 우리의 감관들을 통해서 사실들이나 대상들 가운데 약간의 것을 알게 되는데, 이 약간의 사실들이나 대상들은 우리가 추리해서 알 수 있는 약간의 다른 사실들이나 대상들, 그리고 우리가 전혀 알지 못하는 다른 많은 사실들이나 대상들과 함께 자연 세계의 현실적 질서를 이룬다고 그는 생각하였다. 흄의 〈인성론〉 제 1 권에서는, 로크의 〈인간 오성론〉에서처럼, 경험은 일련의 주관적 지각들이었다. 그러나 흄의 〈인간 오성에 관한 연구〉와 〈자연 종교에 관한 대화〉에서는, 경험은 오히려 그것들의 본성이 미리 알려져 있지 않은, 그리고 오직 그것들을 관찰하고 조작함으로써만 발견될 수 있는 대상들을 다루는 방법이었다. 이렇게 되고 보면 사가 〈史家〉는 다음과 같이 말해도 좋을 것이다. 즉 경험론[62]은 흄의 원숙기의 저작에서 사람들은 그들 자신의 심적 상태로부터 출발해야 하며, 그런 후에는 관찰과 직접적 경험의 한계를 넘는 다른 대상들에 도달하려고 해도 좋다고 하는 이론이기를 그쳤으며, 그러한 이론이 되는 대신, 그것은 인간의 여러 가지 정념과 관념은 물론이거니와, 또한 물질적 대상들과 물리적 및 사회적 사건들을 포함하는 온갖 종류의 대상을 연구하는 방법이 되었다고. 원숙기의 여러 저작에 있어서의 흄의 경험론은, 정신의 출발이 되거나 혹은 정신의 종착점이 될 수 있는 대상의 종류를 문제시하지 않는다. 그것

---

61) 흄은 버클리에게 얼마간 배운 바가 있다는 것을 고백하였다. 그는 추상 관념들을 버클리가 다룬(이것은 버클리의 *Principles*에 전개되어 있다) 솜씨를 칭찬하였다. 그러나 그는 버클리의 관념론 때문에 버클리에서 떠났고, 또 그의 논평이 보여 주는 바와 같이 버클리 사상의 실재론적 의도를 신통하게 여기지 않았다.

62) '경험론'이란 흄의 용어가 아니고, 경험을 인간이 얻는 모든 지식의 원천이라고 보는 모든 철학에 대해서 적용되는 것이 보통이다. 역사상 많은 다른 종류의 경험론이 일어나고 있는 것은, 경험의 성질에 대해 많은 다른 견해가 있었던 까닭이다.

은 사람들이 일상 생활에서 관심을 가지고 있는 사물들을 연구하되, 이 단순한 사물들이 다른 것들과 어떻게 관련되어 있는지에 관하여 혹은 현재의 관찰의 한계를 넘어선 곳에 있는 다른 사물들의 본성에 관하여 아무 편견 없이 연구할 것을 권장하는 하나의 학설이다. 흄은 〈자연 종교에 관한 대화〉에서 말하기를, "우리는 그 어떤 우주 개벽설이든 이를 내세울 충분한 소재를 가지고 있지 않다."고 하였으며, 더 나아가 지적하기를 "우리는 그 어떤 우주론을 위해서나 혹은 실재 전체에 관한 전반적 법칙들을 위한 소재도 충분히 가지고 있지 못하다."고 하였다. 그러나 "우리는 많은 실재적 사물들에 대한 직접적 명증은 가지고 있으며, 우리는 이 사물들에 대해 성찰하기에 앞서 이 명증을 소유하고 있고 또 성찰을 통하여 이전보다 더 만족스럽게 이것을 소유하게 될 수도 있다."고 그는 주장하였다.

흄의 후기의 입장

회의론에 대한 흄의 분석은 그가 〈인성론〉에서 표명한 회의들 중 많은 것에서 이탈하였음을 보여 주는 것이지만, 그의 새 입장은 〈인간 오성에 관한 연구〉의 제 4 절과 제 5 절에서 더 건설적으로 제시되고 있다. 그는 여기서 "어떤 실재적 존재나 사실에 대해서 우리에게 확신을 주는 명증의 성질"에 관한 물음을 제기하였다.[63] 세 가지 종류의 명증이 있다고 그는 주장하였다. 즉 감관들의 현재의 증험(證驗), 기억의 기록들, 그리고 원인과 결과의 관계에 기초를 둔 추리가 그것이다. 이 셋 중의 어느 것도 절대로 잘못이 없을 수는 없다. 그리고 이 셋은 모두 유용하다. 첫째 것은 가장 신뢰할 수 있는 것이지만 동시에 가장 희귀한 것이다. 마지막 것은 가장 흔한 것이지만 동시에 우리를 그릇된 길로 인도하기 쉬운 것이다. 이상의 세 가지 것들은 각기 다른 두 가지 것에 대한 검증에 쓰일 수 있다. 그리고 이상의 세 가지 것이 함께 쓰일 때 매우 좋은 지침이 될 수가 있다.

흄은 처음의 두 가지 종류의 명증에 대해서는 길게 논하지 않았다. 그러나 그는 이것들을 맨 처음에 문제 삼았다. 그는 감관들의 현재의 증험을 무엇보다도 먼저 문제 삼았다. 그는 전에는 우리가 보고 만지고 또 우리의 감

---

63) *Enquiry HU*, p. 26.

관들을 통해서 직접 의식하는 것에 대해서 '인상(印象)'이니 '지각(知覺)'이니 하는 말을 썼지만, 이제는 그런 것에 대해서 이런 용어를 거의 쓰지 않고 있다. 그는 오히려 대상들에 관해서, 때로는 심지어 '자연적 대상들'에 관해서, 실재적 존재에 대해서, 혹은 사실에 대해서 말하고 있다. 우리가 우리의 감관들을 통해서 알고 있는 것은 자연 세계 안에 있는 실재적 대상들이다. 그는 감관 경험의 신뢰성을 길게 논하지 않았다. 이것은 그가 감관 경험이 어떤 때에나 흔치 않기는 해도 우리에게 약간의 실재적 대상들을 알게 한다는 것을 당연한 것으로 생각하였기 때문이다. 그는 이제 와서는 몇몇 다른 철학자들처럼 지각이라고 그가 부르던 것으로부터 우리가 출발하여, 평범한 사람들이 실제로 있다고 믿는 실재적 대상들을 추리할 수 있는가 없는가 하는 문제를 고찰하지 않았다. 그는 오히려 어떻게 우리가 직접 지각하고 확실히 기억하는 소수의 대상들로부터 출발하여, 이 광대한 세계에서 감관과 기억의 한계를 넘는 다른 많은 대상들을 믿게 되는가 하는 문제를 고찰하고 있었다. 즉 그의 문제는 어떻게 추리가 실재적 존재와 사실들에 대한 제 3 의 종류의 명증으로서 쓰일 수 있는가 하는 것을 설명하는 일이었다.

이 문제가 그에게 생긴 것은, 이성이 경험의 도움을 받지 않는 하나의 분리된 능력으로서는, 사실의 문제들에 관해서 아무런 추리도 절대로 끌어낼 수 없다는 것을 그가 오랫동안 주장해 왔고, 또 여전히 굳게 믿고 있었기 때문이다. 이러한 엄밀한 의미에서의 이성은 하나의 사실 문제(예컨대 우유나 빵, 당구공이나 돌의 운동)에 대한 가장 정밀한 검토로부터, 절대로 그 배후에 있는 원인들을 결정할 수도 없고, 또 그것에서 따라나오는 결과들도 결정지을 수 없다. "모든 결과는 각기 그 원인과는 분명히 다른 하나의 사건이다." 그리고 이성은 그것만으로는 절대로 "결정(結晶)이 열(熱)의 결과요, 얼음은 한랭한 온도의 결과라는 것"을 발견할 수 없다. [64]

흄은 그의 논점을 표명하는 데 있어, 흔히 사용되지 않는 몇 가지의 말을 썼는데, 그의 독자들 가운데 많은 사람들은 이 말들을 오해하였다. 자연 안에서 일어나는 사건들은 절대로 연결되어 있지 않다고 그는 말하였

---

64) *Enquiry HU*, pp. 30, 32.

다. 그러나 그는 자연 안에서 일어나는 사건들이 관계되어 있지 않다고는 말하지 않았다. 즉 인과적으로나 또는 유사성, 근접성, 계기(繼起)의 규칙성 등으로 관계되어 있지 않다고는 말하지 않았다. 흄의 습관적인 용어법에 있어서, 연결은 하나의 특별한 종류의 관계이다. 그것은 인간의 오성으로 하여금 연결된 사물들의 하나에서 다른 하나로 연역적인 혹은 선천적인 추리를 할 수 있게 하는 하나의 합리적 혹은 가지적(可知的)인 유대이다. 연결은 관념들간에서, 그리고 오직 관념들간에서만 찾아볼 수 있다고 흄은 믿었다. 즉 관념들은 때로 감관의 경험에서 떠나 그것들에 관하여 우리가 추리할 수 있도록 서로 연결되어 있다. 즉 그러한 논리적 관계에 있다. 그러나 연결은 우리 주의의 자연 세계에서는 아무데서도 찾아볼 수 없는 것이라고 흄은 진심으로 주장하였다. 사물들은 때때로 연속의 통일성을 가지고 함께 발생하기 때문에, 이런 때 우리는 그것들이 연합해서 일어난다고 말할는지도 모른다. 그러나 이러한 연합은 다른 어떤 것으로부터도 도움을 받지 않는 이성에서 볼 때는 언제나 제멋대로 된 것이다. 우리는 한 사물을 원인이라고 부르고, 또 그것에 연합된 다른 한 사물을 결과라고 부를는지도 모른다. 그러나 연합은 비록 우리의 경험이 미치는 한에 있어서는 하나의 항존적(恒存的) 관계일지 모르나, 이성이 그 필연성을 보여 줄 수 있는 하나의 연결은 아니다. 모든 자연적 연합의 경우에는, 현실적으로 일어나는 결과에 못지않게 "충분히 항존적이고 자연적인 것으로 이성에게 보이는 다른 많은 결과들이 언제나 존재한다."[65] 자연 안에서의 연결들을 부인하는 것은, 결국 흄이 이성은 그 자체만으로는 사실 문제를 결정할 수 없다고 하는 그의 주장을 다른 방식으로 표현한 것이다.

그러므로 원인과 결과의 관계에 기초를 둔 추리는, 적어도 그 시초에 있어서 그리고 또 보다 단순한 형태들에 있어서는 논의나 추론거리가 될 수 없다. 그것은 정신에 대한 경험의 압력의 소산이다. 그리고 이 압력은 까다롭게 생각함으로써 계획된 것이 아니다(왜냐하면 그것은 교육받은 사람들에게서뿐만 아니라 농부들이나 어린이들, 그리고 심지어 동물들에게서도 볼 수 있는 것이기 때문이다). 오히려 그것은 모든 정신에 대해서 경험이 가져오는 하나

---

65) *Enquiry HU*, p. 30.

의 자연적 결과이다. 흄이 한 걸음 더 나아가 고백한 바와 같이, 도대체 그
것을 '추리'라고 불러야 하느냐 하는 것조차 많은 의심이 간다. 그 까닭
은, 그것은 오성이나 이성이 하는 일이 아니요, 관념들의 연합 내지 상상
이 하는 일이기 때문이다. 흄이 여러 군데에서 상상이란 말로 의미하고 있
는 것은 한갓 공허한 환상이 아니요, 조심스러운 관찰자들에게 있어서 경
험이 수립하는 관념들의 연합이다.

한 대상 A에 뒤이어 다른 한 대상 B가 일어나는 것을 처음 보거나 혹은
처음으로 여러 번 보게 될 때, 정신은 이 두 대상 사이에서 근접의 관계 이
외에는 다른 아무런 관계도 보지 않는다. 만일 경험이 좀더 충분하게 되고
또 A에 뒤이어 B가 거듭 계속적으로 일어나면, 정신은 마침내 B의 관념을
다음에 나타날 A의 현상에다 연합시키게 된다(그리고 이 연합은 아주 확고한
것이 되어, 심지어는 B가 실제로 A에 뒤이어 일어나기 전에 이루어질 수도 있다).
A-B의 연속의 무수한 실례에서는 처음의 실례에서 관찰된 것밖에는 더
이상 아무것도 관찰되지 않는다. 그러나 그러는 동안에 관찰자의 정신 속
에는 하나의 연상(聯想)이 세워진다. 경험에 있어서의 규칙성은 정신 속에
습관이나 관습을 만들어 낸다. A가 다시 일어나는 것으로부터 B의 관념으
로 정신이 옮아 가는 것은, A가 B의 원인임을 추리하는 것이다. 그리고 이
추리는 심리적으로는 필수적인 것이지만, 이성적으로 인도되는 것이 아니
다. 이성은 이 추리를 옳다고 옹호하거나 그르다고 배척할 수 없다. A-B
의 연속에 대한 경험이 충분하게 되면 될수록 B의 관념은 아마 더욱더 생
생하게 될 것이다. 그리고 B의 관념이 충분히 생생하게 될 때, B의 관념은
B에 대한 신념을 이루게 된다. 즉 A로부터 B로의 추리는 우리로 하여금 B
가 반드시 일어나리라는 것을 믿게끔 한다. 왜냐하면 "신념이란 상상만으
로써 도달할 수 있는 것보다 훨씬 더 선명하고, 생생하고, 힘있고, 확고하
고, 착실한 한 대상의 상념 이외의 다른 아무것도 아니기" 때문이라고 흄
은 생각하였다. [66]

"그런즉 관습은 인간 생활의 큰 지침이다."라고 흄은 썼다. [67] 오성이 먼

---

66) *Enquiry HU*, p. 49.
67) *Enquiry HU*, p. 44.

저 관습을 만들어 내는 것이 아니다. 오히려 관습이 관념 연합(觀念聯合)의 여러 법칙 밑에서 작용하면서, 감관들의 현재의 증험과 기억의 기록들로부터 올 수 있는 것보다 더 광범한 자연에 대한 이해의 가능성을 낳는다. 이런 사정에 있으면서도, 한편 오성은 관습을 수정할 수 있고, 낡은 관습들을 다시금 새로운 실험적 검증을 받게 할 수가 있고, 그리하여 관습을 진정한 인과적 관계에 대한 더욱더 적절한 지침이 되게 할 수가 있다. 사람의 정신이 갖는 처음의 관습들은 제한된 경험의 우연한 연속 때문에 생겨난 것일 것이다. 그것들은 자연의 여러 법칙을 발견하는 데로 인도해 가기보다 오히려 여러 가지 미신으로 인도해 갈 것이다. 좀더 회의적인 〈인성론〉에서조차 흄은 습관적 신념을 수정함에 있어 오성을 인도하는 규칙들을 만들었다.[68] 그리고 이렇게 하고 나서 그는 다음과 같이 우리에게 일러주고 있다. 즉 그의 규칙들에 의해서 우리가 "무엇이든지 불필요한 것은 모조리 조심성 있게 가려내고, 또 처음의 실험의 모든 특수한 사정으로 미루어 꼭 필요하다고 생각될 때에는 새로운 실험들에 의하여 탐구할" 줄 알게 될 수 있다고. 그리고 〈인간 오성에 관한 연구〉에서 그는 지적하기를, 자연적 연속의 규칙성 이외의 다른 여러 심리적 조건들이 또한 사실적인 자연적 관계들에 따르기보다는 오히려 훨씬 더 어떤 사사로운 정념이나 혹은 자기가 좋아하는 권위에 대한 어떤 존경심을 반영하기가 일쑤인 신념들을 정신 속에 불어넣어 줄 수가 있다고 하였다.[69] 따라서 상상력의 여러 가지 작용을 통하여 우리가 감관들의 현재의 증험이나 기억의 기록으로써 확인할 수 있는 것들 이상의 많은 존재를 가지고서 우리의 세계를 채우고 있는 것이다. 인간의 상상력 치고 자연의 여러 실재적 인과 관계를 고찰함에 있어 조금도 잘못 없이 활동한다고 말할 수 있는 것은 하나도 없다. 그러나 정상적인 인간의 상상력은 "자연의 진행 과정과 우리의 관념들의 계기(繼起) 사이에 일종의 예정된 조화"를 이루게끔 활동한다.[70] 그리하여 사실

---

68) *Treatise*, S. B., pp. 173~175.

69) 흄의 유명한 논문 '기적론(Of Miracles)'은 이 점을 강력하게 표현하고 있다. 그는 많은 사람들로 하여금 기적에 대한 신앙을 갖게 하는 여러 가지 개인적 및 사회적 조건을 열거하였다. 그리고 자기 생각으로는 "그 어떤 종류의 기적이든, 증거는 고사하고 가능성 같은 것이라도 가졌음에 대해서 아무런 근거도 찾아볼 수 없다."고 결론 내렸다. *Enquiry HU*, p. 127 참조.

문제들에 대한 우리의 탐구는 자연 속으로 매우 먼 데까지 미칠 수 있고, 또 우리의 신념들은 자연의 진정한 행로를 근사(近似)하게 반영할 수도 있는 것이다.

필연성 또는 힘의 관념

원인과 결과의 관계에 기초를 둔 추리에 의하여 많은 사실 문제가 주장된다는 결론을 내리고 나서, 흄은 '필연적인 연결의 관념'을 탐구하게 되었다. "형이상학에 나오는 관념들 가운데, 힘·세력·에너지 혹은 필연적 연결 같은 관념들보다 더 애매하고 불확실한 것은 없다."는 것을 그는 인정하였다.71) 우리에겐 힘 혹은 필연성의 관념이 있다.72) 그러나 우리가 세계에 관하여 우리의 감관들을 통해서 가지는 경험 속에서, 우리는 필연성의 실례를 전혀 찾아볼 수 없다고 흄은 굳게 믿었다.

　실제로 그 여러 감각적 성질에 의해 힘이나 에너지를 한 가지라도 나타내는 '자연의 부분'이란 하나도 없다. 또 그것은 우리가 그것의 결과라고 지목할 수 있는 것을 산출할 수 있고, 혹은 그 결과로 지목할 수 있는 다른 대상을 뒤따르게 할 수 있다고 생각할 만한 근거를 우리에게 주는 '자연의 부분'도 전혀 없다.73)

또한 우리는 우리의 의지의 작용 속에서도 필연성의 실례를 전혀 찾아볼 수 없다(버클리는 우리의 의지 작용 속에 필연성이 있다고 보았다). 우리는 우리 자신의 여러 가지 의지를 의식한다. 또 우리는 의지에 따라 우리의 근육 운동이 일어나는 경우가 많다는 것을 관찰하는 바이다.

---

70) *Enquiry* S. B., p. 54.
71) *Enquiry HU*, pp. 61~62.
72) 역사의 이상한 장난들 가운데 하나는, 그의 *Treatise*와 처음의 *Enquiry*의 긴, 그리고 면밀한 추론을 전개한 여러 항에서, 우리가 가지고 있는 필연성의 관념을 추궁하여 인상(印象)으로부터 그것이 생긴다고 본 흄이, 대부분 그의 비판자들에게 우리가 그러한 관념을 도대체 가지고 있다는 것을 부정하였다고 짐작되고 있는 일이다(다음에 있는 주 75 참조). 우리는 때로 이 비판자들이 흄의 논의를 주의 깊게 읽었는지 의심한다. 사실 흄은 우리가 가지고 있는 필연성의 관념이 그 모사(模寫)인 필연성의 인상을 발견한 데 대해서 대단한 만족을 느꼈던 것 같다.
73) *Enquiry HU*, p. 63.

그러나 이러한 운동을 일으키는 수단, 그리고 의지가 이와 같은 엄청난 작용을 수행하는 에너지는, 우리가 직접적으로 그것을 의식하기에는 너무나 거리가 멀어서 아무리 우리가 열심을 다하여 그것을 파악하려고 하여도 언제나 한결같이 달아나고 만다.[74]

그러므로 우리 주위에 있는 자연의 연속적 사건들에서도, 또 우리 자신의 의지 속에서도, 우리는 힘이나 필연성을 관찰하지 못한다. 우리는 힘이나 필연성의 관념을 생기게 하는 인상을 다른 곳에서 찾아보지 않으면 안 된다.

흄이 필연성의 관념의 기원을 추궁했을 때, 그는 논리적 필연성을 문제 삼고 있었던 것이 아님을 주의하지 않으면 안 된다. 즉 그는 우리의 사고 (즉 우리의 여러 가지 시인과 부인)가 당면한 합리적 관계를 순순히 받아들이지 않으면 안 될 만큼 엄밀한 한 관념과 다른 관념 사이의 관련을 문제 삼고 있었던 것이 아니다. 이러한 논리적 필연성은 오직 '관념들의 관계' 속에서만 일어나는 것이요, 또 거기서 우리의 이성을 선천적으로 또 아무런 경험적 검증 없이 사용할 수 있게 하는 기반을 마련한다. 필연성의 관념의 기원을 추궁할 때 그가 문제 삼던 것은 오히려 자연의 어떤 연속적 사건에 있어서 앞선 요인을 진정한 원인이 되게 하며 뒤따르는 요인을 진정한 결과이게끔 하는 어김없는 산출성(産出件)이었다. 물론 흄은 이 후자의 의미에서만 필연성이란 말을 '힘'·'세력', 혹은 '에너지'와의 동의어로 사용하였다.[75]

우리는 자연이나 의지 속에서 찾을 수 없는 것을, 여러 가지 상상 작용 속에서 찾아볼 수 있다고 흄은 믿었다. 한결같은 경험이 정신 속에 습관을 세워 놓게 되면, 이 한결같은 경험 이전에는 상상 속에 없었던 새로운 인상을 얻게 된다. 그는 이 점을 거듭 강조하였다.[76]

---

74) *Enquiry HU*, p. 65.
75) 최근의 혹은 20세기의 철학에서는 '필연성'이란 용어가 논리적 필연성이란 의미 이외로는 거의 사용되지 않고 있다. 용어법상의 이 변화 때문에 아마 비판자들이 가끔 흄의 논지를 파악하지 못했던 것이 아닌가 생각된다. 그런데 몇몇 최근의 저술가들은 논리적 필연성뿐만 아니라 또한 자연적 필연성도 문제 삼고 있다. 이런 사람들은 이와 같이 함으로써, 흄의 용어법을 계속 사용하고 있는 것이다.

많은 한결같은 실례가 나타나고, 또 똑같은 것이 똑같은 사건에 언제나 뒤따를 때, 우리는 원인과 연결의 개념을 품기 시작한다. 이때 우리는 하나의 새로운 느낌 혹은 인상을 '느낀다'. 즉 한 대상과 거기에 늘 뒤따르는 것 사이의 사고(思考) 혹은 상상 속에서의 습관적 연결을 '느낀다'. 이 느낌이야말로 바로 우리가 찾고 있는 관념의 시초이다.

이리하여 흄은 필연성 혹은 힘의 여러 실례를 발견하였다. 상상력은 필연성 내지 힘을 가지고 작용하며, 우리는 그 필연성을 찾아내고, 뒤이어 그로부터 필연성의 관념을 끌어낸다.

그러나 필연성의 인상은 오직 상상력의 작용 속에서만 찾아볼 수 있다고 흄은 굳게 믿었다. 그것은 (고통이나 사랑이나 미움 같은) 느낌이지 감각이나 혹은 우리 주위의 세계에서 관찰되는 사실이 아니다. 그리고 필연성의 관념을 설명하려는 그의 노력의 이 결론은, 흄으로 하여금 우리가 어느 정도까지 이 필연성의 관념을 (일단 우리가 이것을 획득했을 때) 자연의 연속적 사건들의 해석에 사용할 수 있는가에 대해서 의혹을 품게 하였다. 회의적인 〈인성론〉 제1권에서 그는 필연성의 관념이 (계속되는 독립적 대상들의 관념과 마찬가지로) 감관 경험의 세계에 적용함에 있어, 아무런 보증도 우리가 가질 수 없는 하나의 허구라고 생각한 듯하다. 그러나 다른 데에서는, 〈인성론〉 제2권에서 정열을 논한 데에서나 〈인간 오성에 관한 연구〉 전체에서처럼 다른 입장을 취하고 있다.[77]

외부에 있는 물체들의 활동이 필연적이라고 하는 것, 그리고 그것들의 운동의 상호 전달, 그것들의 서로 끌어당김 및 서로 달라붙음 등에는 아무렇게 되는 성질이나 자유의 흔적이 조금도 없다는 것은 누구나 다 인정하는 바이다. 모든 물체는 그 운동의 정도와 방향이 어떤 절대적 운명에 의하여 결정지어진다. 또 어떤 물체든지 천사나 정신이나 혹은 다른 어떤 우월한 실체로 전환될 수 없는 것과 마찬가지로 자신이 움직이고 있는 일정한 노선에서 벗어날 수도 없다. 그러므로 물질의 활동은 필연적인 활동의 실례라고 볼 수 있다. 그리고 이 점에서 물질과 꼭 같은 기반에 서 있는 것은, 어떤 것을 막론하고 필연적인 것으로 인정되어

---

76) *Enquiry HU*, p. 78. 또 *Enquiry HU*, p. 75 및 *Treatise*, S. B., pp. 155, 165, 171 참조.
77) *Treatise*, S. B., pp. 399~400.

야만 한다.

　가령 일단 우리가 푸름〔靑〕의 관념을 얻으면, 우리는 이것을 아직 보지 않은 대상들에다 적용할 수 있다(아마도 어떤 꽃들이 다음해 여름에는 푸르게 되리라고 추측함으로써). 그리고 우리의 이러한 적용은 올바른 것일 수도 있다. 그와 같이 일단 우리가 힘이나 혹은 필연성의 관념을 얻으면, 비록 우리가 이것을 우리의 상상들 속에서밖에는 관찰하지 못한다 하더라도, 자연 안의 많은 연속적 사건들에다 이것을 적용할 수 있다. 그리고 이때에도 우리의 적용이 올바른 것일 수 있다. 그러나 흄이 그다운 제약을 두면서 주장한 바와 같이, 우리는 이것을 조심스럽게 적용하지 않으면 안 된다. 만일 우리가 독단적으로 생각해 나가면 우리의 여러 가지 희망과 공포심이 우리를 잘못 인도해 가기 쉽다. 우리가 우리의 경험을 꼼꼼히 연구하고 확실한 증거를 저울질함에 있어서 가장 정확한 규칙들을 따르지 않는 한, 우리는 우연한 연속 관계를 인과적인 연속 관계로 오인하기 쉬운 것이다.

신학 비판(神學批判)

　흄의 가장 원숙한 저작인 〈자연 종교에 관한 대화〉는, 그가 〈인성론〉과 〈인간 오성에 관한 연구〉에서 전개한 인과(因果)의 이론을 신학적 문제들에다 적용한 것이다. 이 〈대화〉는 세 논쟁자들간의 긴 논쟁의 형식으로 되어 있다. 데메아는 유신론적 신앙의 수단으로서의 이성을 불신하는 신비가(神秘家)이다. 그는 하나님의 본성은 인간의 이해력으로는 파악될 수 없다는 점을 강조하며, 그러면서도 '필연적으로 존재하는 한 존재'가 정말 존재한다는 데 대해서 '아 프리오리(a priori)하고 숭고한 논증' 내지 존재론적 논증을 사용한다. 클레안테스는 오랫동안 자연 종교라고 불리어 온 것의 옹호자이다. 그는 인간 기예(人間技藝)의 작품들과 자연의 운행 사이에는 믿을 만한 유비(類比)가 있다고 생각한다. 그래서 그는 자기가 경험적 근거라고 여기는 것에 입각하여 하나님의 존재를 증명함에 있어 우주론적 및 목적론적 논증법을 사용한다. 필로는 흄이 그의 다른 여러 저작에서 주장한 여러 논점을 사용하면서, 자기에게 대립하는 두 논쟁자들을 묘하게 얽어 놓는다. 데메아와 함께 필로는 이성이 사실 문제를 결정할 수 없다고 단언한다. 클레안테스와 함께 필로는 사실 문제들에 대한 건전한 신념에는 명증이 없어서는 안 된다는 데 대해서 동의한다. 필로는 데메아와 클레안테스를 비판하고 자기 자신의 견해를 내놓음에 있어서 흄의 대변자이다. 즉 그는 흄이 다른 데에서 언명한, 혹은 다른 데에서 언명한 것으로부터 쉽사리 추론할 수 있는 견해들을 옹호한다. 데메아는 필로의 익살과 클레안테스가 추리에 의지하는 데 싫증이 난다. 그래서 그는 〈대화〉가 끝나기 전에 논쟁 무대를 떠나 버린다.

이 〈대화〉를 하나의 철학적 해명의 책으로 본다면, 그것은 주로 인간의 기예와 자연의 운행 사이에 유비가 있다고 하는 것이 신뢰할 만한 것인가 그렇지 못한가를 고찰하는 데 전력을 다하고 있는 것이라 하겠다. 〈대화〉에서는 먼저 인간의 기예의 경우에는 목적성이 계획에 반드시 따른다는 것이 인정되고 있다. 그러고 나서 자연의 경우에도 목적성이 계획의 명증으로서 가정될 수 있는가 하는 것이 탐구되고 있다. 클레안테스는 이 유비를 옹호한다. 필로는 이것을 공격한다. 필로가 이것을 공격하는 것은 주로 다음과 같은 세 가지 이유에서이다. (1) "목적인(目的因)들의 질서·배치·계획 내지 조정(調整)은, 그 자체에 있어서 계획의 증거로는 도저히 될 수 없다."[78] 왜냐하면 우리가 합리적으로 말한다면, 질서는 물질에 본래 내재하는 것이지 정신에 의하여 물질에 가해지는 것이 아니기 때문이다. (2) 이성(따라서 지적인 목적)은 자연의 도처에서 찾아볼 수 있으나, 광범하게 어디서나 찾아볼 수 있는 것은 아니다. "어떤 타당성을 가지고 우리는 이것을 만물의 맨 처음의 원인의 속성으로 볼 수 있는가?"[79] (3) 우리는 가설적 추리에 의하여, "항상 함께 연합해 있는 것으로 관찰되어 온" 대상들에 인과 관계가 있다고 볼 수 있다. 그러나 우리는 한 세계를 만드는 경험을 전혀 가지고 있지 않다. 더군다나 그러한 과정의 거듭되는, 그리고 한결같은 실례들을 경험하기란 어림도 없는 일이다.[80] 다시 말하면, 우리는 자연 안에서 일어나는 사건들에 대해서는 인과적인 추리를 사용할 수 있으나, 이런 종류의 추리를 하나의 대상으로서 집합적으로 생각되는 세계

---

78) *Dialogues*, N. K. S., p. 180.
79) *Dialogues*, N. K. S., p. 183.
80) *Dialogues*, N. K. S., p. 185.

에다 확대시켜 적용하는 데 대해서는 아무런 보증도 갖지 못하고 있다. "모든 사건은 경험 이전에는 똑같이 어렵고 또 파악할 수 없는 것이다. 그리고 모든 사건은, 경험한 후에는 똑같이 쉽고 이해할 수 있는 것이다. 우리는 우주론의 체계를 세울 아무런 '소재'도 가지고 있지 않다."[81]

필로는 그의 논점을 이만큼 전개하고 나서 물러섬직도 하다. 그러나 흄은 이 정도로 만족하지 않고, 나아가 필로로 하여금 더 추궁하게 하고 있다. 더 나아가 필로는 유비(類比)에 의한 논증이 비록 시인된다 하더라도 클레안테스가 거기서 끌어내리는 결론에는 도달할 수 없으리라는 것을 증명한다. (1) 유비에 의한 논증은 기껏해야 제한된 힘의 원인밖에 증명하지 못한다. 즉 현실의 세계를 산출할 정도의 힘의 원인밖에는 증명하지 못한다. (2) 또한 그것은 기껏해야 하는 일이 조리가 없는, 그리고 도덕적 결과에 대해서 무관심한 하나의 원인을 증명할 수는 있을 것이다. 왜냐하면 이 세상은 혼란과 악으로 가득 차 있기 때문이다. (3) 좀더 깊이 따지고 보면, 그것은 단 하나의 궁극적 원인을 확립하는 데에는 아무런 소용도 없고, 또 세계에 관해서 일신론적 가설보다는 오히려 다신론적 가설에 훨씬 더 잘 어울리는 것이다. (4) 끝으로 그것은 옛날의 미신들, 가령 신들이 사람들처럼 사람의 얼굴을 가졌으며, 자식들을 낳으며, 또 그 목적이 변하기 쉽고 심지어 변덕스럽다고 하는 따위의 미신들과 완전히 일치할 수도 있을 것이다.

흄은 클레안테스의 철학적 신학을 물리치는 것이 곧 클레안테스의 유신론적 신앙의 그릇됨을 증명하는 것은 아님을 깨달았다. 그는 교만하게 신앙을 내세우는 것에 못지않게 또한 독단적 무신론도 싫어하였다. 그러나 그는 자연 신학을 깨끗이 뒤집어 버렸으므로, 그의 이후로 이런 종류의 신학을 지지하는 프로테스탄트 신학자는 극히 적었다.[82] 그리고 프로테스탄트 신학자들이 때때로 '자연 신학'이란 말을 쓰기는 하지만, 그들이 사용하는 이 말은, 신의 존재를 증명하는 근거로서 제시된 여러 가지 자연 현상으로부터 이성적으로 추리할 수 있는 결론이 아니라, 오히려 인간에게

---

81) *Dialogues*, N. K. S., pp. 225, 219.

82) 으레 성 토마스 아퀴나스의 철학적 신학에 근거를 두고 있는 로마 카톨릭 교회의 신학에 대해서 흄은 거의 아무런 영향을 끼치지 못했다.

자연스러운, 혹은 어울리는 신앙을 의미하는 것 같다.

윤리학설(倫理學說)

　도덕에 관한 학설에 있어서 흄은 이른바 도덕감 학파(道德感學派)에 속하였다. 제 3 대 샤프츠버리 백작(1671~1731) · 프란시스 허치슨(1694~1746), 그리고 사교(司敎) 조지프 버틀러(1692~1752)는 그들이 데카르트 · 스피노자 및 로크에게서 발견한 갖가지 형태의 합리주의적 윤리학에 대하여 반기를 들었다. 또 이보다 얼마 후에는 애덤 스미스(1723~1790)가 그의 〈도덕적 정서의 이론(*Theory of the Moral Sentiments*)〉(1759)에서 흄의 입장과 매우 비슷한 입장을 훌륭하게 표현하였다. 〈인성론〉 제 3 권과 〈도덕 원리에 관한 연구〉에서의 윤리학에 관한 흄의 논술은 아마도 도덕감 학파의 결정적인 저술이라 할 수 있을 것이다.

　흄은 이성이 어떤 사실 문제도 결정할 수 없는 것이라고 보았듯이, 또한 이성이 인간 행위의 어떤 궁극적 목적도 결정할 수 없는 것이라고 보았다. 그의 윤리학적 입장은 몹시 반이성주의적이다. 이성은 어떤 목적에 대한 수단을 우리에게 가르쳐 줄 수는 있다. 가령 이성은 운동이 건강에 좋고 또 건강이 우리의 직무를 성공적으로 해 나가는 데 좋다는 것을 알 수 있게는 한다. 이성은 이런 종류의 유용성을 발견하며, 이런 방면에서 우리가 잘 행동하도록 우리를 도와 준다. 그러나 이성은, 무엇이 그 자체에 있어서 진정으로 좋으냐에 관하여, 자기 자신 아닌 다른 어떤 곳으로부터 여러 가지 지시를 받기 전에는 효과 있게 활동을 시작할 수 없다. 이성이 제공할 수 있는 '영원하고 불변적인 도덕적 원칙'이란 없다.

　모든 도덕적 실천의 기초와 마찬가지로, 모든 일반적인 도덕 학설의 기초는 우리의 도덕적 정서(情緖)이다. 여기에서는 우리의 정감적 성질이 우리의 이성적 성질에 대해서 우위를 차지한다. "이성은 정열의 노예요, 오직 노예여야만 하며, 또 정열에게 시중들며 복종하는 것 외에는 다른 어떠한 직분도 절대로 가질 수 없다."[83] 모든 열정이, 심지어 모든 정서(sentiment ; 조용하고 영속적인 열정을 가리키는 흄의 용어)가 옳은 행위의 안내자인 것만

---

83) *Treatise*, S. B., p. 415.

은 아니다. 그러나 도덕적 정서는 여러 가지 열정 가운데의 하나이다. 도덕적 정서는 고통이나 공포심이나 사랑과 마찬가지로 원초적이며, 또 그 자체 이외의 다른 어떤 것으로도 해소될 수 없다. 그것들은 이성의 활동이 아니라 심정(心情)의 활동이다.[84] 그것들은 "인간 구조의 보편적 원리요", 이 원리에 있어서 "모든 인류는 일치하며 또 공감을 갖는다".[85] 왜냐하면 "어떤 한 사람이 갖는 인간성은 곧 모든 사람의 인간성이요, 또 동일한 대상이 모든 사람의 가슴 속에 있는 이 정감을 건드리기 때문이다."[86] 도덕적 판단들은, "기호(嗜好)와 정서의 맹목적인, 그러나 확실한 실제 경험"의 결과이다.[87]

우리의 마음속에 도덕적 정서를 일으키는 대상은 행동이 아니라 동기라고 흄은 생각하였다. 우리는 인자스러운 것은 어떤 것이든 이를 좋게 여긴다. 즉 "붙임성 있고, 사람 좋고, 인정 두텁고, 자비스럽고, 항상 감사하는 생각을 품었고, 정답고, 관대하고, 남에게 선을 행하며, 혹은 이에 대등한" 모든 동기를 우리는 좋게 여긴다.[88] 그리고 우리는 이런 동기들에 반대되는 것, 즉 사악하거나 추악하거나 부패한 동기를 비난한다. 인자스럽지도 않고 악의가 있는 것도 아닌 것을 우리는 도덕적으로 선하지도 않고 악하지도 않은 것으로 친다.[89]

흄은 덕(德)을 "보는 이에게 기꺼이 시인하는 느낌을 주는 심적 활동이나 성질"이라고 정의하였다.[90] 그러나 그는 쾌락주의자이기에는 거리가 먼 사람이었다. 물론 그는 금욕주의와 지나친 엄숙주의에 반대하였다. 그리고 그는 그 성품과 신념으로 인하여 기쁨에 넘쳐 있었다. 그러나 기꺼이

---

84) *Enquiry PM*, p. 290.

85) *Enquiry PM*, p. 272.

86) *Enquiry PM*, p. 273.

87) *Enquiry PM*, p. 267.

88) *Enquiry PM*, p. 176.

89) 흄은 정의(正義)를 길게 논하였다. 그러나 정의를 하나의 인위적인 덕(德)으로 보았다. 즉 사람들이 오랜 경험과 관념들의 연합을 통해서 인자스러운 마음을 실천에 옮기는 데 꼭 필요한 수단으로 볼 줄 알게 된 덕이라고 보았다. 따라서 그는 '옳은' 동기들을, 우리의 도덕적 정서를 자연적으로 일으키는 타입의 동기 가운데 포함시키지 않았다.

90) *Enquiry PM*, p. 289 ; *Treatise*, S. B., p. 475 참조.

시인하는 느낌이 쾌락의 아주 특별한 경우요, 실로 근본적인 도덕적 의의를 가진 유일한 쾌락이라고 굳게 믿었다. 좋은 술과 좋은 음악은 우리를 즐겁게 해주며, 집의 안락함도 우리를 즐겁게 해준다. 그러나 이런 것들로부터의 즐거움은 도덕적 시인(是認)의 대상들이 아니다. 하지만 어떤 사람이 자기의 동료 한 사람에게 좋은 술이나 좋은 음악이나 혹은 좋은 집을 주려고 애쓰고 있다고 하면, 그 사람의 동기는 즉시로 시인을 받을 것이다. 도덕적 정서의 유일한 최후 목적은 사회 일반에 대한 인애(仁愛), 혹은 인류의 행복을 위하는 감정이다.

흄은 그가 홉스의 견해라고 여긴 인간성을 이기적인 것으로 보는 견해에 고의적으로 반대하고 있었다. 누구나 남보다 자기 자신을 더 사랑할 수는 있는 것이다. 하지만 모든 사람은 또한 타인들에 대한 애정을 가지고 있다. 사람들은 확실히 언제나 자기 자신의 사리 사욕만을 위해서 행동하는 것은 아니다. 이기주의는 가엾은 심리이다. 타인들에 대한 동정과 이에 따르는 타인들에게 봉사하려는 욕망은, 언급될 수 있는 그 어느 것에 못지않게 궁극적인 인간의 특성이다. 동정심은 물론 어떤 사람을 그의 모든 동포에 대하여 똑같은 관심을 가지고 매이게 하는 것이 아니다. 그것은 시간적·공간적으로나 혹은 또 친분상으로 멀고 소원한 사람들에 대해서보다 우리에게 가깝거나 인접해 있는 사람들에 대해서 좀더 강하다. 그러나 그것은 가끔 많은 사람들에게로 널리 퍼져 가기도 한다. 그것은 인애 속에서 그 자신을 드러낸다. 그렇다고 하면 이 인애는 도덕적 정서의 유일한 궁극적 목적이 아닐 수 없는 것이다.

자연주의의 전통

흄의 철학적 영향은 지난 두 세기 동안 놀랄 만큼 컸다. 그런데 그에 대한 비평가들과 역사가들에게 여러 가지로 다르게 해석되어 왔다. 혹은 '관념적 이론'의 옹호자, 혹은 (철저한) 회의론자, 혹은 현상론자(現象論者)·실증주의자(實證主義者)·관념 연합론자·실재론자, 그리고 자연주의자라고 불리어 왔다. 흄이 끼친 영향의 역사는, 그의 시대 이후의 근세 철학의 대부분의 역사라고 할 수 있을 것이다. 위에 적은 여러 지칭 가운데 가장 적합한 것은 아마 자연주의자라는 말일 것이다.[91] 흄은 방법과 용어와 기

질에 있어서 아리스토텔레스와는 전혀 다르지만 고대에 있어서 아리스토
텔레스가 대표한 자연주의적 전통을 근대에서 대표한다고 말할 수 있을 것
이다. 그러나 이렇게 말하면 한 마디 덧붙여 말해야만 할 것이 있다. 아리
스토텔레스에 있어서 우리들로 하여금 그를 자연주의자라고 부르게 하는
것이 그의 여러 결론인데, 흄에 있어서는 그의 방법이 우리로 하여금 그를
자연주의자라고 부르게 하는 것이다. 그는 세계를 기계로 보는 뉴턴의 학
설과 같은 우주론적 개괄(概括)들에 대해서나, 세계의 기원을 설명하려는
신학적 노력들에 대해서나 다 같이 의심스럽게 여겼다. 그는 무엇보다도
자기 주위에서 발견되는 세계에 대한 편견 없는 탐구자였고, 심지어 자기
자신의 가설적 결론들을 최후적인 것이라고 무턱대고 주장하지 않았으며,
이 결론들을 재검토하고 수정할 용의를 가지고 있었다. 또 우주의 근본적
원리들에 관한 광범한 개괄들을 꾸며 내느니보다는 인간의 지식을 조금씩
조금씩 늘여 가는 데에 마음을 썼다. 그의 비판적 능력은 주관주의(主觀主
義)와 불가지론(不可知論)에 기울어지는 로크의 경험론을 자연주의적 경향
을 가진 경험론으로 대치할 수 있는 하나의 길을 제시해 주었다.

3. 리드

토머스 리드(Thomas Reid, 1710~1796) : 스코틀랜드의 스트레이찬에서 나서, 글
래스고에서 죽었다. 열여섯 살에 애버딘 대학을 졸업하고, 이어 10년 동안 이
대학에서 도서관원으로 근무하였다. 그는 장로교의 목사로서 1752년까지 일하
다가 애버딘에 있는 킹스 칼리지의 철학 교수로 갔다. 애버딘에서 그는 철학
회를 하나 조직했는데, 여기에서의 주요 논제는 흄의 철학이었다. 1764년에는
글래스고 대학의 도덕 철학 교수가 되었다. 1781년에 그는 교수직에서 은퇴하
여, 그의 생애의 나머지 여러 해 동안은 그의 철학 강의들을 정리하고 출판하
는 데 전력을 기울였다. 그의 저작 가운데에는, 〈상식의 원칙에 입각한 인간
정신 연구(An Inquiry into the Human Mind on the Principles of Common Sense)〉(1764), 〈인간
의 지적 능력에 관한 논문집(Essays on the Intellectual Powers of Man)〉(1785) 및 〈인간의
능동적 능력에 관한 논문집(Essays on the Active Powers of Man)〉(1788)이 있다.

---

91) 현대에서는 George E. Moore와 Norman Kemp Smith 같은 유능한 비평가들이 이와 같이
규정한 바 있다.

스코틀랜드의 장로교 성직자들은, 흄의 철학이 그들의 교리를 붕괴시키는 요소를 가지고 있다고 보고, 이에 대하여 재빨리 방어책을 강구하였다. 흄의 〈인성론(人性論)〉은 그 독자들 대부분에게 요란스러운 회의론을 담은 책으로 보였고, 또 (〈인간 오성(人間悟性)에 관한 연구〉에서의) 기적과 섭리에 관한 그의 논문들은 때로는 단지 이단적인 것으로만 보였을 뿐 아니라, 심지어 무신론적인 것으로도 보였다. 1779년에 〈자연 종교에 관한 대화〉가 출판되기 이전에 이미 흄은 설교와 서책 가운데에서 기독교 신앙의 적으로서 공격을 받았다. 목사 제임스 오스왈드는 1766년에 〈상식에 호소하여 종교를 옹호함(An Appeal to Common Sense in Behalf of Religion)〉을 발표하였다. 시인 제임스 비티(1735~1803)는 1770년에 〈궤변과 회의론에 반대하여 진리의 본성과 불변성을 논함(An Essay on the Nature and Immutability of Truth in Opposition to Sophistry and Scepticism)〉을 발표하였다.[92] 이 책들은 후세에 중요한 가치가 있는 저서로 인정받지는 못했으나, 이것이 세상에 나왔던 당시에는 절찬을 받았다. 유명한 새뮤얼 존슨 박사는 비티를 칭찬해 마지않았고, 조지 3세는 그에게 연금을 하사하였으며, 칸트는 그의 〈궤변과 회의론에 반대하여 진리의 본성과 불변성을 논함〉에서 흄에 관한 얼마간의 지식을 얻었다.

토머스 리드가 전개한 입장은 흄에 대한 스코틀랜드인의 항의를 철학적으로 훌륭한 것이 되게 하였다. 그는 스코틀랜드의 실재론 학파(實在論學派) 혹은 상식 학파(常識學派)라고 불리게 된 일파(一派) 가운데에서 가장 뛰어난 인물이다. 그는 오스왈드와 비티가 그러하였듯이, 흄의 사색의 회의론적 결말에 항의하였다. 그러나 그는 이 결말이 흄의 출발점을 이루는 맨 처음 가정(假定)의 논리적 귀결이라는 것을 인정하였다. 그는 이 가정을 '관념설'이라고 불렀다.[93] 이 가정은 이러하다. "어떠한 것도 그것을 지각

92) 오늘날 어떤 사람들은 다음과 같이 말하는지 모른다. 즉 비티에 관해서 가장 중요한 사실은 그의 초상화가 여호수아 레이놀즈 경에 의하여 그려진 것이라고. 이 초상화는 애버딘에 있는 마리샬 칼리지에 걸려 있다. 이 초상화에서 비티는 진리를 논한 그의 책을 높이 쳐들고 있고, 진리를 상징하는 한 인물이 정의의 저울을 들고 있고, 또 궤변·회의주의, 그리고 불신을 상징하는 세 인물이 어두운 곳에 내던져져 있다. 여호수아 경은 이 마지막 세 인물 중 두 사람은 흄과 볼테르로 볼 수 있다고 말한 것으로 전한다.

93) 리드는 흄이 이 가정을 넘겨받기 전에 데카르트와 로크가 이것을 내세웠다고 지적하였다. 리드는 또 버클리가 이 가정을 지지했었다고 생각하였다. 그리하여 그는 버클리의

하는 정신 속에 있는 것 이외에는 지각되지 않는다. 즉 우리는 외부에 있는 것들을 정말 지각하는 것이 아니라, 다만 우리의 정신 속에 새겨진 그것들의 어떤 영상이나 심상을 지각할 따름이요, 우리는 이것들을 인상(印象)과 관념(觀念)이라고 부른다."[94] 일단 이 가정을 받아들이면, 영속적 물건들, 물질적 세계, 영혼 및 하나님의 실재성에 관한 여러 가지 회의에서 벗어날 길이 없다고 리드는 주장하였다. 그러므로 리드는 인간의 경험의 본성과 경로에 대해서 다시 한 번 새로운 분석을 가할 것을 시도하였다. 즉 '관념설'이 준 것보다 더 철저하고 더 경험론적인 분석을 시도하였다.

'관념(觀念)'이란 용어가 로크에 의하여 애매하게 사용되었고, 또한 '이상'과 '관념'이란 두 용어가 흄에 의하여 애매하게 사용되었다고 리드는 주장하였다. '관념'이란 말은, 첫째로 정신이 수행하는 과정을 의미한다. 즉 생각하는 것, 마음에 무엇을 그려 보는 것, 이해하는 것, 지각하는 것, 보는 것, 듣는 것 같은 심적 과정을 의미한다. 둘째로 '관념'이란 말은, 우리가 우리의 사고나 우리의 지각에서 다루는 대상들을 의미한다. 첫째의 의미에서는 관념들은 분명히 심적(心的)인 사건이다. 그것들은 정신 속에서 일어나며, 또 정신 속에서만 일어난다. 그러나 둘째 의미에서의 관념들은 어떤 것이라도 좋다. 반드시 심적인 것이어야 되는 것은 아니다. 처음의 의미에서의 관념들이 지닌 성격을 적용해야만 되는 것도 아니다. 우리는 언어의 애매성으로 말미암아 다음과 같은 잘못된 생각에 빠져들어가서는 안 된다. 즉 본다는 것이 '마음속에' 있으니까, 보이는 대상들이 또한 '마음속에' 있다고 단언하는 잘못에 빠져서는 안 된다. 리드는 데카르트에서 흄에 이르는 철학사에 대하여 익살스럽게 논평하는 가운데에서 다음과 같이 말하였다. "관념은 본질상 다른 존재물들과 사이가 나쁜 듯싶다."[95] 그러므로 그는 재래에 써 오던 '관념'이란 말을 버리고, 그 대신에 '감각(感覺)'과 '지각(知覺)'이란 말을 쓰기로 작정하였다.

입장 속에 있는 실재론적 요소를 알아보지 못하고 말았다. 그는 흄의 초기와 후기의 입장 사이의 차이를 깨닫지 못하였다.

94) Thomas Reid, *Inquiry into the Human Mind,* dedicatory epistle.

95) *Inquiry into the Human Mind,* 제 2 장, 제 6 절.

리드는 이어 설명하기를, '감각'과 '지각'은 똑같은 상황이 아니라고 하였다. 감각에는 두 가지의 뚜렷이 다른 요인이 있다. 즉 정신과 그 정신의 느낌 내지 활동이 있다. 우리의 감각은 흔히 신체의 세 가지 감관——냄새를 맡는 것, 맛을 보는 것, 듣는 것——에 관련되어 있다. 이 세 가지 감관의 경우에는, 우리는 우리의 정신 속에 활동을 일으키는 대상을 보통은 혹은 쉽사리 의식하지 못한다. 우리는 간혹 어떤 냄새와 장미꽃을, 혹은 어떤 소리와 달리는 말을 연결시킬 줄도 알게 된다. 그러나 이때 장미꽃과 말은 추리된 것이다. 즉 그것들은 직접 감각에 주어지는 것이 아니다. 그러나 지각에 있어서는 뚜렷이 다른 요인이 둘이 아니라 셋이 있다. 즉 정신, 정신의 느낌 혹은 활동, 그리고 이 활동의 대상이 있다. 우리의 지각은 신체의 다른 두 감관——보는 것과 만지는 것——에 관계되고 있는 것이 보통이다. 지각은 감각이 가진 것 전부를 가졌고, 또 그 이상의 것을 가졌다. 그것이 감각보다 더 많은 것을 가지고 있는 한에 있어서, 그것은 대상을 직접 그리고 의심할 여지 없이 앞에 가지고 있으며, 이 대상을 통하여 정신의 활동은 일어나는 것이다. 대상은 여기에서 추리 이상의 것이다. 그것은 소여 사실(所與事實)이다. 왜 신체 기관의 셋은 감각을 낳고 다른 두 기관은 지각을 낳는지를 우리는 설명할 수 없을는지 모른다. 그러나 우리가 이 점을 설명할 수 없다고 해서 우리는 경험의 사실에 눈을 가려서는 안 된다. 우리는 물질적인 물건들을 보며 또 만지기도 한다. "나는 물질을 객관적으로 지각한다."라고 리드는 말했다.[96] 그리하여 우리는, 우리의 정신 외부에 있는, 그리고 그 존재가 결코 우리의 정신에 의존해 있지 않은 세계 속에 살고 있다는 것을 안다. 우리는 이것에 대해서 조금도 의심을 품을 여지가 없다. 그리고 또 우리가 이 외부 세계 안에 있는 어떤 물건들을 지각하는 까닭에, 우리는 이 외부 세계 안에서 일어나고 있는 것들의 약간을 안다. 그리고 이 지식 역시 의심할 여지가 없는 것이다.

감각과 지각을 갈라 본 리드는 제일 성질과 제이 성질과의 전통적 분리를 새로운 형태로 부활시킨 셈이다. 제일 성질이란, 우리의 지각이 그것들의 '직접적이고 뚜렷한' 의식을 우리에게 주는 외부 대상의 성질들이다.

---

96) *Essays on the Intellectual Powers of Man*, 제 2 장, 제 6 절.

사물은 지각된 성질들 아닌 다른 성질들도 가지고 있을지 모르지만, 그것이 이 지각된 성질들을 가지고 있다는 것도 두말할 것 없이 확실한 사실이다. 미끄러움과 거칠음, 모양·움직임·연장(延長) 및 위치는 리드가 일차적인 것으로 보는 성질들이다. 이 성질들은 정신 속에 있는 감각들이 아니다. 그것들은 우리가 그 직접적인 의식을, 따라서 그것에 대한 확실한 지식을 가지고 있는 물체의 실재적인 고유성 내지 성질들이다. 제이 성질들도 우리가 지각하는 사물들 속에 있는 것이기는 하나, 이것들에 관해서는 우리가 아무런 직접적 의식도 가지고 있지 않다. 이것들은 물체에 있어서의 성질이기는 하되, 우리가 경험하는 감각을 우리 속에 산출하는 것들이다. 소리·맛·냄새·빛깔·열 및 냉기(冷氣)는 물체들의 성질이라고는 할 수 없는 것들이다. 이것들은 감각이다. 그러나 물체들은 이 감각을 우리 속에 일으키게 하는 성질들을 가지고 있다. 그리고 뚜렷하게 주어진 것이라기보다는 오히려 어렴풋하게 추리된 것으로서 이차적인 성질이라 불러도 무방한 것이다.

　리드는 일상적 경험의 모든 복잡한 사실들에 대한 우리의 부주의로 말미암아 우리가 빠지게 될는지도 모르는 두 가지의 오류에 대해서 독자들에게 경고하였다. 한편으로 우리는 아무 생각 없이 우리의 감각을, 그것을 산출하는 물체에 속하는 것으로 보기가 쉽다. 그리하여 이 감각의 주관성과 관련성을 간과하기가 쉽다. 다른 한편으로, 우리는 데가르트로부터 흄에 이르는 인식론적 전통의 노선을 맹종하여, 우리의 지각을 그저 감각들이 복잡하게 배열된 것이라고 보기 쉽다. 그리하여 경험에 의해서 우리가 의심할 여지 없는 확증을 얻는 여러 가지 실재에 대하여 의심을 품게 된다. 지각은 추리가 경험 과정에 있어 연상하게 된 한갓된 감각이 아니다. 그것은 우리가 점차적으로 할 줄 알게 된 추측의 우연한 산물이 아니다. 그것은 감각 못지않게 원초적인 형태의 경험이다. 그것이 감각과 다른 점은, 그것이 우리의 감각을 일으키게 하는 대상들을 드러내는데, 감각은 그렇지 못함에 있다. 그리고 지각은 우리의 경험이 그 테두리 안에서 일어나는 외부 조건들의 적어도 몇 가지를 우리로 하여금 알 수 있게 하지만, 감각은 이것도 할 수 없다. "지각(知覺)은……언제나 지각하는 행위와는 뚜렷이 다른 하나의 대상(對象)을 가진다. 그 대상은 지각되든 안 되든 간에 존재하

는 것이다."[97] 우리의 지각에 의하여 발견된 것을 의심할 아무런 근거가
없음은, 우리의 감각에 의하여 경험된 성질들을 의심할 아무런 근거가 없
는 것과 마찬가지이다.[98]

지각에 관한 철학적 고찰 이외에 리드는 신념에 관한 이론을 전개하였
다. 신념은 생생한 관념으로 해소될 수는 없다고 역설(力說)하여 그가 흄의
것으로 간주한 견해를 반박하였다. 모든 신념들이 다 옳지 않다는 것은 누
구에게나 명백하다. 그러나 어떤 것은 옳다. 그리고 옳은 것들 가운데 몇
가지는 의심할 여지 없이 옳다. 이 의심할 수 없는 신념들을 리드는 상식
의 원리, 제일 원리, 혹은 우리의 본성 자체내에 들어 있는 원리라고 불렀
다. 그것들은 나면서부터 타고난 것이 아니다. 왜냐하면 그것들은 경험에
앞서 마음속에 있는 것이 아니기 때문이다. 그러나 그것들은 또한 감각이
나 지각으로부터의 추리의 소산도 아니다. 왜냐하면 그것들은 어느 감각이
나 지각에 못지않게 원초적인 우리의 경험의 요소들이기 때문이다. 그것들
은 필연적이고 보편적인 진리에 대한 원초적 직관들이요, 우리는 그것들을
우리가 촉각과 시각에 의하여 물체의 제일 성질들을 지각하는 것과 마찬가
지로 직접적으로 내적인 상식에 의하여 깨닫는다.

그러므로 그와 같은 원초적이고 자연적인 판단들은, 자연이 인간의 오성(悟性)
에 준 자질의 일부이다.……이것들은 우리의 추리하는 능력이 우리로 하여금 갈
피를 잡지 못하게 할 때, 우리의 일상 생활의 일들에 있어서 우리를 인도하는 데
힘이 된다. 이것들은 우리의 심성의 일부이다. 그리고 우리의 이성의 모든 발견
은 이것들에 기초를 두고 있다. 이것들은 이른바 '인류의 상식'을 형성하는 것이
다. 그리고 이 제일 원리들에 뚜렷하게 반대되는 것은, 우리가 '부조리하다'고 부
르는 것이다.[99]

---

97) *Inquiry into the Human Mind*, 제 6 장, 제 20 절.
98) 데카르트 학파와 소요 학파(즉 아리스토텔레스 학파)의 상반되는 두 입장에 있어서, 감각
   들이 외부 세계에 대한 지식을 우리에게 준다고 보는 것을 거부한 점은 데카르트 학파가
   옳고, 우리의 지각들의 데이터를 신뢰하는 것은 소요 학파의 옳은 점이라고 리드는 평하
   였다.
99) *Inquiry into the Human Mind*, 제 7 장, 제 4 절.

상식은 철학보다 더 근본적인 것이라고 리드는 생각하였다. 상식의 원리들을 의문시하거나 혹은 이 원리들의 증명을 해보겠다고 나서는 철학은 그어느 것이나, '일종의 형이상학적 망발'이다. 건전한 철학은 상식을 그 기초로 삼으며, 상식의 원리들을 현실과의 직접적 접촉에서 알게 된, 공리(公理)로서 그리고 뒤를 잇는 많은 합리적 결론들을 증명하는 유용한 수단으로서 사용한다. 상식에 따라서 판단하는 정신의 능력은 음식물을 삼켜넘기는 능력과 꼭 마찬가지로 자연적인 것이다. 심지어 무식한 사람들도, 비록 철학을 전혀 모를지라도 이 능력은 가지고 있다.

리드가 들고 있는 상식의 원리들 가운데에는 다음과 같은 것들이 있다. 즉 시각이나 촉각으로 우리가 지각하는 성질들은 하나의 주체(主體)를 가져야 하는데, 이 주체를 우리는 물체라고 불러도 좋다. 우리가 의식하고 있는 심적 작용도 하나의 주체를 가져야 하는데, 이 주체를 우리는 정신이라고 불러도 좋을 것이다. 무엇이든지 존재하기 시작하는 것이 있으면 반드시 그것을 산출한 원인이 있다. 원인 속에 있는 계획은 결과 속에 있는 그것의 여러 표적으로부터 충분히 추리될 수 있다. 우리들 인간은 우리의 의지를 결정하는 데 있어서 어느 정도의 힘을 가지고 있다. 우리의 여러 자연적 정신 능력은 오류만 저지르게 되어 있는 것이 아니다. 자연의 과정속에서는 비슷한 원인들이 비슷한 결과들을 낳는다.

리드는 상식에 대한 호소가 여러 가지 편견을 독단적으로 고집하는 구실이 될 수도 있다는 것을 잘 알고 있었다. 그래서 그는 그의 입장이 지나치지 않도록 조심스럽게 자기의 입장을 조직(組織)하였다. 그러나 리드가 한낱 개인적인 구미에 맞는 것들을 완고하게 주장했다고 비난한 비평가들은 대단히 많았다. 그의 수제자도 '상식'이란 말을 아주 포기하여 전혀 쓰지 않았다. 에든버러 대학의 도덕 철학 교수요 영국의 역사상 위대한 스승의 하나였던 두갈드 스튜어트(Dugald Stewart, 1753~1828)[100]는 상식에 대한 리드의 신뢰가 지적인 문제들을 투표수로 해결하는 것과 비슷한 것이 되지 않았던가 염려하였다. 그는 오히려 이성의 법칙들을 문제 삼기로 하였다.

---

100) 그의 주요 저작은 *Elements of the Philosophy of the Human Mind*이다. 이 책은 3권으로 되어 있는데, 각기 1792년, 1814년, 그리고 1827년에 나왔다.

이 법칙들은, 그에게 있어서 이것들을 사용하지 않으면 그 어떤 논의도 생각 있는 사람들의 깐깐한 추궁을 감당하지 못할 그러한 것으로 여겨졌다. 그러나 리드에 대한 그의 충성심은 그의 여러 비판을 조심성 있는 것이 되게 하여, 그와 그의 스승 사이의 진정한 차이점을 흐리게 하고 있다.

제 12 장 18세기의 프랑스

피에르 베일(Pierre Bayle, 1647~1706) : 〈역사적 및 비판적 사전(*Dictionnaire historique et critique*)〉(1697)

바롱 드 라 브레드 에 드 몽테스키외(Baron de la Brède et de Montesquieu, 1689~1755) : 〈법의 정신(*De l'esprit des lois*)〉(1749)

볼테르(Voltaire, 1694~1778) : 〈영국인에 관한 서한집(*Lettres su rles Anglais*)〉(1732)・〈뉴턴 철학의 강요(*Les éléments de la philosophie de Newton*)〉(1738)・〈철학 사전(*Dictionnaire philosophique*)〉(1764)

줄리앙 오프레 드 라 메트리(Julien Offroy de la Mettrie, 1709~1751) : 〈인간 기계론(*L'homme machine*)〉(1748)

에티엔느 본노 드 콩디약(Etienne Bonnot de Condillac, 1715~1780) : 〈감각론(*Traité des Sensations*)〉(1754)

드니 디드로(Denis Diderot, 1713~1784) : 1751년부터 1766년까지 〈백과 전서(*Encyclopédie*)〉의 편집자.

장 르 롱 달랑베르(Jean le Rond d'Alembert, 1717~1783) : (디드로 편찬 *Encyclopédie*의) 〈예비적 서설(*Discours préliminaire*)〉(1751)

클로드 아드리앙 엘베시우스(Claude Adrien Helvétius, 1715~1771) : 〈정신론(*De l'esprit*)〉(1758)

바롱 돌바크(Baron d'Holbach, 1723~1789, 파리에 정착한 독일 남작) : 〈자연의 체계(*Le système de la nature*)〉(1770)

장 자크 루소(Jean Jacques Rousseau, 1712~1778) : 〈학문・예술론(*Discours sur les sciences et les arts*)〉(1750)・〈인간 불평등 기원론(*Discours sur l'origine et les fondements de l'inégalité parmi les hommes*)〉(1753)・〈사회 계약론(*Le contrat social*)〉(1762)・〈에밀(*Emile*)〉(1762, 특히 제 4 권에 있는 사교 대리(司敎代理) 사부와야르의 신앙 고백 *Profession de foi du vicaire Savoyard*)

프랑스에서의 18세기는 흔히 프랑스 계몽주의(啓蒙主義)의 시기라 불린다. 칸트는 '계몽주의'란 말을, 인간이 다른 사람들의 의견에 굴종하는 것으로부터 해방되어 자기 자신의 독립적 이성을 행사할 마음의 준비가 되어 있는 것이라고 정의하였다. 그러나 18세기의 많은 프랑스 사상가들간에는 사상의 통일이 없다. 어떤 이는 이성을 높이 평가하였고, 또 어떤 이는 사고 작용(思考作用)을 감각들과 심상들의 기계적 연속에 환원시켰다. 그리고 루소는 감정을 인간의 여러 가지 의견을 위한 현실적이고 합당한 기초로 보고 이성보다 높게 평가하였다. 심지어 이성이 찬양되었을 때에도, 그것은 여러 가지 다른 의미에서 찬양되었다. 한편으로 그것에 의하여 사람들이 물리적 세계와 사회적 세계의 이지적(理智的) 원리들을 발견한, 그리고 또 이 원리들을 앎으로써 욕망과 의지를 통제한 하나의 심적 능력으로 취급되었다. 다른 한편에 있어서 그것은 가끔 풍자의 성격을 띤 기지의 발휘로서, 종교적 및 정치적 제도와 신앙에 폐를 끼치기도 하였다. 그 여러 조롱은, 종교적 및 정치적 생활의 부패 때문에 매우 큰 효과가 있었다. 그러나 그것은 새로운 사상과 새로운 법도(法度)의 건설보다는 오히려 낡은 관례들의 파괴를 목표로 삼은 것이었다. 18세기 바로 직전에 나온 베일의 〈역사적 및 비판적 사전〉은 그 이후의 사조의 대세를 결정지었다. 얼마 되지 않는 역사적 지식을 가지고 그것은 과거의 무수한 오류를 신이 나서 지적하였으나, 결국 진지한 건설적 견해는 하나도 세우지 못하였다. 디드로·달랑베르·볼테르, 그리고 그 밖에 이 세기의 중엽 이후의 대〈백과 전서(百科全書)〉집필자들은 가끔 그들의 실제 형편보다 덜 과격해 보였다. 그것은 그들이 여러 소논문들에서 그들의 진지한 견해들을 숨겼기 때문이다. 그들은 최선을 다하여 의심 많은 당국의 검열을 피해 넘겨야만 했던 것이다. 달랑베르는 볼테르에게 보낸 편지에서, 〈백과 전서〉의 주요 논문들 속에 있는 견해들이 겉으로는 정통 같아 보이지만, 시간이 가면 독자들은 기고자들이 대외적으로 공언한 것으로부터 그들이 진정으로 생각한 것을 분간할 줄 알게 될 것이라고 말하였다.

프랑스 계몽주의

프랑스의 계몽주의에서 표현된 의견들 가운데에서 다섯 가지 조류를 여기서 언급할 수 있다. 그것들의 대부분은 결국 17세기에 발전한 사상들의 연장(延長)이다. 그리고 가끔 과장된 형식을 취하고 있다.

(1) 재래의 풍습을 맹랑한 것으로 보고 이에 반항하는 기세가 있었고, 이 결과로 이성에 대한 호소가 있었다. 이 이성 중시는 일부 데카르트의 합리주의에 연유한다. 그러나 그것은 두 사람의 영국 사상가 뉴턴과 로크

에게서 더 많은 영향을 받았다. 프랑스의 사상가들, 특히 볼테르는 영국의 사상을 계몽주의의 모범으로 보았다. 프랑스의 사상가들은 뉴턴이 인간은 이성을 사용하여 이 세상에 일어나는 모든 사건을 설명하는 물리적 자연의 법칙들을 발견할 수 있음을 증명했다고 생각하였다. 또 로크는 인간이 이성을 사용하여 모든 사회 문제를 잘 조정할 수 있는 법칙들을 찾아낼 수 있음을 증명하였다고 그들은 생각하였다. 이성에 대한 이 호소는 본래 맹랑한 권위층에 대항하여 사색인의 권리를 확보하려는 욕망에 기인하는 것이었다. 그것은 주의 깊게 전개된 인식론(認識論)에 근거를 두고 있지 않았다. 그것은 사회 개혁을 위한 하나의 테크닉이었다. 뉴턴이 우리에게 하나의 새로운 (그리고 최종적인 것으로도 생각되는) 물리학을 주었듯이, 우리는 하나의 새로운 그리고 최종적인 사회 제도를 만들어 낼 수 있다. 우리에게는 계시된 종교가 필요없다. 아니, 우리는 그러한 것을 내버려야 한다. 하지만 우리는 하나님이 우리에게 물리적 자연뿐만 아니라 또한 사회를 위한 법칙들도 찾아내는 데 충분한 지능을 주었다고 믿어도 좋다. 몽테스키외는 로크의 정치학적 원리의 대부분을 채택하였다. 가령 권력의 분리, 여러 가지 개인적 권리, 정부의 당연한 목표로서의 일반 민중의 복리 같은 것을 채택하였다. 그는 기후와 심리적 조건이 나라에 따라 다르기 때문에 정치적 제도가 또한 다를 수밖에 없다는 것을 인정하였다. 로크는 이것을 깨닫지 못했던 것 같다. 그러나 한편, 어느 나라에서나 널리 시행되어야 할 법률들은 적절한 사실들에 대한 이성의 분석에 의하여 결정될 수 있다고 몽테스키외는 생각하였다.

(2) 감각주의(感覺主義)로의 경향이 널리 퍼져 있었다. 데카르트는, 금수(禽獸)는 무감정한 자동 기계라고 가르쳤다. 로크는 유기적으로 조직된 물질이 생각하는가 생각하지 못하는가 하는 물음을 제기하였다(이 물음에 부정적인 답을 내리기는 하였으나). 볼테르는 금수와 인간을 갈라 본 데카르트의 구별이 옳지 않다고 생각하였다. 벼룩이나 벌레도 사람 못지않게 불멸의 영혼을 가지고 있고, 또 사람도 벼룩이나 벌레와 마찬가지로 생각하는 물질이라고 그는 말하였다. 라 메트리는, 사람과 사람 이외의 다른 생물들과의 차이는 유기적 조직의 복잡성의 정도의 차이일 따름이라고 주장하였다.[1] 이 이후에 콩디약은 맨 처음의 단순 관념들은 사실은 따로따로

된 감각들이라고 하는 로크의 학설을 취하였고, 또 다른 모든 심적 사실들
이란 이 단순 관념들과 이 관념들이 끌어내는 여러 가지 고통과 쾌락이 기
계적으로 얽혀 결정짓는 복합 관념들이라는 설을 발전시켰다. 그는 생명을
불어넣은 조상(彫像)을 가상하였다. 그리고 이 조상에 감관(感官)을 하나씩
주어 가면, 마침내 그 조직이 충분히 복잡하게 된 후엔 이 조상이 하나의
어엿한 사람이 될 수가 있을 것이라고 결론지었다. 디드로는 루크레티우스
의 사상과 비슷한 사상을 가졌던 사람인데, 그는 자연 속에 (한갓 물리적인
요소들뿐만 아니라 또한) 살아 있고 의식적인 요소들이 언제나 있었다고 상
상하였다. 이 요소들이 서서히 함께 모여 마침내는 동물들과 사람들의 영
혼을 형성하기에까지 이르렀다고 그는 생각하였다. 엘베시우스는 단순한
요소들로부터 복잡한 형태로의 점차적 이행이라는 생각을 가졌었고, 또 이
생각을 도덕률(道德律)의 발달에 적용하였다. 사람은 누구나 쾌락과 고통
에 대한 감수성을 가지고 있으며, 전자를 추구하고 후자를 피한다. 우리가
도덕률이라고 부르고 있는 것은 경험이 사람들로 하여금 그들의 쾌락 추구
에서 믿도록 한 확신들이다. 그러므로 우리는 지적으로 잘 지도되는 교육
을 통하여 사람들을 훈련시켜 우리가 그들로 하여금 따르게 하고, 싫어하
는 도덕률을 그들이 따르게끔 할 수 있다고 엘베시우스는 낙관적 자신을
가지고 부언하였다. 우리는 그저 그들의 행동에 상벌을 가하기만 하면 된
다. 그렇게 하면 우리는 그들을 높은 도덕적 목적을 가진 존재로 만들 수
있다. 이리하여 엘베시우스는 본래 근본적으로 도덕적 허무주의였던 것 위
에다 도덕적 열성을 가진 교육 계획을 세웠다.

　(3) 프랑스 계몽주의의 감각주의적 및 관념 연합설적(觀念聯合說的) 이론
들은 유물론적인, 심지어는 무신론적인 세계관으로 흐르는 경향이 있었
다. 다른 누구보다도 뉴턴의 사상에 가까웠던 볼테르는 좀 주저하는 빛을
띠면서도 이신론자(理神論者)로 만족하고 있었다. 그는 무신론자들이 도저
히 좋게 여겨질 수 없으며, 따라서 무신론자들의 사회란 불가능하다고 생
각하는 경향이 있었다. 더욱이 그는 하나님이 비록 그 능력에 있어서 제한
되어 있을지는 몰라도 세계의 제일 원인(第一原因)으로서 필요하다고, 뉴

---

1) 본서 p. 323 참조.

턴과 한가지로 생각하였다. 디드로는 무신론을 열렬히 지지하였다. 그는
어떤 종교 이론이나 악의 사실 앞에서는 날아가 버리고 말며, 또 여러 가
지 지적 모순에 빠지게 된다고 생각하였다. 그리고 콩디약의 감각주의는
유물론을 그럴듯한 것으로 만들었다. 독일 계통의 남작 돌바크는 유물론과
무신론을 극단적인 형식으로 표현하였다. 그는 대담하게 말하기를, 뉴턴
이 물리학에서 신학으로 넘어가서 뭐니뭐니 말하는 것은 맹랑한 일이라고
하였다. 목적론(目的論)이란 혼란된 개념이다. '정신'이니 '영혼'이니 하
는 말은 아무런 경험적 증거가 없는 무의미한 말이다. 의식(意識)이란 다름
아닌 뇌 속의 운동이다. 기독교의 예정론적(豫定論的) 신이 모순 덩어리라
고 한다면, 이신론(理神論)의 신은 쓸데없는 공상이다. 철학에 있어서 둘
중의 하나를 택할 진정한 그 무엇이 있다고 하면, 그것은 미신과 유물론의
양자 택일이다.

(4) 우리가 프랑스 계몽주의에서 고찰한 모든 조류의 배후에는, 사회주
의에 대한 갈망이 있다. 이것은 부르봉 왕조의 프랑스에서 혁명적인 갈망
이었고, 다른 조류는 도중에서 끊어졌으나 이것만은 프랑스 대혁명의 시기
까지 명맥을 유지하였다. 달랑베르가 〈백과 전서〉의 〈예비적 서설〉에서, 그
의 세기는 현행 법률과 관례를 전부 뜯어고쳐 사회 정의의 정체(政體)를 세
우기를 갈망하였노라고 말했을 때, 그는 그 세기의 근본 조류를 알아맞힌
것이나. 프랑스 계몽주의의 시기는 기존 제도를 비난하고 장래에 대한 소
망이 무한히 부풀어 오른 낙관주의(樂觀主義)의 시기였다.

루소

(5) 루소의 낭만주의(浪漫主義)는 가장 독창적인 것일 뿐만 아니라, 프랑
스 계몽주의의 가장 특기할 만한 철학적 공헌이다. 루소는 비록 개인적 인
간 관계에 있어서는 허영심이 강하고 성미가 급하고 또 다투기를 잘했으
나, 온 인류에 대한 감상적 사랑을 품고 있었다. 그는 유물론이 냉랭하다
하여 유물론을 싫어했고, 또 무신론은 인격에 대해서 무관심하다 하여 무
신론을 싫어했다. 그러나 그의 세기의 대부분의 사상가와 마찬가지로 그도
기존 질서에 대해서 적의를 품고 있었다. 그는 좀더 나은 세계를 성취하는
데 있어서 이성(理性)이 아무 소용도 없다고 생각하였다. 이성은 너무나 일

정(一定)해 있고, 너무나 고정적이어서 무엇이든지 현재 행해지고 있는 것을 고수하는 데 너무나 급급하다. 사람들이 문명이라고 부르는 것을 그는 일련의 도덕적·지적으로 어리석은 짓이요, 또 대부분의 사람을 불가피하게 노예 상태로 이끌어 가는 것이라고 보았다. 오직 심정의 생래적(生來的)인 충동에 의지함으로써 인간은 좀더 나은 쪽으로 인도될 수 있다.

그는 처음에 디종 시(市) 학술원에서 모집한 현상 논문에 당선됨으로써 명성을 얻었다. 이 논문은 〈학문·예술론〉이었다. 아마 이러한 경쟁에서 사람들의 주의를 끌려는 그의 욕망이 그로 하여금 그의 입장을 과장하여 표현하게 했던 것 같다. 그러나 일단 그의 초기의 여러 사상이 그에게 성공을 가져오자, 그는 일생 동안 이를 고수하였다. 그는 예술과 학문은 모두 인간의 악덕에서 생긴다고 주장하였다. 천문학은 미신에서, 웅변은 야망과 아첨에서, 기하학은 탐욕에서, 물리학은 게으른 호기심에서, 도덕 철학은 저 잘난 생각에서 생긴다. 그리하여 문명은 많은 악으로 흉악한 냄새를 풍기게 마련이다. 그리고 옛날에 널리 있었던 순진성과 소박성으로 되돌아가는 것을 제외하고는 이 악들을 없앨 길이 없다. 사람들이 이성의 여러 간계(奸計)에 의하여 미로에 빠지게 되기 전에는, 그들의 생래의 감정이 그들로 하여금 서로 사랑하게 하고 또 신들을 사랑하게 했고, 나뭇가지와 뿌리로 가려진 굴 속에서 평화스럽게 함께 살도록 했고, 또 자연의 아름다움을 즐기게 했다.

현상 논문으로 명성을 얻은 후, 그는 사회에 관하여 과장해서 말한 것들을 공공연히 버리기를 주저하였다. 심지어는 수정하기도 주저하였다. 그러나 그의 다음 논문, 〈인간 불평등 기원론(人間不平等起源論)〉(이것 역시 디종의 현상 논문에 냈던 것인데 당선되지 못하였다)에서 그는 그의 주장에 여러 중요한 제한을 가하였다. 이제 그는 역사가 목가적인 천진 난만한 시대로부터 부패한 문명으로의 이행이 아니라, 자연 그대로의 야만 상태로부터 불순한 악으로의 이행이라고 설명하였다. 그렇다고 하면 자연의 상태라고 하는 것은 하나의 역사적 시기를 기술하는 개념이 아니다. 오히려 그것은 하나의 좋은 사회의 심상(心像)이다. 인간의 본성은 본래 선하지도 않고 악하지도 않다. 그것은 환경이 그것을 가지고 소수의 선인과 다수의 악인을 만들어내게 되는 원료(原料)이다. 문명은 약간의 이익을 가져오기도 했다.

그러나 그것은 또한 사람들로 하여금 권력을 위하여 애쓰도록 자극하였고, 그리하여 현존하는 여러 가지 불공정한 불평등을 끌어들인 것이다.

초기의 논문들에서 루소는 그가 한탄한 악들을 없애는 방도를 조금도 시사하지 않았다. 하나의 개선책을 그는 좀더 긴 저작 〈사회 계약론(社會契約論)〉에서 서술했다. 그는 이 책을 다음과 같은 외침으로써 시작하였다. "사람은 자유로운 몸으로 태어났으나, 어디에서나 그는 사슬에 매여 있다."이제 그는 역사가 사회적 원자 관계(原子關係)로부터 사회적 상호 연락 관계(相互連絡關係)로의 이행이라고 부언하게 되었다. 그리고 우리가 당면하고 있는 문제는 어떻게 야만 상태로 되돌아가느냐 하는 것이 아니라, 인민의 이익을 위하여 어떻게 정부를 통제하느냐 하는 것이다. 육체적 힘은 물러가고 도덕적 행위가 등장하지 않으면 안 된다. 이 위대한 목적의 성취는 인민의 주권을 인정하느냐 하지 않느냐에 달려 있다. 우리는 누구나 사회에 들어갈 때에는 엉뚱한 권위의 지배 밑이 아니라, 일반 의지의 지배 밑에 자발적으로 들어간다. 사회를 떠난 사람들은 오직 충동의 노예로서 행동할 수 있을 뿐이다. 그러나 사회 안에서는 그들이 법의 자유 밑에 들어오기를 갈망한다. 사회 안에서, 그리고 그 사회가 공정한 사회일 때, 사람은 새로운 여러 가지 흥미(가끔 뜻밖의 새로운 것인 때가 있다), 인격의 발전, 자기의 참된 자아의 실현, 그리고 좀더 큰 전체에 합일하는 한 성원이라는 의식을 획득한다(루소는 여기에 '박애'의 이상을 선포하고 있었던 것이다. 이 이상은 프랑스 혁명의 세 슬로건의 하나가 되었는데, 이 슬로건은 가끔 잘 이해되지 못하기도 했다).

일반 의지(一般意志)의 개념은 문젯거리가 되어 온 개념이요, 또 실상 루소 자신에게 있어서도 언제나 분명한 것은 아니다. 그것은 일반 투표에서 표시된 다수의 의지와 일치하는 경우가 없지 않으나, 이것과 똑같은 것은 아니다. 어떤 다수의 결정을 일반 의지의 표시이게끔 하는 것은, 그 다수를 구성하는 투표자들의 수효가 아니라 그 투표자들에 의한 그 사회적 집단 전체의 공동 이익의 인정이다. 일반 의지와 감정에 흐르기 쉬운 다수의 결정과의 관계는 마치 개인에 있어서의 도덕적 행위와 당돌한 충동과의 관계와 같다. 다수의 결정은 두 정책 사이를 왔다갔다 하는 수가 많다. 그것은 마치 서로 겨루는 정열들이 한창 부풀었다 시드는 것과도 같다. 그러나 일반 의지는 한결같고 불변하며 또 순수하다. 하지만 루소는 왕이나 세습적 귀족이 지배하는 정부보다는 일반 민중의 국민 투표에 의한 정부가 더 낫다고 생각하고 이런 정부를 가지기를 원하였다.

루소는 홉스와는 달리 주권과 속박되어 있지 않은 권력을 구별하였다. 정부가 일반 의지에 반대해서 행동할 경우에는 그 정부는 주권에 반대해서 행동하고 있는 것이다. 실상 정부가 인민의 수중에 있고 인민이 공동의 선에 대해서 발랄한 관심을 가지기 전에는, 그것은 절대로 주권을 소유하게 되지 못한다.

루소는 종교에 대해서 볼테르와 그 밖의 프랑스의 이신론자(理神論者)들과 비슷한 견해를 가지고 있었다. 1755년에 리스본에서 지진이 일어났을 때 볼테르는 그 마음이 동요되었으나, 루소는 그렇지 않았다. 그는 이 자연의 재앙과 하나님의 섭리와를 절충시키려고 애쓸 필요가 없다고 보았다. 그는 오히려 이 재앙이 시골에 널찍하게 흩어져 살지 않고 협소한 지역에 높은 건물을 짓고 몰려 사는 사람들의 어리석음 때문이라고 하였다. 그리고 루소는 하나님의 능력은 제한되어 있다고 믿었으며, 자연에서 일어나는 대부분의 일이 하나님에게 책임이 있는 것이 아니라고 보았다. 그가 일반적으로 이신론자들과 달랐던 점은, 종교적 신앙에 있어서 그가 이성보다 감정을 더 신뢰하려고 한 데에 있다. 〈사교 대리(司敎代理) 사부와야르의 신앙 고백〉에서 그는 자기 자신의 태도를 표명한 것으로 생각된다. 사실 이 사교 대리는 데카르트와 뉴턴과 로크가 하나님의 존재를 증명하는 데 사용한 논법의 여러 요긴한 부분과 매우 비슷한 말을 하고 있다. 그러나 그는 이 여러 부분에 의거하고 있지는 않다. 다만 이것들을 자기 자신이 심정에 고취되어 취한 자기의 입장을 남에게 옹호하는 데만 사용하고 있다. 루소는 그에게 따뜻한 반응을 보여 주지 않는 세계에서 쓸쓸한 고독감을 느꼈다. 그러나 낭만적인 풍경의 아름다움을 내다보았을 때, 그는 혼자 외롭다고 느끼지는 않았다. 종교에서나 도덕에서나 그의 이른바 '높은 철학의 원리들'이라는 것으로부터 여러 결론을 끌어내려 한 사람들에 대해서 염증을 느꼈다. 그는 추상적 추리보다 그 자신의 정서와 취미에 훨씬 더 많은 신뢰를 두었다.

루소는 역사상의 어느 누구보다도 철학에 있어서 낭만주의를 대표하는 인물이다. 그는 원시적 생활을 이상적인 것으로 표현했으나, 언제까지나 원시적 생활을 이상화하지는 않았다. 그러나 이성적 판단에 반대하여 감정에 호소한 것은 사실이다. 그는 이성을 불신했던 까닭에 한 번도 진실되고 신뢰할 만한 감정과 헛되고 공상적이고 혹은 악의에 찬 감정과를 구별하는 기준을 시사조차 할 수 없었다.[2]

---

2) 미국 문학에서 루소의 철학이 좋게 봄직한 인물을 찾는다고 하면, 제임스 쿠퍼의 소설에 나오는 아메리칸 인디언보다 마크 트웨인의 허클베리 핀이 바로 그런 종류의 인물일 것이다.

제13장 칸트와 그 후계자들에 있어서의 독일 철학

1. 칸트

이마누엘 칸트(Immanuel Kant, 1724~1804) : 동프로이센의 쾨니히스베르크 (Königsberg)에서 출생하여, 그 일생을 이 고장과 그 부근에서 조용히 살았다. 그의 양친은 가난하였으나 경건하였으며, 칸트를 경건주의(敬虔主義)의 전통 속에서 양육하였다. 이 경건주의란 내심의 순결과 도덕적 성실성을 강조한 비 독단적인 그리스도교의 한 종파였다. 칸트는 쾨니히스베르크 대학에 다녔다. 수년 동안 가정 교사를 한 후 모교인 쾨니히스베르크 대학에서 교편을 잡기 시 작하였고, 1770년에 논리학과 형이상학의 교수가 되었다. 그는 철학뿐만 아니 라 물리학도 연구하였으며, 그의 초기 저술에는 〈천체들에 관한 이론(*Theory of the Heavens*)〉(1755)과 〈바람에 관한 이론(*Theory of Winds*)〉(1756)이 있다. 이 두 저 서를 낸 후 25년 동안은 이렇다 할 저술을 내놓지 않고 이따금 논문을 발표했 을 따름이다. 그는 그 자신의 독창적 철학을 깊은 생각으로 꾸미고 있었다. 그 후 10년 동안에 다음의 다섯 가지 위대한 저서를 세상에 내놓았다. 즉 〈순수 이성 비판(純粹理性批判 ; *Critique of Pure Reason*)〉(1781, 1787)·〈장래의 모든 형이상 학에의 프롤레고메나(序論 ; *Prolegomena*)〉(1783)·〈도덕 철학의 근본 원리(*Fundamental Principles of the Metaphysic of Ethics*)〉(1785)·〈실천 이성 비판(實踐理性批判 ; *Critique of Practical Reason*)〉(1788) 및 〈판단력 비판(判斷力批判 ; *Critique of Judgment*)〉(1790)이 그것이다. 1794년에 〈이성만의 한계 안에서의 종교(*Religion Within the Bounds of Reason Alone*)〉가 나왔다. 그의 기력은 차츰 쇠퇴하여 만년에는 시력과 기억력을 잃어 쓸쓸한 나날을 보냈다. 하인리히 하이네가 쓴 글 가운데 시(詩)로서는 좀 어색할는지 모르나 칸트의 성격을 훌륭하게 묘사한 것이 있다(로이스의 〈현대 철학의 정신 〈*Spirit of Modern Philosophy*)〉에 이것을 번역하여 인용한 것이 있다).

칸트는 17세기와 18세기의 철학자들이 전개한 지식에 관한 이론들을 가 지고는 도저히 설명할 수 없는 많은 지식을 여러 가지 과학에 있어서 우리 가 가지고 있다는 사실(혹은 사실이라고 그가 본 것)에 의하여 깊은 감명을 받았다. 건실한 인식론(認識論), 즉 지식에 관한 이론은 여러 과학에서 우 리가 얻는 지식의 본성을 깨닫는 것이 아니어서는 안 된다고 그는 생각하였다. 철학자들은 이 지식을 제쳐놓고 그들의 개인적 사변(思辨)으로부터 좀더 나은 어떤 것을 끄집어내려고 애써서는 안 된다(칸트는 데카르트와 또 일반적으로 데카르트 신봉자들이 이와 같은 일을 했다고 생각했다). 또한 철학자들은 우리의 '지식'의 본성을 검토하는 일을 그만두고 지식의 '기원'에 관한 심리적 가설을 일삼는 데로 전환해서도 안 된다. 특히 그 가설이 우리로 하여금 실제로 가지고 있는 지식에 이르는 것을 논리적으로 불가능하게 하는 것이라면 더욱 그러한 가설을 일삼아서는 안 된다(칸트는 로크와 또 일반적으로 경험론자들이 그와 같이 했다고 생각했다). 우리는 언제 혹은 어디서 어떻게 지식이 시작되었는지 모르는 수가 있다. 그러나 우리는 과학이 우리에게 주는 지식의 본성이 어떤 것임을 밝힐 수는 있다. 그러므로 칸트는 당시의 인간 지식 전체로부터 출발하여 어떤 종류의 지식을 우리가 실제로 소유하고 있는가 하는 것을 보여 주는 하나의 인식론을 수립할 것을 결심하였다. 이와 같이 함으로써 우리는 하나의 건실한 인식론을 얻게 되겠고, 또 형이상학의 가능성에 대해서 빛을 던질 수가 있다.

우리가 소유하고 있는 지식을 검토할 때, 우리는 그것이 여러 가지 종류의 판단을 내용으로 하고 있음을 발견한다고 칸트는 주장하였다. 우리의 판단들 가운데 어떤 것은 분석적이고, 다른 어떤 것은 종합적이다. 그리고 우리의 종합 판단들 가운데 어떤 것은 후천적(a posteriori)이고 어떤 것은 선천적(a priori)이다.

분석 판단(分析判斷)이란 그 술어가 주어를 되풀이하거나 혹은 주어를 그여러 요소로 나누어서, 이미 주어 속에 모호하게 들어 있는 여러 가지 요소들 가운데 어떤 것을 분명하게 드러내는 판단이다. 가령, "물체는 연장(延長)을 가졌다."라고 하는 것은 하나의 분석 판단이다. 비록 우리가 '물체'라는 말이 의미하는 바를 완전히 알지는 못한다 하더라도, 이 말을 논리적으로 분석함으로써 그리고 '물체'라고 하는 한 개의 개념을 넘어서지 않고서 이 판단에 이를 수 있다. 이와 비슷한 것으로 "어떤 결과든지 원인을 가지고 있다."라는 판단도 분석적이다. 왜냐히면 '원인'을 가진다는 것은 바로 '결과'라는 말이 의미하는 것이기 때문이다. 분석 판단들은 우리의 지식을 늘이지 않는다. 그러나 그것들은 우리의 개념들을 더욱 뚜렷하게 하며, 또 우리로 하여금 더욱 잘 이해하게 한다. 그리고 분석 판단은 그것만이 줄 수 있는 정연한 질서를 우리가 가진 여러 개념에다 부여한다.

종합 판단(綜合判斷)이란 주어 속에 분명히 혹은 어렴풋하게 들어 있지 않은 어떠한 것이 술어를 통하여 첨가되는 판단이다. "물체는 무게를 가지고 있다."라고 하는 것은 하나의 종합 판단이다. 왜냐하면 오직 물체에 관한 우리의 경험을 돌이켜봄으로써 우리는 중력을 '물체'라는 말 자체가 의미하는 것에 결부시킬 수 있기 때문이다. 종합 판단들은 그것들이 참된 판단들인 경우, 우리의 지식을 늘여 준다. 과학적 지식의 확대는 우리가 종합 판단을 내릴 수 있게 됨으로 말미암아 가능하게 되는 것이다.

우리의 종합 판단들은 대부분 경험에 그 기초를 두고 있다. 물이 기름보다 무겁다는 것, 어떤 꽃이 푸른 빛깔이라는 것, 어떤 농부가 보리밭을 소유하고 있다는 것, 그리고 실로 물리적 및 사회적 세계에 관한 대부분의 판단들 —— 이것들은 모두 사실들을 관찰함으로써, 그리고 경험만이 가르쳐 주는 것을 따름으로써 배워 알게 되는 것이다. 그런데 어떤 종합 판단들은 선천적인 것들이다. 그리고 이 선천적 종합 판단들은 모두 과학에 있어서의 근본적인 것이기 때문에 매우 중요하다. 선천적 종합 판단들은 그저 A가 B임을 보고하는 데 그치는 것이 아니라, 한 걸음 더 나아가 A가 B이어야 함을 주장하는 것이다. 그것들은 필연적이다. 예를 들면, 어떤 사건이든지 사건마다 원인이 있다는 판단, 물리적 세계에 있어서의 물질의 양은 언제나 같다는 판단, 물리적 세계 안의 모든 운동에 있어서 작용과 반작용은 그 운동량이 같다고 하는 판단, 직선은 두 점 사이의 최단거리라고 하는 판단, 그리고 그 밖의 많은 수학적 판단은[1] 그러한 부류의 판단들 —— 즉 필연적인 판단들이다. 이 명제들 가운데 어떤 것은 경험적 요소를 내포할 수 있다. 이것은 사건과 물질과 운동이 있다는 것을 우리가 아는 것은 경험을 통해서이기 때문이다. 그러나 아무런 경험도 아무런 경험들의 누적도 이 종합 판단들이 참이며 또 참이어야 한다는 것을 우리로 하여금

---

1) 칸트는 모든 수학적 판단은 거의 전부가 종합적 판단이라고 생각하였다. 가령 7+5=12 같은 것도 종합적 판단이다. 칸트의 입장을 올바르게 이해하려는 사람은 모름지기 18세기의 지적 분위기 속에 자기 자신을 두지 않으면 안 되고, 칸트 자신이 알지 못했던 칸트 이후의 수학 사상(數學思想)의 발달에 기초를 둔 반대를 일삼아서는 안 된다. 우리들은 여기에서 그저 수학적 판단이 종합적인 것으로 생각하기만 하면 된다.

알 수 있게 할 수는 없다. 어떤 판단들은 필연적이다. 즉 그것들은 필연적으로 '반드시 그러하지 않을 수 없는' 것에 관한 지식을 우리에게 주는 것이다. 그리고 그것들은 우리가 이미 검토한 원인과 물질과 운동과 같은 특수한 경우에 있어서만 타당한 것이 아니라, 언제든지 일어날 수 있는, 혹은 경험될 수 있는 다른 모든 경우에 대해서도 타당하다.

칸트는 자기 이전의 근세 철학을 많이 돌이켜본 후, 아직 아무도 선천적 종합 판단이 인식에 대해서 얼마나 중대한 의의가 있는가를 깨닫지 못했음을 알았다. 그러므로 그는 "어떻게 선천적 종합 판단들이 가능한가?" 하는 물음을 그의 근본 문제들 가운데 첫째가는 것으로 삼았다. 데카르트를 따르는 사람들이 두 가지 종류의 필연성 —— 분석 판단의 논리적 필연성과 선천적 종합 판단의 필요성 —— 사이의 차이를 전혀 깨닫지 못했다고 칸트는 생각하였다.

경험론자들은 선천적인 종합적 인식의 사실을 숫제 부인하는 것이 보통이었다. 그러므로 칸트 이전의 두 학파, 즉 데카르트 학파와 경험론자들은 어느 쪽이나 올바른 인식론을 전개시킬 수 없었다. 합리론(合理論)과 경험론(經驗論)의 양자에 대하여 그는 그 자신의 새로운 인식론을 내세워, 그것에 '비판적'이란 이름을 붙였다. 칸트가 말하는 비판이란 지적(知的)인 기민성과 섬세성을 의미하는 것이 아니다. 그것은 우리로 하여금 선천적인 종합적 지식을 가질 수 있게 하는 여러 조건들을 드러내고 밝혀 주는 하나의 인식론이다.

경험에 대한 칸트의 견해

칸트가 주장한 바와 같은 선천적 종합 판단들에 대해서는 뒤에서 그 예를 들려고 한다. 그러나 이 예들에 관해서 자세히 논하기 전에 우리는 칸트가 인간의 경험의 본성을 어떻게 보았는가 하는 것을 대충 살펴볼 필요가 있다. 왜냐하면 우리가 약간의 선천적 종합 판단을 내린다는 신념으로 말미암아 그는 경험이 무엇인가에 관해서 영국의 경험론자들과는 전혀 다른 하나의 새로운 견해를 체계화하였기 때문이다. 그는 우리의 모든 지식이 경험과 '함께' 시작한다는 것을 인정하였다. 그러나 우리의 모든 지식이 경험'으로부터' 생긴다는 것은 부인하였다. 우리는 모든 지식이 경험과

'함께' 시작한다고 말할 수 있다. 왜냐하면 우리는 먼저 '선천적' 지식을 가지게 되고 그리고 나서 특수한 사실들의 경험을 가지게 되는 것이 아니기 때문이다. 모든 지식은 경험하고 있는 동안에 얻어지는 것이다. 우리가 가지고 있는 지식 가운데 약간의 것이 선천적이라는 것을 아무튼 우리가 깨닫는다고 하면, 이것을 깨닫기에 앞서 우리는 많은 경험을 하고 있는 것이다. 선천적인 것은 시간적으로 앞서는 것이 아니다. 그렇지만 그것은 그저 경험이 우리에게 생긴다고 해서 우리에게 주어질 수 있는 것은 아니다.

그리하여 칸트는 경험에 대하여 자기 이전의 어느 누구도 품지 못했던 색다른 견해를 가지게 되었다. 칸트가 생각한 경험은 두 가지의 중요한 점에서 영국 경험론자들이 기술한 경험과는 달랐다. 첫째로, 경험은 먼저 단순한 요소들로 되어 있고 다음에 정신이 이것들을 어떤 모양으로 정리해야 할 성질의 것이 아니다. 오히려 그것은 맨 처음 생길 때 이미 여러 사상(事象)들이 고도로 복잡하게 얽힌 조직체로서, 이 사상들 가운데에서 몇 가지 특별한 것들을 주의의 대상으로서 선정할 수 있는 것이다. 둘째로 경험은 수동적(受動的)인 정신에게 주어진 재료가 아니다. 오히려 그것은 하나의 세계 —— 그것이 출현하자마자 지각(知覺)하며 인식하는 정신이 적극적으로 작용하고 활동하는 하나의 세계 —— 이다. 사물들은 정신이 그것들에 부과하는 여러 요구 조건에 응하지 않는 한 결코 경험 속에 들어올 수 없다. 감관을 통해 지각함에 있어서나 또 개념을 통해 인식함에 있어서나, 정신은 경험으로 하여금 몇몇 필수적 조건을 나누어 가지게 하는바, 이렇게 하고 나면 정신은 이 조건들을 어떠한 경험 속에나 들어 있는 보편적인 구조상의 기본 요소로서 인정하게 된다. 경험은 정신에 들어오는 소재적(素材的) 요소들과 정신이 부여하는 형식적(形式的) 요소들의 합동 소산이다. 경험 속의 소재적 요소에 관한 한 인식을 얻으려면 우리는 경험이 일어나는 것을 기다리지 않으면 안 된다. 즉 우리의 판단들은 경험적인 것이 아닐 수 없다. 그러나 경험 속의 형식적 요소에 관한 한 우리는 모든 경험이 일어나기에 필요한 보편적 조건들을 다루고 있는 것이다. 즉 우리의 판단들은 심지어 종합적인 것인 경우에도 필연적이고 선천적인 것이다. 정신은 정신에서 완전히 떨어져 있는 세계를 그대로 고스란히 재현하는 것이 아니다. 오히려 정신은 자기가 지각하고 인식하는 세계를 어느 정도까지는 구성하는 것이다. 우리가 지각하고 인식하는 세계는 언제나 정신의 선천적인 여러 요구에 순응하는데, 그 까닭은 이와 같이 일치하지 않는 것은 어떠한 것을 막론하고 경험 속에 나타날 수 없기 때문이다.

칸트는 사물들이 경험 속에 나타남에 있어 그것들이 가지지 않을 수 없도록 정신이 강요하는 선천적 조건들에 대해서 '선험적(先驗的)'이라는 술어를 사용하였다. 선험적인 것은 경험을 초월하여 존재하는 것과는, 혹 그런 것이 있다 해도 아무 상관이 없는 것이다.2) 경험 속에 선험적 요소들이 있다는 것을 전혀 깨닫지 못하는 사람이 많이 있을 줄 안다. 아닌게아니라 칸트 이전의 궤변적 합리론자들과 경험론자들도 이런 요소들이 있음을 보지 못했다. 그러나 이 요소들은 엄연히 존재한다. 그리고 이 요소들이 있음으로써 우리가 필연적 지식을 가질 수 있고, 또 선천적 종합 판단도 내릴 수가 있는 것인데, 이 선천적 종합 판단들이야말로 과학적 탐구에 있어서 필수적인 도구들이다.

철학에 있어서의 코페르니쿠스적 전환

칸트는 그의 비판적 인식론(認識論)을 철학에 있어서의 코페르니쿠스적 전환이라고 불렀다. 그의 이 비유적 표현은 적절한 것이었다. 코페르니쿠스는 사람들의 천문학적 견해를 근본적으로 변화시켰다고 칸트는 지적하였다. 코페르니쿠스 이전에는 대부분의 사람들이, 태양이 지구 주위를 돌고 있다고 상상하였다. 그런데 코페르니쿠스는 이것을 뒤집어 지구가 태양의 주위를 돌고 있는 것으로 보았다. 칸트는 철학에서 이와 비슷한 혁명을 수행하고 있노라고 자부하였다. 자기 이전에는 아리스토텔레스로부터 그 자신의 시대에 이르기까지 사람들은 정신이 대상(對象)들을 인식하려고 대상들의 주위를 돌고 있는 것으로 보았다. 그러던 것을 그는 대상들로 하여금, 이를테면 정신이라고 하는 중심적 사실의 주위를 돌게 했으며, 또 대상들이 경험 속에 들어오기 위해서 따르지 않으면 안 될 것으로서 정신이

---

2) 경험을 초월한 곳에 있는 것을 그는 초험적(超驗的 ; transcendent)이라고 불렀다. 불행히 선험적(先驗的 ; transcendental)이란 말과 초험적이라는 말은 부주의한 독자에게 혼동을 일으키게 한다. 그러나 이 두 말의 의미는 전혀 다르다.

정한 여러 조건에 대상들이 따르게끔 하였다. 정신은 경험 속에 언제나 있는 하나의 요인이요, 유일한 요인이다. 그리고 그것은 감관에 나타나는, 그리고 판단에서 인식되는 모든 대상에 대해서 입법적(立法的)이다. 즉 규제하는 역할을 한다. 만일 우리의 판단들이 대상들 자체의 성질에 순응해야 한다면, 우리는 언제나 대상이 그것들 자신의 성질을 우리에게 알려주기를 기다려야 할 것이다. 그렇게 되면 우리는 공간과 시간과 물질과 운동에 관한 선천적인 인식을 전혀 가질 수가 없다. 그런데 우리는 실상 선천적인 인식을 상당히 많이 가지고 있다. 그러므로 선천적인 인식이 가능한 그만큼, 대상은 정신의 선험적(先驗的) 요구 조건들에 순응하지 않으면 안 된다. 대상들이 감관들에 지각되는 과정에 있어서나 또 그것들이 판단을 통해 인식되는 데 있어서나, 대상들은 이 선험적 요구 조건들에 순응하지 않으면 안 된다. 칸트는 대상의 존립에 대한 이와 같은 선험적 조건들의 이론으로 해서 드디어는 경험이 인식을 위한 재료라기보다는 오히려 그 자체가 인식의 한 양식이라고 말하기에 이르렀다. 모든 경험에 있어서 정신은 이미 활동하고 있었으며, 그리하여 대상들로 하여금 그것들이 경험되는 한 이해될 수 있도록 필요한 조건으로서 정신이 요구하는 바에 순응하게 하고 있었다.

경험에 있어서 대상의 성질에 말미암은 것과 정신이 부과하는 조건들에 말미암은 것과를 분간하는 것은 우리에게 있어 언제나 쉬운 일은 아니다. 그런데 이것을 분간하는 데 있어서 우리에게 도움이 되는 기준을 우리는 두 개 가지고 있다. 필연성과 보편성이 곧 그것이다. 그리고 이 두 기준은 상호 의존적인 것이다. 즉 이 중의 하나를 만족시키면 따라서 다른 하나도 만족시키게 된다. 대상들은 그것들 자체로서는 우리의 인식에 대하여 필연성도 보편성도 줄 수 없는 것이었다. 어떤 한 사람의 경험 속에 모든 대상이 들어갈 수 없고 또 어떤 한 대상도 언제나 우리 눈앞에 있는 것이 아니다. 그러나 정신은 언제나 모든 경험 속에 들어 있다. 그러므로 정신은 필연적이고 보편적인 경험의 여러 양상의 원천으로 여겨지지 않으면 안 된다.

경험에 있어서 필연적인 것은 무엇이든지 또한 보편적이다. 그리고 경험에 있어서 보편적인 것은 또한 필연적이다. 그 밖의 모든 것은 우연적이고 경험적이며 외래적인 것이다. 그러므로 경험의 보편적이고 필연적인 요소들은, 정신이 대상들에게 부과하는 조건들에 말미암은 것이다. 경험의 외래적이고 우연적인 요소들은 대상들 자체의 본성에 말미암은 것이다. 그러기에 우리는 경험의 분석에 충분한 주의를 함으로써, 경험 속의 어느 요소들이 선험적이고 어느 요소들이 경험적인가를 결정지을 수 있다.

〈순수 이성 비판(純粹理性批判)〉의 구조

　이제까지 칸트의 철학에 관해서 말한 것은 모두 칸트가 그의 〈순수 이성 비판〉의 두 판을 위해서 쓴 서문들과 서론(緖論)들의 내용을 풀이한 데 지나지 않는 것이다. 그의 방대한 이 저서의 나머지 부분은 그의 견해를 자세히 보충 설명하고 있는, 또 철학에 있어서의 코페르니쿠스적 전환으로 말미암은 여러 귀결을 논하고 있다.

　칸트는 그의 저서를 크게 세 부분으로 나누었다.[3] 이것은 칸트가 세계에 대한 인식적인 관계에 있어서의 인간의 능력을 세 가지로 보았기 때문이다. 이 셋은 감성(感性)·오성(悟性) 및 이성(理性)이다. 칸트는 이 세 능력을 하나씩 차례차례 다루었다. '선험적 감성론(先驗的感性論 ; *Transcendental Aesthetic*)'에서 그는 정신이 부과하는, 그리고 결국 모든 감관적(感官的) 내지 지각적 경험에 있어서 드러나는 감성의 형식들을 논하였다. '선험적 분석론(先驗的分析論 ; *Transcendental Analytic*)'에서는 정신이 모든 경험에 대해서 만족시키기를 요구하는 오성의 범주들을 논하였다. 그리고 '선험적 변증론(先驗的辨證論 ; *Transcendental Dialectic*)'에서는 이성의 이념(관념)을 논하고 있는데, 이 이성의 관념이란 그것을 사용하는 가운데 정신이 경험을 넘어서서 '사물들 자체'를 알려고 하는 유혹을 받게 되는 그러한 것이다. 하지만 '사물들 자체(Things-in-themselves)'는 그것들이 발생함에 있어서 선험적 조건들에 매여 있지 않다.[4] 〈순수 이성 비판〉의 세 부(部)의 처음 두 부는

---

3) 어떤 비평가들은 오히려 두 개의 주요 부분으로 되어 있다고 보려 한다. 즉 '선험적 감성론(*Transcendental Aesthetic*)'과 '선험적 논리학(*Transcendental Logic*)'의 두 부분으로 되어 있다고 말한다. 이 비평가들은 칸트의 원전에 아주 충실하다고 할 수 있다. 그러나 '선험적 논리학'은 그 자체가 다시 '선험적 분석론'과 '선험적 변증론'으로 나뉘어져 있다. 그리고 〈순수 이성 비판〉을 해설하는 데에는 위에서 말한 것처럼 세 부분으로 나누는 것이 편하다.

4) 칸트는 철학사에 있어서 가장 까다롭고 전문적인 술어의 몇 가지를 사용하였다. 감성

과학적 인식의 여러 양상을 다루고 있다. 제 3 부는 칸트의 〈순수 이성 비판〉의 부정적 내지 파괴적 부분이다. 이 부분이 파괴적인 까닭은, 칸트의 판단에 의하면 이성의 이념들이 제아무리 인간의 사고를 훈련시키는 데 큰 유익이 있다 할지라도 결코 인식을 낳게 하지는 못하기 때문이다.

〈순수 이성 비판〉의 세 부(部)를 하나씩 검토해 보기로 하자.

감성(感性)의 형식 : 공간(空間)과 시간(時間)

'선험적 감성론'에서 칸트는 감성의 형식들을 다루었다. 감성의 형식은 두 가지인데, 곧 공간과 시간이다. 칸트는 우리의 지각적 생활이 우리의 개념적 생활 및 우리의 성찰들과 뚝 떨어져 있어 저 혼자만으로 완전한 것이라고는 생각지 않았다. 실상 그는 감성을 격리시킨 것은 설명을 명료하게 하기 위해서 생긴 하나의 추상(抽象)이라는 것을 부언하고 있는 것이다. 그러나 만일 우리가 어떤 물체에 대한 우리의 의식으로부터, 오성이 그것에 관해서 생각하는 모든 것과 대상에 의해서 정신에 주어진 모든 것을 인위적으로 분리시킨다면, 그 뒤에 우리에게 남는 것은 감성의 순수한 형식들이다. 이 두 형식, 즉 공간과 시간이 지각하는 정신에 의하여 경험에게 부과되어진다는 것을 칸트는 증명하고자 하였다. 이 증명을 위해서 그는 네 가지 논증을 전개하였다. 공간에 관한 논증은 시간에 관한 논증과 동일하다. 그러므로 여기에서는 공간에 관한 논증만을 요약하기로 한다.

(1) 공간은, 어떤 물건의 빛깔이라든가 단단함 따위의 감각들을 바탕으로 삼고 얻게 된 경험적 개념이 아니다. 왜냐하면 만일 이런 감각들에 앞서, 그리고 이 감각들로부터 독립해서 우리가 공간의 의식을 가지고 있지 않다면, 결코 이 감각들을 우리의 외부에 있는 어떤 것에다 돌릴 수 없기 때문이다. (2) 우리는 우리가 무시하고자 하는 어떤 대상이든지 이를 생각 밖으로 제거할 수 있다. 우리는 모든 대상을 생각 밖으로 제거할 수 있다. 우리는 공간을 공허한 것으로 여길 수 있다. 그러나 우리는 공간을 우리의 생각에서 떼어 버릴 수는 없다. 그러므로 공간은 지각적(知覺的) 경험의 선

형식·오성 범주, 이성의 이념, 사물들 자체 및 그 밖에 그가 여러 목적을 위해서 지어낸 술어들은 그의 사상을 설명하는 데 있어서 필수 불가결의 것이다. 칸트 철학의 요점을 파악하고자 하는 사람은 이 술어들을 잘 익히지 않으면 안 된다.

천적 형식이다. (3) 공간은 하나이다. 우리는 공간의 여러 다른 부분을 지각한다. 우리는 결코 지각된 부분들을 하나하나 붙여 감으로써 하나의 포괄적인 공간을 얻을 수는 없을 것이다. 그러므로 모든 것을 포괄하는 하나의 공간이 지각된 부분들에 앞서 있는 것이다. (4) 공간은 하나의 무한한 전체로서 우리의 의식 속에 나타난다. 그리고 이 전체 속에 모든 지각된 부분들이 서로 합당한 관계를 지키면서 들어 있는 것이다. 하지만 경험은 그 어떤 무한한 것도 이를 정신에게 줄 수 없다. 그러므로 정신이 무한한 공간의 형식을 경험에게 주지 않으면 안 된다.

공간에 대한 이 논증들과 시간에 대한 그 비슷한 논증들은 공간과 시간이 경험의 발생에 대해서 정신이 부여하는 필연적 형식이라는 것을 밝히는 충분한 증거라고 칸트는 보았다. 우리는 사물들 자체가 공간과 시간 속에 있다고 단정할 근거가 없다. 그러나 경험 속에는 공간과 시간이 보편적으로 들어 있다. 칸트는 그의 이러한 견해를 다음과 같이 표현하고 있다. 즉 공간과 시간은 경험적으로는 실재성(實在性)을 띠고 있고, 선험적으로는 관념성(觀念性)을 띠고 있다고. 그것들이 실재성을 띠고 있는 까닭은, 그것들이 경험 속에서는 어디서나 현실적으로 존재함을 볼 수 있기 때문이다. 그리고 그것들이 선험적으로 관념성을 띠고 있는 까닭은, 그것들을 그 기원(起源)의 관점에서 보면, 그것들이 정신에서 나온 것이기 때문이다. 그것들의 관념성은 그것들이 정신에 의해서 경험에 부여되었다는 사실 속에 깃들어 있다. 그리고 이 관념성은 선험적인 것인데, 이는 경험에 대한 정신의 이 부여가, 특수한 정신들 하나하나가 그 경험 도중에 제멋대로 선택하는 것이 아니고, 모든 정신이 정신인 한에 있어서 그 지각적 생활의 모든 국면에다 필연적으로 가하는 조건이기 때문이다. 칸트는 부언하기를, 공간은 모든 외적 경험의 형식이라 하였다. 그리고 시간은 모든 외적 및 내적 경험의 형식이라고 —— 즉 사물들에 대한 모든 경험과 우리들 자신 속에서 일어나는 여러 가지 감정과 반성을 위한 형식이라고 —— 하였다.

칸트는 '선험적 감성론'의 결론에서 과학자들이 하는 일에 대해서 그의 견지로부터 나오는 여러 가지 귀결을 지적하였다. 그 중 으뜸가는 귀결은 기하학[기하학은 다름 아닌 순수 공간 지각(純粹空間知覺)의 형식을 세밀히 다루는 것이다]이 물리학과 그 밖의 모든 자연 과학들에서 문제 삼는 세계 전체에 대하여 타당하다는 것을 알 수 있다고 하는 것이다. 그러므로 수학적 계산들은 경험에 앞서서 경험적 세계의 구조에 대한 참된 측정을 주는 것으로 신뢰할 수 있다. 우리는 세계에 대한 수학적 해석을 지지하기 위해서, 데카르트처럼 신학적인 요술을 부릴 필요가 없다. 또 로크처럼 사물들의 구조를 인식하는 우리의 능력에 대해서 절망할 필요도 전혀 없다. 과학자들은 이미 오래 전부터 수학을 하나의 도구로서 사용하여 왔다. 특히 갈릴레이와 뉴턴이 그러하였다. 칸트는 자기가 비로소 충분한 근거를 가지고 자연 과학을 밑받침할 수 있는 하나의 인식론을 발견했다고 생각하였다.

범주(範疇)의 연역(演繹)

'선험적 분석론'에서 칸트는, 우리가 지각하는 시공적(時空的) 세계에 관하여 우리가 생각할 때 의거하는 기본적 개념들의 필연성을 변호하려 하였다. 이 기본 개념들을 그는 오성(悟性)의 범주라고 불렀다. 이것들이 범주인 까닭은, 우리가 경험으로부터 개괄을 통해서 경험적으로 도달하는 모든 개념보다 논리적으로 앞서는 것이기 때문이다. 이것들은 오성에 속한다. 왜냐하면 칸트가 말하는 오성이란 우리가 경험하는 세계에 관한 인식에 도달하는 정신을 의미하는 것이기 때문이다.

범주는 모두 열두 개가 있다고 칸트는 상정하였다. 그리고 그는 자기가 구별할 수 있다고 생각한 판단의 유형들을 검토함으로써 자기의 범주표(範疇表)를 도출하였다. 칸트가 그의 범주표를 전개한 '분석론'의 부분은 대부분의 학생들에게 딱딱하고 소득이 없는 대목이다. 그러나 세 개의 범주는 그것이 어떻게 해서 도달되었든 간에 칸트의 철학에서 아주 중요한 것이다. 이 세 개의 범주란 실체성(實體性)·인과성(因果性) 및 상호성(相互性)의 범주이다.

범주들의 선험적 관념성(觀念性)은 칸트에 의하여 공간과 시간의 선험적 관념성과 결부되고 있다. 우리들 인간은 의미가 결여되어 있는 지각적 소재(素材)를 먼저 가진 후에, 이 소재에 대해서 성찰을 가함으로써 이것에다 의미를 주는 것이 아니라고 그는 생각하였다.

우리의 지각적 생활과 개념적 생활은 서로 얽혀 있다. 이 양자는 하나의 통일된 생활의 측면들이다. 그의 유명한 구절이 표현하고 있는 바와 같이,

"개념 없는 지각(칸트의 원문에서는 직관)은 맹목이요, 지각 없는 개념은 공허하다." 우리의 지각적 경험은 맨 처음부터 이미 여러 가지 의미로 물들어 있다. 그리고 우리의 개념적 해석들은, 만일 우리가 보고 만지고 듣는 것으로부터 절연되어 있다면, 아무것도 없는 것에 대한 쓸데없는 공상이 되고 말 것이다. 칸트가 '감성론(感性論)'에서 공간과 시간에 관해 전개한 견해들은, 나아가 정신이 경험에 대하여 만족시키기를 요구하는, 즉 정신이 언제나 경험 속에서 찾아보는 선천적인 개념들을 밝히게끔 했다.

실체성(實體性)의 범주는 칸트에 의하여 공간의 형식과 밀접하게 결부되어지고 있다. 그것은 자연 안의 모든 변화를 통하여 그 양이 늘지도 줄지도 않는 하나의 영속적인 요소가 항존한다는 원리이다. 영속이 없으면 변화가 참으로 변화일 수 없을 것이다. 그렇게 되면 변화는 진정한 변화가 아니고 한 사물이 끝나고 다른 사물이 시작하는 것이 되고 만다. 우리가 경험하는 것이 공간 속에 있을진대, 그것은 오직 정신 안에 현존하는 실체성의 개념을 통해서만 생각될 수 있다.

인과성(因果性)의 범주는 또한 위의 것들과 비슷하게 칸트에 의하여 시간의 형식과 결부시켜져 있다. 시간에 있어서의 사건들의 순서가 명료하게 이해될 수 있다고 한다면, 그 순서는 순간들의 계기(繼起)가 그러하듯 우연적인 것이 아니고 필연적인 것이어야 한다. 그리고 인과성의 원리는 시간의 계기적 순간들을 한데 묶는 필언성의 인식이다.

상호성(相互性)의 범주는 칸트에 있어서 경험의 구성에 있어서의 정신의 집중성과 결부되어 있다. 공간과 시간은 두 개의 형식이요, 범주는 그 수가 여럿이긴 하지만, 이것들은 모두 하나의 동일한 근원에서 선험적으로 나온 것이다. 그러기 때문에 의미 있는 사물들과 사건들의 시공적 조직망 속에 경험적으로 현존하는 것은, 그 어떤 것을 막론하고 반드시 여러 가지 것이 서로 관련된 하나의 전체이다. 그리하여 정신은 어떤 방안에 의하여 (어느 방안에 의하는가 함은 특수한 경험들의 경험적 성격에 달려 있다) 경험의 어느 한 부분으로부터 다른 어느 한 부분 및 다른 모든 부분으로 능히 넘어갈 수 있다. 아무리 경험이 풍부하게 되고 복잡하게 될지라도, 그것은 반드시 어디까지나 의미있는 상호 관계에 의하여 침투되지 않을 수 없다. 정신의 통일은 경험의 전체성(全體性)을 보충한다. 상호성의 범주는 우리가

지각하고 인식하는 모든 것에 대해서 근본적인 것이다. 칸트의 전문적 술
어로 말한다면, 경험은 자기 의식의 선험적 통일, 즉 지각의 선험적 통일
을 나타내도록 되어 있는 것이다.

칸트는 경험이 언제나 정신의 범주들의 요구를 만족시키고 있다는 것에
대한 그의 증명을 '범주들의 연역(演繹)'이란 말로 표현하였다. 그는 이 연
역에 대해서 오직 하나의 진술을 하지 않고 여러 가지로 진술하였다.[5] 연
역에 대한 어떤 진술들을 그는 경험적이라고 불렀다. 그것은 이것들이 우
리가 경험하는 모든 것에는 범주들이 현존한다는 관찰에 기초하고 있기 때
문이다. 다른 진술들을 그는 선험적이라고 불렀는데, 그것은 이것들이 정
신의 통일, 따라서 정신이 자기 앞에 나타나는 모든 것에 부여하는 여러
가지 요구 조건들의 통일에 기초하고 있기 때문이다. 가장 명료하고 그러
면서도 가장 짧은 진술들 가운데의 하나는 다음과 같은 것으로 요약될 수
있다.[6]

　공간과 시간은 내적인 것과 외적인 것을 모두 포함하는 모든 지각(知覺)의 선천
적 형식들이다. 그런데 이 형식들과 이것들 속에서 경험되는 모든 감성적 소재는
하나의 선천적 통일을 갖도록 결정되어 있다. 왜냐하면 이 선천적 통일이 없다고
하면 아무것도 정신에 나타날 수 없겠고, 또 아무런 경험도 생길 수 없을 것이기
때문이다. 이 통일로 말미암아 경험은 가해성(可解性 ; 이해될 수 있는 성질)의 모든
조건을 드러내는 것이다. 즉 이해될 수 있는 하나의 전체가 되는 것이다. 다시 말
하면 이 통일은, 정신에 나타나는 것은 어느 것이나 오성(悟性)의 범주들에 순응
할 것을 요구한다. 그러므로 범주들은 경험의 가능성의 조건들이라고 말할 수 있
으며, 또한 그러기 때문에 범주들은 경험의 모든 대상에 대해서 선천적으로 타당
하다.

---

5) 칸트는 이 연이은 언명(言明)들을 한 번에 쓴 것이 아니고, 여러 경우에 써 두었다가 그
　　의 저서를 위한 원고에 옮겨 썼던 것으로 짐작된다. 책을 인쇄에 부쳤을 때 그는 한 연역
　　이 어디에서 끝나고, 다른 연역이 어디에서 시작하는지는 거의 명기하지 않았다. 그래서
　　그의 원전, 특히 제 1 판의 원전은, 칸트가 어려운 점을 명백히 하느라고 자기의 생각을
　　거듭 말했다는 것을 알지 못하는 독자에게 갈피를 잡지 못하게 한다.
　6) 여기에 적은 말은 〈순수 이성 비판〉의 제 2 판 pp. 160~161까지의 원문을 의역한 것이다.

사물들 자체

칸트는 말하기를, 우리가 경험하는 세계는 과학들이 관찰하고 분석하고 기술하는 세계라고 하였다. 칸트는 이 점에 대해서 버클리만큼, 그리고 흄이 결국 그랬던 것만큼 확고한 신념을 가지고 있었다. 그러므로 그는 감관 경험(感官經驗)의 주관성을 내세우는 17세기의 이론에 반기를 든 18세기의 반대 운동 조류에 속한다. 그러면서도 그는 경험에 맞서는 사물들 자체를 내세웠다.

칸트는 한번도 경험과 그의 이른바 '사물들 자체'와의 관계에 대한 그의 생각을 뚜렷하게 규정한 적이 없었다. 그는 이 점에 대해서 한 번도 뚜렷한 생각을 품지 못했던 것 같다. 그는 우리가 현상(現象)으로서, 즉 나타나는 것으로서 경험하는 것을 논하였다. 오직 현상에 대해서만 우리는 선천적인 종합적 인식을 가질 수가 있는데, 이는 현상 이외의 것에 대해서는 정신의 활동이 아무것도 구성할 수 없기 때문이라고 그는 주장하였다. 그는 사물들 그 자체를 우리는 과학을 통해서 인식할 수 없다고 결론지었다. 또한 우리는 그것들에 대한 경험도 가질 수 없다. 한 곳에서는 비록 공간과 시간이 감성의 유일한 형식들이기는 하나, 우리는 정신(우리들의 것과는 다른 정신)이 사물들에 대해서 가질 수 있는 의식의 유일한 종류는 오직 감성뿐이 아니라는 것을 인정해야 한다고 하였다. 그러므로 그의 말의 많은 부분은, 경험되지 않은 외부의 대상과 경험되는 현상을 갈라 보는 로크의 이원론(二元論)으로 되돌아감을 시사하고 있다. 그리고 그의 〈도덕 철학의 근본 원리〉와 〈실천 이성 비판〉의 사색의 어떤 것들은 이런 종류의 이원론을 가지고 논의를 전개시키고 있는 것처럼 보인다.

그러나 칸트는 로크의 이원론을 지지하려 하지 않았다. 그는 '사물들 자체'에 대해서 또 하나 다른 술어를 가지고 있는데 〈순수 이성 비판〉의 제 2판에서는 이 술어를 더 많이 사용하고 있다. 누메나[noumena ; 가상적(可想的) 존재]가 곧 그것이다. 어원적으로는 이 말이 '이성(理性)이 본 대상(對象)'을 의미한다. 그러나 이성은 경험된 대상들 이외의 다른 어떤 대상의 인식에도 결코 도달하지 않는다고 그는 단호히 주장하였다. 그리고 확실히 〈순수 이성 비판〉에서의 그의 논의의 중점은, 현상들이야말로 정신이 사물을 볼 때 필연적으로 관계하는 것이라는 데 있다. 즉 정신은 사물들을 현상의 면에서 보는 것이다. 그가 '정신(Mind)'이란 말을 쓸 때 그는 한갓 인간적인 심성을 어떤 인간적인 것 아닌, 그리고 인간의 것보다 우월한 종류의 심성에 대립시키고 있었던 것이 아니다. 그는 사람들이 과연 공유하고 있으나 반드시 사람들만이 독점하고 있는 것이 아닌, 모든 지각하고 인식하는 의식의 통일에 대해서 '정신(精神)'이란 말을 썼던 것이다. 그렇다고 하면 현상(現象 ; phenomena)과 대조를 이루는 누메나는 정신이 생각할 수 있는 것과는 다른 어떤 방식으로 생각되는 사물들 자체일 수밖에 없다. 그러나 이 신기한 입장을 칸트는 뚜렷이 표현하거나 옹호하지 않았다.

그러므로 칸트의 〈순수 이성 비판〉의 한 결과로서 칸트가 명료한 해결을 제시하지 못한 하나의 어려운 문제가 남게 되었다. 그리고 그의 후계자들 가운데 몇몇이 여러 가지 방식으로 해결하려고 애쓴 것은 바로 이 문제였다. 그러나 이 문제를 해결하는 가운데, 그리고 이 문제에 관한 자기들 자신의 견해를 전개시키는 가운데 그들이 대개 도달한 결론은, 칸트가 이미 예상했으며 동시에 물리쳐 버린 적이 있는 것들이었다.

칸트의 변증론(辨證論)

칸트의 〈순수 이성 비판〉의 마지막 긴 부분은 '선험적 변증론'이다. 보통 변증론법이라면 분석론법 못지않은 이성의 활동을 가리킨다. 그러나 칸트가 생각하는 의미에서의 변증론은 오성(悟性)의 한계 안에서만 활동하기를 거부하는 이성의 활동이다.[7] 그리고 선험적 변증론은, 정신이 아무리 해봐도 구성할 수 없는 대상들의 성질을 결정하기 위해서 감성의 형식들과 오성의 범주들을 사용하려는 노력으로 말미암아 그것을 거부하기에 이른 변증론이다. 변증론은 정신을 훈련시키는 가치를 가질 수 있으나 결코 지식을 생기게 하지는 못하며, 그것이 고찰하는 대상들에 관한 타당한 이론도 산출하지 못한다.

변증론적(辨證論的) 사고(思考)가 흔히 다루는 관념들은 절대적 자아, 세계의 전체성 및 최고의 존재이다. 이 관념들의 성찰에서 이성적 심리학·

---

7) 다이알렉틱(Dialectic ; 변증론)이란 말을 칸트가 쓸 때의 의미와 플라톤의 쓸 때의 의미는 잘 구별하지 않으면 안 된다. 본서 제 2 장, p. 79 참조.

이성적 우주론, 그리고 이성적 신학이 각각 나왔다. 이 변증론적 관념(이념)들의 대상은 그 어느 것도 경험적으로 명백하지 못하며, 또 그 어느 것도 정신의 구성적(構成的)인 작용을 받지 않는다. 그러므로 각 방면의 변증론적 사고는 결국에 가서 모두 일종의 지적인 낭패를 당하게 된다.

이성적 심리학(理性的心理學)은 영혼의 본성을 설명하려 한다. 심리학은 보통 영혼이 하나의 실체요, 단순하고, 한 개이며, 그것이 깃들고 있는 신체와는 아주 뚜렷이 구별된다는 것을 주장한다. 하지만 이 주장들은 모두 오류 추리(誤謬推理)이다. 오류 추리란 그 내용은 어떻든지 간에 그 형식이 올바로 되어 있지 않은 추리를 말한다. 이 주장들이 오류 추리가 되는 것은, 그것들이 초월적인 것을 끌어대고 있기 때문이다.

이성적 우주론(理性的宇宙論)은 세계의 전체성을 설명하려고 한다. 이 우주론은 언제나 한 쌍의 모순되는 명제 —— 그러나 그 어느 하나를 옳은 것으로서 선택할 합리적인 이유가 없는 한 쌍의 명제 —— 즉 정립 명제(定立命題; These)와 반정립 명제(反定立命題; Antithese)로 우리를 이끌어간다. 정립 명제의 타당성을 위한 유일한 설명은 반정립 명제를 부조리한 것으로 밝히는 것이며, 반대로 반정립 명제의 경우에 있어서도 마찬가지이다. 짝을 이루는 이 모든 모순 명제들의 한 쌍들은 각기 하나의 안티노미(Antinomie; 二律背反)이다. 한 안티노미는 그 정립 명제로서 세계가 시간에 있어서 시초를 가졌었고 공간적 한계에 둘러싸여 있다는 명제를 가지며, 그 반정립 명제로서 세계가 시간상의 시초를 가지지 않았었고 아무런 공간상의 한계도 없다는 명제를 가진다. 다른 안티노미들은 원자론(原子論)의 정립 명제와 무제한한 가분성(可分性)의 반정립 명제 및 완전한 결정론의 정립 명제와 자유스러운 인과성의 반정립 명제, 절대로 필연적인 존재의 실재성을 주장하는 정립 명제와 그러한 존재를 부인하는 반정립 명제들이다. 이 사변적 문제들을 해결하려 하는 대신, 칸트는 이것들을 해결할 수 없는 것으로 보았다. 그러나 그는 왜 이것들이 해결될 수 없는가 하는 이유를 파악하는 사람들에게는 이것들이 아무런 이익도 없는 것이라고는 생각지 않았다. 가령 첫째 안티노미는, 시간과 공간이 경험 속에 보편적으로 현존한다는 것에 대해서 다시 한 번 우리의 주의를 환기시키며, 또 경험과 함께 우리의 인식은 끝난다는 것을 깨닫게 한다. 다른 안티노미들도 이와 비슷한 의의를 가지고 있다.

이성적 신학(理性的神學)은 최고의 존재, 즉 하나님의 존재를 증명할 것을 추구한다. 칸트는 이성적 신학의 역사를 회고하고서, 하나님의 존재에 대한 증명의 세 가지 주요한 유형을 들고 있다. 본체론적 증명(本體論的證明)·우주론적 증명(宇宙論的證明), 그리고 목적론적 증명(目的論的證明)〔이 마지막 것을 그는 자연 신학적(自然神學的) 증명이라고 부르고 있다〕이 그것이다. 끝으로 두 가지의 증명에 대한 그의 논평은 흄의 〈자연 종교에 관한 대화〉 속에 있는 논평과 흡사하다. 그러나 그는 다시 더 논평을 가하기를, 이 두 가지 논증들은 그 발달의 어떤 계층에서 본체론적 증명으로 되돌아가 제일 원인(第一原因) 혹은 규제하는 목적이 정말 완전하고 지상(至上)이라는 것을 증명하고 있다고 하였다. 본체론적 증명에 대한 칸트의 분석은 좀더 독창적이다. 그는 이 증명이 필연적 판단과 필연적 존재의 혼동을 내포하고 있음을 지적하였다. 최고의 완전한 존재라는 관념을 품는 사람들은 반드시 이런 존재가 실재하는 것으로 생각지 않고는 못배긴다. 왜냐하면 만일 그렇지 않다면 그들이 존재를 생각하는 대신 환상을 가지고 장난하는 것이 되고 말기 때문이다. 그러나 필연적 판단은, 아무리 그것이 최고의 존재 혹은 '엔스 레알리시뭄(ens realissimum; 가장 현실적인 존재자)'에 관한 것이라 하더라도 우리가 판단하고 있는 대상의 필연적인 실재(實在)를 보증하는 것이 아니다. 실재(현실적으로 정말 존재한다는 것)는 도대체 현실적으로 술어가 될 수 없는 것이다. 그것은 한 물건의 성질의 일부가 아니다. 공상 속의 100달러는 진짜 100달러와 똑같은 수효의 센트를 내포하고 있다. 완전한 존재에 대한 관념은, 거기서 분석적으로 끌어낼 수 있는 몇몇 특정한 의미를 지니고 있다. 그러나 실재는 하나의 속성이 되는 것이 아니기 때문에 어떤 관념으로부터도 실재를 끌어낼 수는 없다. 어떠한 관념도 그 대상의 필연적인 실재, 혹은 심지어 현실적인 실재도 보증하지 않는다.

이성적 신학에 대한 칸트의 비판은 그의 '변증론' 가운데에서 가장 많은 영향을 끼쳐 온 부분이다. 하지만 그 큰 영향은 나중의 저작들 속에 제시된 이설(理說)들과 결부된 데 기인한다.

정언 명법(定言命法)

〈순수 이성 비판〉의 결과는 과학적 관심에 대해서 유리한 것이었다. 그것은 과학자들에게 갈릴레이와 뉴턴 같은 지도적인 사상가들에 있어서 많은 열매를 맺어 온 종류의 탐구를 계속할 권한을 보장해 주었다. 그러나 언뜻 보기에는 도덕적 및 종교적 관심에 대해서는 불리한 것인 듯싶다. 그것은 경험을 통해서 보는 한, 인간이 자유로운 선택과 따라서 도덕적 책임이 들어설 여지가 없는 인과의 사슬에 매어져 있다는 것, 그리고 하나님에 대한 인식은 전혀 불가능하다는 것을 주장하는 것이었다. 그러나 칸트는 그의 〈순수 이성 비판〉을 도덕과 종교에 대한 공격으로 삼으려고 한 것은 아니다. 하기는 많은 사람들이 그들의 도덕적 및 종교적 관념들의 기초로 삼은 재래의 여러 가지 전제를 이 비판이 거부하고 논파하려 한 것은 사실이다. 그러나 그는 나아가 낡은 전제들보다 우월한 도덕과 종교의 새 기초를 확립하고자 하였다. 그리고 〈순수 이성 비판〉의 제 2 판에서 자기는 신앙을 위한 여지를 만들기 위하여 하나님·자유 및 불사(不死)에 관한 인식을 부인했다고 공공연히 선언함으로써 그의 견지를 좀더 뚜렷하게 하였다.[8]

정당한 것으로 볼 수 있다고 그가 믿은 신앙을 충분히 설명하기에 앞서 그는 〈도덕 철학의 근본 원리〉에서 하나의 근본적인 물음을 제기하고 있다. 행위를 진정으로 도덕적인 것이 되게 함에 필요한 조건은 무엇인가를 그는 추궁하였다. 우리가 이 물음에 대한 답을 알기 전에는 사람들이 그러한 종류의 행위를 할 수 있는가 없는가를 토론해 보았자 우리에겐 아무 소득이 없다.

칸트는 주장하기를, 도덕적 행위는 의무를 소중히 여기는 동기에서 수행된 행위요, 의무는 도덕 법칙에 대한 경외심에서 행동하지 않을 수 없게 하는 것이라 하였다. 무조건하고 그 자체가 선한 것은 오직 선의지(善意志)뿐이다. 사람들이 보통 선하다고 칭찬하는 것은 무조건하고 선한 것이 아니다. 지능도 선하고(좋고), 용기와 같은 여러 가지 개인적 성품도 좋고, 부(富)와 건강도 좋은 것이다. 그러나 이 여러 가지 것들은 오직 이것들을 다루는 데 있어서 사람들을 이끌고 움직이는 의지가 선할 때에만 도덕적으

---

8) 제 2 판의 서문, p. 30.

로 선하다. 의지가 선하지 않으면 이 여러 가지 것들은 유해할 따름이다. 선의지는 다른 모든 것의 도덕적 가치의 불가결한 전제 조건이다. 그리고 선의지는 지능이나 용기나 부의 성취를 지향하는 의지가 아니고, 의무를 따라서, 즉 오직 도덕 법칙을 존경하는 마음에서만 지능과 용기와 부를 사용함을 목표 삼는 의지이다.

의무에서 행동하려는 의지는 욕망이나 성향의 명령을 따르는 의지가 아니라 순수한 이성의 명령을 따르는 의지이다. 어떤 어머니가 단지 아이를 사랑한다는 이유만으로 그녀의 아이를 돌본다고 하면, 이 행위는 윤리적 행위라 할 수 없다. 그녀의 행위는 의무를 소중히 여기는 동기에서 행하는 행위와 꼭 같은 것일 수도 있다. 그러나 그녀의 행동이 의무를 깨달았음에 연유하는 것이 아니라면, 그녀의 의지는 아직 윤리적 의지가 아니요, 그녀의 행위는 도덕적 가치가 문제되지 않는 행위이다. 어떤 행위도 그것이 추구하는 목표로부터 도덕적 가치를 얻는 것이 아니요, 더군다나 그 목표의 달성에 성공한다고 해서 도덕적 가치가 획득되는 것도 아니다. 그 목표하는 것을 획득한 행위와 그것을 획득함에 있어서 완전히 실패한 두 행위는, 만일 이 두 행위가 동일한 동기에서 나왔다면 동일한 도덕적 가치를 지니고 있다. 이 두 행위는 만일 의무에 대한 존경에서 나온 것이라면 도덕적이다. 그리고 만일 이 양자가 욕망이나 성향 혹은 행복에 대한 희구에서 나온 것이라면 모두 도덕적 의의가 없다.

그러므로 도덕 법칙은, 이를 존중시함으로써 행동이 도덕적 가치를 지니게 되는 것인데, 그러기 때문에 그것은 이성적이고 동시에 순전히 형식적인 것이 아닐 수 없다. 이 이성적이고 형식적인 법칙은 다음과 같은 원리 이외의 다른 것일 수 없다. 즉 사람은 그의 행위의 준칙(準則)이 동시에 모든 사람에 대한 보편적 법칙이 되기를 염원할 수 있도록 행위하지 않으면 안 된다.

칸트의 엄격한 입장은, 그가 들은 여러 예 중의 하나와 결부시켜 볼 때 더욱 쉽게 이해할 수 있다. 거짓말을 하는 것은 옳지 않다고 그는 지적한다. 거짓말을 하는 것은 남을 속이려는 것이기 때문이다. 그리고 만일 모든 사람이 남을 속이려는 생각만을 가지고 있다면, 사람들이 주고받는 말은 그들간의 의사 소통의 매개물이기를 그치고, 따라서 거짓말을 하는 일은 불가능하게 되고 만다. 그러므로 거짓말을 해도 좋다는 준칙은 모든 사람을 위한 하나의 보편적 법칙이 될 수 없고, 따라서 하나의 옳지 못한 준칙이다.

칸트는 그의 형식적 도덕 법칙에 정언 명법(定言命法 ; categorical imperative)이란 이름을 붙였다. 많은 가언 명법(假言命法 ; hypothetical imperative)이 있을 수 있다. 만일 우리가 건강을 원한다면 이러이러한 방도를 취하지 않으면 안 된다, 만일 우리가 친구를 원한다면 이러이러한 몸가짐으로 행동해야만 한다는 등등. 그렇지만 정언 명법, 즉 지상 명령(至上命令)은 오직 하나뿐이다.

더 나아가 칸트는 말하기를, 한 정언 명법이 두 형식 중의 어느 것으로든지 표현될 수 있다고 하였다. 첫째 형식은 위에서 이미 말한 바 있다. 즉 언제나 네가 네 행위의 준칙을 모든 사람을 위한 보편적 법칙이라고 여길 수 있도록 행위하라고 하는 것이 그것이다. 이 명법(命法)의 다른 형식은, 모든 이성적 행위자가 정언 명법을 분별하고 이에 복종할 수 있다는 사실의 인정에서 나온다. 그리고 정언 명법에 복종하는 모든 행위자는 그 본성 속에 본질적 가치를 가지고 있다. 그러한 행위자는 누구나 그 자신이 하나의 목적이다. 물건들은 결코 궁극의 목적일 수 없다. 물건들은 오직 상대적 가치만을 가지고 있고 또 수단으로서 사용될 수 있다. 그러나 이성적 행위자는 하나의 물건이 아니고 하나의 인격이나. 그리고 그의 가능한 본질적 가치 때문에, 어떤 인격도 한갓 수단으로서 사용되어서는 안 된다. 이리하여 우리는 선의지(善意志)의 사람들의 사회라는 개념에 도달한다. 이러한 사회는 목적의 왕국을 이루게 될 것이다. 도덕이란 목적의 왕국이 실현되는 것을 촉진하는 행동에서 성립한다고 말할 수 있다. 그러므로 정언 명법은 다시 다음과 같이 표현할 수 있다. 즉 언제나 모든 사람을 결코 한갓 수단으로서가 아니라 동시에 목적으로서 사용하도록 행위하라고.

이리하여 칸트는 행위를 진정으로 도덕적인 것이 되게 하는 데 꼭 있어야만 하는 조건들에 관한 근본 문제에 대해서 그의 답을 내린 셈이다. 그러나 이 근본 문제에 대한 그의 답에서는, 경험 세계의 철저한 결정론에 휩싸여 있는 인간들이 도덕적 행위를 할 수 있는가 없는가 하는 문제는 해결되지 않고 있다. 왜냐하면 아무도 이성의 명령을 따를 수 있는 자유를 가지지 않는 한 도덕적 명법(道德的命法)대로 행동할 수 없기 때문이다. 오직 자유로운 사람만이 선의지의 사람일 수 있다. 만일 사람들이 외부로부터 그들에게 가해지는 인과적 세력들에 의하여 결정된다면, 혹은 사람들이 그들의 자연적 정감·욕망·성향에 의하여 결정된다면, 정녕 그들은 정언 명법의 여러 요구에 복종할 수 없다. 이성을 가진다는 것은 도덕적 행위의 가능성의 조건이다. 그러나 자유는 도덕적 행위가 현실적으로 있게 되는 데 대한 조건이다. 그렇다고 하면 인간은 자유롭거나 그렇지 않으면 인간에게 도덕이란 것이 아주 없거나 한 두 가지 사태 중의 하나만이 있을 수 있다. 그리고 자유는 경험 세계에 대한 우리의 인식에 있어서 우리가 받고 있는 제한된 견지에서 본다면 하나의 착각이다. 그리하여 칸트는 인식의 한계를 초월하는 신앙에 대한 근거가 혹 한 가지라도 있는지 없는지를 고찰하지 않을 수 없게 된 것이다.

신앙의 요청들

칸트의 〈실천 이성 비판(實踐理性批判)〉은 실천에 있어서 인간을 올바로 인도할 수 있는 원리들을 —— 이 원리들은 사람들이 지각하고 인식하는 세계에는 비록 관계가 없는 것이지만 —— 고찰한 저술이다. 이러한 원리들이 참되다는 것을 알 수 있는 가능성은 없다. 왜냐하면 안다는 것은 현상 세계에서 되어지고 있는 것에 국한되기 때문이다. 한편 이러한 원리들이 모두 그릇되다는 것을 알 가능성도 전혀 없다. 왜냐하면 안다는 것은 또한 가상적(可想的) 세계에 미치지 못하기 때문이다. 그리고 칸트는 경건주의의 배경과 강렬한 도덕적 성실성을 가졌던 까닭에, 도덕적 가치들의 궁극성에 대한 인간 속에 깊이 간직된, 그리고 제거할 수 없는 느낌을 보존해 주는 원리들이, 그것들이 어떤 것이든 절대로 없을 수 없다는 생각을 신앙에 의해서 품는 것이 두말할 여지 없이 당연하다고 보게 되었다. 이 원리들은 결코 지식의 조항이 될 수는 없다. 그렇지만 그것들은 도덕적 생활의 요청들이다. 그리고 도덕이란 이성적 법칙에 대한 복종이기 때문에, 그것들은 실천 이성의 요청들이라고 부를 수 있다.

도덕의 최고 원리는 의지(意志)의 자율적(自律的) 원리라고 보았다. 의지의 자율이란, 우리가 경험하는 세계의 모든 압력을 배제할 수 있는, 그리고 의지가 자기 자신에게 자유롭게 부과하는 법칙을 따를 수 있는 의지의 능력이다.[9] 의지의 자율의 원리는 오직 하나의 가정, 즉 사물들 자체는 현상들에 대해서 현상들 상호간의 관계와 똑같은 관계를 가지고 있지 않다는 가정에 의해서만 지탱될 수가 있다. 다시 말하면 우리는 본체적 자아(本體的自我 ; noumenal self)가 경험 세계의 현상적 자아처럼 구성되어 있지 않다고 가정할 수 있다. 이 가정은 이론적으로 증명할 수는 없으나, 또한 우리가 아는 것으로서 이것을 그릇되다고 확증해 주는 것은 하나도 없다. 그것은 하나의 신앙 조항이요, 우리가 이것을 설정하지 않는다면 인간이 도덕적 존재라는 전제를 모두 포기하지 않으면 안 되게 된다. 그리하여 도덕의 최고 원리는 실천 이성의 첫째 요청에 이끌리게 되는데, 이 요청은 곧 도덕적 존재로서의 인간은 자유롭다고 하는 것이다.

칸트는 이 신조를 깊이 파고들어 가면 그 궁극의 여러 가지 의미에 도달하게 된다고 생각하였다. 최고선(最高善)의 조건은 인간의 의지와 도덕 법칙과의 완전한 조화이다. 그러나 이러한 조화는 감관의 세계에 사는 그 누구에게도 불가능한 것이다. 그러한 조화는 거룩함[神聖性]이요, 완전을 향한 무한한 진보를 요하는 것이다. 그러므로 우리가 도덕 법칙의 여러 가지 요구를 충족시키는 것에 대한 우리의 열망을 무시하지 않는 한, 우리는 영혼의 불사(不死)를 요청하지 않으면 안 된다. 우리는 인간과 같은 도덕적 행위자들이 어떻게 해서든 어느 정도 그들의 도덕적 발전의 목표를 달성할 수 있다는 것에 대해서 신념을 가지지 않으면 안 된다.

거룩함도 인류의 도덕감을 만족시키기에 충분치는 않다. 거룩함은 과연 최고의 선일 수 있으나 완전한 선일 수는 없다. 인간은 덕에는 그에 비례하는 행복이 곁들여 있어야 한다는 말살할 수 없는 의식을 가지고 있다. 인간은 감히 행복을 목표 삼지 않는다. 왜냐하면 그렇게 하는 것이, 한 본래적 선(善)으로서의 의무 숭경(義務崇敬)의 원리를 침해하는 것이 되기 때문이다. 그렇지만 덕있는 사람은 그 최고선(最高善)이 완전선(完全善)의 경지에 도달하기 위하여 복을 받지 않으면 안 된다. 그리하여 우리는 종국에

---

9) 칸트는 의지의 자율에 대하여 〈도덕 철학(*Metaphysic of Ethics*)〉에서 언급하고 있으나, 〈실천 이성 비판〉에서 이 개념을 충분히 전개시키고 있다.

이르러, 그리고 그의 계획을 따라 덕(德)과 행복의 합일을 생기게 하는 데 꼭 있어야만 하는 힘으로서 하나님의 존재를 요청하게 되는 것이다.

그러므로 칸트에게 있어서는 의지의 자율 원리가 그 충분한 정당화를 위하여 자유, 영혼의 불멸, 그리고 신의 존재의 세 요청을 요하는 것으로 여겨지고 있다. 이 요청들은 이론적 이설(理論的理說)이 아니라 오히려 도덕의 여러 갈망에 대해서 의미와 품위를 주는 실천적 조건이다. 그것들은 지식이 아니요, 오히려 신앙인 것이다. 그러나 그것들은 이성이 정언 명법(定言命法)의 권위를 발견한다는 사실에 그 근거를 가지고 있는 신앙이다.

.칸트의 영향

칸트의 입장이 전적으로 받아들여진 일은 거의 없었다. 그러나 그의 영향은 그 이후 사람들의 철학에 이모저모로 침투하였다. 지난 세대에는 그의 영향이 퍽 쇠퇴하였다. 이러한 사정의 주요 원인은 그의 이른바 철학에 있어서의 코페르니쿠스적 전환이 많은 사상가들에게 자연에 대한 정신의 관계에 관한 부당한 이론으로 여겨지게 된 데 있다.

그를 숭배하는 이들도 그의 사상 체계를 전체적으로 따르는 일은 극히 드물었다. 칸트 학파라 자칭하는 사람들(독일 사람들이 가끔 이렇게 자칭하기를 좋아하였거니와)도 그의 사상을 전체적으로 따르는 일은 거의 없었다. 오히려 그들은 칸트의 사상의 복잡한 내용에서 자기가 좋아하는 몇몇 요소를 선택하였고 다른 요소들은 소홀히 하거나 심지어는 물리쳐 버렸다. 그들 가운데 많은 사람은 정신을, 경험만이 아니라 또한 존재를 결정하는 데 있어서도 아주 중심적인 위치를 차지하는 것으로 보았기 때문에, 칸트 자신의 의도와는 정반대되는 형이상학적 관념론의 여러 체계를 세웠다. 그들 가운데 어떤 이는 칸트가 정신에 관해서 생각한 것을 절대 정신(絶對精神)의 이론으로 발전시켰다. 그런데 모든 것을 삼키는 이 절대 정신의 포용성 속에, 칸트가 개인의 자율을 위하여 마련했던 측면은 그 흔적마저 사라져 버렸다. 칸트를 숭배한 영국 학자들 가운데 한 사람은 심지어 칸트 자신을 그 심저(心底)에 있어서는 관념론자였던 사람으로 해석하려 하였다.[10]

---

10) Edward Caird, *The Critical Philosophy of Immanuel Kant*(Glasgow, Maclehose, 1889) 참조.

신학에 대한 칸트의 영향은 철학에 대한 그의 영향만큼이나 심원하였다. 그리고 더 영원한 것이었다. 카톨릭교의 신학자들은 성 토마스 아퀴나스를 기억하기 때문에, 칸트가 부인한 자연 신학(自然神學)을 조심스레 다시 표명하였다. 그러나 신교(新敎) 신학자들은 믿음으로 의롭게 된다는 루터의 교리를 기억하기 때문에, 그들의 신앙을 옹호하는 새로운 방도로서 칸트의 입장을 끌어들이는 것이 보통이었다. 이들 가운데 몇몇 사람은 칸트의 저술을 읽는 가운데 과학과 종교가 두 개의 전혀 다른 세계요, 과학자들이 무엇을 발견하든 과학자는 그 신앙 조목(信仰條目)들을 그대로 지켜 갈 수 있는 것이라고 상정(想定)하기에 이르렀다. 이들이 품은 신앙은 이들에게는 어떤 초월적 근원에서 오는 것이요 자연의 인가를 요하지 않는 것으로 여겨졌다.

2. 피히테

요한 고틀리프 피히테(Johann Gottlieb Fichte, 1762~1814) : 작센에서 태어났다. 어려서도 너무 조숙하였기 때문에 이웃에 사는 부유한 사람들의 도움으로 교육을 받을 수 있게 되었다. 그는 신학과 철학을 공부하였으며, 몇 해 동안 가정교사로 생활한 적도 있다. 1792년에 그는 〈계시 비판(啓示批判; Critique of All Revelation)〉을 간행하였으나 인쇄인의 잘못으로 이름이 표지에서 빠져 비판자들이 이 책을 칸트의 저서로서 환영하였다. 칸트는 즉시 그 저작이 피히테의 것임을 해명하고 동시에 그것을 높이 평가하였다. 그것으로 인해 피히테는 독일 전국에서 대뜸 유명하게 되었다. 1794년에 예나 대학의 철학 교수로 임명되었다. 그러나 얼마 후 무신론자란 비난이 있어 작센 주 정부는 당장 그만두게 했다. 그는 여러 가지 철학적 저술을 내었는데, 그 중에서 1800년에 나온 〈인간의 사명(The Vocation of Man)〉이 가장 유명하다. 1807년 나폴레옹의 침략에 자극받아 〈독일 국민에게 고함(Addresses to the German Nation)〉을 간행하였는데, 그로 인하여 즉시 애국적 열정가들 규합의 중심이 되었다. 그는 베를린 대학의 설립을 도왔고, 1810년에서 1812년까지 총장직을 맡아보았다. 또한 독일로부터 나폴레옹과 프랑스 사람들을 내쫓으려 한 여러 세력에 가담하여 전국적인 강연을 하기 위해 총장직마저 사임하였다. 1814년, 그의 아내가 베를린의 여러 병원에서 부상당한 독일 병사들을 간호하다가 열병에 걸렸을 때 그녀를 간호하다 전염되어 세상을 떠났다.

피히테는 일찍부터 주저하면서도 결정론적(決定論的) 철학을 신봉하였다. 그러다가 1790년에 칸트의 여러 저작을 읽고, (칸트의 〈실천 이성 비판〉 속에 있는) 신앙의 이설(理說)을 결정론에서 빠져 나오는 하나의 방도로서 열정적으로 채택하였다. 그는 모든 철학이 결국 의지의 소관이요, 사람들의 여러 가지 도덕적 결심에 그 기반을 두고 있다고 주장하기에 이르렀다.

〈인간의 사명(使命)〉에서 그는 세 개의 서로 다른 철학적 입장을 묘사했는데, 이 세 입장은 사람들이 명증이나 논증의 기초에서가 아니라 도덕적 신앙의 기초에서 그 중의 하나를 선택해야 되는 것들이다. 이 세 입장의 지지자들은 각기 자기 입장을 이론 정연하게 내놓을 수 있다. 그리고 이 지지자들에게는 경험이 그 견지를 입증해 주는 듯이 보인다. 그러므로 어느 철학을 선택하느냐 하는 것은 개인적 성격의 표현이다. 외부로부터 자기에게 덮쳐 오는 여러 세력에 굴복하는 자는 자기 자신이 세계의 메커니즘(機械的 運動)에 전적으로 휩싸여 있다고 보게 된다. 지각적(知覺的) 경험의 감관적(感官的) 소여(所與)에만 주의를 집중하는 자는 자기 주위의 세계와 자기 자신의 인격이 모두 해소되어 공상의 허구가 되고 마는 것으로 보게 된다. 그러나 자유롭게 되고 또 자기가 옳다고 여기는 가치들을 위하여 행동하려고 결심하는 자는 자기가 자기 자신의 운명의 주인이 되고, 세계가 그의 여러 도덕적 목적을 위해서 그의 마음대로 되는 것임을 보게 된다. 〈인간의 사명〉의 3권의 책은 이 세 철학을 각각 다루고 있다. 그리고 그 자신의 견지를 웅변적 문장으로 분명하게 전개하되, 처음의 두 철학은 배척하고 셋째 철학에 찬사를 보내고 있다. 이 세 입장을 표명함에 있어서 피히테는 제일인칭 단수를 사용하고 있다. 그러므로 이 입장들 개개가 정신의 한 편력으로 다루어지고 있는데, 이 편력은 자아의 성실성에 대한 여러 가지 도덕적 효과 여하에 따라서 혹은 배척되고 혹은 받아들여져야 할 것이다.

〈인간의 사명〉 제 1 권에서 피히테는 메커니즘의 견지를 제시하였다. 내가 세계의 현상(現象)들을 주시해 볼 때 나는 거기서 천편일률적인 경험의 규칙성을 발견한다. 모든 것은 그것에 선행하는 것들에 의하여 결정되어 있고, 또 서로 연관되어 있는 전체 속의 없지 못할 한 개의 물건임을 나는 발견한다. 그리하여 나 자신이 이 전체의 일부분이요, 또 신체·사고 및 행동에 있어서 엄혹한 필연성에 매여 있다고 결론짓지 않을 수 없게 된다. 내가 지금의 나인 것은 내가 현상으로서 출현하게 된 형편과 또 자연의 전체 조직 속에서 내가 지금 존재하고 있는 형편으로 말미암은 것이다. 그리고 장차 내가 어떻게 되는가의 형편은 내 꼴을 만드는 여러 세력에 달려 있다. 심지어 자유의 느낌도 필연성에 의하여 내 속에 일어난다. 그러기에 나는 내가 행동하는 것이 아니고 내 속에 있는 자연이 행동한다고 결론짓지 않을 수 없다. 이러한 이론적 결말에 대하여 나는 공포와 전율을 느끼는바, 이는 내가 진정으로 자유로운 나이기를 희구해 마지않기 때문이다. 그러나 내가 이 이론의 전제들을 받아들이는 한 이 결론에서 빠져나갈 구멍을 찾을 수는 없다.

제 2 권에서 그는 지각주의(知覺主義)의 입장을 제시했다. 모든 지각에 있어 만일 내가 그것에 세심한 주의를 기울인다면, 나 자신의 의식적 상태 밖에는 아무것도 지각하지 못함을 발견한다. 내 밖에 있는 그 어느 대상·실체, 영속적 세계도 나는 지각하지 않는다. 나는 나 자신이라고 부를 수 있는 아무것도 지각할 수 없고, 다만 잠시 있다가 사라지는 감각들과 관념들의 허무한 연속만을 지각할 따름이다. 영속하는 사물이라든가 영원한 자아라든가 하는 개념들은 모두 공상의 허구이다. 나는 나에게 이야기하는 듯이 보이는 어떤 정신에 의하여, 내가 나 자신 속에 마치 허깨비처럼 내 의식을 통해서 하나씩 지나가는 상태들에서 내가 보는 것보나 훨씬 뛰어난 무엇을 가지고 있다고 공상할 수 있다. 그러나 내가 나의 앞에 있는 것에 주목하는 한 나는 주관성의 진흙탕 속에서 벗어날 가망도 없이 허덕일 수밖에 없다. 내가 지각주의 이론의 여러 전제를 받아들이는 한, 완전히 헛된 수고를 거듭하는 맹랑한 처지에서 벗어날 길이 없다.

제 3 권에서 피히테는 그 자신이 제창하기에 이른 주의주의(主意主義)의 입장을 제시하였다. 나는 나 자신 속에 〔결정론(決定論)으로 인도하는〕지능보다도, 그리고 〔지각주의(知覺主義)로 인도하는〕감각보다도 더 근원적인 무엇을 발견한다. 나는 행위하려는 충동을 발견한다.[11] 나는 지능에 대한 나의

---

11) 독일인 특유의 이 태도는 위로는 루터로 소급해 올라가서 믿음으로 의롭게 된다는 그의 교리에서 찾아볼 수 있고, 또 아래로는 현대의 유신론적 및 무신론적 실존 철학 양자에서 다 같이 찾아볼 수 있다. 그것이 가장 명확하게 표현된 것은 괴테의 〈파우스트〉(1808)의

신뢰가 그 자체 나의 세계를 이해할 수 있도록 질서 잡으려는 나의 의지의
결심의 결과요, 감각에 대한 나의 신뢰는 그 자체 경험의 소여를 소중히
여기려 하는 나의 의지의 결심의 결과임을 발견한다. 지능과 감각의 배후
에는 의지가 있다. 인식과 지각의 배후에는 행위하려는 결심이 있다. 그리
고 나의 의지는 본질적으로 도덕적 의지이다. 양심은 모든 경험과 모든 현
실의 뿌리이다. 나는 씩씩한 행동에 필요한 수단들을 내 주변에 가지기 위
해서 하나의 질서 잡힌 세계를 가지고자 한다. 나는 이것을 다음과 같이
말할 수도 있다. 즉 존재하는 것으로서 내가 '인식'하고 있는 것은 내 자신
의 행위요, 이 행위는 내가 힘있게 앞으로 나아가는 것을 가능하게 하기
위하여 자기 자신을 객체화(客體化)한다고. 나의 자아는 모든 동적인 행위
에서 그 짝으로서 하나의 비아(非我; Nicht-Ich)를 요구한다. 나는 내 자신의
정신적 발전의 여러 조건을 재료로 삼아 승리적 성취를 향하여 내 자신의
길을 쌓아 나아가는 데 있어 사용할 수 있다. 우주는 제아무리 엄혹하고
또 어김없는 인과의 쇠사슬을 가지고 있다손치더라도, 결국 내가 내 자신
으로부터 투사(投射)하는 싸움터일 따름이다. 내가 이와 같이 투사하는 까
닭은, 내 도덕적 생활의 진보를 힘차고 고상한 것이 되게 하며, 또 내가 애
써 추구하는 도덕적 목적에 합당한 값있는 것이 되게 하기 위해서이다.

　현실은 우리의 의무의 재료라고 피히테는 결론지었다. 그것은 정언 명법
(定言命法) 속에 그 기원을 가지고 있다. 충동을 가지고 이리저리 표류하는
것은 너무나 안이한 일이다. 양심은 힘찬 투쟁을 요구한다. 그러나 피히테
에게 있어서는 칸트와는 달리 정언 명법이 규칙의 보편성에 대한 요구가
아니고, 개인적 성장에 대한 요구이다. 그러므로 정언 명법은 우리가 좀더
큰 정신적 자유를 향해 성장하도록 생활할 것을 명한다. 또한 정언 명법은
자아의 모든 재질을 발전시키고, 그리하여 개인의 힘을 증가시키는 여러
조건 밑에서 세계에 대해 작용하기 위하여 어길 수 없는 법칙의 세계를 만
들라고 명한다. 세계는 이를테면 그 자체로서는 아무런 실재성도 가지고

제 1 부에서이다. 파우스트는 그의 서재에서 명상하다가 문득 성경에 있는 구절, "태초
에 말씀이 있었느니라(Im Anfang war das Wort)."가 쓰인 것을 보게 된다. 그는 이것을 집어
치우고 그 대신 "태초에 의미가 있었느니라.", 그 다음엔 "태초에 힘이 있었느니라."
를 내걸어 본다. 그러나 최후에 그는 "태초에 행위가 있었느니라."라는 확신에 도달한다.

있지 않다. 세계는 자유인의 사명의 터전이다. 혹은 무대라 해도 좋을 것이다.

피히테는 칸트의 정언 명법의 둘째 형식을 첫째 형식보다 더 충실히 보전하였다. 만일 한 사람이 자기 자신에 대립시켜 스스로 지어낸 세계를 이기고 넘어서려면, 다른 사람들과 더불어 긴밀히 연결되지 않으면 안 된다. 이 다른 사람들은 물건들의 세계와는 달리 정신적 존재들이요, 또 그들 자체가 실재적이다. 한 개인은 오직 자기의 동료 인간들 가운데에서만 그 충분한 자아일 수 있다. 분리된 자아는 너무 제한되어 있어서 한 사람으로 하여금 충분한 힘을 가지고 비아(非我)에 반응할 수 있게끔 하지 못한다. 자유로운 인간은 모든 정신적 인격의 단체적 합동 속에서 자기의 유한성을 상실함으로써만 그의 도덕적 자세를 갖출 수 있다. 피히테는 사도신경(使徒信經) 속에 있는 옛 용어를 사용하여, 이 단체적 합동을 성인들의 교제라 불렀다. 그의 견해로는 합동이 그저 신비적 감정에서 되는 것도 아니요, 전적으로 장래의 생활에 속하는 것도 아니다. 그것은 감정보다는 오히려 행동에 의하여 현실화하는 것이요, 또 그것은 지금 당장 시작되지 않으면 안 된다. 그것은 특히 국가의 조직된 생활에서 발견된다. 물론 국가란 결국 인류의 전도(前途)에 보이는 좀더 조화 있고 좀더 광범한 생활의 전주곡에 지나지 않는 것이지만, 그래도 우선 국가의 조직 생활에서 이 합동을 찾아볼 수 있다.

피히테를 주의주의적 관념론자라 불러도 그리 큰 잘못이 아닐 것이다. 그는 실재(實在)를 인격으로 보았고, 인격을 의지로 보았다. 또한 인격의 힘을 자유롭게 그리고 승리적으로 표현하는 것을 선한 생활로 보는 낭만주의적 도덕가라고 불릴 수도 있을 것이다. 그는 독일 문화의 많은 영역을 뚫고 흐른 한 조류(潮流)의 대표자이다. 이 조류는 두 개의 서로 얽힌 실오리로 되어 있다. 이 두 개의 실오리는 첫째로 강력한 그리고 기술적으로 효율 있는 국가에 대한 예찬이요, 둘째로 이 국가에 대한 적극적 충성을 통한 서정적인 자유감(自由感)이다. 피히테 자신의 생활은 나폴레옹의 강대한 세력에 대한 성공적인 항거를 일으키기에 필요한 효소의 약간을 공급하였다. 그리고 그의 철학설은 강력한 인격적 의지를 아무 구애 없이 표현하는 것을 추구하는 데 대한 일시적 찬성에 그치는 것이 아니었다.

3. 헤겔

게오르크 빌헬름 프리드리히 헤겔(Georg Wilhelm Friedrich Hegel, 1770~1831)；슈투트가르트에서 났다. 그는 튀빙겐 대학에서 공부하였고, 1790년에 이 대학에서 철학 박사 학위를 받았다. 그는 여러 가정에서 가정 교사 일을 보았는데, 처음에는 베른에서, 그리고 다음엔 프랑크푸르트에서 일하였다. 그는 종교에 흥미를 가져 기독교의 기원을 연구하게 되었고, 예수의 생애에 관한 저술을 내었는데, 여기에서 기적과 정통적 그리스도관을 부인하였다. 처음에 그는 자연에 관한 낭만적이고 신비적인 해석을 채택한다고 공언했는데, 해석은 셸링에게서 얻은 것이었다. 또 그는 셸링을 통하여 예나 대학에서 가르치는 자리도 얻었다. 그와 셸링은 〈비판적 철학 잡지(*Critical Journal of Philosophy*)〉를 함께 발간하여 1802년~1803년 2년간 함께 편집을 맡아보았다. 1803년에 셸링이 예나를 떠나자 그는 셸링의 여러 견해와 결별했고, 그 후 10년 동안 차츰 자기 자신의 철학을 발전시켰다. 예나를 떠난 후로 뉘른베르크 대학・하이델베르크 대학, 그리고 베를린 대학에서 가르쳤다. 그는 철학계의 지도자로 여겨지게 되었고, 또 많은 학생들과 일반 대중의 흠모의 대상이 되었다. 그는 1831년에 베를린에서 퍼지기 시작한 전염병 콜레라로 죽었다. 그의 주요 저술에는 〈정신 현상학(精神現象學; *Phenomenology of Spirit*)〉(1807)・〈논리학(*Science of Logic*)〉(1812년에 제 1 권, 제 2 권이 나오고 1816년에 제 3 권이 나옴)・〈철학 백과 전서(*Encyclopedia of Philosophical Sciences*)〉(1817)가 있다. 이 〈철학 백과 전서〉는 그의 체계를 〈소논리학〉・〈자연 철학〉・〈정신 철학〉의 3부로 요약한 것이다. 또 〈법철학(*Philosophy of Right*)〉(1821) 역시 그의 주요 저서의 하나이다. 이 밖에 그가 죽을 때 남긴 강의 초고에서 나중에 다음과 같은 저작이 출판되었다. 즉 〈미학(美學 *Aesthetics*)〉・〈종교 철학(*Philosophy of Religion*)〉・〈역사 철학(*Philosophy of History*)〉, 그리고 〈철학사(*History of Philosophy*)〉.

헤겔의 철학은 일종의 칸트주의이다. 그러나 대부분의 칸트 후계자들처럼 그도 칸트의 불안정한 입장의 여러 국면을 그대로 지키지는 않았다. 그는 칸트의 몇 가지 논점을 열렬히 받아들였고, 다른 몇몇 논점은 전적으로 배척하였다. 그리하여 칸트의 비판 철학을 소위 절대적 관념론(觀念論)의 체계로 변모시켰다.

헤겔은 경험의 이성적 성격에 대한 칸트의 주장에 의하여 깊은 감명을 받았다. 경험은 아무런 합리적 구조도 없이 그저 우리의 의식에 들어오는 소재(素材)가 아니다. 헤겔은 로크와 흄이 경험을 이와 같은 소재로 보고 있는 것으로 생각하였다. 또 이성(理性)은 개인 속에 머물러 있는, 그리고 경험과는 아무 상관없이 여러 가지 직관을 가지고 작용하는 추상적 능력이 아니다. 데카르트는 이성을 이와 같은 추상적 능력으로 보았다. 헤겔에 있어서는 이성과 경험은 둘이 아니요 하나이다. 이성은 경험의 객관적 구조이다. 그리고 우리들 인간은 우리의 심리학적인 여러 변덕스러운 경향을 따르기를 그치고 우리의 사고로 하여금 경험이 일어나는 방식 그대로를 따라가게 할 때 가장 참되게 이성적으로 될 수 있다.

헤겔은 '사물들 자체'에 대한 칸트의 상정(想定)을 못마땅하게 여겼다. 이성이 오직 현상 세계에만 적용되고 모든 실재(實在)에 대하여서는 구성적인 구실을 하지 못한다고 칸트가 가르쳤을 때 칸트도 결국 이성을 너무나 신통치않은 우연적인 것이 되게 하였다고 그는 논란하였다. 물론 실재는 개인의 정신들로부터 독립해 있으나 정신과 전혀 관계없이 존재한다고는 도저히 생각할 수 없다. '사물들 자체'는 만일 이성의 한계를 넘는 것이라면 도대체 아무것도 아니다. 현상(現象)들은 실재와 대조되는 것으로 볼 수 없는 것이 아니다. 그러나 현상들과 대조를 이루는 실재는 경험의 배후에, 그리고 사고와는 영 떨어져서 존재하는 가상적(可想的) 세계가 아니다. 오히려 그것은 단편적인, 따라서 아직 어느 정도 합리성이 부족한 우리의 불완전한 인간 경험이 인간 이상의 정신의 객관적 질서로서 지향하는 완성된 경험이다. 현상들은 실재에 대하여, 마치 부분이 전체에 대한 것처럼 관계되고 있다. 경험은 단순히 혹은 원래 인간적 사건인 것이 아니다. 그것은 하나의 광대한 우주적 과정으로서, 거기 대한 우리의 유한한 참여를 넘어 공간적으로나 시간적으로 무한히 전개되고 있는 것이다. 우리가 가지는, 혹은 전체로부터 인위적으로 추상하는 우주적 경험의 어느 토막에서나 우리는 여러 가지 혼란·모순·애매성을 발견한다. 우리의 유한한 경험이 더욱 더 넓어지거나 혹은 우리가 우주에 대한 우리의 전망을 더욱더 구체적인 것이 되게 하면 할수록 우리는 경험이 더욱더 많은 합리성을 가지고 있음을 발견하게 된다. 이리하여 우리는 경험의 전부가 완전히 이성적인 것임을 깨닫게 되는 것이다. 경험의 여러 가지 못마땅한 점, 혹은 못마땅한 것으로 우리에게 여겨지는 것은 시간을 통한 우주의 점진적인 운동에서 모두 극복되는 것이다.

절대적 관념론(觀念論)

이리하여 헤겔은 나중에 하나의 유명한 철학적 명문구가 된 말로, 현실적인 것은 이성적이요 이성적인 것은 현실적이라는 것을 주장하기에 이르렀다. 그는 이 원리를 역사의 연속체로부터 떼어 낸 각 순간의 인간 경험에 적용하려고는 생각지 않았다. 우리는 우리의 당연한 기대가 사건들의 경과에 의해서 가끔 좌절된다는 사실을 보며, 그래서 우리는 우리 자신의 생활 속에서 합리성과 비합리성의 혼합에 부딪친다. 그러나 헤겔은 절대적인 경험, 즉 시간을 따라 발전하는 우주 전체의 충만한 구체성(具體性) 안에 온전한 합리성(合理性)이 깃들어 있는 것으로 보았다. 그를 비평하는 사람들이 가끔 말한 바와 같이, 헤겔은 19세기의 문학에서 그 모든 국면의 특징을 이루면서 증대한 역사 의식을 철학에 끌어들였다. 혹은 적어도 이 역사 의식을 그 자신의 철학에서 강조하였다. 그러나 헤겔이 다룬 역사는 그저 과거의 이해에 그치는 것이 아니다. 그것은 경험의 시간적 구조를 전체로서, 즉 과거·현재·미래에 있어서 이해하는 것이다. 하나하나의 경험은 그 어느 것이나 아무리 향상의 도중에 있는 것일지라도 결국 현상적인 것에 지나지 않는다. 그러나 우리는 절대적 경험이 우리의 단편적 경험의 여러 가지 결함을 지니고 있다고 보아서는 안 된다. 모든 부조화(不調和), 모든 의미의 결여, 모든 허망(虛妄)은 인간 정신에 있어서는 사라지지 않지만 절대 정신(絶對精神)에 있어서는 이슬처럼 사라지고 만다. 절대적 경험에 있어서 발생하는 모든 것이 그 필연적인 자리를 차지하며, 또 완전히 이해될 수 있다.

그러므로 헤겔은 실재(實在)의 여러 가지 정도와 인식(認識)의 여러 가지 정도를 논하였다. 환상(幻想)이 우리의 경험에서 사실 일어나지만, 그것은 현상(現象)일 따름이요, 따라서 낮은 정도의 실재만을 가지고 있다. 이와 마찬가지로 환상의 존재를 우리가 믿는다는 것은 우리의 유한한 견지에서는 옳은 것이 될 수 있다. 그러나 그것은 결국 낮은 정도의 지식밖에 낳지 못한다. 아리스토텔레스로부터 헤겔 자신의 시대에 이르기까지, 철학자들은 실재가 이미 완성된 것이요, 실재를 목적 삼는 우리의 인식은 온전하고 최후적인 것이 될 수 있다고 가정함으로써 과오를 범했다고 헤겔은 생각하였다. 실재도 인식도 결코 완성될 수는 없다. 실재는 끝없는 과정이요, 그것에 대한 전적으로 올바른 인식은 오직 절대 정신에게만 가능하다. 우리가 우리의 생애의 어느 순간에서도 우리 주위에서 발견하는 세계는, 그것이 우리의 작업의 터전으로서, 그리고 우리의 과학들의 재료로서 우리에게 주어지는 한에 있어서 현실적이다. 그러나 세계는 세계 역사의 노정에서 추상(抽象)된 것이다. 그리고 우리의 학문은 비록 고귀한 것이기는 하나 지적 발달의 여러 단계요, 개별적 학자들의 정신적 경각심의 정도와 지역 사회의 문화적 전진의 정도를 반영하는 것이다. 전적으로 현실적인 유일한 세계는 우주 전체요, 전적으로 올바른 유일한 인식(認識)은 이 우주의 인식이다.[12]

그러므로 헤겔의 견해에 있어서는 우주가 곧 절대 정신이다. 인간 존재들 속의 정신은 하나의 주관적 과정이지만, 우주 속의 정신은 하나의 포괄적인 역사적 과정으로서 이에 의하여 우주는 그 자신의 완전한 성취를 향하여 서서히 전진하는 것이다. 절대 정신을 헤겔은 신이라 부르고자 하였다. 이 견해는 역사상의 유태교나 기독교의 교리들과 아주 일치한다고는 도저히 말할 수가 없다. 헤겔의 신은 제일 원인도 아니요 궁극적인 목적도 아니다. 그것은 세계와 대립하는 것으로 세워진 하나의 존재가 아니다. 그는 이것을 '가이스트(Geist)'란 말로 표현하였는데, 이 말은 보통 '정신'이라고 번역되지만 헤겔의 경우에는 '문화'라고 번역해도 무방할 것이다. 절대적인 것은, 모든 물건과 모든 사건 속에 깃들어 있는 문화적 발전의 선(線)이다. 그것은 우주가 더욱더 잘 이해되는 데로 진전하는 하나의 광대한 역사적 과정이다. 역사는 그저 그것에 의하여 우리들 인간 존재들이 신

---

12) 테니슨은 헤겔의 관념을 그의 시 〈담장 틈에 핀 꽃(Flower in the Crannied Wall)〉(1869)에서 다음과 같이 표현했다.

"담장 틈에 핀 꽃

내가 너를 담장 틈에서 뜯어낸다.

내가 너를 여기에 뿌리와 함께 온통 내 손에 들어 본다.

작은 꽃―― 그러나 만일 내가 너를 이해할진댄, 네가 무엇임을 뿌리와 네 전체가 무엇임을 알진댄, 또한 하나님과 사람이 무엇임을 내 알지니라."

을 의식하게 되고 혹은 세계의 포괄적인 문화에 이르는 과정이기만 한 것이 아니다. 역사는 또한 그것에 의하여 신(神), 즉 가이스트가 그 자신의 발전과 그 양양한 미래에 대한 원대한 경륜을 더 충분하게 의식하게 되는 과정이기도 하다.

헤겔의 변증법

헤겔은 실재와 인식에 관한 그의 이론이 하나의 새로운 논리학을 필요로 함을 깨달았다. 여러 해 동안 그는 이 논리학을 조직적으로 꾸미기에 주력하였다. 그는 분명하게 아리스토텔레스의 논리학을 배척하였다. 이것은 아리스토텔레스의 논리학이, 영구적인 실체들과 또 모든 실체가 주기적으로 되돌아오는 고정된 전형들이 있다는 가정에서 출발하였기 때문이다. 아리스토텔레스의 논리학은 명제들이 참이 아니면 거짓이요, 또 참인 때에는 궁극적으로 참이라고 가르친다. 헤겔은 발전하는 사물들과 변화하는 사건들의 모습을 드러내어 주는 논리학을 원하였다. 우리는 때때로 사건들의 논리에 관하여 이야기한다. 이와 같이 할 때 우리는 의미 있는 이야기를 하고 있는 것이라고 헤겔은 생각하였다. 학교에서 가르치는 형식 논리학(形式論理學)은 이 논리학, 즉 사건들의 논리학이 아니다. 형식 논리는 오히려 이 논리로부터의 추상(抽象)이다. 형식 논리학은 세계의 동적 과정들로부터 멋대로 끄집어낸 고정된 사항과 생명 없는 존재물을 다루기는 하나 이 동적 과정들의 본성을 살펴보지는 않는다. 헤겔이 제창한 논리학은 절대 정신의 점진적 개현(開顯)에 있어서의 사상의 율동적 운동을 인정한다. 이 새로운 논리학은 우리의 사고의 모형이 되지 않으면 안 된다. 왜냐하면 그것은 이미, 그리고 우리들의 유한한 정신들을 떠나서 우리가 벌써부터 알려고 추구하고 있는 절대적 경험의 모형이기 때문이다. 우리가 논리학을 사고(思考)의 법칙을 연구하는 신학(神學)이라고 정의하는 것은 괜찮은 일이다. 그러나 이 경우, 우리는 사고의 법칙을 특별히 인간적인 어떤 것으로 생각해서는 안 된다. 그것들은 절대적 사고 혹은 보편적 문화의 발전 법칙이다. 논리학에 의하여 법칙이 부여되는 이 사고는 무엇보다도 진화하는 세계의 동적 발전이요, 그리고 오직 부차적으로 또 결과적으로만 최선의 통찰의 순간들에 있어서의 현인(賢人)들의 사고이다. 사고의 법칙들이 인간 사고의 규범적 원리가 되는 것은, 오직 그것들이 무엇보다도 우주의 시간적 진행의 현실적인 구조들이기 때문이다.

헤겔은 역사를 세 개의 단계로 변천하는 주기적 운동이라고 보았다. 이 단계들을 그는 정립(定立; These)・반정립(反定立; Antithese), 그리고 종합(綜合; Synthese)이라고 불렀다. 이 단계들은 세계의 발전하는 생명 속에서 찾아볼 수 있다. 즉 군사・경제・정치・사회・사상의 각 방면에 나타난다. 물론 이 각 방면은 실제에 있어서 서로 얽혀 있다. 첫 단계에서는 오성(悟性)이 우주의 상황의 의의를 어떤 정설(定說)로 요약하고 결론짓는다. 이 정설은 그 상황에 관한 얼마간의 부분적 진리를 명료히 표현하고 있다. 둘째 단계에서는 처음에 내세워진 정설에 대한 비판이 일어나서 처음의 정설의 여러 가지 모자라는 점을 지적하고 또 그 부분적 진리에 대한 전반적 회의를 시도한다. 마지막 단계에서는 이성이 부분적 이해와 부정적 비판을 종합하여 실재의 좀더 큰 부분을 더 올바르게 파악한다. 정립과 반정립의 부분적 진리들은 모두 종합 속에 보존되어서 좀더 전체적인 견지로 합체(合體)된다. 그리고 이 정(正)・반(反)・합(合)의 주기적 운동은 끝없이 계속한다고 헤겔은 믿었다. 이 과정에는 종말이 없다. 모든 쓸만한 종합은 새로운 비판적 검토를 위한 정립이 된다. 그리고 이 새로운 비판적 검토는 저 종합이 올바른가를 의심할 새로운 근거를 제시하는 동시에 훨씬 더 큰 범위에 걸친 경험에 대한 좀더 충분한 이해로 이끌어 주는 것이다.

(우주의 역사와 인간의 여러 성찰에 있어서의) 사상의 주기적인 운동을 헤겔은 역사의 변증법(辨證法)이라고 불렀다.[13] 세계 역사는 하나의 변증법적 과정이다. 이것은 그가 세계 역사의 요점을 표현해서 한 말이다. 그가 변증법적 과정을 논함에 있어서 우주론적인 측면에 치중한 부분은 인류 역사를 취급한 부분에 비하여 딱딱하고 도무지 이해하기 어려워서 전문적 철학자로서도 이를 이해하는 사람은 극소수일 것이다. 그의 〈철학 백과〉에서 제시된 하나의 기본적인 3원(三元), 즉 정(正)・반(反)・합(合)은 유(有)・무(無)・생성(生成)이다. 순수한 유(有)가 시발점이다. 이것은 지각되지도 않

---

13) 헤겔의 다이알렉틱(변증법)의 의미는 플라톤이나 칸트가 이 말에 대해서 생각하는 의미와는 아주 다르다. 본서 p. 79와 p. 504를 각각 이것과 비교해 볼 것.

고, 감촉되지도 않고, 상상되지도 않고, 또 일정한 형태를 가지고 있지도 않다. 그러므로 그 자체로서 하나의 추상이요, 전혀 아무것도 아닌 것이다. 즉 무(無)이다. 유와 무는 서로 완전히 다르며, 또한 전적으로 동일하다. 이 두 가지의 종합에서 생성, 즉 변화가 나온다. 또 하나 다른 3원은 질(質)·양(量)·척도(尺度)이다. 질은 저 홀로 있을 수 있는 것이 아니다. 그것은 반드시 어떤 종류의 물건의 질이요, 따라서 양과 결부되어 있다. 그리고 질과 양의 종합에서 일정한 분량 혹은 척도가 나온다. 헤겔은 이 3원과 이 밖의 여러 3원을 하나의 도식으로써 배열하였다. 그리고 이 도식은 그로 하여금 막연한 사상으로부터 우리 주위에 그 충만한 구체성을 띠고 나타난 세계의 진행으로서의 매우 착잡하고 발전한 사상으로 넘어갈 수 있게 하였다고 그는 상상하였다. 그가 이 도식을 사용한 취지의 요점은 아마 그의 다음과 같은 주장, 즉 세계는 막대한 수(數)의 입자(Lucretius의 원자(元子) 같은)들로 되어 있어서, 이것들이 여러 가지로 다른 결합과 순서의 연속으로 저들 자신을 배열하는 그런 것이 아니라 비교적 공허한 것으로부터 차츰 증가하는 깊은 의미에로의 줄기찬 성장이라고 하는 주장에 있지 않을까 한다.

헤겔은 그의 변증법적 공식을 인류 역사의 진행에 적용했을 때 이 공식을 훨씬 더 이해하기 쉽게 하였고, 또 훨씬 더 많은 영향을 끼치게 하였다. 그는 이 인류 역사의 분야에 있어서 방대한 학식을 가지고 있었고, 또 고대로부터 그 자신의 시대에 이르는 유럽의 정치사와 사회사에서 그의 논리의 유효 적절한 실례를 찾아낼 수 있었다. 그는, 플라톤의 관념론(觀念論)은 그것의 반정립(反定立)으로서 데모크리토스의 유물론(唯物論)을 낳은 하나의 정립이었다고 선언하였다. 그리고 서로 대립하는 이 두 견해는 아리스토텔레스의 실재론(實在論)에서 그것들의 종합 내지 절충을 보게 되었다. 에피쿠로스 학파의 쾌락주의(快樂主義)는 쾌락에 대한 무관심을 표시한 스토아 학파의 항변을 야기시켰다. 그리고 다 같이 참된 부분도 있지만 그릇된 부분도 없지 않았던 이 두 학설은 기독교의 좀더 균형 잡힌 윤리학에 의해서 비판적으로 초극(超克)되었다. 특권 계급들의 세습적 여러 권리에 대한 부르봉 왕가의 주장은, 모든 사람의 평등한 여러 권리를 요구한 자코뱅당(黨)의 혁명적 주장의 직접적 기연(機緣)이 되었다. 그리고 설익은 이 두 개의 부분적 진리는 한데 합쳐서 민족국가 내부의 국민들을 위한 법적으로 인정된 여러 권리라고 하는 좀더 건전한 이론과 그 실천으로 진전하였다. 헤겔은 인류 역사에 있어서의 충돌과 이 충돌들을 재료로 한 새로운 형의 사회 질서를 세우는 정치가다운 창건을 해명함에 있어서 그의 변증법적 방법을 아주 교묘히 구사하였다.

역사 철학(歷史哲學)

그의 사후에 출판된 〈역사 철학〉의 서론에서, 헤겔은 이집트와 메소포타미아의 고대 제국(古代帝國)들로부터 18세기의 서구 여러 나라들에 이르는 인류 역사의 개관을 통하여 그가 발견한 역사의 의미에 관하여 하나의 해석을 제시하였다. 그는 이 인류 발전의 역사에서 네 개의 주요 단계를 발견하였다. 고대의 여러 제국에서는 전제 정치가 널리 행해졌고, 또 그 당시의 도덕은 외부로부터 인민 대중에게 강요된 것이었다. 이러한 전제 정치는 인류의 유아기(幼兒期)이다. 이 이후로 희랍 세계에 있어서 개인주의(個人主義)와 더불어 모든 사람이 그들 자신의 개인적 취미와 사상을 자율적으로 표현할 수 있는 해방이 왔다. 이와 같은 분방한 자유는 인류의 청년기(靑年期)이다. 다시 그 다음에 로마 국가의 균형 잡힌 정체(政體)가 일어났다. 이 정체는 제국(帝國)의 여러 제도에 대한 봉사를 통해서 권력을 쥐도록 개인들을 훈련함으로써 권위(權威)의 요구와 자유(自由)의 요구를 조정하였다. 여기에 인류의 장년기(壯年期)가 있다. 마지막으로 여러 세기에 걸친 혼돈이 있은 뒤에 헤겔이 서슴지 않고 이 모든 역사적 발전 과정의 완성이라고 부른 것, 곧 독일 국가의 출현을 보았다. 그리고 이 국가의 생명은 기쁨에 차 있고 이성적이고 완전하다고 그는 감히 말하였다. 그렇다면 여기에 있어서 인류는 그 원숙기(圓熟期)에 도달한 것이다.

윤리학(倫理學)

헤겔의 절대적 관념론(絶對的觀念論)의 몇 가지 귀결(歸結)을 우리는 그의 여러 윤리학적 이론에서 볼 수 있다.

개인은 사회로부터 추상(抽象)한 것이요, 자연적 여러 권리의 찬미는 (그것이 로크가 한 것이든 자코뱅 당원들이 한 것이든) 도덕적으로 보아 틀린 일이라고 헤겔은 믿었다. 사회는 사람들의 한갓된 집합체에 불과한 것이 아니다. 그것은 하나의 정신적 실재(實在)요, 그 속에 파고들어감으로써 사람들은 자아의 의식에 이를 수도 있는 것이다. 개인에게 제한을 가하는 사회는 물론 완전한 것이 못 된다. 왜냐하면 그것은 절대 정신의 발전에 있어서의 한 단계에 지나지 않는 것이기 때문이다. 그러나 그것은 한 개인이 가지는 유일한 사회이다. 그것은 그 사람의 시대와 처소의 가이스트요, 적어도 그에게 있어서는 과학·예술·종교·철학 및 모든 국면의 문화의 보호자요 육성자이다. 자기의 사회가 완전한 것이 못 된다 하여 그 사회로부터 물러서는 것은 자기의 한정 있는 완성을 위해서 없어서는 안 되는 기반을 버리는 것이 된다. 그러므로 한 개인의 의무는 마치 그가 현재의 사회를 대체하고 들어서리라고 공상하는 어떤 미래의 사회 속에 이미 들어간 듯이 사는 것이 아니라, 현실적인 사회가 그의 삶에 대해서 가지고 있는 여러 가지 의미를 그의 힘이 미치는 데까지 충분히 살리는 것이다. 가족과 정치적 조직 같은 사회의 여러 제도는 사회의 여러 가지 의미를 안정시켜 놓은 것들이다. 이 제도들은 비록 불완전한 것일지라도 기성 제도에 반항하는 사람들의 주관적인 의견들보다는 훨씬 더 건전한 도덕 기준이다. 우리들 인간 존재는 절대 정신이 우리들 자신의 시대에 있어서 취하고 있는 변증법적 발전에다 우리들 자신을 밀접하게 관련시키는 한에 있어서만 좀더 나은 존재로 진보할 수 있다. 도덕적이라 함은 자기 자신의 사회의 가이스트에 합치하면서 사는 것이다.

헤겔의 윤리적 여러 학설은 그 여러 결과의 하나로서 보수주의의 강화와 국가 예찬을 가져왔다. 그를 비평하는 사람들은 가끔 그를 비난하되, 그가 부당하게 개인의 인격을 정부의 권위 밑에 굴복시켰다고 말하였다. 그리고 실제적인 여러 가지 목적을 위해서는 이 비평가들이 아주 옳다고 볼 수도 있다. 그러나 이론에 있어서는 헤겔이 국가와 정부를 동일시할 의도는 전혀 없었다. 정부는 국가의 한 기관이요 또 매우 중요한 기관으로서 없어서는 안 되는 것이지만, 그러나 그것은 여러 기관들 가운데 한 기관일 따름이다. 국가가 하나의 정치적 실재물(實在物)임은 틀림없는 사실이다. 그러나 헤겔은 '정치적'이란 형용사를 희랍어의 의미로 사용하여, 단단히 조직된 하나의 집단에 있어서의 사회 생활의 모든 면이란 의미로 이 말을 썼다.

국가는 한 사회로 하여금 여러 가지 예술 활동을 추구할 수 있게 하며, 여러 가지 과학을 발달시킬 수 있게 하고, 또 그 개개 성원의 정신을 교육할 수 있게 하는 모든 관습과 기회와 제도를 그 속에 포함하고 있는 포괄적 실재(實在)이다. 그것은 한 사회의 문화적 정신의 담지자(擔持者)이다.

헤겔의 영향

헤겔의 영향은 19세기 후반과 20세기 초엽에 걸쳐 강대한 바 있었다. 절대적 관념론의 학파는 실용주의자들과 신실재론자(新實在論者)들의 반대가 일어나기 전까지 독일 안에서 지배적이었을 뿐만 아니라, 영국과 미국의 강단 철학을 풍미하였다. 헤겔 철학에 호의를 가진 비평가들은, 그것이 편파성에 대한 웅대한 항변이었다고 단언하였다. 그러나 편파성에 대한 웅대한 항변은 쉽사리 있는 그대로의 현상을 위한 변명으로 전환한다. 왜 그러냐 하면, 이 항변이 모든 선(善)뿐 아니라 모든 악(惡)도 우주의 과정에 있어서는 불가피한 것으로 보이게 할 수 있기 때문이다. 그리고 헤겔주의자들은 실제에 있어서 그와 같이 했던 것이다. 아우구스티누스주의가 어떤 사람들의 수중에서 신의 나라를 현존하는 교회와 동일시하는 데로 나아간 것과 꼭 마찬가지로 헤겔주의는 이상적인 것을 현실적인 것과 동일시하는 데로 나아갔다. 헤겔주의자들은 모든 현실적인 악이 절대 정신의 상승 운동에 있어서 초극된다고 믿을 수 있다. 그러나 그들은 또한 모든 악이 모든 선에 못지않게 절대자의 사상이 새로운 개현(開顯)으로 발전하는 변증법적 과정의 불가피한 일부라고 고백하지 않으면 안 된다. 그리고 개혁의 정열을 가지고 절대자로 하여금 바삐 그 노정을 가게 하려고 애쓰는 유한한 행위자는 그 누구를 막론하고 그의 이론은 웃음거리요, 그의 실천은 부당하다. 왜냐하면 절대자는 그 스스로의 방식을 따라서, 그리고 그 자신의 시기(時機)에 있어서 모든 일을 하기 때문이다.[14]

---

14) 영국의 헤겔 학파의 최대 학자인 프랜시스 허버트 브래들리(Francis Herbert Bradley, 1846~1924)는 〈내 처지와 그 여러 의무(*My Station and Its Duties*)〉라게 제목으로 한 편의 에세이를 저술하였다[1876년도의 〈윤리학 연구(*Ethical Studies*)〉에 발표됨]. 이 에세이 속에 다음과 같은 구절이 있다. "역사는 참된 인간성을 가지가지 불완전한 단계를 거쳐 완성으로 나아가게

헤겔에 대한 마르크스의 응답

헤겔의 저작을 연구한 이들 가운데 가장 많은 영향을 받은 사람은 카를 마르크스(Karl Marx, 1818~1883)이다. 그는 독일 사람으로서 프랑스로부터 두 번 그리고 벨기에로부터 한 번 추방당했으며, 그의 성년기(成年期)의 대부분을 영국에서 보냈다. 그는 영국에서 제 1 차 공산주의 인터내셔널(국제 노동자 동맹)을 위해 일하였고, 또 그의 주요 저서인 〈자본론(資本論 ; *Das Kapital*)〉[15]을 영국 박물관의 도서실에서 썼다. 마르크스는 헤겔의 제자로서 출발했으나 결국엔 헤겔의 적대적 비판자가 되었다. 그는 일반적인 형이상학적 견해나 우주론을 전개하는 일에는 흥미가 없었다. 다만 그의 이른바 유물 사관(唯物史觀)을 정의하고 옹호하는 데 전력을 다하였다. 헤겔에 대한 그의 철학적 관계는 다음과 같이 요약해서 말할 수 있을 것이다. 즉 그는 관념론(觀念論)과 절대주의(絶對主義)를 버렸으나 변증법적 방법은 그대로 물려받았다고.

마르크스는 그 자신의 입장에 대해서 '유물론(唯物論 ; *materialismus*)'이란 말을 씀으로써 자주 오해되어 왔다. 그는 생각지 않는 물질이 사회적 변화의 경로를 결정한다는 가정을 지지하지는 않았다. 또한 정신이 물질의 쓸데없는 부산물이라고 생각하지 않았다. 그는 오히려 정신을 가지고 실재(實在)를 정의할 수 있다고 하는 헤겔의 설에 반대하고 있었던 것이다. 그는 정신이 물질보다 우월한 지위에 있다고 보려고 하지도 않았고, 또 물질이 정신보다 우월한 지위에 있다고도 보려고 하지 않았다. 사유(思惟), 순수한 사유가 비록 있다 하더라도 그것은 아무것도 생산해 내지 못하며, 또 세계 안에서 아무런 변화도 일으키지 못한다. 그러나 생각하는 사람들은,

---

한다. 각 단계의 도덕은 그 단계에 대해서만 옳은 것일 수 있다. 그리고 어느 단계와도 상관없이 그 자체 옳은 것을 규정하자고 하는 것은 불가능한 것을 요구하는 것이라 하겠다. 만일 그대가 그대의 세계만큼만 선하다면, 그대가 가능한 가장 선한 상태에 있다고 할 수 있다. 그리고 세계보다도 더 선하기를 바라는 것은 이미 부도덕의 경계에 들어선 것이다."

15) 마르크스는 〈자본론〉의 제 1 권을 1867년에 내놓았다. 나머지 두 권은 그가 공들여 쓴, 그러나 미완성의 원고를 가지고 그의 친구들이 완결시킨 것인데, 이 두 권은 그가 죽은 후에 나왔다.

한데 뭉쳐 집단을 이루고 또 그들이 이용할 수 있는 자연적 및 사회적 재료에 대해서 작업을 가할 때 많은 일을 할 수 있다. 물론 인간의 참여로부터 완전히 떨어져서 많은 변화가 자연에서 일어날 수 있다. 그러나 마르크스가 가장 많은 흥미를 가졌던 변화, 인류의 복지에 가장 중요한 변화는, 사람들이 그 지능으로 충분히 생각해 낼 수 있는 여러 가지 실제적 기예(技藝)와 고안(考案)을 통해서 그들이 생기게 하는 변화라고 그는 믿었다. 사람들은 역사를 만든다. 그리고 생각하는 사람들은 생각하지 않는 사람들과 다르게 역사를 만든다. 사람들은 그들의 물질적 환경을 더욱더 잘 좌우하게 될 수 있고, 또 그렇게 됨으로써 미래의 역사의 진로를 좌우하는 힘을 더욱더 많이 얻을 수 있다는 것을 마르크스는 깨달았다. 그러나 세계는 사유의 전개가 아니다. 그것은 하나의 물질적 세계요, 그 안에서 사유는 물질적 구조들과 과정들 속에 구체화되지 않는 한 소용이 없는 것이다.

마르크스는 헤겔의 절대주의를 통박하였다. 그는 절대주의를 사회적 반동의 방패로 여겼다(유럽에서는 1830년과 1848년의 혁명 운동에 대한 탄압이 그런 반동이었다). 그는 헤겔이 사회적 반동을 신비적이고 낭만적인 광채로 휘감았고, 사회의 특권 계급들로 하여금 필요한 개혁을 반대하도록 격려하였다고 주장하였다. 빈곤과 인류의 고뇌는 이것들이 절대 정신(絶對精神)의 발전에 있어서의 단계들이라고 말함으로써 용인될 수 있는 것이 아니라는 것이다.

그러나 마르크스는 헤겔의 변증법적 방법을 그대로 이어받았다. 그의 유물론은 변증법적 유물론(辨證法的唯物論)이다. 즉 그는 역사를 적대 세력들의 끊임없는 충돌이라고 보았다. 그리고 이 세력들의 하나하나는 아무리 기성 사회의 여러 가지 제도들을 가지고 자기 자신을 수호한다 할지라도, 결국 그것을 폭력에 의하여 거꾸러뜨리는 조건이 될 수 있는 불만을 생기게 한다. 제각기 혼자서 일하는 개인들은 변화를 촉진하는 데 있어서 거의 아무런 힘도 없다. 그러나 계급들은 철저한 변화를 일으킬지도 모르는 행동의 방편을 발견할 수 있다. 변증법적 유물론은, 경제적 집단들이 권력을 위해서 서로 투쟁하며, 그리하여 어떠한 사건들이 그들의 시대에 일어날 것인가를 결정하는 정립(定立)·반정립(反定立)·종합(綜合)의 이론이다. 마르크스는 경제적 동기가 사회의 주요한, 그리고 모든 것을 포함하는 힘이라고 믿었다. 그리고 예술과 교육과 철학, 심지어 과학적 문제들과 발견들을 경제적 이익에 대한 근본적 욕구를 조장하는 수단이라고 보았다. 그 자신의 매우 중요한 역사 연구는 그 당시에 널리 행해지고 있었던 공업 생산의 자본주의적 체제로부터 하나의 사회주의적 체제로 옮아 가는 것을 촉진하는 직접적이고 실제적인 문제를 중심삼는 것이었다. 그러므로 그는 자기의 입장을 일반적인 철학적 술어로 표현하는 데 시간을 허비하지 않았다. 그러나 그는 자본주의로부터 사회주의로의 이행을 역사의 변증법적 운동의 계기(繼起)하는 여러 단계의 하나에 불과한 것으로 보아야 한다고 고백하였다.

마르크스는 보통 선거(普通選擧), 일반의 동의, 대의 정부(代議政府)와 같은 사회적 변화를 위한 민주주의적 방법에 대해서 거의 흥미가 없었다. 그리고 그의 사후의 영향은 그의 사상의 이 면을 특히 두드러지게 했다. 만일 어떤 계급이 다수결을 통한 일반의 동의를 기다린다면, 그 계급은 그 목적들을 절대로 달성하지 못할 것이다. 역사가 계급들 사이의 충돌로 이루어지는 마당에서는, 보통 선거는 이미 권력을 쥐고 있는 계급의 이익이 아니면 일반 대중의 무기력을 반영하게 마련이다. 과감한 소수파는 투표자들의 무리 속에서 전향자들을 만들려고 정력을 허비하느니보다는 오히려 직접 행동에 의하여 더 많은 일을 성취할 수 있다. 과감한 소수파의 성원들을 단결시키는 주요 유대가 되는 것은 언제나 경제적 이해 관계를 가진 하나의 공동체일 것이다. 오직 이 경제적 이해 관계를 가진 공동체가 있는 곳에서만 비로소 한 집단의 성원들이 지적(知的)인 원리들과 이 밖의 여러 가지 사회적 힘에 의해서도 또한 단결될 수 있다. 어떤 개인들은 남들의 복리가 곧 자기의 복리라고 생각하고 남의 복리를 위하여 일하기를 좋아하기 때문에, 자기의 개인적 이익에 정반대되는 행동을 한다고 말할 수 있을 것이다. 사실 이런 사람들이 없지 않다. 그러나 역사에 있어서의 지배적 힘과 사회 변화의 주요한 수단은 모두 경제적인 것이다. 마르크스가 많은 개인들에 대한 공민권의 침해를 허용하려 한 것은, 약간의 개인들이 필요한 사회적 개혁의 여파로 고통받게 마련이라고 하는 그의 확신에 기인하는 것이다. 헤겔처럼 그도 국가 안에 있는 개인들의 행운보다 하나의 전체로서의 국가에 더 많은 관심을 가지고 있었던 것이다.

4. 쇼펜하우어

아르투어 쇼펜하우어(Arthur Schopenhauer, 1788~1860) : 단치히에서 태어났다. 그의 아버지는 부유한 은행가였는데 볼테르를 숭배하였으며, 또 영국인들이 지닌 자유의 이상을 찬양하였다. 그리고 독일 문화가 뒤떨어졌다고 보았으며, 프로이센을 몹시 증오하였기 때문에 1793년에 프로이센 사람들이 단치히를 합병했을 때 가족과 함께 함부르크로 이사했다. 그의 어머니는 낭만주의에 속하는 이름 없는 소설가였다. 쇼펜하우어는 2년 동안 파리에서 학교에 다녔고, 다시 2년을 영국에서 교육받았다. 그는 희랍어와 라틴어에 능숙하였고 고전 문학을 열심히 공부하였다. 한동안 어떤 상점에서 일했으나, 될 수 있는 대로 빨리 학자 생활을 해야겠다는 결심을 하였다. 그의 아버지가 죽은 지 얼마 안 되어 스물한 살이 되었을 때, 그는 아버지의 유산으로 자립하기에 충분하였다. 그래서 그는 1809년에 괴팅겐 대학에 입학하였다. 그는 어머니와의 사이가 좋지 못하여 아버지가 죽은 후로는 별로 접촉이 없었다. 1813년 박사 학위 논문 〈충족 이유율의 네 근거에 대하여(The Four-fold Root of Sufficient Reason)〉를 발표하였다. 그는 칸트의 여러 저작을 찬미하기에 이르렀으나, 피히테가 베를린 대학에서 행한 강의를 듣고는 이를 조소하였다. 1818년에 그의 대표적 저서 〈의지와 표상으로서의 세계(The World as Will and Idea)〉가 나왔으나, 거의 주목을 끌지 못하였다. 1819년에 베를린 대학에서 몇 가지 강의를 할 기회를 얻었다. 헤겔의 명성을 시기하고 있던 그는 헤겔과 똑같은 시간에 강의하도록 시간표를 짰다. 그랬더니 청강하는 사람이 거의 없어 불쾌한 감정만 갖게 된 것밖에는 아무런 소득도 없었다. 1831년에 그는 베를린의 콜레라 전염으로부터 피신하여 프랑크푸르트 암 마인으로 가서 그곳에 정착하여 여생을 보냈다. 그는 이웃 사람들에게 심술꾸러기로 보였고, 심지어는 무례하게까지 보였다. 그래서인지 친구가 거의 없었다. 그는 많은 여자와 관계하였고, 자기가 육욕에 사로잡혀 있는 것을 항상 부끄럽게 여겼다. 그리고 여자를 많은 인간적 불행의 근원이라 하여 공공연하게 깎아 내렸다. 1848년의 자유주의적 운동에 대한 탄압을 계기로 한 독일의 사회적 환멸로 말미암아 그의 논문들의 논조는 그 당시 대중의 구미에 더욱 맞아들어갔다. 그래서 만년에는 그가 그렇게도 바라던 명성을 얼마쯤 얻게 되었다.

쇼펜하우어는 칸트의 저작으로부터 칸트 자신이 생각지도 않은 하나의 시사(示唆)를 얻어 가지고 이 시사를 하나의 완전한 학설로 발전시켰다. 그런데 이 학설은 인간의 본성에만 관한 것이 아니라 세계 전체의 본성에 관한 것이다. 그리고 이 시사는 현상 세계(現象世界)를 논하고 있는 칸트의 〈순수 이성 비판〉과 의지(意志)로서의 본체적 자아를 다루고 있는 칸트의 후기 저작들 사이의 관계를 그가 숙려(熟慮)하고 있었을 때 그의 염두에 떠오른 것이다. 그리하여 쇼펜하우어는 세계를 관념(혹은 표상)과 의지로 보게 되었다. 그러나 그는 이 표상이나 의지의 어느 면에서나 칸트의 교설(敎說)을 충실히 따르지는 않았다.

주의주의적(主意主義的) 관념론

쇼펜하우어는 칸트와 마찬가지로, 경험의 소여(所與)가 현상(現象)이라고 생각하였다. 그러나 칸트와는 달리 이 현상들이 개개 인간 존재의 사적인 정신 속에 있는 주관적 관념들이라고 상정하였다. 온 세계와 그 속에 있는 모든 것은 감관 경험(感官經驗)을 초월해서 존재하는 실재적 사물들에 의하여 사람들의 정신들 속에 산출되는 관념들로 볼 수 있다고 그는 주장하였다. 그러나 이와 같이 본 세계는 현상들의 세계일 따름이다. 그것은 그것에 대한 사람들의 경험을 떠나서는 현실적인 것이 못 되는 세계이다. 물리학과 다른 자연 과학들은 현상들의 과학이라 해도 과언이 아닐 것이다. 이 과학들은 그럴듯한 진리를 가지고 있고, 또 확실히 실제적으로 크게 쓸모가 있다. 그러나 그것들은 세계를 그야말로 피상적으로 다루고, 우리들 자신과 우리 밖의 세계의 실상이 무엇인지를 이해시키지 못한다. 그러므로 과학들로부터는 사물들 자체에 관하여, 즉 우리들 자신의 존재나 우리들 속에 관념들을 산출하는 진정한 힘들에 관하여 아무런 결론도 끌어낼 수 없다. 과학자들이 다루는 현상 세계를 넘어서 파고들어갈 수 있어야만 비로소 실재 그 자체가 무엇인지를 알 수 있다.

철학자는 자기 자신을 연구함으로써 과학적 지식의 피상적 영역을 넘어설 수 있는데, 이는 그가 그 자신 속에서 하나의 본체적(本體的) 대상을 만나기 때문이라고 쇼펜하우어는 믿었다. 우리들 각자는 직접 들여다볼 수 있는 자기 자신의 존재를 가지고 있으며, 또 자기 자신을 다른 모든 물건의 궁극적 성질에 대한 열쇠로 볼 수 있다. 우리들 각자는 자기 자신이 결국 의지(意志)임을 발견한다. 그런데 이 의지는 칸트가 경건한 마음에서 상상한 것처럼 본래 도덕적인 의지가 아니다. 오히려 그것은 자기 아닌 것,

그리고 자기가 가지고 있지 않은 것에로 지향하는 끊임없는 분투의 노력이다. 여기서 한 걸음 나아가 쇼펜하우어는 세계 안에 무수히 있는 다른 모든 것들은 우리들 각자가 발견하는 자기 자신과 근본적으로 동일한 성질을 가지고 있다고 추론하고 있다. 그는 아무 데서도 이 추론을 증명하지는 못했으나 우리들 자신의 본성과 다른 모든 것의 본성이 같다는 데 대해서는 확신을 가지고 있다. 우리들은 우리 주위에, 강물이 바다로 흘러들어가는 쉴 새 없는 진행, 나침반의 바늘이 북쪽을 가리키는 악착같은 끈기, 쇠부스러기가 자석으로 끌려들어가는 다급한 모습, 염분 있는 침전물이 수정체의 모양을 가지게 되는 한결같은 경향, 우리 신체에 대한 지구의 인력, 그리고 모든 물체가 서로 끌어당기고 혹은 반발하는 힘을 발견한다. 우리가 우리 자신의 본성을 이해하게 되기만 하면, 우리 주위의 도처에서 우리는 무수한 의지들이 있음을 보게 된다. 그리고 우리들 자신은 이 의지들의 한 가운데 있는 듯싶다. 우리의 눈은 보려고 하는 의지가 현상(現象)으로 나타난 것이요, 우리의 위는 배고픔을 없애고 배부르게 하려는 의지가 현상으로 나타난 것이요, 우리의 오장 육부는 소화하려는 의지가 현상으로 나타난 것이요, 우리의 두뇌는 알려는 의지가 현상으로 나타난 것이요, 물건을 쥐는 손과 달음박질하는 다리는 여러 가지 일과 목적을 수행하려는 의지가 현상으로 나타난 것이다. 우리들 자신의 내부에 있어서, 그리고 우리를 둘러싼 세계의 어느 곳에 있어서나 우리는 내체로 의지라고 부를 수 있는 것의 충동력이 언제나 있음을 본다. 현상적으로 혹은 외부적으로 관념으로서 나타나는 모든 것은, 그 자체 우리들 각자가 우리 자신의 참된 존재에 있어서 보는 바와 같이 의지의 부단한 운동이다.

　의지(意志)는 지성보다도 근원적이라고 쇼펜하우워는 주장하였다. 어떤 의지는 적어도 어떤 경우에는 지적인 의지일 수 있다. 그러나 의지는 세계에서 보편적이지만 지성은 그렇지 않다. 의지는 가끔 우리 주위의 자연 세계에 있어서 맹목적인 분투이다. 그것은 그것이 추구하고 있는 목적을 내다보고 있지 않다. 심지어 자기의 목적을 의식하고 있는 의지들도 그 목적에 도달하는 수단을 잘 구사하지 못하고 충동이 끌어 가는 대로 이리저리 헤매고 있다. 그리고 인간에 있어서처럼 의지가 지성의 도움을 받고 있는 경우에도, 그것은 반드시 좀더 고상한 의지가 아니다. 왜냐하면 쇼펜하우어가 지적한 바와 같이, 지성이 도덕적 행위를 보증하는 것이 아니기 때문이다. 지성은 의지의 이익을 추진시키기 위해서 비열한 수단을 생각해 낼 수도 있다. 교묘한 사기를 행하고 좋지 못한 것을 좋은 듯이 보이게 하는 데는 파렴치한 면이 있기도 해야 하지만, 또한 지능도 있어야 하는 것이다.

그런즉 쇼펜하우어의 생각에 의하면, 세계는 관념인 동시에 의지이다. 그는 세계의 일부가 의지이고 일부가 관념이라고 생각지는 않았다. 오히려 그는 세계 전체가 이 둘 중의 어느 하나로 해석될 수 있다고 생각한 것이다. 세계는 현상들을 가지고 연구하는 과학자들에게는 관념이요, '사물들 자체'로 파고들어가는 철학자에게는 의지이다. 쇼펜하우어는 주의주의적 (主意主義的) 관념론자였다. 인간에 있어서 인격 혹은 정신이 되는 것을 가지고 모든 실재(實在)를 해석한 점에서 그는 관념론자였다. 인간을 포함하는 만물에 있어서 의지를 으뜸가는 것으로 본 점에서 그는 주의주의자였다.

염세관(厭世觀)

쇼펜하우어는 그의 주의주의적 관념론의 체계에다 염세관을 보태었다. 주의주의(主意主義)나 관념론(觀念論)은 논리적으로 염세관을 내포하는 것은 아니다. 염세관은 주의주의적 관념론을 내세우는 사람들이 그 체계를 전개하기 위해서 선택할 수 있는 여러 가지 방도 가운데 하나이다. 그것은 쇼펜하우어 자신의 불행한 생애가 그로 하여금 그의 철학을 전개시키기 위하여 선택하게 한 방도인 것으로 보인다.

의지 작용(意志作用)이라는 것은 자기가 가지고 있지 않은 것을 원하는 것이라고 쇼펜하우어는 말한다. 그것은 무엇을 결여한 상태요, 따라서 고통을 겪는 것이다. 의지가 (가끔 그럴 수 있듯이) 그 바라던 목표물을 소유하는 일을 완수하면, 그것은 죽어 없어져 버리고 만다. 그것은 열 번에 한 번, 혹은 그보다 더 적게 완전한 충족에 도달한다고 쇼펜하우어는 우울하게 추산하였다. 그는 말하기를 쾌락은 하나의 소극적인 상태라고 하였다. 그것은 만족을 얻은 의지의 소멸에 가끔 수반하는 행복감일 따름이다. 이와 반대로 고통은 좀더 정상적인, 즉 늘 있는 상태요 또 적극적이고 잔인하다. 그것은 길이 막힌 의지의 줄기찬 절망이다. 욕망은 대부분의 의식의 근저를 부식하여 지칠 대로 지치게 한다. 그러나 만족은 "쉽게 얻을 수도 없고 오래가지도 않는다."[16] 그리고 익살맞은 장난인 만족이 설혹 생긴다고 하면, 새로운 욕망들이 따라 일어나서 만족되지 않은 여러 요구를 가지고 다시 괴롭힌다.

쇼펜하우어는 그의 광범한 독서로 그가 알고 있었던 한의 세계 문학을 샅샅이 뒤져서, 인간 경험에 있어서 고통이 쾌락을 압도하고 있다는 사실의 예를 찾았다. 그는 탄탈로스(Tantalos) 및 희랍 신화에 나오는 그 밖의 여러 인물을 우주의 조직에 있어서의 인간의 위치를 잘 드러낸 상징으로 볼 수 있다고 주장하였다. 그는 단테의 지옥은 우리의 일상 세계로부터 유효하게 모은 재료를 사용하고 있어서 대부분의 독자에게는 실감이 난다고 말했는데, 이것은 〈신곡(神曲 ; Divine Comedy)〉에 대한 일반의 비평에 일치한다. 그러나 단테의 천당은 비현실적이요 맥이 빠져 있으며, 인류의 정상적 경험과는 거리가 먼 것이다. 고통을 겪는 것은 그저 통칙(通則)에 그치는 것이 아니다. 그것은 의지의 본질이다. 생은 별수없이 불행한 것, 그 비이성적인 의욕의 바탕에 있어서나 경험적으로 일어나는 그 현상에 있어서나 한결같이 불행한 것이다.

해탈에 이르는 두 길

쇼펜하우어는 그의 〈의지와 표상으로서의 세계〉의 많은 페이지를 사람이 인생에 으레 있는 불행에서 벗어나기 위하여 강구할 수 있는 방안을 고찰하는 데 충당하고 있다.

그는 자살을 옳다고 보지 않았다. 죽을 운명을 지닌 이 인생의 종말은 다만 현상적(現象的) 신체의 종말일 따름이요, 이 육체의 종말이 온다고 해서 살려고 하는 영원한 의지를 가진 진정한 자아의 종말이 오는 것은 아니기 때문이다. 그러므로 자살은 천박하고 어리석은 행위이다. 불행으로부터의 진정한 해탈에는 좀더 심원한 방법들이 없을 수 없다. 그는 자기가

---

16) R. B. Haldane과 J. Kemp의 영역 *The World As Will and Idea* (London, Truebner, 1883~1886), vol. I, p. 253.

이러한 방법을 두 가지 제공할 수 있다고 믿었다.

쇼펜하우어는 이 두 가지 해탈 방법의 첫째 것을 고대 희랍인들의 철학과 문화, 특히 플라톤의 철학에 대한 그의 오래고 철저한 연구에서 얻었다. 그는 관념들에는 서로 아주 다른 두 가지의 종류가 있다고 보았다. 첫째로 감관 경험의 내용이 되며 일상 생활의 현상적 대상이 되는 관념들이 있다. 둘째로는 영원한 관념들이 있는데, 이것들은 생성의 과정과 그 과정에 따르는 여러 가지 불행에 의하여 좌우됨이 없다. 사람들은 영원한 관념들을 명상하는 데 몰두하면 할수록 끊임없는 의지의 애씀에서 벗어나며, 또 변화가 전혀 침범하지 못하고, 따라서 고통으로부터의 도피가 성취되는 고요한 세계로 올라갈 수 있다.

인간이 영원한 관념들을 명상하는 데 자기 몸을 바치려면 테크닉〔手法, 技術〕이 필요하다. 그리고 그 테크닉은 예술을 탐구하는 일이라고 쇼펜하우어는 가르쳤다. 최선의 예술은 작품 그 자체를 위하여 어떤 특정한 예술 작품(조각·회화·시)을 제공하지 않는다.[17] 예술이 특수한 예술 작품을 제공하는 것은, 이 예술 작품을 넘어서 영원한 관념으로 주의를 돌리게 하기 위해서인 바, 이 예술 작품은 영원한 관념의 일시적 표현이다. 성공적으로 잘된 예술에 있어서는 그 특정한 대상이 표상적이기보다 오히려 상징적이다. 그것은 본시 하나의 특수물이 아닌 것을 상징하는 것이다. 어떤 사람이 한 예술 작품을 보고 그것이 내포한 영원한 관념을 명상하는 데 골몰하게 되면, 그 사람은 시간의 진행이 그를 위하여 멎는다는 것, 그의 의지가 애쓰기를 그친다는 것, 그리고 마음의 동요가 사라지고 고요함이 들어선다는 것을 발견한다. 만일 우리가 평상시의 인생 행로를 강렬한 폭풍우의 광란에 비긴다면, 미적 향락은 마치 폭풍우를 꿰뚫고 비추어 오되 아무리 사나운 비바람이 치더라도 조금도 진로를 바꾸지 않는 말없는 태양 광선과도 같다. 그러므로 예술에 있어서의 의지는 광란하기를 그치고, 영원 속에서 자신을 잃고 영원과 합치며, 또 잠시나마 휴식을 얻게 된다.

---

17) 쇼펜하우어는 예술가들이 제공하는 어떤 대상들, 가령 나체화 같은 것이 사람들로 하여금 개별자에 대한 욕망을 초월해서 높은 처지에 이르게 하는 대신 도리어 이러한 욕망을 일으키게 한다는 것을 잘 알고 있었다. 그러므로 그는 이런 종류의 대상(對象)을 가짜 예술, 혹은 그릇된 예술이라고 보았다.

그러나 예술은 쇼펜하우어가 그것을 아름다운 문장으로써 찬양하면서도 또한 깨달은 바와 같이, 인생의 여러 가지 고뇌의 최종적 해결이 될 수 없다. 예술은 일시적 해탈이다. 미적 경험은 오래 유지될 수가 없다. 인간은 그 이상의 어떤 것을 필요로 한다.

쇼펜하우어는 그가 제안한 해탈 방법(解脫方法)의 둘째 것을 인도 철학, 특히 불교에 대한 그의 공감에서 얻었다. 그것은 고난을 당하고 있는 자기 동포와 자기가 한 몸이라고 느끼는 의식에서 출발하여 성자다운 성품에서 절정에 달하는 하나의 도덕적 실천이다. 모든 사람이 그들의 쉼없는 의지와 이에 따르는 괴로움을 당함에 있어서 자기 자신과 조금도 다를 바 없다는 것을 깨달을 때, 그는 자신의 분투의 개별성을 초월하게 되는 동시에 인류에 대한 보편적 동정의 느낌을 가지게 된다. 이제 그는 다시는 공포나 시기나 노여움을 느끼지 않는다. 이제 그는 다시는 그 자신의 조그마한 욕망들에 의하여 이리저리 헤매지 않는다. 그는 그의 가련한 개별성(個別性)에서 탈피한다. 그는 한때 그를 괴롭힌 현상 세계의 환상들에 대해서 무관심하게 된다. 그는 미소를 띠고 세계의 열띤 진행을 내다볼 수 있다. 그는 자기 자신의 의지(意志)를 부정할 수 있다. 그는 성자다움을 몸에 지니게 된 것이다. 성자다움이란 살려는 의지(意志)의 부정(否定)에 기초를 둔 삶의 자세이기 때문이다.

5. 니체

프리드리히 빌헬름 니체(Friedrich Wilhelm Nietzsche, 1844~1900) : 라이프치히 근처인 뢰켄에서 태어났다. 그는 홀어머니와 친척되는 여러 부인들에 둘러싸여 자랐는데, 이들은 그들의 종교적 경건성을 그에게 주입하려 하였다. 그러나 그는 온갖 형태의 종교에 대하여 맹렬히 반발하였다. 라이프치히 대학에서 그는 고전 언어와 고전 문학을 공부하였다. 언어학에 관한 그의 논문들은 대뜸 우수한 것으로 인정받았다. 그리고 스물네 살에 바젤 대학의 고전 언어학 교수로 초빙되었는데, 이를 수락함에 있어 부득이 스위스 시민이 되는 데 동의하지 않으면 안 되었다. 그러나 보불 전쟁(普佛戰爭)이 일어나자 그는 독일군을 위하여 열정적으로 봉사하였고, 전쟁에 대한 그의 참여가 부상자를 운반하는 일에 국한된 데 실망하였다. 1879년에 그는 건강이 나빠 교수직을 사임하지 않을 수 없게 되었다. 그는 휴양지를 전전하면서 기력을 회복하려고 애썼으나 1889년에는 졸도성(卒倒性) 뇌일혈로 보이는 병에 걸려, 가끔 잠깐씩 정신을 차리는 때를 제외하고는 죽을 때까지 성한 정신을 회복하지 못했다. 그의 많은 저작 가운데에서 주요한 것을 들면 다음과 같다. 〈비극의 탄생(*The Birth of Tragedy*)〉(1872)・〈인간적, 너무나 인간적(*Human, All Too Human*)〉(1878~1880)・〈이 기쁜 지혜(*This Joyful Wisdom*)〉(1882)・〈차라투스트라는 이렇게 말했다(*Thus Spake Zarathustra*)〉(1883~1884)・〈선과 악을 넘어서(*Beyond Good and Evil*)〉(1886)・〈도덕의 계보(*Genealogy of Morals*)〉(1887)・〈권력에의 의지(*The Will to Power*)〉(1901)・〈반그리스도론(*Antichrist*)〉(1901).

니체는 체계적 철학자라기보다는 오히려 한 예언자였다. 그는 형이상학과 인식론에 대해서는 별로 관심을 갖지 않았고, 독일 사람들의 이른바 생(生)의 철학(Lebensphilosophie)에 그의 위대한 문학적 재질을 온통 기울였다. 그는 칸트를 도덕 광신자라고 비웃었다. 그는 다윈과 헉슬리의 저작들을 알고 있었으나, 졸렬한 것으로 여겼다. 그의 해석으로는 이것들이 한낱 생물학적 생존에 너무 많은 가치를 두었던 것이다. 니체의 세계관(世界觀)을 그의 저작으로부터 찾아내려고 하는 비평가는 (그와 같은 시도는 특별히 보람찬 일은 못 되거니와) 소수의 애매한 명제를 주워 모을 수 있을 뿐이다. 니체는 세계에 아무런 본래적 질서도, 아무런 일관된 목적도, 아무런 도덕적 정부도 없다고 생각하였다. 그는 선하다, 혹은 악하다, 아름답다, 혹은 추하다, 기계이다, 혹은 유기체이다 하는 따위의 술어를 일반적으로 적용하는 것이 잘못이라고 생각하였다. 세계는 서로 다른 무수한 방식으로 상호 작용하고 있는 천차만별의 무수한 사물들이다. 니체는 자기가 너무 속이 넓어서 어떤 체계 따위 하나만을 품을 수는 없다고 자랑하였다.

'생의 철학'의 분야에서도 니체는 체계적인 것과는 거리가 멀었다. 그는 유려한 문장과 긴 논문을 쓸 수 있었다. 그러나 그 몇 개의 저작에서 그는 초연한 명언 경구를 숱하게 내놓았다. 그 명언은 하나하나 돌연한 외침인 양싶다. 그 명언들은 가끔 예지를 담고 있고, 대개는 언제나 날카롭고 또 알맹이가 있으며, 때때로 의식적으로 도발적이기도 하다. 니체는 자기의 사상을 과장해서 표현하기를 좋아했는데, 이것은 경건한 독자를 괴롭히려고 한 탓도 있고, 생각이 깊은 독자 속에 독립적인 반성을 일으키려고 한 탓도 있다. 니체를 싫어하는 사람은 누구든지 니체 자신의 글귀에 엄밀하

게 의거하는 한편 니체의 참된 의도를 찾아보려고 애쓰지 않음으로써, 그
가 뚜렷한 자기 모순을 범했다고 비난할 수가 있다. 그러나 니체는 실상
더할 나위 없이 성실하였다. 그는 영리한 척하기 위해서 기지를 부리는 일
은 절대로 없었다(볼테르는 그런 점이 있었던 것 같지만). 그는 목사였던 여러
세대의 그의 조상들이 목표 삼던 결과들과 정반대되는 결과들을 목표로 삼
았으나, 그들의 열성을 그도 또한 가지고 있었다. 그는 압도적으로 우세한
유태적 기독교의 전통을 깨뜨려 버리려고 사람들로 하여금, 혹은 소수의
몇몇 사람들로 하여금 새롭고 보다 높은 업적을 성취하도록 분기시키려 하
였다. 이따금 출현하는 명민한 사람을 분기시켜 사회의 일반 조류에 휩쓸
려 들어가기를 그만두게 하고, 아름답고 뛰어난 독창적 업적을 내도록 길
을 터 주려면 일반 대중(그는 일반 대중이 답답하게 인습에 매여 있다고 하여 이
를 경멸하였다)의 비위를 거슬리는 모험을 자기가 해야 한다는 것을 알고 있
었다. 그리하여 그는 일반 사람들이 받아들인 기준들을 맹렬히 공격하였
다. 그는 천재에 대한 찬양을 아끼지 않았는데, 천재가 동란(動亂)과 고통
을 대가로 치르고 성공을 거두었을 때에도 그는 찬사를 아끼지 않았다. 그
리고 그는 자기의 사상을 조용히 분석하느니보다는 오히려 요란스러운 투
쟁의 고함 소리를 지르는 데 그 문필 활동의 초점을 두었다.

니체는 쇼펜하우어로부터 많은 것을 얻었으나, 희랍인들에게서는 더 많
은 것을 얻었다. 그리고 쇼펜하우어의 잘못이라고 본 것들은 희랍인들로부
터 얻은 것으로 수정하였다. 그는 인간이 근본적으로 의지(意志)라는 것(다
만 쇼펜하우어처럼 모든 자연을 의지라고 보지는 않았지만), 그리고 인간이 여
러 가지 예술에 있어서 아름다운 형상들을 창조함으로써 세상의 싱거움과
혼란으로부터 피할 수 있다는 것에 대해서는 쇼펜하우어와 같은 생각을 가
졌었다. 그는 의지를 인간의 경험에 있어서의 디오니소스적 요소라고 불렀
고, 형상(形相)에 대한 관조를 아폴론적 요소라고 불렀다. 그러나 인간이
의지의 여러 충동으로부터 피해야만 된다고 하는 쇼펜하우어의 신념에 대
해서는 옳다고 하지 않았다. 그는 살려는 의지를 부정하라는 쇼펜하우어의
충고를 무시하였다. 살려는 의지로 말미암아 결국 사람들이 고통을 겪게
마련이라는 것을 알았다. 그러나 그는 고통을 마다하지 않았다. 고통을 어
떤 사람이 사내답게 살고 있다는 표적으로서 환영하였다. 살려는 의지가

권력에의 의지로 되는 그런 생활을 원하였다. 그는 디오니소스적 황홀경과
아폴론적 균형이 결합된 그런 생활을 원하였다. 오직 겁이 많은 사람들만
이 고통 앞에 굴복하며 염세적으로 된다고 생각하였다. 용감한 의지는 고
통을 무시하고, 뛰어난 목적을 달성하기 위하여 무수한 고통을 참고 견딜
것이며, 고난을 뚫고 창조하는 자기의 힘에 희열을 느낄 것이다. 생명의
디오니소스적 요소와 아폴론적 요소가 잘 결합되면 좋은 귀족이 나온다.
이 결합은 위대한 문학과 위대한 인생에서 볼 수 있는 바와 같은 비극의 참
된 본질이라고 그는 논하였다. 아폴론적 균형의 뉘앙스가 지나치면 생활이
지나치게 지적인 것이 된다(초기 희랍 사상가들보다도 훨씬 빈약한 능력을 가졌
던 소크라테스 이후의 철학자들이 그렇게 되었다고 그는 믿었다). 디오니소스적
연락(宴樂)의 도취가 무한정하게 허용되면, 생활은 어지럽게 되고 또 타락
하게 된다. 그는 호메로스와 아이스킬로스와 소포클레스 같은 사람들에게
있어서는, 아폴론적 요소와 디오니소스적 요소 사이의 균형이 꼭 알맞게
되어 있고, 예술에 있어서나 생활술(生活術)에 있어서나 창조성(創造性)을
획득하고 있다고 보았다.

　니체는 인습적인 인류 대중에 대해서는 아무런 부탁의 말도 가지지 않았
으며, 또 가지려고 하지도 않았다. 그는 대부분의 사람들이 고통을 내다보
고는 그만 약해진다는 것과 모든 훌륭한 업적은 격렬한 고통을 겪어야만
얻어진다는 것을 알고 있었다. 많은 사람들이 그들의 사회적 환경에서 여
러 도덕적 교훈을 받아들인다는 것, 그리고 만일 사회의 따분한 수준을 넘
어서는 일이 있다면, 그것은 오직 어떤 강한 의지가 그 자신의 도덕적 자
율성의 지휘를 받아 관습의 타성을 물리칠 때뿐이라는 것을 알고 있었다.
그는 많은 사람들이 그들 자신의 죄의식으로 말미암아 어찌할 바를 모르고
있음을 알고 있었다. 그래서 그는 사람들에게 그들의 과거의 여러 가지 흠
을 들추어내어 자기 자신을 괴롭힐 것이 아니라, 진정으로 훌륭하고 뛰어
난 행동을 하도록 권하였다. 그는 많은 사람들이 잘 순종하며 의무를 지키
며 온건하며 신중하며 이기적이 아닌 행동을 권한다는 것을 알고 있었다.
그래서 그는 '점잖지 못한 말' 따위의 형용사를 조소하였다. 그는 많은 사
람들을 노예라고 지칭하였다. 사제(司祭)들에 대한 노예, 관습에 대한 노
예, 상례(常例)에 대한 노예라고 본 것이다. 그는 사람들이 기사답게 분투

할 용의가 있기를, 전투를 열망할 것을, 만약 많은 사람을 '짓밟는' 것이 빛나는 무훈을 세우는 데 필요하다면 그것조차도 사양치 않기를 염원했다. 참으로 뛰어난 사람은 초인(超人)이다. 그는 결코 포악한 자만은 아니다. 그는 정의(正義)의 사람이다. 그러나 정의는 열등한 사람들을 우월한 사람들과 동등하게 대접하는 데 있는 것이 아니다. 정의는 열등자(劣等者)들을 수단으로서 대접하는 데 있다. 다만 여기에는 한 가지 조건이 있으니, 열등자들은 쓸데없는 복수나 다른 사람들에 대한 악의의 지배를 위한 수단이 될 것이 아니라, 위대한 예술의 산출이나 위대한 사상의 해방을 위한 수단이 되어야 하는 것이다.

니체의 여러 저서 가운데 하나의 제목을 빌려서 말한다면, 뛰어난 인간은 '선과 악을 초월해' 있다. 이 문구는 부주의한 독자를 오해에 빠뜨릴지 모른다. 니체는 뛰어난 사람이 참으로 선한 것과 참으로 악한 것 혹은 저열한 것 사이의 여러 가지 구별을 초월해 있다고 본 것은 아니다. 그의 용어법에 있어서, 악이란 사람들의 병적인 양심이 그들로 하여금 두려워하게 하는 것이다. 그런 것은 어떤 것이나 악이다. 니체는 사람들이 "온유한 자는 복이 있다"느니, "마음이 가난한 자는 복이 있다"느니, "화평케 하는 자는 복이 있다"느니 하는 따위의 격언을 따르는 것을 비난하였다. 사람들이 온유와 마음의 가난과 투쟁에 대한 공포를 찬양하는 것은 그들이 그들 자신의 척도로 세상을 보며, 또 그들 자신이 약함을 알았기 때문이다. 그러므로 그들은 다른 사람들에게 이런 격언들을 덮어씌운 것이다. 그런데 이 격언들을 일반이 준행(遵行)하면 연약한 그들은 보호를 받게 되는 것이다. 악한 일들이란 사람들이 두려워하는 것들이다. 그들이 이것들을 두려워하는 것은 그들에게 힘을 가지고 행동하는 용기가 없기 때문이다. 물론 뛰어난 사람은 약자들이 두려워하는 것들을 돌아보는 처지를 초월하고 있는 것이다. 뛰어난 사람은 악한 것은 무엇이든 이를 피할 것이다. 그는 게으름, 자기 만족, 관능적 쾌락의 유혹, 그 자체를 목적으로 삼은 상업상의 이득, 명성을 얻기 위한 값싼 과시, 그리고 온갖 핑계를 피할 것이다. 그는 기운을 내어 여러 가지 위험에 부딪칠 것이다. 또한 대담하게 살아갈 것이며, 언제나 먼저 득실을 계산하기 위해서 주저하지 않을 것이다. 선과 악 사이의 구별은, 우월한 것과 열등한 것 사이의 차이의 발견에 그 기초를 둔 하나의 참된 구별이다. 선량(善良)과 사악(邪惡) 사이의 구별은 약자가 생각해 낸 거짓된 구별이다. 그것은 그들의 형편없는 연약함을 혹은 변명하고 혹은 보호하기 위해서 생각해 낸 것이다.

체념하기 위해서 체념하는 것보다 더 도덕적으로 추악한 일은 없다. 보통 실천되고 있는 금욕주의(禁慾主義)는 어리석고 졸렬하다. 과연 엄격한 자기 훈련은 위대한 일의 필수 조건이 될 수 있고, 금욕적 수행(修行)은 예술가나 철학자로 하여금 그가 추구하는 높은 처지에 올라갈 수 있게끔 하는 유일한 길이 될 수 있다. 좀더 좋은 것을 위해서 무엇을 단념한다는 것은 좋은 일이다. 그러나 체념을 추구하는 까닭에 무엇을 단념한다는 것은 당치않은 일이다. 그리하여 어떤 그의 강경한 경구들에서 니체는 남녀의 순결을 비난하고 있다. 그가 순결을 비난한 것은 탕아를 찬미해서가 아니라, 욕망이 없는 사람을 혐오했기 때문이다. 강력한 욕망은 뛰어난 사람이 되게 하는 보증이 될 수 있는 것은 아니나, 하나의 없어서는 안 될 필요 조건이다. 성문제(性問題)뿐만 아니라 인간 생활의 모든 영역에서, 보다 훌륭한 일을 성취하기 위해서 절제하는 것은 좋은 일이지만, 그저 체념을 일삼기 위해서 절제하는 것은 옹졸한 짓이다.

니체는 자기의 입장이 모든 가치의 전도(顚倒)를 포함하는 것이라고 선언하였다. 대체로 그의 이 말은 옳았다. 그의 이상은 아마 근세 철학에 있어서 희랍의 귀족주의적 이상의 부활에 가장 가까운 것이라 하겠다.[18] 그는 칸트의 정언 명법(定言命法)의 보편주의적 취지에 대해서 조금도 동의하지 않았다. 모든 사람은 똑같은 행위를 할 권리가 없고, 심지어 똑같은 판단을 내릴 권리도 없다고 그는 가르쳤다. 뛰어난 사람은 자기보다 열등한 사람들을 다루되 뛰어난 사람들끼리는 그렇게 해서는 안 될 혹독한 방법으로 다루는 것이 현명하다고 생각하게 될 수도 있는 일이요, 또 자기 자신의 좀더 높은 공적을 위하여 내려진 판단들에 의거하여 열등한 무리를 대접하는 방침을 세울 수도 있을 것이다. 모든 사람에게 옳은 것이어야만 또

---

18) 어떤 비평가들은 니체의 초인(超人 ; superman)과 아리스토텔레스의 고매한 정신의 사람(high-minded man) 사이의 유사성을 지적하였다. 니체는 이 점에 대해서 주의를 환기하지 않았다. 아마 이것은 그가 아리스토텔레스를 지나치게 지적인 소크라테스 이후의 사상가들 가운데 한 사람으로 여긴 때문일 것이다.

한 어떤 한 사람에게도 옳은 것이 될 수 있다고 상상하는 것은 어리석은 일이다. 오직 윤리적 감상가만이 도덕적 경지가 여러 가지로 서로 다른 이 세상에서 행위에 대한 지침으로 보편주의적 원리를 권장할 수 있다.

니체는 그의 말 속에 있는 약간의 결함 때문에 그의 비평가들로부터 비난을 받았다. 뛰어남이 절실하게 필요하다는 것을 매우 강조하면서도, 그는 참으로 뛰어난 것과 뛰어난 듯하면서 사실은 그렇지 않은 것과를 구별할 수 있는 기준을 제시하지 않았다. 그러나 이러한 비평은 공정한 것이라고는 할 수 없을 것이다. 어떤 철학자도 그의 비평가들이 나중에 묻고자 하는 모든 질문에 대답할 수는 없다. 그리고 니체는 뛰어남의 경지의 갖가지 정도를 판정하는 형식적 기준을 체계적 철학자로서 정의하지는 않았다 하더라도, 예언자로서 이 뛰어남에 대하여 크게 외친 것이다. 니체의 비평가들은 또한 때때로, 그의 후기 저작에서 무자비하고 잔인해 보이는 그의 논점들을 더 과장해서 더욱 맹렬하게 나온 태도를 비난한 바 있다. 그러나 이 맹렬한 과장들은 그의 날로 악화해 간 건강 때문이었다고 볼 수 있을 것이다. 우리는 그에게 불리하게 비평되는 이런 여러 가지 점에 대해서 동의하든 안하든 유리하게 평할 수 있는 한 가지 점을 잊어서는 안 된다. 세계 문학에 있어서 아직까지 니체만큼 범용(凡庸)의 도덕적 부당성을 철저하게 폭로한 작가는 한 사람도 없다.

제14장 19세기의 영국과 프랑스

19세기의 영국과 프랑스는 철학적인 면에서 그 이전의 200년 동안과는 전혀 달랐다. 19세기에는 제일급의 위대한 사변적 사상가(思辨的思想家)가 나오지 않았다. 즉 체계적 세계관(世界觀)을 수립함에 있어서 데카르트와 버클리에 필적할 만한 사상가, 혹은 인식론(認識論)의 문제들을 따지는 데 있어서 로크와 흄에 필적할 만한 사상가가 나오지 않았다. 19세기는 사람들이 "모든 시간과 모든 존재의 관망자"가 되기를 추구하고 있던 때가 아니었다. 오히려 그것은, 사람들이 무익(無益)한 사변을 하지 않도록 염려한 때요, 무익한 사변 대신 한정된 탐구 분야를 세심하게 검토하게 된 시대였다.

영국과 프랑스의 이름난 철학자들은 독일 철학이 어떻게 발전하고 있는지를 놀라울 정도로 거의 몰랐다. 콜리지와 칼라일이 칸트의 영향을 반영한 것은 사실이다. 그러나 칸트 철학의 전문적인 술어와 문제는, 미문학(美文學; belles-lettres)이 거기서 무엇을 찾아낼 적절한 재료는 도저히 될 수가 없는 것이었다. 리드의 저작을 편찬한 스코틀랜드 사람, 윌리엄 해밀턴 경(Sir William Hamilton)은 칸트에게서 얻은 몇 가지 사상과 리드에게서 채택한 사상을 결합해 보려 하였다. 그가 취한 입장은 그가 요약한 대로 "생각하는 것은 한정하는 것이다."라고 할 수 있을 것이다. 그는 리드와 마찬가지로, 우리의 지각적 경험(知覺的經驗)에 있어서 우리가 관찰을 떠나서 진실로 존재하는 대상들과 관계한다고 생각하였고, 또 칸트와 한가지로 이 대상들이 이들에 대한 우리의 관찰 방식과 개념 형성의 방식에 매어 있고, 이것들에 대한 우리의 경험은 이 방식들과 연결되어 있다고 생각하였다. 그러므로 그는 형이상학(즉 실재, 혹은 무제한자의 객관적 성질에 관한 인식)이 불가능하다는 것을 가르쳤고, 인간의 인식이 오직 '제한된 것에 관한 과학'만을 우리에게 준다고 보았다. 이때의 영국 사상가들은 독일 사상에 대해 더욱 관심이 없었다. 그들이 독일 사상과 접촉하는 경우가 있었을 때에도, 그것을 무익한 것으로 문제시하지도 않았다. 제임스 밀(James Mill)은 '빈약한 칸트'라고 운운하였고, 허버트 스펜서(Herbert Spencer)는 칸트의 저서를 읽는 것을 시간 낭비라고 보았다.[1]

19세기 영국과 프랑스의 철학자들은 세계의 본성(本性)에 관한 지식을 얻는 임무를 과학자들에게 맡기는 경향이 있었다. 사실 과학자들은 많은 분야에서 훌륭한 일을 하고 있었고, 또 많은 중요한 지식을 쌓아 올리고 있었다. 철학자들은 과학자들이 하는 일을 존경하였고, 또 과학자들이 그들에게 주는 교훈을 겸손히 받아들였다. 훼이틀리(Whately)는 1826년에 나온 그의 저서 〈논리학 원리(*Elements of Logic*)〉에 과학자들로부터 얻은 귀납법의 논의와 참신한 실례들을 끌어들였고, 휴얼(Whewell)은 1827년에 〈귀납적 제과학의 역사(*History of the Inductive Sciences*)〉란 책을 썼다. 이 책들은 그릇된 개인적 편견을 극복하는 정신 훈련으로서, 또 사회적 복리를 증진하려는 베이컨과 같은 이의 야심을 실현할 수 있는 사회적 진보의 테크닉으로서 과학적 방법을 권장하였다. 철학자들은 일반적으로 훼이틀리와 휴얼의 본을 따랐다. 그들은 가끔 마치 아마추어가 직업 선수에 대해서 느끼는 것처럼 과학자들에 대해서 느낀 듯하다. 그들은 과학적 '방법'의 분석만을 자기들의 일로 삼거나 그렇지 않으면 (과학적 결론들의 내용을 조금이라도 다루는 경우는) 철학을 과학적 지식의 체계적 요약으로 보았다.

이 시기의 영국과 프랑스의 사상가들은 대개 그 당시의 사회 생활의 직접적이고 실제적인 문제들에 골몰하였다. 산업 혁명은 이미 시작하여 계속되고 있었다. 철학자들은 다른 사람들과 합세하여 많은 공장 노동자들의 곤궁과, 많은 공장 소유주들의 자기 만족과, 산업에서 나오는 이익을 분배하는 그때의 제도의 부정의(不正義)를 묘사하였다. 소설가 찰스 디킨스(Charles Dickens) 못지않게 철학자 벤담(Bentham)도 형법(刑法)의 여러 가지

---

1) 스펜서는 그의 〈자서전(*Autobiography*)〉(New York, D. Appleton and Company, 1904), Vol. I. p. 289에서, 자기가 칸트의 저작에 한번 접했던 것을 이야기하고 있다. 1844년 그가 스물네 살 때 우연한 기회에 〈순수 이성 비판〉을 한 권 얻게 되었다. "나는 이 책을 읽기 시작했으나, 얼마 안 가서 읽기를 그만두었다. 시간과 공간이 주관적 형식 이외의 다른 아무것도 아니라는 이론……이것을 나는 즉시, 그리고 절대적으로 거부하였다. 그리고 나서 더 읽지 않았다."라고 그는 쓰고 있다.

잔인한 점과 감옥의 끔찍한 상태를 개혁하려고 운동하였다. 그 당시 철학적 정신을 가졌던 사람들은, 인간의 여러 가지 동기에 관한 건전한 이론들과 정치적 테크닉들과 도덕적 판단의 궁극적 기준의 인도하에서가 아니면 실제적 개혁을 이룰 수 없다는 것을 확신하고 있었다. 그래서 그들은 심리학과 논리학·윤리학과 정치학에 몰두하였다. 그들은 이 특수한 분야의 근본 원리들을 표현하되 사회 조직에 있어서 사람들이 바라는 변화가 가능하다는 것에 주목하게끔 했다. 그들은 프랑스 혁명의 공약들이 추상적이고 합리주의적이라 하여 이를 배격하였다. 그러나 그들은 또한 나폴레옹 이후의 반동적 경향과 낡은 특권들 및 편견들에 대한 독단적인 고집을 한탄하였다. 그들은 여러 가지 관습적인 생활 양식의 변화를 바랐다. 그들은 광범한 변화를 바랐다. 그러나 그들은 이 여러 변화를 현명하게 그리고 확실하게 얻으려면, 먼저 그들 자신을 인도하기 위한 건전한 철학과 지지자들을 획득하기 위한 개량된 교육 과정을 가지지 않으면 안 된다고 확신하였다. 철학과 행동은 손을 맞잡고 나아가지 않으면 안 된다고 그들은 믿었다. 휘그당(Whigs) 좌파의 한 그룹은 '철학적 급진당'이란 조직체를 비공식으로 만들었고, 그들의 견해를 전파하는 기관지로서 1824년에 〈웨스트민스터 리뷰(*Westminster Review*)〉를, 그리고 1835년에 〈런던 리뷰(*London Review*)〉를 발간하였다. 그들은 순전히 당파적 목적을 위한 선전을 일삼지는 않았다. 그들은 오히려 그 응용으로서 바라는 개혁들이 이루어지는 일반 원리들을 강조하였다. 이것은 원리들을 이해하면 곧 여러 가지 응용이 따라서 생기리라고 굳게 믿었기 때문이다. 그들은 행동의 사람들인 동시에 또한 철학자들이었다. 그러나 그들은 개혁에 대한 관심이 컸기 때문에 그 이전의 두 세기 동안에 걸쳐서 일어난 것과 같은 전체적이고 포괄적인 세계관을 수립할 시간이 거의 없었다.

1. 초기 공리주의자(公利主義者)들

제러미 벤담(Jeremy Bentham, 1748~1832) : 런던에서 나서 그곳에서 죽었다. 그는 조숙한 소년으로 닥치는 대로 책을 읽었으며, 또 감수성이 예민한 사람으로서 자기 방에서 여러 시간 조용히 지낼 수 있었다. 열다섯 살 때 옥스퍼드의 퀸스 칼리지를 졸업하면서 문학사 학위를 얻었고, 3년 후에 석사 학위를 받았다. 그는 법률을 공부하였고, 블랙스톤의 강의를 들었으며, 링컨스 법학원의 회원이 되었다. 그러나 변호사 영업을 몹시 싫어했다. 그의 아버지의 관대함과 유산의 덕택으로 시간을 전적으로 독서와 집필에 쓸 수 있었다. 그의 초기의 정치적 지향은 그로 하여금 토리당(Tories)에 가담하게 했으나, 차츰 그 견해는 변하여 갔고, 마침내는 급진주의자들의 지적 영도자로 인정받게 되었다. 1776년에 그는 블랙스톤을 비평하여 〈정부론 단상(Fragment on Government)〉을 발표하였다. 그는 러시아에서 사업하고 있는 형과 함께 몇 해 동안을 지냈다. 1789년에는 그의 최대의 저서 〈도덕과 입법의 제원리에의 입문(An Introduction to the Principles of Morals and Legislation)〉을 발표하였다. 1790년에 그는 프랑스의 명예 시민이 되었다. 비록 성공은 못했으나, 그는 여러 해 동안 형사 재판에서 유죄 판결을 받은 1,000명 가량의 사람들을 유용하고 근면한 시민이 되도록 훈련시키는 기관을 세우려고 일하였다. 이 기관은, 그 자신의 말을 빌린다면 (좀 우스운 표현이지만) "건달들을 정직하게 하고, 게으른 인간들을 부지런하게 만드는 방앗간"이 될 것이었다[〈저작집(Works)〉 (ed. John Bowring, Vol. X, p. 226)]. 그는 집필 계획을 짜서 글을 썼는데 하루에 큰 종이로 열 페이지 내지 열다섯 페이지를 썼다고 한다. 그리고 그 글의 대부분은 그때 그때의 사회 문제를 논한 것이었다. 그는 특히 여러 국가에서 역사적으로 성장한 혼란스러운 입법(立法)을 대체할 체계적 법전(法典)을 작성하는 일에 흥미를 가지게 되어 여러 국가 원수에게 여기에 관련이 있는 봉사를 하겠다고 제안하였다(이 국가 원수들 가운데에는 미국 대통령 제임스 매디슨도 있다). 그의 방대한 저술들 가운데 위의 것 외에 중요한 것으로는 〈대금업의 변호(Defense of Usury)〉(1787)·〈행동의 원천들의 표 (A Table of the Springs of Action)〉(1815), 그리고 자유주의적 여러 견해를 표명하는 〈모든 국가와 모든 정부가 사용할 헌법 법전(Constitutional Code for the Use of All Nations and All Governments Professing Liberal Opinions)〉(1830)이 있다.

　　제임스 밀(James Mill, 1773~1836): 스코틀랜드의 포파셔(Forfarshire)에서 태어나, 성인기를 영국에서 살다가 런던에서 죽었다. 그는 1790년에 에든버러 대학을 졸업하고, 4년 동안 신학을 공부했으며, 설교자가 될 면허를 얻었으나, 나중에 자기 자신을 불가지론자(不可知論者)로 보게 되었다. 그는 존 스튜어트 경의 도움을 받았고, 1802년에 그를 따라 런던에 갔다. 그는 철학과 경제학 분야의 잡지에 투고하여 생계를 유지하였다. 그의 대작 〈인도사(History of India)〉는 1806년에 착수하여, 1817년에 세 권으로 나왔다. 그리하여 그는 1819년에 인디아 하우스(India House)의 한 중직에 임명되었고, 또 여러 해 동안 이 기관에서 승진하면서 중책을 맡아보았다. 1808년에 그는 벤담과 여러 가지로 가까운 관계를 가지게 되었고, 이 공리주의파의 두목을 중심으로 하는 열성적 모임의 인기 인사로 인정되었다. 그의 주요한 철학적 저서는 〈인간 정신의 제현상의 분석(Analysis of the Phenomena of the Human Mind)〉 2권으로서, 이는 1829년에 출판되

었다. 그는 많은 논문을 썼는데, 인디아 하우스에서의 그의 지위의 공적 성질
로 말미암아 익명으로 발표하였다. 이 논문들 가운데는 1816년~1823년 사이
의 〈대영 백과 사전(*Encyclopaedia Britannica*)〉 증보판 속에 실린 일련의 논문들이 있
다.

　벤담과 제임스 밀은 공리주의(公利主義 ; Utilitarianism)를 공동 신조에 대한
충성스러운 헌신으로 해외에 전파해야 할 복음이라고 생각한 철학적 급진
주의자들(Philosophical Radicals)이라는 이름의 큰 그룹의 두 철학적 지도자들
이었다. 이 그룹에는 또한 퀘이커 교도로서 노예 제도 반대 운동의 선동자
인 윌리엄 앨런(William Allen), 의회(議會)의 여러 가지 선거의 개혁을 위해
서 일한 프랜시스 플레이스(Francis Place), 사가(史家) 조지 그로트(George
Grote), 법리학(法理學)의 원리에 관한 재치 있는 저술가 존 오스틴(John
Austin), 제임스 밀의 권유로 자기의 경제학적 견해를 체계화하였고 이것이
나중에 〈경제학 및 과세의 원리(*Principles of Political Economy and Taxation*)〉(1817)
란 저서로 된 데이비드 리카도(David Ricardo)가 있었다. 에피쿠로스 학파와
스토아 학파 이래, 진정으로 독립적인 정신을 가진 많은 사람들이 시대의
병폐를 고치는 구제책으로서 하나의 공통되는 철학적 주장을 지키기 위하
여 아주 의식적(意識的)으로, 그리고 이렇게 아주 열렬하게 한데 뭉쳤던 일
은 한 번도 없었다.

　벤담은 영국과 스코틀랜드의 자기의 선행자(先行者)들이 도덕과 정치에
관해서 쓴 글 속에 있는 여러 유행어를 우습게 여기고 배척하였다. 사람들
의 ‘도덕감’에 호소하는 것은 편견들을 덮어놓고 유지하려는 은근한 수단
이라고 그는 생각하였다. 이것은 사람들이 언제나 그들의 선생이 주입하는
교조(敎條)를 무엇이든지 고지식하게 받아들이도록 훈련될 수 있는 것이기
때문이라고 생각하였다. 스코틀랜드 학파가 이른바 상식의 원리에 호소하
는 태도를, 그는 그 당시의 풍습을 과학적으로 확립된 결론인 양 혼동한
것이라고 보았다. 사회 계약(社會契約)과 자연권(自然權)과 자연법(自然法)
에 대한 로크의 사상을 그는 근거가 없고 경험적으로 입증할 수 없는 주
의·주장들의 아 프리오리(a priori)한 가정들이라고 보았다. 그리고 그는
미국 독립선언서를 “혼동과 부조리가 뒤죽박죽되어 있는 것”이라고 평하
였다.[2] 그는 영국의 관습법(慣習法)의 원리들을 전후가 모순되는 개념들이

뒤섞인 것이요, 그 가치는 기껏해야 욕심 많은 변호사들에게 사례금을 많이 물게 하는 것밖에 안 된다고 조소하였다. 사물들의 영원한 적합성이니 명예니 품성이니 하는 것에 관한 신학자들의 교훈을 그는 애매한 감정적 연상을 붙여 가지고 낱말들을 쓰는 것이요, 지적 내용이 조금도 없는 것이라고 혹평하였다.

이런 모든 유행어 대신에 그는 올바른 행위의 기준이 무엇인가를 분명히 정의하려 하였다. 그는 이 기준을 처음엔 공리의 원리라고 불렀고, 나중에는 최대 행복의 원리라고 불렀다.

그가 세운 사상의 학파는 그 이름을 이 초기의 용어에서 얻은 것이요, 또 언제나 공리주의의 이름으로 세상에 알려져 왔다. 벤담은 이 원리를 다음과 같이 표현하였다.[3]

> 공리(utility)의 원리라는 것은, 어떠한 종류를 막론하고 모든 행동의 옳고 그름을 판정하되, 그 행동이 당사자의 행복을 증대시키느냐 감소시키느냐에 따라서 판정하는 원리이다. 다시 말하면 행복을 증진하든지, 그렇지 않으면 행복에 반대되든지 하는 그 지향을 보아서 모든 행동을 좋다거니 나쁘다거니 하는 원리이다. 나는 "어떠한 종류를 막론하고 모든 행동"이라고 말했다. 따라서 개인의 모든 행동뿐만 아니라, 정부의 시책에 대해서도 이 원리는 적용된다.

그리고 벤담은 주장을 계속하여, 행복은 다름아닌 쾌락이요 불행은 고통이라고 하였다. 행복이란 많은 쾌락과 쾌락에 따르는 여러 가지 고통으로부터의 가급적(可及的)인 자유에 대한 하나의 집합 명사이다. 불행이란 고통이 압도적으로 많은 의식 상태에 대한 집합 명사이다.

벤담은 공리의 원리에 대한 증명을 내놓지 않았다. 그는 다른 사람들이 잘못해서 취했던 여러 반대론의 입장을 거론하고는 있으나, 이 공리의 원리는 자명한 것이라고 생각했다. 모든 것을 증명함에 사용되는 것은 그 자체 증명될 수 없다는 근거에서, 그는 이 원리의 증명이 불필요한 그만큼

---

2) 1827년 1월 30일자 존 보링(John Bowring)에게 보낸 그의 편지에서. *Works*, ed. Bowring, Vol. X, p. 63 참조.

3) *Principles of Morals and Legislation*, 제 1 장, 제 2 절.

또한 불가능하기도 하다고 말하였다. 그의 초기 저술에서 이미 흄이 이 원리를 "가장 강력한 증거를 가지고"[4] 증명했다고 쓴 바 있지만, 이 강력한 증거가 어디에 있는지는 그의 저서의 아무 데서도 말한 바 없다. 심지어 그는 공리의 원리가 흄에게 있어서는 기본적 도덕 원리라기보다는 오히려 부차적 원리였으며, 또 흄이 우리의 도덕적 감정들의 좀더 궁극적인 기준에 의하여 그가 좋다고 생각한 목적을 위한 수단들을 잘 선택하기 위해서만 이 원리들을 사용했다는 사실을 고려에 넣지 않았다.[5] 그는 그저 흄의 〈인성론(人性論)〉 제 3 부의 어떤 항을 읽고, 마치 자기의 눈을 가리고 있던 안개가 씻겨 없어진 듯 시원하게 느꼈다고 말하고 있을 따름이다.

쾌락의 계산

쾌락은 여러 가지 다른 근원에서 생긴다고 벤담은 지적하였다. 감각·부 (富)·재주·자선·악의, 이 밖의 여러 가지 것에서 오는 쾌락들이 있다. 그런데 그 자체 나쁜 쾌락은 없다. 모든 쾌락은 그 자체 선하다. 그러나 인간 생활의 복잡한 사태 속에서 쾌락과 고통은 단일하게 혹은 단독으로 생기지 않고, 오히려 인과적인 여러 가지 상호 관계 속에서 생긴다. 그러므로 최대의 행복에 도움이 되고, 이에 따르는 여러 가지 고통으로부터 될 수 있는 데까지 자유롭게 되도록 우리가 쾌락들을 선택하기 위해서는 우리를 인도하는 이성(理性)이 요구된다.

따라서 벤담이 말한 바와 같이, 가지가지 행위의 정확한 쾌락의 양과 고통의 양을 측정하는 계산이 공리주의자들에게는 필요하다. 벤담은 정부의 정책들과 사회의 시책들이 물체들의 운동과 속도를 측정하는 것과 꼭 같은 과학적 정확성을 가지고 결정되기를 바랐다. 그래서 그는 나중에 쾌락의 계산이라 불리게 된 것을 발전시켰던 것이다. 모든 쾌락과 모든 고통의 양은 각기 오직 쾌락이나 고통을 일곱 가지 관점에서 살펴봄으로써만 올바르게 측정될 수 있다. 이 일곱 가지 관점은 쾌락과 고통의 강도·지속성·발생의 확실성·근접성·다산성(多產性)〔즉 동일한 종류의 감각이 뒤따를 가능

---

4) *Fragment on Government*, 제 1 장, 제 36 절, n.
5) 본서 p. 470에 있는 흄의 〈윤리학〉을 논한 대목을 볼 것.

성]·순수성(즉 반대되는 종류의 감각이 뒤따르지 않을 가능성), 그리고 범위(즉 그것에 의하여 영향을 받는 각 사람의 경험에 있어서의 쾌락의 질)이다. 사람들은 똑같은 것을 다르게 느끼는 수가 있다. 어떤 사람에게는 맛있는 고기가 다른 어떤 사람에게는 해로운 독이다. 즉 어떤 사람에게는 특별한 쾌락적 가치를 지닌 어떤 자극이 다른 사람들에게는 그렇게 되지 못하는 감성의 엇나감이 있다. 그러므로 모든 쾌락이나 고통은 쾌락이나 고통을 산출하는 행동에 의하여 여하간 영향을 받을 것이라고 볼 수 있는 모든 사람에 관하여 처음의 여섯 가지 관점에서 측정되지 않으면 안 된다. 쾌락을 낳는 행동과 고통을 낳는 행동들의 모든 경우에 있어서 샅샅이 살피고 따져 볼 시간은 없다. 따라서 우리는 대부분의 경우에 있어서 좀 막연하기는 하지만 그래도 경험이 인류 가운데에서 차츰 확립한, 어느 정도 의거할 수 있는 신념으로 만족하지 않으면 안 된다. 그러나 충분한 시간이 있을 때에는 —— 가령 정부의 어떤 중대한 정책이 토의되고 있을 때에는 —— 쾌락주의적 계산이 토의를 건전한 결론으로 이끄는 오직 하나의 적절한 수단이다.

벤담은 개인들의 사사로운 행동보다 입법 문제, 법률을 법전에 편집하는 일, 감옥의 개혁과 형벌학, 공중 행정(公衆行政)에 더 많은 관심을 가지고 있었다. 제임스 밀같이 초기에 그를 신봉한 사람들도 또한 이런 데 많은 관심을 가졌었다. 이 사실이 쾌락의 계산에 대해서 그가 가졌던 확신을 어느 정도 정당화한다고도 볼 수 있을 것이다. 이 사실은 또 그의 사색 가운데 은연중 나타나 있는 두 가지 다른 귀결을 낳게 한 원인이기도 하다.

이 두 귀결 가운데의 하나는, 그가 행동의 동기를 윤리학적 고찰의 영역에서 제외한 일이다. 우리들의 행동에서 실제로 나오는 결과가 도덕가들이 문제삼을 유일한 문제라고 그는 믿는다고 공언하였다. 어떤 동기가 고상하다고 칭찬받고, 어떤 동기가 야비하다고 비난받고 있는 것은 사실이다. 그러나 전자의 동기들이 대체로 쾌락을 낳고 후자의 동기들이 대체로 고통을 낳는다는 것을 경험이 보여 준다면 모르되, 그렇지 않은 한 이런 동기들에 대한 칭찬이나 비난은 당치 않은 일이다. "도대체 그 자체 악한 동기란 없다."고 벤담은 썼다.[6] 어떤 동기든지 어떤 환경 속에서는 고통보다 쾌락

---

6) *Principles of Morals and Legislation,* 제 10 장, 제 10 절.

을 더 많이 산출할 수 있고, 또 다른 환경에서는 쾌락보다 고통을 더 많이 산출할 수도 있다. 그러므로 쾌락의 계산을 받아들이는 견지에서 보면, 동기란 그 자체 아무런 도덕적 의미도 갖지 않은 것이다. 공리주의자들에게는 행위의 동기가 아니라, 행위의 쾌락적 결과야말로 그들이 선악을 과학적으로 결정함에 있어서 고려할 중요한 것이다.

벤담이 사적인 도덕보다 공적인 도덕에 더 주의를 함으로써 생긴 또 하나의 귀결은 그가 차츰 사람들을 입법자와 행정자가 조종할 많은 단위들로 보게 된 일이다. 그를 비평하는 사람들이 가끔 말한 바와 같이, 인간들은 그에게 마치 사회 체제 속에서 우월한 상전들에 의해 이리저리 움직여지는 무수한 장기 말인 것처럼 보였다. 벤담은 즐겨 말하기를(가끔 이런 입장을 떠나는 적도 있었지만), 사람들은 언제나 그들의 행위를 통해서 얻게 될 장래의 쾌락을 생각하고서 행동한다고 하였다. 그렇다고 하면 입법자들과 행정자들은 어떤 행동에 쾌락과 고통을 고정적으로 결부시켜 사람들로 하여금 그 행동을 힘써 하게끔 조장하거나 혹은 못하게끔 방해할 수 있다. 도덕의 궁극적 제재가 육체적인 것임은 두말할 것 없는 일이다. 왜냐하면 자연이란 것이 어떻게 행동하는 사람들에게는 쾌락을 주고, 그와 달리 행동하는 사람들에게는 고통을 주는 세력들의 조직체이기 때문이다. 그러나 막대한 수의 사람들을 통어하는 입법자들과 행정자들은, 비록 자연의 육체적 제재가 인간 행동의 쾌락상의 결과를 거의 결정하다시피하는 경향으로 말미암아 불가피하게 제약을 당하고는 있으나, 그러면서도 그들의 지혜로 상당히 중요한 부차적 제재를 다시 생각해 낼 수 있다. 민법적으로 관리되는 상벌을 통해서 그들은 어떤 타입의 행위는 권장될 만한 것이 되게 하고, 어떤 타입의 행위는 그렇지 못한 것이 되게 할 수 있다. 그리하여 정치적 제재는 비록 육체적 제재를 대체하고 들어설 수는 절대로 없으나, 사회 발전의 방향에 영향을 주는 데에는 중요한 것이 될 수 있다. [7]

관념 연합설(觀念聯合說)의 심리학

공리주의자(公利主義者)들은 그들이 제창한 여러 가지 개혁의 성취에 관

---

7) 육체적 제재와 정치적 제재 외에 벤담은 다시 대중적 제재와 종교적 제재를 추가하였다. 전자 즉 대중적 제재는, 세론이 줄 수 있는 혹은 끼칠 수 있는 쾌락들과 고통들에 관

해서 대체로 희망에 차 있었다. 그들이 이 희망을 품은 것은 그들이 당시의 정치적 집단들 가운데에서 거의 자기들만이 인간성을 과학적으로 다루는 방법을 이해하고 있다고 믿었기 때문이다. 도덕 이념으로서의 공리주의는 인간성에 대한 하나의 심리학적 해석과 손을 맞잡고 나아갔던 것이다.

제임스 밀의 〈인간 정신의 제현상의 분석〉은 모든 초기 공리주의자(公利主義者)들에게 어느 정도 공통적이었던 심리학의 가장 충실한 표현이다. 제임스 밀은 몇몇 선구자들 —— 영국의 흄과 하틀리, 프랑스의 콩디약과 엘베시우스 —— 에게 의거했다고 자인하고 있다. 그러나 그는 다른 사람들의 글에서 온건하게 표현되었던 관념 연합설(觀念聯合說 ; associationism)의 이론을 더 극단적으로 발전시켰다. 혹은 더 가차없이 발전시켰다고 해도 무방할 것이다.

제임스 밀에 의하면 심리학은 물리학 못지않게 정밀한, 그리고 많은 열매를 맺는 과학이 될 수 있다. 물리학은 물리학자들이 물체들의 궁극적 요소들 즉 원자(原子)들을 가지고 출발해야 한다는 것과, 그리고 어떻게 모든 것이 원자들의 배열 방식을 기술하는 법칙들(가령 갈릴레이의 운동 법칙들과 뉴튼의 인력 법칙)을 따라서 일어나는가를 밝혀야 한다는 것을 깨달았을 때, 그 최후의 형태를 획득하였던 것이다. 이와 비슷한 이치로 심리학도 가장 단순한 요소들에서 감각들과 감정들, 그리고 이 원초적 감정들의 모사물들인 관념들에서 출발하지 않으면 안 된다. 그러고는 이 원초적 요소들이 결합하는 모양을 기술하는 연합의 법칙을 통해서 다른 모든 심적 현상의 발전을 더듬어 가지 않으면 안 된다.

제임스 밀에 의하면 정신 현상(精神現象)에는 두 가지 타입의 연속 계기(連續繼起 ; sequence)가 있다. (1) 한 종류의 연속 계기는 정신의 자연적 구조의 결과로서 모든 정신에 한결같이 일어나는 것이다. 가령 어떤 관념은, 그것이 모사(模寫)하고 있는 감각에서 자연히 따라나온다. 그리고 어떤 특정한 행동들이 어떤 특정한 감각들과 관념들로부터 자연히 따라 일어난다.

심을 두는 것이요, 후자 즉 종교적 제재는 신의 명령의 결과로 일어나는 쾌락들과 고통들에 관심을 두는 것이다. 벤담은 전자가 너무 걷잡을 수 없어 자기의 여러 목적에 도움이 되지 않는다는 것을 발견하였다. 그리고 그는 늙어 감에 따라 차츰 후자를 순전히 공상적인 것으로 여기게 되었다.

어떤 욕망은 즐길 수 있는 어떤 유쾌한 감각의 관념이요, 이 유쾌한 감각을 생기게 하는 행위를 자연히 하게 만드는 것이다. (2) 또 한 가지 다른 종류의 연속 계기가 있으니, 이것은 서로 다른 개인들이 우연히 가지게 되는 경험의 종류에 따라 개인마다 서로 다른 연속 계기이다. 이 종류의 연속 계기는 심리학의 근본 법칙인 연상(聯想)의 법칙의 결과로서 생긴다. 모든 연상은 시간이나 공간에 있어서의 접근에 의한 연상이라고 제임스 밀은 생각하였다. 시간적 접근에 의한 연상은 경험에 있어서의 계기적(繼起的) 순서를 반영한다. 공간적 접근에 의한 연상은 동시적 순서를 반영한다. 일정한 연상의 강도는 어떤 순서가 일어난 빈도에 따라, 또 연합된 감각들과 감정들의 생생함에 따라 차이가 있을 것이다. 의지와 단순한 자연적 욕망은 서로 다른데, 그 차이점은 의지의 경우에는 어떤 행위의 관념과 어떤 쾌락의 관념(이 관념들은 자연적 연속 계기를 전혀 내포하지 않는 것이어도 좋다) 이 연상을 통해서 서로 뗄 수 없게 한데 뭉쳐지게 한 것에 있다.

자연적인 종류의 연속 계기는 인간 정신의 구조 안에 고정되어 있다는 것을 제임스 밀은 알았다. 그것은 변할 수 없다. 그러나 접근에 의한 연상에 의거하는 종류의 연속 계기는 낡은 연상들을 파괴하고 새로운 연상들을 산출하는 적절한 배열이 확립되기만 하면 깨뜨릴 수도 있고, 또 새로 만들어 낼 수도 있다. 그러므로 사람들의 마음속에 있는 연상을 조종하는 테그닉을 가장 잘 이해하는 사람은 누구든지 사람들의 의지의 방향을 결정하는 힘을 얻을 것이고, 따라서 사람들의 과감한 행동들의 방향을 결정하는 힘도 얻을 것이다.

제임스 밀이 자기가 내세운 관념 연합의 심리학이 정치와 사회에 대해서 가지는 의의를 밝힌 것은, 정부에 관한 그의 논문에서였다〔이 논문은 그의 〈분석(分析)〉이 완결되던 수년 전에 *Encyclopaedia Britannica*의 보유란(補遺欄)에 기고되었다〕. 이 논문에서 그는 말하기를, 최선의 형태의 정부는 경험의 교훈으로부터는 도저히 그것이 무엇임을 알 수 없는바, 경험은 이 점에서 혼란과 명백한 모순으로 차 있기 때문이라고 하였다. 최선의 형태의 정부는 오히려 심리학의 원리들로부터 연역될 수 있다.[8] 인간성의 연구는 우리로 하여

---

8) 이런 언명 때문에 매콜리(Macaulay)는 제임스 밀의 철학을 가리켜, "증명의 외모로 가장 한……궤변"이라고 하였다.

금 모든 쾌락과 고통을 두 부류로 나눌 수 있게 한다. 즉 사람이 자기 스스로의 노력을 통해서 자기 자신에게 가져오는 것들과 다른 사람들의 행동이 그에게 미치는 영향의 결과로 경험하는 것들로 나눌 수 있다. 정부는 전자의 부류에 속하는 쾌락과 고통에 개입할 필요가 없다. 누구나 사람마다 향락하고 싶어하는 것과 자기가 피하고 싶어하는 것에 대한 최선의 판관(判官)으로 생각되는 터요, 따라서 그런 모든 개인 문제에 있어서는 자기 스스로 자기 일을 처리하도록 방임하지 않으면 안 된다. 그러나 정부는 사람들이 피차 상대방으로부터 얻는 쾌락을 최대한으로 증가시키고, 상대방으로부터 얻는 고통은 될 수 있는 데까지 막을 권리와 의무를 가지고 있다. 정부를 적게 가질수록 우리의 형편은 나아지고 행복하게 된다. 그러나 여기엔 조건이 있다. 즉 우리들 각자가 자기 안에 경험하는 모든 쾌락과 고통을 산출하는 원인이라는 것이 사실일 경우에만 정부를 적게 가질수록 우리는 더욱 행복하게 되는 것이다. 그러나 불행히도 사실은 그렇지 못하다. 우리는 정부를 필요로 한다. 그 까닭은 우리들 피차의 쾌락과 고통의 추구가 서로 엉클어져 있기 때문이다. 그리고 이와 같이 필요한 정부가 관념연합의 심리학의 여러 원리를 이해하는 사람들의 수중에 있을 때, 인류 문명에는 광범한 개선이 일어날 것이다.

2. 콩트

오귀스트 콩트(Auguste Comte, 1798~1857) : 몽펠리에에서 태어나서 파리에서 죽었다. 1814년에 그는 에콜 폴리테크닉(理工科大學)에서 공부하기 시작했는데, 여러 과학에 대한 그의 학식은 사람들을 경탄시켰으며, 또 사람들의 존경을 샀다. 그의 부모는 카톨릭 교도요 왕당파였으나, 그는 시큘러리스트(비종교적 도덕론자)가 되었고, 또 공화주의자(共和主義者)가 되었다. 1816년에 그가 다니던 이공과 대학이 과격 사상의 혐의를 받아 정부에 의하여 폐쇄당하였지만 그는 과학 연구를 계속하였다. 사회주의 지도자였던 생시몽(Saint-Simon)과 여러 해 동안 친하게 지냈으나, 1822년에는 그와 갈라졌고, 그 이후로는 그로부터 아무것도 얻은 바 없다고 잘라 말하였다. 1826년에 대중을 상대로 강의하는 강좌를 열 것을 공표하고 시작한 바 절찬을 받게 되어 여러 해 동안 이런 강좌를 계속해서 열었다. 그리고 가끔 청강료도 받지 않고 수고했다. 그는 에콜에

서 시험관으로 일함으로써 가까스로 생계를 유지하였다. 그러나 때로는 존 스
튜어트 밀과 그 밖에 그의 견해를 옹호해 주는 영국 사람들에게 재정적으로 원
조해 줄 것을 호소하였다. 그리고 프랑스인 동료들과 제자들이 모은 기금에서
나오는 수입의 수익자가 되었다. 1845년에 그는 드 보 부인의 친한 벗이 되었
는데 그녀는 이듬해에 죽었다. 이 우정은 그로 하여금 인간사에 있어서 정서
의 역할이 얼마나 중요한가를 깨닫게 하는 데 도움이 되었다고 생각된다. 그
의 〈실증주의 철학 강의(Course of Positive Philosophy)〉는 여섯 권으로 1830년~1842
년 사이에 나왔고, 〈실증주의 정치 체계(System of Positive Polity)〉는 1851년~1854
년 사이에 나왔다. 1848년에 그는 '실증주의 협회'를 창립하였고, 이와 연결하
여 '인류교(人類敎; Religion of Humanity)'란 종교를 만들어 냈다.

콩트는 생시몽으로부터 인류 문명에 있어서의 견실한 진보의 가능성에
대한 신념을 얻었고, 자기의 과학 연구로부터 과학적 지식의 정밀성과 확
실성에 대한 거의 종교적인 존경심을 품게 되었다. 그는 사고 속에 있는
이 두 요소를 실증주의(實證主義)라 명명한 견지 속에서 결합시켰다. '실증
주의(positivism)'란 말은 콩트의 저서에서 그 의미를 얻고 있다. 부정적인
면에서 그는 자기 이전의 영국과 독일의 철학을, 그것들의 사색이 경험적
검증의 한계를 넘어서기 때문에 무의미한 것이라 하여 배척하였다. 건설적
인 면에서 그는 과학들의 한 체계를 세워 이것들의 상호 관련성을 밝히고,
또 이미 존재하는 과학들에다 사회학(社會學)이라고 하는 새 과학을 첨가
하였다. 그런데 이 사회학은 과학의 방법들을 도덕과 정치와 종교의 문제
에까지 확대하는 것이라고 자부하였다. 실증주의는 철학을 과학의 기초와
동일한 확고한 지적 기초 위에 서게 할 것이라고 콩트는 믿었다.

인류의 지적 발전을 깊이 생각한 콩트는 모든 탐구 분야를 한결같이 특
징지우는 한 양식을 찾아내었다고 믿었다. 이 양식을 그는 이른바 세 단계
의 법칙이라는 것으로 묘사하였다. 이 법칙에 의하면 인간은 사고에 있어
서 뚜렷이 다른 세 단계를 통과한다. 그는 이 세 단계를 신학적 단계·형
이상학적 단계, 그리고 과학적 즉 실증적 단계라고 불렀다. 신학적 단계에
서는 사람들은 미지의 광대한 세계를 그들이 직접 알고 있는 한 가지 것에
의해서, 즉 그들 자신의 열정과 정서에 의해서 설명한다. 그들은 자연의
힘은 친절하거나 사납거나 그렇지 않으면 다른 어떤 인격적 감정으로 차
있다고 생각한다. 그들은 객관적인 것을 주관적인 것과 마찬가지 것으로

취급한다. 그리하여 세계를 공상적이고 가상적(假想的)인 존재들로 채우지만 이런 존재들이 정말 있는지 없는지에 대해서는 아무런 명백한 증거도 가지고 있지 않다. 다음 단계, 즉 형이상학적 단계에서 사람들은 인격화된 힘들에 의하지는 않게 되지만 여전히 경험적 사실이 아닌 다른 존재에 마음이 끌린다. 그들은 어떤 사물에다 추상적인 술어를 붙여서 그 사물을 분류하기만 하면 그것을 설명해 낸 것으로 생각한다. 그들은 본질이니 실체니 속성이니 힘이니 하고 여러 가지로 논한다. 그러나 그들이 사용하는 이 술어들은 구체적인 사물들의 선택된 측면들을 추상적으로 지시하는 데 지나지 않는 데도 불구하고, 마치 이 술어들이 현상 세계(現象世界)를 초월해 있으며 또 현상계를 인과율적으로 산출해 내는 힘을 가리키는 듯이 사용하고 있다. 그 다음의 셋째 단계, 즉 과학적 단계에서 사람들은 경험적 현상들을 넘어서려고 하는 어리석음을 깨닫는다. 그들은 이 현상들을 실증적인 소여(所與)로서 받아들인다. 그러고는 이 현상들이 의존하는 것으로 상상되는 어떤 신비스러운 것을 탐구하는 것이 아니라, 이 현상들의 순서·연속·상호 관계 등을 탐구한다. 그리하여 사건들간의 공존과 계기(繼起)의 법칙들을 세우게 된다. 그러나 법칙이라는 것을, 사건들을 지배하는 원인이 되는 힘으로 보지 않고, 비슷한 사실들의 무리에 관한 일반화된 언명(言明)이라고 본다. 그들은 법칙과 현상(現象)들과의 관계는 일반적 사실과 다수의 주어진 구체적 사실들과의 관계와 같다고 본다. 그들은 지적으로 경험의 테두리 안에 머무르며, 설명을 위한 사이비 원리들을 끌어들이지 않는다. 그렇지만 경험의 무수한 특수 사실들 사이의 확고한 연관들을 밝힘으로써 경험을 이해하기 쉽게 해준다.

　콩트는 인류 문명이 갑자기 한 단계로부터 다른 단계로 옮겨갔다고 말할 생각은 없었다. 인류 문명은 오히려 어떤 연구 분야에서는 전진하고, 다른 분야에서는 제자리에 머물러 있을 수도 있다. 그리하여 세 발전 단계 전부가 어떤 시대의 어떤 사회에 공존할 수도 있는 일이다. 즉 그 사회가 받아들이는 관념들의 어떤 측면과 다른 측면들이 서로 다른 단계에 속하는 것일 수도 있는 것이다. 콩트는 바로 이와 같이 세 단계가 겹쳐 있는 것이 그 자신의 세대의 유럽 문명의 특징이라고 믿었다. 사람들은 태양계에 관한 생각에 있어서 과학적 단계에 도달해 있다고 그는 믿었다. 그러나 그들은 심리학에서 여러 가지 의식 상태를 소유하고 정신 활동을 하는 실체적인 영혼 혹은 자아를 논하고 있는 것을 보면, 아직 형이상학적 단계에 머물러 있다. 그리고 그들이 우주의 신적 기원과 통치에 관한 신앙을 그대로 가지고 있는 한 그들은 신학적 단계에 있다는 것이다. 한 분야에서의 궤변과 다른 한 분야에서의 우직성이 한 사회 속에, 그리고 개개인의 태도 속에 가끔 공존하고 있다.

물론 콩트는 사람들의 생각이 아직 가장 뒤떨어져 있는 영역에서 과학적 내지 실증적 태도를 촉진시키고자 하였다. 그는 이러한 뒤떨어진 영역들은 인류의 도덕적·정치적 및 종교적 방면이라고 생각하였다. 도덕과 정치와 종교의 문제들은 사회학의 분야에 속하며, 이 사회학은 과학들 가운데에서도 최후에 도달될 완숙한 발달 단계의 것이요, 또 그런 것으로 기대되지 않으면 안 된다고 주장하였다. 그 까닭은 과학들이 상호 관계상 하나의 자연적인 연속을 이루기 때문이다. 과학들의 자연적 순서는 수학·천문학·물리학·화학·생물학, 그리고 사회학의 순서로 되어 있으며, 그 하나하나는 이 리스트에서 그것에 앞서는 모든 것을 전제로 하지만, 반대로 그어느 것에 의해서도 미리 추정될 수는 없는 것이다. 콩트는 사회학이 이 분야에서의 그 자신의 노력의 결과로 인하여 바야흐로 탄생하려 하고 있다고 생각하였다.

도덕의 주요 문제들 가운데 하나는 사람들의 이타적 감정(이것은 천성적으로 약하다)으로 하여금 이기적 감정(이것은 천성적으로 강하다)을 물리치게 하거나 지배하게 하는 방도를 발견하는 것이라고 콩트는 믿었다. 그는 초기의 저술에서, 개인은 누구나 그가 속하는 사회에 의존하는 것임을 올바로 가르쳐 줌으로써 이 목적이 달성될 수 있다고 생각하였다. 인류는 큰 유기체와 같다고 그는 지적하였다. 개인은 그의 언어, 그의 습관, 그의 생계, 그의 이상 등을 그 속에서 자라난 집단으로부터 얻는다. 그러므로 한 개인은 자기가 사회에 신세를 지고 있음을 이해하면 할수록 더욱 그의 활동을 공중에의 봉사와 공공의 복리가 증진하는 방향으로 나아가게 된다고 콩트는 생각하였던 것이다. 그러나 시간이 경과함에 따라, 특히 짧은 동안이나마 드 보 부인과 사귄 뒤로는, 개인의 감정의 표현 활동을 올바르게 지도해 나갈 이성의 힘을 그렇게 자신 있게 신뢰할 수 없다는 것을 깨닫게 되었다. 사람들은 교육을 통해서, 또 사회적 상호 의존의 사실들에 대한 이해의 증대를 통해서 이타적으로 만들어질 수 있을 만큼 이성적 존재가 되지 못한다고 그는 단정하였다. 도덕적 훈련과 이기적 인간성의 변형을 위해서는 여러 가지 감정과 정념의 훈련이 필요하다. 그리고 이 훈련은 세심하게 계획된 종교 생활을 통해서만 효과를 얻을 수 있다고 그는 확신하게 되었다. 그리고 모든 사람으로 하여금, 특히 품성이 형성되는 시기에 이런 종교 생활을 하게 하지 않으면 안 된다. 그는 인간의 정념을 도덕적으로 올바르게 훈련하기 위해서 자기가 만들어 낸 새 종교 체제를 인류교〔인도교(人道敎)라고도 함 : religion de l'humanité, Religion of Humanity〕라고 불렀다.

　그가 생각한 인류교(人類敎)란 사상과 실천이 인류 발달의 과학적 내지 실증적 단계에 어울리는 종교이다. 그것은 신학적 교리나 형이상학적 원리를 전혀 내세우지 않는다. 그것은 인간성을 본래의 상태보다 더욱 고상한 것으로 변형시키는 수단이 된다는 의미에서 종교인 것이다. 그것은 그것을 신봉하는 사람들의 마음속에다 이타적인 목적들을 위해서 자기를 버리고 헌신할 새로운 정서를 일으킬 것, 사람들의 감정을 사회의 여러 가지 요구에 대한 가장 앞선 과학적 해석과 일치하게 할 것, 공동선(共同善)을 추구함에 있어서 모든 개인들의 통일을 촉진할 것을 목표로 삼는다. 콩트는 인류 종교(人類宗敎)의 여러 가지 법도를, 적어도 많은 면에서, 카톨릭 교회에서 하는 일을 본떠서 제정하였다.[9] 그는 많은 축제일(祝祭日)을 인류의 고귀한 봉사자로 생각된 사람들의 이름을 따라 명명하는 달력을 창안하였고, 이 고귀한 봉사자들의 인격과 인류 복지에 대한 그들의 공헌을 엄숙히 기념하고 명심하기 위해서 이들 특별한 날에 행할 의식을 조직하였다. 그는 아홉 가지 성례식(聖禮式)의 제도를 고안했는데, 이는 사람들로 하여금 거기에 참여함으로써 그들의 의지를 근엄하게 정화하여 이타적 목적을 위해서 헌신하게끔 하려는 것이었다. 그는 교육적 목적을 위하여 실증주의적인 도서에 넣을 가치가 있다고 여겨진 몇몇 문서를 세계 문학에서 뽑았다.

　콩트가 지도한 결과로 실증주의자 협회가 런던과 그 밖의 여러 도시에서

---

9) 헉슬리(T. H. Huxley)는 인류교(人類敎)를 '기독교적 정신이 없는 카톨릭교(Catholicism without Christianity)'라고 불렀다.

조직되었다. 이 협회는 한때 활발하게 움직였으며, 어느 정도의 영향력을 가지고 있었다. 그러나 콩트의 비평가들 가운데 많은 사람들은 인류 종교의 의식을 괴상한 것으로 보았다. 콩트의 초기의 실증주의적 교훈을 기꺼이 따른 몇몇 사람들도 콩트의 후기의 경향이 공상적이라 하여 이를 개탄하였다. 가령 존 스튜어트 밀은 1865년에 〈오귀스트 콩트와 실증주의 (*Auguste Comte and Positivism*)〉란 책을 썼는데, 이 책의 제 1 부에서 그는 실증주의를 좋게 해석하고 있고, 제 2 부에서는 인류 종교의 조직이 엉뚱한 짓이라고 비난하고 있다.[10] 콩트의 영향 가운데 영속성을 더 많이 가지게 된 부분은, 그가 사회학이란 과학과 실증주의적 철학이란 개념을 새로 만든 점이라 하겠다. 실증주의는 가지가지 형태를 취하면서, 과거 백 년 동안의 철학적 전통들 가운데 하나가 되어 왔거니와, 이 가지가지 형태는 모두 콩트의 입장과 비슷한 것이다.

3. 존 스튜어트 밀

존 스튜어트 밀(John Stuart Mill, 1806~1873) : 영국 런던에서 태어나서 프랑스 아비뇽에서 죽었다. 그는 아버지로부터 엄격한 교육을 받았는데, 나중에 이 교육을 '벤담주의 과정'[11]이라고 기술하였다. 그는 세 살 때 희랍어 공부를 시작했으며, 어릴 때 많은 역사책과 고전을 읽었다. 스무 살 때 그는 실망과 낙심의 시기를 경험했는데, 이것은 지능의 발달을 지나치게 강조하고 정서를 소홀히 한 때문이라고 보고 있다. "구름이 점점 걷혀 갔다." 고 그는 술회하고 있다.[12] 그러나 행위의 외적 결과에 대한 주의는 '감정의 도야(陶冶)'에 의하여 균형을 얻지 않으면 안 되며, 이 감정 도야는 시와 예술을 통해서 가장 잘 이룩할 수 있다고 확신하게 되었다. 그는 정통 공리주의자들이 쓰는 말과는 아주 다르게 그의 생각을 표현했기 때문에, 칼라일은 그를 '새로운 신비가'라고 찬양하였다. 1838년에 그는 벤담과 콜리지(Coleridge)

---

10) 그는 심지어 "위대한 지성의 우울한 퇴폐" 운운하였다. *Auguste Comte and Positivism* (London, Truebner, 1865), p. 199 참조.

11) *Autobiography*(London, Longmans, Green, Reader, and Dyer, 1873), p. 64. 그의 아버지 제임스 밀은 벤담의 사상의 정통적 신봉자였다.

12) 같은 책 p. 141.

를 '그들 당시에 있어서, 장차의 큰 발전의 씨를 머금은 영국의 두 위대한 사람'이라고 불렀다.13) 그는 자기의 철학적 입장이 공리주의의 전통에 머물러 있는 것이라고 믿었다. 그러나 그는 심리학·논리학 및 윤리학에서 공리주의의 반대자들에게 많은 양보를 하였다. 일찍이 1823년에는 그의 아버지의 힘으로 동인도 회사(東印度會社)의 한 미미한 자리를 얻었고, 차츰 승진하여 1858년 이 회사가 해체될 때까지 여러 지위를 차지했었다. 그는 오랫동안 해리엣 테일러 부인과 사랑을 하다가 그 부인의 남편이 죽은 후 그녀와 결혼하였다. 그는 그의 후기 저작에서 발전시킨 사상들이 대개 이 부인에게 힘입은 것이라고 말하고 있다. 이 부인은 아마 그로 하여금 정통적 공리주의자들보다 덜 극단적인 개인주의의 색채를 띠게 하였고, 사회 개량을 위한 사회주의적 계획에 대해서 저들보다 더욱 동정하도록 했을 것이다. 그는 1858년에 프랑스의 아비뇽에 은퇴했다. 1865년에는 국회 의원으로 출마하기 위해 영국으로 돌아가 하원 의원으로 있었으나 재선되지는 못했고, 다시 아비뇽에서 은퇴하여 여생을 보냈다. 그의 많은 저서 가운데에는 다음과 같은 것이 있다. 〈논리학 체계(*A System of Logic*)〉(1843) —— 이 책은 1872년에 제 8 판이 나올 때까지 여러 번 수정되었다. 〈경제학 원리(*Principles of Political Economy*)〉(1848)·〈자유론(*On Liberty*)〉(1859)·〈대의 정부론(*Considerations on Representative Government*)〉(1861)·〈공리주의(*Utilitarianism*)〉(1863)·〈윌리엄 해밀턴 경의 철학에 대한 검토(*Examination of Sir William Hamilton's Philosophy*)〉(1865)·〈오귀스트 콩트와 실증주의(*Auguste Comte and Positivism*)〉(1865)·〈자서전(*Autobiography*)〉(1873)·〈종교에 관한 세 논문(*Three Essays on Religion*)〉(1874). 그의 논문의 많은 것들이 1859년의 〈논문들과 토론들(*Dissertations and Discussions*)〉의 제 1 권과 제 2 권에, 1867년의 제 3 권에, 그리고 1875년의 제 4 권에 수록되어 있다.

존 스튜어트 밀의 〈논리학〉은 19세기의 위대한 책들 가운데 하나이다. 그 당시와 또 지금까지 내려오면서 그것이 지니고 있는 명성은 밀의 이른바 귀납적 증명의 다섯 가지 전형을 명료하게 조직적으로 서술하고 있는 데 기인한다. 밀은 귀납적 탐구의 방법을 처음으로 서술한 논리학자는 아니다. 이미 프랜시스 베이컨은 현존(現存)과 결여(缺如)와 정도(程度)의 표(表)들을 논한 바 있었고, 데이비드 흄은 베이컨이 말한 것을 개량한 규칙들을 세운 바 있었다.14) 그러나 그 다섯 가지 전형의 정의(定義)에 있어서

---

13) "Bentham," *Dissertations and Discussions*(London, John W. Parker and Son, 1859), Vol. I. p. 331. 이 에세이는 이에 앞서 *London and Westminster Review*(August, 1838)에 발표되었다.

14) 베이컨의 표들에 대해서는, 본서 pp. 369~371 참조. 흄의 규칙들에 대해서는 *A Treatise of Human Nature*, 제 1 권, 제 3 부, 제 15 절 참조. 밀의 준거(準據)들에 대해서는 그의

의 밀의 언어는 아주 세밀한 데까지 머리를 쓴 명료성의 모범이라 하겠다. 그것은 이 책이 처음 나온 이후 백 년 이상이나 많은 논리학 교과서에서 거의 그대로 답습되어 왔다.

밀은 논리학에 있어서의 아리스토텔레스의 전통이라고 그가 생각한 것에 반대하여, 논리학은 본래 직접 추리나 삼단 논법과 같은 연역적 과정들에 있어서의 명사(名辭)들과 명제(命題)들 간의 형식적 관계에 관한 것이 아니라고 주장하였다. 연역적 추리가 논리학에서 합법적 지위를 차지하고 있고, 또 과학적 방법에서 한 가지 역할을 맡고 있음은 사실이다. 그래서 밀은 논리학의 이 부문을 분석하였고, 또 이것을 '정합성(整合性)의 논리' (전후의 조리가 맞는가를 살피는 논리 —— 역주)라고 부르기도 했다. 논리학의 이 부문은 사상가가 일단 지식을 얻은 후에 이 지식을 조직하고, 또 이 지식을 전후 모순이 없는 체계로 만드는 것을 돕는 데 유용하다. 그러나 논리학에는 형식 논리보다 훨씬 더 많은 것이 있다. 논리학은 "명증을 찾아내는 데 이바지하는 오성 작용(悟性作用)에 관한 과학"이라고 밀은 말하였다.[15] 그 첫째 가는 관심사는 새 진리의 발견을 촉진하는 것이다. 연역적 방법을 가지고서는 단 한가지도 특수한 새 사실을 발견할 수 없다. 이미 받아들인 보편적인 것의 형식적 내용들을 설명하기 위해서 연역적 방법을 쓸 수는 있다. 그러나 이런 내용들은 언제나 새로운 탐구에서 얻은 명증에 의하여 검증될 때까지, 그리고 이렇게 검증되지 않는 한 앞으로의 탐구를 인도해 가기 위한 시험적 가설로 생각되지 않으면 안 된다. 인간의 사고 과정 전체는 특수한 사실들의 관찰에서 시작하며 또 끝난다. 그러므로 보편적인 것들은 정신이 이미 관찰된 특수물로부터 명증적 가치를 가진 또 다른 특수물로 유리하게 움직여 가는 것을 돕기 위한 논리적 고안물이나 다름없는 것이다. 그러기에 밀은 그의 〈논리학〉의 대부분을, 귀납적 방법을 기술하는 데 충당했고, 연역적 추리는 실험적 사고 과정 안에서 부차적인 위치에다 두었던 것이다.

그의 논리학 체계가 발전하여 일반적 인식론으로 진전했을 때, 밀은 몇

Logic, 제 3 권, 제 8 장 참조.

15) *Logic,* 서문, 제 7 절.

가지 난점(難點)에 부딪혔다. 그는 이 모든 난점을 극복하지 못했을 뿐 아니라, 또한 어떤 경우에는 난점들이 있다는 것을 깨닫기조차 하지 못했던 것 같다. 이 난점들은 상반하는 두 지적(知的) 영향에 대한 밀의 충실성에서 결과하였다. 한편 그는 자기 주위의 과학자들이나 그 밖의 사상가들이 그들의 좀더 성공적인 연구에서 사용하고 있던 방법을 기술하고자 하였다. 그리고 다른 한편으로는, 어디까지나 경험론적인 여러 철학적 전통에 충실했는데, 이 전통들은 그가 그의 아버지에게서 받은 확고한 교육적 훈련에 의하여 그의 마음속에 주입된 것들이었다. 그는 1869년에 그의 아버지의 저서 〈인간 정신의 제현상의 분석〉을 편찬하면서 몇 군데 수정을 가할 필요가 있다고 생각하고는 아버지의 이론을 몇 군데 수정하였다. 그러나 그는 그가 의식했던 것보다도 더 많은 전제들을 그의 아버지의 심리학 전설(傳說)과 인식론적 이론에서, 그리고 또 로크와 버클리 및 흄의 경험론의 전통에서 계승하고 있었다. 그리고 이들 로크나 버클리 및 흄에 관해서는 그의 아버지의 해석을 따르고 있었다.

밀의 논리학적 저서 속에 있는 그와 같은 미해결의 난점의 예를 하나 들어 보기로 하자. 한편 밀은 논리학의 기능은 우리로 하여금 우리의 유한한 경험들의 우연적이며 주관적인 연합을 넘어설 수 있게 하고, 또 '자연의 진로'의 객관적 질서를 확인케 해주는 것이라고 주장하였다.[16] 우리의 경험은 제멋대로 일어나는 감정들과 엉뚱한 사건들의 혼논일 수 있다. 우리의 경험은 자연 세계의 사물들과 사건들을 지배하는 여러 가지 유형의 질서를 드러내 주느니보다 오히려 모호하게 해 줄 수도 있다. 과연 우리는 경험을 넘어선 어떤 것에도 의지할 수 없다. 그러나 우리는 제한된 개인적 경험으로부터 하나의 넓고 유익한 경험에 호소할 수 있다. 우리는 심리적으로 그럴듯해 보인다고 해서 이것을 곧 논리적으로 확실한 것이라고 생각해서는 안 된다. 어떤 감정이 아무리 생생한 것이라 할지라도, 우리는 그 감정을 신뢰할 수 없고, 아무리 믿음이 강한 것이라 할지라도 우리는 그 믿음을 신뢰할 수 없다. 우리는 명증(明證)을 요구하는 것이다. 그리고 한

---

16) 이 문구는 *Logic,* 제 3 권, 제 4 장, 제 1 절에서 인용한 것인데, 이 책의 다른 많은 곳에도 나타나고 있다.

경험이 논리적 의의를 가질 때에만 그 경험이 명증이라 불릴 수 있다. 밀은 명증에 대해서 정의를 내렸는데, "명증이란 정신이 실제로 거기에 굴복하거나 혹은 반드시 굴복해야 되는 것이 아니고, 마땅히 굴복해야 하는 그런 것이다. 즉 거기에 굴복함으로써 정신의 신념이 사실에 합치하게 되는 그런 것이다."라고 썼다.[17] 그러나 그는 이 정의를 한층 더 철저하게 하여 우리가 어떻게 어떤 경험의 명증적 가치를 구체적으로 결정할 수 있는가 하는 것을 밝히지는 않았다.

그러나 다른 한편으로 밀은 모든 경험의 "사실들은 감정이 아니면 의식 상태"라고 하는 그의 아버지의 학설을 계속하여 받아들였다. 우리는 단순한 의식의 요소들로부터 출발한다고 그는 생각하였다. 언제나 이 단순한 요소들을 명증으로 보곤 하였다. 심지어 그는 어떤 구절에서, 만일 우리가 유아(幼兒) 때 의식의 최초의 인상들을 되찾을 수 있다면(그는 이것이 불가능하다고 생각했지만), 우리는 나중에 덧붙여진 추가물들과 연합들의 혼탁이 없는, 따라서 으뜸가는 명증적 가치를 지닌 요소들을 가지게 될 것이라고 시사하였다.[18] 그러나 이 심리적 순수성은 되찾기 힘든 것이다. 그는 계속하여 말하기를, 맨 처음의 단순한 요소들은 관념 연합(觀念聯合)의 법칙에 의하여 한데 묶여 가지고 고정된 뭉치 즉 '사물'을 이루게 되며, 심리학적으로 볼 때, 심지어 분리될 수 없는 전체를 이루게 된다. 심적 사실들 이외에 다른 사실들을 우리는 가지고 있지 않다. 밀은 물질은 "감각의 영속적 가능성 이외의 다른 아무것도 아니다."라고 말했는데, 이것은 유명한 말이다.[19] 그가 말하려는 것은, 물질이 경험을 초월한 하나의 실재(實在)로서 우리 속에 장래의 감각들을 생산할 가능성을 내포하고 있는 것이 아니라고 하는 것이다. 오히려 물질은 우리가 가지게 될 수 있는, 혹은 우리 자신이나 다른 사람들이 장차 일어날 수 있는 일들에 있어서도 가지리라고 생각할 수 있는 가능한 감각들에 대한 이름이다. 이런 경우, 경험의 주관적 질서와 대조를 이루는 객관적 질서란 것은 존재하지 않는다. 우리들 자

---

17) *Logic*, 제 3 권, 제 21 장, sec. 제 1 절.

18) *An Examination of Sir William Hamilton's Philosophy*(London, Longmans, Green, Longmans, Roberts and Green, 1865), p. 147.

19) 같은 책 p. 200.

신이나 다른 사람들의 심적 사실의 계기(繼起)와 대조를 이루고 있는 자연의 진행이란 것도 존재하지 않는다. 다만 좀더 광범한 경험의 좀더 나은 연상(聯想)들에 대조되는 제한된 경험의 빈약한 연상들이 있을 따름이다. 감정들을 연합의 법칙에 의하여 그룹으로 묶은 것들은 모두 동일한 기원(起源)을 가지고 있다. 환상과 또 과학의 귀납적 개괄은 다 같이 동일한 연합 법칙의 결과이다. 왜냐하면 만일 모든 사실들이 감정 아니면 심적 사실이라고 한다면, 어떠한 사실도 감정들간의 질서 아닌 다른 어떤 질서에 관해서도 명증적 가치를 지니지 못할 것이기 때문이다. 모든 연속적 생기(生起)와 모든 상관 관계는 결국 감정들간에서 일어나는 것이 되고 마는데, 비록 어떤 연속적 생기는 특이하고 다른 어떤 연속적 생기는 보다 정상적이라고 할 수 있을지라도, 결국 그것들은 감정들 가운데에서 일어나고 있는 것이다.[20]

귀납법에 관한 밀의 이론은 바로 위의 절에서 논한 난점을 반영하고 있다. 밀이 관념 연합의 심리학을 배경으로 해서 논리학을 다루었을 때, 그는 귀납법의 가치가 현상(現象)들을 연결시키는 어떤 방식에 유리한 실례의 수(數)에 의존하는 것이 되게 했다. 그는 심지어 모든 가능한 관련 있는 사항을 남김없이 들어 열거하는 것을 —— 완전한 열거가 항용 실제에 있어서는 불가능하다는 것을 별수없이 인정하지 않을 수 없었으나 —— 이상적 귀납법이라 생각하였다. 그러나 논리학을 객관적 자연 질서의 분석으로서 다루었을 때, 그는 귀납법의 가치가 어떤 현상의 결정적 사례들이 특별한 고찰을 위해서 선택되는 방식에 의존하는 것이 되게 했다. 심지어 단 하나의 실례도 실험의 숙련을 가지고 취급되면, 때로는 "하나의 완전한 귀납으로서 충분한 것일 수 있다."고까지 생각하였다.[21] 그러나 그는 성급하

---

20) 이 점에 관한 밀의 입장은 어떤 비평가들에 의하여, 머리 잘린 버클리주의에 비교되었는데, 이것은 옳은 비교라 하겠다. 만일 어떤 이가, (정신들 이외의) 유일한 실재가 관념들이라고 하는 버클리의 이론을 채택하고 동시에 신의 존재를 부인한다고 하면, 그는 밀의 궁경(窮境)에 빠지게 된다. 신의 존재의 부인은 신의 존재를 부인하지 않았던들 버클리주의자가 되었을 사상가로부터, '세계의 강대한 골격'을 구성하는 관념들과 개개의 사람들의 한갓 사적인 정신들 속에서 일어나는 다른 관념들을 구별하기 위해서 버클리 자신이 가졌던 수단을 빼앗아 버리고 말 것이다.

21) *Logic*, 제 3 권, 제 3 장, 제 3 절.

게도 정직히 고백하기를, "옛날의 가장 현명한 사람들"도 또 (은연중) 자기 자신도 단 하나의 실례가 "동일한 성질을 띤 무수한 사례"들보다 더욱 많은 논리적 가치를 지닌 것이 될 수 있다는 신기한 일을 설명할 수는 없었다고 말하였다. 확실히 관념 연합의 심리학과 고전적 경험론의 주관주의적 전제들을 기반으로 작업하는 한, 단 하나의 실례의 명증적 의의를 아무도 설명할 수 없었던 것이다.

밀은 그의 귀납적 논리학에서 '이것 다음에(post hoc)'와 '이것 때문에(propter hoc)'를 구별하는 방법, 즉 주관적인 심리학적 연속과 객관적인 자연적 연속을 구별하는 방법을 발견하려 하였다. 그는 이 목적을 달성하는 수단으로서 인과 법칙(因果法則)의 검토에 주의를 돌렸다. 그러나 인과 법칙에 대해서 그가 베푼 설명의 종류는 그가 그의 목적을 달성하는 것을 방해했다. 그는 인과의 관념이 경험에 대한 우리의 분석에 합리론적(合理論的)으로 끌어들여지는 것이 아니라는 것을 열심히 주장했다. 그러므로 인과 법칙이란 것이 경험으로부터의 한 개괄(概括)이라고 논의하였다. 그리고 그것은 다른 개괄들에 앞서서 이것들의 지침이 되는 것이 아니라, 오히려 최후의 가장 추상적인 개괄이다. 인과 법칙은 "한결같은 전건(前件)을 원인이라고 부르며, 한결같은 후건(後件)을 결과라고 부르는" 원리라고 그는 진술하였다.[22] 우리는 먼저 가지각색의 다른 개괄을 얻고, 그러고 나서 다시 이 개괄들의 본성에 관한 하나의 개괄을 만드는 것이다. 그리하여 인과 법칙은 심리적인 관념 연합 법칙 작업의 최후의 산물이요, 따라서 '이것 다음에'는 결국 '이것 때문에' 이상의 것이 되지 못하는 것이다. 그러므로 제공된 이 법칙은 주관적 관념 연합들을 넘어서 '자연의 진행'의 분석으로 나아가는 기술을 주지 못하는 것이 되고 만다. 그것은 오히려 경험적으로 짐작은 가나 결코 검증될 수 없는 하나의 신념이다. 즉 경험이란 자꾸 쌓이게 되면 개개의 사람들에게 있어서 현실적으로 일어나는 경험들보다 그 계기(繼起)함이 더욱 한결같으리라는 신념이다.[23]

---

22) *Logic,* 제 3 권, 제 5 장, 제 2 절.

23) 밀의 〈논리학〉은 인과율에 관한 그의 난점을 아주 명백하게 보여 주었으므로 그의 시대 이후로 많은 경험론자들은 자연의 제일성(齊一性)에 대한 신념을 '귀납법의 중심 문제'로

밀의 윤리학

밀의 윤리학설(倫理學說)은 그의 논리학설과 마찬가지로, 그의 학파의 근본 원리로서 받아들이도록 교육 받은 사상들과 그 자신의 도덕적 경험에서 가지게 된 몇 가지 비판적 원리들과를 조화시키려고 애쓰고 있던 한 정신의 소산이다. 밀은 언제나 자기 자신이 벤담의 공리주의(公利主義)의 입장에 진정으로 충실하다고 생각하였다. 그러나 그는 벤담이 그저 소홀히 했을 뿐 아니라 때때로 분명히 부인했다고 그가 생각한 몇 가지 가치를 예리하게 의식하게 되었다. 그는 벤담의 본질적인 원리들을 버리지 않고도 벤담의 견해들의 편협함을 시정할 수 있다고 믿었다. 좀더 정통적인 벤담주의자들은 그가 공리주의를 버렸다고 비난했으며, 벤담주의를 반대하는 사람들은 그의 시정이 당치않은 것이라고 생각하였다. 어떻든 간에 〈공리주의〉란 제목이 붙은 그의 논문은 대단히 감동적인 글이어서, 그 옹호자와 반대자를 불문하고 다 같이 이를 공리주의 학파의 결정적 성명으로 보기에 이르렀다.

밀이 자기의 윤리학 체계의 근본 원리를 표명한 글은 다음과 같은 것이다.[24]

공리 혹은 최대 행복의 원리를 도덕의 기초로 삼는 신조는, 행동은 행복을 증가하는 경향에 비례하여 선하며, 행복에 반대되는 것을 산출하는 경향에 비례하여 악하다고 본다. 행복이란 쾌락을, 그리고 고통의 결여를 의미하는 것이요, 불행이란 고통을, 그리고 쾌락의 결여를 의미하는 것이다.

여기까지는 벤담주의 그대로라고 하겠다. 그러나 밀은 곧 부언하기를, 쾌락(또한 마찬가지로 고통)은 오직 양만 가지고 평가될 수 있는 것이 아니

서 문제 삼아 왔다. 경험론자들이 경험을 '감정과 의식 상태'의 계기가 아닌 다른 어떤 것으로 보게 된 때까지는 그들은 실험적인 일을 객관적인 자연 질서의 분석으로 보는 그들의 입장을 입증할 아무런 인식론도 가지지 못했다. 존 듀이의 철학을 취급한 부분을 참조할 것. p. 670.

24) *Utilitarianism*, 제 2 장, par. 2.

라고 하였다. 그리하여 그는 쾌락의 계산을 부인하였다. 쾌락(또한 마찬가지로 고통)은 질적으로 같은 것이 아니요, 따라서 양적으로 다루어질 수는 없다. 쾌락은 그 종류가 서로 다르다. 인간 존재는 많은 종류의 쾌락을 향락하는 광대한 능력을 가지고 있다. 그들이 여러 가지 동물적 욕망을 가지고 있음은 사실이나 또한 보다 높은 여러 가지 능력을 가지고 있다. 그리고 보다 높은 이 능력들을 발휘함으로써 얻는 쾌락은 동물적 욕망을 충족시킴으로써 얻는 쾌락과 그 성질이 아주 다르므로, 판단을 잘 하는 사람치고 전자를 더 좋게 말하기를 주저할 사람은 아무도 없을 것이다.

어떤 종류의 쾌락이 다른 종류의 것들보다 더 좋고 더 가치가 있다는 사실을 인정하는 것은 공리의 원리에 조금도 어긋나지 않는다. 다른 모든 일을 헤아릴 때에는 양과 질이 다 함께 고려되는데, 쾌락의 평가는 양에만 의지하는 것으로 상정하는 것은 부조리한 일이라 하겠다.[25]

이 말 속에는 벤담의 생각에 대한 밀의 점잖은 시정이 들어 있다.

밀은 이 쾌락주의적 원리가 많은 사람들, 아니 실상은 쾌락을 관능의 만족과 결부시켜 생각한 모든 사람의 반감을 살 것을 염려하였다. 쾌락의 질을 강조함으로써 그는 쾌락주의가 교양 있고 바탕이 좋은 사람들에게 좀더 환영받는 것이 되게 할 것을 바랐다. 순전히 동물적인 생존을 영위함으로써 강렬한 쾌락을 맛본다 할지라도, 이런 생존을 영위하는 데 만족을 느끼는 사람은 극소수일 것이라고 그는 생각하였다. 사람들이 아무리 중단됨이 없는 쾌락을 가진다 할지라도 그들은 바보나 얼간이나 건달의 역할을 맡으려고 하지는 않는다. 그들은 다른 동물들보다 더 위대한 감수성을 가지고 있으며, 또 다른 동물들을 만족시키기에 알맞은 것에 자기들의 생명을 바치는 것을 부끄럽게 여긴다. 그리하여 밀은 다음과 같은 유명한 말로 표현된 결론에 도달하게 되었다.[26]

배부른 돼지보다 배고픈 사람이 되는 것이 낫고, 배부른 바보보다 배고픈 소크

---

25) *Utilitarianism*, 제 2 장, par. 4.
26) *Utilitarianism*, 제 2 장, par. 6.

라테스가 되는 것이 낫다. 그리고 만일 바보나 돼지가 다른 의견을 가지고 있다고 하면, 이는 이들이 오직 문제의 그들 자신의 측면만을 알고 있기 때문이다. 이들과 비교되고 있는 반대편, 즉 사람이나 소크라테스는 양쪽 측면을 모두 다 알고 있다.

어떤 기준에 의하여 우리가 좀더 높은 질의 쾌락들을 결정지을 수 있을 것인가를 설명함에 있어서, 밀은 한결같은 입장을 취하지 않았다. 그는 그의 〈윤리학〉의 마지막 항목에서, 고상한 의지의 배양이 행복의 증진 못지 않게 사람들이 추구할 만한 목적이라고 주장하였다. 그러나 거기서 부언하기를, 의지나 성격의 고상함은 무척 오랜 기간에 걸쳐 이런 종류의 성격을 띤 많은 행동으로부터 풍부하게 결과할 행복에 관계시켜 평가될 성질의 것이라고 하였다.[27] 그러나 그의 난점(難點)에 대한 이 초기의 좀 애매한 해결은 그에게 만족을 주지 않았다. 그가 그의 입장을 가장 원숙하게, 그리고 최후로 표명한 〈공리주의〉에서, 그는 질의 기준이 '자격 있는 판단자들'이나 '좀더 고상한 감정에 대한 능력'을 가지고 있는 사람들이 한결같이 보여 주는 선택에 있다는 것만을 확신하였다. 그는 쾌락들간에 있는 여러 가지 질적 차이의 중요성을 인정함에 있어, 도덕감(道德感)에 대한 신뢰를 주장하는 사람들에게 한 가지 중요한 점을 양보하고 있다는 것을 깨닫지 못하고 있었던 것 같다. 벤담은 바로 이 입장에 대해서 맹렬한 비난을 퍼부었고, 그것을 한 가닥의 부당한 주관성이요 사회 생활에 있어서의 실제적 개혁들에 대한 장애라고 비난하였다. 쾌락의 계산이 충분히 가능하다는 것을 부인함으로써 밀은 실질적으로 쾌락주의 자체를 부인한 것이다. 왜냐하면 만일 쾌락이 가지고 있거나 혹은 가지고 있지 않은 어떤 하나의 성질 내지 여러 성질들에 비추어 판단되어야 한다고 하면, 쾌락은 가치 표준의 구실을 멈추기 때문이다. 이 성질 혹은 성질들이 쾌락 및 인간 행위를 판단하는 표준이 될 것이다. 밀은 어떤 한 쾌락을 고상한 쾌락이 되게끔 하는 질(質)을 정의한 일이 한 번도 없다. 그는 이 문제를 좋은 판단자들의 취미나 도덕적 감수성에 맡겼고, 어떻게 우리가 우리 자신을 좋은 판단

---

27) *Logic*, 제 6 권, 제 12 장, 제 7 절. 이 구절은 *Logic*의 제 1 판에는 없었는데, 1850년에 나온 제 3 판에 추가된 것이다.

자가 되게 할 수 있으며, 혹은 좋은 판단자들을 우리가 만났을 때 어떻게 좋은 판단자임을 알 수 있는가를 말하려 하지는 않았다.

밀은 그의 〈공리주의〉 속에서, '공리의 원리에 대해 어떤 종류의 증명을 할 수 있는가'란 제목의 장(章)을 하나 넣었다. 이 장의 처음 부분에서 그는 두 가지 논법을 썼는데, 이것들은 그 후로 가끔 인용되어 왔다. 이것들은 아주 유명하므로 여기에 다시 인용해도 무방할 줄 안다.[28]

어떤 대상(對象)이 보일 수 있다(visible)는 유일한 증거는 사람들이 그 대상을 실제로 본다는 것이다. 어떤 소리가 들린다(audible)는 것을 증명하는 유일한 증거는 사람들이 그것을 듣고 있다는 것이다. 우리 경험의 다른 원천(源泉)들이 모두 이와 같다. 마찬가지로 어떤 것이 바람직하다(desirable)는 유일한 증거는 사람들이 그것을 실제로 원한다는 사실에 있다고 나는 생각한다.

사람마다 스스로 도달할 수 있다고 믿는 한에 있어서 이를 원한다는 사실을 제외하고는, 왜 일반적 행복이 바랄 만한 것인가에 대해서 들 수 있는 이유는 하나도 없다. 하지만 이것은 사실이므로, 행복이 선(善)임을 밝히기 위해서 우리는 필요한 모든 증거를 가지고 있다. 그러므로 각 사람의 행복은 그 사람에 대해서 선이요, 따라서 일반적 행복은 모든 사람의 총체에 대해서 선이다.

이 구절들은 아마 밀 이후의 윤리학에 관한 저술들에서보다 논리학 교과서에서 더 많이 인용되었다. 논리학 교과서들은 이 구절들을 명백한 논리적 오류의 예로 자주 실었다. 첫째 구절은 언어에 있어서의 애매성의 오류라고 가끔 규정되었다. 왜냐하면 보인다는 말은 보이는 것이 '가능하다'는 것을 의미하는 데 반하여, 바람직하다는 말은 바람이 '가능하다'는 것을 의미하는 것이 아니고, 바랄 만한 '가치가 있다'는 것을 의미하기 때문이다. 둘째 구절은 교과서에서 결합의 오류(즉 개별적 부분으로서는 참되나, 그 부분의 합성인 전체로서는 거짓이라는 것)의 실례로 인용되어 왔다.

밀의 사회 철학

밀의 사회 철학(社會哲學)은 역사적으로 중요한바, 이는 그것이 1860년에

---

28) *Utilitarianism*, 제 4 장, par. 3.

서 제 1 차 세계 대전에 이르는 사이의 자유주의자들의 생각을 크게 대변하는 것이기 때문이다. 밀은 여기에서도 논리학과 윤리학에서와 마찬가지로 벤담 학파의 입장을 고수하려 했지만 여러 가지 완화된 고찰을 끌어들였다. 〈대의 정부(代議政府)〉에 관한 그의 논설은, 벤담이 그의 〈모든 국가와 모든 정부가 사용할 헌법 법전〉에서 양보하려 한 것보다도 훨씬 더 분명히, 적절한 정치 제도는 인간 심리학의 일반 원리들로부터 추상적으로 결정될 수는 없고, 한 사회의 문화 수준과 역사적으로 발달한 관습 같은 다른 요인들에도 의거한다는 것을 인정하였다. 밀은 또한 대의 정부나 민주주의적 여러 제도는 소수에 대한 다수의 전제(專制)에서 나타나는 힘의 남용을 자동적으로 막을 수 있는 것은 아니라고 지적하였다. 그는 여기에서 사람이 각자 그 자신의 선을 추구하면 결국 그것이 모두 합쳐 공동선(共同善)을 추구하는 것이 되리라는 그의 〈공리주의〉에서의 주장을 실질적으로 포기한 셈이다.

밀의 사회적 저술들 가운데에서 가장 영향이 컸던 것은 그의 작은 저서 〈자유론(自由論)〉이다. 그의 중심 논지는 개인들에게 의견의 자유와 또 행동의 자유까지도 크게 허용하는 것이 좋다고 하는 것이다. "만일 어떤 사람이 상식과 경험을 웬만큼만 가지고 있다면, 그의 생존을 이룩해 나가는 그 자신의 양식(樣式)이 최선의 양식이다. 이것은 그 자신의 양식이 그 자체에 있어서 최선의 것이어서가 아니라, 그것이 그 자신의 양식이기 때문이다."[29] 어떤 논제(論題)든지 그 공개적 토론을 못하게 하는 것은 도덕적 죄악이다. 죄악이 되는 까닭은, 이것의 토론을 못 하게 하는 자들은 절대로 과오를 범하는 일이 없다는 그릇된 생각을 조장하기도 하고, 또 논점(論點)을 이해하는 것을 증진시키는 기회를 막아 버리기도 하기 때문이다. 토론의 자유는 "하나의 결정적 견해의 깊은 잠"에 대한 유일한 사회적 치료법이요, 따라서 "모든 억제는 억제인 한 하나의 악(惡)이다."[30] 밀은 사람들이 언제나 교훈을 잘 받아들이는 것이 아니라는 것과, 심지어 때로는 그들의 반대자들의 세심하게 형성된 사상들을 경청하려 하지 않는다는 것을 개

---

29) *On Liberty*(London, John W. Parker and Son, 1859), p. 121.
30) 같은 책 p. 170.

인적 경험을 통해 알고 있었다. 그러나 적어도 그는 개인이나 사회에 있어서 지성과 지식을 진작시키는 데에는 그 어떤 형태의 사회적 통제나 검열보다도 토론의 자유가 훨씬 더 유익하다고 믿었다. 밀은 사람들에게 그들의 의견에서처럼 그들의 행동에서도 완전한 자유를 허용하는 데 찬성하지는 않았다. 그러나 행동에서도, 설령 어떤 이가 현명하게 행동하지는 못한다 하더라도, '다른 사람들에게 폐를 끼치는 일'만 없다면 자유롭게 행동하는 것을 허용함에 찬성했다.[31] 이리하여 그는 한 사회가 정부를 덜 가질수록 그 사회를 위해서 다행한 일이라고 하는 정통적 공리주의의 생각을 따랐던 것이다. 그는 심지어 억제가 만부득이한 경우에는, 법률과 법관들과 경찰력의 강압을 이용하느니보다는 세론(世論)의 조직되지 않은 압력으로 억제를 실시할 것에 자주 찬성하였다.[32]

4. 스펜서

허버트 스펜서(Herbert Spencer, 1820~1903) : 더비에서 태어나 런던에서 죽었다. 그는 학교에 다니지 않았고, 다른 소년들과도 거의 사귀지 않았다. 그리고 집에서 그의 아버지와 숙부에게 교육을 받았다. 17세 때에는 철도공으로 들어가서 약 10년 동안 이 방면의 일에 종사하였다. 그 후 약 십 년 동안은 신문계에서 일하였다. 1850년에 그는 〈사회 정학(社會靜學; Social Statics)〉을 간행하였다. 1857년 경에 그는 모든 인간 지식의 총괄적 체계의 윤곽을 구상하게 되었는데, 이 체계를 그는 '종합 철학(Synthetic Philosophy)'이라고 불렀다. 이 웅대한 기획을 실현하기 위하여 그는 40년 동안 헌신하였다. 이 일을 수행하는 데 필요한 재정의 일부는 기부금으로 충당되었는데, 이 돈은 대부분 영국과 아메리카에서 모금되었다. 그는 1882년에 미국에 가서 일련의 공중 강연을 했다. 또한 그는 실업계의 지도자들과 많은 지식인들에게 과학 시대를 위한 계몽의 화신이라고 찬양받았다. 그는 종합 철학에 관한 저서를 연속적으로 내는 일에 열정적이었다. 심지어 거의 폐인이 되다시피 병약하게 되었을 때에도, 그리고 사회로부터 거의 은둔하다시피 되는 것도 개의치 않고 그 일을 계속하였다. 1896년에

---

31) 같은 책 p. 101.
32) 밀은 만년에 이르러 사회주의의 개혁 계획의 많은 점에 공감하게 되었다. 그러나 사회 철학의 분야에서 그의 가장 영향을 많이 끼친 저술인 그의 논문 〈자유론〉은 그런 종류의 양보를 전혀 하지 않았다.

이 〈종합 철학〉이 완성되었을 때, 그것은 다음의 열 권으로 되어 있었다. 〈제일 원리(*First Principles*)〉(1862)·〈생물학의 원리, 2권(*Principles of Biology, 2 vols.*)〉(1864~1867)·〈심리학의 원리, 2권(*Principles of Psychology, 2 vols.*)〉(1870~1872)·〈사회학의 원리, 3권(*Principles of Sociology, 3 vols.*)〉(1876~1896), 그리고 〈윤리학의 원리, 2권(*Principles of Ethics, 2 vols.*)〉(1879~1893). 이 저작들 중의 몇 개는 판이 거듭되는 가운데 여러 번 수정되었다. 그의 다른 많은 저술은 이 10권의 저작에서 제창한 사상을 부연한 것이다. 가령, 〈인간 대 국가(*Man versus the State*)〉(1894) 같은 것이 그런 것이다.

허버트 스펜서는 거의 100년 동안 흔히 진화(進化)의 철학이라고 불리는 것의 주요한 제창자로서 알려져 있었다. 심지어 찰스 다윈도 개인적인 한 서한에서 그를 두고 말하기를, "나는 이제부터는 그가 영국의 현존 철학자들 가운데 가장 위대한 자로 간주되리라고 생각한다. 아마 지금까지의 어느 위대한 철학자에도 못지않는 철학자가 아닐까 한다."라고 하였다.[33] 오늘날 이와 같은 다윈의 찬사에 생각을 같이할 비평가는 극히 적을 줄 안다. 그러나 모든 비평가는 스펜서가 진화의 사상을 총괄적인 세계관의 조직적 원리로 전환시킨 최후의 그리고 가장 두드러진 철학자였다는 데 대해서 동의할 것이다.

스펜서가 그의 포괄적인 체계 속에 포함시킨 재료들은 많은 원천에서 왔다. 스펜서는 흔히 자기는 다른 사람들의 사상의 영향을 아주 조금밖에 받지 않았다고 주장하기가 일쑤였으며, 또 그의 사상은 그 자신의 정신 속에서 전개되었다고 자랑하였다. 이 점에서 그는 아주 올바로 판단했다고는 할 수 없다. 그는 판단의 독립성(그는 특히 이것에 대해서는 뛰어났다)과 견해의 독창성(이것에 있어서는 두드러지게 뛰어나지는 않았다)과를 혼동했던 것이다. 사실에 관한 그의 재료는 대부분 남에게서 얻은 것이었다. 이것은 그가 실험적 과학자가 아니었기 때문이다. 진화에 관한 그의 근본 원리는, 아무리 보아도 찰스 다윈에게서 온 것이 아니고, 라마르크(Lamarck)로부터 온 것이다.[34] 그리고 보면 그는 라마르크의 입장에서 개괄해 나가서 진화

33) *The Life and Letters of Charles Darwin*(London, 1887), Vol. Ⅲ, p. 120.
34) 확실히 라마르크로부터 직접 온 것은 아니다. 그는 라이엘(Lyell)의 〈지질학 원리(*Principles of Geology*)〉를 읽는 중, 라마르크에 반대하는 라이엘의 논점들을 거부하였고, 따라서 라마

의 원리를 일반적인 우주 원리로 삼은 것이다. 또한 윌리엄 해밀턴 경의 무제약자(無制約者)의 이론[그는 절대자를 불가지자(不可知者)라고 부르기를 더 좋아했지만], 콩트의 실증주의적 태도, 그리고 철학적 급진론자들의 여러 사회학설의 개인주의적인 영향을 받았다. 그는 자기가 어떤 근원에 의존하고 있는지, 즉 어떤 사상가들한테서 자기의 사상을 형성하는 재료를 얻었는지를, 스스로 더듬어 올라가 찾을 줄을 몰랐다. 그러나 그는 여러모로 19세기의 전형적인 아들이었고, 또 그 시대의 지적 조류를 따랐다. 정녕 그는 멸시에 가까운 무관심으로써 철학의 고전들을 팽개쳤다. 어떻게 그가 플라톤이나 로크나 칸트의 저서들을 골치 아프게 공부하는 일이 없었는가를 설명하였다. 그러나 그는 당시에 유행하던 사상들을 쉽게 흡수하였고, 또 이것들을 아주 확고하게 자기 자신의 것으로 만들었기 때문에 얼마 안 가서 그는 이것들이 자기 자신의 머리속에서 싹터 온 것으로 여기게 되었다. 하지만 사가(史家)는 이 유행 사상들이 모든 것을 휩쓸어 들이는 진화의 원리의 전체 상황 속에 들어갈 때 그것들이 다른 곳에서는 가지지 않는 의의를 가끔 가지게 된다는 것을 인정하지 않으면 안 된다.

불가지자(不可知者)

〈제일 원리(第一原理)〉는 종합 철학 전체에서 맨 처음에 저술되고 출판된 책이다. 그것은 스펜서의 기본 사상들을 포함하고 있다. 이 기본 사상들 가운데에는, 물론 제 1 권에 뒤이어서 나올 책들의 사상을 지배하는 진화의 원리가 있다. 이 원리에 대한 스펜서의 진술은 널리 알려져 있으며, 또 자주 인용되고 있다. 35)

진화(進化)란 물질의 완성이요, 또 이에 수반하는 운동의 소산(消散)이다. 진화가 있는 동안에 물질은 불확정하고 고르지 않은 동질성으로부터 확정되고 잘 어울린 이질성으로 넘어간다. 그리고 진화가 있는 동안에 지속되는 운동은 하나의 평행적인 변형을 겪는다.

르크의 생각을 따라 결론을 내렸던 것이다. 그의 *Autobiography*(New York, D. Appleton and Company, 1904), Vol. I. p. 201 참조.

35) *First Principles*, 제 145 절.

스펜서는 이 원리가 물리학·생물학·심리학·사회학, 심지어 윤리학에
까지 적용될 수 있다고 생각하였다. 그는 철학이 할 일은 여러 과학의 재료
들을 체계적으로 배열하는 것이라고 주장하였다. 일상의 지식은 통일되지
않은 지식이다. 과학적 지식은 부분적으로 통일된 지식이다. 철학은 완전
히 통일된 지식이다.[36] 과학의 큰 부문들의 하나하나——스펜서는 네 부
분이 있다고 보았다. 즉 물리학·생물학·심리학, 그리고 사회학이 그것
이다——는 그 자체의 특별한 원리들을 가지고 있고, 또 그 자체의 특별
한 결론들에 도달한다. 그러나 철학은 더 앞으로 나아간다. 진화의 원리는
우리로 하여금 여러 개의 과학의 특별한 원리들을 상호 연결시킬 수 있게
하고, 또 이 과학들의 개괄들을 조직화하는 하나의 개괄에 도달할 수 있게
하는 하나의 철학적 원리이다. 그리하여 철학은 인간 지식의 전체를, 의미
를 가지고 관계되는 부분들의 조리 있는 전체가 되게 하는 것이다.

인간의 지식은 현상(現象)을, 즉 실재(實在)가 우리의 경험들 내부에서
나타나는 양상을 다루는 것이라고 스펜서는 말하였다. 그런데 우리의 사고
의 어떤 것에 있어서나 우리는 영원히 명확한 인식을 허락지 않는 하나의
현상 이상의 실재를 언제나 의식한다. 실재는 직접 현전(現前)한다기보다
오히려 우리들의 사상 속에서 표상된다. 우리는 어떤 현상을 '외적 현상'
이라고 부르고, 이것들을 공간과 시간, 물질과 운동과 힘을 가지고 설명한
다. 그리고 다른 어떤 현상을 '내적 현상'이라고 부르고 이것을 삼사 혹은
의식 상태로서 설명한다. 그러나 이 모든 현상들은 외적인 것이든 내적인
것이든, 모두 우리의 경험들 속에 드러나 있지는 않으면서도 언제나 관련
을 가지고 있는 하나의 실재를 우리에게 나타내 보여 주는 것들이다. 이 실
재는 절대자이다. 혹은 우리의 정신적 과정들의 본성으로 말미암아 현상을
넘어선 곳에 이를 수 없는 만큼 그것은 불가지자(不可知者)이다. 그것은 우
리들 인간이 그 존재에 대해서 '불멸의 신념'[37]을 가지고 있는 하나의 실
물이다. 그리고 이 신념은 정당한 신념이기는 하나, 이 불가지자는 그 진
정한 본성을 찾아내려는 우리의 모든 기도를 좌절시킨다.

---

36) *First Principles,* 제 37 절.
37) *First Principles,* 제 26 절.

불가지자는 종교의 관심사라고 스펜서는 단정하였다. 그는 뚜렷하게 종교적인 사람이었던 것은 아니다. 종교에 대한 그의 관심은 원래 사회학적인 것이었다. 그는 종교의 발달을 그 최초의 형태(그는 조상 숭배가 종교의 최초의 형태라고 믿었다)로부터 이에 뒤따르는 여러 단계인 물활론(物活論)과 다신교(多神敎)와 일신교(一神敎)를 거쳐서 불가지자의 신비를 막연하게 인정하는 최후 단계로 나아가는 것으로 보았다. 과학과 철학이 더욱 진보함에 따라, 절대자에 관한 미신들은 차츰 자취를 감추고, 그 대신에 인간의 인식의 한계를 넘는 측량할 길 없는 힘에 대한 단순한 긍정이 들어선다. 아무리 우리의 지식이 발달할지라도 이런 의미에서의 종교는 결코 과학에 의해서 배제될 수 없다. 왜냐하면 지금까지 언제나 그랬듯이 앞으로도 언제나 존재의 궁극적인 신비가 있을 것이기 때문이다. 이 신비는 더욱 가까이 접근될 수 있는 것이기는 하지만 결코 해명되지는 않는 것이다. 그것은 해명될 수가 없다. 과학은 절대로 종교를 대체할 수 없다. 이는 과학이 현상적(現象的)이고 상대적인 것을 다루는 것이기 때문이다. 또 종교는 과학을 반대할 수 없다. 그 까닭은 종교의 관심사가 경험을 초월한 것이기 때문이다. 종교와 과학의 충돌은 역사에서 거듭 일어났었다. 그러나 이 충돌들은, 종교와 과학이 문제 삼는 영역이 서로 성질이 아주 다른 것임을 이해하지 못하는 데 기인하는 것이다. 역사가 그 목표를 향해서 진화함에 따라, 이 충돌들은 없어지고 말 것이다. 진화는 마침내 균형과 조정을 가져올 것이다. 그리고 과학과 종교는 평화스러운 조화 속에서 서로 상보(相補)하게 될 것이다.

특수 과학들

갖가지 과학들은 여러모로 진화(進化)의 기본 법칙을 증명하여 보여 준다고 스펜서는 생각하였다. 모든 분야에서 진화가 진행하는 동안 끊임없이 증가하는 다양성이 생긴다. 그리고 이에 수반하여 또 이와 상관적으로 서로 다른 여러 가지 형태의 존재 사이에 부단히 증가하는 평형이 생긴다. 그리고 언제나 진화의 목표는 완전한 조정 내지 조화의 상태이다.

물리학은 그 특별한 기본 원리로서 세력 불멸(勢力不滅)의 법칙을 가지고 있다. 물리학의 다른 모든 법칙들은, 세력이 그 전체량에 있어서는 불변하면서 특수하고 국부적인 여러 조건 밑에서 그 자체를 나타내 보여 주는 특수한 모습을 끄집어내어 다루는 것이다. 더욱더 복잡한 양상의 끊임없는 진화 속에서 변형은 변형을 낳는다. 그러나 그 계기(繼起)는 무질서한 것이 아니라, 질서를 가지고 있다. 그것은 세력과 세력의 충돌이, 균형 잡힌 조직들에 있어서의 세력들이 정합(整合)으로 나아가도록 질서 있게 되어 있다. 그리고 복잡한 우주의 광대한 질서는, 아직 도달되지 않은 목표로서, 조화 있는 세력들의 완전한 평형을 가지고 있다.

생명·정신 및 사회의 진화도 물리적 우주의 전체 구조 속에서 또한 세력 불멸의 원리를 나타내 보여 주고 있다. 그러나 생명과 정신과 사회는 세 개의 선진 과학들의 주제들이요, 이 과학들은 각기 그 자체의 특수한 기본 원리를 가지고 있다.

생물학은 물리학의 기초 위에 서 있는 것이지만 또한 새로운 관념들을 끌어들이고 있다. 스펜서는 말하기를, 생명이란 유기체와 환경 사이의 어떤 상호 작용의 과정들에 대한 이름이라고 하였다. 생명은 유기체의 형태들이 더욱 각양 각색으로 갈라져 변화함에 따라 내부의 여러 조건이 더욱 환경의 외적 조건들에 적응하게 된다는 법칙을 따른다. 생명의 초기 단계에서는 투쟁과 파괴가 충만한다. 그러나 진화가 계속됨에 따라 생물의 형태들의 복잡성이 증가하는 결과로 번번이 충돌이 제거되고, 또 좀더 조화 있는 상호 작용이 촉진된다. 그리고 내부 조건들이 잘 발전하여 외부 세력들에 아주 완전히 평화적으로 적응할 수 있게 될 때, 생명은 완전하게 된다고 결론지을 수 있다고 스펜서는 생각하였다.

스펜서는 심리학이 생물학의 한 부문이라고 생각하였다. 즉 심리학은 특히 의식의 현상을 다루는 생물학의 한 부문이라고 생각했던 것이다. 의식은 하나의 발전된 형태의 생명이며, 유기체는 그것으로써 외부의 여러 조건에 대한 개량된 조정 수단(調整手段)을 소유하게 된 것이다. 감관(感官)들은 유기체가 사용하는 조정의 도구들이다. 사고(思考)는 감관 이상의 그리고 더 교묘하게 된 조정 형식으로서 좀더 넓은 영역의 환경에 걸쳐서 유기체의 조정 영역을 확대시킨다.

스펜서가 심리학을 논하고 있는 가운데에서 가장 재미있는 것 중의 하나는 인간의 인식(認識)의 본성에 관한 유물론자와 경험론자의 두 가지 주장

을 절충해 보려는 그의 노력이다. 스펜서의 마음 밑바닥에서 느끼는 공감
은 경험론자 편에 기울어져 있다고 말할 수 있을 것이다. 모든 관념은 경
험에서 생겨난다는 것을 그는 인정하였다. 모든 관념은 종족(種族)의 역사
에 있어서 경험으로부터 일어나지만, 그것들은 모두가 개인의 발달에 있어
서의 경험으로부터 일어나지는 않는다. 스펜서는 라이얼(Lyell)에 반대해서
그가 편을 든 라마르크의 논점에 동조하여 논하기를, 어떤 유기체가 경험
을 통해서 성취한 어떤 관념은 다른 습득된 특징들처럼 그 유기체의 구조
속에 들어가 자리잡아서 미래의 세대로 전달될 수 있다고 하였다. 이렇게
되면 종족의 역사 속에서 경험으로부터 나타나는 것이 개인의 발달에 있어
서는 직관(直觀)에서 나타날 수 있다. 스펜서는 그의 입장을 예시하여, 공
간과 시간에 대한 우리의 관념들이 바로 이런 관념이라고 말하였다. 그러
므로 경험론과 직관주의(直觀主義)의 옹호자들은 방향을 달리하면서 그 이
론에 있어서는 다 같이 옳은 것이다. 진화의 과정에서 유기체가 더욱 복잡
하게 될수록, 그것은 직관적 관념들을 더 많이 가지게 된다. 그리하여 생
득 관념(生得觀念 ; innate ideas)의 가정이, 스펜서의 판단에 있어서는 경험론
적 인식론과 화해할 수 있는 것이 된다. 그리고 진화의 목표는 언제나 완
전한 조정과 균형이기 때문에 심리학적 진화의 목표는 직관적으로 식별된
원리들과 경험의 진로 사이의 완전한 조화를 가져올 것이다.

　스펜서는 그의 사회학에서 사회를 하나의 유기체로, 더구나 하나의 진화
하는 유기체로서 다루었다. 어떤 유형의 사회든지 사회 형태들의 발전하는
파노라마 속에서 일정한 어떤 위치를 차지하고 있다. 이 사회학적 체계의
주도적 원칙들 가운데 하나는, 사회가 군대적인 사회로부터 산업적인 사회
로 자연적으로 진화한다는 것이다. 전자 즉 군대적인 사회는 비교적 동질
적인 사회요, 후자 즉 산업적인 사회는 쉴 새 없이 증가하는 기능의 다기
성(多岐性), 따라서 쉴 새 없이 증가하는 다양성을 그 특징으로 한다. 사회
는, 충분히 산업적으로 되면 군대적인 활동을 넘어서 성장하며, 이런 활동
을 초월하게 된다고 스펜서는 생각하였다. 그러므로 사회 진화의 목표는
세계평화의 시대를 가져오는 것이며, 이런 시대에는 완전한 조정이 이루어
질 것이요, 투쟁은 제거되고 그 대신 산물(産物)들의 유무 상통(有無相通)
하는 교환이 있게 될 것이다.

도덕의 기준으로서의 진화(進化)

〈윤리학의 원리〉는 '종합 철학' 가운데에서 스펜서가 가장 많은 관심을 가졌던, 그리고 가장 자랑스럽게 여겼던 부분이었다. 그는 여기서 진화(進化)의 원리를 사용하면서 모든 과학을 살펴보는 가운데, 그 원리가 가지고 있는 듯이 보이는 윤리적 의의를 요약하였던 것이다. 그는 그의 결론을 다음과 같은 말로 표현하였다. "지금까지의 해명이 보여 주는 것은, 우리가 선하다는 이름을 적용하는 행위는 비교적 더 진화한 행위요, 악하다고 하는 것은 비교적 덜 진화한 행위에 대해서 우리가 적용하는 이름이라는 것이다."[38]

스펜서는 진화의 진로가 우리에게 도덕적 판단의 주요 기준을 마련해 준다고 보았다. 이는 생명이 좀더 넓게 되고, 좀더 완전하게 되고, 좀더 풍부하게 되고, 좀더 조화 있게 되는 것을 진화가 보증해 주기 때문이라고 그는 생각하였다. 그는 또한 철학자들이 내세운 다른 윤리학설들도 만일 충분히 고찰되고 검토된다면 실제적 가치 판단에 있어서 자기의 기본 이론과 일치하게 되리라는 것을 지적하고 싶어하였다. 도덕감을 내세우는 학파는 스펜서 자신의 이론과 똑같은 이론을 간접적으로 좀 덜 명료하게 표현한 것일 따름이라고 그는 주장하였다. 왜냐하면 개화한 사람들의 여러 가지 도덕적 감수성은, 비록 그것들이 정말 도덕적으로 신뢰할 수 있다 할지라도, 사람들이 인간의 발달을 가장 잘 촉진시킬 수 있는 수단에 관해서 오랜 세월에 걸쳐 하나씩 누적해 온 관념들의 결과이기 때문이다. 개개의 사람에 있어서는 이 감수성이 직각적(直覺的)인 것이지만, 종족(種族)에 있어서는 사회의 낡은 수준들로부터 좀더 발전한 수준들로의 상승을 특징짓는 여러 가지 변화를 겪고서 얻어지는 것이다. 공리주의 학파의 쾌락주의(快樂主義)에 대해서도 이와 마찬가지라고 그는 보았다. 쾌락은 그 생물학적 연관에서 생각되지 않으면 안 된다고 스펜서는 주장하였다. 이와 같이 볼 때, 그것은 한 유기체가 그의 여러 가지 힘을 실현시키면서 성장하고 있다는 것을 보여 주는 주관적 징조요, 따라서 진화적 전진의 방향으로 운동하고 있는 징조이다. 쾌락은 인간의 여러 가지 선택들의 상대적 가치를 결정하는

---

38) Vol. I, 제 8 절.

유용한 지침이다. 물론 가치의 진정한 규범은 어떤 선택이 진화적 진보를 촉진하는 정도에 있는 것이지만.[39] 또한 이기주의(利己主義)와 이타주의(利他主義) 사이에 벌어져 온 오랜 논쟁에 관해서도 이와 마찬가지이다. 이기주의는 인간의 본래적 혹은 원시적 본성이라고 스펜서는 말하였다. 그러나 진화가 진전할수록 여러 사회적 관계는 더욱 복잡해지고, 사람들의 이기적인 여러 가지 충동들은 더욱 수정되어, 마침내 가장 높은 단계의 그리고 가장 성숙한 사회에 있어서는 이타적인 관심들이 모든 비열한 이기주의를 완전히 몰아낸다. 그리하여 자기의 진화론적 여러 견해의 포괄적인 보편성에 자신만만한 스펜서는, 다른 학파의 적대적(敵對的) 입장들을 흡수하여 그 자신의 중심 원리의 우월한 예지에 이바지하는 역할을 맡게 하는 데 여념이 없었다.

그의 초기의 저작인 〈사회 정학(社會靜學)〉에서 그는 철학적 급진자들이 취했던 것보다도 훨씬 더 과격한 입장을 취했었다. 그는 개인주의를 극단화하여 무정부주의적인 것이 되게 하였다. 그는 개인에게 국가를 무시할 권리를 허용하였고, 또 "자발적인 법률 보호 박탈의 상태를 채택할 것"을 허용했다.[40] 그리고 또 세금을 무는 것을 거부하는 권리도 개인에게 허용하여 경찰의 보호를 받지 않아도 좋다고 하였다. 스펜서는 이 태도를 그의 일생을 통하여 견지하였다. 하지만 25년 후의 〈윤리학의 원리〉에서는 이 태도를 훨씬 덜 자극적인 말로 표현하였다. 그는 그의 〈사회 정학〉은 오늘날의 반진화(半進化)된 국가의 불완전한 사회 속에 있는 사람들의 도덕적 관계를 다루는 것이 아니고, 충분히 진화한 사회의 충분히 진화한 사람들의 '절대 윤리학'을 다루는 것임을 더욱 명백히 하였다(이것은 확실히 그가 처음부터 말하여 온 것이다). 어떻게 불완전한 사람들이 불완전한 사회 속에서 행동해야 하는가를 따지는 한, 윤리학이란 과학은 도저히 불가능하다고 그는 생각하였다. 이 단순한 진리를 깨닫지 못한 것이 기왕의 모든 윤리학

---

39) 존 스튜어트 밀이 한번 스펜서를 반공리주의자라고 불렀을 때, 스펜서는 이에 반대하였다. 그는 밀의 판단이 공평하고 관대하므로 밀을 존경하였다. 그러나 비록 그가 공리의 원리를 진화의 원리에 종속하는 것으로 보기는 하였으나, 자기 자신이 공리주의자라 불릴 수 있다고 믿었다.

40) *Social Statics*, 초판, 제19장, 제1절.

체계 수립자들의 결함이었다고 그는 믿었고, 이들의 실패의 역사에 그 자신이 또 하나의 실패를 보탤 것을 거부하였다. 그러므로 그는 선언하기를, 자기는 진화의 목표가 달성되었을 때에 사람들이 보여 줄 행위를 묘사하고 있노라고 하였다. 국가는 없어질 것인데, 이는 투쟁과 알력이 완전한 조정(調整)에 의하여 대체될 것이기 때문이다. 악에의 충동과 정의감 사이의 도덕적 투쟁은 두 번 다시 일어나지 않게 될 것인바, 이는 모든 충동이 정의에 순응하게 될 것이기 때문이다. 심지어 선택마저 사라져 없어질 것인바, 이는 모든 사람이 그리고 또 모든 사물이 자동적으로 선하게 될 것이기 때문이다.

스펜서가 진화의 목표를 묘사하는 일로부터 돌이켜 그와 동시대의 도덕 문제들을 논함에는, 즉 '사회 동학(社會動學)'에 있어서는 할 말이 별로 없었다. 왜냐하면 그의 생각으로는 동시대의 도덕 문제들이란 과학적으로 다루어질 수 없는 것이기 때문이다. 그는 다만 사람들이 길을 재촉하여 진화적 진보의 행진을 늦추지 말 것을 바랄 수 있을 뿐이었다. 완전한 사회에 있어서의 완전한 사람들의 묘사는 적어도 사람들에게 자극을 주어, 진화가 향하고 있는 보다 높은 수준들의 여러 가지 요구에 맞추어 행동하게 할 수 있을 것이다.

분해(分解)

스펜서의 철학을 설명함에는 진화만이 우주의 운명이나 인류의 운명의 전부가 아니라는 그의 상상에 언급하지 않아서는 안 된다. 스펜서는 하나의 순환설, 즉 진화가 계속하는 것은 사물들이 가장 복잡한 형태를 가지게 되고 가장 완전한 조정을 얻게 될 때까지이며, 진화의 완성의 상태는 불안정하게 되며, 이렇게 되면 분해 혹은 붕괴가 일어나리라 —— 그리고 모든 것이 다시 그 원래의 동질적 상태로 되돌아가리라는 주장을 내놓았다. 이렇게 되면 다시 진화가 시작되고, 또 이렇게 시작된 진화가 종국에 다다르면 다시 붕괴되고, 이렇게 진화와 분해가 영원히 계속된다.

그러나 그의 '종합 철학'에서는 분해의 설정이 스펜서의 사상에서 정말 차지했으리라고 짐작되는 것만큼 뚜렷한 위치를 차지하고 있지 않다. 분해라는 생각은, 우주의 조직을 완전한 것이 되게 하는 데 있어 연역적으로 필요한 조건으로 생각되었을는지도 모른다. 그러나 스펜서는 사람들에게 진화가 제대로 일어나도록 협조할 것을 재촉하기에 바빠서 분해를 자세히 고찰할 시간을 가지지 못했다. 그는 분해가 반드시 일어날 것을 확언(確言)하였다. 그러나 그는 어디까지나 진화의 철학자인 것이다.

제 15 장   20세기의 유럽

1. 베르그송

앙리 베르그송(Henri Bergson, 1859~1941) : 파리에서 나서 그곳에서 죽었다. 그는 콩도르세 고등 학교와 에콜 노르말 쉬페리외르(고등 사범 학교)에서 공부했다. 1881년에 그는 교편을 잡기 시작했는데, 처음에는 앙제외르의 고등 학교에서, 그 다음엔 클레르몽페랑에 있는 고등 학교, 파리의 앙리 4세 고등학교에, 에콜 노르밀 쉬페리외르에서 가르쳤고, 마지막으로 1898년 이래 콜레즈 드 프랑스에서 가르쳤다. 1914년에 그는 교육계로부터 은퇴하여, 제 1 차 세계 대전중 주미 프랑스 위원단의 일원으로 활약하였고, 그 후로는 국제 연맹의 지적(知的) 협력 기관에서 활약하였다. 몹시 좋지 않았던 건강 상태가 그의 생애의 마지막 20년 동안의 활동을 방해하였다. 그러나 그는 죽기 얼마 전 비시에 있는 페탱 정부가 베푼 여러 가지 면제 조치를 거부하고, 늙고 병든 몸을 이끌어 파리를 점령하고 있던 독일 당국에 출두, 유태인으로서 등록하였다. 만년에 이르러 그는 여러 가지 점에서 카톨릭 교회의 입장에 공감하게 되었으나, 그의 동포인 유태인들이 박해를 당하고 있는 동안 유태인으로서의 자기의 신분을 변경할 것을 단호히 거절하였다. 그의 주요 저작은 다음과 같다. 〈시간과 자유 의지(*Time and Free Will*)〉(1889) · 〈물질과 기억(*Matter and Memory*)〉(1896) · 〈형이 상학 입문(*Introduction to Metaphysics*)〉(1903) · 〈창조적 진화(*Creative Evolution*)〉(1907) · 〈도덕과 종교의 두 원천(*The Two Sources of Morality and Religion*)〉(1932).

베르그송은 앞서 칸트가 그러했듯, 전통적 형태의 유물론과 경험론을 모두 날카롭게 비판한 사상가였다. 그러나 그는 칸트와 아주 다른 관심에서, 그리고 아주 다른 이유로 이 낡은 철학들에 반대하였다. 칸트는 자기 시대의 물리적인 과학들의 방법이 정당한 것임을 입증하려 하였고, 그리하여 정신은 세계를 경험하는 일정한 필연적 방식을 가지고 있다고 논하였다. 베르그송은 메커니즘과 필연(必然)으로부터의 자유를 얻으려는 인간의 갈망을 정당한 것으로 입증하려 하였고, 생명력(élan vital=생명의 비약)이 항상 새로운 인격의, 또 심지어 우주의 발전 노선을 창조한다고 논하였다.

그의 저서 〈창조적 진화〉는 그 제목 자체가 혁명적인 것이었다. 19세기에서 20세기로 넘어오는 과도기에 산 사람들은 대부분이 창조와 진화를 그 둘 중에서 하나를 택해야 하는 세계에 대한 이론으로 보았다. 베르그송은 창조란 것이 옛날에 언젠가 한번 있었다가 지금은 끝마쳐지고 만 하나의 행위 혹은 일련의 행위라고 상정하는 식의 창조설(創造說)을 거부하였다. 그리고 진화란 것을 불가피하고 예견할 수 있는 목적으로의 전진이라고 생각하는 식의 진화설(進化說)을 그는 배격하였다. 그는 일찍이 스펜서의 학설을 많이 따랐다. 그러나 그의 원숙기의 철학은 스펜서의 공식들을 완전히 포기하고 있다. 스펜서는 진화를 내적 조건이 외적 조건에 적응하는 상태로 전진하는 것이라고 생각하였다. 베르그송은 진화를 생명력이 어떤 내적 요구에 따라 외적 조건들을 다시 만드는 과정이라고 생각하게 되었던 것이다. 그가 본 진화란 하나의 영원히 창조적인 과정이요, 항상 새로운 방향으로 움직여 나아가는 것이다.

베르그송의 최초의 저서는 〈의식의 직접 소여(The Immediate Data of Consciousness)〉였다.[1] 이 책은 우리가 우리의 의식적 생활을 두 가지 다른 방식으로 의식하고 있다는 주장을 옹호하는 것이다. 한편 우리는 직접적 의식을 통하여, 우리가 순수하고 약동하는 성질의 동적 과정으로서, 힘을 가지고 때로는 이 방향으로 때로는 저 방향으로 움직이되, 여러 가지 유한성으로 말미암아 어느 정도 제약을 받는 신체를 통해서 세계로 나아가며 또 세계에 작용하지만, 우리의 진로가 신체에 의하여 결정되거나 또는 신체의 한갓된 기능 내지 결과로 구성되어 있지 않다는 것을 발견한다. 우리는 생명력의 한 덩어리다. 이 생명력은 형식적인 정의로 규정할 수 없다. 그것은 과학의 양적(量的) 공식들로써 적절히 표현될 수 없다. 다른 한편에 있어서 우리는 과학적 심리학이 흔히 하는 소리로, 우리들 자신을 생각할 수 있다. 즉 우리는 우리 자신을 하나씩 분리되어 있는 감각들과 감정들과 관념들이 줄을 지어 연속하고 있는 것으로 볼 수 있다. 이때 이 감각들과 감정들과 관념들의 하나하나는 그 강도와 외연량(外延量)을 측정할 수 있다.

---

1) 이 책 *Essai sur les données immédiates de la conscience*(의식의 직접 소여들에 관한 논문)가 영어로 번역될 때 그 제목이 불행히도 *Time and Free Will*(시간과 자유 의지)로 되었다.

그리하여 우리는 신체의 여러 상태에 의존하는 듯이 보이며, 또 각 순간의 의식 상태를 기계적으로 다스리는 법칙들의 지배하에 있는 듯이 보인다. 의식을 전자와 같은 것으로 보면 진정한 자아가 드러난다. 후자와 같은 방식으로 의식을 보면, 이 진정한 자아 대신에 그럼직한, 그리고 기호로 표시된 도식(圖式)을 얻게 되는데, 이 도식은 과학적으로는 많은 열매를 맺게 하는 것이지만 '의식(意識)의 직접 소여(直接所與)'에 대해서는 부당한 것이다.

분석과 직관

의식(意識)의 소여(所與)에 관한 그의 입장을 입증하기 위해서 베르그송은 하나의 일반적인 인식론을 조직적으로 수립하지 않으면 안 되었다. 그는 이것을 그의 〈형이상학 입문〉에서 실행하였다. 무엇을 인식하든지 인식에는 두 가지 서로 다른 방법이 있다고 그는 생각하였다. 하나는 과학의 기호에 의한 방법이다. 이 방법을 사용함에 있어서 우리는 어떤 사물의 둘레를 빙빙 돌며, 그 외부의 여러 특성을 관찰하고, 그것을 부분들로, 또 이 부분들을 다시 그 부분들로 분석하여 마침내 본래의 통일되어 있던 그 사물을 절단할 대로 절단하여 우리가 원하는 토막들을 만든다. 이 방법은 물리학에서(그 원자 같은 것으로), 생물학에서(그 세포 같은 것으로), 심리학에서(그 심적 상태 같은 것으로) 사용되고 있다. 이렇게 되면 운동은 점(點)의 계열로 보이게 되는데, 이때 이 점들은 그 어느 것도 움직이지 않는 것이다. 그리고 생명과 정신은 정적 요소(靜的要素)들의 연속으로 생각되기에 이른다. 어떤 사물이든지 이를 인식하는 또 하나의 방법은, 그 사물 속에 파고들어가서 그것과 나 자신과를 동일한 것으로 보고, 그 사물의 독특한 성질을 직관적(直觀的)으로 식별하며, 그 사물의 통일된 구체적 발생의 체성(體性)을 존중하는 것이다. 과학적 방법은 실제에 있어서 가끔 다른 방법보다 나은 경우가 있는데, 이것은 과학적 방법이 우리로 하여금 예언할 수 있게 하며, 조직(操作)할 수 있게 하며, 또 표준 개념들 밑에서 분류할 수 있게 하기 때문이다. 하지만 형이상학을 위해서는 직관적인 방법이 없을 수 없는데, 이것은 오직 이 방법만이 개별적 사물의 존재(存在)의 흠 없는 전체를 파악할 수 있게 하기 때문이다.

그리하여 베르그송은 분석을 직관(直觀)에다, 기호에 의한 묘사를 직접적 이해(理解)에다, 실제적 효능을 이론적 타당성에다 대립시켰다. 한 사물을 분석해서 얻은 요소들이 그 사물의 진정한 본성으로 생각될 수 있다고 하는 추측만큼, 건전한 철학에 대해서 부단한 장애물이 되어 온 오류는 다시 없다. 분석은 언제나 불완전하다. 더욱이 분석은 가끔 왜곡인바, 이것은 분석에 의해서 분리된 요소들의 그 어느 하나도, 심지어 이 요소들을 통틀어 다시 주위 모은 전체도 분석의 출발점이었던 전체의 독특한 성질을 되찾게 될 수 없기 때문이다. 그러므로 분석은 실재(實在)의 파괴요, 사물들의 참된 존재를 허구들로 대체하는 것밖에 되지 않는다.

베르그송은 경험론자들과 합리론자들은 모두가 다 분석의 결과로 얻은 요소들을 본래의 실재들의 대체물로 보는 어리석은 잘못을 저질렀다고 생각하였다. 경험론자들은, 특히 로크에서 흄과 스펜서에 이르는 심리학적 분석에서 여러 가지 실제적 이유 때문에 제조된 인위적 실체들로부터 출발하여 영영 생명력을 가진 진정한 자아를 회복하지 못하였다. 경험론자들의 그럴싸한 결과들에 만족하지 못한 합리론자들은 개념 분석으로 나아갔고 실재적 존재를 '영혼' 혹은 '정신' 혹은 '정신적 실체'라 하였다. 그러나 합리론자들의 개념들은 경험론자들의 분석적 요소들과 마찬가지로, 진정한 자아의 특성을 이루는 과정과 생성의 전진하는 성질이 없다. 오직 직관에 의해서만 자아의 전체성이 되찾아질 수 있다.

이리하여 베르그송은 활동력 없는 상태, 죽은 사물, 정적인 존재란 있을 수 없다는 결론에 도달하였다. 모든 것은 가동성(可動性), 즉 과정이다. 그는 '지속(durée)'이란 말을 즐겨 사용했는데, 영어로는 흔히 duration이라 번역된다. 지속은 물리학적 방정식에 나오는 기호 t 와 같은 측량된 시간의 길이가 아니다. 그것은 우리들 자신과 그 밖의 모든 것의 내적 생명의 질(質)이다. 우리들 까다롭게 된 현대인들은 우리 주위의 사물들을 측량하는 일에 골몰하여 보통 우리들 자신 속에 있는 지속을 간과한다. 그러나 이 지속은 과학에 헌신하는 사람들이 자기들 자신과 다른 사람들을 인도하여 과학적 분석의 여러 결과를 세계에 관한 진리로 받아들이게 하는 것을 방지하기 위해서 철학자들이 강조하지 않으면 안 되는 것이다. 사물이라는 것은 존재하지 않는다고 베르그송은 말하였다. 있는 것은 오직 과정이나 사건이나 생성이나 지속뿐이다. '사물'이란 우리가 어떤 지속을 생각하되 정지된 것으로 생각하고, 이를테면 그 횡단면을 파악하려 할 때 우리가 얻는 개념화한 인조물(人造物)이다. 그러므로 철학은, 스펜서가 생각한 것처럼 여러 가지 과학들의 종합이 아니다. 철학은 과학의 분석적 방향을 거꾸로 가는 것이요, 분석(分析)이 파괴하지 않은 질적 전체(質的全體)들을 다루는 것이다.

창조적 진화

지속(持續)과 직관(直觀)에 관한 베르그송의 이론의 전체 의도는 그의 놀라운 저서 〈창조적 진화〉에서 뚜렷하게 된다. 생명의 진화 내력, 심지어 우주 발전의 내력은, 생명력의 끊임없이 창조적인 업적으로 이해될 수 있다. 자연 안에서 일어나는 무수한 변화의 배후에 불변하는 실체가 있는 것이 아니다. 모든 것의 실재(實在)는 끊임없이 새로워지는 것이다. 진화에는 미리 작정된 종국(終局)이 없다. 그것은 과거에 지나 온 길을 반영하는 법칙들의 테두리 속에 국한되어 있지 않다. 한갓된 반복이란 없다. 모든 변화의 밑바닥에는 예측을 불허하는 것이 있다. 이 예측 불가능성은 단순히 사물들의 본성을 우리가 샅샅이 알지 못하는 데 말미암는 것이 아니다. 그것은 창조적인 에너지가 어떤 순간에든 생명의 과거의 작업들에 의해서 이미 성취된 형태들을 돌파하고 낡은 형태들이 그 자체 산출할 수 없었던 새로운 형태들을 자유로이 산출할 수 있게 되는 데 말미암는 예측 불가능성이다. 생물들의 갖가지 형태는 창조적인 에너지가 모든 계기적(繼起的)인 '현상(現狀 ; status quo)'으로부터 온갖 방향으로 솟구쳐 나가는 결과인 것이다.

하나의 훌륭한 비유로 베르그송은 그의 입장을 명백히 하려고 하였다. 가령 막대한 양의 쇠부스러기 무더기가 있다고 가정하자. 또 이 쇠부스러기를 뚫고 힘차게 뻗는 보이지 않는 팔이 있다고 가정하자. 때로 이 보이지 않는 팔의 힘이 일시적으로 멈춰지고 쇠부스러기는 정지하여 가만히 있다. 그러다가는 팔이 다시 그 힘을 발휘하고 쇠부스러기를 뚫고 다시 어떤 새로운 방향으로 나아간다. 베르그송은 말하기를, 사람들은 이 쇠부스러기가 가만히 있는 순간에 그것이 보여 주는 배열을 설명하려고 애쓸는지 모

른다고 하였다. 기계론자(機械論者)들은 쇠부스러기의 운동을 지배하는 법
칙들을 가지고 설명하려 한다고 그는 지적하였다. 구식의 창조론자(創造論
者)들은, 쇠부스러기를 움직이는 어떤 전반적인 계획을 가지고 설명하려
하곤 하였다. 기계론자들과 구식의 창조론자들은 모두 똑같은 오류를 범하
고 있다. 그들은 보이지 않는 팔과 그 무진장한 힘을 미처 생각지 못하고
있는 것이다. 정지되어 있는 그 어느 순간에나 이 쇠부스러기가 취하고 있
는 형태는 세계 역사에 있어서 그 어느 한때에나 일어나는 생명의 종(種)을
상징하는 것이다. 위에 말한 팔은 생명력의 창조적 충동을 상징한다. 보이
지 않는 팔에 언급하는 것을 뺀다면, 그 쇠부스러기의 처지를 온전히 설명
할 수 없다. 이와 마찬가지로 생명력에 대한 언급을 빼면 종(種)의 진화(進
化)를 온전히 설명할 수 없다.

　베르그송은 생존 경쟁과 적자 생존에 대한 다윈의 학설이 생물학에서 설
명의 원리로서 약간의 가치를 지니고 있다는 것을 인정하였다. 그러나 그
는 이 학설이 아주 불충분한 것이라고 생각했는데, 그 이유는 학설이 여러
가지 변종(變種)의 출현을 전혀 설명하지 못하고 있기 때문이다. 그리고 이
변종들간에서 경쟁과 도태가 다시 일어나고 있는 것이다. 여러 가지 변종
이 출현하는 이유는 생명력 이외의 다른 것일 수 없다고 그는 주장하였다.
그는 이 판단을 뒷받침하기 위해서 다음과 같은 세 가지 것을 고려하고 있
다. (1) 시력을 가진 완전히 발달한 눈은, 물론 단번에 출현한 것이 아니
다. 그것이 발달하는 데에는 많은 세대가 걸렸다. 이 세대들 가운데에 개
재되고 있는 몇몇 세대 동안 초기의 완전치 못한 눈은 감수성을 지닌 하나
의 점이었다. 그래서 변이(變異)를 가진 유기체들은 변이를 하지 않은 유기
체들과 경쟁하는 데 있어 약간 불리한 입장에 있었다. 미숙한 눈은 이 기
간 동안 도움이 되느니보다 오히려 방해물이 되는 것이었다. 하지만 그것
은 그대로 명맥을 유지해 갔다. 왜 초기의 미숙한 눈이 완전한 형상을 가
진 눈으로 천천히 발달하는 동안 그런 눈의 변이가 생잔(生殘)을 위해서 선
택되었는가 하는 것을 설명하기 위해서, 우리는 그 어떤 기계론적 학설도
끌어댈 수 없다. 오히려 우리는 물질의 저항을 뚫고 그 길을 마련해 나아
가며, 그 여러 가지 요구를 만족시키기 위해서 물질을 여러모로 변형시키
며, 그리하여 마침내 여러 세대의 마지막에 이르러 그 목적을 달성하는 하

나의 생명 충동의 추진력을 인정하게 된다. (2) 척추 동물의 눈과 엽새류 동물(葉鰓類動物; 연체 동물의 일종)의 눈은 아주 비슷하다. 하지만 이 두 가지 유형의 유기적 생명은 피차간의 잡종 번식을 통한 연락을 전혀 가지고 있지 않으며, 또 아주 다른 환경의 조건들 속에서 진화하였다. 여기에서도 우리는 여러 가지 놀라운 사실들을 기계론의 가설을 가지고 설명할 수는 없다. 오히려 우리는 물질을 꿰뚫고 전진하며 하나 이상의 영역에서 그 목적을 달성하는 생명의, 보고자 하는 갈망을 가진 생명력의 충동의 가설을 받아들이지 않을 수 없다. (3) 우리는 눈에서, 눈이 수행하는 단순한 기능 (즉 본다고 하는 단 한가지 행위)과 행위를 하는 데 없지 못할 많은 상호 관계를 맺고 있는 부분들의 복잡한 구조 사이의 대조를 본다. 여기에서 다시 한 번 여러 사실은 기계론의 가설을 믿을 수 없는 것이 되게 하며, 또 신체의 재료들에게 그 의지를 작용시키는 생명의 욕구의 동적인 힘을 내세우는 이론을 수긍케 한다.

생명과 물질

베르그송의 〈창조적 진화〉의 많은 구절은 생명과 물질의 이원론으로 구성되어 있다. 생명의 에너지, 즉 생명력은 새로운 기관(器官)들과 새로운 종(種)의 유기체를 창조하기 위해서 활동하고 있다. 물질은 이 생명력이 그 여러 가지 열망을 만족시키고 그 뜻을 이루기 위해서 거기에 작용하는 질료(質料)이다. 이 이원론은 보이지 않는 팔과 쇠부스러기의 비유 속에, 눈의 기능과 구조의 대조 속에, 그리고 그 밖의 그 비슷한 많은 구절 속에 표현되어 있다.

그러나 베르그송은 이 이원론적 표현들을 그의 최종적인 우주론(宇宙論)의 입장으로 삼으려는 생각은 없었다. 그는 프랑스 사람이기는 했으나, 데카르트 철학의 전통에 서지는 않았다. 그는 다른 누구보다도 플로티노스를 그의 정신적 조상으로 보았다. 그는 플로티노스에 있어서와 마찬가지로 물질이란 정신의 외화(外化; externalization)와 퇴화(退化)에 있어서의 극한이다. 생명의 에너지는 궁극적으로 유일한 실재(實在)라고 그는 주장하였다. 그러나 이 생명의 에너지가 무수한 개별적 존재들 속에 분리되어 있으면, 그 활동이 멈춰지게 되고, 또 적어도 얼마 동안만은 (마치 보이지 않는 팔처

럼) 정적(靜的)으로 혹은 거의 정적으로 된다. 생명은 무기력한 형태로 퇴
보하고 물질처럼 보이게 된다. 물질은 이전의 창조적이었던 추진력들이 모
호하고 무기력하게 된, 혹은 위축되어 버린 잔재(殘滓)이다. 그러므로 새
로운 생명은 언제나 그 자신의 피곤한 과거의 사라져 가는 유산에 대해서
또 이것을 통해서 작용하고 활동하는 과업을 가지고 있다. 물질은 생명이
그 창조적인 활력을 상실할 때 생명이 변화해서 되는 것이다.

  베르그송은 그의 입장을 명백하게 하기 위하여 하나의 효과적인 비유를
사용하였다. 우주의 생명 전체는 마치 고기압의 증기가 가득 들어 있는 용
기와 같다. 이 증기의 분출물은 쉴 새 없이 밖으로 뿜어져 나오고 있다. 그
런데 이 분출물은 조그마한 입자들로 분리되어 응축해서, 즉 물체화해서
아래로 떨어진다. 새 분출물이 이 입자들을 얼마 동안 붙들고 이것들에 새
생명을 불어넣을 수 있다. 증기는 생명력의 저장소요, 분출물은 진화의 여
러 구분들이요, 입자들은 개개의 유기체들이요, 그리고 모두 떨어진 입자
하나하나는 물질적 세계이다. 이 비유를 문자 그대로 받아들여서는 안 된
다고 베르그송은 경계하였다. 왜냐하면 용기와 분출물은 기계적인 조건들
에 의해서 결정되고 필연적으로 움직이는데, 생명은 그 자신의 과거의 견
제적인 물질을 통해서 움직이고 활동하지 않으면 안 될 때에도, 어디까지
나 자유롭고 창조적인 것이기 때문이다.

  세계의 변화의 과정은 자기 자신을 파멸시키고 있는 실재(實在)의 한복
판을 앞으로 내닫고 있는 하나의 실재로 볼 수 있다고 베르그송은 말하였
다. 생명과 물질은 대립하는 두 실재처럼 보인다. 물질이 없었던들 생명은
그 창조성에 있어서 아주 자유로웠을 것이다. 생명이 그 자신의 과거에 역
행하는 움직임에 부딪치는 까닭에, 그것은 물질을 통해서 그 창조성을 표
현하지 않으면 안 된다. 그리고 물질은 한갓 필연일 따름이다. 그러므로 진
화의 진로는 전진뿐만 아니라 또한 진보로도 차 있는 듯이 보인다. 그것은
벅찬 길을 더듬어 가며, 또 그것이 그 자신에 대해서 세운 장애물들과 싸
우는 데 있어서 가끔 그 에너지를 모두 써 버리고 만다. 그러나 생명이 거
기 대항해서 싸우는 물질도 실상 생명의 한 형태이다. 그것은 지쳐 버린
생명이요 쇠퇴한 생명이지만, 어디까지나 하나의 생명이기는 한 것이다.

  생명의 에너지의 저장소를 베르그송은 신(神)이라고 불렀다. 그렇다고

하면 신은 모든 생명의 원천이다. 신은 창조적이고, 자유롭고, 끝없이 새로운 표현을 할 수 있다. 신의 창조는 아주 종결되는 법이 없다. 그것은 한번 일어나서 영원히 끝나 버린 것이 아니고, 끊임없이 계속한다. 그리고 그 활동은 결코 과거의 창조 과정이나 생명과 물질의 현재의 상태에 의하여 속박받지 않는다.

도덕의 두 가지 유형

베르그송의 마지막 저서는 〈도덕과 종교의 두 원천(源泉)〉이었다. 여기에서 그는 분석과 직관, 과학과 철학, 물질과 생명 사이에 언제나 세워 온 대립을 도덕과 종교의 문제에서도 관철시켜 가는 데 놀라운 솜씨를 보여 주었다. 분석과 직관, 과학과 철학, 물질과 생명 사이에 있었던 대립은 여기서 정적 도덕과 동적 도덕 사이의 대립, 정적 종교와 동적 종교 사이의 대립이 된다.

정적 도덕(靜的道德)은 책무(責務)의 도덕이다. 이 도덕은 '닫힌 사회'에서 일어나며, 과거의 창조성의 기성 가치들을 보존하는 것이다. 그것은 금기(禁忌)나 관습의 준수, 고정된 기준의 준봉(遵奉) 등을 내포하고 있다. 물론 그것은 한 닫힌 사회와 다른 닫힌 사회에서 서로 같지 않다. 그러나 그것이 일어나는 곳에서는 어디서나 집단의 안정성을 유지하기 위해서 개인들에게 가하는 여러 가지 제한과 구속에 골몰하고 있다. 이런 정적 도덕이 없다면, 사회는 갈피를 잡지 못하는 여러 가지 충동이 뒤죽박죽 얽힌 혼란 속에서 해체되고 말 것이다. 어떤 한 집단의 관습들 중 어느 한 가지 것이 도전을 당하고 동요할 수 있을지라도, 공인된 책무들의 전체는 의무의 힘을 가지고 있으며, 이 의무의 힘이 없으면 사회의 붕괴가 곧 뒤따를 것이다.

동적 도덕(動的道德)은 동경(憧憬)의 도덕이다. 그것은 그 어떤 기성의 사회 질서와도 상관이 없다. 이를테면 하나의 효소로서 거기서 새로운 것이 생겨날 수 있는 것이다. 그것은 정적 도덕처럼 개인에 대한 끈덕진 압력이 되는 것이 아니다. 또한 그것이 목적 삼는 바도 뚜렷하지 않다. 그것은 일반적으로 인정되고 있는 생(生)의 가치들을 초월해 있는 이상(理想)을 바라보고 이 이상을 고취하는 것이다. 그리고 이 이상은 아직 실현되지 않았고 또 흔히 몇 가지 면에서 관습과는 양립할 수 없다. 그것은 좀더 나은 무엇을 획득하려는 희망으로 이미 성취된 것을 버리려 하는 개혁자의 혁명적인 도덕이다. 인류 역사에서 그것이 출현할 때 그것은 돌발적으로 출현하며, 그것이 도래할 때 그것은 강렬한 힘을 가지고 도래한다. 그러나 그것은 불규칙한 간격을 두고 도래한다. 그리고 그 이상은 항상 좀 불분명하므로, 이 이상을 선포하는 예언적인 사람들도 그들 자신 자기들의 추구하는 것 속에 바로 무엇이 내포되어 있는지 잘 알지 못하는 경우가 있다. 그것은 보수적인 양심가들에게 그것이 내놓는 도전장으로 말미암아 가끔 여러 가지 사회적 충돌을 일으킨다.

이 두 가지 형(型)의 도덕은 시간과 장소를 따라 여러 가지로 다르게 나타나지만, 그 어느 한쪽이나 다른 한쪽을 떠나서 존재하는 법은 없다. 전자는 사회의 구조로부터 생기는 것이요, 후자는 인류 역사의 파노라마 속에서, 혹은 이런 모양으로 혹은 저런 모양으로 사회 구조를 창조하는 생명의 에너지로부터 생긴다. 전자가 이행되면 쾌락이 생기고(쾌락은 언제나 여러 가지 인간 기능의 안이하고 평탄한 수행에 수반한다), 후자는 환희를 가져온다(환희는 세상에 어떤 새 생명을 가져오는 데에서 생기는 만족이다). 전자는 지성 이하인바, 이는 그것이 개인적 습관과 사회적 순응에 의거하는 것이기 때문이다. 후자는 지성 이상인바, 이는 그것이 인간의 힘이 미치는 것 이상의 것을 바라는 것이기 때문이다. 하지만 이 두 가지 형의 도덕은 아무리 서로 대조를 이루는 것이라 하더라도 그것들의 발생에 있어서 서로 정면 대립하는 것이 아니다. 이 두 가지 것은 도저히 서로 대립하는 것일 수 없는바, 이는 전자가 진화(進化)의 초기 단계에서는 후자의 현재 처지와 같은 형편에 있었던 것이기 때문이다. 후자라고 해서 반드시 신뢰할 만한 것도 아니요, 또 그것이 수행되었을 때 반드시 그것이 우리가 바라는 훌륭한 것이 되는 것도 아니다. 왜냐하면 진화에는 사멸한 목적들과 또 실패가 많이 있었기 때문이다. 그러나 진화가 계속되는 한 이 두 가지 형의 도덕은 사람들의 성실성을 끄는 데 계속 경쟁할 것이 확실하다. 물질을 산출하는 것이 생명인 것처럼, 동경(憧憬)은 그것이 성공적인 때 숭고한 의무의 새로운 굴레를 만든다.

종교의 두 가지 유형

종교의 역사는 과오와 우매의 한 장구한 기록이라고 베르그송은 보았다. 그러나 이와 같이 강경한 의견을 말함으로써 그는 종교를 전적으로 그릇된 것이라고 비난한 것은 아니다. 종교는 여러 가지 결함을 가지고 있지만, 그래도 또한 그것이 아니고서는 수행 못 할 독특한 임무를 가지고 있다. 사실상 그것은 두 가지 본질적 임무를 가지고 있다. 이 임무들 중 그 하나는 정적(靜的) 종교가 담당하고 있고 다른 하나는 동적(動的) 종교가 이를 담당하고 있다.

정적 종교는 지성(知性)의 여러 가지 붕괴 작용에 대항해서 사람들의 여러 가지 감정을 보호하는 역할을 한다. 베르그송은 여기서 지성이 생명에 대해서 가하는 따위의 분석은 생명력의 생기(生氣)를 파괴한다는 그의 생각으로 되돌아갔다. 지성은 생명력을 여러 가지 심적 상태로 분해하여 기계적으로 조정되는 하나의 조직체로 보고 만다. 지성은 물질적 환경의 인과적 세력에 의하여 보장되었음을 증명할 길 없는 소망을 파괴해 버린다. 지성은 인간의 여러 가지 힘의 한도와 죽음의 불가피한 사실에 관한 스스로의 지식을 통해서 여러 가지 공포를 발생시킨다. 지성은 어떤 다른 힘의 반대 작용에 의해서 중화시키지 않으면 사람들로 하여금 굴종하게 하며, 도전을 당하여 무기력하게 하며, 모험을 시작함에 있어서 겁을 집어먹게 하는 경향이 있다. 그런데 종교는 바로 이 반대 작용을 하는 다른 힘이다. 종교는 인간의 공포의 소산이 아니라고 베르그송은 주장하였다. 오히려 종교는 인간의 공포를 반대하는, 그리고 인간의 공포가 그들의 과감한 생활에 미칠지 모르는 참혹한 결과들에 대해서 치유책을 마련하는 사회적으로 인정된 수단이다. 종교의 터부〔禁忌〕들, '저 세상'에 대한 신화적 환상들, 그리고 정령(精靈)들과 신(神)들에 관한 많은 무근거한 망상들은 인간 지성을 가지고 비판적으로 검토할 때, '과오와 우매' 이외의 다른 아무것도 아니다. 그리고 이 '과오와 우매'는 바로 베르그송이 역사에 있어서의 종교의 경로를 특징짓는 것이라고 말한 것이다. 베르그송은 어떤 형태의 터부나 신화나 환상도 이를 옹호하려 하지 않았다. 그러나 그는 종교가 사람들에게 제공하는 종류의 것을 사회는 필요로 한다고 지적하였다. 사회는 지성이 사람들 속에 배양하는 절망에 파묻히지 않기 위해서, 이런 종류의 것을 필요로 하는 것이다. 종교는 자유 대신 필연(必然)을, 생명력 대신 물질을, 동적 과정 대신 정적 존재들을, 용기 대신 까다로운 회의(懷疑)를, 그리고 새로운 성취의 창조성 대신 밤낮 같은 짓의 반복을 내세우는 지성의 작용에 반대하는 인간성의 방어적 반작용이다. 베르그송은 어떤 종교든지 여러 가지 모순으로 차 있다는 것을 부인하지 않았다. 그러나 그는 사회 안에서의 종교의 역할은 바람직한 것이요, 이 특수한 역할을 수행할 수 있는 것은 오직 종교밖에 없다고 주장하였다.

동적 종교는 사람들로 하여금 세계의 생명력의 원천에 그들이 의존하고 있다는 것, 그리고 이 원천을 공유하고 있다는 것에 대해서 민감하게 하는 임무를 가지고 있다. 베르그송은 여기서 자기 속에 있는 신비가의 충동을 표현하고 있다. 신비가는 모든 생명의 창조적 원천과 접촉하는데, 그 접촉은 종잡을 수 없고 막연하지만, 그러면서도 어디까지나 생생한 현실로 있는 접촉이라고 베르그송은 생각하였다. 동적 종교는 정적 종교의 연속적인 체제들을 생기게 하는 예언적 추진력이다. 그리고 이 체제들의 하나하나가 동적 종교의 여러 가지 감수성에 맞지 않게 되면, 동적 종교는 앞으로 내달아 그 환희에 넘친 앞날의 상념을 새로이 표현하는 것이다. 동적 종교를 지원하는 사람들은 많은 것을 모험하는 강한 심령의 소유자들이다. 그들은 신비적으로 감각하는 생명의 충동을 사랑한다. 그들은 생명의 충동 그 자체가 사랑 —— 새로운 생명에 대한 사랑 —— 임을 발견한다. 행동으로부터 물러서는 곳에서 올바른 신비주의(神秘主義)는 나오지 않는다고 베르그송은 논하였다(그는 플로티노스가 이와 같은 생각, 즉 행동에서 물러서는 것이 신비주의라는 생각을 가졌던 것으로 보았다). 하물며 신비주의는 생으로부터의 해탈에서 나오는 것도 아니다(그는 불교 신자들의 열반에서 이런 생각, 즉 생으로부터의 해탈에서 신비주의가 나온다는 생각을 볼 수 있다고 생각하였다). 도리어 신비주의는 세계의 생명력을 모방하는 가운데 높여진 창조성에서 나오는 것이다.

종교의 두 가지 형태는 도덕의 두 가지 형태와 마찬가지로, 인류 역사에 있어서 상호 침투하고 있다. 계기적(繼起的)인 사회 정세 하나하나에서 끊임없이 서로 겨루고 있는 이것들은 진화에 있어서의 그것들의 전체 역할에 있어서는 서로 조화를 이루고 협조하고 있다. 왜냐하면 각 현재의 정적 종교는 그 자신의 과거의 동적 종교의 잠든 형태이기 때문이다.

2. 최근의 추세

우리들 자신의 시대에 내려올수록 서로 다투어 들려오는 많은 소리들 가운데에서, 장래의 사가(史家)들이 20세기 철학의 지도자라고 인정할 만한 개인들을 선정하는 것이 더욱 어렵게 된다. 그러므로 여기서 우리는 어떤 한 사상가의 철학적 입장 전체를 구성하는 복잡한 사상 체계를 더듬고 검토하는 일을 계속하려 하지 않는다. 다만 사상의 몇 가지 추세, 즉 여러 가지 모양으로 철학적 저술가 그룹들의 사고 활동의 밑바닥에 흐르는 추세들을 주목함으로써 만족하려고 한다. 우리는 어떤 한 사람에 대해서도 충분히 다루는 일을 하지 않을 것이다. 그러나 과거 수십 년 동안의 사상의 경향과 분위기의 특징은 규명할 수 있을 것이다.

여기에서 고찰하려는 세 가지 추세는 모두가 근래 많은 논란이 있어 온 것들이다. 이것들은 완성된 입장들이 아니다. 이것들은 최근의 여러 논쟁에서 중심 논점이 된 것들이다. 이들 세 가지 각 추세에 속하는 사람들은 가끔 그들 사이에 극단으로 다른 생각을 가지고 있다. 그러나 이 세 추세의 어느 깃에 있어서나 그 추세에 대해서 붙여진 이름은 그 둘레에 강림한 지지자들이 모여드는 함성이다.

실재론(實在論)

20세기 철학의 한 특징 있는 조류는 실재론(實在論)이다. 실재론적 추세는 관념론에 대한 원한에서 생겼다. 그것은 에세(esse ; 존재)가 페르키피(percipi ; 피지각(被知覺))라고 하는 버클리의 주장에 반대하는 것이었고, 심지어는 정신 혹은 이성이 경험의 세계를 구성한다고 하는 칸트의 원리에 대해서도 반대하는 것이었다. 그것은 칸트가 스스로 일으켰노라고 자부한 코페르니쿠스적 혁명을 취소하려 하는 것이었다. 그것은 헤겔 철학의 거부를 목적으로 삼는 것이었는데, 이 헤겔 철학은 유럽 대륙의 사상에 널리 침투해 있었을 뿐 아니라, 또한 19세기의 마지막 수십 년과 20세기 초기에 영국과 미국에서도 자못 위세를 떨치고 있었다. 실재론적 추세는 실재 세계가 그것에 대한 우리의 경험이나 인식에서 독립하여 존재한다는 것, 심지어 모든 경험과 모든 인식에서도 독립해서 존재한다는 것을 주장하려 하는 것이었다. 실재론자라 자칭한 많은 사람들은 관념론(觀念論)에 대한 그들의 혐오를 제외하고는 별로 공통되는 점이 없었다. 그들은 자기들의 입장을 적극적으로 전개할 때에는 얼른 서로 다른 의견들을 내세웠다. 그러나 그들은 모두 정신은 세계의 원천 혹은 경험의 질서의 원천이기에는 거리가 먼 것으로서, 그것에 선행하는 세계 내부에 나타나는 것이요, 또 정신이 세계를 인식하려면 그 모든 사고 방식을 이 선행하는 세계의 본성에 순응시키지 않으면 안 된다고 가르쳤다.

실재론의 주요한 유형은 두 가지가 있는데, 하나는 비판적 실재론(critical realism)으로, 또 하나는 신실재론(新實在論; new-realism, 혹은 neo-realism)으로 알려져 있다.

비판적 실재론을 제창하는 사람들에 의하면, 경험의 소여(所與)는 외부 사물의 현존과 또 어느 정도까지는 이 외부 사물의 본성을 알려주는 정신 내의 주관적 산물이다. 우리는 현상에서 출발하여, 우리의 인식적 생활에서 이 현상들로부터 외적 대상으로 추리해 나가려고 한다. 그리고 이 외적 대상들은 "우리에게서 또 우리의 지각들로부터 독립해 있다."[2] 비판적 실재론자들은 때로는 외적 대상들에 대한 정확한 인식에 도달하는 가능성에 관해서 불가지론적(不可知論的) 입장을 취했고, 때로는 물리적 과학자들의 견해들을 외부 세계에 관한 신뢰할 만한 결론으로서 즉각 끌어들였다. 그들은 로크의 전통에 서 있었다. 그들은 로크의 여러 난점(難點)과 여러 혼동의 몇 가지를 피했노라고 주장하였다. 그러나 비판적 실재론자들의 글을 전체적으로 살펴보면, 로크에게서와 같이 대상들의 참된 성질에 관해서, 물리적 과학들이 우리로 하여금 가지게 하는 실제적 확신과 우리 자신의 주관적 경험들 이외의 다른 것을 아는 능력에 관한 이론적 불가지론과의 둘 중 어느 것을 택할 것인가 주저하고 있음을 찾아볼 수 있다.

---

2) 여기에 인용된 말은 버트런드 러셀의 초기 저서 〈철학의 제문제(The Problems of Philosophy)〉 (Home University Library, New York, Holt, 1912), p. 42에서 인용한 것이다. 러셀 경은 오랫동안 이런 타입의 실재론적 입장을 지키지 않고 그 대신에 신실재론의 옹호자가 되었다.

신실재론(新實在論)은 좀더 독창적인 실재론의 이론이었다. 신실재론자들 중 몇 사람은 경험된 소여(所與)의 많은 조각들이나 사항들은 그 자체 정신적인 것도 아니요, 물질적인 것도 아니라고 주장하였다. 이 소여들은 중성적(中性的)인 실체(neutral entities)이다. 이 중성적인 실체들의 몇 개가 의식·기억·기대 및 그 밖에 이런 유의 과정과 어떤 관계를 가지게 되면, 이것들이 정신을 구성한다고 말할 수 있고, 또 정신적이라고 말할 수 있다. 이 중성적인 실체들이 다른 어떤 관계를 가지게 되면, 그것들은 하나의 물질적인 사물을 구성한다고 말할 수 있다. 이 다른 관계들은 일종의 논리적 구성을 함으로써 수립된다. 가령 우리가 어떤 잉크 스탠드(혹은 다른 어떤 특정한 물건이든지)를 본다고 말할 때, 우리는 실제에 있어서, 현재의 감관 경험에 주어진 대상이 (현실로 있는, 혹은 가능한) 다른 시야들 속에 있는 무수히 많은 그 비슷한 대상들과 서로 관련되어 있을 수 있다는 것을 판단하고 있는 것이다. 그리고 이 모든 시야들 속에 있는 모든 대상의 체계만이 하나의 물질적 물건이라고 불릴 수 있는 것이다. 물론 이런 대상들의 체계는 진정한 존재론적 지위를 전혀 가지고 있지 않다. 그것은 심지어 허구라고 불리어도 무방한 것이다. 이리하여 정신과 물질은 소여를 정돈하는 방식들이요, 이 정돈하는 일을 떠나서는 그 소여는 정신적인 것도 아니요 물질적인 것도 아니다. 그리하여 신실재론의 제창자들에 의하면, 정신과 물질을 가르는 이원론이란 있을 수 없다. 또 경험론자들이 전통적으로 씨름해 온 인식론의 여러 문제도 생기지 않을 것이다.3)

---

3) 최근의 철학에 있어서의 실재론적 경향을 더 깊이 연구하는 데에는 다음의 책들을 보는 것이 좋을 것이다.

George E. Moore, *Philosophical Studies,* International Library of Psychology, Philosophy, and Scientific Method(New York, Harcourt, 1922).

Bertrand Russell, *Our Knowledge of the External World,* Lowell Lectures(Chicago, Open Court, 1914).

The New Realism(New York, Macmillan, 1912). 이 책은 여섯 사람의 여섯 논문을 실은 것이다.

Essays in Critical Realism(London, Macmillan and Co. Ltd., 1920). 이 책은 일곱 사람의 일곱 논문을 실은 것이다.

마지막 두 책은 최근의 철학에 있어서의 실재론적 경향의 미국적 견해를 대표하는 것이다.

논리 실증주의(論理實證主義)

20세기 철학의 또 하나 다른 추세는 논리 실증주의(logical positivism)라고 불리는 방향을 취해 왔다. 이 운동은 중앙 유럽의 사상가의 한 그룹에서 (특히 비엔나·프라하 및 베를린에서) 일어났는데, 이들은 '비엔나 학단(Vienna Circle)'으로 알려져 있다. 이 운동은 (부분적으로는 대학 생활의 단결에 대한 전체주의의 여러 가지 공격의 결과로) 영국의 케임브리지와 옥스퍼드에 퍼졌고, 그 후 미국으로 퍼졌는데, 미국에서는 비록 광범하기는 하나 약하게 퍼졌다. 이 운동은 또 논리적 경험주의(logical empiricism)라고도 불린다.

논리 실증주의는 문장 혹은 언어학적 표현의 갖가지 유형간에 있는 여러 가지 차이의 연구를 그 기초로 하고 있다. 어떤 문장들은 인식적 의미를 가지고 있고, 다른 어떤 문장들은 비인식적 의미만을 가지고 있으며, 또 다른 어떤 문장들은 전혀 의미를 가지고 있지 않다. 그러나 이 이상의 아주 중요한 구별을 설정하지 않으면 안 된다. 인식적 의미를 지닌 어떤 문장들은 분석적 성질을 띤 순전히 형식적 명제들이요, 인식적 의미를 지닌 다른 어떤 문장들은 종합적 성질을 띤 사실 명제(事實命題)들이다.[4]

논리 실증주의자들은 그들의 특별한 목적을 위하여, 현대 수학 이론을 매우 많이 이용해 왔다. 그들은 지적하기를, 순수 수학은 임의로 정의된 공준(公準)들을 가지고 출발하며, 논리학의 원리들을 가지고 이 공준들이 내포하는 여러 가지 의미를 전개시키는 엄밀하게 연역적인 학문이다. 그러므로 수학은 현존하는 세계에 대해서나 혹은 이 세계의 그 어떤 사실 문제에 대해서나 아무런 발언도 하지 않는다. 아니, 할 수도 없다. 수학은 하나하나의 명제가 다만 논리적 체계를 형성하는 예비적 공준들과 정의들만은 제외한 하나하나의 명제가, 그에 선행하는 명제들로부터 필연적으로 나오는 명제들의 집합체이다. 알프레드 노스 화이트헤드(Alfred North Whitehead)와 버트런드 러셀(Bertrand Russell)의 공저, 〈프린키피아 마테마티카(*Principia*

---

4) 논리 실증주의의 옹호자들은 가끔 의미론과 언어의 문장론에 대한 연구에 여러 가지 공헌을 하였고, 따라서 '철학적 분석'의 옹호자들로서 이름난 요즘의 옥스퍼드 학파와 무척 비슷한 데가 있다. 그러나 여기에서는 논리 실증주의자들의 주요 입장들만을 훑어 볼 수 있을 따름이다.

Mathematica))〈수학 원리, 3 vols., 1910~1913〉는 가끔 수학적 사고의 본성을 가장 잘 밝힌 획기적인 책들 가운데 하나로 여겨지고 있다.

논리 실증주의의 몇몇 제창자들의 말에 의하면, 수학은 진리에 관심을 두는 것이 아니고 오직 타당성에만 관심을 두는 것이다. 그들의 어법에 있어서, 진리 혹은 거짓은 사실을 다루는 명제들만의 고유한 성질이다. 이에 대하여 타당성 혹은 비타당성은 한 형식적 명제가 다른 한 형식적 명제에 대해서 가지는 필연적 논리 관계들을 정확하게 혹은 부정확하게 언표하는 명제들의 고유한 성질이다. 철학적 분석의 다른 제창자들의 말에 의하면, 수학은 아 프리오리한 진리에 관심을 두는 것이요 사실상의 진위(眞僞)에 관심을 두는 것이 아니다. 이들의 어법에서 아 프리오리한 진리란, 위에 말한 논리 실증주의자들의 어법의 타당성과 같은 것이다. 그런데 이 두 가지 표현 방식은 언어학적으로는 서로 다르지만, 그것들이 의도하는 의미는 같은 것이다.

논리 실증주의의 제창자들은 여기서 일보 전진하여, 많은 사람들이 여러 가지 많은 경우에 내거는 많은 명제들은 논리적으로 수학의 명제들과 비슷한 것이라고 지적한다. 가령 "모든 총각은 미혼이다."란 명제와 "모든 사람은 어차피 죽는다."란 명제를 생각해 보라. 이 명제들은 수학의 명제들처럼 분석적이다. 엄밀하게 따질 때 이것들은 총각들과 사람들의 존재를 확인하는 것이 아니다. 이것들은 이 명제들의 주어가 사용되는 외미의 정의 혹은 부분적 정의이다. 이것들은 우리가 온전한 정신을 가지고 이야기하거나 토론할 때, 우리가 어떤 한 술어를 쓰고, 이 술어에 대한 우리들 자신의 정의의 여러 가지 논리적 의미를 끝내 지켜 나가기를 거부할 수는 없다는 의미에서 타당한 것이다. 그러나 이 명제들은 그 어떤 현존하는 사실에 관해서 그 진리를 말하고 있다고 자부하지 않는다.

사실적 문장들, 즉 사실을 표현하는 문장들은 사실적 진리를 목표 삼으며, 또 그것들의 의미와 진리를 위해서 논리적 타당성과 다른, 그리고 이것 이상의 어떤 것을 필요로 한다. 사실적 신술은 적어도 이론적으로 확인하거나 부인할 수 있는 상황을 우리가 지시할 수 있을 때에, 그리고 이때에만 의미 있는 것이다. 그리고 여기에 관련되는 한 사실적 진술은 적어도 원칙상 그러한 확인이나 부인의 상황이 지시될 수 없으면 무의미한 것이다. 사실적 의미의 기준은 실제로 존재하는 상황들과 관계시켜서 검토될 수 있는가 없는가 하는 데 있다. 물론 의미 있는 진술들은 확인을 받을 때 참이 되며, 부인을 받을 때는 거짓이다.

논리 실증주의의 입장 가운데에서 지금까지 말해 온 것은 자기 자신들을 논리 실증주의자라고 부르기를 꺼리는 경험론자들도 동의한다. 이 경험론 자들이 스스로를 논리 실증주의자라고 부르기를 꺼리는 까닭은, 논리 실증 주의자들이 더 나아가서 내세우는 여러 가지 주장을 그들이 싫어하기 때문 이다. 논리 실증주의의 제창자들은 사실적으로 무의미한 문장들 속에 모든 형이상학적 및 윤리적 문장들을 자주 포함시키고 있기 때문인 것이다.

논리 실증주의자들은 가능한 경험의 한계를 넘는 본체(本體)들 혹은 절 대(絕對)들에 관한 사변(思辨)이라는 의미에서의 형이상학을 조소한다. 여 기까지는 경험론자들이 대개 다 그러려니 해서 탓할 것이 없다. 그러나 이 특별한 (그리고 반대하는 것이 당연하다 싶은) 의미에서의 형이상학을 집어치 우고 나서, 논리 실증주의자들은 가끔 다른 모든 의미의 형이상학도 처리 해 버렸다고 생각하는 듯이 보인다. 그들은 원동자(原動者 ; prime mover)에 관한 아리스토텔레스의 초기의 형이상학적 사변을 무의미한 것으로서 거 부할 뿐 아니라, 또한 아리스토텔레스가 〈형이상학〉의 후반의 보다 경험론 적인 부분에서 행한 탐구도 조심스럽게 고찰함이 없이 거부한다. 그들은 존재의 일반적 특성들을 정의하려는 아리스토텔레스와 그 이후의 많은 경 험론적 정신을 가진 형이상학자들의 노력을 무의미한 것으로서 배척한다. 그들은 자기들이 다루는 논제들을 명료하게 따진다. 그러나 자기들의 주의 를 몇 가지 선택된 논제에만 국한시키며, 또 자기들이 덮어놓고 무의미하 다고 하는 다른 모든 문제를 너무나 빨리 집어치우고 있다.

이와 비슷하게 논리 실증주의의 제창자들은 흔히 '좋다' 혹은 '옳다' 혹 은 '……이어야 한다'와 같은 단어가 들어 있는 모든 문장을 한갓 정서적 (情緒的)인 것으로 본다. 이런 문장들은 비인식적 의미밖에 지니고 있지 않 다고 가끔 말한다. 즉 이런 문장들은 이 문장들을 입 밖에 내는 사람의 찬 성이나 불찬성의 태도를 나타낼 따름이요, 이 문장들이 언급하려 하는 상 황과는 아무 상관도 없는 것이다. 그러므로 이런 문장들은 참도 아니요 거 짓도 아니다. 윤리적 문장들은 그저 말하는 이의 주관적 정서들의 표현일 따름이다.

다른 경험론자들, 즉 의미 있는 문장들은 현존하는 상황에 의해서 확인 혹은 부인되어야 한다는 조건을 받아들이는 경험론자들은, 논리 실증주의자들이 공연히 극단적이라고 공격한다. 그들은 말하기를, 논리 실증주의는 짜이지 못한 사고(思考), 말초적인 언어 표현, 다양성, 그리고 지적 모호성에 대한 그 공격에 있어서 정화 작용을 하는 가치를 가진 사상의 한 유형이라고 한다. 그러나 그것은 그 방향을 전환하여 모든 형이상학적 및 윤리적 성찰에 대해서 너무나 성급한 공격을 가할 때 그만 이와 같은 철학에의 봉사를 넘어선 지나친 일을 하고 있는 것이다.

여기에서 최근의 논쟁을 충분히 살펴볼 여유는 없다. 그러나 최근 어떤 것이 문제되고 있는지에 대해서 한 가지 예를 들 수 있다. 한 논리 실증주의자는 이렇게 썼다. "원인이란 말이 일상 생활에서 쓰이는 의미는 계기(繼起)의 규칙성 '이외의 다른 아무것도 아니다'. 왜냐하면 계기의 규칙성 '이외의 다른 어떤 것도' 원인이란 말이 들어 있는 명제들을 경험하는 데 사용되고 있지 않기 때문이다."[5] 그러나 다른 경험론자들은, 가령 대부분의 사람들이 어떤 특수한 불[火]의 원인을 찾는다고 할 때 원인이란 말을 그 어떤 종류의 규칙성이라고도 생각지 않는다는 것을 지적한다. 오히려 대부분의 사람들은 이 특별한 불을 생기게 한 어떤 특수한 사람이나 작용을 찾으려고 한다. 이들 다른 경험론자들은 말하기를, 원인이란 계기의 규칙성을 의미할 수 있을는지 모르지만, 그것은 또한 어떤 특수하게 현존하는 상황에서의 한 효력 있고 생산적인 요인을 의미하기도 하는 것이라고 한다. 논리 실증주의자들은 자연 속에 있는 동적인 요소들을 공공연히 부인하지는 않는다 하더라도 이를 무시해 버리려는 경향이 있는데, 이것은 그들이 '상황들'을 너무 좁게 생각하여 감각적 소여(所與)의 병렬 배치라고 생각하고 있기 때문이다. 그들은 자연으로부터 힘을 추방하는바, 이는 그들이 이 힘에 해당하는 하나의 감각적 소여 혹은 감각적 소여들의 한 집합체를 따로 떼어 낼 수가 없기 때문이다. 다른 경험론자들은 논리 실증주

---

5) Moritz Schlick, "Causality in Everyday Life and in Recent Science," *Readings in Philosophical Analysis,* ed. Herbert Feigl and Wilfrid Sellars(New York, Appleton-Century-Crofts, 1949), p. 516 에 다시 수록됨.

의자들이 허약한 경험론을 가지고 작업하고 있다고 비난한다. 그들은 그들이 경험하는 대로의 세계의 충분한 내용을 맑은 새 정신으로 검토하기보다, 오히려 그들이 경험자로서 마땅히 주장해야만 한다고 생각하는 나머지 인위적 이론을 따지는 데에만 시종하고 있는 것이다.[6]

실존주의(實存主義)

20세기 사상의 또 하나의 추세는 실존주의(實存主義 ; existentialism)이다. 이 추세는 이 시대의 다른 모든 철학적 조류와 뚜렷한 대조를 이루고 있다. 사실 그것은 근대 세계의 모든 주요한 철학 체계를 강력하게 거부하는 것이다. 실존주의를 좋지 않게 보는 비평가들 중 어떤 이는 그것을 철학이라고 부르기를 아예 거부한다. 이런 사람들은 실존주의를 이성적인 것 혹은 논리적인 것이 아니요, 따라서 아주 제멋대로 된 의지의 행위라고 본다. 사실상 실존주의자들은 이성과 의지를 어떻게 관련시키느냐 하는 점에서 서로 크게 다르다. 하지만 실존주의는 그 누구의 실존주의이든 각 실존주의자가 그 자신을 위해서 하지 않으면 안 되는 의지의 행위를 중심 삼고 빙빙 맴돌고 있는 것이다. 실존주의는 이것을 내세우는 사람 각자에게 있어서 매우 개인적인 것이다. 그 제창자들 가운데 어떤 이는 반항적인 무신론자요, 다른 어떤 이는 헌신적인 종교가, 심지어는 기독교인이다. 그것은 어느 경우에나 인격 전체의 과감한 투입이요, 세계 안에서의 자기의 위치에 관해서 최종적인 진리(眞理)에 도달했다는 강제적 확신을 가지게 되는 것이다.

실존주의를 해명하려면 마치 한 실존주의자의 내력을 추궁하는 양 서술

---

6) 논리 실증주의를 더 연구하려면 다음과 같은 책들을 보는 것이 좋을 것이다.

　　A. J. Ayer. *Language, Truth and Logic*(London, Gollancz, 1936).

　　L. Wittgenstein, *Tractatus Logico-Philosophicus*(New York, Harcourt, 1922).

　　——, *Philosophical Investigations*(Oxford, Blackwell, 1953).

　　R. Carnap, *The Logical Syntax of Language,* International Library of Psychology, Philosophy, and Scientific Method(London Kegan Paul, Trench, and Truebner, 1937).

　　Herbert Feigl and Wilfrid Sellars, eds., *Readings in Philosophical Analysis*(New York, Appleton-Century-Crofts, 1949). 이 책은 최근의 유용한 논문들을 많이 싣고 있는데, 그 중의 몇 편은 논리 실증주의자들의 것이요, 다른 것은 이에 가까운 견지에서 쓴 것들이다.

하지 않으면 안 된다. 이 내력 내지 전기에서 우리는 어떤 사상도 다룰 수
는 있으나, 무엇보다 먼저 정서와 태도와 의욕 등을 다루게 된다.

이런 전기(傳記)를 하나 생각해 보기로 하자. 어떻게 한 사람이 그의 여
러 경험에 반응하겠는가 하는 것을 살펴보자. 그는 몇몇 감각을 가지고 있
다 —— 시각·촉각 등등을 가지고 있다. 그는 또한 몇 가지 정서와 감정을
가지고 있다 —— 공포, 허황한 희망, 주저를 가지고 있다. 그는 어떤 막연
한 관념들을 가지고 있다 —— 이것들은 아마도 다른 사람들이 그에게 자
기들도 가졌노라고 말하겠지만, 그러나 그는 공유할 수 없는 신념들일는지
모른다. 그리고 그는 자기 주위의 세계에 있는, 그리고 그 자신의 영혼 속
에 있는 알 수 없는 여러 가지 신비를 막연히 느끼고 있다. 그는 이 감각과
감정과 관념 등이 서로 관련 없는 것들의 잡동사니요 뭐가 뭔지 알 수 없는
것임을 발견하고 절망의 기분에 사로잡힌다. 그때 한 변화가 그의 의식 속
에서 일어난다. 이 변화는 아마도 일종의 묵시적 통찰과 함께 돌연히 나타
난다. 그는 세상에서의 그의 목적을 알게 되고, 또 세상이 그의 목적에 이
바지할 수 있음을 발견한다. 전에는 단조롭고 무의미했던 모든 것이 이제
는 그의 목적을 위해서 존재하는 양 우뚝 서 있다. 아마도 그의 새로운 식
견은 신으로부터의 계시요, 그의 목적은 신의 은혜로 그에게 주어진 것이
다. 또는 그의 새로운 식견은 아마도 그가 신이 없는 세계에 홀로 서 있으
며, 스스로 운명의 주인이며, 또 모든 것을 그의 견고한 목적의 방향에 순
응시킬 수 있다는 직관(直觀)일 것이다. 그러나 신적인 계시이든 신 없는
결단이든, 그의 식견은 모든 것에다 그것이 이제부터 또 영원히 가지게 될
의미를 부여한다. 그는 최종적인 진리의 확신을 얻은 것이다.

역사적으로 보면 실존주의는 키에르케고르(Kierkegaard, 1813~1855)에게서
비롯했다고 하겠다. 키에르케고르는 덴마크 사람으로서 그 당시대의 학계
에서 헤겔의 영향에 반항했고, 그의 나라에서 교회의 기독교적 교훈에 반
대했으며, 또 그 주위의 사회적 관습의 횡포(라고 그가 느낀 것)에 반대한
사람이나. 그러나 어느 실존주의자도 자세히 따질 때 그 어느 모로나 다른
실존주의자들이 따를 모범이 될 수는 없다. 실존주의는 어느 시대를 막론
하고 소수의 사람이 취하는 개인적 태도이다. 20세기에 있어서 실존주의를
뚜렷하게 만든 것은 그 제창자들 중 몇몇 사람이 실존주의의 여러 원리의

체계적 윤곽을 설명함으로써 그들의 생각을 많이 발표했기 때문이다. 실존주의의 원리를 운운하거나 혹은 실존주의를 하나의 체계에 환원시킴으로써, 아마도 우리는 실존주의자의 사명이나 가치를 그릇 평가하게 되는지 모른다. 그러나 몇몇 실존주의자들은 그들 자신이 이런 종류의 일을 하려 했기 때문에, 우리는 어떻게 그들이 그들의 입장을 조직적으로 서술하려 하고 있는가를 말해도 무방할 줄 안다.

어떤 실존주의자들은 실존이 본질에 선행한다는 원리에서 출발한다.[7] 이 기묘한 말은, 어떤 실존주의자의 경험이 혼동에서 명료성으로 나아가는 전기적 추이에 있어서는 명백한 것일지 모르나, 철학적으로는 아주 애매한 소리이다. Existence란 영어 단어는 여기에서 엉뚱하고 싱겁다. 오히려 독일어로 Existenz란 말을 써서 Existenz가 본질에 선행한다고 말하는 것이 훨씬 낫다. 어떻든 세계는 헤겔 철학에서처럼 범주들의 상호 작용으로부터 연역되어 나올 수는 없다. 실존하는 것은 이성에 의해서 결정될 수 없다. 한 사람의 개인적 의지에 의해서 형식이 실존에 주어지기 전에는, 또 주어지지 않으면 실존은 무정형하다는 것을 실존주의자들은 종종 단언하는 것 같다. 그들은 이런 경우 세계가 각 실존주의자에 대해서 각기 다른 형태를 가지게 되지 않는가 하는 비판을 거들떠보지도 않는 것 같다. 실존주의자들은 가끔 그들 상호간의 관계와 또 다른 사람들에 대한 관계를 결정하는 데 깊은 관심을 가진다. 하지만 그들은 사람마다 다른 사람들의 세계와는 전적으로 다른 세계에서 살지 않을 수 없다는 입장을 취한다.

한 실존주의자가 방금 위에서 말한 원리에서 출발한다면, 나아가 한 사람의 진로와 참여가 단순히 이성적인 결정이 아니라는 원리를 가지게 된다. 그 참여는 확실히 고의적으로 반이성적인 것이 아니다. 그러나 이성은 한 사람의 본성의 한 국면일 따름이다. 그리고 참여는 전체 인격에 관계하는 것이다. 참여는 감정과 이성, 욕망과 희망, 창조적 충동과 갈구(渴求)가 모두 동시적으로, 또 뗄래야 뗄 수 없게 결합되어 관련된 행위이다. 그리고 자연 과학자들이 내세우는 감관 경험으로부터의 명증이나, 논리학자들

---

7) 이 주장은 사르트르의 실존주의 속에 있는 것이요, 하이데거의 실존주의에는 없는 것이다.

이 내세우는 이성의 여러 규칙이나, 혹은 생존을 촉진하는 생물학적 가치
가 진리의 기준이 될 수 없다. 오히려 무제한한 성실성을 가지고 참여하는
사람에게 그 참여가 주는 승리적인 최후 의식이 진리의 기준이다. 승리적
생활이란 자아와 자기의 세계의 의미를 분명히 깨닫고 확립했다는 굳은 확
신을 가지고 살고 죽는 것이다.

  실존주의(實存主義)는 그 각양 각색의 지지자들에 의하여 여러 가지 방면
에 이용되어 온 하나의 견지이다. 그것은 가끔 유럽에서, 그리고 미국에서
는 거의 순전히 자기들의 신조를 옹호하는 수단을 찾는 일이 절실한 과제
였던 프로테스탄트 신학자들에게 이용되었다. 프로테스탄트 신학은 성
(聖) 아우구스티누스와 성 토마스와 같이 그 견해가 여러 세기에 걸쳐 규범
이 되어 온 철학적 지도자를 한 번도 가져 보지 못했다. 그래서 프로테스
탄트 신학자들은 그때 그때 나타난 사조(思潮)를 끌어들이곤 하였다. 현재
에 있어 그들의 활로의 하나는 실존주의를 끌어들이는 것이다. 독일의 카
를 바르트(Karl Barth, 1886~1968)와 미국의 소위 신정통 그룹의 멤버들은 바
로 이 활로를 이용해 오고 있다. 이들은 자연에서 신의 여러 가지 증거를
찾으려고 하는 자연적 신학과, 고전적인 우주론적 및 존재론적 논증을 일
삼는 이성적 신학과, 심지어 칸트의 실천 이성(實踐理性)의 요청에 기초를
둔 신학을 모두 신통치 않게 여긴다. 이들은 걸핏하면 말하기를, 신앙에
의하여 한 사람이 자연과 역사에다 자연과 역사 자체가 절대로 우리에게
줄 수 없는 선험적(先驗的) 의무를 부여하지 않는 한, 그리고 부여하기 전
에는 자연도 역사도 의미 있게 조직될 수 없다고 한다. 이런 종류의 실존
주의 신학(實存主義神學)의 비판자는, 왜 자연과 역사에 주어졌다고 생각되
는 초월적 의미가 그렇게도 자주 슬쩍 방향을 바꾸어 신학자들로 하여금
역사적 칼뱅주의의 많은 교리를 확인하게 해주는지 의아스럽게 여기지 않
을 수 없다. 그러나 사실상 그들은 그런 일을 하고 있다.

  실존주의는 온건한 형태와 극단의 형태를 다 같이 전개시키고 있는 듯
싶다. 온건한 형태에 있어서 그것은 헤겔 철학의 전통의 여러 가지 추상과
아 프리오리한 이론들에 반대하는 또 하나의 경험론적 정신에서의 반항이
다. 다른 많은 경험론자들로부터 그것을 구별짓는 특색은, 찬동이 순전히
여러 가지 개연성을 추산한 결과가 아니고 단일한 전인간(全人間)의 반응

이라고 주장하는 것이다. 하지만 극단의 형태에 있어서, 그것은 맹렬하게 반주지주의적이고, 주의주의적(主意主義的)인 낭만주의이다. 윤리학에 있어서 그것은 아집(我執)을 내세우는 것이요, 존재론에 있어서는 변덕을 일삼는 것이다. 8)

---

8) 실존주의를 더 연구하려면, 다음과 같은 책들을 보는 것이 좋을 것이다.

　　J. P. Sartre, *L'être et le néant*(Paris, Gallimard, 1947). Hazel E. Barnes에 의하여 이 책의 일부가 *Existential Psychoanalysis*(New York, Philosophical Library, 1953)란 제목으로 영역되었다.

　　M. Heidegger, *Existence and Being*(Chicago, Regnery, 1949).

　　――――, *Sein und Zeit*(Tübingen, Niemeyer, 1953).

제 16 장   미국 철학

미국의 초기 역사에 있어서 철학은 유럽에 본거지를 둔 철학적 사색들의 흉내는 아니었다 할지라도 적어도 그 추종자였다. 몇몇 미국 사상가들은 현저하게 독립적인 정신을 가지고 있었고, 또 그들의 글은 그들의 비상한 재주를 보여 준다. 조나단 에드워즈(Jonathan Edwards, 1703~1758)와 랠프 월도 에머슨(Ralph Waldo Emerson, 1803~1882)은 미국의 지성사(知性史)에 있어서 중요한 인물들이다. 그러나 독립성은 독창성이 아니다. 그리고 대체로 1890년 이전의 미국의 철학적 정신들은 유럽의 여러 전통을 계승하고 있었다. 로크의 〈시민 정부론(*Treatise of Civil Government*)〉은 직접적으로 그리고 프랑스의 그 찬미자들을 통해서 아메리카 공화국의 초창기에 있어서의 정치 사상을 크게 지배하였다. 그리고 그의 〈인간 오성론(人間悟性論 ; *Essay Concerning Human Understanding*)〉은 하버드와 예일 양 대학에서 1세기 이상에 걸쳐 여러 교과 과정의 교과서로 채택되었다. 킹스 칼리지(지금은 컬럼비아 대학)의 총장 사무엘 존슨(Samuel Johnson, 1696~1772)은 그의 신학적 사변(思辨)에서 버클리의 철학을 사용하였다. 예일 대학 총장 노아 포터(Noah Porter, 1811~1892)와 프린스턴 대학 총장 제임스 매코슈(James McCosh, 1811~1894)는 토머스 리드와 리드 이후의 스코틀랜드의 상식 학파(常識學派)의 교훈을 따랐다. 포터와 매코슈, 그리고 이들의 저서는 19세기 후반에 미국의 여러 대학에서 스코틀랜드의 실재론(實在論)이 널리 퍼지는 것을 도왔다. 애머스트 대학 교수였던 로렌스 히콕(Laurens P. Hickok, 1798~1888)과 찰스 가먼(Charles E. Garman, 1850~1907), 뉴욕에 있는 윤리 문화 협회의 창립자인 펠릭스 애들러(Felix Adler, 1851~1933), 그리고 캘리포니아 대학 교수였던 조지 하위슨(George H. Howison, 1834~1917)은 서로 조금씩 달랐으나 결국 칸트에게서 물려받은 원리들을 내세운 사람들이었다. 세인트루이스 철학 운동은 헤겔 연구를 촉진'조장하였고, 그 가장 뛰어난 멤버였던 윌리엄 해리스(William T. Harris, 1835~1909)는 철학 일반과 특히 헤겔 연구를 장려하기 위하여 〈사변 철학(思辨哲學) 잡지(*Journal of Speculative Philosophy*)〉를 창간하였다. 하버드 대학 교수 조시아 로이스(Josiah Royce, 1855~1916)의 절대주의(絶對主義)는 미국에 있어서의 헤겔주의 역사의 후편이다.

1890년[1] 이전의 미국 철학사는 다른 시기의 철학사와 비슷한 데가 있다. 로마 사람들은 희랍 사람들한테서 배웠고, 서구의 여러 국민들은 고전적 고대(古代)에서 배웠다. 철학은 오직 사람들이 여가를 가질 때에만 번영한다고 아리스토텔레스는 의미심장한 말을 하였다.[2] 이것은 강조하지 않더라도 누구나 잘 아는 일이다. 미국 사람들은 로마 사람들과 서구의 여러 국민들과는 달리, 그들이 그들의 철학적 자극을 얻은 나라들로부터 이주해 온 사람들이었다. 그리고 위대한 유럽의 여러 전통을 따르는 유럽 사람들과 한가지로 이 전통들을 발전시킬 자격을 가진 사람들이었다. 그러나 새 땅, 새 문제들, 인간의 인간에 대한 새로운 관계와 인간의 자연에 대한 새로운 관계, 새 정치적 및 사회적 조건, 새 목적과 과업 —— 이것들은 철학에 영향을 끼치지 않을 수 없었다. 1890년 이후의 미국 철학은 서구와 로마와 희랍에 그 뿌리를 가지고 있으면서도, 서양 문화의 지적 발전에 있어서 중요하고 창조적인 일장(一章)이다. 그것은 아마도 장래의 사가(史家)들에게 20세기 사상의 가장 풍요한 면으로 보일는지 모른다.

1890년 이후의 미국 철학의 지도적 인물들은 모두가 미국 사람이었던 것은 아니다. 산타야나(Santayana)는 스페인 사람으로서, 그의 집은 1872년에서 1912년에 이르는 동안(이 동안은 그의 89년에 가까운 생애의 절반보다 조금 적다) 미국에 있었다. 그러나 그의 저서는 모두 미국에서 출판되었고, 또 미국 이외의 다른 곳에서는 그다지 큰 영향을 끼치지 않았다. 화이트헤드는 영국 사람으로서 1924년에야 미국으로 건너왔다. 이때 그는 이미 63세의 노년이었다. 그러나 그는 1947년 그가 죽을 때까지 하버드 대학과 그 근처에서 살았고, 그의 철학적 저서의 대부분을 미국에 머무는 동안에 썼다. 미국이 이런 미국 사람 아닌 이들을 그 지적 발전의 참가자로서 가졌고,

---

1) 1890년이란 해는 물론 임의로 정한 해이다. 여기에서 이 해를 선정한 까닭은 그 해에 윌리엄 제임스의 *The Principles of Psychology*가 나왔기 때문이다. 이 위대한 저술이야말로 다른 어떤 한 가지 것보다도, 하나의 새로운 시기의 시초를 이루는 것이라 하겠다.

2) *Metaphysics*, 981b23.

또 전체주의(全體主義)의 탄압에서 피난하여 온 다른 사상가들에 의하여 그 사상계가 더욱 풍성하게 된 것은 심히 다행한 일이었다. 그러나 미국에서 철학을 가르치고 책을 쓴 철학자들은 그 대부분이 미국 본토 사람이었다.

어떤 사가들은, 미국의 최근의 철학을 가리켜서 전형적으로 또 토착적으로 미국적이라고 말하고들 있다. 이 말이 너무 좁은 의미에서 해석되지만 않는다면, 이렇게 말하는 데 대해서는 구태여 반대할 것이 없다. 미국의 철학은 미국인의 생활의 중요한 요소이다. 그러나 그것은 그 질(質)에 있어서 세계주의적인 것이요, 지방주의적인 것이 아니다. 그것은 시간과 영원의 넓은 공간들을 아리스토텔레스나 스피노자나 흄에 못지않게 충분하게 살핀다. 사가는 모름지기 미국의 철학이 서양 문화 전체를 이어받고 있으며, 또 유럽 사상에 깊이 뿌리박고 있음을 지적하지 않으면 안 된다. 그러나 사가는 또한 미국 철학이 서양 문화의 발전에 대해서 여러 가지 신선한 공헌을 하고 있음을 인정하지 않으면 안 된다. 정녕 서양 세계는, 또 전 세계는 이 공헌들을 고려에 넣지 않으면 안 된다.

1. 제임스

윌리엄 제임스(William James, 1842~1910) : 뉴욕에서 태어났고, 뉴햄프셔에 있는 그의 여름철 별장에서 죽었다. 소년 시절에는 정식 학교 교육을 거의 받지 않았고, 그의 아버지 및 아버지의 친구와 많은 여행에서 더 많은 교육을 받았다. 1861년에 그는 하버드 대학의 로렌스 사이언티픽 스쿨에서 공부하기 시작했는데, 처음에는 화학을, 나중에는 해부학과 생물학을 공부했다. 1864년에는 하버드 의과 대학에 들어갔고 여기서 1869년에 의학 박사 학위를 받았다. 1865년에 그는 아가시(Agassiz)와 함께 브라질에 탐험 여행을 갔다. 그는 여러 차례 유럽에 오랫동안 머물렀는데, 유럽에서 그는 여러 가지 일을 하는 가운데에도 특히 베를린 대학에서 칸트에 관한 강의들을 들었고, 또 하이델베르크 대학에서 헬름홀츠(Helmholz)에게 사사(師事)했다. 1870년에 그는 심각한 정신적 위기를 맞이했었는데, 이것을 나중에 자기 자신이 겪었던 것임을 밝히지 않고 묘사한 바 있다.[3] 그는 하버드 대학에서 생물학 강사로 임명된 1872년~1910년까지 거의 쉬지 않고 가르쳤다. 1885년에는 철학 교수가 되었으며, 1889년에는

---

3) *The Varieties of Religious Experience*(London, Longmans, Green, 1913), pp. 160~161.

심리학 교수가 되었고, 1897년에 다시 철학 교수가 되었다. 그가 가르친 과목들은 그의 광범한 흥미를 보여 준다. 그 과목들은 다음과 같다. 생리학·심리학·허버트 스펜서·진화(進化)·윤리학·논리학·철학의 일반 문제 르누비에(Renouvier)·헤겔·로크·버클리 및 흄·데카르트·스피노자 및 라이프니츠·칸트·형이상학·자연 철학·철학사 등. 그는 대중과 또 학자들을 상대로 많은 강연과 연설을 하였다. 출판된 그의 저서 가운데에는 다음과 같은 것들이 있다. 〈심리학 원리(*The Principles of Psychology*)〉(2 vols, 1890)·〈믿으려는 의지 및 기타 통속 철학 방면의 논문들(*The Will to Believe and Other Essays in Popular Philosophy*)〉(1897)·〈종교 경험의 제상(*The Varieties of Religious Experience*)〉(1902), 〈실용주의(*Pragmatism*)〉(1907), 〈진리의 의미(*The Meaning of Truth*)〉(1909)·〈다원적 우주(*A Pluralistic Universe*)〉(1909)·〈철학의 몇 가지 문제(*Some Problems of Philosophy*)〉(1911)·〈근본적 경험론(*Essays in Radical Empiricism*)〉(1912).

윌리엄 제임스는 의학의 연구에서 철학으로 들어갔다. 이 사실은 그의 철학적 태도를 이해하는 데 있어서 자못 깊은 의의가 없지 않다. 그는 그의 모든 사색과 성찰에 있어서 근본적으로 치료적인 관심을 가지고 있었다. 그는 자기의 동포(물론 자기도 포함해서)가 좀더 힘있게, 그리고 좀더 온전하게 살도록 돕기를 원하였다. 그는 조금도 거리낌없이 사실들에 직면하는 도덕적 책무(責務)를 느꼈다. 그러나 그는 사람들이 과학적 발견에서 주워 모을 수 있는 모든 진리를 철저히 정직하게 받아들인 후에, 또한 나아가서 풍부하고 행복스러운 생활을 하는 것을 돕고자 하였다. 그는 그 어느 과학적 결론이든지 그것을 우주에 관한 최종 진리로 보려고 한 적이 한 번도 없었다. 그는 명증(明證)이 잘 드러난 결론은 그 어느 것이든 이를 받아들이는 데 인색하지 않았으나, 또한 세계가 여러 가지 뜻밖의 것으로 차 있어서 여러 가지 다른 결론을 내릴 여지가 또한 있다는 것을 주장해 마지 않았다. 그리고 만일 처음의 결론이 인간의 자유를 지나치게 제한하는 듯이 보이면, 다음 결론이 그 여러 제한을 제거하는 데 도움이 될 것을 기대하는 것이었다. 그는 이를테면 심령(心靈)을 고치는 의사였다. 그는 '과학들'은 사람들로 하여금 신뢰할 만한 진단을 할 수 있게 해주는 것이라고 생각하였고, 그리고 이 진단은 여러 가지 까다로운 세력에 직면한 곤경에 대해서 그 당장은 가장 좋은 진단이 되는 것이라고 생각하였다. 그리고 그는 '철학'은 이 진단이 드러낸 병을 고치는 약을 처방할 수 있게 해주는 것이라고 생각하였다. 이 약이 실망한 사람들, 혹은 공포심을 품은 사람들을 살리게 될 것을 그는 바랐다. 이 약은 또한 어지간히 힘이 있긴 해도 생 (生)의 싸움을 계속하는 데 있어서 새로운 힘을 더 필요로 하는 사람들을 위하여 기운을 돋우어 주는 강장제로 쓰일 수도 있을 것이다.

제임스의 초기의 여러 논문은 그의 병치료적(病治療的) 관심을 잘 보여 준다. 이 논문들에서 그는 당시 널리 유포되어 있던 학설들을 검토했는데, 이 학설들은 옳게 해석되지 않으면, 어떤 사람들에게는 그들의 힘으로 어떻게 할 수 없는 여러 세력에 그들을 예속시키며, 그리하여 그들의 힘있는 생활을 방해하는 듯이 보일 수 있는 것이었다. 1880년에 그는 다윈이 내놓은 진화론(進化論)에 논평을 가하였고, 다시 스펜서에 의한 우주 이론(宇宙理論)을 비판하였다. 그는 생명이 주위 환경의 여러 세력의 작희(作戱)에 의하여 위협을 받는다고 하는 다윈의 적극적인 발견을 선뜻 받아들였다. 그러나 이 학설이 생존 경쟁을 위한 여러 가지 어려운 조건을 강조하고 있기는 해도, 아직 개인의 창발력(創發力)에 대한 여지를 많이 남기고 있다고 주장하였다. 그는 과학적인 진화론을 고정된 목표를 향한 불가피한 진전의 철학으로 전환시킨 스펜서의 태도에 대해서 더 맹렬하게 반대하였다. 그는 스펜서의 자동적 진보(進步)의 이론을 '퇴화한 시대 착오'라고 불렀는데, 이는 그것이 인간 정신을 외부의 여러 세력의 수동적인 제물로밖에 만들지 않는 것이기 때문이라는 것이다. [4] 1882년에 그는 헤겔 철학을 공격하였는데, 이것은 그 사고 방식이 정립(定立)과 반정립(反定立)과 종합(綜合)이라고 하는 한결같은 틀을 가지고 있어서, 마치 '쥐덫'과 같이 그 문에 들어서는 모든 자가 '영원히 길을 잃게 될 수 있는' 것이기 때문이었다. [5] 1884년에 그는 결정론적 학설에 대해 통렬한 비난을 퍼부었는데, 이것은 이 학설들이 미래를 과거의 일상적인 일양성(一樣性)들의 반복에 국한시키고, 그리하여 새로운 여러 가지 가능성이 있음을 부인하고 있기 때문이다. [6] 그리고 1895년에 그는 '인생은 살 만한 가치가 있는가?'라는 제목으로 또 하나의 논문을 썼다. 여기서 그는 이 이전의 논문들에서는 뚜렷하게 나타나

---

4) William James, "Great Men and Their Environment," *The Will to Believe and Other Essays* (New York, Longmans, Green, 1921), pp. 223, 233, 254.

5) "On Some Hegelisms," 앞에 든 책, p. 275.

6) "The Dilemma of Determinism," 앞에 든 책, p. 121.

지 않았던 물음을 분명하게 제기했다. 우리가 우리 자신을 과학자들이 하나의 고정된 질서로 환원한 저 세계 한쪽의 고정된 구조 속에 갇혀 있는 것으로서 생각지 않는다면, 인생은 살 만한 가치가 있다고 그는 답변하였다. 우리의 자연적 지식의 세계는 하나의 좀더 광대한 보이지 않는 세계 속에 놓여 있다. 전자의 좁은 세계는 풀 수 없는 수수께끼들을 가지고 우리에게 닥쳐오는 것으로 보일는지 모른다. 그러나 후자의 세계, 즉 좀더 광대한 보이지 않는 세계는, 우리에게 이 수수께끼들에 대한 해답을 줄 수 있다고 우리는 희망을 가질 수가 있다. 그러므로 우리는 영웅적으로 도덕적 생활의 여러 요구를 신뢰하여야 하며, 또 인생이 살 만한 가치가 있다고 두려움 없이 단언하지 않으면 안 된다.[7]

제임스의 초기의 여러 논문은 제임스가 쓴 논문들 가운데 가장 유명한 논문, 즉 '믿으려는 의지'에서 그의 입장을 재구성하고 재표명하는 데 이바지하였다. 이 논문은 1896년에 발표되었다. 제임스가 이 논문에서 문제삼은 것은, 어떻게 우리의 의욕적 성질이 적어도 여러 가지 점에서 우리가 우리의 생활을 해 나갈 때 품는 여러 가지 신념을 결정하는가 하는 것이었다. 그는 의지력이 신념을 지배한다는 것을 인정하였고, 이런 지배가 인간의 의견에 관한 현실적인 심리학을 제공하는 것으로 보았다. 그는 한 걸음 더 나아가 어느 정도까지, 그리고 어떤 처지에서 이 지배가 정당화될 수 있는가 하는 것을 밝히려 하였다. 인간은 이 세상에서 어떻게 행동할 것인가를 결정하기에 앞서서 이 세계에 관한 진리를 모두 알 수 있는 것은 아니라고 그는 지적하였다. 우리는 가끔 가졌으면 하는 지식 없이 행동하지 않으면 안 되는 때가 있고, 또 우리는 그러한 지식이 없다고 해서 능률 있고 힘있는 활동을 못하고 유야무야(有耶無耶)로 지내서도 안 된다. 우리가 어떤 문제를 해결할 수 있는 명증을 얻을 수 있을 때는 우리는 이 명증을 소중히 여겨야 한다. 그리고 명증이 없음으로써 어떤 문제에 대해서 결정을 지체시킬 수 있을 때는, 우리는 판단을 보류하지 않으면 안 된다. 그러나 우리가 어떤 선택을 하지 않으면 안 될 때, 그리고 그 선택이 현실 생활에 관계된 중요한 것이요 또 즉각적으로 이를 결정하여 힘있게 행동해야만 될

---

7) "Is Life Worth Living?" 앞에 든 책, pp. 51, 54.

때, 우리는 믿으려는 의지를 행사해도 좋은 것이다. 우리의 지적 성질이 명증의 결핍으로 말미암아 우리의 결단을 인도하지 못할 때, 우리의 열정적 성질은 모든 진정한 선택을 결정할 수 있다. 아니, 결정해야만 하는 것이다.

제임스는 과학적 연구가 해결할 수 있는 문제들에 대한 미숙한 신념을 장려할 생각은 전혀 없었다. 그는 믿으려는 의지의 원리를 두 가지 주요한 방면에 적용하였다. 그 하나는 도덕 문제에 대한 적용이요, 다른 하나는 종교 문제에 대한 적용이었다. 도덕 문제들에 있어서 우리들 자신의 여러 가지 힘에 대한, 혹은 우리 친구들의 진실성에 대한 우리의 확고 부동한 신념은 이러한 여러 가지 힘과 이 진실성을 산출하는 충분한 원인일 수 있다고 그는 지적하였다. 종교 문제들에 있어서, 우리는 우리의 제한된 지식의 좁은 영역을 삼켜 버리는 광막(廣漠)한 미지(未知)의 세계에 대해서 우리들 자신을 관계시키지 않으면 안 되는 강요된 선택에 당면한다. 그때 우리는 이 광막한 미지의 세계가 우리의 여러 가지 가치를 세워 주고 보존해 주며, 우리가 실패할 때 우리를 동정해 주며, 이 실패들을 결국에 가서는 성공으로 전환시켜 주는 것으로 믿어도 좋은 것이다.

제임스는 그의 초기의 여러 논문에서 용기와 크나큰 희망을 고취하는 그의 복음을 뒷받침하기 위해, 세계에 대한 체계적 학설을 만들어 내려고 그다지 애쓰시 않았다. 그는 체계적 사상가가 아니었고, 또 자기 친구들에게 자기가 체계적 사상가가 아니라고 공공연히 선언하였다. 그는 가지가지 학설의 하나하나가 세계에 대해 얼마나 많은 빛을 던져 세계를 이해할 수 있게 해주는가를 보려고 하였으나, 이 학설들의 어느 하나도 이를 총체적인 견해라거나 혹은 최후의 결론이라고는 믿지 않았다. 그는 심지어 모순을 내포한 학설들도 용납할 아량을 가졌었는데, 이것은 그의 생각에 세계 자체가 여러 가지 모순 당착으로 차 있고, 세계에 대한 그 자신의 여러 관념처럼 미완성되어 있고, 부분이 부분에 대해서 가지는 관계가 어설프기만 한 것이기 때문이었다. 그가 엄격한 인과적(因果的) 필연성에 대한 하나의 신념과 예측할 수 없는 우연에 대한 또 하나의 신념을 동시에 품을 수 있었던 것은, 그가 말한 바와 같이, 이론에 있어서는 해결할 수 없는 막다른 골목이 실제에 있어서는 용기 있는 사람들이 영광스러운 승리로 전환시킬 수 있는 기회일 수 있기 때문이다.

의식(意識)의 흐름

제임스가 그의 〈심리학 원리(心理學原理)〉에서 제시한 철학적 사상으로서 가장 많은 영향을 끼친 것은 사상의 흐름, 혹은 의식의 흐름(stream of consciousness)이란 사상이다. [8] 제임스의 이 위대한 저서는 아주 이론 정연한 것은 못 된다. [9] 제임스는 그의 초기 논문들의 치료적 견지를 더욱 전진시키는 심리학을 원하였던 것이다. 비록 그는 그 자신의 이전 사상들로부터 전적으로 벗어나지는 못하였으나, 의식의 흐름이란 사상에서 진정으로 새로운 견해를 가지게 된 것이다.

제임스는 의식이 심리학의 법칙에 따라 나중에 복합체들로 꾸며지게 되는 단순한 관념들이나 감각들을 가지고, 혹은 다른 어떤 심적 요소들을 가지고 정확하게 기술될 수 있다고 하는 재래의 학설에 단호히 반대하였다. 단순한 관념들이나 다른 심적 요소들을 의식의 흐름에서 떼어 낼 수가 없는 것은 아니다. 그러나 그것들은 본래부터 있는 건축 재료가 아니다. 그것들은 인위적인 것들이요, 의식의 여러 국면을 좀더 만족스러운 성과로 이끌어 나가려는 실제적 목적을 위하여 주의함으로써 가려진 것이다. 전체적인 의식의 흐름은 이러한 모든 추상된 요소에 앞서는 것이다. 그것은 개개로 분리된 것들의 연쇄가 아니요, 오히려 상호 침투하는 의식의 움직임의 유동하는 흐름이다. 우리는 누구나 동일한 현실들, 의자나 별이나 초록색의 성질 같은 현실들이 우리의 생각에 거듭 떠오른다고 하는 따위의 말을 한다. [10] 그러나 이런 사물에 대한 우리의 의식은 두 번 다시 동일한 것

---

8) 제임스는 *The Principles of Psychology*의 제9장에 '사상의 흐름(The Stream of Thought)'이란 제목을 붙였다. 그는 '사상'이란 말을 단순히 지적인 과정을 의미하기 위해서가 아니라, 온갖 형태의 의식·감각·감정·정서·의지 등등을 의미하기 위해서 썼다. '의식의 흐름(stream of consciousness)'이란 말이 더 분명하므로 이 말이 더 자주 쓰이게 되었다.

9) 제임스를 그렇게도 찬양한 존 듀이도 이 점을 주장하였다. 듀이는 가끔 제임스의 *Principles of Psychology*를 교실에 가지고 들어가서 몇몇(가령 제17장 감각)을 펼치고, 어떻게 제임스가 낡은 입장들과 자기 자신의 새로운 입장 사이를 왔다갔다 했는가를 지적하곤 하였다.

10) *The Principles of Psychology*(New York, Holt, 1890), Vol. I, p. 231.

이 아니다. 우리가 동일한 것이라고 부르는 것은 언제나 새로운 환경 속에 나타나며, 새로운 여러 가지 정서로 물들어 있으며, 심지어는 '동일하다' 고 인정됨으로써 변형하는 것이다. 의식의 흐름은 심령상의 그 여러 가지 명암(明暗), 그 기복(起伏)하는 강도(强度), 그 선명한 윤곽과 희미한 가장 자리들을 가지고 있다.

의식의 흐름을 유기적인 신체의 두뇌와 신경 계통의 기능으로서 취급하는 것처럼 쉬운 일은 없다는 것을 제임스는 인정하였다. 그리고 그는 사실 생리적인 면에 대해서 많은 주의를 했으나 의식에는 두뇌의 과정과 그 밖의 신체적 기능들이 나타내는 것보다 훨씬 더 많은 것이 있다고 강력히 주장하였다. 두뇌가 의식을 산출한다는 것을 보여 주는 증거는 하나도 없다고 그는 말하였다. 도리어 두뇌야말로 의식이 세계에 대해서 효과 있게 작용하려고 노력할 때 사용되는 도구라는 데 대한 증거가 있다는 것이다. 우리가 어떤 목적을 달성하기 위해서 우리의 손을 쓰는 것과 꼭 마찬가지로, 우리는 우리의 두뇌를 쓰는 것이다. 우리의 의식은 많은 관념으로 차 있다. 이 관념들 가운데에는 공상적인 것도 있고, 실제로 쓸 수 있는 것도 있다. 그리고 우리의 두뇌는 이 관념들을 체로 치듯 취사 선택하여, 공상적인 것들은 버리고 실제로 쓸 수 있는 것들은 이를 잘 인도하여 이 관념들을 실현하는 것을 돕는 신체 활동으로 나아가게 한다. 이리하여 두뇌는 두뇌 이외의 세계와의 적절한 접촉점들에다 우리의 여러 목적을 배치시키는 데 유용하게 이바지한다. 이리하여 의식은 신체를 불가결의 도구로 보게 된다. 그러나 의식은 그 동적인 생기(生起)에 있어서 유기적 신체보다도 더 충만하고 더 풍부하여, 신체의 여러 말단에서 눈에 뜨이는 그 일부를 봄으로써 완전히 이해될 수는 절대로 없는 것이다.

의식(意識)이란 본래 인식이나 지적 활동에 관계하는 것이 아니라고 제임스는 생각하였다. 정신에 관한 낡은 학설들은 너무나 이것을 인식하는 데만 결부시켰다. 의식은 충동적이요, 정서적 혹은 정열적이요, 그 진행하는 동안 내내 의욕적이나. 그리고 다만 간혹 지적(知的)인 것일 따름이다. 그리고 지적 과정 내지 성찰적(省察的) 과정이 일어날 때에는 이것들이 그보다 앞선 좀더 근본적인 종류의 의식에 자리잡는 방식에 따라 그 시기와 문제와, 그리고 그 중요성이 주어지는 것이다. 일찍이 1881년에 제임스는 주장하기를 의지 작용(意志作用)은 아는 것(즉 인식하는 것)과 심지어 지각(知覺)하는 것을 지배한다고 하였다. 즉 "지각(知覺)과 사고(思考)가 거기(즉 의식 속에) 있는 것은 오직 행동을 위해서이다."[11]라고 주장하였다. 그는 정신이 경험의 구조에 기여한다고 하는 칸트의 주장에 공감하였다. 그러나 칸트에 반대하여, 그는 정신의 기여는 단편적(斷片的)이요 또 미리 정해진 조건들을 가지고 있는 것이 아니라고 주장하였거니와, 이는 정신이 언제나 좀더 기본적인 여러 종류의 의식에 봉사하고 있고, 또 다른 여러 종류의 의식에 임시적으로 또 실험적으로 봉사해 나가지 않으면 안 되기 때문이라고 하였다. 이렇게 말하는 것은 인식 작용을 완고하고 변덕스러운 것으로 보려는 것이 아니다. 왜냐하면 인식 작용은 진정한 계몽을 주지 않는 한, 그것은 의지 작용으로 하여금 좀더 좋은 결과를 낳게 할 수 없기 때문이다. 이렇게 말하는 것은 오히려 인식하는 일이, 생명의 충동들이 이 세상에서 얻을지도 모르는 성공의 범위를 확대하고 이런 성공의 정도를 증가시킨다는 것을 말하려는 것이다.

근본적 경험론

〈심리학〉을 출간한 후 10년 내지 12년 동안에 제임스는 그가 '근본적 경험론'이라고 부르기로 한 것의 방향으로 그의 입장을 발전시켰다. 그가 근본적(radical)이란 형용사를 쓴 것은, 그의 경험론이 그가 보기에 고전적 여러 경험론들을 두 가지의 중요한 면에서 수정했기 때문이다.

이 두 가지 면 가운데 하나는 의식(意識)의 성질에 관한 것이다. 그는, "도대체 '의식'이란 것이 존재하는가?"[12]라고 물었다. 그리고 이에 대하여 도발적으로 부정적인 답을 내렸다. 즉 의식이란 것이 없다고 한 것이다. 그는 이 부정적인 답으로써 로크와 그 신봉자들이 경험의 직접적 사실이라고 본 것 같은 그 어떤 실재(實在)나 실체, 그 어떤 주관적 실존이 도대체 있다는 것을 부인하려고 하였다. 경험 속에는, 만일 우리가 원한다면 '의식'이라고 하는 추상적인 이름으로 불러도 좋은 기능이 없지는 않다.

---

11) "Reflex Action and Theism," *The Will to Believe and Other Essays*, p. 114.

12) 이 질문은 1904년에 그가 발표한 한 논문의 제목이다. 이 논문은 *Essays in Radical Empiricism*(New York, Longmans, Green, 1922), pp. 1~38에 다시 인쇄되어 나왔다.

구름, 즉 물리적인 태양을 가리우는 물리적인 구름은 비를 의미하는 것일 수 있다. 그 구름이 태양을 가리우는 한, 그것은 하나의 물리적 대상이다. 그 구름이 비를 의미하는 한 그것은 하나의 심적 대상이다. 지각하는 것과 인식하는 것, 의도하는 것과 믿는 것은, 사랑하는 것과 증오하는 것과 마찬가지로 자주 일어나는 과정들이다. 그러나 이 과정들은 걷는 것과 몸짓하는 것, 해가 나는 것과 비가 오는 것과 꼭 같은 사건들의 복합(複合) 속에서 일어나는 것이다. 근본적으로 소재는 하나밖에 없는바, 그것은 곧 경험한 것이다. 제임스는 자기의 입장이 자연적 실재론(實在論)에 가깝다고 논평한 적이 있다. [13] 우리가 어떤 대상을 지각할 때, 우리는 우리 앞에 있는 대상에 대하여 어떠한 표상(表象)의 결과를 가지는 것이 아니다. 우리는 우리 앞에 있는 실재적인 물리적 대상을 가지는 것이다. 그리고 둘 혹은 둘 이상의 사람들이, 사실 가끔 똑같은 하나의 물리적 대상을 지각할 수가 있다. 의식의 장(field of consciousness)은 만일 우리가 이런 말을 사용할 수가 있다면, 다음과 같은 것이다. 즉 그것은 물리적 사물들의 한 집합체인데, 이 집합체는 대상들에 대한 우리의 지각 작용이나 인식 작용이 이 대상들 간에 세우는 새로운 기능적 관계들로 인하여 나머지 물리적 세계로부터 분리된 것이다. 그리하여 의식은 전에는 심적인 것이 아니었던 대상들이 어떤 방식으로 한데 뭉치게 될 때 가지게 되는 하나의 기능이다. 정신과 의식은 사실 생기(生起)하는 것이다. 그러나 이것들은 온갖 다른 비정신적인 관계들이 생기하는 자연적 세계에서 생기하며, 또 그 생기에 있어서 다른 비정신적 관계만큼 자연적이다. 그러기에 정신은 사사로운 유아적(唯我的) 세계가 아니다. 정신은 오히려 자연적 세계 안에서 생기하는 사건이다. 그것들은 때때로 서로 만나며 공통되는 대상들을 공유한다. 그것들은 경험에 있어서의 다른 어떤 양식의 생기에도 못지않게 진정으로 객관적 검토를 가할 수 있는 것이다.

제임스가 그의 근본적 경험론을 그 이전의 여러 경험론과 구별한 둘째 면은 심적 과정들의 역할이 유효함을 강조하는 데 있다. 그는 자연적 세계와 그 과정들을 한쪽에 놓고 정신을 다른 한쪽에 놓고서, 그러고는 정신이

---

13) "A World of Pure Experience," *Essays in Radical Empiricism*, p. 76 참조.

거기 참여하지 않은 사건들을 정신이 본다고 하는 입장을 거부하였다. 그는 정신이 자연의 진행에 참여한다고 주장하였다. 지각하는 일, 인식하는 일, 믿는 일, 생각하는 일 —— 이러한 일들은 변화하는 세계의 방향에 큰 차이를 가져온다. 이런 것들이 일어나면 세계는 이런 것들이 일어나지 않았을 때 움직여 갈 방향과는 다른 방향으로 움직여 간다. 이것들은 여러 가지 자연적 성취(成就)를 생기게 하며, 또 자연적 세계의 여러 가지 독특한 가능성을 전개시켜 준다.

제임스는 그 사색의 출발시부터 세계를 다원적(多元的)인 것으로 보았다. 그는 모든 일원론(一元論)에 대하여, 세계가 불가피하게 개정된 길을 밟아 간다고 보는 모든 학설에 대하여 분연히 반대하였다. 그의 근본적 경험론은 세계가 미완성의 여러 가지 사물로 되어 있고, 이 사물들 중 어떤 것은 상호 의존적으로 밀접한 관계를 가지고 있고, 다른 어떤 것들은 허술하게 관련되어 있어서 많은 신기한 방면으로 전환시켜질 수 있다고 하는 그의 확신을 강화하였다. 정신은 다른 여러 가지 일을 하는 가운데에서도 특히 가설적(假說的)으로 생각된 여러 가지 가능성을 탐험하고 개척하는 것이다. 그러기에 그 속에서 정신이 생기하는 세계는 신기한 것의 도입에 대해서 개방되어 있다. 그리고 현재의 사태에서는 과감한 사람이 그것을 넘어서서, 지금까지 존재하지 않았던 새로운 관계들을 있게 할 수 없는 한계란 하나도 보이지 않는다. 우리는 단원 우주(單元宇宙)에 사는 것이 아니고 다원 우주(多元宇宙 ; multiverse)에 산다. 흔히 쓰이는 universe란 말을 계속해서 그대로 쓴다면, 우리는 '다원적 우주(pluralistic universe)'를 생각하고 논하지 않으면 안 된다.[14]

프래그머티즘

20세기의 처음 10년 동안(이때는 동시에 그의 생애의 마지막 10년이기도 했다)에 제임스는 학계와 일반 민간의 청중들 앞에서 여러 가지 철학 문제에 대한 강연자로서 크게 요구되는 존재였다. 스스로 분명히 언명한 바와 같

---

14) 제임스의 히버트 강의(Hibbert Lectures)는 *A Pluralistic Universe*(New York, Longmans, Green, 1909)란 제목으로 되어 있다.

이 그는 또한 자기의 원숙해진 견해들을 충분히, 그리고 될 수 있는 대로 체계적 표명을 원하였다. 그의 시대에 대한 외부로부터의 여러 압력과 그 자신의 내적 욕망의 결합에서 1909년에 〈프래그머티즘, 몇 가지 낡은 사고 방식에 대한 새로운 명칭(*Pragmatism, a New Name for Some Old Ways of Thinking*)〉 이란 책이 나왔다. 그는 이 책에 만족하지 않았다. 그러나 이 책은 다른 어느 것보다도 그의 명성을 철학자들간에서 떨치게 한 커다란 업적이다.

'프래그머티즘'이란 말은 퍼스(Charles Sanders Peirce, 1839~1914)가 어떤 특정한 이설(理說)에 대한 술어로서 지어낸 것인데, 제임스는 자기가 퍼스에게서 얻은 것이 많다고 말하였다. 퍼스가 프래그머티즘을 가지고 내세우려 한 것은 하나의 일반적인 철학적 입장이 아니고, 오히려 하나의 특수한 논리학설(論理學說)이었다. 즉 어떤 한 관념의 의미는 그 관념의 진리로부터 개념적으로 따라 나올 수 있는 모든 실제적 결과의 총화라고 하는 학설이었다. 한 사물에 관해서 생각한다는 것은 그 사물을 어떤 특수한 방식으로 다루도록 준비하는 것이요, 또 거기에 따르는 행동의 결과에 대해서 여러 가지로 조정하는 것이다. 아무런 결과도 없는 지레짐작한 관념은 도대체 관념이라고 할 수 없다. 그리고 두 개의 관념인 듯싶은 것도 만일 그것들이 기대된 결과에 있어서 아무런 차이를 가지지 않으면 결국 하나의 동일한 관념일 따름이다.

제임스는 프래그머티즘적 방법을 전적으로 채택하였다. 그는 말하기를 이론들은 수단이요, 개념들은 행동의 계획이라고 하였다. 이론은 과거의 경험의 총화가 아니다. 마치 우리가 세계에 관한 진리를 소유하고 있다는 확신을 이미 가진 양 의거할 수 있는 것들이 아니다. 도리어 이론들은, 만일 그것들이 우리로 하여금 사건들의 경과에 대해서 더욱더 깊이 파고들어 가게 하지 않는다면 그 즉시로 의미를 상실하고 만다. 사람들이 툭하면 '제일 원리'니 '궁극의 범주'니 하는 따위의 찬사 비슷한 명칭을 붙여 신중히 여기는 공식들은, 대개 사고에 대한 도움이 되기보다는 오히려 방해가 되는 것이 보통이다. 이것은 이런 것들이 사람들로 하여금 실험적 탐구의 태도에서 멀어지게 하고, 마음을 해이(解弛)시키기 때문이다. 그리고 변화하는 세계에서는 과거의 최선의 공식들도 끊임없이 재검토되고 재보강되고 재구성되지 않으면 안 된다. 신념들은 과거의 모상(模像)들이 아니다. 그것들은 오히려 어떻게 될지 모르는 미래로 우리가 움직여 나갈 때, 우리가 의지할 수 있는 여러 가지 원인에 대한 예견들이다. 이 예견들은 들어맞는 경우도 있고 맞지 않는 경우도 있다. 우리는 모두 과거에 누적된 진리에 의지하면서 살아간다. 그러나 우리가 이 진리들을 가지고 앞으로 나아가 새로운 사실들을 파악하되, 열린 마음으로 낡은 추측들을 수정하며 또 새로운 진리들을 추가해 가지 않는다면 —— 우리가 이렇게 전진해 가지 않는다면, 낡은 진리는 죽은 말재간의 무더기가 되고 만다. 생각한다는 것은 행위의 준비를 하는 것이다.

제임스는 프래그머티즘을 제창한 후 그 프래그머티즘적 입장에다 그의 치료적 관심의 특징이었던 약간의 색다른 요소를 가미하였다. 그는 말하기를, 프래그머티즘은 단순히 의미의 이론일 뿐만 아니라, 또한 진리의 이론이라고 하였다. 한 관념은 그것이 작용할 때(즉 현실 세계에 유효한 영향을 끼칠 때) 참이다. 그리고 관념은 그것이 만족스러운 결과들을 낳을 때 작용한다고 할 수 있다. 작용의 종류와 만족의 종류에 대해서 제임스는 아주 관대한 태도를 보여 주었다. 작용의 한 가지 종류는, 우리의 기대들이 관찰된 사실들에서 검증되어지는 일이다. 그리고 이 사실들은 감관들을 통해서만 관찰되는 것이어야 하며, 또 검증의 과정에 참여하기를 원하는 관찰자들은 누구나 다 볼 수 있는 것이어야 한다. 또 하나 다른 종류의 작용은, 우리들 자신이 나날의 일을 치루어 가는 용기에 있어서 강화되고 또 우리가 지금은 소유하지 않은 환희들에 대한 우리의 희망 속에서 위안을 받는 일이다. 우리는 어떠한 관념이든지, "그 자체 신념으로서 쓸모 있는 것이라면" 참된 관념으로 볼 수 있다고 제임스는 말하였다.[15] 그러나 관념들은 여러 가지 방면에서 쓸모 있는 것이 될 수 있다. 그것들은 자연적 세계 안의 여러 사실들을 정확히 예측함에 있어서, 다른 신념들과 잘 맞아 들어감에 있어서, 그리고 인류의 온갖 운명과 상황에 대해서 기운을 돋우어 줌에 있어서 쓸모 있는 것일 수 있다. 제임스는 이런 여러 가지 객관적인 종류의 선과 주관적인 종류의 선을 이것저것 구별하는 데 머리를 쓰지 않았다.

퍼스는 이러한 제임스류(流)의 프래그머티즘에 대해서 항의하였다. 그

---

15) *Pragmatism*(New York, Longmans, Green, 1907), p. 76.

는 어떤 신념들의 정서적 만족들을 이 신념들의 진리에 대한 판단에 관련 있는 것으로 받아들이기를 거부하였다. 그는 정서적 만족들이 신념들의 가치를 평가하는 사람들의 개성과 기질에 따라 차이가 있다고 항의하였다. 그는 신념들이 정서적 만족을 줄 때 그런 신념들을 참되다고 하는 것은, 어떤 주어진 하나의 신념이 어떤 사람에게는 참되고 다른 어떤 사람에게는 거짓이 된다는 것을 허용하는 것임을 지적하였다. 그는 사적(私的)인 만족이 명증적(明證的) 가치를 조금이라도 가진다는 것을 부인하였다. 진리는 공적(公的)인 것이지 사적인 것이 아니라고 그는 주장하였다. 진리는 적지 않은 수의 사람들이 그들의 여러 가지 희망과 공포를 저버리고, 그들이 합동으로 확인하는 명증만을 받아들임으로써 협동적으로 세워지는 것이다. 진리는 공리성과 똑같은 것이 아니다. 왜냐하면 공리성은 개인들의 여러 가지 필요와 이해(利害)에 의거하고, 진리는 모든 개인들에게 동일한 것이기 때문이다. 퍼스는 심지어 프래그머티즘이란 말이 그 무차별한 사용으로 해서 아주 그르쳐졌다고 하여 이를 버릴 것을 제안하였다. 그리고 그의 엄밀한 논리학설을 프래그머티시즘이라고 불러서 논하는 것이 좋겠다고 시사하였다.

하지만 제임스는 공적 명증과 사적 만족을 날카롭게 가르는 데 대한 퍼스의 요구에 절대로 굴복하지 않았다.

제임스의 관대한 신앙

제임스의 저서들의 마지막 장(章)들은, 어떻게 그가 그의 끈덕진 치료적 견지로 줄곧 돌아갔던가를 보여 준다. 그는 그가 객관적 명증을 끌어댈 수 없었던 많은 신념들을 아마 그 자신 품지 않았을는지 모른다. 그러나 그는 그 자신이 필요로 하거나 사용하지 않은 안위(安慰)의 원천을 다른 사람들에게 그들 마음대로 쓰도록 내맡기고자 하였다. 〈종교적 경험의 제상(諸相)〉의 마지막 장에서 그는 말하기를, 후일에 언젠가는 과학의 비개인적 견해가 하나의 완전히 건전하고 타당한 입장이라기보다 오히려 '하나의 일시적으로 유용한 기설(奇說)'이었다고 생각될지 모른다고 하였다. [16] 〈다원

---

16) *The Varieties of Religious Experience*, Gifford Lectures(New York, Longmans, Green, 1902), p. 501.

적 우주)의 마지막 장에서 그는 생명이 언제나 논리보다 우월하다는 말을 했는데,[17] 이 말로 그가 의미한 것은, 우리의 유한한 경험을 초월한 실재(實在)들에 대해서 사사로이 품은 몽상들이 이 몽상들을 품은 사람에게 현실이 될 수 있다는 것이다. 그리고 〈프래그머티즘〉에서 그는 주장하기를, 인생에 유용한 결과들을 가져오는 가설은, 그 어느 것이나 이를 거부해서는 안 되는 것이라고 하였다.[18] 그러나 이 모든 장에서 주의해야 할 중요한 일이 있는데, 그것은 제임스가 무엇보다도 그 자신이 꾸며 낸 세계관을 확립하려는 데 관심이 있었던 것이 아니고, 사람들이 다른 사람들의 여러 가지 신앙에 대해서, 비록 그 신앙이 기괴하게 보일 때에라도 이를 관용하는 태도를 증진시키는 데 무엇보다도 관심이 있었던 일이다. 하나님을 믿는 것이 프래그머티즘적으로 의미하는 것은, 비극은 일시적이요 구원에 대한 소망은 근거가 있다고 하는 것이라고 그는 썼다. 자연이 어떤 목적을 향하여 운행한다는 것은, 우리가 장래에 대해서 확신을 가질 수 있다는 것을 프래그머티즘적으로 의미하는 것이다. 자유 의지(自由意志)를 믿는다는 것은, 우리가 우리의 여러 가지 희망을 이미 있었던 일의 반복에만 제한할 필요가 없고, 지나간 것보다 훨씬 더 좋은 새것들을 예기(豫期)해도 좋다는 것을 프래그머티즘적으로 의미하는 것이다. 제임스는 그 어떤 과학적 혹은 철학적 체계를 최후의 진리로 보는 데 대해서 항상 항의하고 있었다. 그는 모든 문제를 재고찰하고 새로운 해결을 추구할 것을 원하였다. 그러나 그는 이 해결들이 다시금 하나의 새로운 정설로 되어 버리는 것을 그저 묵인할 수는 없었다.

2. 산타야나

조지 산타야나(George Santayana, 1863~1952) : 스페인의 아빌라에서 태어나, 이탈리아의 로마에서 죽었다. 그는 1872년에 미국으로 건너가 1912년까지 머무렀다. 그는 보스턴 래틴 스쿨과 하버드 칼리지를 다녔으며, 베를린에서 공부

---

17) *A Pluralistic Universe*, p. 329.
18) *Pragmatism*, p. 273.

하였고(1886~1888), 하버드 대학에서 철학 박사 학위를 얻었으며(1889), 다시 옥스퍼드 대학에서 연구하였다(1896~1897). 그는 1889년부터 1912년에 교수직을 사임할 때까지 하버드에서 강의했다. 1912년 이후는 유럽에서 살았는데 1914년~1918년까지는 영국에서, 그후로는 가끔 파리와 로마에서 살았다. 그는 다음과 같은 여러 권의 시집을 냈다. 〈소네트들과 다른 운문들(Sonnets and Other Verses)〉(1894)・〈샛별(Lucifer)〉(1899)・〈카르멜의 은자(隱者), 기타의 시(A Hermit of Carmel and Other Poems)〉(1901)・〈시인의 언약(A Poet's Testament)〉(1953). 그는 소설을 한 편 썼는데, 〈최후의 청교도(The Last Puritan)〉(1935)가 곧 그것이다. 그의 철학적 저작 가운데에는 다음과 같은 것들이 있다. 〈미의식(美意識; The Sense of Beauty)〉(1896)・〈시와 종교의 해석(Interpretations of Poetry and Religion)〉(1900)・〈이성의 생활(The Life of Reason)〉(5 vols, 1905~1906)・〈세 철학적 시인(Three Philosophical Poets)〉(1910)・〈미국의 인물과 의견(Character and Opinion in the United States)〉(1920)・〈영국에서의 독백(Soliloquies in England)〉(1922)・〈회의론과 동물적 신앙(Scepticism and Animal Faith)〉(1923)・〈림보에서의 대화(Dialogues in Limbo)〉(1925), 그리고 〈존재의 여러 영역(Realms of Being)〉(4 vols, 1927~1940). 이 마지막의 〈존재의 여러 영역〉은 〈회의론과 동물적 신앙〉을 그 서부(序部)로 하고 5부작으로 다루어지는 때도 있다. 그는 〈인물들과 장소들(Persons and Places)〉(1944, 1945, 1953)이란 일반적 제목으로 세 권의 자서전을 썼다.

산타야나의 거의 60년에 가까운 문필 활동은 두 개의 뚜렷이 다른 시기로 나뉘어진다. 그 전기에 있어서 산타야나는 인류의 문화적 성취들을 감사하는 마음으로 비평하는 데 헌신하였다. 특히 서양 문화를 발전시킨 인종들의 여러 문화적 성취, 따라서 서양 세계의 여러 전통의 원천들이 되는 문화적 성취들을 비평하는 데 온갖 힘을 기울였다. 그의 처음의 두 저서는 예술과 종교를 다룬 것인데 이것들에 뒤이어 다섯 권으로 된 〈이성(理性)의 생활〉이 나왔다. 이 〈이성의 생활〉은 출간된 날부터 현재까지 미국에서 광범한 영향을 끼친 저술이다. 이상의 여러 책은 어떤 종류의 세계 안에서 예술과 종교 같은 인간 사업이 흥기(興起)하고 번영하는가 하는 데 관한 몇 가지의 가정(假定)을 제시하고 있다. 그러나 이 책들의 뚜렷한 목표와 그 주요한 효과는 이 세계와 그 존재론적 구조에 대해서보다도, 어떻게 인류가 여러 세기를 통하여 상상의 생활을 배양했는가에 대해서 더 많은 주의를 환기시키는 것이었다. 산타야나는 자연의 원료들을 완성된 문명의 산품(產品)으로 변형시키는 인간들의 여러 가지 노력의 성공과 실패, 파토스(정열)와 아이러니(노력대로 되지 않는 운명의 장난), 추측된 영광과 바라던 만큼은 얻지 못한 영광을 동정적으로, 그러면서도 정확하게 해명하였다. 그는 사람들이 세계에 대해서 품어 온 몽상들을 그것들이 갖는 진리의 정도 때문이라기보다 오히려 그것들이 그것들을 믿는(산타야나 자신은 대개 이것들을 믿지 않았다) 사람들 속에 일으킬 수 있는 황홀경과 정신의 고양(高揚) 때문에 높이 평가하기는 했으나, 그는 천성이 시인이어서 이런 몽상들 속에서 무한한 기쁨을 맛보았다. 그리고 그는 도덕가로서 인간의 여러 가지 제도와 관례, 인간의 예술들과 과학들, 인간의 예의나 이상들을 정신적으로 건전하고 온전한, 그러면서도 환희에 찬 생활에의 기여와 관계시켜 판단하였다.

산타야나는 그의 철학적 저작에 있어서의 초기의 여러 가지 관심과 확신을 한 번도 버린 적이 없다. 그러나 그는 많은 독자들이 그의 〈이성의 생활〉에 대해서 품었다고 그가 생각한 한 가지 오해를 섭섭히 여겼다. 그는 사람들을 독촉하여 경험을 질서 있는 것이 되게 하는 도덕적 성찰들을 논했을 때, 그가 자연의 질서를 인간의 고안(考案)이나 편의(便宜)로 해소시키는 것으로 해석된 것을 섭섭히 여겨 이러한 해석에 항의하였다. [19]

> 〈이성의 생활〉 전체는 경험을 기술할 목적으로 쓰인 것이지, 우주를 기술할 목적으로 쓰인 것이 아니다. ……그 당시, 나는 일종의 휴머니즘에 열중하고 있었고, 또 모든 사물을 그것들에 대한 인간의 개념으로 격하시키거나 높이기를 좋아했다. 또한 그것들이 사고(思考) 속에서 차지하는 역할에 격하시키거나 높이기를 좋아했다. 그것은 내가 이제는 잊어 버렸으면 하고 바라는 현대적 태도 —— 괴테가 말한, 혹은 메피스토펠레스가 말한 '옳지 못한 현대적' 태도이다.

초기의 여러 가지 관심과 확신을 그대로 지키면서도, 그는 그의 초기 작품에 숨겨진 인식론적 가정과 형이상학적 가정을 명백히 하고 세밀하게 짜는 데 더욱더 열심이었다. 그래서 그는 〈존재의 여러 영역〉에서 그의 인식론을 충분히 표명하고 또 형이상학으로 뛰어들어갔는데, 이 형이상학에서 그는 그의 인식론이 그로 하여금 주장할 수 있게 하는 한도에서 시도적으

---

19) 1933년 11월 15일자로 저자에게 보낸 편지에서. 이 편지는 그가 그의 *Realms of Being*의 제1권을 출간하고 다른 권들을 준비하고 있었을 때 쓴 것이다.

로 그의 여러 가지 존재론적 신념을 토로했다. 경험의 배후에 경험이 일어나는 것을 뒷받침하면서, 그러나 경험 속에서 자체를 드러내지는 않으면서 우주가 있다. 현상[外顯]의 배후에는 실재가 있다. 그리고 비록 우리가 실체적 세계의 비밀들을 파혜칠 수는 없을지라도, 우리는 적어도 헤아릴 수 없는 노력과 전능한 힘을 가진 이 실체적 세계를 몸소 보고 접할 수는 있다고 산타야나는 생각하였다. 그리고 이와 같이 실체적인 세계를 접하는 일은, 비록 이 세계의 무감각한 운행에 대해서 아무런 상관이 없을지라도 우리를 존재론의 변덕과 미신적 환상에서 제법 자유롭게 해줄 것이다. "사물들의 현상은 언제나 그것들의 실재(實在)에 대한 참된 지표(指標)이다."[20] 그리고 우리가 그것들의 실재를 솔직하게, 그리고 대담하게 설명하지 않는 한, 그것들의 현상을 우리가 즐기는 것은 제멋대로의 감상으로 타락하고 만다. 이리하여 산타야나의 후기의 성찰은 방향이 바뀌었다. 그는 전에 그가 가졌던 견해를 고쳤다기보다는 오히려 전에 어렴풋이 가정되었던 것을 뚜렷하게 표명하고, 전에 열정적 웅변으로 기록했던 것에 대해서는 말하지 않고 넘어가고 있다.

〈이성(理性)의 생활〉

〈이성의 생활〉은 산타야나가 희랍 사람들한테서 배운 하나의 근본 원리에 기초하고 있다. 이 근본 원리는 플라톤과 아리스토텔레스가 생각했던 것으로서, 곧 사람을 위해서 좋은 생활은 자연적 충동이 이성과 조화를 이루고 발전할 때 그 결과로서 생긴다고 하는 것이다. 사람은 그 본성 속에 두 가지 요소를 지니고 있다고 산타야나는 주장하였다. 이 두 요소란 충동과 관념화(觀念化)이다. 이 두 요소가 각기 다른 것을 떠나 작용하도록 내버려두면 도덕적 재앙을 불러일으키게 한다. 충동이 그 의도하는 바와 가능한 결과를 이해하지 못하고 서두르면 짐승과 다름없는 행위로 나아간다. 관념화가 물리적 세계와 사회적 세계의 동적인 세력과 연결을 짓지 못하면, 난폭하고 병적인 공상을 일삼게 된다. 이 두 요소가 생활 속에서 효과 있게 결합되면, 인간이 합리적 행복을 향해서 이룰 수 있는 여러 가지 진

---

20) *Some Turns of Thought in Modern Philosophy*(Cambridge, Cambridge University Press, 1933), p. 37.

보를 마련해 준다. 충동이 관념들에 의하여 인도되면, 조직된 생활에서 그
것이 표현되는 이상적 가능성들을 의식하게 된다. 그리고 관념화는 행동의
여러 가지 다급한 요구에 매이게 될 때, 비로소 실제로 세상 일에 관계 있
는 것이 된다. 이리하여 충동은 기술이 되고, 관념화는 지혜가 된다.

〈이성의 생활〉의 부제(副題)는 '인류 진보의 제양상(*The Phases of Human
Progress*)'이다. 산타야나는 진보에 관한 환상을 조금도 품지 않았다. 그는
진보가 그 어떤 우주의 추세에도 의거한다고는 생각지 않았다. 진보는 인
류 역사에 간혹 있으며, 그 연속이 확실성 없는 것이라고 그는 생각하였
다. 그러나 진보는 가능하다. 그것이 가능한 것은, 인간성이 원래 자연적
세계의 다른 원료들처럼 고쳐 꾸며질 수 있고, 따라서 자기의 좀더 좋은
소질들 가운데 몇 가지를 현실화할 수 있기 때문이다. 인간의 진보는 인류
의 역사에 있어서 간헐적이었다. 거친 충동들이 함부로 침입하고, 또 도저
히 옳다고 할 수 없는 개념들을 제멋대로 내세우는 일로 인하여 지금도 어
떤 개인들과 심지어는 사회의 유망한 장래가 그릇되고 있기는 하다. 그러
나 인류는 여러 세기를 두고 조금씩 그 최선의 완성을 명료하게 규정하는
여러 사상에 의하여 자연적 충동에 변화를 끼치는 방법을 천천히 배워 왔
다. 산타야나는 "관념적인 혹은 이상적인 모든 것이 자연적 기초를 가지고
있고, 자연적인 모든 것이 관념적 발전을 가지고 있다."고 주장했을 때,
그가 숭배한 아리스토텔레스와 완전히 의견이 일치함을 공언하였다.[21] 자
주 인정된 이 공식의 두 부분은 그 어느 것이나 산타야나의 입장에 없어서
는 안 되는 것이다. 한편에 있어서, 사람을 위해서 좋은 생활은 나면서부터
소유하거나 타고나는 것이 아니다. 그것은 오직 훈련과 수업과 오랜 경험
의 교훈으로부터만 오는 것이다. 다른 한편에 있어서, 좋은 생활은 자연을
멸시함으로써, 그리고 도덕적 가치를 규정하는 인간 아닌 어떤 권위를 인
간에게 덮어씌우려고 함으로써 얻어지는 것이 아니다. 만일 그것이 있을
수 있다면 그것은 자율적인 개인의 여러 가지 재주를 찾아냄으로써 오는
것이다.

다시 말하면 산타야나가 늘 말한 바와 같이, 좋은 생활이란 하나의 기술

---

21) *The Life of Reason*(New York, Scribner, 1905), Vol. I, p. 21.

이다. 그것은 사실 포괄적이고 최종적인 기술이다. 어떤 활동이든 그것이 그 목적을 의식하고, 하나의 건전한 이론에 의하여 그 이상적 결과를 향한 올바른 전진을 할 수 있을 때 하나의 기술이 되는 것이라고 그는 말했다. 사실 많은 기술이 있다. 어떤 기술들은 공학의 모든 재주처럼, 그것들 자신이 하는 일을 초월한 목적들에 대해서 수단으로서 효과 있게 봉사한다는 의미에서 다른 것의 수단이 되는 것이다. 그러나 다른 어떤 기술들은 그것들이 실제로 하는 일과 만들어 내는 것들이 인간의 생활을 장식하는 동시에 기쁨을 주며, 또 자연에서 일어나는 것들의 테두리 안에서 제법 많은 이상적 완성을 이룩한다는 의미에서 '좋고 아름다운' 것이요, 그 자체 선한 것이다. 그러나 수단이 되는 기술이나 좋고 아름다운 기술[美術]은 모두 포괄적인 '생활의 기술'에 종속하는 것이다. 그것들은, 그것들이 사람으로 하여금 자연적 충동의 우연적이고 재앙을 가져올 수 있는 작희를 이상적 목적들의 합리적 추구로 엮어진 인생으로 전환시킬 수 있게 하는 한에 있어서, 이성의 생활의 최고 기술에 이바지한다.

산타야나는 정당한 역사적 상상을 가지고 즐겨 말하기를, 자연 철학에서는 자기가 데모크리토스의 철저한 제자요, 도덕 문제에 있어서는 소크라테스의 충성된 신봉자라 하였다. 그는 이 말의 전반에서, 원자(原子)들과 공허의 성질에 관한 옛 학설을 무비판적으로 지지하고 있었던 것이 아니다. 왜냐하면 그는 현대의 과학자들이 물리직 세계의 구조와 과정들의 세부에 관해서 제공할 수 있었던 모든 교훈을 아주 겸손히 받아들이고자 하였기 때문이다. 그는 다만 자기가 데모크리토스와 마찬가지로, 물리적 세계의 운행이 그 어떤 관념들의 변증법적 작희나 그 어떤 섭리적 계획으로 이루어 진다고 보는 것을 거부한다고 주장하고 있을 따름이다. 데모크리토스에 대한 그의 찬사는 좀더 중요한 그의 소크라테스에의 귀의(歸依)에 대한 예비 단계이다. 그의 〈이성의 생활〉은 이상적인 미(美)나 혹은 이와 비슷한 다른 포괄적 원리를 심안(心眼)으로 보는 것이, 특수한 미들과 가치들을 여러 가지 인간 관계, 인간의 제도, 인간의 법률, 인간의 사상과 관념에 끌어들이는── 즉 충동의 힘이 어쩔 수 없이 인류를 옭아매는 인간 생활의 모든 면에 끌어들이는── 테크닉이 될 수 있다고 하는 소크라테스의 교훈을 따른 것이다.[22] 부차적인 기술들 중 몇 가지 것이 물질적 실체들과 물

질적 세력들에다 우아한 형식을 주듯, 좋은 생활의 포괄적인 기술은 충동
들의 소용돌이에 형식을 주며, 또 인간의 여러 가지 사태를 도덕적 이상의
요구에 어느 정도 맞도록 꾸민다.

〈이성의 생활〉의 연속적인 여러 권은, 산타야나가 그의 일반 원리를 인
간 생활의 갖가지 측면에 적용하고 싶어한 방향을 더듬어 나가고 있다. 분
책(分冊)으로 된 이 여러 권의 제목들은 갖가지 측면을 보여 주고 있다. 그
제목들은 다음과 같다. 〈상식에 있어서의 이성(*Reason in Common Sense*)〉·
〈사회에 있어서의 이성(*Reason in Society*)〉·〈종교에 있어서의 이성(*Reason in
Religion*)〉·〈예술에 있어서의 이성(*Reason in Art*)〉·〈과학에 있어서의 이성
(*Reason in Science*)〉. 이 책들은 인류 역사와 인간의 여러 갈망에 대한 통찰이
너무 풍부하여 여기서 도저히 요약할 수 없다. 그러나 그 중의 몇 가지 점
만 들어 산타야나의 솜씨를 예시할 수 있을 것이다.

〈상식에 있어서의 이성〉

〈상식에 있어서의 이성〉은 자연물들, 자연 법칙들, 자연의 체계, 자기
자신의 정신과 다른 사람들의 정신 등등에 대한 신념과 같은 일반적이고
널리 퍼진 신념들의 발달을 인도하는 데 도움이 된 여러 가지 도덕적 관심
을 다루고 있다. 이 신념들은 조심스럽게 표현되면 아주 옳고 참된 신념이
될 수 있다는 것을 산타야나는 인정하였다. 그러나 그는 그것들의 진리를
확립하는 데 관심이 없었다. 그는 오히려 인간성의 여러 가지 요구에서 그
것들이 발생했음을 밝히는 데 관심이 있었다. 경험이란 최초에는 감각·정
서·관념 및 충동의 하나의 혼돈체이다.[23] 그것은 이 지상에서의 인류의
원시 시대에 있어서는 하나의 혼돈이었고, 지금도 인간 각자의 유년시(幼
年時)에 있어서는 하나의 혼돈이다. 이 혼돈 내지 유동체(流動體)는 그 중
의 어떤 요소가 관심을 일으키고, 욕망을 만족시키고, 동요(動搖)를 완화
시켜 줄 때, 한 줄기 합리성의 자국을 처음으로 지니게 된다. 이 유동체의

---

22) 산타야나의 입장은 늘 플라톤의 *Symposium*(향연)에 있는 구절들을 상기시킨다.
23) 산타야나는 여기에서 윌리엄 제임스가 '의식의 흐름'을 다룬 것의 영향을 받았음을 보
여 주고 있다. 산타야나는 몇 해 동안 제임스에게 사사하였다.

요소가 고립되어서 생각되지 않고 다른 요소들과의 뚜렷한 연관 속에서 생각됨으로써 이 다른 요소들이 더 깊이 추궁되고, 또 거듭 출현하는 가운데 잘 조정될 수 있게 될 때 하나의 실체적인 대상에 대한 신념이 생겨난다. 만족스러운 경험에 대한 인간의 열망은 그로 하여금 그가 경험하는 사항들을 인과적 계열로 정리하게 하며, 또 그가 믿게 되는 대상들을 그 지위에 있어서 독립적이고, 그 의미에 있어서 시종 여일한 것으로 취급하게 한다. 믿어지는 대상들은 감관(感官)에 나타나는 것이 아니요, 오직 신념에만 드러나는 것이다. 즉 믿음의 대상들은 경험의 직접적인 유동 속에 있는 사항들이 아니다. 믿음의 대상들은 경험을 설명하는 것이요, 또 경험이 갖는 질서의 증가하는 정도들을 설명하는 것으로 여길 수 있는 것이다. 그리고 신념의 대상들은 결국에 가서, 인간이 그의 경험을 다루는 데 있어서 빈틈 없게 되었을 때는 자연물들의 한 체계가 된다. 그리고 이 체계는 직접적으로 볼 수 있는 것을 훨씬 넘은 범위에 미치며, 또 이것에 대한 인간의 모든 경험을 지배한다. 이리하여 인간성의 여러 가지 도덕적 요구로부터 모든 사람들이 어디서나 보통 품는 상식적 신념들이 생기게 되는 것이다.

산타야나는 자연 세계가 경험의 주관적인 소재들에 작용하는 인간의 상상력의 소산이라고는 생각지 않았다. 그는 존재론(存在論)에 있어서 자기가 데모크리토스의 제자인 것을 잊어버린 적은 한번도 없다. 그가 언제나 확고하게 주장한 바와 같이, 자연 세계는 존재론적으로 또 시간적으로 경험에 선행한다. 물질은 생명에 선행하는 것이다. 그는 아주 다른 한 가지 점에 대한 이해를 철저하게 하려 하고 있었다. 그것은 어떤 점이냐 하면, 자연물들과 자연의 체계에 대한 사람들의 여러 가지 신념은 객관적으로 독립해서 존재하는 세계의 심부(深部)를 제대로 측량할 수 없을지도 모른다는 것이다. 이 신념들은 비록 옳다고 할지라도(그것들은 대개 옳다), 객관적 세계 가운데에서 오직 경험에 나타나는 국면에만 관심을 가지고 있다. 그리고 우리는 객관적 세계가 그것에 대한 우리의 제한된 경험 속에 그 모든 비밀을 반드시 기록해 주었다고 독선적으로 자부할 아무런 논리적 및 도덕적 권리를 가지고 있지 않다. 아마 아무도 자기 자신의 경험을 완전히 질서를 세우지 못했다고 짐작해도 좋을 것이라고 산타야나는 생각했다. 자기 자신의 모든 경험뿐만 아니라, 다른 사람들의 모든 경험을 설명하는 하나의 신념을 발명한 사람은 아직 한 사람도 없다. 그리고 아무도 모든 인간 경험의 총체가 객관적 존재의 풍부함과 다양함을 송두리째 드러낸다고 추측할 만한 근거를 조금도 가지고 있지 않다. 우리의 최선의 과학들 —— 산타야나는 언제나 자연 세계를 세심하게 탐구하는 일에 대해서 경의를 표하였다 —— 은 현실 존재의 국면들 가운데에서 경험의 과정 속에 들어오는, 그리고 우리 주위의 세계에 그것들이 있다고 하는 증거를 얼마쯤 우리에게 주는 국면들만을 기록할 수 있고, 그 이상의 국면들은 기록할 수 없다. 인간은 자연 속에 나타나는 것이요, 또 자연은 제한된 범위 안에서 인간의 경험 속에 나타난다. 그러나 인간은 보잘것없이 작고, 자연은 광대 무변하다. 그리고 우리는 자연이 인간에게 나타나 그 자체를 완전히 드러낸다고 하는 오만한 상상을 해서는 안 된다. 우리는 객관적 세계의 여러 측면들 가운데에서 경험의 합리성을 증가시키려는 우리의 노력에 관계되는 측면만을 자연에 관한 우리의 이론에 끌어올리는 것이다.

자연 사회 · 자유 사회 · 이상 사회

산타야나는 여러 가지 유효 적절한 비유를 써 가면서, 어떻게 그가 이상(理想)이 인간 생활에 들어와서 맹목적인 자연의 맹랑한 세력들을 변형시킬 수 있다고 믿게 되었는가 하는 것을 설명하였다. 이 비유들 가운데 하나는, 그가 인간의 활동들을 자연 사회 · 자유 사회, 그리고 이상 사회로 분류한 것이다. 자연 사회(自然社會)는 한 사람이 그 출생의 여러 가지 우연사(偶然事) 때문에 가지게 되는 여러 가지 관계를 가리키는, 그리고 이 여러 관계 때문에 그의 생활 속에 덩달아 일어나는 여러 가지 성질과 활동을 가리키는 명칭이다. 한 사람이 현실 세계에 존재하게 되려면 어떤 특정한 장소에, 그리고 어떤 특정한 시간에, 어떤 특정한 부모 밑에, 그리고 특정한 언어 · 정치 · 경제 및 문화의 힘에 의하여서 조성된 환경 속에서 출생하지 않으면 안 된다. 그는 또한 특정한 여러 가지 장점과 단점, 능력과 한계를 가진 어떤 종류의 한 신체여야 한다. 그는 절대로 그의 특수성에서 생기는 여러 가지 결과를 벗어날 수 없고, 또 완전히 벗어날 것을 바라서도 안 된다. 그러나 그가 출생할 때 가졌던 여러 가지 관계 속에 아무 변동도 없이 고스란히 그대로 있으란 법도 없다. 자연 사회는 그의 생명의 기초요, 이것을 현명하게 인식하지 않고서는 이를 떠나 좀더 나은 것들을 얻어 보려고 해도 소용이 없다. 그러나 그는 좀더 나은 것들을 바랄 수 있다. 그는 자유 사회(自由社會)로 들어갈 수 있다. 즉 새로운 여러 가지 관계로 들어갈 수 있는데, 그는 이 관계들이 그의 취미에 맞으며, 그의 이상에 적합하며, 또 그의 능력의 발휘를 확대시켜 줌으로써 이 관계들을 선택하는 것이다. 사랑은 산타야나가 자연 사회와 자유 사회의 양자를 설명할 때 쓰는 여러 가지 예 중의 하나이다. 사랑은 동물적 욕망 속에 그 기초를 가진 것이며, 욕정의 만족을 초월한 여러 가지 선(善)에서 완성된다. 즉 어버이의 기쁨, 두 사람 사이 혹은 한 가족 사이의 이해 관계의 공유, 힘없는 아이들의 보호, 학교 같은 기관들이 쉽사리 대용물이 될 수 없는 방식으로 이 아이들을 교육하는 일, 이런 것들에 있어서 사랑은 완성된다. 정부는 또 하나의 예이다. 아리스토텔레스의 말과 아주 비슷한 말로 지적하기를, 정부는 사람들이 살 수 있도록 해주기 위하여 생긴 것으로서, 사람들을 잘 살 수 있도록 할 때 정당화되는 것이라고 그는 말하였다. 현존하는 정부들은 그 백성들로 하여금 사회의 한갓 자연적인 수준에서 자유로운 수준으로 전진시킬 수 있는 정도에 따라 평가될 수 있다. 우정은 또 하나의 다른 예이다. 우정은 기존하는 자연적 관계(자식과 부모 사이의 관계 같은)를 고양시키고 아름답게 할 수 있다. 혹은 그것은 사회 생활의 광범한 가능성들 속에서 분별 있게 취사되는 자유로운 농지 선택(同志選擇)일 수 있다. 이 두 가지의 어느 경우에나 우정은 인생의 다른 어느 특성보다도 더 자연적인 것으로부터 자유로운 것으로 전진이 이루어진 정도의 척도로 여겨질 수 있다. 그것은 열렬한 동물적 결합에다 그 기초를 가질는지 모른다. 그러나 그것은 친밀한 벗의 사귐을 즐기는 일에서, 서로의 봉사를 주고받는 후련한 기분에서, 공유한 사상과 미(美)의 충족에서 그 완성을 본다.

이상 사회(理想社會)는 또 하나 아주 다른 것이다. 그것은 유토피아가 아니다. 산타야나는 유토피아를 꿈꾸는 데 흥미가 없었다. 그것은 도대체 '사회'란 말의 좁은 의미에서의 사회가 아니다. 그것은 아리스토텔레스의 관조(觀照)의 생활[24] 즉 이데아들(형상들)을 명상하는 가운데 보내는 생활

---

24) 본서, pp. 100~101 참조.

이다. 산타야나는 가끔 정신적 생활을 이상 사회로 들어가는 문이라고 불렀다. 그는 언젠가 한번, 자기 자신이 순수한 정신이 되느니보다 하나의 이성적 동물이 될 것을 택한다고 말한 적이 있다.[25] 1912년에 은퇴한 이후의 여러 해를 그는 독서와 저술로 보냈는데, 이 동안의 그의 생활은, 한 사람이 이상 사회를 택하고 그러면서도 여전히 계속해서 살아갈 수 있는 한에 있어서 이상 사회를 선택하고 있는 것처럼 많은 비평가들에게는 보였다. 그의 〈림보에서의 대화〉의 극적 신화에서, 그는 지구에서 온 나그네가 되어 림보[Limbo ; 그리스도가 나기 전의 선인(善人)과 세례를 받지 않고 죽은 어린 아이의 영혼이 가는 곳 ── 역주]를 찾아간다. 이곳에는 데모크리토스·알키비아데스, 그 밖의 혼령들이 그 역사적 인격이기를 그치고, 명상을 위해서 가능한 관념들과 이상들을 상징하는 영체(靈體)가 되어 있다. 그러나 그가 인정한 바와 같이 한 인간은 이성(理性)의 생활로부터 그 자신을 완전히 초탈시키지 않고 이상 사회를 배양할 수 있다.[26]

　　나는 망각하지 않는다……정신적 생활의 이상적 생활에 대한 관계를. 내가 신비주의 대신에 취미를 고찰하고 있었다고 상상해 보라. 시인이나 음악가는 황홀의 순간에 그의 이상적 주제를 투시하는 가운데 완전히 자기 자신을 잊을 수 있다. 그것은 '이성의 생활'에 있어서의 한 가지 운동에 대한 하나의 한계이다. 인간성과 도덕성으로 되돌아가기 위해서 그는 그런 환희의 건전성을 살펴보지 않으면 안 된다. 그는 이것을 정치적 생활에 다시 끌어들이지 않으면 안 된다. 하지만 도덕적 세계는 (그 여러 요소가 동물적이고 자발적이어서) 저 여러 창들을 가지고 있다. 나는 최근 이 창들 가운데 하나를 찾아 헤매었다. 그러나 그대가 짐작하는 바와 같이, 그 창으로부터 뛰어나가려고 찾았던 것은 아니다.

산타야나는 그가 철학자가 되었을 때에도 여전히 시인이었다. 그는 기하학적 체계가 하나의 미적 대상으로서 얼마나 재미있는 것이며, 타원들과 이 밖의 다른 곡선들의 방정식들이, 즉 이런 곡선들이 자연적 세계에 실제로 일어나든 말든 얼마나 매력이 있는 것인가를 잘 알 만큼 수학에 관한 충

---

25) *The Realm of Essence*(New York, Scribner, 1927), p. 65.
26) 1929년 2월 28일자로 저자에게 부친 편지에서 인용.

분한 지식을 가지고 있었다. 그는 모든 과학과 모든 종교를 미적 관조를 위한 재료로 보았다. 과학자들과 신학자들의 주장들은 언제나 참이든가 아니면 거짓이든가이다. 그러나 주장된 사상들은 그 진위(眞僞)가 어떻든 간에 상상력의 모험들이요, 그 미적 성질들의 매력 때문에 즐길 수 있는 모험들이다. 그리하여 산타야나는 온화하고 초연한 풍자를 가지고, 천체들과 지구에 관한, 인간과 그 운명에 관한, 또 정치와 교육에 관한 사람들의 여러 가지 신념의 역사를 재고하였다. 그는 어떠한 사람이든지 자기의 실제적 문제들로부터 떠나 시간을 내어 여러 가지 사상(思想)을 즐기는 데 그 생활의 일부를 쓰지 않는 사람은 보잘것없는 사람, 지적으로나 도덕적으로 피폐하여 불모화(不毛化)한 사람이라고 생각하였다. 자유 사회의 사람으로서 자기의 이성적 성공을 달성하는 이도 세계가 그의 마음속에 품을 수 있는, 또 품어야만 하는 여러 가지 선(善)에 무관심함을 발견한다. 그러므로 그도 때때로 여러 가지 도덕적 압력으로부터 이상 사회의 정적(靜寂) 속에 주기적으로 물러감으로써 그 마음의 평화를 회복하고, 그 도덕적 자세를 경신(更新)할 필요가 있다. 이 논지는 아마 플라톤이 철학자를 시간과 영원 양자의 관조자라고 부르면서 말한 것을 산타야나가 우리 시대에 알맞게 표현한 것이라 하겠다.

종교에 있어서의 이성

산타야나는 예술과 과학과 사회를 다루었을 때와 마찬가지로, 종교도 이성(理性)의 생활을 영위하려는 인간의 노력의 한 방향으로 다루었다. 종교 생활에서 인간은 그 최대의 환희를 맛보며, 그 궁극의 이상들을 정의하며, 그 영혼의 전환을 추구한다고 그는 생각하였다. 그러나 종교가 이성의 생활을 목표 삼고 있기는 하나, 대개 이에 미치지 못하고 있다는 것이다.

이성의 생활을 종교가 목적삼는 것과 종교가 이 목적에 도달하지 못하고 있는 것은, 인류의 종교들의 역사적 진행 속에 있는 두 개의 뚜렷이 다른 요소와 상관 관계가 있는 것으로 볼 수 있다고 산타야나는 주상하였나. 이 두 요소는 깊은 도덕적 의식과 시적 사물관(詩的事物觀 : 여러 가지 사물을 시적으로 보는 것)이다.[27] 역사상의 종교들은 이 두 요소를 혼합함으로써, 그리고 전자가 어느 정도 후자에 의존하고 있다고 생각함으로써 과오를 범하였다. 산타야나는 이 두 요소의 역할과 관계에 대한 이러한 판단을 수정하려고 하였다. 그는 도덕적 의식을 모든 종교적 갈망의 기초적 내용으로서, 그리고 또한 종교 생활의 영구히 고귀한 국면으로 보았다. 시적 사물관은, 만일 자유로운 상상의 생활에서의 한 극적 계기로 간주된다면 갈망이 가려내고 정한 이상들의 매력에다 설복하는 힘을 충분히 보탤 수 있다. 그것은 사람들의 정신을 매혹할 수 있고, 또 그 구상의 아름다움과 그 상징성의 민감함에 의하여 사람들의 적극적인 순응을 조장할 수 있다. 그러나 이 시적 사물관이, 만일 세계와 인간에 관한 온전한 이설(理說)로 간주된다면 하나의 거짓 과학, 즉 신화적인 것을 가지고 자연적인 것을 그럴듯하게 설명하는 사이비 과학이 된다. 마치 소네트(열네 줄로 된 시)나 심포니를 즐기듯 종교적 교의(敎義)들의 상상적 구성들을 즐길 수는 있다. 그러나 만일 교의의 공식들이 실제로 존재하는 세계의 구조에 관한 과학적 결론들에 필적할 수 있거나 혹은 과학적 탐구가 발견해 낸 것들을 보충이라도 할 수 있다고 생각한다면, 이는 종교 생활을 해치는 것이다.

하나님의 존재는 어떤 의미에서는 분명하고, 또 다른 의미에서는 전혀 종교적 문제가 되지 않는 것이라고 산타야나는 말하였다.[28] 그것이 마치 또 하나의 다른 유성(遊星)의 존재에 대한 천문학자의 긍정이나 혹은 또 하나의 다른 원소(元素)의 존재에 대한 화학자의 긍정처럼 자연의 내부에 혹은 자연의 배후에 실제로 존재하는 어떤 실체나 힘을 긍정하는 것이라면, 그것(즉 하나님의 존재)은 아예 종교적 문제가 되지 않는다. 이런 모든 존재물들은 만일 그것들이 발견될 수 있다고 한다면 인간들이 그들의 여러 가지 갈망을 성취하려고 행하는 노력들에 대해서 그것들이 가지는 의미에 비추어 해석되지 않으면 안 된다. 가령 아테네[Athene ; 지혜·예술·전술(戰術)의 여신 —— 역주]는 파르테논[Parthenon ; 희랍 아테네의 아크로폴리스 언덕 위에 있던 신전, 지금은 폐지(廢址)만 남아 있음 —— 역주] 신전의 내부 깊숙히 들어 갔을 때 경험적으로 찾아볼 수 있는 존재가 아니다. 오히려 그녀는 아테네 시민들이 마음속 깊이 간직한 여러 가지 의미와 가치의 상징이다. 다른 종

27) *Reason in Religion*, p. 55.
28) 앞에 든 책, p. 158.

교의 신들도 다 이와 같다. 하지만 하나님의 존재가 상상적 상징들이 인류의 여러 가지 도덕적 문제에서 가지는 유력한 역할을 인정하는 것일진대, 그것은 자못 분명한 사실이다.

종교가 인간의 생활 속에서 배양하지 않으면 안 되는 여러 가지 좋은 성질들 가운데에서 산타야나는 경건·자애·정신성의 셋을 들어 말하였다. 이 성질들은 각각 과거·현재·미래에 대해서 인간으로 하여금 현명하게 적응하게 한다. 경건(敬虔)은 자기의 생(生)을 가능하게 한, 그리고 자기에게 얼마간의 이성적 행복을 준 자연적 및 사회적 요인에 대한 인간의 존경이요 또 감사이다. 그것은 지나친 자존심, 건방진 교만 및 오만 불손의 적(敵)이요, 또 이것들을 고치는 약이다. 자애(慈愛)는 한 사람이 그것에 의하여 자기 자신의 갈망을 굳게 간직하는 동시에 다른 사람들의 나와 다른 여러 가지 갈망들을 너그럽게 알아 주는 알뜰한 도덕적 균형이다.[29] 그리고 정신성(精神性)은 어떤 사람이 품고 있다고 공언하는 이상들의 빛 속에 항상 살아 있다. 그것은 생활의 여러 가지 수단[부(富), 외적인 성공, 명예] 속에 흡수되어 버리는 세속성(世俗性)에 대립하는 것이요, 또한 어떤 한 가지 선(善)만을 붙들고 늘어져서 도덕적 성취의 다른 여러 가능성에 대하여는 눈을 감는 광신(狂信)에 대립하는 것이다. 이 세 가지 미덕을 갖추고 다른 쓸데없는 주의 주장에 의하여 그것들로부터 멀어지는 일이 없으면, 인간의 생활은 종교적인 성질을 띠게 될 것이며, 이성(理性)의 생활을 올바르게 시범하는 데 있어 밤낮 실패만 한 재래의 종교들의 전철을 밟지 않게 될 것이다.

직관(直觀)과 동물적 신앙

도덕 철학(道德哲學)이야말로 자기가 '선택한 주제'라고 산타야나는 다짐하였다.[30] 그러나 세월이 흐름에 따라 산타야나는, 〈이성의 생활〉의 여

---

29) 어떤 구절에서 산타야나는 다음과 같이 썼다. "자애는 항상 어떤 영혼을 심판할 것이다. 그런데 그것은 영혼이 외부적으로 만들어 내는 데 성공한 바 있는 것에 의하여 심판하지 않고, 육체나 말들이나 혹은 이 영혼의 여로(旅路)의 지엽적인 일들에 의하여 심판하지도 않고, 이 영혼이 저 불가피한 비극 속에 침투시킨 빛과 사랑의 요소들에 의하여 심판할 것이다." *Persons and Places*(New York, Scribner, 1944), Vol. I. p. 95.

러 주제를 버리지는 않으면서도, 현대의 여러 논쟁에 개입하여 하나의 인
식론을 형성하게 되었다. 위에서 말한 바와 같이, 그는 언제나 자연과 경
험 사이의 대립을 전제하였다. 자연은 경험을 좌우하나, 그 본질적 존재는
경험의 내부에서는 드러나지 않는다고 그는 상정(想定)하였다. 경험은 모
든 가치의 본거지요 기준이지만, 자연의 여러 가지 비밀을 측량하는 데는
별로 소용이 없는 일종의 광기(狂氣)이다. 그는 이 '광기'란 말을 플라톤에
게서 얻어 왔다. 광기는 정신의 이상을 의미할 때도 있다. 그러나 '정상적
인' 광기는, 자연을 멀찍이 바라다보면서 인간사에만 정력을 집중하는 정
신의 신중한 건전성이다. 정상적 광기는 감관들의 작상(作像), 사랑의 환
희, 종교의 환상 같은 인간사를 포함한다.[31] 경험과 자연을 갈라 보는 이
이분설(二分說)을 옹호하기 위하여 산타야나는 그의 후기의 4부작, 〈존재
의 여러 영역〉의 인식론을 명료하게 전개하였다. 이 인식론은 가끔 혼동되
지만 그 내용과 결과가 아주 다른 두 가지 타입의 인간 활동 사이의 근본적
구별에 의거하는 것이다. 이 두 인간 활동은 직관과 동물적 신앙이다.

직관(直觀)은 즉각적 의식(意識)이라고 산타야나는 생각하였다. 이것은
그 내용으로서 사람들이 그 존재를 믿는 자연물을 가지고 있지 않고, 오직
어떤 본질들 혹은 '현상'들만을 가지고 있다. 그는 제임스에게서 "즉각적
(혹은 직접적)인 것에 대한 의식, 즉 더럽혀지지 않은, 설명되지 않은, 순간
적인 경험의 사실에 대한 의식"을 배웠다고 분명히 말하였다.[32] 그러나 그
가 모든 즉각적인 경험의 사실은 그 어떠한 것이든 하나의 특수한 존재물
이라기보다는 오히려 물체성(物體性)을 떠난 하나의 본질이라고 단언했을
때, 그는 제임스의 입장을 플라톤화하였던 것이다. "주어진 것은 어떤 것
이든지 실제로 존재하는 것은 아니다."라고 그는 거듭 단언하였다.[33] 어떤
사람이 자기 자신을 직관의 내용에 국한시키는 한, 그는 그 어떤 존재물에
대한 확신도, 그 어떤 것이 실제로 존재한다는 것을 믿는 근거도, 그 어떠

30) *Soliloquies in England*(New York, Scribner, 1922), p. 257.

31) *Dialogues in Limbo*(New York, Scribner, 1926), p. 46.

32) "Brief History of My Opinions" in *Contemporary American Philosophy*(New York, Macmillan, 1930), Vol. II, p. 251.

33) 이 문구는 가령 *Scepticism and Animal Faith*의 제 7 장의 제목 같은 데에서 볼 수 있다.

한 사실에 대한 증거도 전혀 갖지를 못한다. 그는 또한 착각을 할 가능성
도 가지지 않는다. 사람들은 직관에다 다른 여러 가지 활동을 따르게 하기
때문에, 순수한 직관이란 대부분의 인간 생활에서 흔치 않은 것이다. 아마
사람들은 이렇게 직관에 다른 활동들이 따라 일어나는 것을 막지 못한다.
순수 직관(純粹直觀)은 시인·신비가·에피쿠로스 학도(즉 쾌락주의자) 같
은 사람들, 즉 초연한 경험의 순간들의 달콤한 맛에 도취되는 것을 즐기는
사람들에게 적합한 활동이다. 그러나 대부분의 사람들에게 있어서 순수 직
관은 인생에 대한 중단이요, 오직 드물게 그리고 특별한 목적을 위해서 가
져 볼 만한 일이다. 이 특별한 목적이란 순수 직관을 편견으로부터 정신을
완전히 정화시키는 데 있어서의 하나의 한계로 사용하는 것이다. 순수 직
관은 그 자체가 하나의 목적이라기보다는 오히려 교육적 의의를 가진 것이
다. 그것은 지성의 순결이요, 오직 합당하고 현명한 신념에만 굴복해야 하
는 것이다.

　동물적 신앙은 실제적으로 생활하는 동안에 품게 되는 신념이다. 그것은
세계의 여러 가지 세력에 부딪치는 일을 정당화하고 합리적인 것이 되게
하기 위해서 품게 되는 것이다. 그것은 그 내용으로서, 자연물들을 가지고
있는바, 이 자연물들은 세계의 실체들과 이 실체들이 피차 작용할 때 가지
는 힘들을 구성하는 것으로 짐작되는, 혹은 정말 구성하고 있는 것이다.
동물적 신앙은 물체들, 지아(自我), 다른 사람들의 마음, 자연의 체계에 대
한 신념들로 나타난다. 이런 것들이 실제로 있다고 가정하는 것은 생명의
여러 가지 기능을 유효 적절하게 수행하는 데에 필수적인 조건이다. 이 가
정들은 직관에 대해서는 엉뚱한 일이지만, 생활에 대해서는 부당한 것이
아니다. 그것들은 곰곰이 생각한 끝에 선택된 것이라고는 도저히 말할 수
없다. 그것들은 비판에 선행한다. 왜 그러냐 하면, 동물은 그것이 무엇을
살피기 전에 이미 살고 있기 때문이다. 동물적 신앙은 직관보다 시간적으
로 앞섰을 뿐만 아니라 또한 더 원시적이기도 하다. 그것은 경험 속에 맨
처음에 주어지지도 않은, 그리고 맨 마지막에도 경험에 주어지는 일이 결
코 없는 것에 대한 사람들의 확고한 자신이다. 그러나 그것은 기억 속에,
기대 속에, 공포 속에, 희망 속에, 수단의 선택 속에, 목적의 선택 속에 포
함되어 있다. 그것은 동물들(인간도 포함해서) 편에서는 피할 수가 없는 것

이다. 그것은 언제나 오류의 모험을 내포한다. 그러기에 그 어떤 형태의 생활도 이것 없이는 생길 수 없다. 특히 이성적 생활은 생길 수 없다.

〈이성의 생활〉에서 산타야나가 합리성(合理性)을 관념화와 충동의 다행한 결합이라고 논한 것처럼, 〈존재의 여러 영역〉에서 그는 인식(認識)을 동물적 신앙을 인도하기 위해서 본질 직관(本質直觀)을 성공적으로 사용하는 것이라고 기술하였다. "인식이란 심벌들에 의해서 매개된 신념"이라고 그는 썼다. 34) 직관에 있어서 우리가 우리 앞에 직접적으로 가지는 본질들은, 이것들 너머에 있는 그 어떤 것과도 상관없이 이것들만 따로 생각될 때, 여러 가지 시적 심상을 생기게 할 수 있다. 이것들이 정열의 불길 속에, 혹은 멋대로 주어지면 오류와 착각을 일으킬 수도 있다. 그러나 동물적 행동과 동물적 신앙의 여러 가지 성취를 따라 주어지면, 또한 우리가 흔히 인식이라고 부르는 것으로 될 수 있다. 이 인식은 외부의 현실들의 신비스러운 성질을 들추어내고 파헤치지는 않지만, 생활의 실제 문제에서 정당성을 가지는 신념들을 생기게 한다. 인식이란 우리가 알고 있는 직접적인 것으로부터 직관이 미치지 못하는 감추어져 있는 대상들에게로 비약하는 것이다. 이 비약이 만일 무작정하게 되는 것이라면, 그것은 인식이 아니다. 그러나 그것이 살아 있는 동물과 그 주위 세계의 나날의 교호 작용(交互作用)에 있어서 충분한 경험에 의하여 검증될 때, 그것은 인식이 되는 것이다. 직관에 대해서는 엉뚱한 공상과 합리적 신념의 모든 관념들이 다 같이 서로 동등한 본질들이요, 따라서 이것들의 진리 여부에 대해서는 회의론밖에 나올 것이 없다. 그러나 동물적 신앙에 대해서는 직관의 본질이 자연에 있어서의 동적인 세력들의 상징이요, 따라서 힘있는 행동에의 지침이다. 그러므로 인식은 경험과 함께 생기며 성장한다.

불가지(不可知)의 것

산타야나의 형이상학에 관해서 조금 더 말할 필요가 있을 성싶다. 그는 가끔 형이상학을 인식(認識)에 대한 쓸데없는 겉치레라 하여 신통치 않게 여겼다. 그러므로 비평가는 그의 형이상학이 아니라 실재 세계에 관한 그

---

34) 이 문장은 *Scepticism and Animal Faith*의 제 18 장의 제목이다.

의 여러 가정(假定)을 논하지 않으면 안 된다. 인간의 경험을 초월한 실재
세계의 존재는 회의론자에게는 확실치 않을지 몰라도, 적어도 "의심할 여
지 없이 가정될 수 있는 것"이다.[35] 이 세계는 동물적 신앙의 근본 전제(根
本前提)이다. 산타야나는 때때로 이 세계를 '원자(原子)들과 공허(空虛)'를
가지고 논하기를 좋아하였다. 또 다른 어떤 때는 그것을 불가지(不可知)의
것이라고 말하였다. "조건부로……나는 허버트 스펜서의 진영에 속한다."
고 그는 썼다.[36] 그러나 그가 자기 자신을 데모크리토스의 제자라고 말하
였든 혹은 스펜서의 제자라고 말하였든, 그는 실재(實在)에 대한 그 어떤
특수한 분석에도 편들지 않았다. 즉 원자적 분석에도 편들지 않았고 다른
어떤 분석에도 편들지 않았다. 그는 오히려 불가지한 세계에 파고들어가
이를 기술하는 짐스러운 일을 물리적 과학자들에게 맡기려 하였다. 그는
이런 문제들에 대해서 엉거주춤하였다. 그는 다만 실체(혹은 많은 실체들)
가 존재론적으로나 인식론적으로나 우리의 경험과 우리의 사변(思辨)에 선
행한다는 것을 주장하고자 했을 따름이다. 우리가 실체와 여러 가지로 동
물적 접촉을 가지는 것을 설명하기 위해서는, 실체가 유동하고 있는 공간
의 전체에 고르지 않게 분포되어 있으며, 서로 관련된 사물들의 한 코스모
스를 구성하고 있다는 것을 믿는 것이 필수 조건임을 그는 발견하였다. 그
는 이런 신념 이외의 몇 가지 신념이 합리적인 가정임을 발견하였다. 가령
실체가 그 양에 있어서 언제나 불변하다는 신념과 실체의 여러 양태가 그
원인이 되는 선행물에 의하여 그 모든 면에 있어서 결정된다는 신념을 합
리적인 가정이라고 보았다.[37] 이 갖가지 신념들은 모두 합해 가지고 우리
로 하여금 아주 극단적인 것을 주장하게 하는 것이 아니다. 사실 산타야나
는 이론의 이런 점들에 있어서 극단에 나아가기를 원치 않았다. 실체를 논
하는 마당에서도 그는 여전히 모럴리스트였다. 그가 자연 세계를 기술하는
데 관심을 가지지 않고(왜냐하면 그는 자연 세계가 불가지한 것이라고 생각했기
때문에), 이 세계에 대하여 사람들이 가장 유리하게 취할 수 있는 인간의

---

35) "The Unknowable," *Obiter Scripta*(New York, Scribner, 1936), p. 188.

36) 앞에 든 책, p. 162.

37) 실체의 indispensable properties(불가결의 속성들)와 presumable properties(추측할 수 있는 속성
들)에 대해서는 *The Realm of Matter*(New York, Scribner, 1930), 제 2 장과 제 3 장 참조.

태도를 지시하는 데에 관심을 가졌다. 실체들에 대한 그의 이설(理說)은, 진정 사람들이 그들의 보잘것없는 힘보다 큰 세력을 앞에 두고 겸손해야 한다고 사람들에게 경고하는 것이었다. 그의 인과적 결정설(因果的決定說) 은, 사람들이 그들의 희망을 자연의 여러 가능성에 합치시켜 훈련함으로써 지혜를 찾으라고 하는 하나의 도전이다. 그는 그 자신을 "철저한 유물론자 (唯物論者) —— 분명히 현재 살아 있는 유일한 유물론자"라고 부르곤 하였 다.[38] 그러나 그가 이런 말을 한 것은, 존재론의 문제들을 집어치우기 위해서요, 그리하여 실체들이 인간의 경험에서 맡는 역할의 고찰로 다시 돌아가기 위해서였다. 대부분의 철학자들이 도덕 철학의 영역이라고 부르는 분야 밖으로 나갔을 때에도, 그는 여전히 하나의 모럴리스트였다.

3. 화이트헤드

알프레드 노스 화이트헤드(Alfred North Whitehead, 1861~1947) : 영국의 캔터베리에 가까운 도읍인 아일 오브 다넷에서 나서 미국의 매사추세츠 주 케임브리지에서 죽었다. 그는 1880년에 케임브리지 대학에 들어가 주로 수학을 공부했으나, 계속하여 고전과 시를 광범하게 읽었다. 1885년에 케임브리지 대학의 트리니티 칼리지의 평의원이 되었고, 1910년까지 케임브리지 대학에서 강의했다. 1903년에 영국 학사원(英國學士院)의 회원으로 선출되었으며, 1910년에는 케임브리지 대학의 자리를 사임하고 런던으로 이사하여 런던 대학의 교수 및 행정관으로 일하였다. 이때까지 그가 가르친 것은 수학 분야였으나 그의 일은 언제나 철학적 의의를 지니고 있었다. 1924년에 그는 하버드 대학 철학 교수 직위를 수락하여 여기서 1937년까지 강의했고, 또 죽을 때까지 명예 교수로 있었다. 그의 처음의 여러 저술은 수학 방면의 것이었다. 가령 〈대영 백과 전서 (*Encyclopaedia Britannica*)〉의 제 11 판(1910)과 그 후의 여러 판의 수학(數學)에 관한 글, Home University Library의 하나로 나온 〈수학 입문(*Introduction to Mathematics*)〉, 그리고 버트런드 러셀과 공저한 〈수학 원리(*Principia Mathematica*)〉(3 vols. 1910~1913) 같은 것이 그것이다. 그의 후반기의 철학적 저술 속에는 다음과 같은 것들이 있다. 〈자연 인식의 제원리(*Principles of Natural Knowledge*)〉(1919) · 〈자연의 개념(*The Concept of Nature*)〉(1920) · 〈과학과 현대 세계(*Science and the Modern World*)〉(1925) · 〈종교의 성립(*Religion in the Making*)〉(1926) · 〈심벌리즘(*Symbolism*)〉

---

38) *Scepticism and Animal Faith*(New York, Scribner, 1923), p. vii.

(1927) · 〈과정과 실재(*Process and Reality*)〉(1929) · 〈사상의 모험(*Adventures of Ideas*)〉
(1933) · 〈자연과 생명(*Nature and Life*)〉(1934).

　화이트헤드는 미국의 다른 탁월한 철학자들과는 달리, 수학의 분야로부
터 철학으로 들어갔다. 이 전기적 사실은, 그가 마침내 도달한 철학적 입
장의 성질을 이해하는 데 있어 자못 중요한 의의를 지니는 것이다. 이것은
그가 그의 수학 연구로부터 추상적 사고의 유용성(有用性)과 한계(限界)를
배웠기 때문이다. 그리고 그가 그의 성찰의 범위를 넓혔을 때, 그는 동일
한 종류의 유용성과 한계가 다른 분야에서 만들어진 추상(抽象)들의 특징
을 이루고 있음을 보았다. 수학은 완전한 일반성을 추구하는 사고라고 그
는 주장하였다. 그리고 그것은 모든 사실의 구체적인 세부를 무시함으로
써, 그리고 또 이 사실들이 드러내는 순전히 추상적인 조건들을 공식화함
으로써 이 완전한 일반성을 획득한다. 수학이 성공하는 것은 그것이 모든
사실 '하나하나의' 구체성을 고려하는 것을 피하고 '모든' 사실의 일반적
조건의 엄밀한 분석을 전문으로 하기 때문이다. 그러므로 수학이란 학문은
모든 것에 관련이 있지만 그 어느 것이나 그 성질을 완전히 우리에게 알려
주지는 못한다.

　철학은 수학과 아주 정반대되는 것이라고 화이트헤드는 말하였다. 철학
은 추상들의 비판이다. 그것은 세계의 아주 구체적인 현실들을 주시하는,
그리고 제안된 추상들이 이 구체적인 현실들에 대해서 얼마나 적합한가 하
는 것을 헤아리는 성찰이다. 철학자의 필수적 임무의 하나는 특수 과학들
에 대한 일종의 감독을 하는 것이다. 그는 각 특수 과학이 사용하는 추상
들을 설명하고 사물들의 완전한 구체성에 주의를 환기시키는 기능을 가지
고 있다. 철학자는 사물들의 완전한 구체성이 그 어떤 한 과학의 분석에서
도 혹은 그 어떤 일련의 과학들의 분석에서도 송두리째 드러나는 법이 없
다는 것을 염두에 둘 필요가 있다.

　과학적 추상이 구체적 현실에 대해서 가지는 관계에 대해 이와 같이 봄
으로써, 화이트헤드는 자연 과학에 관한 하나의 철학을 세우게 되었다. 그
는 모든 자연 과학을 통일하고 이것들이 서로 올바른 관계를 가지고 배치
되는 데 도움이 되는 하나의 개념을 얻으려 하였다. 이에 요구되는 개념은
곧 '자연'의 개념이다.[39] 이런 의미에서의 '자연'은 감관의 의식 · 인식 ·

정서·사고 앞에 놓인 모든 것이다. 그러나 그것은 의식이나 정서나 인식
이나 사고를 포함하지 않는다. 그것은 '정신에 대해서 닫혀 있다.' 화이트
헤드는 그의 최초의 저작으로부터 최후의 저작에 이르기까지, '자연의 이
분(二分)'을 주장하는 학설들에 대해서 단호히 반대했지만, 그러면서도 자
연에 대한 이 입장을 어엿하게 지킬 수 있었다. 그가 형이상학으로 들어갔
을 때, 그는 현실(reality, 혹은 실재)을 두 개의 영역, 즉 자연과 정신으로 나
뉘어진 것으로 보려 하지 않았다. 그러나 자연 과학의 방법론적 목적을 위
해서는 정신을 자연으로부터 가르는 것이 유용한 일이라고 그는 생각했다.
자연은 현실로부터의 프래그머티즘적으로 정당화된 하나의 추상이다.

화이트헤드는 계속하여 말하기를, 추상은 조심스럽게 해야 된다고 하였
다. 모든 추상이 다 똑같이 유용한 것이 아니라, 어떤 추상들은 아주 그릇
된 것이다. 그는 자연 과학자들이 그가 '외연적(外延的) 추상의 방법(the
method of extensive abstraction)'[40]이라고 부른 것을 가지고 점(點)·순간, 외
연 없는 순간들의 연속으로서의 시간, 한 순간에 있어서의 온 자연(all-
nature-at-an-instant), 사건-입자(event-particles) 등등의 개념들에 도달할 수 있
다는 것을 지적하였다. 그러나 우리는 이런 것들이 구체적 현실들이 아님
을 깨닫지 않으면 안 된다. 우리는 이런 것들을 아무리 주워 모아 보았자 이
것들이 그 추상에 의해서 나온 본래의 구체적 현실들을 회복할 수 없다는 것
을 깨달아야 한다. 이런 것들이 우주의 구성 요소라고 생각해서는 안 된다.
이런 그릇된 생각을 하는 것은 '구체성을 엉뚱한 데에서 찾는 오류'를 범
하는 것이다. 즉 어떤 인위적인 추상이 하나의 추상으로서 아무리 유용하
다 하더라도, 이를 구체적 자연물로 보는 오류를 범하는 것이다.

---

39) 화이트헤드는 그의 독자들 중 어떤 이들이 생각하는 것처럼, 우리 주위에 있는 현실 세
계가 무엇인가 하는 데 대한 이론을 전개하고 있었던 것이 아니다. 그는 오히려 현실 세
계로부터 추상하여 과학적인 일을 위한 기초를 발견하려 하고 있었다. 그는 자연의 개념
이 하나의 형이상학적 원리로 간주되는 것을 원치 않았다. 저자와 여러 차례 담론하는 가
운데에서, 그는 그의 독자들 중 어떤 이들이 그의 분석의 의도를 잘못 생각한 것에 대해
유감의 뜻을 표하였다.

40) 그는 이 방법을 그의 *Principles of Natural Knowledge*(Cambridge, Cambridge University Press,
1919) 제 8 장에서 정의하였다. 이 방법에 대한 그의 해설을 이곳에서 찾아볼 수 있다. 여
기에서는 지면상 이 방법을 논할 여유가 없다.

화이트헤드는 나아가[41] 자연에 관한 뉴턴의 이론에서 근본적이었던 개념들을 비판했고, 또 이 뉴턴의 자연 이론(自然理論)을 수정하여 현대의 과학적 관념들에 일치하는 것이 되게 했다. 뉴턴적 세계에 대한 그의 비판들 가운데에서 두 가지만을 여기서 말하려 한다.

이 비판들 중 하나는 물질의 입자에 대한 뉴턴의 개념에 반대하는 것이었다. 이 뉴턴의 개념에 의하면, 물질의 입자들은 각기 시간의 어떤 특정한 순간에 공간의 어떤 특정한 점에 존재하는 것이요, 그 자체가 본래부터 가지고 있는 성질에 의하여 존재하는 것이다. 이 개념은 상상력이 없는 경험론의 소산이라고 화이트헤드는 말하였다. 우리는 뉴턴이 말하는 타입의 입자들이 구체적으로 있는 것을 볼 수 없다. 우리가 발견하는 것은 언제나 자연 속에서 변화하는 어떤 생멸(生滅) 혹은 사건이요, 이런 생멸이나 사건은 시간 속에서 전진하며, 또 그 성질은 그것이 포함되어 있는 사건들의 조직망에 대해서 그것이 갖는 여러 가지 관계에 의하여 결정된다. 어떤 사건도 분리된 존재임으로써 성립하는 것은 하나도 없다. 어떤 사건이든지 그 둘레에 있는 다른 사건들을 고려에 넣는다(물론 이 '고려에 넣는 일'은 반드시 인식의 수준에 있는 것이 아니요 또 보통 그런 것도 아니다). 구체적인 세계는 사건들의 광대한 연쇄망이요, 이 사건들 하나하나는 다른 사건과 서로 연관을 가지고 있고, 또 이 연관 때문에 성립하는 것이다. 뉴턴의 입자들은 '단순한 위치'를 가지고 있지만, 구체적인 사건들은 이런 성질을 가지고 있지 않다. 가령 하나의 철봉은 하나의 구체적인 현실이다. 그것은 심심하면 바라보는 관찰자에게 여러 날에 걸쳐 변하지 않고 나타나 보인다. 그러나 그것은 어디까지나 하나의 사건이다. 왜냐하면, 화이트헤드가 언젠가 이렇게 말하고는 좋아했던 것처럼, 쇠가 되는 데에는 시간이 걸리기 때문이다. 한 입자가 한 핵을 한 바퀴 도는 데에는 충분한 시간이 있어야 하는 것이다. 존재하는 것은 생기(生起)하는 것이다. 물질의 즉각적인 형성이란 있을 수 없다. 더욱이 구체적 사건들은 고립된 존재물들이 아니다. 오히려 그것들은 그것들의 환경으로부터 그것들에게 들이닥치는, 그리고

---

41) 특히 그의 *Science and Modern World*(New York, Macmillan, 1925)에서.

또 그것들이 그것들대로 휘어잡는 여러 가지 영향으로 말미암아 끊임없이
여러 가지 변화를 입고 있다. 휘어잡는다는 것은 다른 존재물을 고려에 넣
는다는 것이요, 또 그러함으로써 어떤 특수한 변모를 갖게 되는 것이다.
휘어잡는다는 것은 어떤 사건이든지 그것이 다른 사건들의 여러 측면을 그
자신의 부분으로서 혹은 그 자신의 생멸의 양식으로서 포함하는 것이다.[42]
그 하나하나가 단순한 위치를 가지고 있는 뉴턴의 입자들은 완전히 그것들
자체를 통해서 그것들 본유의 성질을 가지며, 또 그저 외부적인 관계 속에
서만 서로 결합한다. 화이트헤드의 사건들은 그 하나하나가 다른 모든 사
건에 침투하고, 또 다른 모든 사건에 의하여 침투되는 것이요, 그것들의
존재가 서로 상관적으로 생기하는 내적 관계들에 의하여 꾸며지는 것이다.

뉴턴의 자연(自然)의 개념에 대한 화이트헤드의 비판들 중 둘째 것은 감
각적 성질들의 존재론적 지위에 관한 것이다. 뉴턴의 입자들은 색채를 가
지거나, 향기를 뿜거나, 혹은 그 어떤 감각적 성질을 전혀 가질 수가 없는
것이었다. 왜 그러냐 하면, 한편에서는 이 성질들이 부단하게 변동하는 것
이요, 다른 한편에서는 이 입자들이 이미 그 본질에 있어서 완전하여 외적
관계들에 의하여 변화될 수 없기 때문이다. 그리하여 뉴턴의 자연론은 논
리적으로 로크가 그의 철학에서 이 이론의 이용을 보여 주는 바와 같이 감
각의 여러 성질들을 자연으로부터 제거하고 이것들을 관찰자의 정신 속에
있는 주관적 지위로 추방해 버리는 결과가 되었다. 이 이론은 경험의 여러
사실에 반대된다고 화이트헤드는 주장하였다. 감관의 대상들은 어떤 뚜렷
한 조건들 밑에서만 사건들 속에 들어간다고 그는 생각하였다.[43] 가령 어

---

42) *Adventures of Ideas*(New York, Macmillan. 1933), p. 300 참조.

43) 화이트헤드는 objects(대상들)를 elements in nature which do not pass(자연 안에 있는 요소들
로서 지나가 버려 영영 없어지는 일이 없는 것들)이라고 정의하였다. *The Concept of Nature*
(Cambridge University Press, 1920), p. 143 참조. 대상들은 구체적 존재물들이 아니고, 구체적
존재물들이 간혹 가지게 될 수 있는 성격이다. 사건들과는 달리 그것들은 거듭 나타날 수
있다. 즉 많은 사건에 있어서의 동일한 성격일 수 있다. 그리고 화이트헤드는
'ingression'(流入 ; 대상들이 사건 속에 들어가는 것)을 prehension(휘어잡음 · 파악 · 이해)의 한
형태라고 정의하였다. 어떤 사건이 어떤 존재물을 휘어잡을 때, 그것은 물리적 파악이
다. 그러나 어떤 사건이 어떤 대상을 휘어잡으면, 그것은 개념적 파악 혹은 유입이다.
Process and Reality(New York, Macmillan, 1929), p. 35 참조.

떤 한 벌의 플란넬 웃옷은 푸른 빛깔이 되고, 혹은 한 연주회장은 하나의 가락으로 차게 된다. 빛깔이나 소리는 그것들이 나타나는 곳 이외의 어떤 곳에 있다는 의미에서 '정신(精神) 속에' 있는 것이 아니다. 그것들은 사건 (事件) 속에 있다. 그것들은 사건들의 양상의 발전과 함께 오고 가는 특성 들이다. 그것들은 바로 그 자신이 출현할 때, 그리고 출현하는 곳에 존재 하는 것이다.

경험에 대한 그의 설명

화이트헤드는 관념마다 그것이 특수한 구체적 사실들을 해석하는 데 적 절한가 그렇지 않은가에 의해서 검증되어야 한다고 주장한 점에서 경험론 자였다. 그러나 그는 그의 경험관(經驗觀)에 있어서 고전적 경험론자들과 크게 달랐다. 그는 단순한 관념들 혹은 다른 어떤 고립된 심적 요소들을 출발점으로 삼고, 그러고는 이것들로부터 인간 인식(人間認識)의 한계를 결정해 보려 하는 태도를 옳지 않은 것으로 보았다. 그는 고전적 태도를 비판하고 나서, 그 자신의 경험관을 제창하였다. 이 경험관은 몇 가지 점 에서 아주 새로운 것이요, 또 고전적 경험론자들이 상상했던 것보다도 현 실적 세계에 대해서 훨씬 더 많은 지식에 도달할 수 있게 하는 것이다.

첫째로 그는 감관 경험(感官經驗)이 우리로 하여금 사실의 복잡한 것을 깨닫게 해주는 것이라고 보았다. 식별된 것은 식별될 수 있는 것과 함께 그 환경의 전체 구조 속에 주어진다고 그는 썼다. 가령 우리는 벽의 빛깔 이나 혹은 어떤 빛깔을 가진 조그마한 점이 번져 있는 것을 그것만 따로 떼 어서 경험하지 않는다. 오히려 우리는 "우리를 향해 있는 저쪽 벽 위에 있 는 빛깔"을 경험한다.[44] 그 빛깔은 하나의 감각적 사항이지만, 그것은 전 체적 경험으로부터 추상된 것이다. 벽은 그 관찰자로서의 우리에 대한 그 관계에 있어서 빛깔을 가진 것으로 주어진다. 그것은 그것 너머에 있는, 그리고 즉각적으로 식별되지 않는 것에 대한 공간적 관계 속에 서 있는 것 으로서 주어져 있다. 또한 그것은 선행하는 어떤 것에서 나왔고, 또 그것 을 뒤이을 어떤 것으로 나아가는 것으로서 주어져 있다. 경험의 모든 계기

---

44) *Symbolism*(New York, Macmillan, 1927), p. 13.

는, 하나의 벡터(vector; 크기와 방향을 가진 양)에 비길 수 있다. 왜냐하면 그
것은 그 자체가 본래 가지고 있는 형식 이외에 가지가지 방식으로 그 자체
를 넘어선 데를 지향하며, 그리하여 그것이 현상(現象)으로 나타나는 하나
의 광범한 전체 구조를 내포하고 있기 때문이다. 한 감관 경험이 그 자체
를 넘는 데를 지향하는 방식들이야말로 그것이 가진 중요한 의의이다. 이
의의는 어지간히 우연스러운, 혹은 심지어 있으나마나한 해석이나 판단으
로서 사실들에 부가되어 있는 것이 아니다. 그것은 감각적 사항의 그 어떤
성질이나 넓이 못지않게 진정으로 직접적으로 식별된 것에 본질적으로 결
부되어 있는 것이다.

둘째로 화이트헤드는 감관 경험을 인간 경험(人間經驗)의 여러 양식들 중
의 하나에 지나지 않는 것으로 보았다. 인간 경험은 가끔 막연하고 또 언
제나 단편적이다. 하지만 주의해서 보면, 그것은 구체적 현실의 본성에 깊
이 침투하고 있다. 그것은 무엇보다도 인식적(認識的)인 것이 아니다. 그것
은 또 확실히 본래 감각적인 것도 아니다. 인간 경험은 갖가지 양식을 가
지고 있다. 개념적 분석과 인식의 양식은 고도로 복잡하게 된 것이요, 또
좀더 기초적인 지각 양식(知覺樣式)들을 통해서 가능하게 된다. 그러나 순
수한 지각 내부에서도(즉 지각에 실제로 수반할 수 있는 그 어떤 개념적 분석으
로부터도, 따로 떼어 생각된 지각 내부에서도) 두 가지 서로 다른 경험 양식(經
驗樣式)을 구별할 수 있다. 이 두 양식을 화이트헤드는 표상적 직접성(表象
的 直接性; presentational immediacy), 그리고 인과적 효력의 지각(perception of
causal efficacy)이라고 불렀다. 45) 이것들이 인간 경험에서 함께 일어난다는
것은 의심할 여지가 없는 일이다. 그러나 표상적 직접성은 무척 고급한 유
기체들만이 가지고 있는 경험 양식이요, 또 인간 경험에 있어서도 우리 주
위의 세계에 관한 지식의 원천으로서 아주 기본적인 것이 아니다. 표상적
직접성은 자못 정밀하다(여기에 그 가치가 있다). 그러나 그것은 또한 다른
경험 양식들로부터 분리시켜 보면 매우 싱거운 것이다. 가령 어떤 실체의
빛깔이나 맛은 그 실체의 성질 전체에 관해서 거의 아무런 지식도 우리에
게 주지 않는다. 인과적 효력의 지각은 표상적 직접성과 아주 달라 어렴풋

---

45) *Symbolism*의 제 1 장과 제 2 장을 전부 보되 특히 p. 17을 볼 것.

하고 종잡을 수 없으나, 그것은 또한 우리를 사건들의 동적인 압력과 직접 접촉시키는 "하나의 중압적이고 근원적인 경험"이다. [46) 그것은 우리에게 덮치는, 지탱하거나 위협하는, 끌어당기거나 밀치는, 촉진시키거나 늦추는, 조정하거나 변경을 가해 오는, 혹은 그 밖에 여러 가지로 우리들 자신에게와 우리들 상호간에 영향을 끼치는 여러 가지 몽롱한 세력들의 세계 속에 들어 있다는 것을 우리로 하여금 깨닫게 한다. 그것은 사건들이 마치 연속하지 않는 정수(整數)들처럼 혹은 고전적 경험론자들의 경험 설명에 있어서의 감각적 심상들의 연속처럼 계기(繼起)하지는 않는 것임을 우리에게 이해시켜 준다. 그것은 사건들이 서로 침투하며, 병행해서 움직이며, 성장하며, 돌진하며, 강요한다는 것을 우리에게 이해시켜 준다.

인과적 효력의 지각에서 분리된 표상적 직접성은, 사건들의 동적인 진행에 대해서 맹목적이다. 그러므로 그 감각적 사항들은 세계의 여러 가지 현실에 대한 일종의 장식에 지나지 않는 쓸데없는 것이요, 또 착각일 수도 있다. 왜냐하면 그것들은 우리로 하여금 오직 현상(現象)들만을 다룰 수 있게 하기 때문이다.

표상적 직접성에서 분리된 인과적 효력의 지각은 혼란하다. 그것은 비인식적인, 혹은 심지어 비감각적인 수준에서 생존하는 생물들(가령 식물 같은 생물)의 경험 양식과 흡사한 경험 양식이다. 그것은 우리가 염두에 두어야 힐 여러 가지 세력을 우리로 하여금 알게 한다. 그러나 이 세력들을 다루는 방법들, 즉 갖가지 세력들의 강도를 측정하고, 이 세력들과 접촉함에 있어서 좋은 결과를 많이 가져올 방면들을 결정하고, 이 세력들에 의한 파괴를 입지 않고 우리의 목적들을 달성하는 데 있어서 이것들이 도움이 되도록 이것들을 이용하는 방법을 우리로 하여금 알게 하지는 않는다.

인간 경험에 있어서의 지각의 두 양식의 유효한 결합은 세계를 이해하는 데 있어서 경험이 좋은 결과를 얻게끔 한다. 그렇게 되면, 표상적 직접성의 소여(所與)들은 세계의 동적인 세력들의 상징이 된다. 그것들은 우리가 이 세력들과 접족하는 것을 원활하게 한다. 인과직 효력의 지각은 표상적 직접성의 소여들에다 의의를 주며, 또 우리로 하여금 이 소여들을 과학적

---

46) *Symbolism*, p. 44.

지식과 인도적 실천을 위한 명증으로 전환할 수 있게 한다.

우주론(宇宙論)

과학의 추상(抽象)들과 철학의 전통(傳統)들에 대한 화이트헤드의 여러 비판은 그 자신의 우주론에서 절정에 다다랐다. 그가 하나의 우주론을 세워야 되겠다고 느끼게 된 것은, 완고하게 접속되어 오는 대중의 사고의 뉴턴적 태도와 싸워 이를 이길 힘을 얻기 위해서요, 또 현대의 여러 과학적 발견에 더 잘 합치되는 하나의 체계를 마련하기 위해서였다. 그는 우리가 우리의 경험에서 당하는 모든 것을 해석할 수 있는, 그리고 우리의 경험에서 당하는 모든 것이 그 특수한 예가 되는 일반적 관념들의 한 체계를 만들어 볼 것을 목표로 삼았다. 그는 이 웅대한 일을 사변 철학(思辨哲學)의 한 시도라고 불렀다.

화이트헤드는 주장하기를, 모든 것을 포함하는 하나의 사실이 있는바, 이 사실은 전진하며 부단히 팽창하는 우주사(宇宙史)라고 하였다. 독립된 실재물(實在物)이란 없다. 확실히 우주 속에는 개체들이 있다. 그러나 개체화는 독립성이 아니다. 현실적인 존재물마다 온 세계에 침투하며, 또 다른 모든 현실적 존재물들 속에 그 독특한 존재 양식을 가지고 휩싸여 있다. 그 반면 현실적 존재물마다 세계 전체를 반영하며, 또 다른 모든 현실적 존재물들로부터 얻어들인 것들을 자기의 형식의 통일 속에 합체(合體)시키고 있다. 그리하여 존재물마다 그 내재적인 본질적 현실과 외부적인 우유적(偶有的) 현실을 가지고 있는데, 전자는 다른 모든 존재물을 그것이 휘어잡는 형식이요, 후자는 다른 존재물들의 휘어잡는 통일에 있어서의 그것의 여러 모습의 형식이다. 우주는 그 전체의 성격이나 형식이 서로 관계하고 있는 그 부분들의 성격들과 모습들로부터 유래하는 하나의 유기체(有機體)이다. 그리고 우주 안의 각 개체는 그것이 다른 모든 물건들로부터 휘어잡은 것들을 그 자체의 성격이나 형식이 되게 하는 점에서 하나의 유기체이다. 이리하여 화이트헤드의 우주론은 그가 말한 대로 유기체의 철학이다.

세계를 구성하는 '궁극의 실재적 사물들(final real things)'을 화이트헤드는 그의 저서의 여러 군데에서 대여섯 가지 이름으로 불렀다. 혹은 사건, 혹은 현실적 존재물, 혹은 경험의 사례, 심지어는 '세포'라고 불렀다. 이 이름들은 각기 그가 논하고 있는 중점들과 깊은 관계를 가지고 있다. 어느 경우에나, 즉 모든 경우에 궁극의 실재적 사물들은 광대한 우주의 전체 구조 속에서 일어나고 있는, 그리고 그것들의 본성 속에 이 전체 구조의 여러 가지 영향을 반영시키고 있는 과정들이다. 그것들이 그것들의 생기(生起)의 전체 구조(혹은 주위 환경)를 반영시키고 있는 사실에 비추어, 그것들을 사회적 존재물들이라고 불러도 좋다. 화이트헤드가 거듭 강조한 한 가지 점은, 이 궁극의 실제적 사물들이 고정되어 있거나 정지하고 있는 것이 아니라는 것이다. 하나의 특수한 사건은 얼마 동안 그 본래의 모습이 그 어떤 외부의 세력에 의해서도 변화를 입지 않고 있을 때, 꽤 오랜 동안 그 성격의 영속성을 보여 준다. 그러나 이 성격의 영속성은 아무 변동도 없는 동일성이 아니다. 그것은 오히려 한 형식의 반복이요, 이 반복되는 형식 하나하나는 얼마 동안의 시간의 경과와 발전의 어떤 기복 있는 변화를 요하는 것이다. 위에서 말한 철봉이 고정된 듯이 보이는 것은, 오직 그 생기의 형식이 그것에 대한 감관 의식에서 검출되기에는 너무 짧은 시간에 일어나며, 눈에 보이는 변화는 하지 않으면서 쉴 새 없이 생기하고 있기 때문이다. 폭발하는 로켓이 철봉보다 더 진정한 의미에서 하나의 사건이 된다고는 할 수 없다.

그러므로 과정(過程)이나 이행(移行)은, 현실의 본성 속에 본래부터 내재해 있는 것이다. 이행은 언제나 잠세적(潛勢的)인 것에서 현실적인 것으로의 이행이다. 이와 같은 구조로 되어 있는 세계에서는 신기한 것이 나올 여지가 있다. 그리고 화이트헤드는 신기한 것이 쉴 새 없이 출현하고 있는 것을 우리가 실제로 관찰한다고 단호히 주장하였다. 한 현실적 사건은 다른 여러 사건으로부터 자기에게 관련된 것들을 자기 자신 속으로 흡수하고, 또 이와 같이 함으로써 새로운 발전 단계로 나아간다. 자연은 진화적 팽창을 보여 주고 있다. 확실히 세계에는 필연도 있다. 왜냐하면 모든 과정이 현실적인 것의 여러 가지 한계 속에서 출발하기 때문이다. 가령 인간이 그의 좀더 높은 여러 가지 활동의 조건들로서 식물(食物)·온기·주택을 필요로 하는 것과도 같다. 그러나 환경은 지성의 활동에 굴복하는 것이요, 따라서 지성이 변화에 참여하는 그만큼 필연의 범위는 좁아지고 창발성(創發性)의 분야가 증대한다. 자연이 인간의 수준에서 나타내는 것을, 자연은

좀더 낮은 수준들에서는 덜 현저하게 나타낸다. 몇 가지 사건들에 있어서
는 필연성이 지배적인 것으로 보인다. 다른 어떤 곳에서는 지성의 주도 역
할을 하는 인간의 여러 사건들에서처럼 창발성이 아주 뚜렷하다. 그리고
창발성이 나타나는 그만큼 신기한 것이 팽창하는 우주 내부에서 출현한다.

창발성과 신기한 것에 관한 철학적 이설(理說)은 자연 법칙의 성질과 역
할에 대해서 얼마간 고찰할 것을 요구하였다. 화이트헤드는 이 고찰을 그
의 저작의 여러 군데에서 행하였다.47) 그는 근대와 현대에서 주장된 여러
학설을 검토하고 그 중의 몇 가지를 버리고, 마침내 그 자신의 입장을 밝
히게 되었다. 예를 들면, 그는 하나님의 힘에 의해서 자연 법칙이 생겼다
고 하는 학설[이신론적(理神論的) 개념]을 버렸다. 또한 그는 관찰된 연속적
사건들의 일반화된 기술(記述)로서의 자연 법칙의 학설(실증주의적 개념)을
버렸다. 그가 이 후자의 학설을 버린 것은, 그가 우주에는 질서의 광대한
영역들이 있다는 것을 깨달았고, 또 이 영역들의 생기를 설명해 주는 하나
의 학설을 원했기 때문이다. 그는 우리가 자연에서 발견하는 것을 우리들
인간인 탐구자들이 요약하는 하나의 방식을 법칙으로 삼는 데 만족하지 않
았다. 그는 우리가 발견하는 것을 설명해 주는 법칙의 이론을 원하였던 것
이다. 그래서 그는 법칙이 사건들 속에 내재하는 것으로 보는 좀더 합리주
의적인 이론을 —— 아래에 든 여러 조건을 붙여 —— 채택하게 되었다. 자
연 법칙은 자연에 관한 우리의 공식들이기 전에 먼저 자연의 여러 가지 습
관이다. 각 법칙은 자연(혹은 적어도 우리가 우리의 관찰과 탐구에서 다루고 있
는 자연의 여러 넓은 영역)에 널리 퍼져 있는 하나의 공통되는 성격을 표현하
는 것이다. 이 이론은 현실적 존재물들이 그것들의 상호 관련을 통해서 성
립되어 있고, 또 이 상호 관련들이 이 존재물들의 성격의 결과라고 하는
화이트헤드의 이전의 논지(論旨)에 합치된다. 즉 유기체의 철학은 발전이
라고 하는 공통의 성질이 우주의 넓은 영역 전체에 퍼져 있다고 하는 귀결
을 가진다.

위에서 말한 것처럼 화이트헤드는, 자연 법칙이 내재한다는 이론을 몇
가지 조건부로 받아들였다. 이 조건들은 그의 입장에 있어서 매우 중요하

---

47) 특히 *Adventures of Ideas*, 제 7 장, 제 8 장.

다. 하나의 조건은 법칙들, 혹은 적어도 법칙들 중의 어떤 것이 그 성격에 있어서 통계적이요, 자연의 습관들이 그 법칙들의 주위에 가까이 나아가는 하나의 규범을 세운다고 하는 것이다. 또 하나의 조건은 법칙들 자체가 진화할 수 있다고 하는 것이다. 자연의 습관들은 변화할 수 있다. 우주의 역사의 한 시기에 진정한 법칙인 것이 다른 시기에는 이와 다른 또 하나의 법칙에 의하여 대체될 수 있다. 셋째 조건은 재래의 해석대로의 법칙에 대한 이론도 어느 의미에서는 받아들일 수 있다고 하는 것이다. 하지만 그것은 법칙이 내재한다는 이론과 양립할 수 있는 한에서 받아들일 수 있다. 우리는 자연을 그 충만한 존재의 무진장한 풍부성에 의해 파악하지 않고, 다만 우리가 가장 관심을 두는 몇 가지 점에서 그것에 접촉한다. 자연에 대한 우리 인간의 태도가 자연의 많은 습관들 가운데 어느 것을 발견하게 되는가를 결정한다. 자연은 우리들이 꾸민 과학들뿐 아니라, 우리들 인간이 한번도 꾸며 보지 못한 많은 과학들까지도 설명할 수 있다. 그렇지만 자연을 우리가 다루는 데 있어서 우리는 있는 그대로 받아들여야 하며, 주관적인 환상들을 가미해서는 안 된다. 관례(慣例)는 변덕이 아니다. 관례는 어느 법칙들을 우리가 발견하는가를 해결해 주지만, '무슨' 법칙들을 우리가 발견하는가는 해결해 주지 않는다. 자연에 대한 우리의 관례적인 태도가 우리들 자신의 단계의 인류 문화의 기능임을 깨달을 때에도, 우리는 우리의 정신들을 자연의 객관적인 방식들을 따르게 하지 않으면 안 된다.

신관(神觀)

화이트헤드는 신에 대한 하나의 이설(理說)로서 그의 우주론을 완성시키려고 생각했다. 신에 대한 그의 논의는 많은 점에서 애매하다. 그 자신 그것이 애매함을 알고 있었다. 궁극적인 철학적 사변(思辨)에 있어서 정확성을 내세우는 것은 '하나의 속임수'라고 그는 말하였다.[48] 그는 자기가 주장하는 것으로 해석되기를 원치 않는 것에 관해서 충분히 분명한 설명을

---

48) 1941년에 하버드 신학교에서 행한 그의 잉거솔 강연의 마지막 문장을 볼 것. P. A. Schilpp, ed., *The Philosophy of Alfred North Whitehead* (Chicago, Northwestern University, 1941)에 실려 있다.

하였다. 그는 서양 문화의 전통적인 신학적 관념들에 대한 대담한 비판자였다. 그는 흄이 그의 〈대화〉에서 이 관념들의 몇 개에 대해 가한 비판을 하나의 걸작이라고 찬양하였다. 그는 신이 제일 원인(第一原因) 혹은 세계의 창조자라고 하는 상정(想定)을 버렸다. 또한 그는 신이 전능하다는 것과 심지어는 신이 이미 완성된 자연이라고 하는 것까지도 부인하였다. 그러나 그가 기왕의 주장을 반대하고 앞으로 나아갔을 때, 그의 사상은 정밀하지도 않고 정확하지도 않았다.

출판된 그의 저작들 가운데에서 신을 충분하게 논의한 글 속에서(〈과학과 현대 세계〉에서) 화이트헤드는 신을 우주에 있어서의 '구상(具象)의 원리'라고 불렀다. 그의 논점은 대개 다음과 같은 것인 듯하다. 어느 경험론적 철학이나(그는 자기 자신의 철학을 경험론의 일종이라고 보았다) 현실 존재가 추상적 이성에 의하여 증시(證示)될 수 없다는 것을 확신한다. 현실 존재는 경험에서 부딪치는 것이다. 우주는 지금 있는 그대로의 특수한 우주요, 공연히 상상될 수 있는 다른 많은 것들의 무더기가 아니다. 그러므로 어떤 구상의 원리가 없을 수 없다. 즉 현실 존재의 광대한 가능성들을 현실의 세계에 국한시키는 어떤 형이상학적 근거가 있지 않으면 안 된다. 그리고 만일 하나님이, 왜 현실 세계가 지금 있는 형편대로 존재하는가를 설명하는 구상의 원리라고 하면, 하나님은 이 이상 더 궁극적인 그 어떤 것에 의해서도 설명될 수 없다.

하나님이 구상(具象)의 원리라고 말함으로써 화이트헤드는 하나님이 선뿐만 아니라 또 악의 형이상학적 근거이기도 하다는 것을 말하려 한 것은 아니다. 그는 하나님을 문제삼은 나중의 저술들 〈종교의 성립〉과 〈과정과 실재〉에서 하나님을, 세계 안에 있는 하나의 현실적 존재라고 생각하였다. 그렇다고 하면, 하나님은 다른 모든 현실적 존재물들과 마찬가지로, 비록 대부분의 다른 현실적 존재물들보다 훨씬 더 광대하기는 해도 세계와 더불어 상호 작용하는 관계에 있는 것이다. 하나님은 세계의 나머지 부분을 휘어 감고 있고, 이 나머지 부분은 또 하나님을 휘어 감고 있다. 그리고 하나님이 이와 같이 생각될 때, 화이트헤드는 하나님의 존재의 두 국면을 구별하게 되었다. 곧 근원적(根源的) 국면과 결과적(結果的) 국면이 바로 그것이다. 하나님은 모든 면에서 무한하지는 않고, 그 자신의 선에 의하여 제한을 받고 있다. 하나님은 세계 전체에 스며 있는, 그리고 사건들의 진행에 있어서 점진적으로 힘을 드러내는 세력으로서 생각될 수 있는 사랑으로 나타난다. 하나님의 근원적 본성은 존재의 광대한 가능성들을 선한 것에 국한시키는 그의 활동이다. 이런 의미에서의 하나님은 세계의 구주(救主)요, 또는 모든 가치의 전멸로 세계가 발전해 가는 것을 방지하는 동적인 세력이다. 그의 지각력(知覺力) 속에는 우주의 진화하는 창조성과 함께 출현하는 가지가지 이질적 가치들이 모두 보전되어 있고, 또 융합되어 있다. 그리고 하나님의 결과적 본성은, 하나님과 세계의 나머지 부분과의 상호 작용을 통해서, 세계 과정이 지금까지 실현된 것보다 더 위대한 것을 앞에 내다보고 지향하는 방식이다. 그것은 현존하는 여러 현실성에 비추어 보면 불가능한 여러 가지 가치가 가능하게도 되고, 또 실제로 실현될 수도 있게 되는 방식이다. 하나님은 그의 결과적 본성에 있어서, 세계 과정을 훨씬 더 선한 방향으로 진보시키는 존재이다.

화이트헤드는 자기가 자기의 신학적 입장을 논증했다거나, 혹은 논증할 수 있다고 주장하지는 않았다. 그는 하나님의 본성에 대한 그의 생각을 그의 사변 철학(思辨哲學)의 일부라고 보았다. 그리고 사변 철학은 한 특수 과학이 선정된 현실들을 단편적으로 탐구함으로써 누적할 수 있는 것과 같은 일군의 기성 지식으로서 활동하는 것이 아니라, 지금까지 알려진 모든 것에 보조를 맞추면서도 또한 구체적 현실을 너욱 포괄적으로 이해하는 데로 나아가는 장래의 성찰들을 인도하려고 하는 하나의 견지로서 활동하는 것으로 그는 보았다.

4. 우드브리지

프레더릭 J. E. 우드브리지(Frederick J. E. Woodbridge, 1867~1940) : 온테리오 주의 윈저에서 태어나, 뉴욕에서 죽었다. 그는 1889년 애머스트 갈리시를 졸업하고, 1889년부터 1892년까지는 유니온 신학교에서, 그리고 1892년~1894년에 이르는 동안은 베를린 대학에서 공부하였다. 그는 수많은 기관으로부터 명예 법학 박사와 명예 문학 박사 학위를 받았다. 그는 1894년부터 1902년까지 미네소타 대학에서 철학을 강의했고, 1902년부터 그가 명예 교수로 된 1939년까지 컬럼비아 대학의 철학 교수로 있었다. 그는 베를린 대학의 시어도어 루스벨트 기념 교수가 되었다(1931~1932). 또한 1904년에 시작된 〈철학 잡지(*Journal of Philosophy*)〉의 창간자 중의 한 사람이었고, 또 1904년부터 죽을 때까지 그 편집자의 한 사람이었다. 그의 철학적 저작 가운데에는 〈역사의 목적(*The Purpose of History*)〉(1916)·〈정신의 세계(*The Realm of Mind*)〉(1926)·〈아폴론의 아들 : 플라톤의 문제들(*The Son of Apollo : Themes of Plato*)〉(1929)·〈자연론(*An Essay on Nature*)〉(1940) 등이 있다. 그의 많은 철학적 논문과 강의는 그의 제자들과 친구들에게 아주 소중한 것이었으므로, 이것들을 모아 책으로 엮어 그의 70회 탄신을 송축하였다. 이 책이 곧 〈자연과 정신(*Nature and Mind*)〉(1937)이다.

우드브리지는 철학사(哲學史)와 형이상학(形而上學)의 분야에 대한 여러 가지 공헌으로 특기할 만하다. 플라톤의 주요 대화편들에 대한 재치 있고 깊이 있는 책에서도 그랬지만, 수십 년 동안의 대학 강의에서 그는 철학사를 다루었다. 그는 20세기 미국에서 철학사를 철학의 여러 과목의 하나로 만든 운동의 지도자였다. 아마 유일한 지도자였을는지도 모른다. 또한 그는 형이상학을 부활시키는 데에도 많은 공헌을 하였다. 즉 그는 근대의 인식론자(認識論者)들이 형이상학을 낮추어 떨어뜨린 열등한 지위로부터 다시 끌어올렸으며, 또 아리스토텔레스의 의미에서의 '제일 과학'으로서 그것을 재확립하였다.[49] 그는 자기가 아리스토텔레스에게서 많은 것을 얻었음을 잘 알고 있었고, 자기 자신을 휴머니스트인 동시에 자연주의자(自然主義者)라고 불렀는데, 이 말들은 각각 플라톤과 아리스토텔레스로부터 내려오는 전통적 의미에서 쓰인 것이다. 그러나 그는 아리스토텔레스의 여러 가지 사상을 그 자신의 입장을 발전시키는 데 자유로이 구사하였다. 그의 형이상학은 근대의 과학적 및 철학적 사상에 비추어서 필요하다고 생각한 수정을 아리스토텔레스의 형이상학에 가한 것이라 할 수 있을 것이다.

실재론(實在論)

우드브리지는 형이상학의 중요성을 강조하였다. 실상 그 중요성을 강조하지 않을래야 않을 수가 없었던 것은, 그가 친숙해 온 한결같은 실재론(實在論) 때문이었다. 그는 실재론의 가지각색 '학파'가 영국과 미국에서

---

49) 본서 pp. 104~106 참조.

나타나기 전에 이미 오랫동안 실재론자였다. 그러나 그의 실재론은 하나의
주의 주장(主義主張)이 아니라 하나의 태도였다. 그것은 그가 즐겨 인용하
곤 한 매슈 아놀드의 다음과 같은 말에 표현된 태도이다. "사물들은 지금
있는 그대로가 그 본성이요, 그것들의 앞으로의 상태는 장차 그것들이 되
는 그대로이다. 사리가 이럴진대 무엇 때문에 우리는 스스로를 속여야만
하는가?" 이런 종류의 태도는 철학적 반성들의 한 흐름을 통해서 확고하
게 유지될 때 이설(理說)들을 산출시키고야 마는 것이었다. 그것은 형이상
학적 이설들을 만들어 내게 마련이었다. 그것은 왜냐하면 세계가 아무리 현
재 이상의 것이 될 수 있을지라도 결국 그 세계는 적어도 우리가 행하는 혹
은 우리가 그 현상(現象)이라고 볼 수 있는 것 속에 모두 들어 있다는 태도
였기 때문이다. 그의 실재론적 태도는, 그것이 산출한 이설들은 그만두고
라도 눈앞에 있는 주제, 즉 우리의 온갖 형태의 경험 작용에 의해서 그 여
러 면을 경험하게 되는 주제를 완전 무결한 것으로서 존중하는 태도이다.
세계는 우리의 사유(思惟)의 산물이 아니다. 세계는 그에 대한 우리의 생각
에 앞서는 것이다. 지식은 때로 실험적 활동에 의하여 얻어질 수 있고, 또
우리가 탐구하는 대상들은 이것들을 가지고 우리가 실험하는 동안에 변형
되고 심지어 파괴될 수 있다는 것을 우드브리지는 인정하였다. 그러나 인
식(認識)은 그 대상들을 변형시키는 것도 아니요, 파괴하는 것도 아니다.
우리의 손 혹은 우리의 기구(즉 우리 자신의 신체, 혹은 우리가 조종하는 다른
물체)야말로 대상들을 변형시키거나 파괴하는 것이다. 우리의 정신들은 변
형시키거나 파괴하지 않는다. 우리의 정신들은 대상들이 변형되거나 파괴
되기 이전의 상태 그대로의 본성을 파악할 수 있고, 또 실제로 가끔 이렇
게 파악한다. 하기는 우리의 정신들은 이 지식을 다만 변형이나 파괴가 있
는 동안에 혹은 그 후에 얻기는 해도, 하여튼 이런 지식을 얻는 것은 사실
이다. 인식이란 그 속에서 대상들이, 혹은 어떤 대상의 어떤 측면들이 드
러나는 지적 관조(知的觀照)이다. 인식에는 피상적인 것도 있고 깊이 파고
드는 것도 있다. 그러나 그 어느 경우에도 인식은 어디까지나 실제로 있
는, 그리고 인식되게끔 되어 있는 것을 인식하는 것이다. 만일 우리가 사
물들을 편견 없이 관찰하고 이것들을 샅샅이 뒤져 보고 또 여러 각도로 이
것들을 실험하면, 우리는 이것들의 실상을 '본다'. 이와 같이 보는 것은

희랍 사람들의 이른바 테오리아($\theta \varepsilon \omega \rho \grave{\iota} \alpha$; 觀照)이다. 우드브리지와 같은 유형의 실재론자는 마치 희랍인들이 극장에서 무대의 장면을 보았듯이 세계의 장면을 본다.

"우리가 거듭 필요로 하는 것은, 무엇보다도 가장 소박하고 동시에 가장 심원한 실재론이다."라고 우드브리지는 말하였다.[50) 그리고 그는 소박하게 시작한 실재론만이 종국에 가서 심원하게 될 수 있다고 부언하고 싶었던 것으로 짐작된다. 왜냐하면 우리가 보고 듣고 만지는 것들이 자연적인 사물일 경우에만, 이것들을 더욱 조사 연구함으로써 우리는 자연의 본성에 대하여 더 많은 것을 알 수 있기 때문이다. 경험의 모든 사항은 자연 세계에 생기(生起)하는 현상이라고 우드브리지는 주장하고 있다. 감각이란 말이 감관으로 받아들이는 과정을 의미한다면, 감각들이 있다고 할 수 있다. 그러나 이 감각이란 말이 심적 상태를 의미하는 것으로 해석된다면, 도대체 감각이란 없다. 우리의 감관 경험(感官經驗)에 나타나는 사물들이 그 사물들의 실상이 아니라고 생각하는 것은 옳지 않다. 이른바 착각들(곧은 막대기가 절반쯤 물에 들어갔을 때 구부러진 것처럼 '보이는' 것과 같은 착각)은 모두 외부 사물들에 대한 주관적(그리고 그릇된) 심상들이라고 설명될 수 있는 것이 아니고, 자연적 사물들과 사건들 간의 물리적 상대성을 이해함으로써 설명될 수 있는 것이다. 상대성은 경험되는 사항들 간에 확실히 있다. 그러나 상대성은 결코 정신에 대해서 상관하는 것이 아니고, 오직 어떤 물체에 대해서 상관하는 것이다(언제나 그런 것은 아니나 때로는 지각하는 유기체로서의 특수한 물체에 대해서 상관한다). 관찰된 사항들에 대한 우리의 해석은 때때로 그릇된 것일 수 있고, 그것들에 대한 우리의 실제적 반응은 서투르고 훈련을 요하는 것일 수 있다. 그러나 우리가 관찰하는 것은 무엇이나 우리가 관찰하는 그만큼 실재적이다. 또한 우리에게 '보이는'(나타나 보이는) 것은, 무엇이나 그것이 나타나 보이는 그대로 존재하는 것이다. 그리고 이런 종류의 소박한 실재론의 기초로부터 우리는 올바로 나아가서 우리가 관찰하는 대상들을 더욱 분석하고 더 많은 대상들을 더욱 발견할 수 있다고 우드브리지는 생각했다. 그리하여 마침내 우리의 실재론은, 사람

---

50) *The Realm of Mind*(New York, Columbia University Press, 1926), p. 115.

들이 우리 시대에 있어서 우리의 여러 가지 기구와 기술을 가지고 자연의 세계에 대해서 성취할 수 있는 '가장 심원한' 견해가 되는 것이다.

형이상학적 원리들

위대한 형이상학적 체계 치고 절대로 옳다고 볼 수 있는 것이란 하나도 없다고 우드브리지는 생각했다. 그렇지만 고대 세계의 데모크리토스와 아리스토텔레스로부터 근래의 헤겔이나 스펜서에 이르기까지, 형이상학의 기도(企圖)는 '통합에 대한 지성의 최고급의 기도들' 가운데 하나이다.[51] 형이상학적 성찰에서 인간은 우주를 그 전체에 가장 보편적으로 나타나 있는 특징들을 가지고서 본다. 왜냐하면 우주는 특수 과학들이 검토하는 서로 다른 여러 가지 물건들의 다양성 속에서 그것이 드러내는 특수한 성격들 외에도 몇 가지 일반적 성격을 또한 가지고 있기 때문이다. 형이상학은 사람이 처음에 한 전문가(가령 천문학자)의 말에 귀를 기울이고, 다음에 다른 전문가(가령 심리학자)의 말에 귀를 기울이고 함에 따라 그의 정신이 여러 구획으로 갈라지는 것을 방지한다. 확실히 지식은 전문화를 통해서 가장 잘 획득된다. 그러나 이해(理解)는 통합을 요한다. 그리고 형이상학은 이 통합에 대한, 따라서 이 이해에 대한 하나의 수단이다. 완전히 행해질 때, 그것은 최선의 수단이 될 수 있다.

통합된 이해의 가치를 인정하면서도 우드브리지는, 일련의 분리된 형이상학적 논점들에 대한 일련의 분리된 분석적 논문들의 형식으로 형이상학에 대한 그의 주요한 공헌을 하였다. 그의 여러 형이상학적 확신을 이와 같은 방식을 선택하여 표현한 것은 그의 뿌리 깊은 실재론의 결과이다.[52] 그는 구체적 현실들을 보고자 원했는데, 이 구체적 현실들만이 그 자신의 또는 어느 누구든지의 성찰에 대해서 인식상의 조절을 할 수 있는 것이었

---

51) "Metaphysics," *Nature and Mind*(New York, Columbia University Press, 1937), p. 115.

52) 호의를 가진 비평가들은 또한 우드브리지가 그 지적 능력이 한창이었던 여러 해 동안, 큰 대학의 행정을 맡아보는 중책 때문에 한 체계를 지속적으로 발전시킬 시간적 여유를 가지지 못했었다고도 지적하였다. 이런 견해에 일리가 있음은 부인할 수 없다. 그러나 우드브리지가 분석적 논문들을 따로따로 쓰기로 한 주요 이유는 위의 본문에 지적한 것이 아닐까 한다.

다. 때때로 우리는 고도로 추상적인 개념들을 사용하여 구체적 현실들을 올바로 분석할 수 있다. 그러나 이런 방법을 가지고는 얼마 안 가서, 자연이 나타내는 다양한 파노라마를 보고함에 있어서 우리의 능력의 한계에 도달한다. 이렇게 되면 형이상학적 분석을 애매한 변증론적 체계로 전환시키고 자연의 가지가지 특성들 가운데에서 자기 마음에 드는 것만을 골라내고 나머지는 무시하는 위험에 빠진다. 우리는 가끔 우리 자신의 추상적 체계의 초기의 어떤 관념으로가 아니라, 구체적인 자연 자체로 돌아가 다시 새로운 분석을 시작할 필요가 있다. 여러 갈래의 분석은 능란하게 행해지면 서로 보충하게 된다. 그것들이 나란히 놓여져 정리되면 통합된 이해(理解)를 낳으며, 이때 형이상학적 예지(叡智)는 절정에 달하게 될 것이다. 그러나 통합된 이해는 하나의 변증론적 체계를 지적으로 터득하는 것이 아니다. 오히려 그것은 선명한 시야들의 계기(繼起)를 통해서 구체적인 세계를 보는 것이다. 다시 말하면, 그것은 테오리아이다.

우드브리지는 형이상학에 있어서 아리스토텔레스의 제자인 동시에 그 비판자였다. 그리고 지성사(知性史)에 대한 그의 광범한 학식은, 아리스토텔레스의 사상을 구사함에 있어서 아리스토텔레스의 전통 속에서 생긴 그릇된 해석들을 조심스레 피할 필요성을 그에게 가르쳤다. 아리스토텔레스가 질료(質料)와 형상(形相)을 논한 곳에서 우드브리지는 구조(構造)와 행동(行動)을 논하였다. 구조와 행동은 자연의 분석이 결국에 다다르는 두 개의 궁극적 관념이다. 이 두 관념은, 따로따로 취급할 수 있는 것이지만, 함께 합쳐야 의미를 가지게 되는 것이다. 구조에는 많은 유형이 있다. 물리적(기계적) 구조와 화학적 구조도 있고, 생물학적 구조들도 있고, 정신의 구조들도 있다. 구조는 그 유형에 있어 천차만별하지만, 자연 속에 어디에나 어떤 형태로나 존재하고 있다. 우리는 자연을 다양한 구조들이 모여서 된 것이라고 말할 수 있다. 우드브리지는 자연이 구조를 가지고 있다고 하기보다는 오히려 자연이 구조라고 아주 조심성 있게 말하기를 선택했다. 이와 같이 말함으로써 그는 나중에 구조를 가지게 되는 마테리아 프리마(materia prima ; 제일 물질), 혹은 우리가 경험적으로 발견하는 구조들 배후에 있는 '그것이 무엇인지 내가 알지 못하는 어떤 것' 따위의 가정을 피할 것을 바랐다. 구조는 원인이나 동인(動因)이 아니라고 그는 생각하였다. 그것은 절대로 활동력이 없는 것이다. 그것은 그 자체 하나의 생기(生起)하는 사건이 아니지만, 모든 생기하는 사건들 속에 분명히 있다. 구조는 형이상학적 의미에서의 '질료'이다. 즉 그것은 사물들 속에 있는 특수성의 원리요, 혹은 우리가 거기에 관해서 생각하는 사물의 어떤 '종류'와 이 종류의 사물의 특수한 하나의 예 사이의 차이를 지적할 때 불가피하게 당도하는 것이다. 그리고 도처에서 행동은, 우리의 자연 탐구가 결국 우리에게 가르쳐 주는 바와 같이 구조와 상관적이다. 구조가 행동으로 환원될 수 없듯이 행동은 구조로 환원될 수 없다.[53] 더욱이 행동은 오직 그것이 수단이 되어 이바지하는 목적을 가지고서만 정의될 수 있는 것이다. 이 목적들은 활동하지 않는다. 그것들은 운동하는 세력들이 아니다. 또 베르그송이 말하는 생명력처럼, 마치 그것들이 행동을 산출하는 항존적(恒存的) 힘인 양 구조들 속에 들어 있는 것으로 생각되어서는 안 된다. 행동은 어디에서나 그 결과에 있어서 목적론적(目的論的)이다. 우리는 이것을 그저 지적할 수만 있다. 행동은 경험적으로 이것이라 지적할 수는 없고, 다만 자연에서 성취되는 여러 가지 목적을 지적함으로써만 그것이 무엇임을 알 수 있다. 우리는 어떤 구조를 발견하여 그 부분들이 어떻게 서로 관계하고 있는가를 알아볼 수는 있다. 그러나 우리가 또한 어떻게 그것이 행동하며, 그 행동을 통해서 무슨 목적을 달성하는가를 알 때까지는 그것을 이해했다고 할 수가 없다. 어떤 구조를 가신 한 행동사는 시간을 지키면서 행동한다. 또 다른 어떤 구조를 가진 다른 한 행동자는 열매와 씨를 산출하게 행동한다. 이리하여 우리는 구조들과 이것들 각개의 행동들을, 이 행동들이 수단이 되어 이바지하는 목적들에 의하여 분간하는 경향이 있다. 그러므로 행동의 목적론적 성격은 자연의 가지성(可知性)을 구성한다고 말하는 것은 옳은 일이라 하겠다.

---

53) 우드브리지는 여기에서 사건들을 현실적으로 존재하는 존재물의 한 궁극적 종류로 보려는 기도(베르그송 · 화이트헤드 · 듀이에게서 서로 다른 방식으로 이런 기도가 행해지고 있음을 볼 수 있다)에 반대하는 입장을 취하고 있었다. 그가 늘 말한 바와 같이 어떤 한 어린아이의 출생을 한 사건으로 생각할 수는 있으나, 그 아이를 하나의 사건으로 생각하려 하는 것은 얼른 납득이 가지 않는 일이었다. 사물들과 사건들이 엄연히 따로 있는 것이나 아무리 이 두 궁극적인 고찰이 일대 일로 서로 상응한다 할지라도 사물은 사물, 사건은 사건이다. 혹은 그의 좀더 전문적인 술어로 하면, 구조(構造)도 있고 행동(行動)도 있는 것이다.

이런 까닭에 우드브리지에게는 구조와 행동에 대한 고찰이 다시 목적론(目的論)에 대한 고찰을 필연적으로 가지게 하는 것으로 생각되었다. 그는 그의 여러 논문에서 거듭 주장하기를, 자연은 어떤 일정하고 특수한 목적들을 지향하는, 그리고 완강한 주위 환경에 의하여 방해되지 않는 한, 이 목적들을 달성시키는 변화들의 세계라고 하였다. 그런데 이 목적론은 '자연적' 목적론이다. 그것은 설명을 도무지 필요로 하지 않는 것이다. 즉 그것은 설명될 필요가 없는 것이며, 자연의 일반적 특성이다. 그것은 기예(技藝 ; arts)에서 실제로 사용될 하나의 사실이요, 또 과학에서 이론적으로 문제될 하나의 사실이다. 사물들의 유용성이나 목적성은 사물들의 기원의 증거로 생각될 성질의 것이 아니다. 유용성을 자연의 외부에 있는 어떤 선행하는 의도의 결과로 설명하려는 이설들은 공상적인 신화들이다. 우리는 어떻게 자연의 진행 속에서 어떤 특수한 물건이 생기게 되었는가를 설명할 수 있다. 그러나 우리는 어떻게 그 특수한 물건의 유용성이 생기게 되었는가를 설명할 수는 없다. 한 물건이 그 본성을 가지는 동시에 그 본성에 유래하는 유용성을 지니지 않는다는 법은 없다. 비인간적인 자연(自然)이든 인간의 기예(技藝)이든 모두 자연의 목적론의 끊임없는 적용들이다. 그것들은 다 같이 과정들이요, 이 과정들에 의하여 사물들은 사물들 속에 어렴풋하게 들어 있는 목적들을 향해서 움직이게 되는 것이다. 기예는 자연물들에다가, 인간의 기예들이 생기기 전까지는 이 자연물들에게 아랑곳없던 여러 가지의 용도를 슬쩍 끌어들이는 것이 아니라는 것을 강조하는 것이 중요함을 우드브리지는 알게 되었다. 기예는 오히려 자연이 인간에게 제공하는 목적론적 기회들을 제한된 조건 밑에서 이용하는 것이다. 기예는 자연의 무차별한 목적론에 길을 터 줄 따름이되, 파괴적인 세력들에 대해서 이것을 보호해 주며, 이것의 결과들이 더욱 누적적인 것이 되게 하고, 또 동시에 더욱 잘 선택된 것이 되게 한다. 자연의 목적론은 고도로 다원적이다. 자연의 목적들은 가끔 인간에 대해서 잘 어울린다. 아닌게아니라 자연에 있어서의 의식(意識)의 탄생과 종(種)의 진화에 있어서의 합리성의 출현은 둘 다 인간의 발달에 매우 적당할 뿐만 아니라, 또한 인간을 인간답게 하고 힘있게 하는 자연적 목적론의 예들이다. 그러나 자연의 목적들은 어떤 때에는 인간에 대해서 적대적이요, 그리하여 자기 자신의 이익을 추구하는 인간은 그를 파멸시킬지도 모르는 것과 싸우지 않으면 안 된다. 인간이 자연의 여러 목적론적 기회 가운데에서 선택하며, 이 목적론을 문명들의 구조에 있어서 누적적인 것이 되게끔 조절하며, 또 자연의 여러 유용물들을 기예의 자기 의식적 진행으로 전환시킨다고 하는 사실의 발견——이 발견이야말로 자연이 무엇인가를 지시해 주는 것으로서 받아들여져야만 하는 것이요, 철학자들로 하여금 목적론을 인간의 요구 혹은 인간의 발명으로 취급하게 하여서는 안 된다. 인간이 자연의 무차별한 목적성 가운데에서 몇몇 도움이 되는 국면들을 파악하기 전에 이미 자연이 목적론적인 것이 아니었던들 인간은 말할 수 없이 무력했을 것이며, 자연의 무자비한 메커니즘(기계적 운동) 속에 휩쓸려 들어갔을 것이다. 설령 인간이 인간으로서 존재하게 되었다 하더라도 그렇게 되고 말았을 것이다.

구조·행동, 그리고 목적론이 아무리 관념 속에서는 구별될 수 있다 할지라도 사실상으로는 모든 존재물들의 서로 얽힌 측면들이다. 자연의 이 세 특성의 관념들은 형이상학적 사변(思辨)의 서론을 이룬다.

시간론(時間論)

우드브리지는 하나의 역사 철학(歷史哲學)을 세웠다. 그의 역사 철학은 대부분의 고전적 역사 철학들과 아주 다르다. 그는 인간과 우주의 사건들의 진행을 하나의 포괄적 계획의 점진적 실천으로, 혹은 어떤 최후 목표로의 전진으로 보는 모든 기도를 신통치 않게 여겼다. 자연은 방향이 아주 다른 많은 목적을 가지고 있고, 통일적인 계획을 전혀 가지고 있지 않다고 그는 확고하게 믿었다. 그러기에 만일 우리가 역사에 관해서 개괄하려면 사건들을 다루되, 집합적으로가 아니라 분산적으로 다루지 않으면 안 된다. 즉 자연적 변화의 갖가지 경우들로부터 보편적으로 드러난 변화의 특성들에게로 나아가지 않으면 안 된다. 건전한 역사 철학은 형이상학의 한 부문이다. 그것은 모든 변화가 도처에서, 그리고 어느 때에나 가지는 일반적 성질을 밝히는 형이상학의 한 부문이다.

그러므로 역사 철학(歷史哲學)은 시간론(時間論)이 된다. 우리는 시간을 과거·현재·미래로 가르는데 이것은 아주 옳은 일이라 하겠다. 그러나 우리는 이 명백한 진리로부터 나아가 과거는 현재의 원인이요, 현재는 미래의 원인이라고 생각해서는 안 된다. 모든 힘(efficacy)은 현재에 깃들어 있다. 현재 —— 즉 현재에 있어서 각 방면의 세력들과 활동적인 힘들을 가지고 존재하는 많은 물건들 —— 는 생멸하는 모든 것의 원인이다. 현재는 한 가지 매우 중요한 의미에서 과거의 원인이다. 이 역설이 진리가 되는 중요한 의미는 그릇 생각되기 쉽다. 그러나 우리는 역설을 쓸데없는 일이 되게 해서는 안 된다. 우리는 여기에서 사건들이 일어나는 모습을 눈여겨볼 필요가 있다. 우리는 과거가 우리로 하여금 하게 하는 것을 우리 스스로 하지는 않는다. 오히려 과거가 우리로 하여금 거기에 대해서 작용하도록 제공하는 재료에 있어서 가능한 것의 한도 안에서, 우리는 현존하는 재료들을 재건하거나 변형시키거나 한다. 그리고 우리는 이 현존하는 재료들을 재건하되, 이것들에 대한 우리의 작업에 앞서 이것들이 지녔던 것을 역사의 문제가 되게끔 재건한다. 변화란 과거에 희미하게 있었던 것의 출현이 아니다. 오히려 변화는 "이미 일어난 것에 대한 새로운 작용"이다.[54] 그것은 언제나 고쳐서 만드는 것이요, 주어진 혹은 이용할 수 있는 재료들에다 무엇을 더하는 과정이다. 그리고 주어진 혹은 이용할 수 있는 재료들이 이것들에 대한 우리의 작업에다가 엄혹한 여러 제한을 가한다는 것을 고려하지 않는 것은 어리석은 일이지만 —— 왜냐하면 우리가 쇠에 대해서 할 수 없는 일을 우리는 나무에 대해서 할 수 있고, 또 이것의 역(逆)도 참이며, 또 다른 모든 재료들에 대해서도 이런 일이 들어맞기에 말이다 —— 또한 이 재료들이 현재 우리가 이것들을 다루고 있는 특정한 방식대로 다루도록 강요한다고 생각하는 것도 진리로부터 거리가 멀다고 하겠다. 우리는 재료들이 제공하는 여러 가능성의 한계 안에서 이 재료들을 다루는 방법을 선택한다. 그리고 또 위에서 말한 바와 같이 현재의 활동은, 재료들이 전에 지녔던 것을 이것들의 역사의 일부가 되게 한다. 심지어 우리가 어떤 새로운 사태를 실현시킴으로써 기왕의 사태를 과거에다 '밀어 넣는다고' 말할 수 있다고 우드브리지는 생각했다.

그리고 우리들 인간의 작업 방식에 대해서 방금 말한 것은, 적당히 가감해서 말한다면 생물이든 무생물이든 자연의 모든 행동자에 대해서도 타당

---

54) *The Purpose of History*(New York, Columbia University Press, 1916), p. 35.

하다고 할 수 있다. 많은 행동자는 그들 자신의 활동의 의식과 그들의 활동이 달성하는 목적의 의식을 결여하고 있다. 그러나 무생물인 행동자들도 행위하는 것은 사실이요, 또 행위를 하되 유효하게 행위를 한다. 그것들 역시 그것들 자체가 거기에다 작용을 미치는 것의 기왕의 상태를, 새로운 현재를 그들이 생산적으로 실현하는 일을 통해서 과거에다 '밀어 넣는다'는 것이다.

우리는 시간을 하나의 선으로, 그리고 시간의 계기적(繼起的)인 순간들을 그 선 위의 점들로 표상(表象)할 수 있다. 그러나 이때 우리는 시간을 공간적으로 표상함에 있어, 시간을 이미 그어진 선(이 선에서 과거·현재·미래가 모두 이를테면 완성되고 다 끝난)에 비길 것이 아니라, '지금 그어지고 있는 선'에 비기지 않으면 안 된다.[55] 하지만 현재는 그 선 위의 점들의 하나로 표상될 수 없다. 오히려 그것은 선을 긋는 것에 의하여 표상되지 않으면 안 된다. 오직 과거만이 선 위에 있다. 그리고 선이 그어짐에 따라, 이미 선 위에 있는 하나하나의 점은 계속 선을 긋는 작업이 행해지고 있는 곳으로부터 더욱더 멀리 물러간다. 이와 같이 끝나 버린 과거의 각 사건은 현재로부터 더욱더 멀리 과거로 물러간다. 이리하여 과거는 현재의 행동자들의 계속된 활동에 의하여 조금씩 조금씩 형성되는 것이다. 과거는 계기적 현재들의 산물이다.

물론 역사는 연속적이다. 그러나 그 연속성은 과거가 현재를 거쳐 미래로 나아가는 데 말미암는 것이 아니다. 오히려 그 연속성은, 만일 현재(즉 현존하는 현실적인 것들)가 작용한다고 하면 과거가 물려준 유산에 대해서 작용하여 이것을 재료로 삼아서 재건하는 데 말미암는다. 현재의 현실적인 것들이 비교적 그 행동의 버릇을 바꾸지 않는다면 역사는 다소 고른 성격을 지닌 시대들을 보여 줄 것이다. 현재의 현실적인 것들이 그것들의 공격 노선을 바꾸거나, 혹은 이성적 행동자들의 경우에는 그들의 목적을 바꾸거나 하면 역사는 급속하고 혁명적인 변화를 보여 줄 것이다. 그러나 이 어느 경우에나, 재료를 재건(혹은 재구성)하는 활동은 언제나 잠세적인 것을 현실적인 것으로 변환하는 과정이다. 자연을 과거에서 현재로 나아가는 것

---

55) 앞에 든 책, p. 38.

으로 보느니보다 잠세적인 것에서 현실적인 것으로 나아가는 것으로 보는
것이 더 온당하다. 현재의 활동을 제한하는 것은 어떤 시간적 기간의 의미
에서의 과거가 아니다. 그러한 제한을 하는 것은 오히려 과거로부터의 재
료들의 잠세력(및 잠세력의 결여)이다. 우드브리지의 다음과 같은 결론은
자못 옳다 하겠다. "세계는 항상 새롭고 항상 낡았다."[56] 과거로부터의 유
산은 쉴 새 없이 변형되며, 그리하여 새로운 것이 나타난다. 그리고 과거
로부터의 유산 이외엔, 거기에 대해서 작업할 것이 아무것도 없으며 그 때
문에 과거와의 연속성이 유지되는 것이다.

정신의 세계

　우드브리지는 근대의 여러 세기에 있어서의 인식론적 사변(認識論的思
辨)을 고찰함으로써, 정신에 관한 하나의 학설을 세우게 되었다. '정신'
(혹은 마음)이란 말은 두 가지 의미로 쓰이게 되었다고 그는 지적하였다.
이 두 가지의 이미는 서로 깊이 관계하고 있으나, 또한 서로 뚜렷이 다르
다. 한편 정신은 지각(知覺)하는 작용, 생각하는 작용, 느끼는 작용 같은
활동들——이 활동들은 인간이 가장 뛰어나게 하는 활동들이지만, 적어
도 어느 정도까지는 다른 생물들도 할 줄 아는 활동들이다——에 대한 이
름이다. 다른 한편 정신이란 그 속에서 사고(思考)가 행해지는 세계(혹은
영역)에 대한 이름이다. 앞의 의미에서는 우리는 많은 정신들을 운운할 수
있다. 뒤의 의미에서는 우리는 하나의 객관적 정신을 논할 수 있다.

　우리가 많은 개별적 정신들의 의미에서 정신을 운운할 때, 우리는 어떤
종류의 대상물을 다루고 있는 것이 아니라, 어떤 활동들을 다루고 있는 것
이라고 우드브리지는 생각하였다. 여기서 '정신'이란 말은 어떤 신체들의
본성이나 내용보다 오히려 그 신체들이 행하는 것을 의미한다. 걷는 것,
소화하는 것, 그리고 호흡하는 것을 우리는 육체적 활동이라고 부른다. 생
각하는 것, 기억하는 것, 그리고 지각하는 것을 우리는 정신적 활동이라고
부른다. 이 두 가지 활동을 수행하는 것은 동일한 사물, 즉 살아 있는 개체
의 유기적 신체이다. 정신은 어떤 행동자가 아니다. 사고·기억 및 지각의

---

56) 앞에 든 책, pp. 82~83.

활동들에 있어서의 활동자는 걸음·소화 및 호흡의 활동에 있어서의 행동자와 동일하다. 의심할 것 없이 이 두 가지 종류의 활동들은 아주 복잡하게 서로 관련되어 수행되기 때문에 그 하나하나는 다른 것이 있음으로써 자기의 성립을 가지게 되는 것이다. 우리가 어떤 때 어떤 곳을 걷는 것은, 우리가 어떤 방향으로 생각하고 계획하기 때문이다. 그리고 우리가 어떤 것을 지각하는 것은 우리가 어떤 방향으로 걷기 때문이다. 그러나 정신적인 것은 아무리 신체적인 것과 밀접하게 관계되어 있다 하더라도, 신체적인 것에 환원될 수 없다. 그리고 신체적인 것은 제아무리 관념론자들이 그들의 사변의 사변법을 가지고 야단스럽게 떠들어도, 정신적인 것에 환원될 수는 없다. 사람들의 신체는 그들이 신체적으로 접촉하고 있는 것보다 더 많은 물리적 대상들과 관계하게 된다. 왜냐하면 사람들의 정신적인 활동은 지나간 과거, 공간적으로 먼 곳에 있는 것, 보이지 않고 추리된 것과 여러 가지 관계를 맺기 때문이다. 그 반면에 사회나, 도덕이나, 갖가지 문화면에서는 사람들의 정신이 서로 관계하게 된다. 왜냐하면 그들의 신체들이 지구의 표면에서 싫든 좋든 이웃해서 살게 마련이기 때문이다. 정신(많은 정신들을 운운할 때의 의미에서의)과 신체와의 관계는 이러하다. 즉 정신은 신체를 다른 많은 물건들과 결합시키기도 하고, 또 신체에 의하여 다른 많은 물건들과 결합되기도 한다. 그러므로 우리는 어떤 유기적 신체들이 생각하고 기억하고 지각할 때, 이 신체들이 그 속에서 걷고 소화하고 호흡하고 물리적 세계가 아닌 또 하나의 다른 세계로 나아가는 것이 아니라, 유일한 한 세계에서 다른 물리적 대상들과 새로운 여러 가지 관계로 인도되는 것이요, 이 세계의 존재에 대해서 우리는 최소의 증거를 가지고 있다고 결론짓지 않으면 안 된다. 신체들이 정신적 활동을 수행할 때, 그것들은 여전히 자연적 세계 속에 있다. 그러나 그것들은 풍부해지고 크게 변모한 모습으로 자연 세계 안에 있는 것이다. 우드브리지는 그의 입장을 요약함에 있어서 아주 유효 적절한 비유를 하나 사용하였다.[57] 많은 광선들 가운데에 놓인 렌즈가 광선들을 하나의 뚜렷한 형상을 가진 그림으로 집중시키듯, 사고와 기억과 지각의 활동에 의하여 다른 물리적 대상들에 결합된 유기적

---

57) *The Realm of Mind*, pp. 103~104.

신체는 그 상황의 여러 가지 의미를 이성적 사변에다 집중시킨다. 정신이 없는 신체는 좁은 범위의 신체적 접촉을 가지고 있으며, 또 이 접촉에 있어서 여러 가지 물리적 압력에 매여 있다. 정신을 가진 신체는 그 접촉의 범위가 확대되어 있고, 그 접촉의 진로가 이지적(理智的)이다.

우리가 정신을 객관적 정신이란 의미에서 논할 때, 우리는 자연적 세계를 다루고 있는 것이라고 우드브리지는 주장하였다. 그의 입장은 정신의 세계가 자연을 떠난 사사로운 영역이라고 하는 로크의 학설에 일부러 반대하는 것이다. 신체야말로 생각하는 행동자요, 어떤 정신적 실체가 생각하는 것이 아니므로, 사고(思考)는 신체가 그 속에서 움직이는 영역과 동일한 영역에서 일어난다. 확실히 세계는 물리적 세계이다. 그러나 그것은 또한 가지적(可知的)인 예지계(叡智界; mundus intelligibilis)이다. 하나의 개별적 정신, 즉 한 특수한 유기적 신체의 정신적 활동은 이 신체를 자연의 가지성과 결합시킨다. 우리들 인간은 관념들을 가지고 있다(다른 동물들도 그럴 수 있을 것이다). 그러나 관념은 물리적 사물의 정신적 모사(模寫) 혹은 정신적 표상(表象)이 아니다. 우드브리지는 늘 말하기를, 근대인들 가운데 스피노자가 관념의 성질을 가장 잘 이해했었다고 하였다. "관념들의 질서와 연관은 사물들의 질서 및 연관과 동일하다."라고 스피노자는 말하였다. 이 두 가지 질서는 동일한 한 질서이다. 왜냐하면 관념은 그 여러 가지 이론적 연관 속에 있는 하나의 대상이기 때문이다. 걸음에서 인간은 자연의 공간적 측면을 탐구하고 있다. 사고(思考)에서 인간은 자연의 가지적 측면을 탐구하고 있다. 이를테면 인간은 탐구하는 객관적 정신이다. 우리는 신체적 자극들을 통해서, 그리고 우리의 신경 계통과 뇌에 일어나는 사건들을 통해서 관념들을 얻을 수 있다. 그러나 우리로 하여금 관념들을 얻게 하는 기구(機構)는 관념들이 무엇임을 제시해 주지 않는다. 그것은 생각하는 신체가 그 나머지 세계와 결부되어 있는 방식을 지시해 줄 따름이다. 관념을 가졌다고 하는 것은 자연의 가지적 구조를 드러냈다는 것을 의미한다. 우리는 관념들을 전달하는 데 신체적 수단을 쓴다 —— 가령 말, 글, 벙어리의 몸짓, 바다에서의 배 위의 깃발들은 이런 수단들이다. 우리가 관념의 전달에 신체적(물리적) 수단들을 쓸 수 있는 것은, 세계의 물리성(物理性)과 가지성(이지성)이 존재론적으로 분리될 수 없는 것이기 때문이다. 객관적 정신은 자연적 세계의 한 차원이다. 곧 유기적 구조를 가진, 따라서 지각하고 기억하고 생각하는 능력을 가진 물리적 신체들에 의하여 탐구되는 차원이다.

자연주의와 휴머니즘

우드브리지는 즐겨 자기 자신을 자연주의자라고 불렀다. 그는 '자연주의(自然主義)'란 말이 (관념론 혹은 유물론 같은) 파벌적인 말이 아니라고 자주 말하였다. 철학에서의 자연주의자는 위로 하늘과 아래로 땅과 또 땅 밑의 물을 탐구하되 무엇을 발견할 것을 미리 작정하지 않고 발견되는 것은 어떤 것이든지 받아들일 마음의 준비가 되어 있는 사람이다. 그러나 사실에 있어서 우드브리지는 좀더 특별한 의미에서의 자연주의자였다. 그는 아리스토텔레스로부터 내려오는 전통의 의미에서의 자연주의자였다. 그러나 그가 예찬한 아리스토텔레스는 〈윤리학〉을 쓴 아리스토텔레스, 즉 그 〈윤리학〉이 플라톤이 〈국가편〉에서 전개한 인본주의적(人本主義的) 입장을 체계적으로 재표명한 아리스토텔레스였다.

우드브리지의 자연주의는 이런 것이었다. 즉 그는 거의 아무런 중단 없이 자연의 일반적 특성들에 관한 형이상학적 성찰로부터 구조·행동 및 목적론의 한 특별한 예로서의 인간의 도덕적 생활의 명시로 나아가는 것이 쉽고 또 절대로 그렇게 해야만 된다는 것을 발견하였다. 우리는 자연에 관해서 자연주의적인 이론을 가져야 하며, 인간에 관해서 휴머니즘적인 이론을 가져야 한다고 우드브리지는 말하곤 했다. 우리는 인간 아닌 자연에다 신화적으로 도덕적 의의를 부여해서는 안 된다. 또 온대성 저기압이나 수류(水流)를 측정하듯 속도와 물리적 에너지를 가지고 인간을 측정해서도 안 된다. 휴머니즘 없는 자연주의는 야수화하기 쉽다. 왜냐하면 그것은 도구들과 기계들을 사용함에 있어서의 효율, 자연 안에서의 인간의 지배의 범위를 증가시키기 위한 발명들의 진보 및 공업적 자산과 상업적 자산의 중요성을 강조하지만, 효율이 이바지할 목적들은 생각조차 하지 않고 따라서 조정하지 않은 채로 내버려두기 때문이다. 자연주의 없는 휴머니즘은 르네상스 초기의 문학적 학자들 간에서 가끔 그러했듯 감상에 흐르기 쉽다. 왜냐하면 그것은 과거의 위대한 업적들—— 고대 문학, 고대 예술, 그리고 일반적으로 고대 문화──에 심취하고 바로 그런 것들과 똑같은 가치들을 반복할 것을 동경하기 때문이다. 자연주의와 휴머니즘의 결합은 균형 잡힌 철학을 낳는다. 도덕적 가치들과 개화(開化)한 예술들의 가장 아름다운 개화(開花)는 자연의 원료의 잠세태(潛勢態)들 속에 그 뿌리를 가지고 있으므로 물리적 및 생물학적 과학에서의 자연의 탐구는 인간의 이에 따르는 도덕적 발전의 가능성들을 증가시킨다고 우드브리지는 가르쳤다. 그리고 자연의 원료들은 그것들의 목적론적 가능성들에 비추어서 이해될 때, 인간의 갈망에 대한 그리고 또 갈망을 여러 가치의 현실적인 소유에로 전환시키려는 이성적 노력에 대한 하나의 자극이다. 자연주의는 수단에 더 많은 관심을 두며, 휴머니즘은 목적에 더 많은 관심을 둔다. 그러나 목적은 수단에 도덕적 지위를 주고, 수단은 목적에 실제적 기초를 준다. 수단과 목적이 잘 조절되었다고 말하는 것은, 곧 인간이 자연 속에서 합당한 자리를 발견했고, 또 자연은 인간에게서 그 여러 완성의 하나를 가지게 되었다고 말하는 것과 다름없다. 그리고 이 둘 중의 어느 하나를 말하는 것은 인간의 생활이 비록 비인간적인 자연의 광대하고 강력한 세력들 앞에서 불안정하고 양적으로 보잘것없지만, 질적으로 풍부해서 이성적이고 기쁨에 찬 것이 될 수 있다고 말하는 것과 다름없다.

5. 듀이

　존 듀이(John Dewey, 1859~1952) : 버몬트 주 벌링턴에서 태어나 뉴욕에서 죽었다. 그는 그가 난 도시의 여러 공립 학교에서, 그리고 버몬트 대학에서 교육을 받았고, 1879년 열아홉 살 때에 버몬트 대학을 졸업했다. 그 후 그는 3년 동안 교편을 잡았는데, 2년은 펜실베이니아 주의 사우스 오일 시에서, 그리고 다른 한 해는 벌링턴 근처의 어떤 마을에서 가르쳤다. 그는 버몬트에서 공부할 때 스코틀랜드의 실재론자(實在論者)들과 오귀스트 콩트의 책들을 읽었고, 향리에 가까운 학교에서 가르치기 위해 돌아와서는 그의 친구요 동시에 스승인 토리 교수(A. P. Torrey)의 지도 밑에 다른 철학 고전을 광범하게 읽었다. 그는 〈사변 철학 잡지(Journal of Speculative Philosophy)〉에 논문 두 편을 제출했다. 그리고 이 잡지의 편집자 해리스(W. T. Harris) 박사가 이 두 논문을 받아들여 1882년에 발표했을 때, 듀이는 이미 절반쯤 결심한 대로 그의 일생을 철학에 바치기로 결정했다. 그는 존스 흡킨스 대학의 대학원에서 공부하기 위해 충분한 돈을 꾸었다. 여기서 그는 조지 S. 모리스(George S. Morris) 교수의 영향을 받게 되었고, 또 독일 철학자들, 특히 헤겔을 철저히 연구하였다. 1883년 모리스가 미시간 대학에 가자, 듀이는 그 이듬해 모리스 밑에서 철학 강사직을 맡도록 초빙되었다. 듀이는 1884년~1894년까지(미네소타 대학에서 1년 동안 강의한 것을 제외하고) 미시간에서 강의했다. 1894~1904년까지 그는 시카고 대학에서 철학과・심리학과・교육학과의 주임으로 있었다. 1904년에는 컬럼비아 대학의 교수로 초빙되어 1905년부터 25년 동안(일본과 중국에서 강의하고, 또 교육 문제에 관해 중국 당국자들의 고문으로 일한 2년 동안을 제외하고) 강의했다. 그는 1930년에 은퇴하여 별세할 때까지 명예 교수로 있었다. 교육 이론과 교육의 실제에 대한 그의 영향은 현세기의 어느 누구보다도 광범하였다. 그의 저작은 철학에 있어서나 교육・정치・사회의 문제에 있어서나 대단히 많다. 그 중 중요한 철학서만 들면 다음과 같다. 〈학교와 사회(*The School and Society*)〉(1900)・〈윤리학(*Ethics*)〉(James H. Tufts와 공저, 1908, 제2판 1932)・〈어떻게 우리는 생각하는가(*How We Think*)〉(1910)・〈민주주의와 교육(*Democracy and Education*)〉(1916)・〈철학의 재건(*Reconstruction in Philosophy*)〉(1920)・〈인간성과 행위(*Human Nature and Conduct*)〉(1922)・〈경험과 자연(*Experience and Nature*)〉(1925, 제2판 1929)・〈대중과 그 여러 가지 문제(*The Public and Its Problems*)〉(1927)・〈확실성의 탐구(*The Quest for Certainty*)〉(1929)・〈경험으로서의 예술(*Art as Experience*)〉(1934)・〈하나의 공통 신앙(*A Common Faith*)〉(1934)・〈논리학, 탐구의 이론(*Logic, the Theory of Inquiry*)〉(1938).

존 듀이는 남달리 오랜 기간에 걸쳐 철학 분야에서 많은 글을 써 낸 사람이었다. 그의 최초의 철학 논문은 1882년에 나왔고, 이때로부터 70년 후에 그가 죽을 때까지 철학 방면의 글을 계속해서 썼다. 이 기간의 초기에 그는, 나중에 그가 버린 몇 가지 견해를 발표하였다. 그는 과거와 그 자신의 시대의 몇몇 대사상가들의 영향을 깊이 받았다. 이 여러 영향은 아무리 그의 사상에 크게 기여했다 하더라도, 결코 그로 하여금 어떤 한 전통에 사로잡히게 하지는 않았다. 또 그는 남에게서 얻은 지혜를 이것저것 주워 모으는 절충가도 아니었다. 오히려 그는 사실들을 관찰하는 데 대한 날카로운 감각을 가진 사람이었고, 또 그가 부딪친 모든 사상의 가치를 이것들이 사실들을 충실히 드러내고 있는가 그렇지 않은가에 따라 측정하는 방법을 알고 있었다. 그는 언제나 새로운 사상들에 대해서 마음을 열고 있었고, 또 기왕에 가졌던 사상들을 수정할 마음의 준비를 가지고 있었다. 그는 여러 해 걸려 자기 자신의 성숙하고 독자적인 입장을 세웠다. 이 입장을 그는 마침내 1929년에 나온 〈경험과 자연〉의 제 2 판(수정판)에서 제시하였다. 이 입장은 그의 철학의 결정적 표현이라 할 수 있을 것이다.

듀이는 "절대주의에서 실험주의로"[58]란 말로 그 자신의 지적 발전을 기술하였다. 그는 또 그의 인식론을 도구주의(道具主義; instrumentalism)라고 불렀다. 그리고 〈경험과 자연〉의 제 2 판에서 그는 그의 철학을 "경험론적 자연주의 혹은 자연주의적 경험론" 혹은 심지어 "자연주의적 휴머니즘"이라고 하는 데 이르고 있다.[59] 이 여러 가지 명칭이 왜 나왔는가 하는 것은, 그가 그의 원숙한 입장을 세우는 데 있어서 끌어들인 몇 개의 영향과 또 그가 반발한 영향들을 생각하면 잘 알 수 있다. 여기에서는 그의 발전의 여러 단계를 전부 설명하는 것은 피하기로 한다. 다만 그의 발전에 기여한 여러 지적 세력과 관련시켜 그의 원숙한 입장을 설명해 보려고 한다.

헤겔의 영향

듀이는 그 초기의 여러 저술에서 헤겔의 전통으로부터 여러 가지 점에 깊은 영향을 받았음을 보여 주고 있다. 나중에 그의 사상이 원숙해진 다음에 초기의 일을 회상하여, 자기는 본래 충실한 헤겔 학도가 될 뻔하였다고 말하고 있다.[60] 그는 그의 철학적 생애의 거의 맨 처음으로부터 헤겔 학파의 절대주의(絶對主義)와 관념론(觀念論)에 몹시 비판적이었다. 그러나 그에게는 초기에 헤겔 학파의 손에서 훈련된 것이 유익이 되었고, 또 그 자신 유익했었다고 말하고 있다. 그는 언제나 헤겔의 사상에서 받은 영향을 간직하고 있었다. 이것은 심지어 그의 원숙한 입장이 최후의 단계에 들어갔을 때에도 그러하였다. 이 영향들은 가끔 그의 독자들이 알지 못하고 지나쳐 버리기 쉬운 것이다. 그 까닭은 그것들이 헤겔의 다른 사상에 대한

---

58) 그는 이 문구를 *Contemporary American Philosophy*(New York, Macmillan, 1930), Vol. Ⅱ, pp. 13 ~27에 기고한 철학적 자서전의 표제로 사용했다. 이 자서전은 *Experience and Nature*의 수정판이 나오는 것과 거의 때를 같이 하여 집필된 것이다.

59) *Experience and Nature,* 2d ed.(New York, 1929), p. 1a.

60) 그가 바로 이 말을 한 것은 1923년 1월 5일자로 나에게 보낸 친서에서였다. 이 편지 속에서 그는 이런 말도 했다. 즉 철학도가 헤겔을 통해서 철학에 들어가면, 다른 타입의 근대 철학을 통해서 철학에 들어가는 것보다 결국에 가서 건전한 경험론에 도달하는 가능성이 더 많다는 것이었다.

반대와 나란히 있기 때문이다. 그러나 그것들은 지적될 수 있다. 그리고 오직 그것들을 알아볼 때에만 우리는 듀이의 원숙한 입장을 완전히 이해할 수 있게 된다.

첫째로, 듀이는 헤겔의 연구를 통해서 경험과 자연의 이원론(二元論)을 버리게 되었다. 이 이원론은 로크가 근대 철학의 경험론적 전통의 대부분에 공고히 뿌리박게 한 것이었다. 듀이는 주장하기를 인간의 경험은 분리된 존재 영역도 아니요, 또 개인적인 존재 영역도 아니라고 하였다. 그것은 자연의 사건들의 진행의 일부이다. 경험은 자연 '속에서' 일어나며, 또 자연에 '대한' 것이다. 다시 말하면, 자연은 경험 속에(불완전하게일망정) 드러난다. 경험과 자연의 관계에 대한 이 견해는 정통적인 헤겔 사상이라고는 할 수 없을는지 모른다. 그러나 그것은 헤겔의 말이 듀이로 하여금 믿게 한 것이다.

둘째로, 듀이는 헤겔에게서 사상(思想)이 역사적 과정에 관여하되 유효하게 즉 어떤 결과를 낳도록 관여하며, 또 사건들의 진로를 형성하는 유력한 요인들 가운데 하나라는 것을 배웠다. 사상은 차이를 낳는다. 사물들의 참된 본질이 그것들에 관한 사고가 시작되기 전에 있던 대로의 것이라고 보는 로크의 생각은 옳지 않다고 듀이는 주장하였다. 그리고 사상이 사물들의 생성을 결정하고, 아울러 그 참된 본질도 결정한다고 생각한 헤겔이 옳았다. 헤겔은 역사를 정립(定立) — 반정립(反定立) — 종합(綜合)의 발전으로 보았는데, 듀이가 사고를 회의(懷疑) — 탐구(探究) — 답(答)〔doubt-inquiry-answer〕의 경험이라고 말한 것은 헤겔의 생각을 좀 고친 것이다.[61] 듀이가 헤겔의 생각을 고친 것은, 그가 보기에 헤겔의 생각이 너무 딱딱하고 도식적이었기 때문이다. 그는 사고가 이미 확립된 일정한 형식을 밤낮 되풀이하는 것이 아님을 깨달았던 것이다. 그러나 이렇게 깨달으면서도 그는 헤겔에게서 하나의 확신을 얻고 이것을 언제나 간직했는데, 이 확신이란 곧 사상의 기능이 어떤 고정된 현실에 관한 사상에 선행하는 이 현실을 밝히는 것이 아니라, 이 현실을 만들어 내는 데 참여한다고 하는 것이다. 그는 고전적 경험론자들이 가끔 자연(自然)과 지식(知識)을 모두 '실체'니

---

61) 가령 *How We Think*(Boston, Heath, 1910), 제8장 참조.

'물질'이니 '정신'이니 하는 불변하는 존재물들을 가지고 해석하는 것을 한심하게 여겼다. 그는 오히려 헤겔과 한가지로 자연과 지식을 역사·문화(헤겔의 Geist)·과정·변화·생성 같은 범주들을 가지고 생각할 때 그 특성을 더욱 잘 알 수 있다고 생각하였다.

셋째로, 듀이는 헤겔로부터 사상은, 적어도 의미 있는 사상은 사회적 성격을 띠고 있다는 것을 배웠다. 언젠가 듀이는 이렇게 말했다. "오직 하나 가능한 심리학은 사회 심리학(社會心理學)이다."[62] 그리고 오직 하나 가능한 인식론은 헤겔에서와 마찬가지로, 사회의 전체 구조 안에서 그 자체를 만들어 내는 사상을 다루는 인식론이다. 사상은 문화의 한 국면이다. 제아무리 한 개인이 천재(天才)를 가지고 있어서 그것으로 하여금 그들 지적인 지도자로 뛰어나게 할지라도, 정신은 언제나 그리고 어디서나 유기체가 물리적 및 사회적 환경과 더불어 갖는 상호 작용의 과정이다. 천재도 악착같이 노력하는 사람과 꼭 마찬가지로 문화의 역사 속에서 어떤 특별한 때에 어떤 특별한 사회에 태어나는 것이요, 또 문화적 환경과의 관계 속에서 활동하지 않으면 안 된다. 그는 인습에 대해서 노예가 될 필요가 없다. 그는 문화적 환경의 재건에 관여할 수 있다(천재의 경우에는 꼭 관여하는 것이 보통이다). 그러나 사상은 자꾸 진행해 나아가되, 그것은 머리나 신경 계통 속에서가 아니라 포괄적인 역사적 정세 속에서 진행하고 있다. 그리고 이 정세 속에서 머리와 신경 계통은 여러 가지 사회적 관계의 어떤 일시적인 중심이 된다.

생물학적 사상의 영향

비록 이와 같이 듀이는 그의 원숙한 입장 속에서는 일찍이 헤겔을 연구함으로써 얻은 몇 가지 점을 그대로 간직하기는 했으나, 차츰 헤겔의 정통적 전통에서 분명히 떠났다. 다른 여러 영향이 헤겔에게서 그에게 온 영향을 보충하였고 혹은 대체되었다. 이 여러 다른 영향들 가운데 두드러진 것은 찰스 다윈의 진화론(進化論)과 윌리엄 제임스의 심리학(心理學)이었다. 듀이는 19세기 후반에 있어서의 생물학적 과학들의 발달에 깊은 감명을 받

---

62) P. A. Schilpp, ed., *The Philosophy of John Dewey*(Chicago, Northwestern University, 1939), p. 18.

았다. 그의 다른 사상들은 이 생물학적 과학들로부터 얻은 개념들로 조직
되어 있었으므로, 그의 원숙기의 철학은 그 성격에 있어서 아리스토텔레스
철학 이래 그 어느 철학보다도 더 생물학적이었다고 말할 수 있을 것이다.
생물학적 착상들의 영향 밑에 관념론과 절대주의의 모든 흔적은 마침내 그
의 사상으로부터 완전히 자취를 감추어 버렸으며, 그 대신 철저하게 자연
주의적인 사상 체계가 출현하였다. 이 생물학적 영향은 듀이의 입장의 수
많은 근본적인 점에 뚜렷이 나타나 있다.

첫째로 듀이는 역사적 과정을 어떤 포괄적인 우주적 계획의 전개로 보지
않고, 부단히 변화하는 조건들을 가진 다수 요인들의 상호 작용으로 보게
되었다. 생명, 생물학에서 경험적으로 연구되는 생명은 바로 상호 작용이
라고 그는 말하였다. 그러나 생명이 상호 작용의 유일한 예는 아니고 상호
작용의 한 특별한 경우이다. 그것은 상호 작용하는 요인들의 하나(유기체)
가 그것에 작용해 오는 세력들을 그 자신의 보존·경신 및 전진을 위한 수
단으로 전환시키는 종류의 상호 작용이다. [63] 그것이 주위에 있는 세력들을
자신의 생존과 복리를 위해 기여케 하는 데 성공하는 정도는 환경에 따라
다르다. 모든 유기체는 그 자기 경신(自己更新)의 과정을 끝없이 해 나갈
수 없어서 마침내는 죽고 만다. 유기체들이 계속해서 살고 있을 동안에도,
그 환경과의 상호 작용들은 한편에서 예기치 않던 곤란, 충동의 좌절, 발
육의 저지를 내포하고 있고, 또 다른 한편에서는 건강·번성·힘의 증가를
내포하고 있다. 그러므로 경험은 —— 인간의 경험은 물론이지만 모든 생
물의 경험, 즉 이 생물들의 그 환경과의 상호 작용도 —— 두 개의 길에서
행해지고 있다. 즉 그것은 환경의 영향을 받으며, 또 환경에 영향을 미치
는 것이다. 인간뿐 아니라 일반적으로 모든 생물은 다른 여러 세력을 그
자신의 이익을 위해서 조종하는 동시에 어떤 세력에 대해서는 자기 자신을
적응시킬 필요가 있다.

나아가 듀이는 상호 작용의 개념을 세계 전체에 확대시켰다. 자연이란
"어떤 방식으로 상호 작용하는 물건들"에 대한 집합 명사이다. [64] 우리는 가

---

63) *Democracy and Education*(New York, Macmillan, 1916), pp. 1~2.

64) *Experience and Nature*, 2d. ed., p. 4a.

끔 존재를 단수 명사로 쓴다. 그러나 이 말로 우리가 의미하는 것은 '존재
들'이요, 또 우리는 이렇게 존재란 말이 복수의 뜻을 가지고 있음을 잘 기
억하지 않으면 안 된다. 그리고 이 많은 존재들은 인지(認知)할 수 있는 행
동 형식의 질서 있는 빈발(頻發)과 "아직 불확실한 결과들을 향해 나아가는
새로운 과정들"의 혼합이다. 65) 우리는 많은 존재들을 어떤 무리들 혹은 종
(種)들로 분류한다. 그러나 우리는 이 종들이 생물학적으로보다는 존재론
적으로 보다 더 고정되고 영구한 것이라고 생각해서는 안 된다. 그것들은
부단히 변동하고 있는 것이요, 이상한 여러 가지 변이를 하게 마련이요,
또 사물들의 새롭고 일시적인 종들을 발생시키는 것이다. 사물들은 피차
아주 가지각색의 방면으로 작용하기 때문에 그것들의 무한한 차별상(差別
相)을 적절하게 드러낼 수 있는 공식은 하나도 없다. 자연은 변역(變易)으
로 충일해 있다. 자연은 일양적(一樣的)이거나 동질적인 것이 아니다. 자연
은 어느 구석에서나 안정된 동시에 불안정하며, 질서가 있으면서 동시에
혼동되어 있고, 완성되어 있는 동시에 미완성이요, 전형적인 동시에 독특
하며, 항상 그게 그것 같으면서도 늘 새롭다.

　둘째로, 듀이는 다윈의 생물학과 제임스의 심리학에 동조하여, 그러나
헤겔의 인식론과 그 밖의 근세 인식론들에는 반대하여, 경험이 원래 인식
(認識)의 성질을 띤 것이 아님을 강조하게 되었다. 사고(思考)란 유기체가
환경에다 그 자신을 적응시키거나 혹은 환경 속에 변화를 일으킬 때 쓰이
는 테크닉의 일부이다. 사고는 경험과 외연(外延)을 같이하는 것이 아니
다. 실상 많은 생물에게 있어서는 그것이 그 경험 속에 조금도 들어가지
않는다. 그리고 사람들에게 있어서도 그것은 그들의 경험의 아주 적은 일
부에 지나지 않는다. 사람들은 고통을 겪으며 기쁨을 맛본다. 그들은 소유
하며 거래한다. 그리하여 고통을 피하고 기쁨을 얻기 위하여, 혹은 행복하
게 소유하며 유익하게 거래하기 위하여 사고가 생활 속에 들어오는 것이
다. 그러나 그 열매는 값있는 것이지만 동시에 그 생기(生起)는 우연적이
다. 즉 가끔 가다가 출현하는 것이다. 듀이는 헤겔과 한가지로 말하기를,
현실적인 것은 이성적인 것과 동일한 것이 되기에는 너무나 거리가 먼 것

---

65) *Experience and Nature*, 2d. ed., p. 48.

이기 때문에, 현실적인 것은 아주 드물게 이성적인 것이 된다고 하였다. 사고(思考)는 경험을 맹목적으로 닥치는 대로의 행동에서 지혜로운 선견(先見)으로 전환시킬 수도 있다. 그러나 경험이 근본적으로 여러 가지 일을 겪는 것, 즉 고통을 겪으며, 기쁨을 맛보는 것이 아니었던들 사고는 이와 같은 일을 수행할 수 없을 것이다. 사고는 유기적 행동에 있어서의 생물학적 변이로서 시작되는 것이요, 또 생존을 위해서 '선정'되는 것인데, 이는 그것이 여러 가지 일에 부딪힘에 있어서 더욱 적게 고통을 겪게 하며, 더욱더 많은 기쁨을 맛보게 하는 것이기 때문이다. 이 점을 좀 전문적인 말로 표현하면, 헤겔에게는 사고가 구성적(構成的)인 것이요, 듀이에게는 재건적(再建的)이다.

셋째로, 여기에서도 근대 생물학(近代生物學)에 동조하면서 헤겔에 대해서는 솔직하게 반대하여 듀이는 주장하기를, 사고가 경험과 외연(外延)을 같이하는 것이 아닌 것과 꼭 마찬가지로 경험은 자연과 외연을 같이하는 것이 못 된다고 하였다. 경험은 "어디서나, 그리고 언제든지" 일어나는 것이 아니다.[66]

생활 혹은 경험(듀이는 경험을 유기체의 환경과의 상호 작용이라고 정의하였고, 따라서 생활과 똑같은 것으로 보았다)은 자연의 체계 속에서 일어나는데, 이 자연의 체계는 생활이나 경험이 일어나기 시작하기 훨씬 전에 이미 오랫동안 존재해 온 것이요, 또 대체로 생활이나 경험에 조금도 의존하지 않고서 계속 존재해 가는 것이다. 경험은 자연 속에서 가끔 일어나는 것이요 편만(遍滿)해 있는 것이 아니다. 경험은 그 속에서 경험이 일어나는 환경으로서의 자연을 전제한다. 그러나 자연은 경험을 전제하지도 않으며 필요로 하지도 않는다. 자연은 그 속에서 경험과 태풍과 일식(日蝕)이 일어나는 그런 것이다. 그러나 자연이 그대로 태풍이거나 일식이 아니듯이 또한 자연이 그대로 경험인 것도 아니다.

자연주의적 경험론

여기에서 듀이의 경험론을 충분히 이해하기 위해 좀더 설명하는 것이 필

---

66) *Experience and Nature*, 2d. ed., p. 3a.

요하다. '경험'은 좀 애매한 말이라고 그는 지적하였다. 처음의 근본적인
의미는 위에서 말한 것, 즉 유기체와 환경의 상호 작용이다. 그 다음에는
여기서 확대되어 파생적이고 부차적인 의미를 지니게 된다. 그리하여 '경
험'이란 말은, 그 안에서 유기체와 환경과의 상호 작용이 일어나는 자연적
무대 혹은 자연 세계의 일부를 지칭한다.

　이와 같이 어떤 낱말의 의미를 확대하는 일은 '경험'이란 낱말에만 있
는 일이 아니다. 이런 일은 다른 낱말에도 있는 일이요, 또 철학적인 문제
와 관계없는 낱말에도 일어나는 일이다. 가령 '걸음'이란 말을 생각해 보
자. 우리는 어떤 사람을 그 걸음으로(혹은 걸음걸이로) 안다고 말하며, 또
우리는 어떤 사람이 걷는 곳을 걸어 내려간다고도 말한다. walk는 어떤 과
정을 의미하기도 하고, 또 그 과정이 일어나고 있는 무대를 의미하기도 한
다. 첫째의 의미는 본래의 의미요, 둘째의 의미는 파생된 의미이다. 그러
나 과정이란 것이 유기체 그 자체의, 그리고 그 유기체 단독의 활동이 아
니라는 것에 주의하는 것은 아주 중요한 일이다. 어떤 유기체도, 만일 그
것이 어떤 단단한 마룻바닥이나 땅바닥에서 분리된다면 걸을 수 없다. 걸
음은 유기체와 환경이 상호 작용하는 과정이다. 마루나 땅은 걸음의 과정
에 관여하며, 혹은 걸음의 과정이 일어나는 것을 돕는다. 그러기에 걸음의
과정이 일어나는 일이 또한 walk[걷는 곳, 보도(步道)]라고도 불리우는 것이
다. 그런 길은 어떤 유기체가 걷는 활동을 위해서 그것을 사용하지 않을
때에도 여전히 walk라고 불리운다. 그러나 그것이 언젠가 한 번 어떤 유기
체의 걸음의 무대가 아니었던들, 그리고 앞으로 다시 그런 무대가 되지 않
는다면 walk가 아니다. 자연이 walk들을 가지고 있는 것은 유기체들과 그
발 밑에 있는 땅이 걸음에 있어서 협동하기 때문이다.

　'경험'이란 말도 그렇다. 경험(유기체가 환경과 더불어 갖는 상호 작용)은
어떤 유기체의 내부에서 일어나는 것도 아니요, 혹은 그 사적 소유도 아니
다. 어떤 철학자들은 이와 같이 생각하는 오류에 빠졌다. 그들이 이 오류
에 빠진 것은, 아마도 유기체가 많은 경험들에 언제나 들어 있는 유일한
항존적(恒存的) 요인이기 때문일 것이다. 많은 경험들의 환경은 별들과 강
들, 법적 결정들, 공장의 방법들, 교회의 예배들, 어떤 방의 가구 등일 수
있다. 그러나 이 여러 경험들에 있어서 항존적인 것은 그것들이 일어나는

데 있어서 가변적인 것보다 더 필요한 조건이 되는 것은 아니다. 올바르게 생각하면 경험은 두 요인이 합동해서 이루어지는 기능이요, 그 중의 어느 하나도 제외될 수 없다. 그리고 아무도 경험을 갈라서 어느 부분은 유기체에서 오는 결과요, 어느 부분은 환경에서 오는 결과라고 하는 선명한 구분선을 그을 수 없다.

이리하여 의미의 확대에 의하여, 마치 walking(걷는 곳)이 거기서 walking(걸음)의 과정이 일어나는 무대를 가리키는 말로 사용되듯이, 경험은 그 안에서 경험의 과정이 일어나는 무대에 대해서 사용된다. 이와 같이 해서 듀이는 자연을 경험(經驗)으로서 논하게 된 것이다. 땅을 평평하게 해 놓은 곳이 본래 walk(步道)가 아니듯, 자연도 본래가 경험인 것은 아니다. 자연은 경험이 '되는' 것이다. 즉 자연은 그것이 언제나 가졌던 것이 아닌 어떤 유형의 상호 작용을 유기체와 더불어 가지게 되는 것이다. 땅을 평평하게 해 놓은 곳은, 그것이 보도가 되기 전에 이미 존재해 있었고, 자연물들은 경험이 되기 전에 이미 존재해 있었다. 듀이는 결코 경험이란 것이, 그것을 가지고 유기체들이 자연을 만들어 내는 일종의 원료나 중성(中性)의 재료라고 시사하려고는 하지 않았다. 그가 사물들을 경험이라고 부른 까닭은 그것들을 구성하는 재료 때문이 아니라, 그것들이 가끔 작용하는 방식 때문이었다.

〈경험과 자연〉에서는 '자연'·'존재'(즉 현실 존재)·'경험'의 세 용어가 거의 서로 맞바꿀 수 있게끔 쓰이고 있다. 이 책 차례의 열 장(章) 가운데에서 다섯 장은 자연이란 말을 쓰고 있고, 세 장은 존재를, 그리고 두 장은 경험을 쓰고 있다. 방금 말한 바와 같이, 이 세 개의 말은 거의 서로 맞바꿀 수 있다. 그러나 언제나 그렇지는 않다. 이 세 말은 모두 공간적으로나 시간적으로나 우리를 초월해서 퍼져 있는 동일한 하나의 광대한 사물들과 사건들의 체계를 가리키는 말들이다. 그러나 이 하나의 동일한 사물들과 사건들의 체계를 가리키지만, 그것들은 이것을 서로 다른(물론 서로 아주 관련이 없지는 않은) 이유에서 가리킨다. 이 사물들과 사건들의 체계가 존재라고 불리는 것은, 그것이 우리 앞에 놓여져 있으며 또 설명되지 않으면 안 되는 것이기 때문이다. 그것은 제일 원리(第一原理)들로부터 연역될 수 없고, 다만 불가피하게 부딪혀 만나게 되는 것이다 —— 그리고 오직 부딪혀 만남으로써만 비로소 인식되기에 이를 수 있다. 이 체계가 또한 자연이라고 불리는 까닭은 그것이 만물의 생기(生起)·지속 및 그 소멸을 지배하는 세력들을 내포하고 있기 때문이다. 그것은, 지금까지 현실화한 그리고 앞으로 현실화할 혹은 현실화될 수 있는 모든 잠세적인 것들이 깃들어 있는 보금자리이다. 그리고 끝으로 이 체계가 경험이라고 불리는 까닭은 유기체와 환경의 상호 작용 속에서 자연의 특성들과 모습들의 많은 것이 드러나기 때문이다. "그리하여 경험은 깊이 아래로 내려가서 자연에 미친다. 그것은 깊이를 가지고 있다."[67] (첫째의 의미에서의) 경험은 자연의 어떤 부분을 소유하게 되되 자연의 다른 부분들로 하여금 접근할 수 있는 것이 되도록 그 부분을 소유하게 된다. 즉 거기에 접근하여 그것들을 지식으로 얻어 들이며, 또 그것들을 소유하고 향락할 수 있게끔 소유하게 된다. 듀이가 자연 전체를 경험이라 부른 까닭은, 그가 로크의 학설 같은 여러 학설에 얼마나 극단으로 반대하는가를 강조하고 싶어서였다. 로크에 있어서의 경험은 정신과 외부 세계 사이에 걸려 있는, 그리고 이 외부 세계를 드러내느니보다 오히려 감추는 일종의 장막이었다. 그러나 듀이에게 있어서의 경험은 자연과의 상호 작용이요, 자연 안에서 일어나는 사물들의 몇 가지가 금방 분별되며, 다른 몇 가지 사물들이 이로부터 믿음직하게 추리될 수 있는 그런 것이다. 자연에 대한 우리의 지식을 확대하는 방식에는 많은 '실제적' 난점이 있음을 듀이는 깨달았다. 어떤 사물들은 너무나 짧은 동안 혹은 너무나 빨리 일어나기 때문에 우리가 미처 알아보지 못하며, 공간적으로 혹은 시간적으로 너무 멀고 구조가 너무 복잡해서 우리가 현재 가지고 있는 기구(器具)들을 가지고는 분석할 수 없는 것일 수 있다. 하지만 실제적 난점들은 과거에 그것들이 극복되었던 것처럼 기구의 개량으로 혹은 인간의 공격 노선의 변화로 극복될 수 있다. 지식에 대한 '이론적' 한계는 없는 것이다. 경험을 가지고 자연을 전부 알 수 없다고 해서 한계가 세워지는 것은 아니다. 듀이가 자연을 경험이라고 부른 것은, 자연적 대상들이 유기체와 환경과의 상호 작용에 물리적으로 들어오듯 인식하는 데에도 들어오기 때문이다.

---

67) *Experience and Nature*, 2d. ed., p. 4a.

우리가 '경험'이란 말을 유기체와 환경과의 상호 작용이라고 하는 첫째 의미에서 사용할 때, 우리는 언제나 그것이 '누구의' 경험인가를 따질 수 있다. 경험은 내 경험이 아니면 네 경험이요, 그렇지 않으면 또 그의 경험 혹은 그녀의 경험 혹은 그것의 경험이다. [68] 그러나 우리가 '경험'이란 말을 유기체와 환경의 상호 작용이 일어나는 곳이란 파생적 의미에서 사용할 때에는 소유 대명사가 별로 필요치 않다. 한 채의 집은 언제나 아무개의 재산이다. 그러나 우리는 그것이 누구의 것인지 알지 못하면서도 한 채의 집의 고유성(固有性)들은 들어 말할 수 있다. 이와 마찬가지로 하나의 경험은 언제나 어떤 유기체와의 상호 작용 속에 걸려들 수 있다. 그러나 우리는 누구의 유기체인가에 대해서 언급함이 없이 경험의 특성들을 들 수 있다. 나무들과 별들, 책상들과 의자들, 제도들과 관습들, 그리고 그 밖에 끝없이 많은 것들이 모두 (파생적 의미에 있어서의) 경험이다. 마치 우리가 한 채의 집을 분석하고 심지어 그 벽돌의 수효를 셀 수 있듯이, 우리는 그것들을 분석하고 경험의 특성들을 발견할 수 있다. 그리고 우리는 또 모든 과학이 물리적 과학이나 사회적 과학을 막론하고 경험의 특성들과 고유성들과 관계들을 탐구하는 것이라고 말해도 좋다. 한 채의 집이 그 소유주가 누군지 모르면서도 정확하게 기술될 수 있듯이, 경험은 어떤 자아(自我)에 언급함이 없이, 즉 누구의 경험인지는 모르면서도 정확하게 기술될 수 있다. 그리고 누구든지 이와 같이 경험을 기술할 내, 그는 동시에 자연을 기술하고 있는 것이라고 듀이는 주장하였다.

듀이가 그의 원숙기의 철학을 경험론적 자연주의 혹은 자연주의적 경험론이라고 부를 수 있다고 말했을 때 그는 바로 이와 같은 입장을 염두에 두고 있었던 것이다.

제임스에 대한 듀이의 관계

윌리엄 제임스에 대한 듀이의 여러 관계는 가끔 오해되어 왔다. 듀이는 자기 자신을 프래그머티스트[實用主義者]라고 부르기를 주저하지 않았다.

---

68) 경험이 '그것의(its)' 경험일 수 있음은 유기체와 환경의 상호 작용이 인간 아닌 생명 형태(가령 야채의 생명)의 상호 작용일 수도 있기 때문이다.

그는 고전적 경험론자들과 합리론자(合理論者)들에 대한 제임스의 공격에 공감하였다. 그러나 그는 제임스의 논점들 중 많은 것을 전혀 옳지 않은 것으로 보았다. 그는 제임스의 〈심리학〉에서 많은 것을 배웠다고 느꼈으나, 여기에서도 그는 제임스가 자주 그 말투에 있어서나 또 아마 그 생각에 있어서도 확실히 생물학 이전의 여러 심리학파의 주관주의적 태도에 빠져들어갔다고 보았다. 그는 제임스가 그 프래그머티즘적 사상에다가 감상주의(感傷主義)를 막 혼합한 것을 한탄하였다. 제임스는 다른 사상가들을 프래그머티즘적 입장의 당파 의식으로 끌어들이려 하는 가운데, 듀이를 자기에게 귀의한 사람들 속에 포함시켰다. 그러나 듀이는 제임스의 〈프래그머티즘〉에서 거의 아무것도 얻지 않았다. 첫째로, 듀이는 〈프래그머티즘〉이 나오기 전에 이미 그의 인식론의 주요한 특성들을 거의 완성시켰었고, 둘째로 듀이는 〈프래그머티즘〉과 그 밖의 제임스의 후기 저작들이 그 마지막 장(章)들에서, 〈믿으려는 의지〉 속에 있는 여러 논문들의 짜이지 못한 감상주의로 되돌아간 것을 싫어하였다. [69] 듀이는 그 지적 경향에 있어서 제임스의 프래그머티즘(pragmatism)보다 퍼스의 프래그머티시즘(pragmaticism)에 훨씬 더 가까웠다. [70] 그리하여 그는 계속하여 '프래그머티즘적(pragmatic)'이란 형용사를 자주 썼지만, 무조건으로 프래그머티스트라 불리기를 싫어하였다. 그는 '도구주의(道具主義; instrumentalism)'와 '실험주의(experimentalism)'란 용어를 지어 내어 자기 나름의 프래그머티즘과 제임스 및 프래그머티즘 학파의 감상적인 측에 속하는 사람들의 프래그머티즘을 구별하였다. 그는 〈프래그머티즘〉에 대해서 쓴 그의 서평에서 제임스와 반대되는 그의 입장을 분명히 표현하였고, 이것을 〈프래그머티즘은 실제적이란 말에 의해서 무엇을 의미하는가〉라는 제목의 논문으로 발표하였다. [71]

역사적으로 중요한 이 논문에서 듀이는, 어떤 사물이 '의미'를 가진다고 할 때에, 이 '의미'란 말이 가질 수 있는 세 가지 뜻을 제임스가 혼동하고

---

69) 이 점에 대한 듀이 자신의 언명에 대해서는 *Contemporary American Philosophy,* Vol. I, pp. 23 ~24에 있는 그의 자서전적 논문 "From Absolutism to Experimentalism" 참조.

70) pragmatism과 pragmaticism과의 차이 문제에 대해서는 본서 p. 620 참조.

71) *Essays in Experimental Logic*(Chicago, University of Chicago Press, 1916), pp. 303~329에 발표됨.

있다고 비난하였고, 또 이 세 가지 뜻을 구별함으로써 제임스와 그가 입장이 다름을 분명히 하려 하였다. (1) 우리는 한 '대상'이 어떤 의미를 가지고 있는가라고 물을 수 있다. 여기에서 대상이라 함은, 경험 속에 이미 주어진, 그리하여 경험적으로 확실한 근거를 가진 어떤 것이다. 그리고 우리는 이 물음에 대해서 그 대상의 의미는 그 대상이 산출하는, 따라서 우리가 고려에 넣게 되지 않으면 안 되는 결과들이라고 말함으로써 옳게 대답할 수 있다. (2) 우리는 한 '관념'이 어떤 의미를 가지고 있는가라고 물을 수 있다. 그리고 이 질문에 대해서 우리는, 그 관념의 의미는 그 관념이 우리로 하여금 행하게 하는 탐구들과 또 그 관념이 우리로 하여금 대상들 속에 생기게 하는 변화들이라고 말함으로써 대답할 수 있다. 이 두 의미는 서로 충분히 양립할 수 있다. 이 두 의미는 반성적 절차의 어느 경우에서나 찾아볼 수 있고, 또 그것들은 서로 얽혀 있다. 대상들과 관념들은 다 같이 미래에 관련 있는 의미들을 가지고 있다. 한 대상의 의미는 우리의 관념들을 변용(變容)시키며, 우리의 관념들의 의미는 대상을 변용시킨다. 그리고 이두 가지 종류의 변용은 그것들의 상호 관계에 있어서 프래그머티즘의 인식론이 주의를 환기시키지 않으면 안 되는 '실제적' 결과들이다. 그러나 (3) 우리는 또한 한 '신념'이 어떤 의미를 가지고 있는가라고도 물을 수 있다. 그리고 우리는 여기에서 다만 신념의 의미는 그 신념이 그 신념을 품은 사람의 정서적 태도에서 가지는 결과들이라고 대답할 수 있을 따름이다. 신념이란 참된 것으로 받아들여진 낙착된 견해이어서, 장차의 탐구에 있어서의 지침으로서 시도적으로 검토되고 실험적으로 사용되는 관념이 아니다. 그것은 이미 고정된 논리적 내용을 가지고 있다.[72] 그것은 반성의 과정에 있어서의 한 요인이 아니다. 그것은 즐겨할 어떤 것, 소중히 여길 어떤 것이다. 그 가치는 그것이 현재의 소유물인 데 있다. 그러므로 그것은 변화에 대해서 문을 닫으며, 세계(혹은 세계의 몇몇 특별한 측면이나 부분)에 대한 우리의 여러 가지 관계를 보는 기정(旣定)의 방식으로 만족하게 한다.

프래그머티즘은 진리(眞理)란 것이 관념과 사실의 일치임을 인정하는 것

---

72) 앞에 든 책, p. 313.

에서부터 출발했다고 듀이는 지적하였다. 그러나 프래그머티즘의 특유한 점은, 그것이 이 일치가 정적(靜的)이고 시간과 상관없는 관계에서 성립하는 것이 아니라, 관념들이 발전하고 새로운 사실들이 추구되는 가운데 마침내 반성을 통해서 관념들과 사실들의 일치를 알게 되는 시간적 과정에서 성립하는 것임을 발견한 데 있다. 그리고 듀이는 제임스가 여러 가지 믿음을 권장하되, 이 믿음들이 이것들을 궁극적인 것으로서 품는 사람들의 마음속에 산출하는 정서적 만족 때문에 권장하였을 때 올바른 프래그머티즘의 이론에서 떠났다고 보았다. 그는 제임스가 관념의 진정으로 프래그머티즘적인 가치와 신념의 아주 비프래그머티즘적인 가치를 혼동했다고 불평하였다. 그리고 제임스의 광범한 영향이 사람들로 하여금 깊숙이 품은 신념들에 대해서 자기 만족을 가지게 했기 때문에, 듀이는 더욱더 그 자신의 뚜렷한 간판을 내걸게 되어 그 자신을 도구주의자(道具主義者) 혹은 실험주의자(實驗主義者)라 부르게 되었다.

가치 판단의 이론

듀이는 그의 철학적 원리들을 인간의 관심사의 매우 많은 영역에다 적용하였기 때문에 여기에서 그가 현대 사상에 끼친 많은 공헌을 전부 훑어볼 수는 없다. 그러나 여기에서 한 가지 문제만은 더 주의할 수 있을 것이다. 그것은 듀이의 철학적 활동의 전기간을 통해서 그의 깊은 관심을 끈 것이기 때문에 주의할 만한 가치가 있는 것이다. 듀이는 자연 과학에 있어서 뛰어나게 성공적이었던 탐구 방법들을 도덕 문제와 사회 문제에 확대하고 싶어하였다. 이 확대를 실행에 옮기기 위해서 그는 대부분의 현대의 철학적 저술에 반대하여 두 가지 주장을 내세우지 않으면 안 되었다. 이 주장들 가운데 하나는 도덕적 판단들이 경험적 사실들에 관한 것이라고 하는 것이다. 그리고 다른 하나는 도덕적 판단들이 실험적으로 확증될 수 있다고 하는 것이다.

도덕적 판단들이 사실 문제에 관한 판단이라고 하는 주장을 옹호하기 위해서 듀이는 먼저 가치란 것이 자연 안에서 객관적으로 일어나는 것임을 주장하지 않으면 안 되었다. 그리고 그는 꾸준히 또 열심히 이것을 주장하였다. 가치는 빛깔이나 무게나 크기나 모양과 꼭 마찬가지 정도로 객관적인 자연에서 일어나는 일이다. 물론 어떤 고전적 자연 이론(自然理論)은 자연으로부터 감각적 성질들을 제거하였고, 또 근대의 여러 세기의 이론들은 이와 비슷하게 자연으로부터 미적(美的) 및 도덕적 특성들을 제거하였다. 그러나 듀이는 언제나 이와 같은 추방 선고에 동의하기를 거부하였다. 경험적으로 고찰할 때, 사물들은 매섭고 비극적이며, 선하고 악하며, 아름답고 추하며 하는 등등의 성질을 가지고 있는 것이라고 그는 주장하였다. 사물들은 "직접적으로 그런 것이요, 그것들 자체의 성질로 인하여 그런 것이다."[73] 미적 특성과 도덕적 특성은 역학적 구조들과 물리적 특성들 못지않게 실제로 자연에 속한다. 경험은 가끔 가장 완전한 것이라고 듀이는 늘 말하였다. 그리고 이렇게 말함에 있어서 그는 물론 '경험'이란 말을 자연과 분리된 어떤 사적인 영역이란 의미에서 쓰지 않았고, 살아 있는 그리고 아마도 생각하는 유기체들과 더불어 상호 작용하는 자연 세계에 대해서 쓰고 있었던 것이다. 다시 말하면, 자연은 질적(質的) 성격을 지니고 있다. 좀더 정확하고 확실하게 말한다면, 자연적 대상들은 우리의 주의를 끄는, 그리고 그들의 미적 직접성(美的直接性)에 있어서 향락되는(혹은 고통을 자아내는) 가지가지의 질적 성격들을 가지고 있다. 갖가지 자연의 조직과 수단들은 자연의 목적들을 향하여 점진해 나아가며, 마침내 거기에 도달하는 것이다. 자연 속에는 수단도 많지만 목적도 가득하다. 이와 같이 말한다고 해서 자연이 그 시간적 신행에 있어서 징지힘을 시사하는 것은 아니다. 자연의 목적은 변화나 이행(移行)의 종국(終局)이 아니다. 자연의 목적들은 자연 안에 있는 다른 모든 것들과 마찬가지로 우리가 설명할 수 있는 어떤 종류의 결과들을 가지고 있다. 그러나 자연은 어떤 고유한 강도의 계기(契機)들, 혹은 두드러진 가치(선한 것이든 악한 것이든)의 경험들이란 의미에서 목적들을 가지고 있다. 자연물들은 그것들이 '인식'되는 것보다 훨씬 더 광범하게, 그리고 훨씬 더 일반적으로 '가져진다'(혹은 소유된다). 그리고 이 '가져진' 대상들로서의 자연물들은, 그것들의 발생적 조건들과 마지막 결과들의 고찰을 떠나 직접적으로 경험되는 그것들의 성질들을 가시고 구별될 수 있다.

---

73) *Experience and Nature*, 2d. ed., p. 96.

극치를 이루는 경험들, 혹은 우리 주위의 세계 안에 있는 자연적 목적들은 모두가 선인 것은 아니다. 죽음과 질환도 출생과 행복 못지않게 정녕 목적들(혹은 종국들)이다. 그리고 고유한 본래적 선(善)인 자연적 목적들은 그 다양성이 대단하다. 목적들 가운데에서 선택하는 일은 반성을 떠나서 행해지면 제멋대로 되고 도덕과 무관한 것이 된다. 좋은 것들(선한 것들)은 자연히 좋게 여겨진다. 그러나 그것들은 또한, 만일 그것들의 추구가 지성적인 것이 되려면 평가되어야만 한다. 즉 그것들의 상관적인 가치에 있어서 평가되며, 도덕적 목적으로 삼아져야만 한다. 좋게 여기는 것과 평가하는 것은 현실적인 선(善)과 가능한 선에 대한 두 개의 뚜렷이 다른 인간적 태도라고 듀이는 주장하였다. 원시적이고 미숙하고 충동적인 태도는 그저 좋게 여기는 것이다. 그러나 어떤 자연적 선(善)은 여러 개 중에서 선택되는 것이요, 또 모든 자연적 선은 고르지 않게 일어나는 것이어서 풍족하게 그것들을 얻으려면 계획하고 깊이 생각하여 보살피는 것이 절대로 필요하다. 이리하여 좋게 여기는 일은 차츰 평가하는 일로 옮아 간다. 좋게 여기는 일이 평가하는 일로 옮아 가는 것은, 향락(享樂)이 가끔 하나의 사실이기를 그치고 하나의 문제가 되기 때문이다. 그리고 문제의 해결을 위해서는 비판이 필요하다. 그리고 비판의 출현과 함께 도덕적 생활이 탄생하는 것이다.

평가(評價)는 비판적 판단을 형성하는 과정이요, 이로써 자연적 선들이 분류된다. 이 자연적 선들 가운데 어떤 것은 버림받는다. 새로운 것들이 때로 발견된다. 그리고 그 모든 것이 수수한 것, 좀 나은 것, 가장 나은 것의 부류로 나뉘어진다. 듀이는 평가가 일종의 인식적 경험 혹은 반성적(反省的) 과정이라고 지적함으로써 평가의 본성을 설명하려 하였다. 모든 반성에는 관념들과 사실들 사이의 부단한 연락이 있다. 관념들은 발전되고 검증되며, 사실들은 발견되고 관찰되어 드디어 관념들과 사실들이, 적어도 성공적인 반성에서는 일치 혹은 조화를 이루게 된다. 일종의 반성인 도덕적 비판에 있어서도 이와 마찬가지이다. 도덕적 비판에 있어서는 관념(觀念)이 평가요, 사실(事實)은 좋게 여기는 것들이다. 그리고 비판이 건전한 것이 되려면, 반성은 좋게 여기는 것과 평가하는 것이 결합되어 가지고 하나의 성숙하고 통일된 판단이 되는 데까지 계속되지 않으면 안 된다. 사

람들의 도덕적 판단들은, 마치 도덕 문제 아닌 다른 문제들에 대한 그들의
신념들이 다른 것처럼 서로 다르다는 것을 듀이는 인정하였다. 사람들이
사실 문제로 보고 단단히 붙들고 늘어지는 몇 가지 신념들이 있는데, 이
신념들이 건전하든 조리에 맞지 않든 그들은 이 신념들을 고수한다. 그리
고 또한 충분히 생각하고 깊이 헤아린 끝에 사람들이 받아들이는 어떤 신
념들이 있다. 전자는 '사실상'의 신념들이라 부를 수 있을 것이다. 후자는
'정당한' 신념들이라 부를 수 있을 것이다. 그리하여 도덕의 분야에는 몇
가지 직접적으로 경험되는 선(善)들이 있는데, 이것들은 현명하게 향유되
기도 하고 어리석게 향유되기도 한다. 그리고 가치 있다고 평가되고 생각
된, 그리고 궁리 끝에 받아들여진 몇 가지 선이 또한 있다. 전자는 욕구된
선들이라고 부를 수 있고, 후자는 욕구할 만한 선들이라고 부를 수 있다.[74]
    먼저 욕구된 무엇이 있지 않고서는 욕구할 만한 것이란 하나도 있을 수
없을 것이다. 욕구할 만한 것은 '비판적 평가에 비추어 욕구된 것'이다.
그저 욕구된 것은 천박하고 피상적인 선일 수 있고, 또 가끔 그렇다. 그리
고 이런 것은 충분히 또 명철하게 검토하면 좋지 못한, 혹은 신통치 않은
것으로 판단되는 것이다. 자연적인 그리고 비판되지 않은 선(善)들은, 이
를테면 도덕적 판단들의 데이터(所與)들이다. 경험에 있어서 직각적으로
느낄 때에는 비판되지 않은 자연적 선들과 비판적으로 평가된 선들 사이에
뚜렷한 차이가 없을 수 있다. 그러나 평가를 통해서 가치 판단들이 이루어
질 수 있고, 이로써 많은 선들이 그 상대적 가치의 결정을 받게 된다.
    이렇게 가치의 중요성을 강조하고 나서, 듀이는 나아가 건전한 평가를
할 수 있는 몇 가지 처리 방법을 설명하였다. 여기에서는 대충 그 중의 셋
을 요약할 수 있다. (1) 목적과 수단은 함께 가치 판단되지 않으면 안 된
다. 우리는 어떤 좋게 여겨진 선들을 목적으로 삼을 수 없으며, 또 우리로
하여금 이 선들을 소유할 수 있게 하는 그 어떤 수단도 이를 옳다고 할 수
없다. 목적과 수단은 도덕 생활의 전체적 과정에 있어서의 요인들이다.
(2) 어느 수단이나, 혹은 선한, 혹은 악한, 혹은 선하지도 악하지도 않은
고유한 성격을 가지고 있다. 그러므로 그 자체만으로 좋게 여겨진 고립된

---

74) *Experience and Nature*, 2d. ed. p. 402. 또한 제 10 장, *passim*.

선으로부터 우리는 반성을 통하여 경험의 보다 큰 범위의 도덕적 성질, 즉 선택된 수단을 가지고서 좋게 여겨진 선을 성취하는 것의 도덕적 성질을 살피는 데로 나아간다. 그리고 이 결과 생기는 원숙한 도덕적 판단은 고립된 목적을 좋게 여긴 처음의 생각을 크게 변화시킬 수 있다. (3) 모든 목적은 자연 세계의 전체 구조 안에서, 그리고 그 여러 인과 관계에 있어서 일어나며, 또 여러 귀결을 가지는 것이다. 어떤 특수한 목적이 평가될 때, 비판자는 여러모로 살펴보며, 또 그저 좋게 여겨졌던 목적에 대한 그의 처음의 욕망을 되풀이함으로써 여러 가지로 새로 생길 결과들에 눈을 가리우는 대신, 이 목적을 그 여러 가지 관련에서 재평가하여 보다 광범하고 적절한 고찰들을 이에 가한다. 그리하여 어떤 추상된 경험 사항에 대한 일종의 조잡한 인과적 평가 대신에 수단과 목적의 포괄적인 체계의 세련된 판단이 들어선다. 철저한 평가가 행해진 후에도 어떤 것은 여전히 괜찮은 것으로 여겨질 것이다. 그러나 이 어떤 것은 전반적인 계획 속에서 조직적인 보조적 활동을 이루게 하는 목적이 될 것이다. 이 목적을 듀이는 '내다본 목적(end-in-view)'이라고 불렀다. 내다본 목적은 다른 어느 목적 못지않게 구체적인 것이요, 또 다른 어느 목적 못지않게 좋게 여겨진 것이다. 그러나 그것은 비판적 가치 판단을 받았고, 또 합리적으로 정당하게 여겨지게 된 점에서 모든 다른 종류의 목적과 다르다. 그것은 여전히 욕구된 것이지만, 또한 그것은 욕구할 만한 것이다. 그리고 그 비판이 포괄적(包括的)이고 지성적인 것이기만 하면, 이 '내다본 목적'은 '최종적으로' 욕구할 만한 것이다.

듀이는 목적들을 그것들이 다시 앞으로 낳을 결과들의 고찰에 의해서 평가하는 과정이 끝없는 후퇴 추리(後退推理)를 내포한다는 근거에서 비판받았다. 그의 비판자들은 어떤 목적을 그것이 낳을 여러 가지 결과에 비추어 보게 됨으로써 그것이 한낱 수단적인 선(善)이 된다는 입장을 취한 것 같다. 이리하여 그들은 듀이가 그의 내다본 목적들이 참으로 고유한 가치를 가지고 있음을 부인했다고 생각하였던 것이다.

이 반대 입장의 비판은 듀이의 입장의 중요한 점을 망각한 것이다. [75] 듀이는 모든 경험 사항 하나하나의 고유한 도덕적 성질의 고찰을 간직하는 일종의 도덕적 평가를 권하고 있었던 것이다. 그는 목적들의 고유한 가치

뿐만 아니라 수단의 고유한 가치도 인정하고 싶어하였다. 그의 의도는 고유한 가치로부터 수단으로서의 가치로 눈을 돌이키려 한 것이 아니요, 이 둘을 모두 고려에 넣으려 하는 것이었다. 그는 사람들에게 고찰의 범위를 넓힐 것을 권하였다. 그리고 이 고찰의 하나하나가 모두 그 수단으로서의 가치와 그 특수한 고유의 가치를 다 함께 살피는 것이어야 한다고 본 것이다. 물론 그는 고찰의 범위를 얼마나 넓혀야만 평가를 합리적으로 정당한 것이 되게 하는지를 꼬집어 말할 수는 없었다. 특히 그가 도덕적 상황들의 일반적 성질을 추상적으로 다룰 때 그러하였다. 그는 자기가 이것을 꼬집어 말할 수 없음을 시인하였다. 그러나 그가 이것을 꼬집어 말할 수 없는 이유가, 이렇게 하는 것이 이론적으로나 실제적으로 전혀 가능하지 않은 데 있다고 그는 주장하였다. 아무도 도덕 문제들을 올바로 다루는 데 있어서 자연(自然)이 얼마나 관계되는 것인지를 선천적으로 말할 수는 없다. 그리고 아무도 사실 문제들에 관한 어떤 판단을 뒷받침하는 데 있어서 얼마나 많은 증거가 있으면 충분한지 선천적으로 말할 수는 없다. 도덕 문제는 다른 모든 경험적 문제보다 더 불확실하다고 나무랄 성질의 것은 아니다. 그러나 얼마간의 증거를 가진 후에 우리는 어떤 질병의 진단에 관해서, 그리고 그 치료를 위한 최선의 방법에 관해서 합리적으로 확신할 수 있게 된다. 이와 비슷하게 얼마간의 평가가 있은 후, 우리는 어떤 목적들의 가치에 대해서, 그리고 이 목적들을 달성하기 위해서 어떤 수단들을 쓰는 것이 도덕적으로 욕구할 만한 것이라는 데 대해서 합리적으로 확신을 가지게 된다. 합리적 확신 이상의 것을 경험론자에게 요구하는 권리는 어떠한 비판자도 가지고 있지 않다. 그리고 듀이는 물리적 문제에서나 혹은 도덕적 문제에서나를 가릴 것 없이, 절대적 확실성에 대한 합리주의적 자부(自負)를 합리주의자들로 하여금 유치한 자기 만족에 빠지게 하는 데 지나지 않는 그릇된 보증으로 보았다. 결국 그는 합리적 확신이 망상적인 확실성의 감정들보다 지적으로 더 존중할 만한 것이라고 말하였던 것이다.

---

75) 듀이는 여러 차례 비판에 답변하였다. 그가 행한 답변 가운데 유효 적절했던 한 답변은 *International Encyclopedia of Unified Science*(Chicago, University of Chicago Press, 1929), Vol. II, No. 4 특히 pp. 45~48에 있는 "Theory of Valuation"이다.

끝맺는 말

사가(史家)는 가끔 과거에 관한 그의 이야기를 그 자신의 시대에 이르기 훨씬 전의 어느 시점에서 끝맺는다. 만일 그의 이야기를 그가 글을 쓰고 있는 바로 그때까지 써내려 온다면(현저자의 경우가 바로 그런 사가이다) 그는 과거와 현재와의 관계에 대한 새로운 감각을 얻게 되는 것이 보통이다. 그는 그의 일을 현재에서 중단하여야 하는데, 이것은 그의 이야기가 거기서 어떤 자연적 종착역을 가지고 있어서가 아니라, 오히려 사가로서 더 이상 나아갈 수 없기 때문이다 —— 그리고 또 예언자의 방식들은, 역사의 변천을 설명하는 것을 배운 사람에게는 어울리지 않는 일이기 때문이다. 우리의 철학적 전통에 관한 이야기는 중단된 것이지 끝난 것이 아니다. 시간은 계속 진행해 나갈 것이다. 새로운 지적(知的) 조류들이 뒤이어 일어날 것이다. 이 조류들은 우리의 전통의 재료를 변모시켜, 그것들이 현재 가지고 있는 의의로부터 우리가 내다볼 수 없는 다른 어떤 것으로 변화시킬지도 모른다.

존 듀이는 언젠가 이런 말을 하였다. "전통은 뒤를 돌아다보기도 하지만 앞을 내다보기도 한다." 만일 전통이 뒤를 돌아다보기만 한다면 그것은 잔인하게 구속하고 강압하는 것이 되고 말 것이다. 그러나 그것은 또한 앞을 내다보기도 한다. 마치 푸른 에게해(海)를 향해 불쑥 솟은 언덕 위의 희랍 사원이 아침마다 솟는 해를 향하여 동녘을 내다보듯, 그것은 앞을 내다본다. 앞을 내다보되 새날들이 무엇을 가져올까 하고 수상히 여기며, 새로운 행위들을 보고 신기하게 여기며, 새로운 행위들이 과거의 최선의 것에 필적하고 때로는 창조적 천재의 새로운 수준들에 도달할 것을 바라면서 앞을 내다본다.

우리는 모두 우리의 전통을 가지고 전진한다. 이 전통들은 우리의 주인이 될 필요가 없다. 우리가 현명하면 그것들은 우리의 주인이 되지 않을 것이다. 오히려 우리의 기회(機會)가 될 것이다. 그것들은 우리에게 우리들 자신과 우리의 세계에 대한 어느 정도의 이해를 준다. 그리하여 우리는 지혜롭게 앞으로 나아갈 수 있다. 우리가 원시인들처럼 거의 아무 사상도 없이 새로 출발하지 않아도 된다는 것은 다행한 일이다. 우리는 유산을 가지고 있다. 우리는 그저 감상적으로 이 유산을 찬탄(讚嘆)할 필요는 없다. 우리는 그것을 쓸 수 있고, 또 비판적으로 쓸 수도 있다. 우리는 그것을 무엇을 위해서 이용할 수 있다──그런데 우리가 그것을 무엇에 쓰겠는가 하는 것은 오직 미래의 사가(史家)만이 말할 수 있을 뿐이다. 그러나 그 중 한 가지 것만은 우리가 확실히 알 수 있다. 즉 어떤 사람이 그의 전통의 유산을 어떻게 쓰기를 선택하는가 하는 것은 그의 용기의 질(質)의 최종적 시금석(試金石)이라고 하는 것을.

참고 문헌

  이 간단한 참고 문헌은 철학사를 공부하는 학생들로 하여금 위대한 철학
자들의 원저작(原著作)들과 담을 쌓게 하기 위해서 만든 것은 아니다. 원저
작들은 이차적 문헌을 모두 포함한 참고서 목록보다 훨씬 더 중요하다. 그
러나 여기에서는 이 책의 각 장(章)의 내용을 보충할 이차적 저작을 적어도
하나는 언급하도록 노력하였다. 간혹 두 개의 이차적 저작이 시사되어 있
기도 하다. 그리고 플라톤의 경우에는 세 개가 시사되었다. 20세기 철학에
대한 책은 목록을 만들기가 어렵다. 왜냐하면, 여기에서는 비판이 역사적
이고 해설적이기보다 오히려 논쟁적이기 때문이다. 저자는 이 책에서 요약
하여 다룬 논점들의 여러 해석을 강화하기 위해서 자신의 역사적 논문들
가운데 몇 개를 감히 참고 문헌에 포함시켰다.

Burnet, John, *Greek Philosophy : Part I, Thales to Plato*(London, Macmillan and
    Co., Ltd., 1924). 특히 탈레스로부터 희랍의 소피스트들에 이르는 시기에
    관한 부분이 좋다.
Taylor, A. E., *Socrates*(London, Davies, 1932). 소크라테스의 사상과 플라톤의
    사상을 분간하는 우리의 능력에 대해서 본서보다 훨씬 더 회의적(懷疑
    的)이다.
——, *Plato : The Man and His Work*(New York, Lincoln MacVeagh, 1927). 이
    책은 플라톤의 각 〈대화편〉을 철학적 문헌의 독립된 작품으로 다루는 현
    명한 방법을 따르고 있다.
Field, G. C., *Plato and His Contemporaries : A Study in Fourth-century Life and
    Thought*(New York, Dutton, 1930). 플라톤의 철학을 그 당시의 희랍 문화
    의 핵심적 부분으로서 묘사하고 있다.
Woodbridge, F. J. E., *The Son of Apollo : Themes of Plato*(Boston, Houghton

Mifflin, 1929). 플라톤의 주요 〈대화편〉들 속에 거듭 나오는 몇 가지 사상에 대한 재치 있고 예리한 평가이다.

Jaeger, W. W., *Aristotle : Fundamentals of the History of His Development*(Oxford, Clarendon Press, 1934). 아리스토텔레스의 철학적 저작들이 발전해 왔음직한 길을 우리로 하여금 이해할 수 있게 하는 획기적 학술서.

Murray, Gilbert, *Five Stages of Greek Religion*(New York, Columbia University Press, 1925). 제 3 장에서 퀴레네-에피쿠로스 학파(Cyrenaic-Epicurean)와 퀴니코스-스토아 학파(Cynic-Stoic)의 전통이 매우 훌륭한 솜씨로 다루어지고 있다.

Katz, Joseph, *Plotinus' Search for the Good*(New York, King's Crown Press, 1950). 플로티노스의 주요한 문제들 가운데 하나를 명료하게 조직적으로 묘사하고 있다.

McGiffert, A. C., *A History of Christian Thought,* 2 vols.(New York, Scribner, 1932~1933). 1세기로부터 에라스무스까지의 모든 기독교도 단체들간의 지적 조류(潮流)를 거의 전부 문제 삼고 있다.

Copleston, Frederick, *A History of Philosophy : Mediaeval Philosophy, Augustine to Scotus*(London, Burns Oates, 1950), Vol. II. 지성사(知性史)의 한 모델이다 ―― 명료하고 깊이 있게 잘 서술되어 있다.

Gilson, E. H., *History of Christian Philosophy in the Middle Ages*(New York, Random House, 1955). 현대의 최고 권위자에 의한 기독교 철학 사상의 체계적 개관(槪觀). 초기 기독교에 있어서 희랍어와 라틴어로 신학적 저술을 한 사람들로부터 14세기까지 다루고 있다.

――, *The Philosophy of St. Thomas Aquinas*(Cambridge, W. Heffer and Sons, 1924). 현세기의 위대한 중세 예찬자(中世禮讚者)의 한 사람의 주요 저서 중 하나.

Burtt, E. A., *The Metaphysical Foundations of Modern Physical Science*(New York, Harcourt, 1925). 코페르니쿠스로부터 갈릴레이까지의 시기에 대해서, 그리고 철학적 발전들에 대한 과학적 발견들의 관계에 대해서 특히 좋다.

Randall, J. H., *The Making of the Modern Mind,* rev. ed.(Boston, Houghton Mifflin, 1940). 코페르니쿠스의 혁명, 데카르트의 혁명, 그리고 뉴턴의 혁

명에 관한 부분이 특히 좋다.

Hampshire, Stuart, *Spinoza*(Harmondsworth, Penguin Books, 1951). 짧지만 스피노자에 대한 균형이 잘 잡힌 해설이다. 더 좋은 판으로 간행할 가치가 있는 책이다.

Lamprecht, Sterling P., "Hobbes and Hobbism," *The American Political Science Review*, Vol. XXXIV, No. 1(February, 1940).

Strauss, Leo, *The Political Philosophy of Hobbes*(Oxford, Clarendon Press, 1936). 베이컨 · 아리스토텔레스 등 몇 사람에 대한 홉스의 역사적 관계에 대해서 특히 좋다. 본서에서의 홉스에 대한 해석보다 홉스를 더욱 홉스주의자에 가깝게 해석하고 있다.

Lamprecht, Sterling P., "The Early Draft of Locke's *Essay*," *Journal of Philosophy*, Vol. XXIX, No. 26(December, 1932).

———, "John Locke and His *Essay*," A Tercentenary Lecture(New York, Columbia University Press, 1933).

Gibson, James, *Locke's Theory of Knowledge and Its Historical Relations*(Cambridge, Cambridge University Press, 1917). 로크의 *Essay*를 본서에서의 로크에 대한 장(章)에서보다 훨씬 더 조리가 닿는 하나의 전체라고 보고 있다.

Woodbridge, F. J. E., "Berkeley's Realism," in *Studies in the History of Ideas*(New York, Columbia University Press, 1918), Vol. I. 버클리의 철학 가운데에서 많이 소홀히 여겨진 한 면을 훌륭하게 묘사하고 있다.

Lamprecht, Sterling P., "Empiricism and Epistemology in David Hume," in *Studies in the History of Ideas*(New York, Columbia University Press, 1925), Vol. II. 불행히도 epistemology(인식론)란 말이 옳지 않게 그릇 사용되고 있음에도 불구하고, 이 논문은 본서에서의 흄에 대한 장에서와 동일한 비판 노선을 제시하고 있다.

Laird, John, *Hume's Philosophy of Human Nature*(London, Methuen, 1932). *Treatise*(인성론)의 제1권에서 흄이 시종 일관 현상론자(現象論者)였다고 보고 있으나, 필연성의 개념을 흄이 다룬 것에 관한 부분이 특히 좋다.

Royce, Josiah, *The Spirit of Modern Philosophy*(Boston, Houghton Mifflin, 1892). 4~8장은 칸트와 그 후계자들에 대해서 짧지만 유익한 분석을 가하고 있

다.

Stephen, Leslie, *The English Utilitarians,* 3 vols.(London, Duckworth, 1900). 산만
하고 전기적인 문제에 너무 머리를 쓰고 있으나 퍽 날카롭게 씌어 있어
서 스티븐을 대비평가가 되게 한 책이다.

Elliot, Hugh, *Herbert Spencer*(London, Constable, 1917). 스펜서처럼 철학을 과
학적 지식의 종합이라고 보는 사람이 쓴 책이다.

Perry, R. B., *The Thought and Character of William James,* 2 vols.(Boston, Little,
Brown, 1935). 제임스와 제임스의 많은 동시대인들과, 19세기에서 20세
기로 넘어오던 시대의 미국인의 생활을 재미있게 해설하고 있다.

Fisch, H. M., ed. *Classic American Philosophers*(New York, Appleton-Century-
Crofts, 1951). 최근의 미국 철학에 대한 일반적 해설과 미국 철학에서 중
요한 위치에 있는 몇 사람에 대한 개별적 해설이 들어 있다.

부 록

본서에 실린 책명은, 원저(原著)를 따라, 일부를 제외하고는 대부분 영명으로 되어 있는데, 여기에 직접 원전에 접하기를 원하는 독자들을 위하여 아래와 같은 '영명 및 원명 대조표'를 작성하였다. 표(→)의 왼쪽은 영명, 오른쪽은 원서명이며, 순서는 저자의 가나다순으로 하였다. 단 인명은 본문 안에 직접 원명으로 표기하였다(예컨대 Plato는 Platōn으로) —— 역자.

니체

비극의 탄생(*The Birth of Tragedy*→*Die Geburt der Tragödie*)
인간적, 너무나 인간적(*Human, All Too Human*→*Menschliches Allzumenschliches*)
이 기쁜 지혜(*This Joyful Wisdom*→*Die fröhliche Wissenschaft*)
차라투스트라는 이렇게 말했다(*Thus Spake Zarathustra* →*Also sprach Zarathustra*)
선과 악을 넘어서(*Beyond Good and Evil*→*Jenseits von Gut und Böse*)
도덕의 계보(*Genealogy of Morals*→*Zur Genealogie der Moral*)
권력에의 의지(*The Will to Power*→*Der Wille zur Macht*)
반(反)그리스도론(*Antichrist*→*Der Antichrist*)

데카르트

방법 서설(方法敍說)(*Discourse on Method*→*Discours de la méthode*)
제1철학의 성찰(*Meditations on First Philosophy*→*Meditationes de prima philosophia*)
철학 원리(*Principles of Philosophy*→*Principia philosophiae*)
정신의 지도를 위한 규칙(*Rules for the Direction of the Mind*→*Regulae ad directionem*

ingenii)

둔스 스코투스

자유 토론집(*Quodlibeta*→*Quacestiones quodlibetales*)

라이프니츠

신정론(神正論)(*Theodicy*→*Essai de théodicée*)
인간 오성 신론(人間悟性新論)(*New Essays on the Human Understanding*→*Nouveaux essais sur l'entendement humain*)
형이상학 서설(*Discourse on Metaphysics*→*Discours de metaphysiques*)
자연의 신체계(*New System of Nature*→*Système nouveau de la nature*)
단자론(單子論)(*Monadology*→*Monadologie*)

롬바르두스

명제집 4 권(*Four Books of Sentences*→*Libri quattuor sententiarum*)

루크레티우스

물체의 본성에 관하여(*On the Nature of Things*→*De rerum natura*)

루터

기독교인의 자유에 관하여(*Christian Liberty*→*Von der Freiheit eines Christenmenschen*)

베르그송

시간과 자유 의지(*Time and Free Will*→*Essai sur les données immédiates de la conscience*)

물질과 기억(*Matter and Memory*→*Matière et mémoire*)

형이상학 입문(*Introduction to Metaphysics*→*Introduction à la métaphysique*)

창조적 진화(*Creative Evolution*→*L'evolution créatrice*)

도덕과 종교의 두 원천(*The Two Sources of Morality and Religion*→*Les deux sources de la morale et de la religion*)

의식의 직접 소여(直接所與)(*The Immediate Data of Consciousness*→*Essai sur les données immédiates de la conscience*)

베이컨, 로저

오푸스 마이우스(*Opus Maius*→*Opus majus*)

오푸스 미노르(*Opus Minor*→*Opus minus*)

보에티우스

철학의 위안(*The Consolations of Philosophy*→*De consolatione philosophiae*)

빈센티우스

스페쿨룸 마이우스(*Speculum Maius*→*Speculum majus*)

쇼펜하우어

충족 이유율의 네 근거에 대하여(*The Four-fold Root of Sufficient Reason*→*Über die vierfache Wurzel der Satzes vom Zureichenden Grunde*)

의지와 표상으로서의 세계(*The World As Will and Idea*→*Die Welt als Wille und Vorstellung*)

스피노자

데카르트 철학의 제원리(*Principles of Descartes' Philosophy*→*Renati descartes principiorum philosophiae*)

신학-정치론(*Theological-Political Tractate*→*Tractatus theologico-politicus*)

기하학적으로 증명된 윤리학(*Ethics Demonstrated in the Manner of Geometry*→*Ethica ordine geometrico demonstrata*)

국가론(*Political Treatise*→*Tractatus politicus*)

지성 개선론(*Treatise on the Improvement of the Understanding*→*Tractatus de intellectus emendatione*)

신과 인간 및 인간의 행복에 관한 단논문(*A Short Treatise on God, Man and His Well-being*→*Korte Verhandeling van God, de mensch en deszelfs welstand*)

아리스토텔레스

형이상학(*Metaphysics*→*Metaphysica*)

영혼에 관하여(*Concerning the Soul*→*De anima*)

윤리학(*Ethics*→*Ethica* [*eudemia, nicomachea*])

정치학(*Politics*→*Politica*)

분석론 전서(分析論前書)(*Prior Analytics*→*Analytica pyrotera*)

분석론 후서(分析論後書)(*Posterior Analytics*→*Analytica hystera*)

에네아데스(*Enneads*→*Enneades*)

성(聖) 아우구스티누스

고백록(*Confessions*→*Confessiones*)

독백록(*Soliloquies*→*Soliloquia*)

신국론(神國論)(*The City of God*→*De civitate dei*)

삼위 일체론(*The Trinity*→*De trinitate*)

성(聖) 안셀무스

논변(論辯)(*Discourse* 혹은 *Proslogium→Proslogion*)
독백록(*Monologium→Monologion*)
왜 신은 인간이 되었는가(*Why God Became Man→Cur deus homo*)

에리우게나

자연 구분론(自然區分論)(*The Division of Nature→De divisione naturae*)

위(僞) 디오니시우스

신비 신학론(*Mystical Theology→Peri mystikes theologias*)
신명론(神名論)(*Divine Names→Peri theion onomaton*)
천상 계위론(天上階位論)(*Celestial Hierarchy→Peri tes ouranias hierachias*)

카스틸리오네

궁정인의 서(*Book of the Courtier→Il cortegiano*)

칸트

천체들에 관한 이론(*Theory of the Heavens→Allgemeine Naturgeschichte und Theorie des Himmels*)
바람에 관한 이론(*Theory of Winds→Theorie des Winds*)
순수 이성 비판(*Critique of Pure Reason→Kritik der reinen Vernunft*)
장래의 모든 형이상학에의 서론(*Prolegomena to Every Future Metaphysic→Prolegomena zu einer jeden Metaphysik, die als Wissenschaft wird auftreten können*)
도덕 철학의 근본 원리(*Fundamental Principles of the Metaphysic of Ethics→Grundlegung*

zur Metaphysik der Sitten)
실천 이성 비판(Critique of Practical Reason→Kritik der praktischen Vernunft)
판단력 비판(Critique of Judgment→Kritik der Urteilskraft)
이성만의 한계 안에서의 종교(Religion Within the Bounds of Reason Alone→Die Religion innerhalb der Grenzen der blossen Vernunft)

콩트

실증주의 철학 강의(Course of Positive Philosophy→Cours de philosophie positive)
실증주의 정치의 체계(System of Positive Polity→Système de politique positive)

성(聖) 토마스 아퀴나스

존재와 본질(Being and Essence→De ènte et essentia)

파르메니데스

자연에 관하여(Concerning Nature→Peri pheseos)

포르피리오스

아리스토텔레스 범주론 입문(Introduction→Eisagoge eis tas Aristoteles Kategorias)
플로티노스의 생애(Life of Plotinus→Peri plotinous biou kai tes taxeos ton biblion autou)
기독교도 반박론(Against the Christians→Kata christianon)

프로클로스

플라톤의 신학에 관하여(On the Theology of Plato→Theologia platonica)
신학 요론(神學要論)(Elements of Theology→Institutio theologica)

플라톤

티마이오스(*Timaeus→Timaios*)
테아이테토스(*Theaetetus→Theaitetos*)
소크라테스의 변명(*Apology→Apologia Sokratis*)
파이돈(*Phaedo→Phaidōn*)
향연(*Symposium→Symposion*)
국가편(*Republic→Politeia*)
파이드로스(*Phaedrus→Phaidros*)
소피스트(*The Sophist→Sophistes*)
폴리티코스(*Statesman→Politikos*)
크리톤(*Crito→Kriton*)
메논(*Meno→Menon*)

피코 델라 미란돌라

인간의 존엄성에 관하여(*Oration on the Dignity of Man→De digritate hominis*)

피히테

계시 비판(啓示批判)(*Critique of All Revelation→Versuch einer Kritik aller Offenbarung*)
인간의 사명(*The Vocation of Man→Bestimmung des Menschen*)
독일 국민에게 고함(*Addresses to the German Nation→Reden an die deutsche Nation*)

헤겔

비판적 철학 잡지(*Critical Journal of Philosophy→Das Kritische Journal für Philosophie*)
정신 현상학(精神現象學)(*Phenomenology of Spirit→Phänomenologie des Geistes*)
논리학(*Science of Logic→Wissenschaft der Logik*)
철학 백과 전서(*Encyclopedia of Philosophical Sciences→Enzyclopädie der Philosophischen*

senschaften im Grundrisse)

법철학(Philosophy of Right→Grundlinien der Philosophie des Rechts)

미학(Aesthetics→Vorlesungen über die Ästhetik)

종교 철학(Philosophy of Religion→Vorlesungen über die Philosophie der Religion)

역사 철학(History of Philosophy→Vorlesungen über die Philosophie der Geschichte)

철학사(History of Philosophy→Vorlesungen der Geschichte der Philosophie)

찾아보기

[ㅈ]

〔ㅊ〕

〔ㅋ〕

옮긴이

김태길(金泰吉)

서울대학교 철학과, 동 대학원, 미국 존스 홉킨스 대학 대학원 졸업. 철학 박사.
서울대학교 교수, 학술원 회원, 철학문화연구소 이사장.
저서:『윤리학』,『소설 문학에 나타난 한국인의 가치관』,『변혁 시대의 사회 철학』,『흐르지 않는
　　　세월』외 다수.

윤명로(尹明老)

서울대학교 철학과, 동 대학원 수료, 철학 박사. 서울대학교 교수, 학술원 회원.
저서:『철학 개론』,『현상학과 현대 철학』외 다수.

최명관(崔明官)

서울대학교 철학과, 동 대학원 수료, 철학 박사. 숭실대학교 교수.
저서:『철학 개론』,『데카르트의 생애와 사상』,『의미의 철학』,『삶과 철학』,『카시러의 철학』외 다수.

서양 철학사

1963년 12월 25일　　초판 제 1쇄
1992년　3월 25일　　초판 제36쇄
1992년　5월 10일　개정판 제 1쇄
2026년　1월 30일　개정판 제48쇄

지은이 · 스털링 램프레히트
옮긴이 · 김태길, 윤명로, 최명관
펴낸이 · 정상준
펴낸곳 · (주)을유문화사

창　립 · 1945년 12월 1일
주　소 · 서울시 마포구 서교동 469-48
전　화 · 02-733-8153
팩　스 · 02-732-9154
홈페이지 · www.eulyoo.co.kr
ISBN 978-89-324-7140-2　93160